アジア長期経済統計 ④

韓国・北朝鮮

Asian Historical Statistics : Korea

尾高煌之助／斎藤　修／深尾京司……監修

溝口敏行／表　鶴吉／文　浩一……編著

原　康宏……編集協力

東洋経済新報社

シリーズ刊行にあたって

　長期的な経済発展の過程を検討しようとするときに不可欠となるのが，整合性のある時系列統計である．本シリーズでは，アジアならびにその周辺で相対的に統計資料の豊富な国あるいは地域を選び，加工統計の時系列を作成・整備し，その成果を国内外の人びとに提供しようと思う．

　選ばれた国の構成は巻末の一覧を参照していただきたいが，私たちは各巻とも，（1）たんなるデータ集ではなく，国民経済計算の概念枠組にのっとった統計集とすることを目標とし，（2）対象とする期間は戦後の40〜50年ではなく，少なくとも戦前ないしは20世紀初頭の時期までは遡りたいと考えている．

　これは野心的な試みである．時代を遡れば遡るほど統計資料は不足するのが通例だからである．それでも，利用しうる統計資料をできるだけ収集し，国内総生産（GDP）と1人当たりGDPの時系列を中心とする諸系列相互の関連が明確な形になるように再構成して提供したい．その成果に基づき，アジアにおける成長の比較研究や，それと国際貿易，就業構造，生産ないし支出構造などを関連させた研究が可能となるからである．

　いうまでもなく，植民地期のデータが存在していても，独立後の時代とでは資料のあり方が異なっていたり，その間に統計空白の時代があったり，あるいは戦争等に起因する物価騰貴があったりして，両期間の系列をリンクすることが容易ではないが，各巻には必ず統計制度に関する1章をおき，統計制度が推計に与える影響には細心の注意を払うことによって，できるかぎり連続した整合的な系列となるよう努力をしたいと思っている．アジア諸国の多くは植民地の時代が長かったが，本シリーズによって，各国の最近の経済発展をより長い歴史的文脈のなかで検討することが可能となれば私たちの目的は達せられたことになる．

　本シリーズには，幸いにして雛形（モデル）が存する．1965年から1988年にかけて東洋経済新報社から刊行された日本の『長期経済統計』全14巻（大川一司・篠原三代平・梅村又次編）である．この明治以降の長期経済統計（Long-Term Economic Statistics，略称LTES）は，ほぼすべての時系列がオリジナルな推計からなり，それらを積み上げた結果として国民（内）総生産と国民（内）総支出が算出されている点で，本シリーズも目標とすべき記念碑的な労作である．ただ残念ながら，アジア諸国のなかには歴史的な統計データの存在量という点で日本と比較にならないほど不利な国々がある．そのため，すべての巻でLTESと同一の完成度は期待できず，また国によっては既存の推計に頼らざるをえない系列が少なからずある場合もあるであろう．それゆえ，各巻の構成も同一とはなりえないであろうが，それでも，政府統計の寄せ集めとは異なった，一貫性のある長期時系列を提供することが私たちの目標である．

　このシリーズのための作業は，1995年から5年間，「汎アジア圏長期経済統計データベースの作成」（ASHSTAT）と題して，一橋大学経済研究所が中核的研究拠点（center of excellence，略称COE）形成のための科学研究費補助金を文部省（現文部科学省）より得たことから始まった．プロジェクトが終了した2000年3月末でもやり残したところは非常に多かったが，幸い2003年より，日本学術振興会21世紀COEプログラムに採用され，同じ経済研究所を拠点とする「社会科学の統計分析拠点構築」（Hi-Stat）の中核的プロジェクトの1つとして組み込んでもらうこととなり，作業を持続させることができた．同研究所の歴代の所長，同僚，職員，および非常勤研究員・大学院生の諸氏を含むプロジェク

ii　　シリーズ刊行にあたって

トの関係者には，これまでのご支援と協力に対し，執筆者に代わってお礼を申し上げたい．

　本シリーズのように地域的にも時期的にも広範囲を網羅するデータの整備と加工の作業は，単一の大学附置研究所だけでやり遂げることは到底できない．もしその成果にとるべきものがあるとすれば，それは，調査・研究の開始から今日に至るまで，教示・協力・批判・支援の手をたゆみなく差し伸べてくださった国内外の研究者，同じく国内外の政府統計局・大学附属図書館・文書館のスタッフと司書の方々，さらには文部科学省と日本学術振興会の担当官など，実に多くの方々のご協力の賜物である．異なる地域と広い専門的業務にまたがるこのような協力関係は，歴史統計を整備・改訂する必要があるかぎり，おそらく折に触れて今後も末永く続く性格のものであろう．事実，この種のデータベースの国際的なネットづくりと機関間の連携は，本シリーズが世に出始める数年前からすでに始まっているのである．監修者としては，本シリーズが，それぞれの地域の研究者諸氏によって批判的に摂取され，いずれはその続篇（または改訂版）を作成するに値する知的営みだと評価されることを望みたい．

　東洋経済新報社は，日本のLTES出版以来，このような学界の公共財となる出版企画に深い理解を示され，本統計シリーズの実現に力を貸していただいた．本シリーズが再び同社から刊行できることとなったことは，私たち監修者の大きな喜びである．東洋経済新報社の励ましと寛恕とに対し，深謝の意を表する．

　　　2008年11月19日

尾　高　煌之助

斎　藤　　　修

深　尾　京　司

Foreword to the Series

Statistical data in the form of carefully constructed time series are essential for any analysis of long-term economic development. The publication of this Asian historical statistics series aims at providing researchers in economic development, economic history, international trade, and other related fields with a set of estimates of long-term economic statistics for the countries of Asia where usable statistical materials are available.

Each volume is not a mere data book but a product of time-consuming work based firmly on the concepts of historical national accounts. For all the countries selected for this series, we intend to cover not just the postwar decades but a much longer time period extending back to the pre-WWII period. (The selected countries are listed at the end of the volume.)

Our project may sound ambitious, as the further back one goes, the fewer the available data. Our strategy is to first collect as much statistical material as possible and to then reconstruct an integrated set of time-series statistics in which gross domestic product (GDP) and per capita GDP occupy a central place. The series aims to eventually provide extensive historical statistics that will enable researchers to explore differential growth performances of the Asian countries and to relate their differences to other historical changes, such as those in international trade and output or expenditure structures.

It is of course likely, even when there are usable prewar data, that the methods and conceptual framework of data collection were different from present-day conventions. Moreover, there may be periods when no data were systematically collected, or it may be that war-related hyper-inflation and other disturbance make it difficult to link the pre-WWII to the post-WWII period. In each volume, therefore, we devote a chapter to examining the question of changing systems of statistics collection and data quality problems arising from those changes. Careful examination of the existing data will enable us to provide a continuous and consistent series covering both the prewar and postwar periods, and once completed, the series will place each country's recent development records in a longer, historical context, in some cases extending back to the late nineteenth century.

Fortunately, there is a model for us to follow, i.e., *Estimates of Long-Term Economic Statistics of Japan since 1868*, in 14 volumes, compiled by Kazushi Ohkawa, Miyohei Shinohara, and Mataji Umemura and published by TOYO KEIZAI INC. from 1965 to 1988. The work (known as LTES), consisting of originally estimated components and of gross national product (GNP) and gross national expenditure (GNE) as the aggregates of the component series, stands as a landmark for any project on historical national accounts. Admittedly, there are countries in Asia whose data availability is so limited that not every volume can follow the model laid down by LTES. Indeed, there are cases where the authors must rely on previous estimates, however unsatisfactory they may be. Nevertheless, it is our goal to provide not a mere collection of government statistics but a consistent series of long-term statistics for each country.

The work for this series began in 1995 when the Institute of Economic Research, Hitotsubashi

University, received a generous grant from the Ministry of Education for a project on Asian historical statistics (known as ASHSTAT). The object of the project were so extensive that work could not be completed within the five-year funding period. Fortunately in 2003, the Institute's Research Unit for Statistical Analysis in Social Sciences (Hi-Stat), a government-sponsored Twenty-first Century Center-of-Excellence project, incorporated ASHSTAT as one of its major projects, thus ensuring continuation of the work. On behalf of our authors, we would like to thank the successive Directors of the Institute, colleagues, staff members, and all the research associates, graduate students, and staff members of both ASHSTAT and Hi-Stat projects for their support and encouragement.

A project such as this, covering a wide range of countries and extending over a long period of time, cannot be carried out by one university institute on its own. Our achievement, if any, owes much to the help and cooperation as well as suggestions and criticisms offered from the very beginning by scholars in and outside Japan, librarians and the staff of government statistical bureaus, libraries, and archives, both in Japan and oversea, and officers at the Ministry of Education and Science and the Japan Society for the Promotion of Science. Cooperation of this kind, between cultures and across organizational boundaries, will be indispensable if extended work and revision of the historical statistics become necessary some time in the future. International and intersectoral networking has, in fact, been at work for some time before the publication of the first volume. It is our sincere wish that our work will be welcomed by scholars in each area as an academic stepping stone for a critical appraisal and revision in the future.

Our gratitude also goes to our publisher, TOYO KEIZI INC., whose understanding of the importance of publishing academic endeavors like the Japanese LTES, has made possible this ASHSTAT series. It is an honor to publish our work from this prestigious publisher. Finally, our sincere thanks go to Messrs Yukiharu Kurono and Fumiyuki Takai of TOYO KEIZAI INC. for their support, enthusiasm, and patience shown throughout the editorial process.

19 November 2008

Konosuke Odaka
Osamu Saito
Kyoji Fukao

序　文

　この統計書は，経済近代化開始から21世紀初頭にかけての朝鮮半島を対象に，そのマクロ経済の歩みを年次統計数値の記録にもとづいて明らかにすることを目的として編まれる．東洋経済新報社の深い理解と絶大な協讃のもとに，アジアならびにその近隣地域における比較歴史統計集「アジア長期経済統計」シリーズの一巻として，GDP の時系列統計を中心に，ゆるやかな共通の編纂ルールに添ってまとめられる．

　本書の成立は，近くは溝口敏行・梅村又次編『旧日本植民地経済統計　推計と分析』（東洋経済新報社，1988年）にその端緒がある．同統計書は，元来，同じ出版社から四半世紀の年月をかけて公刊された不朽の統計書「長期経済統計シリーズ」14巻（Long-Term Economic Statistics of Japan，俗称 LTES，大川一司・篠原三代平・梅村又次編，1965-88年刊行）を補う目的で編まれたのだが，その出版には，同書の編著者たちがまったく予期していなかった国際学術的反響があった．二人の経済史家，安秉直と李大根の両教授によって1987年にソウルに創立された落星台経済研究所において，韓国における近現代数量経済史研究のための資料編纂とその社会的共有化の重要性に鑑み，上記の溝口・梅村編著と相通ずる目的をもって長期マクロ経済統計集の編纂と出版の計画が動きつつあるとの情報がもたらされたのである．しかも嬉しいことに，本書の日本側編者らは，この落星台プロジェクトのシンポジウムと研究会に出席してコメントを述べる機会を与えられた．落星台経済研究所のこの共同研究は，その後急ピッチで進み，数年のうちに立派な報告書『植民地期朝鮮の国民経済計算　1910-1945年』（金洛年編，文浩一・金承美共訳，東京大学出版会，2008年）に結実した．[1]本書の編纂は，この報告書ならびに継続する落星台の諸研究を参考にしながら続けられて今日に至り，上記の諸書とその内容を参考にしつつも，独自の特色をもって世に送り出される．

　本書の編集は，溝口敏行が1996年から1999年の間にたてた企画に則って開始された．[2]その後，このプロジェクトを推進するにあたって研究組織の日韓連携に力を貸してくださった安秉直教授，編者らの要請に応えて本書の諸章を執筆してくださった日韓の研究者の方々，また表鶴吉の依頼に応じて付属のCD-ROM に所収の参考論稿をお寄せ頂いた執筆者のみなさんに対して，監修者と編集者一同，深甚の敬意を表したい．本書の完成を待たずにこの世を先立たれた金基元博士のためには，執筆者一同，謹んで哀悼の意を表する．

　原康宏氏は，本書本文の執筆と統計表の編成に携わるのみならず，編纂全般の強力な支え手であった．さらに本書制作の最終段階においては，柿埜真吾と朴知遠の両氏は制作に必要不可欠だった校訂・修正作業に参加し，柿埜氏は索引の作成を担当してくださった．また Meg Taylor さんには，本書成り立ちの説明文，末尾に収めた英文要旨および統計表頭部英文の校閲をお願いした．これら四氏の労に対して感謝したい．

---

1)　原著タイトルの日本語直訳は，『韓国の経済成長　1910-1945年』．増訂版が出版された（本文は初版と同様に韓国語，英文タイトルは *National Accounts of Korea 1911-2010*，ソウル大学校出版局，2012年）．

2)　溝口敏行「韓国（戦前「朝鮮」を含む）長期経済統計の作成方針」一橋大学経済研究所 Discussion Paper No. D96-3（1996年2月），および溝口敏行「Korea 長期経済統計データベースの作成──国民経済計算の推定──」一橋大学経済研究所 Discussion Paper No. D99-5（1999年11月）．

本書最後の編纂過程では，何回にもわたる改稿と見直し，修正と訂正，差替えなどが必要になった．そのため，出版社と担当の印刷所にはなみなみならぬご苦労とご心配をかけたことはまことに申し訳なく，深くお詫びする．

心ならずも長い年月をかけてゆっくりと（しかも上記のように多大の迷惑をかけながら）進行したこの企画を辛抱強く見守りまた応援してくださった黒野幸春氏と茅根恭子氏をはじめとする東洋経済新報社出版局編集部のみなさん，それに難しい統計表と本文や索引の組版に携わってくださった印刷所のみなさんには，熱い感謝のエールを送りたい．

2019年9月25日

編　　　者

目　　次

シリーズ刊行にあたって　　i

Foreword to the Series　　iii

序　文　v

Ｉ　記　述　編

序　章 ———————————————————————————————— 3

1　本書の目的と留意点　3

2　本書の梗概　6

　　［Ⅰ］　第1部：植民地期朝鮮　7

　　［Ⅱ］　第2部：大韓民国　10

　　［Ⅲ］　第3部：朝鮮民主主義人民共和国　12

　　［Ⅳ］　第4部：長期系列　14

第1部　植民地期朝鮮

第1章　統計制度 ————————————————————————— 19

1　植民地化以前の経済：統計記録と経済実績　19

　　［Ⅰ］　19世紀の主要経済指標　19

　　［Ⅱ］　朝鮮王朝時代における記録と統計の特性　20

　　［Ⅲ］　朝鮮王朝時代における経済の成長と変動　21

2　朝鮮総督府の統計制度　24

　　［Ⅰ］　朝鮮王朝時代との差異　24

　　［Ⅱ］　朝鮮総督府の統計利用上の注意事項　25

補論　朝鮮総督府統計制度における「報告例」について　30

　　［Ⅰ］　はじめに　30

　　［Ⅱ］　朝鮮総督府の「報告例」について　32

　　［Ⅲ］　「別冊」の内容　33

第2章　人口・労働力・賃金 ————————————————— 37

1　人　口　37

　　［Ⅰ］　はじめに　37

　　［Ⅱ］　既存推計の推計方法と問題点　37

　　［Ⅲ］　推計方法と資料の検討　38

viii　目　　次

　　　　［Ⅳ］　推計結果　*40*
　　　　［Ⅴ］　含意　*43*

　　2　労働力　*45*

　　　　［Ⅰ］　概要　*45*
　　　　［Ⅱ］　推計作業　*45*
　　　　［Ⅲ］　推計結果　*50*

　　3　賃　金　*52*

　　　　［Ⅰ］　朝鮮総督府統計年報　*52*
　　　　［Ⅱ］　工場賃金　*56*
　　　　［Ⅲ］　若干の分析　*59*

第3章　第1次産業 —————————————————————————— 61

　　1　農　業　*61*

　　　　［Ⅰ］　農耕作物　*61*
　　　　［Ⅱ］　畜産の検討　*67*
　　　　［Ⅲ］　養蚕の検討（1912〜1940年）　*67*

　　2　林　業　*68*
　　3　水産業　*69*

第4章　第2次産業 —————————————————————————— 73

　　1　鉱　業　*73*

　　　　［Ⅰ］　問題の所在　*73*
　　　　［Ⅱ］　推計（ⅰ）：解放前の鉱業生産　*76*
　　　　［Ⅲ］　推計（ⅱ）：1941年版の『趨勢』（1932〜1941年）にかかわる作業　*81*
　　　　［Ⅳ］　推計（ⅲ）：「煉炭」および「土石」生産の移し替え　*83*
　　　　［Ⅴ］　推計（ⅳ）：「天日塩」の推計　*84*
　　　　［Ⅵ］　推計（ⅴ）：解放後との接続　*84*

　　2　製造業　*85*

　　　　［Ⅰ］　序論　*85*
　　　　［Ⅱ］　韓国（植民地期朝鮮を含む）の製造業統計　*85*
　　　　［Ⅲ］　既存の研究の展望　*88*
　　　　［Ⅳ］　解放前数値の改定推計　*89*
　　　　［Ⅴ］　製造業道別統計の吟味　*95*
　　　　［Ⅵ］　解放後のデータへの接続　*106*

　　3　ガス，水道，電気業　*107*

　　　　［Ⅰ］　ガス　*108*
　　　　［Ⅱ］　水道　*108*
　　　　［Ⅲ］　電気　*109*

第5章　第3次産業 —————————————————————————— 113

　　1　はじめに：生産面アプローチから所得アプローチへ　*113*

目　　次　ix

　2　推計方法　*114*

　　　［I］　就業者数　*114*

　　　［II］　賃金データ　*114*

　　　［III］　年間労働日数　*118*

　　　［IV］　「付加価値に占める雇用所得の割合」　*118*

　3　推計結果　*118*

第6章　朝鮮貿易 ———————————————————————— 121

　1　朝鮮貿易統計の概要　*121*

　　　［I］　貿易統計資料　*121*

　2　統計の性格と問題点の若干の補整　*123*

　　　［I］　第1期（1877〜1884年）　*123*

　　　［II］　第2期（1885〜1907年）　*124*

　　　［III］　第3期（1908〜1945年）　*128*

　3　長期的趨勢　*132*

　　　［I］　開港期　*132*

　　　［II］　植民地期　*134*

　　　［III］　貿易構造の特徴　*136*

第2部　大韓民国

第7章　統計制度 ———————————————————————— 141

　1　米軍政期　*141*

　　　［I］　はじめに　*141*

　　　［II］　人口および労働力　*141*

　　　［III］　農業生産および工業生産　*142*

　　　［IV］　金融および財政　*144*

　　　［V］　貿易および援助　*145*

　2　大韓民国の統計制度　*146*

　　　［I］　はじめに　*146*

　　　［II］　韓国統計制度の歴史的概観：解放以後〜2000年代初頭　*146*

　　　［III］　2000年代初頭における韓国の統計制度と特徴　*149*

　　　［IV］　韓国統計制度の改革　*155*

第8章　人口・雇用 ———————————————————————— 157

　1　人　口　*157*

　　　［I］　資料　*157*

　　　［II］　人口の長期的変化概観　*158*

　2　雇　用　*160*

　　　［I］　労働統計調査の系譜　*160*

　　　［II］　労働力（labor force）推計　*162*

x　目　　次

[Ⅲ]　労働報酬の推計　*163*

[Ⅳ]　実質賃金の動向　*164*

第9章　人的資本（教育）————————————— 167

1　はじめに　*167*

2　教育ストックの測度　*167*

3　推計資料　*168*

[Ⅰ]　年齢別人口データ　*168*

[Ⅱ]　年齢別就学者ないし年齢別就学率データ　*168*

4　推計結果　*170*

5　むすび　*172*

第10章　資本形成と資本ストック————————— 173

1　資本形成と資本ストックの概念　*174*

2　資本ストックと産業の分類について　*175*

3　資本ストックの推計方法　*176*

[Ⅰ]　恒久棚卸法（perpetual inventory method）　*176*

[Ⅱ]　多項式基準年接続法　*177*

4　資本形成と資本ストックに関する推計　*178*

[Ⅰ]　資本形成統計　*178*

[Ⅱ]　資本形成データの範囲の調整　*180*

[Ⅲ]　無形資本ストックの推計　*181*

[Ⅳ]　資本ストック推計の工程　*181*

[Ⅴ]　1997年以降の資本ストック延長推計　*183*

5　資本財形態別純資本ストックの推計結果　*184*

6　経済活動別資本ストックの推計結果　*185*

7　資本-産出係数と資本装備率の推移　*185*

第11章　貿　易————————————————— 189

1　韓国の貿易統計　*189*

2　初期貿易統計の問題点と対策　*190*

[Ⅰ]　援助輸入　*190*

[Ⅱ]　貿易管理機構の一元化　*192*

[Ⅲ]　貿易統計自体の変化　*193*

[Ⅳ]　日本，米国との貿易比較　*194*

3　解放後韓国の貿易　*194*

[Ⅰ]　第1期：復興の時代（1946～1957年）　*197*

[Ⅱ]　第2期：太平洋トライアングルの時代（1958～1985年）　*200*

[Ⅲ]　第3期：大東アジア台頭の時代（1986年～現在）　*202*

目　　次　xi

第12章　国民経済計算からみた戦後韓国経済の成長 —————————— 205

1　韓国国民経済計算の発展　*205*

2　第2次大戦後における韓国経済の発展　*206*

　［Ⅰ］　実質付加価値の推移と構成　*208*

　［Ⅱ］　分配国民所得の推移と構成　*209*

　［Ⅲ］　支出国民所得の推移と構成　*212*

3　韓国経済の成長会計分析　*212*

　［Ⅰ］　戦後経済復興期（1953〜1961年）　*213*

　［Ⅱ］　高度成長期前半（1962〜1973年）　*213*

　［Ⅲ］　高度成長期後半（1974〜1997年）　*213*

　［Ⅳ］　金融危機以降の低成長期間（1998〜2013年）　*214*

　［Ⅴ］　全期間（1953〜2013年）　*214*

4　付加価値成長会計の国際比較　*215*

第3部　朝鮮民主主義人民共和国

第13章　北朝鮮の統計制度と公表統計 —————————————————— 221

1　統計機関　*221*

2　公表統計　*222*

3　国民所得　*223*

4　部門別統計　*226*

　［Ⅰ］　国家予算　*226*

　［Ⅱ］　農業統計　*227*

第14章　推　計 ———————————————————————————————— 233

1　人　口　*233*

　［Ⅰ］　1953〜1993年人口推計　*233*

　［Ⅱ］　飢饉推計（1994〜2000年）　*237*

　［Ⅲ］　人口転換の長期観察　*241*

2　北朝鮮の食糧生産統計（1946〜1957年）：信頼性の検証　*242*

3　北朝鮮の貿易　*245*

　［Ⅰ］　概観　*245*

　［Ⅱ］　対日貿易　*246*

　［Ⅲ］　まとめにかえて　*247*

4　北朝鮮のGDP推計　*247*

　［Ⅰ］　はじめに　*247*

　［Ⅱ］　既存の推計結果　*248*

　［Ⅲ］　成長率の再推定　*253*

　［Ⅳ］　名目GNP時系列の再推定　*256*

　［Ⅴ］　新推定値の年度別成長率と1人当たりGNP　*259*

xii　目　　　次

　　　　［Ⅵ］　むすび　*261*

第4部　長期系列

第15章　戦前戦後の接続 ———————————————————————— 265

　1　産業別接続インフレーターの推計　*265*

　2　南北分割比率の推計　*268*

　　　　［Ⅰ］　方法論　*268*

　　　　［Ⅱ］　分割作業　*269*

　　　　［Ⅲ］　人口比の計算　*278*

　　　　［Ⅳ］　むすび　*281*

　3　国内総生産と産業構造の長期推移とその国際比較　*285*

　　　　［Ⅰ］　人口1人当たり実質GDPの推移　*285*

　　　　［Ⅱ］　長期経済発展の国際比較：方法と推計結果　*287*

　　　　［Ⅲ］　植民地期朝鮮における経済成長の趨勢加速　*291*

　　　　［Ⅳ］　産業構造と労働生産性の推移　*297*

　4　地域間経済格差と産業構造　*304*

　　　　［Ⅰ］　地域間経済格差の推移　*304*

　　　　［Ⅱ］　産業構造変化と地域間経済格差　*308*

Asian Historical Statistics：Korea（Abstracts）———————————— 313

Ⅱ　統　計　編

統計表目次　*336*

Contents of Tables　*339*

統計表2.1.1～統計表15.4.8 ———————————————————————— 343

「植民地期朝鮮」関係統計資料目録　*541*

引用文献一覧　*571*

索　　　引　*595*

Asian Historical Statistics : Korea

Contents

I　Estimation and Analysis

Introductory Chapter　The Aims and Contents of the Present Volume　　3

Part 1　Korea under Colonial Rule

Chapter 1　Historical Records and the Statistical System　　19

Chapter 2　Population, Labor Force, and Wages　　37

Chapter 3　Primary Industry　　61

Chapter 4　Secondary Industry　　73

Chapter 5　Tertiary Industry　　113

Chapter 6　Foreign Trade　　121

Part 2　The Republic of Korea

Chapter 7　Systems of Official Statistics　　141

Chapter 8　Population, Labor Force, Employment, and Wages　　157

Chapter 9　Human Capital　　167

Chapter 10　Capital Formation and Capital Stock　　173

Chapter 11　Foreign Trade　　189

Chapter 12　Postwar Korean Economic Growth in National Accounting　　205

Part 3　The Democratic People's Republic of Korea

Chapter 13　Statistical System and Official Statistics　　221

Chapter 14　Estimates　　233

Part 4　Long-Term Series

Chapter 15　Linking the Prewar to the Postwar Series　　265

English Abstracts　　313

II　Statistical Tables

Tables 2.1.1～15.4.8　　343

図 表 目 次

〈図〉

図0.1.1　韓国・北朝鮮の行政区画　*5*

図2.1.1　朝鮮人の各歳別死亡率（1938〜1940年）　*41*

図2.1.2　人口数，1910〜1925年：諸推計との比較　*44*

図2.1.3　期間別人口増加率，1910〜1925年：諸推計との比較　*44*

図2.2.1　有業率の調整　*46*

図2.2.2　労働力の産業別構成比の推移：1912〜1942年，男女計・南北計，6産業別　*50*

図2.2.3　労働力の部門別構成比の推移：1912〜1942年，男女計・南北計，3部門別　*51*

図2.2.4　労働力の第2次・第3次部門構成比の推移：1912〜1942年，男女計・南北別　*51*

図2.3.1　朝鮮人の熟練・非熟練賃金（植民地期朝鮮・南北別）：名目　*55*

図2.3.2　朝鮮人の熟練・非熟練賃金（植民地期朝鮮・南北別）：実質　*56*

図2.3.3　日本人・朝鮮人別の熟練・非熟練賃金：名目　*56*

図2.3.4　工場賃金：名目　*58*

図2.3.5　工場賃金：実質　*59*

図2.3.6　職種別賃金と工場賃金との比較（朝鮮人）：名目　*60*

図4.1.1　主要産物の南北生産比率（1935年）　*80*

図4.2.1　製造業名目生産額推計の比較　*91*

図4.2.2　製造業デフレーター推定の比較　*94*

図5.3.1　第3次産業の粗付加価値（名目）推計　*119*

図6.2.1　朝鮮の輸出入額（商品＋金銀）　*127*

図6.2.2　朝鮮の仲継貿易とその比率　*132*

図6.3.1　朝鮮輸出入の原統計額，修正額，実質額（1935年価額）　*133*

図6.3.2　朝鮮輸出相手の地域別構成　*135*

図6.3.3　朝鮮輸入相手の地域別構成　*135*

図6.3.4　朝鮮の輸出部門構成（3年移動平均，SITC）　*136*

図6.3.5　朝鮮の輸入部門構成（3年移動平均，SITC）　*137*

図7.1.1　軍政庁庶務所統計署　*141*

図7.2.1　韓国の統計制度　*152*

図7.2.2　韓国の統計作成体系　*153*

図8.1.1　総人口とその年平均増加率　*159*

図8.1.2　粗出生率と粗死亡率　*159*

図8.1.3　合計特殊出生率と平均寿命　*160*

図8.2.1　産業全体の実質賃金（月給）　*165*

図8.2.2　産業全体の名目賃金（月給）　*165*

図9.4.1　平均就学年数——筆者推計とバロー=リー推計の比較，その1（15〜64歳人口：すべての教育段階の総計）　*170*

xvi 図 表 目 次

図9.4.2 平均就学年数——筆者推計とバロー=リー推計の比較，その2（15〜64歳人口：初等教育）　*171*

図9.4.3 平均就学年数——筆者推計とバロー=リー推計の比較，その3（15〜64歳人口：中等教育）　*171*

図9.4.4 平均就学年数——筆者推計とバロー=リー推計の比較，その4（15〜64歳人口：高等教育）　*172*

図10.4.1 資本財形態別実質総固定資本形成（2010年価格）　*179*

図10.4.2 資本財形態別実質総固定資本形成の構成比率　*179*

図10.4.3 経済活動別実質総固定資本形成（2010年価格）　*180*

図10.4.4 経済活動別実質総固定資本形成の構成比率　*180*

図10.5.1 資本財形態別実質純資本ストック（2010年価格）　*184*

図10.6.1 経済活動別実質純資本ストック（2010年価格）　*185*

図10.7.1 経済活動別実質資本-産出（付加価値）係数（2010年価格）　*186*

図10.7.2 経済活動別1人当たり実質資本装備率（2010年価格）　*186*

図11.3.1 韓国の貿易額（名目と実質，1963年価格）と実質貿易成長率（3年移動平均）　*196*

図11.3.2 韓国輸出入の対GDP比率　*196*

図11.3.3 韓国の地域別輸出構成　*197*

図11.3.4 韓国の地域別輸入構成　*198*

図11.3.5 韓国の輸出部門構成（3年移動平均，SITC）　*199*

図11.3.6 韓国の輸入部門構成（3年移動平均，SITC）　*199*

図11.3.7 東アジア諸国（中国，日本，韓国，台湾）の地域別貿易収支　*202*

図12.2.1 経済活動別実質付加価値増加率　*208*

図12.2.2 経済活動別実質付加価値の推移（2010年価格）　*209*

図12.2.3 経済活動別実質付加価値の構成比率　*209*

図12.2.4 実質分配国民所得の推移（2010年価格）　*210*

図12.2.5 実質分配国民所得の構成比率　*210*

図12.2.6 実質支出国民所得の推移（2010年価格）　*211*

図12.2.7 実質支出国民所得の構成比率　*211*

図12.3.1 経済全体の実質付加価値成長の源泉：成長会計分析結果　*213*

図13.4.1 企業の分配構図　*227*

図14.1.1 死亡率の性差修正　*237*

図14.1.2 北朝鮮の人口転換の様相　*241*

図15.2.1 植民地期朝鮮国勢調査人口（全土）の人口比の推移　*279*

図15.2.2 植民地期朝鮮登記人口（全土）の人口比の推移　*280*

図15.2.3 植民地期朝鮮国勢調査人口（京畿道）による人口比の推移　*281*

図15.2.4 植民地期朝鮮登記人口（京畿道）による人口比の推移　*282*

図15.2.5 植民地期朝鮮国勢調査人口（江原道）による人口比の推移　*283*

図15.2.6 植民地期朝鮮登記人口（江原道）による人口比の推移　*283*

図15.3.1 植民地期全土における人口1人当たり実質GDP系列の先行研究との比較　*286*

図15.3.2 人口1人当たりGDPの推移の国際比較　*289*

図15.3.3 人口1人当たり実質GDPの推移：全土・南部・北部（1935年価格，円，連鎖）および日本（1934〜1936年平均価格，円）　*294*

図15.3.4 物価水準の推移　*296*

図15.3.5 名目GDPの産業別構成　*298*

図15.3.6 人口1人当たりGDP（1990年国際ドル）と産業別就業者数構成比の推移：日韓比較　*299*

図15.3.7 製造業名目粗付加価値額の構成：植民地期全土，北部，南部・韓国，日本の比較　*302*

図15.4.1 道別にみた名目道内総生産（GPP）に関する人口加重変動係数の推移：植民地期全土および南部・韓国　*306*

図15.4.2 欧米，日本および植民地期南部・韓国における経済発展（人口1人当たりGDP，1990年国際ドル）と地域間経済格差（各地域の人口1人当たり総付加価値の変動係数）の推移　*307*

図15.4.3 名目労働生産性の道間格差の推移：1913〜1940年　*309*

〈表〉

表1.1.1 主要経済指標（1800年頃，1876年頃，1910年）　*19*

表1.2.1 報告例掲載の資料を利用した主要刊行物　*25*

表1.補1 旧日本植民地における行政統計基準法規：「報告例」等　*31*

表1.補2 朝鮮総督府報告例・同別冊の変遷　*34*

表1.補3 報告例：報告種別変遷および別表状況　*35*

表2.1.1 1920年代後半以後の朝鮮人純移民数の推計　*42*

表2.1.2 1925年以前の年平均人口増加率　*43*

表2.2.1 1916〜1930年における全羅北道と黄海道の副業による産業別有業者構成比の調整比率　*48*

表3.1.1 生産量調査が実施された品目・品目数と最初の年（解放前）　*64*

表3.1.2 調査開始年が1915年以降の作物に対する対応　*65*

表3.1.3 付加価値率　*66*

表4.1.1 太平洋戦争中の植民地期朝鮮の鉱業生産　*75*

表4.1.2 土石採取金額　*76*

表4.1.3 道別数値と全国数値との不整合　*78*

表4.1.4 主たる補間，修正個所　*79*

表4.1.5 『趨勢』（表②，表③）の修正個所　*82*

表4.2.1 製造業生産額推計の比較　*90*

表4.2.2 朴推計の主要な補正　*91*

表4.2.3 付加価値率の推定　*93*

表4.2.4 統計資料から得られる情報（製造業）　*96*

表4.2.5 （正誤表）　*98-99*

表4.2.6 新旧分類対応表（金額）：1935年　*100*

表4.2.7 採用系列数（1935年）　*102*

表4.2.8 中分類別実質生産額（1935年価格表示），1950〜1960年　*106*

表4.3.1 道別水道整備状況（給水戸数/世帯数）　*109*

表4.3.2 発電量と発電力　*111*

表5.2.1 雇用統計の調査基準　*114*

表5.2.2 日本人・朝鮮人・外国人別の第3次産業の有業人口　*115*

表5.2.3 「所得アプローチ賃金」の計算　*116*

表5.2.4 職種別賃金と工場調査の「工場賃金」の比較　*117*

表5.2.5 年間労働日数の計算　*118*

表5.3.1 第3次産業名目付加価値の推計結果　*119*

表6.2.1 開港期朝鮮の輸出入価格　*126*

表6.2.2 日本と朝鮮の直接貿易額の対照　*128*

表6.2.3 朝鮮の対日本輸出入過少申告修正額推計　*130*

表6.3.1 1939年における朝鮮の部門別・地域別貿易額と比率　*138*

xviii 図 表 目 次

表7.1.1 解放前後の朝鮮南部の人口　*142*

表7.1.2 解放後（1945年8月15日～1948年12月31日）流入した帰還者の規模　*142*

表7.1.3 職業別人口構成　*142*

表7.1.4 解放後米穀の生産と供出　*143*

表7.1.5 朝鮮南部の農地状況（1945年末）　*143*

表7.1.6 農家の農地保有状況（1945年末）　*143*

表7.1.7 米軍政期工業の生産額減少　*143*

表7.1.8 米軍政期工業の事業体および労働者減少（5人以上）　*143*

表7.1.9 ソウル市卸売物価指数　*144*

表7.1.10 朝鮮銀行券発行高　*144*

表7.1.11 米軍政期の貿易推移　*145*

表7.1.12 朝鮮南部の電力供給状況　*145*

表7.2.1 韓国の国家統計の分類　*150*

表7.2.2 分野別統計作成現況（2017年12月19日現在）　*151*

表7.2.3 機関別統計作成現況（2017年12月19日現在）　*151*

表7.2.4 集中型統計制度と分散型統計制度の長・短所　*152*

表7.2.5 統計作成機関別，機能別統計職員の状況（2016年）　*153*

表7.2.6 日韓両国の統計制度比較　*154*

表8.2.1 基礎統計（人口および労働力）　*162*

表9.3.1 非識字率と平均就学年数，1930年　*169*

表10.2.1 韓国SNAにおける固定資産分類　*175*

表10.2.2 韓国標準産業分類および韓国2008 SNA産業分類と国際標準産業分類（ISIC）の対応表　*176*

表10.4.1 国民経済計算における「土地改良等」投資に占める河川砂防投資の比率　*180*

表10.4.2 「国富統計調査表」の名目換価率（純資産額/総資産額）の推移（1968～1997年）　*181*

表10.4.3 資本財形態別廃棄率と資本減耗率の推計結果　*182*

表10.4.4 資本財形態別資本減耗率の推計値比較　*183*

表11.2.1 韓国の通貨別貿易額概数と貿易データ数　*191*

表11.2.2 韓国・日本・米国間の輸出入額対比と増加率　*195*

表11.3.1 韓国の部門別・地域別貿易額（1985年）　*201*

表12.3.1 実質付加価値に関する成長会計分析　*212*

表12.4.1 付加価値成長会計の国際比較　*215*

表12.4.2 実質付加価値成長会計の国際比較：全産業の実質付加価値成長率と寄与要因分析　*216*

表12.4.3 韓国の成長会計結果比較　*217*

表13.3.1 「国民所得（NMP）」（1人当たり）の公表値　*224*

表13.3.2 国連への報告書に記載されたGNP　*224*

表13.3.3 IMF［1997］およびUNDP［1998］に記載されたGDP　*224*

表13.3.4 朝鮮社会科学院等から伝えられたGDP　*225*

表13.4.1 国家予算の歳出入　*228*

表13.4.2 穀物統計の公表値（FAOとの比較）　*229*

表14.1.1 北朝鮮の公表人口　*234*

表14.1.2 第1次推計結果の検証　*236*

表14.1.3 修正推計（死亡率の性差考慮）　*237*

表14.1.4 飢饉後の公表人口統計　*238*

図 表 目 次　xix

表14.1.5　飢饉の規模推計　*239*

表14.1.6　飢饉時の平均寿命推計（1994～2000年）　*240*

表14.1.7　飢饉時の普通死亡率推計（1994～2000年）　*240*

表14.1.8　第1パターンにもとづく2000年の年齢構造比較　*240*

表14.1.9　第2パターンにもとづく2000年の年齢構造比較　*240*

表14.1.10　植民地期の人口動態（出生率と死亡率）　*241*

表14.2.1　北朝鮮の穀物・イモ類生産統計（1944～1957年）　*243*

表14.2.2　生産統計：咸鏡北・南道，平安北・南道，黄海道計（1941～1944年）　*243*

表14.2.3　米生産統計：咸鏡北道，黄海道，平安道（1949～1957年）　*244*

表14.2.4　米生産統計：咸鏡北道，黄海道，平安南道，平安北道（1941～1944年）　*244*

表14.2.5　北朝鮮の推計人口と食糧生産（1946～1957年）　*244*

表14.4.1　北朝鮮発表の公式国民所得（NMP）および物価上昇率　*249*

表14.4.2　北朝鮮発表の名目国民所得　*249*

表14.4.3　1947～1990年における北朝鮮の国民所得の年平均成長率既存の資料　*250*

表14.4.4　北朝鮮の名目GDPについての既存の推定値　*252*

表14.4.5　1990年の韓国，北朝鮮の所得格差に対する推定値　*253*

表14.4.6　北朝鮮の工業生産増加率および食糧作物生産量　*254*

表14.4.7　北朝鮮の成長率の新推計値（年平均成長率）　*256*

表14.4.8　旧社会主義国家の国民所得対比予算支出の推移　*257*

表14.4.9　北朝鮮の名目GNPとGNP対比予算支出比率の推移　*258*

表14.4.10　国民所得デフレーターの新推定値，公式統計，既存推定値の比較　*259*

表15.1.1　1963年の名目付加価値額，1963年の実質付加価値額（2010年価格表示），1963年の実質付加価値額（1935年価格表示）　*267*

表15.1.2　3産業別のインフレーター（2010年＝1）　*267*

表15.2.1　植民地期朝鮮国勢調査人口（全土）の人口比　*279*

表15.2.2　北部人口比（北部人口/全人口）の推計結果比較　*279*

表15.2.3　植民地期朝鮮登記人口（全土）の人口比　*280*

表15.2.4　植民地期朝鮮国勢調査人口（京畿道）による人口比　*281*

表15.2.5　植民地期朝鮮登記人口（京畿道）による人口比　*282*

表15.2.6　植民地期朝鮮国勢調査人口（江原道）による人口比　*283*

表15.2.7　植民地期朝鮮登記人口（江原道）による人口比　*284*

表15.3.1　1935年における人口1人当たりGDPの国際比較：本推計および先行研究の結果　*290*

表15.3.2　人口とGDPの年平均増加率：植民地期朝鮮および日本の比較，1912～1940年　*292*

表15.3.3　産業別就業者シェアと労働生産性（付加価値/就業者数）の推移：植民地期全土，北部，南部・韓国　*300*

表15.4.1　産業別労働生産性と産業別就業者シェアの地域間格差：人口1人当たり付加価値でみたトップの道（50％ないし20％）とボトムの道（50％ないし20％）間での比較，全土，1913～1940年　*309*

表15.4.2　産業別労働生産性と産業別就業者シェアの地域間格差：人口1人当たり付加価値でみたトップの道（50％ないし20％）とボトムの道（50％ないし20％）間での比較，植民地期南部・韓国，1913～2015年　*310*

この巻の編集方針

1 巻の目的と概念枠組み

この巻は，第2部に収録されたマクロ経済史統計を世に提供するのを最大の目的とし，併せて，第1部においてそれら諸統計の成り立ちと社会経済的意味を解説する．これらの統計を掲載する統計表は，印刷されて本書に収録される「統計表」と，スペースの関係から付属のCD-ROMに搭載される「CD統計表」とから成っている．

本書に収めた経済諸統計は，マクロ経済の動きを示す貴重な情報源として，国連統計局が提唱してきた国民経済計算（System of National Accounts，略称SNA）にもとづいて構成される．とくに韓国の統計は，2008 SNAを基準に構成されている．これに対し，植民地期の統計は，本シリーズの一貫した原則に従い1968 SNAを準拠としている．

本シリーズの共通の編纂方針として，SNAマクロ経済統計の総まとめをなす国内総生産（Gross Domestic Product，略称GDP）の長期系列をその中核に据えて編纂してあるのが特徴である．

ちなみに，本書の貿易統計では（他のアジア長期経済統計書と同様），原則として国連統計局の『標準貿易商品分類』（Standard International Trade Classification，略称SITC）第3版による商品分類を採用している．

2 情報の精度

諸統計表の典拠とした原資料の統計資料は，それぞれの統計を解説した本文または統計表の脚注に記してあるとおり，おおむね，その時々の政府（中央政府および地方政府）もしくは公的機関が調査・集計・編集・公刊した統計書類である．ただし，きわめて少数だが，民間団体が作成した統計類を利用したところもある．

これらの統計の大部分は，予め慎重に準備され，系統的かつ客観的なプランにもとづいて実施された実態調査によって収集されたもので，時々の社会的経済的条件や資金等の制約の下で，叶うかぎり公正・公明に実態を反映していると解釈される．[1] もっとも，事務上の手違い，思い違い，単純な誤り，誤植等の理由から，数値に誤りがあると判定される場合や，あるはずの情報がまったく欠如している場合もある．これらの場合には，誤りの訂正に努め，欠落等の修復が可能なケースでは該当の個所の前後を直線補間したり，関連性の強い統計数値の動きを参考に欠落を埋めたりした場合がある．[2]

3 数値記載の原則

統計表中，数値欄が空白で記載がない個所は，原データの不在を意味する．また，ゼロ（0）が記入されている個所は，該当の数値が小数点以下のきわめて小さい値であることを表す．

---

[1] 数値に人為的な操作を加えたり，意図的に虚偽の実像を伝えようとして作成される統計報告がこの世に存在することは否定できない．しかし，そのような場合には，該当する数値をそれと関連する諸統計の相互関連のなかで吟味すると，必ず不整合や矛盾が発見されるのが通例である．本書で利用した原資料には，その種の問題はほとんどまったくなかった．（数値に政策的に手を加えたのではないかと推測される基礎資料が皆無だったわけではないが，わずかなそのようなケースでは，該当の個所にその旨の判定が記されてある．）

[2] 広範な範囲にわたって数値の欠落を補填した場合はその旨を注記したが，比較的多数の些細な補修のケースは（とくに細かな史的資料の場合），煩雑さを避けるため，いちいちそれらを注記していない．

xxii この巻の編集方針

4　地域別統計

本書の一大特色は，努めて地域別（「道」別）の統計系列を収録したところにある．さらに，朝鮮戦争直後の南北分割（1953年7月）に対応して，これらの道別統計を，南部と北部とに合算（小計）して示した（合算の方法は，第15章に説明）．

5　名目値と実質値

生産金額の数値は，その年々の実際値（名目値，nominal value）と，基準年の価格によって表した実質値（real value）との双方で報告している．[3] 実質値の系列は，第2次大戦前後で接続するよう努めた（接続の方法は，第15章に説明）．

なおこの巻では，物価に関する単独の一章を設けていないが，第2次大戦前の農林漁業，および（電気・ガス・水道を含む）鉱工業の推計に利用された統計表が生産金額と物理的生産量とを併せて報告している場合には，前者を後者で除することによって商品単位の実効単価を求めることができる．

6　人名の漢字

人名に漢字が使われる場合は，おおむね戦後日本の新字体を使った．

7　CD-ROM の内容構成

付属の CD-ROM には，

(a)　エクセル・ファイルの形式で，［a1］「CD 統計表」という名称でこの巻の中核である統計の一部であるにかかわらず本体には印刷できなかった統計表を掲載するとともに，［a2］巻本体に印刷された「統計表」を併せ収録し，次いで

(b)　「CD 表」という名称のもとに，エクセル・ファイルの形で，［b1］各章の記述を補足する情報，［b2］「統計表」と「CD 統計表」とに関わる情報，そして［b3］統計の推計過程に関するワークシートを収め，最後に

(c)　pdf ファイルで，［c1］植民地期以前の数量経済史を論じた補論，［c2］上記諸統計に深く関係する情報，［c3］韓国の経済時系列を概説した補説

をこの順に並べる（内容の詳細と利用方法は，CD-ROM に収められた Readme ファイルを参照）．

8　為替レート

価格の単位はおおむねウォンもしくは円であるが，時期によって米ドル等で報告されている場合もある．ウォン，円，および米ドル等の相互換算値（為替レート）は，付属の CD-ROM に記載されている（CD 表0.1.1）．

---

　3)　基準年には，第2次大戦前後の特定年（1935年，1963年，および2010年）を選定している．

Explanatory Remarks

1 Purpose of the volume and its guiding concepts

The ultimate purpose of this volume is to present historically consistent macro-economic time series statistics for the Korean peninsula, and to provide explanations of how the statistics were estimated where applicable.

Because of the limitations of the printied volume, several statistical tables have been stored on the accompanying CD-ROM: 'CD Tables,' as distinct from the 'Tables' printed in this volume.

The statistics in the present volume, which are valuable sources of macroeconomic information, have been compiled in accordance to the conceptual framework of the SNA (System of National Accounts) advocated by the United Nations Statistics Division. Specifically, the macro statistical figures of the Republic of Korea are organized in close accordance to the 2008 SNA, whereas the statistical information in the colonial period has been assembled according to the 1968 SNA.

Statistical figures relating to internationally traded commodities and services, on the other hand, have been assembled in accordance to the SITC 3 (Standard International Trade Classification No. 3).

2 Accuracy of the statistical information

Most of the original sources of information for the present volume, which are clearly indicated either in the respective chapters where they appear or in the footnotes of the relevant statistical tables, are publicly issued statistical documents (yearbooks, monthly reports, and the like), assembled and edited by public organizations such as the central and regional governments and several public organizations. In addition, a small number of statistical surveys conducted by private organizations have also been consulted.

The statistical tables assembled and tabulated in the original source materials were developed on the basis of a carefully designed research plan and as the result of field surveys conducted by trained specialists. The methodology used in the statistical research is considered old-fashioned by contemporary standards, but these earlier surveys are known to have been carefully managed and conducted. The editors and the authors of the present volume believe that the survey results are reasonably dependable in reporting the socio-economic realities of the times. [1]

When errors or incomplete data were identified, however, the utmost effort was made to correct data, or restore missing information, using interpolation or follow-up on the movements of values of closely related variables.

3 Statistical notations

Blanks in the statistical tables indicate a complete absence of statistical information, whereas a nil (zero) indicates a very small value, *i.e.*, less than two or three digits below zero.

4 Emphasis on regional statistics

A salient feature of this volume is its emphasis on regional (*do*, or provincial) statistics, which have been summarized according to the country's division into the North and the South after the ceasefire of the Korean War (July 1953).

---

1) During the compilation of this volume, a few isolated cases of imprecise statistics were identified and reported. Such statistics are fairly easy to identify, either by internal inconsistencies or by their failure to harmonize or be consistent with well-established statistical data.

xxiv   Explanatory Remarks

5   Terms of economic variables

Production values have been reported both in actual values of the time (i.e., in nominal terms) *and* in constant values expressed in the specified, standard year's unit prices (i.e., in real terms). The present volume does not include a chapter on prices. Where both the nominal economic values *and* the physical volumes of specific products are reported, as in many instances of the primary industries (agriculture, forestry and fishery) and the secondary industries (mining, manufacturing, and gas, electricity and water supply) during the colonial period, the effective unit prices of the products may be easily calculated by dividing the former by the latter.

6   Use of Chinese characters in personal names

Japanese simplified versions of Chinese characters have been used for personal names.

7   Contents of the accompanying CD-ROM

The following three kinds of digital files are found on the accompanying CD-ROM, the users' guide of which is available in the Readme files in the disc.

(a)   Microsoft Excel files consisting of [a1] 'CD Tables' and [a2] 'Tables' (see (1) above for the meaning of these terms);

(b)   Microsoft Excel files of 'CD-Supplementary Tables,' which consist of [b1] supplementary notes for several chapters of the volume, [b2] supplementary information on the 'Tables' and the 'CD-Tables,' and [b3] work-sheets of the estimation processes of selected time–series; and

(c)   PDF files consisting of [c1] a supplementary chapter on the pre-colonial quantitative economic history of Korea, [c2] information closely related to all the statistical tables in the present volume and in the CD-ROM, and [c3] time series data and their annotations of the Republic of Korea for [c3–1] agriculture, [c3–2] mining and manufacturing, [c3–3] private consumption, and [c3–4] currency and banking.

The texts of files (b) and (c) are in Japanese only.

8   Foreign exchange rates

The economic values in the present volume are expressed either in yen, won or U.S. dollars; the annual, relative ratios (foreign exchange rates) are reported in CD Supplementary Table 0.1.1 on the accompanied CD-ROM.

『アジア長期経済統計　4　韓国・北朝鮮』CD-ROM について

この README.txt ファイルには，以下の内容が記載されています．
1. 使用方法
2. 収録ファイルについて
3. 著作権等について

1. 使用方法

この CD-ROM に収録されているファイルは，文書と図は PDF 形式で，また統計表は Microsoft Excel 形式で作成されています．統計表ファイルは，Microsoft Excel 97以上で開くことができます．

ファイルを編集する場合は，著作権法で認められた範囲内でハードディスク等にコピーの上，ご利用ください．

2. 収録ファイルについて

この CD-ROM には，以下の3種類のデータが収録されています．

(a) 　[a1] "CD 統計表"（＝本体『アジア長期経済統計　4　韓国・北朝鮮』（紙媒体）に掲載されていない統計表）

　　　[a2] "統計表"（＝本体（紙媒体）に掲載されている諸統計表）

(b) 　[b1] 各章の既述を補足する情報を記載する "CD 表"

　　　[b2] "統計表" と "CD 統計表" を補足する情報を記載する "CD 表"

　　　[b3] 諸統計の推計過程を示すワークシートを記載する "CD 表"

(c) 　[c1] 植民地期以前の数量経済史を論じた論稿

　　　[c2] 諸統計表に関わる情報を掲載する文書

　　　[c3] 韓国の農業，鉱工業，民間消費，ならびに金融・銀行の経済時系列を概説した4つの補説

上記それぞれのファイルの詳細については，各フォルダー内の目次ファイルをご参照ください．なお，上記（b）と（c）の記述文は日本語のみです．

3. 著作権等について

この CD-ROM に収録されている統計データ（a）の著作権は一橋大学経済研究所に帰属します．各データを著作物等に引用される場合は，通常の形式に従って出所を明記してください．

なお，Excel は米国 Microsoft 社の米国および世界各国における商標または登録商標です．

Contents of the CD-ROM
attached to Asian Historical Statistics: Korea

This Readme file consists of the following three parts:

(1) Instructions on the use of the CD-ROM,

(2) Contents of the files on the CD-ROM, and

(3) A note on the copyright of the statistical data on this CD-ROM.

(1) Instructions on the use of the CD-ROM

Text documents and figures stored on this CD-ROM are formatted as PDF files; statistical tables appear as Microsoft Excel files. The latter may be opened in Microsoft Excel 97 or more recent versions.

Readers who wish to edit any of the files on the CD-ROM may do so within the limits allowed by the copyright law by copying the desired file (s) onto their hard drives or equivalent storage devices.

(2) Contents of the files on the CD-ROM

The following three kinds of document files are stored on the CD-ROM:

(a) [a1] "CD Tables," i.e., an important part of the estimated statistical time series, but *not* included in the printed volume due to space limitations, and

[a2] "Tables," i.e., roughly two-thirds of the estimated statistical time series, included in the printed volume;

(b) [b1] "CD Supplementary Tables," with supplementary information for selected chapters of the printed volume,

[b2] "CD Supplementary Tables," containing supplementary information for some "Tables" and "CD Tables," and

[b3] "CD Supplementary Tables," containing statistical work-sheets, explaining the estimating procedures of selected statistical tables; and

(c) [c1] an article that explains the quantitative economic history of pre-colonial Korea,

[c2] documents that show pertinent information on selected statistical tables, and

[c3] supplementary chapters introducing economic time series of the Republic of Korea in [c3-1] agriculture, [c3-2] mining and manufacturing, [c3-3] private consumption expenditures, and [c3-4] currency and banking.

Please note that the texts of files (b) and (c) are in Japanese only.

For detailed contents of these CD files, the readers are kindly requested to refer to the tables of contents in the respective data folder.

(3) A note on the copyright of the statistical data on the CD-ROM

The Institute of Economic Research, Hitotsubashi University, is the copyright holder of all the statistical time series data listed in (a) above and stored in the present CD-ROM. When quoting any portions thereof, please acknowledge full credit to the copyright holder.

"Excel" is a trademark, or a registered product of Microsoft, Inc., U.S.A.

I
記　述　編

序　章

1　本書の目的と留意点

　この統計書の目的は，朝鮮半島のマクロ経済統計を，近代経済成長（modern economic growth, MEG)[1] の初期から21世紀初頭まで，現在利用可能な最善かつ最広範囲の資料を（必要な批判的検討を経たうえで）使い，体系的に整理・加工・統合して，わかりやすい形で読者に提供するところにある．その結果は，東アジア，東南アジア，西アジア，南アジア，中央アジア，それにロシアの諸国を対象に，国内総生産（gross domestic product, GDP）を含むマクロ経済史時系列統計によって相互に比較考証可能とするのが本統計シリーズの意図である．ただし，統計の内部にわたる詳細については，その国々・地域ごとまたはその時代の特殊事情もあり，つねに比較できるとはかぎらない．

　朝鮮半島は，近代末の朝鮮王朝末期に隣国日本の内政干渉を受け，1910年8月からは日本に「併合」され，日本の植民地として機能した．1945年8月に植民地支配から解放されたのも束の間，南部は米国，北部はソビエト連邦の信託統治下におかれた．南北それぞれの信託統治は朝鮮半島の分断につながり，1948年8月には南に大韓民国（以下，韓国と略記．英語名では Republic of Korea. South Korea と略記）が，9月には朝鮮民主主義人民共和国（以下，北朝鮮と略記．英語名では Democratic People's Republic of Korea：DPRK.

North Korea と略記）がそれぞれ「朝鮮半島における唯一の合法政府」を主張して建国された．この主張は，のちに内戦に発展し，1950年6月25日には朝鮮戦争（Korean War）が勃発した．この戦争はまた，米国の指揮する国連軍と中国義勇軍の参戦によって東西間実力行使の場と化し，経済発展は一般市民の脳裏から遠く離れた話題になってしまった．朝鮮戦争は1953年7月27日に休戦協定が結ばれ，朝鮮半島は南・北に政治主権を行使する2国の分断が固定化し，南は資本主義体制により，北は社会主義体制によって，それぞれが社会経済発展を目論んで相競う間柄となった．

　以上の事情から，近現代の朝鮮半島を対象とする長期経済史統計を編む作業は，開国から併合までの時期，植民地期朝鮮，そして独立後の韓国・北朝鮮両国の都合4つの異なった体制を網羅する作業を意味する．そこで本書では，朝鮮王朝の末期を史的に展望する一章を冒頭におき，続く諸章では20世紀初めから21世紀の初頭に至る約100年間にわたって，半島における毎年の人口，労働と教育，生産，貿易，そして国内総生産の統計数値を，時期別・南北別（韓国と北朝鮮）・道別（行政区域）に分けて記載することにした（図0.1.1を参照）．このうち南北別・道別に分類した統計数値は，長期間にわたって地理別の統計を記録してきた朝鮮半島の伝統を活用したものである．[2]

---

1) MEG とは，サイモン・クズネッツ（Kuznets［1966]）が提起した概念で，人口の持続的成長，技術革新ないし進歩の存在，および人口1人当たり実質所得の増加をその特徴とする．
2) 朝鮮半島の南北両国家における行政区画は，15世紀初めに整備された八道制（パルド）を原型としているとされる．その後，「道」の領域の変更や分割・新設などがあり，現在，韓国では，京畿道，江原道，忠清北道，忠清南道，

経済成長に関心を寄せる読者にとっては，これらのほかにも，時代ごとの投資（資本形成ともいう）ならびに物的資本ストックの総量と変化について大いなる興味と関心が寄せられるところだが，これら2つの統計は，本書では資料的制約から独立後の韓国についてのみ報告される．

本書を編む初期の段階では，上に記した諸項目のほかに，マクロ経済における支出額統計（消費，投資，政府財政支出，国際収支），ならびに金融統計と諸物価についても網羅するように企画されたが，支出統計と諸物価についてはすでに旧著（溝口・梅村編［1988］）に公表されており，また金融統計は落星台経済研究所で本格的な推計と分析がなされる様子であるところから，本書では省略することにした．

ところで，本書におけるマクロ経済史統計としてのGDP長期系列は，植民地期朝鮮，韓国，北朝鮮のいずれの場合も生産活動の記録を積み上げた結果を示しているが，それぞれの計算的基礎はまったく同一というわけではない．植民地期朝鮮と独立後韓国では，推計の方法的基礎として1960年以降に国連が定めた国民経済計算の勘定体系（system of national accounts，SNA）に準拠している．これらに対し独立後の北朝鮮の場合には，SNAの採用決定は2016年で，それまでの推計は社会主義諸国で広く使われてきた（サービス生産を含まない）純物的生産物（net material product，NMP）の概念によっていたところから，[3] これをGNP概念に組み直したものが使われている．[4]

物的ならびにサービスの生産活動を記録するにあたっては，これを当年価格（名目値）で表すか，もしくは物価変動を除いた物量価格（実質価格）で表すかの選択があり，経済統計にはこの双方が必要である．経済統計の場合，名目値を実質化する場合にも，あるいは小（ないし中）分類の品目別実質系列を中（ないし大）分類別に統合するなどの場合にもなんらかの物価指数の利用が必須である．本書の植民地期朝鮮の生産額と北朝鮮のGNPを扱う各章では，一定の暦年（植民地期朝鮮の場合には1935年，北朝鮮の場合には1980年）を基準年とする固定価格指数による実質化計算を実行した．他方，韓国の投資・資本ストックとGDPを対象とする2つの章では，実質化は連鎖指数（2010年基準）によった．また，人口1人当たりの実質GDP系列を南北別に推計した最終章（第15章）では，上記実質値の単純合計に加えて，連鎖指数（2010年価格）による実質値も推計した．

さてこの節の最後に，本書における統計時系列の作成にかかわる基礎ルールを簡単に説明しておこう．

本書の長期経済統計は，一定の目的をもって実施された公的な統計調査の記録に，本書の著者たちが整理・編集・補正・統合などの手を加えた加工統計系列の集合である．この作業の原資料（以下，「基礎統計」と呼ぶ）は，原則として中央政府もしくは公的機関（中央銀行など）が調査・編集して定期的に（多くの場合は毎年，間歇調査の場合は数年おき，景気動向などの場合は毎週もしくは毎月）発表するもので，政府編纂の統計年報といったスタイルをとって公開・刊行されるのが普通である．

政府などの公的中央機関が公刊する基礎統計集は，多くの場合，複数の官庁や公的機関が定期的

　慶尚北道，慶尚南道，全羅北道，全羅南道の8道，および1特別自治道（済州特別自治道），1特別市（ソウル），6広域市（釜山，大邱，仁川，光州，大田，蔚山）がおかれている．
　　一方，北朝鮮では，平安北道，平安南道，江原道，咸鏡北道，咸鏡南道，黄海北道，黄海南道，両江道，慈江道の9道，および1直轄市（平壌）がおかれている．
　　なお，南北分割については，第15章第2節を参照のこと．
　3）「純（net，N）」とは，減価償却費抜きという意味である．またMPとは，マルクス経済学者による概念で，毎年新しく生み出された生産物の価額を求める際には物的商品にのみ価値を認めて（すなわちサービスには価値は認めずに）計算するのが正しいという主張にもとづく．
　4）本書で扱う時期の北朝鮮では，諸外国との所得のやりとりはほとんど皆無であったゆえに，そのGNP（gross national product）は事実上GDPと同値とみなして大過ない．

序章 5

図 0.1.1 韓国・北朝鮮の行政区画

に調査した結果を網羅したもので，それぞれの統計の調査方法（調査の範囲，規模，時期，方法——悉皆調査かサンプル調査かなど——等々）や数値の精度は，使用に際しては専門的吟味の対象となる．本書でも，基礎統計の採用と利用にあたっては，それぞれの精度や概念の的確さを吟味しているのは当然である．[5]

ところで，基礎統計をもとにデータベースを作成する際に，簡単でありながら案外やっかいな問題が3つある．第1に，まったく同一項目の数値が同じ統計書の異なる年次の版で一致しない場合がしばしばあること，第2に，年次によっては数値がまったく欠落している場合があること，そして第3には，商品・サービスや産業・職業の分類が時期によって変化する（微妙に異なる，もしくは内容が更新または変更される，詳細化またはその反対に簡略化される）などして，その前後で系列が接続しなくなる場合があることである．

このうち第1のケースについては，もっとも新しい年次の報告書に記載されている数値がその時点での最新の調査結果を反映するという前提（仮定）のもとにこれを採用する作業を（必要に応じ，年次を遡って）繰り返すことにする．第2のケースの場合は，まず数値が存在しないのかそれとも欠如しているのかを判定し，後者の場合には類似の産物の動きに合わせて欠落値を補うか，もしくは補間推計（「内挿」という）で補うことにした．[6] そして，以上の結果を統計表に記載するにあたっては，数値が本来存在しないときには数値欄を空白のままに残し，基準統計が報告する数値もしくは（編者が）推算した数値が小数点以下の場合にはゼロ（0）を記入するのを原則とした．また第3の問題を解決するには，統計系列が接続するように分類法に手を加える（分類を適宜修正する）ほかに解決の道はない．ちなみに，これら3つの難題に対する上記の解決法は，そのどれからも主観的判断に伴うあいまいさを拭うことはできない．[7] この点，留意を要する．

2　本書の梗概

本書の編纂方針は，「はしがき」に記した目的に添い，以下の6点を基本とする．すなわち，

（1）　植民地期朝鮮については，生産勘定をベースに国内総生産（gross domestic product, GDP）を推計する．支出勘定は貿易（経常勘定）のみを扱い，GDPと国内総支出（gross domestic expenditure, GDE）との付き合わせは断念する．具体的には，

（1-1）　人口と労働力とを新たに独自推計する．

（1-2）　第1次産業（農林水産業）と第2次

産業（鉱業，製造業，ガス・電気・水道業，建設業）は，『朝鮮総督府統計年報』などから得られる生産データを活用し，これに第2次大戦後韓国の産業連関表（input-output table, IO表）が与える付加価値率を適用して産業別GDPを計算する．それぞれのデフレーター（価格指数）には実効単価を用いる．

なお農業生産については，第2次大戦中ならびに大戦直後における情報不足に鑑み，1962年まで延長推計を試みる．また建設業は，新たな推計をせず，「落星台推計」を借用す

---

5)　たとえば，植民地期朝鮮の基礎統計は，これを「安心して」使えるのは早くても統治が安定化した1915年以降であると考えられるなど．

6)　系列の最終値が欠落している場合には，それ以前の数年間の趨勢を延長して補う（「外挿」という）．

7)　溝口［1996］p.6によれば，官庁の統計担当官が長期統計の作成に（推計，加工，保管，分析のどれについても）消極的なのは，1，2，3の問題解決の方法がどれも厳密さを欠きまた主観的判断を伴わざるを得ないため，解決案の妥当性に責任を持てないからである．

　　なお，以上3種類の補足作業は，本来，その内容をいちいち注記すべきものだが，その頻度がきわめて多いところから，特殊な例外的ケースを除き記載を省略するのを通例とする．

る.[8]

（1-3） 第3次産業（運輸・通信業，金融業，不動産業，商業，サービス業，その他）は，生産記録の希少性に鑑み，所得アプローチ（該当産業の就業者賃金総額を推計し，別途求められた労働分配率を適用して利潤総額を合算する）で計算し，名目合計額の実質化には溝口・梅村編［1988］から得た第3次産業のデフレーターを用いる．推計資料には，本書に収録した賃金と有業者のデータを使う．

（1-4） 以上の作業で推計する第1次，第2次ならびに第3次産業の付加価値額およびGDPは，道別ならびに（朝鮮戦争後の）南北別に整理・製表する．

（2） 独立後における大韓民国（以下，韓国と略記）の統計は，マクロGDP（韓国銀行発表系列〔2008 SNA基準，1953～2012年〕），資本ストックと資本形成，および貿易（経常勘定）を主内容とし，そのほかは，統計制度，人口，労働（雇用，賃金），そして貿易（経常勘定）の概観のみを扱う．

（3） 物価を扱う章立てをとらない．商品別の実効単価ならびに各種デフレーターは，生産系列表に併せて掲げる．

（4） 金融統計は本書の対象外とする．

（5） 朝鮮民主主義人民共和国（以下，北朝鮮と略記）をテーマとする独立の部（第3部）を設け，GNP（gross national product，国民総生産）推計を念頭に，可能な限り統計情報の整理と推計とを試みる．

（6） 第4部に，第2次大戦を挟んだ2期間を接続する長期系列の推計を掲げる．

以下本節では，この巻の内容の梗概を掲げることによって，その特徴を明らかにしようとする．

［I］ 第1部：植民地期朝鮮

第1章 統計制度

第1節 植民地化以前の経済：統計記録と経済実績（李憲昶）

王朝時代の経済は，中国に対する朝貢は頻繁でも，市場の発展は重視されず，海外との交易も奨励されなかった．しかし，状況は開港とともに一変し，人々の意識も改まって経済成長が発動した．ただ，それが目にみえるレベルとなったのは，日本による占有下においてであった．

上記の事情に照らせば，朝鮮王朝時代（植民地期朝鮮以前）の統計制度の知識は，植民地期の朝鮮経済を理解するために不可欠といえる．そこで本章では，推計可能な諸指標（耕地，玄米生産，人口，農業人口，都市化率，定期市，貿易依存度，1人当たりGDP，および書堂）を取り上げて紹介・解説する．

第2節 朝鮮総督府の統計制度（李崟碩）

植民地期における朝鮮総督府の統計調査は，王朝時代の地方分権的方式とは異なり，中央省庁が「報告例」を集権的に発信することにより実施された．本節は，この集権的制度のもとで調査・公表された，植民地期の生産勘定の推計に必要な諸統計（すなわち，人口・労働，農林水産業，鉱工業，および建設業）の概要と特徴とを整理し，利用上の注意点を述べる．このために本節で利用した基礎資料は，韓国統計庁が1992年に作成した『韓国統計発展史』である．

補論 朝鮮総督府統計制度における「報告例」について（髙橋益代）

植民地時代の公刊統計は，総督府による「報告例」の提示によって始まったものが少なくない．それゆえ，「報告例」の内容とその目的についての理解は，統計数値の利用と解釈のため役立つ．

「報告例」とは，統計調査の開始にあたって，

---

8)　「落星台推計」とは，ソウルの落星台経済研究所を中心に整理・開発・推計され，金洛年編［2006，2008，2012］にまとめられた統計系列とその関連資料を指す（以下同様）．

8 | 記 述 編

当該統計の主務官庁が調査担当者に対して統計の
目的と調査内容とを具体的に（しばしば実例をあ
げて）解説したものである．元来は，日本の明治
政府がその統計調査を発足するにあたって，中央
官庁から調査担当の地方行政組織に対して送られ
た指示書がその原型である．[9] この制度は，台湾
と朝鮮の植民地政府が発足し各種の統計調査を開
始するにあたっても（朝鮮では1912年から）採用
され，植民地期朝鮮総督府は調査担当の部局や地
方行政組織に対して，統計の目的と報告されるべ
き調査結果とを具体的に（しばしば「別冊」と呼
ばれる文書に実例を掲載して）示した．

第2章　人口・労働力・賃金

第1節　人口（朴二澤）

1925年以降の人口推計には国勢調査データが利
用できるが，1925年以前の推計には，戸口調査と
動態統計調査を用いた．

既存研究は，族譜を用いた推計（落星台推計）
や1925年以降の国勢調査の趨勢（トレンド）から
遡及推計（石［1972］，権泰煥・慎鏞廈［1977］）
していたので，本書の推計方法は斬新である．ま
た，推計の結果，植民地初期の推計人口が既存研
究の推計を上回り，したがって人口増加率は以前
のレベルを下回ったことも本推計の特徴である．

第2節　労働力（朴二澤）

有業者については，戸口調査の統計を用いて，
第1次，第2次，第3次産業別に有業者数を推計
している．

本推計の特徴は，国勢調査資料とともに，1916
年の黄海道と全羅北道のデータを利用して推計さ
れた副業者込みの有業者推計となっていることで
ある．また，既存研究が保留としてきた「その他
有業者」の帰属に関しては，当時の事情に鑑みて
これを第2次産業と第3次産業にのみ振り分ける
べきだと判断して按分計算を実行したことも，従

来の推計との違いをもたらしている．

第3節　賃金（文浩一）

賃金系列は2種類用意された．職種別賃金系列
（系列A）と工場賃金系列（系列B）とがそれで
ある（いずれも円／日単位）．系列Aは，商工会
議所が主体となってオープン・マーケットで毎月
調査した結果で，約16の職種賃金を網羅し，調査
結果は，朝鮮人・日本人・外国人の別，ならびに
男女別に分けられている．これに対し系列Bの
賃金は，工場調査の一環として，総督府の管理的
見地から年1回決まった時期に調べられた．

賃金調査の結果をみると，系列Aは系列Bに
比べてその値が高く，概して経験を積んだ年輩の
熟練工に対する労働報酬を反映していた．しかも，
その値は第1次大戦中に高騰し，それ以降しばら
くはその高さを保持した．これに対して系列B
は，新たに開始した工業化の過程で就業した相対
的に若い未熟練生産労働者に対する賃金を代表し，
その額はおおむね同期の農業賃金に多少のプレミ
アムを加算した程度の水準で上下振動を繰り返し
た．

地域ごとの賃金の実質化のためには，金洛年・
朴基炷［2010b］の地域別物価指数を用いた．

第3章　第1次産業

第1節　農業（原康宏・金承美）

耕種作物については，「石川滋推計」（石川
［1973，1980a］）および『農業統計年報』を利用
して推計した．ただし，石川推計では，1917年以
前の生産量が過少推計になっているので，「落星
台」推計に置き換えた．落星台推計で示されてい
ない品目および年の途中から原統計資料に現われ
る品目については，新たに推計した．畜産・養蚕
は，落星台の計算方法を踏襲して推計した．

9）　ちなみに，日本（以下，当時の用語法に従い，「内地」と略記）における「報告例」制度は，昭和期に入って「資
源調査法」（1929年）の成立で鉱工業・エネルギー・運輸各分野の独立性が強まると多少の変化をみせ，『工場表』
は「報告例」から分離独立するに至った．

第2節　林業（溝口敏行）

17世紀の朝鮮半島の林業の生産は低水準にあった．朝鮮の李王朝は林業の復活を試みたが，その成果は十分ではなかった．禿山の山脈が朝鮮半島の象徴とされたのはこの時期に当たる．林業政策の遅れは，林業統計の遅れに反映されている．林業統計は立木に関するストック統計と取引量（取引金額を含む）等のフロー統計よりなるが，当時の統計はフロー統計を中心に作成されていた．金額表示の統計や林業関連の数値がこれに当たる．

林業の長期統計を得るには，立木調査を含む長期統計を実施する必要があるが，他の先進国と同様に未完成の領域となっている．

第3節　水産業（李崟碩・文浩一・溝口敏行）

水産業の生産高については，漁獲と養殖のみを同業の生産高とみなし，水産加工品の加算は重複計算となると判断してこれを避けた．産業別GDPの推計のためには，生産高に韓国の第2次大戦後における付加価値率を適用し，実質化に必要なデフレーターは，水産業総水揚げの10％以上に達するサバ，イワシ，スケソウダラなどを対象に作成した．

第4章　第2次産業

第2次産業に関する本書の推計の特徴は，「実効単価」（生産金額÷生産量）の時系列を道別・品目別に比較検討し，その動きが異常と判断される個所は数値を補正したことである（データ・クリーニング）．なお，数値の補正のほかに，欠落部分の補間作業を試みた個所も存在する．

第1節　鉱業（原康宏）

鉱業生産については，『統計年報』（各年度）を主な典拠とし，これに林業から「砂利」の，また『専売局年報』から「天日塩」の生産金額を移動して加算し，さらに1941年の『朝鮮鉱業の趨勢』を追加資料に使って1911〜1941年間の鉱産物産出高時系列を（名目・実質ともに）推計した．推計に際しては，より完全な統計とするため，適宜，

データ・クリーニングを実施した．

ちなみに，上記時系列と解放後における韓国の鉱産物産出統計とは，実質額によって接続されている．

第2節　製造業（原康宏）

本節では，既存の植民地期の製造工業時系列を検討した後，それらを改訂した新系列を作成した．すなわち，1911〜1940年を対象に，原則として中小企業，家内工業，さらに官営工場を包含する製造工産物の時系列統計（名目・実質）を，国際産業分類を使って推計した．その結果得られた生産額は，従前のどの推計額をも上回った．

既存値を上回った1つの理由は，精米業の貢献を製造工業の生産額として（従来の推計に比べて）明瞭に認知したことにある．さらに，朝鮮味噌，朝鮮醤油，および水産品の生産額の値を膨らませ，印刷業と加工塩とを追加し，さらに，資料では鉱産品とされているものの製造工業品と分類するのを適当とする産物を鉱業から引き抜いて製造工業産物に追加した．

なお，上記の改定作業に関して特記すべき次の2事項がある．すなわち，

(a) 1920，30年代には，原資料の産業分類が粗くなった（品目区分が粗くなった）ため情報量が減少した．そこでこの期間については，『朝鮮経済雑誌』と『官報』との双方から追加の統計情報を得て補充をはかったこと，および

(b) 1930，40年代の道別データを吟味した際，原資料には複数の単位が混在する個所があり，原資料作成者はこの事実に気づかぬまま全土の合計値を算出していたことを発見し，これを修正したこと

がそれである．

ちなみに植民地期の（公的）データは，太平洋戦争期の日本軍部による情報秘匿のため1940年までで終結しているが，本節は，工業センサスの利用によって植民地期と戦後両期間のデータ欠落を補い，さらに双方を接続する方法を提案している．

第3節　ガス，水道，電気業（原康宏）

電気・ガス・水道については，落星台推計に小修正を加えたほか，「年度」で表示されている原資料部分を発見してこれを「年次」に修正した（当年次＝前年度×（1/4）＋当年度×（3/4））．またこれら3業種のそれぞれについて，道別の系列を推計した（ガスは1910〜1940年間，水道は1911〜1940年間，そして電気は1911〜1940年間）．

なお電気は，発電量ではなく消費量に単価を乗じた額を供給額とみなし，これに自己発電量（＝自己消費量）を加算した．ただし，鉄道用電気は交通業の付加価値とみなして電気業の生産額からは除いた．

第5章　第3次産業（文浩一・原康宏）

第3次産業のGDPは，第2章第2〜3節で作成した賃金と有業者のデータを利用して，南・小野［1978］による日本の経験を参考にしながら所得アプローチで推計した．所得アプローチの方法とは，粗付加価値総額に占める労働分配率で被雇用者所得額（「賃金×有業者」）を割って第3次産業総額の推計とするという大胆なものである．（要素所得別の推計は改めて行ってはいない．）推計結果は，「落星台推計」の生産アプローチによる計算結果を初期において上回り，1930年代の上昇傾向は逆に緩やかとなった．

第6章　朝鮮貿易（堀和生）

植民地期の朝鮮貿易は，日本の食糧基地として，また旧「満洲」国への日本からの輸出入経路として，重要な役割を果たした．

第2次大戦前の植民地期朝鮮と解放後韓国とは，貿易統計をめぐる内情の移り変わりの激しさとともに，数値の確定をめぐる資料批判の重要性においても相通ずるものがある．たとえば，外国貿易統計の中国式記帳は，19世紀末の対中国貿易に促された経済発展の幕開け期以降，中国が同方式の使用を廃止してからも続いた．また，植民地期前半の交易統計にみられる統計精度の未熟さ（数値の過少性など）は，日本による関税局の設立（1919

年）まで継続した，など．本章では，詳細な資料批判によって統計数値を整備した．

［II］　第2部：大韓民国

第7章　統計制度

第1節　米軍政期（金基元）

1945〜1948年の韓国は米軍政庁の管轄下にあった．独立直後，失業率は高く（1947年には10〜20％），しかも人口増加のために食糧事情が悪化したので，供出制度が再開された（1946年）．当時の農村では自作農は全体の14％にすぎず，小作農が49％で（残りは自作農兼小作農，および農業労働者），激しい農地改革運動が起きた．工業生産は，企業体力の低下のためもあって1936年水準に比べ平均で71％に減退した．

景況は1946年半ばから回復に向かったが，1945〜1948年は超インフレーションに見舞われた．植民地末期の資金放出と独立後の通貨量膨張に加え，米政庁の財政赤字，生産の減退，旺盛な潜在需要という状況のもとで売り惜しみも横行したからである．ガリオア資金などによる官製貿易（とくに輸入）が盛んだったが，民間貿易では水産物と鉱物とが輸出され，原料ならびに食糧が輸入された．北との交易は1949年4月に禁止されたが，それまでは電力の輸入が大きな比重を占めた．

第2節　大韓民国の統計制度（李在亨）

独立後韓国の公式統計制度は1948年12月に出発し，朝鮮戦争後の再編を経て，1961年の朴政権下において経済開発強化のため改めて再編された（1962年からは調査統計局が管掌）．1970年代には8地方都市と道に統計事務所が置かれて調査機能がいっそう強化された（1975年）が，さらに指定統計制度を拡大し統計分類制度を確立するなど，制度の整備と強化に努力が払われた．また1980年代には，経済開発が成果を現わし始めたのを受けて，社会福祉関連の統計調査に力点が移った（ちなみに2017年現在，国家統計のうち社会福祉関係が25％，景気・企業経営関係が8％を占める）．統計制度のいっそうの完備と改善を目指して，

2000年代以降も努力が続けられている.

統計制度の運用方式を国際的に比較すると,カナダ,ドイツ等の中央集中方式と日本,米国などの分散方式とに二分されるが,韓国はこれら両者の中間に位置し,日本の制度よりも集中度が高い.

第8章　人口・雇用

第1節　人口（李澈義）

外地からの引揚げによる人口の急激な上昇動向は,朝鮮戦争による多数の死亡者のためいったん停止したが,戦後ふたたび復活した.すなわち,1950年代半ばからは,若者たちの婚姻増加・保健衛生状況の改善による死亡率低下,そして出生率の上昇のために人口が急増したのである.しかしその後,経済成長による生活水準の改善は死亡率と出生率との持続的かつ急速な低下をもたらし,2016年末においては韓国の合計特殊出生率は世界の最低水準にあり,また人口の高齢化が重要な社会問題化するに至った.

第2節　雇用（李謹熙・李昇烈）

本節の1955〜1962年の経済活動人口数,就業者数ならびに失業者数は,データが存在する期間の数値を使い線形補間によって推計された.また,産業別賃金統計が得られるのは1976年からなので,本節で紹介する実質賃金データは同年以降である.[10] しかし,その動きから判断するなら,韓国の生活水準は,1980年（第2次石油危機）と1997年（為替相場ショック）とを除き著しい改善を続けたことがわかる.

第9章　人的資本（教育）（神門善久）

1920〜2010年にわたる人的資本ストック（human capital）量の指標として,男女別・年齢階層別（15-29歳,30-44歳,45-59歳）平均就学年数を計測した.すなわち,既存研究のように最終学歴の人口分布に就学年数を乗ずる計算方法ではなく,年齢階層別人口コーホートごとに過去の就学者数を積み上げて就学年数を求める方法によった.この方法は,朝鮮戦争期のセンサスの数値に認められる精度への疑問点を回避する手段でもある.使用した資料は,各期人口センサス,植民地期の「学事調査」,1966年以降の「教育年報」,ならびに McGinn et al.［1980］による推計就学人口数である.

本章の推計結果は,人的資本ストック量の植民地期における停滞と低水準とともに,解放後の韓国におけるその急上昇（ただし既存の数値を大幅に下回る）を示して注目すべきものがある.

第10章　資本形成と資本ストック（表鶴吉）

本書の統計篇では,韓国銀行が調査・公表する資本形成（投資）系列を資料として,同行が（2014年に）実施した整備改訂作業の結果を踏まえ,知的財産生産物,研究開発など無形の資本形成を網羅して計測・紹介している.その結果によると,独立後,韓国の実質資本形成の平均増加率は1962〜1973年に最高水準（28.1％）を記録した.一方で全期間（1953〜2013年）でみると14.0％であり,内容別には知的財産生産物に対する実質投資の増加率が（平均22.8％）,また産業別には第2次産業のそれが（平均16.5％）最も高かった.

ところで本書では,上記の投資系列を国富調査から得られる資本ストックのデータと組み合わせて,1953〜2013年の期間にわたる資本形成ならびに資本ストックの時系列を推計・公開した（無形資本財込み）.すなわち,朝鮮動乱後における韓国の資本形成時系列（名目・実質）と,それと整合的な実質資本ストック系列とを,2008 SNA（system of national accounts,国民経済計算）の諸概念に準拠し,かつ産業大分類（1次,2次,3次産業）別ならびに重要商品品目別に推計したのである.

任意の一時点における実質粗資本ストック（2010年価格）の値は,それ以前における毎年の投資（資本形成）流列から各期の廃棄分を差し引

10）　ちなみに,消費者物価指数は1965年までは得られない.

いた後の総和である．同様に，純資本ストックの値を求めるには，各期の投資流列から資本減耗額を除いた残りを合算すればよい．韓国では，1968年，1977年，1987年，それに1997年の4回にわたって国富調査が行われたので，本章では，それら各回の結果ならびに隣り合う2国富調査間における毎年の投資額を材料に，多項式基準年接続法（polynomial benchmark-year estimation method）によって資本廃棄率（もしくは資本減耗率）を求め，これを使って粗（もしくは純）資本ストックを求めた．国富調査が終了した後の1998～2013年間は，恒久棚卸法（perpetual inventory method）を利用して粗（ないし純）資本ストック系列を推定した．

推定の結果，韓国の（実質）資本・産出高比率（K/Y）の値は徐々に増大（1962年には1.55，1987年には2.28，そして2013年には3.83）したのがわかった．一方，（実質）資本装備率（資本・労働比率，K/N）も増加を続けてきたが，1998年の為替・金融危機以後はそのスピードが著しく低下した．

第11章　貿易（堀和生）

本章では，解放直後の米軍駐留期ならびに朝鮮戦争期における統計の混乱，朝鮮動乱直後から関税局設置までの統計制度的不統一と不備（過少申告による数値の矮小化等）など，統計資料の問題点とそれに伴う数値の不適正さが指摘され，改訂が施された．

改定が施された貿易統計を観察すると，朝鮮戦争終了後20世紀末までの韓国では，活発な輸出が経済成長の牽引役を務めたことがわかる．この時期には，輸出生産のための資本財には日本からの輸入品が多かったのが特徴的だった．第2次大戦前後における植民地期朝鮮ならびに解放後韓国の貿易は，ともに世界経済史のなかでも注目されるべき数々の特徴を持つ．

第12章　国民経済計算からみた戦後韓国経済の成長（表鶴吉）

SNA体系に従い，[11] 1953～2013年間の韓国のマクロ経済成長を跡づけると，次の3つの時期に特徴づけられる．⑴1962～1973年の輸出主導期（平均実質付加価値成長率9.8％／年），⑵1974～1997年の重化学工業指向期（8.7％／年），そして⑶1997年の為替・金融危機を契機とする1998年以降の低成長と構造調整期（1998～2013年の4.3％／年），がそれである．

マクロ経済の構成でみると，1955年に総付加価値額の32％を占めた第1次産業の割合は，1962年以降急速に低下し，1976年あたりには工業化を推進する第2次産業の比率（25％）に追い抜かれた．しかし1980年代末からは第2次産業の割合が増加することなく，「サービス経済化」が開始したことを物語る．

この間，労働者報酬は年率平均実質8.5％で上昇，これに対し利潤と財産所得も年率平均実質5.9％で増加した．1974年には，それまで潤沢だった労働がルイス（Arthur Lewis）のいう無制限的供給の状態を脱して（実質）賃金が上昇を始め，1980年代初期には労働分配率が40％を超え，逆に利潤・財産所得配分率は40％以下に転じた．

以上を欧米諸国と比較するなら，労働が相対的に潤沢気味（労働分配率の上昇速度が緩いという意味で）ではあるものの，全体として十分に肩を並べる経済実績ということができる．

［Ⅲ］　第3部：朝鮮民主主義人民共和国

第13章　北朝鮮の統計制度と公表統計（文浩一）

1948年の建国以来，統計業務は統計局（その所属や名称は時に応じて変更されたが）の管轄のもとにある．北朝鮮政府が管理する統計は業務統計が主で，調査統計は従の位置を占める．さらに，1960年を境に，政府は統計の公表に消極的になった．

北朝鮮の国民所得統計は，1946年以来，物的生

---

11)　第1次世代のSNAは1953年．本章の計算は2008年版による．

産体系（material product system, MPS）に基いて作成・公表されてきた．国連に加盟した1991年以来，GDP（GNP）も公表されるようになったが，政府はさらにその後2016年に，国連統計局の推奨するSNA体系の採用を決定した．

　経済部門別の公表統計で最も豊富なのは財政統計である．北朝鮮政府の財政収入は国家企業および共同団体の利益金ならびに減価償却費，不動産使用料，社会保険料ならびに財産販売ならびに価格差収入金だが，これらのうち大半を占めるのは国家企業利益金である．また財政支出は，人民経済事業費，人民施策費ならびに社会文化事業費，国防費，そして国家管理費からなる．

　財政統計以外で比較的豊富なのは農業統計だが，この統計は必ずしも定期的に公表されてこなかったことだけではなく，その統計情報量が十分かどうかにも検討の余地がある．

第14章　推計

第1節　人口（文浩一）

　北朝鮮では，1993年に，国連の協力のもとに第1回人口センサスが実施された．これ以前の政府による人口登録には，1970年代以後の男子については調査漏れ，また全期の女子については重複登録があるので，オリジナルな生命表を作ってこれを補正した．その結果，1975～1985年期の男子については公表数値の（平均で）3.8％の増加，また1960～1985年期の女子については公表数値の（平均で）3.1％の減少となった．

　他方，1995年の大飢饉の影響は公表されたことがないので，その規模を測定する．このため，1993年人口センサスをもとにした1994～2000年期の推測人口と同期の公表人口との差によって飢饉による（年齢別）推測死亡数を推測したところ，その規模はおよそ34万人であった．

　1948年の建国以来のトレンドをみると，北朝鮮の死亡率は（上記の大飢饉に至るまでは）減少を続けた．対する出生率は，1970年代を通して急速

に下落した．以上からみて，北朝鮮の人口転換は1970年代末に終了したと判断される．

第2節　北朝鮮の食糧生産統計（1946～1957年）：信頼性の検証（木村光彦）

　米国商務省がモスクワ経由で入手した北朝鮮の農業統計（1944～1957年）を整理・紹介した．これは，農業生産系列を対象に，植民地期北部（1941～1944年）と大戦後北朝鮮（1946～1957年）との連結を考える上で有用な統計情報である．[12] この両時期を比較すると，作付面積は（朝鮮戦争の時期にみられた増大を除けば）大きな変化はないのに対し，大戦後の生産量は大きく上昇している．すなわち，北朝鮮の政府統計によれば，その米生産量は1957年までには植民地期の最高水準を回復するに至った．これは，同時期の韓国で穀物生産量が大きく落ち込んだのとは対照的である．著者によれば，この時期の北朝鮮政府は，食糧生産量についての正確な情報を持ち合わせなかった可能性があるという．

第3節　北朝鮮の貿易（木村光彦・川野辺希美）

　北朝鮮は貿易統計を公表していないが，その様子は，国際機関ならびにソ連，中国，日本，韓国などの貿易相手国側の情報から知ることができる．それによれば，建国から1960年代初頭まではソ連との取引（武器・資材の輸入と鉱産物の輸出）が多く，朝鮮戦争後は東欧と中国からの援助物資が増えた．1966年以降は西側諸国との交易が増加したが，北朝鮮の外貨不足のため伸び悩んだ．これら諸国との交易額の相互比較は，為替換算が恣意的であるためむずかしい．

　日本との交易記録は1956年から存在する（機械類の対日輸入，鉱物・繊維製品などの対日輸出）．公的ルートによらない海外との輸出入が多かったと考えられるので正確ではないが，交易額は1960,70年代には増加，1980年代からは減少して増減を

12）　参考のため，公表された穀物統計の国連（FAO）報告との比較が表13.4.2に掲げられている．

繰り返し，その後1990年代後半に急減した．2006年10月以降は，北朝鮮のミサイル発射や核実験のため，対日貿易は日本政府によって禁止された．

第4節　北朝鮮のGDP推計（金昔珍・金炳稼）

韓国銀行をはじめ，IMF（International Monetary Fund，国際通貨基金）や世界銀行，各研究者らが北朝鮮のGNPを推計した試みは多いが，ここではそれらを改訂した新しい推計値（1954〜2007年）を紹介する．

本推計の特色は，成長率の検討に注力したことにある．まず1954〜1989年の期間は，北朝鮮の公表統計により，物的生産物（農業生産と工業生産）の対前年成長率を土台としてGNPの物的（実質）成長率を求め，[13] ここから実質GNP（y）を推定する．次いで，政府が継続的に公表してきた事実上唯一の統計である政府支出額（G）を使い，Gの対前年増加率（$\Delta G/G$）が名目GNP（Y）の対前年増加率（$\Delta Y/Y$）との間に一定の関係を持つと仮定してYを求める．[14] このYを，先に得たyで割ればGNPデフレーターp（マクロ経済の総合物価）が得られる．pに国際比較のための購買力平価（purchasing-power parity）による補整を施せば，1人当たりGNPの南北比較が可能になる．

ところで1990年以降は，政府が物的生産高統計を公開していないので，代りに韓国銀行発表による北朝鮮の農産物と工産物の生産系列を使い，前段と同様の手法によって実質GNP成長率を求めた．ついで，これと人口増加率ならびにMaddison［1995］の推計による北朝鮮の1954年基準購買力平価の1人当たり国民所得の数値を用い，後者を世界銀行の低所得国におけるデータによって市場為替相場に転換する作業を介して，1990〜2007年期間における市場価格表示の北朝鮮GNPを求めた．

以上の作業で推計した1954〜1989年期系列と1990〜2007年期系列とを接続して得たのが，統計表14.4.1に掲げた北朝鮮の実質GNP値および成長率である．

［Ⅳ］　第4部：長期系列

第15章　戦前戦後の接続

第1節　産業別接続インフレーターの推計（原康宏）

本節の目的は，第1部で推計された産業部門別の実質付加価値額（1935年価格表示）とGDP値とを2010年価格表示の系列に変換するための係数を算出することである．資料は溝口・野島［1996］の1918〜1983年を対象とする名目および実質系列と，韓国銀行の1953〜2016年を対象とする名目および実質系列である．両系列が得られる1963年の数値から，1935年価格表示の推計値を2010年価格表示にインフレートするための係数（インフレーター）を導き出し，3産業部門およびGDPのインフレーターを得た．このうちGDPインフレーターが，本章第3節における1人当たりGDPの戦前戦後接続に使用される．

第2節　南北分割比率の推計（文浩一）

本書で利用した（植民地期朝鮮の）人口の南北比は，南北両国の「軍事境界線」上に位置する京畿道と江原道とを面積的に分割して推計したものである．

ここにいう軍事境界線とは1950年5月25日〜1953年7月27日の停戦協定で定められたもので，停戦当時の互いの第一戦線を基準として地図上に記された．本節では，まず境界線の地図上の目測によって両道を面単位（行政区域単位，具体的には「里」の単位）で分割して，南北の比率を求めた．すなわち，上記境界線を記載した『最近北韓五萬分之一地形図』（高麗書林）と植民地時代の行政区域を記載した『朝鮮半島五万分の一地図集成』（学生社）とを用い，『古場名辞典』全10巻

---

13)　ただし，農業統計の一部は韓国銀行資料を利用．

14)　すなわち，$\Delta Y/Y = \alpha \Delta G/G$．一定期間中の$\alpha$値を推測するためには，政府が1966〜1988年間に折に触れて公表したNMP（net material product，純物的生産物）の値と毎年公表された財政支出額（第13章に引用）とを使う．

（北朝鮮・社会科学院編）で情報不足を補った.

南北の地域分割が完成した後，次いで，国勢調査基準の行政統計を用いて南北間の人口比率を推計した.

第3節　国内総生産と産業構造の長期推移とその国際比較（深尾京司・原康宏）

本書では，20世紀初頭から21世紀初頭に至る約1世紀間にわたり，朝鮮半島のマクロ経済統計（GDPおよびその構成要素）を新たに推計した. 本節は，その全貌をまとめて鳥瞰し，既存の同種推計結果と比較考証するとともに，米国，中国，台湾，インドならびに日本の長期系列と比べることによって本推計の特徴を探った.

本書で求めた人口1人当たり実質GDPの値は，既存の溝口・梅村編［1988］，金洛年編［2012］の両推計と比べて，植民地化初期で高め，逆に1930年代後半以降には低めの水準にある. 時期的な特質をみると，植民地期1930年代には，工業化はしたものの資本形成は1960年代以降の韓国と比較すると控えめで（おそらくは移入技術による比較的高度の資本集約度のゆえに）第2次産業の雇用吸収力が低かった. ただし，大陸部の工業基地として機能した北部地域は，南部地域に比べて第2次産業の対GDP生産高比率と雇用吸収力とが高めに推移した.

解放後の南部（韓国）における工業化が本格化したのは1960年代以降である. この時期以降では，韓国のGDPに占める第1次産業比率は急速に減少，第2次産業のそれは1980年代の高度成長期末まで急上昇した後，工業化過程の完了に伴って平準化の後低下した. 一方，第3次産業比率は，工業化開始以前の高めの水準から徐々に減退した後，工業化の完成に伴って明らかな増大傾向を記録した. また工業化過程における実質付加価値労働生産性は，第1次産業では緩やかに上昇，第2次産業では高度成長期までの急上昇の後減退，また第3次産業ではおおむね平坦で変化の少ない推移だった. ちなみに，産業構造の変化と人口1人当たり実質GDPの推移とを組み合せると，日韓両国の工業化過程には強い相似性が観察される.

一方，朝鮮戦争後の北部（北朝鮮）は，1960年代までは比較的堅調な経済成長を遂げた時期があったが，成長率はその後頭打ちの傾向を見せて，1980年代には中国に追い越され，ソ連邦が崩壊した1990年代後半以降には停滞期に入った.

人口1人当たり実質GDP（1990年国際ドル表示）の長期系列を植民地南部／韓国，植民地北部／北朝鮮，日本（植民地を除く），台湾，そしてインドの5者間で比較すると，1920年代における植民地期朝鮮の水準はインドのそれとほぼ並んでいた. しかし，台湾と韓国の成長率は，1960年代に日本とほぼ互角の勢いとなり，1970年代以降には「趨勢加速」を発揮して21世紀初頭までに日本の水準を追い越すに至った.

第4節　地域間経済格差と産業構造（深尾京司・原康宏）

本書の統計系列の1つの特徴は，その全期間にわたって地域別（道別）統計の整備と利用に留意したことである. 本節では，本書のこの特徴を生かして，朝鮮半島における20世紀初頭以後の約1世紀に及ぶ地域間の生産性や1人当たり所得の動向などを明らかにすることに努めた.

20世紀初頭における比較的顕著な地域間の所得格差は，植民地経営の開始とともにいったんは縮小の動きを示すが，その後，1930年代に至って工業化が開始すると，とりわけ化学肥料，金属精錬，発電などを中心に「重化学工業」的諸事業が北朝鮮を中心に拡大するに従い，北部対南部の1人当たり所得格差が次第に顕著になった. この動きは，第2次産業における資本形成活動（投資活動）が北部地域を中心に活性化したことと深く関係していた.

解放後の半島においては，とりわけ1970年代以降における韓国の急激な工業化に伴い，南部の実質所得が急増するとともに，経済の社会主義的発展を目指す北朝鮮では所得平等化が志向され，その結果として，南北間の生産性比ならびに実質所得比が解放前とは逆転する傾向が生まれた.

16 | 記 述 編

グレート・ブリテン，イタリア，スペイン，米国，日本，植民地期南部・韓国について1人当たり実質GDPと地域間経済格差の長期的な推移を観察すると，経済発展とともに一時は拡大した地域間格差が，その後縮小に向かったことが観察される．この限りにおいては，クズネッツの唱えた「逆U字仮説」が支持された．他の多くの国と同様に，豊かな地域で先行しやがて貧しい地域に波及する産業構造の高度化が，植民地期における格差拡大と，解放後韓国における格差縮小を主に生み出した．なお，1980年代半ばから2000年までの韓国では，重化学工業の地方での展開をおそらく反映して，豊かな地域よりも貧しい地域のほうが第2次産業の労働生産性がむしろ高くなるという興味深い現象が起きた．このことが，当時の韓国における変動係数で測った地域間格差を，かつて欧米諸国や日本が（人口1人当たりGDPでみて）同程度の経済発展レベルであった際に経験した地域間格差と比較して，小さくした可能性がある．

（第1節〜第2節：尾高煌之助・斎藤修）

第1部　植民地期朝鮮

第 1 章

統 計 制 度

1　植民地化以前の経済：統計記録と経済実績

植民地期とそれ以降の経済の変化を理解するために，植民地期以前の経済の実態と実績についての知識は不可欠である．以下では，利用可能な数量指標にもとづいてその根拠となった歴史的資料の解説をし，併せて若干の観察および筆者の解釈を示したい．[1]

［Ⅰ］　19世紀の主要経済指標

理解の便宜のために，1910年の推定値と，19世紀の変化とを勘案する値として開港前経済の頂点期を含む1800年，開港した1876年，そして植民地へ転落した1910年をベンチマークとする主要経済

表 1.1.1　主要経済指標（1800年頃，1876年頃，1910年）

	1800年頃	1876年頃	1910年
(1)農耕地（万町歩，カッコ内は田地）	415(140)	415(140)	425(147)
(2)玄米生産量（万石，日本量器による）	1,100	1,000	1,150
(3)人口（万人）	1,600	1,600	1,700
(4)農業従事者比率（%）	85	85	87
(5)都市化率（%）	2.5	2.6	3.8
(6)定期市	1,060	1,030	1,080
(7)貿易依存度（%）	0.8	1.5	16
(8)1人当たり GDP（1990年国際ドル）	600	580	630
(9)書堂	10,000	10,000	16,000

（注）　(1)　農耕地：『度支田賦考』・『万機要覧』・『度支志』の田畑結数のデータ，土地調査事業によって実測された1918年の耕地面積，そしてその前の開墾推移を勘案した．

(2)　玄米生産量：1910〜1904年間の平均玄米生産量が1,200万石という金洛年編［2008］表Ⅱ-2の推計が少し過小評価されたとみて，1910年の生産量を推定した．開港後の米輸出と米価上昇によって，田の面積が増加しただけではなく，田の集約生産の進展と日本品種の導入によって田生産性が高まったことを考慮して，1876年を推定した．1800年頃の推定は田の地代量の推移に関する研究（李榮薫［2012］）がみせた18〜19世紀の下落勢が過大評価されたという批判，実質田価の推移に関する研究（車明洙・李憲昶［2004］），飢饉の頻度に関する研究（金載昊［2001］），そして人口動向を考慮した．

(3)　人口：1910年の人口数は朴二澤［2008b］の推定による．朝鮮人のみの値である．1800年と1876年は戸籍とか族譜に依拠した研究における人口推移，18〜19世紀における家戸の耕作規模が零細化した趨勢をみせる研究，そして経済動向を考慮に入れて推定した．

(4)　農業従事者比率：1910年の推定は1909〜1910年の民籍調査の職業データ，そして『朝鮮総督府統計年報』所載の1915年末「現住朝鮮人戸口職業別」データ等による．1800年と1876年は産業動向を考慮に入れて推定した．

(5)　都市化率：人口1万人以上定住地人口の対総人口比．李憲昶［2006］表1所載の都市化率を上記(3)の全国人口値によって再調整した結果である．

(6)　定期市：1470年頃に出現して以来，地方の定期市の数は着実に増えて18世紀中葉までには1,000個所になった．李憲昶［2004］p.138，表3-1（『東国文献備考』，『林園経済志』，そして『朝鮮総督府統計年報』にもとづく）による．

(7)　貿易依存度：財貨貿易額の対 GDP 比．金銀を含む財貨貿易額は1910年の8,016万円，1911年9,991万円であり，1911年貿易のGDP に対する比重は19.4%であった（金洛年・朴基炷・朴二澤・車明洙編［2018］表 N1，表 V153-154）．これを勘案して1910年の水準を推定した．1876年は李憲昶［2004］による．これと貿易動向を勘案して1800年の水準を推定．

(8)　1人当たり GDP：金洛年編（［2008］p.343）は1911年の1人当たり GDP が626ドル（1990年国際ドル換算）であったと推計したが，同上書，p.382（表 I-1）の1912〜1914年間の3カ年平均成長率が6.1%であったという推計は過大評価の可能性があるとみて，1910年を推定した．朝鮮の経済水準を考慮して，1800年の水準を，アンガス・マディソンが推計した1820年大韓民国の600ドルとする（Maddison［2003］Table 5c）．そして指標(2)などを考慮して，1876年頃の水準を推定した．

(9)　書堂：『牧民心書』によれば，書堂は4〜5村ごとに存在した．朝鮮の書堂は日本の寺小屋のような私塾であった．『戸口総数』（1794年）に収録された全国町村（「洞里」）数が39,456，そして『朝鮮総督府統計年報』によれば，1910年末の洞里数は68,819であったことからみて，1800年頃に書堂数は10,000に達したとみられる．1910年は『朝鮮総督府統計年報』の1912年3月の値による．

---

1)　いっそう立ち入った検討の詳細は，本書付属の CD-ROM に（同じ章題で）収録してある．

指標を示す（表1.1.1）．1800年頃と1876年頃の統計がない，あるいは過少評価の場合，その推定には近い時期の統計を考慮し，併せて1910年の公的数値を掲げる．このうち開港は，1876年の朝日修好條規にしたがい，日本の開国のように，科学・市民・産業革命を成し遂げた欧米の近代文明に対し全面的に門戸を開放した近代の起点という意義を持つ．1910年の推定値には，朝鮮総督府の統計があるので大きな問題はない．

［II］　朝鮮王朝時代における記録と統計の特性

　5世紀前後に高句麗・百済・新羅の三国が領土国家に転換して以来，国政のために統計が出現した．日本の正倉院に所蔵されている統一新羅の文書は，村落を単位として戸（＝孔烟）の構成，人口と奴婢との構成と変動，そして牛，馬，田，畑，麻畑および桑・栢子木・秋子木の数と変動を収録する．記録物は朝鮮王朝期（1392〜1910年）に入ると増え，17世紀以後の朝鮮後期にはいっそう増加した．朝鮮王朝初期における集権国家体制整備と18世紀の政治発展は，官撰記録の整備と増大をもたらした．朝鮮王朝の記録を所蔵する代表的な機関は，韓国ではソウル大学校の奎章閣と韓国学中央研究院の蔵書閣で，日本では東洋文庫，東京大学東洋文化研究所と京都大学の河合文庫がある．

　朝鮮王朝が作成した代表的な全国統計は戸口と農地に関するもので，戸口調査は戸籍に，農地調査は量案に掲載された．1432年の『新撰八道地理志』を増補して1454年に完成した『世宗実録八道地理志』は，郡縣道別に戸口・軍役者・田・畑の統計，塩・鉄および陶磁器の生産地を収録している．18〜19世紀には全国的財政統計が作成され，1808年の『万機要覧』からは中央財政・軍政の詳細が把握できる．1794年の『賦役実摠』は，各営・邑が納めた各種税目が中央・地方官署別に配分された内訳を報告している．王室も1792年以降，詳細な会計簿を残した．時系列統計書としては，『度支田賦考』が1684年以降の耕地と中心的財政官署である戸曹の収支統計を，また『度支別貢』

が1809〜1858年間に戸曹が市場価格に近い値段で元貢から調達した別貢の統計を収録する．『度支準折』は，中央官府の調達物資の価格を中心に財政の運営に必要な内容を収録した．現在発見されたその6種は，19世紀のそれぞれの時点における調達価格を報告する（後代のものは，4,000個程度の物価を収録）．『祈雨祭謄録』は，水標と測雨器によって測定された1636〜1889年間のソウルにおける降雨量を記録して現代の観測値に続くため，ソウルは世界で最も長期間の雨量データを持つ．開港後には，海関が貿易統計を整備した．1894〜1895年の改革後には，近代的公文書様式が導入され，そして予算統計が整備された．

　朝鮮王朝の代表的な編年体の官撰記録である『朝鮮王朝実録』，『承政院日記』，『備邊司謄録』および『日省録』は，政治記録が中心だった．経済統計は少なく，財政資料だけが豊富で，1776年以降に京各司各営が提出した“会計簿”である「時在」統計が『実録』と『日省録』に載せられたことは注目される．ちなみに，『実録』の天変災異記録25,201件からは，16〜17世紀小氷期仮説が提出された（李泰鎭［1996］）．

　上記のような記録の様相は，儒教の統治理念を反映していた．朝鮮王朝は建国直後から法制を整備して，“萬世成法”の統一法典である『經國大典』を1484年に完成し，それ以後も法制を持続的に修正・補完した．これによって財産権などの制度が発展した．国家の大事に関わる事実を整理した『儀軌』は，1601〜1910年間に608種が残っている．これらからは，賃金等の経済統計も得られる．朝鮮王朝の使臣団による中国見聞録は500件を超えており，これほど持続的かつ夥しい外国見聞記は世界史でも珍しいものである．このような先進文明に対する学習熱意に支えられて，朝鮮の国家体制と科学とは15世紀中葉までに，また儒学と経世学とは1570年代までに，中国と対等な水準に到達した．また，1607年から1811年まで12回にわたって日本に派遣された通信使の一員は，70余件の見聞録を書いた．

　朝鮮においては，領土国家が早くから成立した

反面，市場の成長が緩慢であったので，官撰記録が民間記録よりも目立った．経済力を掌握しかつ文官職進出権を独占した両班層が記録の生産をほぼ独占したからである．儒学が発達し，政治論議が活発化するにつれ，両班層が文学・哲学・政治論などの記録を文集として残したものは1万件程度に達すると思われる．彼らの日記も続々と発見されている．韓国学中央研究院は，両班家らと書院（儒学者の学問研究と先賢祭享とのための機関）らが残した重要な記録物を『古文書集成』として出版し，2017年12月にはその第120巻が出た．その第35巻（巨済舊助羅里篇）だけは，平民を中心とした記録物である．1678年以後，鋳貨である銅銭が全国に普及し，それに伴い民間の物価記録が本格的となった．日記は物価を，そして秋収記は田地代量の時系列データを提供する．両班の門中，契（共益組合），書院等が残した会計報告等は，物価・金利等の時系列データを提供する．会計重視は朝鮮王朝期の文化であった．しかし，両班の長期間家計出納簿は，慶北醴泉の朴氏家の1841年以後のものだけが発見された．

朝鮮後期には，両班と常民の間に位置した中人層が相当な文書を作成するようになった．御用商人であった市廛の同業組合のひとつである綿紬廛は，対官取引の膨大な文書を残した．貧しい行商であった褓負商の団体は，内部結束をみせる相当な文書を保存した．しかし，商人の市場取引文書の保存意識は薄かった．商業力量が最も高かった開城商人の帳簿は，四介治簿法という初歩的複式簿記を残している．財産権の成長にともない，多様な物種の売買契約書が作られた．朝鮮後期のものが主であるが，土地売買文書が約6万件残っている．[2] 要するに，商人を含む平民の文書は徳川日本よりずっと少なかった．朝鮮後期に市場生産の書籍が増えたが，開港以前のものとして確認されたものは100種に及ばない．開港後には新聞，雑誌等が刊行されるようになり，新たなデータ・ソースとなった．

［Ⅲ］ 朝鮮王朝時代における経済の成長と変動

(1) 朝鮮王朝時代における経済成長

1392年の人口を555万とする権泰煥・愼鏞廈［1977］の推計は，概略的であるが最も信頼できる．1910年の人口は1,700万であった（表1.1.1）ので，複利法によって計算される518年間の年平均人口増加率は0.2%であった．1444年に制定された貢法は田1結当たりの平均収穫高を米240斗とした．『度支志』・『牧民心書』・『經世遺表』によると，1800年頃田1結当たりの平均収穫高は米600斗程度であった．表1.1.1の（2）に記された変化，1392〜1444年間の変化，そして稲麦二毛作の普及も合わせて考慮すると，朝鮮王朝時代に田の土地生産性は3倍程度増加したとみられる．畑の土地生産性は田のそれよりも低くて，2倍程度増加したとみられる．農耕地が増加したので，農産物生産は3倍程度増加したであろう．商工業も成長した．したがって，朝鮮王朝時代にGDPは3倍程度増加して，経済成長率は0.2%倍程度だったといえよう．朝鮮王朝時代に人口とGDPの成長率は同程度だったので，生活水準は大きく変わらなかったはずである．

(2) 開港前の経済循環と経済実績

前近代経済の一般的様相と同様に，朝鮮王朝時代の経済循環は基本的に人口・食糧資源比率の変化に起因した．朝鮮王朝はその創建後，国境と海岸における平和を回復し，制度を整備した．高麗末・朝鮮期初め，連作法の全国的普及にともなって農業の生産性が上昇し，開墾が進展した．それゆえ，15世紀は人口と経済の大拡張期であった．しかし16世紀には開墾が隘路に直面し，人口圧迫が出現したので生活水準が下落し，人口増加率が鈍化する沈滞期に入った．1592〜1598年と1636年の戦乱で人口が100万人程度減少した後，荒廃した農地が徐々に復旧，田植法の普及などで農業生

---

2) 朝鮮王朝における記録の生産と保存に関しては韓国古文書学会［2006］（『古文書研究』28）に収録された特集論文等を参照．

産性が増加し，大同法で租税制度が改革され，貿易の活況，銀貨の流通に次ぐ銅銭鋳貨の全国的普及などによって市場が早い速度で成長したので，ふたたび人口が増加し，経済が成長する拡張期を迎えた．

16世紀から増加趨勢にあった国際貿易は，18世紀前半には減少に転じた．18世紀には人口の増加と経済の成長とが鈍化した．経済の拡張局面は18世紀後半には終り，19世紀には経済の沈滞ないしは後退を経験した．田の土地生産性は，18世紀に頂点に達し，19世紀には水利の悪化などによって下落した．1世紀以上にわたって安定的だった物価が1860年代から急速に上昇したのは，このような供給側の困難にも起因したものとみなされている．19世紀には，ふたたび人口圧力が高まり，租税制度が紊乱したので，生活水準が下落した．このような経済循環と租税制度の変化を反映して，財政は朝鮮王朝の創建後の半世紀には顕著に好転したものの，16世紀には悪化した．17世紀後半に改善された財政は，19世紀にはふたたび悪化した．

ここで，開港前の頂点である18世紀後半の経済状態を比較史的に概観しよう．この時期，1 km^{2}当たりの人口は70人を超えた．産業革命以前における朝鮮は，西ヨーロッパ，日本および中国の先進地域と共に，世界で最も人口密度の高い地域であった．これは農業技術の発展を反映していた．けれども，農業従事者比率が就業者数の85％程度（表1.1.1の（4））であったことからわかるように，職業分化は進展せず，典型的な小農社会であった．都市化率は世界的に最も低いグループに属していたが，定期市の密度は1 km^{2}当たり50カ所程度で，逆に最も高い事例の1つであった（表1.1.1の注（6））．

18世紀における物価の連動性からみた市場の統合度は，水運等で結ばれた遠隔地間では相当高かったものの，陸路交通の高い取引費用は市場の統合を制約していた（李栄薫・朴二澤［2004］）．し

かし，財産権などの制度は発展していたほうである．記録物と教育（表1.1.1の(9)）の面からみた人的資本の蓄積と外国見聞記の面からみたキャッチ・アップを支える社会的力量とは低かったとはいえない（李憲昶［2013］pp.144-158）．

19世紀前半に朝鮮が直面したのは，単なる景気沈滞ではなく，金肥の利用，山林制度の改革，そして水利施設の整備がなければエネルギーと食糧生産の増大が困難な局面であった．農村市場密度や都市化率が増加趨勢になかったのは，既存の国際的・国内的交易関係のもとではいっそう高い次元の商業発達を期待し難い状況にあったことを示している．この限界は，近代文明に門戸を全面的に開放する開港によって克服された（李憲昶［2004］pp.254-256）．

朝鮮経済の重大な弱点は市場発達の低水準にあり，このため分業と技術の発展が制約された．この原因は何であったろうか．まず第1に，日本とは違って，市場の成長に先立ち早くから中央集権国家が成立していたが，これによって整備された現物財政体制が市場活動を駆逐した．第2に，中国中心の朝貢・冊封体制に深く編入されており，民間貿易に対する規制が強く，海禁が施行された．朝鮮の市場規模は中国に比べて非常に小さかったから，中央集権化と海禁とは市場の成長にとっていっそう不利に作用した．[3] これら2つの要因ゆえに，朝鮮王朝期の市場は建国とともに縮小し，低水準から出発した．16世紀になると市場は成長したが，ダイナミックな発展には至らず，18世紀になっても比較史的に低い水準で成長の限界に直面したのである．

朝鮮経済のもう1つの重大な弱点は，少なく収納して支出を節約する朝鮮国家の方針のため貧弱になった財政であった．18世紀後半における中央官府と王室の公的総歳入は米に換算して60万石程度であり，[4] GDP の1.3％程度であったと推定される．そのうえ19世紀には財政事情が悪くなって，

---

3) これとは対照的に，徳川日本は，鎖国政策にもかかわらず幕藩体制による縮小型世界経済に支えられて，市場のめざましい発展を成し遂げた（李憲昶［1999a］）．

4) 官府を経由しない王室私財政も含めると70万石程度であった．

第1章 統計制度 23

開港後は近代化事業と軍事力の増強のための財源が足りず，自主的近代化に深刻な障害を与えた．

(3) 開港期（1876～1910年）の経済発展

19世紀前半，沈滞（ないし後退）を経験した経済は，開港後に成長局面へ転換し，さらに経済成長率は上昇趨勢となった．開港期の経済成長を生んだ主な原動力は，近代世界市場への編入による貿易発展であった．外交に従属した管理貿易体制の崩壊による自由貿易体制の成立と近代的貿易施設の整った開港場の増設とは，貿易市場の構造を変革させ，貿易規模を急増させた（表1.1.1の注(7)）．稠密な農村市場も貿易成長を支えた．米・大豆・金の輸出増大と価格上昇とは，これら産物の生産を増大し，19世紀末からは田の生産性が上昇へと転じた．織物輸入の急増は，家内織物業の急速な解体を生んだが，これは都市織物業の成長のための市場拡大要因となった．交易条件の改善をともなう貿易の急増は，経済成長と生活水準向上をもたらした主な要因である．汽船・銀行・電信など近代的施設の利用は，市場を成長させ，さらに非貿易品の商品生産も増大させた．開港場の増設によって都市化率が上昇，定期市も19世紀末から増加趨勢に変わった．1879年以後の種痘法の普及が重要な契機になって，人口も増加局面に転じた．開港期は，人口と1人当たりGDPの増加率が共に上昇する局面を迎えた（表1.1.1の注(3)と(8)を参照）．

開港期は，経済を包含した社会全般の変革期であった．科学・市民・産業革命の成果である近代文明を志向する開化思想が社会に拡散した．1880年からは近代的な技術と制度を導入する開化政策が推進された．1880～1881年の日本視察は，近代化のための開化政策への強い刺激を提供した．1880年から派遣された中国・日本・米国への留学生，そして外国から招聘された顧問官・行政官・技術官・教育官・軍事教官は近代的知識をもたらした．汽船，鉄道，銀行，通信等をそれらの創成期に初めて利用したのはほとんど外国人であったが，朝鮮人も漸次これらを利用するようになった．

外国人による会社と機械化工場の開設も朝鮮人に学習の機会を提供して，朝鮮人による会社・汽船業・銀行・機械化工場が出現した．植民地化の危機のなかで，近代学問を学ぶ私立学校が設立され，1905年には高等教育機関が設立された．伝統的な初・中等教育機関である書堂も増加した．欧米の近代文明に門戸を開放したアジアの国々の中で，朝鮮よりも貿易成長，経済成長率の上昇，そして近代思想の拡散が早い速度で進行した国家は，日本を除いて捜すことはむずかしい（李憲昶[2010] pp.275-287）．

しかし植民地化以前には，近代経済成長に進むことに対する深刻な制約があった．近代化政策を効果的に推進するには，企画・推進力量だけではなく財源が不足した．地税中心の歳入構成を脱皮することができず，農地の把握が依然として不徹底であったので，財政改善の成果が不十分であった．企業家の力量だけでなく，民間資本も不足した．市場の低い水準と朱子学の強い支配とが相互作用しながら企業家力量と官僚改革力量との成長を妨げたことは，近代化のための時間が足りない開港期の重大な弱点になった．朝鮮人の近代的経営は，国家の保護育成策が不十分なうえに，不平等条約の下で資本・経営力の優越した外国企業と苦しい競争をしなくてはならず，順調な成長基盤を確保することができなかった．

(4) 20世紀の経済成長に対する朝鮮王朝時代の遺産

溝口・梅村編[1988]と金洛年編[2008]とは，どちらも推計が得られる1912年以降の経済成長率を3％以上とする．日本の保護国になってから7年が過ぎ，日本の植民地になった直後から持続的経済成長期に入ったということは，いまだに初期統計の過少評価の可能性を残しているようにも思われる．しかし，初期統計が過少評価されているとしても，朝鮮はいち早く3％ほどの持続的成長に到達したとみなければならない．これは，近代成長へ移行するための基盤が，植民地化以前の時代に相当程度醸成されていたことを示唆している．

開港前に小農経済と農村市場が発達して社会的力量が蓄積されており，開港期は近代経済成長への転換を準備した構造変革期であったといえる．そして植民地権力は，日本資金の投入と財政改善によって，1905年から社会的間接資本を活発に構築し，日本からの民間資本の流入も漸次増大したから，朝鮮は持続的成長へ到達する期間を短縮できたのである．1960年代以降の韓国高度成長の基盤は，朝鮮王朝時代，開港期，植民地期，そして解放後の16年間を経ながら，段階的に蓄積されたと考えられる（李憲昶［2004］pp.545-555）．

（李憲昶）

2　朝鮮総督府の統計制度

［Ⅰ］　朝鮮王朝時代との差異

朝鮮時代の統計行政と朝鮮総督府（以下，総督府）の統計行政との差異は，大きく以下の2つである．

(1)　統計専門担当部署の独立性

朝鮮の統計は，近代以前には戸口と田制に関するものが中心であったが，行政報告制度は整えられていた．たとえば，1870年代と1880年代初めには統計院が設置され，甲午改革を機に内閣制になってからは統計局が置かれ，各部（省）と地方政府にもそれに準ずる統計専門担当部署が設けられた．中央の統計局と各部（省）と地方政府のそれぞれの統計機関は独立に運営されていた．

これに対して総督府は，統計機関を独立させず，総務部の文書課などで統合して集中的に管理運営した．

たとえば，1911年2月22日の訓令第16号の「統計事務取扱方」では，各部局には統計主任を置くこととし，その任命の際には文書課長に通知しなければならず，文書課長は，統計事務に関して統計主任を直接指揮することができ，各部局と所属官署から総督と政務総監に提出される統計書類は文書課長を経由することを規定するなど，統計報告と対外公表の最終的な決定権限は文書課長に集中させた．また，地方の道と市郡の末端組織にいたるまで統計主任を配置し，中央集権的に収集と編纂を行った．

(2)　報告例体制

報告例は，総督府の運営計画と法令の実施を評価するための基本資料としてだけでなく，諸般業務の主要指針でもあり，その利用は広範囲に及んだ．報告例制度は1911年1月9日に公布された警務総監府訓令甲第1号の「普通警務報告例」に始まる．当時の報告事項は即報（当日報告事項として保安など各種取り締まりと災害関係など14個表），月報（24個表），半年報（20個表），年報（32個表）に区分されていた．総督府報告例はこの警務報告例を一般事項とし，報告時期に月報と特報を追加して1911年6月15日総督府訓令第55号として発令された．その内容は全15条と別冊甲号および乙号で構成されている．報告例の別冊基準は，甲類と乙類に分かれている．甲類は本府と道をはじめとする地方官署の業務属性により報告する事項であり，乙類は総督府の付属官署別官庁単位の属性により報告する事項である．各報告書は，報告例，表番号と表題，内容，記載上の注意などで構成されている．

報告例によって作成された報告書は，各所属部署の統計主任を経て最終的に総督府文書課（総務課，調査課，企画課と改称）に送られて各種の年報や報告書として発表された．

報告例の1933年と1937年は大幅に改正された．とくに1937年の改正では，従来は報告期別で所属官署報告事項の形式的関係を重視した点を，下級官庁から実務報告される内容を中心とするものに変更した．

しかし総督府末期になると，調査統計はもちろん報告例による行政統計も戦時保安の一環として

第1章 統 計 制 度　25

表1.2.1　報告例掲載の資料を利用した主要刊行物

タイトル	発行年	備考
朝鮮事情	1934～1944年	最近朝鮮事情要覧1911～1922年，朝鮮要覧1923～1933年の続刊
朝鮮経済事情	1911～1940年	
朝鮮の人口統計	1935～1939年	
農業統計表	1922～1942年	
朝鮮の農業	1921～1942年	
朝鮮の産業	1921～1935年	
朝鮮の林業	1921～1940年	
林野統計	1929～1942年	
朝鮮の水産業	1929～1942年	
朝鮮水産統計	1921～1943年	
工産統計	1926～1941年	
朝鮮貿易年表	1911～1943年	（朝鮮貿易年報も刊行，1914～1937年）
朝鮮貿易要覧	1910～1933年	
施政年報	1908～1944年	
統計要覧	1921～1925年	
統計年報	1907～1942年	

（出所）　韓国統計庁［1992］.

報告事項が大幅に減ったばかりか，これさえも敗戦で日本人役人が退却する際に相当部分が廃棄・紛失された.

［Ⅱ］　朝鮮総督府の統計利用上の注意事項

（1）　労 働 統 計

①有業者統計

　植民地期統計の有業者とは現在の就業者に対応する概念であるが，現在の労働力調査方式による就業者とは必ずしも一致しない.

　植民地期の職業別有業者統計に関する主要調査としては，戸口調査と国勢調査がある. その他にも製造工業で働く従業者の実態については「報告例別冊」の「工場表」による調査が参考になる.「工場」統計は，1911年から1918年までのデータは『朝鮮総督府統計年報』（以下『統計年報』と略記）から，1924年から1928年までは『朝鮮経済雑誌』から，1933年から1935年までは『朝鮮総督府調査月報』から，1939年は『統計年報』の「工場」表から得ることができる. また，5人以上を雇用する工場の従業員数を詳しく調べるうえでは『統計年報』の「工場」表と『朝鮮労働技術統計調査結果報告』が参考になる（ただし，同調査は

1941，1942，1943年の3回のみ）.

　戸口調査は，毎年の職業別有業者数を性別，民族別，道別にまとめている. 有業者は，戸を基準に戸主とその家族の職業を把握している. 国勢調査における職業調査は1930年と1940年に実施されているので，2時点間ではあるがクロスセクション資料といえる.

　国勢調査は，個人を基準に職業別有業者を把握している. 有業者数は季節別に差が大きいので，その利用には注意が必要である. 戸口調査の調査時点は毎年の12月末日であるが，国勢調査は10月1日基準である.

a）　戸口調査を利用する場合

　戸口調査は1910年（朝鮮人は1912年）から1943年にかけて現住戸口の職業を調査したものであり，『統計年報』に掲載されている. 職業に関しては時期により若干の差はあるが大分類（農林牧畜業，漁業および製塩，工業，商業および交通業，公務および自由業，その他有業者，無職業または非申告者）でまとめられており，戸数と人口の民族別と道別の内訳がわかる.

　人口に関しては主業者，その他有業者，無業者の基準で性別に区分している. 朝鮮総督府報告例

によれば，主業者とは一戸で生活の主となる職業に従事する者であり，その他有業者とは主業以外の職業を有している者と規定されている．

しかし，報告例では大分類以下の詳細な職業内容を提示することを要求しておらず，1916年以前は民族別の区分もされていない．また，有業者の調査は本業と家族の2つの項目に限られ，業務形態別に主業者，その他有業者，無業者に分類している1917年以後と異なるという問題がある．

戸口調査を利用して有業者数を分析する場合には，戸主と職業が一致しない家族については留意しなければならない．なぜなら，戸口調査は第1次的には戸主の職業を調査することであり，戸内の家族については戸主と職業が同じ場合は戸主とともに「主業者」とし，職業が異なる場合は「その他の業務を持つ者」として把握するにとどまっているので，職業別有業者数を推計するためにはその他の職業を持つ者がいかなる職業に属するのか推定する必要がある．

b)　国勢調査を利用する場合

国勢調査は1925年から5年ごとに実施されたが，そのうち職業調査が行われたのは1930年と1940年のみである．1930年は詳細な職業まで調査し，大分類としては農業，工業，商業などの産業的に分類された．しかし1940年は経営者，事務者，技術者，作業者のような職業分類になっており，彼らが属した産業に関する情報もあるが，1930年の分類に完全に対応させることはできない．そして，1930年には本業だけでなく副業についても調査をしているが，1940年には本業だけを調査している．また，1940年の調査については『結果要約』が公刊されているだけなので，職業の中分類までは推計が可能だが，それ以下の詳細な内訳はわからない．なお，1944年5月1日に実施された国勢調査（正式名称は「資源調査令」による「人口調査」）では経営者，事務者，技術者，作業者，公務自由業およびその他有業者の分類による有業者数は調査されているが，それ以上の職業の詳細はわからない．

②賃金統計（賃金データの調査範囲）

朝鮮銀行や京城商工会議所などの文献に掲載されている賃金の調査資料は，職種の数が少なく，対象地域もソウルに限定されているという限界がある．それに対して『統計年報』は，調査期間が1906〜1943年と長く，全国の主要都市を対象に調査している．また『統計年報』では賃金ばかりでなく物価も同じ様式で調査されているので，整合的な実質賃金を求めることができる．

「報告例別冊」によれば，1925年以前には1年に4回（3，6，9，12月），その後は毎月指定された職種に対して月平均賃金を調査し，その年の年平均賃金が『統計年報』に掲載された．調査対象職種は，時期により異なるが，1918年の場合は50種，1926年は39種，1934年は37種である．一部職種（農作夫，杜師，醤油製造職，下男，下女，下級船員など）を指定して，賄いが提供される場合の月給を調査しているが，それ以外は賄いなしの日給を調査している（1934年「報告例」）．調査対象者は「男女ともに壮年者中で技倆中等である者」に限定している．調査対象地域は，1925年以前には「道および府所在地」としてすべての都市が調査に含まれていたが，その後にはソウルをはじめとする8都市（京城，木浦，釜山，大邱，平壌，新義州，元山，清津）に限定された．したがって，このデータが示すのは都市の賃金であり，農村の賃金は含まれていない．

1925年以前と1926年以後とでは，データ数に変化があることに留意しなければならない．1925年以前には調査対象は24都市であったが，1926年以後には8都市に減った．調査職種数も50種前後から37種前後に減った．その結果，朝鮮人の賃金データは1910〜1925年は年平均659個（日本人は724個），1926〜1942年は年平均258個（日本人は235個）が存在する．

日本人と朝鮮人の賃金の調査内容はほぼ同じであるが，女性の賃金は下女と農作婦の2つの職種のみである．

また，『統計年報』の「賃金」表を利用する際，各賃金に該当する職種の労働者数がどれくらいな

のかわからない．したがって，平均賃金を推計するためには労働者数を加重値情報として利用する必要があるので，各賃金データに対応する労働者数を推計する必要がある．

(2) 人口統計

　人口統計の基本は，国勢調査と人口動態調査である．1925年，1930年，1935年の国勢調査において，年齢別人口は朝鮮人と外国人に整理されていないが，5歳階級別人口では民族別で区分されている．1940年国勢調査には，朝鮮人の年齢別人口が収録されている．資料を利用する際には年齢が陰暦基準となっていることに注意する必要がある．たとえば，国勢調査の場合は，すべて陽暦10月1日を基準として実施されたが，各年の陽暦10月1日に該当する陰暦はすべて異なるので，陰暦基準の年齢を使うと各センサスの年齢区間が正確ではなくなる．参考として各年の国勢調査日の10月1日に該当する陰暦日は1925年には陰暦8月14日，1930年は陰暦8月10日，1935年は陰暦9月4日，1940年は陰暦9月1日である．

　出生，死亡，婚姻と関連した人口動態統計は，1910年から1937年までは年齢区間別統計として『統計年報』に掲載され，1938年から1942年までは年齢別統計として『朝鮮人口動態統計』に掲載されている．

(3) 農林業統計
①農業統計

　農業統計のうち，1910年から1940年までの農作物と養蚕，家畜などの生産量と生産額は，朝鮮総督府『農業統計表』1940年版が基本となる．農業統計表には，牛と豚は生産量自体は載せられていないが，現在頭数の差にと畜数を合わせれば，当該期間の生産量を計算することができる．牛と豚以外の畜産業および養蜂業の生産量と生産額は，『統計年報』が最も豊富な情報を含んでいる．そして1941年から1944年までの農作物統計は，韓国農林部の『農林統計年報』1952年版から入手できる．『統計年報』1942年版からも栽培業の一部の野菜と果物の生産量を得られるが，穀物統計量は太平洋戦争勃発以後には機密扱いとなり，入手できない．また，1943年と1944年の畜産業，養蚕業，養蜂業の統計は不完全であるので，1942年以前の資料と1945年以後の資料を利用して推定しなければならない（朴燮［2012］）．

　米穀生産量については，つぎの点に注意する必要がある．1936米穀年度（前年度の11月から当年度の10月まで）から1936年米穀生産高調査要綱によって生産量の調査方法が行政報告から実地調査に変わった．1936年度米穀生産量が発表された直後に行政報告と実地調査による収穫量の差を検討した大川・東畑［1939］によると，実地調査のほうが約400万石も増えたという．したがって1935年以前の米穀生産量は過小集計されていたのである．

②林業統計

　植民地期の林業に関しては『統計年報』（1910〜1942年，ただ1921年は資料なし）と『林野統計』（1927〜1942年）に掲載されている．当時の木材体積を測定した材積単位としては，『統計年報』と『林野統計』は1910年から1932年までは尺締を，その後は立方メートル（m^3）を用いているが，朝鮮と日本の木材貿易量を調査した日本の「木材需給状況調査書」では石（コク）を使っている．参考として1尺締は1.2石であり，0.334立方メートルとなる．すなわち1立方メートルは2.995尺締となる．したがって，朝鮮総督府農林局が1940年刊行した『朝鮮の林業』の凡例には1立方メートルが35.937尺締と表記されているが，誤記と判断される．また，『林野統計』の産業用材の材積は立木材積であり，『統計年報』の産業用材の材積とは異なる．したがって『統計年報』を利用する際，立木材積で換算するためには利用材積を立木材積で割った比率である「造材率」が必要となる．原木の場合，当時は0.6を造材率として使ったので，『統計年報』の材積資料を0.6で割って換算すれば，両資料を比較することができる．産業用材生産量の資料は，当時は山林で伐採をする場合，行政機関の申告または許可を受けなければならなかったことから，それなりの信頼性はあるといえる．

28 ｜ 記述編　第1部　植民地期朝鮮

『統計年報』の燃料材統計については，1933年から「枝葉及其の他の林産燃料」の項目に，天然自生する広葉樹および雑草を指し示す柴草の統計値が含まれて作成されている．これは柴草の定義が曖昧で，柴草採取の名目による盗伐と濫伐が広がり，総督府がこの用語の使用を禁止したためである（裵在洙［2005］）．

（4）鉱工業生産統計

①1940年代以前の鉱工業統計

植民地期の鉱工業に関する基本的統計資料は，『統計年報』である．鉱工業部門の生産統計は調査方式や範疇などで一貫性がなく，調査の正確性にも短所があるが，『統計年報』から幅広い情報が得られる．しかし，『統計年報』には統計が漏れたり類別合計額だけ提示されたりする場合があり，『朝鮮総督府官報』と京城商工会議所の『朝鮮経済雑誌』（1932年2月号からは『経済月報』に変更）を参考にしなければならない．また，植民地期は官営工場の生産比重が大きかったにもかかわらず，『統計年報』では官営工場生産額の統計が不正確な場合が多い．官営工場生産のなかでも大きい比重を占めるのは，たばこをはじめとする専売品生産と鉄道局工場の生産であり，『朝鮮総督府専売局年報』と『朝鮮総督府鉄道局年報』からそれに関する有用な情報が得られる．鉱業生産統計としては，『統計年報』より統計の信頼性が高く豊富な情報を含んでいる『朝鮮鉱業の趨勢』を利用することもできる（朴基炷・柳尙潤［2007］）．

工業に関する資料としては，『統計年報』の工産額統計と工場統計がある．工産額統計は品目別生産量と生産額を示している．それらは，概念的には工場生産額と家内工業生産額の合計である．工場統計は1928年までは従業員数と生産額を1つの表に載せていたが，1929年から分離している．工場の基準は1911～1912年，1913年～1928年，1929年以降とでそれぞれ異なるので注意を要する．

1930年の工場生産額表には，金属製錬生産額について「金属製錬および材料品は30人以上の鉱夫を雇う設備を持つか常時30人以上の鉱夫を雇う工場，その他は5人以上職人を雇う設備を持つか常時5人以上職人を雇う工場の生産額」という注意書きがある．これは，金属製錬工場が独立製錬・製鉄所だけでなく鉱山付属製錬所も含んでいることを意味する．以後このような説明は，表現を少しずつ変えながら1936年の工場生産額表にいたるまで続くが，1937年からは記されなくなった．1935年と1936年にも同じ注がついているが，1935年の金属製錬工場生産額には鉄製品生産しか含まれていない．金属製錬工場生産額が1934年から1935年間にかけて急減するのは，このためである．

なお，工場統計は業種別統計であるが，『統計年報』の工産額統計は品目別統計なので，両者を品目または業種別には比較できない．前者には，副産物も主産物とともに生産額として含まれているためである．ただし，副産物が同じ工業分類に属する場合，工場生産比率を工業類別あるいは工業全体から把握することはできる．工産額には家内制工業生産額も含まれるので，総額だけでなく業種別にみても工場生産額より大きいはずだが，そうでない場合がある．その理由は，工場統計に含まれている精穀，製材，製綿工場の生産額が工産額から抜けているためと，『統計年報』の工産額および工場統計の脚注を参照すれば理解できる．1929年から工場統計には「官営工場を除く」となっており，1928年工場統計には「大正11年末以前は官公庁を含んでいない」と記されていることから，1923～1928年を除いた工場統計は基本的に専売局，鉄道局，刑務所などの官営工場生産を含んでいないと考えられる（朴基炷［2006］）．

②1940年代前半の鉱工業統計

1940年以降の鉱工業生産の推移を把握するのは容易ではないが，この期間については集計された統計が一部存在する．たとえば，大蔵省管理局編［1947］（『日本人の海外活動に関する歴史的調査』）は，1940年代前半の工業業種別生産額統計を示している．

1940年代前半は戦時体制が強化された時期で，鉱工業は生産力拡充や軍需品生産のために計画・統制され，生産統計など多くの統計が公刊されな

かった．鉱工業生産統計の貴重な内部資料として，1951年経済安定本部産業局が作成した「自昭和十三年度至昭和二十年度　物資動員計画総括表」がある．この資料には太平洋戦争時に企画院が戦時物資調達のために作成した毎年度の「生産力拡充実施計画」の資料を，戦後に国民経済研究協会が取りまとめ作成した資料『生産拡充計画ト其ノ実績　総括一覧表』が収録されている（原・山崎編［1996]）．なお，1942年度の「生産力拡充実施計画（企画院）」および1944年第3四半期「生産拡充品目生産実績調（軍需省）」は『生産力拡充計画資料』第7巻および第9巻に収録されている（原・山崎編［2004]）．

朝鮮総督府が1944年12月開催の第84回および第86回の帝国議会に提出の「説明資料」には鉱工局からの「説明資料並答弁資料」および同「問答式」が収録されている．

なお，植民地期末期から戦後初期（米軍政期から韓国初期）に作成されたさまざまな調査資料を収録している『朝鮮経済統計要覧』（編者不詳）には生産力拡充部門に属さない一部鉱工業品目の生産統計も収録されている．総督府関係の調査の出所は主務機関である鉱工局である．植民地期の鉱業統計基本資料である朝鮮総督府殖産局刊行の『朝鮮鉱業の趨勢』は，1941年版が謄写本〔未定稿〕の形態で残っており，鉱業に関する統計は1941年まで一貫して確保することができる．1949年に作成された『経済年鑑』は，ほとんどすべての鉱物について1938年からの生産統計を収録している．

(5)　建設および社会間接資本に関する統計

『統計年報』に載っている「歳出決算表」が基本となるが，原資料である「朝鮮総督府特別会計歳入歳出決定計算書」（以下，「歳入歳出決定計算書」）もある．この資料は「歳出決算表」より詳細なので，工事費款項に含まれている非工事関連支出を計算できるだけでなく，款項の名前だけでは把握できなかった工事関連支出を把握でき，よ

り正確な工事費支出額の推計が可能となる（朴二澤・金洛年［2006]）．

また，「歳入歳出決定計算書」と『統計年報』および『朝鮮地方財政要覧』（以下，『地方財政要覧』）を利用すれば，各級財政単位の歳出資料から社会間接資本に関連した支出項目を内容別に分類した後，その中で固定資本形成に当たる部分だけを推算・集計することで，社会間接資本投資の時系列資料が得られる．

『統計年報』は歳出額を「款-項-目」のうち「項」レベルまで示しているが，「歳入歳出決定計算書」は「目」レベルまで示しているので，歳出内訳をより具体的に把握できる．項目数だけを比較しても『統計年報』よりはるかに多い．「目」レベルで分析する場合は，「歳入歳出決定計算書」の各「目」の明細書を利用することができる．

なお，総督府と各地方財政の資料的状況の差異を考慮する必要がある．総督府の場合には，1913～1942年に該当する社会間接資本内訳を「歳入歳出決定計算書」から直接推計できるが，地方財政の場合は『統計年報』から把握できる内容が制限的で，『地方財政要覧』は発行期間が1924～1941年度で制限されている．つまり，『統計年報』に収録された地方財政の歳出資料には各項の総額だけが記載されているので，その内容を詳細に把握することはできない．また，『地方財政要覧』を通じては地方財政の詳細な歳出内訳がわかるが，1924年の資料と1926年から1938年までの資料しか利用できない．そのため，『統計年報』に収録された地方土木費などの資料を補助資料として活用する必要がある．地方土木費は，1911年から1923年までは各級地方財政と土木費支出を支出目的別に収録しているので，『地方財政要覧』では把握できない期間の地方財政側の社会間接資本投資の内容を把握することができる（金載昊［2009]）．ただし，1924年から1933年までは，総額だけが収録されている．[5]

（李崟碩）

---

5)　本節で扱わなかった分野については，韓国統計庁［1992] IIの『分野別発展史』を参照．なお，貿易については本書第6章で詳しく論じられている．

補論　朝鮮総督府統計制度における「報告例」について

［I］　は　じ　め　に

明治以降太平洋戦争中まで，日本の外地統治における統計調査は，台湾をはじめとして委任統治地域の南洋群島まで，総督府（または庁）の「報告例」という報告書式による行政統計調査を中心として行われてきた。[6] もっとも，1930年代以降社会情勢の変化に対応した内地の制度に準じて，労働・産業等に独自の調査法規（労働技術統計調査や「資源調査令」に基づく各種調査）を制定するようになるが，終戦時まで「報告例」が中心であることは変わらなかった。

これに対し内地では，明治期以来，内閣統計局を筆頭に各官庁による各自制定の統計法規によって調査事業が行われた。統計局は「人口静態（または動態）調査規則」を，農商務省は「農商務統計報告規則」をといった具合で，各省庁がその分野ごとに各自統計法規を制定していた。[7] 一方各府県には，中央からの統計報告規定のほかに，独自別個の調査も含む「（府）県報告例」という調査規定があった。各府県の統計報告は「県報告例」に規程されている「現勢調査簿」のデータから編集されて『○○県統計書』として刊行された。[8] 総督府（庁）も「統計事務規程」によって調査簿の備付を義務づけ，「報告例」で書式を規程しているのをみると，この府県の制度に準じて考えられたかとも思われるが，それを明らかにする資料は今のところ見つからない。松田［1978］は，統計制度の分散型と一元型という問題から「これは内地の「府県統計書」と『日本（帝国）統計年鑑』の中間にあるものといえる」としている。[9]

外地における統治統計制度「報告例」は台湾総督府のものを創始として，関東州・朝鮮・樺太・南洋群島と日本統治に組み入れられ次第，順次制定されていった（表1.補1）。

台湾の場合，土地調査を除いては清朝統治期と制度上断絶したところに新しく統計制度を導入したと考えられるので，「統計」好きと称せられる後藤新平の線は充分考えられる。[10] 台湾に続いて「報告例」制度を採用した朝鮮の場合は，従前から李朝韓国政府自体が行政調査の体系は整えていたが，それが「統計調査」制度といえるものであったかは俄かに判断できない。[11] ただ総督府に引き継がれた「度支部」の手になる主に財政経済関係の調査は注目されていいものではないか（本書巻末の「資料目録」度支部の項参照）。関東州以下については不明な部分が多く言及できない。た

6）　外地の統計制度に言及している図書として，以下がある。
　高田［1934］．松田［1978］．佐藤［2008］には，台湾総督府の報告例に限ってであるが，内容に言及した論述がある。台湾の報告例制度については，高橋［2005］参照。
7）　政府統計の中で唯一内務省の法規は「内務報告例」という。内容は内務省の取り扱う警察から衛生・水道等々業務統計報告のもので，この辺に外地や府県との共通点があるのか。また「政務報告例」という調査もある。
　「政務報告例」については『台湾総督府公文類纂』中に（拓秘第1625号）大正8年11月28日付内閣総理大臣原敬より総督田健治郎宛の条文（写）がある。これ以前，明治33年5月訓第508号にて「台湾内務報告例」というのが制定されているが，のち朝鮮・関東州・樺太が日本の領域に入り，植民地全体を一括した報告例の制定を目途したものかと思われるが，これの実施状況は不明でよくわからない（参照：「関東都督府政務報告例」）。
8）　高橋［1991］参照。
9）　松田［1978］pp.96-97.
10）　後藤の台湾赴任は1898年3月，「報告例」の制定は同年11月。
11）　韓国統計庁［1992］p.111（「大韓帝国時代의統計調査」）によると，大韓帝国期に一定の行政報告制度が築かれたが，それらは収租のための戸口・田租中心であった。
　なお，櫻井［1944］に，李朝末期の統計調査についての言及がある。また，大韓帝国および統監府・朝鮮総督府の行政組織ならびに一般については，萩原［1969］が，財政整理関係は，韓国度支部［1910］『韓国財政施設綱要』が参考になる。

表1.補1 旧日本植民地における行政統計基準法規:「報告例」等

関係	法規名	制定・改正	号	備考
朝鮮関係	朝鮮総督府統計事務取扱方	明治44年2月22日	訓令第16号	文書課
		大正7年9月4日 改正 大正11年、13年、昭和3年、4年	訓令第47号	文書課
	道府郡統計年報調製標準ノ件	大正2年3月22日	官通牒第77号	統計台帳→督府統計年報
	朝鮮総督府報告例	大正1年11月22日 改正 (詳細 別紙)	訓令第20号	
	附.普通警察報告例 (明治44年1月 警務総監部訓令甲第1号)	改正 (明治45年1月 警務総監部訓令第4号) [大正8年官制改革により消滅]		
台湾関係	台湾総督府統計事務規程	大正13年1月24日	訓令第10号	調査課 / 統計主務ハ台湾総督府報告例ニ依ル報告其他統計材料ヲ調製
	台湾総督府報告例	明治31年11月26日 改正 (詳細 Hi-Stat Discussion Paper Ser. No. 153 参照)	訓令第313号	
	附.台湾警察報告例 (明治29年7月訓令第81号) 廃止. (明治31年訓令第313号)	[督府報告例の発布により報告例に吸収さる]		
樺太庁関係	統計文書取扱手続	大正8年1月	訓令第3号	報告例ニ依ル統計文書ハ内務部地方課ニ回覧 (大正3年3月訓令第1号改正)
	樺太庁報告例	大正11年3月15日	訓令第31号	
関東庁関係	関東洲民政署報告例	明治39年6月26日	訓令第19号	注 (明治39年9月1日関東都督府訓令第33号ヲ以テ関東都督府報告例ヲ定メ其ノ別冊ハ本令別冊中ニ改正ヲ加ヘテ適用ス)
	関東都督府報告例	明治39年9月1日	都督府訓令第33号	
	関東都督府統計事務規程	明治39年10月4日 改正明治40年、大正5年、6年	都督府訓令第43号	官房文書課 統計材料ノ蒐集及統計書ノ編纂等
	関東都督府政務報告例	明治43年7月30日	内閣訓令拓第2号	
	関東庁報告例	大正13年5月	庁訓令第33号	
南洋庁関係	南洋庁統計事務規程	大正13年5月29日 改正大正14年	庁訓令第53号	統計主任 (庶務課長兼任) 統計材料ノ蒐集及統計書ノ編纂等
	南洋庁報告例	昭和2年6月18日	庁訓令第14号	
(参)	内務報告例	大正2年7月26日	省訓令第16号	

(注) 1. 樺太以下は手元資料による。
2. 各府県の「報告例」は「東京府報告例」をはじめ、府県統計書の基準として規程されている。統計台帳は「現勢調査簿」と称することが多い。
(参考文献) 内閣統計局『現行統計法規類抄』帝国地方行政学会、大正15年12月。
高田 [1934].
松田 [1978].

だ，外地または旧植民地として一括される各地での実態は，それぞれその領有状況・該地の実情に応じて様々ではなかったかと想像される．

「報告例」という用語は，外地も含めての地方の行政統計報告の規定を指すものと思われるが，しかし一方，府県統計制度に対しての中央の指示も明確でないところがある．1884（明治17）年内務省より「府県統計書様式」が指示されているが，この様式は明治9年から10年代に各府県独自に編纂されだした「県統計書」に対する1つの規範の役割をもって通知された．[12] しかしその礎となるべき「報告例」自体の規定は見当たらない．各府県は独自に「県報告例」を制定し，「現勢調査簿」あるいは「統計台帳」の様式を訓令として定め，備付を規定している．府県によっては用語としては「報告例」に限定せず，「統計材料徴収規程」「郡市町村事蹟調査ニ関スル規程」等の用語も使用している例があるが，内容的には同一である．[13]

なお，「現勢調査簿」あるいは「統計台帳」については，府県によっては原簿冊の様式や原簿冊そのものが残存している場合がある．しかし外地では，朝鮮はもとより各地ともまったく不明である．「公文類纂」等が現存している台湾にしても原表の残存の話は聞かない．

［Ⅱ］　朝鮮総督府の「報告例」について

朝鮮の場合，先例となる台湾との対比を視野に入れてみてみると，その統治形態が歴史的情況から台湾の時と異なることから，統計制度においても相違するところがある．朝鮮総督府の統治は韓国政府と統監府との併存による行政組織を引き継ぐ形でその行政機構が発足している．その最たるものが警察制度における憲兵制度である．総督府

成立以降も警察権は憲兵にあり，警務総監が政務総監と並立していた．

統計報告についても，総督府統計制度制定に先立ち，警務総監部公文として1911（明治44）年1月警務総監部訓令甲第1号で「普通警察報告例」を公布している．これには，主たる業務の警察・治安に関わる項目以外に内地人・朝鮮人の戸口調査の表式も含んでいる．この報告例は，1912（明治45）年1月の改正で「警察報告例」（警務総監部訓令甲第4号）となり，「総督府報告例」成立（同年11月）後も1919（大正8）年8月まで存続したが，同年の官制改革による憲兵制度の廃止に伴って警務総監部制が廃止されるとともに自然消滅となった．これにより，警務総監部所轄事項の統計報告は総督府内部部局の警務局の所管となった．台湾の場合も初期「台湾総督府報告例」制定に先立ち「警察報告例」の規定があったが，これは「総督府報告例」の成立と同時に「附則」で廃止されている．[14]

朝鮮総督府による統計行政は，1911（明治44）年の「事務分掌規程」，同「統計事務取扱方」（訓令第16号）によってはじまり，統計調査の業務は総務部文書課の分掌事項とされた．続いて1912（大正元年（明治45年））11月に「報告例」が制定され，1913（大正2）年1月施行とされた．

この最初の「報告例」については，本文は「朝鮮総督府官報」に掲載されており，全文が判明する．しかし本文は「総則」のみで，各表様式は「別冊ニ定ムル所ニ依リ」と記載される．そして別冊は（別冊，別表略）とある（別冊は大部になるので，これ以降でも官報では「別冊之略」とされることがほとんどである）．この最初の別冊は所在情況が残念ながらまったく把握できない．別冊が確認できたのは第2次改正後の1915（大正

12）　内務省［1884］．ちなみに府県統計書の創始は東京府の1876（明治9）年である．これ以前にも1枚物（折り畳み）の一覧形式の刊行物が『一覧概表』等の書名で刊行されている．これらは参考にはなるが，統計書と言えるかどうか．一橋大学経済研究所日本経済統計文献センター編［1982］『明治期における府県総括統計書書誌』（統計資料シリーズNo.25）参照．

13）　高橋［1991］pp.88-90．

14）　訓令第313号「台湾総督府報告例」附則．なお，「警察日報規程」は大正11年4月に全面廃止．台湾総督府警務局［1934］参照．

４）年施行のものからである．1912（大正元）年以降1945（昭和20）年までの変遷を一覧にしてみると，表１．補２のようになる．

この報告例に対する統計業務標準となる「統計事務取扱方」は，1918（大正７）年に全面改正され（訓令第47号），その後数次にわたって改正される．それは行政機構改革に伴う「総督府事務分掌規程」で担当部課の所属組織変更・名称変更（総務部文書課→官房総務局総務課→官房庶務部文書課→調査課→文書課など）によるもので，条文の実質的な変更はほとんどない．多少実質的な変更とみられるのは1925（大正14）年の行財政改革による組織の縮小（調査課廃止→文書課調査係）がある程度である．実質的という点では昭和期に入っての「資源調査法」による鉱工業・エネルギー・交通関係分野の独立，その結果としての「工場表」の「報告例」からの分離独立，「工産表」の分化等が重要である．[15]「報告例」自体で統計データの状況に変更を生じさせるのは別冊中の各表の改変・様式の変更・備考（注意）である．

［Ⅲ］「別冊」の内容

別冊の構成は，台湾と朝鮮で多少相違している．1905（明治38）年の台湾総督府の報告例では，別冊はまず「記述ノ部」と「記表ノ部」に分かれる．「記述ノ部」は主に即報であるが，年報として「事務報告」がある．これは記述体で，総督府刊行の『民政事務成蹟（績）提要』の基となる報告である．行政事務における報告とはあくまで上部機関に対する行政報告なのであり，「表」と限らない．統計に関わる部分は「記表ノ部」で，報告様式はまず報告種別（即報から年報まで７または８種）で大別され，表は担当官署・提出先官署・提出期限・報告期限（○○現在または○○

中）とあり，表は書き上げ方式（いわゆる表式調査）で，個票ではない．個票形式は水科七三郎[16]が赴任して後，まず「犯罪票」で，その後「学校身体検査票」で導入している．[17]

朝鮮では，大正元年制定の報告例では，記述・記表の分割はなく一本で，報告種別（表１．補３参照）の内は（順序は提出官署ごとで括り）報告番号を付与し，提出者名・報告事項を掲げる．これを1920（大正９）年の改正では，地方（道知事）と中央所属官署報告分とに分け，前者を甲号，後者を乙号とする．次に甲・乙とも「年報」の内訳は報告提出期限（月）別とする．なお，「大正九年　江原道報告例」には戸口調査の個票についての注意があるが，個票の内容は不明である．[18]さらに，1937（昭和12）年（13年１月施行）の改正では，甲・乙の中を報告内容により内務・産業・警察に大別し，それをさらに13の章立て（人口・農業・警察等）にしている．個々の表については，賃銀の場合には年報から季報さらに月報への変化，「工場表」における「技術者」欄の消滅，従業者分類における「支那人」欄の設置等々，「工場表」の「注意」事項では官公営工場の取扱方の変更等がある（表１．補３）．

しかし，これら別冊の表様式の変更は改正前と後のものを照合して初めて判明するものであって，またその変更の事由については原文書（「公文類纂」等のいわゆる行政簿冊）に照らしてみなければわからない．台湾総督府の例では，「公文類纂」が残っていて，文書類別の「文書・統計」門には報告例改正の都度，条項ごとにその理由が記述されている．ところが，朝鮮については報告例に関わる原文書の存在が確認されていない．

「工場表」等が「報告例」から削除された理由などは「朝鮮資源調査令」から「朝鮮工場資源調

15）　朝鮮における「資源調査法」（法第53号）の施行は，1929（昭和４）年11月勅令第327号「資源調査法ヲ朝鮮・台湾及樺太ニ施行スルノ件」による．

16）　水科七三郎については，高橋［2005］を参照．

17）　1904（明治37）年12月「小票ニヨル犯罪票様式」（訓令第310号）および1917（大正６）年４月「学校身体検査詳細統計」（報告例第105号ノ２）に単名票形式を採用（訓令第52号）．

18）　「統計小票規程」（1932（昭和７）年８月道訓令第18号）（『大正元年江原道訓令第52号　江原道報告例　昭和９年３月17日改正』による）．

表1.補2　朝鮮総督府報告例・同別冊の変遷

大正1年11月22日	訓令第20号	大正2年1月1日施行[1]
大正2年12月9日	第62号	大正3年1月1日施行
大正3年9月29日	第54号	大正4年1月1日施行
大正4年11月19日	第59号	大正5年1月1日施行
大正5年12月4日	第47号	大正6年1月1日施行
大正6年12月27日	第54号	大正7年1月1日施行
大正7年12月30日	第65号	大正8年1月1日施行
大正8年12月29日	第55号	大正9年1月1日施行
大正9年12月25日	第72号	大正10年1月1日施行
大正10年10月6日	第56号	大正11年1月1日施行
大正11年10月5日	第49号	大正12年1月1日施行
		別冊を甲（道知事）・乙（其の他官署）別編冊
大正14年12月24日	第54号	大正15年1月1日施行
昭和2年11月28日	第32号	昭和3年1月1日施行[1]
昭和5年11月15日	第51号	昭和6年1月1日施行[2]
昭和7年12月22日	官通牒第47号	昭和8年分以降処理［甲乙］①
		（以降改廃頻繁化す）
昭和8年11月29日	第41号	昭和9年1月1日施行［甲乙］
昭和9年6月4日	官通牒第22号	次期改正迄便宜処理［甲乙］②
昭和9年12月25日	官通牒第44号	昭和10年1月1日以降処理［甲乙］
昭和10年11月12日	官通牒第37号	当分ノ間便宜処理［甲乙］③
昭和10年12月28日	官通牒第44号	昭和11年1月1日処理［甲乙］④
昭和11年1月	改訂	昭和9年1月1日施行以降10年政務総監通牒までを補訂す
昭和11年12月24日	官通牒第40号	昭和12年1月1日処理［甲乙］
昭和12年11月19日	第77号	昭和13年1月1日施行［甲乙］
		＊別冊様式を内務・産業・警察別13章に分類編成す
昭和16年10月23日	第98号	昭和17年1月1日施行［甲乙］
昭和17年4月22日	第18号	乙号中改正
昭和17年12月3日	第66号	昭和18年1月1日施行［甲乙］⑤
昭和19年10月27日	第93号	昭和20年1月1日施行［甲乙］
昭和20年6月6日	官通牒第7号	報告例ニ依ル報告［一部］停止
		＊賃銀表，工産表停止

（注）　1）　資料所在不詳.
　　　　2）　甲号資料所在不詳.

①　第216号「工産表」分類　「紡織工業」中一部改正.
②　新税・税務官署設置ニ伴フ改正［削除・改正］.
③　事務簡捷ノ為−削除・改正.
④　追加（物価・賃銀表改正）.
⑤　季報第237号「工場賃銀表」の「注意事項」改正.

査規則」（1929（昭和4）年12月府令第120号）等によることが容易に推測されるが，「報告例」初期の「工場表」の人員欄に「技術者数」（内・朝・外）があって，のち削除され，「従業者数」のみになっている理由は見当がつかない．この時期（〜大正4年）に何か特別に調査したい事由があって取り入れたのか，あるいは細かすぎるとかで削ったのかは不明である．内地の工場統計報告が農商務統計から独立して「工場統計報告規則」

となり「工場票」に「技師技手其ノ他…」が入るのは1909（明治42）年11月改正（それまでは「農商務統計様式」の工場には「職工及徒弟」しかない）からであるのとは対照的で，興味あるところである.[19]

台湾では，表の改廃が激しくなる昭和期に加除式の「報告例」綴（昭和5年現在で昭和19年まで加除）が残存していたので，個々の改廃についてある程度の追跡が可能だったが，朝鮮については

---

19)　もっとも1913〜1915年ころの『朝鮮総督府統計年報』には技術者の表章はなく，『統計年報』の「工場」に「技術者」が表章されるのは1929（昭和4）年からである．これは「朝鮮工場資源調査規則」のデータの援用と思われる．統計調査で技術者が対象となるのは，1941（昭和16）年の「労働技術統計調査施行規則」（府令第147号）からである.

第1章 統計制度 35

表1.補3 報告例：報告種別変遷および別表状況

1) 種別

年次＼種別	即報	日報	旬報	月報	季報	半年報	年報	特報
大正3年	56	5		53			306	23
大正4年	61	5		62	10	7	330	
大正5年	56	4		60	10	11	343	
大正6年	59	4		58	8	9	376	
大正7年	61	4		57	12	10	365	
大正8年	58	4		61	13	10	361	
大正9年	35	5		57	5	5	315	
大正10年	37	5		58	6	4	309	
大正12年 甲	23	5		15	4	5	217	
大正12年 乙	10	4		37	3	4	96	
大正15年 甲	26	7		15	4	21	210	
昭和9年 甲	34			22	5	20	179	
昭和9年 乙	16	2	1	47	4	4	117	
昭和13年 甲	37			30	2	7	229	
昭和13年 乙	19	2	1	46	6	7	190	

2) 別表中 賃銀・工産・工場表関係

年次	賃銀表（年報）	工産表（年報）	工場表（年報）	備考
大正3年	季別報告 内・朝	ナシ	個別書き上げ（除官営） 技術者（内・朝・外）	「戸口」関係は警務総長報告事項
大正4年	同上	品目（内・朝・外） 自家＋販売	同上	
大正5年	同上	同上	同上	改正により現住戸口関係は道長官報告事項へ
大正6年	同上	「主ナル販路」 品目-詳細化	技術者ナシ／従業者に「支那人」 同上（除官営の明示なし）	
大正7年	同上	同上	官庁・会社・個人を問わず	
大正9年	賃銀表 季報へ （3，6，9，12月報告）	同上 品目-分類改正	従業者―男女内訳	戸口関係（含動態）は道長官報告事項
大正15年	賃銀表 月報へ 季報「工場賃銀表」	同上	同上	
昭和9年	同上	「主ナル販路」削除品 目分類は「工場名簿に 準ず（注一・二参照）」	ナシ	
昭和13年	同上	同上	ナシ	報告種別順配列を廃止，内務・産業・警察に大別し13章に編成

今のところこのような資料の存在が未確認なので，各表の改廃についてはすべての別冊を並べて比較してみないことには，どこがどう変わっているのか判明しない．

なお，朝鮮総督府の「報告例」は，日本国内では，別冊はもとより「報告例」自体もその存在すら充分知られていない．韓国でも，別冊についてはソウル大学校図書館が比較的多数所蔵しているほか，国立中央図書館に多少所蔵されている（李春成編［1963］（『蔵書分類目録 第5巻 解放以前日書部』）による[20]）以外，その他の所在情報は不明である．ソウル大学校についても検索の限りでは完全に所蔵しているわけでなく（以下施行年），大正2年，7年，昭和3年，6年甲号が欠号で昭和17年の乙号までしか追求できない．[21]

附記：「統計事務規程」により「報告例」の様式に基づいて各道および所属官署から提出された

---

20) 同書「朝鮮門」の「行政」の章に「朝鮮総督府報告例別冊（甲乙） 大正11年1月 昭和8，9，11年1月改訂」として5冊あげられているが，詳細は不明である．理由は調査していないが，国立中央図書館のウェブ検索では「朝鮮総督府報告例 別冊」が検索できないので，所蔵現状は不明である．

21) 1918（大正7）年施行分は一橋大学経済研究所社会科学統計情報センターが所蔵している．

報告集計表を『統計年報』に編成する作業は，官房文書課（調査課）で行われる．検査から集計，製表等の具体的な作業手順は作業マニュアルが見つからない限りわからない．また，集計表（統計原表）が不明な段階ではデータとの照合もできない（「報告例」様式表のデータがそのまま『統計年報』にあげられているとは限らない）．

（髙橋益代）

第 2 章
人口・労働力・賃金

1 人　　口

［I］　は　じ　め　に

国勢調査実施以前の朝鮮人人口については，3つの注目すべき推計がなされている．このうちどれが最良の推計であるのかについては，いまだ体系的検証がない．ここでは，既往推計では用いられなかった年齢別死亡統計と1914年の戸口調査の年齢別人口の統計を利用し，かつ1926～1940年の朝鮮人純国外移民者の推計を明示的に考慮に入れた検討を行う．そのうえで，死亡統計の漏れ率を推計して年齢別死亡統計を補正し，その補正済みデータを利用して人口推計を行う．[1]

既往推計とは，第1に石［1972］であり，溝口・梅村編［1988］と許粋烈［2005b］が採用している．第2はKwon et al.［1975］であり，人口学者や人口社会学者の多くが採用している．第3は車明洙［2006］であり，金洛年編［2006］の推計に際して基礎データとなっている．これら3推計の違いは，たとえば1910年では，戸口調査人口が1,313万人であるのに対して，石推計は1,522万人，Kwon et al. 推計は1,743万人，車推計では1,615万人である．Kwon et al. 推計と石の推計とでは200万人以上の開きがある．

どの推計が最良かを判断するのはむずかしいが，年齢階級別死亡統計や戸口調査人口の年齢階級別人口統計から，この時期の人口推計において守るべき制約条件を導出することはできよう．ここでは，そのアプローチによる新推計を提示する．

［II］　既存推計の推計方法と問題点

国勢調査以前の人口推計法は，人口増加率を利用する方法と「生残率」[2]を用いる方法に分けることができる．Kwon et al.［1975］は前者で，石［1972］と車明洙［2006］が後者に該当する．

Kwon et al.［1975］推計には2つの仮定がおかれていた．1900年代の年平均自然増加率は2‰であったということと，1910年代前半から人口の年平均自然増加率は単調に増加し，1920年代後半には18.7‰となった[3]ということである．しかし，どちらにも十分な根拠があるわけではない．生残率を用いて逆進推計する際には，1911年から1925年までの生残率がカギとなる．石［1972］は，1925年，1930年，1935年および1940年の国勢調査から3期間の生残率を計算し，1925年以降のトレンドを用いて1925年以前の生残率を計算した．車明洙［2006］は，1910～1940年までの生残率トレンドが一定という仮定は受け入れがたく，1925年以後の生残率推計にも問題があるという．

Kwon et al.［1975］も石［1972］も，1911～1925年の自然増加率や生残率が単調に変化したと

---

1)　以下，朴二澤［2008b］によるところが大きい．

2)　生残率とは，ある年齢層の人口集団が一定期間後に生き残る確率をいう．年齢集団別に期間内の死亡者を集計し，生き残っている人数を初期時点の人数で除した値である．

3)　Kwon et al. は自然増加率に対応する粗死亡率と粗出生率も提示している（Kwon et al.［1975］pp.12,23）．人口の16.7‰増加は，粗出生率8‰増加と粗死亡率9‰減少の結果であり，この間，粗死亡率と粗出生率は単調に変化していた．

仮定したが，その根拠は弱い．この期間には，1918年前後のスペイン風邪（インフルエンザ）による高死亡率期が含まれているからである（천명선（チョン・ミンソン）・양일석（ヤン・イルソック）［2007］）．人口推計には，このような「水準をシフトさせる」出来事の影響を考慮すべきであるが，両者ともこの効果を無視している．

車明洙［2006］は，族譜から推計された成人男子の生残率を利用することによって第1の問題を解決した．第2の問題は，石のように植民地期の生残率を一定と仮定していないので考慮する必要はないことになる．ただ，その1911〜1925年生残率推計には，族譜から得た成人男子の生残率という制約があるので，両班バイアスが残るだけではなく，女子と幼年男子の生残率を直接導き出せないという問題がある．

車の推計は，推計方法と資料面で，Kwon *et al.* や石の推計より改善されたものであった．ただ，族譜の資料の信頼性と両班というサンプリング・バイアスの解決法には問題が残る．後者についてだけいえば，1911〜1925年の間の族譜から計算された成人男子の生残率が問題となり，女子と幼年男子の生残率については直接観察ができないので推計しなければならず，この問題を解決するために車はKwon［1977］の平滑化生残率を借用した（車明洙［2006］p.302）．しかしこの点は，車が石にたいして行ったのと同じ理由で車自身を批判することができる．第1に，Kwonが計算した生残率は移民を考慮していない（これについては後述する）．第2に，両班バイアスの規模が1925年以後とそれ以前とで同じであったといういかなる根拠もなく，1925年以後の女子生残率と男子生残

率の線形関係がそれ以前，とくに1910年代後半にも続いていたとみる根拠はなく，また，高死亡率危機の時代における生残率が，そうでない時期の生残率と同一だという根拠もない．[4] これ以外にも，車が生残率を推計する際に用いたデータは，サンプル数が非常に小さく，推計された生残率の標準偏差が非常に大きいという問題もある．

［Ⅲ］　推計方法と資料の検討

（1）　推 計 方 法

年齢別死亡統計を利用して将来人口を推計する原理と，生残率で逆進して過去の人口を推計する原理は基本的に同じである．日本の長期経済統計（LTES）における人口推計は，この方法によっている（梅村ほか［1988］）．すなわち，1924年末の N 歳の男子人口は，もしこの間に移出・移入がなければ，「1925年末の $N+1$ 歳の男子人口＋1925年 N 歳の男子死亡数」として算出される．移出・移入民がいるときは，純移民数を差し引くことになる．1923年末の各歳別人口は，上記の方法で算出した1924年末の各歳別人口と1924年死亡数と純移民数を利用して求める．上記の推計方式を繰り返して行うことで，1910年末の男女別・各歳別人口を計算することができる．[5] 毎年の申告資料を集計した人口動態統計を利用するので「水準をシフトさせる」出来事の影響を反映でき，乳児死亡の漏れが長期にわたって記録されないため，推計上深刻な問題を引き起こさないという利点がある．[6]

死亡数が正確で純移民数が既知ならば，上記の方法によって人口を正確に推計することができる．しかし，過去の死亡統計には不完全なことが多

---

4) 車明洙は，1910年の性比104が1925年の105と大きく異ならないと述べている（車明洙［2006］p.306）．ところが，1925年の性比は104.7で，1940年の性比は101.1なので，性比は傾向的に下落していた．なぜ1910年の性比が1925年より低位だったのかは説明していない．参考に，戸口調査の1910年性比は112.6で，1925年の性比は104.3であった．

5) 先の推計方法を使えば，1925年101歳以上の年齢階級は1924年には100歳以上の年齢階級となり，1910年には86歳以上となり，最高齢人口の年齢区間がますます低くなることになる．1909年最高齢人口を85歳以上にするなら，1925年は101歳以上とすればよい．ここでは1925年最高齢人口区間を101歳以上に設定した．なお，1925年国勢調査からは0歳から119歳までの各歳別人口がわかる．101歳以上の人口は101歳から119歳までの人口を合わせたものである．

6) 本推計方法による場合，乳児死亡の脱落は前年の人口推計にのみ影響を与え，その前年の人口推計には何ら影響を及ぼさない．1910年人口推計に影響を及ぼす乳児死亡の問題は，1911年の1年間の脱漏のみである．

い.[7]申告遅滞が主な理由であることが多く，その場合の補正は容易であるが，植民地期朝鮮では申告遅滞による脱漏の情報は1938年以後に限定される．したがって，死亡の届出漏れを補正する別の方法を考案しなくてはならない．

ところが，過少報告された死亡統計をそのまま使って人口推計に利用するのは決して無意味なことではない．それは死亡率の下限推計と見なすことができるからである．そのうえで死亡の漏れ率を推定し，それを反映させた人口推計を行えばよいのである．それゆえ，第1段階の作業は，1911～1925年の過少報告された各歳別死亡統計と1925年国勢調査の各歳別人口を利用して同期間の各歳別人口の上限を推計することである．第2段階では，その上限推計と1910年代前半の戸口調査各歳別人口とを比較して，各歳別死亡統計における届出漏れ率を推計する．さらに，純移民率の仮定が必要なので，それについても検討し，妥当な純移民率を選定する．そして最後に，その届出漏れ率を使って調整された各歳別死亡統計と1925年国勢調査の各歳別人口とから，1910～1924年の各歳別人口を推計する．

(2) 資料の検討

作業のためにはまず，1925年朝鮮人の男女別・各歳別人口とそれに対応する1911～1925年の男女別・各歳別死亡統計が必要である．また，年齢階級別死亡統計の特性と移民数を推定するためには，1930年，1935年および1940年の朝鮮人の男女別・各歳別人口と1926～1940年の朝鮮人の各歳別死亡統計も必要である．

1925年，1930年および1935年の国勢調査では，各歳別人口は朝鮮人と外国人を含んだ全人口についてのみ，朝鮮人については5歳階級別人口だけがわかる．1940年の国勢調査には，朝鮮人の各歳別人口が収録されている．植民地期朝鮮では朝鮮人が絶対多数を占めていたので，朝鮮人5歳階級別人口を1940年朝鮮全体の各歳別人口構成を利用して各歳別の人口に分けた．

次に，1925年から1940年の国勢調査は年齢が陰暦基準である．[8]これは陽暦基準の満年齢に直す必要がある．1925年から1940年までのセンサスはすべて陽暦の10月1日を基準として実施されたが，陽暦10月1日に該当する陰暦は各年とも異なる月日であった．[9]したがって，以下に用いる1925年から1940年までの国勢調査データはすべて陽暦基準の満年齢に変換されたものである．[10]

植民地期朝鮮の人口動態統計は1910年から1942年までが公刊されている．[11]1910～1937年までは基本的に5歳階級別死亡統計,[12]1938年以後が各歳別死亡統計である．まず，1910～1937年の間の年齢階級別死亡統計を各歳別死亡統計に変換する

---

7) 死亡統計に脱漏が発生する理由は様々である．第1に，死亡の申告義務者がいなければ脱落する．第2に，乳児の場合，戸籍登録されていなければ死亡もカウントされない．第3に，死亡統計は死亡申告書ではなく死亡表を集計して製表するが，死亡届として提出はされたが，死亡表に反映されない場合，脱落することがある．第4に，死亡届は診断書や検視調書等を添付しなければならないので，遅れて届出された時は死亡の時期にずれが生ずる．

8) 解放以前から朝鮮の人々は自らの陰暦誕生日を概してよく記憶していたので，年齢申告を誤ることは少なかった．しかし，陰暦誕生日を基準として年齢を計算する場合と陽暦誕生日を基準とする場合とでは相当の差がある．陽暦の場合，1年は365～366日であるが，陰暦の場合，閏月がある年は383～384日で，閏月がない平年では354～355日である．したがって陰暦の場合，閏年は平年より8％程度さらに長い．Kwonは植民地期センサスを対象に閏年人口数が平年人口数より有意に多いかを判定するためWhipple's Indexを計算したが，それによると，1925年から1940年までのセンサスでは陰暦基準で年齢を計算していたことになる（Kwon［1977］p.12).

9) 1925年は陰暦8月14日，1930年は8月10日，1935年は9月4日，1940年は9月1日であった.

10) 切替法を例示する．たとえば1925年センサスの場合，満11歳の男人口は陰暦1913年8月14日から1914年8月13日までの出生者である．この年は閏年であるから，総日数は384日である．この期間を陽暦に換算すれば，1913年9月14日から1914年10月2日である．陽暦万年齢で計算すれば，1913年9月14日から1913年9月30日までの出生者は満12歳で，1913年10月1日から1914年9月30日までの出生者は満11歳で，1914年10月1日から10月2日までの出生者は満10歳である．出生者の月別分布は無視し，毎日出生する人数が一定と仮定して，陰暦で満11歳となる男子のうち17/384は満12歳で，365/384は満11歳で，2/384は満10歳に分割する．陰暦を陽暦に変換する体系的な方法はない．そこで，本推計では毎年の陰暦と陽暦を比較し，上述の作業を繰り返して，得られた陽暦満年齢別人口を集計した.

必要がある．年齢階級別死亡数の推移をみると，1938年前後で大きな変化はない（例外は1歳未満死亡数で，この時期に乳児死亡の把握が大きく改善された）．他方，1910年代前半にはすべての年齢階級の死亡数が非常に低い水準に留まっていた．この人口動態調査の死亡数と新たに推計された年央人口とから男女別粗死亡率を試算[13]してみると，1910年代の上昇と1920〜1930年代のゆるやかな下落が確認できる．1918年はスペイン風邪大流行の年であったのでこの年を除くと，1910年代前半が全体の動向とは異質な時期といえる．1910年代前半には脱漏があまりにも多いので，[14]ここでは1915年以前の各歳別死亡率が1916年の各歳別死亡率と同一と仮定する．[15]この仮定は1915年までの人口推計には影響を及ぼさないが，1910〜1914年の推計には影響を及ぼす．

1910〜1937年の年齢階級別死亡統計を各歳別死亡統計に変換するには，各年齢階級の死亡を各歳別死亡に分割するための比率が必要である．この分割比率は各歳別人口構成と各歳別死亡率を利用して，各歳別人口構成はその前年の各歳別人口と各歳別死亡数から計算することができる．したがって，それ以外に必要な追加情報は各歳別死亡率である．1938〜1940年の各歳別死亡率は，1938〜1940年人口動態統計調査の各歳別死亡数と1940年国勢調査の各歳別人口を利用して計算する

ことができる．

図2.1.1は，1940年国勢調査人口と1938〜1940年人口動態統計調査の各歳別死亡統計を利用して計算された各歳別死亡率である．0歳から79歳までの各歳別死亡率は1938年，1939年，1940年の各歳別死亡率を平均した後，3歳移動平均で計算した．1940年の国勢調査では80歳以上の人口の各歳別人口構成はわからない．80歳以上については，1940年人口動態統計調査における80歳以上の各歳別死亡数と1940年の80歳以上の生存数を利用して歳ごとに一定の規模で増加する死亡率構造を推定した．[16]このようにして得られた各歳別比率により，5歳階級別死亡数は各歳別に変換された．

［Ⅳ］　推　計　結　果

前項では，1925年，1930年，1935年および1940年の各歳別人口と1910〜1940年の間の各歳別死亡数を求める方法を提示した．この際，計算された各歳別死亡数は死亡の漏れが調整されていない，過少に把握された各歳別死亡数である．この二つのデータを利用して1910〜1924年の上限人口推計が可能である．

正確な人口を推計するためには，死亡の漏れと朝鮮人の純移民の規模を推定しなくてはならないが，まず，(1) 1938年以後の人口動態統計調査における死亡届遅滞による死亡の届出漏れ件数を検

---

11)　1910年から1937年までは『朝鮮総督府統計年報』に掲載されており，1938〜1942年までは『朝鮮人口動態統計』に掲載されている．

12)　1913〜1937年までは1年未満，1年，2年〜4年，5年〜9年，10〜14年，15〜19年，20〜24年，25〜29年，30〜35年，35〜39年，40〜49年，50〜59年，60〜69年，70〜79年，80年以上で15の年齢階級に区分された．1910〜1912年までは4年以下の年齢階級が一部併合されており，70〜79年と80年以上が70年以上として作表された．

13)　残念ながら，乳児死亡とそれに対応する出生の脱漏があるので，この試算結果をもって粗死亡率・粗出生率の推計値とするわけにはいかない．今後の課題である．

14)　1910年代前半の戸口調査でとくに脱漏が多かったのは幼年層であった（後述）．1910年代前半のこの問題は1916年にはほぼ解決されるが，これは戸口調査の世代別人口数の推移から知ることができる．

15)　1910年代朝鮮人の死亡率推移を示す資料として，公立普通学校在学生の死亡率がある．公立普通学校卒業生の死亡率は8〜19歳を対象にした死亡率とみることができるが，病気の子供は不登校や中退となる場合があるので，実際にはこの年代の死亡率よりさらに低く，下方バイアスがあるということがわかる．この資料によれば，1911〜1915年の死亡率は1916年や1921〜1925年の死亡率水準よりさらに高い．実際の死亡率の推移がこれと同じだったとすれば，1915年以前の死亡率を1916年と同じだと設定した本推計の仮定は1915年以前の死亡者数を過小に算定し，1915年以前の人口をさらに過小推計する．

16)　79歳以上の死亡率は，年齢ごとに一定の大きさで増加するという仮定を用いた．この仮定から80歳以上の死亡数を利用して1940年80歳以上の人口を推定するが，この推定された人口の合計が1940年国勢調査の80歳以上の人口と同じとなる死亡率の増加規模を推定した．

第2章　人口・労働力・賃金　41

図 2.1.1　朝鮮人の各歳別死亡率（1938～1940年）

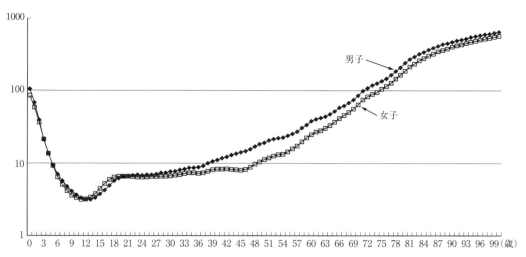

（出所）『国勢調査』，『朝鮮人口動態統計調査』．

討する．1925年以前の死亡の届出漏れ率を検討するためには，朝鮮人純移民数の各歳別分布に関する情報が必要であるが，この情報は1925～1940年の死亡届出漏れ率を検討する過程で算出されるので，（2）1925～1940年の死亡者届出漏れ率を先に検討した後，（3）1910～1925年の死亡の届出漏れ率を検討する．

(1) 1938年以後の人口動態統計調査からの知見

1938年以後の人口動態統計調査には，死亡届遅滞に関する情報が掲載されている．1938～1941年間に当該年以前に死亡した者について申告した数を死亡発生年度別で集計すれば，生命表関数によって死亡の届出漏れ率が導き出せる．[17] 1940年を対象に計算すれば，その水準は2％となる．これが第1のポイントである．しかし年次別に見ると，1924年の死亡が1923年の死亡の10倍ほどになる．これは，死亡の届出漏れ率が1924年を境に大きく変わったことを含意する．これが第2のポイントである．そこで，まず後の時代から検討し，次いで前の時代の届出漏れ率推定へと進む．

(2) 1925～1940年の死亡の届出漏れ率と朝鮮人純移民数の推定

この期間には国勢調査が存在する．死亡者届出漏れ率の仮定が人口の自然増加率および純移民数の推計にいかなる影響を及ぼすかを検証するため，まず，死亡者届出漏れ率が0％，2％，10％，20％であるときの自然増加率と純移民率を国勢調査より計算した．このうち，0％とは報告された年齢別死亡数をそのまま使った場合である．このときの自然増加率は上限値であり，純移民率は下限値となる．それぞれのケースに対応する純移民数を算出すると，1925～1940年間の累積純移民数は死亡者届出漏れ率が0％であるときは159万人に達し，2％では149万人，5％のときには135万人となる（表2.1.1）．

朝鮮人純移民数の既往推計としては，金哲 [1965]，権泰煥・金斗奭 [2002]，Kwon [1977] がある．いずれも海外居住朝鮮人の資料を基礎に算出されたものである．彼らの推計値を表2.1.1の値と比較すると，まず金と権・金の推計が相当に過大であったことがわかる．Kwonの場合，全

---

17) 死亡の届出漏れの率を計算する最近の方法を紹介すれば，次のとおりである．$\sum_{i=1}^{8} L_{t-i}/D_{t-i}+\alpha$．ただし，$t$ は人口動態統計調査が行われた年，L_{t-i} は $t-i$ 年に死亡したが，t 年に申告した死亡数，D_{t-1} は $t-1$ 年の人口動態統計調査においてその年に死亡した者の数，α は過去8個年間の届出漏れの率の数列を考慮して選んだ適当な値である．

表 2.1.1　1920年代後半以後の朝鮮人純移民数の推計

	男	女	計
死亡の届出漏れの率が0％であるとき			
1926〜1930年	125,352	106,290	231,642
1931〜1935	153,346	174,850	328,197
1936〜1940	580,020	450,078	1,030,098
計	858,718	731,218	1,589,937
死亡の届出漏れの率が2％であるとき			
1926〜1930年	108,154	90,976	199,129
1931〜1935	136,161	159,758	295,918
1936〜1940	563,563	436,088	999,651
計	807,877	686,821	1,494,698
死亡の届出漏れの率が10％であるとき			
1926〜1930年	39,361	29,718	69,080
1931〜1935	67,420	99,387	166,807
1936〜1940	497,732	380,129	877,862
計	604,514	509,234	1,113,748
死亡の届出漏れの率が20％であるとき			
1926〜1930年	-46,628	-46,852	-93,480
1931〜1935	-18,504	23,924	5,420
1936〜1940	415,444	310,181	725,625
計	350,312	287,253	637,566

期間合計では過大とならないが，1926〜1930年については期間別上限値を上回る．この検討の詳細は紙幅の関係で省略するが（詳細は，朴二澤［2008b］を参照），この期間の死亡の脱漏問題は年齢別死亡統計の情報価値を失わせるほどは大きくなかったということを強く示唆する．そして，人口動態統計から試算された届出漏れ率2％は無理のない推計値だったということでもある．したがって，以下では1926〜1940年の間の年齢別死亡者統計における死亡の届出漏れ率を2％と仮定する．

なお，1925年以前の男女別・各歳別人口を推計するためには1911〜1925年の間の移出者の男女別・各歳別構成が必要である．ところが，この情報は得ることができない．したがって，1911〜1925年の純移民数の男女別・各歳別構成が1926〜1930年純移民数の男女別各歳別構成と同一という仮定の下に，1925年以前の男女別・各歳別人口を算出し，1925年以前の純移民数には権泰煥・金斗燮の推計を援用して推計を進める．[18]

(3)　1910〜1924年の死亡届出漏れ率の推定

1924年以前に国勢調査はないが，『朝鮮総督府統計年報』には1912〜1914年間の朝鮮人男女別・5歳階級別人口があり，その合計は戸口調査の人口数と一致している．ここでは，精度の上がった1914年を対象に，死亡届出漏れ率0％であるときの人口推計，すなわち『統計年報』による人口の下限を，戸口調査の年齢階級別人口と比較する．人口推計には純移民数を反映した場合と反映しない場合とを用意したが，どちらも29歳以下では下限推計の人口が戸口調査人口より多く，30歳以上の年齢階級では逆に戸口調査の人口が多くなることがわかった．死亡の届出漏れ率をどのように設定すれば30歳以上の人口推計値が戸口調査の30歳以上人口と同じになるか，これをシミュレーションした結果，男子の場合は29.5％，女子の場合は

---

18)　朴二澤［2008b］では，権泰煥・金斗燮［2002］の流出人口推計が1925〜1940年について過大の恐れがあることを指摘した．しかし，1925年以前については検証していない．1925〜1940年の過大推計は，満洲在住の朝鮮人調査の精度変化に関する判断によるが，その変化が全期間にわたって均等に向上したとみなす根拠はない．統計精度の向上は通常ある時点に集中して起きる．満洲国の建国時はそうである．しかし，それ以前の移民数が過大であったのか否かを判断する資料を持ちえていないので，現時点では1925年以前の流出人口として権・金の推計を用いることとする．

表 2.1.2　1925年以前の年平均人口増加率

(%)

	人口増加率	自然増加率	純移民率
死亡の届出漏れの率：男女０％			
1911〜1915年	1.4247	1.4580	−0.0333
1916〜1920	0.7947	1.0205	−0.2257
1921〜1925	1.5264	1.7363	−0.2099
死亡の届出漏れの率：男29.5％, 女20.1％			
1911〜1915年	1.0119	1.0435	−0.0315
1916〜1920	0.3529	0.5680	−0.2151
1921〜1925	1.1014	1.3061	−0.2046
死亡の届出漏れの率：男女29.5％			
1911〜1915年	0.9488	0.9799	−0.0311
1916〜1920	0.2788	0.4921	−0.2134
1921〜1925	1.0271	1.2308	−0.2037

20.1％となった.[19] これは死亡の届出漏れ率の下限であるが，男女間で相当の差がある.

表2.1.2は，死亡の届出漏れ率が男女とも０％であるとき，男29.5％，女20.1％であるとき，男女とも29.5％であるときの人口増加率，自然増加率，純移民率を示したものである．1916〜1920年には1918年前後の高死亡率期が含まれているので，男女とも死亡の届出漏れ率が０％である時の人口増加率，すなわち人口増加率の上限は7.9‰にすぎない．届出漏れ率を男女とも29.5％としたときの人口増加率は2.8‰に下落する.

男女の届出漏れ率をどう設定すべきか考えるために性比の推移を検討したところ，1914年までの女子人口把握が不十分であったことが判明した．シミュレーション結果にみられた顕著な男女差はそれ故だったのである．そこで，人口推計は男女とも29.5％の死亡の届け出漏れがあったと仮定して行うこととした．その計算結果は，1910年の総人口は1,700万人，1925年のそれは1,900万人となり，1910〜1925年の全期間平均人口増加率は年率で0.75％となった（推計値の全容は統計表2.1.1を参照）.

本推計（届出漏れ率を男女とも29.5％として移民数を反映した推計）の人口数を，戸口調査，届出漏れ率を男女０％，移民数反映の推計下限値，そして石，Kwon *et al.*，車の既存の３つの推計と比較したのが図2.1.2，期間別人口増加率を比べたのが図2.1.3である．既往推計のなかでは最新の車推計を取り上げてみよう．人口数でいえば，1910年，1915年において車推計よりも100万人近く多く，1925年では変わらない．人口増加率に関しては，1911〜1915年と1916〜1920年の２期間において車推計よりも低位，1921〜1925年では逆に若干高めである．グラフの形状としても，1918年前後の高死亡率期を反映したＶ字型となっていることがわかる．本推計によって精度がさらに向上した結果といってよい.

［Ｖ］　含　　　意

本推計にはいくつかの含意がある．第１は人口転換に関連する．年平均自然増加率は1911〜1915年に10‰であったが，1916〜1920年はインフルエンザによる高死亡率があったため５‰に減少，1921〜1925年にはふたたび上昇して12‰となり，1936〜1940年にはさらに上昇して20‰となった．1910年代の自然増加率は人口転換の第１段階とみなすには高いので，人口転換は1910年代以前にすでに始まっていたと判断される.

第２に植民地期の経済成長に関する含意がある．１人当たりGDPの増加率はGDP増加率から人口増加率を引いたものである．本推計による植民地初期の人口は旧来の推計よりも大きく，したが

---

19)　シミュレーションの詳細等は，朴二澤［2008b］を参照.

図 2.1.2 人口数，1910〜1925年：諸推計との比較

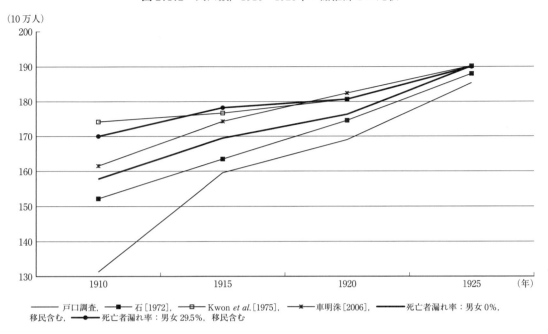

図 2.1.3 期間別人口増加率，1910〜1925年：諸推計との比較

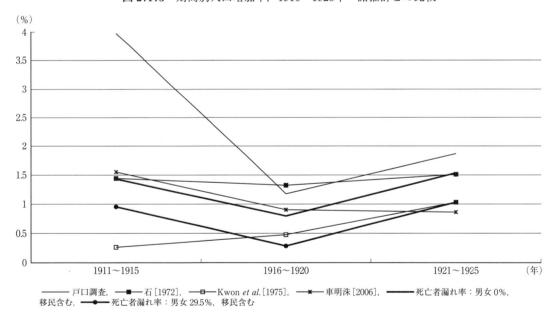

って人口増加率は旧来よりも低くなった．これは，1人当たりGDP成長率が既存推計の示唆していた水準よりも高かったことを意味する．

第3に人口年齢構成の変化に注目する．既存研究で年齢構成の変化の影響が分析されることはなかった．0〜14歳層と65歳以上層の和を「従属人口」，15〜64歳層を「生産人口」と呼べば，植民地期の「従属人口指数」（従属人口／生産人口×100）は1910年の70から1940年の84に上昇した．この指数上昇のほとんどは0〜14歳人口の拡大に

よる（その生産人口に対する比率は66から77へと上昇した）．1人当たり GDP の成長率が旧来の推計よりも高かったという結果の解釈は，この事実と合わせてなされなければならない．植民地期は，生産年齢層の割合が持続的に増加する人口ボーナス（demographic bonus）の時代であった解放後とは対照的だったのである．

最後に，1910年代前半の戸口調査では19歳以下の人口に多くの調査漏れがあったことが判明した．

本推計では調査漏れを補正しただけでなく年齢別構成の推計も行ったので，各年齢階級別にどれだけ漏れがあったのかを把握することが可能になった．1910年代前半の戸口調査は従来の朝鮮時代の調査方法をかなり引き継いだと考えられるので，その綿密な検討によって朝鮮時代の戸口統計のいっそうの理解が進むことが期待される．

（朴二澤）

2 労　働　力

［I］　概　　　要

本節の目的は，職業別戸口調査と国勢調査資料を利用して労働力の産業別構成を推計することである．以下では「労働力」も「有業者」もほぼ同一の概念として扱う．本来なら，これらは異なった調査方法によって測定される異なった概念である．前者は一定期間に収入を伴う就業をしたか否かによって，後者は普段どのような職業についているかによって定義されるからである．他国と同様，第2次世界大戦後の韓国でも労働力方式によって統計が整備されるようになった．しかしそれ以前は，労働力を推計するための資料は「普段の状態」（usual status）を聞いている戸口調査と国勢調査以外にはない．そこで調査された有業者には収入を伴わない者（たとえば金利・配当生活者）も含まれるが，ここでは収入を伴う有業者（gainfully occupied）を労働力として扱うこととする．[20]

本推計は2つの次元からなっている．まず，農業，水産業，鉱工業，商業交通業，公務自由業，その他有業者で構成された6分類体系による，1912年から1942年までの職業データ系列を道別・民族別・性別に整備する．次いで，これを第1次・第2次・第3次部門にまとめ上げるのであるが，その際，上記6職業分類のうち「その他」有

業者を他部門へ配分し，また道別統計を戦後の南北分割に対応するかたちで集計する．このためには次の作業が必要である．
1) 時系列的一貫性を持つようにデータを調整
2) 職業別戸口調査と国勢調査を利用して，産業別有業人口構成比の推計値を作成
3) 職業別戸口調査と国勢調査を利用して，副業を考慮するとき調整されなければならない産業別有業人口構成比の推計値を作成
4) 上の2つの推計を利用して副業を考慮した産業別有業人口構成比を計算して，これと各年度の有業者数推計値を結合して，産業別有業人口数を推計

以下では，上で指摘した作業の内容を逐次説明した後に，推計結果の概要を紹介する．

［II］　推　計　作　業

(1)　データの調整

職業別戸口調査で把握された人口は実際人口より過少で，調査から脱落した人口を推計して補正する必要がある．この補正は，それが産業別世帯人口構成および有業率にいかなる影響を及ぼすかを考慮しながら実行しなければならない．このような作業を通じて補正された産業別有業世帯数推計および有業率推計は，朴二澤［2008a］で報告したので，その結果を使う．

---

20) 諸概念と統計調査の変遷について，より詳しくは Park［2019］section 1を参照．

職業別戸口調査資料に対しては，上記以外に2つ追加的な作業を行った．最初に，全期間にわたり上記6分類体系に合わせた推計となるようにするため，1917年農業水産業中の水産業の比率を利用して1912～1916年における水産業を農業水産業から分離した．

第2に，1912～1914年の有業率がとても低い（ただし，同期間中の道別・民族別には若干の差がある）ので，これを上方修正した．調整の方法は，まず1912年の有業率が1915～1921年間の最低有業率より低ければ最低有業率と同じ値に設定し，それより高ければその値をそのまま使った．1912年有業率を調整した後，1913年と1914年の有業率は，1912年有業率と1915年有業率の線形補間で推計した．ここで1912年の下限有業率を1915～1921年期間中の最低値に設定した理由は，1915～1918年の間の有業率は第1次世界大戦の特需によってそれ以前より高く，その特需が終わった後にはふたたび減少したことを考慮すると，1912年値としては1920年や1921年の有業率を使うことが望ましいと判断されるものの，道別・民族別には最低値が発生する時期が違うから，1915～1921年の間の最低値を下限に設定したのである．有業率の調整結果を図2.2.1に示す．

1930年国勢調査と1940年国勢調査の職業別有業者構成比を活用するためには，これら2つの国勢調査の職業別有業者構成比を比較可能なように再編しなければならない．これについては種々の先行研究があるが，ここでは基本的に金洛年［2010］の方法に従った．すなわち，1940年国勢調査の職業別構成を主にし，「経営者」や「事務者」という職業名だけで産業別分類が不明のときは，それぞれの職業の産業別構成を利用した．ただし金洛年［2010］は，「その他作業者」の全部を「その他有業者」に分類したが，本推計では後者も，（4）で述べるように産業別に分類をしたという点で違いがある．

(2) 産業別有業人口構成比の推計

朴二澤［2012］によれば，1916年全羅北道と黄

図2.2.1　有業率の調整

海道の場合，産業別有業世帯構成比と産業別有業者構成比とには大差がなかった．全羅北道と黄海道以外の同年の統計年報のデータがこの点で同じ性格のものかどうかを知ることはむずかしいが，本節では，全羅北道と黄海道のデータに照らして，1916年の統計年報上の産業別有業世帯構成比はすべて産業別有業者構成比を伝えるものとみなすことにした．

他方，1917年以後，職業別戸口調査からは産業別有業世帯数がわかるだけで，産業別有業者数は不明なので，産業別有業世帯数を産業別有業者数に切り替える方法を考案しなければならない．朴二澤［2012］の分析によれば，戸口調査，1930年国勢調査，1940年国勢調査は相互にかなり整合的な資料である．それゆえ，1930年国勢調査と1940年国勢調査との産業別有業者構成比を利用して，戸口調査の産業別有業世帯構成比を産業別有業者構成比で切り替えることが可能である．

このようにデータを読解すれば，植民地期における各産業世帯内有業者の職業別構成は，植民地期の間に顕著な構造変化を経験したことが判明する．1916年の農家には，農業以外の産業を副業で営む有業者は多かったが，農業以外の産業に本業で従事する有業者は多くなかった．その反面，1930年には農家にあって農業以外の産業を本業で営む有業者数が大きく増加し，1940年には非農業を主な仕事とする農家に代わって非農業世帯が増加したので，農家にあって農業以外の産業に本業

で従事する有業者数は縮小した．したがって，全植民地期にわたって一貫した方式で産業別有業世帯構成比を産業別有業者数構成比に転換する方法は望ましくない．本節では，上のような構造変化を念頭に置きながら，以下のように，各時期別に産業別有業世帯構成比を産業別有業者構成比に切り替える方式を選んだ．

1912〜1916年：職業別戸口調査の職業別世帯数をそのまま職業別有業者数として扱う．

1916〜1930年[21]：（1916＋n年の職業別有業者構成比）＝（1916＋n年の職業別戸口調査の職業別世帯構成比）＋（$n/15$）×（1930年国勢調査の職業別有業者構成比－1930年職業別戸口調査の職業別世帯構成比）

1930〜1943年[22]：（1930＋n年の職業別有業者構成比）＝（1930＋n年の職業別戸口調査の職業別世帯構成比）＋{（10－n）/10}×（1930年国勢調査の職業別有業者構成比－1930年職業別戸口調査の職業別世帯構成比）＋（$n/10$）×（1940年国勢調査の職業別有業者構成比－1940年職業別戸口調査の職業別世帯構成比）

このように産業別有業者構成比を推定すると，特定の年度の特定の産業ではマイナスの値が発生することもあるので，その際にはその前後年度の値で線形補間（もしくは，端末年度の場合は前後年度の数値で代用）し，最後に，構成比の合計を1にするために，補正のため増加した産業の構成比がそれ以外の産業の構成比の減少によって相殺されるよう調整した．

(3) 副業を考慮した場合の産業別有業者構成比の推計

副業に関する情報は，1916年の全羅北道と黄海道についてのみ民族別に知ることができる．もっとも外国人の場合は，副業を考慮して調整する必要はない．また日本人の場合は，副業による調整の規模は朝鮮人の半分程度にとどまる．1930年には，すべての道の副業について知ることができるが，民族別に区分することはできない．しかしこの時期の人口の圧倒的多数は朝鮮人であるから，1930年におけるすべての民族の副業合計値を朝鮮人のものとみなしても大きい無理はない．1916年のデータも，1930年との比較のために，すべての民族の合計値を朝鮮人のものとみなして計算する．

副業による産業別有業者構成比の調整とは，副業を考慮するときの産業別有業者構成比と副業を考慮しないときの産業別有業者構成比との差を計算することを意味する．副業を考慮した産業別有業者数とは，

この産業を本業とし副業のない有業者（専業者）数＋この産業を本業とし他の産業を副業とする有業者数×（1/2）＋他の産業を本業としこの産業を副業とする有業者数×（1/2）＋本業を持たずこの産業を副業とする者（本業なき副業者）の数×（1/2）

である．副業にどれだけのウェイトを与えるかはむずかしい問題であるが，家業観念が存在した社会では，本来であれば本業とすべきときでも副業と記載したケースが少なからずあったであろう．それを考慮して1/2とした．

この時期，副業による産業別有業者構成比の調整は，農業の比重を減らし，非農業の比重を増やす方向に作用した．ところが，植民地期には半農・半漁を業とする人たちが多く，副業を考慮して調整するとき，水産業は有業者数をプラスの方向に調整する．しかし，半農・半漁の程度は主に地理的特性を反映し，時期別には道ごとに安定的

---

21) 1930年国勢調査の有業者構成比を正しいものとし，1917年〜1930年間の戸口調査と国勢調査との差は直線的に増加してきたものと仮定してこれを補正する．

22) 1930年の戸口調査・国勢調査間の差と1940年の両調査間の差とを合算（加重平均）した値が1931年以降各年の戸口調査と国勢調査との間の格差を構成したものと仮定してこれを補正する．

48　｜　記述編　第1部　植民地期朝鮮

表 2.2.1　1916〜1930年における全羅北道と黄海道の副業による産業別有業者構成比の調整比率

			農業＋水産業	農業	水産業	工業	商業交通業	公務自由業	その他有業者
男	1916年	全羅北道	−0.0468	−0.0473	0.0005	0.0274	0.0178	−0.0003	0.0020
		黄海道	−0.0457	−0.0472	0.0015	0.0103	0.0304	0.0009	0.0041
		平均	−0.0462	−0.0472	0.0010	0.0189	0.0241	0.0003	0.0030
	1930年	全羅北道	−0.0302	−0.0306	0.0004	0.0239	0.0065	−0.0009	0.0007
		黄海道	−0.0111	−0.0139	0.0028	0.0061	0.0053	−0.0005	0.0002
		平均	−0.0207	−0.0222	0.0016	0.0150	0.0059	−0.0007	0.0004
1916〜1930年倍率			0.44	0.47	1.60	0.79	0.24	−2.33	0.13
1916〜1930年変化率（％）			−5.595	−5.239	3.414	−1.628	−9.550	−	−12.85
女	1916年	全羅北道	−0.0483	−0.0485	0.0002	0.0393	0.0099	−0.0009	0.0000
		黄海道	−0.0517	−0.0539	0.0022	0.0283	0.0225	−0.0004	0.0013
		平均	−0.0500	−0.0512	0.0012	0.0338	0.0162	−0.0007	0.0007
	1930年	全羅北道	−0.0237	−0.0239	0.0002	0.0220	0.0018	−0.0001	0.0000
		黄海道	−0.0049	−0.0077	0.0028	0.0026	0.0022	0.0001	0.0000
		平均	−0.0143	−0.0158	0.0015	0.0123	0.0020	−0.0000	0.0000
1916〜1930年倍率			0.28	0.30	1.25	0.36	0.12	−	−
1916〜1930年変化率（％）			−8.553	−8.055	1.607	−6.966	−13.88	−	−

に推移したと判断される．そこで副業としての水産業の調整の規模は，1930年国勢調査から計算される調整規模が植民地期の全時期に適用されるものと仮定し，半農・半漁という地域的特性が副業による調整の規模に影響を及ぼすのを除去するために（農業＋水産業）の減少の大きさを副業による調整の規模に設定した．

本節でいう副業による産業別有業者構成比の変化とは，以上のように，副業としての水産業を調整した後の「農業＋水産業」の有業人口比率が，非「農業＋水産業」を副業とする有業人口比率によって減少することを意味する．したがって，副業による産業別有業者構成比の調整は，「農業＋水産業」の調整（減少）規模を推計する作業と，この減少が他のいかなる産業の増加として配分されるかを推計する作業とに分けて接近することができる．

この推計を実行するにあたって優先しなければならない作業は，1916年の全羅北道と黄海道を除いた諸道における副業による産業別有業者構成比の調整規模の推計である．このためには，すべての道における副業による産業別有業者構成比の調整規模がわかる1930年国勢調査における全羅北道と黄海道の産業別有業者構成比調整規模と，1916年全羅北道と黄海道の産業別有業者構成比調整規

模を比較分析する必要がある（表2.2.1参照）．

表2.2.1には，14年間における構成比調整規模と変化率も掲げている（規模が小さすぎるときには省略）．これによれば，農業と水産業を合わせた副業による調整規模は，1930年全羅北道と黄海道との間には大きな差があるが，1916年には大差ない．男子の場合，1930年の全羅北道は「農業＋水産業」を3.02％減らし，黄海道は1.11％減らしたのに対し，1916年には全羅北道は4.68％，黄海道は4.57％の減少だった．女子の場合は，1930年の全羅北道は「農業＋水産業」を2.37％減らし，黄海道は0.49％減らしたが，1916年には全羅北道は4.83％，黄海道は5.17％の減であった．女子の場合，1930年には黄海道の調整規模が全羅北道のそれよりも小さかったが，1916年にはかえって大きかった．

以上を勘案すると，1930年の副業としての水産業有業者規模には地域別に無視できない差があって，これを一定の倍率で調整して同年の道別調整値とするのは好ましくない．これに反し，1916年の場合には両道間で調整すべき差が大きくないから，1916年には，これら両道以外の地域における副業としての水産業有業者規模の調整にも，これら両道の平均値（すなわち，男子の場合は4.62％，女子の場合は5.00％）を適用することが許されよ

う．以下の推計は，このような認識に基づいて進める．

　次に，副業によって生ずる「農業＋水産業」有業者の減少数が，「農業＋水産業」以外のどの産業に配分されるかを表2.2.1によって考察しよう．まず，男子の公務自由業と女子の公務自由業および「その他有業者」は，どれも調整の規模がとても小さいから，これらを0とみなすことが便利である．とすれば，「農業＋水産業」の減少分が，男子の場合には工業と商業交通業および「その他有業者」にどのように配分されるのかを，そして女子の場合には工業および商業交通業にどのように配分されるのかを考察すればよい．

　男子の場合，全羅北道と黄海道とを平均し，その1930年に対する1916年の副業による有業者比率の変化率をみると，工業のそれは農林水産業計の変化率よりも小さく，商業交通業と「その他有業者」のそれは反対により大きく，とくに「その他有業者」の変化率が大きかった．そこで，男子については，工業の変化率は全体変化率の29％（＝−1.628/−5.595）だけ反映して変わるようにし，「その他有業者」の場合は変化率が商業交通業の変化率の1.68倍（＝[0.0059/0.0241]/[0.0004/0.003]）となるように設定した．女子の場合は，男子とは違って工業および商業交通業の変化率に大差はないが，それでも，工業の変化率は商業交通業の変化率よりさらに低い．そこで，女子については，工業の調整規模が農林水産業計の変化率の81％（＝−6.966/−8.553）となるよう設定した．これらの数値を1930年国勢調査による道別・産業別副業データと組み合わせることによって，1916年における13道の副業による調整規模を産業別に推計した．

　次いで，以上から1916年と1930年との副業にともなう産業別調整の比率が各道別にわかるから，これを利用して，植民地全期間の各道別副業にともなう産業別調整の規模（比率）を推計する．1930年には，1916年に比べて副業による調整の規模が減った．そこで，各道別に計算された調整規模も植民地全期間にわたって同一の比率で減少し

たと仮定した．副業による調整の減少を引き起こす最も重要な要因の1つは，都市化の進展である．都市では「農業＋水産業」と非「農業＋水産業」間の副業による調整がほとんど起きない．副業による調整の規模が一定率で減少したという上記の仮定は，副業による調整規模の変化には都市化が影響を及ぼしたことと，植民地期にはすべての道で徐々に都市化が進行したという認識に基づいたものである．副業による調整の非「農業＋水産業」部門間への配分については，以下のように時期別に異なる設定をした．

1912〜1916年：1916年の調整比率を変化率に比例するように調整する．

1916〜1930年：1916＋n 年の調整比率＝{(15−n)/15}×（1916年調整比率）＋(n/15)×（1930年調整比率）

1930〜1943年：1930年の調整比率を変化率に比例するように調整する．

ただし，このように調整するとき，1910年代初めにおける黄海道の公務および自由業と咸鏡北道の商業および交通業では，これら産業の規模に比べて過度に調整が施されることになるので，若干の調整を行った．

(4)　その他有業者の部門配分

　次になすべきは「その他有業者」を部門に配分することである．この時期の就業構造上の特徴は，農家が圧倒的な比重を持ち，農家から他の部門へ副業として労働力が配分されているというものであったから，「その他有業者」が第1次部門の職業を本業としていた可能性はきわめて低いと考えられる．そこで，「その他有業者」は第1次部門へは配分せず，第2次および第3次部門にのみ振り分けた．その際の比率は，「その他有業者」を除く非第1次有業者における第2次および第3次部門の割合を利用した．

(5) 産業別有業者人口数の推計

1912年以降,有業者数は朝鮮人,日本人,外国人別に調査されていて,有業者の産業別構成比は民族ごとに異なるが,集計されている.朝鮮人有業者の産業別構成比は,産業別有業世帯構成比を産業別有業者構成比に変換した後の,副業を考慮した産業別有業者構成比である.日本人有業者の産業別構成比は,産業別有業世帯構成比を産業別有業者構成比に転換しただけで,副業を考慮することはしなかった.外国人有業者の産業別構成比も産業別有業世帯構成比である.以上の情報を利用すれば,民族別・道別に有業者数とその推移とを計算することができる.

韓国と北朝鮮への南北分断後については,戦後における2つの国家の実効支配地域に合わせることが必要なので,軍事境界線を基準とし,次のように案分した.

$$韓国 = 京畿道 \times j + 忠清南北道 + 全羅南北道 + 慶尚南北道 + 黄海道 + 江原道 \times k$$
$$北朝鮮 = 全朝鮮 - 韓国$$

(jとkは,南北人口比であり,本書の第15章第2節「南北分割比率の推計」の値を利用)

[Ⅲ] 推計結果

6産業別,すなわち「その他有業者」項目を含む男女別・南北別の推計結果は統計表2.2.1に,次いで「その他有業者」を他部門へ振り分けた3部門別・男女別・南北別の推計結果をCD統計表2.2.1に示す.

図2.2.2は男女計・南北計の6産業別構成比を,図2.2.3は男女計・南北計の3部門別構成の推移を示す(統計表2.2.2参照).図2.2.2からは,「その他有業者」の割合が高くはないものの,末期に向かって若干比率を高めていることがわかる.図2.2.3がそれを上記の方法で他部門へ按分した結果であり,図2.2.2と併せ,そこから次の4点を指摘できる.

第1に,1915年以前に第1次部門のわずかな拡大と第3次部門の縮小というやや不可思議な動きがみられるが,これはこの数年間の時期に対する調整がまだ完全とはいえないことを意味しているのであろう.

第2に,第1次部門の割合は1916年以降ゆっくりと傾向的な低下を始め,代わって第2次・第3次部門が拡大した.予想された動きといえる.

第3に,第2次部門と第3次部門を比べると,水準は第3次部門がつねに第2次部門を上回って

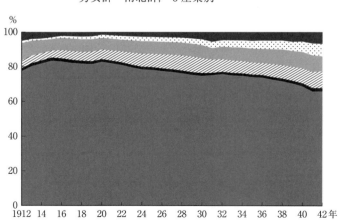

図2.2.2 労働力の産業別構成比の推移:1912~1942年,男女計・南北計,6産業別

図 2.2.3 労働力の部門別構成比の推移：1912～1942年，男女計・南北計，3部門別

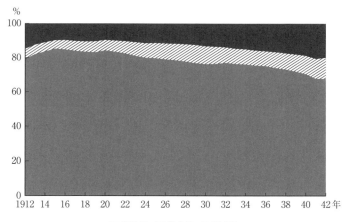

いたが，伸びについては第3次部門のほうがやや大きかった．けれども，図2.2.2からわかるとおり，その1つの要因は公務および自由業の拡大であった．商業および交通業のみを工業と比較すると，1916～1918年の3カ年平均で7.2%と5.2%であったのが，1940～1942年には8.6%対9.0%と，工業が商業および交通業の水準に追いつき，わずかではあるが追い越したのである．

この工業のシェア上昇が南北どちらでより顕著であったのかを明らかにするために第2次部門と第3次部門に絞ってみたのが，図2.2.4である．全体を通じて第3次部門が第2次部門のレベルを上回っていたことに変わりはなく，1930年まで両部門とも拡大傾向にあり，また両地域に（北部における1915年以前の第3次部門のシェアを別とすれば）大きな差はみられなかった．しかし，1930年代から1942年にかけて北部の第2次部門が顕著に拡大した．1925年と1930年には両地域の第2次部門割合は8.3%から10.7%へ，8.6%から10.6%へとほとんど同水準で推移したが，1935年には9.3%と8.6%と北部が若干上回り，1942年には16.2%と9.2%と明瞭な差がついた．さらに——図示は省略するが——その男女別構成をみると，北部の男子の第2次部門シェアが1925年7.1%，1930年9.3%，1935年11.5%，1942年23.5%と顕

図 2.2.4 労働力の第2次・第3次部門構成比の推移：1912～1942年，男女計・南北別

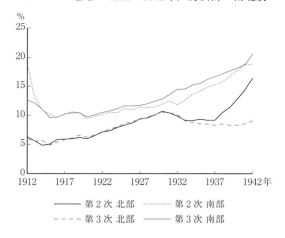

著に上昇したのに対して，対応する北部の女子シェアは1925年9.7%，1930年12.5%，1935年6.1%，1942年3.8%と，1930年代に入って急落した（南部でも同様の第2次部門シェアの低下があった）．女子の就業構造で目立つのは，この間，南部の第3次部門シェアが上昇したことであろう．11.3%，13.4%，17.1%，24.2%と，北部における男子の第2次部門と近似した変化であった．このように，1930年代に入ってからの就業構造変化は，地域差と性差をともなって進んだのである．

(朴二澤)

3　賃　　金

［Ⅰ］　朝鮮総督府統計年報

(1)　資　料

　植民地期の賃金統計は，朝鮮総督府（文書課）が調査して『朝鮮総督府統計年報』（以下，『統計年報』）に掲載した賃金統計が最も包括的である．調査期間は，『統計年報』の前身である『統監府統計年報』を含めると1909年から1942年にわたり，各都市の職種別，民族別，性別賃金を調査し，これらの都市の平均賃金も提示している．これ以外に給与形態（日給，月給，年給）と賄いの提供についても示されている．

　『朝鮮総督府報告例』によると，毎月指定された職種にたいして，1925年以前は1年に4回（3月，6月，9月，12月），その後は月平均の賃金を調査することになっており，『統計年報』に掲載された賃金は，それらを単純平均した「年平均の賃金」である．調査対象は時期によって異なるが，たとえば1918年は50種，1926年は39種，1934年は37種となっている．一部の職種（農作夫，杜師，醤油製造職，下男・下女，下級船員など）を指定して賄い付きの如何が調査され，その他は基本的に賄いなしの日給が調査された（1934年報告例）．そして，調査対象を「男女ともに壮年者のうち技倆中等である者」とした．調査対象地域は，1925年以前は「道および府所在地」とし，初期は府以下の行政区域の地域までも調査対象に含んでいたが，その後はソウル（京城）をはじめ8つの都市（京城，木浦，釜山，大邱，平壌，新義州，元山，清津）に限定された．このことから，『統計年報』の賃金は都市の賃金を調査したものであり，農村は対象に含まれていないと考えられる．[23]

(2)　既存研究

　植民地期朝鮮の賃金は，尾高［1975，1988］によって初の詳細な推計が行われた．

　尾高は，年報から16の賃金系列を作成した．その項目内容は，以下のとおりである．

1. 農作夫の朝鮮人の男子
2. 農作夫の朝鮮人の女子
3. 農作夫の日本人の男子
4. 漁夫の朝鮮人の男子
5. 工業総計の男子
6. 工業総計の朝鮮人の男子
7. 工業総計の日本人の男子
8. 建設業の朝鮮人の男子
9. 運搬業の朝鮮人の男子
10. 理髪業の朝鮮人
11. 屋外人夫の朝鮮人
12. 屋外人夫の日本人
13. 下男・下女の朝鮮人
14. 下男・下女の日本人
15. 官業総計
16. 官業総計の朝鮮人

　このうち15～16の官業の賃金は，『統計年報』の官業統計からそのまま掲載したものであるが，1～14の職業別賃金に関してはいくつかの工夫を経て推計を行っている．その手順は，以下のとおりである．

- ・『朝鮮総督府統計年報』の資料的制約から，長期にわたって継続した系列の得られる職種を7地域（京城，木浦，釜山，大邱，平壌，元山，清津）にわたって選定する．
- ・つぎに，地域ごとの職種別賃金を適宜各産業に配分して，それぞれの産業における代表賃

---

23)　なお，金洛年・朴基炷［2010a］によると，『統計年報』の賃金データの数は3万2,397個（そのうち朝鮮人は1万5,620個，日本人は1万6,777個）である．うち，1925年以前は調査対象地域は24，調査対象職種は50種に及んだが，1926年からは8つの地域と37の職種に減少した．その結果，1925年以前の朝鮮人の賃金データは年平均659個（日本人724個）であったが，1926年から1942年は年平均258個（日本人は235個）に減少した．

金相場とみなす.

・そのうえで,各々の職種の被雇用者数を『昭和5年(1930年)朝鮮国勢調査報告』から得られる本業人口をもとにウエイトして上記の職種別賃金相場を産業ごとにくくり,地域ごとの産業別賃金を求める.

・最後に,以上のようにして得られた産業別賃金の全地域平均を求める.ウエイトは1930年センサス(昭和5年国勢調査)の地域別雇用数である.

尾高[1975, 1988]では,こうして得られた賃金系列を,紡織業(男子2職種),金属・機器工業(男子5職種),窯業(男子1職種),印刷製本工業(男子1職種),木材・木製品工業(男子4職種),食料品工業(男子2職種),その他の工業(男子4職種)にくくって,それを「工業賃金」[24]とした.その理由について,尾高[1975]は「かなう限り日本における長期経済統計(LTES)の作業との対応が容易になるように心がけた.例えば,製造業賃金の推計法は,原理的にはLTESに収められたA系列(梅村シリーズ)の作成法にのっとったものである.これは,LTESの作業方式が妥当だというだけでなく,分析結果の相互比較の便宜を考えたからにほかならない」と指摘している(尾高[1975]p.151).

しかし,『統計年報』の職種別賃金から「工業賃金」を導出するという考え方については,いくつかの批判がある.たとえば,許粋烈[1981]は,つぎのように指摘している.

「(『統計年報』に属する)労働者の職種がこのようなものであるなら,そこには土木・建築関係の労働者,製造業関係の労働者,農業・漁業関係の労働者,サービス関係の労働者が混在していると見るのが正しい.したがって明確に断言できることは,朝鮮総督府の調査対象職種にしても朝鮮銀行の調査対象職種にしても,これらを括って工

業労働者ということはできないということである.……朝鮮総督府……の調査対象の職種から製造業労働者に近いものを挙げると,桶工,染物職,洋服製縫職,杜師,醤油製造職,活版植字工,鍛冶,鋳物,菓子製造職などの9職種であるが,このなかには製造業労働者として選んでも良いかという疑問もある.仮にこれらを製造業労働者として見なすことができたとしても,それが製造業を代表できると考えることは困難である.尾高の賃金推計は,ここに多くの問題を抱えている」(許粋烈[1981]pp.226-227).

そのうえで,許粋烈[1981]は尾高推計とは異なり「熟練労働者」と「非熟練労働者」に二分して推計を行っている.[25]

『統計年報』の賃金を熟練・非熟練に分類するという方法は,その後の研究でも共通しているものの,推計方法についてはいくつかの新しい試みが行われている.

たとえば,Cha and Lee[2008]は『統計年報』のすべてのデータを利用することを試みた.これは,尾高[1975, 1988]が『統計年報』の51種の職種別データのうち,比較的長期にわたって得られる7地域の40種のデータのみを採用して利用データを制限したのとは対照をなす.Cha and Lee[2008]はすべてのデータを利用するために,回帰分析から植民地期の賃金を推計した.[26]また,金洛年・朴基炷[2010a]は,地域と業種と給与形態が共通する隣接する2つの年の賃金比率(W_{t+1}/W_t)を加重平均して賃金指数を求める方法でアプローチした.金洛年・朴基炷[2010a]は,これによって『統計年報』の賃金データの87%を利用した(13%は条件が共通していないので,非連続とし破棄).

Cha and Lee[2008]および金洛年・朴基炷[2010a]の研究は,既存の尾高推計の方法よりも多くのデータを利用することで,いっそう正確な

---

24) なお尾高[1975]では「製造業」と題して同様の項目をくくっている.

25) 許粋烈の推計は加重平均において尾高とは異なり,『朝鮮に於ける労働者数及其分布状態』(朝鮮鉄道協会[1929])を利用している.

26) 用いられた回帰式は以下のとおり.$\log(日給)=\alpha+\sum_t 年+\gamma_1 現物+\gamma_2 月給+\gamma_3 年給$

推計を行うことができるという点で共通している. しかし, その後の車明洙 [2011] が自ら指摘しているように, 「多くの観測値に根拠を置いた推計が必ずしも少ない観測値に根拠を置いた推計よりも優れているとは限らない. なぜなら, 『統計年報』で調査された賃金は無作為のサンプル調査ではないからである. 1926年からは調査対象となる地域の数が大きく減少したばかりでなく, 1930年ころからは調査対象の職種が減少した. 仮に調査から抜け落ちた地域や職種がその後も継続して調査された地域や職種と異なる場合, サンプル数が多いとしてもすべてを利用することでバイアスが生じてしまうことがある」からである (車明洙 [2011]). このことから, 車明洙 [2011] は, 既存の自らの推計方法は絶対的に正しいとはせず, 尾高の方法に一定の理解を示している. また, 金洛年・朴基炷 [2010a] も, 自らの推計結果を既存研究と比較することにとどめ, 推計方法が絶対的に正しいという評価は行っていない.

(3) 推計方法

ここでは, 基本的に尾高 [1975, 1988] の方法を踏襲する. ただし, 以下のとおりいくつかの修正を加える.

第1に, 尾高 [1975] が「比較的長期にわたって系列が得られる7地域」を選定したのにたいし, 本章では新たに新義州を追加する. したがって, 対象地域は, 京城, 木浦, 釜山, 大邱, 平壌, 元山, 清津, 新義州の8つとなる.

第2に, これらの地域において, 途中にデータの欠損がある場合は, つぎのように対処する (この点は尾高の既存研究と同じである).

①空白期間が2カ年まではその前後から直線補間する.
②空白期間が3カ年以上の場合は, 他地域の平均で補間する.
③他地域ではデータがある場合は, 他地域の平均で補間する.

④すべての地域において3カ年以上空白がある場合は, 類似すると思われる職種のトレンドで補間する.

第3に, 職種の分類については, 尾高 [1975, 1988] のようにLTESに合わせるのではなく, 朝鮮銀行の分類に素直にしたがって, 「熟練・非熟練」の分類とする.[27] これは, 前記の許粹烈 [1981] をはじめとする既存研究の批判を受け入れた結果である.

第4に, 尾高 [1988] は全国基準でのみ集計しているが, 本章では上記8地域単位での集計を試みる. 8都市については, それぞれ物価指数を得ることができる (金洛年・朴基炷 [2010a]). つまり, 本節で作成する8つの都市の名目賃金は, 8つのそれぞれのデフレーターによって実質賃金を求めることができるということになる.

第5に, 尾高 [1975, 1988] は1930年国勢調査のウエイトを固定ウエイトとして全期間に適用したが, 本推計では本章第2節で推計された有業人口のウエイトを用いる. 本章の有業人口は, 『統計年報』の戸口調査から推計したものであり, したがってその分類も年報にそくしたものとなっている. 具体的には, 農業, 水産業, 工業, 商業・交通業, 公務・自由業, その他有業者である. 項目数は, 尾高 [1975, 1988] が用いた1930年国勢調査の職業分類に比べてはるかに少ない. したがって, 『統計年報』に登場する職種ごとのウエイト配分は必然的に粗くならざるを得ないので, 正確さを欠くという批判もありうる. しかしながら, 本章の有業人口を用いることで, 植民地期のウエイトを年次的に変化させることができるというメリットがある. 植民地期朝鮮では1930年代から工業化がそれ以前に比べて進んだので, 当然産業別雇用構造にも変化があったとみるべきである. 本章の有業人口を用いることで, 固定ウエイトを用いざるを得なかった既存研究の制約を克服することができる. さらに, 本書では全体を通じて植民地期の粗付加価値を行政区域別に推計することを

---

27) 詳細については「補論1 職種別賃金推計に関するメモ」(CD-ROMに収録) を参照.

試みているが，この作業の一環として第3次産業にたいしては所得アプローチを試みる．この場合，1930年国勢調査のみを利用するよりも，産業構造に応じて年々変化する雇用構造を反映し，また行政区域別に整理されている朴二澤推計を利用するほうが望ましい．朴二澤推計を利用するもう1つの理由がここにある．

なお，職種別賃金の南北別および全国集計には有業人口による加重平均を用いるが，熟練賃金および非熟練賃金にまとめ上げる際には職種の単純平均とし，また地域別物価指数を南北別デフレーターとして集計するときも，対象地域の単純平均が使われている．

(4) **推計結果（統計表2.3.1，統計表2.3.2，統計表2.3.3，CD統計表2.3.1）**

推計された植民地期の朝鮮人の名目賃金を熟練と非熟練および全朝鮮・北・南に分けてそれぞれ図示すると，図2.3.1のとおりである．

視覚的に確認できるように，熟練・非熟練とも，植民地期の名目賃金は1910年代後半から上昇し始めたことがうかがえる．また，南北別でみると，熟練賃金にたいして非熟練賃金のほうが南北格差が大きく，またその様相も1920年代は南＞北であ

るのにたいしてそれ以後は逆転して南＜北となっている．しかし，地域間格差は拡大する傾向にはなく，両者とも近似しながら推移している．

地域間格差がそれほど大きくないことは，名目賃金を実質化した場合も同様である．図2.3.2は，金洛年・朴基炷［2010b］の地域別消費者物価指数（CPI）を用いて実質化したものであるが，これをみても地域間の賃金格差が広がったということを明瞭に読み取ることはむずかしい．実質賃金の顕著な上昇も観察されない．

最後に民族間の格差をみてみよう．図2.3.3は，全朝鮮の熟練・非熟練賃金を，日本人および朝鮮人ごとに示したものである．日本人と朝鮮人の賃金格差は，熟練および非熟練ともに開いたまま推移してきたことがわかる．

ところで，これまでみてきた賃金は，建設業を中心とした都市の日雇い労働者の賃金であり，しかも全体的に熟練労働者に偏ったものであることから，工業化にもともなう賃金（すなわち工場労働者の賃金）の動向を探るには不十分である．

そこで，以下に断片的な資料から可能な限り工場賃金の動向を整理したうえで，当時の賃金の分析を改めて試みることにする．

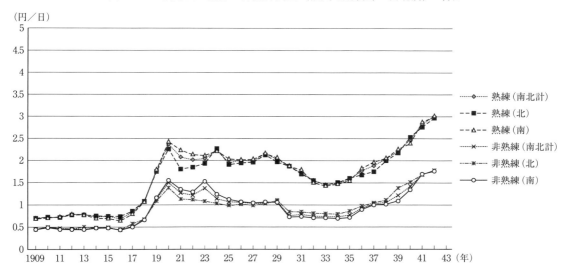

図2.3.1　朝鮮人の熟練・非熟練賃金（植民地期朝鮮・南北別）：名目

図 2.3.2 朝鮮人の熟練・非熟練賃金（植民地期朝鮮・南北別）：実質

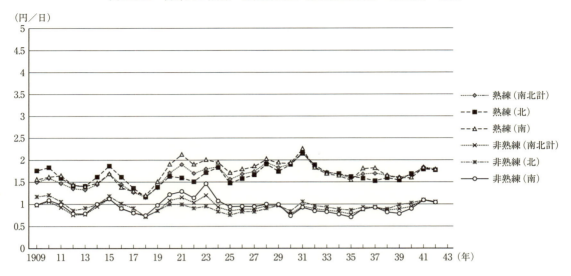

図 2.3.3 日本人・朝鮮人別の熟練・非熟練賃金：名目

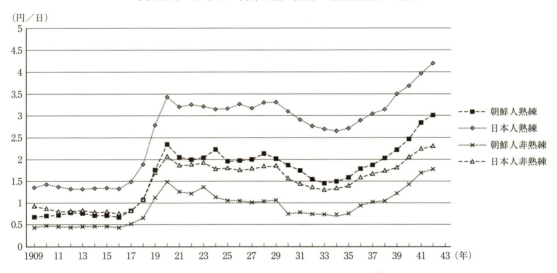

［II］工場賃金

(1) 資料

工場賃金については，『朝鮮総督府報告例』（以下，『報告例』）に調査要領が示されている．それによると，50人以上を雇用する工場を対象に，日給，1日当たりの就業時間，従業員数を年4回（3月，6月，9月，12月）にわたって調査したものである．調査項目は，業種別（1926年の『報告例』では25種，1934年の『報告例』では30種の業種が指定されている），民族別（朝鮮人と日本人），性別，年齢別（幼年工と成年工），賄いの有無に分けて示されている．

現在，この調査の沿革については史料の制約のため正確に把握できないが，朝鮮総督府が実施した工場調査の一環であると考えられる．この工場調査は，労働者を雇用する工場を対象に，工場数，従業員数，生産額，原動力，原料などを調査したものである．同種の工場調査は日本にも存在（『工場統計表』）するが，1919年以後は，これに賃金と労働時間に関する調査項目が追加された．朝鮮の場合も同じく，当初の工場調査には含まれ

ていなかった賃金などの調査項目が後に追加された．ただし，朝鮮の場合，工場調査は，50人以上を雇用する工場を対象としており，5人以上を調査した日本の工場調査とは対応していない．

工場調査は，1921〜1923年は『官報』に，1924年，1926年および1928年は朝鮮総督府『朝鮮の商工業』に，そして1929年から1933年と1936年から1939年は『調査月報』に掲載されている．このうち，1924年，1926年および1928年はごく簡略された情報のみが掲載され，欠落している年についてはその存在すら確認できない．

それ以外に，植民地期の工場労働者の状況を包括的に調査したものとしては，『会社及工場に於ける労働者の調査』と『工場及鉱山における労働状況調査』がある．前者は1922年7月末現在，常時10人以上の労働者を雇用する会社および工場を，後者は1931年6月末現在，常時10人以上の労働者を雇用する工場および鉱山を調査したものである．両者では，同一の調査機関（朝鮮総督府学務局社会課）により，賃金以外にも様々な労働状況が調査されている．前記の工場調査と比べると，工場の調査範囲が広い．

また，「朝鮮労働技術統計調査令」（1941年勅令第380号）にもとづいて，日本と同じ様式で朝鮮と台湾で毎年労働技術統計調査が行われた．工業，鉱業，運輸業などの詳細な業種別に，工場数，雇用数，賃金，労働時間，技術者数などが調査され，労働者の属性（民族，性別，年齢，勤続年数など）別で区分された情報を得ることができる．従来の賃金調査に比べてはるかに詳細な情報を提供しているが，その調査結果を利用できるのは，1942年と1943年（1941年は賃金項目の調査が行われなかった）に限定される．

以上の賃金データは，工場で働く労働者を対象としている点では共通するが，賃金調査の要領はそれぞれ異なる．

朝鮮労働技術統計の場合，賃金は定額給（日給など）と請負給に分かれて調査されており，そこに各種の手当てと賞与および賄いの有無も含まれている（朝鮮総督府総務局国勢調査課［1943］

pp.163-174）．そして，「1カ月の賃金総額」，「1カ月の実労働日数」および「1日の平均実就業時間」を併せて調査している．

『会社及工場に於ける労働者の調査』と『工場及鉱山における労働状況調査』の賃金は，手当などを含む「実収賃金」を調査しているが，賃金は「1日の賃金」を「最高・最低・普通」の3つに分けて提示している．ここで，「普通」の賃金が平均賃金なのか，また賃金に賄いなどの実物給与が含まれているのか否かについてははっきりしない．

『官報』，『朝鮮の商工業』および『調査月報』の賃金は，「技倆中等である者」の賃金と定義されていると同時に，賄いが提供される賃金を区別して提示している．

以上のとおり，1921年から1943年にわたって断片的な情報が得られるわけであるが，その欠如の状況を整理すると，以下のとおりとなる．

①1921年から1924年までは，従業者の年齢区分は成年工，15歳未満，12歳未満，10歳未満で整理されているのにたいし，その後は成年工と幼年工のみで整理されている

②従業者数は1937年までは明記されているが，1938年と1939年にはない．

③1923年から1925年の3年間は合計値のみが明記され，工場種別のデータがない．

（2）既存研究

工場調査賃金に関する賃金系列の推計は，ごく最近まで行われてこなかった．その主な理由は原データの少なさによるものと思われる．『統計年報』の場合，1909年から1942年までのデータが毎年にわたってそろうのに対して，工場調査の場合は1921年から1939年までの19年間と短く，しかも欠落年度も多い．

こうした状況の中にあって，文浩一［2006a］は，工場調査資料にもとづく初の試みであると思われる．

その後，金洛年・朴基炡［2011］は，自らが行った『統計年報』の職種別賃金の推計と同じ方法

で工場調査賃金の推計を行った．具体的には，性別・民族別・年齢別・賄いの有無別の同一条件を満たしたうえで，前後連結可能なデータのみを採用（全データの76％）した．

工場調査が無作為に行われたサンプル調査なのか否かについては不明である．仮に無作為のサンプル調査であるとするなら，可能な限りのデータを利用することが好ましいが，調査基準の変更により調査対象に偏りがあるならば，全データを利用することで推計にバイアスが生じうる．この判断は現段階ではむずかしいが，本節では『統計年報』と同じ方法で推計を試みる．

(3) 推計方法

全工場の平均賃金と製造業分類にもとづいた業種別賃金を，男・女，日本人・朝鮮人別で推計を行う．用いる推計方法は『統計年報』の職種別賃金と同じである．すなわち，男子・女子，そして日本人・朝鮮人別の賃金は，それぞれ成年工と幼年工に分かれているので，当該の賃金を当該の従業者数で掛けてそれを当該の総従業者数で割るという単純な計算である．式に表すと以下のとおりである．たとえば，日本人男子の賃金は，

（日本人男子成年工の賃金×日本人男子成年工の従業者数＋日本人男子幼年工の賃金×日本人男子幼年工の従業者数）÷（日本人男子成年工の従業者数＋日本人男子幼年工の従業者数）＝日本人男子の平均賃金

ただし，空白となる1924年から1928年の5年間については『統計年報』の職種別賃金のトレンドから補間推計を行い，1933年から1935年の3年間は直線補間を行った．また，1942年と1943年の労働技術調査にもとづく賃金については，1939年賃金水準との乖離が大きいので，空白を補間せずにそのままにしておいた．[28]

(4) 推計結果（統計表2.3.4，統計表2.3.5）

工場調査による全体の賃金を名目基準で示すと，図2.3.4のとおりである．[29]『統計年報』の職種別賃金と同様に，1930年代後半からの伸びが観察される．

つぎに，これを『統計年報』の職種別賃金と同じく金洛年・朴基炷［2010b］のCPIで割って実質化したものが図2.3.5である．全体的に『統計

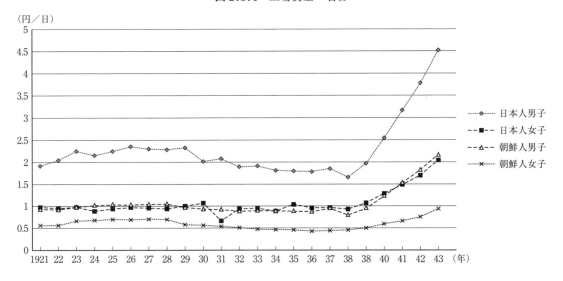

図2.3.4　工場賃金：名目

---

28) それ以外にも適宜補間を行った．詳細については付属CD-ROMに収録の「補論2　工場賃金推計に関するメモ」を参照．
29) 図2.3.4および図2.3.5ではデータの得られない1940～1941年について直線補間した．

図2.3.5 工場賃金：実質

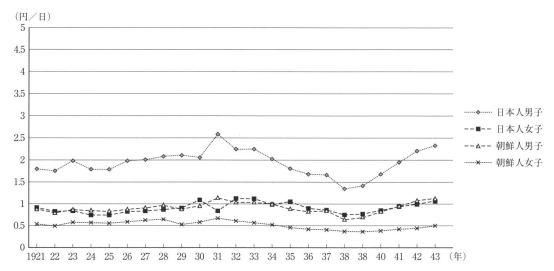

年報』の職種別と大きく変わらないが，日本人男子の実質賃金は1930年代以後，他の賃金に比べて下降と上昇の度合いが激しい．

[Ⅲ] 若干の分析

『統計年報』の職種別賃金および工場調査による製造業賃金はともに，1930年代以後の伸びが観察される．堀［1993］によると，「1930年代朝鮮において工業がそうとう急速に発展したことは明らかで，このこと自体を否定する見解はない」としている．1930年代以後の名目賃金の上昇は，朝鮮の工業化と連動したものと理解してかまわないだろう．

しかしながら，民族間の賃金格差は解消されずに開いたまま賃金水準が推移してきた．工業化にともなう労働需給のひっ迫を想定した市場の論理からすると整合的ではない．ここには民族差別などの人為的要因も影響しているものと考えられる．[30]

ところで，ルイス・モデルでは農業（伝統部門）と工業（近代部門）の賃金水準をベースに農工間の労働移動が議論されている．これを参考に，当時の賃金構造を簡単に議論してみよう．当時の労働者の大半は朝鮮人であったので，ここでは朝鮮人のみを対象とする．

『統計年報』の職種別賃金は，都市の労働者を対象にしたものであり，本節ではそれらを熟練・非熟練に分類した．熟練・非熟練の両者とも都市の労働者を対象に支払われた賃金であるが，非熟練の場合は必ずしも正規雇用であるとは言い難い．李憲昶［2004］によると，「朝鮮人非熟練労働者は，賃金だけで家族を扶養し生計を立てていくことは困難であった．そのため，農業に従事しながら，農閑期に鉱業や土建業に季節的に就業する半農半工の形態が多かった．また，土地から遊離して離農した貧民は，都市に土幕（筵やトタン板，板切れなどで作った仮小屋）を立てて非人間的な生活を送ったが，彼らが低賃金労働力の重要な源泉であった」という．

この理屈からすると，植民地工業化にともない

---

30) 宣在源［1998］によると，当時の日本人と朝鮮人とのあいだではつぎのような民族差別があったという．すなわち，「教育と雇用慣行における……民族差別により，管理職・技術職・熟練職はほぼ日本人が，非熟練職は主に朝鮮人が担う雇用構造が存続した．日本人は労働過程で朝鮮人を指揮・監督し，革新的な技術を独占した．日本は事業場で革新技術を日本人に掌握させ，朝鮮人を日本人の高級技術・技能を補佐する初歩的な水準の技術者・技能者に縛り付ける政策を追求したとみられる．日本人による朝鮮人労働者の監督体制を整備していた日本人工場と官営工場では，朝鮮人労働者が技能を向上させても中間管理者への昇進は難しかった」．

図 2.3.6 職種別賃金と工場賃金との比較（朝鮮人）：名目

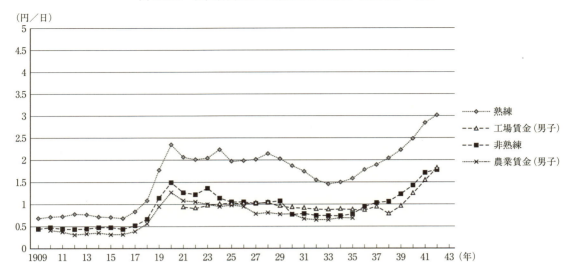

工場労働者の大半は，半農半工の状態で働く非熟練労働によって補われたと考えられる．すなわち，非熟練労働賃金と工場労働賃金は，ある程度近似するはずである．

そこで，本節で推計した『統計年報』と工場調査の賃金を併せて図示してみよう（図2.3.6）．おおよそにおいて，工場賃金は都市の非熟練賃金に近似しており，また農業賃金を若干上回る水準で推移している（農業賃金は，1935年までしかそろわない）．[31] このトレンドは，前述の理屈から大きく外れるものではない．

労働力の移動は，産業間の移動であると同時に地理的移動でもある．この問題は，地域別人口と雇用データとともに追究されるべき今後の課題とし，本節ではその基礎データとしての地域別・職種別賃金系列を提示するにとどめておく．

（文浩一）

---

31) なお，尾高［2004］は，運搬夫の賃金トレンドから1938年まで農業賃金系列を拡張している．

第 3 章

第 1 次 産 業

1 農 業

農業生産は，農耕作物生産および畜産・養蚕から構成される．本節では，生産額および付加価値額を推計することを目的とする．以下では，最初に農耕作物にかんする推計を行い，続いて畜産，養蚕について推計をする．

［I］ 農 耕 作 物

(1) 1910～1940年の検討

われわれの推計は石川 ［1973，1980a］（以下，「石川推計」と略記）を出発点とする．溝口・梅村編 ［1988］，さらには落星台グループによる再推計（金洛年編 ［2012］）（以下，「落星台推計」と略記）もその仕事を土台としているからである．作業は，石川推計の集計結果を品目ごとにチェックすることから始めた．石川推計は，『朝鮮総督府統計年報』（以下『統計年報』と略記）および『農業統計表』を原資料として，品目別，道別に収穫高と生産金額を集計している．石川推計は，これらの集計結果は原則として原資料より得られるものをそのまま転記したものであるとしつつも，作業過程でいくつか発見された修正個所について数字の訂正を行っている．数字の訂正の主要な個所は，『農業統計表』による全朝鮮の数字と『統計年報』による道別数字の合計が一致しない個所にかんしてであり，作業の目的が南北分割を主眼に置いたものであるとの理由で，道別優先として前者を後者に合わせるように修正している．

ただし石川推計によれば，上記の修正は1919年以降に限定される．1918年以前については全品目がかなり異なっているとしながらも，それが土地

調査事業完了（1918年）以前にかんすることであり，その調整のためには本格的な再調整を必要とするとしており，後日の検討課題として残すとしている（したがって，1918年以前には，石川推計と『農業統計表』との不一致が残されており，この個所の吟味・調整がわれわれの推計作業の中心となる．ただし，品目によって異なるが，石川推計と『農業統計表』のそれぞれの合計値が一致しない年は1917年以前に多い）．

また石川推計は道別統計を集計するにあたり，その数字を主に『統計年報』からとっている．ただし『統計年報』には，数字が記入され始めるまでの当初の数年間は主要品目しか記載されていなかったり，数品目を一括品目として示していたりする個所もあり，それについては，『農業統計表』との比較を行い，個別品目の対象が明らかなものについては『農業統計表』の数値を利用して補充をしている．

石川推計を出発点とするのは既述のとおりであるが，われわれは石川推計の集計結果を『韓国農業・農村100年史』（韓国農村経済研究院 ［2003］，以下，『100年史』と略記）と比較した．『100年史』は韓国の農村経済研究院が集計した数字であり，1910～1940年（朝鮮半島全域）および1937～2001年（韓国）に区分して，「作付面積」，「収穫高」，「単位面積当たりの収穫高」を道別・品目別にまとめている．『100年史』も石川推計と同様に『統計年報』を原資料として利用するとともに，農林局による『農業統計表』を補充や補間のための資料として利用している．

全国値について，石川推計と『100年史』の数値を品目別に比較[1]するとほぼ一致[2]することが確認された．ここから，『100年史』は『統計年報』や『農業統計表』の数値をほとんど修正しないで，そのまま利用していることがわかる．

この比較を踏まえると，1918年以降は石川の集計結果をそのまま利用することは大きな問題にならないと判断される．その一方で，1917年以前については，石川も指摘しているように，なんらかの修正が必要であり，この修正がわれわれの作業の主要な部分となる．ただし1917年以前に限らず石川推計の修正は，既存研究でも検討されている．これは年を経るごとに調査品目が充実したことや，1936年に統計の調査方法が変更されたことによるものである．つまり，それ以前には調査項目の欠如や過少推計がみられたとして修正が検討された．たとえば，Ban［1979］，朴燮［2006］では作物の生産が過少推計されたと判断されたすべての期間における作物の生産量を修正している．溝口・梅村編［1988］では，1911～1930年の蔬菜生産量を修正している．許粹烈［2005a］では1910～1917年の農産物生産量のみを修正している．

これらの修正は，いずれも妥当であると判断できるが，朴燮［2012］による落星台推計がこれらを包括した推計となっているので，本節では落星台推計による「生産高」と「生産額」を採用し，推計に利用した．ただし，落星台推計では「全国値」のみが示されており，本節の目的である「道別推計」は得られないため，『統計年報』および『農業統計表』にみられる「道別統計表」の情報も併せて利用し，道別生産量の推計を行った．

なお，農耕作物の生産にかんして本節で推計が試みられた品目は，以下のとおりである（下線が引いてある品目は「落星台推計」で1910～1944年について「生産量」，および「単価」が示されて

いる品目である）．

道別の作物生産量：

米穀（<u>米</u>）

麦類（ライ麦，<u>裸麦，大麦，小麦</u>）

雑穀（<u>粟</u>，稗，キビ，蜀黍，玉蜀黍，燕麦，蕎麦）

豆類（<u>大豆，小豆</u>，緑豆，落花生，その他豆類）

イモ類（<u>ジャガイモ，サツマイモ</u>）

果実（<u>リンゴ</u>，梨，葡萄，桃，柿）

蔬菜（<u>大根，白菜</u>，甜瓜，甘藍（キャベツ），葱，茄子，胡瓜，南瓜，西瓜，大蒜（にんにく），蕃椒（とうがらし），芹，その他の蔬菜（コンニャク芋，ほうれん草，タマネギ，その他，トマト，ニンジン，イモ，ゴボウ））

特用作物（綿，大麻，苧麻（ラミー），青麻・黄麻・亜麻，楮（こうぞ），荏（えごま），胡麻，篦麻（ひま），たばこ，人参，その他特用（杞柳，除草菊，薄荷））

これらの品目に対しては以下のような取り扱いをした．

1）米

石川推計には，米の生産量についての道別統計が掲載されている．落星台推計の修正のうち，（耕地面積に関係する）畦の取扱いの変更は全道一律に実施されていることから，道間の相対比率には影響が少ないと考えられる．過少生産量の問題に対する落星台推計の対応は，修正の根拠となる情報が不足している状況で最良といえるものであるが，その修正が道別にどのように反映されるかにかんする情報は皆無である．したがって，本節では「全国の生産量」には落星台推計の修正値を利用し，この値を石川推計にみられる生産量の

---

1) 石川推計では収穫高の単位に「石」，「貫」，「斤」が使われている．一方，『100年史』では「トン」表示に統一されている．「1貫＝3.75 kg」，「1斤＝600 g」であるので，「貫」，「斤」表示と「トン」表示との数字の比較は容易である．一方，「石」（容積）と「トン」（重量）を比較する際には一定の換算率が計算できないため，品目ごとに「石」÷「トン」で倍率（換算率）を計算し，この倍率が各年一定であれば，石川推計と100年史は同一の数字を利用していると判断した．

2) 大根等の一部品目で各年の倍率が一定でないものの，ほとんどの品目で一定の倍率（換算率）を示している．

道別構成比で分割し道別生産量を推計した.

2) 麦類・雑穀・イモ類・豆類

これらの品目は「穀物及び他に分類されない作物栽培農業」にまとめられている. 麦類・雑穀・イモ類・豆類は, 解放前の韓国では米とともに重要な食料であり, 長期時系列の生産統計が得られる. 麦類は, 石川推計および落星台推計の両方で, 大麦, 小麦, 裸麦の系列がそれぞれ得られる. 石川推計では, (米と同様に) 1910〜1913年の生産量増加率は異常に高くなっている. 落星台推計では, この期間を中心として1910〜1919年の (全国値の) 修正数値を作成しているので, 1910〜1919年については石川推計の生産量を落星台推計の修正済み生産量に置き換えた. 落星台推計の生産量は全国値が得られるのみであるため, 道別分割は石川推計の道別生産量比率を利用して道別分割した. なお, ライ麦の生産にかんする調査が1936年以降開始され麦類に含まれるようになったが, その金額は上記3品目 (大麦, 小麦, 裸麦) と比較して少額であるので, 1935年以前の値をゼロとして単純に加算することにした (ライ麦のように, 1910年には調査されておらず, しばらく経ってから調査が開始される品目の取扱いについては, 後述する.)

「雑穀」には粟, 稗, キビ, 蜀黍, 玉蜀黍, 燕麦, 蕎麦が含まれている. これらの品目についても修正が検討された. 落星台推計では, 粟の数字のみが示されており, この数字を石川推計の粟の数字と比較すると, 1910〜1917年の数字が修正されている. したがって粟については, 1910〜1917年を落星台推計の修正値に置き換えた (1918〜1940年は, 石川推計と落星台推計は同一である). 落星台推計が得られるのは全国値のみであるため, 1910〜1917年の落星台推計の全国値を, 1910〜1917年の石川推計の道別比率を用いて道別に分割した.

落星台推計には, 「粟以外の品目」(すなわち, 稗, キビ, 蜀黍, 玉蜀黍, 燕麦, 蕎麦) が示されていないため, これらの品目については, 以下のように取り扱った. つまり, 落星台推計による「粟」の修正期間は1910〜1917年であるため, 「粟」と同一の項目である「雑穀」に含まれる「粟以外の品目」についても, 修正が必要である個所は1910〜1917年とする. そして, 1910〜1917年の粟以外のその他の品目のそれぞれの生産量 (農業統計表) に対して「(粟の) 調整係数」[3] を乗じて「修正済みの生産量」を得た.[4]「修正済みの生産量」を道別に分割する方法は, 石川推計の道別生産量の比率で分割した.

イモ類は, 石川推計には「甘藷」(サツマイモ) と「馬鈴薯」(ジャガイモ) の数値が示される. このうち「馬鈴薯」は, 落星台推計から得られる. 石川推計 (の全国値) を落星台推計と比較すると, 1910〜1917年について数値が修正されている. したがって馬鈴薯は1910〜1917年について石川推計を落星台推計による修正値に置き換えた. この修正値の道別分割は石川推計の道別比率を利用した (1918〜1940年については石川推計と落星台推計は一致しており, 同期間は石川推計の道別生産量をそのまま利用した). 甘藷は落星台推計に生産量が示されていない. 落星台推計から生産量が得られる「馬鈴薯」の修正が1910〜1917年について行われたので, 同時期について甘藷の修正をした. つまり同時期の「馬鈴薯」の「調整係数」を計算[5] し, (石川推計に示される)『農業統計表』の全国生産量を修正した. この修正済み生産量の道別分割は, 石川推計の道別比率を利用した (1918〜1940年は石川推計をそのまま利用した).

豆類では大豆, 小豆について, 落星台推計による生産数量が得られる. これらの数値を石川推計と比較すると, 落星台推計では1910〜1917年で修正がされている. したがって1910〜1917年については石川推計を落星台推計の修正値に置き換えた (1918〜1940年は石川推計をそのまま利用した).

---

3) 調整係数 (1910〜1917年) ＝粟の落星台推計の数量÷粟の農業統計表の数量

4) (石川推計に併記されている) 農業統計表の全国値 (各品目)×粟の調整係数

5) 「調整係数」＝馬鈴薯の落星台推計の数量÷馬鈴薯の農業統計表の数量

64 | 記述編　第1部　植民地期朝鮮

1910～1917年の落星台推計の修正値を道別に分割するために石川推計の道別比率を利用した．これら以外の豆類（緑豆，落花生，その他豆類）は，大豆，小豆の修正が1910～1917年になされたことを踏まえて，同時期の修正をした．つまり，大豆の「調整係数」を計算し，『農業統計表』の生産量を修正した．この修正生産量の道別分割は石川推計の道別比率を利用した（1918～1940年は石川推計をそのまま利用した）．

3) 特用作物，果実，蔬菜

特用作物は，綿，大麻，苧麻（ラミー）など13品目を，果実はリンゴ，梨，葡萄，桃，柿の5品目を，蔬菜は大根，白菜，甜瓜等の13品目を品目別に検討した．落星台推計では綿，大根，白菜，リンゴの数量が得られる．落星台推計と石川推計を比較すると，落星台推計では1910～1917年の生産量が修正されているので，同期間の石川推計をこれらの修正生産量に置き換えた．落星台推計が得られない品目については，1910～1917年について修正をした．その方法は，同時期について「調整係数」を計算し，「農業統計表」の全国生産量を修正した．道別分割には石川推計の道別比率を利用した．

先に検討したライ麦のように，年を経てから調査が開始される品目がある．これらの品目は表3.1.1にまとめられている．

表3.1.1にみられるように，植民地期朝鮮後期になるにつれ農産物の品目数は増加している．この品目の増加については，新しく掲載される品目の生産は（掲載される前は）「その他の農産物」の生産に含まれていると想定し，農産物総計または分類別合計は時系列的に接続可能であるとして処理するか，あるいは，それ以前の生産は含まれていないとして外挿などによって欠落部分を補充する方法が考えられる．ここでは表3.1.2にみられるような対応をした．

これらの対応の結果，各品目の道別生産量を得た．われわれの推計作業の目的は，名目生産額，実質生産額（1935年価格表示），名目付加価値額，実質付加価値額（1935年価格表示）を求めることである．

そこで，名目生産額は各年の実効単価を各年の生産量に乗じて計算した．実質生産額は1935年の実効単価を各年の生産量に乗じて計算した．付加価値額の計算に必要な付加価値率は落星台推計の付加価値率を利用して計算した（表3.1.3参照）．

表3.1.1　生産量調査が実施された品目・品目数と最初の年（解放前）

年	品目	品目数	累計品目数
1907	米，もち米，麦，大豆，アワ，陸地棉，在来棉，麻，カラムシ，エゴマ，トウゴマ，高麗人参，タバコ，大根	14	14
1909	蕎麦，裸麦，小豆，ヒエ，キビ，トウキビ，トウモロコシ	7	21
1910	エン麦，青刈大豆，レンゲソウ，アルファルファ	4	25
1912	イ（藺），サツマイモ，ジャガイモ，白菜，マクワウリ	5	30
1913	蕎麦，リンゴ，ブドウ，梨	4	34
1915	緑豆	1	35
1916	落花生，ゴマ	2	37
1919	コウゾ	1	38
1921	菜豆，エンドウ	2	40
1925	青麻，ハコヤナギ，除草菊，薄荷，ヘアリーベッチ	5	45
1930	桃，柿	2	47
1931	キャベツ，ネギ，ナス，キュウリ，カボチャ，スイカ，ニンニク，コンニャク芋，トウガラシ，セリ	10	57
1933	黄麻，亜麻，亜麻の種	3	60
1936	ライ麦	1	61

（出所）　朝鮮総督府農林局［1940］．

第3章 第1次産業 65

表3.1.2 調査開始年が1915年以降の作物に対する対応

種類	調査開始年	対応
ライ麦	1936	1935年以前は生産量がとても少ないため補外せず.
緑豆	1915	1910〜1914年補外.
落花生	1916	1910〜1915年補外.
采豆	1922	1921年以前は「その他豆」に属する.
豌豆	1922	1921年以前は「その他豆」に属する.
青麻	1925	1930年の数量が87.32であるので1/10ずつ減少すると仮定して，1929年以前を補外した.
黄麻	1933	1932年以前は生産量がとても少ないため，補外せず.
亜麻	1933	1932年以前は生産量がとても少ないため，補外せず.
楮（コウゾ）	1927	1/10ずつ減少すると仮定して，1926年以前を補外した.
ゴマ	1916	1910〜1915年補外.
トウゴマ	1925	1/10ずつ減少すると仮定して，1924年以前を補外した.
桃	1930	1910〜1929年補外.
柿	1932	1910〜1929年補外.
亜麻種	1933	1932年以前は生産量がとても少ないため，補外せず.
杞柳	1925	補外せず.
除草菊	1925	1/10ずつ減少すると仮定して，1928年以前を補外した.
薄荷	1925	1/10ずつ減少すると仮定して，1929年以前を補外した.
高麗人参	1924	補間.
キャベツ	1932	1910〜1931年補外.
コンニャク芋	1931	1910〜1930年補外.
蔬菜	1932	補外せず.
トマト	1943	補外せず.
ホウレン草・玉ねぎ	1945	1944年以前は生産量がとても少ない.
ゴボウ・サトイモ	1945	補外せず.
蜜柑	1951	1950年以前は生産量がとても少ない.

（注）蔬菜は，ねぎ，ナス，キュウリ，カボチャ，スイカ，ニンニク，トウガラシ，セリである.

(2) 1941〜1951年および1952〜1962年の検討

1952年に『農林統計年報』が創刊された後，[6]『農林統計年報』は毎年刊行されているので，1951年以降は『農林統計年報』（各年版）から得られる統計情報が充実する.『農林統計年報』には，過去数年分の作付面積，反収，収穫量の合計が作物別に示されると同時に，最新1年分については，道別にも詳細な数字が公表されている. われわれは，1952年以降は，『農林統計年報』（各年版）を利用して作付面積，反収，収穫量の情報を整理した.

1966年度の『農林統計年報』には，1961〜1965年の作物別の作付面積，反収，収穫量の合計が示されるとともに，1965年については道別でも情報が掲載されているが，1965年版の『農林統計年報』と比較すると，1961年以降の数字に大幅な改定がされている. この改定数字を検討し，1960年以前にも遡及推計をすることも考えられるが，戦前の数字との接続性を考慮して数字の改定が行われる前の旧系列が道別に得られる1962年までを本節での検討期間としている.[7]

同時期の実質生産額は，以下の計算方法で求め

---

6) 『農林統計年報』1952年版には，1936〜1951年の作付面積，反収，収穫量が作物別，道別にまとめられている. このうち1936〜1940年については石川推計から得られる情報を利用し，1941〜1951年については本書の情報を利用した. なお『農林統計年報』1952年版に示される農耕作物の情報は本書CD 表3.1.1に収録している.

7) 『100年史』では，「戦後の部（1937〜2001年）」として推計結果を示している.「戦前の部（1910〜1942年）」の生産量にほとんど修正がなく，石川推計とほとんど同値であったのと異なり，「戦後の部（1937〜2001年）」は『農業統計表』の数字をもとに多数の修正作業を行うとともに独自推計も加えて生産量の推計を行っている. このため，戦後の農耕作物を検討する際は『100年史』を参考にすることが非常に有益であると思われる.

66 | 記述編　第1部　植民地期朝鮮

表3.1.3　付加価値率

年	農耕作物						家畜・養蚕
	米	麦類	その他穀物	野菜	果実	特用作物	
1910	0.831	0.831	0.831	0.831	0.831	0.831	0.547
1911	0.860	0.860	0.860	0.860	0.860	0.860	0.566
1912	0.879	0.879	0.879	0.879	0.879	0.879	0.579
1913	0.888	0.888	0.888	0.888	0.888	0.888	0.585
1914	0.864	0.864	0.864	0.864	0.864	0.864	0.569
1915	0.865	0.865	0.865	0.865	0.865	0.865	0.570
1916	0.876	0.876	0.876	0.876	0.876	0.876	0.576
1917	0.872	0.872	0.872	0.872	0.872	0.872	0.574
1918	0.874	0.874	0.874	0.874	0.874	0.874	0.575
1919	0.863	0.863	0.863	0.863	0.863	0.863	0.568
1920	0.865	0.865	0.865	0.865	0.865	0.865	0.569
1921	0.852	0.852	0.852	0.852	0.852	0.852	0.561
1922	0.858	0.858	0.858	0.858	0.858	0.858	0.565
1923	0.855	0.855	0.855	0.855	0.855	0.855	0.563
1924	0.862	0.862	0.862	0.862	0.862	0.862	0.568
1925	0.863	0.863	0.863	0.863	0.863	0.863	0.568
1926	0.851	0.851	0.851	0.851	0.851	0.851	0.560
1927	0.848	0.848	0.848	0.848	0.848	0.848	0.558
1928	0.821	0.821	0.821	0.821	0.821	0.821	0.541
1929	0.815	0.815	0.815	0.815	0.815	0.815	0.537
1930	0.775	0.775	0.775	0.775	0.775	0.775	0.510
1931	0.805	0.805	0.805	0.805	0.805	0.805	0.530
1932	0.834	0.834	0.834	0.834	0.834	0.834	0.549
1933	0.820	0.820	0.820	0.820	0.820	0.820	0.540
1934	0.824	0.824	0.824	0.824	0.824	0.824	0.542
1935	0.828	0.828	0.828	0.828	0.828	0.828	0.545
1936	0.798	0.798	0.798	0.798	0.798	0.798	0.525
1937	0.834	0.834	0.834	0.834	0.834	0.834	0.549
1938	0.810	0.810	0.810	0.810	0.810	0.810	0.533
1939	0.787	0.787	0.787	0.787	0.787	0.787	0.518
1940	0.820	0.820	0.820	0.820	0.820	0.820	0.540
1941	0.828	0.828	0.828	0.828	0.828	0.828	
1942	0.788	0.788	0.788	0.788	0.788	0.788	
1943	0.819	0.819	0.819	0.819	0.819	0.819	
1944	0.836	0.836	0.836	0.836	0.836	0.836	
1945	0.828	0.828	0.692	0.692	0.692	0.692	
1946	0.828	0.828	0.692	0.692	0.692	0.692	
1947	0.828	0.828	0.692	0.692	0.692	0.692	
1948	0.828	0.828	0.692	0.692	0.692	0.692	
1949	0.828	0.828	0.692	0.692	0.692	0.692	
1950	0.828	0.828	0.692	0.692	0.692	0.692	
1951	0.828	0.828	0.692	0.692	0.692	0.692	
1952	0.828	0.828	0.692	0.692	0.692	0.692	
1953	0.828	0.828	0.692	0.692	0.692	0.692	
1954	0.828	0.828	0.692	0.692	0.692	0.692	
1955	0.828	0.828	0.692	0.692	0.692	0.692	
1956	0.828	0.828	0.692	0.692	0.692	0.692	
1957	0.828	0.828	0.692	0.692	0.692	0.692	
1958	0.828	0.828	0.692	0.692	0.692	0.692	
1959	0.828	0.828	0.692	0.692	0.692	0.692	
1960	0.828	0.828	0.692	0.692	0.692	0.692	
1961	0.828	0.828	0.692	0.692	0.692	0.692	
1962	0.828	0.828	0.692	0.692	0.692	0.692	

(注)　1．家畜・養蚕は養蜂業生産額を含む.
　　　2．1910～1944年は朴燮［2008］の名目付加価値額÷名目生産額の計算により求めた付加価値率.
　　　3．各品目の1945～1962年は「韓国産業連関表」（1966年）から計算（付加価値計÷総投入額）により得た付加価値率.「韓国産業連関表」
　　　　（1966年）に示される品目は，「米麦類」と「その他の農業」である．その他の農業には，家畜・養蚕を含んでいる可能性がある.

た．すなわち，実質生産額は1935年の実効単価に各年の道別収穫量を乗じて計算した．[8] 付加価値額の計算に必要な付加価値率は「1966年韓国産業連関表」から計算して利用した．

以上の推計作業によって名目系列は1910～1944年について，実質系列は1910～1962年について生産額および付加価値額を品目別に推計した．推計結果はそれぞれ名目付加価値額（統計表3.1.1），実質付加価値額（統計表3.1.2），名目生産額（CD統計表3.1.1），実質生産額（CD統計表3.1.2）に示される．なお，これらの道別生産金額系列の詳細ほか，生産量にかんする系列はCD表3.1.3に示される．

［Ⅱ］　畜産の検討

畜産で検討された品目は，主として牛と豚であり，その他（馬，綿羊，山羊，犬，ウサギ，蜜蝋，鶏（鶏肉））も併せて検討した．利用した資料は『農業統計表』（各年版）および『統計年報』（各年版）である．生産量および生産金額の推計には朴燮［2012］による「落星台推計」の方法を踏襲した．

まず，生産量の把握を試みる．朴燮［2012］では，牛と豚の生産量は「年末在庫の増減」に「と畜頭数」を足して得ているので，本節でもこの計算を行う．

『農業統計表』には，牛と豚のそれぞれについて年末在庫頭数（雌雄別）および「（場内）と畜」数が示されているが，過去数年分の合計のほか，最新1年分については全国合計のみでなく，道別にも数値が示されている．最初に，『農業統計表』（各年版）を利用して，牛と豚の年末在庫

頭数およびと畜数を道別，雌雄別に整理した．つづいて年末在庫の増減を計算し，最後にと畜数を加えることで，道別，雌雄別に生産量を得た．[9]

生産額を計算するには，単価が必要である．朴燮［2012］では，牛の価格はその輸出価格を代用し，豚の価格はと畜総額をと畜頭数で割って求めている．本節でも朴燮［2012］と同様の計算をして，各年の単価を得た．各年の単価を先に求めた生産量に乗じて名目生産額を，1935年の単価を各年の生産量に乗じて実質生産額（1935年価格表示）を計算した．付加価値額の計算に必要な付加価値率は朴燮［2012］を利用した．[10]

一方，その他（馬，綿羊，山羊，犬，ウサギ，蜜蝋，鶏（鶏肉））の7品目のうち前の5品目は，『統計年報』に1933年以降の名目生産額が品目別，道別に得られるが，数量にかんする情報は得られない．実質金額は，先の計算で求めた牛のデフレーターを利用して推計した．蜜蝋，鶏（鶏肉）は，1933年以降の生産金額，生産数量が道別に得られるため，名目金額に加えて実質金額も検討した．ただし情報が得られないので1932年以前は推計をしていない．

以上により推計した畜産の推計金額は，名目付加価値額（統計表3.1.3），実質付加価値額（統計表3.1.4），名目生産額（CD統計表3.1.3），実質生産額（CD統計表3.1.4）である．なお，畜産の個別品目の詳細については，CD表3.1.4に示される．

［Ⅲ］　養蚕の検討（1912～1940年）

養蚕の内訳は，家蚕，柞蚕（野生蚕），蚕種，桑苗，家蚕糸，柞蚕糸の6種類である．生産額お

---

8)　各目生産額は各年の実効単価×各年の数量で計算できるが，『農林統計年報』からは各年の実効単価が得られないため，各生産額の推計は行っていない（1941～1944年については落星台推計による実効単価が利用できるのでこれを利用した）．ただし，この時期の物価にかんする情報としてソウル卸売物価指数が利用できる．ソウル卸売物価についてはCD表3.1.2に収録している．

9)　たとえば1935年の牛の生産量は以下の計算式で求めた．
1935年の生産量＝（1935年末在庫頭数−1934年末在庫頭数）＋1935年と畜頭数．

10)　朴燮［2008］p.41を参照．彼は1966年の産業連関表を用いて畜産・養蚕・養蜂業の付加価値率を計算している．すなわち，同表によると，1966年の畜産・養蚕・養蜂業の付加価値率は，耕種栽培業付加価値率の65.8%であるとして，この比率（65.8%）が1910～1944年にも同一であると仮定し，耕種栽培業付加価値率に0.658を乗じて畜産・養蚕・養蜂業の付加価値率を得ている．

よび付加価値額の推計のため，それぞれの品目について，『農業統計表』もしくは『統計年報』の各年版，および『朝鮮の蚕糸業』の各年版を利用した．同書には，生産量は道別に，生産金額は全国の合計のみが掲載されている年がある．道別の名目生産額が得られない年は，それが得られる直近の年の構成比で全国の生産額を道別分割した．また，実質生産額は，1935年の各道の実効単価を各年の道別数量に乗じて計算した．付加価値額の計算に必要な付加価値率は，朴燮［2012］を利用した（表3.1.3）．

このように推計した養蚕の金額は，名目付加価値額（統計表3.1.5），実質付加価値額（統計表3.1.6），名目生産額（CD統計表3.1.5），実質生産額（CD統計表3.1.6）である．養蚕の個別品目の詳細については，CD表3.1.5に示される．

（原康宏・金承美）

2 林 業

本節の目的は，李宇衍［2012］が行った植民地期朝鮮の林業生産の推計をベースとして，道別の林業生産を推計し，解放前後のGDP系列の接続作業に貢献することにある．韓国の林業にかんする統計は，林野面積，林野蓄積（立木数量）等のストック統計と，造林投資，林産物生産のフロー統計より構成される．このうち国有林に関する情報は，日本領有初期から統計がとられており，比較的安定した変化がみられるが，その他の林野についてデータが得られるのは1933年以降である．李宇衍［2012］は公式統計を吟味し，1911～1940年の全国にかんする林業統計を推計した．以下では，項目別に李の方法を紹介するとともに，道別推計の試みを述べる．

農業統計の基礎が耕地面積にあるのと同様に，林業統計の基本は林野面積にある．1910年版の『朝鮮総督府統計年報』（以下『統計年報』と略記）には，1909年12月の「林野面積」の推計値が表示され，15,849.6千町とされている．その後，年の経過とともに，対象年次が更新されているが，表の数字には1927年の更新（16,470千町）まではほとんど変化がなく，[11]この結果，林野面積の時系列は1927年で断層を生じることになる．統計表3.2.1では，1910年値と1927年値をベースにして，等差補間によって道別の系列を推定した．

林産物については，1933年から1942年にかけての生産数量と生産金額が示されている．すなわち，

1. 用材，竹材
2. 林産燃料（薪，枝葉，木炭，その他林産燃料）
3. 農業用中間投入財（緑肥，堆肥原料，飼料）
4. その他（種実，筍等10品目）

について，品目別の金額，数量の系列が『統計年報』に年別，道別に示されており，本節でも落星台推計にならってこれらの系列をそのまま利用することにした．すなわち，1910年から1932年にかけて，『統計年報』に用材，竹材，燃料用林産物（薪材，木炭，枝葉，芝草）の6品目の生産数量と生産金額が示されているので，これらの主要分類については林産物の動向を把握することができる．ただし，落星台推計では，これらの生産金額に補正が必要なことを指摘している．すなわち生産金額を生産数量で割って求められる実効単価と，独立に行われた物価調査である「温突燃料調査」（高橋［1923］）の価格を比較すると，前者の1910～1932年の値が後者を大幅に下回ることがわかる．このため，落星台推計では，1932年以前の生産金額を補正して1933年以降の系列に接続している．同様な問題は，用材にもみられるとして補正系列を推計している．本推計では作業の出発点として，全国値について落星台推計の数値を利用している．

---

11) 対象期間中小規模な改定が1915年に行われている．

ただし，1932年以前の『統計年報』には道別値が示されていないので，別途推計作業が必要になる．また農業にかんして1931年以前の全国値が示されていない農業用中間投入財と「その他」については，類別合計について落星台推計が与えられているので，それを利用することにした．

韓国の統計調査は，解放後の改革のため解放前後の統計比較が困難なケースが多いが，林業統計については，農業統計に並んで，例外的に比較可能な時系列データを1960年代初期まで得ることができる．解放後の韓国の林業統計には営林署ベースの集計があるので，道別の長期系列を作成することも可能であるが，本節では解放前の分割表の南部合計系列を示すにとどめた．

1933年以降調査品目数が増加し，農産物に準じた作業が可能となった．[12] とくに林産物で重要な地位を占める農業用資材（緑肥，堆肥原料，飼料）の調査が追加されたため，林業生産の信頼度が向上した．一方，韓国の解放前後を接続する長期系列作成のためには，解放前のデータを道別に分割する必要があるが，この種のデータが得られるのは1933年以降である．また，重要な林産物である薪の生産金額と生産数量から算出される実効単価が，都市部の燃料価格統計と相違する動きをすることが落星台の推計作業で指摘された．このため落星台推計の作業では，1933～1937年の生産数量はそのまま利用可能とし，実効単価を別途推計しており，本推計でも落星台推計による全国にかんする推計を利用している．

解放後の林野統計は林野庁によって作成されているが，基本的な調査項目は解放前の数字に連結可能なようになっているので，本書の目的である長期系列作成には便利である．また，1933年以降の『統計年報』には道ベースの生産数量と生産金額が示されているが，この中の数量調査は解放後の統計に引き継がれているので，特別市等の設置にともなう行政区の変更を調整すれば，農産物と同様に「南部」の推計が可能である．ただ，解放後には営林署研究所の生産が道別データの枠外に示されているので調整が必要となる．

なお，解放前の林業政策についての基礎資料として「造林統計」がある．国有林については，1909年以降の施業面積と植樹本数の数値が営林署別に時系列で得られる．公有林，民間林については道別の造林統計があるが，調査は1933年以降に限定される．

解放後の韓国の生産動態統計では，数量調査に重点がおかれ，金額統計はセンサス等にゆだねられる傾向があるが，同様の傾向は林業統計にもみられる．韓国の『農林統計年報』にみられる統計表では数量情報に限定され，生産金額は示されていない．例外は1959～1960年の情報であって，用材を除く林産物の生産金額が得られるので，実効単価を計算することができる．また1987年以降については，国民経済計算に準じた方式で林業の名目生産額，名目付加価値値額，実質付加価値額の計算結果が示されている．

以上の検討を通じて推計された解放前の林産物合計にかんする金額は，それぞれ名目付加価値額（統計表3.2.2），実質付加価値額（1935年価格表示）（統計表3.2.3），名目生産額（CD 統計表3.2.1）としてまとめられる．林産物の個別品目の詳細についてはCD 表3.2.1に収録されている．

（溝口敏行）

3 水 産 業

『統計年報』には年度別漁獲高，水産製造業および養殖業の生産数量と価額が収録されており，それとともに従事者と戸口数，船舶など水産業に関するその他の統計資料も掲載されている．1935年からは『朝鮮水産統計』（以下，『水産統計』）が発行されているが，これは『統計年報』の水産業

---

12) 総督府統計では，砂利の生産活動を林業に含めているが，本書ではこれらを鉱業の活動として取り扱う．

関連統計を種目別・地域別にさらに細分化したものである.

『統計年報』と『水産統計』で集計されている魚種はかなり多様であり，年々細分化されている. 1911〜1919年の漁獲高の構成は，魚類が28種，貝類が3種，海藻類が4種，その他水産動物が6種で合計41種であった. 1920〜1935年には，魚類45種，貝類11種，海藻類9種，その他水産動物8種で合計73種に増加した. 1936年以後は，魚類70余種，貝類20余種，海藻類19種，その他水産動物13種など，合計120種前後へと増加した.

調査品目の数の増加は，初期の調査漏れの可能性を示唆する. しかし，1910年代から集計されているイワシやサバなど28種の魚種は毎年の水産業生産額の8割を占めていることから，調査漏れはそれほど深刻ではないと判断し，水産業推計においては原資料を補正せずにそのまま利用する.

『統計年報』および『水産統計』では，水産業の「生産」として，「漁獲」，「水産養殖」，および「水産製造」をそれぞれ集計している. 「漁獲」と「水産養殖」は水揚げであり，「水産製造」とは缶詰や塩漬けなどの水産加工品にほかならないが，既存研究では「水産製造」の原料は「漁獲」や「水産養殖」に含まれていないとみなしていた時期もあった. このことからSuh［1978］は，水産業の推計において「漁獲」と「水産養殖」と「水産製造」をすべて合算して生産とみなしている.

しかし，溝口［1999］は，水産製造物の原料は漁獲高の集計に含まれていないのではなく，まず漁獲高に集計された後に製造物の中間投入物として販売されたので，すでに漁獲高に計上されたとみなして水産業を推計した. 溝口推計の後に改めて水産業を推計した李宇衍・宋慶殷［2006］は，「これは〔すなわち溝口推計が正しいことは――引用者〕，当時の漁獲物の生産，販売および流通を担当した漁業組合の運営実態をつうじて確認できる」と指摘している. そこで，本節の推計に際しては，溝口［1999］の指摘のとおり「水産加工品の原料はすでに漁獲高に計上されている」という仮定の下で，漁獲高の価額のみを生産額として

みなす.

もちろん，すべての水産加工品の製造・販売・流通を把握できるわけではないので，一部の水産加工品の原料は漁獲高や水産養殖高に含まれていないこともありうる. このことから，溝口自身も「本推計が若干の下方バイアスを持っている可能性は否定できない」と指摘している. しかし，この「下方バイアスの可能性」の問題は現実的には解決する術はなく，その可能性は「若干」であるとみなして無視することにする.

当然ではあるが，『統計年報』他の「水産製造」に示されている水産加工品は本節の「水産業」には含めないが，すべて製造業の生産として集計していることを付言しておく（第4章第2節「製造業」参照）.

以上のことから，水産業の生産は『統計年報』の「漁獲」と「水産養殖」の合計となるわけだが，1911〜1917年については水産養殖の統計がない. この時期に養殖生産がまったくなかったとは言い難いので，1918年における漁獲高対養殖高の比率である0.003を1911〜1917年の漁獲高に掛けて補外した. これは，李宇衍・宋慶殷［2006］の援用である.

解放前の付加価値率については，本節では溝口［1999］の作業を引き継いで70％とする（参考に，戦後の1966年産業連関表（韓国銀行）では69％であり，朴炳日［1964］が引用している1958年産業連関表による農林水産業の付加価値率は77.11％である）.

デフレーターについては，全体品目のうち数量と価額が10％以上であるサバ，イワシ，スケソウダラなどを利用して作成した. 統計表3.3.1には，上記の計算より得た産出額，付加価値額，および生産量の系列が示される.

道別分割については，漁獲の場合は『統計年報』に全期間の道別漁獲高が掲載されているので，それを利用した. ただし，『統計年報』は養殖については1936年以降しか道別データを掲載していないので，1918〜1935年は『水産統計』から，それ以前は1918〜1920年の平均で道別分割をした.

この方法は，金洛年［2008］と同じである．軍事境界線上に位置する京畿道と江原道の南北分割については人口比で行った．なお，道別生産系列の詳細は CD 表3.3.1に収録されている．

ところで，水産業の戦前戦後の系列を品目別に接続するためには，言語別に異なる水産物の名称を統一しなければならない．すなわち，戦前は水産物の各品目は日本語で表記されており，戦後は朝鮮語で表記されている．この不便を多少なりとも改善するために，日朝の対訳で1911年，1936〜1941年，1960〜2006年の道別・品目別水産業の原データ（数量と価額）を整理し，CD 表3.3.2に収録することにする．

（李崟碩・文浩一・溝口敏行）

第 4 章
第 2 次 産 業

1 鉱 業

本節では，植民地期朝鮮の鉱業生産（生産額および付加価値額の推計）を検討することを目的として，主に『朝鮮総督府統計年報』（以下『統計年報』と略記）の「鉱産額」統計（1911～1936年）にみられる数値の検討を行った．併せて，『昭和十六年，朝鮮鉱業の趨勢』にみられる数値を利用して1937～1941年についての検討を加えた．同時期の「煉炭」，「砂利」および「天日塩」についても同様の検討がなされた．さらに，『韓国統計年鑑』の数値を利用して，解放後の生産統計に接続する試みが検討された．

これらの検討は，以下の要領で行われた．

①年次データである『統計年報』の統計数値を時系列に組み換え，道別，品目別に実効単価（生産金額 ÷ 生産数量で計算）を観察することで数値の補間や修正を行った（データ・クリーニング作業）．第2節で述べる製造業の場合と比較すると，「鉱産額」統計では，実効単価はおおむね安定して推移しており，補間や修正が必要とされる個所は少ないことを確認した．

②解放後の韓国データとの接続性を考慮して，上記クリーニング作業が済んだデータをもとに，各品目を国際標準産業分類（ISIC Rev.3）の中分類別に合計した上で，南北分割を試みた．この結果から，解放前の鉱産物の多くが「北部」に偏っていたという事実を確認した．

③「煉炭」（『統計年報』「工産物」統計），「土石類」（『統計年報』「林産物」統計）および「天日塩」（『朝鮮総督府専売局年報』）についても数値の検討をした．

④『朝鮮鉱業の趨勢』（以下『趨勢』と略記）のデータを利用して1937～1941年の道別生産額，付加価値額の推計を行った（ただし，『趨勢』からは，道別，品目別にデータが得られないため仮推計である）．

⑤解放後の生産統計に接続する試みとして，『韓国統計年鑑』から得られる品目別生産数量を利用して1935年価格表示の実質額（1950～1961年）を推計した．

［Ｉ］ 問 題 の 所 在

本節の目的は，植民地期朝鮮にかんする鉱業生産統計を1968 SNA の枠組みに即して整理するとともに，道別統計を利用して21世紀初頭現在の韓国領域に対応する地域における鉱業生産水準を解放後の韓国のそれと対比することにある．

植民地期朝鮮の鉱山生産額は，当時の「日本帝国」の鉱業生産の中でかなりの地位を占めていた．それゆえ，同時期の台湾の鉱業生産がほぼ石炭のみに限定されていた状況と比較すると，植民地期朝鮮の鉱業生産の検討はより重要である．他方，解放前後をカバーする長期系列を作成するには，解放前の対象鉱山等の統計を21世紀初頭現在の韓国領域内のものとそれ以外に分割する必要がある．

最初に，鉱業にかんする統計を展望しておく．国際標準産業分類による鉱業には，通常鉱山によって営まれる「狭義の鉱業」と，鉱山以外の自然資源の採取業とより構成される．前者は，

①石炭鉱山
②金属鉱山（鉄鉱，金銀銅鉱等）

③非金属鉱山（明礬石，硅砂等）

より成り，それぞれ独立の事業所によって経営されることが多い．後者の主体は，土石採取業，天然塩採取業等から構成される．

このうち狭義の鉱業統計は，多くの国で比較的信頼性の高い統計であるとされている．鉱山の安全管理が不可欠なこともあって，主要鉱山はもちろん，中小鉱山も行政の監督下にある場合が多い．このために，鉱山設備等のストック情報や，製品別生産量，従業者数等のフロー量にかんする報告が行政当局に提出され，所管官庁によって集計・公表されるのが通常である．植民地期朝鮮も例外ではない．当時経営されていた鉱山からは，朝鮮総督府が定めた「朝鮮鉱業規則」に基づいた報告が毎年提出され，総督府殖産局鉱山課等が取りまとめて統計を作成していた．[1] この結果は，鉱業を営む事業所についてのほぼ全数調査とみなし得るものであるが，集計結果の時系列変化をみると，特定年次だけ生産額が欠落している産品もあり，非金属鉱業の調査対象範囲が年次によって異なる等，必ずしも完全なものとはいえない．この欠落の原因が報告の不備によるものか，集計作業段階で発生したものなのかを明らかにするには鉱山別の記録等を参照するなど膨大な作業が必要である．しかし，本節の目的である国民経済計算推定のための資料としては，欠落部分は限定的であり，いくつかの例外を除けばその影響は大きくない．1910年以降1936年までの期間については『統計年報』に鉱産物として公表されるとともに，別途，朝鮮総督府殖産局鉱山課『趨勢』に発表されている．[2] 『趨勢』は鉱業にかんするすべての統計を

提示しており，韓国落星台研究所の研究プロジェクトで鉱業の推計を行った朴基炷［2012］は，この数字をもとに鉱業生産の検討をしている．[3] ただし『趨勢』には道別製品別生産量が示されていない点で本節の目的には添わないので，本節では『統計年報』を利用することにする．[4] 既述のように，『統計年報』で情報が得られるのは，1911～1936年に限定される．戦前の日本では太平洋戦争に備えて，本国および植民地の鉱業生産統計の公表を1937年以降中止していた．このため『統計年報』では1937年以降の鉱業生産の数字を秘匿扱いしていたが，その後も出版物を極秘扱いすることを前提として統計が作成されており，仮印刷等の形で配布されていたようである．より公表に近いものとして，一部の鉱業生産情報は「物動計画」用に作成された統計表をあげることができる．この情報の一例は，1936年の公表値と対比する形で表4.1.1に示されている．[5]

また朴基炷［2012］は，原稿の形で保存されている1941年版の『趨勢』を発見し，1937～1940年にかんする植民地期朝鮮鉱業の推計の分野で大きな貢献をした．本推計でもこの『趨勢』を利用し推計を行うが，そこには1941年までの数字が示されているため，前述の『統計年報』と併せて利用すると1911～1941年までの推計が可能である．ただ，既述のように，『趨勢』からは道別・品目別の数値が得られないため，『統計年報』と同様の数値チェック等は困難であることから，1937年以降の道別数値は仮推計である．

鉱業にかんする統計調査組織は解放後の韓国についても維持されており，狭義の鉱業にかんする

---

1) 課の名称は行政組織の変化によって，時期により若干相違している．

2) 公式の印刷物は1936年で終了している．ただし，1941年版の原稿，『昭和十六年，朝鮮鉱業の趨勢』が残っており，本節では，そこにみられる情報も利用して推計を行う．なお，同原稿の入手にあたっては，一橋大学金承美氏のご協力を得た．なお同原稿が正式に公刊されたか否かについては確認されていない（金氏の指摘に負う）．

3) 朴基炷［2012］（韓国語）．同論稿は，金洛年編［2006］（韓国語）の改定版である．なお金洛年編［2006］の翻訳が，金洛年編［2008］（文浩一・金承美（訳），尾高煌之助・斎藤修（訳文監修）『植民地期朝鮮の国民経済計算：1910～1945』東京大学出版会）として刊行されている．金洛年編［2008］p.80では，「「鉱業統計」は『統計年報』にも記載されているが『朝鮮鉱業の趨勢』が鉱業にかんするすべての統計を提示している」としている．

4) 『統計年報』で情報が得られるのは，1911～1936年に限定される．1937年以降については，1941年版の『趨勢』を利用する．

5) この種のデータの所在は，木村・安部［2003］で指摘されている．

第4章 第2次産業 75

表4.1.1 太平洋戦争中の植民地期朝鮮の鉱業生産

	数量	1937年実績	1939年実績	1940年実績	1941年実績	1942年計画	1943年計画	(参考)1936年
普通鋼鋼材	t		75,262		91,311	100,000		
普通銑	t		286,693	233,842	278,432	396,000	356,000	155,531
普通鋼鋼塊	t		93,602	93,117	116,543	130,000	130,000	
鍛鋼	t		4,001	3,627	4,326	5,000	5,800	
鋳鋼	t		7,432	10,894	10,794	13,000	14,200	
特殊鋼鋼材	t		6,202	2,774	3,581	4,500	6,000	
フェロアロイ	t		1,454	1,533	2,291	3,000	108,000	
アルミナ	kg		700					
アルミニュウム	kg		312					
マグネシュウム	kg		86					
石炭	1000 t		5,171	6,108	6,803	7,100	7,800	2,282
有煙炭	1000 t			2,639	2,854	3,000	3,300	
無煙炭	1000 t			3,469	3,948	4,100	4,500	
銅	t	4,900	11,862	2,900	3,782	3,500	4,000	3,637
鉛	t		9,178	7,700	7,819	8,000	10,000	2,738
亜鉛	t	6,900	20	6,500	5,996	7,000	10,500	
金	kg	24,700	29,614	26,257	23,040	22,000	8,000	49,910
蛍石	t	8,100		24,620	35,516	50,000	55,000	
雲母	t	90		81	90	170	180	73
鱗状黒鉛	t	5,700		21,112	19,908	25,000	27,000	
土状黒鉛	t	3,500		73,409	48,732	72,000	73,000	41
鉄鉱石	t		939,886	1,185,426	1,692,912	2,700,000	333,000	
硫化鉄鉱	t	35,400		209,751	215,741	280,000	310,000	78,036
タングステン鉱	t	1,600	4,033	4,521	4,656	5,500	5,800	1,707
コバルト鉱	t					15,000	32,800	
ニッケル鉱	t					21,900	30,000	
モリブデン鉱	t		182		310	400		

(出所) 原・山崎編［1996］.
(注) ここに示した品目は，時系列比較が可能なものに限定した．1936年は『統計年報』の値である．

統計の精度は高く，かつ解放前の数字と直接比較が可能である．鉱業にかんする統計は，朝鮮戦争下の1951年と1952年についての情報が，公報処統計局編『大韓民国統計年鑑　檀紀4285年（創刊号）』［1952］に公表されているが，第2次世界大戦と朝鮮戦争による混乱期の数字であることを考慮すると，信頼性については留保が必要である．この点からすると，信頼できる統計は1954年以降といってよい．これに加えて，1955年には「鉱工業センサス」が実施されて，鉱業についても事業所ベースの統計が組織的に集計されるようになり，その結果，鉱業の統計もセンサスにウエイトが置かれるようになった．加えて，実質生産の変化を把握するための鉱工業生産指数が公表されるようになった．解放後の情報は，『韓国統計年鑑』［各年版］を利用した．ここには，品目別に生産数量が示されているので，解放前の同品目と比較し，接続することができる．権赫旭による解放後の推

計およびその解説は，本書付属のCD-ROMに収録されている．その結果との接続性を考慮して，本節では主として1960年までを取り扱うこととする．

植民地期朝鮮の鉱業は金銀鉱，鉄鉱等の金属鉱と石炭が中心であり，1930年代後半に急速な発展をみた．この期間にかんする鉱業生産は，植民地期朝鮮のGDPの中で無視できない比重を占めていた．しかし，解放後の韓国では，解放前と比較して，GDPに占める狭義の鉱業の比重が大幅に低下した．その主たる理由は，利用される燃料が石油に代替されたことと，同時に，解放前の鉱山の地域的分布が植民地期朝鮮北部に偏っていたためであり，このことは解放前後を接続した長期系列を検討する場合に十分配慮する必要がある．

鉱山以外で生産される鉱業生産物のうち，土石採取の生産高は解放前後を通じて無視できない水準にある．解放前の土石採取業についてのデータ

76 | 記述編　第1部　植民地期朝鮮

表4.1.2　土石採取金額

年	総数	京畿道	忠清北道	忠清南道	全羅北道	全羅南道	慶尚北道
数量(貫)							
1933年	80,185,217	16,358,550	79,930	1,610,830	1,378,270	10,014,100	1,745,860
金額(円)							
1933年	470,591	115,161	7,899	2,959	17,607	72,055	35,745
1934年	910,845	172,787	4,239	13,726	37,705	128,548	43,890
1935年	1,017,387	209,658	4,040	17,592	31,159	260,131	145,145
1936年	1,838,614	324,915	1,370	12,835	14,777	378,792	143,739
1937年	1,826,143	195,629	2,368	51,589	55,073	477,526	161,355
1938年	3,993,676	267,944	73,160	118,217	96,426	434,996	325,625
1939年	6,144,585	951,457	53,935	11,281	70,072	88,421	1,038,666
1940年	12,031,779	8,131,440	53,577	12,382	66,474	145,614	257,413
1941年	5,537,536	1,151,134	46,131	6,917	68,045	617,098	440,258

年	慶尚南道	黄海道	平安南道	平安北道	江原道	咸鏡南道	咸鏡北道
数量(貫)							
1933年	4,853,300	5,244,496	1,377,274	2,880,800	66,300	14,313,395	20,262,112
金額(円)							
1933年	25,200	18,220	100,255	25,687	14,580	9,859	25,364
1934年	29,713	22,917	30,851	187,953	2,041	6,737	229,738
1935年	27,456	17,256	127,823	73,730	1,597	7,353	94,447
1936年	30,125	27,328	273,629	284,420	10,502	16,303	319,879
1937年	11,314	52,146	250,488	249,338	11,068	26,253	281,996
1938年	22,404	43,295	323,588	175,063	2,197	13,413	2,097,348
1939年	84,511	57,311	369,632	449,758	223,531	487,015	2,258,995
1940年	27,669	98,663	409,822	357,948	77,129	68,953	2,324,695
1941年	31,387	101,338	431,190	215,563	47,587	91,040	2,289,848

(出所)　『統計年報』(昭和8〜16年版).

はきわめて少ないが，朴基炷［2012］では『統計年報』の林業統計からデータが得られることを指摘している．表4.1.2には『統計年報』に掲載された統計数値が示されており，本節では，これらの数値を利用して推計を行う．また天日製塩は鉱業に含まれるが，工産品系列に含まれる塩は加工塩と思われるので，別途の配慮が必要である．[6] また，「煉炭」については，『統計年報』中の「工産物」統計に数値が示されているが，同品目は鉱業生産物であるので，鉱業生産として扱う必要がある．

　以上，植民地期朝鮮の鉱業統計の性格を概観し，併せて，鉱業に関連する統計を吟味する際に利用される資料についてみてきた．以下では，推計時期の相違と利用される統計資料の相違に注目して，

（ⅰ）『統計年報』に含まれる「鉱産額」統計を

利用（1911〜1936年）

（ⅱ）『趨勢』を利用（1937〜1941年）

（ⅲ）「土石」（林業統計）および「煉炭」（工産物統計）の鉱業への移し替え

（ⅳ）「天日塩」の追加（1913〜1940年）（『朝鮮総督府専売局年報』を利用）

（ⅴ）『韓国統計年鑑』（各年版）を利用（1950〜1960年）

に分けて，それぞれの推計作業を取り扱う．

［Ⅱ］　推計(ⅰ)：解放前の鉱業生産
（1911〜1936年：「鉱産額」統計を利用）

　植民地期朝鮮の鉱業生産にかんするデータは，『統計年報』に含まれる「鉱産額」統計に示されており，原則として鉱産物別の生産金額と生産数量が道別に示されている（1911〜1936年について

---

6)　1930年の『統計年報』に示された工産品について，「食塩（天日製塩を除く）」の記述がある．このため，工産品に示される食塩は「加工塩」とみなして製造業（化学工業）に分類した．

データが得られる).[7] ただしこのデータは，たとえば1912年のように品目別合計のみが示され，各道別に数値が得られない場合や，1915年のように本来記載されるべき全羅南道の数値が欠落している等の問題も存在する．しかしながら，これらの２系列とそこから導かれる実効単価を道別に時系列として並べてみると，比較的安定した動きがみられ，補間等で修正が必要な数値はあまり見出せない.[8]

「鉱産額」統計では，データの得られる1911〜1936年までを検討の対象とした．ただし後述の理由から1911年と1912年は推計から除外した．

つぎに，「鉱産額」統計にみられる品目と，これらを「鉱業」として扱う範囲とについて検討する．鉱産物の製品化作業は，鉱石の発掘と鉱石の精錬とに分かれる．しかし，植民地期朝鮮では鉱山レベルでこれらの２作業が連結して実施されているため，出荷を製品単位で示すことが多い.[9] このことから溝口・梅村編［1988］では，精錬業を含む鉱産物を鉱業の生産活動として取り扱っている．朴基炷［2012］はこれに修正を加え，「鉱産額」統計に含まれている製品のうち，金額の大きい「銑鉄」，「鉄鋼」の生産額については製造業に移し，鉱業には鉄鉱石生産のみを残した.[10] 同様の問題は，「金銀銅鉱」と「金銀銅」のように原材料と製品の両方が示された品目にもみられる．このような品目は，「鉱産額」統計にはいくつか存在するが，これらの生産が採鉱から精錬までを一貫作業として小規模事業所で実施されているケースが多いことを考慮して，鉱石生産額と製品生産額の合計を鉱産品とした．ただし，独立精錬所（鎮南甫精錬所等）で生産された製品は，製造業

の生産額に含まれるので，この部分を大雑把な目安として金銀銅生産の10%と仮定して処理した.[11] これ以外の品目については，鉱石，鉱産物製品ともに鉱業生産として処理した．

既述のように「鉱産額」統計からは金額と数量系列について道別統計が1912年以外の年に得られ，それを合計した形で全国値も示されているが，1911年京畿道および全羅北道，1915年全羅南道，1919年および1920年の全羅北道については未表記である．このうち1915年の全羅南道と1919年および1920年の全羅北道の欠落値については，品目別の生産金額・数量とも欠落年の前後の年の値で補間することにした．すなわち，両道の鉱業生産は毎年それほど大きくないにしても，すべての当該年の鉱産物生産が０であるとするのは不自然であり，報告ないし集計作業過程で欠落したとみなすほうが蓋然性が高いからである．1911年の値については，1912年の統計表が簡易なものであることにも着目して，作業を1913年以降に限定することにした．

これらの調整以外に，各道の合計値と「全国値」が一致していない個所のうち主要なものを整理すると，表4.1.3となる．金額については各品目の合計が道別に価額合計として示されており，一方で各道別の合計が総計（全国値）として品目別に集計されていることから，これら２種のトータルチェックによって，その不一致の原因の一部を突き止めることができる．不一致の原因が不明な部分については，各道の値が正しく，全国値が間違っているとして，全国値を修正した．なお，たとえば1936年の「銅鉱」には「重複計算」を避けるために，各道の合計値と総数が符合しないと

---

7) 原数値をCD表4.1.1として本書付属のCD-ROMに収録（数値をトータルチェックによって修正した個所が存在するため）．

8) 原則として，当該個所の実効単価（生産金額を生産数量で除して計算される）をその前後年の同品目の実効単価と比較して，５倍以上の相違がみられる場合に数値の補正を行った．

9) 各鉱山が持っている精錬設備については『趨勢』に鉱山別に記述されている．

10) 道別統計に含まれる鉄鉱石には，銑鉄，鉄鋼製品の加工に提供された鉄鉱石を含んでいる．銑鉄，鉄鋼製品の生産額については，製造業に移す必要がある．本推計でも，鉄鉱石のみを鉱業の生産とし，銑鉄および鉄鋼生産は製造業に移した．

11) 厳密には，産業中分類27に分類される品目（金，砂金，銀，銅，鉛，水銀）を対象として，それらの生産の10%を製造業に移した．

78 ｜ 記述編　第1部　植民地期朝鮮

表4.1.3　道別数値と全国数値との不整合

年	修正箇所		対応	備考
1913				平安南道の銀(匁)に対応する金額未記入，時系列で補間
1914	平安南道	石炭(噸)	未記入→159646	トータルチェックで修正(数字の補間：時系列で確認済み)
	平安南道	石炭(円)	未記入→713775	トータルチェックで修正(数字の補間：時系列で確認済み)
1915	全羅南道なし(項目なし)			本文参照
1919	全羅北道なし(項目なし)			本文参照
	平安北道	粗鉛(円)	243562→243592	トータルチェックで修正
1920	全羅北道なし			本文参照
	金銀鉱(貫)	全国(総計)	5721756→5721256	各道の値を合計して修正
	平安北道	亜鉛鉱(円)	65555→65550	トータルチェックで修正
	忠清北道	黒鉛(円)	17373→17375	トータルチェックで修正
	忠清北道	価額合計	131959→31959	トータルチェックで修正(時系列で確認済み)
1924	黄海道	銅鉱	数字を黄海道→慶尚南道へ移動	トータルチェックで修正
1926				平安北道の亜鉛鉱(貫)に対応する金額未記入，時系列で補間
				江原道の亜鉛鉱(円)に対応する数量未記入，時系列で補間
1927	慶尚北道	銅鉱	数字を慶尚北道→慶尚南道へ移動	トータルチェックで修正
1930	平安北道	硅砂	数字を平安北道→黄海道へ移動	トータルチェックで修正
1931	価額合計,金銀鉱,汰鉱,鉄鉱			注記あり(二重計算：「各道の合計」を合計値とする)
	金(瓦)	全国(総計)	→8546164	各道の値を合計して修正
	汰鉱(瓲)(円)	全国(総計)	未記入→各道の合計値	修正
	価額合計	平安南道	→5291990	品目の合計で修正.
1932	価額合計，金銀鉱，汰鉱			注記あり(二重計算：「各道の合計」を合計値とする)
1933	総価額，金銀鉱			注記あり(二重計算：「各道の合計」を合計値とする)
1934	総価額，金銀鉱			注記あり(二重計算：「各道の合計」を合計値とする)
				京畿道の硫化鉄鉱(円)に対応する数量がゼロ，時系列で補間
1935	総価額，金銀鉱，鉄鉱，銅鉱			注記あり(二重計算：「各道の合計」を合計値とする)
1936	総価額，金銀鉱，鉄鉱，銅鉱			注記あり(二重計算：「各道の合計」を合計値とする)

の脚注が「鉱産額」統計に示されているが，[12]この種の「不一致」については，脚注を無視して全国値を修正した．

　組み換えの過程で，各年別統計の数量単位について単位表記を一致させるため

$$1貫＝1,000匁＝3.75 kg，\ 1斤＝160匁＝600 g,$$
$$(1匁＝3.75 g)$$

として，単位の換算を行った．次に，製品別金額，数量の系列の変化をみるために時系列へ組み換えてみると，CD 表4.1.2に記載の数値となり，金額と数量から計算される実効単価の値も併せて示している（推計の過程で作成したデータベースは，表のサイズが大きいため，CD-ROM に収録している）．

　CD 表4.1.2にみられる数値を道別に検討すると，金額，数量ともに経年の変化が大きいが，実効単価の推移は比較的安定しており，数値の修正が必要と判断される個所はわずかである．また，金額および数量の補間については，全国値での金額の推移が比較的安定していることから，表4.1.4に示した個所に対してのみ，その道に対する前後年の平均値を用いて補間作業を行った．し

---

12)　総数は，朝鮮内精錬所または製鉄所において製鉄原料として使われたものを除いて示されている．一方で，各道における産額には（朝鮮内精錬所または製鉄所において製鉄原料として使われたものを含んだ）「実数」が示されている．このため各道の合計値と総数は一致していない．

第 4 章　第 2 次 産 業　　79

表 4.1.4　主たる補間，修正個所

品目	年	該当する道	補間，修正	方法
金	1915	全羅南道*	金額・数量の補間	前後年平均を利用
金	1919	全羅北道*	金額・数量の補間	前後年平均を利用
金	1920	全羅北道*	金額・数量の補間	前後年平均を利用
金銀鉱	1919	全羅北道*	金額・数量の補間	前後年平均を利用
金銀鉱	1920	全羅北道*	金額・数量の補間	前後年平均を利用
銀	1913	平安南道	金額の補間	他道の平均単価を利用
汰鉱	1931	慶尚北道	数量の修正	数量1/10
汰鉱	1932	慶尚北道	数量の修正	数量100倍
汰鉱	1927	黄海道	数量の修正	数量10倍
銅鉱	1923	全羅南道	数量の修正	数量10倍
銅鉱	1924	全羅南道	数量の修正	数量10倍
銅鉱	1933	全羅北道	数量の修正	数量10倍
銅鉱	1933	慶尚南道	数量の修正	数量10倍
亜鉛鉱	1930	黄海道	金額の修正	金額10倍
亜鉛鉱	1926	慶尚南道	金額の修正	金額10倍
亜鉛鉱	1926	平安北道	金額の補間	他道の平均単価を利用
亜鉛鉱	1926	江原道	数量の補間	他道の平均単価を利用
鉄鉱	1934	黄海道	金額・数量の補間	前後年平均を利用
鉄鉱	1921	江原道	数量の修正	数量1/10
硫化鉄鉱	1934	京畿道	数量の補間	前後年平均を利用
硫化鉄鉱	1932	京畿道	数量の修正	数量100倍
硫化鉄鉱	1931	京畿道	数量の修正	数量100倍
硫化鉄鉱	1930	京畿道	数量の修正	数量100倍
硫化鉄鉱	1929	京畿道	数量の修正	数量100倍
硫化鉄鉱	1928	京畿道	数量の修正	数量100倍
タングステン鉱	1936	京畿道	数量の修正	数量1000倍
タングステン鉱	1936	忠清北道	数量の修正	数量1000倍
タングステン鉱	1936	忠清南道	数量の修正	数量1000倍
タングステン鉱	1936	慶尚北道	数量の修正	数量1000倍
タングステン鉱	1936	黄海道	数量の修正	数量1000倍
タングステン鉱	1936	平安南道	数量の修正	数量1000倍
タングステン鉱	1936	平安北道	数量の修正	数量1000倍
タングステン鉱	1936	江原道	数量の修正	数量1000倍
タングステン鉱	1932	江原道	金額・数量の補間	前後年平均を利用
タングステン鉱	1936	咸鏡南道	数量の修正	数量1000倍
水鉛鉱	1926	江原道	金額・数量の補間	前後年平均を利用
金銀銅鉛亜鉛その他鉱	1927	慶尚北道	数量の修正	数量10倍
安質母尼	1934	平安南道	金額・数量の補間	前後年平均を利用
黒鉛	1936	忠清北道	数量の修正	数量1000倍
黒鉛	1919	忠清北道	金額・数量の補間	前後年平均を利用
黒鉛	1916	忠清北道	金額・数量の補間	前後年平均を利用
黒鉛	1915	忠清北道	金額・数量の補間	前後年平均を利用
黒鉛	1936	全羅南道	数量の修正	数量1000倍
黒鉛	1936	慶尚北道	数量の修正	数量1000倍
黒鉛	1916	慶尚北道	金額・数量の補間	前後年平均を利用
黒鉛	1936	黄海道	数量の修正	数量1000倍
黒鉛	1936	平安南道	数量の修正	数量1000倍
黒鉛	1922	平安南道	金額・数量の補間	前後年平均を利用
黒鉛	1918	平安南道	金額・数量の補間	前後年平均を利用
黒鉛	1936	平安北道	数量の修正	数量1000倍
黒鉛	1936	江原道	数量の修正	数量1000倍
黒鉛	1934	江原道	金額・数量の補間	前後年平均を利用
黒鉛	1936	咸鏡南道	数量の修正	数量1000倍
黒鉛	1936	咸鏡北道	数量の修正	数量1000倍
雲母	1933	平安北道	金額・数量の補間	前後年平均を利用
雲母	1934	咸鏡南道	金額・数量の補間	前後年平均を利用
雲母	1928	咸鏡南道	数量の修正	数量10倍
雲母	1920	咸鏡南道	金額・数量の補間	前後年平均を利用
高嶺土	1926	京畿道	金額・数量の補間	前後年平均を利用
高嶺土	1934	全羅南道	金額・数量の補間	前後年平均を利用
高嶺土	1917	慶尚北道	数量の修正	数量1/100
高嶺土	1916	慶尚北道	数量の修正	数量1/1000
高嶺土	1917	慶尚南道	数量の修正	数量1/1000
高嶺土	1921	咸鏡北道	金額・数量の補間	前後年平均を利用
硅砂	1935	慶尚南道	金額・数量の補間	前後年平均を利用
蝋石	1934	慶尚南道	金額・数量の補間	前後年平均を利用
蝋石	1932	咸鏡南道	金額・数量の補間	前後年平均を利用
その他	1915	咸鏡南道	数量の修正	数量100倍
その他	1914	江原道	数量の修正	数量10倍

（注）　*は，合計が0となる道の補間．

図 4.1.1 主要産物の南北生産比率（1935年）

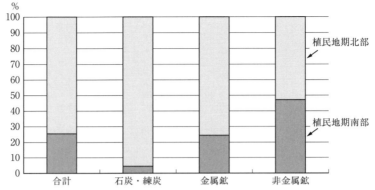

（出所）CD 統計表4.1.1.

たがって，結果的に数値の修正および補間等の追加的作業は最小限となっており，その数値はほぼ「鉱産額」統計のオリジナルのままである点で，補間，修正等を多く必要とした「工産物」統計とは性格が異なる．CD 統計表4.1.1には，上記の修正を加えてまとめた名目生産額表が示されている．[13] なお，本項では，1913〜1936年を推計の対象としているが，CD 統計表4.1.1，CD 統計表4.1.2および統計表4.1.1は，次項以降で取り扱う1937〜1941年および1950〜1960年の推計値，「砂利」「煉炭」「天日塩」の推計値を含んでおり，次項以降での結果を先取りしたものである．

CD 統計表4.1.2には，1935年価格による実質生産額が示されている．実質生産額の計算にあたっては，各道別の1935年の実効単価で他の年の数量を評価する方式をとった．近年，実質額の計算には「連鎖指数法」を利用することが主流となっているが，この方法では道別系列と総合系列間の整合性が保障されないので，「固定価格表示法」を利用することにした．なお1935年の実効単価が得られないいくつかの品目については，主として時系列補間によって1935年の単価を推計した．[14] 実質生産額の全国合計は，CD 統計表4.1.2の各道の数値を合計することによって求められた．

また，これらの表に対応する表として，それぞれ名目付加価値額（統計表4.1.1），実質付加価値額（統計表4.1.2）が得られる．付加価値額の推計には，朴基炷［2012］から付加価値率を求め，[15] 名目生産額，実質生産額の値に乗じることによって求めた．

---

13) 既述のように「鉱産額」統計にみられる品目のうち，製造業に属するもの（「銑鉄，鋼鉄，亜砒酸」のすべておよび「金，砂金，銀，銅，鉛，水銀」の10%）はすでに除いた結果を示している．

14) 補間によって求めた実効単価を使用した品目・道を列挙すると以下のようになる．
金鉱（京畿道，忠清南道，忠清北道，全羅北道，慶尚南道，慶尚北道，黄海道，平安南道，平安北道，江原道，咸鏡南道），金銅鉱（忠清南道，黄海道），銀鉛鉱（江原道），銀銅鉱（咸鏡北道），汰鉱（京畿道，忠清南道，忠清北道，全羅南道，慶尚南道，慶尚北道，黄海道，平安南道，平安北道，江原道，咸鏡南道，咸鏡北道），銅鉱（京畿道，全羅北道，慶尚北道，黄海道，平安南道，平安北道，江原道，咸鏡南道），粗銅（忠清南道，全羅北道，慶尚南道，黄海道），鉛鉱（全国，全羅南道，慶尚南道，黄海道，平安南道，平安北道，咸鏡南道），鉛（平安北道），亜鉛鉱（京畿道，忠清北道，全羅南道，慶尚南道，慶尚北道，平安南道，江原道，咸鏡南道），鉄鉱（京畿道，江原道，咸鏡北道），銑鉄（江原道，咸鏡南道），硫化鉄鉱（全羅北道），水鉛鉱（黄海道），金銀銅鉱亜鉛鉱（全国，京畿道，忠清北道，慶尚南道，慶尚北道，黄海道，平安南道，平安北道，江原道，咸鏡南道），砒鉱（全国，慶尚北道，咸鏡北道），亜砒酸（平安南道，咸鏡北道），安質母尼（咸鏡南道），黒鉛（京畿道，全羅南道），石炭（京畿道，忠清南道），雲母（黄海道），石綿（京畿道，忠清南道，黄海道），高嶺土（慶尚北道），硅砂（京畿道），蛍石（平安南道），重晶石（慶尚南道），其の他（全国，京畿道，全羅北道，全羅南道，慶尚南道，慶尚北道，黄海道，平安南道，平安北道，江原道，咸鏡南道）．

15) ここで利用した付加価値率は，朴基炷［2012］による推計（石炭0.67，金属鉱0.72，非金属鉱0.69，非鉄金属（金銀銅）0.45）を利用している．なお，製造業では1960年度産業連関表（韓国銀行）から付加価値率を計算し利

鉱産物は鉱山の所在する道によって，21世紀初頭現在の韓国領域とその北部とに分割を行った[16]が，京畿道，江原道の分割計算には，第15章第2節の人口比を利用した.[17] 図4.1.1は主要産物別に南北の生産額（1935年値）を比較したものであるが，解放前の鉱業が北部に偏っていた状況を読みとることができる.

［III］ 推計（ii）：1941年版の『趨勢』（1932〜1941年）にかかわる作業

既述のように，『昭和十六年，朝鮮鉱業の趨勢』は，戦争のため公式に公刊されたか否か明らかでない．この資料から得られる情報は，

① 昭和十六年鉱産額表（前年比較）（数量，金額とその増減）
② 鉱種別鉱産額累年比較（数量）
③ 同（金額）
④ 道別鉱産価額累年比較
⑤ 昭和十六年重要鉱山鉱産額表

の5種類である.

このうち，②，③，④には，累年比較として1932〜1941年までの数値が示されており，前節での作業との接続が検討されるものである．①の情報は，②，③の1941年，1940年の数値チェックに利用され，⑤の情報は，鉱山を道別に集計して推計結果との比較に使用できる性格の情報である．以下では，接続のために主として利用される②，③，④の表について検討を行う.

累年比較の数値が得られる1932〜1940年のうち，先に検討した『統計年報』と重なる年は，1932〜1936年である．これを踏まえ，②，③，④の各表を利用した推計作業に入る前に，『趨勢』と『統計年報』から得られる情報を比較してみよう．ここでは，実質生産額の基準年として採用される1935年について比較を行う．④道別鉱産価額累年比較には，『統計年報』に示される品目別金額の「合計値のみ」が，道別に示されている．したがって，道別の品目別の金額と数量が得られないので，前項（推計（i））と異なった接近法が必要になる（ちなみに，④と『統計年報』に公表されている1935年の数字は一致している．一方，②，③と『統計年報』を比較すると，『統計年報』に掲げられたそれぞれの品目についての全国合計の金額・数量のみが示されており，昭和16（1941）年の『趨勢』では「道別」の値はわからない）．両表に示された数値は，品目，数値ともにほぼ一致している．『趨勢』では，①の表に脚注がみられるが，そのほかの表には脚注はない．ここで注意しなければならないのは，1935年の『統計年報』に示される金銀鉱，銅鉱，鉄鉱についての脚注であり，[18] ②，③表の同品目では『統計年報』と数値が一致していることである．つまり，②，③の表の同品目は，各道の値をそのまま合計したものではなく，原料分を差し引いた形で計算されていることとなる.[19] 一方で各道の合計値を示した④は，これら3品目について，各道の生産実数が示

用したが，同表の鉱業は「鉱業」としてまとめられた数値のみが示されているため，産業中分類別には付加価値率を計算できない．このため上記の付加価値率を利用した.

16) 分割にあたっては，現在の領域が，韓国領域として忠清南道，忠清北道，全羅南道，全羅北道，慶尚南道，慶尚北道，京畿道の一部，江原道の一部，朝鮮民主主義人民共和国の領域として黄海道，平安南道，平安北道，咸鏡南道，咸鏡北道，京畿道の一部，江原道の一部，となっていることを踏まえて計算を行った.

17) 江原道の鉱山の地域分布からすると，人口分割は南部に偏るバイアスを持つとの指摘が文浩一氏よりあった．この点異論はないが，他の産業での取扱いとの整合性を考慮してこの方式を維持することにした.

18) 金銀鉱，銅鉱，鉄鉱について，以下の脚注がある.
「鉱産額中累年比較ニオケル金銀鉱，銅鉱，鉄鉱ノ産額ハ統計ノ重複ヲ避クルタメ朝鮮内製錬所又ハ製鉄所ニ於イテ製鉄原料ニ供セラレタルモノハ之ヲ除外セルモ各道ニオケル産額ハ其ノ実数ヲ知ルタメ之ヲ重複計算セル結果彼比符合セズ．因ニ鎮南甫製錬所ニ於イテハ15,093,936円，興南製錬所ニ於イテハ3,835,216円，兼二浦製鉄所ニ於イテハ14,096,466円ノ産額アリタリ」

19) したがって厳密にいえば，1936年において，これらの②，③表を利用した品目別実効単価と『統計年報』での各道を合計した合計値での品目別実効単価を比較することはできないが，実効単価はほぼ同一であることから，②，③表の数値の修正を行うことはしない.

82 | 記述編　第1部　植民地期朝鮮

表 4.1.5　『趨勢』（表②，表③）の修正個所

品目	年	修正	方法
金銀鉱	1940	金額の修正	1939年実効単価を利用
金銀鉱	1941	金額の修正	1939年実効単価を利用
銅鉱*	1938	実効単価の作成	実効単価の得られる品目のデフレータ（総合）を接続
銅鉱*	1939	実効単価の作成	実効単価の得られる品目のデフレータ（総合）を接続
銅鉱*	1940	実効単価の作成	実効単価の得られる品目のデフレータ（総合）を接続
銅鉱*	1941	実効単価の作成	実効単価の得られる品目のデフレータ（総合）を接続
銅	1940	数量の修正	数量1000倍
銅	1941	数量の修正	数量1000倍
鉛	1940	数量の修正	数量1000倍
鉛	1941	数量の修正	数量1000倍
水銀*	1937	実効単価の補間	前後年平均で補間
タングステン鉱	1936	数量の修正	数量1000倍
タングステン鉱	1937	数量の修正	数量1000倍
タングステン鉱	1939	数量の修正	数量1000倍
タングステン鉱	1940	数量の修正	数量1000倍
タングステン鉱	1941	数量の修正	数量1000倍
亜砒酸	1935	金額の修正	『統計年報』の数字を利用（数量一致のため）
亜砒酸	1936	金額の修正	『統計年報』の数字を利用（数量一致のため）
亜砒酸*	1937	実効単価の作成	実効単価の得られる品目のデフレーター（総合）を接続
亜砒酸*	1938	実効単価の作成	実効単価の得られる品目のデフレーター（総合）を接続
亜砒酸*	1939	実効単価の作成	実効単価の得られる品目のデフレーター（総合）を接続
亜砒酸*	1940	実効単価の作成	実効単価の得られる品目のデフレーター（総合）を接続
亜砒酸*	1941	実効単価の作成	実効単価の得られる品目のデフレーター（総合）を接続
安質母尼鉱	1939	数量の修正	数量1000倍
安質母尼鉱	1940	数量の修正	数量1000倍
安質母尼鉱*	1941	実効単価の補間	前年と同一と仮定
硅砂	1938	金額の修正	前後年平均で補間

（注）　*を付した品目については，実質生産額の推定のための作業．

されているので，②，③表とは異なる点にも注意が必要となる（つまり④は，3品目について原料分を含んでおり，②，③は原料分を含んでいない）．

②，③表にかんして『統計年報』と異なる点は，(a)鉄鉱の値，(b)亜砒酸の金額が前者には示されていないこと，(c)黒鉛および石炭の表記方法が異なること，である．このうち(a)については，どちらの表に示される数値が正しいのかは留保される事項であるとの理由で，修正は行っていない．(b)については，その数量は一致しているため，『統計年報』の金額で補間した．(c)については，前者は「黒鉛（鱗状）」，「黒鉛（土状）」，「石炭（無煙）」，「石炭（有煙）」が示されるが，後者には「石炭」，「黒鉛」の2種類のみが示される．幸い，前者のそれぞれを合計すると後者と数量・金額ともに一致するので，合計して利用する．

以上のように，1935年の値を比較すると，『統計年報』と『趨勢』の値はほぼ一致しているから，接続の可能性は十分あると考えられる．

続いて，『趨勢』の1935年（基準年）および1936年以降について品目別に金額，数量とそこから計算される実効単価の変化を時系列でみてみよう．実効単価をみると，ほとんどの品目で比較的安定しているが，一部の品目については，数値を回答する際に単位を間違ったと思われる個所も存在するので，表4.1.5のような修正を行った．

名目生産額については，④表から道別生産額が得られ，その数値自体には問題がないと思われるが，前項系列（推計(i)）との接続を考える場合，製造業への金額移行に伴う修正が必要になる．[20] そこで，1936〜1941年の道別系列について，1935

20)　推計(i)では，「鉱産額」統計にみられる品目のうち，「銑鉄，鋼鉄，亜砒酸」のすべておよび「金，砂金，銀，銅，鉛，水銀」の10％を製造業に属するとして鉱業から取り除き製造業に移行している．推計(iii)で利用される「④

年の『統計年報』の推計から，原生産額と修正金額との比率を道別に計算し，この比率が1936〜1941年にも妥当すると想定して，名目生産額の道別値を推定した．そして，ここで得た1936年の値を『統計年報』から得た1936年の値に接続した．この結果は，CD統計表4.1.1に示される．[21]

つぎに，④表に対応する道別実質生産額を以下の方法で計算した．

（ⅰ）②，③表から全国平均の実効単価が得られるので，

（ⅱ）品目別の1935年基準価格指数（1935年＝100）を作り，これを

（ⅲ）1935年の『統計年報』の道別生産金額構成比で加重平均することによって，道別デフレーターを得る．

（ⅳ）④表の名目生産額を，（ⅲ）で得た道別デフレーターで割って道別実質生産額を得る．

そして，ここで得た1936年の値を，『統計年報』から得られた1936年の値に接続した．この結果は，CD統計表4.1.2に示されている．

名目付加価値額，実質付加価値額については，先述（脚注16）の付加価値率の値を利用して，1936年の生産額に対する各道の付加価値率をそれぞれ計算し，この率が1937〜1941についてもあてはまると仮定して推計した．

［Ⅳ］ 推計(ⅲ)：「煉炭」および「土石」生産の移し替え

前述のように，「煉炭」は『統計年報』の「工産品」統計に含まれているが，鉱業生産物であるので移し替えが必要である．[22] 煉炭の推計方法は，先述の「鉱産品」統計を扱った方法を踏襲した．

つまり，基本的には以下の作業を行った．

①数量の単位表記が混在しているので，1噸＝

1.01606頓の換算を行い，単位を「噸」に一致させた．

②道別・時系列で実効単価の動きが異常と思われる個所について補整を行った．

③1935年京畿道は，金額のみ示されており，数量が示されていないので，同道の実効単価の平均値と金額から数量を補間した．

ただし，1921〜1923年については，道別金額のみが得られ，数量が得られないので，別途，以下の作業を行った．幸いなことに1920年，1924年の金額および数量が得られるので，

④1920年と1924年の全国実効単価から1921〜1923年の全国実効単価を補間した．

⑤④で求めた全国実効単価を，1921〜1923年の道別金額の得られる各道の実効単価とみなした．

⑥各年の道別実効単価と道別金額から数量を推計した．

各道別の実質生産額は，基準年である1935年の実効単価に各年の数量を乗じて求められる．1935年の金額，数量が存在しないために実効単価が得られない江原道については，1935年全国実効単価を利用して補充した．1913〜1919年については，「石炭」の金額の推移と同様であると仮定して，補充した（なお，1920年の「煉炭」は，平安南道でのみ生産されているので，1913〜1919年についての煉炭生産も平安南道でのみ生産されると仮定している）．

付加価値額の推計については，前述（脚注15）の付加価値率を利用した．

「砂利」の生産については，林業統計から情報を得ることができる．ただし，金額については1933〜1940年，数量については1933年に限定される．土石の生産は建設業と整合性を持たせる必要があると考えられるため，情報の得られない1913

表」の金額についても推計(ⅰ)と同様に製造業への金額移行を検討した．

21) ただし1937〜1941年は品目別にデータが得られず道別にのみ結果が得られる．このため得られた各道の推計値を1936年の石炭，金属鉱，非金属鉱，金銀銅の構成比で分割した．

22) 工産品統計には，「木炭」が含まれているが，同品目は『統計年報』の「林業」統計に記載されており，林産物として処理されるため，ここでは無視する．

～1932年の土石の名目生産額については，朴二澤・金洛年［2012］が推計した建設業の金額の情報を利用して計算した．すなわち，林業統計に示される1933年の「土石」金額と，建設業の1933年値との比率を計算し，この比率が1913～32年についてもあてはまると仮定して，同期間の建設業の金額に乗じた．また道別金額については，1933年の土石の道別金額比率で分割した．一方，実質生産額は，朴二澤・金洛年［2012］が推計した建設業の金額からデフレーターを計算し，[23] 先に得た土石の名目生産額を除して求めた．付加価値額は，名目金額，実質金額ともに前述の付加価値率（脚注15）を利用して推計した．

［Ⅴ］ 推計(ⅳ)：「天日塩」の推計

「天日塩」は『統計年報』の「鉱産額」統計に含まれていないが，『朝鮮総督府専売局年報』から情報を得ることができる．[24] ここでは『専売局年報』を利用して，以下の要領で「天日塩」の金額を推計した．
　①「天日塩生産高表」に示される地区別の生産高を，道別に整理し道別生産高[25]を得る．
　②「塩販売高表」に示される（全国の）「販売価額」と「販売数量」から販売単価を計算する．
　③上で求めた生産高と単価を乗じて，[26] 生産額を計算する．

［Ⅵ］ 推計(ⅴ)：解放後との接続

解放後の情報は，『韓国統計年鑑』（各年版）から得ることができるが，ここから得られる1950年代の情報は，主として生産数量であり，生産金額は少ない．しかしながら，幸い生産数量については1950年より情報を得ることができるので，1935年の実効単価と併せて利用することで，1935年価格表示の実質生産額の推計が可能である．推計結果はCD統計表4.1.2に示されている．この推計にあたっては，以下の計算を行った．
　①『統計年報』から得られる1935年の「南部」生産分の生産金額，生産数量，実効単価を品目ごとに計算する．併せて中分類別にも合計する．
　②『韓国統計年鑑』にみられる品目のうち①と同品目であり，接続可能なものについては，①で求めた実効単価と当該数量を乗じて同品目（1935年価格表示）の実質生産額を計算する．この結果を中分類別に合計する．
　③②で求めた実質生産額のうち，1950年の値が得られる品目について，当該品目の1935年金額を中分類別に合計する．
　④③を①で除して，中分類別カバレッジを求める．
　⑤②で得た中分類別合計値を④で求めた中分類別カバレッジで除す．

なお，CD統計表4.1.1および統計表4.1.1には，1958年以降について名目生産額，名目付加価値額がみられるが，これらの値については，『韓国統計年鑑』（各年版）の情報をそのまま転記したものである．

---

23)　朴二澤・金洛年［2012］．なお，建設業の金額は朴二澤・金洛年［2006］から修正されている．

24)　天日塩は「年度」で示されているため，以下の計算により「年次」に変換した．当年次＝前年度×(1/4)＋当年度×(3/4)．

25)　地区別に生産高が得られるのは1921～1940年に限定される．全国合計の生産高は1910～1940年まで得られるので，1920年以前の道別生産高は1921年の道別生産高の比率を利用して，道別に分割した．1941年の生産高は朴基炷［2012］を踏襲し，1935年以降の増加率で補外した．

26)　朴基炷［2012］を踏襲し，流通費用を考慮し利用する単価を販売単価の0.98とした．

2 製 造 業

［I］ 序 論

本節では韓国（植民地期朝鮮を含む）の製造業データの吟味・加工を行い，国民経済計算に沿った長期系列の作成を目的としている．

台湾と韓国とはともに第2次世界大戦終結まで日本の植民地であったことから，植民地期の統計調査体系は互いに類似しており，長期経済統計を整備していく上での利点や困難も共通であることが多い．すなわち，これら両地域についての製造業統計をみれば，1912年以降比較的精度の高い時系列が得られることや，1929年の「資源調査令」の施行によって統計調査が充実したことで共通している．また，これらの統計調査が品目単位の生産額の時系列データである「工産物」統計と，工場調査を基本として企業活動をある程度明らかにする「工場」統計とから構成されている点でも共通性がある．[27] これらのことから，第2次世界大戦前の台湾の分析[28]で行われた多くの作業設計は，植民地期朝鮮の製造業統計にも適用できる．

しかし，台湾と朝鮮との二者がまったく同一であるわけではなく，新たな作業が必要となる点も存在する．第1は，第2次世界大戦以前の製造業にかんする情報が提供される範囲に相違があることである．台湾では工産統計が『台湾総督府統計書』に公表されたのち，『台湾商工統計』に再整理されている．この作業にあたっては，前者に含まれた誤りの修正も実施されている．韓国についても，『朝鮮総督府統計年報』（以下，『統計年報』と略記）に「工産物」統計が掲載されているが，一部の年次については要約表の掲載に限られているだけでなく，台湾の『商工統計』に対応する作業も行われていない．この点を考慮して，本節では，最初にデータの公表の度合いが高い1930年代

の統計を吟味した後，それ以前の統計についても同じ作業を延長することにした．

第2の違いは，解放後の系列への接続の問題である．台湾の場合は第2次世界大戦前後の実効政治領域がほぼ同一であったために，連結は比較的容易であったが，韓国の場合は1950年以降対象地域が南北に分断されるようになったため，単純な連結には問題がある．考えられる1つの解決法は，解放前の生産統計の道別統計を利用して生産額等の対象地域を解放後の区分にあわせる方法であり，本節の道別統計の吟味はこの線に沿ったものである．

［II］ 韓国（植民地期朝鮮を含む）の製造業統計

第2次世界大戦前の日本の2大植民地は台湾と韓国であり，これら2植民地は食料供給基地としての共通の役割を担わされた側面があった．その一方，第2次産業の発展形態には，木村［1988a］が指摘するように，2植民地間で相違があり，統計の取扱いにあたってもこの点に配慮が必要になる．ここでは，まずこれらの問題点を列挙した後，次項以降で本節での対応を述べることにしたい．

日本統治下における台湾の製造業は，製糖業を中心とする食料品製造業が圧倒的なシェアを占めていたのに対して，韓国の製造業は，時間とともに複数の産業中分類の全域にわたって発展した．すなわち，日本領有初期の1910年代には，中核となる工業産品が存在せず，繊維製品や食料品を中心に多品種の製品が小企業，家内工業で生産されていた．1920年代になると，日本資本による工場建設が進行したが，繊維品，食料品などの軽工業生産が中心であった．さらに1930年代から1945年にかけて化学工業や機械工業の工場が日本資本に

27）ただし，当時の韓国・台湾では（日本本土のように）本格的な工場統計調査が導入されず，届出情報の収集による部分的な工場調査にとどまっていた．「準」構造統計であった．

28）原・溝口［2008］．

よって建設された．また，化学工業等の重工業に属する工場の多くが朝鮮半島北部に建設されたことにも注目しておく必要がある．

植民地期朝鮮の製造業では，日本人所有の大工場による生産とともに，中小企業の役割も重要である．当時の台湾では中小企業のかなりの部分が台湾人の経営であったのに対して，朝鮮では朝鮮人経営のものに加えて日本人経営の中小企業も少なくなかった．[29] 加えて，朝鮮では自家消費を主目的とする家内工業が，工業生産の中で無視できない比重を占めていた点にも注意が必要である．[30]

植民地期朝鮮では生産量・金額にかんする情報収集と工場を対象とした情報収集が並行して行われた．[31] すなわち前者では工業製品別の生産金額と生産数量を集計しているのに対して，後者は工業製品を生産する工場数，従業員数と工場生産額を調査し産業別に集計を行っている．[32]

旧日本植民地の統計制度は日本本土の経験に影響を受けており，日本領有下の朝鮮においても，主要な工業生産物については，日本で採用されていた「農商務通信規則」に準じた報告制度が導入された．すなわち，1912年以降総督府からの各種訓令に基づいて地方行政組織への報告が行われ，それを総督府で集計した統計が作成され，『統計年報』に公表されてきた．[33]（『統計年報』の「工産物」統計のオリジナル（原数値）は，CD表4.2.1に掲載されている．）

この工産物報告制度は1929年まで大きな変更はなかったが，1919〜1927年の間『統計年報』に公表される統計表は簡易化された形式となったため，時系列作成に障害が生じた．[34] これに対する対応は，本項の重要な部分となっている．溝口[1975]，[35] Lynn[1999]が指摘するように，「工産物」統計の精度は1930年以降大幅に改善された．この動きは，後述の「資源調査令」による「工場」統計の改良と密接に関連がある．『統計年報』は1942年版まで公刊されているが，製造業にかんする統計の公表は，第2次世界大戦にともなう秘匿情報の規制をうけて1940年までとなっている．[36]

1941〜1945年の韓国の生産統計の部分的情報は，戦時下日本が当時，「日本帝国」全域および占領下にあったアジア地域を対象とした「生産力拡充計画」（通称「物動計画」）の基礎資料から得ることができる．物動計画資料は，原・山崎編[1996]にまとめられているが，その中の「朝鮮」関連数字から製造業生産の状況把握が可能となる．この計画に関連した報告書等は，木村[1999]および木村・安部[2003]が引用している朝鮮総督府[1945]「第86回帝国議会説明資料」や，これら報告書の基礎資料のもとに推計されたと推測される朝鮮総督府『昭和十八年度産業生産額等推計調書』（謄写資料）等がある．[37]

旧日本植民地において実施された生産動態統計が対象とした経済主体の範囲については明確な記

---

29) 木村［1981］p.20を参照．

30) 金洛年［2002］p.133を参照．

31) 解放前の韓国の産業統計調査についてはLynn［1999］の展望を参照．また金洛年［2002］は本文で論じた2種の調査の相違を明確にするために，工産額統計と工場統計という名称を付して論じている．

32) 『朝鮮総督府統計年報』には，それぞれ「工産物」統計「工場」統計として数値が掲載されている．

33) より一次統計に近い統計書として，朝鮮総督府『工産統計』が1934年以降について公刊されているが，『朝鮮総督府統計年報』を超えた統計情報は含まれていないように思われる．

34) 溝口［1975］では，公表統計表の比較可能性を重視して，工業統計の時期区分を，1912年以前，1913〜1918年，1919〜1927年，1928〜1929年，1930〜1939年，1940年の6区分にしている（p.83）．なおLynn［1999］は，1912年から1929年の間には調査方法に大きな改正がなかったことを指摘している（pp.273-274）．後者の指摘は，統計調査史の観点から適切な指摘であるが，前者の区分と矛盾するものではない．

35) 溝口［1975］p.85を参照．

36) この制約のため，これまでの推計作業は1940年までを対象としてきた．なお木村・安部［2003］p.107では，解放直前における朝鮮半島北部の工業化の把握が植民地下の朝鮮の分析で重要なことを指摘している．

37) 一橋大学経済研究所付属社会科学統計情報センター資料室所蔵．この資料は統計数値のみよりなり，その作成経緯等にかんする注釈はない．ただ統計数値が物動計画書の数字と一致しているため，本文のような推測を行った．

述は見出されていない．ただ，同調査の企画にあたって参考にしたと思われる日本の『農商務統計表』およびそれから農業部門を分離した統計集である『商工省統計表』によると，生産額や生産数量は小規模工場の分を含めて報告することになっている．このことから，同様の処理が台湾・朝鮮でも行われていたと考えてよかろう．もちろん農家による「朝鮮味噌」，「朝鮮醬油」生産などの家内工業等による生産の一部が調査から漏れていたであろうことは当然予想されるが，原則として調査対象となっている生産物はすべて調査されることになっていたと想定しても差し支えない．ただし官営工場は，日本の製造業にかんする調査では対象外となっているので，『統計年報』に掲載されている統計表に専売品の生産額が含まれているかどうかをチェックした上で，（必要に応じて他の情報を利用して）製品別に集計し，民間部門の製造業生産額に加える必要がある．植民地期朝鮮の「工場」統計では1928年までは官営工場を含み，それ以降では除外するようになっている．「工産物」統計における官営工場の取扱いについては明確な記述はないが，関連統計との対比によってある程度吟味が可能である．すなわち解放前の朝鮮の官営工場としては，総督府所管の専売工場，鉄道関連工場があるが，これらの生産額は，朝鮮総督府専売局『朝鮮総督府専売局年報』，朝鮮総督府鉄道局『朝鮮鉄道状況』[38]から得ることができる．このほかに，日本中央政府が所管する平讓兵器製作所や第5海軍燃料廠等の軍事工場がある．軍事工場の取扱いは，解放前朝鮮に駐留していた日本軍の活動がこれまでの韓国国民経済計算の推計にあたって計上されていないこととも関連があるので，注意する必要がある．[39]

ところで，工場における労働環境の悪化に直面した日本では，1916年に「工場法」が施行され，

工場を対象とした「構造統計調査」が実施された．その後，労働条件についての調査等は労働統計として独立したが，工場についての基本的事項にかんする事業所ベースの調査は，工場統計として毎年実施されるようになった．当初，大・中規模工場に限定された工場統計は，逐次小規模工場も網羅するように改定されてきた．その結果，産業構造を示す構造統計としての工場統計と，生産額等の変化を表す動態統計の2本立てによる調査体系が確立された．

解放前の朝鮮では工場統計調査が導入されず，届出情報の収集にとどまっていた．朝鮮では1911年に，原則として5人以上の従業員を持つ工場に加えて，従業員が4人以下の工場のうち工作用動力を持つかあるいは年間生産額が5,000円以上の工場も調査の対象とされ，1928年まで継続された．この「工場」統計には生産額の情報も含んでいるが，1928年までの統計は各工場の主要生産物を基準に分類されていたため，品目ベースの生産統計として参照する場合には問題があった．[40]

1929年，日本本土およびその植民地に対して「資源調査令」が施行され，5人以上の従業員がいる工場と，「4人以下の工場でも5人以上の従業員を雇用する能力を持つ工場」が調査の対象となった．より重要なことは，資源調査令の裏付けによって「工産物」統計および「工場」統計の調査精度の向上が図られたことであろう．これらの「工場」統計から得られる生産金額にかんするデータはこの改正によって品目ベースの「工産物」統計に対応するようになったが，調査に小規模事業所の生産が含まれていないことから「工産物」統計の数値を下回っている．逆に，「工場」統計には，「工産物」統計から除外されていた精米，製材，製綿工業の生産が加えられている点に注意が必要である．なお，構造統計の基礎となる工場

---

38) 一部の年次については南満洲鉄道京城管理局『統計年報』等に接続．
39) 金洛年編［2006］では日本軍の韓国内での活動もGDPに含める新しい試みが行われている．なお同書は翻訳が金洛年編［2008］として刊行されている．その後，金洛年編［2012］として改訂版が出版されている．
40) 工場で生産される主要生産物以外の製品（副産物）の生産も，主要生産物と合計され，主要生産物として示されていた．

名簿は，台湾では1914年以降公表されていたが，朝鮮については1930年以降に限定されている．

朝鮮が1945年に植民地支配から脱して以降，韓国経済は回復に向かっていたが，1950年の朝鮮戦争勃発によって大きな打撃をうけた．この理由から，1946年から1953年にかけての統計情報はきわめて少ない．[41] さらにこの期間の統計情報の吟味は，農業統計を除けばほとんど行われていない．この点を考慮して，本節でも分析の対象を1954年以降に限定することにしたい．

解放後の台湾の製造業の分析にあたっては，国民経済計算の結果が利用された．台湾では1951年から1990年にかけての遡及推計が，中分類ベースで発表されており，さらに郭ほか［1997］によって戦前期との接続が行われていた．これに対して韓国の初期の国民経済計算では，製造業は産業大分類ベースで名目・実質額が計算されているにすぎない．国民経済計算の国際基準が1968 SNA から1993 SNA に，その後2008 SNA に移行したのにともなって韓国の国民経済計算の方法も変化し，表示される統計表も詳細になったが，数値の遡及改定は1970年以降に限定されているので，国民経済計算のみに依存する場合には，新旧勘定の接続や産業連関表等による細分化等が行われる必要がある．

これらのことを考慮すると，国民経済計算の基礎情報ともなっている「製造業センサス」の利用が考えられる．このセンサスは1955年を初回とし，1958年，1960年に継続された．[42] 1963年以降は毎年調査が実施され，韓国産業分類中分類別の生産額，付加価値額に加えて，従業員数等が調査されている．韓国産業中分類は国際産業中分類を統合することによって求めることができるので，解放前の全国または南部の数値と対比することができる．解放後の数値は各年の価格で表示されるので，対比される数値は当然名目ベースになる．解放後

の数字は，権赫旭によりまとめられている（付属の CD-ROM 参照）．ただ韓国では，1955年に「韓国産業分類」が制定された後，1970年，1990年，1999年の3回にわたって分類の改定が行われてきた．このため，センサス結果を長期時系列に利用するには，分類の組み換えが必要になる．この作業についても権赫旭が品目レベルまでおりて調整を行って1958〜2017年の系列を作成している．

センサスを利用して解放後の製造業の実質額の変化を中分類別にみるためには，対応するデフレーターを求める必要がある．日本の経験から判断すると，急速な工業化に柔軟に対応するデフレーターを作成するためには様々な工夫が必要となる．韓国の公式国民経済計算では，1970年以降の数値について年次毎の連鎖指数が公表されている．これは1999年に国民経済計算の計算方式を変更したのにともなって導入されたものであるが，先に述べたとおり，適用は1970年以降に限定されている．

これに代わる方法としては，生産指数の利用が考えられる．解放後の韓国の鉱工業生産指数は1952年以降については毎年作成され，韓国の産業政策に利用されてきている．この指数は，製造業に加えて，鉱業，電気・ガス製造業，建設業を対象とした「第2次産業生産指数」とも呼べるものであり，製造業については韓国中分類別に作成されている．指数はラスパイレス数量指数であり，ほぼ5年ごとにウエイトの変更が行われ，改定前の系列に接続されることによって，長期系列作成の基礎資料となっている．張成鉉［1998］は，旧COE プロジェクト作業の1つとして1954年から1990年までの生産指数を作成しているので，この結果を1960年の名目付加価値に接続すれば，1954〜1990年までの実質金額を得ることができる．

［Ⅲ］ 既存の研究の展望

既述のように本節では，韓国（植民地期朝鮮を

---

41) 解放後から朝鮮戦争停戦までの製造業の活動を示す統計としては，『経済年鑑』（韓国銀行調査部［1955］）に品目別生産数量や卸売物価の数値が与えられているが，これらの吟味は，将来の研究に待ちたい．

42) この3調査間では若干の相違がみられる．すなわち，1955年では生産額の調査を中心としているのに対して，1958年調査では付加価値を調査し，1960年は両者を調査している．

含む）の製造業データの吟味をし，生産額および付加価値額の推計を行うが，それに先立って既存の研究を展望しよう．

前項で扱った統計を利用して国民経済計算の枠組みの中で解放前の朝鮮統計に適用した最初の研究として，李潤根［1971］の国民所得推計がある．これ以降，鉱工業の生産データの検討を国民経済計算の生産勘定の基礎資料と関連づけて検討する研究が定着した．溝口［1975］は，台湾・朝鮮の経済統計を SNA の支出勘定に関連づけて検討したが,[43] その基礎資料として解放前の朝鮮にかんする鉱工業生産統計の吟味を行っている．Suh［1978］は，溝口の研究とは独立に SNA の生産勘定の推計を念頭においた上で，第1次・第2次産業の付加価値生産額の推計を試みた.[44] この研究は，韓国内で歴史統計への数量経済史的分析手法の適用に関心を喚起した点で重要な業績といえる．その後，溝口・梅村編［1988］は，生産・支出勘定をそろえた国民経済計算の一部として鉱工業生産を位置づけた．

この流れは，きわめて精密な作業を伴う落星台研究所の共同研究に引き継がれた.[45] その一部として朴基炷［2008］は，鉱工業生産に関連するデータ開発の面で大きく貢献した．既述のように解放前の製造業にかんする統計調査は，1930年以降大幅な改善がみられたが，それ以前のデータについての公表数値には欠落がみられた．この難点のために，主として『統計年報』の公表数字にのみによった溝口，Suh の研究では，種々の仮定に基づく近似計算が行われていた．朴基炷［2008］は，この欠落を補う数値が別の資料に公表されていることを発見し，仮定に基づく推計から直接推計への移行が行われた．ただし，これまで朴基炷の研究は全国平均にかんするデータ整理に限定されてきたので，道データの吟味は次項以降の検討過程で取り上げられる．

これらの研究の主目的は，歴史統計として解放前朝鮮における生産活動を国民経済計算の枠組みを用いて整理することにあった．本節の研究は，この作業の延長線上に立ったものであり，第2次世界大戦前後を結合した長期系列を推計することが目的となる．この作業の一部には当然韓国の経済発展の研究が重要な部分を占めており，解放前後の統計を連結して分析を進める必要がある．周知のように，1950年代初期から朝鮮半島は南北に分割されており，長期系列を作成するには，植民地期朝鮮の生産額を，戦後の韓国の系列と比較可能なように調整する必要がある．簡便な方法としては，金洛年［2008］が提案しているように，両期間の数字を人口1人当たり換算して比較することであるが，この方式では植民地期朝鮮の南北地域経済格差を無視することになる．この疑問に応えるには，解放前の統計数値を，現在の韓国領域と朝鮮民主主義人民共和国の領域に分割する必要がある．第1次産業については Ban［1979］，石川［1980b］の作業がある．一方，鉱工業については溝口［1975］，表鶴吉［1996a］が作業を公表しているが，この場合，道別統計の詳細な吟味は行われなかったように思われる．

［Ⅳ］ 解放前数値の改定推計

前項で展望した先行研究では，上記の諸データを国民経済計算生産勘定の推定に利用する場合に生じる問題点も指摘している．以下では，提起された課題を問題領域別に整理しておくことにしたい．表4.2.1は，これらの問題領域と，それらに対する既存の研究の対応を示したものである．

以下では，表4.2.1に示された問題領域について検討を行ってみよう．

（1） データの選択と補正

まず，製造業の製品別名目生産金額と生産数量

---

43) 序文によれば，GDE の各項目を整備することを目的としている．
44) Suh［1978］の研究で対象となった第2次産業には，鉱業，製造業のほか電力供給業が含まれているが，建設業は除外されている．
45) 金洛年編［2008］．

表4.2.1　製造業生産額推計の比較

		李潤根［1971］	溝口［1975］	Suh［1978］	表鶴吉［1996b］	朴基炷［2008］	本推計
産業分類	製造業中	旧日本分類	旧日本分類	旧日本分類	旧日本分類	韓国分類	国際分類
名目生産額	欠落値補正		有	有	有	有	有（道水準）
	品目追加			有		有	*
	家庭内工業			追加		追加	*
付加価値推定	付加価値率	独自推定	推定なし	戦前日本	推定なし	解放後韓国	解放後韓国
南北分割			有		有		有
デフレーター	価格資料	卸売物価指数	実効単価	卸売物価指数	実効単価	実効単価	実効単価
	資料の補正					有（全国水準）	有（道水準）

（注）　＊　事後調整．

ないし実質生産額の時系列を作成するためには，製造業の範囲を確定するとともに，推定に用いるデータを選択しなければならない．本項では，1968 SNA の定義にしたがって作業が行われる．既述のように，植民地期朝鮮については『統計年報』に，「工産物」統計と「工場」統計が示されている．これに対して既述の研究では，このいずれかのデータを基礎とし，調整を加えた上で製造業生産の推計に利用している．46)

製造業にかんする上記の2種の統計については，既述のように調査対象の範囲の相違に注意が必要となる．事業所を対象とした「工場」統計が小規模事業所を調査対象に含んでいないのに対して，生産量と生産金額について示した「工産物」統計は原則として全事業所の生産を対象としていることはすでに述べた．逆に，Suh［1978］が指摘したように，精穀，製材，製綿工業の生産が「工場」統計に含まれているのに対して，これら3産業の生産物は「工産物」統計には含まれていないことに注意が必要である．

Suh［1978］は，製造業の生産額および付加価値額の推計にあたって「工場」統計を利用している．この統計は4人以上の従業員を持つ（官営工場を除く）民間工場に限定されているので，全国の生産額を求めるためには補正が必要となる．

Suh［1978］は，「工場」統計の対象となっていない総督府所有の官営製造業の生産として，専売局のたばこ，紅参生産と鉄道局による車両生産等を加算している．一方，小規模工場については，京城商工会議所「朝鮮に於ける家庭工業調査」47)の1931～1939年にかんする情報を利用して膨らまし作業を行っているが，その主要な値は精米業によると思われる．精米工業の付加価値率は低いため，48) GDP 内での比重は低いと考えられるが，製造業生産額の推定では大きな比重を占める．Suh 推定によれば1935年の全製造業の工場生産に占める精米工業生産金額の比重は36.7％となっている．49)

一方，溝口推計と朴推計は，「工産物」統計の数字を利用している．この数値には原則として家内工業を含む小規模事業所の生産を含んでいることから，Suh 推計における調整済み数値に対応するものであるが，この系列を吟味してみると，いくつかの追加作業が必要なように思われる．その第1の作業は，基礎データにかんするものである．工産額の金額系列を品目別に時系列の形に整理してみると，系列の一部に欠落値がみられる．その原因として，（a）品目名が変更されたこと，（b）生産量の減少等から「その他」項目へ移されたこと，（c）調査が特定年次について欠落しているこ

---

46)　これらの研究ではできるだけ一次統計を利用する努力がなされており，上述の『工産統計』等の数字が使用されているが，これらの情報と『統計年報』のそれとの間には差がないので，この点にかんする議論は省略する．

47)　Suh［1978］p.161で，'Chosen ni okeru gatenkogyo chosa' と表記されているものと同一であろう．

48)　2005年の日本の産業連関表によれば，「精穀」の付加価値率は約11％である．

49)　Suh［1978］pp.162-163の統計表より計算．

表 4.2.2 朴推計の主要な補正

	補正年次	補正理由	データ源
精穀	1911～1940	欠落補正	工場統計
繰綿	1911～1940	欠落補正	工場統計
製材	1911～1940	欠落補正	工場統計
畜産品	1911～1940	原資料との突合せ	畜産統計
水産物	1911～1940	原資料との突合せ	水産統計
塩	1911～1927	原資料との突合せ	専売局年報
販売肥料	1911～1940	原資料との突合せ	農業統計表・水産統計（魚肥）
車両生産	1911～1940	原資料との突合せ	鉄道局年報
朝鮮味噌・醤油	1911～1934	一部欠落	間接推計

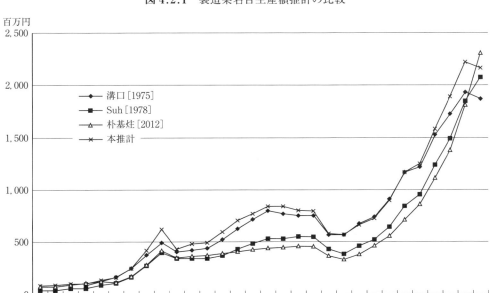

図 4.2.1　製造業名目生産額推計の比較

と（秘匿されたものを含む）等が考えられる．(c) にかんするものとして，1938年，1939年については公表される品目数が大幅に減少するが，これは秘匿と関連があると思われる．しかし理由は明らかでないが，1940年にはふたたび品目数が増加している．(a) についてはある程度判定可能であり，調整が行われているが，(b)，(c) についてはケースに応じて補正するしかない．

第2の作業は，「工産物」統計から欠落していると判断される工業生産を他の資料を利用して推計することであり，これは朴基炷［2008］で実施されている（表4.2.2）．まず『統計年報』で「鉱業生産」として取り扱われている銑鉄，鋼鉄の生産を，金属精錬工業の一部として工業生産へ移し替える必要がある．[50] 朴基炷はこれに加えて，「朝鮮味噌」，「朝鮮醤油」等の農家による自家生産を推定し加算している．[51]

第3に，工産品統計の生産額と『農業統計表』，『朝鮮水産統計』の中の農畜産魚介生産関連生産値を比較すると，前者が過小推計となっているこ

---

50) 理論上は銑鉄，鋼鉄生産に使用した鉄鉱石を推定して鉱業に加える必要があるが，『朝鮮総督府統計年報』の道別生産統計には二重表示の形でこの部分も鉱業に計上しているので補正の必要はない．したがって上記生産物を単純に製造業へ移すのみで十分である．
51) 同様の作業は，寺崎［1981］で実施されている．

とがわかるとして補正が行われている.[52]

図4.2.1は,以上の点を考慮した上で本項での推計と既存の推計結果を比較したものである(同図に含まれている「本推計」は,以下で説明する作業の結果を先取りして示したものである).

推計を比較するにあたっては若干の事前の調整が必要となる.溝口推計には,精米工業の生産が含まれていないので,工場統計から得られる精穀額を膨らませて精米工業の生産として加算してある.またSuh推計には電力・ガスの生産を含んでいるのでこれを除外してある.[53]この結果で興味が持たれるのは,「工場」統計を主として利用しているSuh推計と,「工産物」統計に依存する朴推計の間に大きな差がみられないことである.同じく「工産物」統計に依存する溝口推計,本推計がSuh推計,朴推計よりも高くなっているのは,精米工賃の補正方法による.またこれらの推計結果の推移の傾向が似ていることも安心感を与える.1920年代以降,朴推計が他の推計を下回る傾向があるが,決定的な差ではないことから,食料品等にかんする補正効果は顕著でないように思われる.

(2) 付加価値率の推定

生産額推計を国民経済計算の生産勘定に利用するには付加価値に変換しなければならないが,歴史統計から付加価値率を厳密に推計することはきわめて困難である.

Suh[1978]は,植民地期朝鮮での製造業の技術が同時代の日本の製造業と類似していたと仮定して,戦前期日本の付加価値率を中分類ごとに適用している.この比率は1933年について内閣統計局が推計したものであり,戦前期日本の長期経済統計の推計に利用されたものである.[54]これに対して朴基炷[2008]は,解放後の韓国の産業連関表を利用して推計している.[55]全製造業の付加価値率は,個別産業の付加価値率の加重平均となり,生産構造の変化にともなって年々変化する.二者を比較すると,朴推計の比率がかなり低めになっていることと,Suh推計の比率の変動がやや大であることが注目される.

表4.2.3は,朴基炷[2008]がまとめた表に数種類の情報を追加して作成したものである.既述のように,Suhの付加価値率は内閣統計局が推定した戦前の日本本土にかんする付加価値率である.[56]戦前期日本については,西川・腰原[1981]が推計した産業連関表推定がある.これは,内閣統計局推定をも考慮した作業であるので,日本本土の付加価値率を利用するのであればこの数字も検討の対象にする必要がある.一方,解放前の朝鮮の状況を示す資料としては,京城府の工場についての調査がある.[57]この数字を日本本土の値と比較すると,食料工場で京城が低い値をとっていることを除けば,大差はない.加えて,1943年については朝鮮総督府『昭和十八年度産業生産額等推計調書』(謄写資料)がある.この報告書は既述の物動計画用に朝鮮総督府が作成したものと思われるが,製造業についての付加価値率は42.3%となっており,日本本土の水準に近い.[58]一方,解放後の韓国については,国民経済

---

52) この事実は日本について篠原三代平氏が指摘し,それに基づいて台湾についてもそれに対応した作業が行われている.原・溝口[2008]p.99を参照.

53) Suh推計に含まれている電力・ガスの生産額については,1938〜1940年の数値が欠落していることから,産業計の利用にあたっては注意が必要である.

54) 高松[1974]p.115参照.

55) 朴基炷[2008]pp.110-111参照.そこには,1966年産業連関表を利用したとの記述がある.

56) 原資料名は明記されていないが,数値からみて内閣統計局[1947]『國民所得調査報告書(昭和5年)』であると思われる.

57) 『工場工業ニ依ル生産状況調査』(京城府産業調査会[1934]).同資料は,1932年における以下の5項目について掲載している.すなわち①工場の種別,②生産品の種目,③生産額,④生産品の仕向値,⑤生産費.

58) 同報告書には鉱産物について品目別の付加価値率が示されており,鉱業の付加価値推定に利用できる.CD表4.2.2には主要3品目とその他鉱物の形で示されているが,後者は21品目についても付加価値が推定されている.

第4章 第2次産業　93

表4.2.3　付加価値率の推定

製造業	Suh	西川・腰原				朴基炡		本推計
	1933年 日本工場	1935年 日本産業 連関表	1932年 京城工場	1938年 京城家内 工業	1943年 産業生産額 等推計調書	1966年 韓国産業 連関表	1958年 韓国国民 所得	1960年 韓国産業 連関表
紡績	24.8	10.9	29.1	27.2		27.6	22.9	26.6
金属	23.4	23.0	34.8	22.1		20.4	21.3	22.6
機械器具	51.0	51.0	50.2	66.2		32.6	36.9	37.5
窯業	64.9	66.2	53.8	34.8		43.1	32.7	42.8
化学	44.7	26.2	43.5	21.4		31.9	28.1	23.8
木製品	36.5	65.1	47.5	43.5		22.6	22.4	20.5
印刷製本	57.7	8.2	66.8	46.8		34.9	51.4	35.3
食料品	31.5	7.8	19.0	13.3		32.4	27.5	36.4
その他	33.4	36.5	52.6	30.2		35.9	38.9	37.8
平均	39.0	32.5	38.4	27.1	42.3	31.1	29.3	31.0

計算と産業連関表からの数字が示されているが，いずれの推計でも解放前の値を下回るケースが多い．朴推計には後者が利用されている．

これらのことを踏まえたうえで，本推計では韓国銀行による「1960年産業連関表」にみられる数字から計算した付加価値率（表4.2.3を参照）を利用して付加価値額の推定を行った．

(3)　デフレーターの作成

生産面から経済発展を分析するには実質値の算出が必要であり，そのためのデフレーターの推定は重要な作業になる．最も簡単なデフレーターの作成は，既存の一般的な物価指数を利用することである．植民地期朝鮮では朝鮮銀行の作成した「京城卸売物価指数」が1910年以降1945年まで作成されており，これは図4.2.2.に示されている．[59] また，この指数は解放後の物価指数にもリンクされている．この指数は一般物価水準の長期変動をみる上では便利なものであり，流通業のデフレーター作成等に利用可能とされているが，製造業製品以外の物価変動の影響をうけており，製造業製品の生産金額の変化を数量変化と物価変化に分解するためのデフレーターとしては十分なも

のではない．

これに代わる方式として，生産金額，生産数量から導かれる「実効単価」の利用が考えられる．生産統計が大幅に改善された1930年以降については，主要商品について製品別の生産金額と生産数量が集計されているから，生産指数と実効単価指数を作成することができる．

また，1924～1929年についても，1930年以降でみられる詳細な品目ではないものの，品目別に生産金額と生産数量が得られるので，[60] 1930年以降と同様に生産指数と実効単価指数を作成することが可能である．実効単価を利用する方式は，日本本土の長期経済統計の分析に利用された方式であり，植民地期朝鮮の工業への適用も当然検討された．しかし，Suh［1978］が率直に述べているように，品目別に作成された実効単価指数は近接した時点間で大きく変化するものが少なくないので，安定的な指数を得るにはなんらかの工夫が必要になる．Suh［1978］は，1910年以降にかんする主要な少数の生産物に限定して，京城卸売物価指数からとられた個別価格指数を組み換えて製造業生産のデフレーターを作成した．[61] これに対して溝口［1975］では，実効単価指数として比較可能と

---

59)　朝鮮総督府財務局［各年］『朝鮮金融事項参考書』参照．
60)　朴基炡［2008］によって『朝鮮経済雑誌』および『官報』から生産金額と生産数量が得られることが発見された．（1923年以前の取扱いについては後述する．）
61)　具体的には10品目の単価指数を4品目グループ（繊維，化学，食料品，その他）に分類し，グループ内の単純平均指数をグループ指数として生産額ウエイト指数を計算している．

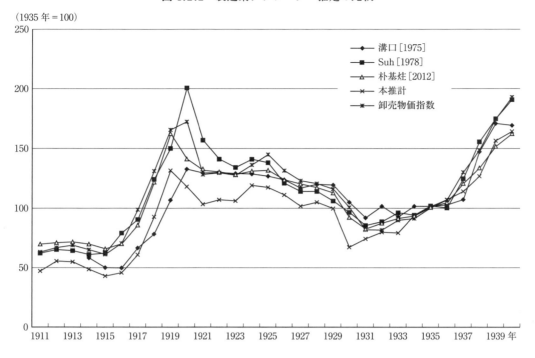

図 4.2.2 製造業デフレーター推定の比較

判断した166品目について物価指数を作成し，デフレーターとして使用している．ただこれらの系列を品目別にみていくと，時間の経過とともに不規則な動きを示すものが少なくない．朴基炷［2008］は，対前年連鎖指数を導入することによってこの問題の解決を試みた．すなわち，対前年比で異常な変動と判断される数値を除外した後，比較可能と判断される個別指数を総合して2年間比較のデフレーターを作成し，それを連結していけば，時系列的に安定したデフレーター系列を得ることができる．これらの推計結果を図4.2.2でみると，『統計年報』に数量系列が掲載されている1928年以降については，作成方法の相違にもかかわらず推計間に大きな差はない．[62]

既述のように，1919～1927年については，『統計年報』に数量系列が示されていないために，溝口推計では旧産業中分類別に物価指数を作成し補外計算を行った．ここで使用された価格系列は，京城卸売物価指数の個別系列に加えて，日本本土の物価指数の情報を利用している．この系列は，数量系列を利用して推計した1914～1919年の系列と接続され，植民地期朝鮮の製造業の実質系列の作成に利用されている．一方，朴推計では，官報等から新たに発見した情報を利用して1928年以降と整合性を持つ方法を適用している点で，溝口推計の大幅な改良となっている．図4.2.2をみると，Suh推計，朴推計，溝口推計では1919～1922年の間を除けば対前年変化率については推計方法間で大きな差はない．溝口推計がSuh推計，朴推計の指標を下回っているのは1919～1922年の物価上昇を低めにとらえているからである．この時期は第1次世界大戦によるインフレ下にあり，品目間の物価上昇率の相違が発生しやすい環境にあった．この意味では，広範な物価系列を利用している朴推計が最も安定したものといえよう．

本項では，デフレーターの作成にあたって，実質系列を求めてデフレーターを推計した．詳細は［Ⅴ］に譲るが，実質系列を求める際には，1930

---

62) 溝口推計の1940年値は過小評価のように判断されるが，これは同推計が採用した補外方法に問題があったためと思われる．

〜1940年については，1935年の実効単価で各年の数量を評価し，実質系列を推計した．1920〜1930年については，1930年の実効単価で各年の数量を評価し，1930年価格表示の実質系列を作成した後，1935年価格表示の実質系列と1930年で接続した．1912〜1920年については，1920年の実効単価で各年の数量を評価し，1920年価格表示の実質系列を作成した後，1935年価格表示の実質系列と1920年で接続した．

［V］　製造業道別統計の吟味

　これまでの展望によって，解放前朝鮮における製造業統計を巡る諸問題と，それらに対する対応法が明らかになった．前項で述べたように，朴基炷［2008］による推計は，これらの問題解決に大きく貢献しており，われわれの作業を進める上での出発点となる．ただし，本書では，20世紀全般にかんする経済発展の把握を目標としているので，植民地期朝鮮の数値について南北分割等の処置を検討する必要がある．幸い『統計年報』には，道別データが発表されており，それを合計した形で「全朝鮮」の値が発表されているので，これを利用した製造業生産の南北分割の検討が可能となる．この方針に基づいて作業を実施した過程で，従来いわれてこなかったいくつかの問題も発見された．

　本項の第1の目標は，道別の製造業統計を再吟味し，必要な補正を施すことによって，長期系列の推定のための基礎資料を整備することにある．

　道別統計の利用の第2の効用として，製造業生産推計の精度向上にかんする貢献をあげることができる．これまで検討されてきたデータは，主として『統計年報』等に発表された「全朝鮮」についての品目別生産金額と生産数量にかんする集計結果であった．これらの系列は，道別に集計された数値を合計したものであり，道別データは基本的に推計のための情報として信頼性の尺度となるものである．しかし，前項までに指摘してきたよ

うに，いくつかの問題点が残されていた．第1の問題は，品目別に時系列の形にまとめなおしてみると，不規則な変動や欠落値がみられることである．その一部は，朴基炷［2008］が例示しているように実態を伴う変化として説明できるが，[63] 大部分の欠落についてはその原因を追及することは困難である．第2は，多くの品目の実効単価がかなり不安定な動きをすることであり，これは実質金額の推定精度に大きな影響を及ぼしている．

　この2つの問題を解決する「特効薬」はないが，解決のためのわずかな手がかりは残されている．すなわち，既述のように『統計年報』には，「全朝鮮値」が過去数年分表示されるとともに，最新1年間の道別のデータも発表されている．この道別系列の吟味は従来あまり行われていなかったため，見逃された情報が含まれている可能性が高い．ただし，既述のとおり，これらの系列の吟味に利用される『統計年報』（「工産物」統計）から詳細な情報が得られるようになったのは1930年以降であり，1929年以前については接続に工夫が必要となる．とくに1920〜1927年については表が簡素化されており，得られる情報も生産金額に限定されるため，実質金額の推計には困難が生じていた．しかし，幸いなことに『朝鮮経済雑誌』および『朝鮮総督府官報』（以下，『官報』と略記）からは，生産金額に加えて生産数量および生産戸数の情報を得られることを朴基炷［2008］が発見している．この情報を併せて統計資料から得られる製造業についての情報をまとめると，表4.2.4に示すとおりである．

　以下では，より詳細な統計が得られる1930〜1940年の11年間の道別データを中心に吟味を行うことにし，その後に1920〜1930年の11年間の道別データの吟味を行う．つづいて1911〜1920年のデータについても併せて検討を行う．[64]

---

[63] 朴基炷［2008］は，1924〜1925年にみられる綿糸生産金額の欠落は朝鮮紡績の火災という特殊事情に原因があることを指摘している．

[64] 1911〜1940年の系列作成を考慮して，それぞれの期間に接続のための重複年を1年ずつ設定している．

96 | 記述編　第1部　植民地期朝鮮

表4.2.4　統計資料から得られる情報（製造業）

年	『朝鮮経済雑誌』	『官報』	『統計年報（工産品）』
1911			金額，数量，戸数
1912		金額，数量※	ナシ
1913		金額，数量，戸数	ナシ
1914			金額，数量，戸数
1915			金額，数量，戸数
1916			金額，数量，戸数
1917			金額，数量，戸数
1918			金額，数量，戸数
1919		金額，数量，戸数	金額のみ（合計のみ）
1920		金額，数量，戸数	金額のみ
1921			金額のみ
1922			金額のみ
1923	金額，数量，戸数		金額のみ
1924	金額，数量，戸数		金額のみ
1925	金額，数量，戸数		金額のみ
1926	金額，数量，戸数		金額のみ
1927	金額，数量，戸数		金額のみ
1928	金額，数量，戸数		金額，数量
1929			金額，数量
1930			金額，数量
1931			金額，数量
1932			金額，数量
1933			金額，数量
1934			金額，数量
1935			金額，数量
1936			金額，数量
1937			金額，数量
1938			金額，数量
1939			金額，数量
1940			金額，数量

（注）　※　合計のみ．（道別はナシ）

（1）　工産品統計の基礎調整（1930～1940年）[65]

（a）　名目生産額の検討

最初に工産物道別系列と全朝鮮系列の整合性の検討を行っておこう．『統計年報』の生産統計表では，品目別の生産金額，数量が道別に作成された後，それを合計することによって全朝鮮系列が作成されたと推測されるが，この整合性は金額系列，数量系列ともおおむね成立している．ただ詳細に検討してみると，道別合計と各項目の合計が一致しない等の不整合がみられるが，『統計年報』の統計表には道別合計以外に，中小分類段階[66]についても合計値を示しているので，その結果をみると一部の不整合の原因を突き止めることができる．それ以外の原因不明の不整合については，道別データが正しいものと仮定して合計し全朝鮮の値とした．[67]　その詳細は表4.2.5に示されている．全体的にみれば，これらの不整合による誤差は比較的少なく，全朝鮮系列を利用しても試算結果の相違はそれほど大きくないようである．そこで，この修正された各年の道別統計表について，解放後の系列との比較を考慮してISCI基準に転換を行った．[68]　ISCI基準への転換の例を1935年の全朝鮮値について示すと，表4.2.6が得られる．「工産物統計」をISCI基準へ転換した場合，その中には製造業に含まれない品目も存在しているため，調整が必要とされることがわかる．

以下では，表4.2.6で例示される各年のISCI基準への転換結果を出発点として，これらの結果に対していくつかの調整を行う．

『統計年報』では，数量と金額が得られるので実効単価を計算することができる．この点に着目して，各年のデータについて，道別，品目別，時系列にデータを並べ替えるとともに，[69]それぞれの品目について実効単価を計算した結果がCD表4.2.3である．実効単価をみると，特定の道についての欠落値がみられ，欠落していない場合でも実効単価が大きく変動するものもみられる．以下

---

65)　統計を整合的に調整していく必要があるので，ここでは鉱業，製造業間の組み換えを行う前の数字について検討していくことにする．

66)　たとえば，「菜種絞粕」は『統計年報』では，化学工業/肥料/植物質肥料/菜種絞粕で示され，植物質肥料，肥料，化学工業のそれぞれに合計値が示されている．

67)　トータルチェックの方法として価格系列については2種類のチェックが可能である．価格系列では，各道の「合計値」である「全朝鮮」値が示される（横方向でのチェック）とともに，たとえば「綿織物計」等の品目での価額が示される（縦方向でのチェック）．ただし，1937年については，『統計年報』の脚注の記述のとおり，「化学工業」，「機械工業」の一部の品目については，数値を修正した．

68)　ここでは，できるだけ詳しい品目に基づいて作業を行った．つまり，脚注66の例では，「菜種絞粕」が品目として採用され，植物質肥料等の合計値はこの段階で取り除いた．

69)　時系列の作成にあたっては，たとえば数量の単位で「瓩」（キログラム）と「瓲」（トン）が年によって異なっている場合にはどちらか一方の単位に統一が必要である．

では補正可能なものについて CD 表4.2.3を修正することにしたい.

最初の作業として,[70] 生産金額および生産数量にみられる「欠落値」の認定と補正を行ってみよう. 欠落値の典型的な例は, 道別生産金額または数量が特定年次のみ 0 となり, その前後の値が非 0 でしかも比較的大きい値をとる場合である. この種の欠落値は, 金額系列では1938年, 1939年の欠落を除けばほとんどない (原因は, ([Ⅳ] 解放前数値の改訂推計を参照) が, 数量系列には多くみられる. 金額系列についての作業では, 原則として, 欠落値とみなされる値の前後年の値が1,000円以上の場合に補間作業を実施した. このような典型的な場合に加えて, 連続した 2 年間の値が 0 の場合についても同様の処理を行った. この場合, 前後の年次に数量データがある場合には, 数量についても金額系列に対応する補間作業を行った.

時系列データとしてみた実効単価の吟味はより重要である. 以下では, CD 表4.2.3の補正を試みてみよう. 脚注69で触れたように, 時系列でデータをみる際には数量単位の統一が必要である. CD 表4.2.3では, 原則として1935年において採用されている単位にあわせて単位が統一されている.[71] たとえば木炭の場合では, 時系列でみる場合, (瓩)(トン表示)に数量を統一した. この作業は当然なものとされるが, 意外な事態も発生した. 木炭の1939年, 1940年は『統計年報』では (瓱)(キログラム表示)であるので, 数量を1/1,000倍にしてトン表示に修正することが試みられたが, 1939年については, 実効単価は1938年

に近いが, 1940年では全道について実効単価が1/1,000前後となる. これより, 1940年では『統計年報』ではキログラム表示であるが数字はすでにトンで示されていると判断される (つまり, このキログラム表示はトン表示の表記ミスと判断される). このような個所は, 他にも1933年の菜種絞粕等の品目にみられる. 逆に『統計年報』の単位表記から本来ならば修正の必要はないはずであるのに, 実効単価の推移が安定しない個所もあり, 併せて単位の誤表記として処理した. このタイプの修正は容易であると思われるので, 「全朝鮮」値のみを利用した既存の分析でも恐らくは修正されていると思われるが, 注意が必要である.

しかし, より困難な問題も存在する. すなわち, 『統計年報』では, 単位の混在が同一年の道間にある場合についても, これらの数量の数字を (誤ったまま) 単純合計して全朝鮮値としていることで, 全朝鮮値が明らかにゆがみを持っていることである. 従来の全朝鮮値のみを利用した方法では, この種の単位の混在が見逃されていた可能性が高く, 道別統計の吟味によってはじめて発見されることといえよう. この種の単位の混在は, その修正によって全朝鮮値が変化する (当然, 全朝鮮の実効単価も変化する) ため, とくに注意が必要である.[72] この問題は「大豆絞粕」以外には, 「魚絞粕」の1938年, 「化学パルプ」の1940年等の13系列でもみられる.

次に, 実効単価は得られるもののその時系列変化が極端に大きく変動しているものの調整 (修正) が必要になる.[73] そこで, 基本的には道別の

---

70) データの補間, 修正作業に関しては, この部分で示される①「欠落値」の補間作業のほかに, 後に示される②「数量単位」にかんする修正作業, ③「異常値」の修正作業を行った.

71) 『統計年報』の単位表示が正しいものとして数量の調整を行ったのちに, その実効単価の推移から, 単位の誤記と判断される個所については数量の調整を行った.

72) たとえば, 大豆絞粕の1938年では『統計年報』の全朝鮮値はオリジナルでは「33,184トン」と示されている (全朝鮮33,184トン = 京畿道1,850トン + 平安北道8,255トン + 咸鏡南道503トン + 咸鏡北道22,576トン). ところが, 道別統計で検討すると, 京畿道の数量には問題があるように思われる. この場合, 京畿道の実効単価を比較すると前後年度に比べて大幅に下落しており, 単位の誤記があると考えざるを得ない. したがって, 修正の結果, 全朝鮮値は「31,335.85トン」となる (全朝鮮31,335.85トン = 京畿道1.85トン + 平安北道8,255トン + 咸鏡南道503トン + 咸鏡北道22,576トン).

73) このような補正については従来も考慮されたと思われるが, ここでは道別による比較がされているので, 誤りに対する調整による補正効果は, 全道ベースによった場合よりも大きいように思われる.

表 4.2.5 （正誤表）

朝鮮総督府統計	ページ／トータルチェック	不明個所		対応	
昭和5年 （昭和6年報）（1930年）	226-227 トータルチェック（縦）	化学工業：製紙：美濃紙	咸鏡北道：価格のみの表示		縦・横トータルチェックで修正.
		食料工業：水産品：計	京畿道	水産品（計）：139715→147576（京畿道） 水産品（計）：4115676→4123537（合計） 食料品価額計：17397014→17347014（京畿道）	
昭和6年 （昭和6年報）（1931年）	832-833	木製品工業：木製品：家具：計	建具の計を含む	建具の計を含む→家具のみの計に修正済み	表の区分参照.
昭和7年（1932年）	232-233	普通煉瓦（数量）	トータル不一致	2153280→21533180	各道が正しく、合計が間違っている（として処理）.
昭和8年（1933年）	172-173	擬麻布（数量）	トータル不一致	32207→32307	各道が正しく、合計が間違っている（として処理）.
昭和9年（1934年）	168-169	織物：綿織物：広幅物：粗布（数量）	トータル不一致	57963265→57963765	各道が正しく、合計が間違っている（として処理）.
	180-181	塩化カリ（数量）	表に書き込み有り	修正のとおり入力	表に修正あり
	180-181	揮発油（数量）	表に書き込み有り	修正のとおり入力	表に修正あり
昭和10年（1935年）	178-179 トータルチェック（縦）	窯業：陶磁器：衛生用（価格）	トータル不一致	慶尚南道：23323→32323	縦・横トータルチェックで修正.
	180-181	窯業：陶磁器の計	トータル不一致	平安南道→平安北道	縦・横トータルチェックで修正. （※昭和8年、昭和12年の統計参照.）
	180-181 トータルチェック（縦）	撚糸：絹：その他（数量）	トータル不一致		縦・横トータルチェックで修正.
		化学工業：肥料の計	トータル不一致		
昭和12年 （昭和13年報） （1937年）	138-139	苧布（数量）	トータル不一致	482768→472768	各道が正しく、合計が間違っている（として処理）.
	138-139	手紡大麻布（数量）	トータル不一致	2420519→2380449	各道が正しく、合計が間違っている（として処理）.
	140-141	手袋：綿製（数量）	トータル不一致	643978→645020	各道が正しく、合計が間違っている（として処理）.
	140-141	手袋：毛および毛綿製（数量）	トータル不一致	406→408	各道が正しく、合計が間違っている（として処理）.
	146-147	自転車（数量）	印刷不明瞭（単位）		
	トータルチェック（縦）	機械器具工業の計（価格）	トータル不一致		各道の数字をトータルして修正.
	トータルチェック（縦）	車両の計（価格）	トータル不一致		各道の数字をトータルして修正.
	トータルチェック（縦）	化学工業の計（価格）	トータル不一致		各道の数字をトータルして修正.
	トータルチェック（縦）	化学工業：工業薬品（価格）	トータル不一致		各道の数字をトータルして修正.
	トータルチェック（縦）	化学工業：工業薬品：圧縮ガス（価格）	トータル不一致		各道の数字をトータルして修正.
	トータルチェック（縦）	肥料の計（価格）	トータル不一致		各道の数字をトータルして修正.
	トータルチェック（縦）	製革の計（価格）	トータル不一致		各道の数字をトータルして修正.

年	ページ	品目		綿糸に修正	
昭和13年（昭和14年報）（1938年）	176-177	紡織工業：紡績：絹糸	項目が2つ存在	綿糸に修正	167ページ表記で確認.
	176-177	撚糸：綿：その他（数量）	トータル一致	慶尚南道：680130→608130	168ページの表記、608130より慶尚南道誤記と判断。
	176-177	織物：綿織物：広幅物：その他（数量）	トータル一致	78797258→78801900	各道が正しく、合計が間違。横トータルチェックで修正.
	176-177	織物：綿織物：小幅物：白木綿（価格）	印刷不明瞭	1269290で入力。	縦・横トータルチェックで修正.
	184-185	機械器具工業合計：全羅南道85653	数字の欠損	850653で入力。	縦・横トータルチェックで修正.
	194-195	製紙：その他：全羅南道125971	トータル一致	125971→125871	縦・横トータルチェックで修正.
昭和14年（昭和14年報）（1939年）	126-127	紡織工業：製糸：生糸（数量）	トータル不一致	2079445→2078445	各道が正しく、合計が間違。縦トータルチェックで処理.
	128-129	紡織工業：織物：広幅物：白木綿（数量）	トータル不一致	34500→36500	各道が正しく、合計が間違。縦トータルチェックで処理.
	138-139	139ページ右端の数字（28）3以下の項目の数字1つずつ上に上がる			
	142-143	塗料：漆液（数量）	トータル不一致	2410→2510	各道が正しく、合計が間違。縦トータルチェックで処理.
	144-145	椿油（数量）	トータル不一致	16219→16229	各道が正しく、合計が間違。縦トータルチェックで処理.
	150-151	味噌（数量）	トータル不一致	75517300→84517300	各道が正しく、合計が間違。縦トータルチェックで処理.
	156-157	網（価格）	トータル一致	2103592→1203592	縦・横トータルチェックで修正.
昭和15年（1940年）	128-129	ボブリン（数量）	トータル一致	153945→153954	各道・横トータルチェックで修正.
	136-137	機械器具工業：蒸気罐：鋳鉄製の数量の単位	印刷不明瞭		
	146-147/148-149	加工油：硬化油（価格）	トータル不一致	3788573→3988573	縦・横トータルチェックで修正.
	トータルチェック（縦）	化学工業の計（価格）	咸鏡北道	3788573→3988573	縦・横トータルチェックで修正.
	トータルチェック（縦）	加工油の計（価格）	咸鏡北道	5098039→5078039	縦・横トータルチェックで修正.

（注）トータルチェック縦とは縦方向でのチェック、すなわち、それぞれの道について品目ごとの分類（大分類、中分類、小分類、細分類）内の足し算の正誤チェックを指す。一方でトータルチェック横とは横方向でのチェック、すなわち、それぞれの品目について道ごとに合計した結果と統計表に示される結果との正誤チェックを指す。トータルチェック縦・横とは上述の2方法でのチェックを用いたクロスチェックを指す。縦横トータルチェックとは、それぞれの品目について道ごとに合計した値と統計表に示される全朝鮮値との正誤チェックを指す。1930年の数値は、「昭和6年報」に示されている。

表 4.2.6　新旧分類対応表（金額）：1935年

（単位：円）

旧日本産業分類	ISCI基準番号	全朝鮮	紡織工業	金属工業	機械器具工業	窯業	化学工業	木製品工業	印刷および製本業	食料品工業	ガスおよび電気業	その他の工業
石炭・亜炭鉱業	10	5,527,817					5,527,817					
原油・天然ガス採取業	11	—										
ウラニウム・トリウム鉱業	12	—										
金属鉱業	13	—										
その他の鉱業、砕石業	14	—										
食料品（除精穀）・飲料	15	208,537,029					41,748,194			166,788,835		
たばこ	16	43,180,537										43,180,537
織物	17	81,476,460	78,370,506									3,105,954
衣服・毛皮仕上げ・染色	18	17,502,662	3,957,071				22,362					13,523,229
皮なめし・馬具・履物	19	16,432,317					11,977,032	491,863				3,963,422
木材・木製品、わら製品	20	26,425,265						3,390,764				23,034,501
紙・紙製品	21	8,539,653					7,247,969					1,291,684
出版・印刷・同関連産業	22	12,744,014							12,744,014			
コークス、石油製品、核燃料	23	6,151,302					6,151,302					
化学品・化学製品	24	77,870,160					74,737,572			2,631,404		501,184
ゴム製品	25	146,250					146,250					
窯業・土石製品	26	17,925,681				17,551,711	41,156					332,814
第1次金属	27	17,228,350		17,228,350								
金属製品	28	10,942,155		9,728,601	1,213,554							
一般機械器具	29	3,647,673			3,647,673							
計算機械	30	—										
電気機械器具	31	46,850			46,850							
ラジオ、テレビ、通信装置	32	—										
医療用機器、精密・光学機器、時計	33	477,181		5,808	463,773	7,600						
自動車、トレーラ	34	591,587			591,587							
輸送機械器具（自動車、トレーラを除く）	35	5,558,723			5,558,723							
家具、その他の製造業	36	6,721,503		26,195	3,085	3,842	234,490	4,360,433				2,093,458
電気、ガス供給業	40	39,803,658									39,803,658	
合計		607,476,827	82,327,577	26,988,954	11,525,245	17,563,153	147,834,144	8,243,060	12,744,014	169,420,239	39,803,658	91,026,783

（出所）　CD 表4.3より作成.

実効単価の当概年の前後平均に対する比率が1/3以下または３倍以上のものを修正の対象とし,[74] 当該部分の前後年の平均単価を利用して修正作業を行った. ただ, この修正は道別に行われるため, 他の道の単価の推移と比較する等の作業を行い, 機械的な修正を避けるのを原則とした.

ここまで, 金額および数量のそれぞれについて, 実効単価の動きに注目して数字の補間や修正を行ってきた. ただし「工産物」統計には, （1）家内工業生産の一部が含まれていないこと,[75],[76] （2）水産物加工品の生産が過少評価になっていること, （3）金属精錬の分類上の取扱いに問題があることが, 朴基炷［2008］によって指摘されている.[77] そこで（1）のうち「朝鮮醤油」「朝鮮味噌」について数値の膨らましを行い, （2）については, 『朝鮮水産統計』に示される「水産製造物」の値に置き換え, （3）については, ISCI 基準の製造業の範囲に一致するように品目調整を行った.[78]

既述の実効単価の変化に着目した数値の補間および修正を行った結果に, 上記の３つの修正を加えた結果から得た ISCI 基準の名目生産額は CD 統計表4.2.1に示されている.[79] （CD 統計表4.2.1のもとになるデータベースは CD 表4.2.4[80] である）. なお, CD 統計表4.2.1では,

解放後の系列との接続を考慮して, データの南北分割が行われているが, その詳細は後述（［VI］解放後のデータへの接続）のとおりである（CD 統計表4.2.1には, 以下で検討する1911～1920年, 1920～1930年の結果も含まれている）.

（b） 実質生産額の検討（デフレーターの作成）

既述のように, 本項では, 名目金額の作成に加えて, （1935年価格表示の）実質金額の推計も目標としている. 実質金額の推計を行うためには, デフレーターの作成が重要な課題となる. より詳細なデフレーターを得るために, CD 表4.2.4に対して以下の２点の作業を行った.

（i） 「銘柄」の不統一の調整

CD 表4.2.4をみると, 品目内における銘柄の取扱いに年間で精粗がある（たとえば植物油は, 菜種油等の種別の油と「その他植物油」とに分類されているが, 後者の範囲は年によって異なっている）.[81] そこで, 1935年前後の銘柄分類を参考にして, 「基準品目区分」を決定し, 時系列を作成した. 一般に銘柄表示は後年次ほど細分化される傾向があるので, これらの年次の数値は, 基準分類に合わせて統合することにした.[82] 品目の統合後にふたたび実効単価の動きをチェックするとともに,[83] 金額および数量に関して補間作業を行った.[84]

---

74) 実効単価は生産金額が小さい場合不安定となる傾向があることを考慮して, その道の価格が1,000円以上ある品目についての実効単価を対象とすることにした.

75) 「工産物」統計には原則として家内工業の生産も含まれることになっている. しかし, Suh［1978］が指摘するように, 精穀, 製材については家内工業（および工場生産）が明らかに欠落していると思われるので調整が必要である. なお, 製材については, 「工産物」統計のうち, 木製品・家具等（分類番号20, 一部は分類番号36）の品目の名目生産額合計は, 「朴推計」の「木材・木製品・家具」よりも大きな値を示す. このことから「朴推計」には製材の値が含まれていない可能性が考えられる.

76) （1）の主要なものは精穀産業であるが, 「製造業」全体の値を得る際に別記の形で加えることとした.

77) 類似した問題として, 「工産物」統計には, 鉱業に分類される品目（煉炭）が含まれているが, この部分については製造工業から鉱業への分類の変更分として計算される（ちなみに「木炭」は, 林業の生産物であるので, 製造工業からは取り除いた）.

78) 鉱業, 製造業間の品目の分類の変更の問題には, 本文中に示したもののほか, 「鉱産額」統計から「銑鉄」, 「鋼鉄」, 「亜砒酸」等を「工産物」統計に加える必要がある.

79) 中分類別に名目生産額を計算した後で, さらに「類似した分類」を統合した結果が示される. 統合を行ったのは, 以下の３種類である. （1）「化学製品（分類番号24）, ゴム・プラスチック（分類番号25）」を統合. （2）「第１次金属（分類番号27）, 金属製品（分類番号28）」を統合. （3）「一般機械（分類番号29）, 計算機械（分類番号30）, 電気機械（分類番号31）, ラジオ・テレビ・通信機械（分類番号32）, 精密機械（分類番号33）, 自動車・トレーラー（分類番号34）, 輸送機械（分類番号35）」を統合.

80) 後の個所で示される「銘柄」の不一致の調整後に, 金額および数量の補間を行った品目に「軽油」（1938年および1939年）があり, ここで示される名目生産額は, 厳密には, 軽油の補間を含んだ数値（CD 表4.2.5）から計算さ

102 | 記述編　第1部　植民地期朝鮮

表 4.2.7　採用系列数（1935年）

産業中分類	ISIC中分類番号	系列数		数量系列が得られる生産額の比率	デフレーターの作成タイプ*
		金額系列	数量系列		
製造業	15～37				
食料品（除精穀）・飲料	15	71	48	0.89	A
精穀	15	0	0	—	—
煙草	16	2	2	1.00	A
織物	17	82	51	0.91	A
衣服・毛皮仕上げ・染色	18	26	16	0.27	A
皮なめし・馬具・履物	19	17	9	0.95	A
木材・木製品，わら製品	20	37	9	0.40	B
紙・紙製品	21	14	8	0.83	B
出版・印刷・同関連産業	22	2	0	0.00	B
コークス，石油製品，核燃料	23	12	12	1.00	A
化学品・化学製品	24	51	32	0.92	A
ゴム製品	25	3	1	0.42	B
プラスチック製品	25	0	0	—	—
窯業・土石製品	26	34	14	0.78	B
第1次金属	27	20	13	0.92	B
金属製品	28	28	3	0.00	B
一般機械器具	29	34	9	0.07	B
計算機械	30	0	0	—	—
電気機械器具	31	2	1	0.39	B
ラジオ，テレビ，通信装置	32	0	0	—	—
医療用機器，精密・光学機器，時計	33	8	4	0.94	B
自動車，トレーラ	34	2	1	0.89	B
輸送機械器具（自動車，トレーラを除く）	35	12	8	0.94	B
家具，その他製造業	36	19	5	0.06	A
再生業	37	0	0	—	—

（出所）　CD 表4.2.4より作成.
（注）　*　デフレーターの種類：A品目別実効単価総合，B品目別実効単価総合と他のデフレーター利用との混合.

(ii)　実効単価の補充

　既存の研究で指摘されているように，全朝鮮ベースの品目別生産金額と生産数量との比率から求められる実効単価には，時系列として観察するとかなり不規則な動きがみられる．このため，工業製品のデフレーターを求めるにあたってはSuh,朴推計とも，品目別の実効単価を時系列としてそのまま使用しないで，既述のように特殊な工夫を行っている．しかし，工夫を施す前に，データ調整によって安定的な変動を示す品目ベースの実効単価系列の作成がどの程度可能かについて吟味してみる必要がある．

　この問題が道別のデータを利用した場合，どのような形になるかを検討してみよう．実効単価を

――――――――――――――――

　れた結果である．ただし，「軽油」の補間を除けば名目生産額は，CD 表4.2.4をもとに計算されたといえる.

81）　たとえば，1935年，1937年，1938年の植物油脂をみると，どの年についても「その他の植物油」の表示は存在するが，1935年にみられない品目として，1937年には「桐油」，1938年には「糠油」がある．1935年の「その他の植物油」には「桐油」，「糠油」が，1937年の「その他の植物油」には「糠油」が，1938年の「その他の植物油」には「桐油」が含まれていると判断される.

82）　脚注81の例では，1935年の「その他の植物油」を「基準品目」とすると，1937年では「その他の植物油」と「桐油」の合計が「基準品目」での「その他の植物油」と判断される.

83）　統合にあたっては，主に品目および実効単価の動きが類似したものを対象としたが，統合する品目の片方に数量が示されていない場合，得られる実効単価が比較的安定しているものについては，その実効単価が統合後にも維持されていると考えて数量の膨らましを行った．安定していないものについては単価指数の作成を断念して価格系列のみの統合を行った．後者は主に品目に「その他」と示されている個所である．なお，これらのチェック作業によって得られた実効単価および数量はできるだけ利用する方針であるが，分類番号24（化学製品）と分類番号26（窯業，土石製品）に属する品目の一部に数量単位の相違のある品目（たとえばスレート（「立方米」と「枚」の混在））が存在するので，この部分については価格系列のみを利用した.

84）　統合後に補間された品目に「軽油」がある.

得るには，金額データと数量データが必要であるが，CD表4.2.4によれば，数量データが得られる系列数は，金額データの得られる系列数よりもかなり少ない．表4.2.7の数量系列欄には，1935年について，CD表4.2.4から実効単価が計算できる系列数をまとめた結果が例示されている．また同表は，数量データが得られる系列の生産金額合計が各中分類別の生産額に占める割合も示している．この表によると，食料品工業のように比較的高い比率を持つ産業があるとともに，比率が0ないし0に近い比率となっているものも存在することがわかる．比率の低い中分類の多くでは，機械工業等にみられるように，製品間に品質差があるため，数量表示を利用した実効単価による時系列比較が困難である．この問題は，工業化が進行した状況下で生産指数や実質生産額を推計する場合には大きな問題となる．しかし，表4.2.7の生産額比率欄をみると，この種の製品が全生産中に占める割合はそれほど大きくないので，（既存の物価指数等を利用した）事後的調整で十分であるように思われる．そこで，デフレーターの作成を以下の2つのタイプで進めることにした．

（A）実効単価指数を産業中分類段階で総合する（この方式によって把握できる生産額は1935年で81.8％程度である）．

（B）（A）が適用できないもの，または（A）が利用できる品目数が少ないものには，事後的に他の情報（既存の物価指数情報等）も利用して，中分類のデフレーターを作成する．

これらのタイプ分類は表4.2.7のデフレーター欄に記入されている．

CD表4.2.4に対して，上記2つの作業（ⅰ）および（ⅱ）を行った結果（CD表4.2.5）から，1935年価格表示の実質生産額が計算できる（CD統計表4.2.2）．実質生産額は，最初に全国平均単価と全国の数量を利用して全国値を求めた．道別の実質生産額については，全国の名目生産額と全国の実質生産額から計算されたデフレーターを各道に一律に適用し，道別名目生産額を全国一律のデフレーターで除して求めた．（なお，CD統計表4.2.2には，以下で述べる1920～1930年，1911～1920年の作業結果を先取りして示している．）

⑵ 1920～1930年についての作業

1928～1929年について『統計年報』に掲載されている品目分類は，1930年と比較すると少し粗いものの，生産金額と生産数量が得られるため，1930年以降で行った作業を踏襲した．一方，1920～1927年については，『統計年報』から得られる情報は生産金額のみであり，そこにみられる品目分類も粗い．このため，とくに実質金額の作成においては困難が生じていた．ところが，既述のように，朴基炡［2008］は『朝鮮経済雑誌』から生産金額に加えて，生産数量および生産戸数の情報が得られることを発見した．

そこで，朴基炡が指摘する資料を吟味してみよう．まず『朝鮮経済雑誌』には道別データが示されているので，[85] これをファイル化することができる．現在入手している情報は，

1923年（『朝鮮経済雑誌』108号：1924年刊行）
1924年（『朝鮮経済雑誌』120号：1925年刊行）
1925年（『朝鮮経済雑誌』133号：1927年刊行）
1926年（『朝鮮経済雑誌』144号：1927年刊行）
1927年（『朝鮮経済雑誌』156号：1928年刊行）
1928年（『朝鮮経済雑誌』170号：1930年刊行）

の6年分のデータである（データはCD表4.2.6にファイルされている）．

これらのデータは，基本的には「民族別」に分類され掲載されているため，データ利用に先立って必要とされる合計チェック等の作業はこれまでより複雑な方法が要求され，このことがデータ利用を困難なものにしている．しかし，幸いなことに1928年については，『統計年報』と『朝鮮経済雑誌』の両方から生産金額および生産数量についてのデータを得ることができるため，数値の比較

85）『朝鮮経済雑誌』と『朝鮮総督府官報』は，韓国ソウル大学所蔵のデータをコピーしたものだが，その入手にあたっては，髙橋益代氏のご協力を得た．

104 ｜ 記述編　第1部　植民地期朝鮮

が可能である．そこにみられる品目は，掲載される順番も含めて両者間ではほぼ一致している．[86]

　次に，それぞれに示される数量および金額にかんする具体的な対応関係をみると，完全に一致している品目が存在する一方で，一致していない品目も存在する．これらの一致していない品目について，その原因はいくつか考えられる．断定的なことは言えないが，たとえば民族別に示される統計を合計した際に発生したと思われる計算ミスのためや，『朝鮮経済雑誌』での計算は間違っていないが『統計年報』にまとめる段階でデータが追加されたため，などである．しかしながら，両者の数値は，いくつかの不一致はみられるものの，かなりの部分で一致しており，『朝鮮経済雑誌』の数字は使用に耐えるものと判断した．

　また，朴基炷［2008］は『朝鮮経済雑誌』を補う情報として『官報』が利用できることを発見している．そこで『官報』をチェックしてみると

　1912年（『官報』574に記載）

　1913年（『官報』790，791，792に連載）

　1919年（『官報』2606，2607，2613，2614，2617，2618，2623，2630，2631，2632，2634，2635，2637，2638に連載）

　1920年（『官報』2946，2947，2948，2949，2951，2953，2954，2955，2956，2957，2958，2959，2960，2961，2962，2964，2967，2968，2970，2973に連載）

が入手できた．（データは，CD 表4.2.7にファイルされている）．これらは多数回の『官報』に分割して表示されているので，その収集には多くの作業を必要とした．1920年について『官報』と『統計年報』を比較してみると両方の合計が一致するほか，繭製品，織物，紙および紙製品等では品目レベルで一致する（『官報』ではさらに細か

いレベルでの品目が示されている）．1919年については，『統計年報』では品目が一切表示されず道別の総合計しか得られないため『官報』の値の利用が重要視されるが，両統計にみられる全朝鮮合計金額が一致すること，さらに『官報』の1919年と1920年に示される品目名，品目数が類似していることから，『官報』に示される1919年の数値はほぼそのまま利用可能であると判断した．1913年は，『統計年報』に生産金額，生産数量とも示されていないが，1914年の『統計年報』に累年比較として1913年の合計値のみが示されている．この値と1913年の『官報』の数値を比較すると一致する．『官報』には，合計値のほかに道別でも数値が示されているので，1913年は『官報』の数値をそのまま利用する．

　これらの資料の情報を利用して1920〜1930年について，1930〜1940年と同様に推計作業を行ってみよう．既述のように1928〜1929年の『統計年報』に掲載されている品目分類は，1930年と比較すると少し粗いものの，生産金額と生産数量が得られる．1928年については，より数字の信頼性が高い『統計年報』の数字を利用し，1923〜1927年については『朝鮮経済雑誌』の数字を利用する．ただし，既述のように『朝鮮経済雑誌』の数字は，合計の検算等に非常に複雑な作業をともなう．[87]『朝鮮経済雑誌』の各民族，各道別にみられる数字と合計値に相違がある場合には，各民族，各道別にみられる数字が正しいものと仮定して合計を修正した．『統計年報』を利用した1928〜1930年についても，「合計値」と各道の合計が不一致の際には，原則として各道の数値が正しく「合計値」が間違っているものとして「合計値」を修正した．1920年は『官報』に示される数字をそのまま利用した．

---

86)　ただし，『統計年報』にみられる「燐寸軸木」の金額，数量が『朝鮮経済雑誌』には示されていないこと，「綿糸」の金額は両方にみられるものの数量については『統計年報』のみに示されること，同様に「（生産金額の）合計」は『統計年報』にのみ示されていること等の若干の違いがみられるほか，それぞれ対応する品目名が異なっていること等，多少注意しなければならない点も見受けられるが，それぞれに示される品目についてはよく対応しているといえよう．

87)　金額系列は，品目が粗いものの『統計年報』に示されているので，『朝鮮経済雑誌』の品目を統合したうえで相互を比較し，ミスを修正した．

1921年と1922年は『統計年報』の数字を利用したが，金額系列の品目区分が1920年の『官報』および1923年の『朝鮮経済雑誌』と比較すると粗いうえに，数量系列が示されていないため，以下の工夫をした．すなわち，1921年，1922年の『統計年報』の品目区分を1920年の『朝鮮経済雑誌』の品目区分に合わせるように，1920年の品目別生産額構成比で1921年，1922年のそれぞれ対応する品目の生産金額を分割した．次に，1920年と1923年の実効単価の平均成長率を計算し，1921年と1922年の単価を補間した．最後に金額と単価から数量を求めた．

このようにして得られた各年の数字について，既述の1930〜1940年で採用した方法を踏襲した．すなわち，（1）道別・時系列比較のための数量単位の統一，（2）道別・時系列で品目別に実効単価の比較，（3）（実効単価を確認した後の）類似品目の統合である．（1）については，1930〜1940年について問題となった単位の誤記や道内での単位の混在はみられないこと，（2）については，実効単価はおおむね安定しており，修正の必要な個所は少ないことが確認された．

その後「朝鮮味噌」「朝鮮醤油」について数字の膨らましを行い，「水産品製造物」の値の置き換えをし，併せて製造業に属する鉱産品の追加を行うとともに「印刷」，「加工塩」の追加を行った．ここまでの作業結果を利用すると，1920〜1930年について名目金額および1930年価格表示の実質金額が計算できる．

(3) 1911〜1920年についての作業

1911〜1920年については，『統計年報』から得られる情報が限定されることが推計を困難なものにしている．最初にここで利用される資料について述べる．

1911年および1914〜1918年は，『統計年報』に生産金額と生産数量が示されているので，同年報を利用した．幸いなことに『統計年報』を補う情報として『官報』が利用できることは既述のとおりであり，1912年，1913年，1919年および1920年は『官報』を利用した．1912年については同年の『統計年報』からは情報が得られないが，『官報』からは品目別の合計値が得られるので，以下の工夫をした．すなわち，既述のように1914年の『統計年報』には累年比較として数年分の品目別合計値のみが示されており，[88] 1912年は，『官報』からの情報とともにこの累年比較の数値も利用した（道別分割については主として1913年の同品目の道別金額比率を利用し道別分割を行い，数量については，1911年と1913年の実効単価の推移を利用して補間作業をした）．

利用資料については以上のとおりであり，これらの資料から得られる情報を用いて推計を行った．つまり，1911〜1920年については，合計チェックにおいて不一致が発見された場合，各年別に各道の値が正しく合計が間違っていると仮定して合計値を修正した．その後，道別時系列に実効単価を比較し，補間や修正を行った．「朝鮮味噌」「朝鮮醤油」について数字の膨らましを行い，「水産製造物」の値の置き換えをし，製造業に属する鉱産品の追加を行った．併せて「印刷」，「加工塩」の追加を行った．続いて既述の1930〜1940年と同様の手順および方法で名目金額，実質金額を推計した．なお，1911〜1920年の実質金額は1920年価格表示で作成した．

(4) 1911〜1940年の接続

これまでの作業結果（1911〜1920年，1920〜1930年，1930〜1940年）を順次接続すると，1911〜1940年についての時系列を得ることができる．その結果は，CD統計表4.2.1およびCD統計表4.2.2に示されている（CD統計表4.2.1およびCD統計表4.2.2では次項で取り上げる南北分割の方法のうち，人口比（本書第15章第2節）を利用して道別統計の分割（後述の［Ⅵ］で示すA方式を採用）を行った結果が示されている．なお，

---

88) したがって，道別の数値は示されていない．

106 | 記述編 第1部 植民地期朝鮮

これらの接続で得た名目生産額，実質生産額から付加価値額を得るための付加価値率は韓国銀行による「1960年産業連関表」から計算した付加価値率（前掲表4.2.3）を利用した．その結果は，それぞれ統計表4.2.1「名目付加価値額」，統計表4.2.2「実質付加価値額（1935年価格表示）」に示されている．

［Ⅵ］ 解放後のデータへの接続

最後に，以上で作成された解放前の系列を解放後の韓国公式統計に接続しよう．接続の際に問題となるのは，対象となる領域が解放前後で相違していることである．この系列の接続にあたっては，3種の接近法が考えられる．その1は，上述の作

表4.2.8 中分類別実質生産額（1935年価格表示），1950～1960年

（単位：円）

中分類番号		(参考)1935年	1950年	1951年	1952年	1953年	1954年
15	食料・飲料	129,417,044					
16	たばこ	35,872,099					
17	繊維	73,940,141	42,232,067	23,649,843	38,470,630	52,968,707	83,975,213
18	衣服・その他	11,079,877	40,018,971	30,604,182	48,997,072	69,511,948	106,777,574
19	皮なめし・馬具・履物	11,983,719	5,960,133	10,788,112	12,614,149	22,831,649	26,901,187
20	木製品	19,316,042					
21	パルプ・紙製品	3,862,500	443,641,760	173,975,966	231,967,954	597,521,451	746,605,003
22	出版・印刷	10,661,731					
23	コークス・石油製品	915,062	836,957	818,738	1,051,884	2,009,360	2,013,014
24	化学製品	8,748,854	10,809,164	14,987,231	24,622,195	40,534,692	44,164,655
25	ゴム・プラスチック	141,817					
26	窯業・土石製品	6,111,201	6,289,987	3,156,219	2,887,239	6,598,846	9,619,041
27	第1次金属	2,968,377				1,276,908	1,178,440
28	金属製品	6,154,473				723,424	667,637
29～35	機械類（一般機械，計算機械，電気機械，ラジオ・テレビ・通信装置，精密機械，自動車・トレーラー，輸送機械）	7,027,875		5,972,330	8,142,265	47,865,119	59,796,089
36	その他	3,948,476					
	合計	332,149,288					

中分類番号		1955年	1956年	1957年	1958年	1959年	1960年
15	食料・飲料	130,999,948	175,415,053	197,790,324	223,645,324	219,741,231	251,634,076
16	たばこ	15,967,125	14,411,248	15,827,561	19,161,584	18,479,272	17,564,354
17	繊維	107,120,728	123,296,961	164,906,594	174,527,188	193,297,600	195,575,768
18	衣服・その他	162,097,850	219,236,847	233,543,258	233,992,981	235,311,148	217,230,037
19	皮なめし・馬具・履物	21,679,556	22,613,285	24,587,434	27,246,993	33,673,573	33,770,512
20	木製品					34,441,039	41,324,860
21	パルプ・紙製品	705,503,905	832,233,753	508,427,567	477,728,650	583,864,492	872,521,291
22	出版・印刷						
23	コークス・石油製品	2,372,426	3,961,969	3,931,807	4,520,338	5,654,554	5,510,917
24	化学製品	3,465,063	3,747,818	3,872,040	4,080,942	4,492,495	4,782,028
25	ゴム・プラスチック						
26	窯業・土石製品	15,806,765	28,302,933	36,291,002	34,904,128	29,072,519	25,392,029
27	第1次金属	1,290,279	2,273,304	3,820,960	4,563,345	7,224,333	8,556,348
28	金属製品	730,999	1,287,925	2,164,739	2,585,332	4,092,896	4,847,540
29～35	機械類（一般機械，計算機械，電気機械，ラジオ・テレビ・通信装置，精密機械，自動車・トレーラー，輸送機械）	104,105,780	116,968,159	101,073,772	70,465,224	73,764,262	75,682,037
36	その他						
	合計						

（注）CD 表4.2.5および『韓国統計年鑑』より推計．精穀を除く．A方式を利用して作成．

業から得られた「植民地期南部」の系列と1955年以降の韓国の系列とを接続することである（以下Ａ方式と呼ぶ）．この方式は最も常識的なものであるが，解放前に１つの経済圏であった朝鮮半島の経済活動を，強引に分割したとの批判を避けることができない．

その２は，解放前の全朝鮮の数字をそのまま解放後の韓国の数値に接続するものである（Ｂ方式）．この場合，解放前後の両経済の数字はそれらの実態に沿ったものである点ですぐれているが，両経済間の規模が1945年を境に大きく変化し，断層が生じるという問題が生じる．

その３は，上記２方式の折衷案として，解放前の（全朝鮮の）生産量等の数値に，経済規模の相違を調整する係数を掛けたうえで接続することが考えられる（Ｃ方式）．具体的には解放前の各年の全国の数字に，全国人口に占める南部の人口の比率を掛けて調整する案が考えられる．[89]

本書第15章第２節で具体的に比率を示すが，Ａ方式の基礎となる解放前データの南北分割の方法に触れておこう．解放前の経済統計の多くは道別の集計値を持っている．解放後，大韓民国と朝鮮民主主義人民共和国の国境線は，朝鮮戦争勃発から休戦までの期間では移動を繰り返したが，休戦以降は北緯38度線を中心とする休戦ラインが維持されている．この結果，

韓国領域：忠清北道，忠清南道，全羅北道，全羅南道，慶尚北道，慶尚南道，京畿道の一部，江原道の一部，

朝鮮民主主義人民共和国の領域：黄海道，平安北道，平安南道，咸鏡北道，咸鏡南道，京畿道の一部，江原道の一部

となっている．このうち京畿道と江原道の分割比率については，面積比か人口比のいずれかが使用されてきているが，分析目的からみれば人口比のほうが望ましい．これら二道について，国勢調査等を利用した詳細な人口比のデータは本書第15章第２節で推計されている．

解放後の韓国の統計（1950～1960年）は，『韓国統計年鑑』（韓国銀行［各年版］）から得られる．そこには，限られた数ではあるものの，品目別の生産量が示されている．1935年と接続可能な品目について1935年の植民地期南部の実効単価を乗じると，この品目についての1935年価格の実質金額が得られる．その後1935年の植民地期南部の生産額について中分類別にカバレッジを求め，膨らましを行うことで1935年価格表示の実質生産額を得た（表4.2.8）．

しかし『韓国統計年鑑』から得られる生産品目が限られているため，カバレッジの低い品目も存在する．このため，表4.2.8は（仮に行った）試算の域を出ておらず，将来の吟味が必要である．

3　ガス，水道，電気業

本節は，植民地期朝鮮にかんする道別GDP推計の基礎資料の推計作業を，ガス，水道および電気の３産業について整理する．

幸いこれら３つの産業については，落星台経済研究所によって試みられた推計が公表されているので，[90] 本節では，これをおおむね踏襲しながら，修正を加えた上でデータベースを作成した．作成したデータベースは，GDP推計に直接利用される

(1)道別生産数量または道別名目生産額
(2)道別実質生産額
(3)道別名目付加価値額
(4)道別実質付加価値額
(5)関連統計指標

より構成される．以下ではこれらの作業を３産業別に行った．

---

89)　以上の方法に加えて，解放後の韓国と朝鮮民主主義人民共和国の数字を合算して，解放前の数値に接続することも考えられるが，後者の経済統計がきわめて不足していることから，実現不可能である．

90)　朴基炷・朴二澤［2008］を参照．

［I］　ガ　　　ス

　植民地期朝鮮のガス供給業は，1908年にソウル
に設立されて以降,[91] 各地に展開した．植民地期
朝鮮のガス製造業は，総督府監督下に少数企業の
独占状況にあった．すなわち，1936年以降に黄海
道と平安南道にガス供給業者が追加されるまでは，
京城電気（株）と朝鮮瓦斯電気（株）とが生産を
独占していた.[92] そこで，両社の資料を利用する
ことで，1911〜1927年の生産額と生産数量に関連
するデータが得られる．まず，京城電気（株）に
ついての数値は，『京城電気株式会社二十年沿革
史』に示されている．ここには，1910〜1928年の
「供給ガス量」と「（千立方フィート当たりの）京
城ガス料金」が示されているので，これらを互い
に乗じることで生産額を計算した.[93] また朝鮮瓦
斯電気（株）にかんする数値は，『朝鮮瓦斯電気
株式会社発達史』に示されている．そこには，
1912〜1928年の「瓦斯1日供給量（立方メート
ル）」と「（1立方メートル当たりの）生産金額」
が示されているので，これら両者を乗じると1日
当たりの生産額を得ることができる．1年間の生
産額を求めるためには，1日当たりの生産額に
「333.1日」を乗じた.[94]

　他方，鉱業，製造業生産の基礎データが得られ
る『朝鮮総督府統計年報』（以下『統計年報』と
略記）の「工産物統計」からは，1928〜1937年に
ついて道別にガスの生産額と生産量を得ることが

できる.[95] 1938年以降はエネルギー産業関係のデ
ータが秘匿の対象となって『統計年報』の掲載は
途絶えるので，別途の情報が必要となるが，落星
台推計では『民営工場生産額集計』等を利用して
おり，本項もこれを利用した.[96]

　これらの作業により，1910〜1938年の名目生産
額と生産数量および実効単価を得ることができる．
また，実質生産額は，「1935年の各道別の実効単
価」に各年の生産数量を乗じることで1935年表示
価格の実質生産額を得た．付加価値額の推計には，
朴基炡・朴二澤［2008］の付加価値率（60.9%）
を利用し，名目生産額，実質生産額にそれぞれ乗
じて名目付加価値額，実質付加価値額（1935年価
格表示）を得た．

　これらの結果は，それぞれ CD 統計表4.3.1
「道別ガス生産量」，CD 統計表4.3.2「道別ガス
名目生産額」，CD 統計表4.3.3「道別ガス実質生
産額」，統計表4.3.1「道別ガス名目付加価値額」，
統計表4.3.2「道別ガス実質付加価値額」として
まとめられている．

［II］　水　　　道

　植民地期朝鮮の水道供給は，地方政府（ないし
朝鮮総督府地方局）によっていたため，業務統計
の形でデータが得られる．すなわち，水道にかん
する数値は，1913〜1940年について『統計年報』
から得ることができる.[97] そこには給水料，配水
量，給水戸数の数値が道別，地域別に示されてい

---

91)　『京城電気株式会社二十年沿革史』p.23参照.
92)　京城電気（株）の数値は京畿道に，朝鮮瓦斯電気（株）の数値は慶尚南道に属する.
93)　1928年については，『朝鮮総督府統計年報』からも生産額，生産数量が得られる．『統計年報』の京畿道の数値と
　　　『京城電気株式会社二十年沿革史』から得られる数値を比較すると，ほぼ同一の数値となる.
94)　朴基炡・朴二澤［2008］p.120を参照.
95)　なお「工産物統計」では1927年以前については「電気・ガス」と合算されて数値が示されており，ガスのみの数
　　　値を求めるのは困難である.
96)　1938年および1940年の道別生産数量・生産金額の数字はそれぞれ『民営工場生産額集計』（1938年，1940年）か
　　　ら得た．また落星台推計では，『官民営工場生産額集計』（1939年）も利用しているが，同資料は入手できなかった
　　　ため，本項では1939年はその前年と後年の数値で補間した．そのため1938〜1940年について，部分的に落星台推計
　　　の数値をそのまま利用した個所がある．このほか『官営工場生産額集計』（1939年）が得られたが，ガス（および
　　　電気）にかんする情報は示されていない．なお，これらの資料の入手にあたっては，髙橋益代氏のご協力を得た.
97)　『統計年報』から得られる水道にかんする情報は「年度」と「年次」が混在している.
　　　年度で表示されている個所については以下の計算により年度データを年次データにした.
　　　　　当年次＝前年度×(1/4)＋当年度×(3/4)

第 4 章 第 2 次産業　109

表 4.3.1　道別水道整備状況（給水戸数/世帯数）

(%)

年	全国	京畿道	忠清北道	忠清南道	全羅北道	全羅南道	慶尚北道
1925	2.59	9.45	0.41	0.75	1.16	0.85	0.95
1930	3.05	10.73	0.46	0.71	1.62	1.60	1.73
1935	4.15	15.51	0.43	1.24	1.75	1.68	2.06
1940	6.13	18.12	0.48	1.79	3.10	2.40	3.23

年	慶尚南道	黄海道	平安南道	平安北道	江原道	咸鏡南道	咸鏡北道
1925	2.85	0.65	8.89	1.25	0.14	1.69	3.77
1930	3.41	0.45	8.25	1.24	0.35	2.65	5.19
1935	4.50	1.04	9.78	1.71	0.61	3.17	7.88
1940	6.92	3.86	11.38	3.80	2.59	6.24	9.72

（注）　世帯数は，「国勢調査」の結果を利用した.

る．水道業の生産額は，給水料と水道工事収入の合計である．本推計では，落星台推計の方法を踏襲し，[98] 給水料を0.84で除して全期間の水道の名目生産額を得た．

実質生産額の推計にあたっては，道別地域別の名目生産額を配水量で除し，実効単価を得た後に，「1935年の道別実効単価」に各年の配水量を乗じて実質生産額（1935年価格表示）を得た．

付加価値額の計算に必要な付加価値率は，落星台推計が採用している57.8％（1966年産業連関表より算出）を採用した．[99]

これらの結果はそれぞれ CD 統計表4.3.4「道別水道配水量」，CD 統計表4.3.5「道別水道名目生産額」，CD 統計表4.3.6「道別水道実質生産額」，統計表4.3.3「道別水道名目付加価値額」，統計表4.3.4「道別水道実質付加価値額」にまとめられている．また表4.3.1には，道別水道整備状況（給水世帯数/全世帯数）が示される．

[III]　電　　　気

ガス，水道事業の生産統計に比較して，電気事業の統計体系はやや複雑である．その1つの原因として，発電所レベルでとらえた「発電量」と消費先レベルでとらえた「供給量」の関係に配慮する必要があげられる．植民地期朝鮮での電気事業の状況は『朝鮮電気事業発達史』および『朝鮮経済年報』（1948年版）にまとめられている．前者からは1914〜1935年の「（全国合計の）総供給電気力量」が得られ，後者からは1931〜1944年の「（全国合計の）発電量」が得られる．両者の数字を比較してみると，1931年および1932年について数値が一致している．[100]

より詳細な「事業者別」の情報は，『電気事業要覧』に示されている．[101] 1911〜1933年について「総供給電気力量」の内訳が供給事業者別，消費先別に得られる．[102] また1934〜1940年については，「火力」，「水力」の種類別に事業者別の「発電量」が示されている．『朝鮮経済年報』と

---

98)　落星台推計では，京畿道の1914〜1915年の水道事業収入のうち，給水料の占める比率がおおむね84％であったことに注目したうえで，受託工事収入が給水料と一定の比例関係にあるものと仮定し，全期間の給水料を0.84で除することで生産額を得ている．

99)　1966年産業連関表（韓国銀行）の項目「水道および衛生事業」の付加価値計1929.0百万ウォン/総投入額3337.1百万ウォン＝57.8％．

100)　（ほかの年次で数値は一致していないが，）1931年および1932年で数値が一致していることから「供給量」と「発電量」は同一であるとして処理した．

101)　道別統計は，『電気事業要覧』のほかに『統計年報』からも得られる．

102)　1916〜1933年については，単年ごとに数値が得られる．1911〜1915年の数字は，累年比較表にみられる数値を利用した．

『電気事業要覧』の両資料から得られる数字は1931〜1939年で一致している．1931〜1933年について，『電気事業要覧』に示される「供給量」は『朝鮮経済年報』にみられる「発電量」と一致している．以上の資料の比較から，『電気事業要覧』の「供給量」を「発電量」とみなすと，1911〜1940年について「発電量」の時系列を得ることにできる．[103] 1911〜1933年の消費先についての情報は，一般需要者向けの「電灯」「電力用」に加えて「電鉄用」電力がある．1934〜1940年は先述のとおり，「発電量」が示されており，これと併せて消費先としての「電鉄用」電力も示されている．

朴基炷・朴二澤［2008］では，電鉄用の電力は，交通業の付加価値に含まれるものとして，電力産業の生産から除いており，本項でもこの方式にしたがう．

また，朴基炷・朴二澤［2008］では，『電気事業要覧』に示される消費先には朝鮮窒素㈱の自己消費量が含まれていないとして別途計算を行い追加するとともに，非営業用の発電量として「官庁用・自家用」発電量を計算し追加している．製造業に付随する発電事業を電気産業の生産とするか否かは1つの論点にはなり得るが，朝鮮窒素(株)の発電量が電気事業に占める比率が大きいことを理由に電気事業の範囲に含めることにする．ただこのような作業には，あいまいさが入り込む余地がある点に注意が必要である．

なお，電気についての道別統計は，『電気事業要覧』のほかに『統計年報』からも得られるが，二者の間にギャップが存在している．ただし『統計年報』から得られる発電量は，朝鮮窒素(株)の自己消費電力量の取扱いに問題があることが，朴基炷・朴二澤［2008］によって指摘されている．[104] このため，本推計においても，主として『電気事業要覧』にみられる電力量を利用し，落星台推計で行われた推計方法を踏襲して，発電量および生産額の推計を行った．

この結果，得られる発電量と発電力は表4.3.2のとおりである．[105] 表4.3.2に示されるように，発電量は，営業用電力である「朝鮮窒素（A）」，「電灯・電力用（B）」に「官庁用/自家用（C）」を加えた値である．

「朝鮮窒素（A）」（1930〜1940年）の自己消費量のうち，1934年以降は『電気事業要覧』の「咸鏡南道化学工業への供給」に示されている．[106] 1931〜1933年については，『統計年報』に示される咸鏡南道の発電量の81％を朝鮮窒素の自己消費量とした．[107] 1930年については，1931年の数値の半分とした．[108]

「電灯・電力用（B）」についての数値のうち，1933年以前の数値は，『電気事業要覧』から得られる．1934年以降の同値は示されていないので，別途計算を行った．[109]「官庁用/自家用（C）」の計算は，官庁用と自家用の発電量は，発電力に比例するという落星台推計の仮定にしたがって計算

---

103) 年によって年度と年次が混在している個所がある．年次データを得るために以下の計算をした．
　　当年次＝前年度×(1/4)＋当年度×(3/4)．
104) 朴基炷・朴二澤［2008］p.121を参照．朝鮮窒素㈱が自己消費した発電量（赴戦江）が計上されていない．
105) 表4.3.2は，朴基炷・朴二澤［2008］pp.490-491の表「II-19　発電量と発電力」の形式を利用してまとめたものである．
106) これらの供給を行っていたのは，朝鮮窒素（赴戦江）および長津江水電である．このうち後者は，1938年以降，供給を開始している．
107) 1934〜1936年について朝鮮窒素の自己消費額は，同年の『統計年報』に示される咸鏡南道の発電量のおおよそ81％である．
108) 朴基炷・朴二澤［2008］によれば，1930年については，朝鮮窒素の産出物である硫酸アンモニウムと燐酸アンモニウムが1931年の半分に過ぎないとして，自己消費量も1931年の半分としている．本推計でもこの仮定を利用した．
109) 1934〜1940年には，「水力」および「火力」別に「発電類型別電力量」が示されている．一方，その消費先は「朝鮮窒素」（1930〜1940年），「電鉄用」，「電力・電灯用」に分けられる．このうち「電鉄用」消費については，『電気事業要覧』に数値が示されている．したがって，「発電類型別電力量」から「朝鮮窒素」および「電鉄用」の値を差し引けば「電力・電灯用」に使用された値を得ることができる．

第 4 章　第 2 次産業　111

表 4.3.2　発電量と発電力

	発電類型別電力量		営業用	消費先		官庁用/自家用 (C)	発電量 (A＋B＋C)	営業用		非営業用		発電力 (D＋E＋F)
	水力	火力	朝鮮窒素 (A)	電鉄用	電灯・電力用 (B)			完工 (D)	未完	官庁用 (E)	自家用 (F)	
	kwh	kwh	kwh	kwh	kwh	kwh	kwh	kw	kw	kw	kw	kw
1911				2,025,601	2,698,445	1,676,688	4,375,133	2,119		622	130	2,871
1912				2,527,732	3,443,070	782,052	4,225,122	4,306		466	98	4,870
1913				2,172,500	5,598,702	6,394,731	11,993,433	7,097		823	5,017	12,937
1914				2,535,239	10,004,240	7,431,544	17,435,784	7,762		941	3,659	12,362
1915				2,655,043	14,264,554	8,228,936	22,493,490	7,757		1,082	2,690	11,529
1916				3,257,442	17,092,400	29,547,745	46,640,145	7,936		845	10,679	19,460
1917				3,810,767	18,732,208	26,938,056	45,670,264	8,053		746	8,877	17,676
1918				4,361,903	14,875,572	100,754,166	115,629,738	5,928		1,549	29,499	36,975
1919				4,105,383	16,472,966	110,026,876	126,499,843	6,426		1,820	32,537	40,783
1920				4,285,573	23,668,921	68,681,523	92,350,444	13,459		1,821	31,245	46,525
1921				4,925,164	26,933,169	49,325,824	76,258,993	20,542		2,376	29,429	52,348
1922				5,069,327	35,270,106	49,260,777	84,530,884	23,420		2,553	26,047	52,020
1923				5,884,905	50,823,440	53,256,693	104,080,134	28,829		2,656	24,419	55,904
1924				6,759,344	70,168,984	49,816,486	119,985,469	30,471		2,632	17,100	50,202
1925				8,262,778	90,042,172	88,042,717	178,084,889	32,867		2,952	26,484	62,302
1926				8,862,498	103,592,577	86,148,091	189,740,668	43,623		3,065	30,353	77,041
1927				9,500,821	125,271,648	108,155,717	233,427,365	42,783		3,188	31,145	77,117
1928				10,801,328	111,286,414	71,091,211	182,377,625	44,287	387,489	2,428	23,360	70,075
1929				12,823,016	111,191,629	41,966,038	153,157,667	95,638	363,406	3,242	29,122	128,002
1930			361,756,498	13,083,775	131,772,485	115,713,460	609,242,443	152,237	313,020	2,903	31,869	187,008
1931			723,512,996	12,842,706	151,130,862	152,716,923	1,027,360,782	217,275	244,546	2,790	34,598	254,663
1932			674,618,711	13,788,098	170,037,707	157,470,679	1,002,127,097	245,853	90,737	2,787	42,312	290,951
1933			758,069,780	14,719,611	187,793,087	170,038,247	1,115,901,114	281,719	253,885	2,784	47,085	331,588
1934	1,236,904,233	203,313,361	1,012,506,159	13,797,319	413,914,116	264,911,480	1,691,331,754	317,682	328,854	3,231	55,203	376,116
1935	1,669,342,514	258,792,730	1,202,846,552	15,781,765	709,506,928	337,010,802	2,249,364,282	404,083	495,537	3,304	67,325	474,711
1936	2,005,077,238	258,604,354	1,566,737,343	16,685,714	680,258,536	340,556,147	2,587,552,025	501,032	486,776	4,485	70,892	576,409
1937	2,345,892,323	257,824,796	1,935,755,497	17,540,709	650,420,913	387,520,466	2,973,696,876	632,326	752,724	3,159	90,952	726,437
1938	2,664,032,610	230,252,926	2,160,537,073	18,997,209	714,751,254	431,841,382	3,307,129,709	680,554	939,055			680,554
1939	3,332,433,276	291,915,582	2,361,936,371	21,361,273	1,241,051,215	630,449,452	4,233,437,038	669,075	1,726,745			669,075
1940	3,836,845,685	324,790,728	2,454,333,936	22,394,546	1,684,907,932	631,603,270	4,770,845,137	859,637	1,524,340			859,637

(注)　イタリック体の箇所は落星台経済研究所の数字を利用している（オリジナルデータが発見できなかったため）。

した.[110]

生産量から生産金額を求めるには，各年の電気の単価が必要である．これを得るために『電気事業要覧』の「電気販売収入」を利用し，その内訳である「電灯・電力収入」を「電灯・電力用（B）」発電量で除することで電気の単価を得た.[111],[112]

本推計では，「道別」の金額を得ることを目的にしているため，各道の生産量が必要である．そのため，道別消費量の得られない1934〜1940年の「電灯・電力用（B）」については，1933年の同項目の道別消費量の構成比で分割を行った．「官庁用/自家用（C）」電力量についても道別消費量が得られないので，「電灯・電力用（B）」電力量の道別構成比と同様であると仮定し，同比率で「官庁用/自家用（C）」電力量の道別分割を行った．

以上の作業で得られた道別消費量に，先に求めた各年の電気単価を乗じて名目生産額を得た．また，1935年の電気単価に各年の道別消費量を乗じて1935年価格表示の実質生産額を得た．付加価値額を計算するための付加価値率については，朴基炷・朴二澤［2008］の付加価値率を利用した.[113]

以上の計算によって推計した電気にかんする金額は，それぞれCD統計表4.3.7「電気名目生産額」，CD統計表4.3.8「電気実質生産額」，統計表4.3.5「電気名目付加価値額」，統計表4.3.6「電気実質付加価値額」にまとめられている．

なお，建設業については，建設についての専門的な知識が必要なため，ここでは推計を行っていない．そのため，本書「第4部長期系列」でGDPを扱う際には，建設は金洛年［2008］付表にみられる数字をそのまま利用した．

（第1節〜第3節：原康宏）

---

110) 朴基炷・朴二澤［2008］p.122を参照．毎年の営業用発電量を落成（開業）発電量で割った値を官庁用/自家用発電力に乗じて官庁用/自家用発電量を求めている．本推計でも同様の計算を行った．

111) この方法は，朴基炷・朴二澤［2008］で利用されている．また，そこでは朝鮮窒素の自己消費および官庁用/自家用電気料を算出するために，生産者から販売者までの流通費用（単価の1.8%）を差し引いており，本推計でもこれを利用した．

112) 電気単価の計算に必要な「電気販売収入」は，1915〜1940年について『電気事業要覧』に示されている．1911〜1914年については，「電気販売収入」が得られないため，電気単価は計算できない．そのため，1911〜1914年については1915年の電気単価と同一であったと仮定した．

113) 朴基炷・朴二澤［2008］pp.124-145を参照．1966年産業連関表から計算した70.9%（火力発電）と，水力発電（90%）として，1929年までは70.9%を，1930年以降は，火力発電と水力発電の加重平均で付加価値率を計算している．

第 5 章
第 3 次 産 業

1　はじめに：生産面アプローチから所得アプローチへ

　溝口・梅村編［1988］では，植民地期朝鮮の統計を国民経済計算体系にもとづいて推計し整理することを試みているが，第3次産業については扱わなかった．その理由は，「経済発展初期では，第3次産業は，主産業である第1次産業と第2次産業に対して『その他の産業』として位置づけられ」，十分な統計情報を得られないと判断したためである（溝口［2008］）．

　その後，溝口［1999］では第3次産業の暫定的な推計を示したものの，韓国の落星台経済研究所（以下，落星台）が新たに第3次産業の推計を始めたことから，溝口による第3次産業の推計作業は中断した（暫定的な溝口推計と解説は付属のCD-ROMに収録）．

　上述の落星台の成果は金洛年編［2006］で発表された．その方法は，①交通・通信部門，②卸売・小売業，③飲食・宿泊業，④金融業，⑤その他サービス業に分けて，可能な限りの資料を収集して，できるだけ生産面から推計するアプローチをとっている．[1]溝口［2007］はこの作業について，「個々の推計方法や精度について批判の余地はあるにしても，サービス活動の概要を把握するには十分な成果」と指摘している．

　本章では，落星台の成果を認めながらも，独自のアプローチをとることにする．すなわち，所得アプローチである．本書では，副業を考慮して新たに有業統計を作成しており（第2章第2節），植民地期の賃金系列についても整備（第2章第3

節）している．この2つの系列を利用して所得面から第3次産業の生産高を推計する．第3次産業の粗付加価値推計の所得アプローチについては，日本の『長期経済統計』（Long-Term Economic Statistics；LTES）の第1巻『国民所得』（大川ほか［1974］）やASHSTATシリーズの『台湾巻』（溝口編［2008］）でも採用されている．

　本書で所得アプローチを試みる理由として，以下の3点を指摘しておきたい．

　第1に，推計されたデータの整合性をチェックすることである．本書の「労働力」（第2章第2節）と「賃金」（第2章第3節）の系列は，それぞれ単独で推計されたものであり，他の系列との整合性については検証を経ていない．仮に，賃金・有業者のデータがそれぞれしっかりと推計されているならば，この系列を用いた第3次産業の推計データも，しかるべき結果となるはずである．

　第2に，本書の目標の1つは，国内総生産（GDP）を道（行政区域）別に推計することであるが，第3次産業に関連する原データは全国レベルでの集計が多く，これを道別に分割するとなると，どうしても恣意的な仮定を導入せざるを得ない．これに対して，所得アプローチを用いる場合，推計に用いる変数の1つである有業人口データは，道別に推計されているというメリットがある．第3次産業を道別に分割することで，いっそう精度の高いGDPの南北分割が可能となり，韓国および北朝鮮への長期経済統計の連結が容易になるこ

---

[1]　落星台の第3次産業の推計のうち，④金融業と⑤その他サービス業の一部については「雇用者報酬・減価償却・営業余剰・諸税からなる要素所得構成項目を推計」して付加価値を導出している（朱益鍾［2006］）．

とが期待される.

第3に，落星台の推計と比較することで，落星台とASHSTAT双方の推計結果が再検証される.

それぞれ異なる方法で行われた推計結果が仮に近似するとするならば，それは互いに推計結果の信頼性を高めることになろう.

2 推 計 方 法

LTESでは，戦前の日本の第3次産業について，海運の一部を除くほとんどの項目を所得アプローチで推計した.

このLTESの推計方法の基本は，有業人口×有業人口1人当たりの所得である．第2項の1人当たり所得には，賃金（雇用者所得）ばかりでなく，営業余剰などの他の要素所得も含まれている．LTESと同じ方法を植民地期朝鮮にも適用したいところであるが，植民地期朝鮮においては，1人当たり所得のうち，賃金以外のデータは断片的である．同じ問題には，ASHSTAT台湾巻でも遭遇した．そこで，台湾巻では以下の方法を用いて所得アプローチを行った．その方法は以下のとおりである.

第3次産業の付加価値生産額
＝（①就業者数×②賃金率）÷（③付加価値に占める雇用所得の割合）

本章では，これに必要なデータを以下のように用意した.

［Ⅰ］ 就 業 者 数

就業者数については「有業者」（第2章第2節）の統計を男女別および日本人，朝鮮人，外国人別

に整理する．その理由は，「賃金」（第2章第3節）でも指摘したとおり，当時の賃金水準は日本人と朝鮮人・外国人とで，また男女別でかなり開きがあるからである.

植民地期の職業調査のうち第3次産業に属するのは「商業及び交通業」と「公務及び自由業」であることは明らかである（表5.2.1参照）．ただし，これ以外にも「その他有業者」の一部が第3次産業に含まれる．「その他有業者」とは，「戸主とは異なる職業に就いている者」を意味するので，その一部を第3次産業に配分する．ここでは有業統計（第2章第2節）の方法にしたがい，「その他有業者」が第1次部門の職業を本業としていた可能性はきわめて低いと考えられるので，「その他有業者」は第1次部門へは配分せず，第2次および第3次部門にのみ振り分ける．その際の比率は，「その他有業者」を除く非第1次有業者における第2次および第3次部門の割合とする．計算結果は，表5.2.2のとおりである.

［Ⅱ］ 賃 金 デ ー タ

「賃金」（第2章第3節）は，当時の朝鮮銀行の分類にしたがい，『統計年報』の職種別賃金調査（以下，職種別賃金）を「熟練・非熟練」で整理しているので，第3次産業の賃金系列はない．こ

表5.2.1 雇用統計の調査基準

商業及び交通業	イ　物品販売業，ロ　金融及び保険業，ハ　物品賃貸，売買媒介及び周旋業，ニ　旅宿，飲食店，遊戯場営業等，ホ　その他の商業，ヘ　船舶運搬業，ト　その他の交通業
公務及び自由業	イ　現役陸海軍人，ロ　宮廷，国及公共団体ノ職務ヲ帯フル者竝雇用員，ハ　自由業：(1)神職，僧侶，布教者，(2)教育ニ従事スル者，(3)弁護士，執達人，公証人等，(4)医師，薬剤師，獣医，医生，産婆，按摩，鍼灸師，看護人，(5)建築，土木，機械その他の技術に関する業，(6)新聞雑誌通信記者，著作者，通訳，ニ　技芸及び娯楽に関する職業者
その他有業者	説明なし

（出所）　朝鮮総督府［1936］『朝鮮総督府報告例別冊（甲号）』報告例「現住戸口職業別表」第163号による.

第5章　第3次産業　115

表5.2.2　日本人・朝鮮人・外国人別の第3次産業の有業人口

(単位：百人)

年	日本人		朝鮮人		外国人		合計
	男子	女子	男子	女子	男子	女子	
1912	517	191	8,200	5,856	0	0	14,764
1913	571	246	8,211	4,321	0	0	13,348
1914	647	295	7,710	3,882	108	2	12,643
1915	727	375	6,942	3,871	105	5	12,024
1916	694	252	6,410	3,378	93	2	10,829
1917	721	284	6,813	3,911	96	3	11,827
1918	735	294	7,009	4,194	106	3	12,340
1919	788	367	6,954	4,274	121	5	12,509
1920	761	268	5,922	3,171	146	5	10,272
1921	820	305	6,179	3,516	143	4	10,966
1922	870	371	6,344	3,870	171	7	11,633
1923	884	383	6,548	4,106	179	6	12,106
1924	911	377	6,631	4,284	197	11	12,412
1925	935	420	6,923	4,743	240	13	13,274
1926	953	432	6,846	4,872	240	9	13,352
1927	988	443	6,977	5,070	246	10	13,733
1928	1,011	442	6,978	5,053	242	10	13,737
1929	1,037	462	7,048	5,348	254	14	14,162
1930	1,041	496	7,342	5,484	287	13	14,663
1931	1,053	481	7,674	5,892	159	12	15,271
1932	1,044	432	7,256	5,055	168	10	13,965
1933	1,095	320	7,313	4,867	180	7	13,782
1934	1,124	329	7,794	5,450	222	8	14,926
1935	1,186	334	7,939	6,034	241	9	15,744
1936	1,239	370	8,238	6,346	273	10	16,476
1937	1,257	343	8,525	6,764	144	7	17,040
1938	1,227	369	8,632	7,388	186	9	17,812
1939	1,216	398	8,905	7,688	168	13	18,389
1940	1,311	366	9,276	7,429	212	11	18,605
1941	1,338	400	9,769	8,069	203	12	19,792
1942	956	429	10,764	9,374	206	12	21,741

(出所)　第2章第2節の有業人口の統計より作成.

の職種別賃金に含まれている第3次産業であろう職種は，理髪業，擔軍[タンクン][荷物運搬労働者]，仲士，人力車夫，下男・下女の5つの職種のみである．このうち，理髪業は「熟練賃金」系列に，そのほかは「非熟練賃金」系列に含めている．

表5.2.1に示されている第3次産業の職種に照らし合わせてみても，上記5つの職種が植民地期朝鮮の第3次産業を代表しているのかは疑問である．参考に上記5つの職種の賃金を平均してみると，非熟練賃金に近い値をとり，専門職が多数含まれている「公務及び自由業」の賃金を十分に反映しているとはいい難い（表5.2.3の「理髪業，擔軍，仲士，人力車夫，下男・下女」の列を参

照）．実際に労働力（第2章第2節）の推計結果からは，第3次産業の成長の要因の1つが公務及び自由業の伸びであったことが確認されているだけに，上記5つの職種の賃金だけでは不十分である．

また，職種別賃金では，その賃金水準が当時の他の賃金調査に比べて相対的に高い．たとえば，「賃金」（第2章第3節）でも指摘したとおり，当時の賃金調査には職種別賃金以外にも工場調査による「工場賃金」がある．

尾高[1988]は，職種別賃金から工業部門を取り出して「工場賃金」を推計しているので，これを比較可能な時期について工場調査の工場賃金と比較したのが表5.2.4である．[2]表5.2.4によれば，

2)　職種別賃金の系列は『統計年報』から1909年から1942年までのすべての年のデータが得られるのに対し，工場賃金は1921～1923年（『官報』）と1923～1933年および1936～1939年（『調査月報』）だけである．賃金（第2章第3

116 | 記述編 第1部 植民地期朝鮮

表5.2.3 「所得アプローチ賃金」の計算

（単位：日給，円）

年	日本人			朝鮮人			官公吏俸給	所得アプローチ賃金	
	熟練	非熟練	理髪業，擔軍，仲士，人力車夫，下男・下女	熟練	非熟練	理髪業，擔軍，仲士，人力車夫，下男・下女		日本人	朝鮮人
	(1)	(2)	(3)	(4)	(5)	(6)	(7)	((1)+(2)+(7))÷3×0.7	((4)+(5)+(7))÷3×0.5
1910	1.43	0.85	1.38	0.71	0.47	0.66	1.21	0.81	0.40
1911	1.37	0.81	1.32	0.72	0.44	0.71	1.21	0.79	0.40
1912	1.32	0.80	1.15	0.77	0.43	0.63	1.21	0.78	0.40
1913	1.32	0.83	1.15	0.76	0.44	0.67	1.21	0.78	0.40
1914	1.34	0.78	1.09	0.71	0.46	0.63	1.21	0.78	0.40
1915	1.35	0.80	1.12	0.71	0.46	0.65	1.21	0.78	0.40
1916	1.33	0.75	1.06	0.67	0.43	0.59	1.21	0.77	0.39
1917	1.49	0.82	1.14	0.82	0.51	0.76	1.16	0.81	0.42
1918	1.90	1.08	1.45	1.07	0.65	0.89	1.23	0.98	0.49
1919	2.79	1.72	2.13	1.78	1.13	1.44	1.15	1.32	0.68
1920	3.43	2.08	2.85	2.35	1.49	1.91	1.14	1.55	0.83
1921	3.22	1.87	2.57	2.06	1.26	1.69	1.21	1.47	0.76
1922	3.26	1.89	2.43	2.01	1.21	1.60	1.35	1.52	0.76
1923	3.21	1.93	2.44	2.05	1.36	1.56	2.45	1.77	0.98
1924	3.16	1.80	2.31	2.23	1.13	1.42	2.61	1.77	1.00
1925	3.16	1.80	2.29	1.97	1.06	1.41	2.65	1.78	0.95
1926	3.27	1.77	2.33	1.99	1.05	1.42	2.61	1.79	0.94
1927	3.18	1.80	2.40	2.01	1.01	1.46	2.67	1.79	0.95
1928	3.31	1.84	2.53	2.14	1.04	1.48	2.70	1.83	0.98
1929	3.31	1.86	2.56	2.03	1.07	1.59	2.75	1.85	0.98
1930	3.09	1.56	2.18	1.87	0.76	1.15	2.86	1.75	0.92
1931	2.90	1.43	2.01	1.75	0.78	1.04	2.87	1.68	0.90
1932	2.76	1.36	1.94	1.55	0.74	1.04	2.87	1.63	0.86
1933	2.70	1.31	1.84	1.45	0.73	1.01	2.87	1.61	0.84
1934	2.65	1.34	1.75	1.49	0.73	0.97	2.77	1.58	0.83
1935	2.70	1.40	1.72	1.58	0.77	0.97	2.78	1.61	0.86
1936	2.89	1.60	2.00	1.78	0.94	1.16	2.70	1.68	0.90
1937	3.05	1.68	2.10	1.89	1.03	1.24	2.72	1.74	0.94
1938	3.14	1.75	2.00	2.04	1.05	1.19	2.70	1.77	0.97
1939	3.49	1.81	2.08	2.23	1.22	1.33	2.68	1.86	1.02
1940	3.67	2.04	2.27	2.47	1.43	1.48	2.73	1.97	1.11
1941	3.96	2.24	2.43	2.84	1.70	1.88	2.75	2.09	1.22
1942	4.18	2.33	2.69	3.01	1.78	1.94	2.81	2.17	1.27

（出所） 熟練・非熟練賃金は，本巻の「賃金」（第2章第3節）．
　　　「理髪業，擔軍，仲士，人力車夫，下男・下女」の値は，『統計年報』の当該職種から計算．
　　　官公吏俸給は，官公吏俸給の全額を官公吏人数と年間労働日（300日と想定）で割った値．
　　　所得アプローチ賃金は，日本人，朝鮮人とも熟練・非熟練・官公吏俸給の単純平均値に日本人には0.7を，朝鮮人には0.5をそれぞれ乗じて求めた．

工場賃金は職種別賃金の「工場賃金」に比べて日本人では約7割，朝鮮人では約半分にしかすぎない．

金洛年・朴基炷［2011］は，この問題について，職種別賃金の調査対象は，そもそもある程度経験を積む必要のある職業であり，その賃金水準は高年層の労働者のものであるのに対し，工場賃金は工業化にともなう新規の就業者で，かつ若年層に集中している，と指摘している．尾高［1981］も，職種別賃金を整理する過程で京城地域の工場調査資料を発見して「（職種別賃金は）上層部熟練労働者の賃金を代表するものではないだろうか」と指摘している（当時は，京城以外の工場調査の内容を把握していなかった）．

節）では，空白期間を適宜補間した．

第 5 章　第 3 次産業　117

表 5.2.4　職種別賃金と工場調査の「工場賃金」の比較

(単位：円)

年	尾高推計		工場調査		乖離率	
	日本人 (1)	朝鮮人 (2)	日本人 (3)	朝鮮人 (4)	(5)＝(3)/(1)	(6)＝(4)/(2)
1921	3.00	2.10	1.93	0.93	0.64	0.44
1922	3.11	2.00	2.05	0.92	0.66	0.46
1923	3.13	1.95	2.24	0.98	0.72	0.50
1924	3.03	2.00	2.16	1.01	0.71	0.50
1925	3.15	2.06	2.25	1.03	0.72	0.50
1926	3.29	2.06	2.35	1.03	0.71	0.50
1927	3.22	2.07	2.30	1.04	0.72	0.50
1928	3.19	2.08	2.28	1.05	0.72	0.51
1929	3.25	2.07	2.33	0.97	0.72	0.47
1930	3.08	1.85	2.03	0.94	0.66	0.51
1931	2.86	1.66	2.08	0.92	0.73	0.55
1932	2.77	1.57	1.90	0.88	0.69	0.56
1933	2.65	1.46	1.91	0.89	0.72	0.61
1934	2.65	1.48	1.82	0.89	0.69	0.60
1935	2.60	1.54	1.81	0.88	0.70	0.57
1936	2.71	1.75	1.79	0.88	0.66	0.50
1937	2.80	1.83	1.85	0.95	0.66	0.52
1938	2.91	1.94	1.67	0.79	0.57	0.41
平均	2.97	1.86	2.04	0.94	0.69	0.51

(出所)　尾高推計は尾高 [1988]，工場賃金は「賃金」(本巻第 2 章第 3 節).

「労働力」(第 2 章第 2 節) で明らかになった植民地期の就業構造の変化は，第 3 次産業の拡大である．すなわち，第 1 次部門の割合は1916年以降ゆっくりと傾向的な低下を始め，代わって第 2 次・第 3 次部門が拡大した．また，第 2 次部門と第 3 次部門を比べると，水準では第 3 次部門がつねに第 2 次部門を下回っていたが，伸びについては第 3 次部門のほうが大きかった．当時の第 3 次産業の働き手には新規に就業した労働者が多く，職種別賃金基準では過大推計の危険がある (職種別賃金が経験を積んだ高年層の労働者を対象としている可能性が高いため)．以上の理由から，植民地期の工業化による労働移動によって新規に就業したと考えられる工場労働者の賃金水準を考慮しながら，第 3 次産業の賃金水準を求めることが望ましいと判断する．[3]

以上を総合して，本章の所得アプローチではつぎの方法をとる．

第 1 に，表5.2.1に示されている「商業及び交通業」と「公務及び自由業」の職種の内容は熟練と非熟練の多岐にわたるので，熟練賃金も非熟練賃金も第 3 次産業の熟練・非熟練賃金水準を示す変数であるとみなす．

第 2 に，「公務及び自由業」のうち「公務」の賃金を反映させるため官公吏俸給を含める．『統計年報』には各級の官公吏俸給が掲載されている．これを官公吏の人員で平均して年間労働日を300日と考えて日給に換算すると，表5.2.3の「官公吏俸給」の列のとおりとなる．この値は，公務及び自由業の賃金水準を表す変数の 1 つとみなす．

第 3 に，上記の官公吏俸給と熟練賃金と非熟練賃金の 3 つの変数を合成するための特別な情報がないので，まず三者の単純平均値をとる．しかし高すぎる．そこでこの値に表5.2.4の乖離率 (日本人は 7 割，朝鮮人は 5 割) をそれぞれ乗じると妥当な水準になる．この計算で得た結果を「所得アプローチ賃金」として利用する．

なお，植民地期の工場調査では女子賃金は男子賃金の 5 〜 6 割程度であったことがわかっているので，本推計では一律に男子賃金の 6 割を女子賃

---

3)　朱益鍾 [2006] でも，所得アプローチで推計する際，職種別賃金のうち低い水準の賃金を利用している．たとえば，遊技業と宗教の推計では平人足の賃金を利用している (さらに，僧尼については自給生活を考慮して平人足の半分としている)．平人足の値は工場調査の工場賃金に近い．

表 5.2.5　年間労働日数の計算

調査地域	調査年	農業労働		年間総労働時間	労働日数の計算	
		年間労働時間	年間労働日	農業＋家事＋その他	1 日労働時間	労働日数
		(1)	(2)	(3)	(4) ＝(1)÷(2)	(5) ＝(3)÷(4)
平安南道	昭和 6 年 (1931)	1,100.04	113.14	2,115.95	9.72	217.62
慶尚南道	昭和 6 年 (1931)	967.63	99.39	2,239.90	9.74	230.07
全羅南道	昭和 5 年 (1930)	977.70	102.80	1,863.60	9.51	195.95
咸鏡南道	昭和 7 年 (1932)	1,262.59	130.60	2,353.73	9.67	243.46
京畿道	昭和 5 年 (1930)	601.70	61.50	1,600.00	9.78	163.54
平均		981.93	101.49	2,034.64	9.68	210.13

（出所）『農家経済調査』（朝鮮農会）各号．

金として利用する．

［Ⅲ］　年間労働日数

「賃金」（第 2 章第 3 節）は日給の系列なので，これを年に換算する必要がある．溝口・梅村編［1988］では，LTES で指摘された日本の経験にならい年間300日働いたものとみなした．本章では，朝鮮の現地調査から得た値（年間210日）も併せて利用する．

朝鮮農会では『農家経済調査』をまとめている（表5.2.5）．農家経済調査では，労働時間について農業労働と家事労働とその他労働に分けて調査し，このうち農業労働については「当該地域における平均の 1 日当たり労働時間」から労働日を計算している．この農業労働の 1 日当たり労働時間で「農業労働」と「家事労働」と「その他労働」の全労働時間を割り，年間労働日数を求めると，その値は平均で約210日となる．本章ではすべての日本人および朝鮮人のうち被雇用者[4]（官公吏を含む）には年間300日を，朝鮮人のうち自営業者，家族労働者には年間210日の労働日数を適用することにする．

［Ⅳ］　「付加価値に占める雇用所得の割合」

「粗付加価値に占める雇用所得の割合」（労働分配率）は南・小野［1978］による日本の推計を参考にして得た．

ただし，政府サービス生産者については，68 SNA 基準で考え，官公吏俸給をそのまま粗付加価値として計上する．[5]

3　推　計　結　果

賃金系列は1909年からあるものの，有業者の系列は1912年からなので，所得アプローチによる第 3 次産業の推計も1912年からとなる．

道別分割には有業人口比で対応し，南北分割は軍事境界線上に位置する京畿道と江原道の人口比（第15章第 2 節）で行った．実質系列は，溝口・梅村編〔1988〕から計算した植民地期朝鮮の第 3 次産業のデフレーターを用いて実質化した（統計表5.3.2）．

推計結果を落星台と比較すると，図5.3.1のとおりである．

ここで，落星台の値は SNA 産業分類（68 SNA 基準）のうち，卸小売・飲食宿泊業，運輸・倉庫・通信業，金融不動産および社会サービス業，

---

4) 被雇用者，自営業者，家族労働者の区分計算や後述の労働分配率の計算は，南・小野〔1978〕による日本の推計を参考にした．それらの計算の詳細を示したメモは本書付属の CD-ROM に収録した．

5) なお，93 SNA 基準では資本減耗を足さなければならない．ちなみに，金洛年［2009］は，自らの68 SNA 基準の植民地期国民経済計算推計を93 SNA 基準に変換するため，「政府サービス生産者の付加価値に含まれている政府固定資本減耗についてはその内容を把握できないので，各産業の雇用者報酬に比例するものと仮定して推計」している．

図 5.3.1 第 3 次産業の粗付加価値（名目）推計

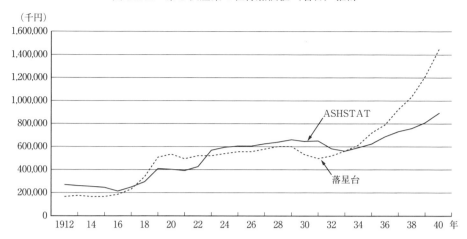

表 5.3.1 第 3 次産業名目付加価値の推計結果

(単位：千円)

年	ASHSTAT (1)	落星台 (2)	乖離率 (1)÷(2)
1912	266,599	158,136	1.7
1913	254,940	169,652	1.5
1914	247,276	163,853	1.5
1915	240,370	162,386	1.5
1916	210,322	181,132	1.2
1917	242,316	231,262	1.0
1918	296,417	340,560	0.9
1919	404,566	506,335	0.8
1920	403,163	533,642	0.8
1921	396,777	496,347	0.8
1922	427,860	519,688	0.8
1923	571,427	524,688	1.1
1924	595,800	543,923	1.1
1925	607,825	555,283	1.1
1926	606,908	562,338	1.1
1927	628,065	584,968	1.1
1928	647,158	605,500	1.1
1929	662,118	605,435	1.1
1930	648,409	535,310	1.2
1931	655,149	501,235	1.3
1932	586,398	525,494	1.1
1933	571,023	566,068	1.0
1934	599,231	628,989	1.0
1935	639,838	731,815	0.9
1936	696,460	805,494	0.9
1937	737,037	940,741	0.8
1938	772,244	1,054,393	0.7
1939	829,018	1,239,189	0.7
1940	907,386	1,467,496	0.6

（出所） ASHSTAT は本推計，落星台は金洛年編 [2012].

社会および個人サービス業，政府サービス生産者，民間非営利サービス，家事サービスの合計（名目）を提示した（表5.3.1, 図5.3.1）．

1910年代前半については若干開きが大きいが，これは朝鮮総督府の初期の調査精度を考慮すると，所得アプローチの推計はあながち間違いだとはいえない．落星台推計が1910年代前半の第3次産業の統計情報を，当時の統計制度の精度ゆえに十分

に拾えていないとするなら，本推計はそれをカバーしているともいえる．

　図5.3.1から視覚的に確認できるように，本推計と落星台推計は1935年以降で相違がみられ，さらなる検討が必要である．一方で1935年頃まではおおむね近似していることは興味深い．落星台の推計が生産面からのアプローチ，本推計が分配面からのアプローチであり，両者は三面等価の原則により理論的には一致するはずである．この関係から判断すると，ASHSTAT と落星台の推計は互いにその信頼性を支持しあっているともいえよう．

　ただし，本章の所得アプローチは第3次産業全体を推計するものであって，その細部の項目について明らかにすることはできない．金洛年編［2006］では68 SNA 基準で，また金洛年編［2012］では93 SNA 基準で第3次産業の細部項目を示しているので，適宜参照されたい．

（第1節〜第3節：文浩一・原康宏）

第 6 章

朝 鮮 貿 易

1 朝鮮貿易統計の概要

一般的に貿易統計は，財政統計と並んで，近代社会経済のマクロ的統計資料として重要な意味を持つ．朝鮮・韓国もその例にもれず，貿易統計は1877年から今日まで約140年間の経済変化について，他の資料では代替できない貴重なデータを歴史・経済研究に提供してくれる．しかしながら，近代朝鮮・韓国の場合には，同国が一時期日本の植民地に編入されたことや，第2次大戦後に南北に分断され朝鮮戦争で国家的な激動があったために，統計に関する資料的断絶と資料の散逸が生じた．そのために，朝鮮・韓国の貿易統計は基本資料でありながら，長期にわたるデータの利用が容易ではない．本章は，近代朝鮮の貿易統計資料についてその性格を解説したうえで，データを整理提供することによって，その利用の利便性を高めることをめざす．そして，そのデータを活用して，朝鮮の対外関係の変化について，巨視的な描写を行う.[1]

ここで扱うのは1945年までで，1946年以後の朝鮮南部（大韓民国）の貿易については本書第11章（堀和生）が，朝鮮北部（朝鮮民主主義人民共和国）の貿易については第14章第3節（木村光彦・川野辺希美）が担当する．

［Ⅰ］ 貿易統計資料

貿易とは国（またはそれに準ずる地域）と国（同）との商品・サービスの取引のことであるが，ここでは商品貿易のみを対象とする．また近代的貿易とは，清国，日本，ロシア，琉球等との伝統的な交易を除くということで，開港後に国家機関が管理するようになった商品取引である.[2]

朝鮮の開港は，1876年2月，日本が強要した「江華条約」によって日本を対象に始まった．これを契機に，近代統計の作成が始まるが，それは作成主体別に3つの時期に分けられる．

⑴ 日本政府による調査（1877～1884年）

後述する1883年の総税務司設立以前の朝鮮は，事実上無関税状態であったので，朝鮮において貿易を掌握する機関は存在していなかった．しかし，日本政府は，関税免除の特権を与えた対朝鮮貿易に従事する日本人商人の活動を把握するために，独自に対朝鮮貿易を調査し集計を行っていた．すなわち，同貿易に従事する商人に，日本開港場の税関と朝鮮開港場に派遣している日本管理官に書類を提出させる方法[3] によって，日本朝鮮間の貿易を把握するようにしていた．こうして日本の大蔵省は毎年「朝鮮貿易年表」[4] を作成し，後に

---

1) 近代朝鮮の貿易統計制度については，堀・木越［2005］，堀・木越［2009］が詳しく分析している．1945年以前の貿易制度については，本章はこの2論文に依拠しており，同論文は本書付属のCD-ROMに収録してある．データはその後の研究によって改訂している．

2) 開港後には海関が関与しない清国，ロシアとの陸地国境貿易があり，植民地期にも国境地帯の日用品貿易があるが，いずれもごく少額であり検討しない．

3) 太政官布告1876年129号．外務省編『日本外交文書』9巻，325-326頁．

８年分をまとめて編集刊行した．この日本朝鮮間貿易に関する特殊な制度は，朝鮮に海関が設けられ，朝鮮による関税徴収が始まると，1884年１月を最後に廃止された．[5] 本章では，1877年から1883年までは，この資料に依拠する．[6] ここでの統計は日本側の輸出・輸入を，朝鮮側の輸入・輸出と読み替えたものであり，運賃・保険料等は考慮していない．当時の英国，ロシアの外交機関もこの日本の資料を用いて朝鮮貿易統計を作成していた．

1884年２月から同年12月までの朝鮮日本間貿易は，日本の大蔵省編『大日本外国貿易年表』1884年版に収録されている．本章の1884年の朝鮮貿易とは，下記の①②を合計した朝鮮日本間のみ貿易で，運賃・保険料を含んでいない．

①大蔵省関税局編「朝鮮旧貿易八箇年対照表」
（同編『大日本外国貿易十八箇年対照表』1885年，巻末付録）
②大蔵省編『大日本外国貿易年表』1884年版

(2) 朝鮮海関による調査（1885〜1907年）

1882年５月には米国と「朝米修好通商条約」が結ばれ，日本の貿易独占は条約上消滅した．朝鮮は続いて1883年１月に英国とドイツ，1884年６月イタリア，1884年７月ロシア，1886年６月フランス等，列強と相次いで条約を締結した．また，1882年９月には宗主国清国と「朝清商民水陸貿易章程」が締結されて，清国に対しても自由通商が開かれるにいたった．

この時期の朝鮮貿易については，朝鮮海関によって統計が作成されている．その前半期に朝鮮は清国の強い宗主権のもとにあった．そのため，朝鮮の関税徴収機関の創設にあたっては，中国の海関制度が導入された．中国の総税務司と類似の朝鮮総税務司が設けられたのみでなく，首脳人事で

も総税務司は初代のドイツ人メレンドルフ（P. G. von Möllendorff）から日本が朝鮮海関を掌握する直前の英国人ブラウン（J. McLeavy Brown）まで，６人全員が中国総税務司ハートの送り込んだ欧米人であった（1896年に一時ロシア人が任命された）．後に見るように，朝鮮海関は貿易統計の作成方法については完全に中国海関のものを踏襲した．1902年に中国海関が統計制度を大幅に変更した後にも，朝鮮は従来の統計作成方法を維持した．

朝鮮海関は1883年に設立されたが，1885年仁川海関が火災で焼失したために，海関作成の残存する完全な統計は1885年版が最初である．1885〜1893年については，中国海関統計の末尾に付録として収録されている．本章では下記の統計③を利用する．

1894年日清戦争の勃発で朝鮮海関が中国海関の隷属状態から離脱したことによって，朝鮮海関の統計が中国海関統計中に掲載されることはなくなった．1895年以後，日本，中国，ロシアの多くの文献に朝鮮海関統計からデータが引用されていることから，当時朝鮮海関において引き続き統計書が作成されていたことはまちがいない．しかし，現在統計書自体は発見されていない．このように年次統計書がないので，港別や付随統計類のデータは不明である．本章では，1894〜1900年については，後に朝鮮海関が編集公刊した統計書④に掲載されている遡及総括統計のデータを利用した．

次に，1901年から1908年については，朝鮮海関自身による貿易統計④と，後に日本人官吏が朝鮮海関が所蔵していた資料を活用して編纂した貿易統計⑤⑥の２系統が存在する．この時期の貿易を前の時代との関連を見るためには前者が，後の時代との関連を検討するためには後者がより有益である．[7] 本章では，この期間は朝鮮海関が貿易管

---

4) 大蔵省関税局編「朝鮮貿易年表」．現在，1882〜1884年（１月まで）の３点が大蔵省財政史室に所蔵されている．
5) この特殊な貿易管理制度の目的は，日本政府が対朝鮮貿易に従事する日本商人に認めた関税免除の特権を，他の地域まで拡大濫用するのを防止するためであった．
6) ちなみに，日本の1884年１月以前の外国貿易（『大日本外国貿易年表』）には，対朝鮮貿易は含まれていない．
7) 二つの統計とも編纂された資料であるため，両方を同時に併用することはできない．

理していたので，朝鮮海関が作成した統計④を利用する.[8]

③ The Inspector General of Customs. *Returns of Trade. 1885-1893*（編輯委員會編『中国旧海関史料』第11〜21巻　北京京華出版社，2001年．李憲昶編『朝鮮海関年報　1885-1893』ソウル，亜細亜文化社，1989年

④ The Inspector General of Customs. *Returns of Trade, 1901-1907*

⑤朝鮮総督府『朝鮮輸出入品七年対照表』1911年

⑥朝鮮総督府『朝鮮輸移出入品十五年対照表』1916年

　本書では③と④のデータを使用した.

（3）　日本官吏・朝鮮総督府による統計（1908〜1943年）

　日露戦争後，日本は徐々に韓国政府機構に浸透してその主権を奪っていったが，1907年「第三次日韓協約」を契機に日本人官吏が韓国政府に大量に入ることによって国家レベルでの植民地化が推し進められた．その一環として朝鮮海関に替わって，1908年１月，日本大蔵省から派遣された専門官僚が完全に掌握する貿易管理機関である関税局が設けられた．この関税局により，朝鮮の貿易統計は併合に先立ち，日本式の『韓国外国貿易年表』⑦が編纂刊行されるようになった.[9]

　併合後は，朝鮮総督府の財政部が編集する『朝鮮貿易年表』⑧が1941年まで刊行された．これには，対外国貿易のみならず，対内地（日本，台湾・樺太を含む）貿易も含まれている．1942年からは，朝鮮と内地間についてのみ，朝鮮総督府財務局による『貿易月報』⑨が1944年３月まで刊行された．1944年は地域別と総額の数値が，1945年は，日本を除く輸出入総額が５月まで残されているだけである．それ以外は，日本敗戦直後の混乱期に焼却されたと伝えられ，[10] いかなる資料・データも残っていない.

　本章では，1908〜1943年については，⑦⑧⑨を使用した.

⑦韓国関税局『韓国外国貿易年表』1908年版，1909年版

⑧朝鮮総督府『朝鮮貿易年表』1910年版〜1941年版

⑨朝鮮総督府『朝鮮内地貿易月表』1940年10月〜1944年３月

2　統計の性格と問題点の若干の補整

　朝鮮には1877年から1945年まで70年弱分の貿易統計が存在し，長期にわたる基礎的な経済統計が乏しいなかで，貴重な基礎資料になっている．ただし，それらの統計にはさまざまな問題があるので，統計を利用するためには，それらを正確に理解しなければならない．

［Ⅰ］　第１期（1877〜1884年）

　1884年１月以前は，前述のように，日本国内と在朝鮮の日本政府機関が朝鮮貿易を調査した．この時期の日本の貿易統計では，商品分類が輸出と輸入で異なっていた．そして，この朝鮮の貿易統

---

8)　統計書④は英語，統計書⑤⑥は日本語で書かれている．1907・08年にはハングルで書かれた統計書が存在する．『韓国外国貿易要覧』隆熙元年（1907年），同隆熙２年（1908）．ただし，これらは関税局が編纂しており，④から⑤⑥への移行過程を示すものだと考え，本章では利用しない.

9)　統計内容については次節で詳述するが，外形的には統計書の使用言語がそれぞれ異なっている．1886〜1907年までの統計書は英語，1905年から1907年にかけては，朝鮮語（ハングル文字）の統計書や解説が編集されたが，1908年以後はすべて日本語となった.

10)　この焼却説には明確な根拠はない．しかし，日本統治末期に朝鮮税関の定員409人（奏任官18人，判任官391人，雇傭を除く）中，朝鮮人はわずか20人余りにすぎなかった．これほど極端に朝鮮人を排除していた条件のもと，敗戦で日本人官吏が一挙に撤収したので，税関事務の正常な引継ぎがきわめて困難であったことは明らかである．韓国関税研究所［1985］pp.333-336.

計は，日本の機関が日本式の商品分類によって調査したもので，駐朝鮮官史が朝鮮地域単位で輸出入を集計したために，朝鮮の輸出入の商品分類が日本の輸出入の分類と入れ替わり，逆のものとなっている．このように商品分類が輸出入で逆になっているので，これを日本の対朝鮮貿易統計と結合する場合には注意を要する．

1884年2月〜12月は日本の税関が調査した日本の対朝鮮貿易額である．そして1884年については，先の朝鮮単位で集計された1月の朝鮮貿易と，2月以降12月までの日本の対朝鮮貿易という，2つの数値を単純に加算して作成した．本章では，この2つの加算数値をそのまま採用しており，日本朝鮮間の輸送費，保険料，手数料等を推計して加減する処理は行っていない．それは，その作業を担保できる信頼すべきデータを得ることが不可能だからである．この点はとくに注意が必要である．

1884年は，それ以前の時期と同じく，朝鮮の日本との貿易のみになっている．1883年から清国との貿易が始まっているが，その金額・内容はともに不明である．1884年の朝鮮貿易については，そのほかにもいくつかの情報源がある．清国の海関統計によれば，1884年清国の対朝鮮輸出（朝鮮の対清国輸入）は32,809両（47,549ドル），輸入（朝鮮の対清国輸出）は31,282両（49,870ドル）ときわめてわずかであった．一方，日本の貿易統計によれば，1884年日本の対朝鮮輸入（朝鮮の対日本輸出）は403,470円，対朝鮮輸出（朝鮮の対日本輸入）は414,446円であった．外務省通商局編纂『通商彙纂』には1884年仁川，釜山，元山港の貿易額が掲載されており，それを合算すると，輸出は359,249円，輸入は790,159円となっている．1885年版の朝鮮海関統計に前年の1884年朝鮮の総貿易額として，輸出444,536ドル，輸入963,408ドルという数値が掲載されている．

1884年の朝鮮の貿易相手国は事実上日本と清国のみであるにもかかわらず，これらバラバラの金額をすべて整合的にまとめることはできない．い

ずれかの資料が誤っているか，あるいはすべてに問題があるのかもしれない．金額からみてより包括的な『通商彙纂』の数値を採るのも1つの方法である．しかし，その統計は釜山貿易品目が重要品のみで悉皆調査でないこと，品目レベルで日本側の統計との離齬が大きすぎること，[11] この年だけの孤立した資料であること，等の難点がある．そこで本章では，1877〜1884年間の資料的連続性を重視して，前述したように日本側の統計を合算したものを使用することにする．いずれにせよ，1883〜1884年の統計には清国が脱落しており不完全なので，より整合的な資料が発見されれば取り替えねばならない．

［II］ 第2期（1885〜1907年）

前述のように，1885〜1907年の朝鮮海関統計は中国海関式の統計様式で作成されている．この海関式の貿易統計と，それを挟んだ前後の時期における日本式の貿易統計とでは，その貿易概念が異なる．端的にいえば，海関統計は産地別勘定であり，日本式統計は輸出入別勘定（国民経済統計）となっている．その相違は次のようである．

産地別勘定	輸出入別勘定
外国品の粗輸入	外国品の純輸入
－ 外国品の再輸出	＋ 内国品の再輸出
＝ 外国品の純輸入	＝ 粗輸入
内国品の純輸出	内国品の純輸出
	＋ 外国品の再輸出
	＝ 粗輸出

これで明らかなように，2つの統計データを比較すると，海関統計では内国品の再輸入が欠落している．朝鮮の海関統計でも1885〜1907年の朝鮮産品の再輸入は調査されていない．それゆえ，この海関統計は厳密には国民経済統計に組み替える

---

11) 『大日本外国貿易年表』対朝鮮貿易と『通商彙纂』掲載の朝鮮貿易を品目別に照合すると，あり得ない離齬が少なくない．

ことができないことになる．中国の海関統計の場合には，香港経由の中国産品再輸入があまりに多いために，海関統計を国民経済統計に組み直すことは事実上不可能である．ところが，中国の場合と異なり，朝鮮では朝鮮産品の再輸入は非常に少額[12]なので，国民経済に及ぼす影響はほとんどない．したがって，その再輸入分を無視すれば，1885〜1907年間のデータをほぼそのまま前後に繋ぐことが可能である．1901年から1909年については，前述のように，朝鮮海関と韓国関税局による年度別貿易統計（④と⑦）と，後に朝鮮総督府が遡及して編纂した貿易統計集⑤⑥の2つの別系統のデータが存在しているが，数値がわずかながら一致しない．2系統の統計数値を比較してみると，それらは単なる誤植や計算違いではなく，またいずれかを元にして他方がつくられたのでもなく，より根本的な基礎資料からそれぞれが別個につくられていることがわかる．2つの系統の統計数値が相違する原因は不明であり，どちらかがより実態に近いとも判断できない．本章では，通関業務を直接に担当していた機関が作成したことを尊重して④⑦を使うが，新たな根拠がでてくれば変更することがありうる．[13]

(1) 表示通貨

1884年以前の貿易統計は，日本政府が日本商人から集めた情報によるもので，取引の通貨，為替は日本国内とまったく同じであった．通貨は日本円で，そのほとんどは日本紙幣であった．1884年朝鮮海関の業務開始時には，海関取扱通貨は「朝鮮銅銭日本銀貨及墨哥加銀」としていたが，1886年には朝鮮の正規納税通貨である銅銭が外され「墨洋銀日本円銀又ハ日本第一国立銀行ノ手形」に改訂された．[14] 朝鮮海関年報③では，"All

values are stated in Mexican dollars"と明記されていた．ところが，朝鮮は対中国で圧倒的に入超であり，銀貨は流出傾向にある上に，日本の兌換券（日本銀行券）が急速に浸透してきたために，メキシコ・ドルは朝鮮市場からほとんど消滅した．また，朝鮮政府は1894年の「甲午改革」の一環として，銀本位制にもとづく近代的貨幣制度の創設を布告したが，それに必要な本位銀貨をほとんど発行できなかったので，実際には同位同量の円銀と日本紙幣の流通が公認された．1895年朝鮮海関のメキシコ・ドル計算は廃止され，事実上日本通貨が使われるようになった．もっとも，朝鮮海関のこのような建前とは無関係に，実際の貿易や納税ではメキシコ・ドル，円銀，日本系紙幣が混用されていた．

(2) 貿易価格

日本の朝鮮貿易統計で，1884年1月以前は，荷物送り状の価格とは，日本，朝鮮それぞれの市場価格であったと判断され，1884年2〜12月は日本の市場価格であった．朝鮮海関成立後は，中国海関の統計作成と同じく，海関所在地域の市場価格によって作成された．アジア各国の貿易統計作成において，初期には比較的簡単な市場価格によって統計を作成していたが，やがて欧米先進国の趨勢にならい，貿易価格把握の厳格化がはかられていく．中国海関は1904年に，輸入価格を市場価格から輸入港到着価格（CIF; Cost, Insurance and Freight, 運賃・保険料等，輸入港までの費用を含む価格）に，輸出価格を市場価格から本船積込渡価格（FOB; Free On Board, 貨物を積み地の港で本船に積み込むまでの費用を含む価格）に変更した．[15] 一方，日本税関は，1898年に輸入価格を発送地市場価格からCIFに変更した．[16] 朝鮮

---

12) 1908年朝鮮総輸入41,026円のうち，朝鮮産品の再輸入はわずか4円（0.01％）にすぎない．

13) かつて筆者らが公表した論文（堀・木越［2009］）では，⑤⑥中の輸入を総輸入だと理解していたが，④によってそれが純輸入の誤りであることが明らかになった．1901〜1909年について，本章の貿易額は前論文よりも再輸出分だけ金額が大きくなった．

14) 第一銀行「韓国海関税ノ取扱」（第一銀行［1908］第2章）．

15) 中国海関統計は，この計算方法の変更によって輸出は10.5％膨張し，輸入は14.5％縮小したのであり，中国海関は上海について過去に遡った修正貿易額を公開している．China, The Imperial Maritime Customs［1904］p.490.

126 | 記述編　第1部　植民地期朝鮮

表6.2.1　開港期朝鮮の輸出入価格

（単位：1893年まで千メキシコドル，1894年以後千円）

年	原純輸出	輸出税	FOB 価額	純輸入	輸入税	CIF 価額	%	
							FOB 比率	CIF 比率
1885	388	20	439	1,672	120	1,443	113.1	86.3
1886	504	25	569	2,474	133	2,178	112.9	88.0
1887	805	40	910	2,815	203	2,429	113.0	86.3
1888	867	43	980	3,046	220	2,629	113.0	86.3
1889	1,234	62	1,394	3,378	213	2,943	113.0	87.1
1890	3,550	179	4,013	4,728	327	4,092	113.0	86.6
1891	3,366	168	3,804	5,256	372	4,543	113.0	86.4
1892	2,444	123	2,762	4,598	309	3,989	113.0	86.8
1893	1,698	86	1,920	3,880	263	3,364	113.0	86.7
1894	2,311	116	2,612	5,831	358	5,093	113.0	87.3
1895	2,482	124	2,805	8,087	602	6,955	113.0	86.0
1896	4,729	226	5,333	6,531	448	5,665	112.8	86.7
1897	8,974	420	10,112	10,068	673	8,737	112.7	86.8
1898	5,709	238	6,404	11,818	740	10,300	112.2	87.2
1899	4,998	227	5,625	10,227	655	8,902	112.6	87.0
1900	9,440	385	10,580	10,940	689	9,534	112.1	87.1
1901	8,462	387	9,526	14,696	912	12,894	112.6	87.7
1902	8,317	355	9,337	13,541	814	11,978	112.3	88.5
1903	9,478	413	10,649	18,219	1,019	16,174	112.4	88.8
1904	6,934	292	7,780	26,805	1,500	24,089	112.2	89.9
1905	6,904	264	7,721	31,872	1,967	28,835	111.8	90.5
1906	8,133	398	9,181	29,522	1,715	26,588	112.9	90.1
1907	16,480	759	18,557	40,894	2,319	36,542	112.6	89.4
1908	13,464	667	13,464	41,021	2,511	41,021	100.0	100.0
1909	15,400	701	15,400	36,646	2,311	36,646	100.0	100.0
1910	18,868	863	18,868	39,737	2,431	39,737	100.0	100.0

（出所）　本章で作成した朝鮮貿易データベース．以後このデータのみを加工した図表の場合は出典表示を省略する．

は中国海関の制度をそのまま導入したので，貿易額は市場価格をとっており，1904年時点では中国海関との関係が切れていたので，中国での制度変更は導入されなかった．結局，朝鮮では，1908年に輸入のCIF価格表示が導入された．

ところで，中国海関では，市場価格をFOB・CIFに変換するのに次の公式を採用した．

　　FOBによる輸出額＝市場価格による輸出額＋海関支払い税額＋輸出業者の利潤等（輸出額×8％）

　　CIFによる輸入額＝市場価格による輸入額－海関支払い税額－輸入業者の利潤等（輸入額から税額を引いた価額×7％）

この公式を当てはめて，朝鮮の純輸出入の価格をFOB・CIFに変換してみたものが，表6.2.1である．この間，朝鮮の輸出税は平均4.7％，輸入は同じく6.4％であったので，輸出は112.7％に拡大し，輸入は87.5％に縮小する．つまり，輸出は12.7％増加し，輸入は12.5％減少する．[17]

朝鮮では，商品貿易統計に含まれていない金銀の貿易も重要である．輸入は銀貨，輸出は金地金と銀貨である．後掲統計のように，1880年代から銀貨輸入高には何度か変動があるが，金地金の輸出は次第に増加し，とりわけ1890年代末から急速に伸びており，金銀貿易では圧倒的な輸出超過となった．この商品貿易FOB・CIF修正額と金銀貿易を合算したものが図6.2.1である．これまで朝鮮貿易は一貫して輸入超過が特徴だとされてき

---

16)　東洋経済新報社編［1935］p.45，大蔵省関税局［1972］上巻，p.163．ただ日本の輸出がFOBに変更されるのは各税関によって異なり，完全にFOB価格となるのは1912年である．本章では，朝鮮貿易統計は1908年からCIFとFOBを採用したと見なした．

17)　露国大蔵省［1905］も，この時期，朝鮮の大幅な輸入超過は，朝鮮貿易統計が中国海関式に市場価格を採用しているからであり，価格をFOB，CIFでとれば入超は非常に縮小するとみている．pp.140-141.

図 6.2.1 朝鮮の輸出入額（商品＋金銀）

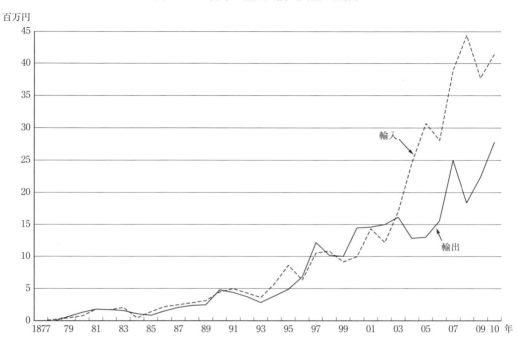

たが，この図ではまったく異なる．実は，1903年までのほとんどの期間，朝鮮の輸出入はほぼ均衡していた．金銀を含めた総輸出額と総輸入額とが大きく乖離し，総輸入が急激に増えるのは，明確に1904年からである．このように，輸出入の不均衡は日本による植民地化とともに始まったのである．

この期の貿易統計に関連して，過少申告と密貿易についても触れておこう．朝鮮海関には貿易品価格を査定するための規定が設けられている．[18] しかし，日本税関職員の観察では，海関職員に輸入品に対する適切な評価能力がないために，輸入価格は実際の価格とは相当に異なるとしている．海関職員が輸入品を評価できないために，安いものを高く評価することも，逆に高い商品を低く評価してしまうこともあった．しかし，最も重要な問題なのは商人による意図的な価格偽装であり，日本商人，華商，洋商すべてが行っているとしている．日本税関職員は，日本商人による価格偽装，低価格での申請行為はごく日常的に行われていたと報告している．[19]

そのことを客観的に示すことができる．表6.2.2は，朝鮮の対日本輸入と日本の対朝鮮輸出入を照合したものである．注目すべきは，1899年から，日本から輸出した価額よりも朝鮮で輸入した価額のほうが恒常的に少ないという，本来起こり得ない現象が生じている点である．それが起こる契機は，1899年7月に日本では輸出税が廃止されたことである．[20] そして，これこそ，朝鮮貿易において商人たちが朝鮮海関に貿易額を過少申告することが常態化していたことを端的に示している．この輸入商人による過少申告問題については次項で考証する．

同様に，朝鮮海関の貿易掌握の弱さを示すものとして，密輸問題にも触れておこう．日本税関職員の調査報告によれば，朝鮮の海関は，開港場以外の密輸取締まりの機関を持っていないが故に，

---

18) これは，暫行税務章程（Provisional Customs Regulations）による規定である．斎藤［1902］．
19) 「仁川ホームリンガ商会ノ一洋人告ケテ曰ク韓界ニ於テスマークルヲ行ハサルモノ無シ　唯吾々ハ大キク之ヲ行ヒ日本人ハ小ニシテ屢々之ヲ行フノ別アル而已ト」（宮尾［不詳］p.87）．
20) 大蔵省関税局［1972］上巻，pp.239-240．

128 ｜ 記述編　第1部　植民地期朝鮮

表6.2.2　日本と朝鮮の直接貿易額の対照

(単位：千円，％)

年	朝鮮 A	日本 B		B/A×100	日本 A	朝鮮 B		B/A×100
	朝鮮→日本	朝鮮→日本	差	比率	日本→朝鮮	日本→朝鮮	差	比率
1894	2,051	2,183	132	6	2,365	3,647	1,282	54
1895	2,366	2,925	559	24	3,831	5,839	2,007	52
1896	4,396	5,119	723	16	3,368	4,294	926	28
1897	8,090	8,864	774	10	5,197	6,432	1,235	24
1898	4,523	4,796	273	6	5,844	6,777	933	16
1899	4,205	4,976	771	18	6,996	6,658	▲338	▲5
1900	7,232	8,806	1,573	22	9,953	8,241	▲1,712	▲17
1901	7,443	10,052	2,609	35	11,373	9,110	▲2,262	▲20
1902	6,660	7,958	1,298	19	10,554	8,664	▲1,890	▲18
1903	7,666	8,912	1,246	16	11,761	11,685	▲77	▲1
1904	5,800	6,401	601	10	20,390	19,255	▲1,134	▲6
1905	5,546	6,151	605	11	26,619	24,041	▲2,578	▲10
1906	7,191	8,206	1,015	14	25,210	23,223	▲1,987	▲8
1907	12,919	16,372	3,453	27	32,792	29,524	▲3,268	▲10
1908	10,916	13,718	2,802	26	30,273	23,982	▲6,291	▲21
1909	12,053	14,139	2,086	17	26,998	21,821	▲5,177	▲19
1910	15,378	16,904	1,526	10	31,865	25,307	▲6,558	▲21
1911	13,340	15,802	2,462	3	41,688	33,916	▲7,772	▲19
1912	15,365	17,376	2,011	13	47,942	40,656	▲7,286	▲15
1913	25,309	25,017	▲292	▲1	41,204	40,418	▲786	▲2
1914	28,569	29,404	835	3	39,862	39,047	▲815	▲2
1915	40,862	43,072	2,209	5	43,708	41,535	▲2,173	▲5
1916	42,900	41,586	▲1,314	▲3	56,869	52,380	▲4,489	▲8
1917	64,684	59,712	▲4,972	▲8	81,377	72,600	▲8,777	▲11
1918	137,135	127,774	▲9,361	▲7	126,319	116,894	▲9,425	▲7
1919	199,805	185,240	▲14,565	▲7	189,827	184,579	▲5,248	▲3

(出所)　朝鮮貿易データベースと大蔵省『大日本外国貿易年表』各年版.

密輸の摘発は密告によるものだけであった．日本の非開港場から朝鮮の非開港場への直接貿易＝密輸は恒常化しており，これは日本の関税行政にとっても非常に大きな問題だと報告していた．[21] このように，関税課税権の侵害である輸出入額の過少申告と密輸が，当時朝鮮で盛んに行われていたことは確かな事実である．しかし，それらの規模を概括的にでも推計できる根拠がないので，数量的に把握することはできない．

開港の貿易統計の数値は実態をかなり過少把握していることは，つねに念頭に置いておく必要がある．この点に関し，統計表6.3.1には修正が施されているが（同表第3，4列を参照），その他の第6章統計表（統計表6.3.2〜6.3.3およびCD統

計表6.3.1〜6.3.2）では，開港期の過少申告や密貿易に関する推計や修正を施していない．

［Ⅲ］　第3期（1908〜1945年）

戦前の貿易管理制度は関税を中心に組み立てられているので，植民地統治下の関税の変遷をみてみよう．

朝鮮併合に際して，日本政府は列強が併合に反対するのを防ぐ融和策として，関税については爾後10年間従前の関税を維持すると宣言した．[22] これに規定されて，1920年までは，朝鮮の貿易制度は日本に対しても形式的には外国貿易に近い形態が維持された．主要な点は，朝鮮と日本，台湾の間において外国貿易の関税と同様の「移出税」

---

21)　日本商人は九州・四国・中国および日本海側の諸港から小型船によって密貿易を行うので取締まりがむずかしいが，日本財政に阻害を与えるものであるとしている（普賢寺［1904］p.110）．宮尾［不詳］や，斎藤［1902］にも密輸と過少申告の事例が頻繁にでてくる．

22)　朝鮮貿易協会［1943］pp.149-154.

「移入税」を設け，日本側でも日本の輸入関税と同様の「移入税」を導入したことである（1910年時点で日本には輸出税がなかったので，「移出税」は設けられなかった）．つまり，本国植民地間に従来の関税障壁を存続させたのであり，これは台湾の領有の場合にはなかった条件である．このように，日朝の貿易制度は擬似的に外国貿易に準じたものとされたが，実際には日本朝鮮双方で，移入税・移出税や主に日本が対象となる輸入税を廃止することにより，その障壁を低めていった．具体的には，日本側では1913年に米穀の移入税を廃止しており，朝鮮側では1915年と1918年に鉱山用品，製銑・製鋼設備用品の輸移入税を廃止していた．とりわけ，第1次大戦期に日本側の移入税を廃止した措置によって，課税対象品は大幅に減少した．日本側において通年で移入税が掛けられた最後の年である1919年には，朝鮮からの移入品中で課税された品目の価額はわずかに13.3%にすぎない．朝鮮の場合，先述の関税10年間据置宣言の手前，日本からの移入品中だけの課税率は公表されていない．しかし，1924年の資料によれば，対外国輸入品の課税率は53.9%であるが，対日本移入品の課税率は17.7%であったので，対日本移入課税は実際には1910年代にすでにかなり削減されていたと推測される．1920年8月に関税据置宣言の制限が解消し，日本の「関税法」「関税定率法」等が朝鮮に施行され，貿易制度としては日本と一体化した．日本では移入税はただちに廃止された．朝鮮では財政上の理由から移入税廃止は見送られ，1923年に移入税の約半額が廃止されたが，酒精，酒精含有飲料，織物の移入税は存続した．これら3品目の移入税は次第に引き下げられ，1941年3月にようやく全廃された．

日朝間の貿易統計データは次のようにして集められる．1920年ないし1922年までの日本と朝鮮の移入税徴収は，基本的に外国貿易と同様の方法で徴収されていた．朝鮮側においては，1923年の制令第6号によって新たな制度に移行した．[23] それによれば，移入税を課せられた物品は開港場または総督の指定した港のみで移入することができる．その他の物品については，朝鮮のいずれの港でも移出入することが可能となった．そして，その船舶の船長は，貨物の積荷目録を事後的に税関に提出することが義務づけられた．つまり，1923年以降の朝鮮日本（台湾・樺太等を含む）間の貿易では，移入税を課せられたもの以外は，まったく税関の検査を受けることがなく，その貿易統計は船長の自主申告にのみ基づいて作成されることになる．こうして，1923年以後の日朝間の貿易統計は，外国貿易統計とはまったく異質の手続きによるものとなった．このように，もっぱら証拠書類添付のない申告にもとづく貿易統計は，その信憑性について当然に疑義を呼ぶことになる

朝鮮総督府による貿易統計の基本的な性格はつぎのようである．[24] ①統計の期間は暦年，②輸出価額はFOB価格，輸入価額はCIF価格である．ただし，これは対外国貿易の場合であり，対内地移出は「船積地価格」，同移入は「陸揚地価格」である．[25] ③相手先分類における輸出は最終仕向地，輸入は原生産地を原則とする．⑤朝鮮からみる内地には，日本本土と樺太，台湾，南洋群島を含む．⑥商品分類は，「関税定率法」に基づく日本独特の分類（「17分類」と通称されている）をつねに意識し，それを若干簡素化したものである．ただし，その分類は最後まで，日本と完全には一体化しなかった．

---

23)　堂本［1931］p.75.

24)　溝口・山本［1988］第2部第2章.

25)　東洋経済新報社編［1935］p.45. FOB価格は本船渡し価格であり，船舶積み込み費まで含めた商品の価格．「船積地価格」は，文字どおり船積地における市場価格である．CIF価格とは，運賃保険料込み到着価格であるが，「陸揚地価格」とは，陸揚げその他の付随的費用がかかっている到着地における価格である．そして，これは当該地での市場価格ということを意味する．一般の貿易手続きでは通関申告時に信憑書類によって，その価格を証明する義務があるのに対して，本国植民地間貿易では関税賦課がなく信憑書類も必要とせず，船長が提出する船荷目録による報告であるために，わかりやすい市場価格を採用したものと推測される．

130 | 記述編　第1部　植民地期朝鮮

表6.2.3　朝鮮の対日本輸出入過少申告修正額推計

(単位：千円, %)

年	純輸出	輸出推計	過少申告額	同比率(%)	純輸入	輸入推計	過少申告額	同比率(%)
1909	11,470	14,644	3,174	27.7	21,760	29,111	7,351	33.8
1910	14,547	16,717	2,170	14.9	25,173	33,235	8,062	32.0
1911	12,509	13,927	1,418	11.3	33,617	42,655	9,039	26.9
1912	14,817	16,955	2,137	14.4	40,050	47,767	7,718	19.3
1913	24,545	25,795	1,250	5.1	39,633	45,534	5,901	14.9
1914	27,770	29,087	1,317	4.7	37,733	42,130	4,397	11.7
1915	39,752	42,562	2,810	7.1	40,061	45,904	5,843	14.6
1916	41,678	42,833	1,155	2.8	50,254	59,642	9,389	18.7
1917	62,553	64,406	1,853	3.0	68,616	83,326	14,710	21.4
1918	134,772	143,811	9,039	6.7	109,223	130,472	21,249	19.5
1919	197,214	204,764	7,550	3.8	170,446	194,984	24,538	14.4
1920					133,322	152,496	19,174	14.4
1921					144,446	165,876	21,430	14.8
1922					143,419	164,376	20,957	14.6

(出所)　朝鮮貿易データベース，および大蔵省『大日本外国貿易年表』，台湾総督府『台湾外国貿易年表』，台湾総督府『台湾貿易年表』各年版.

　税関通過をもって外国貿易であるとする日本の立場では，朝鮮が内地（主要には日本）以外の外国と直接に輸出入する行為だけが外国貿易であり，通関手続を必要としない内地との取引は外国貿易ではない．このような日本政府の見解のために，国際連盟の統計類では，日本の外国貿易には対朝鮮・台湾は含まれておらず，朝鮮・台湾の対外国貿易には対内地貿易が入っていない．1910年併合以来日本は，朝鮮と内地との取引を移出・移入として，対外国の輸出・輸入と区別していた．ただし，朝鮮を1つの経済単位として取り扱う本章では，対外国と対内地を区別せずに，ともに輸出・輸入として扱う．

　植民地の貿易統計には過少申告と仲継貿易という2つのバイアスの存在が知られている．そのバイアスの規模を推計してみよう．

(1)　過少申告によるバイアス

　この現象は前項の表6.2.2ですでに見た．つまり，朝鮮側の対日輸入額が，日本側の対朝輸出額を一貫して下回るという本来あり得ない点である．[26] 日本側の輸入において，このような現象はみられなかったが，1910年代後半になって初めて日本側輸入額が朝鮮側輸出額を下回った．個別品

目で対比しても，同様の傾向が現れる．これを商人が課税回避のために貿易額を不正に過少申告したものと捉え，その規模を推計する．

　先述のように，1910年代朝日間の輸出入は準外国貿易として扱われたために，『朝鮮貿易年表』とは別に，日本大蔵省編『大日本外国貿易年表』にも内地（日本・樺太）朝鮮間の貿易統計が掲載されている．この2つの同年貿易額を使っての推計方法はこうである．年度ごと17部門ごとに，一方の輸出額に運搬経費[27] を加えた数値を，他方の輸入額と比較して，いわば「過少申告率」を算出して，それを集計する方法である．具体的な推計過程はやや複雑なので，具体的な説明は別稿を参考にされたい．[28]

　推計結果は，表6.2.3のようである．朝鮮の輸入額は1919年まで，輸出額は1922年までほぼ傾向的に増加し，とくに1910年代末になるとそれが甚だしくなる．しかし，興味深い点は，その過少申告率は逆に減少していき，その末期においてはきわめて低くなっていることである．植民地と本国一体化のための課税対象の削減，課税率の引下げ等の条件によって，過少申告をするインセンティブが小さくなってきたのではなかろうか．1910年前後，朝鮮側の輸入が3割ほど過少申告されてい

---

26)　植民地期朝鮮における過少申告の問題については，すでに吉信［1979］がその存在を指摘している．

27)　重要な運搬経費率は，移出入税がない朝鮮台湾間の貿易の運搬経費がほぼ5％であったので，これを利用する．

28)　堀・木越［2005］（本書CD-ROMに収録）．

たとすれば，先にみた図6.2.1の輸出入の大きな差は，実際にはさらに拡大することになろう．

(2) 仲継貿易のバイアス

貿易は関税線を越えた点（通関）で把握される．先述のように，1920年に日本の関税線は完全に朝鮮を包含したが，同時に日本と朝鮮間には関税線がなくなったために，日本産品の朝鮮を経由した輸出には複雑な問題が生じた．日本の貿易原則である輸出における最終仕向地主義・輸入における原生産地主義という原則と，朝鮮の輸出入では産地識別をしない制度との矛盾である．たとえば，日本産品を朝鮮経由で満洲（中国）地域に輸出した場合，日本の対朝鮮輸出と朝鮮の対満洲（中国）輸出という2つの時点で輸出額が重複してカウントされる．これはすでに朝鮮貿易史上の重要問題として指摘されているが，「通過貿易」と区別されなかったために正確な把握ができない．[29] つまり，日本産品の満洲（中国）輸出，または満洲（中国）産品の朝鮮経由の対日本輸出には，制度的に2つの形態があることが区別されていない．

ポイントは，どの時点で関税線を越えるかである．日本産品で日本国内の税関で通関した満洲（中国）への輸出品，もしくは満洲（中国）産品で日本国内の税関で通関した輸入品は，たとえ朝鮮半島を通過しようと，それは日本の制度では朝鮮貿易には入らない．それらは朝鮮貿易統計に包摂されず，『朝鮮貿易年表』各年版巻末で「通過貨物」として扱われる．それに反して，日本の満洲（中国）への輸出品が朝鮮内の税関で通関する場合，および満洲（中国）産の日本への輸入品が朝鮮で通関する場合が，先ほどの二重計算になるのである．当時の関係者は，前者を「通過貨物」，後者を「仲継貿易」として，明確に区別していた．

ここでは，当時の用語である仲継貿易をそのまま使う．一般的に仲継貿易（intermediate trade）とは，各国で関税賦課にかかわって，その貿易制度上の取扱いが異なるものである．[30] 朝鮮では，後述のように「満洲国」（以後カッコを省く）を創り上げてから，帝国の一体化によって，この仲継貿易が激増した．それゆえに，一地域としての朝鮮の貿易を正確に捉えるためには，何らかの方法でこのバイアスを把握する必要がある．

ここでは次のような方法をとる．『朝鮮貿易年表』は，1920年まではすべての輸移出入について生産地を明示しているので，これを使う．また，1935年から1943年までの朝鮮輸出については，総督府自身が直接に生産地調査を行っており，その数値を使う．[31] それ以外の輸出入については，次のような方法で推計する．日本の主要相手地域である中国，満洲国，関東州の貿易統計[32]では，輸出国の最終目的地主義，輸入国の原生産地主義という原則をすでに確立していたことを利用し，生産地明示のない朝鮮輸出入を仕分けする．満洲国を例にすれば，朝鮮の対満洲国輸出額のうち，満洲国の対朝鮮輸入額を超える分を日本産品の仲継輸出だとみなす．逆に，朝鮮の対満洲国輸入額のうち満洲国の対朝鮮輸出を超える分を仲継輸入とみなす．ついで，朝鮮から第三国に輸出された分を調節して，朝鮮・日本内地間の仲継貿易額を算出する．この方法により，日本・朝鮮・満洲間の主要貿易品の動きを検証してみると，かなりの精度で事態を捉えることができる．細かなところで問題点は残るが，巨視的なレベルで仲継貿易による朝鮮貿易のバイアスを是正するのには，有効であると判断される．[33]

推計結果は図6.2.2のようである．朝鮮の満洲からの仲継輸入は，1920年から数年間急に増えて

---

29) 溝口・山本［1988］第2部第2章．

30) 日本植民地の関東州と台湾でも日本産品の仲継貿易があり，貿易実態の認識を一定程度困難にしている．堀［2009］第8章，谷ヶ城［2005］を参照．

31) 朝鮮総督府『朝鮮貿易年表』1935-1941年版，南朝鮮過渡政府［1948］．

32) 主要な資料は中国海関統計，Inspector General of Custom. *Foreign Trade of China & The Trade of China.* 満洲国財政部『満洲国外国貿易統計年報』，関東庁『関東州貿易統計』『関東州統計年報』『関東州貿易年表』等である．

33) 推計の詳しい説明と検証結果については，堀・木越［2005］を参照．

図 6.2.2 朝鮮の仲継貿易とその比率

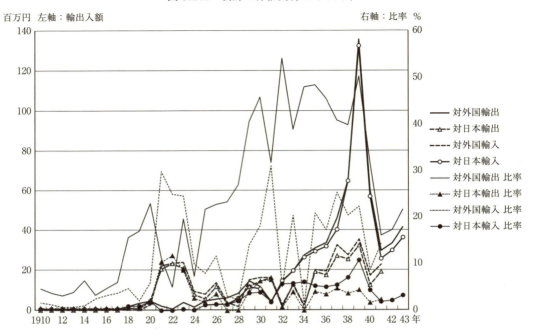

いる．その後，小さな変動を繰り返しつつ1930年代末まで漸増している．輸出は1920年代末から増えはじめ，満洲国建国時から文字どおり劇的に増加して1939年のピークにいたる．1940年には急激に減少に転じており，仲継輸出の役割が一変したことを示している．図の右軸で，仲継貿易の比率をみると，輸入はおおよそ2〜3割にあたるが，輸出は1930年代に4〜5割に達している．つまり，日本による帝国内分業が拡大する過程において，朝鮮経由の仲継貿易はその脈管の一部であり，とりわけ1930年代は日本産品の対満洲輸出はかなりの役割をはたした．この補整によれば，1930年代の対満洲貿易の規模と比率を，一定程度縮小評価しなおす必要がある．ただし，この時期の朝鮮貿易では対日本を除く輸出入の比率自体が比較的に小さかったので，朝鮮貿易全体の規模に及ぼす影響は限定的であった．

3　長 期 的 趨 勢

[I]　開　港　期

本節は，植民地期を中心に取り扱うので，開港期は簡潔に概観しよう．[34] 開港期においても貿易は確実に増加している．図6.3.1のようなマクロな図で示すと，後の時代と比べて停滞的にみえるが，1885〜1903年間の実質貿易の年平均成長率は，輸出で14.4％，輸入で12.2％であり，植民地期よりやや高い．開港場は19世紀末まで3港のみで，朝鮮経済全体に与える影響は植民地時代とは比較にならないが，対外貿易がしだいに朝鮮社会を揺り動かしていったことは疑いない．商品貿易に金銀を含めると，1903年以前は輸出入がほとんど均衡しており，当時朝鮮の輸入額は結局輸出額に規定されていたことを示している．

朝鮮の貿易統計において輸出の最終目的地主義，

---

34) 詳しくは，堀・木越［2005］，堀・木越［2009］第2章を参照．

第6章 朝鮮貿易　133

図6.3.1　朝鮮輸出入の原統計額，修正額，実質額（1935年価額）

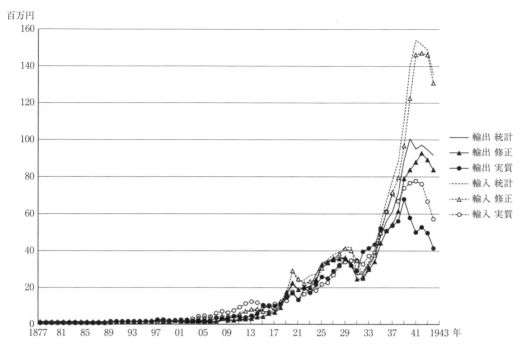

(出所)　統計表6.3.1.
(注)　1942・43年は全貿易の物価指数が作れないので，対日本貿易物価で代用している．

　輸入の原産地主義の原則が確立するのは，日本が朝鮮海関を掌握する1908年からで，それ以前は輸出は貨物の仕向先，輸入は貨物の仕出地であった．そのため形式上統計に登場する相手国はほとんどが日本，清国であり，わずかにロシア沿海州が付け加わるだけである．

　開港期朝鮮の輸出品はつねに一次産品（SITC一桁分類0～4の食料・原材料，以下も同様）が97～98％を占めていた．米，大豆，牛皮，海産物，人参等が主要品で，農産物の豊凶によって単年度の輸出品構成の変動は激しいが，1890年以後は米と大豆でほぼ6～7割を占めていた．そして，これらの輸出先はほとんどが日本と中国で，ごく一部のみロシアで消費されたが，欧米に輸出されるものはなかった．

　開港当初の輸入は，日本商人と清国商人のいずれもが，それぞれ長崎と上海を経て持ち込んだ英国の綿製品が圧倒的な部分を占めていた．つまり，朝鮮の世界経済への結合は，朝鮮の1次産品と英国綿製品との交換という形で始まった．ところが，1880年代に日本で産業革命が始まると，日本商人による英国綿製品の仲継輸入は急激に減少し，綿製品も含めた多様な日本の工業製品に換わり始める．そして，日清戦争後に朝鮮通商の主導権を握ったことで，日本は朝鮮市場においてきわめて有利な位置を占めるにいたった．とはいえ，後の植民地時代と比べると，併合前朝鮮の輸入における比率はまだ決定的だとはいえない．それは，日本の工業製品がいまだ英国の高級綿製品（生金巾や晒金巾）と中国の伝統的な絹織物・麻織物を代替することができなかったからである．保護国期から始まった植民地化政策のために，欧米からの近代的な諸資材の輸入はかえって増え始めた．仲継貿易は原生産国が不明なので，後掲図6.3.3では，日本・清国ではない「第三国」と表示している．貿易統計の原生産地主義が確立した1908年でみると，日本は58.9％にとどまっていた．これは日本が朝鮮の植民地化に着手したために，それに必要な近代的な欧米商品が大量に輸入され始めたことが影響している．

輸出額と輸入額がほぼ均衡し漸増していた開港以来の貿易の趨勢は，1904〜1905年から変化をみせ始める．まず，輸入が先行して増加することで貿易全体の拡張を主導するようになる．そして，その輸入超過を可能としたのは日本からの投資であった．日露戦争と朝鮮の保護国化・植民地化措置のために日本政府による多額の借款，日本興業銀行の融資，民間人による資金搬入が引き起こされた．これに対応して，朝鮮各地の1次産品に関しては鉄道と膨大な零細非開港場をつないだ新しい通商ルートが形成され日本市場に結びつけられていった．[35] このような朝鮮経済の日本経済への包摂は，1910年代にいっそう本格的に進行する．その貿易構造については後に一括して説明する．

このように開港期朝鮮は，米・大豆を中心とした1次産品と英国綿製品との交換によって近代世界経済との取引が始まり，やがて日本の産業革命の進展によって次第に日本製品が浸透するようになった．日露戦争を契機に日本が朝鮮植民地支配にのりだしたために，貿易の輸出入均衡が破れ，新しい時代に移行した．

［Ⅱ］　植　民　地　期

次に，植民地期（1905〜1945年）の朝鮮貿易の特徴を，規模の拡大，日本帝国への包摂，貿易の構造変化に分けて検討しよう．前掲図6.3.1によれば，漸次的増加の開港期と急激に増加する植民地時代が対比されるようであるが，先述のように，貿易成長率それ自体が大きく伸びたわけではない．転換は日露戦争後から1910年代に輸出が伸び（1905〜1920年間の成長率は16.6％に達した），輸入総額の伸び率がそれを上回ったうえに，貿易の構成が大きな変化をみせた．1920年代以後の朝鮮貿易の増加は，一定の成長率の累積がもたらした結果であるとはいえ，比較史的にみて朝鮮貿易の増加趨勢は特異なものであった．たとえば，両大戦間期（1913〜1938年）中の日本貿易の成長率と指数は，輸出で6.0％と400，輸入で3.8％と246で

あった．これは，同期間にきわめて停滞的であった世界全体の趨勢（輸出入同じく0.6％と115）と大きく異なり，特異な成長だとして注目されてきた．ところが，朝鮮のそれはさらにこれをはるかに上回っており，輸出で13.0％と1,888，輸入で8.7％と738であった．前項の補整を加えても輸出で11.8％と1,641，輸入で7.7％と632となる．これは世界的にみても，石油産出で急成長したベネズエラに次ぐトップレベルの高い成長率であった．

このように特異に膨張する朝鮮貿易は，世界と広く取引を拡大したわけではなく，図6.3.2にみられるように，その相手地域はきわめて偏っており，明確な傾向を持っていた．輸出先は，日本，中国とロシア・ソ連が，そのほとんどであるという点は変わらない．そのなかで，対日本輸出は1911年に70.7％であったものが傾向的に上昇して1931年には95.1％のピークに達し，以後1930年代に急低下した．併合時まで一定の比率を占めていた対ロシア輸出は，1920年代に消滅した．その間を埋めたのは中国であるが，中国国内の地域は変化した．開港期には華北83.0％，華中華南12.1％と関内が圧倒的であったが，図のように1910年代以後は関内からの輸入は減少し，満洲に置き換わった．[36] 朝鮮の輸出対象国は日本と中国のみといって過言ではない．植民地再編による朝鮮輸入の変化はさらに顕著であった．図6.3.3のように，対日本輸入は1911年に63.6％であったが，1939年には88.5％まで一貫して高まっていった．また図のように，併合前後に英米を中心とした欧米は30％近くを占めていたが，第1次大戦後に朝鮮貿易が大膨張するなかで，急速にそのシェアを失って後退し，1930年代末にはわずかその10分の1にまで低下した．つまり，欧米からの輸入品のほとんどは日本製品によって代替駆逐された．日本以外で輸入を増やしたのは中国であった．中国内の輸入地域の変化は輸出よりも顕著である．開港期中国からの輸入はほとんどが関内（華北13.5％，華中華南84.9％）であったが，図のように1920

---

35)　堀［2013］．
36)　朝鮮総督府『朝鮮貿易年表』では，1914年から対中国貿易を4地域別に分けて掲示している．

図 6.3.2 朝鮮輸出相手の地域別構成

（出所） CD 統計表6.3.1.
（注） グラフ上の配列は凡例の順序と同じ.

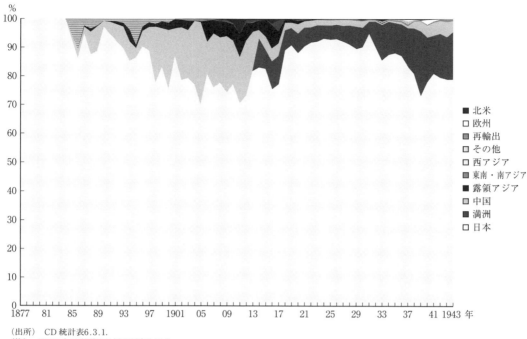

図 6.3.3 朝鮮輸入相手の地域別構成

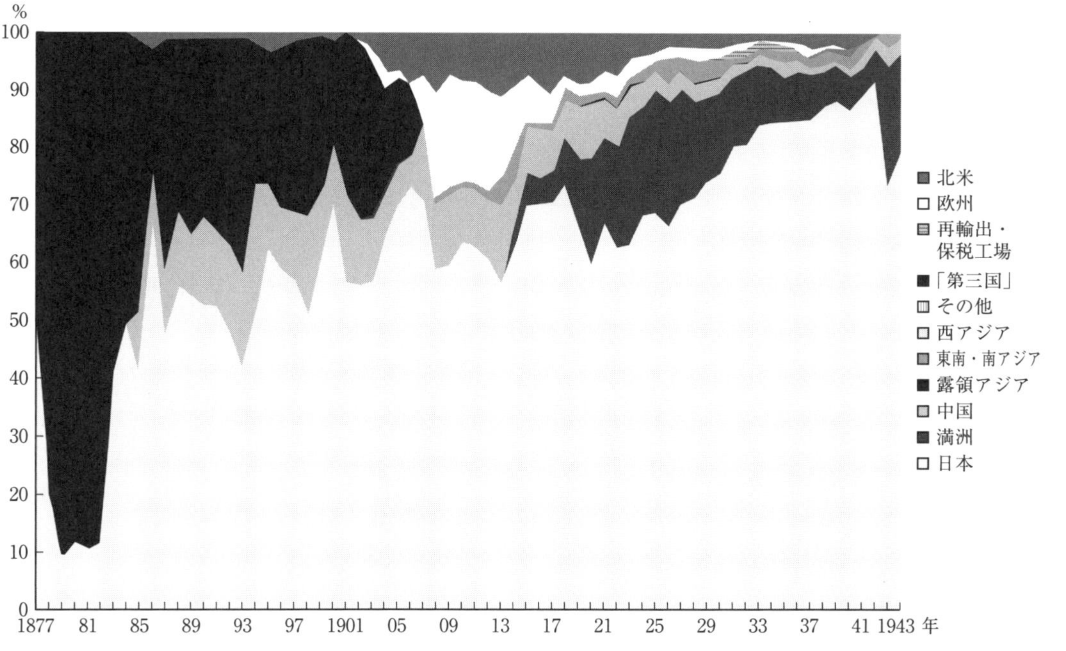

（出所） CD 統計表6.3.2.
（注） グラフ上の配列は凡例の順序と同じ.

から対満洲輸入が急激に増加し，1930年代に中国からの輸入はほとんどが満洲からのものに変わった．つまり，植民地期の朝鮮貿易は，1910年代を転機として日本と満洲，いいかえれば日本帝国だけと行われるようになっていった．

[Ⅲ] 貿易構造の特徴

次に，戦前期すべての貿易の輸出入部門構成を示せば図6.3.4と図6.3.5のようである．このように巨視的にみると，植民地期の貿易には1920年代末を転機として2つの局面があることを読み取れる．これを規定したのは農業と鉱工業をめぐる帝国内の分業の変化である．

まず，米と大豆を中心とする食料用農産物は輸出の大宗であり，併合前後では8割を占めていた．1910年代に日本が土地調査事業を実施したことで，農産物の商品化が促進され，日本に大量搬出されるようになった．その対日本輸出は20年代の産米増殖政策によってさらに促進され，併合時の50万石からピークの1934年には937万石に達し，米のみで対日本輸出の55％前後と圧倒的な比重を占めた．開港期にはほとんど全部が朝鮮内で需要されていた米穀は，最近の研究成果によれば，1930年代には朝鮮の全生産高の4割を超える量が日本に輸出されたとされる．[37] 米穀生産高の増加を上回る輸出を可能にするために，朝鮮農民の廉価な食糧として，1910年代より満洲粟の大量輸入がはかられた．図6.3.3の満洲からの輸入，図6.3.5の食料品輸入の急増は，日本への米穀輸出を支えるために満洲を組み込んだ帝国内分業が形成されたことを示している．[38] 大豆も基本的に同じように日本市場へ大量輸出され，ともに日本の外貨支払いの節約に大きく貢献した．ただし，朝鮮内での米穀生産の増加が進むと，やがて満洲粟への依存，その輸入は漸減していった．1930年代に朝鮮の対日本農産物輸出の比率は顕著に低下するが，これは日本にとっての朝鮮農業の重要度が薄れたからではなく，鉱工業の重要度が相対的に高まったからである．米穀の輸出量自体が急減したわけではない．

植民地期朝鮮の対外分業の第2の局面は，日本の対朝鮮投資やインフラ開発の進展と，先の農産物輸出の急増による購買力の増大で，朝鮮内にお

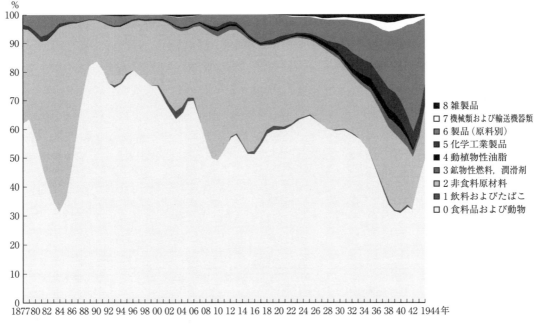

図6.3.4 朝鮮の輸出部門構成（3年移動平均，SITC）

（出所）統計表6.3.2.
（注）グラフ上の配列は凡例の順序と同じ．

---

37) 朴燮［2005］．
38) 同時期の対日本米輸出と対満洲粟輸入の趨勢は完全に一致しており，その代替関係が明瞭である．

図6.3.5 朝鮮の輸入部門構成（3年移動平均，SITC）

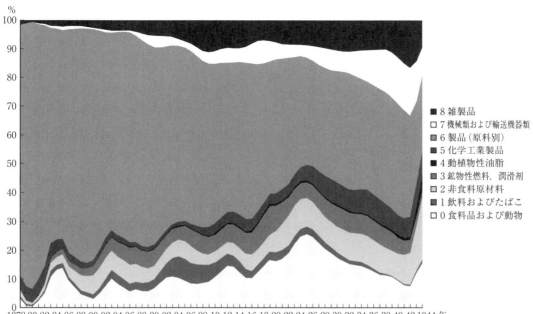

（出所）統計表6.3.3.
（注）グラフ上の配列は凡例の順序と同じ.

ける鉱工業が急速に発展を始めたことである．この鉱工業には，綿紡織業のような朝鮮内の市場を目指したものと，銑鉄生産や化学工業のような日本向けとの生産が重なっていた．図6.3.5のように，朝鮮の食料輸入の比率の上昇は1920年代末から反転するが，同じ時期に輸出において食料が増加したわけではない．図6.3.4のように，朝鮮の非1次産品＝工業製品（SITC 5～8部門）の輸出は1930年代に顕著に増加し，1930年代末には5割に達するにいたる．それは，日本経済の重工業化の進展と結びつき，朝鮮から日本に対する中間財（銑鉄，鉱物金属，化学工業製品）が大量に輸出されたからである．また，朝鮮内工業の勃興は，朝鮮内市場を埋めただけでなく帝国内の後進地である満洲に軽工業品を輸出させることになった．つまり，朝鮮は植民地でありながら，地域内にかなりの工業を発展させるにいたった．[39] それを支える物質的な基盤として，図6.3.5に見られるように，1930年代に日本からの機械・資本財の輸入

が急増した．このように，朝鮮は日本帝国内において，農業と鉱工業の両面において重要度を増していき，それだけ太い紐帯で日本と満洲と結びついていった．

表6.3.1は，日本帝国の貿易が最も膨張した1939年時点における朝鮮の対外関係を産業別に示している．開港から60年余りを経て，朝鮮は日本・満洲・中国との貿易が輸出の99.2%，輸入の95.3%を占めており，日本帝国の中にすっぽりと包摂されているさまをみせている．帝国圏以外において目立つのは，北米の石油とインドの綿花という日本帝国圏内で自給ができない商品のみである．図6.3.2，図6.3.3でみたように，輸出入ともに日本帝国内への包摂が完全に進み，日本国家の主権による経済統合の程度が，いわば国民経済の統合力に匹敵するほど一体化が高いレベルに達していた．両大戦間期における世界トップクラスの成長率での朝鮮貿易の膨張とは，実は世界経済とは直接的に切り離され，日本による疑似国民経済

---

39) 植民地工業化については堀［1995］参照.

138 | 記述編　第1部　植民地期朝鮮

表6.3.1　1939年における朝鮮の部門別・地域別貿易額と比率

（単位：百万円，％）

SITC	輸出額							同左　地域別比率					
	全世界	日本	満洲地域	中国関内	西欧	北米	その他	日本	満洲地域	中国関内	西欧	北米	その他
0	301.7	222.0	56.6	19.8	0.5	2.6	0.1	73.6	18.8	6.6	0.2	0.9	0.0
1	6.9	0.7	3.7	2.4	0.1	0.0	0.1	9.5	53.2	34.7	0.8	0.0	1.8
2	243.5	228.6	12.2	2.5	0.0	0.1	0.1	93.9	5.0	1.0	0.0	0.0	0.0
3	32.7	27.2	2.2	3.3	0.0	0.0	0.0	83.3	6.7	10.0	0.0	0.0	0.0
4	29.4	27.8	1.1	0.0	0.2	0.3	0.0	94.7	3.8	0.0	0.5	1.0	0.0
5	68.7	49.4	17.8	1.4	0.0	0.1	0.0	71.8	26.0	2.1	0.0	0.1	0.0
6	205.6	135.0	65.5	2.2	0.0	0.1	2.8	65.7	31.8	1.1	0.0	0.1	1.4
7	42.1	7.4	33.4	0.6	0.0	0.6	0.1	17.5	79.3	1.4	0.1	1.4	0.3
8	41.2	12.7	27.6	0.8	0.0	0.0	0.0	30.9	67.0	2.0	0.0	0.0	0.0
0〜8計	971.8	710.8	220.1	33.0	0.8	3.8	3.3	73.1	22.6	3.4	0.1	0.4	0.3
収支	▲359.2	▲466.4	136.3	23.0	▲5.5	▲20.2	▲26.3						

SITC	輸入額							同左　地域別比率					
	全世界	日本	満洲地域	中国関内	西欧	北米	その他	日本	満洲地域	中国関内	西欧	北米	その他
0	163.6	122.0	38.2	0.7	0.0	0.0	2.6	74.6	23.4	0.4	0.0	0.0	1.6
1	6.2	6.2	0.0	0.0	0.0	0.0	0.0	99.9	0.0	0.0	0.1	0.0	0.0
2	109.0	54.8	30.0	2.6	0.5	2.0	19.1	50.3	27.5	2.3	0.5	1.9	17.5
3	85.2	50.1	6.8	5.5	0.0	16.4	6.3	58.8	8.0	6.5	0.0	19.3	7.4
4	4.6	4.4	0.1	0.0	0.0	0.0	0.0	97.5	2.3	0.0	0.1	0.1	0.1
5	95.2	87.4	5.3	1.2	0.3	0.4	0.7	91.8	5.5	1.2	0.3	0.4	0.8
6	529.6	522.7	2.9	0.0	2.3	0.8	0.8	98.7	0.5	0.0	0.4	0.2	0.2
7	205.9	198.3	0.2	0.0	3.1	4.3	0.0	96.3	0.1	0.0	1.5	2.1	0.0
8	131.8	131.4	0.2	0.1	0.0	0.0	0.1	99.7	0.2	0.0	0.0	0.0	0.0
0〜8計	1331.0	1177.3	83.7	10.1	6.3	24.0	29.6	88.5	6.3	0.8	0.5	1.8	2.2

（注）　SITC コードは SITC 一桁分類．図6.3.4と同じ．

＝日本帝国が拡張される過程の一側面にほかならない．帝国主義本国と植民地との経済的融合という点でも，朝鮮は世界のなかで特異な事例の1つだと思われる．

後記：本文でも述べたように，本章は，堀・木越［2005］，堀・木越［2009］の2つの論文を基にしている．筆者は，2003年から2006年まで韓国落星台研究所の長期統計作成プロジェクトに参加して，貿易部門を担当した．そのプロジェクトの研究成果は，韓国において，金洛年編『韓国の経済成長1910-1945』ソウル大学校出版会，2006年3月，改訂版：金洛年編『韓国の長期統計　国民経済計算　1910-2010』ソウル大学校出版会，2012年8月，として刊行されており，初版は日本でも，金洛年編，文浩一・金承美訳，尾高煌之助・斎藤修訳文監修『植民地期朝鮮の国民経済計算1910-1945』東京大学出版会，2008年3月，として翻訳刊行されている．同書第11章「対外収支」中で，筆者は「1　朝鮮の貿易統計」を執筆して

いる．本章との関係はこうである．本章の開港期貿易の部分については，堀・木越［2005］を改訂発展させたもので，金洛年編論文集とは重ならない．本章の植民地期の部分については，統計の解説は金洛年編論文第11章「1　朝鮮の貿易」と重複し，貿易趨勢の解説は書き下ろしである．金洛年編論文集第11章中には，ほかに金洛年執筆「2　対外収支」と朴基炷執筆「3　デフレーター」が含まれているが，それらは本章には含まれていない．本章の朝鮮貿易の解説を補完する内容なので，関心のある方は参照されたい．なお，貿易物価指数は堀・木越と落星台研究所がそれぞれ独自に作成したが，結果はほぼ完全に一致するものである．それらについては，堀・木越［2005］，堀・木越［2009］（いずれも本書付属のCD-ROMに所収）を参照されたい．

　なお，本書第11章「貿易」は筆者の書き下ろしである．

（第1節〜第3節：堀和生）

第2部　大　韓　民　国

第 7 章
統 計 制 度

1 米 軍 政 期

［Ⅰ］ は じ め に

　1945年8月15日の解放から1948年8月15日の韓国政府樹立に至る期間は，米軍政庁による統治期間であった．解放に伴い，朝鮮総督府の統計業務は駐韓米国陸軍司令部軍政庁庶務所統計署へ移管された．この統計署には図7.1.1に示すように，5課に約800名の職員が配置された．そして，1947年6月，統計署は，南朝鮮過渡政府樹立とともに米軍政庁から過渡政府庶務所へ移管され，職員約500名の規模に縮小された．これは，「人口動態調査」と「労働力調査」が他部署に移管されたためであった．

　ところで，当時の経済統計調査の結果は，朝鮮銀行から発行された『朝鮮経済年報』（朝鮮銀行調査部，1948年）と『朝鮮経済年鑑』（朝鮮銀行調査部，1949年）に集大成されている．ここには，統計署の統計だけではなく，財務部，商工部，農務部など，各政府部署の経済統計も収集して整理されている．また，1993年には統計庁によって『統計でみる解放前後の経済・社会像』（統計庁［1993］）が刊行されている．

　もちろん，米軍政期は社会的，経済的混乱期であったため，当時の統計の信頼度が低いのはいかんともしがたい．とくに，解放以後，簇出（そうしゅつ）した中小工場および家内手工業の生産統計や密貿易の統計，さらに解放直後，朝鮮南部に移動してきた人口は公式統計による把握の範囲外にある．ただし，1946年より本格的な食料供出が実施されたため，それと関連した農業統計は相対的に正確度が高いとみられる．

［Ⅱ］ 人口および労働力

　解放以前における朝鮮南部の人口の最後の統計は，1944年5月に集計されたものである．それ以後の朝鮮南部の人口変化を表すものは表7.1.1である．しかし，公式の人口調査が初めて断行されたのは解放後の1949年5月であるため，表7.1.1の統計は推定値にすぎない．

　しかしながら，朝鮮南部人口の爆発的増加の様相は明らかである．とくに，解放以後，1946年前半に人口が急増したのだが，その主な要因は日本，中国，満洲などからの帰還者，および朝鮮北部からの越南者が大量に流入したことによるものである．表7.1.2に示された統計は，公式の手順を踏んだもののみを計算したものだが，総計200万名以上に達している．

　次に，職業別人口構成をみると，表7.1.3のよ

図7.1.1 軍政庁庶務所統計署

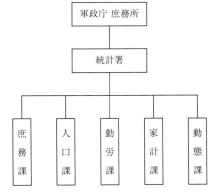

（出所）朴鼎在［1971］p.530.

表 7.1.1　解放前後の朝鮮南部の人口

区分	総人口(千名)	増加(千名)	指数
1944年 5 月 1 日	15,879		100
1945年　末	16,873	994	106
1946年 8 月25日	19,369	2,496	122
1947年　末	19,886	517	125
1948年　末	20,027	141	126
1949年 5 月 1 日	20,189	162	127

（出所）　統計庁［1993］p.2.
（注）　1）　日本人と米軍の数値は除外されている.
　　　　2）　1944年 5 月 1 日の人口は米軍政庁「南朝鮮（38度以南）地域及び性別人口」資料.
　　　　3）　1945～1948年の人口は米軍政庁による推定人口.
　　　　4）　1949年 5 月 1 日の人口は，政府樹立以後，最初に実施された『第 1 回総人口調査』の
　　　　　　結果値.

**表 7.1.2　解放後（1945年 8 月15日～1948年12月31日）流入した帰還者の
　　　　　　規模**　　　　　　　　　　　　　　　　　　　　　　　　　（単位：千名）

海外からの入国者	日本からの入国者	中国等その他の地域からの入国者	合計
	1,118	102	1,221
越南者	北朝鮮→越南	北朝鮮経由中国等越南者	合計
	649	320	969

（出所）　統計庁［1993］p.10.
（注）　海外からの入国者とは船舶，飛行機によって入国した場合を指す.

表 7.1.3　職業別人口構成　　　　　　　　　　　　　　　　　　（単位：千名）

	農業	水産業	鉱業	工業	商業	交通業	公務自由業	その他
1939年	7,789 (80.1%)	147 (1.5%)	144 (1.5%)	224 (2.3%)	566 (5.8%)	71 (0.7%)	212 (2.2%)	571 (5.9%)
1943年	8,149 (74.6%)	206 (1.9%)	204 (1.9%)	501 (4.6%)	502 (4.6%)	127 (1.2%)	338 (3.1%)	892 (8.2%)
1948年	6,271 (80.2%)	89 (1.1%)	34 (0.4%)	266 (3.4%)	370 (4.7%)	74 (0.9%)	416 (5.3%)	298 (3.8%)

（出所）　朝鮮銀行調査部編［1949］p.IV-18より作成.
（注）　1939年および1943年の数値は朝鮮全体を対象にしたものである.

うになる. 農業部門に従事する人口が圧倒的であるのは当然であるが, 解放以前に比べても増加した数値である. これは, 徴用や徴兵によって動員された労働力の農村への帰還, また鉱工業の崩壊による結果である.

　このように鉱工業が崩壊し, 帰還者が急増したことにより, 失業者も大きく増えた. 1947年末の調査によると, 失業者は80～150万名で, 経済活動人口の10～20％に当たると推定されている（統計庁［1993］p.18）.

［Ⅲ］　農業生産および工業生産

　解放以後, 農業生産は他の分野とは異なり, 大きい被害を受けなかった. 政治社会的混乱による被害がありはしたが, 一方では, 徴用や徴兵によって農村を去っていた労働力の帰還により生産に積極的な効果がもたらされることになった. ただし, 朝鮮南部人口の急増により食糧事情は悪化した. このため, 米軍政は, 初期に朝鮮南部の実情についての理解がないまま行った米穀の自由取引の処置を1946年に入って解除し, 食料供出制を実施した. 表7.1.4がその実情を表している.

　しかし, 表7.1.5と表7.1.6にみられるとおり, 解放直後, 朝鮮南部の総耕地の63％は小作地であり, 総農家のうち自作農は14％ほどで, 純小作農が50％に近い状況であった. 小作料納付を拒否し

第7章 統 計 制 度 **143**

表7.1.4 解放後米穀の生産と供出　　（単位：千石）

	生産量	収買計画量(A)	実際収買量(B)	B/A
1944年	10,772	6,654	6,274	94.2%
1945年	12,836	5,511	681	12.4%
1946年	12,050	4,295	3,562	82.9%
1947年	13,850	5,156	5,068	90.3%

（出所）　統計庁［1993］.

表7.1.5　朝鮮南部の農地状況（1945年末）　　（単位：万町）

土地の種類	田	畑	合計
総耕地	128(100%)	104(100%)	232(100%)
総小作地	89(70%)	58(56%)	147(63%)
日本人地主所有地	18(14%)	5(5%)	23(10%)
朝鮮人地主所有地	71(56%)	53(51%)	124(53%)
自作地	39(30%)	46(44%)	85(37%)

（出所）　朝鮮銀行調査部［1948］pp.1-29.

表7.1.6　農家の農地保有状況（1945年末）

（単位：千戸）

朝鮮南部の農家	戸数
総戸主	2,065(100%)
自作農	287(14%)
自作兼小作農	717(35%)
自作50%以上	340(17%)
小作50%以上	377(18%)
小作農	1,005(49%)
農地不耕作農家（被傭者）	56(3%)

（出所）　朝鮮銀行調査部編［1949］p.5より作成.

表7.1.7　米軍政期工業の生産額減少

（単位：千円）

	1939年生産額	1946年生産額		減少率(%)
		名目生産額	物価修正額	
紡績工業	170,985	1,635,453	67,855	60.3
機械器具工業	38,405	2,156,173	15,154	60.5
化学工業	91,171	3,089,697	21,714	76.2
製材，木材品工業	13,746	1,566,826	11,012	19.9
食料品工業	213,628	5,186,549	36,457	82.9
合計	527,935	13,634,698	152,192	71.2

（出所）　統計庁［1993］p.43より作成.
（注）　1）　物価修正額は1939年物価に換算した金額.
　　　　2）　朝鮮銀行調査部編［1949］p.4により1940年と1948年の工業生産額を比較すると，減少率は78.8%と推定される.

表7.1.8　米軍政期工業の事業体および労働者減少（5人以上）

	1944年6月	1946年11月	1948年1月
事業体	9,323	5,429	4,385
労働者	300,520	122,159	157,047

（出所）　統計庁［1993］pp.39-40より作成.

たり，小作料率引下げを要求したりする運動，すなわち農地改革運動が激化した背景はまさにここにあった．

一方，工業生産は解放以後に著しく縮小した．ただし，米軍政庁による工業生産統計はすべての工場を包括できていないため，この点に関して信頼に値する統計は存在しない．しかし，おおよその様相は表7.1.7と表7.1.8に見られるとおりであるが，工業縮小率は40〜75％と推定される．とくに，過去日本人所有の工場であったところでは生産縮小の現象がいっそう著しかった．このように工業生産が急減したのは，日本および朝鮮北部との経済関係の断絶による原資材の不足，機械設備の代替困難，日本人技術者の撤収，資金不足などが作用したためである．

このように，解放直後には工業生産が大きく縮小したが，時間の経過に伴って次第に回復傾向が現れはじめた．米軍政庁に提出された毎月の生産報告の代表的品目をみると，おおよそ1946年半ばから回復基調にある．生産実態が正確に把握されていない中小工場，家内手工業の生産分までをここに含めると，生産回復は統計数値以上であったと推定される．このような生産回復は，一方では援助や貿易を通して原資材が補充されたためであり，もう一方では中小工場や家内手工業が新しく簇出したためである．

一方，鉱業も，工業と同様に解放以後，急激な生産縮小を経験した．1947年末現在，朝鮮南部の鉱区の総計は4,582であったが，実際の稼動鉱区は119にすぎなかったという．これは，日本統治期末の戦争遂行過程で金鉱整備等の措置により相当数の鉱区が廃鉱状態に置かれたのが原因の1つ

であった．さらに，解放以後，日本人の所有であった大部分の鉱山に対する管理が不十分であったこともある．ただし，主要動力資源である石炭と輸出資源である重石と黒鉛の生産回復は比較的早かった．また，時間の経過に伴って工業と同様に生産量は増大していった．

[Ⅳ]　金融および財政

解放以後，しばらくの間は日本統治下のあらゆる統制物資が市場に流出し，物価が下落することもあった．しかしまもなく物価が暴騰しはじめ，表7.1.9にみられるような超インフレーション（hyper-inflation）の様相を示した．このような物価暴騰には何よりも通貨量膨張が大きく作用していた．

通貨量の膨張は表7.1.10が示すとおり，すでに植民地下の戦時経済の1930年代後半より始まっており，1944年には1936年の15倍にもなっている．しかしながら，この期間の物価上昇率が200％程度にすぎないのは，日本当局の強力な物価統制によって物価上昇が抑えられていたことを意味し，これが解放以後，一気に噴出したということである．

さらに，1945年8月15日直後，日本人の撤収と関連して日本が大量の資金を放出し，米軍政期の間にも，財政赤字等により約4倍に近い通貨量膨張が発生した．そして前述のとおり，鉱工業分野の生産減少，急激な人口増加，植民地下で抑圧されていた潜在需要の爆発，経済的混乱に乗じた売り惜しみ等の要因が絡み合って，超インフレーションを招くに至ったのである．

その一方，1945年10月より総督府の財政会計を

表7.1.9　ソウル市卸売物価指数

年度	卸売物価指数
1936年	100
1944年	241
1945年（8〜12月）	2,817
1946年	13,478
1947年	40,203
1948年	72,516

（出所）　朝鮮銀行調査部編［1949］p.IV-149より作成．

表7.1.10　朝鮮銀行券発行高

年度	年末発行高（千ウォン）
1936	210,654
1944	3,135,692
1945	8,763,341
1946	17,710,623
1947	33,388,164
1948	43,444,111

（出所）　統計庁［1993］p.148より作成．

第7章 統 計 制 度 145

封鎖して出発した米軍政庁の財政は，恒常的に歳出が歳入を上回る赤字財政であり，朝鮮銀行からの借入れによって補填されていた．さらに歳出では，運輸部，専売局，警務部が主たる項目であった半面，産業振興のための商務部と農務部の支出は相対的に小さかった．歳入では租税収入の比重が10〜20％とわずかであり，そのうちでは所得税がもっとも比重が大きく，その次が酒税であった．租税収入の比重が低いのは生産の縮小と税制の未整備によるものであった．また，歳入の主要部である官業収入では，たばこ・食塩・人参に対する専売事業からの収入が大きい比重を占めていた．

［Ⅴ］ 貿易および援助

米軍政期の貿易は，解放以前に比べると大幅に縮小していたが，官営貿易と民間貿易によって構成されていた．そして，表7.1.11が示すとおり，官営貿易が貿易，とくに輸入の支配的部分を占めていた．このような官営貿易の中心は1948年末まで米国の GARIOA（Government and Relief in Occupied Area）援助 4 億1,000万ドルと OFLC（Office of the Foreign Liquidation Commission,

海外清算委員会）借款2,500万ドルによる収入であった．援助物資は食料品，農業用品，衣類等で構成されていた．

民間貿易の輸出品はイカ，海苔等の水産物と重石，黒鉛等の鉱産物が中心であった．また，民間の輸入品は初期には食料品が大きい比重を占めていたが，後には官営貿易を通して食糧輸入が行われ，生ゴム等の原料品や新聞用紙等の原製品が中心となった．貿易相手国は，解放以後には日本の比重が著しく縮小し，中国等との中継貿易地であるマカオと香港，さらに米国が主要対象国として浮上した．

一方南北間の交易は，複雑な政治的状況にもかかわらず，1949年 4 月南朝鮮政府の法令公布により公式に禁止されるまで持続した．南北間の交易は正式交易と密交易に分けられるが，密交易は法的に交易が禁止されていたり，取引に量的制限が設定されていたりした品目の交易であった．対北鮮搬出品は生ゴムのように南朝鮮が海外から輸入した上で北朝鮮に搬出する品目もありはしたが，大部分は南朝鮮の軽工業製品や小型機械器具製品であった．反対に，対北搬入品は北朝鮮の電力や

表7.1.11　米軍政期の貿易推移　（単位：千ドル）

		輸入	輸出
1946年	総額	50,206	606
	官営貿易	49,496	360
	民間貿易	710	246
1947年	総額	197,253	7,998
	官営貿易	190,853	4,576
	民間貿易	6,400	3,419
1948年	総額	202,820	13,310
	官営貿易	183,320	8,060
	民間貿易	14,500	5,250

（出所）　駐韓経済協助所編［1950］pp.80-81.
（注）　民間貿易額は 1 ドル当たり1946年は150ウォン，1948年は600ウォンで換算した．

表7.1.12　朝鮮南部の電力供給状況　（単位：KW）

年度	朝鮮北部　送電	援助　発電船	朝鮮南部内発電	合計
1946	51,495	—	25,684	77,179
1947	62,993	—	31,614	94,607
1948	23,447	9,520	46,258	79,225
1949	—	15,156	59,629	74,785

（出所）　韓国銀行調査部［1954］p.68.

科学工業製品および海産物等であったが，表7.1.12をみると，北からの送電が南で大きな比重を占めていたことを示している．以上のような搬出─搬入関係は南北朝鮮の産業分布を反映したものであった．

（金基元）

2　大韓民国の統計制度

［Ⅰ］　は じ め に

　統計制度（あるいは統計システム）とは，国家統計（official statistics, or national statistics）の開発・作成・普及・活用に至る統計活動の諸段階を円滑に遂行するための国家的組織体系，あるいはその作動様式を意味する．国家統計問題について犯しやすい誤謬は，統計が非常に専門的な分野であるため，国家統計の問題を統計理論の問題（あるいは統計学の次元の問題）として把握する傾向があるということである．しかし，現実において高品質な国家統計の作成・流通・活用のために重要なのは統計システムであり，理論および学問分野が寄与する部分は案外大きくない．とくに国家の統計活動の中心的な機能である統計作成においては，高品質の統計作成が可能な組織をどのように備えるか，またこの組織がいかに効率的に作動し，統計作成過程がいかに効果的に管理されるかが決定的な重要性を持つ．

　国家の統計活動（とくに作成段階）における統計作成者としての国家（政府）の機能は非常に重要である．これは，統計という生産物の持つ固有な属性から生まれる．第1に，統計は公共財的な特徴を持っており，したがって外部不経済効果の存在からくる市場の失敗のため政府の介入が不可避である．第2に，統計の作成のためには公権力が必要であり，これは政府でこそ可能である．第3に，統計の作成においては手続きが非常に重要である．政府機関は民間に比べて組織運営が非効率だという側面があるが，統計作成においてはこのような非効率性がかえって長所として作用する．第4に，統計はその結果にまったく利害関係のない機関が作成することが望ましく，政府は国家構成員の中では最も中立的な機関であるといえよう．

　統計機能における統計制度の持つ以上のような重要性にかんがみ，本節では韓国の統計制度について検討する．まず初めに，解放（1945年）以降の韓国の統計制度の変遷を歴史的に概観し，その特徴を説明する．とくに現代の韓国では，国家統計が量的・質的に満足すべき水準に達していないとの認識から，2005年以来，国家統計の発展のための制度改革が推進されてきた．その主な内容は，統計作成の基盤拡充および国家統計の総合調整機能の強化といえよう．以下，このような韓国の統計制度改革を歴史的文脈から検討し，今後の発展方向について説明する．

［Ⅱ］　韓国統計制度の歴史的概観：解放以後～2000年代初頭

（1）　統計制度の出発期：解放以後～1960年代初頭

　1948年韓国政府が樹立された時，統計業務は公報処の所管になった．当時，統計局には庶務，企画，国勢調査および人口調査の4課が置かれ，職員数は約1,000人ほどであった．統計局は基礎統計分野を担当し，各部門の主要統計はそれぞれの所管部処が担当した．たとえば，農林統計は農林部の農業統計課が，経済統計は韓国銀行の調査部が担当した．このほか，各院，部，処，庁では，総務課や庶務課，あるいは文書課に統計担当者を置き，所管業務と関連した統計（主に行政統計）を管掌するようにした．

　公報処内には統計局が新設され，大統領令「総人口調査施行令」が公布されて（1948年12月），建国以後最初の統計調査が公式に開始された．1949年には「人口調査法」が制定・公布され，この法律によって，総人口調査は10年周期で，簡易総人口調査は5年ごとに実施すると定められた．

常住人口調査は，1896年に制定された戸口調査規則を根拠に毎年実施されてきた調査で，人口総調査とともに韓国の統計調査の根幹をなしてきたが，解放後この調査が定着したのは1955年であった．常住人口調査は行政系統を介した業務統計調査であって，総人口調査にくらべれば精度は低く，主に行政目的のために活用されてきた．人口動態調査は，「人口動態調査令」を根拠に1948年度から実施された．1950年からは，ソウル市の120の労働者世帯を対象に生計費調査が開始されたが，1959年には「家計調査」と名称が変更され，標本規模を600世帯に増加した．

韓国政府の統計活動はいわゆる朝鮮動乱（「韓国戦争」，1950年から1953年）期に著しく萎縮したが，戦後復興期の政府組織の改編（1955年）によって統計組織も新たに改編された．当時公報処内に設置されていた統計局は内務部へ移管され，職制（企画課，国勢調査課，人口調査課）はそのまま維持されたが，職員数は600名から400名台に縮小された．その後，内務部の職制改正（1957年）により統計官が復活し，課の名称も統計基準課，人口統計課，経済統計課，製表課に変更された．しかしながら，統計局の機能拡大とは裏腹に，担当職員数は大幅に縮小され，正規職58名，臨時職195名の合計253名にすぎなくなった．これは，当時の政府の財政困難と政府機関の縮小方針の結果であった．

（2）　経済開発戦略の本格的推進と統計制度の発展

1961年の軍事クーデターによって成立した朴正熙軍事政権は，経済開発を第1の国家目標に設定し，政府組織を再編した．経済開発を総括的に指揮する政府機関として経済企画院を設置し，効果的な経済開発のためには基礎情報としての統計が必須であるとの認識から，内務部内の統計局を経済企画院に移管した．統計局は，1962年の政府組織法の改正により名称も調査統計局に変更された．その後1963年12月には，調査統計局を経済企画院の外局としてその地位を格上げした．

経済企画院以外の政府機関も，それぞれの所管業務と関連した統計作成のため統計組織を運営した．たとえば，農林部では課レベルの統計組織を維持し，保健社会部では1961年に労働統計課を新設し，商工部では調査課を置き輸出入関連の統計と生産に関する行政報告統計を作成するようにした．そのほか，文教部，法務部，交通部，逓信部などの諸機関も，行政報告を通じて資料を収集し，統計を作成した．一方，ソウル市，釜山市および各道も，常住人口調査をはじめ各種の調査統計と行政報告統計とを作成した．韓国銀行は，朝鮮戦争時に中断された統計業務を復元するため，1953年に組織を改編して産業調査課を新設して基本的な産業調査に着手したほか，それ以降，海外調査課を新設し，また統計課を3つの課に細分して，国民所得，金融，財政，生産など，経済全般にわたる各種の統計系列を整備した．

韓国政府は，「第1次経済開発五カ年計画」の立案時に，計画を下支えする基礎資料となる統計の改善策を検討した結果，1962年1月に統計に関する基本法令として「統計法」を制定・公布し，引き続き「統計法施行令」と「施行規則」を順次制定して，その後における統計関係法令の根幹を形成した．「統計法」により指定統計と一般統計との区分が明確になり，統計調査に対する応答義務と罰則条項が強化された．また，それまでの「人口調査法」と「資源調査法」，「農業統計報告令」などほとんどの統計関連法律が新しい統計法に吸収された．このような統計法体系の整備とともに，「経済活動人口調査規則」をはじめとする各指定統計調査の施行規則も制定された．その後，順次統計関連法令と規則が整備され，1971年までには25種類の指定統計調査に関する規則が完成した．

1975年，統計庁は強力な統計調査組織を保有するようになった．地方8市，道に統計事務所を設置して，統計調査機能を著しく強化したのである．もともと統計局は，1950年代以降，地方調査組織として各地方に調査員を派遣してきたが，1963年に制定された「統計調査指導員及び調査員服務規程」によって統計庁企画課が地方駐在指導員と調

査員を直接管理してきた．この地方駐在調査組織
を，地方事務所として改編・強化したわけである．
農林部の農業統計も，1971年に課レベルから局レ
ベルに拡大改編され，本部の定員が79名に増加，
それまで雑級職身分であった調査員および統計要
員2,028名のなかの1,349名が正規職員に転換され，
身分が格上げされた．このほか，中央統計機関の
機関と機能を強化する一方，地方でも地域統計の
活性化のために1968年には市・道の統計係を統計
課に昇格させ，各市・郡も統計専担の係を新設し
た．

　政府は，統計組織の改編とともに統計活動の強
化のため様々な措置を断行し，とくに指定統計制
度を持続的に拡大しながら，各種の統計に対する
公表協議機能を強化した．その一方，統計分類体
系の確立のため，1963年の「韓国標準産業分類」
をはじめ，「韓国標準職業分類」，「韓国標準貿易
分類」などを順次制定し，また国連保健機構
（WHO）の勧告を受けて「韓国標準疾病・死因
分類」と「韓国行政区域分類」を新たに改正した．
さらに1960年代の注目すべき制度設置は，「住民
登録制度」である．もともとこの制度は，本籍地
と居住地とが異なる場合を認証するために朝鮮総
督府が1942年から実施したものであるが，申告が
不振な状態であった．政府は1962年に「住民登録
法」を制定し，戸籍と居住地の相違を補完し，さ
らに居住関係と移動状態とを把握して行政の基礎
資料として活用するようにした．しかし，その後
も依然として信頼性に問題があって，1968年には
この法律を大幅改正して，戸籍に関する事項は戸
籍簿に，住民の生活と関連する事項は住民登録簿
に記録するように制度化した．それ以降，住民登
録制度は戸籍上の出生・死亡を基礎にし，転出入
は申告により修正されている．

　韓国の経済開発の時代には，多方面にわたる統
計に対する需要の増加に応じて，様々な統計が開
発された．人口分野では（上述した）既存の人口
センサス，期別人口動態調査，常住人口調査に加
えて（既述のように）住民登録法が制定され，こ
の業務の処理過程で人口移動統計が作成できるよ

うになった．人口動態調査は指定統計としてその
地位が強化されたばかりではなく，死因統計の作
成と生命表の編制が可能になり，人口推計が体系
的に可能になった．労働力調査は，植民地時代
（1930年）に戦時動員体制構築のための失業調査
という名目で始まったが，それ以後何回もの名称
変更を経て，1962年より「経済活動人口調査」と
改称，今日に至るまで継続している．この時期に
は，すでに過去から実施されてきた農水産分野の
統計，労働統計，商業統計，物価統計，産業統計
などが一段と発展し，精緻化した．さらに統計局
は，国民経済の資産規模を把握するため，1969年
から10年周期の国富統計調査を実施し，また韓国
銀行は資金循環統計，産業連関表などを作成する
ことによって本格的な国民所得勘定（国民経済計
算）体系を整えた．

　1980年代に入り経済開発の成果がある程度現れ
るようになると，政策運営の関心はそれまでの経
済中心から社会，福祉などの方面に広がった．こ
れにしたがい，出産力調査，労働力流動化実態調
査，産業災害調査，国民栄養調査，社会福祉施設
調査などが始まり，社会文化方面の統計では，新
たに人口移動調査，就学統計，学生身体検査統計
などの報告統計も登場した．何よりもこの時期に
は，雇用構造や疾病死因統計，家族制度，地域統
計など，それ以前とは異なる包括的な社会統計を
開発する体系的な試みが行われた．その結果，
1981年には指定統計33点を含む承認統計の総数が
427点へと大幅に増加した．

（3）　統計庁の誕生と統計制度についての関心の増大

　統計行政の重要性の認識から，1990年には経済
企画院の調査統計局が「統計庁」として独立した．
統計庁の庁長は1級公務員（次官補級；次官級と
局長級の中間地位）として任用され，統計庁は3
局，14課，11統計事務所および5出張所から構成
された．1991年には統計専門人材の養成のために
統計研修院が発足し，1995年には統計情報課と国
際統計課とが新設された．これ以降も，統計庁の

組織は社会的な統計需要の上昇に応じてますます拡大された.

1997年統計庁は,統計行政のマスター・プラン立案のため,韓国開発研究院に「国家統計発展計画」と題する研究を依頼した.同研究の結果提出された研究報告書は,それ以後の韓国の統計制度発展に大きな影響を与えた.これ以前には,国家統計の問題はただ"統計学の問題","統計専門家の領域"とみなされ,政策当局者や学者は統計需要者の立場から統計結果物にのみ関心を寄せて,その作成システムについては関心を持たなかった.それとは対照的に上記の報告書は,現実の国家統計の問題は"統計理論"の問題ではなく,制度,組織運営,管理体系,政策の問題であると強調し,"統計制度"という問題を公論化(イシュー化,世間の中心話題化)した.そして,統計制度の視角から,統計作成における費用効率性の問題,組織運営,統計資源の国家的な配分の問題などを本格的に論じ,以後の政府の統計制度,組織の改善のためのきっかけを作った.

2000年以降,韓国での統計制度に関する議論はいっそう進展した.2004年に入ると経済界の一部から,国家統計の量的な不足あるいは信頼性の問題(サービス部門の過少推計の可能性,および経済両極化,貧困問題,住宅問題など重要な社会問題に対する統計の説明力不足など)が提起された.韓国政府は,このような経済社会の現状に関する統計の不十分さの原因を探るため,民間の専門家で構成された特別委員会を発足させた.その結果,同委員会は『国家統計インフラ強化方案』という報告書を作成した.この報告書は,上記の国家統計の諸問題は統計制度の不十分さから始まったもので,その解消のためには統計組織の拡大,効率化をはじめとする統計制度の改善を断行しなければならないとの意見を具申した.この意見に基づき,韓国政府は(既述のとおり)2005年から本格的な統計制度改革に取り組むようになったのである.統計庁長の職級を1級から次官級に格上げし,統計庁の組織も大幅に補強したのはその一環である.韓国の統計制度の基礎である統計法を全面改

正し,地方統計組織を責任運営機関(日本の独立行政機関に相当)に変更するなど,持続的な改革作業が進行した.さらに,韓国統計庁と並んで大きな統計組織と人材を抱えた農林部の統計組織が統計庁に吸収された.

2000年代に入ってから,韓国はいくつかの新しい統計関係の政策を開発した.その1つは統計品質診断事業である.この制度では,統計庁の指揮の下で,民間診断チームが政府統計の品質を評価し,その改善策を勧告する.また,韓国の特殊な制度として,統計基盤政策評価制度がある.この制度は,証拠に基づく政策立案(EBPM, evidence-based policy making)のための統計面での対応という意味を持つ.すなわち,政府機関が政策を立案する際,その機関は必ずその政策を評価する統計を具備しなければならない.さらに韓国統計庁は,「データ・ハブ(data hub)」の構築を開始した.データ・ハブとは,統計調査資料をはじめとする行政資料やビッグ・データなど様々な統計データを収集し,これらのデータを連結して,必要な新しい統計の作成に利用する目的で構築するシステムである.

［Ⅲ］ 2000年代初頭における韓国の統計制度と特徴

（1） 統計の種類と作成現況

①統計の種類

統計とは,社会・自然現象を計量化した"数値情報"と定義できる.しかし,国家の統計行政に関しては,この統計概念は範囲が広すぎ,より厳格な定義が必要になる.韓国の統計法令では,統計の法律的な意味を"特定の集団や対象について客観的に表現した数量的情報であり,統計作成機関だけでなく一般国民や他の機関などが業務遂行のため,幅広く利用できるもの"と定義している.すなわち,統計法令での統計とは,"統計作成機関が政策の立案,評価などを目指し,直接に作成,あるいは他の機関に委任・委託して作成するもの"を意味するので(統計法第3条1項),普通名詞としての統計ではなく,国家が認定した公式統

表7.2.1　韓国の国家統計の分類

法律的分類	承認統計	指定統計	統計作成機関の作成する統計の中で統計庁長が指定して告示する統計
		一般統計	統計作成機関の作成する統計の中で指定統計以外の統計
	その他統計		統計作成機関以外の機関が作成する統計（統計法上の統計に含まれない）
調査方法による分類	調査統計		調査対象の直接調査から得られた統計（全数調査と標本調査に区分される）
	報告統計（業務統計）		国家機関の行政業務執行中に収集した資料から作成した統計
作成方法による分類	1次統計		収集した資料を集計して作成した統計
	2次統計（加工統計）		1次統計を通じて得た資料などを用い，一定の演算によって作成した統計
作成主体による分類	国家統計		政府機関が作成した統計
	民間統計		民間機関が調査・作成した統計

計（official statistics）あるいは国家統計（national statistics）を指す.

　統計法では，統計法上の統計を重要度，活用度，調査規模などの基準により，「指定統計」と「一般統計」とに区分しており，その具体的な基準については統計庁長が指定・告示する．すなわち，指定統計とは，統計作成機関が作成する統計の中から統計庁長が指定して告示する統計を意味し，一般統計とは，統計作成機関が作成する統計のうち指定統計ではない統計である（表7.2.1）．指定統計は，韓国の国家統計の中では非常に重要な基本的統計である.

　統計は，この法律的分類以外にも，調査方法や作成方法などによって様々に分類できる．まず，調査方法によって「調査統計」と「報告統計」に区分できる．調査統計は，調査対象集団のすべてを調査する「全数調査」と調査対象集団の一部だけを調査して調査対象集団全体の状況を推測する「標本調査」とに分かれる．他方，報告統計は業務統計あるいは行政統計ともいえるが，国家機関が法令で定められた行政業務の過程で集めた資料から作成された統計を意味する．報告統計の資料は，個人や団体の申告・申請，許認可などの業務から得られる．また統計は，作成方法により「1次統計」と「2次統計」とに分類できる．1次統計とは，一定集団に属する個体や特性を直接表す統計で，データの集計から直接得られた統計である．2次統計は「加工統計」ともいい，1次統計

から得られた情報を利用して新たに作成した統計を意味する（表7.2.1）.

②統計作成の現況

　韓国では，国家統計の種類を統計法によって概ね16の分野に分類している（表7.2.2）．2017年12月現在，作成統計数は総計1,079種類で，部門別には保健・社会・福祉分野の統計が全体の25.0%を占めて最も多く，景気・企業経営関連統計（8.3%），農林・水産統計（5.6%）などが続く．ただし，表7.2.2は，2017年12月19日現在作成されている国家統計の状況を全体的に鳥瞰するためにその数を単純集計したものにすぎない．したがって，特定分野の作成統計数が多くても，その分野の統計が充実しているとは必ずしもいえない．作成方法別には，全体の半数をやや下回る475が調査統計であり，報告統計が474，加工統計が130である.

　2017年12月現在，国内417の機関が統計法により統計作成機関として指定されている（表7.2.3）．そのうち306カ所が政府機関であり，111カ所が民間指定機関（韓国銀行など）である．1,079種類の承認統計のうち，政府機関が892種類の統計を作成し，それ以外の統計を民間機関が作成している．中央統計機関である統計庁は，国家統計の中でも基本統計にあたる60種類の統計を作成している．統計作成機関のうちでは，統計庁や保健福祉部などの部処と韓国銀行が多数の統計を作成しており，その他の機関は1機関あたり1～2種類の

第7章　統計制度　151

表7.2.2　分野別統計作成現況（2017年12月19日現在）

部門	作成統計数[1]		作成方法		
	統計数	構成比(%)	調査統計	報告統計	加工統計
計	1,079	100.0	475	474	130
人口	50	4.6	2	25	23
雇用，賃金	51	4.7	39	9	3
物価，家計消費［所得］	19	1.8	15	1	3
保健，社会，福祉	270	25.0	179	66	25
環境	38	3.5	13	22	3
農林，水産	60	5.6	40	17	3
鉱工業，エネルギー	32	3.0	22	8	2
建設，住宅，土地	43	4.0	17	21	5
交通，情報通信	45	4.2	23	21	1
卸売・小売業，サービス	18	1.7	14	3	1
企業経営	90	8.3	61	3	26
国民経済計算，地域経済計算	21	1.9	0	0	21
財政，金融	20	1.9	5	15	0
貿易，外国為替，国際収支	17	1.6	1	6	10
教育，文化，科学	61	5.7	43	14	4
その他	244	22.6	1	243	0

（出所）　韓国統計庁．
（注）　1）　統計法第8条により統計庁長が承認した統計．

表7.2.3　機関別統計作成現況（2017年12月19日現在）

区分	作成機関数	作成統計数	種類		作成方法		
			指定	一般	調査	報告	加工
計	417	1,079	93	986	475	474	130
政府機関	306	892	76	816	370	416	106
―中央行政機関	46	384	59	325	190	154	40
・統計庁	1	60	38	22	37	2	21
・その他	45	324	21	303	153	152	19
―地方自治団体	260	508	17	491	180	262	66
指定機関	111	187	17	170	105	58	24
―金融機関	8	23	10	13	10	5	8
―公社，公団	31	55	0	55	22	31	2
―研究機関	25	43	2	41	32	4	7
―協会，組合	26	31	3	28	24	5	2
―その他	21	35	2	33	17	13	5

（出所）　韓国統計庁．

国家統計を作成している．承認統計は，国家的な重要性に基づいて作成される93種類の指定統計と986種類の一般統計とに区分して管理されている．このうち指定統計は国家的に重要度が高い統計で，中央政府が59種類，地方自治団体が17種類，そして民間指定機関が17種類を作成している．

統計庁は韓国の中央統計機関であると同時に最も重要な統計作成機関であり，2017年末現在60種類の統計を作成している．これらの統計は韓国で最も活用度の高い基礎統計である．政府承認統計の数は，毎年少しずつ増える傾向にある．承認統計のうち，指定統計は1995～2000年に数多く増加したが，これは一般統計であった重要統計が指定統計に転換されたためで，実際の統計数には変化

表7.2.4 集中型統計制度と分散型統計制度の長・短所

	集　中　型	分　散　型
特　徴	・国家基本統計を単一統計専担機関で作成 ・部処間統計連絡機関の設置が必要	・各部処が必要な統計を自ら作成 ・統計調整機関の設置が必要
長　所	・統計の均衡的な発展と体系化が容易 ・統計の客観性と信頼性の確保 ・統計専門人材と設備の効率的活用	・業務分野の専門知識を統計作成に活用 ・統計需要に迅速な対応
短　所	・行政業務分野の専門的知識の活用が困難 ・統計需要への迅速な対応が困難	・統計作成の重複と不一致など予算と人材の浪費の恐れ ・統計専門要員と設備との集中的活用が困難，非効率
国別採択例	カナダ，ドイツ，スウェーデン，オーストラリア，オランダ	米国，日本，英国，韓国，台湾

図7.2.1 韓国の統計制度

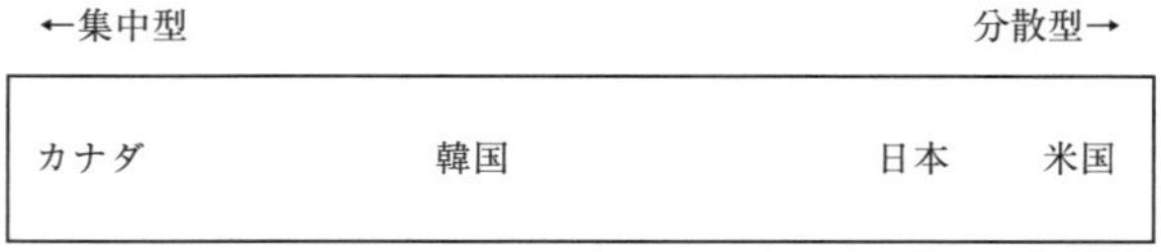

←集中型　　　　　　　　　　　　　　　　　　　分散型→

カナダ	韓国	日本	米国

があまりなかったといえよう．

(2) 統計制度の特徴

①統計制度の類型

統計制度とは，一国の国家統計を収載する行政システムを意味する．一般に統計制度は，国家統計業務を担当する組織と統計作成システムとにより，①集中型統計制度と②分散型統計制度とに分類できる．集中型統計制度とは，国家の基本的な統計の大部分を単一の統計作成機関が作成する制度であり，分散型統計制度とは，個別の政府部処が自ら所管行政業務の遂行に必要な統計を作成する統計制度である．世界各国の統計制度は，完全集中型と完全分散型を両極端とする統計制度のスペクトラム上に置かれる．

集中型統計制度と分散型統計制度の中でどちらが望ましいかについては一義的な解答はあり得ず，互いに長所と短所を持つ．簡単にいえば，集中型統計制度の長所はただちに分散型統計制度の短所であり，集中型統計制度の短所は分散型統計制度の長所といえよう（表7.2.4）．一見，集中型統計制度のほうが相対的に多い長所を持っているように思えるが，必ずしもそうではない．表7.2.4で指摘した長所と短所は，各国の政府機関の行政業務遂行の慣行や伝統などによってその効果が相違

し，場合によっては１つの短所が他のすべての長所を相殺するほど深刻な問題として作用することもありうる．また各制度の短所には，政府組織間の有機的な協調や制度的な補完装置などによって解消できるものも少なくないといえよう．

②統計制度と組織，人材

韓国の統計制度は，集中型的な側面が強い分散型統計制度といえるが，見方によっては折衷型統計制度ともいえよう．中央統計機関である統計庁が統計調整機能とともに主要な基本統計の作成を担当し，中央政府の各機関および地方自治団体は必要な統計の作成を自ら担当している．韓国の場合，米国や日本に比べて中央統計作成機関への集中度が非常に高いと評価される（図7.2.1）．

2017年12月現在，統計法により統計作成機関として指定された機関には，統計庁をはじめ46の中央部処，市・道など260の地方自治団体，韓国銀行など111の民間指定機関がある．これらの統計機関では総計6,017名の職員が統計業務を担当している（2016年12月現在，表7.2.5）．統計職員のうち，他の業務を兼ねながら統計業務を付随的に担当する職員を除く統計専担職員は約3,584名，主な業務が統計である職員は1,215名と推定される．中央行政機関の中では，統計庁で最も多くの統計職員が働いており（3,016名），他の部処での

第7章 統計制度　153

表7.2.5　統計作成機関別，機能別統計職員の状況（2016年）

(単位：人)

	合計	管理，企画，分析	統計支援行政	統計資料処理	現場調査	研究，教育
合　計	4,802	1,239	424	507	2,529	103
政　府　機　関	4,327	928	407	401	2,506	85
―中央行政機関	3,965	741	367	319	2,453	85
―地方自治団体	362	187	40	82	53	0
・市，道	76	52	5	17	2	0
・市，郡，区	261	131	32	51	47	0
・市道教育庁	25	4	3	14	4	0
民間指定機関	475	311	17	106	23	18

(出所)　韓国統計庁．
(注)　統計職員とは，統計業務専担者と主な業務が統計業務である職員とを意味する．

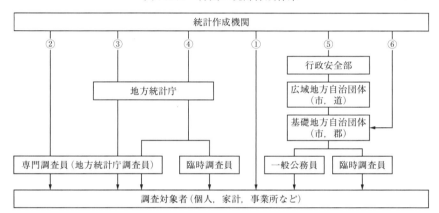

図7.2.2　韓国の統計作成体系

統計職員の数は微々たるものである．中央部処の大部分には統計組織はなく，機関あたり統計業務担当者数は平均約3.7名，そのうちの企画職員は1.9名程度にすぎない．地方自治団体の統計職員は，全部で362名である．市，道の本庁の場合は，4～8名程度の係レベルの小さな統計組織があるだけである．

統計人材の構成をみると，調査担当職員の比重が大きいが，企画・分析・管理の（統計行政における総合的な企画・管理・分析機能を担当する職員として本部機能を意味する）職員の割合は低い．より具体的には，国家統計職員4,802名のうち，単純調査職員が53％（2,529名），資料処理・行政支援職員が11％（507名），企画・分析職員は26％（1,239名）にすぎない．地方自治団体の場合，市・道本庁と市・道教育庁では企画分析職員がそ

れぞれ68％と16％であり，現場調査職員はいない．

③統計作成体系

韓国の国家統計作成体系は，以下の6つの類型に区分される（図7.2.2）．

①統計作成機関→（郵便調査）→調査対象者
②統計作成機関→調査員→（面接調査）→調査対象者
③統計作成機関→地方事務所→専門調査員→（面接調査）→調査対象者
④統計作成機関→地方事務所→専門調査員あるいは臨時調査員→（郵便調査）→調査対象者
⑤統計作成機関→（行政安全部）→地方自治団体→現場を担う公務員及び臨時調査員→（面接調査）→調査対象者
⑥統計作成機関→（報告）→現場行政機関

類型①の作成体系類型は，調査組織を持ってい

ない機関が多く採用している最も一般的な作成体系といえよう．生産者物価調査（韓国銀行）など多くの統計がこの方式を選択している．

類型②も，類型①とともに，多くの統計作成機関が採用している方式である．国民栄養調査（保健福祉部），全国出産力および家族保健実態調査（韓国保健社会研究院）などの統計がこの方式を選択している．必ずというわけではないが，①の類型は事業体を対象とする統計調査が，②の類型は個人を対象とする統計調査がよく選択する方式である．

類型③は，自己の調査組織を擁している統計作成機関が採用している方式である．農林部の統計の場合は，ほとんどの統計調査がこの方式を選択している．統計庁の場合は，週間，月間などの調査周期の短い統計と年間以上の周期の統計の中で調査規模の小さい統計にこの方式を用いている．主要な統計例には，経済活動人口調査，都市家計調査，消費者物価調査などがある．ちなみに，図7.2.2中の専門調査員とは，正規職公務員としてもっぱら統計調査業務のみを担当する職員を意味する．

類型④は，労働部の統計にあたる．労働部の場合，専門調査員の数が少ないため，主に郵便調査によって調査業務を遂行している．事業体労働実態調査，毎月労働統計調査，賃金構造基本統計調査などがこの類型にあたる．

類型⑤は，統計庁が施行する大型の統計である．この場合，統計庁は行政安全部を介して地方自治団体に調査を委任するが，統計庁は自治団体の公務員に技術指導を行い，地方自治団体は臨時調査員を雇って調査を実施し，自治団体の公務員は調査員の指導にあたる．この類型の統計例には，人口・住宅センサス，経済センサス，鉱業および製造業調査，全国事業体調査などがある．ちなみに全国事業体基礎統計調査は，形式的には地方自治団体が施行者であるが，実質内容は他の大型統計と同じである．

類型⑥にあたるのは，ほとんどの報告統計である．現場行政機関が報告・登録あるいは申告を受けた場合，関連資料を統計作成機関に送ると，統計作成機関はこの資料を根拠に統計を作成する．人口動態調査（統計庁）がこれにあたる．

(3) 統計制度の日韓比較

日韓両国の統計制度を比較すると，以下のような特徴がある（表7.2.6）．

第1に，日韓両国とも折衷型の統計制度を採用しているが，韓国のほうが日本よりはるかに集中型的な要素が強い．日本では総務省統計局が主要な統計の作成業務，それも非常に基礎的な分野の統計のみを担当していることに比べると，韓国では基礎統計だけでなく，経済統計作成の大部分を統計庁が担当している．これは，韓国の経済開発が日本より遅く始まり，急速な成長を指向してきたため，単純な統計資料の供給だけでなく経済開発計画立案の基礎資料である経済統計を統計庁が供給して，計画を効率的に遂行するためだったと

表7.2.6 日韓両国の統計制度比較

	韓国	日本
統計制度	集中型的な折衷型	分散型的な折衷型
中央統計機関	統計庁	総務省統計局
統計の分類	統計承認制度 ・指定統計 ・一般統計 統計作成機関指定制度	統計承認制度 ・指定統計 ・承認統計
調査組織	統計庁地方事務所：統計庁作成統計の調査業務	地方自治体（中央官庁の共同の調査組織）
調査員	・専門調査員（正規公務員） ・臨時調査員	・臨時調査員
地方統計組織	小さい	大きい

いえよう.

第2に，国家統計については統計承認制度を運営しているという共通点があるが，韓国は日本とは違って統計作成指定機関制度をも運営している．すなわち，日本の場合は作成統計に対する国家的な調整が行われているが，韓国の場合は統計に対してだけではなく，作成機関に対する中央統計機関の調整が行われる．これは，韓国では各政府機関の統計作成基盤がいまだに脆弱であるため，中央統計機関が統計品質に対する管理をいっそう強化する必要を感じているためと思われる．

第3に，日本では，多くの国々とは違って地方自治体が政府統計の調査機能を代行（ただし農業統計を除く）しているのに対し，韓国では統計作成機関がそれぞれ独自の調査組織を抱えている（統計庁，労働部の場合）．韓国統計庁の場合，大部分の作成統計の調査技能を同一の組織（地方統計庁あるいは地方統計事務所）が保有している（ただし，例外的に，人口センサスなどの調査規模が巨大で調査組織の手に余る場合は，地方自治体が調査を代行している）．統計庁以外の国家機関で（労働部のように）独自の調査組織を抱えている場合は自己の調査組織を利用するが，そうでない機関は民間専門機関などに調査業務を代行させている．このような韓国の調査システムは，地方自治体が中央政府機関の調査組織の機能を共同で遂行している日本のケースとは対照的である（もっとも2010年代後半の韓国は，米国商務省センサス局の方法を参照して，統計庁の地方組織を政府機関共同の調査組織として活用する方法を検討している）．

第4に，調査業務に関して，日本が臨時調査員制度を運用しているのに対し，韓国は専門調査員制度を運営している．日本の調査員は調査期間中に限って公務員資格を与えられ，正規公務員は調査管理業務のみを遂行するが，韓国の調査員は正規職の公務員として調査業務だけを専担している．それゆえ，韓国の専門調査員の調査能力は非常に高いと評価される．脆弱な統計制度にもかかわらず韓国の統計が一定の品質水準を維持しているの

は，専門調査員の貢献が大きいからであろう．ただし，前述したように，韓国でも大型統計の場合には臨時調査員が調査業務を担当している．

［Ⅳ］ 韓国統計制度の改革

韓国の国家統計には様々な問題がある．その根本的な原因は国家統計基盤（統計制度，組織，人材，予算など）の脆弱性にあるとの認識が広く浸透するにしたがって，韓国は2005年から国家統計の量と質の画期的な改善とそのための統計基盤強化に着手した．2005年1月，大統領傘下の「政府革新地方分権委員会」に属する「統計基盤強化作業班」は，大統領に対して『統計基盤強化推進方案』と題する答申報告書を提出した．大統領は，この報告書に基づいて統計制度改革の推進を承認した．報告書の具体的な内容は次のとおりである．
　　―統計需要の積極的な発掘とそれを反映した統計の作成
　　―統計調整機能の強化
　　―統計作成における行政資料の活用強化
　　―統計品質向上のための点検システムの構築
　　―地域統計の強化
など．

この計画を体系的に推進するため，2005年3月大統領直属の「政府革新地方分権委員会」の中に「統計基盤強化特別委員会」が設けられ，主な政府統計作成機関の統計担当者で構成する「統計基盤強化推進班」を組織して，具体的な推進計画を作成することにした．韓国政府は上記推進班の報告書に基づき，「中期（2006-2010年）国家統計システム改革方案」を樹立した．

韓国政府はこれ以降も統計発展のために労力を払ってきた．2009年には"国家統計発展戦略"を作成，2012年には「改正統計法」に基づき"第1次国家統計発展（2013-2017年）基本計画"を策定しただけでなく，その計画目的を成功裡に達成した．2018年度からは"第2次国家統計発展（2018-2022年）基本計画"が始まる予定である．

韓国の統計制度改革は，その方向に関する合意が形成されているため，今後大きな成果を期待し

てもよいだろう．社会が必要とする統計の供給，統計の精度と信頼性の向上，統計資料の活用の拡大など，大きな進展があると思われる．しかし，韓国の国家統計の脆弱性は人材，予算，組織の不足にその原因があるため，これらの画期的な改善がない限り，現在進行中である統計改革作業にもある程度限界があると思われる．

（李在亨）

第 8 章

人 口 ・ 雇 用

1 人　　　口

［I］資　　料

人口推計のための主要データは，人口センサスと人口動態統計である.[1]

(1) 人口センサス

人口センサスは，韓国の総人口および性別・年齢別人口を提供する最も基本的な資料である. 大韓民国樹立後の最初のセンサスは1949年「第1回総人口調査」という名称で実施された. 以後人口センサスは名称，調査方法，調査項目を変えながらも，1955年，1960年，1966年，1970年に行われ，以後は5年ごとに実施されている. このうち1966年センサスは1965年に計画されたが，当時の政府の投資優先順位のために1年延期された. 1960年のセンサスからは「現住人口」調査方式を「常住人口」調査方式に変え，初めて住宅部門を追加し，センサスの正確度を評価する査後調査（post-enumeration survey）を実施するなど，近代的センサスの要件を整え始めたと評価されている.

センサスの調査時点は1949年から1975年までは10月1日だったが，1980年からは11月1日に変更された. 10月1日は農村では繁忙期であり，都市においては人口移動が激しい引越の時期であると同時に，観光の時期でもあり，また年によっては秋夕（季節の伝統行事）に近く調査がむずかしいという理由であった. センサスの調査単位は一般的に世帯（household）であり，韓国のセンサス

も家事単位概念（housekeeping unit concept）を採択，世帯を「1人または2人以上が集まって炊事，就寝，生計を共にする」単位として定義している.

一般的に統計調査方法は「調査員面接方法」と「自己記入方法」に大別することができ，調査手段によって訪問調査，電話調査，郵便調査などと区分する. 政府樹立直後に実施された1949年と1955年のセンサスでは自己記入方法が採択され，調査員が申告書を代わって作成する時は申告義務者の姓名の下に代筆と記された. 調査結果の質を高めるために，1960年センサスからは原則的に調査員面接方法となり，場合によって世帯記入方法も並用された. しかし近年，不在世帯の増加および私生活保護意識の強まりによる面接調査忌避などによって世帯記入方法が徐々に拡大している. 世帯記入の場合，調査員は調査票の配付と回収をし，チェックを行っている.

韓国のセンサス資料は調査の完全性がつねに96％以上の高い水準を維持している等，質的に優秀なことで知られ，年齢報告の間違いも世界で一番少ないと評価されている. 1966年以後のセンサスは年齢報告と関連して，歳，十二支，生年月日，使用している暦の種類をすべて尋ねることによって年齢の報告間違いの可能性を減らしている. 年齢の計算には韓国では「満」歳が用いられる. 1966年より前のセンサスでも概して「満」歳概念が採用されていたが，年齢計算ではほとんど旧暦

---

1) 各資料に関する一般的記述は，김두섭（キム・ドゥソプ）・박상태（パク・サンテ）・은기수（ウン・キス）編 ［2002］，権泰煥・金斗燮［2002］などによる.

158 | 記述編　第2部　大韓民国

概念によっていた．しかし1944年と1960年のセンサスは例外的である．1944年では「戸籍」歳を使用し，1960年には「普通」歳によって年齢報告がなされた．この場合，実際年齢との間に違いが発生することがある．

(2)　人口推計

　人口推計は，人口センサスの結果だけでなく，人口動態統計と，毎年，行政区域の最下単位である邑・面・洞別に作成される「住民登録人口資料」など他の人口資料を総合的に利用して行う．韓国においてセンサス結果を利用した最初の公的推計は，内務府が1961年に1955年センサスを基準人口に1955～1975年の人口を推計したものである．人口センサスなど人口統計作成業務が内務府から経済企画院に移管された後，経済企画院調査統計局は1962年に1955年センサス人口を基準人口にして1960～1980年期間の推計人口を作成した．以後人口推計は人口センサスと連携して5年周期で実施されている．すなわち「基準人口」（base population）になるセンサス年度の人口を含む過去5カ年の人口を溯及し，定める一方，その先の人口変動要因を仮定して将来人口を推定する作業を同時に遂行している．人口推計は人口センサス報告書が5年間隔で5歳単位の年齢集団の人口統計を提示するのに比べて，各歳別に毎年の人口統計を提供しているという長所を持っている．

(3)　人口動態調査

　人口動態調査は，人口規模および人口構造を変動させる基本的な要因である出生，死亡，婚姻，離婚の現況を把握するために実施される調査である．人口動態統計は1910年に朝鮮総督府が戸籍申告書を集計して作成したのがその始まりである．大韓民国政府樹立後の人口動態調査は1949年12月に「人口動態調査令」が制定され，戸籍申告書とは別途に，人口動態調査申告書を提出させる国民申告制度を採択したことから始まった．初期の人口動態統計は，本籍地の代わりに申告地または出生地を基準として作成されていた．1970年には戸籍申告と別途に申告されていた人口動態申告を，戸籍申告と同じ統一用紙に一元化して記載するという，画期的処置が採択されたことにより，今日のような人口動態統計の基盤が整備された．1980年からは人口動態調査の結果を報告した『人口動態統計年報』の刊行が開始された．本節に提示した1970年以後の死亡率と出生率に関する統計はすべて『人口動態統計年報』からとられている．

　人口動態調査の対象は大韓民国国民として大韓民国領土内居住者と外国に居住する者であり，彼らに発生する出生，死亡，婚姻，離婚などである．今日の人口動態調査方法は，申告人の出生，死亡，婚姻，離婚などの申告書を邑・面・洞，または市・区に提出し，これを該当機関公務員がコンピュータの人口動態申告システム項目へ入力するというものである．この資料を市・郡・区において第1次集計し，ふたたび広域市・都において第2次集計した後，統計庁において最終集計し統計を作成する．現行の戸籍法によれば，出生や死亡が発生した後1カ月以内に申告するようになっている．しかし，届け出がないため人口動態の発生年度と申告年度が一致しないこともある．人口動態統計は発生年度を基準として集計する．発生年度に申告されなかった分は，1998年までは受け付けた件数を10年間累積集計し，1999年以降は翌年の4月までに申告されたものを発生年度に含めて集計している．

［II］　人口の長期的変化概観

　以下に掲げる3つのグラフはそれぞれ統計表8.1.1～8.1.2にもとづいており，総人口，出生，死亡に関する各指標の長期的な変化をみることができる．以下，これらにより韓国の長期的人口変化の基本的なパターンを明らかにし，それに関する若干の説明を試みる．[2]

　解放以後の最初のセンサスである1949年センサ

---

　2)　総人口は，センサスが調査した時点（1975年までは10月1日，それ以降は11月1日）における全国人口として定義される．一方，推計人口が提示する総人口は，各年度の12月31日現在の全国人口として定義される．推計人口の

図 8.1.1 総人口とその年平均増加率

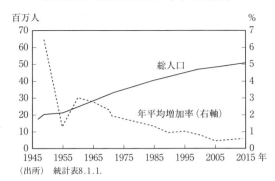

（出所）統計表8.1.1.

図 8.1.2 粗出生率と粗死亡率

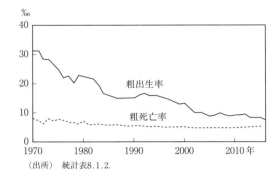

（出所）統計表8.1.2.

ス推計によれば，1949年の韓国の人口は男性1,019万人，女性998万人，合わせて2,017万人であった．解放当時の韓国の人口は1,614万人と推定されるから，解放直後の人口の急激な増加は，満洲と日本からの大規模な帰還移動に起因していたと考えられる．1945～1949年の間に，日本，満洲および朝鮮北部からの帰還移動者総数は1949年当時の人口の10～12％規模，約210～250万人と推計される（Kwon［1977］，Kim［2000］）．

1949年から1955年までは北からの相当な人口流入があったにもかかわらず，朝鮮戦争中の高い死亡率のために総人口の増加率は低い水準にとどまった．図8.1.1に示す年平均増加率でみると，1947～1949年の2年間は高い増加率を示したが，1949～1955年の平均増加率は1.3％にとどまった．朝鮮戦争期間（1950～1953年）のみ計算すると，戦闘によって発生した追加死亡が約165万人，北朝鮮へ連れ去られた人口が30万人，そして北朝鮮からの避難民が65万人であった．差引き130万人の人口が戦争によって減少したことになる．戦後には，戦時中別居していた若い夫婦たちの再会と，その間延期されていた結婚と出産の集中によって，いわゆる「ベビーブーム」現象が出現した．反面，戦争中に導入された抗生物質などの新しい医薬品の普及によって死亡率も下がって，人口の自然増加率はかつてないほど高い水準を記録した．1955～1960年間の韓国の年平均人口増加率は3％を上回った．

1960年代に入ると，伝統的に高かった出生率が大きく低下しつつ，人口増加の速度は減少した．死亡率も持続的に下がったが，出生率の低下のほうが大きかった（図8.1.2）．1960年代初めには，高い出生率と死亡率の減退によって人口圧力が高くなった．そして農村人口の急速な都市流入は，都市地域における社会的不安定と経済的混乱をもたらすこととなった．このなかで子女扶養の負担を減らすために，子女の数を抑制しようという欲求が社会的に広く生じた（Kim［1987］）．ここに，経済発展計画の一環として政府によって力強く推進された人口抑制政策が加わり，粗出生率と合計特殊出生率は1960年にはそれぞれ41.7と6.0だったといわれるが，[3] 1985年までにそれぞれ16.1と1.7へ低下した（1970年からの合計特殊出生率の急速な低下は図8.1.3を参照）．一方，経済発展による生活水準の向上と保健および医療施設の改善によって，死亡水準は一貫して低下していった．

場合，2000年までの統計はセンサス，住民登録調査，人口動態調査資料を利用して基準人口（base population）となるセンサス年度の人口を含む過去5カ年の人口を遡及し，定めた結果である．2000年直近のセンサス年以後の推計人口は2000年のセンサスの結果を基礎に将来の人口変動要因を仮定して将来人口を推計した結果である．本節のグラフでは人口統計と平均増加率は2015年まで，動態統計の出生・死亡関係指標は2016年まで示した．

3) 1960年の合計特殊出生率は韓国政府が国連に提出した推計値である．「合計特殊出生率」とは年齢別出生率を15歳から49歳まで足し上げた値で，1人の女性が15歳から49歳まで産み続ければ平均何人子供を出産できるかを示す指標と解釈できる．

図8.1.3 合計特殊出生率と平均寿命

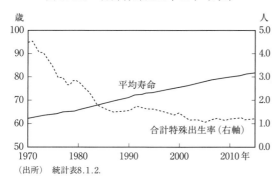

（出所）統計表8.1.2.

人口高齢化の進展とともに，粗死亡率はゆっくりと低下したが，平均寿命（出生時の平均余命）はそれを上回る速度で上昇した（図8.1.3）．その結果，男女の平均寿命は1960年，1965年の48.5歳と55.9歳から，1985年には65.9歳と72.7歳となり，大きく上昇した（以上，김두섭（キム・ドゥソプ）・박상태（パク・サンテ）・은기수（ウン・キス）編［2002］）．

1980年代後半に入り，韓国の人口は低い出生率と低い死亡率を特徴とする先進国型となった．これにより，1990年以後には人口増加率が著しく低位となった．図8.1.3が示すように，1985年以来韓国の合計特殊出生率は持続的に低下，2000年には粗出生率が13.4，合計特殊出生率が1.47まで低下した．最近では出生率がさらに低くなり，合計特殊出生率は2005年に世界的に最も低い水準である1.08を記録，2016年現在でも1.2となっており，深刻な社会問題として浮上している．このような出生率の急激な低下は，社会経済的発展による小家族価値観と規範の拡散，女性の経済活動参加の増加，子女養育費の急激な上昇などに起因するといわれている（権泰煥［1997］，チェ・ギョンス（최경수）［2003］）．とくに婚姻および出産年齢の上昇により20代前半女性の出生率は1980年代初めから，20代後半女性の出生率は1990年代中盤から急激に下落した．一方，30代前半女性の出生率は1980年代中頃から緩い増加をみた．医療保険と医療施設の恩恵がより広く拡散することによって，死亡率もまた過去20年間持続的に低下した．とくに1980年代からは高齢人口の死亡率低下が著しく，男女の平均寿命は2015年現在それぞれ79.0歳と85.2歳と推定されている．

その結果，出生率と死亡率の低減は人口の年齢構造を大きく変えた．10歳未満児童の絶対数は1966年を頂点として継続的に減少している反面，高齢人口の数は絶対的にも相対的にも増加し続けている．最近はその増加速度がさらに高まっている．65歳以上の高齢人口が全体人口に占める割合は1980年には5.8％であったが，2005年には9％へと上昇し，2026年には20％になると推定されている．この人口高齢化の社会・経済的衝撃が現在最も重要な政策的関心事となっている（李澈義［2006］）．

（李澈義）

2　雇　　　用

［Ⅰ］労働統計調査の系譜

(1) 就　業　者

産業別労働力に関しては2種類の統計調査が行われている．1つは世帯調査（household survey），もう1つは事業体調査（establishment survey）である．前者は統計庁『経済活動人口調査』として公刊され，15歳以上の人口，経済活動人口，産業別就業者および失業者，非経済活動人口などが示されている．文字どおり国民経済の人口経済学的特性を把握するのがその目的である．後者の代表的なものには統計庁の「鉱業・製造業統計調査」（「産業総調査」）があり，産業別従業上地位（自営業主，無給家族従業者，生産職，事務職など）による雇用者数，賃金，生産額，付加価値，有形固定資産などの統計を作成している．

就業者は，1969年からはILO基準に合わせて「調査期間中1時間以上働いた者」と定義してい

る．しかし「経済活動人口調査」が始まった1962年には「就業というのは給料，賃金，事業収益，利潤などの収入を目的とした仕事，または働くことによって当然収入を得られる仕事に従事すること」としている（統計庁「経済活動人口調査」1962年，用語解説）．また，労働力人口の調査対象は1962年までは満14歳以上であったが，1986年からは満15歳以上に変更された．

「経済活動人口調査」の主要沿革は，次のとおりである．

● 1957年：「労働力調査」という名称で地方行政機関を通じて調査実施
● 1962年：「経済活動人口調査」に名称変更，および新しい標本と専門化された調査員に基づく試験調査実施
● 1982年：雇用構造の変化推移を迅速に把握するために周期を月別に変更
● 1998年：月別で市・道別資料を公表
● 1999年：OECD 基準の失業者および失業率を公表
● 2005年：失業統計の基準を求職期間 1 週から求職期間 4 週に変更
● 2007年：標本改編（2005年の人口住宅総調査結果を基準に，32,580から32,000家口へ）

(2) 労働統計の諸概念

現在「経済活動人口調査」上で定義されている労働統計用語の概念規定は，次のとおりである（統計庁『経済活動人口調査』2009年，用語解説）．

第 1 に，経済活動人口とは，満15歳以上の人口のうち，就業者と失業者をいう．

第 2 に，就業者とは，①調査対象の週間中に収入を目的とし 1 時間以上働いた人，②自分に直接的には利得や収入が入らないとしても，自分の世帯が経営する農場や事業体の収入を得て支援する家族従業者として週18時間以上働いた人（無給家族従業者），③職場または事業体を持っているが，調査対象の週間中，一時的な病気，天候不順，休暇または年次休暇，労働争議などの理由で仕事す

ることができない一時休職者などをいう．

第 3 に，失業者とは，調査対象の週間中，収入がある仕事にまったく従事できなかった者で，積極的に求職活動をすれば，即時就業が可能な者をいう．30日以内に新しい職場に属することが確実な就業待機者は，求職活動をするか否かにかかわらず失業者に分類している．失業統計の基準は休職期間 1 週基準から，2005年 6 月現在，公式には休職期間 4 週基準を適用している．

第 4 に，非経済活動人口とは，調査対象の週間中，就業者でも失業者でもなく満15歳以上である者，すなわち家庭で家事と育児をすべて受け持つ専業主婦，学校に通う学生，仕事をすることができない高齢者と身体障害者，自発的な慈善事業や宗教団体に関与する者などをいう．

(3) 産業別就業者と雇用

前述のとおり，産業別就業者統計は主に統計庁の「経済活動人口調査」に示されている．さらに，鉱工業を含む産業別従業者および雇用者統計は統計庁「鉱業・製造業統計調査」および『産業総調査』に示されている．「鉱業・製造業統計調査」の調査対象は従業者 5 人以上の事業体，『産業総調査』の場合は従業者 1 人以上の事業体としている．

「鉱業・製造業統計調査」は韓国産業銀行による1967年基準調査が初めてであり，1969年基準調査からは統計庁に調査が移管され，以後2007年まで33回実施されている．そして鉱業・製造業部門と電気・ガス・水道業を含む「産業総調査」は1955年に韓国銀行が実施し，その後は 2 ～ 3 年周期で韓国産業銀行が行っていたが，1973年から統計庁が引き受けて 5 年周期（下一桁の数字が 3，8 である年を基準とする）で実施しており，「2003年産業総調査」まで13回実施された．これらの沿革を簡略にみると次のとおりである．

鉱業・製造業統計調査
● 1968年：統計作成承認
● 1968年：韓国産業銀行で最初の調査

162 | 記述編　第2部　大韓民国

表 8.2.1　基礎統計（人口および労働力）

	統計機関	資料名	統計時系列	発行周期
1	統計庁	「将来人口推計」	1960～2050年	各年度
2	統計庁	「経済活動人口調査」	1963～2008年	各年度
3	統計庁	「人口総調査」	1925年，1930年，1935年，1940年，1944年，1949年，1955年，1960年，1966年，1970年，1975年，1980年，1985年，1990年，1995年，2000年，2005年	不定期
4	統計庁	「統計でみる大韓民国50年の経済社会像の変化」*	1955～1997年（1949年，1952年）	1988年
5	統計庁	KOSIS DB		

（注）　KOSIS DB は統計庁（www.nso.go.kr）のデータベースのこと．
*　原題は『통계로 보는 대한민국 50 년의 경제 사회상 변화』．

- 1970年：調査を実施（この年，経済企画院調査統計局では産業総調査を実施せず）
- 2002年：統計名称変更（鉱工業統計調査→鉱業・製造業統計調査）

産業総調査
- 1955年：韓国銀行で「鉱業および製造業事業体調査」として最初の調査
- 1958年：韓国産業銀行で「鉱業および製造業事業体調査」として調査
- 1960年：商工部，韓国産業銀行で「鉱業および製造業事業体調査」として調査
- 1962年：統計作成承認
- 1963年：「鉱工業センサス」に名称変更（経済企画院，韓国産業銀行）
- 1983年：「産業センサス」に名称変更（経済企画院）
- 1993年：「産業総調査」に名称変更（統計庁）

[II]　労働力（labor force）推計[4]

本項で推計する統計は，15歳以上人口，経済活動人口，就業者（産業別および性別），失業者等である．これらは世帯調査（household survey）より得られる．関連する既存の基礎統計は表8.2.1のとおりである．

この資料を利用して，1963年以降の経済活動人口としての15歳以上人口，就業者および失業者を整理することができる．15歳以上人口の場合は2種類の統計が可能であり，それは「将来人口統計」上の15歳以上人口と「経済活動人口調査」上の15歳以上人口の資料によるものである．しかしこれらの統計は一致しない．したがって，本項では労働力（labor force）としての側面を考慮し，経済活動人口上の15歳以上人口の資料を使用することにした．

産業別および性別就業者統計については，産業大分類基準で1963年以降の系列をそろえることができる．これも同じく統計庁「経済活動人口調査」を利用した．[5]

以上のように，公表統計から系列をそろえることができるのは，いずれも1963年以降である．したがって，1963年以前は補間推計が必要となる．

(1)　15歳以上人口

15歳以上人口は「人口総調査」，「経済活動人口調査」等の資料に基づいている．すなわち，1955年と1960年は「人口総調査」資料を使用し，1963年以後は「経済活動人口調査」に基づいている．

---

4)　Pyo [2001].
5)　分類は，農林漁業（農林業/漁業），鉱工業（鉱業/製造業），社会間接資本およびその他サービス業，電気ガス業，建設業，卸売・小売業および飲食店・宿泊業，運輸倉庫・通信業，金融保険・不動産業，その他サービスである．ただし，電気ガス業，卸売・小売業および飲食店・宿泊業，運輸倉庫・通信業，金融保険・不動産業，その他サービスの分類は1980年以前はなされていない．

したがって1956～1959年と1961～1962年等の欠測区間が発生している．これに対しては線形補間によって推計した（統計表8.2.1）．

(2) 経済活動人口

1998年経済危機以前の1963～1997年に対し15歳以上人口（経済活動人口調査）を独立変数とし，経済活動人口を従属変数として回帰式を OLS で推定した．その推定結果を適用することによって欠測区間である1955～1962年の経済活動人口総数を求めた．このとき1955～1962年まで推計された経済活動人口の性別配分は1963年の経済活動人口の性別比率[6]を適用した（統計表8.2.1）．

(3) 就 業 者 数

1955～1962年の就業者数（総数）の推定は，1963～1997年に対する経済活動人口（EAP）を独立変数，就業者数（EMP）を従属変数とする OLS 推定結果を適用し，1955～1962年の就業者数（総数）を推計した（統計表8.2.2）．

こうして推定された1955～1962年の就業者数（総数）を産業別および性別に配分する手順はつぎのとおりである．すなわち，欠測区間に近い1963年の就業者総数に対して産業大分類別・性別就業者の比率を求め，これを1956～1962年区間に適用した．つまり1963年産業別・性別就業者の構造を援用することである．このとき推計する産業の就業者総計は男女間就業者の合計と一致し，下位産業間の合計と一致するようにした．

一方，社会間接資本[7]の細部業種である電気ガス業，建設業，卸・小売業および飲食店・宿泊業，運輸倉庫・通信業，金融保険・不動産業，その他サービス業などの欠測資料に対する推計が必要である．すなわち建設業を除けば，大部分の業種での系列は，1980年以後からは維持されている．ただし建設業の場合は1963年以後の時系列は存在するので，それ以前の期間に対してのみ推計をし

た．推計方法は社会間接資本の総就業者に対し個別業種の就業者の比率を適用したが，1955～1962年区間では推計された1963年の社会間接資本内の個別業種別就業者の比率を，1963～1979年区間では1980年の社会間接資本（建設業を除く）のうち個別業種別就業者比率を適用した．

また産業分類変更（KSIC第9次改正，2007年）によって，産業別包括範囲が多少変更されている．これは2005～2008年産業別資料に適用された．さらに，農林業と漁業の場合は，農林漁業に統合して発表されている．それゆえ，2005～2008年の農林業と漁業の就業者数は，2004年農林漁業中農林業と漁業の就業者比率を適用して推計した．

以上の集計結果は，統計表8.2.3～統計表8.2.5のとおりである．

(4) 失 業 者 数

最後に，欠測区間である1955～1962年に対する失業者数の推定は，経済活動人口から推定された就業者数を差し引きすることによって求めた（統計表8.2.2）．

[Ⅲ] 労働報酬の推計

(1) 統 計 資 料

賃金統計は，経済企画院，韓国銀行，韓国産業銀行などで調査・公表されていたが，1968年からは調査機関が労働部に代わった．労働部が作成した統計は「職種別賃金調査」であり，調査名からわかるように，統計作成が始まった当時は賃金が職種別に調べられた（CD統計表8.2.1）．したがって，1970年までは産業別賃金統計が得られない．この調査は，1975年に調査名称が「職種別賃金実態調査」に変わり，1992年には「賃金構造基本統計調査」にふたたび変更された．2008年からはこの調査は作成中止となり，常用労働者1人以上の事業所を対象として調査が行われる「事業体勤労実態調査」によって代替された．

---

6) 経済活動人口の場合，既存の統計値では，1963～2004年区間にわたり，男子の経済活動人口比率が女子の場合に比べ高く表れている．

7) ここで社会間接資本とは，電気ガス水道業，建設業，サービス業等を含む．

「職種別賃金調査」は事業所レベルの調査である．1968年の調査は，生産工程に従事している労働者と技術者が調査対象として含まれている．産業は工業，製造業，建設業，電気水道業および建設業であり，事業所の規模は10人以上である．調査内容は，事業所の場合，①事業所名，②所在地，③事業の種目，④組織形態である．労働者の場合は，①性別，②年齢，③学歴，④職種，⑤労働日数，⑥労働時間数，⑦勤続年数，⑧経歴年数，⑨現金給与総額である．現金給与総額とは，定額現金給与額，超過現金給与額，そして特別給与額のことであり，労働者に支払われた現金の総額を意味するが，賞金，退職金，補償金は除かれている．

産業分類は韓国標準産業分類に従っているが，韓国標準産業分類は数回改正されたため，一貫した産業別賃金統計を得ることはむずかしい．統計書のデータを利用して平均賃金を算出できるのは1976年からである．このとき，産業別時系列統計を確保できるように，産業を鉱業，製造業，電気・ガス・水道業，建設業，卸売・小売業，飲食店・宿泊業，運輸倉庫業，通信業，金融保険業，不動産賃貸業，事業サービス業など，11種類に再分類した．

1945年以降の賃金統計は，1946年から1956年までソウル地域を対象にして調査された統計が残っている．ただ，この統計は労働賃金指数であり，元の賃金データは得られない．この指数の基準年度は1936年である．産業は，繊維工業，金属工業，機械器具工業，窯業，化学工業，食料品工業，被服身装品工業，家具および製材業，印刷製本業，土木建築業などの10種類である（CD統計表8.2.2）．ただし，これについては以下の4点の注意が必要である．まず，1950年から1953年までは朝鮮戦争中で，韓国政府が一時首都を釜山に移した．そのため，この期間の調査は釜山地域を対象にして行われた．第2に，平均賃金は基本賃金（正規作業に対する賃金とその他手当）および実物給与の1日当たり平均額である．第3に，1954年からは平均賃金に超過手当が含まれる．そして最後に，この期間の消費者物価指数を得られなか

ったので，統計は名目指数である．

1957年から1971年までの賃金統計は，『経済年鑑』（韓国銀行調査部）に収録されている．しかし全産業に対する統計ではなく，鉱業や製造業に就業している賃金労働者を対象にした統計である．鉱業の場合，石炭，金属，土砂石，非金属の4種類であり，製造業の場合は，食料品，飲料，繊維，靴・衣類および装身品，製材・木製品，家具・装置品，紙類・紙類製品，印刷・出版，皮革・その製品，ゴム製品，化学，石油・石炭製品，土石およびガラス製品，1次金属，金属製品，一般機械，電気機械器具，輸送用機械器具，その他である（CD統計表8.2.3）．この場合も1965年以前の消費者物価指数が得られないので，平均賃金は名目値である．

(2) 労働報酬（賃金）

1976年から把握できる産業別賃金統計は「職種別賃金実態調査」の結果である．本項では，この調査の原資料を利用して平均賃金を計算した．労働報酬，すなわち賃金は月当たりである．そのために特別給与は1カ月分に換算して賃金に含めた（年間特別給与額が調査されており，この額を月給ベースに置き換えた）．すなわち，平均月給＝月当たり報酬総額＋特別給与の1カ月分である．

鉱業，製造業，電気・ガス・水道業，建設業，卸売・小売業，飲食店・宿泊業，運輸倉庫業，通信業，金融保険業，そしてその他サービス業の平均統計および男女別統計は統計表8.2.6のとおりである．

［IV］ 実質賃金の動向

産業全体の実質賃金の動きは図8.2.1のとおりで，2000年価格表示である（参考に名目賃金を示すと図8.2.2のとおりである）．経済成長とともに上昇していた実質賃金は，1970年代末の韓国の政治動揺，第2次オイルショックとインフレーションの影響からか1980年に一時的に低下した．軍事政権は賃金ガイドライン政策を実施し，できる限り名目賃金の上昇率を抑えようとした．その影響

第8章 人口・雇用　165

図8.2.1　産業全体の実質賃金（月給）

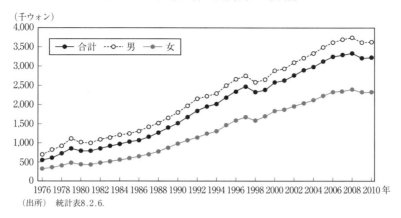

（出所）　統計表8.2.6.

図8.2.2　産業全体の名目賃金（月給）

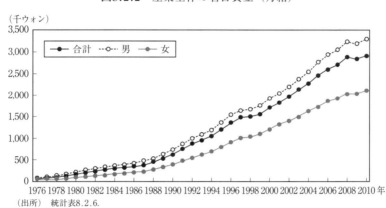

（出所）　統計表8.2.6.

のためか，ソウルオリンピックが開かれた1988年以前は，賃金の上昇傾向は高くなかった．1988年の1年前は軍事政権に反対する学生運動，民主化運動，さらには批判勢力がアンダーグラウンドの労働運動を支援し，それは1987年夏に頂点に達した．軍事政権が大統領直接選挙を受け入れなければならなかったときであった．

1987年のいわゆる「労働者大闘争」以降，大規模企業を中心として労働組合の設立が普遍化した．

この影響だけではなく，低為替レート，低金利，低油価のいわゆる「3低好況」が加わり，賃金は上昇し続け，1997年まで続いた．しかし，外国為替市場におけるショックが経済を直撃し，労働市場においても実質賃金の低下が一時的に生じた．その後は，経済回復とともに賃金は上昇し続けている．

（李謹熙・李昇烈）

第 9 章

人的資本（教育）

1　は　じ　め　に

　大学修学能力試験の熱狂にみられるように，韓国の教育熱心さには定評がある．第2次世界大戦後，韓国は目覚ましい経済発展を遂げたが，学校教育を通じた人的資本の形成が大きな影響を与えていることは容易に想像される．[1] では，具体的に人的資本はどのように形成されたのであろうか．この素朴な疑問にこたえるためには，学校種類別・年齢別・性別の就学者数の推移を調べ，生産年齢の人口が過去に受けてきた学校教育のストックを推計する必要がある．

　日本統治時代を含め，韓国には長期をカバーする詳細な就学状況に関する資料が存在する．戦前

と戦後の接続がむずかしいなどの問題はあるが，これらを活用すれば，韓国における平均就学年数を長期にわたって推計できる．筆者は，Godo [2011]で，1920〜1942年，1955〜2000年について，教育段階別・男女別・年齢階層別に韓国の平均就学年数を推計している．本章では，その手順をふまえて，2010年までアップデートした推計結果を披露し，あわせて推計精度の検討をする．[2] データの制約により，戦前については，朝鮮半島全体を対象に教育ストックを推計し，これも含めて韓国と表記する．[3]

2　教育ストックの測度

　教育ストックに関して国際比較可能な長期データベースは少ない．そのなかで比較的よく使われているのが，Barro-Lee Educational Attainment Dataset である（以下，バロー=リー推計と記す）．バロー=リー推計は，適宜更新され，オンライン

で提供されている．[4] 本章を執筆した2017年7月時点では，111カ国を対象に，1870〜2010年について，5年ごとに成人の平均就学年数を推計している．これほど多数の国を対象にした時系列のデータベースは類をみない．ただ，後述するように，

---

1) IBRD［1993］をはじめとして，韓国を含めた東アジアの経済発展を教育投資の成果とみなす議論が多い．ただし，教育投資によってどのような人的資本が形成されたかについてのデータ不足もあり，教育投資と経済成長の因果関係を統計的に把握する試みは十分ではない．この点でも，本章で提示する推計結果は，今後の経済分析の礎となろう．
2) Godo［2011］では，初等段階に相当する公民学校（civic school）を中等段階に分類するというミスがあった．公民学校の就学者数は少数なため，推計結果に大きな影響を与えるものではないが，本章の執筆にあたり，これを修正した．また，2011年以降の推計をするためのデータは入手可能であるが，2010年に教育制度の改革が行われたため，接続には慎重を要することから，ここでは2011年以降の推計はしなかった．
3) 朝鮮半島の北部と南部で教育水準に差がないという仮定をおいている．木村［1988b］が指摘するように，実態としては南部のほうが教育水準が低かった可能性がある．
4) Barro-Lee Educational Attainment Dataset は，Barro and Lee［2013］で提示した教育水準の国際時系列比較のための推計手順・推計結果をベースにして，アップデートや修正を適宜行って公開するというものである．http://www.barrolee.com/　参照．

バロー=リー推計には推計方法に改良の余地があることが知られている.

バロー=リー推計をはじめとして，従来，平均就学年数の推計の際に，しばしば基礎データとして使われたのは最終学歴に関する調査である．たとえば，韓国では1966年以降のセンサスで，最終学歴を問うている．次式のように，最終学歴の人口分布に標準的な就学年数を掛けあわせることで，平均就学年数を計算できる.

$$（1）\quad AS_{x-y,t}=\frac{\sum\limits_{u=x}^{y}\sum\limits_{z}L_{z}C_{z,u,t}}{\sum\limits_{u=x}^{y}G_{u,t}}$$

ここで，

$AS_{x-y,t}=t$ 年における x 歳から y 歳の人口の平均就学年数

$L=z$ タイプの教育を最終学歴としている人の標準的な総就学年数

$C_{z,u,t}=t$ 年において u 歳で z タイプの教育を最終学歴としている人の総数

$G_{u,t}=t$ 年における u 歳の人口総数

これに対して本章では，学歴と人口変動（死亡や国外との移出入）は相関しないという仮定のもとに，コーホートごとに過去の就学者数を積み上げることで就学年数を計算する．すなわち，

$$（2）\quad AS_{x-y,t}=\frac{\sum\limits_{u=x}^{y}\sum\limits_{w=0}^{u-1}\left(\dfrac{G_{u,t}}{G_{w,t+w-u}}\right)N_{w,t+w-u}}{\sum\limits_{u=x}^{y}G_{u,t}}$$

ここで，

$N_{w,t}=t$ 年における w 歳の就学者数

なお，$(N_{w,t}/G_{w,t})$ は就学率になるので，就学者数のデータがなくとも，各歳別の就学率と人口のデータがあれば，それを使って（2）式を計算することもできる.

（1）式であれ，（2）式であれ，教育段階（初等教育，中等教育，高等教育）別，教育種類（普通教育，実業教育）別，性別に就学者数（ないし就学率）をとることにより，それらに限定した平均就学年数の計算ができる.

（1）式と（2）式のどちらがよいかは一概にはいえない．（1）式で使われる基礎データは，個々人の自己申告にもとづくのに対し，（2）式は学校統計などを情報源とする．回答者が学歴を正確に答えない傾向があったりすると，（1）式よりも（2）式が正確ということになる．しかし，移出民・移入民が多い場合や，学歴によって死亡率が大きく異なる場合には，（1）式のほうが信頼できるかもしれない．本章の推計結果をセンサスと比較することで，より確実な情報が得られる.

次節で詳述するように，1919年以前と1943〜1954年については，（2）式を推計するためのデータを得るのがむずかしい．このため，1920〜1942年と1955年以降に限って推計をする.

3　推　計　資　料

［Ⅰ］　年齢別人口データ

1955年以降は，1965年を例外として，５年ごとにセンサスが実施され，年齢別人口が把握できる（1965年に代えて1966年に実施され，1970年からは５年おきに実施されている）．センサスのない年については，コーホートごとに対数線形で補間する.

戦前については，1930年と1935年にセンサスが実施され，年齢人口が把握できる．1931〜1934年については，コーホートごとに対数線形で補間する．1935〜1942年は対数線形で補外する．1943〜1954年は，第２次世界大戦と朝鮮戦争など，社会が混乱している時期であり，無理に年齢別人口を求めるのは適当でないと考え，断念する．1929年以前については，石［1972］の年齢階層別死亡率推計から補外する．ただし，10年以上の補外は信頼性を欠くと考え，1920年まででとどめる.

［Ⅱ］　年齢別就学者ないし年齢別就学率データ

1966年以降は教育部の編纂で『教育統計年報』

第9章　人的資本（教育）　169

表 9.3.1　非識字率と平均就学年数，1930年

年齢層	男		女	
	非識字率 （%）	平均就学年数 （年/人）	非識字率 （%）	平均就学年数 （年/人）
20〜24歳	44.3[a]	1.78[b]	85.8[a]	0.12[b]
25〜39歳	46.3[a]	1.56[c]	89.9[a]	0.090[c]
40〜59歳	54.5[a]	0.91[c]	93.5[a]	0.071[c]
60歳以上	62.1[a]	0.56[c]	95.3[a]	0.063[c]

（注）　a.1930年センサスから得られるデータ.
　　　　b.就学者数と人口に本文中の（2）式から推計した数値.
　　　　c.本文中の（3）式から推計した数値.

が毎年発行され，国内の学校種類ごとに，男女別，年齢別，学年別に就学者数が詳細に記されている．海外の教育機関に在学する韓国人学生を把握するのはむずかしい．希少な情報源として韓国基礎科学支援研究院が海外で取得した博士号の数をとりまとめている．ただし，これは自発的な申告に基づくものであり，捕捉率はけっして高くないと推察される．強引な仮定ではあるが，捕捉率は25%程度であり，学位取得まで5年間，大学ないし大学院に在籍したものと考え，また大学・大学院以外の在籍がないものと仮定して，海外の韓国人学生を推計する．

　戦前については，朝鮮総督府が編纂した『学事統計』に1912〜1942年の就学者数が，学校種類別，学年別，民族別（朝鮮人，日本人，その他の3分類）に記載されている．『学事統計』は用語の説明がないなど，使いづらいところはあるが，どの年齢層に相当するかを，阿部・阿部編［1971］など，諸文献から推定する．また，『東亜日報』の記事から，朝鮮半島以外での韓国人就学者数を推計する．

　1943〜1965年については，公式統計がない．しかし幸いなことに，1945年以降については，McGinn *et al.*［1980］によって，primary, middle, academic secondary, vocational secondary, and colleges & universities に分けて，就学者数の推計がある．これを用いて，1945〜1965年の年齢別就学率を次式から求める，

（3）　$R_{z,w,t} = \dfrac{R_{z,w,1966} TE_{z,t} TP_{z,1966}}{TE_{1966} TP_{z,t}}$ $(t=1945, \cdots, 65)$

ここで，

$R_{z,w,t} = t$ 年における w 歳人口のタイプ z の教育機関への就学率（$z=$primary, middle, academic secondary, vocational secondary, and colleges & universities）

$TE_{z,t} = t$ 年における McGinn *et al.*［1980］によるタイプ z の教育機関の総就学者数 $TP_t = t$ 年における総人口（Maddison［1995］を使用）

である．

　1912年以前は，公的な統計が得られない．「書堂」と呼ばれる伝統的な教育施設があったし，宣教師による高等教育機関の設立などがあったが，いずれも断片的な情報にすぎない．そこで，本章では1930年センサスにおける年齢階層別（20〜24歳，25〜39歳，40〜59歳，60歳以上の4年齢階層）かつ男女別の識字率調査を利用する．

　20〜24歳のコーホートについては，上述の人口と識字率のデータから平均就学年数が推計できる．具体的には，平均就学年数は，男性については1.78，女性については0.12となる．これを対数化し，それぞれの非識字率である44.3%，85.8%と線形関係をあてはめ，それによって，ほかの年齢層の平均就学年数を求める．すなわち，下記の計算式であり，その結果は表9.3.1となる．

（4）　$\ln(AS) = \dfrac{IL - 0.443}{0.858 - 0.443} \ln(0.118)$

$\qquad\qquad + \dfrac{0.858 - IL}{0.858 - 0.443} \ln(1.783)$

ここで，AS は平均就学年数，IL は非識字率である．

　1943年と1944年については1942年と1945年の年

齢別就学率で直線補間する.

このようにして，年齢別就学率データは戦前まáでさかのぼって得られる.[5]

4　推　計　結　果

（2）式を使えば，さまざまな年齢層や教育種類に限定した平均就学年数が計算できる．そのなかで，若齢層（15〜29歳），中齢層（30〜44歳），高齢層（45〜59歳），および15〜59歳全体について，教育段階別・男女別もあわせて計算した結果を示したのが統計表9.4.1〜統計表9.4.3である.

教育段階の分類基準について国際的に定着したものはない．ここでは，原則として6〜11歳を対象とする6年間の教育を「初等教育」，原則として12〜17歳を対象とする6年間を「中等教育」，それ以降を「高等教育」とみなす.[6] なお，米軍統治期以降，韓国では，初等学校6年（1994年までは国民学校と呼ばれた），中学校3年，高校3年，大学4年という，いわゆる6-3-3制を採用している．1983年までは初等学校のみが義務教育であったが，1984年からは中学校も義務化された.

統計表9.4.1にみるように，初等教育の平均就学年数が6をわずかに上回るケースがみられるが，これは，留年や学齢期をすぎてからの再就学の影響と思われる．いずれにせよ，初等教育はほぼ飽和し，中等教育も飽和に近づいている．また，戦前期が典型的だが，もともとは女性の平均就学年数は男性よりも大幅に低かったのが，徐々に解消に向かい，近年では逆転もおきている.

先述のとおり，韓国では，1966年以降のセンサスで，最終学歴が調査されている．ただし，学校種類の分類などが年によって異なっている．また2000年以前は60歳以上がひとまとめになっている．このように，厳密な意味では，センサスの最終学歴のデータは時系列的に連続していない．そのような制約はあるが，各教育機関の標準的な就学年数を仮定して，各年齢層の平均就学年数を計算し，統計表9.4.1〜統計表9.4.3中にあわせて示した.

1970年を除いて，筆者の推計はセンサスのデー

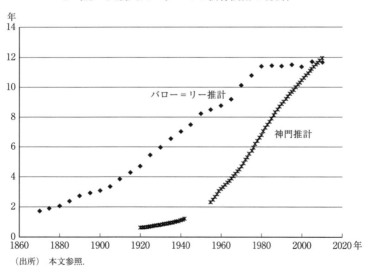

図9.4.1　平均就学年数——筆者推計とバロー=リー推計の比較，その1（15〜64歳人口：すべての教育段階の総計）

（出所）　本文参照.

---

5) 年齢別人口のデータの制約から1943〜1954年は平均就学年数の推計はしないが，1955年以降について（2）式を適用するにあたり，この12年間の年齢別就学率が不可欠である

6) 1911年以前の就学は，すべて初等教育とみなしている.

図 9.4.2 平均就学年数——筆者推計とバロー=リー推計の比較,その 2（15〜64歳人口：初等教育）

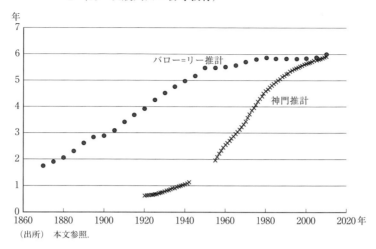

(出所) 本文参照.

図 9.4.3 平均就学年数——筆者推計とバロー=リー推計の比較,その 3（15〜64歳人口：中等教育）

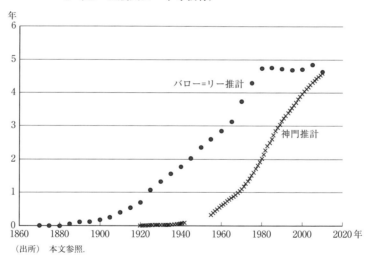

(出所) 本文参照.

タよりも低い傾向がある．筆者の推計では留年も就学年数に入れていることを考えると，これは意外な結果である．しかも，1966年から1970年にかけてのセンサスにおいて未就学者数が増えるなど，センサスのデータの正確性には疑問がある．韓国の場合，第2次世界大戦から朝鮮戦争にかけて，戦禍による混乱が続き，出生といった基礎的な情報でさえ，正確性を徹底できなかったという事情がある．また，低学歴を恥とする文化もある．このように考えると，センサスの最終学歴のデータは，正確性について要注意かもしれない．

バロー=リー推計では，15〜64歳人口を対象に，1870年以降の5年おきについて，教育段階別に平均就学年数の推計結果がある．これと筆者の推計結果を比較したのが，図9.4.1〜図9.4.4である．バロー=リー推計では，1980年以降，平均就学年数の低下ないし停滞がみられるなど，不自然な動きがある．バロー=リー推計の手順については，Lee and Lee［2016］がおおまかに説明しているにすぎず，その詳細は必ずしも明らかではないが，

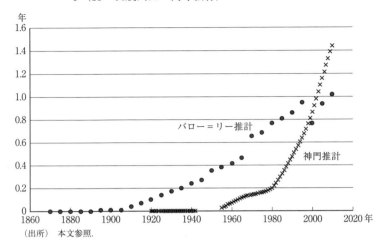

図 9.4.4 平均就学年数——筆者推計とバロー=リー推計の比較，その4（15〜64歳人口：高等教育）

（出所）本文参照．

センサスのデータを基底にしていることは間違いない．上述のようにセンサスのデータの正確性に問題があるのであれば，バロー=リーの推計にもその不正確性が反映されている可能性がある．

5 むすび

人的資本は質的なものであるうえ，市場で売買されるものではない．したがって，人的資本を何で測るかは，経済学者を悩ますところである．本章では，第1次的接近として，平均就学年数に注目して独自の推計結果を提示した．また，バロー=リー推計など既存の推計例よりも信頼性の高いものであることを論じた．今後，計量経済学的分析など，本推計が韓国経済の分析に役立つことを望む．

筆者自身も，就学の効果の陳腐化を考慮した推計や，兵役や職場でのOJTなど，正規の学校以外での教育の効果をとりいれるなど，データセットとしての充実を図っていきたい．

（第1節〜第5節：神門善久）

第 10 章

資本形成と資本ストック

本章では，韓国の資本形成と資本ストックを資産別・産業部門別に推計した結果を概観する.[1] 推計結果をみると，過去半世紀間において，韓国は製造業および社会的間接資本の蓄積を通した資本主導型経済成長（capital-induced economic growth）を達成したことがわかる. ただしわれわれの推計によれば，1人当たり資本装備率は，1997年の経済危機以後も増加を続けたものの，資本–産出係数は1998年を峠として増加が減速する趨勢に転じた. すなわち1998年が韓国経済の構造的転換点（structural turning point）になりうる可能性があることがわかった.

韓国は，1968年の第1次国富統計調査以降，1997年まで10年ごとに計4回（1968年，1977年，1987年，1997年）にわたって調査を実施し国富を推計してきた. このように実査を通じた直接推計により国富統計を近年まで作成してきた国は，世界でもほぼ韓国に限られる. ほとんどの OECD 加盟国は時間と費用の制約のため，間接推計に依存してきた. 韓国統計庁も，1997年の第4次国富統計調査を最後に，作成方法を直接推計から間接推計に転換することとし，国富統計調査は2008年から間接推計に基づいて毎年発表される『国家資産統計』に移行した.

国富を間接推計する方法については，経済協力開発機構の推計（OECD［1993，2001，2009］）と米国経済分析局の推計（U. S. BEA［1999］）が参考になる. OECD と BEA の最大の違いは，後述するように，廃棄率と資本減耗率の算定方法の違いおよび粗資本ストック推計を行うか否かである. なお，U. S. BEA［1999］では，1925～1994年の期間に対して粗資本ストックと純資本ストックを発表したことがあるが，U. S. BEA［2003］等においては，1925～2000年の期間に対する純資本ストックのみ発表している. すなわち BEA は1995年以降，粗資本ストック資料を発表していない. その主な理由は，廃棄率の算定が困難であり，資本減耗率も幾何分布の定率法を大部分の資産に適用することで単純化したためである.

このような趨勢を反映し，本章においても，われわれは多項式基準年接続推計法によって廃棄率と資本減耗率を資産別・産業別に推定し，1987～1997年の期間には一部産業の廃棄率が負の値として推定されたため，1997年以後の推計においては資本減耗率のみを利用することにした. すなわち，資産別資本減耗率を利用して純資本を先に推計し，総資産は1997年の国富統計調査報告書の換価率を廃棄率として推計した. なお，多項式基準年接続

---

1) 本章は，ソウル大学校経済研究所（責任研究員：表鶴吉）が2000年に遂行した韓国統計庁による委託研究である「国富統計の間接推計技法の開発及び試算（資産別・産業別資本ストック推計）」，2001年に遂行した「政府及び家計部門の国富統計間接推計技法の開発及び試算」，2002年に遂行した「国富統計間接推計技法のための無形資産推計技法研究」の主要結果を要約したものである. この研究では，表鶴吉［1998］および Pyo［1992，1998］，表鶴吉［2003］，表鶴吉（ピョウ・ハクキル）・丁璇英（ジョン・ソンヨン）・曺根三（チョウ・ジョンサン）［2007］，표학길（ピョウ・ハクキル）・송새랑（ソン・セラン）［2014］を継承・発展させ，従来の研究で使用していなかった1997年の国富統計調査結果を多項式基準年接続法（polynomial benchmark-year estimation method）の最後の基準年資料として，資本ストックを推計した.

法を応用する場合，負の廃棄率や資本減耗率が推定された事例は，Nishimizu［1974］および黒田ほか［1996］pp.225-227の先行研究でも報告されている．

現在まで，韓国の資本ストックは，統計庁の国富統計調査資料に基づき，資産別・産業別基準年接続法，または基準年接続法によって推計されてきたが，主として産業別に資産別資本ストック（Pyo［1998］）が推計されてきた．経済主体別資本ストックに関する推計は，民間および政府部門を評価するための基礎資料として活用価値が非常に高いにもかかわらず，この分野の研究は未だ十分ではなかった．とくに政府部門の資本ストック推計は，金俊栄［1996］，表鶴吉［2000a］などで部分的に行われてきたが，相対的に研究が大まかであり，政府部門の効率性などを評価するために必要な基礎資料が非常に脆弱な状態であった．

韓国では今後，産業部門はもちろん政府部門および家計部門の資本ストックの推計方法を間接推計に転換しなければならないという状況を考慮し，われわれは既存の研究結果に基づいて，基準年接続法を使用して韓国の資本ストックを資産別・産業別はもちろん，部門別（政府・家計・社会的間接資本）でも推計することとした．

1　資本形成と資本ストックの概念

本節では，資本形成と資本ストック推計のために必要な基礎概念をOECD［2001，2009］およびU.S. BEA［1993，1999］を参照しながら整理しておく．

ある時点における「粗資本ストック」とは，生産者が保有するすべての資本を当該時点において新規購入する場合に要する費用を指す．これには，生産者が使用する資本ストックだけでなく，賃貸した資本ストック，および生産過程に投入されない遊休資本ストックも含む．「純資本ストック」とは，過去のある時点（0年とする）の総固定資本ストックから当該時点（t年とする）まで累積した総固定資本減耗分を差し引いた値を意味し，より具体的には次式で計算される．

純資本ストック$_t$＝総固定資本$_0$＋総固定資本形成$_{0,t}$－固定資本減耗$_{0,t}$＋資本ストックを変化させる他の要因による純変動合計$_{0,t}$＋資産価格変動による保有収益（holding gain）による純変動合計$_{0,t}$

なお，添字のうち，0，tは0年からt年までの間の値であることを示す．

結果的に，純資本ストックは経済に現存する固定資本の市場価値であるといえる．「固定資本減耗」とは，会計期間の物理的磨耗（physical deterioration），陳腐化（obsolescence），または通常の事故・毀損などの結果生産者によって所有された固定資本ストックの市場価値が減少したことをいう．ここに含まれていないのは，戦争，または発生頻度が低い自然災害などのような例外的な事件に起因する固定資本ストックの減少である．この要因は「資本ストックを変化させる他の要因による純変動合計」の項目に計上される．「陳腐化」とは，生産性が向上した同種の資産の導入によって旧資産の価値が下落することを意味し，したがって物理的磨耗を含まない概念である．以下には，関連した注意点を列記しておく．

(1) 資本ストックの経常価値減少は，インフレーションを勘案した価格，すなわち実質価格で計算されなければならない．

(2) 物理的磨耗とは，修理しても復旧できなかった磨耗，毀損，または磨耗した附属品の交換をいう．管理を上手にすれば発生しないこともある．

(3) 通常の事故・毀損とは，保険によって補償が可能な事故をいう．車輌および運搬具の場合，事故によって早期に使えなくなることもある．

(4) 特別な言及がなければ非通常の陳腐化は固定資本減耗に含まれない．非通常的な陳腐化は，

予想もできなかった技術発展とか要素価格の突然の変化などによって発生してきた。1960年代の電子計算機の導入，1973〜1974年のオイルショックなどが代表的な例である。陳腐化した資産の市場取引が成り立たない場合には，資本ストックの現在価値は適切な資本減耗を仮定すると計算可能になる。

⑸ 無形資産は1993 SNA と2008 SNA（ともに国際連合で合意された国民経済計算の国際基準）によって導入された新しいタイプの資本である。

2 資本ストックと産業の分類について

OECD［2001，2009］は，資本ストック推計の対象となる資産を12の類型に細分類し，2008 SNA では，資産を，機械と装備，建物と構造物，その他資産などの類型に分類した（表10.2.1参照）。各国政府の推計結果では通常，運輸装備を機械と装備に区分し，建物と構造物から居住用建物を分離する。また，その他構造物と非居住用建物を別途に提示する。

韓国の SNA における産業および商品分類は，韓国統計局の「2008年版韓国標準産業分類」（KSIC）と「産業連関表」の商品分類に基づく（韓国銀行［2010］p.363）。韓国標準産業分類は国際標準産業分類改訂第4版（ISIC Rev.4，UN，2008年）を基礎に，大分類21部門，中分類76部門，小分類228部門，細細分類1,145部門に区分されて

いる（表10.2.2参照）。

韓国標準産業分類は，生産単位（事業所）が主に遂行する産業活動をその類似性によって体系的に類型化し区分するが，その分類基準は次のとおりである。

⑴ 産出物の特性（産出物の物理的構成および加工段階，産出物の需要先，産出物の機能など）

⑵ 投入物の特性（原材料，生産工程，生産技術，生産施設など）

⑶ 生産活動の一般的な結合形態

なお，以下に掲げる図10.4.3，図10.4.4，図10.6.1，図10.7.1および図10.7.2では，第1次産業に鉱業を含む。また第2次産業とは製造業，電気・ガス・水道，建設業である。

表10.2.1　韓国 SNA における固定資産分類

	1993 SNA	2008 SNA
有形固定資産	・住居用建物 ・その他建物・構築物 ・機械・装備 ・育成生物資産 ・所有権移転費用	・住居用建物 ・その他建物・構築物 ・機械・装備 ・育成生物資源 ・所有権移転・終結費用 ・武器システム
知的財産生産物 （無形資産）	・鉱物探査 ・コンピュータソフトウェア ・娯楽・文化・芸術品の原本 ・その他無形固定資産	・鉱物探査・評価 ・コンピュータソフトウェア・データベース ・娯楽・文化・芸術品の原本・写本 ・その他知的財産生産物 ・研究開発（R&D）

（出所）　韓国銀行［2012］．

176 ｜ 記述編　第2部　大韓民国

表 10.2.2 韓国標準産業分類および韓国 2008 SNA 産業分類と国際標準産業分類（ISIC）の対応表

韓国標準産業分類（大分類）	
大分類	産業名
A	農林漁業
B	鉱業・採石業
C	製造業
D	電気，ガス，蒸気・空調供給業
E	水道・下水処理・廃棄物管理業
F	建設業
G	卸売・小売業
H	運輸・倉庫業
J	宿泊・飲食店業
K	情報通信業
L	金融・保険業
M	不動産・賃貸業
N	専門，科学・技術サービス業
O	事業管理・支援サービス業
P	教育サービス業
Q	保健衛生・社会福祉サービス業
R	芸術，演芸・娯楽関連サービス業
S	その他サービス業
T	公共行政，国防・社会保障
U	家庭内雇用活動・他に分類されない自家消費のための生産活動
V	国際・外国機関

ISIC 分類	韓国 2008 SNA 産業分類
A＋B	農林漁業
C	鉱業
D	製造業
E	電気ガス水道事業
F	建設業
G＋H	卸売・小売業，車輌と家計製品修理，飲食店・宿泊業
I	運送倉庫通信業
J＋K	金融保険不動産サービス業
L	公共行政，国防および社会保障
M，N＋O	教育，保険および社会事業，その他共同体，社会および個人サービス活動

（出所）　韓国銀行［2012］.

3　資本ストックの推計方法

　実査によらず資本ストックを間接的に推計する代表的な方法として，恒久棚卸法（perpetual inventory method）と多項式基準年接続法がある．以下では各方法の概略を説明する．

［I］　恒久棚卸法（perpetual inventory method）

　恒久棚卸法を通じて粗資本（GK）を求める数式は次のようになる．

$$(1)\quad GK_t = \sum_{i=0}^{L} w_i I_{t-i}$$

ここで，L は資産の耐用年数，w_i は残存率，I_{t-i} は $t-i$ 年における当該資産に対する投資を表す．

すなわち，特定年におけるある資産の粗資本ストックは，耐用年数中に廃棄された資産を除いた投資資産の残存合計を意味する．ここで，w_i は当該資産の年齢 i における残存率を意味し，当該資産に対する廃棄分布によって決定される．

　固定資本減耗分を除いた純資本（NK）は次のように算出される．

$$(2)\quad NK_t = \sum_{i=0}^{L} d_i I_{t-i}$$
$$d_i = 1 - \delta_i$$

すなわち，粗資本ストックから固定資本減耗分を除外した投資の合計を意味する．ここで d_i は年齢 i における固定資本減耗分（δ_i）を除いた価値

を意味する.

恒久棚卸法による資本ストックの推計は,該当資産に対する基礎資料が十分に集まってからできるという限界がある.すなわち,該当資産の経済的耐用年数と時間の進行によって該当資産の廃棄形態に対する基礎資料が確保された後に推定可能である.OECD 各国で使用されている廃棄分布の形態と国別耐用年数の推定方法などについては,OECD［2001］から知ることができる.とくにほとんどの開発途上国の場合,資産の耐用年数より十分に長い期間の資本形成に関する時系列資料を持っていないため,OECD［2001, 2009］が指摘したように,恒久棚卸法を適用することには多くの困難を伴う.OECD［2009］pp.222-223ではPyo［2008］を引用しながら,恒久棚卸法では資本ストックの初期値をどのように推計するかが非常に重要な課題であり,これを誤って推計すると後年の推計値に対する誤謬が累積されてしまう,と指摘した.このような理由から基準年接続法や多項式基準年接続法が好まれると考えられる.

［Ⅱ］ 多項式基準年接続法

恒久棚卸法による資本ストックの推計は,各資産に関する廃棄分布と経済的耐用年数のような基礎資料が確立すれば,有用な推計方法となる.しかし,資産別廃棄分布と経済的耐用年数の推計はそれ自体が多くのデータを要する分野である.このような基礎資料が確立されない状態では,恒久棚卸法を使用することはできない.そこで,資産別廃棄分布と経済的耐用年数に関する資料がない場合,資本ストックを推計する方法として「基準年接続法」が通常使用される.これは,周期的に実査された資本ストックに関するデータをもとに,間接的に廃棄率と資本減耗率を推定して,年別資本ストックを推計する方法である.この方法では実査を通じて測定した資本ストックを中心とし,同時に年別投資データを使用する.韓国では最近までこの方法を通じて資本ストックを推計してきた.

一方,「多項式基準年接続法」は,2つの基準

年における資本ストックに関するデータと投資時系列データを接続して,基準年の間にある各年の資本ストックを推計する方法である（Nishimizu［1974］参照）.多項式基準年接続法における粗資本ストックの時間を通じた変化は,次式で表される.

$$(3) \quad GK_t = I_t + (1-r_t)I_{t-1} + (1-r_t) \cdot \\ (1-r_{t-1})I_{t-2} + ... + (1-r_t)...(1-r_{t-s-2}) \cdot \\ I_{t-s+1} + (1-r_t)...(1-r_{t-s+1})GK_{t-s}$$

ここで,GK_t は t 時点の粗資本ストック,I_t は t 時点の実質投資,r_t は廃棄率をそれぞれ表す.

もし廃棄率が毎年一定と仮定すると,（3）式は次のように単純化できる.

$$(4) \quad GK_t = I_t + (1-r)I_{t-1} + (1-r)^2 I_{t-2} + ... \\ + (1-r)^{s-1}I_{t-s+1} + (1-r)^s GK_{t-s}$$

（4）式を解くことにより,廃棄率 r を推計することができる.

資産の減耗率について定率法を仮定した場合,純資本ストックの時間を通じた変化は次式で表される.

$$(5) \quad NK_t = I_t + (1-\delta_t)I_{t-1} + (1-\delta_t) \cdot \\ (1-\delta_{t-1})I_{t-2} + ... + (1-\delta_t)...(1-\delta_{t-s+2}) \cdot \\ I_{t-s+1} + (1-\delta_t)...(1-\delta_{t-s+1})NK_{t-s}$$

ここで,NK_t は t 時点の純資本ストック,I_t は t 時点の実質投資,δ_t は資本減耗率を表す.

資本減耗率が毎年一定であるという仮定下においては（5）式を次のように単純化できる.

$$(6) \quad NK_t = I_t + (1-\delta)I_{t-1} + (1-\delta)^2 I_{t-2} + \\ ... + (1-\delta)^{s-1}I_{t-s+1} + (1-\delta)^s NK_{t-s}$$

ここで,基準年 t と $t-s$ における純資本ストック NK_t,NK_{t-s} については,実際の調査結果データを使用し,各年の実質投資 I_t にも現実の投資データを用いれば,（6）式は,資本減耗率 δ_t に関する多項式とみなすことができる.この多項式の解を求め,基準年以外の年について（6）式を用いれば,各年の純資本ストックを求めることができる.このような推計を,各産業,各資産について行うことができる.

実質資本ストックに関しては,国富統計が存在しない年の資本ストックを推計するとき,表鶴

吉・丁璇英・曺根三［2007］では，成長率が一定になるように補間したことがある．しかし，この方法は，各年別の成長率の違いが存在しないという強い仮定のもとで成り立っており，各年別の投資率が一定でない場合，推計された資本ストックは実際の資本ストックと大きく異なることになるという弱点がある．ピョウ・ハクキル＝ソン・セラン［2014］では，この仮定を緩めるために，資産別・産業別総固定資本形成の年間資料を推計して年別資本ストック推計に活用した．この研究では，国富統計資料が存在する2つの基準年の実質資本ストック（$K_{t+k,\alpha}$，以下では純資本概念とする）を下記のような方法で導出した．

$$（7）\quad K_{t+k,\alpha}=K_{t+k-1,\alpha}+(K_{t+N,\alpha}-K_{t,\alpha})\times$$
$$\frac{i_{t+k,\alpha}}{\sum_{i=t+1}^{N} i_{i,\alpha}}\quad (k=1,...,N-1)$$

ただし，（7）式で$K_{t,\alpha}$はt時点のα資産の資本ストック，$i_{t,\alpha}$はt時点のα資産の実質総固定資本形成を意味する．

国富統計調査年の資本ストック，$K_{1968,\alpha}$，$K_{1977,\alpha}$，$K_{1987,\alpha}$，$K_{1997,\alpha}$はすでに国富統計の調査結果を活用できるため，基準年でない年の資本ストックを当該年の相対的投資比重で補間する．（7）式でtと$t+N$は国富統計資料で資本ストックが与えられている年にあたる．たとえば，基準年でない1988年におけるα資産の資本ストックを求める場合，1988年から1997年の総固定資本形成全体に占める1988年の総固定資本形成の相対的比重を掛けて推計した資本ストックの増加分を1987年の資本ストックに足すことで算出する．1998年以降の資本ストックの場合には，恒久棚卸法により推計した．産業別資本ストックについては，資産別資本ストックを先に推計したのち，1997年の11資産×13産業で構成される国富総額純資本ストック・マトリックスを初期値として用いて「RAS法」によって資産別・産業別資本ストック・マトリックスを推計した．

4　資本形成と資本ストックに関する推計

［Ⅰ］　資本形成統計

韓国銀行は，2008 SNAの主要改定内容を反映した2010年基準年の改訂作業を，1953〜2013年までの国民経済計算統計を対象に2014年末に終えた（1953年以降の資本形成統計は，韓国銀行のECOS（Economic Statistics System, https://ecos.bok.or.kr）からダウンロードができる）．ただし，研究開発（R&D）およびその他の知的財産生産物（Intellectual Property Rights: IPR）のデータは1970年以降のみを対象に推計されている．

われわれは，以下のような方法で1953〜1969年の研究開発およびその他の知的財産生産物の資本形成額を間接推計した．まず，研究開発費（R&D）とその他の知的財産生産物（IPR）に対する投資の合計を無形資本形成（Capital Formation on Intangible Assets: CFIA）として定義した．

（8）　無形資本形成(CFIA)＝研究開発費（R&D)＋その他の知的財産生産物(IPR)

次に，無形資本形成$CFIA$は，表鶴吉編［2002］に収録されている特許登録総計PAT，KISTEP（Korea Institute of Science and Technology Evaluation and Planning，韓国科学技術企画評価院）のデータベースで求めた総研究開発費$R\&D$，および年次トレンドTに依存するという仮定のもとで，1970〜2000年の資料を利用して以下の回帰式を推計した．

$$（9）\quad CFIA=0.031\,PAT+0.172\,R\&D$$
$$\qquad\qquad (2.996)\qquad\quad (18.633)$$
$$\qquad +29.32\,T$$
$$\qquad (3.464)$$
$$R^2=0.99\quad d.w.=0.73$$

この推計式から1953〜1970年における$CFIA$の理論値を導出した上で，1970年について，無形資本形成データと対比させ，1970年の理論値とデータ

図 10.4.1　資本財形態別実質総固定資本形成（2010年価格）

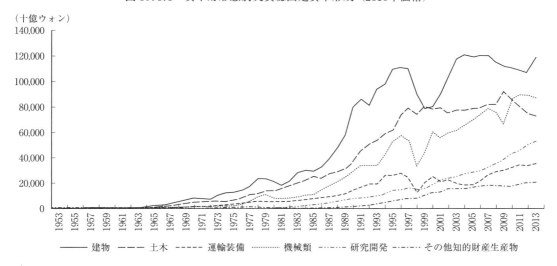

図 10.4.2　資本財形態別実質総固定資本形成の構成比率

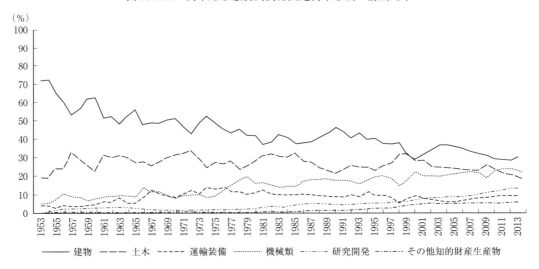

の乖離率を1969年以前の理論値に掛けることで，1953～1969年の CFIA を推計した．このように求めた1953～1969年の無形資本形成推計値を1970年の研究開発費とその他知的財産生産物の相対的比率（52.9％対47.1％）で配分した．

資本財形態別実質総固定資本形成（2010年価格，以下同様）の推計結果（CD 統計表10.4.1参照）をみると，全期間（1953～2013年）では，その他知的財産生産物に対する資本形成の平均増加率が22.8％と最も高く，研究開発（19.7％），機械類（16.9％）の順になっている．期間別には1962～1973年の実質総固定資本形成の増加率が28.1％と最も高く，1953～1961年（27.7％），1974～1997年（11.7％）の順になっている．

次に，経済活動別実質総固定資本形成（CD 統計表10.4.2参照）をみると，全期間（1953～2013年）を通して，第2次産業の平均増加率が16.5％で最も高く，第3次産業（13.4％）および第1次産業（10.2％）の順であった．期間別では1953～1961年が最も高い平均増加率（28.1％）を記録した．1962～1973年（26.7％）および1974～1997年（12.1％）でも高い増加率を示した．しかし，

1997年の金融・為替危機をうけて，1998〜2013年には実質総固定資本形成の平均増加率は1.9％へと大きく低下した．

［Ⅱ］ 資本形成データの範囲の調整

まず資本ストックと資本形成資料の分類を統一するために，国富調査と国民経済計算の対象範囲を調整しなければならない．国富調査では「土地改良等」を構築物に含むのに対して，国民経済計算の「土地改良等」には河川砂防，農林土木，農地整理，造林が含まれる（表10.4.1参照）．国民経済計算の河川砂防投資は国富の構築物に含まれるが，国民経済計算の農林土木，農地整理，造林投資は国富の構築物に含まれていない．

国民経済計算の資本形成では「酪農畜など」を除外するが，国富調査では「酪農畜など」が在庫

表 10.4.1 国民経済計算における「土地改良等」投資に占める河川砂防投資の比率

(％)

年度	1995	1996	1997	1998	1999
河川砂防の比率	20.4	19.3	20.2	23.4	34.6

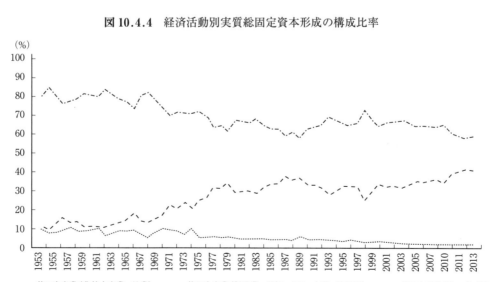

図 10.4.3　経済活動別実質総固定資本形成（2010年価格）

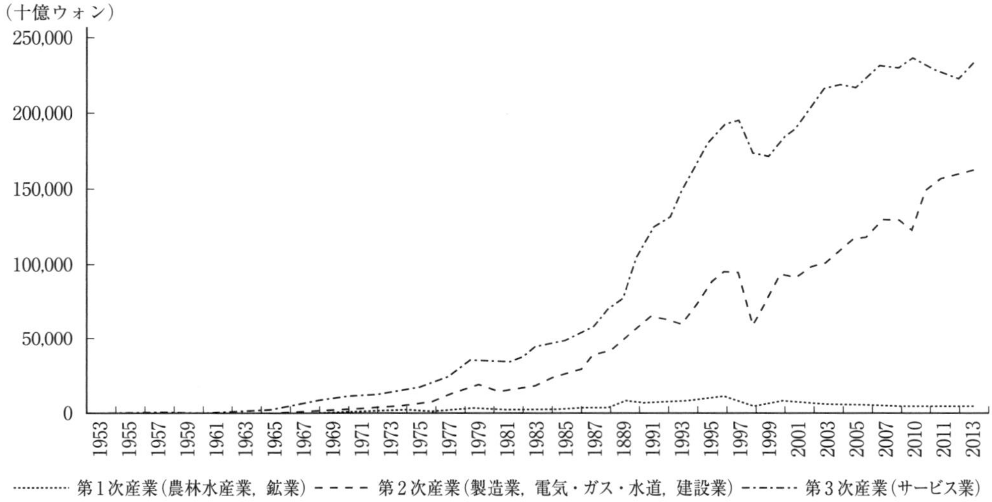

……… 第1次産業(農林水産業, 鉱業)　－－－－ 第2次産業(製造業, 電気・ガス・水道, 建設業)　－・－・－ 第3次産業(サービス業)

図 10.4.4　経済活動別実質総固定資本形成の構成比率

……… 第1次産業(農林水産業, 鉱業)　－－－－ 第2次産業(製造業, 電気・ガス・水道, 建設業)　－・－・－ 第3次産業(サービス業)

として分類される．本推計では在庫資産は推計の対象外とした．また本推計では国民経済計算上の「住宅所有」に対する投資を対象の一部とした．したがって本推計の資本ストックは，国富調査の家計資産のうちの「居住用建物」を含んでいる．

［Ⅲ］ 無形資本ストックの推計

先にも述べたように，韓国銀行の ECOS は1953〜2013年の総固定資本形成データを提供しているが，1953〜1969年の無形資産（研究開発とその他知的財産生産物）の総固定資本形成データは提供されていない．前項で説明したように，われわれはこの期間について無形資産の資本形成を推計した．この結果を用いて，以下の方法で1953年〜1969年の期間に対して無形資産ストックを推計した．

まず韓国銀行から提供された無形資産統計の最初の年が1970年であるため，研究開発（617.38億ウォン，2010年価格）とその他知的財産生産物（250.08億ウォン，2010年価格）の合計を，1970年無形資産総額（867.46億ウォン，2010年価格）とした．無形資産に対する資本減耗率に関しては，EU KLEMS［2007］がコンピュータ装備（31.5％）およびソフトウェア（31.5％）に適用した減価率，もしくは韓国銀行・統計庁［2014a］がコンピュータ装備（34.3％）およびソフトウェア（42.3％）に適用した減価率を参照することも可能ではあるが，1970年以前の R&D や知的財産生産物に対する減価率はこれより低かったと考えられる．Li［2012］によれば，BEA は2006年 R&Dのサテライト勘定ですべての R&D 資産に対して15％の資本減耗率を適用したとしている．Hall［2007］は企業の R&D 資産に適用すべき資本減耗率は産業ごとに競争環境が異なるため一律に適用することはできないが，おおむね BEA が適用した15％よりは高いと推定した．Hall［2007］は，R&D 資産の性格別に，コンピュータおよび科学機器（42％），電気機器（52％）および科学機器（22％）の資本減耗率を推計したことがある．Li［2012］は，R&D 投資による 2 年の懐妊期間

（gestation period）があることを仮定したとき，平均資本減耗率を，コンピュータおよび周辺機器（41％），ソフトウェア（24％）および科学的 R&D 機器（16％）として推計した．われわれはこのような無形資産に対する資本減耗率の適用事例を参考にして，韓国銀行の推計した1970年無形資産総額を起点に，20％の平均資本減耗率を適用して，恒久棚卸法で1953〜1969年の無形資産総額を逆算して求めた．

［Ⅳ］ 資本ストック推計の工程

Pyo［1992，1998］にしたがって基本的に多項式基準年接続法を利用し，Pyo［1998］と同様に純資本ストックを先に求めた後，国富統計調査報告上の換価率（表10.4.2参照）を利用して粗資本ストックを求めた．しかし，Pyo［1998］の推計方法とは異なり，資本財形態別資本ストックを先に推計した後に産業別資本ストックを求めた．産業別資本ストックを先に推計した場合と比べると，資本財形態別に資本ストックを先に推計した場合には，次のような短所がある．

(1) 産業の数のほうが，資本財形態の数より多い．基準年（たとえば1997年）の産業別資本ストック比率を利用して比例配分する場合，配分しなければならない項目数が多いため誤差も大きくなる可能性がある．

(2) 産業別投資の経年変化を考慮するために，産業別投資額の変化を考慮する方法が必要とな

表 10.4.2 「国富統計調査表」の名目換価率（純資産額/総資産額）の推移（1968〜1997年）

(%)

資産分類	1968年	1977年	1987年	1997年
総額	56.9	58.9	55.8	57.1
有形固定資産	51.2	54.6	51.1	53.2
建物	42.9	49.7	52.9	61.9
構築物	60.4	71.3	63.8	59.9
機械および装置	56.0	51.7	38.8	33.7
船舶	58.2	42.9	32.9	38.0
車輛運搬具	49.2	48.2	41.2	44.8
工具および器具備品	64.7	44.3	42.1	36.7
建設中資産	100.0	100.0	100.0	100.0
大きい動植物	100.0	100.0	100.0	100.0
家財資産	100.0	52.0	50.6	50.3
在庫資産	100.0	100.0	100.0	100.0

（出所） 統計庁「国富統計調査表」（1968，1977，1987，1997）．

182 | 記述編　第2部　大韓民国

表10.4.3　資本財形態別廃棄率と資本減耗率の推計結果

(%)

	廃棄率			資本減耗率		
	1968~1977年	1977~1987年	1987~1997年	1968~1977年	1977~1987年	1987~1997年
有形固定資産合計	−3.6	−2.8	−0.31	5.1	5.7	4.6
住宅	−3.9	−3.1	−1.9	5.5	1.2	3.3
非住居用建物	−1.2	−5.9	0.41	−6.7	−1.3	3.0
構築物	3.8	0.63	−3.8	9.7	8.4	1.0
運輸装備	13.8	3.4	0.26	49.3	28.7	16.8
機械設備	−4.2	−3.0	−6.9	1.1	11.4	9.2

(出所)　表鶴吉［2003］.

る.

　一方，先に資本財形態別に資本ストックを推計する場合には，産業別資本ストックを先に推計する場合に比べて次のような長所がある.

① 産業別資本減耗率および廃棄率が抽象的な概念であるのに対し，資本財形態別資本減耗率，および廃棄率はより具体的な意味を持つ概念として税法上の資本減耗率などと比較できる.

② 実際に調査された資産別資本減耗率および廃棄率を適用すると，産業別資本減耗率および廃棄率を推計する際の様々な問題が解決できる.

③ 韓国銀行が推計した投資データを容易に利用することができる. すなわち，韓国銀行は資本財形態別投資資料をまず推計した後，産業別の資本財形態別投資データを1年後に発表する. よって，資本ストックも1年先立った推計をすることができるという長所がある.

　このような長所は，上述した短所を上回ると判断したため，本章の推計では資本財形態別資本ストックをまず推計する方法を採用した.

　われわれは年別純資本ストックの推計のため，1968年，1977年，1987年，1997年の国富総額純資産額（当年価格基準）を国民経済計算の資産別総固定資本形成デフレーターで実質化して2010年基準実質価格ベースの国富総額純資産額を基準年推計値（benchmark-year estimates）として用いた. ここで，ソフトウェアの場合，国富統計上の資料が存在しないため，恒久棚卸法を利用して国民経済計算の「無形固定資産投資」項目を1970年代から推計し，資本減耗率は表鶴吉編［2002］が示した24.71％を使った. 産業別資本ストックも

産業別総固定資本形成デフレーターを用いて実質価格に換算した.

　ただし，このような方法を使う場合，産業別総固定資本形成デフレーターが大幅に上昇した年は，当該年の実質資本ストックが減少するように推計される可能性がある. たとえば，Pyo［1998］の方法で推計した1979年と1980年の名目純資本ストック（統計表10.4.3）はそれぞれ40兆5,713億ウォンと52兆2,979億ウォンで，1980年の名目資本ストックが11兆7,266億ウォンだけ大きく推計された. また，1979年名目総固定資本形成（統計表10.4.1）は11兆1,539億ウォンであった. このように膨大な資本形成にもかかわらず，1989~1990年に産業別総固定資本形成デフレーターが大幅に上昇したため，2010年価格の実質純資本ストック（統計表10.5.1）は，1979年は239兆6,322億ウォン，1980年は234兆057億ウォンと推計され，実質値では減少したことになる.

　表10.4.3は，多項式基準年接続法から算出された資本財形態別廃棄率と資本減耗率を示す. 資本財形態別の推計結果をみると，廃棄率は1987~1997年の期間になっても3種の資産（住宅，構築物および機械設備）の場合，負の値として推計されている. その理由としては，資本ストック増加額（国富）が投資額の累積額（国民経済計算）より大きく，以下のような様々な種類の推計上または統計上の問題があった可能性が指摘できる.

　第1に，基準年の経常価格ストックデータを国民経済計算上の固定資産形成デフレーターを利用して不変価格データに換算したが，厳密な意味のストックデータとフローデータのデフレーターが異なる場合があるという点が看過されている.

第10章 資本形成と資本ストック **183**

表10.4.4 資本財形態別資本減耗率の推計値比較

(%)

	表鶴吉［2003］	ピョウ＝ソン［2014］	韓国銀行・統計庁［2014a］		EU KLEMS
	1987〜1997年	1998〜2012年	1988〜1997年	1998〜2010年	［2007］
有形固定資産	4.6	…	4.7	4.6	…
住居用建物	3.3	3.3	2.7	2.4	1.1〜1.1
非住居用建物	3.0	3.0	2.8	2.6	2.3〜6.9
構築物	1.0	2.5	3.6	3.7	2.3〜6.9
輸送用装備	16.8	16.9	14.7	14.5	6.1〜24.6
機械類	9.2	9.2	18.8	19.5	7.3〜31.5
コンピュータ装備		9.2	32.9	34.3	31.5
通信装備		9.2	15.6	17.9	11.5
そ他機械及び装備		9.2	14.0	15.6	7.3〜16.4
ソフトウェア	24.7		39.8	42.3	31.5

（出所）　ピョウ・ハクキル＝ソン・セラン［2014］.

第2に，国民経済計算上の固定資産形成データは一般的に過小に評価された一方，国富統計の実査データは過大に評価された可能性がある.

最後に，総資産を推計する際，国民経済計算の投資データを利用することは不適切である可能性がある. その理由は，韓国銀行が輸入中古資産の価格を，関税庁に申告される金額で評価し，新品価格として評価しないためである. 廃棄率が負の値になる原因が，万一国民経済計算における投資の過小評価にあるとすると，韓国銀行で推計された投資額を上方に調整して利用する必要がある.

資本財形態別に求めた資本減耗率は，1968〜1977年と1977〜1987年の非居住用建物について負の資本減耗率を示した. 建物と構築物の場合は，資本減耗率が低く，運輸装備の場合は高かった. 最近では（1987〜1997年）資本減耗率が下落する趨勢を示している.

［V］　1997年以降の資本ストック延長推計

1987年の国富統計調査報告書と1997年の国富統計調査報告書のデータを，国民経済計算上の総固定資産形成データとリンクさせ，多項式基準年接続法で推計した資本減耗率を用いて，1997年以後3年間（1998〜2000年）の産業別，資産形態別純資本ストックを延長推計した.

多項式基準年接続法を使用する際に，負の値の資本減耗率が推計された例としては，先にも述べたように，Nishimizu［1974］と黒田ほか［1996］pp.225-227などがある. 表鶴吉［2003］は，多項式基準年接続法の有用性を間接的に検証するために，1997年の国富統計調査結果を使用できなかったPyo［1998］の1996年推計を起点に，1997年から2013年まで延長し，これを1997年の国富統計調査による実査値と比較した（その結果については表鶴吉［2003］参照）. 本章では，1997年以降の純資本ストック延長推計を行うにあたって，資産別に推計された資本減耗率を使った.

韓国の場合，1997年第4次国富統計調査以降は国富統計調査が存在しないため，1998年以降の資本ストックは，1997年国富統計調査を利用した基準年接続法で推計した. このとき，表鶴吉［2003］の資本財形態別資本減耗率（表10.4.4を参照）を利用した. また資本形成については，先にも説明したように，RAS法を利用して推計した1998〜2014年の11×72総固定資本形成マトリックスを用いた. 構築物の場合，元々使っていた資本減耗率（1％）を採用すると，資本ストックが過大に推計される可能性があるため，EU KLEMS勧告の資本減耗率（2.5％）で補正した. 本推計で仮定するコンピュータ装備の減価率（9.2％）と通信装備の減価率（9.2％）およびソフトウェアの減価率（24.7％）は，EU KLEMS［2007］の減価率（コンピュータ装備（31.5％），通信装備（11.5％），およびソフトウェア（31.5％））や韓国銀行・統計庁［2014b］の減価率（コンピュータ装備（34.3％），通信装備（17.9％），ソフトウェア（42.3％））よりは著しく低いことが表10.4.4よりわかる. このように相対的に低い減価

率を仮定する理由は，以下のとおりである．OECD［2009］マニュアル（Paragraph 9.10）で指摘しているように，資本減耗率を定率型（geometric）として仮定した場合，年齢-価格のプロファイル（age-price profile）が年齢-効率性プロファイル（age-efficiency profile）と一致する長所，すなわち純資本ストックを生産的資本ストック（productive stock）と一致させる長所はあるが，コンピュータ装備，通信装備およびソフトウェアなど，いわゆる IT 資産の場合，高い資本減耗率を使うと，年齢-効率性プロファイルが年齢-価格プロファイルよりはるかに高い水準で減速するようになり，双曲線型（hyperbolic）を年齢-効率性プロファイルとして仮定する米国労働統計局（BLS）の研究結果と大きくかけ離れることになる問題を指摘できる．言い換えれば，IT 資産の資本減耗率を高すぎる値で仮定する場合，資本減耗額が効率性減少分をはるかに超えてしまい，IT 資産のストックを過小評価することになるということである．したがって本推計では，IT 資産に対して比較的低いレベルの資本減耗率を適用した．また，OECD［2009］で指摘されたように資本減耗率を定率型で適用する場合，生産的資本（productive stock）と純資本（net stock）が一致するため，本推計では1997年以降，純資本ストックだけを推計した．

表鶴吉・丁璇英・曺根三［2007］も指摘しているように，産業別資本減耗率を使った純資本ストックの推計は，一部の年を起点として急激な増加や減少のパターンをみせるという問題があった．本研究で利用した方法では，前に推計した総固定資本形成マトリックスを資本ストック推計に活用したために，各資産の資本減耗率だけを利用することになり，産業別資本減耗率に対する仮定を別途置く必要がないという長所がある．

5　資本財形態別純資本ストックの推計結果

まず2010年の不変価格から評価される資本財形態別純資本ストックを統計表10.5.1に提示する．1968年以前の推計値は Pyo［1998］を利用した．推計対象期間である1953～2013年を通してみると，韓国経済は純資本ストックの蓄積を加速化させてきた（図10.5.1参照）．実質純資本ストックは資

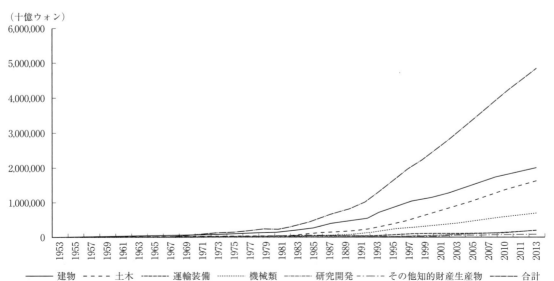

図10.5.1　資本財形態別実質純資本ストック（2010年価格）

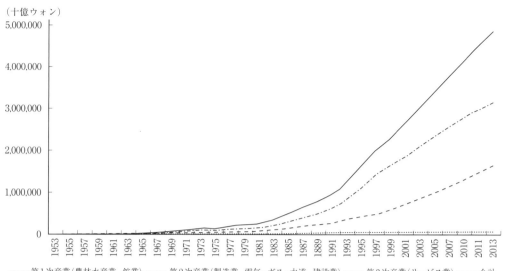

図 10.6.1　経済活動別実質純資本ストック（2010年価格）

……… 第1次産業(農林水産業, 鉱業)　- - - 第2次産業(製造業, 電気・ガス・水道, 建設業)　-・-・・ 第3次産業(サービス業)　──── 合計

産全体で年平均約8.5%の増加率を記録した．しかし，個々の項目をとってみるといっそう高い増加を示した分野がある．すなわち，その他の知的財産生産物（18.1%），研究開発（17.9%），機械類（9.4%），土木（9.0%）が資産全体の成長率を上回った．

6　経済活動別資本ストックの推計結果

次に経済活動別資本ストックの推計結果を統計表10.6.1と統計表10.6.2に示した．実質純資本ストックの蓄積は，第2次産業の増加率が最も高く（年率9.7%），次に第3次産業の増加率が高かった（8.2%，図10.6.1）．

7　資本-産出係数と資本装備率の推移

粗資本ストックが「産出生産能力」(the capacity to produce output) を測定するのに対し，純資本ストックは「所得生成能力」(the capacity to generate income) を測定する．この場合，資本は多くの場合で国富の概念として使われており，資本-産出係数（K/Y；Yは付加価値）は資本-所得比率（capital-income ratio もしくは wealth-income ratio）の概念として使われる．最近 Piketty［2014］は主要先進国の資本-所得比率を歴史的に推計し，第2次世界大戦以降この比率がふたたび急上昇していることを指摘した．ピケティの分析では，Goldsmith［1985］が国民貸借対照表をもって定義した土地と純金融資産を含む広義の国富（national wealth）という概念が使われている．1つ留意しなければならない点は，資本-所得比率の逆数は資本の平均生産性を意味することである．すなわち，資本-所得比率が高まることは資本の生産性が低下することを意味する．

韓国の経済活動別実質資本-産出係数（2010年価格）は図10.7.1（統計表10.7.1）のとおりである．全産業の場合，資本-産出係数は1962年に1.55，1987年に2.28，2013年に3.83と推計され，おおむね上昇傾向にある．期間別には資本-産出係数の平均増加率が最も高かった時期は1974～1997年（2.6%）で，つづく1998～2013年では1.3%であった．これは Piketty［2014］が観測した米

図 10.7.1　経済活動別実質資本-産出（付加価値）係数（2010年価格）

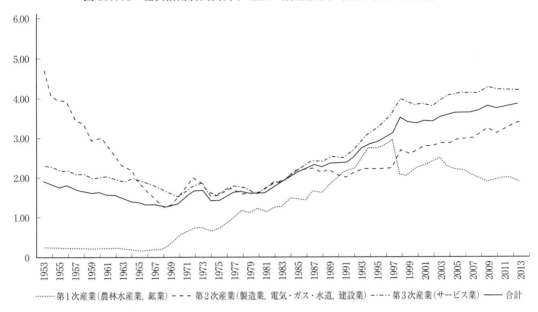

図 10.7.2　経済活動別1人当たり実質資本装備率（2010年価格）

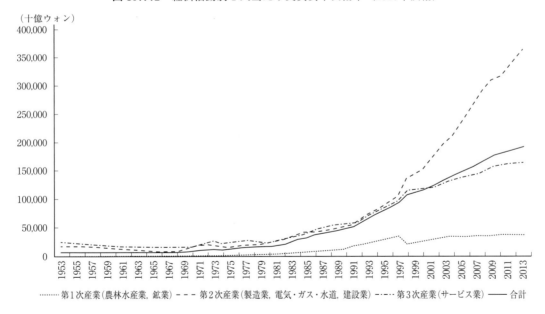

国，欧州，日本など主要先進国の資本-所得比率の増加傾向と一致するものである．また，これは，韓国だけでなく，主要先進国の場合にも資本の平均生産性が下落傾向にあったことを意味する．

次に，労働者1人当たり実質資本装備率（K/N；Nは就業者総数）の推移に注目してみよう．

統計表10.7.2および図10.7.2に示されているように，韓国では資本蓄積によって資本深化が進んだ．1人当たり実質資本装備率の平均増加率をみると，1953～1961年には−1.8％，1962～1973年には6.5％，1974～1997年には8.6％，1998～2013年には4.5％と推計され，全期間（1953～2013年）の

平均増加率は5.6％であった．また，1997年の金融・為替危機以降，資本深化の速度が著しく低下

したことがわかる．

（第 1 節〜第 7 節：表鶴吉）

第 11 章

貿　　　易

1　韓国の貿易統計

　韓国の貿易統計は，1945年日本の敗戦による統治の崩壊，米ソによる南北の分断占領，1948年南北別政府の独立，1950年朝鮮戦争の勃発等の政治的混乱によって，資料の散逸が甚だしかった．さらに，政府行政機構自体が頻繁に編成替えされたため，1964年までは安定的系統的な編集刊行が行われなかった．この点は，同じく日本統治を経験した台湾では，大陸の国民政府が台湾総督府から直接に行政権を受領したので，貿易統計は，そのほかの多くの政府統計と同じく，まったく中断されずに編集と刊行が続けられたことと対照的であった．このように1960年代初頭まで，韓国貿易統計の作成過程はきわめて複雑であった．

　そこで，まず貿易統計資料の残存状況と本章が依拠する資料を時代順に列挙すると次のようである．

　1945年日本の敗戦後に米国軍政を経て1948年8月に大韓民国が成立すると，財政部税関局が貿易を管轄することになった．その税関局は1946～1952年までについて貿易統計書を3冊発行している．3冊ともガリ版刷りのもので写りが良くなく，誤記が多いうえに，さらにページの乱丁まであり，全体を完全に復元することは不可能である．本章のこの時期の貿易統計には少なからぬ数値不整合が残っているが，そのような不可避の事情によるものである．[1] 次節で詳述するように，これらの統計に問題点は多いが，本章では1946～1952年に

ついては，下記の2冊①②による．

　①財務部税関局編『大韓民国輸出入品　三年対照表』1949年刊

　②財務部税関局編『大韓民国貿易年報』1951年版，1952年版

　1953～1963年には，税関局による統計書は刊行されなかった．そこで，この税関統計の中断期間については，韓国銀行の多様な資料・データを利用する．朝鮮戦争直後である1953・1954年については，同行編『調査月報』に掲載された下記③による．これは1953年の輸出品目数が35，輸入品目数が54であるように，概括的なデータにすぎないが，現在これに替わるものは発見されていない．1955～1957年については韓国銀行の④による．1955年の輸出品目数が57，輸入品目数が285に増え，輸入品については一定の分析が可能となる．しかし，この貿易統計には商品別相手国別のデータがないうえに，輸入の50～53％は相手国が不明であり，輸入額の1～2割は内容が不明である．最後に1958～1961年については，韓国銀行が編纂刊行した年次貿易統計書⑤⑥による．これらの統計は年ごとに整備されていき，商品別主要相手国別の貿易データが掲載され，しだいに国民経済統計の一部としての貿易統計の性格を備えるようになった．ただし，品目分類はいまだ統合された中分類にとどまるものが多い．

　③韓国銀行調査部編『韓国銀行調査月報』1955

---

1)　正確にいえば，1961年までの統計書には訂正できない誤記のみならず，同一年について複数の数値が存在する場合があり，理由の明記なくしばしば過去に遡って統計数値が変更されている．本章では詳細データのある統計を優先し，同一統計では後の数値を正しいとして採用する．

年3月号

④韓国銀行調査部編『経済統計年報』1960年版

⑤韓国銀行調査部編『外国貿易統計』1958-1960年版

⑥韓国銀行調査部編『対外貿易統計』1961年版

韓国銀行による貿易統計書は1963年まで刊行が確認できるが，1964年から財務部税関局が年次貿易統計書の刊行を再開した．その統計書⑦は，通関データを集計したもので，貿易統計として完成されたものである．貿易データは1963年のものから掲載されている．それとは別に，国際連合（United Nations）は韓国政府が提出する貿易データを組み込んで編集した⑧ *UN Comtrade* を1962年分から公開している．⑦は⑧に比べて，韓国独自の統計分類が加わっている分だけさらに詳細な統計である．しかし，本章では⑧がすべて電子化されており操作性が格段に優れていること，

1962年から現在までを一貫したコードで取り扱えること，各国との比較分析が容易であること等を考慮して，あえて韓国政府の⑦『貿易統計年報』を用いず，国連の⑧ *UN Comtrade* を利用する．⑧は国連の貿易基準によるフィルターを通すために，⑦との間にごくわずかな差異がある．

なお，本章では使用しないが，財務部関税庁が1991年以後の貿易統計⑨を，また，韓国貿易協会が1965年以後の貿易統計⑩を，それぞれホームページにおいて電子形態で公開している．

⑦財務部税関局編『貿易統計年報』1964年～（1971年からは関税局編）

⑧国際連合世界貿易統計　*UN Comtrade*, https://comtrade.un.org/

⑨財務部関税庁　http://www.customs.go.kr/kcshome/main/index.do

⑩韓国貿易協会　http://www.kita.org/

2　初期貿易統計の問題点と対策

1945年の解放時から1960年代初頭まで，韓国初期の貿易統計には多くの問題がある．今日まで解放後韓国に対する歴史・経済の研究において貿易統計はよく利用されてきたが，初期の貿易統計の性格を理解していないために，少なからぬ誤りが散見される．本節では，韓国の初期貿易統計の資料的制約を明らかにし，その利用できる範囲と条件を確定しよう．

前述したように，1946～1952年と1963年以降については，財務部税関局が編纂した年次貿易統計書がデータを提供しているが，その間の10年間については税関局による統計は存在しない．さらに，統計書が存在する期間についても大きな問題が存在する．税関局と韓国銀行のデータによって，初期韓国貿易と統計のカバレッジの概要をまとめると，表11.2.1のようである．網掛け部分は，個別品目レベルの統計が存在していることを示す．

［I］　援　助　輸　入

最も重要な問題点は，ウォン表示[2]の貿易額には援助輸入がまったく含まれていないことである．ドル表示の貿易額は，1954年以前は総額のみが示されているだけで，内容に関するデータは存在しない．それゆえ，輸出については，1955年で表示通貨がウォンからドルに変更されたとはいえ，一応一貫した把握が可能である．しかし，輸入について，1954年以前のウォン表示の一般輸入は把握できるが，より額の大きな援助輸入は，ウォンでもドルでも個別品目レベルの通関データがない．つまり，1954年以前の韓国貿易については，輸出には統計があるが，輸入には一部の統計しか残っていない．1946～1954年の輸入累計額で示せば，一般貿易は4.1億ドルに対して，援助輸入は11.9億ドルで約3倍である．結論的にいえば，このよ

---

2)　日本時代から続く貨幣単位である圓は韓国語でウォンと発音される．日本の円と区別するために本章では戦後はウォンと表記する．歴史的には1953年2月15日100ウォンを1ファン（圜）に改称するデノミネーションが行われたが，本章ではすべてウォンで統一する．

第11章 貿　　易　191

表11.2.1　韓国の通貨別貿易額概数と貿易データ数

| 年 | ウォン表示（十億ウォン） | | | ドル表示（百万ドル） | | | | | 品目データ数 | |
	輸出	一般輸入	援助輸入他	輸出	一般輸入	援助輸入	その他輸入	輸入計	輸出	輸入
1946	0.05	0.17	n.a.	3.1	11.2	49.5		60.7	46	223
1947	1.1	2.1	n.a.	22.2	41.8	175.4		217.1	72	366
1948	7.2	8.9	n.a.	16.0	19.7	179.6		199.3	94	482
1949	11.3	14.7	n.a.	12.5	16.4	116.5		132.9	118	638
1950	32.6	5.2	n.a.	18.1	2.9	58.7		61.6	110	544
1951	49.7	121.8	n.a.	11.3	20.1	106.5		126.6	99	706
1952	200.4	704.4	n.a.	27.7	53.6	160.5		214.2	145	1055
1953	398.7	2,237.0	n.a.	39.6	153.6	191.8		345.4	35	54
1954	667.5	2,778.5	n.a.	24.2	93.9	149.4		243.3	35	53
1955	904.2	4,824.5	n.a.	18.0	108.6	232.8		341.4	57	285
1956	1,266.8	3,543.6	n.a.	24.6	66.2	319.9		386.1	51	294
1957	1,129.5	3,791.6	n.a.	22.2	46.9	374.0	21.2	442.2	59	313
1958	1,145.3	4,356.4	n.a.	16.5	48.7	311.0	18.5	378.2	64	311
1959				19.8	81.0	210.7	12.1	303.8	67	303
1960				32.8	97.2	231.9	14.4	343.5	63	302
1961				40.9	103.1	196.8	16.2	316.1	179	419
1962				54.8	179.0	218.5	24.3	421.8	103	167
1963				86.8	232.7	232.6	94.9	560.3	151	188
1964				119.1	184.5	142.6	77.2	404.4	151	185
1965				175.1	248.4	135.5	79.6	463.4	153	186

（出所）　韓国銀行『経済年鑑』，同『経済統計年報』，韓国産業銀行調査部『韓國産業経済十年史』（1955年），財政部税関局『貿易統計』，同『貿易統計年報』，大韓民国公報処・内務部『大韓民国統計年鑑』．

（注）　1．網掛けは品目統計のあるもの．
　　　　2．1950年までのドル表示はウォン価額を公定レートで換算したもの．
　　　　3．1951年以前の援助輸入欄の数値は正確には援助額であるので，実際の輸入額はより少ない．

うに全輸入の4分の3に当たる援助輸入の実態が不明なので，1954年以前の韓国輸入については実質的に分析することができない．

　この判断には，さらに2つの補足説明が必要である．韓国の貿易には，本章で使った税関局と韓国銀行の統計とは別に，商工部が編纂した統計が存在する．[3] これは商工部による輸出入許可の実績を集計したもので，1950年から1970年代まで作成・公表されている．これはドル表示による一貫した統計であり，情報の乏しい1954年以前については独自の資料的な価値を持つ．ところがこの統計は，援助貿易について1954年以前のみでなく，韓国銀行の統計が援助分を組み込んだ1955年以後においてもそれを含んでいない．それゆえ，本章ではこの統計を使用しない．

　1940年代と1950年代の政治的混乱期に，韓国で

は，本章が扱う一般貿易とは別に，かなりの額の政府貿易が存在した．ただし，その規模や内容について系統的な資料はなく，断片的な数値のみが知られている．[4] 政府貿易について同じ年に別の数値が存在するので，複数の制度があったようである．朝鮮戦争中にはとくに額が大きく，『貿易年報』によれば1952年の政府輸出は一般輸出の39.7%，商工部資料によれば1951年の政府輸出は民間輸出の37.3%に当たる額に達していた．このように，ある時期の政府貿易は無視できない規模であるが，系統的な資料がなく，停戦後にはほとんどなくなっているので，本章では扱わない．

　従来，韓国の貿易統計に不備があるのは，朝鮮戦争の混乱によって資料が散逸したためだと捉えられてきたが，そのような評価は正鵠を射ていない．統計書が存在する1946～1952年についても，

　3）　大韓民国商工部編「商品別輸出入統計」（統計月報付録）31号，刊行年不詳，および1973年まで『商工統計年報』にその貿易統計を収録している．
　4）　当時の貿易関係の資料によれば，政府貿易は，政府が単に輸出入を命じたものと，政府が何らかの手段で入手したドルを使った直接の政府貿易および米軍政当局によって遂行された政府貿易，等に分けられている．韓国銀行『経済年鑑』1955年版，p.158．

援助貿易はまったく計上されていない．朝鮮戦争による資料散逸の事例として，仁川税関とソウル税関で1950年3〜6月間の資料が焼失したことがあった．しかし，税関局の諸文献のなかでこの事件が幾度も明記されていることは，むしろそれ以外での重要資料の喪失などがなかったことを示している．上述したような，特定の領域の貿易データが欠落している要因は，混乱の中で散逸されたからではなく，当時の韓国政府内で貿易全体を包括する統計データが作成されなかったためであろう．つまり，韓国政府の中で，国民経済的な意味での対外貿易全般を統括する機構が未整備であったので，全貿易を包摂する統計が作成されなかったのだと考える．これは，植民地期からの貿易管理機関が日本統治の解体や戦争勃発という新しい事態に的確に対応できずに，便宜的な機構再編成を経た後，1960年代初頭にようやく確立したという過程を背景としている．そのような貿易管理機構の変遷にともなって，貿易統計も旧来の作成方法が崩れていくとともに，他方で新時代に合った方法が導入整備されていった．

　税関局は設立以後，一度も中断することなく税関業務を担い通関統計の作成に従事していた．ところが，米軍政期から始まったガリオア・エロア援助（占領地行政救済・経済復興援助資金）は，当初から一般貿易とはまったく別に扱われ，税関局の通関手続を経なかった．さらに朝鮮戦争の勃発によって各種の援助額が激増する過程で，このことは変更されなかった．つまり，援助貿易および政府貿易の一部は，通常の一般貿易とは別に韓国銀行が管理しており，[5] 税関局はそれらに対して通関業務と統計作成を行っていなかった．税関はウォン貨によって貿易と関税を管理していたが，他方で米国財政と直結する援助はすべてドルで計算されたようである．このように，援助貿易や政府貿易の一部については，税関局が総括すること

はなく，また政府の他の機関がそれらのデータを集計して全貿易統計をつくることもなかった．

［Ⅱ］　貿易管理機構の一元化

　このような管理に関する無施策状況を一定程度変更したのは，1955年9月の商工部布告「輸出入手続き改正の件」であった．これは，従前の輸出入の政府許可制を廃止して，輸出手続きは税関局で，輸入手続きは韓国銀行が直接取り扱うことを定めたのであった．そして，貿易管轄機関として税関局とならんで韓国銀行が正式に認められ，税関局は「通関基準」，韓国銀行は「外国為替決済基準」によって貿易を掌握することになった．[6] 税関局が輸出と一般輸入の民間部門に関するデータを，韓国銀行が一般輸入の政府部門と援助輸入のデータを収集する．このようにして，貿易管理機構の二元化が確立されたのであり，[7] 貿易データもウォン貨ベースの輸出とドル貨ベースの輸入が別々に集積されるようになった．[8] この貿易管理機構の二元性こそが，国民経済統計としての完全な貿易統計が作られなかった理由である．

　この貿易管理機構の二元性は，政治的な安定化にともなってしだいに克服されることになるが，ただちに税関局への統合にむかったわけではない．実際にはむしろ韓国銀行の管理が広がったという局面があった．全貿易統計は，まず韓国銀行が税関局からデータを得て，1955年から作成が試みられた．これがドルベースによる戦後初めての全部データ⑤である．しかし，税関局は，1958年までウォン貨による輸出と一般輸入貿易統計を作成していたことに注意されたい（表11.2.1参照）．韓国銀行は久しく中断していた年次貿易統計⑦の編集に1958年から取り組んだ．この統計により商品×相手国データが提供されるようになり，国際的分業に関する分析が初めて可能になった．[9] 1959年からはその輸入貿易額を，従来使ってきた外貨

---

5)　朴相龍［2000］pp.17-23.
6)　崔相伍［2005］.
7)　ただ興味深いことに，税関は輸入品の重量については援助貿易を含めて把握している．
8)　朴相龍［2000］pp.17-23.

決済データのみでなく，税関局の通関データも利用するようになった．[10] これは韓国銀行側での措置であるとはいえ，貿易管理一元化に向かう一過程であった．そして，1962年に貿易業者が提出する「輸出入申告書」（輸出入免状写本）を基礎データとして貿易統計を構築する方式に変更された．[11] この個別の輸出入申告書に基づく貿易統計こそは最も確かな貿易管理システムであり，かつて日本統治時代に存在していた世界標準の制度に，長い中断を経てついに復帰したことになる．その主体が二元管理時代を主導した韓国銀行ではなく，通関業務を担当する税関局にもどったことは自然なことといえよう．[12] 韓国銀行による貿易統計編纂が1963年に終焉し，1964年に税関局が『貿易統計年報』（収録データは1963年から）の編集刊行を始めたことは，この貿易管理機構一元化の完了を告げるものであった．

［Ⅲ］　貿易統計自体の変化

このように，完全な貿易統計は混乱のなかで散逸したのではなく，1946年から1950年代における韓国政府の貿易管理機構の分裂と変動のなかで，そもそも作成されなかったのである．これらの変動のなかで，残存している貿易統計自体にも重要な変化があった．順次説明しよう．

まず，初期の貿易統計の商品分類についてである．税関局が編纂した年次貿易統計①②では，輸出入ともに独特の分類方式（大分類17）が使われていた．この分類については，従来その来歴が不明で様々な推測があったが，実は事態は比較的簡単であった．税関業務には，膨大な実務がともなうために，税関制度を改めることは容易なことではない．そのために，米軍政期には，1943年12月

の日本大蔵省告示による貿易分類がそのまま使われていた．[13] つまり，韓国は日本統治から分離された1945年以後においても，3年間は同時期の日本と同じ商品分類を使っていたわけである．1949年になって，日本と韓国はいずれも商品分類を改訂したので，両国の商品分類には相違が生じたが，それでもそれぞれ以前の商品分類を基礎としていたので，両者は比較的よく似た分類であった．そして，日本は1951年に日本固有の商品分類を廃止して，標準国際貿易商品分類（Standard International Trade Classification, SITC）origin の採用に踏み切った．韓国は1951・52年には従前の固有の分類を使用したが，やがて同じく SITC origin の採用に転じた．統計書がないので明確ではないが，1953年には SITC の導入がはかられたようで，1955年からは明確に SITC に一本化された．韓国には1946年から SITC 分類による貿易統計があるが，もちろんこれらは後に既存の貿易統計を集計し直して作成したものだと思われる．[14]

貿易価格の掌握に関しても，1950年代に大きな変化があった．朝鮮では1908年以来の輸出は FOB 価格，輸入は CIF 価格を採用していた．ところが朝鮮戦争期にその制度を維持できなくなり，1951年3月に停止された．その後は「政府鑑定価格」，すなわち輸入は，国内市場価格から商業利潤および国内税，輸入税等　輸入後の添加価格を控除した価格，輸出は国内市場価格によることになった．[15] つまり輸出入とも現地取引価格によることになっており，戦争により従前の通関書類の確保や検査を厳格に実施することが困難になったのであろう．混乱により一時的に貿易管理機能が弱体化したことが推測される．政府機構が安定した後，1958年4月からふたたび世界標準の FOB・

---

9)　韓国銀行の1958年版統計では33カ国・地域が相手先として掲載された．

10)　韓国銀行調査部編『対外貿易統計』1961年版．1955～1957年の通関資料に援助貿易はなかった．韓国貿易協会編『貿易年鑑』1958年版．

11)　韓国銀行調査部編『対外貿易統計季報』1962年3・4分期版．

12)　韓国関税研究所［1985］pp.582-603．

13)　「輸出入統計品目表（昭和十八年十二月大蔵省告示第六〇一号，昭和十九年一月より昭和二十四年六月三十日迄実施）」．

14)　韓国銀行『経済年鑑』1955年版，商工部『商品別輸出入統計』（統計月報付録）31号，刊行年不詳．

15)　韓国銀行『経済年鑑』1955年版，p.158．

CIF価格原則にたちもどった。[16]

　現在の韓国の貿易統計が，何故に外国通貨であるドルで表示されているかについても触れておこう．一国の通関貿易統計は関税収入額と直結するために，ほとんどの国では自国通貨で作成されるのが普通である．韓国も税関局による貿易統計と『貿易年報』1952年版までは自国通貨（ウォン・ファン）で集計されていた．ところが，援助輸入を管理し1950年代後半に輸出入全体をとりまとめることになる韓国銀行はすべてドルで集計した．さらに，援助額と輸入額が輸出額の規模に比べはるかに大きかったことも大きな圧力となったであろう．このような条件が重なったために，税関局が貿易管理全般の管理を回復した後も，貿易額をドルで集計する制度が維持されたのだと推測される．

［Ⅳ］　日本，米国との貿易比較

　最後に，この韓国貿易額を，最も主要な貿易相手国である日本側と米国側の資料による貿易額と比較照合することで点検してみよう．3国の相互輸出入額を対比した表11.2.2には，奇妙な値が出ている．現在の貿易統計において，輸出はFOB価格で，輸入はCIF価格で示されるのが普通である．その結果，ある国からの輸入額はその輸出国の輸出額よりも運賃・保険料分だけ増えることになる．このFOB価額とCIF価額の比率は，もちろん商品と運送距離によって異なるが，マクロ的に一国単位でみれば，数％から10数％ほどになる．ところが，この表でその差額の範囲に収まるのは，せいぜい韓国の対日輸出のみである．また，韓国の対米国輸出額が米国の対韓国輸入額を10％前後上回るのは，大規模な在韓国米軍への販売額によって説明がつくと思われる．ところが，日本・米国の輸出と韓国の輸入においては，説明のできない異常値となっている．日本の対韓国輸出では1962年まで，米国の対韓国輸出では1961年まで，輸出した額よりも輸入した額が20％以上も下回っている．そして，このような異常な不整合は，韓国貿易統計が完全に通関統計に移行した1962年を最後に消滅している。[17] この理由は統計では不明だが，対日本輸入や援助輸入を小さく見せたかった韓国政府が，香港など便宜的な第三国の経由地を輸入国に振り替えたためではなかろうか．現在真相は明らかではないが，この特異な現象は貿易管理機構の一元化以降はなくなった．税関部統計の編纂が1963年から始まっていることと関連していると思われ，それ以前との違いを意識しておく必要がある．

　以上のように，1950年代に韓国に整った貿易統計が存在しないのは，戦争によって関係資料が散逸したという単純なことではなかった．植民地期から引き継がれていた国家行政機関を，独立国にふさわしい機構に再編成しようとした時期に，朝鮮戦争が勃発してしまい，目前の膨大な輸入と援助の導入に対応するために，やむをえず貿易管理機構が分立してしまったのである．そのなかで，貿易管理に関しても従前の制度や手法を維持することができず，便宜的措置をとらざるを得なかった．これらが「混乱」とよばれた実態なのであった．やがて国家社会の安定にともなって，1963年，韓国の貿易管理は通関業務を担う税関局が専担する本来の姿に復帰することになった．そしてこれは，次節で詳述する朴正熙政権による輸出志向工業化政策が本格化したのと時期的にまったく重なる．つまり，韓国政府が新しい国際的環境に対応するために，国家機構を再整備する一環として，貿易機関の一元化政策を断行したのだといえよう．

3　解放後韓国の貿易

　貿易の内容によって韓国貿易を時期区分すると，次の3期に分けることができる．第1は復興の時

---

[16]　韓国銀行調査部編『対外貿易統計季報』1962年.
[17]　米国韓国間で1969年にも一度みられるが，3年移動平均にすれば消える.

第11章 貿　　易　　195

表11.2.2　韓国・日本・米国間の輸出入額対比と増加率

年	韓国⇒日本				日本⇒韓国			
	韓国	日本	増加額	%	日本	韓国	増加額	%
1955	7.3	9.5	2	32	39.5	19.1	▲20	▲51.7
1956	8.1	11.1	3	37	63.6	20.7	▲43	▲67.4
1957	10.8	12.2	1	13	56.9	33.5	▲23	▲41.1
1958	9.7	11.1	1	14	56.7	47.9	▲9	▲15.6
1959	12.7	12.0	▲1	▲5	62.4	32.4	▲30	▲48.1
1960	20.2	18.6	▲2	▲8	100.1	70.4	▲30	▲29.7
1961	19.4	22.4	3	16	125.9	69.2	▲57	▲45.0
1962	26.3	28.5	2	9	138.1	92.1	▲46	▲33.3
1963	26.5	27.0	0	2	159.7	159.2	▲0	▲0.3
1964	39.0	41.7	3	7	108.8	110.1	1	1.2
1965	44.0	41.4	▲3	▲6	180.3	166.6	▲14	▲7.6
1966	65.5	71.7	6	10	335.2	293.8	▲41	▲12.4
1967	84.7	92.4	8	9	407.0	443.0	36	8.9
1968	99.7	101.6	2	2	602.7	624.1	21	3.5
1969	138.3	133.9	▲4	▲3	767.2	753.8	▲13	▲1.8
1970	239.0	229.0	▲10	▲4	818.2	809.3	▲9	▲1.1
1971	266.1	265.3	▲1	▲0	829.9	953.7	124	14.9
1972	411.6	364.5	▲47	▲11	838.3	1031.2	193	23.0

年	韓国⇒米国				米国⇒韓国			
	韓国	米国	増加額	増加率　%	米国	韓国	増加額	増加率　%
1955	7.4	6.1	▲1	▲16.8	144.5	77.9	▲67	▲46.1
1956	10.9	9.7	▲1	▲11.0	325.4	87.0	▲238	▲73.3
1957	4.1	3.9	▲0	▲4.5	453.8	109.6	▲344	▲75.8
1958	2.6	2.4	▲0	▲9.6	416.8	403.0	▲14	▲3.3
1959	2.1	4.0	2	87.9	270.5	283.0	12	4.6
1960	3.6	5.2	2	42.8	230.5	133.7	▲97	▲42.0
1961	6.8	7.2	0	5.0	243.1	143.4	▲100	▲41.0
1962	13.2	10.7	▲3	▲19.1	214.8	212.0	▲3	▲1.3
1963	25.0	22.3	▲3	▲10.9	232.0	284.0	52	22.4
1964	35.8	30.5	▲5	▲14.8	201.5	202.0	1	0.3
1965	61.7	53.9	▲8	▲12.7	205.8	182.3	▲24	▲11.5
1966	95.8	85.4	▲10	▲10.8	235.4	273.8	38	16.3
1967	137.4	117.0	▲20	▲14.8	334.2	305.0	▲29	▲8.7
1968	235.4	198.6	▲37	▲15.7	421.5	452.0	30	7.2
1969	312.3	291.0	▲21	▲6.8	701.8	529.7	▲172	▲24.5
1970	391.0	370.2	▲21	▲5.3	511.2	584.1	73	14.3
1971	533.5	462.3	▲71	▲13.4	582.2	678.2	96	16.5
1972	761.9	707.7	▲54	▲7.1	629.1	647.2	18	2.9

（出所）　本書の韓国貿易統計，*UN Comtrade* の各国データ．日本は『日本貿易年表』，米国は U.S. Department of Commerce, Bureau of Foreign and Domestic Commerce. *Foreign Commerce and Navigation of the United States for the Calendar Year,* various issues.
（注）　網掛けは減少率20％以上のもの.

代（1946～1957年），第2は太平洋トライアング ルの時代（1958～1985年），第3は東アジア台頭 の時代（1986年～現在）である．マクロ的なデー タで全時代を概観した後に，各時期について検討 しよう.[18]

図11.3.1は，名目貿易額と実質貿易額，実質貿 易額の成長率（3年移動平均）を示したものであ る．これによれば，韓国貿易はアジア金融危機時 やリーマン・ショック時に大きな収縮を経ながら も，長期的には持続的に増加している．韓国は久

---

18)　第2次世界大戦後の韓国の貿易史全般については，李大根［1995］参照.

図 11.3.1 韓国の貿易額（名目と実質，1963年価格）と実質貿易成長率（3年移動平均）

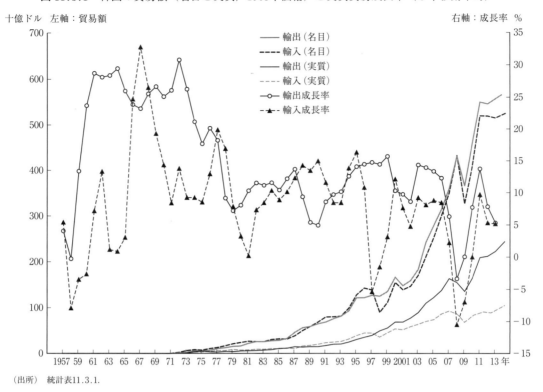

（出所）統計表11.3.1.

図 11.3.2 韓国輸出入の対GDP比率

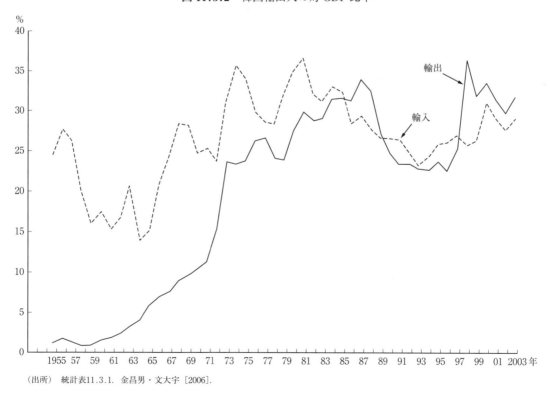

（出所）統計表11.3.1．金昌男・文大宇［2006］．

第11章 貿　　　易　197

図11.3.3　韓国の地域別輸出構成

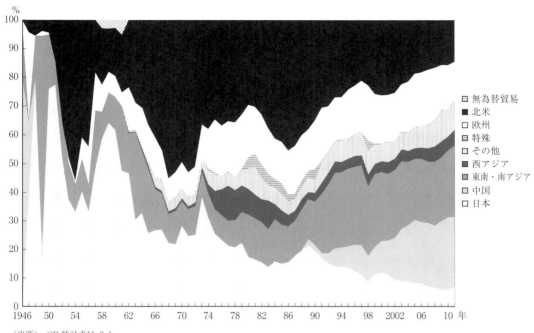

(出所) CD 統計表11.3.1.
(注)　グラフ上の配列は凡例の順序と同じ.

しく貿易赤字に苦しんだが，第2期に輸出が大幅に増加した結果，1986年には黒字転換し，1998年から黒字基調が定着した．ただし，輸出と輸入の物価指数はまったく別なので，実質輸出入の差額には何ら意味がないことは注意されたい．右軸の成長率でみると，輸出は1958年から1970年代まで年率20%以上の水準で増え続け，1980年代にも約10%の高い水準で推移している．輸入の成長率は輸出ほど長期的に高い趨勢ではなかったが，短期的な変動幅は輸出よりも大きい.

　図11.3.2は，各年の名目 GDP に対する輸出入額の比率を示している．輸出の比率は1950年代には1～2%にすぎないほど極端に低かったが，1950年代末から文字どおり大膨張をはじめ，1970年代にペースを落としながらも1987年のピークまでほぼ一貫して上昇した．それ以後は明らかに別の局面に入ったようにみえる．一方輸入の対 GDP 比率は，1950年代の輸出の比率ほど低くなく20%前後にあったが，1960年代の輸出膨張期には，さらに輸出を上回る比率で伸び続けた．1970年代には「輸出志向工業化」の代表とされ，「貿易依存度が異常に高い」と評された韓国のイメージに符合する状態になった．輸入も1980年代以後は30%を超えることはなくなり，25%前後で高止まりしている.

[Ⅰ]　第1期：復興の時代（1946～1957年）

　この時代は，旧帝国本国であった日本との経済的切断と朝鮮戦争による破壊と混乱からの復興過程であった．そして，それが対外関係と無関係に進んだのではなかったことが重要である.

　この期の貿易の最も顕著な特徴は，輸出の極端な萎縮と輸出と輸入の甚だしいアンバランスである．第6章でみたように，戦前期朝鮮は完全に日本帝国圏内分業の中にあり，とりわけ本国日本との貿易が圧倒的であった．戦後の韓国では，日本帝国の解体によって，輸出入ともに根本的に変化した.

　図11.3.3に示すように，大陸中国とは1940年代後半に交易があったが，朝鮮戦争で消滅した．第6章で述べたように，戦前期朝鮮の対日本輸出は食料品と銑鉄・化学工業品等の中間財であった．

図11.3.4 韓国の地域別輸入構成

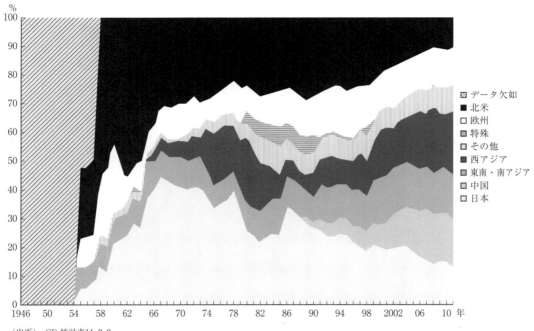

(出所) CD 統計表11.3.2.
(注) グラフ上の配列は凡例の順序と同じ.

かつて中間財を生産していた朝鮮北部が戦後韓国から分断されたのと，韓国の人口急増[19]で米の対日本輸出余力がなくなったことにより，先にみたように韓国の輸出はほとんど崩壊状態になった．図11.3.5にみるように，1950年代の輸出品ではタングステンを主とする鉱産品が最も多く，ついで2割ほどを占める海産物中心の食料品で構成されていた．また，図11.3.3にみるように，輸出は戦前にくらべて規模的に激減したとはいえ，その半分は依然として日本であった．輸出は年ごとの変動が大きく，安定的でもなかった．輸出面だけをみると，韓国はあたかもピュアーな1次産品輸出国に戻ったようにさえみえる．しかし，輸入面を検討するとそうではないことがわかる．

前節で述べたように，1955年以前については韓国輸入の実態を知ることができない．図11.3.4にみるように，一応輸入先がすべてわかる1958年で，米国は55.4%と過半を占め，日本は13.3%にすぎない．1939年，朝鮮の輸入において米国の比率は1.8%であったことから，戦後米軍政期と朝鮮戦争を経るなかで，韓国が米国の圧倒的な影響力のもとに組みこまれたことが明らかである．図11.3.6のSITC一桁分類では，食料品輸入はさほど多くなく，工業製品が一貫して中心であるという程度の分析しかできない．しかし，既存の研究成果によって，1950年代の韓国の輸入は，消費財が圧倒的な部分を占める東南アジア・南アジアとは異なって，資本財・中間財部門が大部分であるという，注目すべき特徴を持っていたことが知られている．[20] このことは，韓国が1950年代より外国から資本財と中間財を輸入して，国内市場向けの工業生産を行っていたことを示している．[21] 多

---

19) 日本と満洲からの帰還者と北朝鮮からの脱出移民によって，韓国地域の人口は200万人以上も増加したとされている．
20) この点はすでに同時代のエカフェの報告書でも指摘され，さらに，堀［2009］第11章ではBEC分類を使った分析によって明らかにされている．
21) 堀［2009］第10章，および原朗・宣在源［2013］所収諸論文．

第11章　貿　　　易　199

図11.3.5　韓国の輸出部門構成（3年移動平均，SITC）

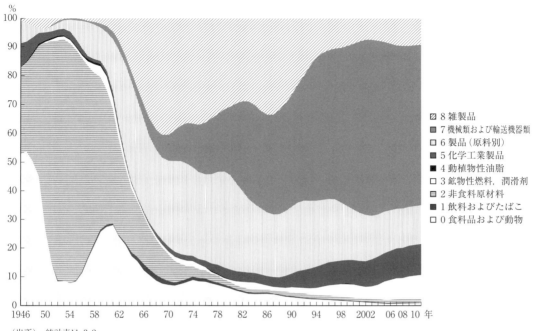

(出所)　統計表11.3.2.
(注)　グラフ上の配列は凡例の順序と同じ.

図11.3.6　韓国の輸入部門構成（3年移動平均，SITC）

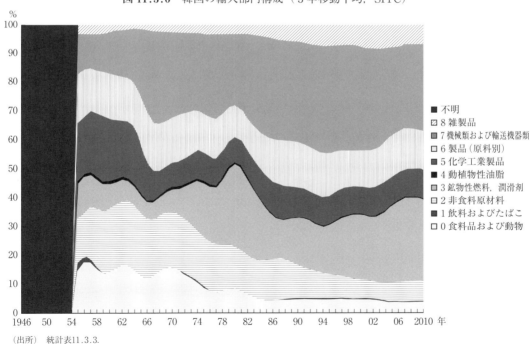

(出所)　統計表11.3.3.
(注)　グラフ上の配列は凡例の順序と同じ.

くの南・東南アジアの新興独立国が，先進国からの完成品輸入に依存していたのとは対照的に，韓国は台湾とともに，戦後早い段階で輸入代替による工業発展を実現していたのであった．もちろん，このことは自然発生的な動きではなく，独立国として強いナショナリズムを持った韓国政府が，国

内工業の保護育成政策をとったこと，その受け皿になりうる経済基盤がある程度備わっていたことによっていた．さらに，先述したように，植民地時代の輸出構造が崩壊した状況では，外貨獲得の面で，国民経済の建設と維持はきわめて困難であった．これを支えたのが米国の援助であったので，1950年代韓国経済の再建は，世界政治の要素なくしては，実現は困難であったろう．以上の諸特徴からみれば，1950年代に韓国では「援助外貨に依存した輸入代替工業経済」がつくられたといえ，貿易のあり方もそれを反映していた．

［Ⅱ］　第2期：太平洋トライアングルの時代（1958〜1985年）

この時代への移行は貿易統計に明瞭に表れる．多くの韓国史研究の時期区分では，朴正煕クーデター政権の成立（1961年），あるいは朴政権による第1次五カ年計画の修正（1963年）を画期とみなしている．しかし，貿易面でみると，前項の貿易統計制度の変遷でみたように，その転換はもう少し早いようである．転換自体について，既存の研究は主に通商政策や政策担当者の構想に焦点を当ててきたので，ここでは貿易の内実の変化についてみよう．

貿易面の変化とは，工業製品の輸出が始まり，かつそれが急激に増加したことである．前掲の図11.3.1，図11.3.2のように，輸出の増加は明らかに1958年に始まっている．貿易相手先は，輸出と輸入とでまったく異なる．まず，輸出相手先を図11.3.3でみると，1950年代末から北米が首位で傾向的に増加した．それにつれて欧州も増加しており，最初のピークである1971年に，両地域のみで61.3％になった．一方日本は急速に比率を下げていくが，1971年には24.6％なので，3地域を合計すると同年85.9％であった．このように，韓国の輸出先は圧倒的に先進国地域へと変わっていた．

輸出品の中身を図11.3.5でみると，その構成の変化はさらにドラスティックである．それまでの非食料原料と鉱産品の比率は急減し，それとは逆に工業製品の比率が急増する．わずか10年間ほどで輸出の8割を工業製品が占めるほどになり，韓国はそれまでの1次産品輸出国から完全な工業製品輸出国に変貌した．輸出品構成をこれほど短期間に一変させた事例は，韓国と同時代の台湾をおいてはおそらく稀であろう．その内容をさらに詳細に検討すると，輸出品構成を変えていったのは対米国輸出であった．1950年代末から急増したのは，SITC第6類で木製品，紙製品，繊維類，革・ゴム製品，第8類で衣類・履物類，家具等の労働集約的な軽工業品であった．

このように軽工業製品を大量に輸出することによって急速に経済発展する後進国は，1970年代末にはNICs（新興工業国群）[22]と呼ばれて世界的に注目された．そして，この現象は従属理論や第三世界論のような世界認識を大きく動揺させることになった．韓国はこのNICsの代表であり，南欧・南米諸国の成長が行き詰まった後にも，NIEs（新興工業経済群）の代表として成長を続けた．そして，注意すべき点は，この工業製品輸出が急進展したのが，NICs現象が注目される1970年代よりも10年以上も早かったことである．韓国の対先進国工業製品輸出は，世界史的にも香港・台湾についで早いものであった．そして，それら工業製品の輸出増加を可能にした国際的な条件の1つは，図11.3.4にみられる日本からの輸入増加であった．日本からは機械，鉄鋼，石油化学製品等の工業製品が輸入された．資本財の代表である機械を例にとれば，1960年代後半に韓国の機械輸入は全輸入の35％を超えたが，その過半は日本一国から輸入されていた．このように，韓国は日本から資本財・中間財を輸入することにより，米国に軽工業品を輸出することが可能になった．[23] これは見方を変えれば，日本は迂回的に対米国輸出のルートをつくり外貨を獲得したともい

---

22)　OECD［1979］が，1970年代中葉以降目ざましい経済成長を遂げつつある東アジア4カ国，南米2カ国，南欧4カ国をこのように規定した．後，東アジア4国のみがNIEs（新興経済群）と呼ばれる．

23)　1970年代半ばまでの日本にとって，韓国，香港，台湾等は最大の外貨獲得地域であった．堀編［2016］第1章．

第11章 貿易　201

表 11.3.1　韓国の部門別・地域別貿易額（1985年）

SITC	輸出額（百万ドル）						同比率（%）				
	全世界	日本	東・東南ア	西欧	北米	その他	日本	東・東南ア	西欧	北米	その他
0	1,135.3	776.3	53.6	40.1	157.6	107.7	68.4	4.7	3.5	13.9	9.5
1	105.6	7.5	5.4	72.0	9.8	10.9	7.1	5.1	68.1	9.3	10.3
2	307.8	158.2	88.6	15.6	9.1	36.4	51.4	28.8	5.1	2.9	11.8
3	929.0	614.0	77.8	2.7	143.6	90.9	66.1	8.4	0.3	15.5	9.8
4	3.7	1.6	0.8	0.0	0.0	1.3	42.9	20.4	0.0	0.8	35.9
5	1,005.9	194.6	349.8	67.3	109.0	285.3	19.3	34.8	6.7	10.8	28.4
6	7,046.3	955.2	1,143.5	418.6	2,280.9	2,248.1	13.6	16.2	5.9	32.4	31.9
7	11,023.6	792.1	1,396.5	1,894.8	4,730.5	2,209.6	7.2	12.7	17.2	42.9	20.0
8	8,708.3	1,034.4	166.9	1,376.1	5,426.0	704.9	11.9	1.9	15.8	62.3	8.1
0〜8計	30,265.5	4,533.9	3,282.9	3,887.1	12,866.4	5,695.1	15.0	10.8	12.8	42.5	18.8
収支	▲773.1	▲2,989.1	▲237.9	240.9	5,091.9	▲2,878.9					

SITC	輸入額（百万ドル）						同比率（%）				
	全世界	日本	東・東南ア	西欧	北米	その他	日本	東・東南ア	西欧	北米	その他
0	1,399.8	27.3	184.1	30.0	620.9	537.5	1.9	13.2	2.1	44.4	38.4
1	18.1	3.2	0.1	4.6	4.1	6.1	17.7	0.6	25.4	22.7	33.6
2	3,872.8	211.1	567.5	167.8	1,842.1	1,084.2	5.5	14.7	4.3	47.6	28.0
3	7,333.0	105.9	1,423.0	21.7	687.7	5,094.7	1.4	19.4	0.3	9.4	69.5
4	146.3	11.3	69.3	5.0	42.1	18.6	7.7	47.4	3.4	28.8	12.7
5	2,878.0	1,048.9	78.0	690.7	906.6	153.9	36.4	2.7	24.0	31.5	5.3
6	3,524.6	1,837.0	241.8	459.2	450.7	535.9	52.1	6.9	13.0	12.8	15.2
7	10,723.2	3,593.3	920.4	2,111.5	2,986.8	1,111.1	33.5	8.6	19.7	27.9	10.4
8	1,142.7	685.2	36.6	155.6	233.5	31.8	60.0	3.2	13.6	20.4	2.8
0〜8計	31,038.6	7,523.1	3,520.8	3,646.2	7,774.5	8,574.0	24.2	11.3	11.7	25.0	27.6

（注）　SITC コードは SITC 一桁分類．図11.3.5と同じ．

える．

　この韓国の工業発展に関しては，歴史学・経済学・開発経済論など実に多くの学問分野や研究手法が動員され，その解明と理論構築がはかられている．韓国内の条件（経済復興の進展，新興企業家の台頭，近代的経済官僚の登場等）や米国の大衆消費社会化の進展，米国市場の開放，日本経済の重化学工業化の進展，GATT や IMF による世界経済の自由化回復，等の条件が重層的に作用したことは，誰もが認めることである．[24] 韓国の世界的にも稀な急速な工業製品輸出増加のメカニズムについては，先の対日本輸入と対米国（付随的に西欧）輸出を結びつけた太平洋トライアングルという構造による説明が合理的である．この概念は涂［1990］が提唱し，平川［1992］が定式化したものである．このトライアングル論も先の NICs 概念と同じく，1970年代以後の現象を対象として構築されていた．

　ところが，韓国では台湾と同じく，日本と米国との国際分業の再編成と関連して，1950年代末からすでにこの構造が形成されはじめ，韓国，米国，日本の経済発展を内包しながら拡大を続け，1980年代半ばまでこれが維持されていた．その最終時点，1985年の姿を表11.3.1で示そう．1939年の朝鮮貿易（第6章の表6.3.1）は完全に日本帝国圏内に包摂されつくしていたが，1985年の韓国貿易は世界的な広域分業のなかにあった．そして，輸出対象の70.3％が北米，西欧，日本という先進国市場であり，とりわけ米国の比重が大きかった．輸出面において圧倒的に先進国中心であるという偏りは，1970年代以後に若干緩和されたとはいえ，1980年代半ばまで韓国の特徴として続いていた．輸入面においては，日本から資本財を輸入する構造は同じであるが，次第に中間財が減少し，替わって石油，石炭，鉄鉱石等の原材料を特定国から大量に輸入する傾向が生まれていた．

---

24)　最新の研究成果として，堀編［2016］第1，2，5，7章，および慶應義塾会編［2016］（「特集：韓国経済発展の歴史的条件——1960年代日本との比較を中心に——」）参照．

[Ⅲ] 第3期：大東アジア台頭の時代（1986年〜現在）

　第3期への移行とは，従前の太平洋トライアングル構造から大東アジアを巻き込んだ貿易構造へ転換したことである．日本からの資本財・中間財輸入と米国・西欧・日本等先進国への工業品輸出とが結びついていた国際分業が，東南アジアと中国を内包した大東アジアを中心とした貿易に変化していった．ただし，それは従来のトライアングル構造が消滅したのではなく，大東アジア市場との分業がさらに加わったとみるべきである．すでに掲示したマクロ的なデータでも，1980年代の地域的な転換は明瞭に現れている．前掲の図11.3.3でみれば，1980年代半ばから北米と西欧に対する輸出増加が停滞するのとは対照的に，大東アジアへの輸出が一貫して増え続ける．北米・西欧は1986年をピークとして比率を下げていくのに対して，大東アジアは逆に一方的に比率が上がり続ける．2010年には前者が31％，インドを含めると後者が55％に達する．これは，「東アジアの経済的台頭」として広く人口に膾炙している事実である．そして，このような貿易対象地域の転換は，韓国のみに生じた現象ではなく，トライアングルを構成していた日本，台湾でもまったく同じように起こっていた．

　そして，それらの転換がいずれも1985年であったことは，これが韓国一国内の条件ではなく，より広域な国際的分業全体の再編の一環であったことを示している．これは東アジア3国の工業競争力が高まって米国との通商摩擦が深刻になったことと，各国の高度成長の結果，生産コストが高まり，従来の国際分業が維持しがたくなったからである．これを象徴する事件が1985年の「プラザ合意」による円切上げであったが，この措置は日本から大量の資本財・中間財を輸入していた韓国・台湾に波及し，同じようにその生産・貿易コストを高めた．この米国からの通貨切上げ圧力を契機に，日本，韓国，台湾は物価水準が低い東南アジアとの貿易関係の強化と直接進出へと向かった．

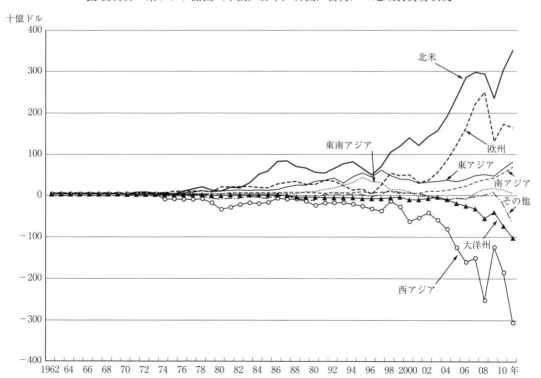

図11.3.7　東アジア諸国（中国，日本，韓国，台湾）の地域別貿易収支

韓国と中国との国交回復は1992年8月であったが，相互の貿易は劇的に増加し，2003年に中国は米国を凌駕して韓国最大の輸出相手国になった．韓国の輸入においても，2008年に日本を押さえて中国が首位になった．

　一方，韓国の輸出入品をみれば，輸出では依然として機械を中心とした工業製品が中心で，輸入品構成では大きな変化はみられない．中国を中心とする大東アジア経済の膨張は現在なお進行中で，そのグローバル経済の一環にある韓国貿易の全貌を解明することは本章の課題を超えている．ただし，太平洋トライアングル構造の理解と関連して，次の点だけは指摘しておきたい．東アジア4国・地域（日本，韓国，台湾，中国）全体の輸出相手地域をみると，戦後は対欧米と対大東アジアが一貫してともに増加し続けており，2010年には2地域のみで全輸出対象の82.1%までに達していた．ところが，図11.3.7で4国・地域全体の地域別貿易収支を見ると，まったく別の構造が見えてくる．

東アジアと東南アジアとの輸出入は内部で相殺され貿易収支の黒字幅はそれほど大きくない．東アジアとして貿易黒字を得ていたのは2000年代になっても，依然として圧倒的に対北米と対欧州なのである．それに対するものが，石油を有する西アジアと石炭・鉄鉱石を有する大洋州との赤字であった．これは，韓国，日本，台湾の対欧米輸出が1980年代から停滞したのに対して，中国が韓国，日本，台湾からの輸入超過を増しながら，欧米に対して膨大な輸出超過を累積していったからに他ならない．つまり，韓国（や日本，台湾）は対東アジア市場依存に傾斜していったのであるが，その東アジアの中心にある中国を含めてみると，東アジアは依然として対欧米輸出超過を基礎とする貿易構造の上にある．アジア市場のみに依存した東アジア経済の発展と拡大はいまだ想定しにくいことを示しているといえよう．

（第1節〜第3節：堀和生）

第 12 章
国民経済計算からみた戦後韓国経済の成長

1 韓国国民経済計算の発展

国民経済計算は国民経済の動きを有機的かつ体系的に表す総合的な統計で，経済政策の策定および評価と各種経済分析における重要な基礎資料として活用されている．国民経済計算が利用される政策分野は広範にわたるが，その中でもとくに経済開発計画の策定と国家予算の編成においては必須の基礎資料になっている．韓国では1960年代以降5回にわたる経済開発計画の策定とその執行結果を評価・分析するに当たって最も重要な資料として用いられてきた．韓国の国民経済計算は，1957年に韓国銀行が公式の編制機関として指定されることにより体系的に編制されることになった（韓国銀行［2014b］参照）．

一般に国民経済計算を推計する目的は，一定期間の間になされた国民経済活動の結果をより早く正確に把握することにあり，国民経済計算を用いて長期間にわたる一国の生産力と経済成長の変動・推移を分析する際には，名目ベースの市場価格表示国民所得から物価変動を除いた実質市場価格系列を推計する．このような実質国民所得の推計および統計の速報性を維持するためには，一般的に国民所得の編制の際には基準年を設定し，比較年の国民所得は基準年の国民所得を延長して推計する．他方，実質市場価格による国民所得を評価するためには，毎年の財貨およびサービスの生産と消費など，すべての国民経済活動を基準年の市場価格で評価しなければならない．

しかし，比較年の生産額を基準年の生産額から生産指数など物量指数に変換する場合，時とともに生産の技術構造および相対価格構造が変わった

り，新しい商品の出現や品質の高級化などによって物量指数が不適切になったりするため，正確な生産規模を測定することが困難になる．このように，比較年が基準年から遠くなるにつれて国民所得統計は国民経済の真の姿を正しく反映しなくなり，正確な経済分析および経済予測がむずかしくなる．したがって，米国や日本など世界各国はおおむね5～7年を周期に国民所得統計の基準年を改編している．韓国銀行も1955年基準年改編以降，5年ごとに国民所得統計の基準年を変更してきており，2010年には第11次基準年度改編を行った．とくに韓国銀行［2010］によれば，2005年基準年改編のとき，実質GDPの推計方法を「固定ウェイト方式」（fixed-weighted method）から「連鎖ウェイト方式」（chain-weighted method）に変更した．

韓国の国民経済計算は，5つの表（国民所得統計，産業連関表，資金循環表，国際収支表および国民貸借対照表）から構成される総合勘定と4つの制度部門別勘定および約20の付表からなっている．国民経済計算は国際的に統一された会計基準である「国民経済計算体系」（System of National Accounts：SNA）に基づいて作成されている．国連は第2次世界大戦以降，国民勘定体系の国際基準を作成したが，これを「1953 SNA」（System of National Accounts and Supporting Tables：1953年国民経済計算体系と補助表）と呼ぶ．1953 SNA は主に国民所得統計の編制を国際的に統一するための努力を集大成したものである．その後1968年に改定された「1968 SNA」で

は，国民経済をより総合的かつ体系的に把握するために，既存の国民経済統計を互いに有機的に繋ぐことに努めた．その後1970年代に入って，各国の経済の世界化（globalization）が加速することになり，金融革新や政府の役割の変化を国民経済計算体系に反映する必要性が高まった．このような国際経済環境の変化に応えるべく，国連，OECDおよびIMFなどの国際機構は共同で1968 SNAを改定した「1993 SNA」を発表し，各国の国民経済計算推計時にはこれを利用するように勧告した．2000年代に入ってからは情報通信技術の発達と金融革新の加速化および各国間の活発な資本移動などに影響を受け，2008年にふたたび改定された「2008 SNA」が発表された．

2008 SNAの主要改定内容をみると次のとおりである．第1に，非金融資産部門から従来では中間消費として処理された研究開発（R&D：Research and Development）支出額と軍事用武器支出額などを総固定資本形成に算入するように変更し，「資本サービス」（Capital Service）の概念を公式に導入した．第2に，金融部門では1990年代以降金融市場環境の変化を反映して，1993 SNAでは5つの部門（中央銀行，預金取扱機関，その他金融機関，金融補助機関，保険および年金）に分類していた金融部門を9つの部門（短期資金市場ファンド，非短期資金市場ファンド，専属金融機関および貸金業など，4部門の追加）に細分化した．これは拡大した金融サービスの範囲を反映するための試みといえる．第3に，国外取引部門では所有権変更原則をより厳密に適用した．たとえば，1993 SNAでは所有権変更原則の例外を認めて財貨の物理的移動を基準に輸出入取引を処理したが，2008 SNAでは海外で加工されて完成品が販売される時点で輸出として処理することに変更された．第4に，政府会計基準の発展状況を反映して，政府と公的部門の区分基準を明確に示し，政府と公的機関の間の取引に関する処理方法をより詳細に記述した．最後に，娯楽，文学作品および芸術作品原本（Entertainment, Literary and Artistic Originals）支出の処理に関連して，1993 SNAでは総固定資本形成として計上するように勧告したことからもう一歩進んで，包括範囲と認識要件などをより具体化した．韓国銀行は，韓国の2010年国民勘定改編時点からこれを総固定資本形成として処理している．韓国銀行は2008 SNA主要改定内容を反映した2010年基準年改編作業を，第1段階として2000〜2013年統計の推計を2015年3月末までに完了し，第2段階として1953〜1999年統計の推計を2014年末までに終えた．

本章ではこのような2008 SNA改定内容と基準年改編作業結果を反映した推計結果を収録した．このような2008 SNAに対応した改定内容と新しい基準への移行がマクロ経済指標に及ぼす影響を分析した韓国銀行［2013］の報告によれば，2010年のGDP規模は従来の値より4％程度増加するなど，主要国民経済計算指標が相当変わる推計結果となった．

2　第2次大戦後における韓国経済の発展

日本の植民地支配下の韓国は，典型的な植民地型経済発展を遂げた．溝口・梅村編［1988］の推計によれば，朝鮮の国内総支出（Gross Domestic Expenditure）と国民純生産（Net Domestic Product）は，1934〜1936年平均不変価格で1911〜1938年の期間の間，それぞれ年平均4.36％および3.90％のスピードで成長した．実質国内純生産の産業別平均成長率を見ると，第1次産業（3.06％），第2次産業（10.48％）および第3次産業（4.23％）と推計された．金洛年編［2012］は，溝口・梅村編［1988］の国内純生産推計には，金・銀およびサービス貿易が抜け落ちており，仲介貿易による二重計算が調整されていないまま含まれている，と指摘した．また，溝口・梅村編［1988］とのデフレーター推計方法の違いから両推計値の間には平均6.1％の乖離が発生している

と報告している．初期には溝口・梅村編［1988］の推計値が金洛年［2012］の推計値より小さかったが，1920年代初めから1930年代半ばまでは大きくなり，その後ふたたび小さくなるように推計されている．

韓国経済が日本の植民地支配期間（1911～1945年）の間に遂げた経済発展の植民地資本主義としての性格と限界に関する論争はいまだに続いている（表鶴吉［1991］参照）．しかし，植民地期間にある程度の工業化が進んだことは否定できない．それは第2次産業部門（鉱工業）の資本ストックの増加率が1911～1938年の間に，溝口・梅村編［1988］では5.7%，表鶴吉［1996a］では3.8%として推計されていることからもわかる．1911～1945年の間，第2次産業の純生産額平均成長率（8.0%）の成長の源泉が，高い労働投入平均成長率（8.4%）と資本投入平均成長率（6.5%）にあったことを明らかにしている．安秉直・中村編［1993］によれば，1920年から1940年の間，日本の企業数が2倍に増えたのに対し，韓国の企業数は6倍に増加しており，同期間日本企業の投資支出が約3倍増加した反面，韓国企業の投資支出は約8倍に増えた．製造業での投資支出比率は1920年の14.20%から1940年の50.7%に増加したとされている．韓国では植民地期中に，相当な工業化への進捗があったと考えられる（表鶴吉［2000b］p.13参照）．

植民地期間の最後の7年間（1939～1945年）については基本的な経済資料さえ公表されておらず，その結果，本書第1部のとおり各種の統計資料は1940年で終わるしかなかった．溝口［1996］も，1940～1955年の期間を，植民地支配からの解放と朝鮮戦争（1950～1953年）が生み出した社会的・経済的混乱期および統計的暗黒期として定義している．この時期はハイパー・インフレーション（hyper-inflation）による相対価格と為替レートの急変の時期であった．Mason et al.［1980］は，朝鮮戦争の休戦協定が調印された1953年の韓国の生活水準は日本の植民地下の1940年代序盤よりはるかに低かったと指摘した．適切な資料がなく，両時期を直接比較することはできないが，標準的な商品の生産に関する資料をみると，すべての部門で生産活動が両時期の間で相当な格差を示していると指摘されている（表鶴吉［2000b］p.5参照）．

周知のように，韓国は1945年に日本の植民地支配から解放された．しかし，朝鮮半島は南北に分断され，1948年には南に大韓民国政府が単独で樹立されたが，その後すぐに起きた朝鮮戦争（1950～1953年）でそれまで残っていた社会間接資本のほとんどが破壊された．戦後すぐの韓国経済は1953年1人当たり所得が134ドル（1970年不変価格）にすぎない最貧国の水準であった．1953年当時，2010年不変価格で評価した第1次産業と第2次産業の付加価値シェアはそれぞれ54.67%と11.6%であった．植民地期にある程度工業化が進展したにもかかわらず，韓国経済は1953年頃には基本的に農業社会であったことがわかる．

Lucas［1993］は，韓国の急速な経済成長のエピソードを説明できる理論が必要であることを力説しながら，結局は「人的資本」（human capital）が経済成長の最も重要な投入要素であることを韓国の経済発展を通して確認できるとみていた．Lucas［2002］は，韓国が最貧国の1つとして出発し，米国の1人当たり所得の約3分の1程度の生活水準を持つ中間所得国家に成長し，遠くない将来に先進国に仲間入りするだろうと予想した．韓国の経済成長に占める人的資本の役割に関しては Pyo［2005，2018］が追加的に論じたことがある．しかし，韓国の戦後の長期成長パターンは緩やかで単調なものではなかった．図12.2.1にみられるように，高度成長期と経済危機期および相対的低成長期が交差する非単調な，屈曲のある経済成長としてみることができる．1962年に経済開発5カ年計画が策定されて以来，韓国経済は本格的な輸出主導型工業化過程に突入する．そして第1次石油危機が起こった1973年までは年平均9.8%の高度成長を記録した．1974年以降第2次石油危機が起こった1979年までは韓国経済は軽工業中心から脱皮して重化学工業化による発展を試み，1997年までは年平均8.7%の高度成長を続けた．

図 12.2.1　経済活動別実質付加価値増加率

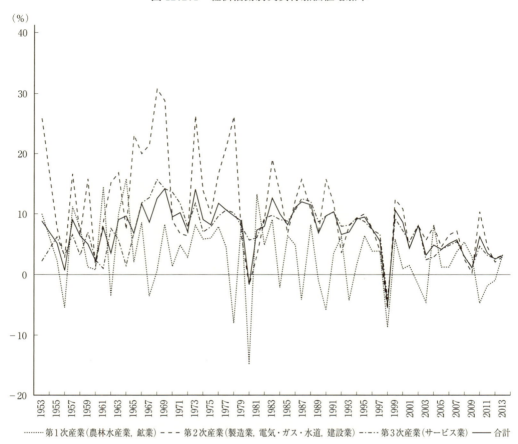

……… 第1次産業(農林水産業, 鉱業)　--- 第2次産業(製造業, 電気・ガス・水道, 建設業)　-・- 第3次産業(サービス業)　── 合計

しかし，1997年末に起きた為替・金融危機によって1998年には国際通貨基金（IMF）の「構造調整プログラム」が始まり，民間企業と金融産業の大規模なリストラクチャリングの余波で1998～2013年の期間には年平均4.3％の相対的低成長期間を迎えた．もちろん，このような低成長の背景には出生率の低下と急速な人口構造の高齢化など，非経済的要因が作用した．

［Ⅰ］　実質付加価値の推移と構成

韓国の全産業を合計した実質付加価値（2010年価格）は全期間（1953～2013年）をつうじて年平均7.3％の速度で増加した（図12.2.1および統計表12.2.2参照）．期間別には1953～1961年（5.4％），1962～1973年（9.8％），1974～1997年（8.7％）および1998～2013年（4.3％）の平均成長率であった．名目付加価値の構成比率（本章では図示を省略，CD 表12.2.1を参照）をみると，1965年頃から第1次産業と第3次産業の構成比が40％水準で逆転した．表鶴吉［1991］はこの期間をRostow［1968］が定義した「離陸段階」（take-off stage）とみなした．

続いて韓国経済は，1962年経済開発5カ年計画が始まって以来，実質でみた第1次産業の比重が低下し，代わって第2次産業の付加価値構成比が上昇を始め，1974年前後に第2次産業の付加価値構成比が第1次産業の付加価値構成比を超えることになる（図12.2.3参照）．この時点を韓国のルイス的（Lewis［1954］）な「転換点」（turning point），つまり無制限的労働供給（unlimited labor supply）の時代が終わり，賃金が急上昇し始める時点とみなすことができる（表鶴吉［1991］参照）．1980年代末以降第2次産業の付加価値構成比は30％代後半の水準からそれ以上増加

図 12.2.2 経済活動別実質付加価値の推移（2010年価格）

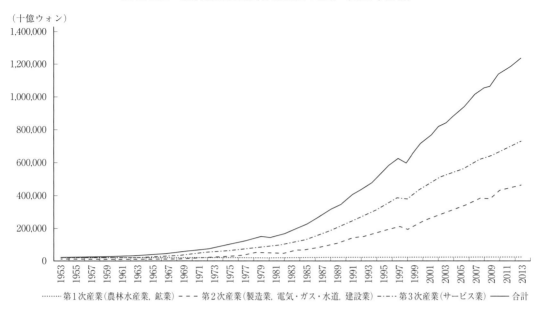

図 12.2.3 経済活動別実質付加価値の構成比率

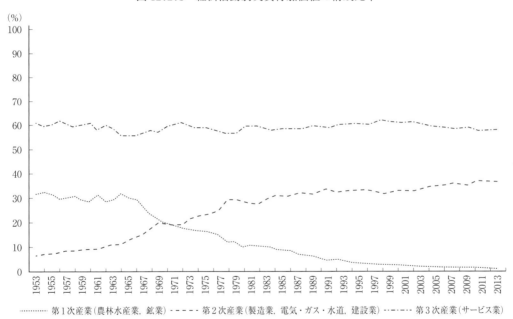

することなく停滞する．第3次産業の構成比重は高止まりしていた．韓国における「経済のサービス化現象」である．[1)]

[Ⅱ] 分配国民所得の推移と構成

次に，分配国民所得統計は名目価格でのみ存在するが，GDP デフレーターを利用して不変価格

---

1) ちなみに，名目付加価値ベースでみると，第3次産業が全付加価値に占める割合は1980年代後半以降明らかに増加したので，「サービス部門のウェイト増大」という意味での「経済のサービス化」はいっそう明らかである（統計表12.2.1参照）．

図 12.2.4　実質分配国民所得の推移（2010年価格）

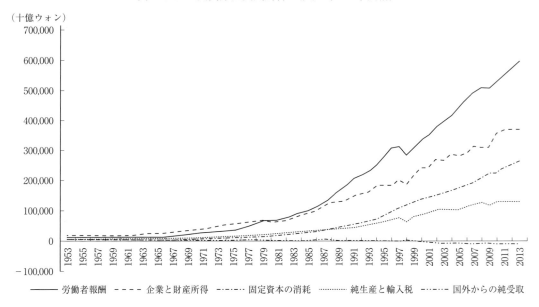

図 12.2.5　実質分配国民所得の構成比率

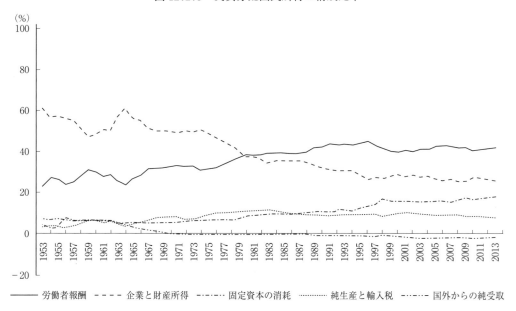

にした系列を統計表12.2.4に示した．図12.2.4によれば，全期間（1953～2013年）にわたって労働者報酬は年平均8.5％の増加率を，期間別には1953～1961年（8.6％），1962～1973年（10.9％），1974～1997年（10.2％）および1998～2013年（4.1％）の増加率を記録した．営業余剰・財産所得は全期間（1953～2013年）で年平均5.9％の増加率を示したが，期間別では1953～1961年（3.6％），1962～1973年（9.1％），1974～1997年（6.3％）および1998～2013年（3.9％）の増加率を記録した．最後に，固定資産減耗は全期間（1953～2013年）で年平均9.0％の高い平均増加率を記録した．各期間別では1953～1961年（5.3％），1962～1973年（9.3％），1974～1997年（12.3％）および1998～2013年（5.7％）を記録したことをみると，高度成長期（1962～1997年）の韓

経済が資本主導の経済成長を遂げたという仮説を支持する指標の1つとみなすことができる.

実質分配国民所得の構成（図12.2.5）をみると，1953～1979年の期間，韓国経済は営業余剰・財産所得のシェアが労働者報酬のシェアより高かった．しかし，1980年以降，構成比は逆転し，1980年代初期には労働者報酬の構成比が40％を上回り始めたのに対し，営業余剰・財産所得は40％を下回り

始めた．戦後韓国経済の発展の前期（1953～1979年）には，工業化を通して資本主導型経済成長が進展しながら，高い営業余剰・財産所得が速いスピードの資本蓄積を可能にする利潤主導型成長を追求したことがわかる．しかし，戦後韓国経済発展の後期（1980～2013年）に入ると重化学工業の発展に続いて技術発展が工業化を主導しながら人的資本の必要性が提起され，労働者報酬が高まる

図12.2.6　実質支出国民所得の推移（2010年価格）

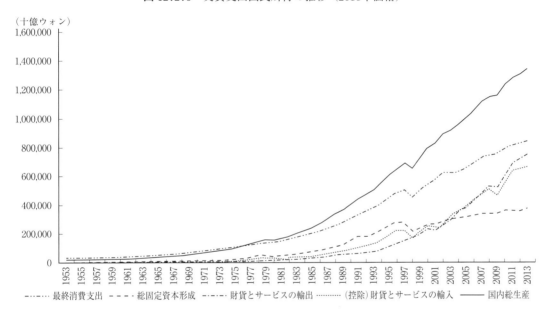

図12.2.7　実質支出国民所得の構成比率

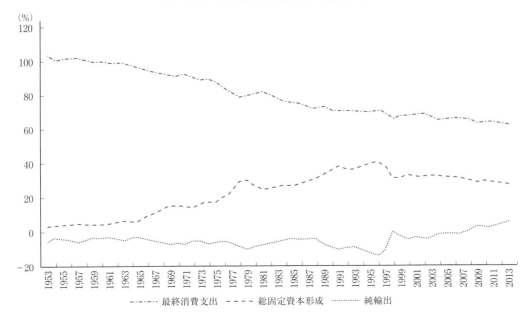

賃金主導型経済発展が展開された（表鶴吉［2016］参照）．とくに2007年の世界的な金融危機以降には福祉需要の増大などにより，利潤主導型というよりは賃金主導型の経済成長が続いた（表鶴吉［2016］参照）．

［Ⅲ］　支出国民所得の推移と構成

最後に，支出国民所得の推移とその構成を調べることにする．（図12.2.6および図12.2.7参照）．全期間（1953～2013年）では，各支出項目別平均増加率は最終消費支出（6.1％），総固定資本形成（11.1％），財貨およびサービスの輸出（15.2％），財貨およびサービスの輸入（10.7％）であった．

総固定資本形成は，1953年～1961年（11.3％），高度成長期の1962～1973年（20.7％）および1974～1997年（2.3％）の期間，10％を超える高い成長率を記録した．1997年の為替・金融危機以降，1998～2013年（3.7％）の期間には平均成長率が急激に低下した．財貨およびサービスの輸出も高度成長期の初期（1962～1973年）には年平均33.8％という驚異的な増加率を記録した．1974～1997年の期間には14.1％の増加率を維持した．結局，韓国では支出面からみても総固定資本形成と財貨およびサービスの輸出が高度成長を牽引したことがわかる．

3　韓国経済の成長会計分析

韓国の実質付加価値に関する成長会計分析を行った結果が，表12.3.1および図12.3.1に示されている．韓国銀行のECOSによる全期間（1953～2013年）の成長会計の結果，実質付加価値の年平均成長率（7.04％）は，労働投入増加率（1.29％），資本投入増加率（3.92％）および全要素生産性増加率（1.83％）に分解される．

以下では，韓国経済の戦後発展段階を4つの期間，すなわち（1）戦後経済復興期（1953～1961年），（2）高度成長期前半（1962～1973年），（3）高度成長期後半（1974～1997年）および（4）金融危機以降の低成長期間（1998～2013年）に区分して，成長会計の結果をみていこう．

表12.3.1　実質付加価値に関する成長会計分析

(%)

		第1次産業 （農林水産業）	第2次産業 （鉱工業）	第3次産業 （サービス業）	経済全体
1953～1961年	付加価値	4.72	9.18	4.26	5.27
	全要素生産性	1.45	5.40	−0.25	1.63
	資本投入	0.12	1.65	1.54	1.19
	労働投入	3.15	2.13	2.97	2.45
1962～1973年	付加価値	4.24	16.09	9.45	9.33
	全要素生産性	2.12	4.97	2.16	2.88
	資本投入	0.72	8.04	5.10	4.51
	労働投入	1.41	3.09	2.19	1.94
1974～1997年	付加価値	2.53	10.19	8.50	8.38
	総要素生産性	5.02	2.66	0.03	1.73
	資本投入	0.80	6.11	5.95	5.26
	労働投入	−3.28	1.42	2.53	1.39
1998～2013年	付加価値	0.61	4.90	3.84	4.18
	総要素生産性	3.94	1.38	0.84	1.29
	資本投入	−0.39	4.24	2.51	2.83
	労働投入	−2.95	−0.72	0.50	0.06
1953～2013年	付加価値	2.65	9.83	6.88	7.04
	総要素生産性	3.67	3.14	0.63	1.83
	資本投入	0.37	5.40	4.27	3.92
	労働投入	−1.40	1.28	1.98	1.29

（出所）　The Bank of Korea, Economic Statistics System（ECOS）.

図 12.3.1　経済全体の実質付加価値成長の源泉：成長会計分析結果

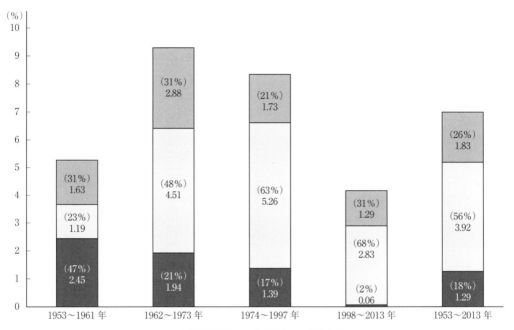

［Ⅰ］　戦後経済復興期（1953～1961年）

表12.3.1および図12.3.1にみられるように，戦後経済復興期（1953～1961年）には韓国経済は深刻な外貨不足と資本不足に悩まされていたため，主に輸入代替型産業の育成と食料の自給自足に注力するしかなかった．この期間，付加価値増加率（5.27％）は，労働投入増加率（2.45％）が相当高い水準で維持されたにもかかわらず，資本投入増加率（1.19％）が微々たるレベルであったため，5％台にとどまった．

［Ⅱ］　高度成長期前半（1962～1973年）

1962年から経済開発5カ年計画が推進されて，付加価値増加率（9.33％）は労働投入増加率（1.94％）と資本投入増加率（4.51％）による投入主導型高度成長を遂げることになる．しかし，同時にこの期間には，高い全要素生産性上昇率（2.88％）を記録しながら，全要素生産性の付加価値成長寄与率が31％に達する．結局10％に近い高度成長は要素投入の増加だけでは達成できず，全般的な産業間要素移動とこれによる技術発展と生産性増加が伴わなければならいことを意味する．韓国経済は前述したように，この期間中にRostow［1968］が定義した「離陸」（take-off stage）段階を通過することになる．韓国経済は，この期間，軽工業中心の輸出主導型経済政策を推進した．統計表12.3.2に示されているように，この期間の実質輸出額の年平均増加率は32.2％に達する，いわゆる爆発的な輸出増加を記録した．

［Ⅲ］　高度成長期後半（1974～1997年）

1973年に起きた第1次石油危機は，韓国経済の工業化過程に深刻な隘路として登場した．国内では経済開発初期以降，賃金が上昇し続けてきたため，韓国経済はこの期間，前述したようにルイス的な「転換点」，すなわち無制限的労働供給が終わりかけている段階に到達した．韓国政府は，安い賃金に依存した軽工業中心の輸出戦略に頼ることがそれ以上はできなくなったため，1974年以降，重化学工業を育成することになる．自動車・鉄鋼・化学・機械および造船産業の育成をはかりな

がら，産業政策の全般的な基調も特定産業中心であり，特定産業の輸出戦略産業化を促進した．

しかし，この期間，韓国経済は1979～1980年に大きな試練を迎えることになる．1979年，朴正煕大統領の死と1979年の第2次石油危機が重なり，一時的に政治・経済の大混乱期を迎えた．その後，韓国政治の民主化は遅延することになるが，韓国経済は「準権威主義体制」（quasi-authoritarian regime）のもとで新しい発展戦略を模索した．この期間の発展戦略の特徴は，従来の特定産業に対する直接支援戦略から脱皮して間接的な技能的支援戦略に産業政策の中心を移した点である．たとえば，当時，高い原油価格に対応するためにエネルギー節約型投資や施設の改修・補修に対してはすべての産業に対して税制・金融支援を強化する方向に政策方向を転換した．

またこの期間，韓国の主要企業は技術に関するR&D投資を大幅に増やし始めており，半導体・電子など，技術集約型産業に対する投資も始めた．1988年頃からは慢性的な貿易収支の赤字を抜け出し，国際収支の均衡を達成し始めており，商品部門での輸入自由化政策を進めた．1990年代に入ると世界貿易機構（WTO）や経済協力開発機構（OECD）への加入などが進められ，財貿易だけでなく資本取引の対外開放が進められた．しかし，1997年半ばにアジア金融危機が勃発して，多くの大企業の投資が不良化し，金融部門では不良資産が累積して，1997年11月には対外負債を償還できなくなる金融・為替の「複合危機」（twin crisis）を経験することになる．

この期間の成長会計結果を表12.3.1でみると，全産業付加価値増加率（8.38%）は主に労働投入増加率（1.39%）と資本投入増加率（5.26%）によって支えられており，全要素生産性増加率（1.73%）の寄与度のシェアは20%水準にとどまっている．典型的な資本投入型経済成長期間であったことがわかる．

［Ⅳ］ 金融危機以降の低成長期間（1998～2013年）

戦後，韓国経済の発展過程を国民経済計算の側面から調べてみると，2回の構造的転換点があったことがわかる．図12.3.1に示されているように，1980年と1998年に韓国経済の実質GDP成長率がマイナスを記録する．とくに1997年末に迎えた金融・為替の複合危機以降，韓国経済はIMF主導の産業構造調整と金融構造調整を経て，甚だしい変化を経験することになる．1998年以降，韓国の経済発展は相対的に低成長基調を維持しながら，産業構造が資本集約的産業よりは半導体・電子・通信など技術集約的産業を中心に再編され，さらに1997年の世界金融危機以降には経済のサービス化が早いスピードで進んだ．1998年以降，サービス産業の付加価値額は全産業の70%水準に到達した．この期間，韓国は高齢化社会に入り，福祉需要の増大と低い出生率の問題など，典型的な先進国病の兆候を経験することになる．

表12.3.1に示されているように，この期間の全産業付加価値増加率（4.18%）とほぼ同じ水準の付加価値増加率（3.84%）を第3次産業で記録する．全産業の成長会計結果も資本投入（2.83%），労働投入（0.06%）および全要素生産性増加率（1.29%）となり，諸先進国の経験する均斉状態の成長（steady-state growth）に収斂する様子をみせていることがわかる．

［Ⅴ］ 全期間（1953～2013年）

上述したように，戦後韓国経済は1980年と1998年の2回の構造的マイナス成長という危機を経験した．韓国の経済発展が単調で単線的な過程ではなかったことに注目する必要がある．

表12.3.1にある，全期間（1953～2013年）に関する成長会計の結果は次のとおりである．全期間の付加価値増加率（7.04%）は，労働投入増加率（1.29%），資本投入増加率（3.92%）および全要素生産性増加率（1.83%）に分解される．付加価値増加率に対する相対的寄与率は労働投入

第12章　国民経済計算からみた戦後韓国経済の成長　215

表 12.4.1　付加価値成長会計の国際比較

(a)　韓国

（年率，％）

	労働量の増加率	労働の質の上昇率	資本投入の増加率	実質付加価値成長率	全要素生産性上昇率	労働分配率
全期間	2.39	1.13	8.81	7.10	1.60	62.61
1953〜1973年	2.73	0.71	7.09	6.92	1.80	53.94
1973〜1997年	2.84	1.63	12.56	8.98	1.59	63.95
1997〜2013年	1.22	0.90	5.11	4.34	1.35	70.97

(b)　中国

（年率，％）

	労働量の増加率	労働の質の上昇率	資本投入の増加率	実質付加価値成長率	全要素生産性上昇率	労働分配率
全期間	2.24	1.30	8.26	6.12	0.86	63.60
1953〜1973年	2.92	1.44	6.06	4.30	−0.44	77.42
1973〜1997年	2.53	1.42	8.20	6.44	0.99	64.66
1997〜2013年	0.86	0.93	11.28	8.01	2.38	59.53

(c)　インド

（年率，％）

	労働量の増加率	労働の質の上昇率	資本投入の増加率	実質付加価値成長率	全要素生産性上昇率	労働分配率
全期間	2.18	0.97	4.46	5.12	1.31	49.63
1953〜1973年	1.61	0.30	2.58	3.70	1.56	66.39
1973〜1997年	2.84	1.39	4.09	5.12	0.96	52.75
1997〜2013年	1.88	1.20	7.58	7.03	1.54	46.49

(d)　台湾

（年率，％）

	労働量の増加率	労働の質の上昇率	資本投入の増加率	実質付加価値成長率	全要素生産性上昇率	労働分配率
全期間	2.15	1.28	8.08	7.47	1.98	55.56
1953〜1973年	2.71	0.71	8.00	9.18	3.62	53.23
1973〜1997年	2.31	1.83	10.43	8.00	1.13	56.63
1997〜2013年	1.15	1.17	4.44	4.37	1.14	57.21

（出所）　Penn World Database Version 9.0.

（18％），資本投入（56％）および全要素生産性（26％）と推計される．全体的な発展過程をみて，少なくとも1997年の金融・為替危機の時点までは資本主導型成長パターンであるが，低成長期間に入ってからは全要素生産性の相対的寄与度が高まる，典型的な先進国型均斉状態成長の段階に収斂していることがわかる．

4　付加価値成長会計の国際比較

　成長会計の長期国際比較が可能なデータセットはそれほど多くない．本章が分析対象とする全期間（1953〜2013年）をカバーするデータセットとしては，Penn World Database Version 9.0が唯一であると思われる．ここでは，韓国，中国，インドおよび台湾の成長会計結果を比較してみる．

　まず，本章の全期間推計（1953〜2013年）の結果をPenn World Databaseの韓国（1953〜2013年）の成長会計結果と比べてみる（表12.4.1と表12.3.1参照）．Penn World Databaseの成長会計には，購買力平価（purchasing power parity）で調整した実質付加価値の成長率（7.1％），労働投入の増加率（3.5％），資本投入の増加率（8.8％）

および全要素生産性上昇率（1.6％）が示されている．なお，同表には成長会計の式から間接推計（impute）した平均労働分配率も記載した．

　以上の結果を，本章の推計と比較すると，実質付加価値の年平均成長率は7.0％の水準でほぼ同じであり，全要素生産性増加率も1.8％の水準でほぼ同じである．本章での労働投入増加率（1.29％）は労働の質的増加率を考慮しない量的増加率であるため，Penn World Databaseの労働の量的増加率（2.4％）と対比すべきである．2つの推計で労働投入の量的増加率が大きく異なる理由は，1963年度以前の労働投入に関する資料が異なるためであると考えられる．最後に，2つの推計で資

216 | 記述編　第2部　大韓民国

表 12.4.2　実質付加価値成長会計の国際比較：全産業の実質付加価値成長率と寄与要因分析

(年率，%)

	実質付加価値成長率	労働投入増加の寄与	資本投入増加の寄与	全要素生産性上昇率
韓国				
1996〜2000年	5.22 (100%)	0.55 (11%)	3.54 (68%)	1.13 (22%)
2001〜2005年	4.68 (100%)	1.07 (23%)	2.53 (54%)	1.08 (23%)
2006〜2009年	4.14 (100%)	1.48 (36%)	2.03 (49%)	0.63 (15%)
1996〜2009年	4.68 (100%)	1.03 (22%)	2.70 (58%)	0.94 (20%)
2006〜2013年	3.67 (100%)	0.43 (12%)	2.02 (55%)	1.22 (33%)
1996〜2013年	4.38 (100%)	0.64 (15%)	2.59 (59%)	1.15 (26%)
米国				
1996〜2000年	3.98 (100%)	1.59 (40%)	2.11 (53%)	0.35 (9%)
2001〜2005年	2.22 (100%)	0.12 (5%)	1.20 (54%)	0.90 (40%)
2006〜2009年	0.60 (100%)	−0.19 (−31%)	0.72 (120%)	0.06 (11%)
1996〜2009年	2.27 (100%)	0.51 (22%)	1.35 (59%)	0.44 (19%)
日本				
1996〜2000年	0.99 (100%)	−0.25 (−25%)	1.13 (115%)	0.10 (11%)
2001〜2005年	1.59 (100%)	−0.01 (−0%)	0.60 (38%)	0.99 (62%)
2006〜2009年	−1.21 (100%)	−0.50 (41%)	0.40 (−33%)	−1.11 (92%)
1996〜2009年	0.57 (100%)	−0.23 (−41%)	0.73 (128%)	0.07 (13%)
フランス				
1996〜2000年	2.62 (100%)	0.99 (38%)	0.89 (34%)	0.72 (28%)
2001〜2005年	1.49 (100%)	0.46 (31%)	0.79 (53%)	0.24 (16%)
2006〜2009年	0.46 (100%)	0.40 (86%)	0.70 (152%)	−0.64 (−138%)
1996〜2009年	1.60 (100%)	0.63 (40%)	0.80 (50%)	0.16 (10%)
ドイツ				
1996〜2000年	1.94 (100%)	−0.04 (−2%)	1.3 (67%)	0.66 (34%)
2001〜2005年	0.82 (100%)	−0.25 (−30%)	0.67 (81%)	0.4 (49%)
2006〜2009年	0.64 (100%)	−0.01 (−2%)	0.81 (127%)	−0.16 (−25%)
1996〜2009年	1.17 (100%)	−0.10 (−9%)	0.93 (80%)	0.33 (29%)
独仏以外の EU 主要 8 カ国				
1996〜2000年	2.93 (100%)	1.25 (42%)	1.40 (48%)	0.28 (10%)
2001〜2005年	1.72 (100%)	0.62 (36%)	0.99 (58%)	0.09 (5%)
2006〜2009年	0.66 (100%)	0.32 (48%)	0.86 (130%)	−0.51 (−78%)
1996〜2009年	1.85 (100%)	0.76 (41%)	1.10 (59%)	−0.01 (−1%)

（出所）　韓国生産性本部［2015］．なお独仏以外の EU 主要 8 カ国は，オーストリア，フィンランド，イタリア，オランダ，スペイン，スウェーデン，英国，ベルギーを指す．

本投入増加率が大きく異なる理由は，Penn World Database が単純な恒久棚卸法を採用し，たとえば1952年末の初期資本を 0 と仮定したことに対し，本推計では1968年の国富調査から減価償却率を利用して差し引くことで逆算していく基準年接続法を使っているためである．その結果，Penn World Database の資本投入増加率が本推計よりはるかに高く推計されている．

Penn World Database による中国，インド，台湾の成長会計結果は表12.4.1に要約されている．付加価値の全期間（1953〜2013年）の年平均増加率の推計は，台湾（7.5%），韓国（7.1%），中国（6.1%），およびインド（5.1%）という順になった．資本投入増加率の推計は，韓国（8.8%），中国（8.3%），台湾（8.1%）およびインド（4.5%）

の順である．韓国と台湾，中国が典型的な資本主導型経済成長を遂げたと考えられる．成長会計方程式を利用して間接推計した全産業労働分配率は，中国（63.6%），韓国（62.6%），台湾（55.6%）およびインド（49.6%）の順である．

国際比較が可能なもう 1 つのデータベースは，EU KLEMS Database（www.euklems.net）である．表12.4.2には韓国生産性本部［2015］pp.51-52から引用した韓国，米国，日本，フランス，ドイツおよび独仏以外の EU 主要 8 カ国に対する付加価値成長会計結果を収録した．分析対象期間は1996〜2009年の14年間であり，韓国の場合のみ2013年まで成長会計結果が収録されている．

1996〜2009年の期間，実質付加価値増加率の推計は，韓国（4.38%），米国（2.27%），独仏以外

第12章　国民経済計算からみた戦後韓国経済の成長　217

表 12.4.3　韓国の成長会計結果比較

(%)

	実質付加価値成長率	労働投入増加の寄与	資本投入増加の寄与	全要素生産性上昇率
EU KLEMS（1996〜2013年）	4.38	0.64	2.59	1.15
本推計（1998〜2013年）	4.18	0.06	2.83	1.29

の EU 主要 8 カ国（1.85％），フランス（1.60％），ドイツ（1.17％）および日本（0.57％）という順になった．韓国経済は以前の期間（1953〜1995年）よりは相対的に低い平均成長率（4.68％）を記録しているが，米国，独仏以外の EU 主要 8 カ国，日本に比べて相対的に高い成長率を記録した．この期間は，日本にとっては「失われた10年」（lost decade）を含む低成長の時代にあたる．同期間中，資本投入増加率の推計も韓国（2.59％），米国（1.35％），独仏以外の EU 主要 8 カ国（1.10％），ドイツ（0.93％），フランス（0.80％）および日本（0.73％）の順となったことを考えると，おおむね資本投入増加率の大きさによって実質付加価値成長率が決まっていることがわかる．注目すべきは労働投入増加率が日本（−0.23％）

とドイツ（−0.10％）では負の値として推計されたことである．

ただし，成長率の趨勢の面では，韓国の平均成長率は OECD 平均成長率に収斂しつつあるとみることができる．

EU KLEMS Database から推計された1996〜2013年の期間に対する韓国の成長会計結果は，本推計の1998〜2013年の成長会計結果と表12.4.3のように対比してみることができる．

EU KLMES Data では，1997年金融・為替危機前の1996年と1997年のデータが含まれることによって，実質付加価値増加率と労働投入増加率が相対的に高まり，資本投入増加率は相対的に低くなっている．

（第 1 節〜第 4 節：表鶴吉）

第3部　朝鮮民主主義人民共和国

第 13 章
北朝鮮の統計制度と公表統計

1 統計機関

　北朝鮮で統計業務を管轄するのは国家中央統計局である．中川［2011］によると，国家中央統計局の前身は，建国前の1946年3月6日に当時の中央政権機関である北朝鮮臨時人民委員会のなかに設置された企画部であり，ここでは統計業務ばかりでなく経済計画も担当していた．具体的には，同年9月7日付の北朝鮮臨時人民委員会の指示によって，各道および各市・郡の人民委員会総務部あるいは総務課を通じて統計が集められ，それが企画部に集約されることになった．企画部は1946年12月23日に企画局に格上げされ，統計事業は企画局内の調査統計部が担当することになった．企画局は1947年度の経済計画である「北朝鮮人民経済の発展についての予定数値」を作成し，この概略が1947年2月19日に発表された．計画作成と統計業務は1947年2月22日に発足した北朝鮮人民委員会にそのまま引き継がれ，翌1948年9月9日に朝鮮民主主義人民共和国政府が成立して国家計画委員会が設置されると，統計業務は委員会内の統計局に引き継がれた．内閣の省および直属局が地方人民委員会を通じて統計を収録し，それらが国家計画委員会に集められることになったのである．統計局は朝鮮戦争中の1952年2月28日に中央統計局と改称された．このときから中央統計局は，国家計画委員会での行政体系上の地位はそのままであるにもかかわらず，業務を独立した権限で行うことができるようになった．これにともなって地方の統計機関も，地方人民委員会から独立した権限を与えられ，中央統計局に事実上，直属したものになった．さらに中央統計局（以下，統計局）

は1980年代に，当時の内閣に相当する政務院の直属局となり，国家計画委員会の体系からも外れた．その後に統計局の業務は，対外活動にも広がった．

　たとえば，これまで行われた人口センサス（1993年センサス，2008年センサス，および2015年サンプル調査）は国連人口基金（UNFPA）の資金と技術支援のもとで行われた．この窓口となったのが統計局である．さらに，1995年の大水害によって政府は緊急に海外に援助を求めることになったが，この際に統計局は自国の経済事情や被害状況に関する統計を関係機関に提出している．

　統計調査方法については，『朝鮮大百科事典』（第22巻，p.258）によると「わが国の統計資料の収集は，主にすべての機関・企業所の経常計算資料にもとづいて作成されて提出される統計報告の形態をとっている．また，当該時期の政策的要求にもとづいて行われる統計調査によっても統計資料の収集が行われる」としている．この文意は，第二義的な業務統計（報告統計など）だけでなく第一義的な調査統計（センサス，サンプル調査など）も担当しているということである．ただし，日本では「明治時代の統計の多くは第二義統計であったが，次第に統計調査にもとづく第一義統計が多くなった」（『統計学辞典』「業務統計」より）とされるが，北朝鮮では今もなお第二義統計が主なのである．これは，調査統計そのものを軽視してきたことにも関係する．たとえば，『経済辞典』「人口統計」の項目では，「科学的見地からみた場合，人口センサスが優れているが，住民行政事業が完備され人口に関する経常計算と文書管理が正

確に行われている条件のもとでは登録人口調査によっても研究資料の科学性を保証できる．登録人口調査は費用と時間も少なくて済むのでわが国ではほとんど登録人口調査の方法で人口調査を実施している」（圏点は引用者）として，1993年以前は1度も人口センサスを行わなかった．

業務統計を主として集計された統計については，その正確性に疑義を唱える指摘がある．たとえば，木村編訳［2011］は，旧ソ連の報告資料に「北朝鮮は正確な農業統計を持っていない」と書かれていることから，公表された農業統計は信頼できないと指摘している．しかし，統計局で集計された業務統計には不備があることを政策当局は認識し，それを正すための調査統計を任意の時期に実施してきたことにも留意する必要がある．[1]

たとえば，『金日成著作集』には，業務統計が正確に報告されていないことを批判する指摘がある．すなわち「統計の科学性を保証するためには正確な統計資料を収集するだけでなく，統計資料

に手を加えるような現象をなくさなければなりません」（『金日成著作集』第24巻，p.208）．その一方で，このような現象を正すための指示を示している指摘もある．「経済統計が不正確なのが現状です．労働力の浪費を掌握する統計もなく，設備統計も満足なものがありません．正確な統計なしには正しい計画を作成することができません．それゆえ，今回みなさんが第2次7か年計画を正確に立てるためには，まず正確な統計資料を掌握しなければなりません．正確な統計を掌握するため，統計登録と統計調査をおこなわなければなりません．」（『金日成著作集』第29巻，p.302，圏点は引用者）．つまるところ，統計局では，業務統計と調査統計との相互チェックをつうじて正確な統計の収集に努めてきたのであり，したがってある一断面における統計の不正確の発見をもって北朝鮮の統計全体の信頼性を否定するのは賢明ではない．

2 公 表 統 計

統計局は統計情報を断片的にしか公開していない．現在まで統計局が内外向けに刊行した統計集は，外国文出版社［1962］と朝鮮国家計画委員会中央統計局編［1965］のみである．1960年代前半までの現地の学術論文の記述には様々な統計情報が収録されている．また，同じころまで『朝鮮中央年鑑』には「統計編」が編纂され，その時々の統計情報を収録していた．

1960年代を境に統計情報を公開しなくなった背景には，2つの理由が考えられる．

第1に，1962年12月の朝鮮労働党中央委員会第4期第5回全体会議で採択された「並進路線」である．ここでは中ソ論争と米国のプエブロ号侵犯事件[2]を背景に国際的および軍事的緊張が高まるなか，経済建設を犠牲にしてでも国防建設を優先させていくことが決まった．以後，戦時を想定し

---

1)　業務統計と調査統計との相互チェックの内容については，ほとんどが不明であるものの，人口統計に関していうならば，統計局のセンサス実行委員会は「1993年センサスによって既存の登録人口調査の不備が正された」と評価している．たとえば，静態統計については「これまで登録人口調査によって集計されてきた総人口は，センサス人口よりも多い．これは，登記人口調査の無責任性により人口移動や死亡によって除外されねばならない対象がそのまま残っていたことと関連する」と指摘している．また，動態統計については登録人口調査の乳児死亡率よりもセンサスの乳児死亡率が高くなったが，これは新生児の死亡が死亡統計から漏れていたことが確認されたことを意味する」と指摘している．詳しくは文浩一［2011］を参照されたい．

2)　1968年1月23日に北朝鮮東岸の元山沖で電波情報収集任務に就いていたプエブロ号を朝鮮人民軍が攻撃して乗員1名が死亡，残る乗員82名と偵察船が拿捕された事件．米国は空軍に戦闘準備を命じ，海軍空母部隊（航空機200機）を日本海に展開して乗組員の解放を要求したが，北朝鮮はこれを撥ね付け，逆に領海侵犯を謝罪するよう求めた．結局，米国はスパイ活動を認める謝罪文書に調印し，乗員は解放されたが，プエブロ号の船体は返還されず，現在も北朝鮮の戦争勝利記念館に展示されている．

た緊張状態の意識が国内では高まり，経済指標の公表は敵に内情を知らせてしまう危険があるという考えが強まったものと考えられる．

第2に，1960年代以降，韓国との経済格差が拡大したため，自らの正統性を主張する政治宣伝としての意味が経済指標にはなくなったという認識である．周知のとおり，北朝鮮は社会主義制度であり，韓国は資本主義制度である．そして北朝鮮は自らの制度は韓国よりも優れていると主張しているので，この理屈からすると生活水準を含む各種経済指標も韓国より上回っていなければならない．しかし，現実には韓国では「漢江の奇跡」と評される高度経済成長を経て，1960年代以降南北の格差は広がっている．北朝鮮としては，自らがわざわざ経済格差を実証するデータを公表する必要はないという判断をしているのだろう．

ただし，1990年代以降は経済支援を受けるにあたって必要な限りの情報を関係機関に提出している．水害発生から間もない1995年8月29日から9月9日まで，国連人道問題局（DHA）の調査団が入国して災害状況に関する現地調査を行ったが，当局者は調査団に対して中央統計局の資料を提供

した．つづいて同年12月9～16日に国連食糧農業機関（FAO）と世界食糧計画（WFP）の調査団が入国し，2004年まで政府当局者との共同調査を行った．この調査に対しても中央統計局は統計資料を提供した．このほか，1997年9月6～13日に国際通貨基金（IMF）の調査団が平壌を訪問し，当局者は調査団に経済指標に関する統計局の資料を提供した．そして，1998年5月28～29日にジュネーブで開かれた国連開発計画（UNDP）の会議でも，朝鮮民主主義人民共和国代表団は中央統計局が作成した様々な経済指標を発表した．人口調査についても，1993年センサスと2008年センサス，そして2015年のサンプル調査は国連人口基金（UNFPA：United Nations Population Fund）の資金と技術支援を受けており，その見返りに調査結果はすべて UNFPA のウェブに公開されている．

しかし，これらは援助の受け入れに伴うものであり，援助が終わると現地調査も情報提供も行われなくなるので，長期にわたる連続的な公表とはなっていない．

3 国 民 所 得

本書の目的は SNA 体系にもとづく統計の整理と推計であるが，北朝鮮は SNA をブルジョア経済学的な統計システムであるとして否定して，それに代わる指標として「国民所得（NMP）」を用いてきた.[3] これまで断片的に公表されてきた「国民所得」は表13.3.1のとおりである．

北朝鮮の「国民所得」は社会主義諸国が用いてきた MPS（物的生産体系）にもとづいており，

その内訳を SNA の国民所得と比較すると，固定資本減耗とサービス部門の分だけ北朝鮮の「国民所得」は少なくなる．シム・ウンシム（심응심[2009]）は，「われわれの理論では，国民所得は社会総生産物から減価償却費を控除したもの」であり，「サービス部門は物的生産ではないので含まれない」と指摘している．この理解は，朝鮮社会科学院主体経済学研究所（사회과학원주체경제학

---

3) シム・ウンシム［2009］によると，SNA に対する批判の論点は以下の2つである．「第一に，わが国の経済理論では，国民所得を社会的再生産のカテゴリであり社会的総生産物の一部であると規定する．すなわち国民所得は，社会総生産物から当該の生産過程で消耗された生産手段を補償した残りとして規定する．しかし，現代のブルジョア経済理論は，国民所得を社会の個々の所得（基本所得，派生所得）を算数的に合計したものであり，純粋に統計的な数値として規定する．第二に，わが国の経済理論では，国民所得は物質的な生産労働によってのみ生まれるので，生産的労働と非生産的労働，生産領域と非生産領域を厳格に区分する．しかし，ブルジョア経済理論では，あらゆる所得の取得者を所得の創造者として描写しながら生産労働と非生産的労働との間の区別をしない」と指摘している．

224 ｜ 記述編　第3部　朝鮮民主主義人民共和国

表13.3.1　「国民所得（NMP）」（1人当たり）の公表値

年	1人当たり国民所得	出典
1946	66.44北朝鮮ウォン	1967年の所得580北朝鮮ウォンは1946年の9倍（1）
1949	132北朝鮮ウォン	1967年の所得580北朝鮮ウォンは1949年の4.4倍（1）
1962	416.66北朝鮮ウォン	1966年の所得500北朝鮮ウォンは1962年の1.2倍（2）
1966	500北朝鮮ウォン	最高人民会議第4期第1回会議（1967.12.16）（2）
1967	580北朝鮮ウォン	最高人民会議第4期第1回会議（1967.12.16）（2）
1970	605.73北朝鮮ウォン	1970年の所得は1946年の9.4倍（3）
1974	1,020.69北朝鮮ウォン	1974年の所得は1970年の1.7倍（4）
	1,000ドル	工業熱誠者大会（1975.3.4）（4）
1979	1,920ドル	金日成「新年の辞」（1980.1.1）
1982	2,200ドル	金佑鐘（対外文化連絡部副委員長）の『毎日新聞』会見（1983.9.13）
1986	2,400ドル	方晥柱『朝鮮概観』平壌百科事典出版社，1988年
1987	2,400ドル	社会科学院リ・ミョンソ教授の西側記者団との会見（1988.9）
1988	2,530ドル	New York Times 平壌発の記事（1989.7）
1991	2,460ドル	キム・ジョンウ対外経済事業部副委員長の日本記者との会見（1992.2.24）

（出所）　統一院［1996］p.126.
（注）　（1）は『朝鮮中央年鑑』1970年，p.276，（2）は『朝鮮中央年鑑』1968年，p.2，（3）は『朝鮮中央年鑑』1974年，p.242，（4）は『朝鮮中央年鑑』1976年，p.30とp.371.

연구소）編［1985］『経済辞典』と社会科学出版社（사회과학출판사）編［1995］『財政金融辞典』でも共通する．諸外国の研究者も，北朝鮮の「国民所得」は，「GDPから固定資本減耗（および「非生産的サービス」部分）を除いたものと同様であるとしてきた（たとえば，金昔珍・金炳椂（本書の第14章第4節）参照）．

北朝鮮が国際機関の要請に応じて発表しているGDP（GNP）がどのように作成されているのかについての詳細は不明であるが，筆者が2015年4月に訪朝した際に関係者から聞いた話を総合すると，MPSによる国民所得と社会総生産額をSNAの国民所得と国内総生産に変換する方法を用いており（したがってSNAに則った推計ではない），その作業は統計局で行っているという．

いつからGDP（GNP）の計算が行われ始めたのかについては明らかにされていないが，ともあれ，固定資本減耗を含むか否かに関係なく，北朝鮮の国民所得をGDP（GNP）に変換すると，自らの概念の国民所得よりもある程度大きくなることは間違いない．

いくつかの国際機関への提出資料のうち，1988

表13.3.2　国連への報告書に記載された GNP

	1988年	1989年	1990年	1991年	1992年	1993年	1994年	1995年
GNP（100万北朝鮮ウォン）	35,482	38,985	36,851	33,441	29,068	24,641	19,783	11,107
「国民所得（NMP）」（100万北朝鮮ウォン）	31,224	33,637	31,901	29,428	25,161	22,670	17,611	10,329
「国民所得（NMP）」（100万ドル）	14,193	15,744	14,702	13,687	12,458	10,744	8,307	4,849
1人あたりGNP（北朝鮮ウォン）	1,909	2,004	1,811	1,618	1,383	1,154	915	509
1人あたりGNP（ドル）	868	911	835	753	659	547	432	239
対ドルレート	2.2	2.2	2.17	2.15	2.1	2.11	2.12	2.13
人口（1,000人）	18,581	19,451	20,007	20,656	21,005	21,350	21,607	21,819

（出所）　政府代表団が国連に報告した統計局と朝鮮貿易銀行の数字．"Representation by Delegation of Democratic People's Republic of Korea Concerning Scale of Assessments for Apportionment of UN Expenses,"［発行年記載なし］.
（注）　数値は名目値と思われる．

表13.3.3　IMF［1997］および UNDP［1998］に記載された GDP

	1992年	1993年	1994年	1995年	1996年
IMF［1997］に記載されたGDP（100万ドル）	20,875	20,935	15,421	12,802	10,588
UNDP［1998］に記載されたGDP（100万ドル）	20,833	20,934	15,422	12,802	10,587
UNDP［1998］に記載された人口（100万人）	20.73	21.06	21.38	21.7	22.02
UNDP［1998］に記載された1人当たりGDP（ドル）	1,005	994	721	590	481

（出所）　IMF［1997］および UNDP［1998］.
（注）　数値は名目値と思われる．

年から1995年について国連に報告された資料（表13.3.2）には「国民所得」とGNPが併記されているので，ここから統計局がGNPと「国民所得」との開きをどのように見積もっていたのかを知ることができる．表13.3.2から両者の比率を計算すると，GNPは「国民所得」の平均1.128倍である．ちなみに，金昔珍・金炳椽（本書第14章第4節）によると，「社会主義国のGNPは通常NMPの1.2～1.3倍であるというのが定説である」というから，この数値はそれよりも低い．

だが，このGNPの発表は，既存の国民所得をGNPに変換する試行錯誤の過程で出された暫定的なものだったようだ．なぜなら，その後に国際機関に提出された資料のGDPの値はこれとは大きく異なるからである．たとえばIMF［1997］およびUNDP［1998］（表13.3.2）に提出されたGDPを表13.3.1の「国民所得」と比較すると，GDPは「国民所得」の1.6～2.6倍である．こうした食い違いが起きたのは，たんに国連に報告されたデータと，IMF［1997］およびUNDP［1998］に報告されたデータではドル換算するための為替レートが異なるためである可能性もあるが，[4] サービス部門の付加価値等を再計算した結果，GDPの数値が変わったためである可能性もある．つまるところ，原データを有しているはずの統計局でさえ，オフィシャルのGDP統計を確定できない時期があったということであり，これが北朝鮮のGDP統計の信頼性を損ねる一因となっていた．

ただ，2016年11月30日に北朝鮮ではSNAを導入することが決まり，今後は「国民所得」の変換ではなく，SNA体系にそくしたGDPを公表する準備を進めている．[5]

表13.3.1～表13.3.4に示された北朝鮮の公表するGDP（GNP）統計は，満足できる内容とはな

表13.3.4　朝鮮社会科学院等から伝えられたGDP

	2007年	2011年	2013年	2014年
GDP（100万ドル）		22,070	24,998	26,132
工業（％）			41.36	
農業（％）			12.65	
建設（％）			13.51	
その他（％）			32.48	
1人あたりGDP（ドル）	638	904	1,013	1,013

（出所）　2013年の数字は，『朝鮮民主主義人民共和国投資案内』（朝鮮対外経済投資協力委員会，2014年）より．それ以外は『週刊東洋経済』第6490号（2013年10月12日）および社会科学院の李基成教授が2016年8月に在日朝鮮人研究者に伝えたもの．
（注）　数値は名目値と思われる．

っていないことから，諸外国では様々に北朝鮮GDPを推計している（既存研究のサーベイについては，第14章第4節（金昔珍・金炳椽）を参照）．しかし，そもそもGDPの推計の基礎となる経済統計がそろわないことから，いずれの推計も強い仮定を前提としている．

金昔珍・金炳椽の推計は，既存研究で見逃されてきた問題点（たとえば，'hidden inflation'や為替レート）を改善して国際比較が可能な長期の系列を作成していることから，利便性は高い．しかし，金昔珍・金炳椽は，推計のための基礎データ（とくに1990年以降の工業部門のデータ）を韓国銀行に依存している．韓国銀行の統計はウェブ上でも公開されているが，統計庁のソ・マンヨン（서만영［2017］）は「北朝鮮統計は統計資料の接近が制約され資料の収集がむずかしく，北朝鮮当局が提供する統計もほとんどが内容的にも量的にも断片的である．したがって，北朝鮮統計の質と信頼性に疑問を提起する事例が多いのも事実である」と指摘している．

このことから，韓国を含む諸外国が提示している「北朝鮮統計」は利用しない方法で推計を試みる研究もある．たとえば，中川［2011］は，北朝鮮の公表統計のみをつなぎ合わせて推計を試みており，キム・サングォン（김상권［2017］）は人

---

4)　IMF［1997］およびUNDP［1998］の統計には，北朝鮮ウォンをドルに換算する際に使用した為替レートの記載がない．

5)　SNAを導入することになった理由は定かではないが，もはやSNAが「世界標準」となっていることを認識したためであると思われる．関連として，従来はマルクス経済学の観点から否定してきた人口学を，1980年代からUNFPAの協力のもと導入し，人口統計の体系も国連の勧告基準にしたがっている（文浩一［2011］）．

工衛星からみた夜間の灯りの量からGDPを推計することを試みており，キム・チョング（김천구[2011]）は医療保健データからの推計を試みている．いずれの研究も，諸外国が提示する北朝鮮統計の信ぴょう性に疑義を挟む立場をとっている．

もとより，木村［1998］のように，「その（GNP推計）適用の試みは少なくないが，意味のある分析結果は得られていない——私は，きわめて恣意的な仮定のもとで北朝鮮の1人当たりGNPを計測し，韓国のそれと比較するといった試みは，むしろ北朝鮮経済の正しい理解を妨げてきたと考える」として，北朝鮮の統計事情からGDP（GNP）推計そのものに反対する見解もある．

4　部門別統計

断片的な統計情報のなかでも，公表統計もしくは現地情報から数量もしくは金額ベースで長期系列を得られるのは，(1)国家予算，(2)農業統計，(3)貿易統計，(4)人口統計である．このうち，(3)貿易統計は本巻第14章第3節で，(4)人口については第14章第1節で解説しているので，ここでは省略する．

［I］国家予算

北朝鮮の憲法では，国家予算は内閣が編成した予算草案を最高人民会議が審議して承認し，法令として採択される．会計期間は1月1日から12月31日である．最高人民会議は，毎年3月から4月に開催され，採択された予算については現地のマスメディアを通じておおよその内容が公表される．ただし，公表されるのは歳出・歳入の総額と歳出・歳入の項目およびそれぞれの増減率（絶対額ではない）程度である．また，2002年に国定の賃金と価格を引き上げてからは，歳出・歳入の総額も，その増減率のみが公表され，絶対額は伏せられるようになった．

それでも，国家予算は北朝鮮が定期的に公表してきた数少ない公式統計の1つである．また，国家予算の歳入源の多くは，企業の社会純所得（＝付加価値の一部に相当）に依存している．図13.4.1は，企業の分配構造を示したもの（上段のCとVとMはマルクス経済学にもとづく分類）であり，このうち剰余価値の一部として国家に納付される国家企業利益金と取引収入金だけで国家予算の歳入の半分以上を占める．[6]「朝鮮民主主義人民共和国財政法」（2015年1月7日最高人民会議政令第315号として修正補充）第21条と第22条では，国家予算を二分する中央予算と地方予算とも純所得を歳入の基本源泉とする旨が規定されている．このことから，国家予算の伸び率は経済成長のバロメーターとして扱われることもある．

表13.4.1は，これまで公表された国家予算の歳出入である．2回にわたるデノミネーションがあったので，それに応じて予算額が大きく減る時期がある．第1回は1959年2月13日から17日であり，その際は旧銀行券と新銀行券を100対1の比率で交換した．第2回は，2009年11月30日から12月6日で，その際は旧銀行券と新銀行券を100対1の比率で交換した．

「国家予算歳入法」（2005年7月6日最高人民会議常任委員会政令第1183号として採択，2011年11月8日最高人民会議常任委員会政令第1945号として修正補充）によると，国家予算の主な歳入には，①取引収入金とサービス料収入金，②国家企業利益金と協同団体利益金，③固定資産減価償却金，④不動産使用料，⑤社会保険料，⑥財産販売および価格偏差収入金といった項目がある．

①取引収入金とサービス料収入金は，商品およびサービスの価格に含まれている社会純所得の一部が国家に納付される資金のことである（財政歳入法第20条）．諸外国の間接税に相当する．[7]

---

6)　2002年には国家企業利益金と取引収入金が統合されて「国家企業利得金」とされ，歳入額全体の77.6%を占めていると報告された．

第13章　北朝鮮の統計制度と公表統計　227

図13.4.1　企業の分配構図

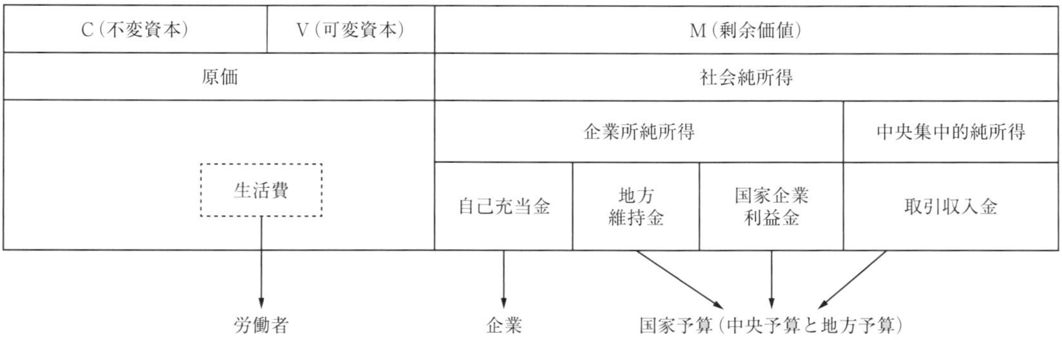

C（不変資本）	V（可変資本）	M（剰余価値）		
原価		社会純所得		
		企業所純所得		中央集中的純所得
生活費		自己充当金	地方維持金　国家企業利益金	取引収入金

労働者　　　　　　　　企業　　　　　国家予算（中央予算と地方予算）

(出所)　パク・ユソン（박유성［2012］），チョン・グァンヨン（정광영［2011］）をもとに筆者作成.
(注)　『経済辞典』（1985年版）等の北朝鮮の経済学テキストでは，「不変資本」「可変資本」等の用語は社会主義体制に相応しないとして用いていない（CやV等の記号は用いている）.　2002年には国家企業利益金と取引収入金が統合され，国家企業利得金が創設されている.　金正恩政権下で進行中の改革によって，この分配構図には重要な変更が生じている.　詳しくはCD-ROM所収の第13章付論を参照.

②国家企業利益金と協同団体利益金とは，国営企業もしくは協同団体の企業で発生した利潤の一部を国家に納付するものである．諸外国の法人税に相当する.[8]

③固定財産減価償却金とは，施設や設備などの減耗分を計算して積み立てるものである（財政法第34条）.

④不動産使用料とは国家の不動産を利用する代価として国家予算に納付する資金である（財政法第39条）.

⑤社会保険料とは，企業と協同団体の積立金と従業員の報酬の一部を社会保障のために国家に納付する資金である（財政法第44条）.

⑥財産販売および価格偏差収入金とは，国有財産を販売したり，対外取引の過程で生産量とは関係なく価格変動によって収入が発生したりした場合に国家に納付する資金である（財政法第49条）.

一方，主な歳出の項目は，「朝鮮民主主義人民共和国財政法」（1995年8月30日最高人民会議常設会議決定第61号として採択，2015年4月8日最高人民会議常任委員会政令第457号として修正補充）によると，①人民経済発展資金，②人民的施策費と社会文化事業費，③国防費，④国家管理費などである.

①人民経済発展資金とは，生産部門に対する投資である．それは(1)生産施設や設備の拡張に用いられる基本建設費，(2)それらの補修に用いられる大補修資金，(3)農業・工業などの各部門に対する投資である人民経済事業費から構成される．財政法（第15条）では，「国家予算は人民経済発展のための支出に優先的に配分する」と規定されており，2000年には歳出全体の40.1%を，2004年には41.3%を支出したと報告された.

②人民的施策費と社会文化事業費とは，人々の文化生活に関する支出であり，教育，医療，社会保障などに関する支出がある．2003年の報告では歳出全体の40.5%を支出したと報告された.

③国防費は文字どおり軍隊と兵器の維持管理を含む国防に関わる費用である．歳出のうち，その割合が欠かさず公表されるのは国防費のみである（おおよそ全体の15%を支出）.

④国家管理費とは，政府機関の運営のための費用である.

［Ⅱ］　農　業　統　計

北朝鮮は1970年代までは農業生産の絶対量を公表してきたが，それ以降は発表が断片的となっている．韓国の統一院［1996］では，1990年までの公式発表のみを総合して一覧にしている．また，UNDP［1998］では，統計局から提供された1991

---

7)　ただし，北朝鮮では1974年に「税制度」を廃止したと宣言しており，この場合も「税」とは呼ばない.

8)　脚注7に同じ.

228 | 記述編　第3部　朝鮮民主主義人民共和国

表13.4.1　国家予算の歳出入

(単位：万北朝鮮ウォン)

年	歳入	歳出	年	歳入	歳出
1946	111,000	n.a.	1981	2,068,400	2,033,300
1947	920,381	711,146.4	1982	2,268,000	2,220,360
1948	1,557,134	1,365,408	1983	2,438,360	2,401,860
1949	2,030,100	1,965,700	1984	2,630,510	2,615,800
1950	2,165,900	n.a.	1985	2,743,887	2,732,883
1951	2,767,800	n.a.	1986	2,853,850	2,839,610
1952	4,552,100	4,022,453	1987	3,033,720	3,008,510
1953	5,272,708.1	4,959,684.6	1988	3,190,580	3,166,090
1954	9,018,721.9	8,064,077.5	1989	3,360,810	3,338,294
1955	10,815,721.2	10,061,933.4	1990	3,569,041	3,551,348
1956	9,025,412.2	9,559,827.4	1991	3,719,484	3,690,924
1957	12,511,566.4	10,224,484.1	1992	3,954,042	3,930,342
1958	152,914	132,141.4	1993	4,057,120	4,024,297
1959	171,569.5	164,921.2	1994	4,160,000	4,140,000
1960	201,930	196,787	1995	2,430,000	2,420,000
1961	240,000	233,800	1996	2,030,000	2,060,000
1962	289,636	272,876	1997	1,971,200	n.a
1963	314,482	302,821	1998	1,979,080	2,001,521
1964	349,878	341,824	1999	1,980,103	2,001,821
1965	357,384	347,613	2000	2,090,343	2,095,503
1966	367,150	357,140	2001	2,163,994	2,167,865
1967	410,663	394,823	2002	(計画) 2,217,379	(計画) 2,217,379
1968	502,370	481,289	2003	n.a.	n.a.
1969	531,903	504,857	2004	33,754,600	34,880,700
1970	623,220	600,269	2005	n.a.	n.a.
1971	635,735	630,168	2006	n.a.	n.a.
1972	743,030	738,861	2007	n.a.	n.a.
1973	859,931	831,391	2008	n.a.	n.a.
1974	1,000,525	967,219	2009	n.a.	n.a.
1975	1,158,630	1,136,748	2010	n.a.	n.a.
1976	1,262,583	1,232,550	2011	n.a.	n.a.
1977	1,378,700	1,334,920	2012	n.a.	n.a.
1978	1,565,730	1,474,360	2013	n.a.	n.a.
1979	1,747,790	1,697,260	2014	n.a.	n.a.
1980	1,913,923	1,883,691	2015	200,059,760	200,043,410
			2016	n.a.	n.a.

(出所)　各年の最高人民会議財政報告より作成．ただし，1994〜1996年はIMF［1997］．
　　　　2015年の値は2016年の訪朝者に対して社会科学院・経済研究所が伝えたもの．
(注)　（計画）は予算計画として示された数字．それ以外はすべて決算．
　　　　1959年には，デノミネーション実施により旧銀行券と新銀行券が100：1で交換された．1958年決算以降の数値は新銀行券建てで報告されているため，数字はそれ以前の数字とは連続しない．
　　　2002年には，「経済管理改善措置」実施により物価・賃金の大幅引上げが行われたので，それ以前の数字とは連続しない．
　　　また，2009年には，デノミネーション実施により旧銀行券と新銀行券が100：1で交換されたため，数字はそれ以前の数字とは連続しない．
　　　2000年代から国家予算は決算額の前年比伸び率のみが公表される年が多くなっており，数値の解釈が困難である．
　　　各年の最高人民会議財政報告によれば，2003年以降の歳入・歳出の伸び率の数値は次のとおりである（ただし，2006〜2009年，2011年の歳出前年比は中川［2013］の計算による）．
　　　歳入前年比伸び率は2003年14.6%，2005年16%，2006年4.4%，2007年6.1%，2008年5.7%，2009年7%，2010年7.7%，2011年8.7%，2012年10.1%，2013年6%，2014年6%，2016年6.3%となっている．
　　　歳出前年比伸び率は2003年12.3%，2005年16.3%，2006年3.4%，2007年5.1%，2008年2.4%，2009年6.8%，2010年8.2%，2011年8.7%，2012年9.7%，2013年5.6%，2014年6.4%，2016年5.5%となっている．
　　　ただし，2003年，2005年の歳入・歳出の前年比伸び率は実質値の伸び率である．また，2009年以降の伸び率は物価調整が行われているかどうかはっきりしない．

年から1997年までの穀物生産量を公表している．そして，2012年以降は社会科学院をつうじて穀物生産量が伝えられている．表13.4.2はそれらを一

覧にしたものである．
　このうち，1995年の水害以前の生産量の信頼性については，北朝鮮当局自身はその扱いに慎重で

表 13.4.2　穀物統計の公表値（FAO との比較）

(単位：千トン)

年	穀物総計		稲		トウモロコシ	
	公表値	FAO	公表値	FAO	公表値	FAO
1946	1,898.00		1,052.00		156.00	
1947	2,069.00		1,101.00		193.00	
1948	2,668.00		1,350.00		333.00	
1949	2,654.00		1,158.00		375.00	
1950						
1951	2,260.00		935.00		357.00	
1952	2,450.00		1,085.00		346.00	
1953	2,327.00		1,229.00		224.00	
1954	2,230.00		1,025.00		307.00	
1955	2,340.00		1,242.00		361.00	
1956	2,873.00		1,392.00		760.00	
1957	3,201.00		1,459.00		1,130.00	
1958						
1959						
1960	3,803.00		1,535.00		950.00	
1961	4,830.00	3,583.00	1,799.00	1,809.00	1,440.00	1,245.00
1962	5,000.00	3,725.10	2,550.00	1,897.10		1,305.00
1963	5,000.00	4,053.50		2,072.50		1,430.00
1964	5,000.00	4,212.10	3,000.00	2,176.10		1,505.00
1965		3,707.00		1,905.00		1,315.00
1966	4,405.00	4,073.30		2,128.30		1,465.00
1967	5,110.00	3,787.80		1,976.80		1,365.00
1968	5,672.10	3,662.00		1,913.00		1,320.00
1969		4,378.40		2,343.40		1,620.00
1970		4,364.50		2,327.50		1,610.00
1971		4,499.20		2,407.20		1,670.00
1972		4,309.50		2,311.50		1,595.00
1973	5,343.50	4,816.50		2,598.50		1,790.00
1974	7,000.00	5,068.00		2,710.00		1,915.00
1975	7,700.00	5,246.70	3,600～3,700	2,813.70	4,000～4,800	2,000.00
1976	8,000.00	5,490.60	3,500.00	2,853.60		2,200.00
1977	8,500.00	5,798.90		3,060.90		2,300.00
1978	7,870.00	5,798.20		2,957.20		2,400.00
1979	9,000.00	6,006.10		3,060.10		2,500.00
1980		5,752.40		2,646.40		2,700.00
1981		6,254.90		3,044.90		2,800.00
1982		5,329.00		2,010.00		2,900.00
1983	9,500.00	5,481.00		2,064.00		3,000.00
1984	10,000.00	5,825.00		2,193.00		3,200.00
1985		5,841.00		2,113.00		3,300.00
1986		6,232.00		2,387.00		3,400.00
1987		6,240.00		2,219.00		3,500.00
1988		6,252.00		2,129.00		3,600.00
1989		6,466.00		2,142.00	4,340.00	3,800.00
1990		6,280.31		1,800.00	3,900.00	4,000.00
1991	8,900.00	8,823.39	4,090.00	4,120.00	4,200.00	4,200.00
1992	8,800.00	8,681.00	4,450.00	4,500.00	3,720.00	3,718.00
1993	9,000.00	9,137.00	4,750.00	4,787.00	3,940.00	3,937.00
1994	7,083.00	7,215.00	3,110.00	3,177.00	3,550.00	3,547.00
1995	3,499.00	3,805.00	2,000.00	2,016.00	1,370.00	1,366.00
1996	2,502.00	2,614.00	1,410.00	1,426.00	830.00	825.00
1997	2,685.00	2,886.00	1,570.00	1,527.00	1,010.00	1,014.00
1998		4,440.00		2,307.00		1,765.00
1999		3,852.00		2,343.00		1,235.00
2000		2,942.00		1,690.00		1,041.00
2001		3,879.70		2,060.20		1,483.00
2002		4,211.00		2,186.00		1,651.00
2003		4,393.00		2,244.00		1,725.00
2004		4,485.00		2,370.00		1,727.00

2005		4,645.40	2,583.40	1,630.00
2006		4,675.50	2,478.50	1,750.00
2007		3,892.50	1,869.50	1,587.00
2008		4,680.53	2,862.00	1,411.39
2009		4,437.47	2,336.00	1,705.00
2010		4,514.04	2,426.00	1,683.00
2011		4,691.41	2,479.00	1,857.00
2012	5,298.00	5,190.11	2,861.00	2,040.00
2013	5,624.00	5,192.84	2,901.00	2,002.00
2014	5,713.00	5,216.05	2,626.00	2,349.10
2015	5,891.00	5,482.39	2,948.20	2,287.80
2016		4,978.57	2,536.40	2,195.20

（出所）　1990年までの公表値は統一院［1996］．1989〜1997年は UNDP［1998］．2012年以降は社会科学院を通じて伝えられたもの．FAO は FAO のデータベースより作成．

ある．2017年の最高人民会議第13期第5回大会では，朴奉珠総理が内閣の2016年事業総括を報告しているが，そこでは「2016年に穀物生産量が過去の最高生産年度の水準を突破した」と指摘している．

ここで「過去の最高生産年度の水準」とは，表13.4.2の公表統計に依拠するなら1984年の生産量「1,000万トン」となる．『労働新聞』（1984年12月14日付）ではその年の穀物生産量は1983年に対して13.6％増加したとしており，1983年の生産量は『朝鮮中央年鑑』（1983年版，p.276）によると950万トンなので，1,000万トンを超えたという計算になる．事実，『朝鮮中央年鑑』（1985年，p.203）では穀物生産量が1,000万トンの大台に達したと指摘している．

だが，朴奉珠総理の指摘する「最高生産年度の水準」は「1,000万トン」ではありえない．社会科学院をつうじて公表された2015年の穀物生産量は589.1万トンであるので，その翌年に1,000万トンを超える生産が達成されたとは考えにくいからである．つまり，朴奉珠総理の報告は，業務統計に依存してきた農業統計が「水増し」されている可能性があることを当局自身も認めていることを示唆している．

不幸中の幸いともいえるが，1995年の自然災害は北朝鮮の農業統計を整備する契機となった．北朝鮮はこの年から食糧を自給できなくなったとして国際社会に援助を求め，これにより FAO と WFP の調査団が北朝鮮の農業の実態を調査し始めた．その調査方法は FAO・WFP［2012］を参考にすると，つぎのとおりである．

「FAO/WFP の作物と食糧安保調査評価団」（以下，評価団）は，通常その国または地域の農業生産と全体的な食糧需給の現状に関連する緊急事態において，全体的な経済状況と農業生産，市場条件などにたいするマクロ分析と個別世帯の食糧アクセスなどのミクロ分析を並行して食糧不足の実態を把握してきた．評価団では，これらの趣旨を踏まえて2011年につづき，さらに北朝鮮当局とともに北朝鮮の食糧需給の実態を調査した．報告書は，これらの調査結果を反映している．

評価団は朝鮮語を使える事務者と食糧安保の専門家を含む様々な関係者で構成されており，欧州連合（EU）とオーストラリアからはそれぞれ1人ずつオブザーバーを派遣して調査期間中に同行させた．

評価団は，4チームに分かれ，両江道，咸鏡北道，咸鏡南道，江原道，慈江道，平安北道，平安南道，黄海北道，黄海南道など9つの道の27の市と郡を訪問し，平壌と南浦市には訪問しなかった．評価団は，北朝鮮当局から公式の栽培面積と北朝鮮全体，道，市・郡単位の予測生産量，穀物輸入の記録，食糧の相互支援の現状，市・郡単位の人口資料，配給レベルと食糧の輸送の状況，気象資料などの提供を受けて分析し，必要に応じ関係者やパートナー農場との面談と栽培地や収穫作物の観察，衛星を利用した遠隔画像データ上の降雨量と植生の現況などを利用して測定値を調整した．その後評価団は，初めて協同農場で使用するものと同じ標本調査方式で作物生産量を測定すること

ができ，このために収穫前の水田1坪で育った種子の重さを計り，水分含有量を測定して生産量を計算した．その結果，計算された産出量は農場より報告された産出量とかなり似ていることが確認できた（FAO・WFP［2012］）．

FAOのデータベースに示されている北朝鮮の農業統計は，表13.4.2に示してある．この統計のうち，1995年以前は現地調査ではなく北朝鮮の報告に依存しているのでその利用には留意されたい．そのうち1946年から1957年については第14章第2

節で分析を試みている．また，1995年以降のFAO統計と公表値との数字のズレの一因は，集計期間の違い（FAOは前年11月から今年10月，北朝鮮は1月から12月）によるものだが，公表値の詳しい内訳が不明なので細かな検証はできない．

金正恩政権下で進行中の統計制度改革，とくに国家予算の分配方式および報告制度に依存した統計調査からの脱却については，付論で詳述されている．CD-ROM所収の第13章付論を参照．

（第1節〜第4節：文浩一）

第 14 章

推　　計

1　人　　口

木村［1997］は「北朝鮮は1960年以降，厳格な労働統制制度をほぼ完成させたから，相当精密な人口データの系列を有しているはずである」と指摘している．しかし，現実には，国連人口基金（UNFPA）との協力が開始されてから公開され始めた人口統計では，調査漏れと重複調査の存在が明らかとなっている．北朝鮮の人口研究所でも自らの人口統計が不正確であったことを認めている（三満［1991］）．したがって，北朝鮮の人口統計の問題は，統計情報の非公開にあるのではなく，統計そのものに内在する不整合にある．本節では，この不整合を正して新たな人口系列を示す．

本節で示す人口系列は1953年から2000年とする．その理由はつぎのとおりである．

第1に，北朝鮮の建国は1948年9月9日であるが，建国当初は海外からの帰国者や韓国への移民などが多く，その数を算定するための詳細なデータを入手できない．第2に，1950年から1953年の3年間にわたる朝鮮戦争の期間は，出生や死亡などの動態統計の変化が大きく，その前後のトレンドと整合性を持たない．この2つの理由から，1952年以前の人口推計は断念する．

一方，推計期間を2000年までとするのは，1990年代半ばからこの年まで続いたとされる飢饉の分析を含めるためである．北朝鮮は，1986年からUNFPAとの協力のもと人口統計の整備に努め，1993年には第1回センサスを行い，以後人口統計の精度は向上しているが，飢饉の詳細については十分な情報を明らかにしていない．そこで公表統計を手掛かりに可能なかぎり飢饉の状況について追究する．

なお，本節で対象とする人口指標は，①男女年齢別人口，②平均寿命，③普通出生率，④普通死亡率，⑤乳児死亡率である．ただし，飢饉推計（1994～2000年）については資料の制約から男女別の推計は行わない．

［Ⅰ］　1953～1993年人口推計

（1）　登録人口調査の問題点と推計結果の検証条件

表14.1.1は，建国から現在まで北朝鮮が公表している人口統計である．このうち，1993年以前は登録調査にもとづく．したがって，1993年以前の人口推計を行うということは，既存の登録人口調査の統計を正すという作業にほかならない．そのためには，既存の登録人口調査にいかなる問題があるのかを整理する必要がある．そして，浮かび上がった登録人口の問題点が推計によってどれだけ改善されているかが，推計内容の精度を測る検証手段となる．ここでは，「推計内容の精度を測る検証手段」を導くという観点から，登録人口調査制度の問題を整理しておく

第1に，登録調査では公民証を持たない「特殊人口」が調査体系から外れる．「特殊人口」とは，「公民登録法」（1997年制定，2000年改定）第13条に規定された「朝鮮人民軍や人民保安，安全保衛機関に入隊した者」である．この「特殊人口」は1970年代中盤以後から登録人口調査の対象外となったといわれている．朝鮮人口研究所の前所長である洪淳元氏はつぎのように指摘している．

234 | 記述編　第3部　朝鮮民主主義人民共和国

表14.1.1　北朝鮮の公表人口

（単位：千人）

年度	総人口	男子（a）	女子（b）	性比（a/b）
1946	9,257	4,629	4,628	100.02
1949	9,622	4,782	4,840	98.80
1953	8,491	3,982	4,509	88.31
1956	9,359	4,474	4,885	91.59
1960	10,789	5,222	5,567	93.80
1963	11,568	5,633	5,934	94.93
1965	12,408	6,067	6,341	95.68
1969	13,630			
1970	14,619	7,127	7,492	95.13
1975	15,986	7,433	8,553	86.91
1980	17,298	8,009	9,289	86.22
1982	17,774	8,194	9,580	85.53
1985	18,792	8,607	10,185	84.51
1986	19,060	8,710	10,350	84.15
1987	19,346	8,841	10,505	84.16
1989	20,000			
1991	20,960			
1993	21,213	10,329	10,883	94.91
1994	21,514			
1996	22,114			
1997	22,355			
1998	22,554			
1999	22,754			
2000	22,963			
2008	24,052	11,722	12,330	95.07
2014	24,200			

（出所）　1946年から1963年は『朝鮮民主主義人民共和国経済発展統計集』（朝鮮民主主義人民共和国国家計画委員会中央統計局編，国立出版社，1965年）．

　　1969年は朝鮮労働党第5回大会報告（1970年）．

　　1970年から1987年は *The Population of North Korea*（N. Eberstadt & J. Banister, 1992, Institute of East Asian Studies, Univ. of California, Berkeley）．

　　1989～1991年および1994～1999年は『朝鮮中央年鑑』各号．

　　1993年と2008年はセンサス．

　　2000年は北朝鮮の国連提出資料（Core Document Forming Part of the Reports of State Parities, United Nations Human Rights Instruments, July 16, 2002）．

　　2014年は *DPRK Socio-Economic, Demographic and Health Survey 2014*（中央統計局 and UNFPA, 2015年12月）．

「1975年からの統計には，多くの若者が登録した居住地を離れて移動単位（「特殊人口」のこと──引用者）に所属させられたため，正確な統計を取ることが不可能となった．われわれの人口登録の体系は静態的なものであって，彼らを計算に入れることができなかった．［中略］これらをすべて計算に入れたとすれば，わが国の統計は完璧になるだろうが，当時はそれが不可能であった．その大部分は若い男子であるが，若干の女子もいる」（三満［1991］p.38）．

　このため，1975年以後の男子人口には調査漏れが存在するということになる．したがって，1970

年代以後においては，真の男子人口は登録人口調査の男子人口よりも多くなくてはならない．これが，推計結果検証の第1の条件である．

　一方，女子人口には，男子人口とは逆に重複調査の可能性が存在する．

　登録人口の集計制度は，センサス以前とそれ以後とでは異なる．センサス以前は国家中央統計局の労働処が集計を担当していたが，そこでは労働行政の必要上提起される静態統計の整理が業務の基本であった．動態統計を含む登録されるすべての人口統計の報告が通常業務となるのは，UNFPAとの協力が始まり，国家中央統計局に人口処が設置されてから（1993年以後）のことである．そのため，センサス以前の統計では，人口動態の情報が正しく反映されていない（先の引用文のとおり，洪淳元氏も「われわれの人口統計の体系は静態的なもの」と指摘している）．それは，移動において顕著である．

　その理由は北朝鮮の住民行政によるものである．公民は生活のために各種の住民行政サービスを受けなければならない．その内容は，食糧供給や無償治療，無償義務教育などである．これらの行政サービスを受けるためには移転先でただちに登録を行う必要があり，また当該地域の行政もただちに必要な資金や物資を確保するために行政手続きをできるかぎり迅速に行うインセンティブがはたらく．反対に退去地域では退去手続きのインセンティブは弱い．結果，人口は重複カウントされてしまうのである．したがって，真の女子人口は登録人口調査の女子人口よりも少なくてはならない．これが推計結果検証の第2の条件である．

　最後に，これは公民登録の制度とは関係ないが，この間の性比である．1953年人口の性比は，戦前の98.8（1949年）から88.3（1953年）まで低下した．1950年から1953年の朝鮮戦争により多くの男子人口が喪失したためである．この性比は，その後徐々に回復し，1993年センサスでは94.9まで上昇した．したがって，この間の北朝鮮の性比は88.3から94.9の範囲内で漸次的に上昇するトレンドを示さなければならない．これが推計結果検証の

第3の条件である.

以上の検証をまとめると，つぎのとおりである.

条件①　登録男子人口 ＜ 真の男子人口（ただし，1970年代以前は除外）

条件②　登録女子人口 ＞ 真の女子人口

条件③　性比は88.3から94.9の範囲内で漸次的上昇

(2) 推 計 方 法

①生命表

文浩一［2011］では，1993年センサスから得られる情報にもとづき生命表を描いてみると，既存のどのモデル生命表ともうまくフィットしないことを確認している．そこで，本節ではオリジナルの生命表を作成することにする.

北朝鮮の建国は1948年であり，建国以来1993年までの期間は生命表が得られない．しかし，建国前は日本の植民地統治下に置かれており，当時は朝鮮総督府によるセンサス（当時は，「国勢調査」と表記）がたびたび行われたので，ここから生命表を得ることができる．このことから，植民地期の生命表と1993年生命表を連結することで各期の生命表を推計することを試みる．具体的には，植民地期に得られる最新の生命表（1942年）と北朝鮮建国後の最新の生命表（1993年）を連結して各期の生命表を推計する．その際，1942年生命表は石［1972］に，1993年生命表は文浩一［2011］に依存する.

この2つの生命表の連結方法は，つぎのとおりである.

まず，すべての年齢層の死亡確率は毎年同じ割合で低下していくものと仮定する．たとえば，ある年齢層の t 期の死亡確率が $q_{n,t}$，$t+\alpha$ 期の死亡確率が $q_{n,t+\alpha}$ とすると，当該年齢層の死亡確率は毎期 $(q_{n,t}-q_{n,t+\alpha})/\alpha$ ずつ低下していくということである．ここで α は1942年から1993年までの年数で，52である．そして，52通りの生命表を男女別にそれぞれ作成する.

②逆進推計

各期の生命表が得られれば，生命表の関数の1つである生残率 s_n を用いて人口推計が可能となる．ここでは1993年センサス人口を基準に過去にさかのぼる逆進推計を行う．逆進推計は，文字どおり前進（将来）推計の逆バージョンである．つまり，将来推計の場合はある年のある年齢の人口 a_n に当該年齢の生残率 s_n を掛けることで翌年の1歳上の人口 a_{n+1} を得る．逆進推計はこの逆で a_{n+1} を s_n で割ることで前年の人口 a_n を得ることになる.

ところで，逆進推計では最終年齢層をいかに処理するかという問題に遭遇する．前期の最終年齢層の人口を推計する基礎となる今期の最終年齢層以上の人口は存在しないからである．すなわち無から有を算出しなければならない．この問題に対処するため，本節では歴史人口学の手法を用いることにする.

Oeppen［1981］は，14世紀から17世紀のイングランド人口を推計するにあたって逆進推計を用いた．その際，彼は最終年齢層の処理をつぎのように行っている．すなわち，2つのコーホート（最終年齢とその1つ前のコーホートのこと）が同じ経路をたどってきたとすると，両者のコーホートの比は出発点の出生コーホートの比に依存するという考え方である．したがってそれぞれの出生コーホートの数（出生数）がわかっていれば，最終年齢のコーホートは，その前の既知のコーホートに出生コーホートの比を乗ずれば求められるということである（Oeppen［1981］p.723）.

だが，北朝鮮の場合，最終年齢のコーホートの数を毎期にわたって得ることはできない．そこで，本節ではやむをえず1944年国勢調査の年齢別人口に依存する．本節では最終年齢を80歳以上で区切ったが，たとえば1990年の79歳人口を推計するためには1991年の80歳人口が必要となる．そこで，1991年の80歳人口と1991年（1990年ではなく）の79歳人口について考えてみる．1991年の79歳人口は最終年齢ではないので既知である．したがって1991年の79歳人口と1991年の80歳人口の比がわかれば79歳人口は既知なので80歳人口を求めることができる.

236 | 記述編　第3部　朝鮮民主主義人民共和国

表14.1.2　第1次推計結果の検証

（単位＝人）

| 年 | 男子 | | 女子 | | 性比 |
	推計	公表人口	推計	公表人口	推計
1955	4,119,207		4,791,241		86.0
1960	4,836,641	5,221,876	5,508,713	5,567,124	87.8
1965	5,633,811	6,067,000	6,302,255	6,341,000	89.4
1970	6,688,879	7,127,000	7,341,611	7,492,000	91.1
1975	7,614,506	7,433,000	8,248,155	8,553,000	92.3
1980	8,302,662	8,009,000	8,913,506	9,289,000	93.1
1985	9,053,143	8,607,000	9,643,314	10,185,000	93.9
1990	9,841,355		10,406,753		94.6

（出所）　公表人口は，表14.1.1と同じ．推計は，本節の第1次推計
　　　　結果にもとづく．

たとえば，1991年のこの年齢層は1944年当時は36歳と35歳であった．この年齢層は後に南北分断後，一部は北朝鮮に，一部は韓国に分かれて暮らすことになるが，その比率も同一であると仮定する．また，分かれた時期は比較的早く南北がそれぞれ米ソの信託統治に入る1945年，すなわち国勢調査の翌年からであったとする．すると，北朝鮮に暮らすようになった人々は本節で推計した生命表の年齢別生残率の経路をたどって1990年に至ったことになる．したがって，1944年当時の36歳人口と35歳人口をこの間の生残率にしたがって計算すると1990年時点での79歳人口と80歳人口を得ることができ，ここからコーホートの比を求めることができるということになる．

つぎに，80歳以上の人口であるが，これについては80歳以上の前のコーホートである75～79歳人口の生残率に依存して計算した．すなわち前期の作業により各期の75～79歳人口は既知となっているので，このコーホートの生残率は計算可能である．80歳以上の人口もこの生残率にしたがって増減したと仮定する．

以上の仮定を用いて行った第1次の推計結果は，表14.1.2のとおりである．

(3)　検　証

推計結果を先に指摘した推計検証のための条件に照らしてみる．

条件①は，真の男子人口は1970年代以前は公表人口よりも少なく，1970年代以後は公表人口よりも多くなければならないということであった．こ

の条件にそくしてみると，男子はいずれの条件も満たす．また，条件②は登録女子人口は真の女子人口よりも多くなければならないということであったが，これもクリアされている．

ただし，性比が1955年時点で86.0というのは，いささか低いように思われる．公表された1953年の性比は88であり，この数字が正しいとすると，2ポイント推計値は低い結果となるからである．そこで，以下，この問題に関して性比の修正を試みる．

性比の修正は，死亡率の性差を調整する方法で行う．上記の推計では，1942年以後，死亡率は男女問わず$1/\alpha$ずつ低下していったと仮定した．つまり，死亡率の低下速度は男女とも同じであるという仮定になる．

しかし，現実には死亡率の低下速度には性差がある．一般的には，男子の死亡率改善速度よりも女子の死亡率改善速度のほうが高く，それは平均寿命が向上するにつれて顕著に現れる．しかし，その様相も様々であり，韓国の場合は，死亡率の低下速度が速やかなときには男女間の開きが顕著であり，その速度が落ち着くと，死亡率の性差の開きも縮まるという現象となっている（권태환（クォン・テファン）・김태헌（キム・テホン）[1990] p.59）．このような現象は北朝鮮の各期の推計生命表にも反映される．

本節では，この作業を進めるにあたって，北朝鮮における女子死亡率の低下速度は，出生率の低下にともなう妊産婦死亡率の低下に大きく関係したものと仮定する．北朝鮮の出生転換は，1970年代に起きたことが知られているから，とりあえず1970年を基点として考える．すなわち，1970年までは男女ともにほぼ同じ速度で死亡率が低下したが，1970年以後は，出産可能年齢以上の女子死亡率は男子のそれよりも相対的に高い速度で改善（低下）していったという考え方である．

このことを各期の死亡率に数字で反映するために，恣意的ではあるが，つぎのような方法を用いた．

女子の死亡率低下速度が高いか低いかは，男子のそれと比べた相対的なもので，男子の死亡率を

図 14.1.1 死亡率の性差修正

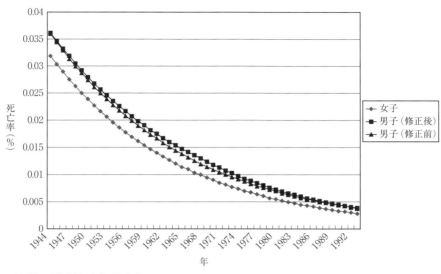

(出所) 本節検証にもとづき作成.
(注) 詳しくは,文浩一[2011]の第7章「平時の人口推計」を参照.

表 14.1.3 修正推計(死亡率の性差考慮)

(単位＝人,‰)

	男子 推計(1)	男子 公表人口	女子 推計(2)	女子 公表人口	出生(推計) 出生数	出生(推計) 出生率	性比(推計) (1)÷(2)
1955	4,296,299		4,791,241		259,234	28.53	89.7
1960	4,993,125	5,221,876	5,508,713	5,567,124	351,507	33.47	90.6
1965	5,764,324	6,067,000	6,302,255	6,341,000	450,147	37.31	91.5
1970	6,787,232	7,127,000	7,341,611	7,492,000	498,096	35.25	92.4
1975	7,678,788	7,433,000	8,248,155	8,553,000	348,565	21.89	93.1
1980	8,338,649	8,009,000	8,913,506	9,289,000	372,092	21.57	93.6
1985	9,068,124	8,607,000	9,643,314	10,185,000	390,343	20.86	94.0
1990	9,844,076		10,406,753		431,473	21.31	94.6

(出所) 公表値は表14.1.1,推計は統計表14.1.1.

上方修正して女子の死亡率との開きを拡大する.この場合,生命表の死亡確率の変遷過程の起点(1942年)と終点(1993年)の値は変わらず,その変遷速度のみ調整する.具体的には,男子の死亡率は1970年から1993年までは女子の死亡率と同じく$1/\alpha$ ($\alpha=52$) とし,そのうえで計算された1970年の死亡率を用いて1970年以前は$1/\alpha$ ($\alpha=1970-1942=28$) として$1\div28$ずつ死亡率が低下していったとして計算する.これにより1970年以降の男子の死亡率の低下速度は,女子に比べて相対的に鈍化したことになる.

このようにすると,第1次推計に対して修正推計では,図14.1.1のように死亡率の性差が拡大する.

こうして得られた死亡率をもとに再度,推計を行うと,表14.1.3のとおりの計算結果となる.戦争直後の1953年期末人口の性比は88.3であるから,これと整合性を持つ性比にほぼ近づくことができた.

参考までに記すと,1986年の出生数は39万2,669人であり,公表統計から計算した出生数39万1,096人よりも1,600人ほど多い結果となる.この数は登録調査における乳児死亡数の調査漏れとみなす.

以上の推計結果は,統計表14.1.1にまとめた.

[Ⅱ] 飢饉推計(1994～2000年)

北朝鮮の飢饉の直接的なきっかけは自然災害で

238 | 記述編　第3部　朝鮮民主主義人民共和国

表14.1.4　飢饉後の公表人口統計

		1993年	1994年	1995年	1996年	1997	1998年	1999年	2000年
総人口（千人）		21,213	21,514	—	22,114	22,355	22,554	22,754	22,963
出生率（‰）		20.0	—	—	20.1	——	18.2	17.8	17.5
死亡率（‰）		5.5			6.8		9.3	8.9	8.8
乳児死亡率（‰）		14.1	15	15	18.6	21	23.5	22.5	21.8
5歳未満乳幼児死亡率（‰）		27	28	32	39	43	50	48.2	48.8
平均寿命（歳）		72.7	—		70.1			66.8	67.1
年齢構成（%）	0	1.96							1.70
	1～4	7.88							7.22
	5～6	3.54							3.71
	7～10	6.92							7.42
	11～16	9.62							10.12
	17～59	61.17							58.16
	60+	8.90							11.68

（出所）（1）総人口のうち，1994～2000年は『朝鮮中央年鑑』各号，1993年はセンサス.
　　　　（2）出生率および死亡率および平均寿命のうち，1993年はセンサス，1994～2000年は United Nations International Human Rights Instruments［2002］.
　　　　（3）乳児死亡率および5歳未満乳幼児死亡率は，United Nations International Human Rights Instruments［2002］，UNICEF［2003a, b］.

ある．『朝鮮中央通信』の報道（1995年9月6日）によると，同年の7月31日から8月18日までの豪雨により，8つの道（日本の都道府県に当たる），145の郡（日本の市町村に当たる）が被害を受け，被害面積は国土の75％に達した．被災者は520万人（死者68人）で，被害総額は150億ドルに達するという大災害であった．これにより，農業生産は大きく落ち込み，食糧配給システムが維持できなくなった．それまでは，平時では労働者1人当たり1日平均700グラム程度が配給されてきたが，1996年の国連の調査によると，同年4月以後，250～300グラムまで落ち込んだとされている．

　ただし，北朝鮮の経済はこの水害以前から疲弊していた．1990年代に前後したソ連・東欧の社会主義諸国の崩壊により原油をはじめとするエネルギー源が絶たれたためである．当時，北朝鮮は第3次7カ年計画（1987～1993年）を遂行中であったが，社会主義市場の消滅によりもはや達成不可能であると総括した（朝鮮労働党中央委員会第6期第21回大会，1993年12月）．これまで経済計画に関しては，予定どおり達成できずに延長されたことはあったが，未達成に終わったのは，これが初めてである．

　こうして北朝鮮経済は，工業と農業の双方への

相次ぐ衝撃により，飢饉が発生した．この時期を北朝鮮では「苦難の行軍」の時期と呼んでいる．「苦難の行軍」の語源は，日本の植民地時代のパルチザン活動のとき，雪中を極寒に耐えながら百余日行軍したことに由来する．水害の翌年の1996年の朝鮮労働党機関紙『労働新聞』では社説をつうじて「苦難の行軍精神」で刻苦奮闘することを全国民に呼びかけた．「苦難の行軍」は2000年の朝鮮労働党結成55周年を機に公式に終了宣言がなされるまで，実に5年以上の歳月にわたって続いた．

（1）統計情報

　表14.1.4は，飢饉の間に公表された主な人口統計である．このうち1993年以外は登録調査であるが，文浩一［2011］では，センサス以降は登録調査はセンサス以前と比べて精度が向上していることを確認しているので，このことを前提に，本節では，表14.1.4の統計に依存して推計を行う．

（2）推計作業

　推計方法の概要はつぎのとおりである．

　はじめに，飢饉の規模を推計する．ここで飢饉とは，平時に比べた超過死亡のことである．[1] こ

---

1)　なお，「飢饉」とは「農作物のみならず，食物が欠乏して飢え苦しむこと」（広辞苑）であり，それによる死亡は「餓死」であると定義できるが，国際疾病分類（ICD＝International Classification of Disease）によると，「餓死」は死亡原因に分類もしくは含まれていない．ICD分類に従うなら，「餓死」は栄養失調（malnutrition E40-46）と

の場合，平時とは1993年センサスであり，超過死亡とは1993年センサス情報にもとづく将来推計の値と実際人口（公表統計）との開きである．

つぎに，得られた飢饉の規模を各年齢別に配分して各期の生命表を得る．これによって飢饉時の年齢構造と動態統計を得る．

①飢饉の規模の推計

北朝鮮の飢饉推計に関する一般的な考え方でもあり，既存研究でも扱われている方法は，1993年を基準人口とするという方法である．1993年は，北朝鮮が食糧不足に陥る直接的契機となった水害（1995年）以前の時期であり，かつセンサスによる詳細なデータを利用できるので，基準人口として採用するには都合が良い．

具体的には，1993年生命表の生残率を用いながらも，それぞれ前年の年齢別人口を基準にして2000年までの人口を推計し，その推計数と公表人口との差を「超過死亡」とみなす．

ただし，この場合，国際移動人口を考慮していないという制約がある．本来，北朝鮮では移動人口はきわめて少ないので人口分析においては無視されてきたが，その後は食糧を求めて国境を越える移動が活発になった．それらの移動が常駐人口と定義される短期的なものなのか，あるいは長期にわたって滞在するものなのかを見極める必要がある．韓国籍を取得した「脱北者」の数は，韓国統一部によると，1999年に148人，2000年に312人，2001年には583人であり，それほど多くない．中国に潜伏するとされている脱北者のほとんどは，朝・中間を短期的に往来する人々であり，常駐人口としてカウントできるのであれば，本節の推計方法にはさほど影響しないと考えられる．

生命表の生残率からは計算できない出生数については，公表された普通出生率に依存して計算した．

以上の方法から計算した推計結果は，表14.1.5のとおりであり，その合計は33万6,446人である．

表14.1.5 飢饉の規模推計

（単位：人）

年	1994	1995	1996	1997	1998	1999	2000
超過死亡	6,588	13,953	12,093	77,442	84,908	77,414	64,048

（出所）　本文参照．

ちなみに，金斗燮ほか［2011］では1993年センサスと2008年センサスの2次点間比較による方法で同期間の飢饉を推計したところ，1994年から2005年の間に48万2,000人の超過死亡が発生したが，このうち33万6,000人は「苦難の行軍」期間に発生したとし，本節の推計ときわめて近似する結果を示している．

②飢饉の年齢別影響の推計

北朝鮮当局は，飢饉の間の年齢構造を公表していない．得られる年齢別人口は，1993年と2000年であり（表14.1.4），1994年から1999年までは空白である．

そこでここでは，先に得られた超過死亡を1993年センサス生命表の各年齢の死亡率に適宜配分する．配分方法は，つぎの2つのパターンである．

第1パターン　乳幼児や高齢者などの社会的弱者に超過死亡が集中して現れるという仮説

第2パターン　特定階層の別なく全年齢層にわたって影響があったという仮説（相対的に成人人口の死亡率が高まったという仮説）

そして，この2つのパターンのうち，公表された2000年の年齢構造とその間の動態統計に最も近似する推計結果を採用する．

第1パターンに関しては，年齢別死亡率の分布を利用する．年齢別死亡率の分布は，乳幼児と高齢層で高くなるU字型をとっており，この分布にしたがって超過死亡を配分する．第2パターンについては，超過死亡を平均して配分するという

栄養疾患（nutritional disease Re. E00-88）に関連すると考えられるが，同義ではない．本節では，便宜上，こうした定義には従わず，平時に比べた超過死亡を「飢饉」とし，必要に応じて「超過死亡」の表現も用いることにする．また，超過死亡の多くは，飢餓状態が一般化してからの感染症の蔓延により発生することが一般的に観察される．

240 | 記述編　第3部　朝鮮民主主義人民共和国

表14.1.6　飢饉時の平均寿命推計（1994～2000年）

(単位：歳)

	1994年	1995年	1996年	1997年	1998年	1999年	2000年
第1パターン	72.33	71.31	71.13	68.89	67.12	68.81	69.12
第2パターン	72.25	70.85	70.99	66.77	65.13	66.03	67.82
公表値	―	―	―	70.1	―	66.8	67.1

　(出所)　公表値は表14.1.4より，その他は本節より作成.

表14.1.7　飢饉時の普通死亡率推計（1994～2000年）

(‰)

	1994年	1995年	1996年	1997年	1998年	1999年	2000年
第1パターン	5.76	6.396	6.43	8.41	9.01	8.10	7.63
第2パターン	5.76	6.41	6.56	8.41	9.36	9.14	8.53
公表値	―	―	6.8	―	9.3	8.9	8.8

　(出所)　公表値は表14.1.4より，その他は本節より作成.

表14.1.8　第1パターンにもとづく2000年の年齢構造比較

(%)

歳	第1パターン (1)	公表値 (2)	開き (3) = | (1) − (2) |
0	1.73	1.7	0.031
1～4	7.06	7.2	0.136
5～6	3.60	3.7	0.104
7～10	7.20	7.4	0.201
11～16	9.89	10.1	0.207
17～59	59.52	58.0	1.515
60+	11.00	11.6	0.599
平均			0.399
標準偏差			0.276

　(出所)　公表値は表14.1.4より，その他は本節より作成.

表14.1.9　第2パターンにもとづく2000年の年齢構造比較

(%)

歳	第2パターン (1)	公表値 (2)	開き (3) = | (1) − (2) |
0	1.731	1.7	0.031
1～4	7.064	7.2	0.136
5～6	3.591	3.7	0.109
7～10	7.148	7.4	0.252
11～16	9.799	10.1	0.301
17～59	58.913	58	0.913
60+	11.754	11.6	0.154
平均			0.271
標準偏差			0.088

　(出所)　公表値は表14.1.4より，その他は本節より作成.

手段をとる．この方法には理論的根拠はないが，平均して配分することにより相対的に低かった成人人口の死亡率（d/p）が飢饉により高まる状況を描くことができるという性質を持つ．

　作業は，男女別で行うことが望ましいが，乳幼児死亡率と2000年の年齢別人口データには男女別のものがないので，総人口基準で推計を進める．

　具体的には，第1パターンの場合，ある年の人口 P_t に対して1993年センサスにより得られる死亡パターンから導き出される生命表生残率を適用すると，その後の人口数 P'_{t+n} が得られる．これは予測値であるが，実際には観察された人口数 P_{t+1} が把握されている．経験的に1990年代後半の北朝鮮の死亡率（m）は悪化しているので，$P'_{t+1} - P_{t+1} = \Delta P$ は正の値となると期待される．そして，この ΔP を基準に北朝鮮の死亡率を改めて修正する．すなわち，ΔP はすべて死亡であると判断し，これを北朝鮮の死亡パターンに即して年齢別に配分する（①式）．これにより導き出された Δd を用いて年齢別生存数と年齢別死亡率を修正する（②式および③式）．こうして新たに得られた死亡率から新たな生命表を作成する．数式

で表すと，以下のとおりである．

年齢別超過死亡　　$\Delta d_n = \Delta P \cdot \dfrac{d_n}{\sum d_n}$ ………①

年齢別生存数　　　$P_n = P_{n,t+1} - \Delta d_n$ ………②

年齢別死亡率　　　$m_n' = \dfrac{d_n + \Delta d_n}{P_n}$ ………③

　また，第2パターンの場合は，超過死亡の年齢別配分を死亡率曲線の分布にしたがわず単純平均するので，

年齢別超過死亡　　$\Delta d_n = \Delta P \cdot \dfrac{1}{N}$

　　　　　………①′　（N は当該年齢階層の数）

となる．

　計算結果は，表14.1.6から表14.1.9のとおりである．

(3)　検　証

　2つの推計結果を公表された2000年の年齢構造と比較すると，第1パターンよりも第2パターンのほうが当てはまりが良い．そればかりか，平均寿命や死亡率についてもやはり第2パターンのほうが公表値に近いという結果となっている．

　これらは，北朝鮮の飢饉における超過死亡は，

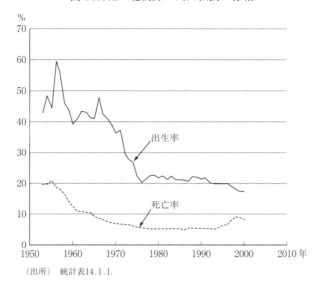

図 14.1.2 北朝鮮の人口転換の様相

(出所) 統計表14.1.1.

乳幼児や高齢者などの社会的弱者に集中して現れたのではなく，あらゆる年齢層において現れ，また相対的に低かった成人人口の死亡率も飢饉により容赦なく高まる状況であった可能性を強く示唆する．過去に世界各地で起きた飢饉に関する経験から，飢饉時に成人男子の死亡率が女子や乳幼児に対して相対的に上昇することが観察されている（たとえば，Dyson and Ó Gráda, eds.［2002］）．したがって，この現象は北朝鮮特異のものではなく，飢饉時の普遍的に観察される現象ともいえる．

以上の推計結果は，統計表14.1.1に製表した．ただし，本推計はあくまでも北朝鮮当局が公表している断片的な統計情報と近似するというだけであり，正確な統計情報そのものではない．1980年代の UNFPA との協力にともなう人口統計学の普及やセンサスによる統計整備の状況を考えるなら，公開されていない正確な年齢別人口と死亡統計が存在する可能性がある．

[Ⅲ] 人口転換の長期観察

本節の推計結果から得られる人口転換の模様は，図14.1.2のとおりである．これによると，北朝鮮の出生率は1971年を基点に下落し，1970年代末には出生転換を完了したといえよう．一方，死亡率は建国後初期には比較的早いスピードで下落し，

表 14.1.10 植民地期の人口動態（出生率と死亡率）
(‰)

	1925〜1930年	1930〜1935年	1935〜1940年
死亡率	26.2	23.9	23.2
出生率	44.9	44.1	43.3

(出所) Kwon［1977］.

初期には20‰台であったのが1960年代後半にはパーミル基準で1桁台に到達した．以後，死亡率と出生率は低いレベルで推移している（ただし，飢饉時を除く）．

このデータは，戦前と連結して考えることができる．表14.1.10は，Kwon［1977］が植民地期の国勢調査データをもとに生残率法を用いて推計した動態統計である．これによると，建国前の死亡率は20‰台前半で，出生率は40‰台前半で推移していた．このレベルは，北朝鮮の建国初期の水準と近似する．

また，出生転換以前に北朝鮮では出生率の上昇を経験していることも確認できる．出生転換前の出生率の上昇は朝鮮半島に限るものではない．斎藤［2004］は，英国と日本とインドの事例では，出生転換以前に出生力の上昇が観察されることを論じている．斎藤は，「その要因は様々である」としながらも，死亡転換にともなう健康状態の改善がこれを促した可能性があるとしている．すなわち，「死産や不妊自体は人口学的な現象に過ぎ

ないけれども，その背後には母性の健康状態の改善があったとみられる」という．残念ながら当時の北朝鮮の母性の健康状態を探るデータはないが，

医療行政を含む何かしらの健康保護政策があった可能性が示唆される．

（文浩一）

2　北朝鮮の食糧生産統計（1946〜1957年）：信頼性の検証[2]

初期の北朝鮮政府の公表統計は，その後のものにくらべ詳細である．のみならず質的にもかなり信頼できるとして，広く引用されてきた．しかしその信頼性の検証はこれまでほとんど行われていない．ここでは食糧生産統計について調べる．

表14.2.1は1944〜1957年の食糧（穀物・イモ類）生産データである．これは米国商務省の*Development of the National Economy and Culture of the People's Democratic Republic of Korea：1946-1959*から採った．原文はモスクワでゴスプランが出版したロシア語の統計集であるが，もともとは北朝鮮政府が公表したものである．この表の疑問点の1つは，朝鮮戦争中，穀物の総作付面積が増大したことである（1951年1,904，1952年2,062，1953年2,103千町歩）．戦闘で国土が破壊された一方，労働力，資材の不足が極限に達した状況下，作付増大が起ったのは不自然である．じっさい金日成も1952年12月の演説で，戦争中の作付面積の減少に触れていた．すなわち，「農業省はいまだに作付面積を戦前の水準に回復していない．現在7万ヘクタールの農地が耕されていない……ところが農業省の一部の幹部は，戦時の困難な条件にかこつけて作付面積を縮小しようとする正しくない考えをもっている」（金日成［1981］p.367）．

朝鮮戦争後については，1954〜1957年，米作が急成長した．とくに反収が増大した．しかしこれが事実であったかは疑わしい．この間，農業集団化が急速に進展し，農民・耕地の協同組合への統合率は30％から90％に高まった（木村［2010］p.29）．公式的には協同組合の設立は農民が自発的に行ったとされるが，これは他の社会主義諸国

同様，事実ではない．じっさいは党・政府の命令によるもので，国家による農地取り上げにほかならなかった．農作業の統制，収穫物の供出はそれ以前から行われていたが，それがいっそう強まった．こうした状況下で生産性上昇が継続的に起ったとは考えにくい．他方，同時期にトウモロコシの作付，生産が大きく増えた．当時，政府は粟や麦をトウモロコシに転換する政策を強力に推進していた．トウモロコシ作の増大はこの政策を反映したもので，おそらく事実であろう．

日本統治期，とくに戦時中のデータと照合すると何がいえるか．38度線以北はほぼ，かつての咸鏡北道・南道，平安北道・南道，黄海道の全体と江原道の北部（全体の約3分の1）を合わせた地域である．ここでは，江原道の部分を省き，近似的に咸鏡北道・南道，平安北道・南道，黄海道の合計とみなす．1941〜1944年の同地域の関連データを表14.2.2に示す．これによると，1944年の各作物の作付面積は，表14.2.1の数値とほぼ一致する．反面，生産量は相違する．とくに米と粟の数値は表14.2.1のほうがはるかに大きい．日本統治期の米生産データは玄米ベースであるが，戦後のデータのベースは不明である．もし後者が籾ベースであったとすれば，玄米ベースに換算する必要がある．換算率を0.8とし，表14.2.1の1944年の数値，1,008（千トン）に乗ずると806となり，表14.2.2の数値，834に近くなる．しかし粟にかんしては，表14.2.1の1944年の数値は表14.2.2のそれの1.54倍にものぼる．これは測定ベースの違いでは説明できない．

表14.2.1と表14.2.2のデータ比較で目立つ他の点は，米の反収が1946年以降，1941〜1944年の水

2）　本節は，木村［2013］の後半部分を加筆修正したものである（その後，木村［2016］に収録）．改稿にあたり，貴重な文献をご教示，提供してくださった金洛年教授（東国大学）に深謝する．

第14章 推　計　243

表 14.2.1　北朝鮮の穀物・イモ類生産統計（1944～1957年）

	年	穀物計	米	トウモロコシ	大麦・小麦	粟	キビ	大豆	イモ類	ジャガイモ
A.作付面積	1944	1,966	400	173	306	434	68	332	139	121
（千町歩）	1946	1,670	388	174	185	396	61	245	113	100
	1947	2,013	420	239	235	385	74	352	110	96
	1948	2,127	444	275	282	366	68	337	112	99
	1949	2,112	382	282	309	369	65	322	120	104
	1951	1,904	380	249	232	346	76	355	83	77
	1952	2,062	406	247	291	357	85	353	85	80
	1953	2,103	432	241	283	401	87	340	86	78
	1954	2,111	452	236	274	365	84	352	86	74
	1955	2,099	455	335	319	310	83	308	92	80
	1956	2,165	493	608	290	171	54	340	122	104
	1957	2,255	500	759	248	82	37	391	159	136
B.生産量（千トン）	1944	2,417	1,008	116	250	533	96	208	775	661
	1946	1,898	1,052	156	84	257	61	143	492	424
	1947	2,069	1,101	193	131	235	69	188	544	444
	1948	2,668	1,350	333	153	329	91	195	697	553
	1949	2,654	1,158	375	212	394	103	191	782	616
	1951	2,260	935	357	152	321	118	245	582	520
	1952	2,450	1,085	346	191	375	123	166	581	526
	1953	2,327	1,229	224	162	268	87	268	412	344
	1954	2,230	1,025	307	196	273	87	196	647	500
	1955	2,340	1,242	361	197	222	95	128	619	512
	1956	2,873	1,392	760	183	117	71	230	948	761
	1957	3,201	1,459	1,130	164	58	58	206	1,186	965
C.反収（トン）	1944	0.12	0.25	0.07	0.08	0.12	0.14	0.06	0.56	0.55
	1946	0.11	0.27	0.09	0.05	0.06	0.10	0.06	0.44	0.42
	1947	0.10	0.26	0.08	0.06	0.06	0.09	0.05	0.49	0.46
	1948	0.13	0.30	0.12	0.05	0.09	0.13	0.06	0.62	0.56
	1949	0.13	0.30	0.13	0.07	0.11	0.16	0.06	0.65	0.59
	1951	0.12	0.25	0.14	0.07	0.09	0.16	0.07	0.70	0.68
	1952	0.12	0.27	0.14	0.07	0.10	0.14	0.05	0.68	0.66
	1953	0.11	0.28	0.09	0.06	0.07	0.10	0.06	0.48	0.44
	1954	0.11	0.23	0.13	0.07	0.07	0.10	0.06	0.75	0.67
	1955	0.11	0.27	0.11	0.06	0.07	0.12	0.04	0.67	0.64
	1956	0.13	0.28	0.12	0.06	0.07	0.13	0.07	0.78	0.73
	1957	0.14	0.29	0.15	0.07	0.07	0.16	0.05	0.75	0.71

（出所）　National Technical Information Service［1960］pp.58-59, 68-69, 72-73.

表 14.2.2　生産統計：咸鏡北・南道，平安北・南道，黄海道計（1941～1944年）

	年	米	トウモロコシ	大麦・小麦	粟	大豆	ジャガイモ
A.作付面積（千町歩）	1941	414	131	266	442	352	86
	1942	365	133	292	460	299	86
	1943	375	161	263	402	319	97
	1944	399	170	307	445	324	110
B.生産量（千トン）	1941	815	101	169	328	189	393
	1942	705	103	141	304	117	235
	1943	718	131	169	391	157	435
	1944	834	127	214	346	211	613
C.反収（トン）	1941	0.20	0.08	0.06	0.07	0.05	0.46
	1942	0.19	0.08	0.05	0.07	0.04	0.24
	1943	0.19	0.08	0.06	0.10	0.05	0.45
	1944	0.21	0.07	0.07	0.08	0.07	0.56

（出所）　朝鮮銀行調査部［1948］pp.42-49，大韓民国農林部調査統計課編［1952］pp.104-105.

表14.2.3 米生産統計：咸鏡北道，黄海道，平安道（1949～1957年）

	年	咸鏡北道	黄海南道・北道	平安南道・平壌市	平安北道・慈江道
A.作付面積（千町歩）	1949	27	61	70	95
	1953	27	138	78	94
	1956	29	158	99	98
	1957	27	161	103	98
B.生産量（千トン）	1949	80	213	203	307
	1953	52	445	221	283
	1956	44	435	261	303
	1957	53	448	348	314
C.反収（トン）	1949	0.30	0.35	0.29	0.32
	1953	0.19	0.32	0.28	0.30
	1956	0.15	0.28	0.26	0.31
	1957	0.20	0.28	0.34	0.32

（出所）　National Technical Information Service ［1960］pp.65-66, 71.

表14.2.4 米生産統計：咸鏡北道，黄海道，平安南道，平安北道（1941～1944年）

	年	咸鏡北道	黄海道	平安南道	平安北道
A.作付面積（千町歩）	1941	19	149	83	95
	1942	17	140	69	86
	1943	17	131	75	89
	1944	18	143	79	94
B.生産量（千トン）	1941	5	328	155	219
	1942	25	302	110	191
	1943	27	215	142	209
	1944	41	257	156	237
C.反収（トン）	1941	0.03	0.22	0.19	0.23
	1942	0.15	0.22	0.16	0.22
	1943	0.16	0.16	0.19	0.24
	1944	0.23	0.18	0.20	0.25

（出所）　朝鮮銀行調査部［1948］pp.42-43.

準を大きく上回ることである．他の作物ではその差は小さく，変化に不連続性はみえない．米については さらに，部分的ではあるが，道別の比較が可能である（表14.2.3，表14.2.4）．表14.2.3の黄海南・北道は表14.2.4の黄海道に相当する．同じく表14.2.3の平安南道・平壌市，平安北道・慈江道はそれぞれ，表14.2.4の平安南道，平安北道に相当する．日本統治期の咸鏡南道は戦後，北朝鮮政府のもとで南北に分割され，その南部が38度線以北の江原道とともに新たな江原道を構成した．このため1945年前後の比較ができないので，ここには記していない．これらの表で，1944年と1949年の作付面積は，1949年の黄海南・北道の数値が異常に小さい以外，それほど不連続ではない．他方，生産量は，黄海南・北道を除き，1949年の数値が1944年の数値を大幅に上回る．これは，1949年の反収の値が高かったからである．1949年以降は，咸鏡北道を除く各道で生産が増大した．反収も高水準であった．このように，地方別の米生産量にかんする戦後の数値は，全体として戦前の水準から大きく乖離している．

長期的観点からとくに注目すべきは，戦後の統計で1人当たり生産量が戦前にくらべてどのような値を示すかという点である．表14.2.5をみると，1人当たり食糧生産は1946年の0.26トンから1957年には0.45トンに，同じく1人当たり米生産は

表14.2.5 北朝鮮の推計人口と食糧生産（1946～1957年）

年	人口（千人）	食糧生産（千トン）	同，1人当り（トン）	1人当り米生産（トン）
1946	9,257	2,390	0.26	0.11
1949	9,622	3,436	0.36	0.12
1953	8,491	2,739	0.32	0.14
1954	8,771	2,877	0.33	0.12
1955	9,063	2,959	0.33	0.14
1956	9,359	3,821	0.41	0.15
1957	9,691	4,387	0.45	0.15

（出所）　National Technical Information Service ［1960］pp.68-69. 国土統一院調査研究室［1986］p.93.
（注）　食糧は穀物とイモ類の合計．人口は韓国の研究機関による推定．

0.11トンから0.15トンにそれぞれ急増した．戦前，これらが最高値を記録したのは1937年で，それぞれ0.44トン，0.14トンであった（木村［2013］p.50）．すなわち北朝鮮政府の統計によれば，戦後十数年を経て戦前の最高水準に復帰した．この点を韓国と比較すると，戦時期から帝国崩壊，さらに朝鮮戦争という衝撃がつづく中で，韓国では戦前にくらべて1人当たり食糧生産（穀物・イモ類），同米生産は大きく低下した．すなわち1920，30年代，前者は0.26～0.32トン，後者は0.13～0.16トンであったが，1946年にはそれぞれ0.15トン，0.09トンに減少し，以後も，1949年0.18トン，0.11トン，1955年0.19トン，0.10トン，1958年0.18トン，0.10トンにすぎなかった（同上，朝鮮銀行調査部［1948］III-11，農協中央会調査部［1965］pp.53, 871）.[3]　北朝鮮で1946年から

---

3)　1960年代も韓国の食糧，とくに米の生産は，総量では増加したが，1人当たりでは1920，30年代の水準に戻らなかった．国内消費は米・小麦の輸入，野菜，畜産物，魚といった副食物の大幅な生産増によってまかなった．この

1950年代中，食糧生産条件が韓国にくらべて有利であったとみる根拠はとぼしい．1957年までに北朝鮮の食糧生産が戦前の最高値に回復したとは信じがたい．

それでは北朝鮮政府が正確な統計を秘匿し，外部向けに生産量を過大に発表した可能性はあるのだろうか．これは従来から研究者の関心を集めた問題である．ソ連軍占領期（日本の敗戦後から1948年9月まで）については，いわゆる北朝鮮捕獲文書が参考になる．同文書の分析結果によれば，当時，中央行政機関は地方からの不正確な生産報告に悩まされていた．その要因の1つは，現物税増収のために，地方行政機関が生産量を意図的に過大に査定したことである．他の要因は技術的なものであった．すなわち当時の村落資料には，穀物生産量の測定基準として籾と玄米，単位として叺，石，キログラムが混用されていた（木村[1999] pp.52-53）．朝鮮戦争後については，1956年11月（米とトウモロコシの脱穀期）に北朝鮮を訪れたソ連人農業顧問の貴重な報告がある．同顧問によれば，視察時点で北朝鮮政府は穀物収穫量の正しいデータを持っていなかった（木村編訳[2011] p.387）．この記述は，農業生産量を把握する点で政府の能力に問題があったことを示唆する．

籾と玄米，容積と重量単位の混用の影響がどちらの方向へバイアスを持つかにもよるが，実際の食糧生産が公表数値に達していなかった可能性は高いように思われる．[4]

(木村光彦)

3　北朝鮮の貿易

［I］　概　　　観

北朝鮮は自らの貿易統計を公表していないが，貿易相手国のデータから北朝鮮貿易の概況を知りえる．IMF，世銀，国連，OECD などの国際機関や各国政府の貿易統計を利用すれば，この作業は可能である．1962年からの数値は，国連の貿易統計データベース（ジェトロ・アジア経済研究所が CD-ROM に収録し公表している）から抽出できる．また，わが国や韓国の研究機関は独自にデータ収集を行ってきた．わが国では1980年代から2000年代初めにかけて日本貿易振興会（機構）（ジェトロ）がこの作業を実施し，『北朝鮮の経済と貿易の展望』というタイトルの調査書（年刊，ただし欠年あり）に発表した．韓国では，大韓貿易投資促進公社（KOTRA）が1990年以降，毎年，『北韓の対外貿易動向』を刊行し，北朝鮮の貿易を詳細に調査している．

商品分類の下位までを詳細に知るには，各国の貿易統計を直接参照する必要がある．ソ連は1950年代から『ソ連貿易統計年鑑』を発刊し，対北朝鮮貿易データを公表した．北海道大学スラブ研究センターはこれを「ソ連統計データベース」の一部として整理した．[5] ただしその商品分類は粗く，かつ援助品目および武器を含まない点で限界がある．中国については1980年代後半以降，「海関統計」によって詳しい商品別データを把握できる．韓国は対北朝鮮貿易を「南北交易」と呼び，1989年の交易開始以降，政府がその内容を公表している．

密貿易は，貿易データを扱う際つねに問題となるが，とくに戦後初期，北朝鮮と日本間および香港経由で相当な額に達した証拠がある（木村・安部[2008] pp.48-51）．北朝鮮にとって非共産圏

状態は1970年代後半まで続いた．1人当たり米生産は1981年でも0.14トンにとどまった．これは生産能力の問題ではなく，生活水準の向上・米需要の減少を反映したものである．以後，米の生産はしだいに過剰となった（木村[2013] p.55）．

4)　工業生産統計についても疑問が大きい．木村[2010] pp.30-31は，とくに1959年のセメント生産にかんして，統計と実態の乖離をあきらかにした．

5)　ウェブ上で公開されたが，2017年現在，閲覧できない状態にある（理由は不明）．

からの工業品調達は，経済運営上不可欠であった．それは密輸入によるほかなかった．他方，武器を中心とした密輸出も多額にのぼったことが知られている．

北朝鮮の建国時（1948年）から1960年代初めまで，北朝鮮貿易の大部分は対ソ連であった．朝鮮戦争期を含む1948〜1953年は，ソ連からの武器・資材輸入，その見返りとしての鉱産物輸出が最も重要であった．朝鮮戦争後は，国土再建のための東欧・中国からの援助物資輸入が増えた．

1960年代後半からは，対西側貿易が増大した．これは，北朝鮮が韓国との経済開発競争に遅れまいと，西欧（オランダ，西ドイツ，フランスなど）から大型プラントの輸入を図ったためである．西欧諸国も，ココムの制約下で可能な対北朝鮮輸出を増やそうとした．しかし北朝鮮は1970年代半ば，外貨不足から輸入品の支払い困難（デフォルト）に陥り，以後，西欧の対北輸出は急減した（木村・安部［2008］pp.104-105）．

各国の貿易額の比較は通常，米ドルに換算して行われる．東側諸国の換算レートは国家が恣意的に決める公的レートによる．それは一般に実勢レートと大きく異なる．個々の取引品の価格付けもまた恣意的である．たとえば，ある機械をソ連が北朝鮮に輸出した場合，ソ連の統計では金額○○ルーブルと記されるが，その価格がどのように決定されたのか不明である．それは経済的な合理性を欠いたものかもしれない．国際市場ではほとんど価値のない中古の粗品が，政治的関係から高額の値付けがされたといった可能性も排除できない．[6] このような理由で，市場経済を基本とする西側の貿易額とそうでない東側の貿易額を，ドル表示で単純に比較することには無理がある．

以上の諸問題から参考のひとつにすぎないが，1950〜2014年の公式統計データを示そう（統計表14.3.1，統計表14.3.2）．これによれば，1970年代半ばから対日貿易とくに対日輸入額が恒常的に多額にのぼった．1980年代後半には，対ソ輸入額が急増した．これは機械設備や原油・石油製品の輸入額の増大に起因した．それが価格（ルーブル）の引上げ，輸入量の増加のどちらによるものであったかは，『ソ連貿易統計年鑑』のデータが不十分なために，判別できない．1990〜1991年の対ソ輸入額の急減は，ルーブル建て貿易統計のドル換算に商業レートが適用されたことを反映する．[7]

つぎに，対日貿易にしぼって内容を観察する．

［II］　対 日 貿 易

戦後，北朝鮮と日本との公式の貿易は1956年に，日中貿易の形態をとって大連経由で行われたのが最初である．その後1959年には香港経由，1961年には日朝間の直接貿易が始まった．日本側の対北朝鮮貿易通関統計は，この時期（1956年）以降存在する．それはどの程度実態を反映したものであろうか．対日輸入については大きな疑問がある．というのは，通関統計は以下を含まないからである．すなわち，①様々なルートによる不正輸入品，②北朝鮮の貨客船による新潟港からの帰国者持帰り品．これらは多額にのぼったとみられ，仮にそれを含めると，対日輸入総額は，年によれば通関統計の数倍に達した可能性がある（木村・安部［2008］p.199）．この欠落を補うことは実際上，きわめて困難であるので，その試みは行わない．ここでは通関統計の品目を1961年以降，SITC 二桁分類に組み替え，一貫した形式で示すにとどめる（統計表14.3.3，統計表14.3.4）．

総額からみると，まず対日輸入は1960，70年代，大幅に増加し，1980年にピークを記録した．1980年代半ばからは大きく減少した．2001年には突出して増加したが，これは日本が食糧米を援助した

---

6)　1950年代後半の旧ソ連内部資料には，表面的には援助としながら，ソ連が北朝鮮への提供品目にしばしば高い価格を設定した例がみられる（木村編訳［2011］p.ix）．

7)　慶南大学極東問題研究所編［1980］は，1950〜1970年代の北朝鮮貿易全般にかんする有益な研究（日本語）である．1970〜1990年代を対象とした近年の研究には，Eberstadt［2007］chaps. 3 - 4 がある．対ソ貿易については，旧ソ連の資料を使った Bazhanova［1992］が貴重である．

ことによる．対日輸出の総額も同様に1960，70年代に急増したが，増加率は対日輸入のそれより低かった．1980年代は年々増減を繰り返し，1990年代後半に急減した．2006年10月，日本政府は，北朝鮮のミサイル発射や核実験を理由に「北朝鮮からのすべての品目の輸入を禁止する」措置を発表した．この結果，2007年から対日輸出はゼロとなった．貿易収支は北朝鮮からみて，1960年代から1970年代初めはおおむね輸出超過，その後1986年まで輸入超過，1987～2006年間は2001年を除き輸出超過であった．

品目別では，輸入は，全体の傾向として一般機械類が最も多かった．ついで輸送機械，卑金属・同製品，化学製品，プラスチック・ゴム製品，繊維製品，精密機器が多額であった．細分類によれば，卑金属・同製品の多くは鉄鋼およびその製品であった（木村・安部［2008］pp.219-220）．他方，輸出で多かったのは，卑金属・同製品，動物性・植物性生産品，鉱物性生産品である．1990年代後半から2000年代前半にかけては繊維製品の輸出が増大した．より詳しい内訳をみると，卑金属・同製品は，亜鉛・鉛塊と銑鉄，動植物性生産品は魚介類（ハマグリ，ウニ，カニなど）と野菜類（とくにマツタケ），鉱物性生産品は亜鉛鉱，

マグネシアクリンカー，鉄鉱および無煙炭が主たる品目であった（川野辺・木村［2009］）．要するに北朝鮮の対日貿易は，第1次産品と加工度の低い製品を輸出し，重化学・精密工業製品を輸入するという低開発国対先進国の特徴を示していた．

［Ⅲ］ まとめにかえて

2000年代には，対日貿易の減少と反比例して，対中貿易，対韓貿易が増加した．対中輸入では工業製品のほか燃料（原油），穀物が多く，この点は対日輸入と相違した（木村・安部［2008］p.249）．対韓貿易は1990年代の南北経済交流の開始を契機に増大した（三村［2013］）．

北朝鮮経済の貿易依存度を示すことは，データの制約から，困難である．しかし建国以来，北朝鮮経済にとって貿易の役割が大きかったことは否定できない．軍事工場建設のための基礎資材・原油・穀物の輸入，鉱産物や武器の輸出によるその対価獲得は，北朝鮮経済の存立の基本条件であった．[8] 北朝鮮の経済と貿易の相互関連を分析するにはデータ整備を今後いっそうすすめる必要がある．

（木村光彦・川野辺希美）

4　北朝鮮の GDP 推計

［Ⅰ］　は　じ　め　に

北朝鮮の経済に関する文献はかなり多いが，北朝鮮の長期成長実績を示す主要データを体系的に整理・説明した研究はきわめて少ない．さらに，既存の研究において用いられている資料はいくつかの問題点を孕んでいる．とくに，経済成長実績を評価する際に最も重要な資料である成長率についての北朝鮮当局の発表数値は，他の社会主義国家の場合と同様に，過大評価されていると考えら

れる．韓国政府またはその機関および研究者が提示した推定値もまたおおよそ北朝鮮の発表値に近いものであり，推定根拠が定かでないという問題点を抱えている．

また，既存のデータに基づいた北朝鮮の経済像は多分に非現実的である．過去の主要な見解（韓国政府と同関連機関の評価）によれば，北朝鮮は初期に高度成長を成し遂げ，1970年代前半までは韓国より1人当たり所得水準が高かったという．[9] さらに，北朝鮮は朝鮮戦争以降わずか10年

---

8)　北朝鮮軍事工業の起源と発展については，木村・安部［2003，2008］を参照．
9)　国土統一院［1990］pp.50-58，民族統一研究院［1993］pp.255-256，전홍택（チョン・ホンテック）・박진（パク・ジン）［1995］p.721.

も経たないうちに「社会主義工業国」としての位置を確保したとされている（김일성（金日成）[1961]）．もしこのような評価が妥当であるとすれば，北朝鮮の初期成長実績は他の社会主義経済の実績をはるかに凌ぐものであり，「奇跡」（Robinson［1965］）と呼んだとしても誤りではないだろう．しかし，1980年代後半以降急速に増加した北朝鮮に関する情報によれば，それは過大評価であったと考えられる．最近のいくつかの研究によれば，北朝鮮経済はすでに1960年代に危機的状況に置かれていただけでなく，問題の根源が1950年代にまで遡ることを示唆する証拠を見出すことができるという（이태섭（イ・テソプ）[2001]，김연철（キム・ヨンチョル）[2001]）．

したがって，北朝鮮経済の長期成長過程を科学的に分析するためには，まず北朝鮮の成長実績を示す主要資料を全面的に見直し，より現実的な北朝鮮の経済像に符合する新しい推定結果を提示する必要がある．このような問題意識に基づき，以下では北朝鮮の成長率，GNP，インフレーションについて，既存資料の問題点を詳細に検討し，それを適切に修正・補完した新たな推定値の時系列を提示することを試みる．また，この新たな推定に基づいて，既存の研究で確立された北朝鮮の経済像を訂正し，北朝鮮の成長パターンの主要な特徴を検出する．II〜III項での研究対象期間は，朝鮮戦争直後の1954年から社会主義圏が崩壊した1989年までである．この理由は，最も重要な基礎資料である北朝鮮の工業生産成長率資料が1990年以後には発表されなかったことである．最後にIV項では，1954年から2007年に至るGNPの実質成長率と1人当たり実質GNPの推計を提示する．

［II］　既存の推計結果

（1）　既存の推定値

①成長率の推計値[10]

北朝鮮が発表した国民所得関連データを掲げれば，表14.4.1および表14.4.2となる．しかしそれらは，基本的に社会主義経済的なMPS（Material Product System，物的生産体系）によったものであるため，SNA（System of National Accounts，国民経済計算体系）概念に基づいた成長率を推計した試みがいくつか存在する

北朝鮮の実質成長率については，国内外の様々な機関と研究者による推定値が存在する．まず，韓国の政府機関による北朝鮮の実質GNP成長率の推定値は，1980〜1989年は統一部の『南北朝鮮経済現況比較』（各年度）から，1990年からは韓国銀行の『北朝鮮GNP推定結果』（各年度）から得られる．1980年以前については韓国政府による推定値は存在しない．[11]

その他の推定値の資料は以下のとおりである．まず，最も権威のある北朝鮮関連資料集として認められている北韓研究所の『北朝鮮総覧』[1983]には1961〜1980年のGNP成長率推定値が示されている．個人研究者の中では，チョ・ドンホ（조동호［1993］）が1965〜1990年について，ユン・ソクボム（윤석범［1986］）が1970〜1984年について，実質GNP時系列（したがってまた成長率）を推定したことがある．[12]一方，米国の中央情報局CIA（Central Intelligence Agency［1985］）も，1960年代から1980年代前半までの成長率（5年単位の年平均成長率）推定値を示している．表14.4.3は，以上の資料から得られる北朝鮮の成長率のうち，1947〜1990年の時期の時系列を韓国の

---

10)　この部分は김석진（キム・ソクジン）［2002］pp.22-27にもとづく．

11)　韓国銀行のウェブサイトECOS中の"North Korea GDP"をみよ．

12)　ファン・ウィガクも1956〜1989年について，北朝鮮のGNPおよびGNP成長率を推定したことがあるが（황의각［1992］pp.142-143），そこで提示された成長率は実質GNPの成長率ではなく，名目GNPの増加率と判断されるため，比較対象から除外される．彼は，名目変数である予算支出を彼が推計したGNPに対比して，予算支出の対GNP比重を計算して提示している（p.117）．したがって，彼が推計したGNPは名目GNPであることを意味する．もし彼がそれを実質GNPとみていると，それは北朝鮮のインフレーション率がいつも0％であったという暗黙の仮定を前提していることになるが，そのような仮定は非現実的である．

第14章 推 計 249

表 14.4.1 北朝鮮発表の公式国民所得（NMP）および物価上昇率

（単位：百万北朝鮮ウォン，%）

年度	名目 NMP	実質 NMP （1960基準）	NMP デフレーター	成長率	インフレ率 （NMP def.）	消費者物価 上昇率
1949	611	1,166	52	—	—	—
1953	—	805	—	−8.7*	—	—
1956	1,575	1,785	88	30.1	7.7	7.7
1957	2,223	2,445	91	37.0	3.0	3.1
1958	2,951	3,484	85	42.5	−6.8	−6.9
1959	3,437	3,550	97	109	14.3	14.1
1960	3,812	3,812	100	7.4	3.3	3.1
1961	4,503	4,521	100	18.6	−0.4	−0.4
1962	4,748	4,850	98	7.3	−1.7	−1.4
1963	5,158	5,179	100	6.8	1.7	1.5
1964	5,506	5,581	99	7.8	−0.9	−0.8
1965	—	6,100	—	9.3	—	—
1966	6,418	6,508	99	6.7	—	—
1967	7,496	6,943	108	6.7	9.5	—
1970	—	8,154	—	4.5*	—	—
1974	15,108	13,861	112	14.2*	0.5**	—
1979	27,937	—	—	—	—	—
1980		(17,530)	—	(4.0)	—	—

（出所） 本文の説明を参照.
（注） *：各々1949～1953年，1967～1970年，1970～1974年，1974～1980年の平均成長率.
　　**：1968～1974年の年平均インフレ率（カッコ内の数値はソ連側の文献によるものであり，北朝鮮の公式統計であるかは定かでない）.

表 14.4.2 北朝鮮発表の名目国民所得

（単位：北朝鮮ウォン，米ドル）

年	1人当たり NMP （ドル）	1人当たり NMP （ウォン）	公式為替レート （ウォン/ドル）	総人口 （千名）	NMP （百万ウォン）	GNP （百万ウォン）
1966	—	**510**	1.2	12,584	6,418	7,701
1967	—	**580**	1.2	12,924	7,496	8,995
1974	**1,000**	960	0.96	15,738	15,108	18,130
1979	**1,920**	1,613	0.84	17,322	27,937	33,524
1982	**2,200**	2,134	0.97	18,198	38,835	46,601
1987	**2,400**	2,256	0.94	19,539	44,080	52,896
1988	**2,530**	2,378	0.94	19,746	47,003	56,403

（出所） 統一院［1996］p.126および韓国開発研究院（KDI）［1996］p.64. 1966年1人当たり国民所得は조선중앙연감（朝鮮中央年鑑）［1966-1967］p.227. 総人口は統計庁［1998］および統計庁［2000］参照.
（注） 1） 太字が北朝鮮当局の発表値である.
　　2） GNP は NMP に1.2を掛けた数値.

成長率資料と共に期間別の年平均成長率[13]を整理したものであるが，北朝鮮の発表値は NMP 成長率，残りの推定値は GNP 成長率，韓国の成長率は GDP 成長率である.[14]

表14.4.3に見られるように，各推定値間の相違があまりに大きいため，それらの推定値から北朝鮮の成長実績がどのようなものであったかを評価するための客観的な基準を引き出すのは困難である. まず，1960年代と1970年代についての北韓研究所［1983］の推定値を見ると，1960年代前半については，北朝鮮当局の発表値と北韓研究所の推定値が大体一致しているが，1960年代後半については北韓研究所の推定値のほうがより高く，1970年代は北韓研究所の推定値のほうがはるかに低い.

13） 本節における年平均成長率は複利年率である. たとえば，1960～1965年間の年平均成長率は100×〔(1965年 GNP/1960年 GNP)^{1/5}−1〕である.

14） 概念的には韓国の場合についても GNP 成長率を提示すべきであるが，GNP と GDP との相違はきわめてわずかであるため，標準的に多く用いられている GDP 成長率を用いることにする. 以下では，北朝鮮と同様に韓国についても，GNP と GDP の相違は無視し，議論を展開する.

250 | 記述編　第3部　朝鮮民主主義人民共和国

表14.4.3　1947～1990年における北朝鮮の国民所得の年平均成長率既存の資料

(%)

年	北朝鮮当局 (1)	韓国政府 (2)	北韓研究所 [1983] (3)	チョ・ドンホ [1993] (4)	ユン・ソクボム [1986] (5)	CIA (6)	韓国成長率 (7)
1946～1949	27.9	—	—	—	—	—	—
1949～1953	−8.7	—	—	—	—	—	—
1953～1956	30.1	—	—	—	—	—	2.9
1956～1960	21.0	—	—	—	—	—	4.5
1960～1965	9.9	—	9.4	—	—	9.8	6.5
1965～1970	5.4	—	7.4	10.2	—	5.5	10.4
1970～1975	14.2a	—	6.1	10.1	8.5	10.4	7.9
1975～1980	4.0a	—	5.3	10.2	−2.0	4.0	6.9
1980～1985	8.8a	3.6	—	8.5	−1.5b	4.2b	7.8
1985～1990	—	1.4	—	5.1	—	—	9.5
1953～1980	12.0	—	—	—	—	—	6.9
1960～1980	7.8	—	7.1	—	—	7.4	8.0
1960～1990	—	5.5c	5.5c	—	—	—	8.3

(出所)　(1) 朝鮮民主主義人民共和国国家計画委員会中央統計局 [1961] p.27, Lee [1972] p.519, 이영훈 (イ・ヨンフン) [2000] p.100, ソ連世界社会主義経済研究所 [1985] p.225, 統一院 [1996] p.127. (2) 1981～1989年は国土統一院, 『南北韓経済現状比較』, 各年度 (北韓経済フォーラム編 [1996] p.263から再引用). (3) 北韓研究所 [1983] pp.597-601. (4) 조동호 (チョ・ドンホ) [1993] p.68. (5) 윤석범 (ユン・ソクボム) [1986] p.46. (6) CIA [1985] p.39. (7) 韓国は GDP 成長率. 1954～1970年は統計庁 [1998] p.117, 1971～2000年は韓国銀行統計 DB (www.bok.or.kr). CIA 推定値を除いた1953～1990年の推定値は, Kim, Kim, and Lee [2007] p.567の表1を再引用.

(注)　a) 各々1971～1974, 1975～1980, 1978～1984年.
　　　b) 1981～1984年の年平均成長率.
　　　c) 北韓研究所 [1983] 推定値と統一部の推定値を連結して計算した年平均成長率.

北韓研究所は, 1960年代については北朝鮮発表の工業総生産の成長率に基づき, 経済成長率を推定したと明記しているが (北韓研究所 (북한연구소) [1983] pp.612-615), 1970年代についてはどのような方法を用いたのか定かではない.[15]

一方, 統一部の1980年代成長率の推定値ははるかに低く, 漸次下落するパターンを見せているが, これは1980年代の北朝鮮経済の現実的趨勢を比較的忠実に示しているものとして評価されてきた. しかし, 統一部も成長率をどのような方法に基づいて推定したのかについては明らかにしていない.[16] 米国 CIA の推定値は北朝鮮当局の発表値とほぼ一致する. おそらく CIA が報告した成長率は, 主として北朝鮮発表の成長率をその根拠としていると推測される.

最後に, チョ・ドンホ (조동호 [1993]) とユン・ソクボム (윤석범 [1986]) の推定値を, 北韓研究所, 統一部, CIA のそれぞれの推定値と比較すると, 高すぎる場合もあれば, 逆に低すぎる場合もある. このことは, チョ・ドンホとユン・ソクボムの実質 GNP 時系列推計方法から生じる問題である. チョ・ドンホは, 統一部が推定した北朝鮮の名目 GNP を, 旧社会主義国の消費者物価の上昇率 (公式統計) の平均値を用いて, 実質 GNP に換算した. しかし, 北朝鮮の物価上昇の趨勢が社会主義圏国家の平均値に類似しているとする根拠は貧弱だけでなく, 先述のように, 旧社会主義国の公式物価指数の過小評価の可能性 (「隠蔽されたインフレーション」) を考慮に入れると, 適切な方法ではなかったといえよう. ユン・ソクボムは, 北朝鮮ウォンと米国ドルとの間の貿易為替の推移と米国の卸売物価指数を用い, 北朝鮮の GNP デフレーターを算出したが, その際に北朝鮮の貿易為替が両国の物価指数の趨勢をそのまま反映し, 適切に調整されていたという暗黙の仮定を置いている. したがって, この仮定が

---

15)　1960年代の成長率の推定方法は北韓研究所 [1983] pp.612-615を参照. 北韓研究所 [1983] は北朝鮮の1970年代の名目国民所得は分配所得接近方法によって推計したことを明らかにしている (p.615). しかし, 1970年代の成長率の推定方法は明らかにしていない.

16)　統一部の北朝鮮 GNP 推計方法を解説した国土統一院 [1988] は, 成長率の推定方法を「独自の回帰分析推定値」(p.4) と触れているだけで, 具体的にどのような回帰分析を行ったかについては明らかにしていない.

妥当でなければ，ユン・ソクボムの推定値はその意味を喪失するであろう．

　要するに，既存の推定値を現在われわれが知っている北朝鮮経済の実像に照らしてみると，全般的に高すぎるといえよう．これらの推定値が示すとおりに，北朝鮮が1950年代後半に2桁の成長率を記録し，1960年代と1970年代にも年平均7～8％水準の高度成長を成し遂げたとすれば，1980年代初めの北朝鮮経済はかなり発展水準の高い中進国段階に達していたはずである．しかし，1980年代初めの北朝鮮経済はそれをはるかに下回る状態であったことはすでによく知られている．[17] また，既存の推定値によれば，北朝鮮が朝鮮戦争以後1980年代まで，韓国と同様の，または韓国に劣らない水準の成長実績を記録したことになるが，そのようなことは今日見られる南北朝鮮の著しい所得格差を考慮すると，まったく現実性に欠けるものであるといえよう．

②名目 GNP の推計値[18]

　北朝鮮当局が国民所得を発表したのは，これまで数回にしかすぎないため，北朝鮮公式統計による年度別名目 GNP 時系列を求めることはできない．したがって，名目 GNP も間接的な方法で推定せざるを得ない．その中で最も信頼に値すると考えられるのは統一部の推定であり，その他に研究者による名目 GNP の推定がいくつか存在する．ここでは最も代表的な推定値のみを簡単に検討する（表14.4.4）．

　まず，韓国政府機関の推定値としては，1989年までは統一部，1990年からは韓国銀行のドル表示名目 GNP 推定値がある．統一部の推定値は2種類存在する．第1のものは，国土統一院（국토통일원 [1988，1990]）に記載されており，第2のものは統計庁（통계청 [1998b]）に記載されている．この2つのデータは1978～1989年について同一であるが，1960～1977年については異なる．第2のデータは最近になって発表されたものであるため，既存の大部分の北朝鮮経済関連文献で引用

されてきたのは第1のデータである．したがって，ここでも第1のデータ（表14.4.4の統一部推定値）だけを検討することにする．この第1のデータのうち1960～1977年の推定値は，キム・ヨンギュ（김영규 [1980]）の北朝鮮ウォン表示 GNP 推定値を貿易為替によってドル表示 GNP に換算したものであり，1978年以降の推定値はキム・ヨンギュの推定方法とは異なる方法で推定したものであるという（国土統一院국토통일원 [1988]）．

　キム・ヨンギュ（김영규 [1980]）とイ・プン（이풍 [1981]）および北韓研究所（북한연구소 [1983]）は，北朝鮮の GNP に分配面からアプローチし，家計，政府，企業の3部門の合計所得として推計したが，キム・ヨンギュとイ・プンの推定値が類似しているのに対して，北韓研究所の推定値ははるかに低い．

　ヨン・ハチョン（연하청 [1986]）は，これらの推定方法が資料不足のため，多くの恣意的な仮定を前提としていることを指摘し，それに対する代案として GNP 対比予算収入比率60％という単純な仮定によって GNP を推定した．ヨン・ハチョンの推定値はキム・ヨンギュの推定値とほぼ一致する．ハム・テギョン（함택영 [1998]）は1人当たり国民所得の北朝鮮発表値をもとに GNP を推定したが，その推定値はキム・ヨンギュ，イ・プンおよびヨン・ハチョンの推定値と類似する．ファン・ウィガク（황의각 [1992]）は，北朝鮮の社会総生産額を推定した後，社会総生産額対 GNP 比率63％という仮定に基づいて，GNP を推定したが，その推定値は他の推定値より高いことが多い．

　最後に，後藤（Goto [1990]）とイ・ヨンフン（이영훈 [2000]）は，比較的統計資料が豊富な1950年代後半と1960年代初頭を対象に，バーグソン（Abram Bergson）の古典的なソ連についての GNP 推定方法を用いて，北朝鮮の GNP を推定したが，1960年代初頭についてのイ・ヨンフンの推定値は他の推定値よりも高い．後藤とイ・ヨ

17）　1980年代前半における北朝鮮経済の実状を生々しく伝えている李佑泓 [1989，1990] を参照．

18）　この部分は김석진（キム・ソクジン）[2002] pp.42-45の原本を引用したものである．

表 14.4.4　北朝鮮の名目 GDP についての既存の推定値

(単位：百万北朝鮮ウォン)

年	統一部	キム・ヨンギュ	イ・プン	北韓研究所	ヨン・ハチョン	ハム・テギョン	ファン・ウィガク	後藤	イ・ヨンフン
1956	−	−	−	−	−	1,936	1,610	1,863	2,030
1957	−	−	−	−	−	2,530	−	2,490	2,459
1958	−	−	−	−	−	−	−	3,051	3,026
1959	−	−	−	−	−	−	−	3,733	3,540
1960	3,906	−	4,305	3,250	3,348	4,159	4,210	−	4,549
1961	4,642	4,642	4,945	3,527	4,000	4,933	4,763	−	5,163
1962	5,191	5,191	5,511	3,818	4,827	5,276	5,291	−	6,138
1963	5,513	5,513	5,939	4,154	5,242	5,643	5,790	−	6,398
1964	5,915	5,915	6,610	4,673	5,832	6,074	6,369	−	6,908
1965	6,020	6,020	6,921	5,097	5,957	6,500	6,603	−	
1966	6,186	6,186	7,198	5,312	6,119	6,539	6,986	−	
1967	6,673	6,673	7,923	5,982	6,845	7,684	7,391	−	
1968	7,647	7,647	9,029	6,641	8,373	8,460	7,820	−	
1969	8,015	8,015	9,483	6,807	8,865	8,500	8,273	−	
1970	10,232	10,232	10,958	8,037	10,387	8,856	10,838	−	
1971	10,521	10,521	12,068	8,880	10,596	10,320	12,572	−	
1972	11,869	11,869	13,358	9,768	12,291	12,020	14,584	−	
1973	14,861	14,861	14,880	10,442	14,332	14,060	17,355	−	
1974	17,228	17,228	17,053	12,374	16,686	16,170	20,340	−	
1975	19,172	19,172	18,978	13,661	19,311	18,920	24,408	−	
1976	20,820	20,820	20,431	15,205	21,043	20,360	27,093	−	
1977	22,868	22,868	21,884	16,573	22,982	21,910	26,009	−	
1978	21,427	24,773	24,183	18,678	26,090	24,570	30,431	−	
1979	22,303	27,274	26,497	21,667	29,133	27,460	34,995	−	
1980	23,035	−	−	23,573	31,899	31,030	35,590	−	
1981	24,001	−	−	25,506	34,473	33,570	36,480	−	
1982	29,147	−	−	−	37,577	37,930	40,930	−	
1983	31,545	−	−	−	−	40,120	45,924	−	
1984	32,531	−	−	−	−	42,430	47,164	−	
1985	36,790	−	−	−	−	44,050	48,437	−	
1986	38,691	−	−	−	−	45,740	49,454	−	
1987	41,516	−	−	−	−	47,020	51,086	−	
1988	44,290	−	−	−	−	49,780	52,619	−	
1989	47,053	−	−	−	−	51,600	54,197	−	

(出所)　(1) 国土統一院 [1988] p.51 (ドル表示 GNP を各年度の貿易為替に従って, 北朝鮮貨幣表示に換算したものである). (2) 김영규 (キム・ヨンギュ) [1980] pp.173-174. (3) 이풍 (イ・プン) [1981] p.102. (4) 北韓研究所 [1983] pp.598-601. (5) 연하청 (ヨン・ハチョン) [1986] p.133, (6) 황의각 (ファン・ウィガク) [1992] pp.142-143. (7) 함택영 (ハム・テギョン) [1998] p.278. (8) Goto [1990] p.31. (9) 이영훈 (イ・ヨンフン) [2000] p.102.

ンフンの推定方法は理論的には最も精緻な方法であるが, 資料の不足のために1965年以降には適用できない.

　以上のすべての推定値は資料不足のために, 不可避的に恣意的な仮定を前提として導出されざるを得なかったという限界を有するため, どの推定値が最も妥当であるかについては判断しがたい.[19] そのため, 北朝鮮経済についての大部分の文献は統一部の推定値を採用している.

③ GNP 水準に対する推定値[20]

　名目 GNP の推定値は北朝鮮ウォンで表示されているので国際比較には不都合である. これをドル換算する場合には為替レートが必要になるが, 北朝鮮の場合, 為替レートは恣意的に決定されてきた. このことから, 本項では「実物指標接近法」を用いる. 実物指標接近法とは, 所得水準と密接な関連があると考えられる各国の様々な実物指標と1人当たり GNP 資料から回帰式を推定し

───────────────

19)　既存の北朝鮮 GNP 推定値についてのより詳細な評価としては, 연하청 (ヨン・ハチョン) [1986], 이승훈 (イ・スンフン) [1990] を参照.

20)　ここの一部は김석진 (キム・ソクジン) [2002] pp.58-59にもとづく.

表14.4.5 1990年の韓国，北朝鮮の所得格差に対する推定値

	1人当たりGNP比率 （韓国/北朝鮮）	GNP比率 （韓国/北朝鮮）
チョン・ホンテック	4.5	9.6
チョン・ カビョン*	4.2	8.9
Noland	3.6	7.6

（出所）　전홍택（チョン・ホンテック）［1992］pp.186-187，정갑영（チョン・カビョン）［1993］p.108，Noland［2000］p.78.
韓国の総人口は統計庁［1998］p.295，北朝鮮の総人口は統計庁［1998］および統計庁［2000］参照.
（注）　＊　チョン・カビョン（정갑영）の推定値は1989年度.

た後，推定対象国家の実物指標から1人当たりGNPを推定する方法である．チョン・ホンテック（전홍택［1992］），チョン・カビョン（정갑영［1993］），Noland［2000］は，この方法を利用して1990年（あるいは，1989年）の北朝鮮の1人当たりGNPを推定した．

推定結果は，1990年（あるいは，1989年）の北朝鮮の1人当たりGNPは韓国の22〜28％に当たる水準と評価された．朝鮮戦争直後（1954年）の1人当たりGNPが韓国と北朝鮮がほぼ似たような水準だったと仮定すると，この推定結果は，その後36年間は北朝鮮の1人当たりGNP成長率が韓国よりはるかに低くなったことを意味する（表14.4.5参照）.

［Ⅲ］　成長率の再推定

(1)　資料と推定方法[21]

北朝鮮のGNPをY，農業部門GNPをA，工業部門GNPをI，「その他部門」GNPをSと表示する（Y，A，I，Sは実質変数である）．その場合，次式が成立する．

$$(1)\quad \frac{Y_{t+1}-Y_t}{Y_t}=\frac{A_t}{Y_t}\cdot\frac{(A_{t+1}-A_t)}{A_t}+\frac{I_t}{Y_t}\cdot$$

$$\frac{(I_{t+1}-I_t)}{I_t}+\frac{S_t}{Y_t}\cdot\frac{(S_{t+1}-S_t)}{S_t}$$

すなわち，特定年度のGNP成長率は，各部門GNP成長率をその前年度のGNP成長率を加重値にして，平均したものであるといえよう．したがって，各部門GNPの成長率と基準年度の名目

GNPおよび部門別構成比率がわかれば，それから実質GNP（全体および各部門）およびGNP成長率の長期時系列を導出できる．このような方法によって，実質GNPおよび成長率時系列を導出することは，概念的に見ると，基準年度の価格体系によって，実質GNPおよび成長率を計算する標準的な国民所得勘定の推計方法を単純化したものであるといえよう．

成長率推計のため，ここでわれわれが用いている資料は次の2種類である（表14.4.6参照）．第1は，北朝鮮当局が発表した工業生産増加率資料である．この資料は1946年から1989年まで発表された．第2は，農業生産増加率の代理変数として食糧作物（穀物，豆類など）の生産量資料である．1960年までは北朝鮮当局の発表値を精穀基準として調整した数値を利用し，1961〜1989年は韓国政府の推定値を利用する．1961年以降において北朝鮮当局の発表値を利用しない理由は，1960年代中ごろ以後の北朝鮮当局の発表値は間欠的にしか存在せず，その信頼度もとても低いためである．現在利用できる資料の中で，長期時系列が示される資料は，以上の2種類の資料のみである．他の部門は利用できる資料が存在しないため，他の部門の成長率は農業および工業成長率の加重平均と同一だと仮定する．つまり，農業と工業の成長率の加重平均分がGNP成長率を意味すると仮定する．かつて中国とソ連の場合も，長期的にはこのような関係が概して成立したことを考慮すると，この仮定には大きな無理がないと判断される．

成長率における過大評価のバイアスを除去するためには，推定過程で次の2つを考慮する必要がある．

第1に，基準年度を設定するためには，「指数問題」を考慮する必要がある．財貨とサービスの相対価格は絶えず変化しているため，どの年度を基準とするかによって加重値が異なり，実質GNPおよび成長率の時系列が違ってくる．一般的に言えば，他の部門に比べて，工業部門の成長

---

21)　推計方法は，Kim, Kim, and Lee［2007］に示されており，本節はKim, Kim, and Lee［2007］を詳細に説明している．Kim, Kim and Lee［2007］の推計方法は김석진（キム・ソクジン）［2002］pp.27-42を修正したものである．

254 | 記述編　第3部　朝鮮民主主義人民共和国

表14.4.6　北朝鮮の工業生産増加率および食糧作物生産量

| 年 | 工業生産増加率（％） | | 食糧作物生産量（単位：万トン） | | | |
| | I | II | 粗穀基準（北朝鮮発表値） | | | 精穀基準 |
	（北朝鮮発表値）	（調整値）	米	その他	合計	（推計値）
1946	－	－	105	85	190	154
1947	54	－	109	104	212	174
1948	41.6	－	112	125	237	197
1949	54.6	－	116	150	265	223
1950	−12.5	－	118	139	257	215
1951	−46.8	－	119	129	249	206
1952	13.4	－	121	120	241	198
1953	21.3	－	123	110	233	190
1954	50.9	－	128	122	250	205
1955	48.8	13.4	133	134	268	221
1956	26.8	8.0	139	148	287	238
1957	44.7	15.0	143	177	320	268
1958	37.1	14.5	146	224	370	315
1959	55.7	19.6	150	190	340	286
1960	10.5	4.0	154	227	380	323
1961	14.3	5.8	180	303	483	349
1962	20.8	8.1	255	245	500	335
1963	10.3	4.0	－	－	500	335
1964	15.6	6.0	300	200	500	344
1965	14.1	5.6	－	－	－	355
1966	−2.8	−1.1	－	－	441	366
1967	17.1	6.9	－	－	511	376
1968	15	6.1	－	－	567	387
1969	−1.4	−0.6	－	－	－	392
1970	31	12.9	－	－	－	398
1971	13.1	5.5	－	－	－	405
1972	18.8	8.0	－	－	－	415
1973	19	8.3	－	－	534	419
1974	17.2	7.7	－	－	700	428
1975	25	11.7	－	－	770	436
1976	5	2.4	350	450	800	443
1977	11.7	5.6	－	－	850	449
1978	17.0	8.0	－	－	787	438
1979	15.1	7.8	－	－	900	470
1980	18.0	8.9	－	－	－	371
1981	18.0	9.0	－	－	－	425
1982	16.8	2.7	－	－	－	455
1983	4.7*	2.6	－	－	－	433
1984	4.7*	3.0	－	－	1,000	467
1985	5.1*	2.9	－	－	－	419
1986	5.1*	2.9	－	－	－	402
1987	5.1*	2.9	－	－	1,007	413
1988	5.1*	3.0	－	－	－	435
1989	5.1*	3.0	－	－	950	457

（注）　(1)　工業生産増加率Iは統一院［1996］pp.314-319.　*は各々1982～1984年および1984～1989年の年平均増加率である.
　　　　(2)　工業生産増加率IIはソ連の資料を利用して得た調整係数で，北朝鮮の工業生産増加率を下方調整した数値である．本文説明参照.
　　　　(3)　食糧作物生産量の中にみられる，北朝鮮発表値（粗穀）は統一院［1996］pp.238-240および서동만（ソ・ドンマン）［1996］
　　　　　　p.87を参照.
　　　　(4)　精穀基準推定値の中で1946～1960年生産量は北朝鮮発表統計を利用し（粗穀基準生産量を米70%，"その他食糧作物"は95%
　　　　　　の比率を適用し精穀として換算），1961年以後の食糧作物生産量は統一部および農林部の推定値（統計庁［1998］pp.311-312）
　　　　　　である.

速度ははるかに速く，工業生産品の相対価格は下落する傾向がある．したがって，基準年度を後にすればするほど成長速度が最も速い工業部門に全般的に低い加重値を付与することになるため，成長率も全般的に低くなる.

「指数問題」はとくに社会主義国家の場合に深刻である．社会主義国家においては政策的考慮に従って当局が価格を決定するために，価格体系が大きく歪曲されており（重工業生産物の相対価格を非常に高く設定），そのような問題は初期であ

るほどいっそう深刻であったからである．たとえば，最初にソ連の成長率を再推定したバーグソンの研究によれば，ソ連の1929～1937年間の年平均成長率は1928年基準では11.9%であるが，1937年基準では5.5%にすぎない（Harrison［1993］p.156）．また，中国の1953～1978年間の公式成長率は年平均6.1%（1952年，1957年，1970年基準）であるが，それを1987年基準に再推計すると，4.75%（ここでふたたび各部門成長率の過大評価をも除けば4.4%）にすぎないという（Maddison［1998］pp.149-166）．すなわち，ソ連と中国の成長率についての研究は，基準年度を後の年に設定することだけでも公式成長率の過大評価をかなり見直すことができることを示している．したがって，本節でも北朝鮮の成長率を推定する際に，推定対象期間の最終年度の1989年を基準年度とすることにする．

北朝鮮の1989年GNP構成比率は，1992年のGNP構成比率についての北朝鮮当局の発表資料（UNDP［1998］）に基づいて設定した．北朝鮮当局の発表によれば，1992年のGNPのうち，農業は22%，工業は38%であったという．これを取り入れて，1989年の農業と工業の各々の比率を22%，38%と仮定した．

この比率と北朝鮮の工業生産増加率および食糧作物生産量の増加率に関する資料を利用すれば，（1）式により北朝鮮の成長率推定値を得ることができる．この式の中で，朝鮮戦争停戦後の1954年を基点として1989年まで成長率の推定を「推定値I」と称する．

第2は，工業生産増加率に含まれると推定される「隠蔽されたインフレーション」を適切に除去することである．そこでこの式の中で，北朝鮮の「隠蔽されたインフレーション」がソ連の場合と似ていたと仮定する．ソ連の場合，「隠蔽されたインフレーション」は経済発展の初期段階でさらに深刻であったが，後期になるほど順次緩和されたと推定できる．初期段階では全般的に成長率が

高く，構造的変化が急激に起きるので，インフレーション率の歪曲が起きるためである．

まず，ソ連の資料を用いながら次の方程式を推定し，この係数を北朝鮮の資料に適用する．

$$H_t = \alpha_0 + \alpha_1 y_t + \alpha_2 y_t^2 + u_t$$

ここで，H_tは「隠蔽されたインフレーション」（ソ連の公式的な工業生産増加率：CIAからのソ連工業生産増加率の推定値）が「総インフレーション」（公式インフレーション率と隠蔽されたインフレーション率の合計）で占める比重であり，y_tは経済発展段階を表す代理変数として，公式成長率資料から得られた（ドル表示）1人当たりGNPのログ値である．y_t^2はy_tが隠蔽されたインフレーションに及ぼす非線形効果を反映するための項であり，u_tは誤差項である．

ソ連の1928～1989年の資料（第2次世界大戦期間の1939～1945年は除外）を利用して，上の方程式を推定すれば次の結果を得る．

$$（2）\quad H_t = 9.292 - 1.952y_t + 0.105y_t^2$$
$$\qquad\quad (2.76)\quad (2.70)\quad (2.72)$$
$$R^2 = 0.24$$

この結果から，工業生産部門の隠蔽されたインフレーションの割合が経済成長により減るが，減る速度は順次下落するということがわかる．ソ連の場合，1928～1989年間の年平均「隠蔽されたインフレーション率」は3.67%だった（同期間のソ連公式成長率の47.8%に当たる）．つまり，ソ連の公式成長率は「隠蔽されたインフレーション」により約2倍水準で膨らんだということである．とくに，スターリン時代の1928～1953年の年平均隠蔽されたインフレーション率は6.75%で非常に高かった反面，1954～1989年には1.56%で，はるかに低かった．隠蔽されたインフレーション率は，この2つの時期にそれぞれ公式成長率の69.1%および30.8%であった．すなわち，発展初期段階の歪曲がはるかに深刻だったのである．この式から得た係数を北朝鮮の1人当たりGNP資料（購買力評価基準実質GNP）[22]に適用し，北朝鮮の隠

22）Maddison［1995］によると，1954年韓国の1人当たりGDP（購買力平価基準，1990年価格）は1,153ドルだった．本研究は1954年には韓国と北朝鮮の1人当たりGNPが同じだったと仮定する．その後，北朝鮮の年度別1人当た

蔽されたインフレーションの割合を計算し，これに基づき，北朝鮮の工業生産増加率資料を修正する．修正された工業生産増加率資料によって得られた成長率推定値を「推定値II」と称する．推定値IIは推定値Iよりも，現実をあらわす推定値と考えられる．

(2) 推定の結果

上述の資料と方法に従って，北朝鮮の成長率を推定した結果は，表14.4.7のとおりである．新推定値（とくに，II）は，既存の資料（北朝鮮当局が発表した公式成長率と既存の推定値）や従来の北朝鮮経済研究と比較するとき，北朝鮮の成長実績についてかなり異なる像を提示する．

新推定値によって，南北朝鮮間の成長実績を従来よりもはるかに現実的に比較できる．新推定値は，北朝鮮の成長実績が1950年代のみが韓国より良く，その後は一貫して韓国より悪かったことを示す．このことから，南北朝鮮間の所得格差の推移も推論できる．表14.4.7の南北朝鮮成長率データと南北朝鮮の総人口データ（統計庁［1998］p.295，統計庁［2000］p.40）を利用すれば，南北朝鮮の1人当たり所得の成長推移を計算できる．朝鮮戦争が停戦となった1954年に南北朝鮮の1人当たり所得が同じであったと仮定する場合，北朝鮮の1人当たり所得は，およそ1960年代半ばまでは韓国を上回っていたが，1960年代末以降は韓国より低かったことになる．これに対して，従来の北朝鮮経済研究では北朝鮮の1人当たり所得が1970年代半ばまで韓国を上回っていたという見解が一般的であった．これは過去に統一部およびその他の韓国の国策研究機関と米国CIAが採っていた公式見解でもある．[23] このような従来の一般的な見解は根拠が非常に貧弱であった．Maddi-

表14.4.7 北朝鮮の成長率の新推計値（年平均成長率）

(%)

年	推計値I	推計値II
1954～1960	9.0	9.3
1960～1965	3.2	3.3
1965～1970	3.7	3.3
1970～1975	5.9	4.6
1975～1980	3.5	2.2
1980～1985	6.5	4.0
1985～1989	4.0	2.7
1954～1989	5.2	4.4

（出所）　Kim, Kim, and Lee［2007］表2，p.572.

son［1995］の研究によると，韓国の購買力平価基準1人当たりGNP（1990年不変ドル基準）は1954年には1,153ドル，1989年には8,294ドルだった．1954年に韓国と北朝鮮の1人当たりGNPが同じだったと仮定すると，北朝鮮の1989年1人当たりGNPに関する推定値IIは2,258ドルになり，これは韓国の27％に該当し，上記の「実物指標接近法」による1人当たりGNP水準の推定値と概して一致する結果である．

［IV］ 名目GNP時系列の再推定[24]

(1) 予算資料によるGNP推計

既存GNPの推定値の長期時系列を用いることができないため，われわれの目的に合わせてそれを推定せざるを得ない．ここでは予算支出データを基本的な根拠とみなし，GNP時系列を再推定する．Goto［1990］，イ・ヨンフン［2000］，キム・ヨンギュ［1980］，イ・プン［1981］などのGNP推定方法は理論的に精緻であるが，資料不足が深刻であるため，この方法を適用することは困難である．したがって，ヨン・ハチョン［1986］の指摘のとおりに，予算とGNPとの間の関係について単純な仮定を設けて，GNPを推定する方法がベストであると考えられる．予算収入および

りGDP（＝GNP）は1954年の数値に上で計算した成長率推定値Iを掛けて得た．

23)　国土統一院［1990］pp.50-58，民族統一研究院［1993］pp.255-256，전홍택（チョン・ホンテック）・박진（パク・ジン）［1995］p.721，Cummings［1997］p.424，Hart-Landersberg［1998］p.148を参照．北朝鮮の1人当たりGNPは1980年代半ばまで韓国のそれを上回っていたという主張もある．황의각（ファン・ウィガク）［1992］pp.140-145．これは，この著者が北朝鮮GNP推定値を貿易為替でない公式の為替によってドル表示GNPで換算したためである．彼の推定値を貿易為替基準に換算すると，韓国が北朝鮮を上回ることになる．

24)　本項はキム・ソクジン［2002］pp.45-52にもとづく．

表 **14.4.8** 旧社会主義国家の国民所得対比予算支出の推移

(%)

		ソ連	チェコ	ハンガリー	ポーランド	ブルガリア
NMP 対比	1970年	53.3	62.2	63.8	50.6	53.8
	1980年	63.7	62.6	73.6	62.6	64.4
	1988年	72.8	66.2	78.3	40.0	80.2*
GNP 対比	1981年	47.1	53.1	63.2	53.2	47.0**

（出所）　NMP 対比比率は Vienna Institute for Comparative Economic Studies ［1989］ p.56, pp.388-391から計算.
（注）　＊：1987年. GNP 対比比率は Kornai ［1992］ p.135.
　　　　＊＊：1980年.

支出は北朝鮮当局が1940年代後半からほとんど毎年継続的に発表してきた唯一の経済統計資料である. しかも, 社会主義計画経済体制を採る北朝鮮において予算が GNP に占める比率は非常に高いと推測されるため, 予算収入または支出と GNP との相関関係も非常に高いに違いない.

　第1に, 社会主義国の NMP に対する予算比率が60%程度であるというワイルズ（Peter Wiles）の指摘と, 社会主義国家の GNP は NMP の1.2〜1.3倍であるという通説（Marer ［1985］ pp.16-24）を考慮する（表14.4.8）.

　第2に, 北朝鮮の場合, 北朝鮮当局がしばしば発表してきた国民所得（表14.4.2）と予算統計を比較すると, 予算比率が上昇してきたことがわかる. 予算比率の上昇は北朝鮮当局が投資率上昇政策を行い, 投資資金がほぼ全額予算から支出された事情と深い関係があると考えられる.

　以上の事情を考慮して, 北朝鮮の予算比率が安定的に上昇したであろうという仮定に従って, 北朝鮮の GNP を推定してみよう. 北朝鮮の GNP を Y, 予算支出を G とし, 予算比率を g としよう. そして, その3つの変数の増加率を $\hat{Y}, \hat{G}, \hat{g}$ とする. そうすると, 以下の式が成立する.

$$G = gY$$
$$\hat{G} = \hat{g} + \hat{Y} + \hat{g}\hat{Y}$$

すなわち, 北朝鮮の予算支出が増加したとすれば, それは名目 GNP が増加したためである可能性もあるし, 予算比率が上昇したためである可能性も

ある. ここで, $\hat{Y} = \alpha\hat{G}$ という簡単な仮定を導入しよう. これは予算支出増加率が名目 GNP 増加率より高かったこと, すなわち予算比率が上昇したことを意味することになる. $\hat{G}$ についてはすでに所与であるため, α 値と初期名目 GNP 値を設定すれば, 上記の式から名目 GNP および予算比率の時系列を導出できる. その際, α 値は北朝鮮がしばしば発表した国民所得統計（表14.4.2）とほぼ一致する GNP 時系列を得ることができるように設定すればよい.

　北朝鮮の国民所得は NMP であるため, それをふたたび GNP に変換しなければならない. 前述したように, 社会主義国の GNP は通常 NMP の1.2〜1.3倍であるというのが定説であるが, 北朝鮮は他の社会主義国に比べて発展水準が低かったため, サービス部門の比率がいっそう低い可能性が高い. それを考慮に入れて, ここでは GNP への換算係数を1.2に設定し,「北朝鮮発表に基づいた GNP 推定値」を計算した. 表14.4.9にみるように, 統一部の推定値は北朝鮮発表に基づいた GNP 推定値および新推定値に比べてはるかに低いことがわかる.

　表14.4.9の新推定値を導出する際には, 1956〜1959年の時期については後藤富士男の GNP 推定値（Goto ［1990］）をそのまま援用した. また, 後藤の1959年の名目 GNP 推定値を初期値と設定し, 1960〜1982 年 に つ い て は $\alpha = 0.93$, 1983〜1990年については $\alpha = 0.75$ を仮定し, 北朝鮮発表予算支出統計から1960〜1990年の名目 GNP 推定値の時系列を導出した. 最後に, 1954年と1955年は援助輸入を考慮し, 予算比率が60%程度の高い水準であったと単純に仮定して, 推定値を導出した.[25] 1956〜1959年についての後藤の推定値を見ると, 予算比率は大体40%台である. われわれの新推定値によれば, 予算比率はその後漸次上昇し, 1970年代半ばに50%を超え, 1980年代後半には60%に近い水準に達する. これは, 予算比率が時期によって激しく上下する統一部の既

25）　予算収入のうち援助の占める比率は1954年31.4%, 1955年21.6%から1956年16.5%, 1957年12.2%, 1958年4.2%, 1959年4.9%, 1960年2.0%へと下がり, 1961年からは0%になった. 統一院 ［1996］ p.134.

258 | 記述編　第3部　朝鮮民主主義人民共和国

表14.4.9　北朝鮮の名目 GNP と GNP 対比予算支出
比率の推移

（単位：百万北朝鮮ウォン，%）

年	名目 GNP		予算支出	予算支出/GNP	
	統一部	新推定値		統一部	新推定値
1954	−	1,344	806	−	60.0
1955	−	1,677	1,006	−	60.0
1956	−	1,863	956	−	51.3
1957	−	2,490	1,022	−	41.1
1958	−	3,051	1,321	−	43.3
1959	−	3,733	1,649	−	44.2
1960	3,906	4,404	1,968	50.4	44.7
1961	4,642	5,174	2,338	50.4	45.2
1962	5,191	5,978	2,729	52.5	45.6
1963	5,513	6,588	3,028	54.9	46.0
1964	5,915	7,378	3,418	57.8	46.3
1965	6,020	7,494	3,476	57.7	46.4
1966	6,186	7,685	3,571	57.7	46.5
1967	6,673	8,439	3,948	59.2	46.8
1968	7,647	10,158	4,813	62.9	47.4
1969	8,015	10,620	5,049	63.0	47.5
1970	10,232	12,487	6,003	58.7	48.1
1971	10,521	13,065	6,302	59.9	48.2
1972	11,869	15,161	7,389	62.3	48.7
1973	14,861	16,927	8,314	55.9	49.1
1974	17,228	19,499	9,672	56.1	49.6
1975	19,172	22,677	11,367	59.3	50.1
1976	20,820	24,455	12,326	59.2	50.4
1977	22,868	26,344	13,349	58.4	50.7
1978	21,427	28,903	14,744	68.8	51.0
1979	22,303	32,966	16,973	76.1	51.5
1980	23,035	36,334	18,837	81.8	51.8
1981	24,001	39,018	20,333	84.7	52.1
1982	29,147	42,356	22,204	76.2	52.4
1983	31,545	44,953	24,019	76.1	53.4
1984	32,531	47,956	26,158	80.4	54.5
1985	36,790	49,566	27,329	74.3	55.1
1986	38,691	51,017	28,396	73.4	55.7
1987	41,516	53,293	30,085	72.5	56.5
1988	44,290	55,387	31,661	71.5	57.2
1989	47,053	57,646	33,383	70.9	57.9
1990	49,434	60,406	35,513	71.8	58.8

（出所）　国土統一院［1990］p.51，国土統一院［1988］p.51，統計
庁［2000］p.75の資料を貿易為替（付表6）に従って換算．予
算支出は統一院［1996］pp.137-138，新推定値のうち1956～
1959年は後藤富士男の推定値（Goto［1990］p.31）である．
1954，1955年と1960年以降の推定値については本文の説明を参
照．

存推定値よりはるかに現実的なものと判断される．
むろん，この比率が実際このように安定的・漸次
的に上昇したわけでなく，多少なりとも下落と上
昇を繰り返したと考えられる．しかし，予算比率

は統一部の推定値のようには急激に変動しなかっ
たであろうと考えられる．また，新推定値による
予算比率は統一部の推定値よりはるかに低く，他
の社会主義国の場合（表14.4.8）と大体類似する．

（2）　インフレーションの推定

先に求めた北朝鮮の成長率および名目 GNP 推
定値から GNP デフレーターを導出できる．

　　　GNP デフレーター＝（名目 GNP）/（実質
　　　GNP）

GNP デフレーターは物価上昇の趨勢を概略的
に推論する指標になる．表14.4.10は，これを北
朝鮮当局が発表した NMP デフレーターおよび統
一部の GNP デフレーター推定値（統一部の名目
GNP 推定値と北韓研究所および統一部の成長率
推定値から得られるデフレーター推定値）と比較
したものである．

北朝鮮の発表によると，1980年代以前にはイン
フレーションは1950年代にのみ発生したことにな
るが，このことは北朝鮮当局が実質国民所得の成
長率を過大評価したことによる非現実的な結果で
あると判断される．一方，北韓研究所および統一
部の推定値は比較的低い水準のインフレーション
が不規則に発生したことを意味するが，このこと
もまた北韓研究所および統一部の成長率推定値が
非現実的であるためであろう．

これに比べて，新推定値によれば，少なくとも
1970年代末まではインフレーションが続き，当初
10％以上であったインフレーション率は1960年代
と1970年代には10％以下に低下した．そこで，実
際には北朝鮮の後期成長率は新推定値より低かっ
た可能性が高いという点を考慮すると，1970年代
と1980年代のインフレーション率（GNP デフレ
ーターの上昇率）は表14.4.10の新推定値より若
干高かった可能性が高いといえよう．[26]

---

26)　物価上昇趨勢についての北朝鮮当局の公式発表についてのより詳細な内容は김영규（キム・ヨンギュ）［1984］
pp.96-115を参照．キム・ヨンギュによれば，北朝鮮当局が発表した1949～1957年の小売物価上昇率は年平均7.7%，
1957～1960年は年平均3.1%であり，1961～1970年は年平均4.1%と計画されていたという．キム・ヨンギュは，実
際の物価上昇率は公式の数値よりはるかに高かったであろうとみている．また，1970年代前半から1980年代初頭ま
では小売物価が安定しているとされているが，これも同様に物価指数の作成に問題があるためであるとしている．

第14章　推　　　計　259

表 14.4.10　国民所得デフレーターの新推定値，公式統計，既存推定値の比較

	デフレーター				（年平均）インフレ率（％）		
	新推定値 II	北朝鮮発表	統一部		新推定値 II	北朝鮮発表	統一部
1956年	61	88	—	1957〜1960年	13.0	3.2	—
1960年	100	100	100	1961〜1967年	6.3	1.1	−0.9
1967年	154	108	94	1968〜1974年	8.5	0.1	7.4
1974年	272	109	154	1975〜1980年	7.6	—	−0.4
1980年	428	—	151	1981〜1985年	2.3	—	6.0
1985年	480	—	202	1986〜1989年	1.1	—	3.5
1989年	502	—	232		—	—	—

（出所）　北朝鮮発表 NMP デフレーターは表14.4.1を参照．統一部推定値は表14.4.3の北韓研究所（1961-1980年）
および統一部（1981-1989年）成長率の推定値と表14.4.4の統一部名目 GNP 推定値を元に計算．

　北朝鮮においてインフレーションが持続的に発生したという点は，貨幣賃金の推移からも間接的に推論できる．北朝鮮当局のいくつかの発表を総合すると，北朝鮮の貨幣賃金指数は，1946年100から1953年191，1956年301，1960年706，1970年989，1976年1,271，1992年1,823に上昇したことになる．すなわち，北朝鮮の貨幣賃金は1953年を100とすれば，1992年には954となり，およそ40年間で9倍以上に上昇したことになる．これに比べて，北朝鮮の成長率についてのわれわれの新推定値によると，北朝鮮の1人当たり実質 GNP は1954〜1989年の間，約2倍に増加した水準にとどまった．ここで，貨幣賃金指数を1人当たり GNP 成長指数で割った「物価指数」（代理変数，proxy）を計算すると，この仮想的「物価指数」は朝鮮戦争直後から1980年代末までおよそ4倍程度の上昇を見せたことになる．すなわち，貨幣賃金の増加趨勢は北朝鮮においてもある程度インフレーションが発生したことを間接的に示すものである．

［V］　新推定値の年度別成長率と1人当たり GNP[27)]

　ここでは新推定値の年度別成長率と1人当たり GNP を提示する．

　上述のとおり，金炳椽・金昔珍・李根（Kim, Kim and Lee［2007］）は，1954〜1989年の間の北朝鮮の年平均経済成長率を Maddison［1998］の方法論である産業別成長率の加重平均法に基づき推定する．より具体的には，工業生産増加率と食糧作物生産増加率を工業部門と農業部門の付加価値の増加率と同一だと仮定し，それぞれに対する韓国，北朝鮮の資料を使用して，部門別成長率を毎年推定してきた．とくに北朝鮮など社会主義経済成長率の過大推定の主原因だった工業部門での隠蔽されたインフレーションを勘案し，これを補正することにより，北朝鮮の基本経済統計の経済成長率に対するより信頼性のある推定値を提供しようとした．しかし，基礎資料の中で，北朝鮮の工業生産量増加率に対する北朝鮮公式資料が1990年から発表されなれなくなって，金炳椽・金昔珍・李根（Kim, Kim and Lee［2007］）は1989年から経済成長率の推定を止めた．[28)]

　その一方で，本研究では1990年以後から韓国銀行の鉱工業成長率推定値にかんする資料を利用する．そして，韓国銀行が発表する食糧作物生産量の成長率を利用し1990〜2007年の北朝鮮の経済成長率を推定した．このように推定された年平均経済成長率と人口増加率，そして Maddison［1995］の1954年の購買力平価を基準とした北朝鮮1人当たり国民所得を用い，1954〜2007年の間北朝鮮の購買力平価基準による1人当たり国民所得を推定した．北朝鮮の購買力平価基準1人当たり国民所得を市場為替レート基準所得に変換する

---

27)　本項の基本的な内容は김병연（キム・ビョンオン）［2008］を引用している．この項では GNP と GDP の差は考慮せず，GNP として用語を統一する．

28)　本推計では1954〜1989年と1990年以降で異なる工業統計を用いているので，1990年成長率での推定値では誤差が生じるかもしれない．ただし，この誤差は1990年に限られる．

ためには、「為替レート偏差指数」すなわち市場為替レートで計算した1人当たり国民所得と購買力平価為替レートで計算した1人当たり国民所得の差を推定する必要がある。このため、世界銀行の1人当たりGNP基準として低所得国家（low income countries）、低中所得国家（lower middle income countries）に分類された国々の資料を利用する。低所得国家と低中所得国家の1人当たりGNPは「Atlas方法」で求めたGNPとしてそれぞれ935ドル以下、936ドル以上3,705ドル以下の国家など76カ国の2005年度資料を利用して為替レート偏差指数を推定する。すなわち市場為替レートによって表示された1人当たりGNPを従属変数として、購買力平価為替レートによって表示された1人当たりGNPを独立変数として使用し、回帰分析を試み、独立変数の係数および定数項を推定する。そして北朝鮮の購買力平価為替レート基準1人当たりGNPに推定された係数と定数項を適用して、市場為替レート基準1人当たりGNPを推定する。[29]

統計表14.4.1は、1954～2007年の北朝鮮の年平均経済成長率、すなわち、1954～1989年までの金炳椽・金昔珍・李根（Kim, Kim and Lee［2007］）の研究結果に、上述の方法を用いて推計したわれわれの1990～2007年の結果を接続した推定値を1990年以後の韓国銀行および国連の成長率推計と比較した結果である。併せて、本研究で推定した北朝鮮の購買力平価為替レートを基準とした1人当たりGNP、市場為替レートで評価された1人当たりGNP、韓国銀行が発表した北朝鮮の1人当たりGNP、国連が発表した北朝鮮の1人当たりGNPと北朝鮮が様々な経路を通じて発表した1人当たりGNPを示している。年平均経済成長率推定値の中の、国連の1971～2006推定値は、韓国と北朝鮮が発表した様々な推定値を援用したと考えられる。たとえば、1976～1980年の年平均経済成長率の推定値である4.1％は北朝鮮の公式発

表数値と似ており、1981～1985年、1986～1989年の期間は統一部の推定値と同一である。なお、1990～2006年は韓国銀行の推定値を援用している。したがって、成長率に対する意味のある比較のためには、韓国銀行の成長率推定値が存在する1990年以後を対象として、本研究におけるわれわれの推定値と韓国銀行の推定値を比較することが必要であろう。しかし、本研究で1990年以後の推計に使った原資料は、韓国銀行が推計に使っている資料と同一であるので、この2つの推定値の差は資料の差から発生するというよりは、むしろ推定方法の差からあらわれていると判断される。

経済成長率に関するわれわれの推定値と韓国銀行調査の推計値との最も重要な差違は、1990～2007年の北朝鮮経済の年平均経済成長率である。われわれの推定値は－1.46％であるが、韓国銀行の推定値は－0.99％である。本研究の推定値は北朝鮮の経済状況をよりいっそう劣悪な状況であると評価していることになる。すなわち1989年の北朝鮮の経済規模を100％とすれば、韓国銀行による推定値では、1997年に北朝鮮の経済規模は72％に下落したと評価したことになる。ところが、本節の推定値では経済規模が60％に下落したと評価され、韓国銀行の推定値と比較するとよりいっそう大幅に下落したことを示唆している。また、本研究での推定値は、韓国銀行の推定値に比べて1990～1997年間の北朝鮮経済の下落速度がよりいっそう早かったと評価している。しかし、わずかな水準だが、その後の回復期にあっては韓国銀行の推定値よりむしろ早いと評価している。本研究での推計値からは1954～2007年の北朝鮮経済は年平均2.37％成長したといえよう。

本研究と韓国銀行の経済成長率推定値のうち、どちらの推定値が優れているかは判断しにくい。韓国銀行の経済成長率推定には、本節でのわれわれの推定に含まなかった他の部門（たとえば、建設業やサービス業など）の増加率が含まれている。

29）回帰分析の結果、購買力平価基準1人当たりGNPの係数は0.3635（t-値20.1）であり、定数項は－35と推定された。しかし、このように為替レートの偏差指数を求める方法も、回帰分析に含まれる国家の数と性格、推定式により変わる定数項に敏感に反応する短所も存在する。

もしこの部門の成長率が工業や農業の成長率を大きく上回るならば，われわれの推定値は1990～2007年の北朝鮮の経済成長率を過小推定すると判断される．それでも，われわれの推定値は相対的に信頼できる鉱工業と農業の成長率のみを利用したという点，そして，韓国の付加価値率を利用しなかったという点で相対的な長所も存在する．

本研究では2003～2007年の市場為替レートに基づき，当時の北朝鮮の１人当たりGNPは471～497ドルと推定している．[30] この推定値は実物指標法により推定した2005年北朝鮮の１人当たりGNP平均である368ドルより高いが，推定値の最大，最小値である194～605ドルの範囲に属している．しかしながら，同時期に対して韓国銀行が行った１人当たりGNP推定値は818～1,152ドルであり，実物指標法による推定値の最大値をはるかに超えている．その主な理由としては，韓国銀行の１人当たりGNP推定値が（市場為替レートで評価したのでも，購買力評価為替レートより評価したのでもない）正体不明の為替レートにより評価されたからである．本研究の推定値では2007年北朝鮮の１人当たりGNPは471ドルであり，北朝鮮の1957年の水準と同一である．

国連の推定値と本研究での推定値をみると，1970年代中ごろから1981年まで２つの推定値は大きくは異ならない．しかし，国連推定値では1982年の北朝鮮の１人当たりGNPがその前年に比べ24％増加したと推計される．また，1990年までの国連推定値が本研究よりさらに高いことがわかる．両研究の推定値は，1991年以降，差違は顕著に減って，2004年まではほぼ同じ水準をみせたが，最近また国連の推定値が本研究の推定値より高い水準を提示している．北朝鮮が発表した１人当たりGNPは1996～2002年までは本研究の推定と等しい水準である．北朝鮮の発表によれば，北朝鮮の１人当たりGNPは1999年に454ドルであり，1990年990ドルの半分水準にとどまっている．つまり，北朝鮮が発表した１人当たりGNPをみると，この時期は苦難の行軍期間であり，北朝鮮の経済危機が最も深刻だったことがわかる．そして，北朝鮮当局が発表した2002年以後１人当たりGNPの成長率は本研究と韓国銀行の推定値よりも高い．

［Ⅵ］　む　す　び

本節では，北朝鮮の工業生産指数（公式統計）と食糧生産量の推定値（公式統計の調整値および韓国政府の推定値）に基づいて，既存資料の問題点を訂正する新たな成長率推定値（1954～2007年）を提示した．その際に，工業生産指数と食糧生産量統計は，それぞれ工業および農業部門の付加価値成長率の代理変数であると仮定した．また，農業と工業以外の他部門（建設およびサービス）の成長率は，「農工業」（農業および工業部門の付加価値の合計）の成長率（すなわち農業と工業部門の加重平均成長率）と同じであると仮定した．このような仮定のもと，北朝鮮の経済成長率を部門別成長率の加重平均として推計した．

次に，成長率の新推定値から提起し得る主要な論点は次のとおりである．第１に，北朝鮮の成長率は既存データに示されたものよりも全般的にはるかに低かった．第２に，既存データによれば，およそ1970年代前半まで北朝鮮経済が順調に成長したことになるが，新推定値によれば，北朝鮮は

30）　もちろん本研究の推定値はMaddison［1995］の1954年の購買力平価を基準として北朝鮮の１人当たり国民所得推定値の正確性に大きく依存している．また，本研究での北朝鮮の１人当たり推定値は1990年の不変価格基準であるが，金炳椽・李碩［2006］の実物指標法による推定と国連の推定値は経常価格を基準として表示されている．したがって，この２つの研究の直接的な比較はむずかしい．しかし，韓国銀行の推定値は価格の影響を排除し，韓国，北朝鮮の１人当たりGNI比率に韓国の為替レートを適用しているから，本研究での推定値と韓国銀行の推定値を直接比較することに無理はないといえよう．Kim［2017］は，2012年基準購買力評価と市場レートにもとづく北朝鮮の１人当たりGDPを示している．そして，Kim, Kim, and Lee［2007］はMaddison［1995］の1954年１人当たり国民所得を利用しており，Kim［2017］は2012年の北朝鮮の１人当たり国民所得に関する韓国銀行の推計値を利用している．1990年から2012年のドル・レートの変動を考慮すると，当該年のドル価値で示された北朝鮮の１人当たり国民所得に関するこの２つの推計値はきわめて近い．詳しくは，Kim［2017］pp.87-90を参照．

1960年代前半以降長期的に低成長を経験したことになる．以上の推定結果から北朝鮮の長期成長実績は従来の北朝鮮研究において考えられてきたよりはるかに悪く，他の社会主義国の場合と類似していたか，いっそう低いものであったという推論が可能である．

　最後に，北朝鮮の（北朝鮮ウォン表示）名目GNPも再推定した．名目GNP推定値は北朝鮮の1人当たりNMPに関する発表資料と予算についての発表資料に基づいて推定できる．また，再推定された名目GNPデータと成長率データを対比すると，GNPデフレーターが得られ，そこからインフレーションの概略的な推移を推測できる．これによって，北朝鮮においてかなりの水準のインフレーションが発生していたことがわかるが，これはソ連および東欧社会主義諸国の場合と類似した結果である．

（金昔珍・金炳椽）

第4部 長 期 系 列

第 15 章
戦前戦後の接続

1 産業別接続インフレーターの推計

第1部では1968 SNA の体系の下で，戦前期（1911～1940年）の名目付加価値額および実質付加価値額（1935年価格表示）を道別・産業別に推計し，併せて南北分割を行った．南北分割にあたり，第1次産業および第2次産業については軍事境界線上に位置する京畿道と江原道は人口比で南北分割した．第3次産業については植民地期朝鮮値を南北人口比で分割した（これらの計算で利用した人口比は，文浩一による推計に基づく．詳しくは，本章第2節を参照）．

一方，戦後のデータは韓国銀行によって2008 SNA で公表されており，1953年以降について産業別の名目付加価値額および実質付加価値額（基準年2010年）が利用できる．

ここでは，われわれが推計した戦前の実質付加価値額（植民地期南部）を戦後の実質付加価値額と3産業別に接続することを試みる．接続にあたっては戦前・戦後を通じたデフレーターが必要となる．この問題についてはすでに，溝口・野島[1996]が台湾および韓国（戦前期は植民地期南部）に関して戦前・戦後を通じたデフレーターを用いて3産業別に戦前・戦後の実質付加価値額を接続した長期系列を作成している．われわれは，韓国に関するこの推計結果を利用した（この推計

結果を利用する理由は，戦前・戦後を接続した長期系列を推計しているのは溝口・野島[1996]のみであるからである．[1]なお，われわれの推計を溝口・野島推計と比較すると，われわれの推計は(1)戦前の付加価値額を改定したこと，(2)戦後の付加価値額を最新の韓国銀行公表値に置き換えたこと，に特徴がある）．

溝口・野島推計は，接続する原データとして，戦前は，溝口編[1986]で推計した植民地期朝鮮全体の系列（1911～1938年）を南北分割したデータを，[2]戦後は韓国の国民経済計算統計を用いている．後者は，最近公表された2008 SNA ではなく，1968 SNA にもとづく1980年基準の国民経済計算統計を基点として，過去の系列をリンクしていくことによって，1953年まで後方遡及したデータを作成している．

溝口・野島推計は，植民地期朝鮮の付加価値額を南北に分割する際には，後述する2種類の方法（A系列，B系列）を採用している．これにより，名目付加価値額および実質付加価値額について，それぞれ生産面（国内純生産，第1次産業純生産，第2次産業純生産，第3次産業純生産）および支出面[3]双方について韓国（戦前期は植民地期南部）に関する接続系列を作成している．[4]

---

1) 金洛年編[2012]では1911～2010年の韓国の長期系列を推計しているが，植民地期朝鮮の南北分割は行っておらず，実質付加価値額の戦前戦後の接続もしていない．すなわち，植民地期朝鮮（1911～1940年：1935年価格表示）および韓国（1953～1970年：1975年価格表示，1970～2010年：2005年価格表示）のそれぞれの推計結果が示されるのみである．

2) 溝口編[1986]に示される国民経済計算の推計結果は，溝口・梅村編[1988]にも掲載されている．

3) 支出面として6種類の項目（国内総支出，民間消費支出，政府消費支出，国内総資本形成，財貨サービスの移輸出，財貨サービスの移輸入）を推計している．

A系列では，すべての系列を南北人口比率で分割する．ただし，南北に分割されている道については面積比によって分割している．B系列では，生産面の数字を分割する．たとえば溝口・野島[1996]で第2次産業を推計する際に利用している溝口[1975]p.85では，鉱工業の生産金額について以下のように南北分割している．植民地期南部は，京畿道，忠清北道，忠清南道，全羅北道，全羅南道，慶尚北道，慶尚南道における全生産額と江原道の生産額の3分の2の和とする．[5]植民地期北部は，黄海道，平安南道，平安北道，咸鏡南道，咸鏡北道の全生産額と江原道の生産額の3分の1の和とする．他方，第1次産業の南北分割では，반성환（バン・ソンファン）[1974]による南北分割比率を用い，第3次産業では南北人口比を利用している．

植民地期南部の実質付加価値額と戦後の韓国の実質付加価値額を接続するために必要な戦前・戦後をつなぐデフレーターについて，溝口・野島推計では，以下の系列を利用している．すなわち，第1次産業純生産はBan[1974]が作成した農業生産デフレーターを，第2次産業純生産は溝口[1975]が作成した鉱工業生産デフレーター（戦前期は産業中分類別に代表品目を選びその実効単価を利用して（一部の品目では日本および朝鮮の卸売物価も併せて利用して）物価指数を得ている．戦後は1963年のセンサスを用いて，戦前の採用品目中実効単価レベルで比較可能な品目について1935年との2時点間比較を行い，戦前生産金額ウエイトで類別指数を作成している）を利用している．第3次産業純生産は政府消費デフレーターで

近似させている．（戦前期は，人件費として職種別平均賃金指数を，物件費として消費者物価指数の中・小分類を総合して，政府消費デフレーターを得ている．1953年以降は，韓国銀行による政府消費に対するインプリシット・デフレーターが発表されているのでこれを利用し，経済企画院『第1次国富統計調査総合報告書』の数字や消費者物価指数等を利用して1960年値を戦前基準指数（1934〜1936年平均＝0.001）にしている）．

溝口・野島推計の接続表のうち，韓国（および植民地期南部）に関する表は16種類が作成されているが，[6]われわれは，「6C表　韓国国民経済計算　接続表，当年価格表示（戦前　千円，戦後　10億円）（B法）」の産業別名目付加価値額を「6R表　韓国国民経済計算　接続表，1934〜1936年平均価格表示（千円）（B法）」に示された産業別実質付加価値額で割ることで，3産業別にデフレーター系列（1934〜1936年平均価格＝1）を得た上で，各産業について1935年に関するデフレーターの値で全年の値を割ることにより，1935年基準（1935年＝1）のデフレーター系列を作成した．

次に，韓国銀行による1963年の産業別名目付加価値額を，上記の方法で算出した1935年＝1とする1963年の産業別デフレーター値で割ることにより，1963年に関する1935年価格表示の産業別実質付加価値額を得た．1963年の産業別名目付加価値額とわれわれが導出した同年の実質付加価値額（1935年価格表示）は表15.1.1のとおりである．

先述のように，韓国銀行は2010年基準で実質付加価値額を公表しており，1963年の実質付加価値額がわかる．「1935年価格表示の1963年実質付加

---

4) A系列とB系列で推計を行った結果を比較して，溝口・野島[1996]は「A系列とB系列の数字が予想以上に類似している」（p.4）としている．

5) 溝口[1975]p.85は，3分の2の根拠について，「韓国，北朝鮮の現在の領有地を参照しながら」としている．また「この分割にはかなりの近似が含まれているがそれより生じる誤差は決定的ではないであろう」という．

6) われわれが接続のために利用した「6C表　韓国国民経済計算　接続表，当年価格表示（戦前　千円，戦後　10億円）（B法）」「6R表　韓国国民経済計算　接続表，1934〜1936年平均価格表示（千円）（B法）」のほか，（A法）で同様の計算を行った「5C表」，「5R表」と，ウォン表示で示される「8C表　韓国国民経済計算　接続表，当年価格表示（戦前　1ウォン，戦後　100万ウォン）（B法）」「8R表　韓国国民経済計算　接続表，1963年価格表示（100万ウォン）（B法）」と（B法）で同様の計算を行った「7C表」，「7R表」がある．また，上記のそれぞれの表について「1人当たり」の接続表（8種類）も掲載されている．なお，われわれの作業過程で接続表の金額の単位に誤記が発見されたので，利用するにあたっては修正を行った．

表15.1.1 1963年の名目付加価値額，1963年の実質付加価値額（2010年価格表示），1963年の実質付加価値額
（1935年価格表示）

	第1次産業 （基礎価格表示）	第2次産業 （基礎価格表示）	第3次産業 （基礎価格表示）	GDP （市場価格表示）
名目付加価値額（十億韓国ウォン）	222	93	175	518
実質付加価値額（2010年価格表示）（十億韓国ウォン）	8,504	4,823	18,998	33,090
実質付加価値額（1935年価格表示）（千円）	1,501,392	720,577	763,727	3,127,729
インフレーター（千円，1935年→十億韓国ウォン，2010年）	0.0056640	0.0066939	0.0248750	0.0105795

（注）　1)　円とウォンの換算比率は「1ウォン＝1000円」である．
　　　　2)　第1次，第2次，第3次産業は基礎価格表示，GDPは市場価格表示である．基礎価格とは市場価格から「間接税－補助金」を差し引い
　　　　　　たものである．ただし，公表統計の産業別統計は基礎価格表示のみである．
　　　　3)　インフレーターは，戦前期の産業別実質値（千円，1935年市場価格表示）を戦後の実質値（十億韓国ウォン，2010年価格表示）に換算
　　　　　　するためのものである．
　　　　　　　たとえば，1912年の第2次産業実質粗付加価値（千円，1935年市場価格表示）は45,939であるので，1912年の第2次産業実質粗付加価
　　　　　　値（十億韓国ウォン，2010年基礎価格表示）は308（45,939×0.0066939）となる．
　　　　4)　たとえば第1次産業のインフレーターは，韓国銀行作成の1963年における第1次産業実質粗付加価値（連鎖方式，2010年基礎価格）を
　　　　　　溝口・野島［1996］の推計に基づく1963年における第1次産業実質粗付加価値（1935年市場価格表示）で割ることで算出した．

表15.1.2　3産業別のインフレーター（2010年＝1）

	第1次産業	第2次産業	第3次産業	GDP
1912	0.0093602	0.0131062	0.0465472	0.0184787
1913	0.0091249	0.0135793	0.0490726	0.0186209
1914	0.0112514	0.0135698	0.0509860	0.0212947
1915	0.0133175	0.0142780	0.0463933	0.0225797
1916	0.0117284	0.0139463	0.0478839	0.0213914
1917	0.0083070	0.0110209	0.0415643	0.0163101
1918	0.0054987	0.0074685	0.0326540	0.0112700
1919	0.0037164	0.0051201	0.0237500	0.0078000
1920	0.0039873	0.0055109	0.0186027	0.0076788
1921	0.0055031	0.0059513	0.0199006	0.0096462
1922	0.0049961	0.0058738	0.0205203	0.0091561
1923	0.0051838	0.0057965	0.0207550	0.0093266
1924	0.0044165	0.0055135	0.0207442	0.0084961
1925	0.0044714	0.0055797	0.0202100	0.0084821
1926	0.0048820	0.0059184	0.0205891	0.0090240
1927	0.0054045	0.0060711	0.0207032	0.0095905
1928	0.0052822	0.0057716	0.0206464	0.0093517
1929	0.0056595	0.0059797	0.0209488	0.0097419
1930	0.0087148	0.0072608	0.0226862	0.0126303
1931	0.0083832	0.0073846	0.0243495	0.0126793
1932	0.0077744	0.0072152	0.0248817	0.0124997
1933	0.0074567	0.0071944	0.0256110	0.0124212
1934	0.0062826	0.0070783	0.0245104	0.0111939
1935	0.0056640	0.0066939	0.0248750	0.0105795
1936	0.0054080	0.0061572	0.0232700	0.0099604
1937	0.0052668	0.0057733	0.0222361	0.0095941
1938	0.0047475	0.0050688	0.0214083	0.0087615
1939	0.0034368	0.0045605	0.0201464	0.0072960
1940	0.0033330	0.0043274	0.0175322	0.0066970

（出所）　第3章，第4章，第5章で推計した名目付加価値額（単位：千円）を，2010年価格表示による実質付加価値額
　　　　（単位：十億韓国ウォン）で割って求めたデフレーターの逆数である．
　　　　　　なお，植民地期の2010年価格表示による実質付加価値額（単位：十億韓国ウォン）は，表15.1.1で示したインフレー
　　　　ターを利用して換算した．
（注）　第3章，第4章，第5章で推計した名目付加価値額（単位：千円）を，2010年価格表示の実質付加価値額（単位：
　　　　十億韓国ウォン）に変換するためのインフレーターである．
　　　　　　したがって1935年の値は表15.1.1と同じになるが，たとえば1930年の第1次産業名目付加価値額（単位：千円）は
　　　　389,728であり，1930年の実質付加価値額（2010年価格表示）（単位：十億韓国ウォン）は3,396（389,728×0.0087148）
　　　　となる．

価値額」および「2010年価格表示の1963年実質付
加価値額」から得た比率（インフレーター）を用
いて2010年価格表示の実質付加価値額（1912～40
年）を推計した．上記の作業を通じて得たインフ

レーター（2010年＝1）は表15.1.2のとおりであ
る．

　なお，上記の検討により得た3産業別の名目付
加価値額，実質付加価値額（2010年価格表示）の

268 | 記述編　第4部　長期系列

推計結果については，本章第3節，第4節で示す．また，戦前データの道別分割の方法については本章第2節で説明している．

（原康宏）

2　南北分割比率の推計

北朝鮮と韓国は，1つの国家が分断されて建国されたものである．20世紀初めまでは朝鮮王朝として1つの国家を形成しており，また1910年から1945年までは日本の植民地下における朝鮮総督府時代なので地理的に分断はされていなかった．だが，日本の植民地からの解放を機に，1945年から1948年までは北緯38度線で北部は旧ソ連の，南部は米国の信託統治下におかれ，1948年には，北に「朝鮮民主主義人民共和国」が，南には「大韓民国」が建国された．

したがって，こんにちの北朝鮮と韓国の長期にわたる時系列データを作成しようとすると，過去の1つの国家時代のデータを分割する作業が要求される．

しかしながら，この時代の地域経済統計は行政区域の最大単位である「道別」で整理したものがほとんどである．朝鮮半島は行政区域単位を無視して「道」を横切る形で分断されているので，道単位のデータをいかに分割するかという問題が提起される．ちなみに，当時の朝鮮の行政区域単位は，大から小に並べると，①道，②府・郡，③面，④邑・里の4段階である．

考えられる手段の1つとして，人口比による分割が提唱されている（たとえば，溝口［1999］，表［1996a］など）．しかし，既存研究においては，今日の両国の実効支配領域を基準として「里」単位までおりて計算された人口比は用いられていない．そこで，本節では行政区域の末端単位での分割作業を試みることにする．

［I］方　法　論

こんにちの北朝鮮と韓国の分断ラインは，軍事境界線であり，それは朝鮮戦争（1950年6月25日から1953年7月27日）の停戦協定によって決められた．北朝鮮と韓国の建国当初（1948年）は北緯38度を基準に分断されていたが，軍事境界線は停戦当時の互いの第一戦線を基準としたため，地図上で見ても直線ではなく北緯38度線付近をうねりながら存在する．

本節では「里」単位の分割を目的とするので，当然ながら当該の里が軍事境界線より北か南か，あるいは軍事境界線上に位置するのか，などを確認しなければならない．

だが，停戦協定は中国と北朝鮮を一方とし，国連軍を他方として締結されたもので，停戦会談では北朝鮮の行政区域にもとづく地図に軍事境界線が示された．北朝鮮では建国後，農民を地主の搾取から解放するなどの目的で大々的な行政区域改変を行っている．たとえば，朝鮮戦争中の1952年には既存の①道，②府・郡，③面，④邑・里の4段階の区分から「面」を除いた①道，②郡，③里の3段階の区分で行政区域を改変し，軍事境界線付近の開城府と開豊郡を統合して開城地区とするなどの行政区域改変措置を講じている．したがって，軍事境界線の記された地図も朝鮮総督府時代の地図とは異なるものとなっている．このため，軍事境界線の記された地図を軍事境界線の記されていない朝鮮総督府時代の地図と重ね合わせながら当該「里」の位置を確認する作業を行わなければならない．この作業に際して，軍事境界線の記された地図としては『最近北韓五萬分之一地形図』（高麗書林）を，朝鮮総督府時代の行政区域を記した地図としては『朝鮮半島五万分の一地図集成』（学生社）を利用する．『最近北韓五萬分之一地形図』は，ソ連陸軍参謀本部が発行したものであるが，おそらく北朝鮮当局の提供によるものと思われる．韓国の景仁文化社がこれを入手して朝鮮語に置き換えて編纂しなおしたものであり，いくつかの表記の誤りはあるが，発音から判断できるので地名の確認には問題ない．軍事境界線の

位置も比較的正確に確認できる．一方，『朝鮮半島五万分の一地図集成』は日本の陸軍参謀本部陸地測量部が作成したものであり，大正4年から6年頃の朝鮮の行政区域ならびに地形図を示したものである．

本来，このような作業は正確な測量によって裏づけられたものとならねばならないが，本節ではそのような作業は行っていない．単に軍事境界線の描かれた地図をOHPフィルムにコピーし，それを朝鮮総督府時代の地図と重ね合わせながら検証したものである．したがって，「目視」という制約によるミスの可能性がある．さらには，『朝鮮半島五万分の一地図集成』にしても，『最近北韓五萬分之一地形図』にしても，行政区域の「里」単位の地図上に軍事境界線を記していないため，おおよその位置の確認が限界であり，精密な特定が困難であるという事情もある．

そこで，この制約を補うために次の手段を講じることにする．すなわち，北朝鮮の社会科学院が2002年に公刊した『古場名辞典』（全10巻）の利用である．これは，現在の北朝鮮が実効支配するすべての地名の由来を詳細に記述した辞典であり，1966年の内閣命令以後，実に40年近い歳月をつうじて完成されたものである．北朝鮮の建国後に書き直された軍事境界線付近の地名も朝鮮総督府時代にはいかなる地名であったのかをすべて記述している．これを利用して今日の地名が過去いかなる地名であったのかを確認する作業を行う．たとえば，軍事境界線付近の開城郡の「菊花里」という地名は，北朝鮮の建国後に付けられたものだが，これは朝鮮総督府時代のどの「里」で構成されているのかを確認するといったものである．

こうして，①全土，②北朝鮮，③韓国の3つの変数のうち，2つの変数がわかれば，解決する．①の全土は既知なので，②の北朝鮮の人口を導出し，これによって人口比を計算することにする．具体的には，当該の「里」が軍事境界線より北側であれば北朝鮮に，南側であれば韓国に配分する．また，当該の「里」が軍事境界線上に位置すると判断される場合は，一律に2分の1を南北双方に

配分する方式をとる．この場合，当該「面」傘下の「里」の人口は同数であったという仮定にもとづく．すなわち，ある「面」の傘下の里がxあって，そのうち軍事境界線の北側の里がx_Nあり，軍事境界線上の「里」がx_Mあったとすると，当該「面」の北朝鮮への配分は，$(x_N + 0.5x_M)/x$となり，残りは韓国への配分となる．国勢調査のデータは「面」単位の人口までしか記載されておらず，かつその面積および人口分布がわからないので，上記の方法が妥当であると考える．

また，この間の国勢調査に現れる地名にはいくつか変更されたものがある．したがって，行政区域名称の変更にも対応するフォーマットを作成する必要があるので，地名変更の内訳も必要な限り示すことにする．

利用する統計資料は，1925年，1930年，1935年，および1940年の「国勢調査」と1917年から1942年までの「登記人口調査」である．

このうち，国勢調査は1940年を除き「面」単位までの人口が掲載されている．しかし登記人口調査と1940年国勢調査は「面」よりも上の「郡」単位までしか掲載されていない．そこで，「郡」単位対応型のフォーマットも作成する．「郡」単位対応型フォーマットは，1917年以降の『朝鮮総督府統計年報』への応用も念頭においたものである．

［II］　分　割　作　業

分割作業は，行政区域単位の大から小へ，すなわち(1)道単位の分割，(2)郡単位の分割，(3)面単位の分割，(4)里単位の分割へと進める．

(1)　「道」単位の分割

朝鮮総督府時代の朝鮮は13道で構成されていた．このうち，今日の北朝鮮の支配下にある地域は，咸鏡南道，咸鏡北道，平安南道，平安北道，黄海道の5道と江原道および京畿道の一部である．また，韓国の支配下にある地域は，忠清南道，忠清北道，全羅南道，全羅北道，慶尚南道，慶尚北道の6道と京畿道および江原道の一部である．京畿道と江原道を軍事境界線が通過しているので，こ

270 | 記述編　第4部　長期系列

の2道が分割対象となる．

	北朝鮮	軍事境界線上	韓国
朝鮮総督府時代朝鮮（13道）	咸鏡南道 咸鏡北道 平安南道 平安北道 黄海道	京畿道 江原道	忠清南道 忠清北道 全羅南道 全羅北道 慶尚南道 慶尚北道

(2)　「郡」単位の分割
①京畿道

植民地期の京畿道は3府，20郡で構成されていた．うち，軍事境界線の北側に位置するのは開城府と開豊郡であり，漣川郡と長瑞郡を軍事境界線が通過している．その他はすべて軍事境界線より南の領域である．したがって，漣川郡と長瑞郡の2郡が分割対象となる．なお，平澤郡は1944年国勢調査時に初めて登場する郡であるが，これは振威郡の名称を変更したものである．

	北朝鮮	軍事境界線上	韓国
京畿道（3府20郡）	開城府 開豊郡	漣川郡 長瑞郡	京城府 仁川府 高陽郡 廣州郡 楊州郡 抱川郡 加平郡 楊平郡 驪州郡 利川郡 龍仁郡 安城郡 平澤郡 水原郡 始興郡 富川郡 金浦郡 江華郡 坡州郡

②江原道

植民地期の江原道は21郡で構成されていた．うち，軍事境界線の北側に位置するのは淮陽郡，通川郡，伊川郡の3郡であり，麟蹄郡，楊口郡，高

城郡，金化郡，鉄原郡，平康郡の6郡を軍事境界線が通過しており，これらが分割対象となる．その他はすべて軍事境界線の南の領域である．

	北朝鮮	軍事境界線上	韓国
江原道（21郡）	淮陽郡 通川郡 伊川郡	麟蹄郡 楊口郡 高城郡 金化郡 鉄原郡 平康郡	春川郡 襄陽郡 江陵郡 三陟郡 蔚珍郡 旌善郡 横城郡 洪川郡 平昌郡 寧越郡 原州郡 華川郡

(3)　「面」単位の分割

朝鮮総督府国勢調査のうち，1940年国勢調査は「郡」単位までしか掲載されていない．したがって，この場合，当該の「郡」傘下の里の人口がすべて同数であったと仮定し，後述の「里」単位の分割にそくして「郡」単位の分割比率を示しておく．たとえば，ある「郡」の傘下の「里」がxあり，そのうち軍事境界線の北側の里がx_Nあり，軍事境界線上の里がx_Mあったとすると，当該「郡」の北朝鮮への配分は，$(x_N+0.5x_M)/x$となり，残りは韓国への配分となる．なお，表中のカッコ内の数字は明記していない限り当該の「面」傘下の「里」の数を表している．

①漣川郡（京畿道）

植民地期の漣川郡は12面で構成されていた．うち，軍事境界線の北側に位置するのは西南面のみであり，朔寧面と旺澄面を軍事境界線が通過しており，この2面が分割対象となる．[7]その他はすべて軍事境界線より南の領域である．なお，漣川面は郡内面が改名されたものであり，朔寧面は北面と東面が合併したものであり，金谷面は嶺斤面が改名されたものである．

---

7)　漣川郡は12面で構成されており，軍事境界線上にある面は2面ある（朔寧面，旺澄面）．このうち朔寧面は10里で構成され，北に6里，軍事境界線上に4里ある（後述（4）「里」単位の分割参照）．軍事境界線上にある里は50％ずつ配分するので，北に2里，南に2里の配分となる．この結果，朔寧面の里配分は，北：6里＋2里＝8里，南：2里である（北南配分比率は北80％，南20％）．同様に，旺澄面の里配分は，北：3.5里，南：7.5里である（北南配分比率は北31.82％，南68.18％）．

	北朝鮮	軍事境界線上	韓国
漣川郡 （12面）	西南面（8）	朔寧面（10） 旺澄面（11）	漣川面（9） 郡南面（7） 中面（6） 官仁面（7） 南面（10） 積城面（19） 嵋山面（8） 百鶴面（9） 金谷面（7）
配分比率	17.57%		82.43%

②長湍郡（京畿道）

植民地期の長湍郡は10面で構成されていた．うち，軍事境界線の北側の面は小南面，大南面，江上面の3面であり，郡内面，長湍面，津西面，大江面，長道面，長南面，津東面を軍事境界線が通過している．軍事境界線上の7面が分割対象となる．南の領域はない．なお，長湍面は津南面が改名されたものである．

	北朝鮮	軍事境界線上	韓国
長湍郡 （10面）	小南面（5） 大南面（5） 江上面（7）	郡内面（7） 長湍面（10） 津西面（8） 大江面（5） 長道面（10） 長南面（5） 津東面（5）	
配分比率	61.19%		38.81%

③麟蹄郡（江原道）

植民地期の麟蹄郡は6面で構成されていた．うち，軍事境界線北側の領域はなく，瑞和面を軍事境界線が通過しており，これが分割対象となる．その他はすべて軍事境界線南側の領域である．

	北朝鮮	軍事境界線上	韓国
麟蹄郡 （6面）		瑞和面（8）	麟蹄面（11） 南面（10） 北面（4） 麒麟面（7） 内面（6）
配分比率	4.35%		95.65%

④楊口郡（江原道）

植民地期の楊口郡は7面で構成されていた．うち，軍事境界線北側の領域はなく，水入面と東面を軍事境界線が通過している．この2面が分割対象である．その他はすべて軍事境界線南側の領域である．

	北朝鮮	軍事境界線上	韓国
楊口郡 （7面）		水入面（18） 東面（9）	楊口面（19） 北面（8） 方由面（9） 亥安面（6） 南面（16）
配分比率	20.00%		80.00%

⑤高城郡（江原道）

植民地期の高城郡は2邑6面で構成されていた．うち，外金剛面，長前邑，西面が軍事境界線北側の領域であり，高城邑と水洞面を軍事境界線が通過している．その他はすべて軍事境界線南側の領域である．軍事境界線上の2面が分割対象となる．なお，外金剛面と長前邑は新北面が分離してできたものであり，巨津面は悟坌面が改名されたものである．

	北朝鮮	軍事境界線上	韓国
高城郡 （2邑6面）	外金剛面（14） 長前邑（2） 西面（9）	高城邑（13） 水洞面（13）	縣内面（13） 杆城面（17） 巨津面（15）
配分比率	44.79%		55.21%

⑥金化郡（江原道）

植民地期の金化郡は12面で構成されていた．うち，軍事境界線北側の領域は，金城面，遠北面，昌道面，通口面の4面であり，近東面，遠東面，遠南面，任南面，近北面を軍事境界線が通過し，その他はすべて軍事境界線南側の領域である．軍事境界線上の5面が分割対象となる．なお，昌道面は岐悟面が改名されたものである．

	北朝鮮	軍事境界線上	韓国
金化郡 （12面）	金城面（9） 遠北面（7） 昌道面（10） 通口面（10）	近東面（6） 遠東面（7） 遠南面（11） 任南面（11） 近北面（8）	金化面（16） 近南面（6） 西面（4）
配分比率	68.57%		31.43%

⑦鉄原郡（江原道）

植民地期の鉄原郡は10面で構成されていた．うち，軍事境界線北側の領域は馬場面のみであり，於雲面，北面，及文面，寅目面，畝長面を軍事境界線が通過している．その他はすべて軍事境界線南側の領域である．軍事境界線上の5面が分割対

象となる.

	北朝鮮	軍事境界線上	韓国
鉄原郡 （10面）	馬場面（6）	於雲面（5） 北面（6） 及文面（6） 寅目面（6） 獻長面（4）	鉄原面（8） 東松面（7） 葛末面（7） 新西面（5）
配分比率	36.67%		63.33%

⑧平康郡（江原道）

植民地期の平康郡は7面で構成されていた．うち，軍事境界線北側の領域は平康面，縣内面，西面，木田面，楡津面，高挿面であり，南面を軍事境界線が通過している．軍事境界線南側の領域はない．軍事境界線上の1面が分割対象となる．

	北朝鮮	軍事境界線上	韓国
平康郡 （7面）	平康面（7） 縣内面（11） 西面（6） 木田面（7） 楡津面（6） 高挿面（7）	南面（5）	
配分比率	98.98%		1.02%

（4）「里」単位の分割

以下の「里」単位の分割作業は，地図上の目視による分割作業だけでなく，北朝鮮および韓国の行政区域に関する文献記述の検証作業をともなう内容となる．したがって，これまでの分割作業とは異なる方式の記述をとる．

①朔寧面（京畿道漣川郡）

朔寧面は，陶淵里，笛音里，辰谷里，漁積山里，積洞山里，朔寧里，大寺里，餘尺里，古馬里，上馬山里の10里で構成されている．1954年の「修復地区臨時行政措置法」にもとづき韓国の支配領域をまとめた『韓国管轄台帳』では朔寧面全域が韓国の支配下にあるとされている．北朝鮮の『古場名辞典』では，朔寧里と餘尺里は江原道鉄原郡白鷺山里に，古馬里は江原道鉄原郡上馬山里に，積洞山里，陶淵里，漁積山里，辰谷里，大寺里，笛音里は江原道鉄原郡篤檢里に編入した，と指摘している．つまり，全域を北の領土であると記述している．地図上では漁積山里，辰谷里，陶淵里，笛音里を軍事境界線が通過し，その他は軍事境界

線より北側にある．以上のことから，朔寧面は80%を北側に，20%を南側に配分する．なお，朔寧面は，1914年の行政区域改編当時は漣川郡の北面と東面であり，1925年から1940年国勢調査までは朔寧面の地名はなく，北面と東面に区分されている．うち，北面は上馬山里，古馬里，餘尺里，大寺里，朔寧里の5里で，すべて軍事境界線北側の領域であるので，東面のみを分割対象とすればよい．この場合，東面の5分の3を北側に，5分の2を南側に配分することになる．

	北	軍事境界線上	南
朔寧面 （10里）	積洞山里 朔寧里 大寺里 餘尺里 古馬里 上馬山里	辰谷里 陶淵里 笛音里 漁積山里	
配分比率	80.00%		20.00%

②旺澄面（京畿道漣川郡）

旺澄面は，基谷里，高旺里，高棧上里，高棧下里，無等里，北三里，盧洞里，東中里，鵲洞里，江西里，江内里の11里で構成されている．旺澄面に関しては，『韓国管轄台帳』では全地域の行政が復帰したとされている．北朝鮮の『古場名辞典』では旺澄面の名前はおろか，11里のどれも登場しない．しかし，地図上では高旺里，高棧下里，鵲洞里を軍事境界線が通過しており，高棧上里と基谷里は軍事境界線の北側に位置する．その他は，軍事境界線の南側である．したがって，旺澄面は31.82%を北側に，68.18%を南側に配分する．

	北	軍事境界線上	南
旺澄面 （11里）	高棧上里 基谷里	高棧下里 鵲洞里 高旺里	無等里 北三里 盧洞里 東中里 江西里 江内里
配分比率	31.82%		68.28%

③郡内面（京畿道長瑞郡）

郡内面は，7里で構成されている．『韓国管轄台帳』によると，全領域が南の支配下にあるとされている．北朝鮮の文献には登場しない．しかし，

松山里，造山里，芳木里の3里を軍事境界線が通過する．したがって，21.43%を北側に，78.57%を南に配分する．

	北	軍事境界線上	南
郡内面(7里)		松山里 造山里 芳木里	亭子里 邑内里 點元里 白蓮里
配分比率	21.43%		78.57%

④長湍面（京畿道長瑞郡）

長湍面は，10里で構成されている．『韓国管轄台帳』によると，井洞里，徳山里，西場里，東場里の4里が北の支配下にあるとされている．北の文献では徳山里と蘆下里を開城市板門郡東倉里の項目で説明しているが，東倉里に編入されたか否かに関する明確な記述はない．また，『韓国管轄台帳』で北の領域とされている井洞里，西場里，東場里に関する記述もない．地図上では，西場里，東場里，井洞里，徳山里，蘆下里が軍事境界線上に位置する．以上のことから長端面の人口は北側に25%を，南側に75%を配分する．

なお，この地は朝鮮総督府による1914年の行政改革により長瑞面となったが，長らくのあいだ地域では津南面と呼ばれていたようである．『坡州郡誌』によると，1934年頃になってようやく長瑞面という呼び名が文献に登場するようになったという．

	北	軍事境界線上	南
長湍面 （10里）		井洞里 徳山里 西場里 東場里 蘆下里	巨谷里 石串里 江正里 蘆上里 都羅山里
配分比率	25.00%		75.00%

⑤津西面（京畿道長瑞郡）

津西面は，8里で構成されている．『韓国管轄台帳』によると，芬芝里，仙跡里，田斉里，景陵里，大院里の5里が北の支配下に入ったと指摘している．北朝鮮の『古場名辞典』によると，田斉里は大院里と合併し開城市板門田斉里に，また大院里の一部は開城市長豊郡大徳山里に吸収された．景陵里は，開城市長豊郡大徳山里に吸収された．

『韓国管轄台帳』では南の領域とされている訥木里は，仙跡里と合併して北朝鮮の開城市長豊郡仙跡里になっている．地図上では，芬芝里と魚龍里を軍事境界線が通過しており，訥木里は軍事境界線の北側に位置する．以上のことから，津西面に関しては75%を北側に，25%を南側に配分する．

	北	軍事境界線上	南
津西面 （8里）	仙跡里 田斉里 景陵里 大院里 訥木里	芬芝里 魚龍里	金陵里
配分比率	75.00%		25.00%

⑥大江面（京畿道長瑞郡）

大江面は，青延里，篤正里，禹勤里，羅浮里，浦春里の5里で構成されている．『韓国管轄台帳』によると，浦春里を除く4里が北の支配下にあるとされている．北朝鮮の『古場名辞典』では禹勤里と篤正里は開城市長豊郡菊花里に編入され，青延里は開城市長豊郡蛇岩里に，浦春里と羅浮里は開城市長豊郡臨江里に編入されたと記述している．地図上でみると，青延里，羅浮里，浦春里，篤正里の4里が軍事境界線上に位置し，禹勤里は軍事境界線の北側に位置する．以上から大江面の人口は60%を北側に，40%を南側に配分する．

	北	軍事境界線上	南
大江面 （5里）	禹勤里	青延里 篤正里 羅浮里 浦春里	
配分比率	60.00%		40.00%

⑦長道面（京畿道長瑞郡）

長道面は，上里，中里，下里，古邑里，沙是里，石柱院里，項洞里，梅峴里，杜梅里，悟陰里の10里で構成されている．『韓国管轄台帳』によると，長道面全域が韓国の支配下であるとされている．北朝鮮の『古場名辞典』では，古邑里は開城市長豊郡の里として現存し，梅峴里，悟陰里，石柱院里，項洞里は開城市長豊郡沙是里に編入された．上里の一部は下里と開城市長豊郡大徳山里に，上里のその他は下里と開城市長豊郡菊花里に編入さ

れた．つまり，『韓国管轄台帳』では南の領域とされるすべてを北朝鮮の『古場名辞典』では北の領域であると記述している．地図上では長道面のほぼ全域が軍事境界線より北側に位置しており，北の領域であることが確認される．しかしながら，悟陰里の南端を軍事境界線が通過している．以上のことから，長道面の人口の95％を北側に，5％を南側に配分する．

	北	軍事境界線上	南
長道面 （10里）	上里 中里 下里 古邑里 沙是里 石柱院里 項洞里 梅峴里 杜梅里	悟陰里	
配分比率	95.00％		5 .00％

⑧長南面（京畿道長湍郡）

長南面は，5里で構成されている．『韓国管轄台帳』によると，長南面の全域が南の支配下であるとされている．北朝鮮の『古場名辞典』には長南面は登場しない．しかし，地図上では長南面の最北端の板浮里を軍事境界線が通過しており，その他は軍事境界線の南側に位置する．以上のことから，長南面に関しては10％を北側に，90％を南側に配分する．

	北	軍事境界線上	南
長南面 （5里）		板浮里	高浪浦里 伴程里 元堂里 自作里
配分比率	10.00％		90.00％

⑨津東面（京畿道長湍郡）

津東面は，5里で構成されている．『韓国管轄台帳』によると，すべての里が南の領域であるとされている．北朝鮮の『古場名辞典』には登場しない．しかし，地図上では最北端の瑞谷里と哨里を軍事境界線が通過している．以上のことから，津東面に関しては20％を北側に，80％を南側に配分する．

	北	軍事境界線上	南
津東面 （5里）		瑞谷里 哨里	下浦里 東坡里 龍山里
配分比率	20.00％		80.00％

⑩瑞和面（江原道麟蹄郡）

瑞和面は，8里で構成されている．『韓国管轄台帳』によると，西希里，長承里，伊布里の3里が北の支配下にあるとされている．北朝鮮の『古場名辞典』によると，伊布里のみが記述され，現在の金剛郡伊布里とされている．『韓国管轄台帳』で北の支配下とされている長承里と西希里に関する記述はない．地図上では，伊布里が軍事境界線より北側に位置し，西希里と長承里の上を軍事境界線が通過し，その他は軍事境界線の南側にある．したがって，25％を北側に，残り75％を南側に配分する．

	北	軍事境界線上	南
瑞和面 （8里）	伊布里	西希里 長承里	瑞興里 天桃里 瑞和里 深積里 加田里
配分比率	25.00％		75.00％

⑪水入面（江原道楊口郡）

水入面は，18里で構成されている．『韓国管轄台帳』によると，すべてが北の領域とされている．北の文献によると，大井里，泉里，印佩里，鳥川里，松巨里，文登里，栢峴里は昌道郡に編入され，鳥川里には地境里が編入された．占方里は昌道郡鉄壁里に，芹里と智惠里と水青里は昌道郡の松巨里に，青松里と杜浦里は金剛郡青杜里に編入され，分池水里は金剛郡下檜里に編入された．内里，石寺里，岩里に関する記述はない．地図上では，内里，石寺里，岩里の上を軍事境界線が通過している．それ以外はすべて軍事境界線の北側に位置する．以上のことから，水入面に関しては91.67％を北側に，8.33％を南側に配分する．

	北	軍事境界線上	南
水入面 (18里)	大井里 泉里 印佩里 鳥川里 松巨里 文登里 栢峴里 地境里 占方里 芹里 智惠里 水靑里 靑松里 杜浦里 分池水里	内里 石寺里 岩里	
配分比率	91.67%		8.33%

⑫東面（江原道楊口郡）

　東面は，9里で構成されている．『韓国管轄台帳』によると，すべてが南の領域であるとされている．北朝鮮の『古場名辞典』には東面は現れない．しかし，東面の最北端の沙汰里を軍事境界線が通過している．このことから，5.56％を北側に，残り94.44％を南側に配分する．

	北	軍事境界線上	南
東面 （9里）		沙汰里	林塘里 元塘里 後谷里 支石里 德谷里 八郎里 月雲里 比雅里
配分比率	5.56%		94.44%

⑬高城邑（江原道高城郡）

　高城邑は，13里で構成されている．『韓国管轄台帳』によると，寶湖里，鑑月里，浦外津里，高峰里，西里，東里，峰燧里，立石里，末茂里の9里が北の領域であるとされている．北朝鮮の『古場名辞典』によると，東里と西里は舊邑里に編入され，峰燧里，立石里，末茂里は海金剛里に編入され，鑑月里と浦外津里は草邱里に編入され，寶湖里は高峰里と合併して高峰里となったと記述されている．地図上では，松島津里と大康里が軍事境界線上に位置し，明湖里と松峴里は軍事境界線

の南側に位置する．以上から，高城邑に関しては，76.92％を北側に，23.08％を南側に配分する．

	北	軍事境界線上	南
高城邑 （13里）	東里 西里 峰燧里 立石里 末茂里 浦外津里 鑑月里 高峰里 寶湖里	松島津里 大康里	明湖里 松峴里
配分比率	76.92%		23.08%

⑭水洞面（江原道高城郡）

　水洞面は，13里で構成されている．『韓国管轄台帳』によると，草峴，汀月，台峰，内沔，黒淵の5里が北の支配下にあるとされている．北朝鮮の『古場名辞典』によると，草峴里は順学里に編入され，汀月里は月飛山里に編入されたとし，その他は記述がない．『韓国地名総覧』（江原道編）では水洞面に関して詳説していない．地図上では，台峰里，黒淵里，草峴里，汀月里，内沔里は軍事境界線の北側に位置し，外沔里，德山里，古味城里，新垈里，新炭里，沙飛里は軍事境界線通過地域なので南北に分割する．その他は南の領域である．以上のことから，水洞面に関しては61.54％を北側に，38.46％を南側に配分する．

	北	軍事境界線上	南
水洞面 （13里）	台峰里 黒淵里 草峴里 汀月里 内沔里	新垈里 古味城里 沙飛里 新炭里 德山里 外沔里	沙泉里 上院里
配分比率	61.54%		38.46%

⑮近東面（江原道金化郡）

　近東面は，6里で構成されている．『韓国管轄台帳』によると，光三里のみが南の領域であると記されている．しかし，北朝鮮の『古場名辞典』では，光三里の一部は今日の近東里に吸収したとされており，また牙沈里は水泰里に吸収され，下所里と橋田里は近東里に編入され，芳通里は遠東里に編入されたと指摘している．地図上では，芳

通里と光三里の上を軍事境界線が通過し，その他は軍事境界線の北側に位置する．以上のことから，近東面に関しては，83.33％を北側に，16.67％を南側に配分する．

近東面 （6里）	北	軍事境界線上	南
	牙沈里 下所里 橋田里 水泰里	芳通里 光三里	
配分比率	83.33％	16.67％	

⑯遠東面（江原道金化郡）

遠東面は，7里で構成されている．『韓国管轄台帳』によると，龍淵里，松實里，細峴里，登大里の4里が南の領域であると記されている．北朝鮮の『古場名辞典』によると，芳坪里と栗沙里は遠東里に吸収され，長淵里は昌道郡金城里に吸収され，龍淵里，松實里，登大里，細峴里は龍賢里に吸収されている．つまり，すべての里が北の支配下にあるとされている．地図上では細峴里と登大里が軍事境界線上に位置し，その他は軍事境界線の北側に位置する．以上のことから，遠東面に関しては，85.71％を北側に，14.29％を南側に配分する．

遠東面 （7里）	北	軍事境界線上	南
	龍淵里 松實里 長淵里 芳坪里 栗沙里	細峴里 登大里	
配分比率	85.71％	14.29％	

⑰遠南面（江原道金化郡）

遠南面は，11里で構成されている．『韓国管轄台帳』によると，開野里，慶祥里，注坡里，南屯里，楓洞里，月峰里，白陽里，九龍里，竹坐里の9里が南の領域であるとされている．北朝鮮の『古場名辞典』によると，九龍里，月峰里，楓洞里は九峰里に吸収され，慶祥里，開野里，南屯里，蘆洞里，竹坐里は遠南里に，白陽里は水泰里に吸収されたとされている．『韓国管轄台帳』で南の領域とされている里のうち注坡里を除く8つの里が北の領域であると記述されていることになる．地図上では，蘆洞里と榛峴里を軍事境界線が通過

し，注坡里は軍事境界線の南側に位置し，その他は北側に位置する．以上のことから，遠南面に関しては，81.82％を北側に，18.18％を南側に配分する．

遠南面 （11里）	北	軍事境界線上	南
	九龍里 月峰里 楓洞里 慶祥里 開野里 南屯里 竹坐里 白陽里	蘆洞里 榛峴里	注坡里
配分比率	81.82％	18.18％	

⑱任南面（江原道金化郡）

任南面は，11里で構成されている．『韓国管轄台帳』によると，佐佩里，達田里，科湖里が南の領域であるとされている．北朝鮮の『古場名辞典』では，魯南里と佐佩里は昌道郡任南里に編入され，漁雲里，科湖里，水洞里は魚湖里に編入され，杜木里は昌道郡杜木里に，烽棧里と綿川里は昌道郡綿川里に，達田里，上板里，佐佩里は上板里に編入されたと指摘している．つまり，任南面のすべてが北朝鮮の支配下にあると指摘していることになる．地図上では，任南面の最南端の水洞里を軍事境界線が通過し，それ以外はすべて軍事境界線の北側に位置する．したがって，95.45％を北側に，4.55％を南側に配分する．

任南面 （11里）	北	軍事境界線上	南
	魯南里 佐佩里 漁雲里 科湖里 杜木里 烽棧里 綿川里 達田里 上板里 佐佩里	水洞里	
配分比率	95.45％	4.55％	

⑲近北面（江原道金化郡）

近北面は，8里で構成されている．『韓国管轄台帳』によると，楡谷里と栢德里のみが韓国の領域で，残りは北の領域であると記されている．北朝鮮の『古場名辞典』によると，城岩里と山峴里

は金化郡城山里に編入され，斗村里と乾川里は合併し金化郡乾川里になったと記述しているが，金谷里と栗木里の記述はない．地図上では金谷里，栗木里，栢徳里を軍事境界線が通過し，楡谷里は軍事境界線の南側に，その他はすべて北側に位置する．以上のことから，近北面に関しては，68.75％を北側に，31.25％を南側に配分する．

近北面 （8里）	北	軍事境界線上	南
	城岩里 乾川里 山岐里 斗村里	金谷里 栗木里 栢徳里	楡谷里
配分比率	68.75％	31.25％	

⑳於雲面（江原道鉄原郡）

於雲面は，5里で構成されている．『韓国管轄台帳』によると全地域が南の領域であるとされている．韓国江原道の発行する地誌『北江原道便覧』によると，行政権は復帰したが，一部は未修復のままであると記されている．北朝鮮の『古場名辞典』では，篤儉里の項目で中江里と江山里を記述しているが，篤儉里に編入されたという明確な記述はない．地図上では中江里を軍事境界線が通過し，その他は軍事境界線の南側に位置する．以上のことから，於雲面に関しては10％を北側に，90％を南側に配分する．

於雲面 （5里）	北	軍事境界線上	南
		中江里	下葛里 陽地里 江山里 二吉里
配分比率	10.00％	90.00％	

㉑北面（江原道鉄原郡）

北面は，6里で構成されている．『韓国管轄台帳』によると，洪元里と楡井里を除く4里が北の支配下にあるとされている．北朝鮮の『古場名辞典』では，龍鶴里，狄幕里，外鶴里，回山里，楡井里は鉄原郡に編入され既存名称のまま存在する，と記述されている．洪元里に関しては於雲面に吸収されたと記述しているが，於雲面は現在，南の領域である．地図上では洪元里上を軍事境界線が通過しており，その他は軍事境界線の北側に位置

する．以上のことから，北面は，83.33％を北側に，16.67％を南側に配分する．

北面 （6里）	北	軍事境界線上	南
	龍鶴里 狄幕里 外鶴里 回山里	洪元里 楡井里	
配分比率	83.33％	16.67％	

㉒及文面（江原道鉄原郡）

及文面は，6里で構成されている．『韓国管轄台帳』によると，篤儉里以外の全里が北の領域であると指摘されている．北朝鮮の『古場名辞典』によれば，倉洞里が乃文里と合併して鉄原郡乃文里となり，その他はすべて既存名称のまま鉄原郡の里として存在する．地図上では，篤儉里を軍事境界線が通過し，その他はすべて北の領域である．以上のことから，及文面の人口は，91.67％を北側に，8.33％を南側に配分する

及文面 （6里）	北	軍事境界線上	南
	倉洞里 馬放里 乃文里 班石里 梧塘里	篤儉里	
配分比率	91.67％	8.33％	

㉓寅目面（江原道鉄原郡）

寅目面は，6里で構成されている．『韓国管轄台帳』によると，すべてが北朝鮮の支配下にあるとされている．北朝鮮の『古場名辞典』では，檢寺里，葛峴里，薪峴里は現存の里として記述されており，徳山里，承陽里に関しては，鉄原郡篤檢里の項目で記述されているが，鉄原郡篤檢里に編入されたという明確な記述はない．地図上では，承陽里と檢寺里は軍事境界線の北側に位置し，道密里，薪峴里，徳山里，葛峴里は軍事境界線上に位置する．以上のことから，寅目面は66.67％を北側に，33.33％を南側に配分する．

寅目面 （6里）	北	軍事境界線上	南
	承陽里 檢寺里	道密里 薪峴里 徳山里 葛峴里	
配分比率	66.67％	33.33％	

㉔畝長面（江原道鉄原郡）

　畝長面は，4里で構成されている．『韓国管轄台帳』によると，全領域が南であるとされている．北朝鮮の『古場名辞典』には登場しない．地図上では，加丹里と山明里の大半が北の領域となっている．このことから，畝長面の人口は，25％を北側に，残り75％を南側に配分する．ちなみに，韓国江原道の発刊した『北江原道便覧』によると，一部は実質的に北側の領域となっていると記されている．

畝長面 （4里）	北	軍事境界線上	南
		山明里 加丹里	中細里 大馬里
配分比率	25.00%		75.00%

㉕南面（江原道平康郡）

　南面は，5里で構成されている．『韓国管轄台帳』によると，すべてが北の支配下にあるとされている．北朝鮮の『古場名辞典』では，鶴田里は戦勝里に吸収，芝岩里と天馬里は天岩里に吸収され，佳谷里は現存していると指摘しているが，亭淵里に関する記述はない．地図上では亭淵里を軍事境界線が通過しており，その他は軍事境界線の北側に位置する．以上のことから，南面に関しては，90％を北側に，10％を南側に配分する．

南面 （5里）	北	軍事境界線上	南
	鶴田里 芝岩里 天馬里 佳谷里	亭淵里	
配分比率	90.00%		10.00%

［Ⅲ］　人口比の計算

　以下，分割フォーマットにもとづく実際の計算を進めていく．

(1)　全土単位の計算

　植民地期朝鮮の全土を国勢調査基準で南北分割すると，表15.2.1の計算結果となり，それをグラフにしたのが図15.2.1である．計算過程については，CD表15.2.1〜15.2.5に示した．

　図15.2.1にみられるように，植民地期朝鮮において，北部の人口が漸次的に増加する傾向がある．回帰式は図に示したとおりである．これに関する仮説としては，俗にいわれる「北工南農」という構造が考えられる．北部の地域は鉱業資源が豊富であり，水力発電による電力供給も可能で，かつ中国とも隣接しているという理由から，日本からの投資は半島北部に集中した．これによる雇用吸収が一因となって，北部の人口が漸次的に増加していったものと考えられる．また，当時，南部の人口の日本への移住が北部の中国への移住よりも多かったことも考えられる．

　本節の計算結果を既存研究と比較してみると，本節の計算結果のほうがRopetto et al.［1981］よりも1925年，1930年，1944年に関しては若干高く，1935年と1940年に関しては若干低いという結果となった．また，1944年に関しては，韓国統計庁［1993］の計算よりも若干低いという結果になった（表15.2.2参照）．ただし，この2つの既存研究については，推計方法をまだ検証していない．韓国統計庁［1993］に関しては推計方法が提示されておらず，また，Ropetto et al.［1981］に関しては，1925年から1940年まではKwon［1977］に，1944年に関しては朴圭祥［1972］に依存したとしている．どちらの文献に関しても本節執筆時点では入手できなかったので検証できなかったが，Ropetto et al.［1981］は2つの文献を参照するにあたって「南北分割比は1949年当時の北緯38度線を基準にしている」と指摘している．つまり，現在の韓国と北朝鮮の実効支配の領域とは異なる分割であり，本節とは分割の基準が異なる可能性があることを付言しておく．

　先にも触れたが，本節の分割フォーマットの基本は「里」単位を念頭においたものであるが，1940年国勢調査データには「郡」単位までしか掲載されていない．1940年の計算には「郡」単位データ対応型のフォーマットを用いている（CD表15.2.4参照）．そして，このフォーマットを用いれば，『朝鮮総督府統計年報』の人口データの分割も可能である．『朝鮮総督府統計年報』に掲載されている人口データは登記にもとづくものであ

表 15.2.1 植民地期朝鮮国勢調査人口(全土)の人口比

(%)

年	人口比(北部/南部)
1925	52.21
1930	53.52
1935	54.38
1940	56.54
1944	58.69

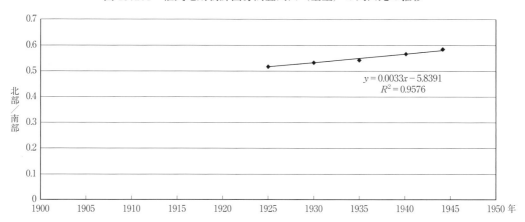

図 15.2.1 植民地期朝鮮国勢調査人口(全土)の人口比の推移

表 15.2.2 北部人口比(北部人口/全人口)の推計結果比較

(%)

年	本節推計	Ropetto(1)	韓国統計庁(2)
1925	34.30	33.91	
1930	34.86	34.59	
1935	35.22	36.10	
1940	36.12	36.15	
1944	36.98	36.82	38.7

(出所) (1) は Ropetto et al. [1981], (2) は韓国統計庁 [1993].

り,国勢調査に比べて精度は落ちる.ただし,調査漏れの度合いに地域差がないならば,人口比の計算には問題がないことになる.もちろん,実際には国勢調査と『朝鮮総督府統計年報』とでは計算結果に微妙な開きがある.これにたいする考え方については,「むすび」の部分で触れる.いずれにせよ,『朝鮮総督府統計年報』の登記人口を南北分割してみると,表15.2.3の結果となり,それを図15.2.2に示した.回帰式は図上に示したとおりである.結果は同様であり,登記人口の計算結果からも,やはり漸次的な北部の人口増加の傾向がみられた.

(2) 道単位の分割比
①京畿道

植民地期朝鮮の京畿道を国勢調査基準で南北分割すると,表15.2.4の計算結果となり,それを図示したのが図15.2.3である(計算過程については省略).

これによると,先の全土での分割比とは異なり,植民地期京畿道では漸次的に北部の人口が減少する傾向がみられる.今度は,『朝鮮総督府統計年

表 15.2.3 植民地期朝鮮登記人口（全土）の人口比

(単位：人)

	人口比（％） (4)=(2)÷(3)	植民地期朝鮮人口 (1)	北部人口 (2)	南部人口 (3)=(1)-(2)	備考 国勢調査による人口比（％）
1917	52.09	16,968,997	5,811,686	11,157,311	
1918	52.49	17,057,032	5,871,684	11,185,348	
1919	52.46	17,057,032	5,868,983	11,188,049	
1920	49.62	17,288,989	5,733,732	11,555,257	
1921	50.37	17,452,918	5,846,627	11,606,291	
1922	51.27	17,626,761	5,974,600	11,652,161	
1923	51.70	17,784,963	6,060,912	11,724,051	
1924	51.14	18,068,116	6,113,762	11,954,354	
1925	51.44	19,015,526	6,459,190	12,556,336	52.21
1926	51.50	19,103,900	6,494,021	12,609,879	
1927	52.62	19,137,698	6,598,611	12,539,087	
1928	52.78	19,189,699	6,629,124	12,560,575	
1929	53.17	19,331,061	6,710,475	12,620,586	
1930	53.38	20,256,563	7,049,745	13,206,818	53.52
1931	53.36	20,262,958	7,049,957	13,213,001	
1932	53.68	20,599,876	7,195,452	13,404,424	
1933	53.93	20,791,321	7,284,465	13,506,856	
1934	54.13	21,125,827	7,418,993	13,706,834	
1935	53.69	21,891,180	7,647,313	14,243,867	54.38
1936	53.82	22,047,836	7,714,648	14,333,188	
1937	54.31	22,355,485	7,868,403	14,487,082	
1938	54.54	22,633,751	7,988,100	14,645,651	
1939	55.48	22,800,647	8,136,396	14,664,251	
1940	57.24	23,709,057	8,630,599	15,078,458	56.54
1941	58.22	24,703,897	9,090,477	15,613,420	
1942	58.06	26,361,401	9,682,894	16,678,507	

図 15.2.2 植民地期朝鮮登記人口（全土）の人口比の推移

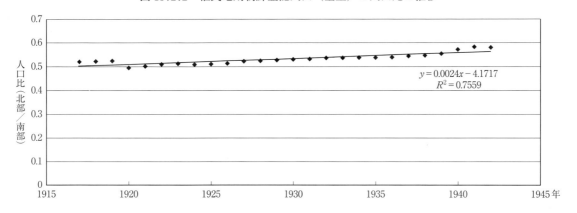

表 15.2.4　植民地期朝鮮国勢調査人口（京畿道）による人口比

(単位：人)

年	人口比（％） (4)=(2)÷(3)	京畿道人口 (1)	北部人口 (2)	南部人口 (3)
1925	10.26	2,019,108	187,946	1,831,162
1930	9.81	2,157,413	192,802	1,964,611
1935	9.04	2,451,691	203,214	2,248,477
1940	8.07	2,864,389	213,989	2,650,400
1944	7.78	3,092,234	223,085	2,869,149

図 15.2.3　植民地期朝鮮国勢調査人口（京畿道）による人口比の推移

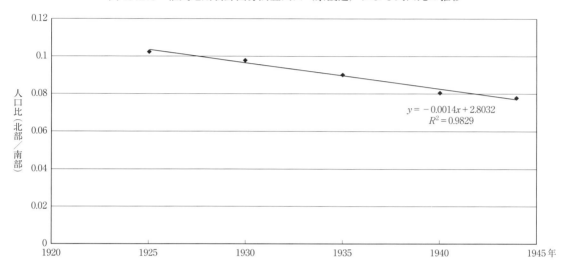

報』の登記人口をもとに京畿道を南北分割してみた．分割フォーマットは先と同じく1940年のものを利用した．結果は表15.2.5のとおりである．これを図15.2.4にグラフで示した．すると，やはり漸次的な北部の人口減少の傾向がみられる．これに関する仮説としては，京畿道の場合，軍事境界線の南側に京城府（ソウル）があるので，首都への人口吸収力が工業化による北部の人口吸収力を上回ったためであると考えられる．

②江原道

植民地期朝鮮の江原道を国勢調査基準で南北分割すると，表15.2.6の計算結果となり，それを図示したのが図15.2.5である（計算過程については省略）．

これによると，先の全土および京畿道の分割比とは異なり，ほぼ変動はなく推移している．今度は，『朝鮮総督府統計年報』の登記人口をもとに江原道を南北分割してみた．分割フォーマットは先と同じく1940年のものを利用した．計算結果は表15.2.7のとおりであり，それを図15.2.6に示した．すると，やはりほぼ変動はなく推移している．これに関する仮説としては，江原道の場合，工業化の影響をあまり受けず，かつ俗にいう「田舎町」であったためであると思われる．

ただし，江原道の場合，先の全土および京畿道の場合とは異なり，回帰線の当てはまりは，あまり良くない．

[Ⅳ]　む　す　び

本節の計算結果の要約はつぎのとおりである．

第1に，植民地期朝鮮での南北人口比は，北側の人口比率が高まる傾向にあった．

第2に，軍事境界線上に位置する京畿道では，全土の人口比の推移とは逆の動きを示し，韓国側

表 15.2.5 植民地期朝鮮登記人口（京畿道）による人口比

(単位：人)

	人口比（％） (4)=(2)÷(3)	京畿道全人口 (1)	北部人口 (2)	南部人口 (3)	備考 国勢調査の人口比（％）
1917	10.77	1,771,379	172,212	1,599,167	
1918	10.51	1,772,695	168,588	1,604,107	
1919	10.79	1,791,551	174,507	1,617,044	
1920	10.33	1,785,675	167,167	1,618,508	
1921	10.33	1,808,617	169,298	1,639,319	
1922	10.37	1,823,248	171,380	1,651,868	
1923	10.23	1,856,018	172,262	1,683,756	
1924	10.22	1,877,065	173,999	1,703,066	
1925	10.12	1,942,525	178,451	1,764,074	10.26
1926	10.12	1,948,953	179,129	1,769,824	
1927	10.10	1,924,948	176,515	1,748,433	
1928	10.09	1,940,062	177,809	1,762,253	
1929	10.04	1,970,815	179,853	1,790,962	
1930	9.91	2,041,408	184,082	1,857,326	9.81
1931	9.86	2,060,160	184,940	1,875,220	
1932	9.74	2,123,965	188,437	1,935,528	
1933	9.63	2,171,135	190,654	1,980,481	
1934	9.49	2,228,924	193,214	2,035,710	
1935	9.25	2,330,570	197,420	2,133,150	9.04
1936	8.98	2,392,296	197,063	2,195,233	
1937	8.93	2,457,947	201,594	2,256,353	
1938	8.86	2,528,829	205,877	2,322,952	
1939	8.70	2,590,002	207,225	2,382,777	
1940	8.05	2,834,404	211,064	2,623,340	8.07
1941	8.05	2,940,185	218,967	2,721,218	
1942	7.59	3,223,856	227,561	2,996,295	

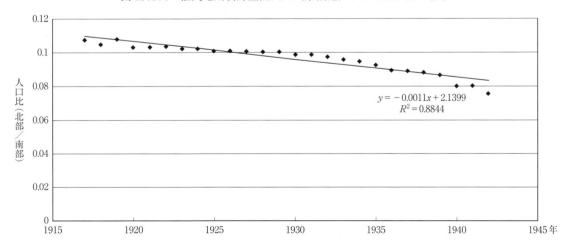

図 15.2.4 植民地期朝鮮登記人口（京畿道）による人口比の推移

$y = -0.0011x + 2.1399$
$R^2 = 0.8844$

第15章 戦前戦後の接続 283

表15.2.6 植民地期朝鮮国勢調査人口（江原道）による人口比

(単位：人)

	人口比（％） (4)=(2)÷(3)	江原道人口 (1)	北部人口 (2)	南部人口 (3)
1925	35.50	1,332,352	349,092	983,260
1930	37.60	1,487,715	406,534	1,081,181
1935	37.07	1,605,274	434,103	1,171,171
1940	34.59	1,764,649	453,531	1,311,118
1944	36.65	1,858,230	498,410	1,359,820

図15.2.5 植民地期朝鮮国勢調査人口（江原道）による人口比の推移

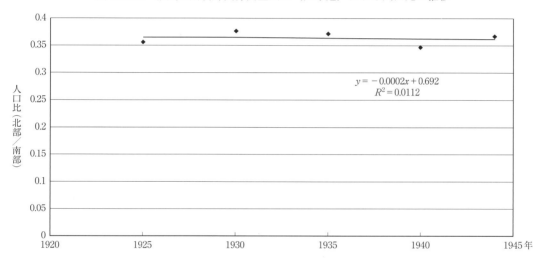

図15.2.6 植民地期朝鮮登記人口（江原道）による人口比の推移

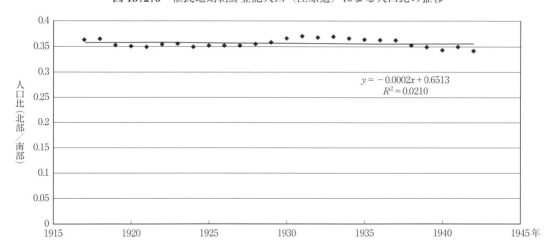

284 | 記述編　第4部　長期系列

表15.2.7　植民地期朝鮮登記人口（江原道）による人口比

(単位：人)

年	人口比（％） (4)＝(2)÷(3)	江原道全人口 (1)	北部人口 (2)	南部人口 (3)	備考 国勢調査の人口比（％）
1917	36.35	1,131,113	301,571	829,542	
1918	36.53	1,150,210	307,767	842,443	
1919	35.35	1,163,364	303,823	859,541	
1920	35.10	1,181,994	307,120	874,874	
1921	35.00	1,186,187	307,540	878,647	
1922	35.49	1,208,139	316,425	891,714	
1923	35.57	1,215,716	318,948	896,768	
1924	34.89	1,220,451	315,707	904,744	
1925	35.28	1,309,950	341,645	968,305	35.50
1926	35.33	1,307,145	341,223	965,922	
1927	35.28	1,302,439	339,654	962,785	
1928	35.52	1,286,477	337,169	949,308	
1929	35.83	1,298,074	342,425	955,649	
1930	36.62	1,411,174	378,256	1,032,918	37.60
1931	37.04	1,398,225	377,885	1,020,340	
1932	36.76	1,433,998	385,484	1,048,514	
1933	36.91	1,443,323	389,143	1,054,180	
1934	36.55	1,457,298	390,045	1,067,253	
1935	36.35	1,529,357	407,731	1,121,626	37.07
1936	36.25	1,529,071	406,842	1,122,229	
1937	36.20	1,544,203	410,396	1,133,807	
1938	35.24	1,566,375	408,185	1,158,190	
1939	34.85	1,591,918	411,383	1,180,535	
1940	34.25	1,703,220	434,543	1,268,677	34.59
1941	34.93	1,747,852	452,488	1,295,364	
1942	34.16	1,866,260	475,155	1,391,105	

の人口が増加する傾向にあった．

　第3に，軍事境界線上に位置する江原道における人口比はあまり変わらなかった．

　本節は人口数の推計を目的としたものではない．あくまでも人口比を推計するものであって，人口数に関しては本書第2章第1節の人口推計を参照されたい．

　ところで，国勢調査基準の人口比と登記人口基準の人口比は一致しない（表15.2.3参照）．仮に，登記人口の調査漏れ率が全土で同じであり，かつ国勢調査人口データが完全ならば，理論的には双方の人口比は一致するはずである．現実に開きが

生じるのは，地域ごとの登記の容易さや登記にたいするインセンティブの相違などのためであろう．つまり，調査漏れの率が地域ごとに異なるためである．そのため，国勢調査による人口比と同年の登記人口による人口比も異なることになる．冒頭の「方法論」で述べたとおり，国勢調査による人口比が真の値に近いものと解釈される．しかしながら本書の各章で利用する南北分割の人口比は，各年の人口比が必要であるため登記人口による人口比を利用する．

（文浩一）

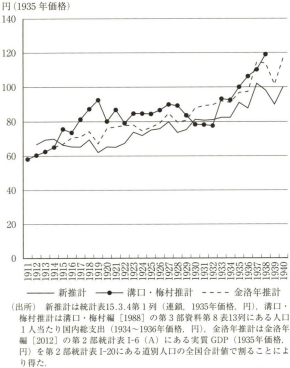

図15.3.1 植民地期全土における人口1人当たり実質GDP系列の先行研究との比較

（出所） 新推計は統計表15.3.4第1列（連鎖，1935年価格，円），溝口・梅村推計は溝口・梅村編［1988］の第3部資料第8表13列にある人口1人当たり国内総支出（1934～1936年価格，円），金洛年推計は金洛年編［2012］の第2部統計表 I-6（A）にある実質GDP（1935年価格，円）を第2部統計表 I-20にある道別人口の全国合計値で割ることにより得た．

（注） 溝口・梅村編［1988］の系列は1934～1936年平均価格に基づく．1935年価格との差は小さいため，1935年価格への換算は行わなかった．

系列および韓国・北朝鮮の実質 GDP と比較することができる．[11]

さらに本章第2節の南北分割に基づき，地域別人口と産業別・地域別就業者数の長期系列も作成した（統計表15.3.3）．なお，北朝鮮の総人口は，統計表14.1.1から得た．統計表15.3.3の地域別人口で，植民地期全土，北部・南部の GDP（連鎖，1935年価格，統計表15.3.2第13列～第15列上段）を割ることにより，植民地期全土および地域別の人口1人当たり GDP（円，連鎖，1935年価格）を算出した（統計表15.3.4の第1列～第3列）．

こうして推計した，植民地期全土における人口1人当たり実質 GDP の系列（以下では「新推計」と呼ぶ）を，代表的な先行研究と比較してみよう．植民地期における人口1人当たり実質 GDP 系列に関する代表的研究としては，溝口・梅村編［1988］および金洛年編［2012］がある．図15.3.1では，新推計とこれら2つの先行研究の系列を比較してみた．

まず人口1人当たり GDP の水準（1935年価格，ただし溝口・梅村系列は1934～1936年平均価格）について比較すると，3系列の間で大きな差はな

11） 朝鮮全土および植民地期北部の実質 GDP については，朝鮮全土および植民地期北部それぞれについて，植民地期の産業別実質粗付加価値（1935年価格）に，本章第1節で作成した（植民地期南部と韓国に関する）産業別の戦前・戦後接続インフレーターを掛けた上で，これを全産業合計することによって，2010年価格の植民地期実質 GDP を算出する方法も考えられる．しかしわれわれは，戦後の韓国が朝鮮全土および植民地期北部と比べどれほど豊かになったかよりも，経済発展の過程で，植民地期北部と南部の相対的な豊かさがどのように推移したかにより強い関心を持つため，植民地期北部および朝鮮全土については，その実質 GDP（1935年価格）に，GDP に関する（植民地期北部・南部および全土）共通の戦前・戦後接続インフレーター0.010579を掛けることによって，2010年価格実質 GDP を算出した．

いものの，1912年には新推計が他の2系列を上回る一方，1920年前後や1930年代後半を中心に，新推計は他の2系列と比較して低い傾向がみられる．このことを反映して，1912～1940年における人口1人当たりGDPの平均成長率（溝口・梅村推計は1912～1938年の値）でみると，新推計では1.5％と，溝口・梅村推計の2.6％，金洛年推計の2.4％を下回っている．

この差の原因としては，(1)新推計では，農業生産（第1部第3章参照）や鉱工業生産（第1部第4章参照）について，詳細な生産物毎に生産統計をチェックし，記録が欠けていると判断される場合にはこれを補完する作業を行ったことにより，統計制度が未整備だった推計期間初期の粗付加価値を，新推計では高めに捉えている可能性が高いこと，(2)新推計では，第3次産業の粗付加価値推計について所得アプローチを採用し，雇用所得を推計した上で，これを南・小野［1978］による日本の推計を参考にして得た労働分配率（付加価値に占める雇用所得の割合）で割って粗付加価値を推計しているが（第1部第5章参照），第3次産業についてもアウトプット情報から粗付加価値を推計している金洛年推計と比較して，新推計では，信頼性が高いと考えられる雇用や賃金率等の情報に基づく所得アプローチを採用しているため，植民地期における産業構造変化により付加価値に占める雇用所得の割合が変動した要因等を捉えることがむずかしく，1930年代における第3次産業の拡大を過小評価している可能性があること，(3)金洛年推計では製造業について機械修理など生産が拡大した品目で補充を行っていること，等が指摘できよう．[12]

われわれは次に，植民地期南部と韓国，植民地期北部と北朝鮮をそれぞれ接続した人口1人当たり実質GDP系列を作成した．植民地期全土，南部，北部の人口1人当たり実質GDP（連鎖，1935年市場価格，統計表13.3.4第1列～第3列上段）に，植民地期南部と韓国のGDPに関する戦前・戦後接続インフレーターを掛けて2010年価格に換算することにより，人口1人当たり実質GDP（韓国ウォン，2010年市場価格）を算出した（統計表15.3.4第4列～第6列上段）．

第2次大戦後については，まず韓国は，統計表15.3.2第2列下段の韓国の実質GDP（政府統計，連鎖，2010年価格）を統計表15.3.3の韓国総人口で割った人口1人当たり実質GDPを統計表15.3.4第6列下段に載せた．一方，北朝鮮の人口1人当たりGDPは，先述したとおり，第3部第14章第3節の分析に基づき，1954年において韓国と同一水準と考え，それ以降については，統計表14.4.1第4列の「購買力平価基準1人当たりGDP」の成長率データを用いて外挿した（統計表15.3.4第5列下段）．

［Ⅱ］ 長期経済発展の国際比較：方法と推計結果

こうして作成した人口1人当たり実質GDP長期系列を使って，韓国・北朝鮮の経済発展を，日本をはじめ東アジアの他の諸国および米国のそれと比較してみよう．

経済発展の長期国際比較においては，各国間での物価水準格差を調整する必要がある．この分野の研究は，アンガス・マディソンによって大きく発展した（代表的な研究としてMaddison［2001］がある）．彼は，世界各国の人口1人当たり実質GDPに関する既存の長期推計を精査し，これを補間して現在から遠い過去までの1人当たり実質GDP系列を作成した上で，比較的最近年の物価水準に関する国際比較データ（「購買力平価」と呼ばれる）を用いて物価水準の国際格差に

---

12) 図15.3.1は人口1人当たりの値であり，人口推計にも依存している．新たな人口系列を推計した本書第2章第1節で，朴二澤は，初期の人口水準が落星台（車明洙）推計よりも高めとなったことをうけ，「1人当たりGDP成長率は「既存［落星台］推計が示唆していた水準よりも高かったことを意味する」ことになろうと記した．しかし，実際にはその逆で，新推計は落星台推計の人口1人当たり成長率よりも低位となった．これは本文中でも述べたように，初期時点における農業や第2次産業の産出高が落星台の水準よりもかなり高くなったこと等により，新推計による実質GDPの成長率が低位となったためと考えられる．

288 ｜ 記述編　第4部　長期系列

ついて調整して同一の価値単位に換算し（比較的
最近の推計では1990年の米国におけるドルの購買
力，以下ではこの単位を「1990年国際ドル」と呼
ぶ），国際比較を行った．

　われわれはマディソンにならって，人口1人当
たり実質GDP長期系列（韓国ウォン，連鎖2010
年市場価格，統計表15.3.4（第4列～第6列））
を1990年国際ドルベースに変換した．植民地期南
部と韓国の人口1人当たり実質GDP（1990年国
際ドル）は，第6列の人口1人当たり実質GDP
（韓国ウォン，2010年市場価格）に，同列の1990
年における韓国の人口1人当たり実質GDP（韓
国ウォン，2010年市場価格）で1990年における韓
国の人口1人当たり実質GDP（1990年国際ドル，
Maddison Project Database 2013から得た）を割
った値を掛けることで算出した（統計表15.3.4第
9列）．植民地期北部および北朝鮮の人口1人当
たり実質GDP（1990年国際ドル）は，第3部第
14章第3節の分析に基づき，1954年において韓国
と同一水準と考え，それ以前および以降について
は，植民地期北部および北朝鮮の人口1人当たり
実質GDP（統計表15.3.4第5列）の成長率を使
って外挿した．[13] 植民地期全土については，人口
1人当たりGDPに関する植民地期全土と南部の
比率（統計表15.3.4第1列と第3列の比）を植民
地期南部の人口1人当たり実質GDP（1990年国
際ドル）に掛けることで算出した．

　図15.3.2は，植民地期全土，南部，北部，韓国，
北朝鮮の人口1人当たり実質GDP（1990年国際
ドル）を，米国，日本，台湾，中国，インドのそ
れと比較している．われわれの推計によれば，
1935年における植民地期全土，北部および南部の
1人当たりGDP推計値（1990年国際ドル）は，
1990年国際ドルベースでみて，それぞれ859ドル，
932ドル，820ドルである．

　次に，植民地期の物価水準の違いを考慮した国
際比較の結果や戦前・戦後を接続した長期GDP
系列について，先行研究を概観し，新推計と比べ
てみよう．

　先にも説明したように，われわれはマディソン
の方法を採用し，1990年を単一ベンチマーク年と
して遡及することで長期系列を作成した（以下で
は「長期遡及法」と呼ぶ）．長期遡及法による推
計は，産業構造や交易条件が大きく変化する状況
では，誤差が生じることが指摘されている
（Fukao, Ma and Yuan［2007］および Kim and
Park［2017］参照）．このため近年では，遠い過
去の購買力平価を直接推計して当時の国際比較を
行ったり（以下では「歴史的購買力平価法」と呼
ぶ），Penn World Table のように，複数のベンチ
マーク年の購買力平価データを収集し，中間年は
購買力平価について内挿することで長期比較を行
ったりする（以下では「複数基準年法」と呼ぶ）
研究が増えつつある．以下では，植民地期朝鮮と
他の主要国との国際比較について，この3つの方
法による結果を比較し，われわれが長期遡及法を
採用した理由を説明する．

　植民地期朝鮮に関する歴史的購買力平価法によ
る代表的な研究として，Fukao, Ma and Yuan
［2007］がある．彼らは，1934～1936年の日米韓
中台の最終生産物物価の絶対水準を計測し，5カ
国間の購買力平価を推計した（Fukao, Ma and
Yuan［2006］も参照されたい）．[14] 一方，Kim and
Park［2017］は，複数基準年法に基づき，1935
年については Fukao, Ma and Yuan［2007］に基
づきながらも，国連・世界銀行・経済協力開発機
構の国際比較プログラム（ICP）による1970年以
降の購買力平価データもベンチマークのデータと
して用い，また各国における支出項目（民間消費，
政府支出，投資等）毎の価格変化も加味して国際

―――――――――――
　13）　統計表14.4.1第4列と統計表15.3.4第5列は，共に北朝鮮の人口1人当たりGDP（1990年国際価格）を表し，
　　　また統計表15.3.4第5列は，統計表14.4.1第4列で前提とされた成長率にならって算出している．それにもかかわ
　　　らず両者の水準が異なるのは，基点となる1954年における韓国の人口1人当たりGDP（1990年国際ドル）につい
　　　て，統計表14.4.1第4列では系列の原著者が Maddison［1995］の推計値1,153ドルを用いているのに対して，われ
　　　われは1990年に関する Maddison Project Database 2013の値を韓国政府統計で過去に遡及して得た推計値844ドルを
　　　用いているためである．

図 15.3.2 人口 1 人当たり GDP の推移の国際比較

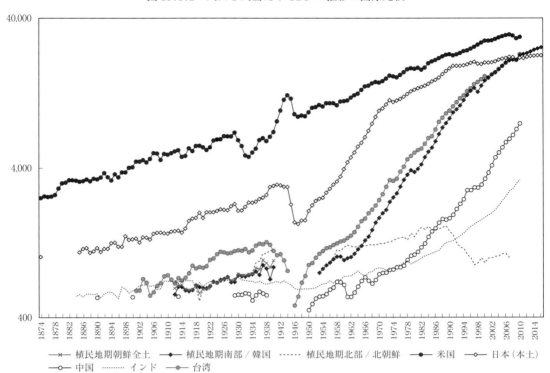

(出所) 植民地期全土，南部，北部，韓国，北朝鮮については，本文参照．日本については，戦前期日本（本土）および1955年以前は，攝津・Bassino・深尾［2016］から，それ以降はMaddison Project Database 2013から得た（日本の系列は統計表13.3.4の第7列に載せた）．台湾のデータは，溝口編［2008］から求めた人口1人当たり実質GDP（1960年価格）を，2000年以降のMaddison Project Database 2013 (https://www.rug.nl/ggdc/historicaldevelopment/maddison/releases/maddison-project-database-2013) の値に接続した．その他のデータは，Maddison Project Database 2013に基づく．
(注) 縦軸は対数目盛（数値は真数），単位は1990年国際ドル．1990年以降，台湾や韓国では経済発展による賃金上昇等により，国内物価が上昇している．このため最新の購買力平価で比較すると，日米と比較した台韓の1人当たりGDPは，この図ほど高くない可能性がある．

比較を行っている．

表15.3.1は，1935年について，本章の新推計と上記2つの先行研究結果を比較している．まず植民地期朝鮮と日本の格差をみてみよう．植民地期朝鮮全土の人口1人当たりGDPは，新推計では日本の36％であるのに対し，Fukao, Ma and Yuanでは39％と，新推計のほうが格差は3％ポイント大きい．また植民地期南部の人口1人当たりGDPは，新推計では日本の34％であるのに対し，Kim and Parkでは39％と，やはり新推計のほうが格差は大きくなっている．この違いの大部分は，3つの推計で用いている植民地期朝鮮における1935年当時の人口1人当たり名目GDP（円）が異なっていることに起因している．植民地期朝鮮の名目GDPとして，Fukao, Ma and Yuanは溝口・梅村編［1988］，Kim and Parkは金洛年推計（およびCha and Kim［2012］による南北分割の結果）を用いている．これらの推計値は実質GDPを比較した図15.3.1からもわかるとおり（実質GDPは1935年ないし1934〜1936年の植民地価格（円）を基準にしており，1935年当時においては名目GDPとほとんど違わない），われわ

---

14) 彼らによれば，国内総支出ベースでみた物価水準（フィッシャー指数）は，米国を1として，日本は0.43，植民地期朝鮮は0.41，台湾は0.38，中国は0.32であった（Fukao, Ma and Yuan［2007］Table 7および8）．これらの数値は米国と各国の国内総支出構造をウェイトとして算出しているため，日本を1とした，植民地期朝鮮の，国内総支出ベースでみた物価水準（日本と植民地期朝鮮の国内総支出構造を前提としたフィッシャー指数）0.87（Fukao, Ma and Yuan［2006］Table 5）と，0.41/0.43とは一致しない．

290 ｜ 記述編　第4部　長期系列

表15.3.1　1935年における人口1人当たり GDP の国際比較：本推計および先行研究の結果

	人口1人当たり GDP（米国=1）								人口1人当たり GDP（1990年国際ドル）		
	植民地期朝鮮全土	南部	北部	日本	台湾	中国	インド	米国	植民地期朝鮮全土	南部	北部
長期遡及法（新推計）：1935年	0.157	0.150	0.171	0.440	0.222	0.103	0.124	1	859	820	932
歴史的購買力平価法（Fukao, Ma and Yuan［2007］）：1934～1936年平均	0.123			0.315	0.226	0.111		1	690[†]		
複数基準年法（Kim and Park［2017］）：1935年		0.112		0.289	0.226					552[††]	

（注）　[†]　1934～1936年における米国との比率に1934～1936年における米国の1人当たり GDP（1990年国際ドル）を掛けた値.
　　　[††]　Kim and Park［2017］による推計値853（2011年米国ドル）を1990～2011年における米国 GDP デフレーター（連鎖）の上昇分1.546（Council of Economic Advisors［2018］の Table B-3より得た）で割った値.

れの新推計より6％以上高く，このことが表15.3.1で示した彼らの推計において，日本との格差を小さくしている.

　つまり，1935年における植民地期朝鮮と日本との間の（物価水準の違いを調整した）人口1人当たり GDP 格差が，新推計のほうが2つの先行研究より大きいのは，物価水準の違いの調整法（長期遡及法か，歴史的購買力平価法・複数基準年法か）に起因するのではなく，植民地期朝鮮の名目 GDP 推計値の違いに主に起因する.

　1935年における植民地期朝鮮と日本間の比較について，物価水準に関する調整法の違い（長期遡及法か，歴史的購買力平価法か）の効果のみを取り出して確認するため，1934～1936年における植民地期朝鮮の人口1人当たり名目 GDP（統計表15.3.4，1934～1936年平均で88円），図15.3.1の背景にある日本の人口1人当たり名目 GDP データ（深尾・攝津［2017］，1934～1936年平均で281円），および Fukao, Ma and Yuan［2006］Table 1の物価格差推計結果（国内総支出に関するフィッシャー指数でみて，植民地期朝鮮の物価は日本の87％）を用いて，歴史的購買力平価法で1934～1936年における2国の格差を計算すると，物価の違いを調整した植民地期朝鮮全土の人口1人当たり GDP は日本の36％であった．表15.3.1に載せた長期遡及法（新推計）の結果（先に記したように植民地期朝鮮全土の人口1人当たり GDP は

日本の36％）と一致している.

　一方，表15.3.1で植民地期朝鮮と米国との間の格差を見ると，長期遡及法に基づく新推計の結果は，2つの先行研究より格段に格差が小さく（すなわち，米国と比較した植民地期朝鮮の1人当たり GDP を比較的割高に評価している），その差は植民地期朝鮮の名目 GDP 推計値の違いだけでは説明できない．なお，日本と米国との格差についても，新推計の結果は2つの先行研究よりかなり小さい（米国と比較した日本の1人当たり GDP を比較的割高に評価している）ことを確認しておこう.[15]

　2つの先行研究は，1934～1936年における日米間の物価格差に関する Fukao, Ma and Yuan［2007］の結果と，同期間における日本と植民地期朝鮮間の物価格差に関する Fukao, Ma and Yuan［2006］の結果を利用することにより，米国と植民地期朝鮮間の物価格差を算出している．ところで，1934～1936年における日米間の物価格差に関する Fukao, Ma and Yuan［2007］の結果は，1990年から長期遡及を行った場合に間接的（implicit）に推計される物価水準差（1934～1936年の1人当たり名目 GDP の2国間比を長期遡及による当時の1人当たり実質 GDP 比で割ることで算出できる）よりも大幅に日本物価高の結果となっている．このため，歴史的購買力平価法（および複数基準年法）で推計すると，長期遡及で推

---

15)　植民地期朝鮮と台湾・中国の間の格差についても，新推計の結果は，2つの先行研究とかなり異なる（表15.3.1）．この点の吟味については，今後の課題としたい.

計した場合より，日本および植民地期朝鮮と米国との格差が大きいとの結果になるのである．

数量経済史の分野では，長期国際比較において長期遡及法と歴史的購買力平価法（および複数基準年法）のいずれが適切かについては，まだ検討が続いている状況であり，研究者の間で合意は形成されていない．たとえば，最近公表されたMaddison Project Database 2018では，複数基準年法を採用し，戦後の複数のInternational Comparison Program（ICP）の推計年とFukao, Ma and Yuan［2007］をはじめ過去のPPPに関して推計が行われた年については，これらの結果をベンチマークとして用い，ベンチマーク間の年については，実質GDP成長率の情報を加味して内挿することにより推計を行っている．ただし，各国の数量経済史家やマディソンが推計した1人当たり実質GDP系列には，他国との相対的な豊かさや1人当たり実質GDP水準に関する彼らの判断が反映されているのに，複数のベンチマーク年の間について成長率の情報で機械的に内挿を行うMaddison Project Database 2018の方法では，これらの判断の多くがデータベースに反映されない，といった批判が多い．このため，Maddison Projectではこの方法は見直され，当分の間は過去の多くの研究者の判断を反映している長期遡及法に復帰する見通しである．

以上みてきたように，植民地期朝鮮を国際比較の視点から分析する場合，日本との比較については，物価調整の方法にほとんど左右されないことがわかった．一方，米国をはじめ他の諸国との間では，かなり大きな差が生じているが，同様の問題は他の多数の国の間でも生じている．先述したように，この問題をどのように解決するかは研究者の間で合意が得られておらず，Maddison Projectは過去の多くの研究者の判断を反映できる長期遡及法による推計に復帰する見通しである．こ

のため，日本に関する標準的な長期系列（『岩波講座日本経済の歴史』各巻参照）も長期遡及法に基づいている．さらには，Fukao, Ma and Yuan［2007］のように，1935年前後について歴史的購買力平価法を適用する場合，日本の生産と支出で高いシェアを占めた米穀や，日本でも生産が拡大した機械類（日本では，輸入代替や対植民地輸出が進んだが，植民地以外への輸出はほとんど行われず国際競争力を持たなかった），商業・飲食店・旅館業をはじめとするサービス業，等について品質の日米比較をすることがむずかしいなど，様々な課題が残っている．これらの理由により，われわれは長期遡及法を採用することにした．植民地期朝鮮の1人当たりGDPを日本と比較する場合には，物価の国際格差をどのように調整するかで結果はほとんど異ならないものの，米国等他の諸国と比較する場合には，調整方法によって結果がかなり異なることに留意する必要がある．

［Ⅲ］ 植民地期朝鮮における経済成長の趨勢加速

われわれの推計（統計表15.3.4）によれば，植民地期朝鮮全土の人口1人当たりGDPは，1912年において626ドル（1990年国際ドル，以下同様）であった．また北部と南部の人口1人当たりGDPは，1912～1920年平均でみるとほとんど差はなかった．[16] 一家の生活を維持する最低限の人口1人当たり所得（「貧困線」）は1990年国際ドルで評価して約1ドル/日（年間365ドル）であったことから判断すると，[17] 1912年における植民地朝鮮全土の平均的な1人当たりGDPは，すでに最低生活水準より7割以上高かったことになる．[18]

1912年における全土の626ドルという値は，他のアジア諸国と比較すると，同年における日本の1,522ドルの41％にあたり，台湾の671ドルより7

---

16) ただし，植民地期朝鮮内における南北間の物価水準格差については考慮していない点に注意する必要がある．

17) 国際連合の推計による．貧困線について詳しくは，Allen［2016］参照．

18) 貧困の深刻さについて国際比較するには，所得分配状況の違いや気候の寒暖による衣服や暖房の必要性の差異等にも留意する必要がある．

表15.3.2 人口とGDPの年平均増加率：植民地期朝鮮および日本の比較，1912〜1940年

(%)

	植民地期朝鮮全土			植民地期南部			植民地期北部			日本（本土）		
	人口1人当たりGDP増加率	GDP成長率	人口増加率	人口1人当たりGDP増加率	GDP成長率	人口増加率	人口1人当たりGDP増加率	GDP成長率	人口増加率	人口1人当たりGDP増加率	GDP成長率	人口増加率
1912〜1920年	−0.2	0.4	0.6	0.6	1.2	0.6	−1.6	−1.0	0.5	2.6	3.8	1.2
1920〜1930年	2.3	3.6	1.3	2.4	3.6	1.2	2.0	3.5	1.5	1.1	2.6	1.4
1930〜1940年	2.2	3.6	1.5	1.0	2.2	1.2	3.9	5.8	1.9	3.8	4.9	1.1
1912〜1940年	1.5	2.7	1.2	1.4	2.4	1.0	1.7	3.0	1.4	2.5	3.7	1.2

（出所）　統計表15.3.2，統計表15.3.3，統計表15.3.4.

%，インドの水準689ドルより9％低い．一方，1913年における中国の552ドルより13％高かった（出所は図15.3.2と同じ）．中国は国土が広く，揚子江デルタなど豊かな地域も含んでいたことに留意する必要があるが，植民地期朝鮮は，中国全土の平均よりはやや豊かであったと考えられる．

　626ドルという水準を，日本の歴史統計と比較すると（深尾・斎藤・高島・今村［2017］付表3参照），これは1500年と1600年における日本の値599ドル，667ドルの間にあり，明治維新直後の1874年における日本の1,013ドルの62％にあたる．中国の人口1人当たりGDPは1600年には865ドルと推定されており（Broadberry, Guan and Li［2017］），同年における日本の667ドルより30％高い．しかし中国ではその後，清朝の下での人口増加や太平天国の乱・アヘン戦争による混乱等により，1人当たりGDPは下落した．一方日本では，江戸時代後半のプロト工業やサービス業の発展を含め非常に緩やかながら成長が続いた．このため18世紀後半には日本が中国を追い越したと考えられる（高島・深尾・今村［2017］参照）．第1章第1節の李憲昶論文（表1.1.1）では，朝鮮の人口1人当たりGDPについて，暫定的ながら，1800年頃は600ドル（1990年国際ドル，以下同様），1876年頃は580ドルとしている．このことから判断すると，朝鮮と日本の間での分岐も，18世紀以前に起きた可能性がある．

　次に，1912年から1940年の経済成長をみると，表15.3.2にまとめたように，植民地期朝鮮は急速な1人当たりGDPの増加率を達成した．期間中の朝鮮全土の実質GDP成長率（年平均値とし，また増加率は対数値の変化，すなわち対数変化率で測ることにする．以下同様）は2.7％，人口成長率は1.2％で，両者の差に等しい1人当たりGDP増加率は1.5％であった．地域別にみると，後述するように，急速に工業化した北部のほうが実質GDP成長率は高く，南部の2.4％に対して，北部は3.0％であった．[19]

　一方，植民地期に関するわれわれの推計期間の最終年にあたる1940年には，人口1人当たりGDPは，植民地期朝鮮全土で956ドル，北部で1,123ドル，南部で858ドルに達した．植民地期朝鮮全土の956ドルは，1912年の水準より53％高く，日本の1860年代前半頃の値に相当する．また停滞が続いた中国の1938年の水準562ドルよりも70％，インドにおける1940年の水準686ドルよりも39％高い．北部の成長が急速だったため，1人当たりGDPの南北間格差は1940年には31％にも達した．急速な工業化が進んだ北部の1,123ドルという値は，同年の台湾の水準1,115ドルを上回り，日本の1892年の値に相当する（深尾・攝津・中林［2017］）．なお，南北別の人口1人当たりGDPを推計したCha and Kim［2012］Figure 4も，1910年代には南北間で格差がなかったのに対し，1930年代に格差が急速に拡大し，1930年代後半には北部は南部より3〜4割高くなったとの結果を得ている．

　日本の経済成長は，明治期から第2次大戦後の

---

19)　本項では，経済成長率を対数成長率（対数値の差の年平均値）で算出している．

高度成長期まで次第に加速した（「趨勢加速」trend acceleration と呼ばれる．大川・ロソフスキー［1973］参照）．1912～1940年の日本は，第1次大戦時の経済ブームや重化学工業化によって世界的にみても高い経済成長を記録した（年率平均でみて，実質 GDP 成長率は3.7%，人口成長率は1.2%，1人当たり GDP 増加率は2.5%）．同時期における植民地期朝鮮全土の経済成長は，年率平均で実質 GDP 成長率が2.7%，人口成長率が1.2%，1人当たり GDP 増加率が1.5%と，日本ほどめざましいものではなかったが，日本の江戸時代や明治期における経済成長と比べれば，格段に速かった．たとえば，1874年から28年間の日本の1人当たり GDP 成長率は年率0.8%にしかすぎなかった．植民地期朝鮮全土が1912～1940年の28年間で人口1人当たり GDP を626ドルから956ドルに増やしたのに対し，日本は同程度の生活水準の向上を生み出すのに，1500年代半ばから1860年代前半頃まで，3世紀近くを要した（深尾・斎藤・高島・今村［2017］）．経済成長の面では，植民地期朝鮮は，先行国・地域の技術，制度，資本等の導入を通じて高速の成長を遂げる，後発地域としての利益を享受したと考えられる．

次に，解放後における韓国の成長をみると，図15.3.2からわかるように，日本の高度成長期（1955～1970年）と同様に高い成長率を，しかも日本の高度成長開始時期より低い1人当たり GDP 水準の時期（1960年代半ば）から，非常に長期にわたって持続したことがわかる．韓国の1人当たり GDP は，1970～1990年の期間については，日本にほぼ20年遅れて推移したが，その後は長期停滞に陥った日本との差を急速に縮めた．このような成長により，購買力平価換算でみると，韓国の1人当たり GDP は2000年代後半には日本に追いついた．

一方，北朝鮮の人口1人当たり GDP は，統計表15.3.4および図15.3.2からわかるように（詳しい分析については，第3部第14章第3節参照），1960年代までは堅調な成長を達成したものの，その後は増加率が大幅に鈍化して，1980年代半ばに

は中国に凌駕され，ソ連が崩壊した1990年代に入ると大幅な下落とその後の停滞を経験した．

次に1912～1940年に限って，植民地期朝鮮全土および南北の人口1人当たり実質 GDP の動向を，日本のそれと比較しながら，もう少し詳しく見てみよう．図15.3.3は，統計表15.3.4に基づいた，1912年から1940年における1人当たり実質 GDP（1935年価格連鎖，円）の推移を示している．全国平均値の系列だけではなく，南部と北部に分けた系列も示した．また日本の1人当たり実質 GDP（1934～1936年平均価格，円）の推移も示してある．なお，この図では1人当たり実質 GDP 成長の推移に注目するため，これらの系列は先述した日本・朝鮮間の物価水準の格差について調整を行っていない（先にも述べたように，Fukao, Ma and Yuan［2006］によれば，1934～1936年において国内総支出に関するフィッシャー指数でみて，植民地期朝鮮の物価は日本の87%であった．日本・朝鮮間の1人当たり GDP の水準を比較する場合には，格差をこの分だけ縮めて考える必要がある）．この時期の朝鮮の経済発展については，多くの先行研究（たとえば，Kuznets［1977］，Kim and Roemer［1979］，Pilat［1994］参照）にならって，1910年代，1920年代，1930年代に区分して概観する．

図15.3.3からわかるように，日本では，第1次大戦で欧州からアジアへの輸出が途絶し輸入代替や輸出拡大により空前の経済ブームに沸いた1910年代と，円安と軍需拡大で重化学工業化が進んだ1930年代に，1人当たり実質 GDP が大きく増加した（表15.3.2にまとめたとおり，年率平均で，1912～1920年に2.6%，1930～1940年に3.8%の増加）．一方，1920年代には，第1次大戦時のブームの反動や，日本を含め多くの国が第1次大戦中に離脱した金本位制への旧平価での復帰を目指して緊縮的な金融政策を採用したこと等により，1人当たり実質 GDP は停滞した（年率平均で1920～1930年に1.1%の増加）．

植民地期朝鮮全体でみると，1912～1920年における経済成長は，人口1人当たり実質 GDP で年

294 | 記述編 第4部 長期系列

図 15.3.3 人口1人当たり実質GDPの推移：全土・南部・北部（1935年価格，円，連鎖）および日本（1934〜1936年平均価格，円）

(出所) 統計表15.3.4.

率平均（以下同様）0.2％の減少，これに人口成長を加えた実質GDPで0.4％の増加と，日本と比較して格段に低かった（統計表15.3.2参照）．

1910年代には，植民地政府によって，銀行制度（韓国銀行設立は1909年）や「土地調査事業」の実施など，様々な経済・社会制度が導入され，鉄道網（京仁線，京釜線，京義線は1910年以前に開通していた）をはじめインフラストラクチャーの整備が進んだ（Kim and Roemer [1979]，山本 [1992]）．しかし，名目国内総支出に占める総資本形成のシェアは約5％（溝口・梅村編 [1988] 第7表によると，1911〜1919年の平均値は4.7％，金洛年編 [2012] 表I-7によると，1911〜1919年の平均値は4.9％）で，しかもその6割は政府部門によって行われる（山本 [1992] 第4章，表4-4による1913〜1922年の値）など，民間による資本蓄積はきわめて限られていた．

われわれの推計によれば，日本が停滞した1920年代に，植民地期朝鮮ではむしろ経済成長が加速し，人口1人当たり実質GDPは2.3％，実質GDPは3.6％増加した（両者の差は人口成長率に等しい）．この10年間に実質GDPは43％増えたことになる（統計表15.3.2参照）．1920年代の成長を南北で比較すると，実質GDP成長率はほぼ同じであったが，北部は人口増加が著しかった分だけ，人口1人当たりGDPの増加率は南部より低かった．

この時期には，「産米増殖計画」（1920年）・「産米増殖更新計画」（1926年）により農業開発が加速された．また会社の設立を規制していた朝鮮会社令（1910年制令）の廃止（1920年）や日本からの投資増により工場数が急増した（山本 [1988] 表5-4）．1920年代後半には，名目国内総支出に占める総資本形成のシェアも急増した（先に引用し

た山本［1988］および金洛年編［2008］の表を参照）．経済成長加速の背景として，これらの要因が指摘できよう．

1930年代にも，植民地期朝鮮の経済成長は1920年代と同様に急速に成長し，全土でみて人口1人当たり実質GDPが2.2％，実質GDP成長率でみて3.6％と，めざましい成長を達成した．この10年間に実質GDPは44％増えたことになる．とくに北部の実質GDPは10年で1.8倍になった（統計表15.3.2参照）．

この時期の成長加速には，次項で示すように，製造業生産の急増，とくに化学，金属，機械など重化学工業や繊維，衣服・その他，革なめし・馬具生産の拡大が寄与した．その背景として，満洲事変（1931年），日中戦争（1937年開戦）により，日本を中心とする「植民地圏」内で軍需や満洲を中心とした投資財需要が増加し（山本［1989］，深尾・攝津［2017］），植民地朝鮮が基礎資材部門等を担うという新しい要請が生じたこと，本土の経済統制を回避するためセメント，紡績等で日本資本が進出したこと，朝鮮北部の電源・送電網開発により化学肥料生産等が拡大したこと（Pilat［1994］第3章，山本［1992］第4章）が指摘できる．

以上みてきたように植民地期朝鮮は，経済・社会制度の構築やインフラストラクチャー整備が進んだものの明治期日本と同様に経済成長率は低かった1910年代，日本からの投資も含めて民間資本が勃興した1920年代，植民地経済圏内の連携の強化および戦争経済の下で重化学工業化が進んだ1930年代と，次第に経済成長を加速させた．

なお，統計表15.3.1の名目GDPおよび3産業別名目付加価値を，統計表15.3.2の実質GDPおよび3産業別実質付加価値で割れば，植民地期全土，南部・北部について，GDPデフレーターおよび3産業別のGDPデフレーターを計算することができる．植民地全土および南部について，その結果を図15.3.4に示した．なお，パネルAに

は日本本土のGDPデフレーターも比較のため掲載した．またパネルCには，南部と韓国のデータを示した．

植民地期朝鮮全土と日本本土のGDPデフレーターを比較すると，原資料がほとんど異なる2つのデータとは考えられないほど，似た動きをしている．朝鮮では朝鮮銀行券が公私の取引に無制限に通用しており，日本本土の日本銀行券とは別個の貨幣であったが，2つの銀行券は1対1の固定比率で自由に交換できたため（梅村・溝口編［1988］），日本と植民地期朝鮮は同一の通貨圏に属していた．2つの地域の間では，貿易等によって物価水準が緊密に連動していたことがわかる．[20]

日本と同じように植民地期朝鮮でも，第1次大戦中の経済ブーム時に激しいインフレーションが起きた．日本では，第1次大戦後から1931年にかけて，（第1次大戦前の）旧平価での金本位制復帰を目指して物価引下げ政策が採用され，世界的な景気停滞もあって，物価の停滞と下落が起きた（深尾・攝津［2017］）．一方，日本が金本位制を再離脱して管理フロートに移行して円レートを大幅に減価させ，国債の日銀引受けにより政府支出を拡大した（高橋財政）1931年以降，物価が上昇した．なお，このような第1次大戦中と1930年代に物価が上昇し，1920年代に物価が下落するというパターンは，植民地期朝鮮に関する多くの先行研究（たとえば農工業についてSuh［1978］の図1，消費者物価について寺崎［1988］の図6-3，GDPデフレーターについて金洛年［2008］の図12-3）でも報告されている．

植民地期について3産業別の付加価値デフレーターの推移をみると，3産業の物価は，ほぼ同様の動きをしているが，厳しい緊縮政策（井上財政）と世界大恐慌（1929年）により日本で昭和恐慌が起きた1929年末から1931年にかけて，農産物価格が下落したことを反映して，第1次産業のデフレーターは大幅に下落している．

───────────

20）　日本と植民地期朝鮮間の貿易については本書第6章参照.

図 15.3.4 物価水準の推移

パネル A 植民地期朝鮮と日本本土の GDP デフレーターの推移（1935年＝1）

パネル B 植民地期朝鮮の産業別付加価値デフレーター（1935年＝1）

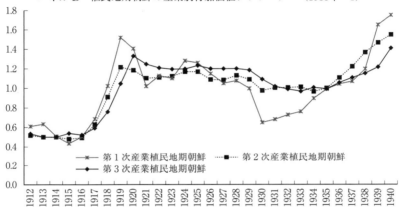

パネル C 植民地期南部・韓国の産業別付加価値デフレーター・GDP デフレーターの推移（1912〜1940年は1935年＝1，1953〜2016年は2010年＝1，縦軸は対数表示）

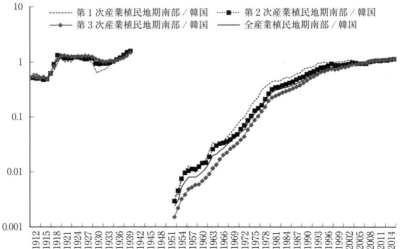

（出所）統計表15.3.1，統計表15.3.2．
（注）脚注10で触れた戦前・戦後接続インフレーターから計算される，植民地期における第1次産業，第2次産業，第3次産業，および経済全体の付加価値デフレーター（1935年＝1）を戦後のそれ（2010年＝1）に接続するためのリンク係数は，147,843，128,536，229,087，165,766それぞれの逆数である．

第15章 戦前戦後の接続 297

植民地期南部と韓国の物価動向を比較したパネルCは，縦軸を対数目盛にしているため，曲線の傾きが物価上昇率の高さを表している．これによれば，植民地期南部における1920年代から1931年にかけてのデフレーションは，戦後韓国が経験したことがないほど深刻なものであったこと，第1次大戦中と1930年代のインフレーションは，朝鮮戦争（1950～1953年）直後の韓国のそれと比較すれば穏やかであるものの，それぞれ1960年代前半および後半のそれにほぼ匹敵するような規模であったことがわかる．

［Ⅳ］ 産業構造と労働生産性の推移

近代経済成長の重要な特徴として，第1次産業から非第1次産業への産業構造の急激な転換と，生産性の急速な上昇が指摘されてきた（Kuznets[1974]）．植民地期朝鮮について産業構造と労働生産性の推移をみてみよう．

図15.3.5は，名目GDPの産業別構成を，植民地期朝鮮全土，北部，南部別に示している．南部については，韓国における推移も示した．後述するように，第1次産業の労働生産性は非第1次産業よりも低いため，1912年において就業者の約8割が第1次産業で働いていたものの（第2章図2.2.2参照），GDPに占める第1次産業のシェアは約6割であった．一方，GDPに占める第2次産業（鉱工業，電気・ガス・水道，建設業）のシェアは，1912年から1940年までの間に南部で6％から23％，北部で5％から40％まで急増した．第2次産業のシェア拡大は，とくに1930年代に生じた．こうして1940年には，GDPに占める第1次産業のシェアは南部で5割，北部で4割まで減少した．また第3次産業のシェアも大幅に低下した．[21]

GDPに占める第2次産業シェアは，このように大幅増加したにもかかわらず，植民地期全土の就業者に占める第2次産業の就業者数は，1940年においても1割に達しなかった（図15.3.6参照）．

これは，初期時点での工業就業者が非常に少なく，しかもGDPに占める第2次産業シェア拡大の大部分が労働生産性の上昇で生み出され，第2次産業の雇用吸収が小さかったためである．

図15.3.6パネルAには，南部・韓国において，1912～1940年と1953～2016年の期間に，全就業者に占める各産業の就業者シェア（縦軸）と人口1人当たりGDP（横軸，1990年国際ドル，対数表示）がどのように推移したかが示してある．第2次産業が大量の雇用を吸収したのは，GDPに占める製造業のシェアが急増した戦後の高度成長期であり（図15.3.5パネルC），第2次産業の就業者数が第1次産業のそれを凌駕するのは，人口1人当たりGDPが5,210ドルに達した1984年のことだった．パネルBには，日本における推移が示してあるが，第2次産業の就業者数が第1次産業のそれを凌駕するには，日本でも戦後まで（1961年）待たねばならなかった．なお，図15.3.6のように，横軸を1990年国際ドルに統一して植民地期南部・韓国と日本を比較すると，就業者の産業構成の推移が2国の間で驚くほど似ていることがわかる．

1930年代に製造業の重化学工業化が進んだ日本でも，戦後の高度成長期と比較して，第2次大戦前における製造業の雇用吸収はそれほど大きくなかった（植民地期朝鮮，韓国，および日本の製造業の内訳については後掲する図15.3.7にまとめた）．これは，1930年代における重化学工業品への需要拡大が，高度成長期と比べて格段に貧弱だったことに主に起因していると考えられる（深尾・攝津[2017, 2018]）．高度成長期には，製造業だけでなくサービス産業や住宅を含めた広範な分野で，資本財に対する膨大な投資需要が生まれたり（大川・ロソフスキー[1973]第6章），家電や自動車など耐久消費財への需要が拡大したりした．また国際競争力の高まりを背景に，機械の輸出も次第に増えた．これに対して1930年代には，国内総支出に占める固定資本形成の割合は高度成

21）　第3次産業には運輸業を含む．

図 15.3.5　名目 GDP の産業別構成

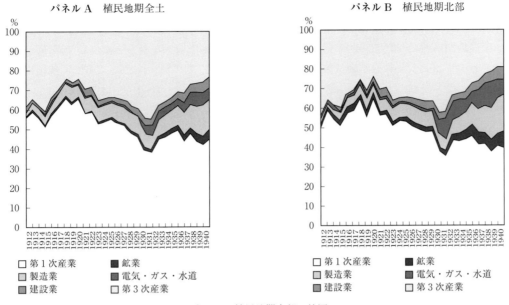

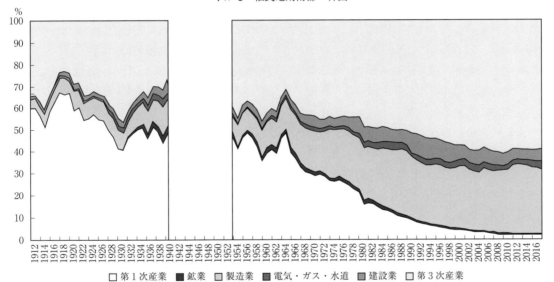

（出所）　植民地期は統計表15.3.1および統計表4.1.1, 4.2.1, 4.3.1, 4.3.3, 4.3.5および金洛年［2008］, 韓国は統計表15.3.1および韓国銀行ホームページ（http://ecos.bok.or.kr/EIndex_en.jsp）を利用した.

長期より大幅に少なく，また国産重化学工業品の国際競争力は弱く，国際的にはブロック経済化が進んでいた．このため，1930年代の重化学工業品への需要は，主に軍需，軍需産業拡大のための資本形成，植民地における資本形成のための輸出，等に限られていた．植民地期朝鮮における第2次産業の雇用吸収の弱さについても，日本と同様の原因が指摘できよう．[22]

GDP シェアや就業構造でみた産業構成の変化は，以上の要因のほか，(1)比較優位の変化と貿易特化，(2)天然繊維から化学繊維への移行や燃料としての木炭から石炭・石油への移行など技術革新

---

[22]　GDPに占める総固定資本形成の割合は，植民地期全土では，1930年代にはそれまでより上昇したとはいえ，約10％にすぎなかった．一方，1960年代半ば以降の韓国では，20〜30％に達した（金洛年［2017］図6）．

第15章 戦前戦後の接続 299

図 15.3.6 人口1人当たり GDP（1990年国際ドル）と産業別就業者数構成比の推移：日韓比較

パネル A 植民地期南部・韓国：1912〜2016年

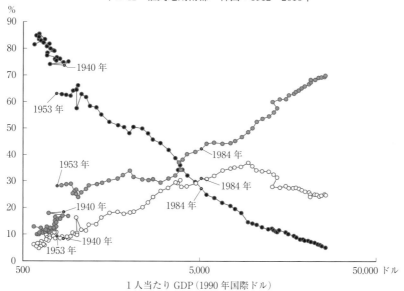

パネル B 日本：1885〜2012年

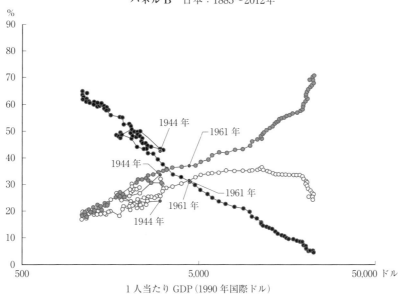

（出所）植民地期南部・韓国の産業別就業者数は，統計表15.3.3．日本の産業別就業者数は，『岩波講座日本経済の歴史』各巻巻末付録の数値を利用して計算した．
（注）就業者数には副業を含む．3産業の分類は，解放前後で同一にしてある．第1次産業は農林水産業，第2次産業は鉱業，製造業，電気・ガス・水道，建設業，第3次産業はそれ以外の産業を指す．横軸は対数表示．

300 | 記述編　第4部　長期系列

表15.3.3　産業別就業者シェアと労働生産性（付加価値/就業者数）の推移：植民地期全土，北部，南部・韓国

植民地期朝鮮	1912年	1920年	1930年	1940年
就業者のシェア				
第1次産業	0.79	0.84	0.77	0.72
第2次産業	0.06	0.06	0.11	0.10
第3次産業	0.15	0.10	0.13	0.18
労働生産性（1935年価格表示，円）				
第1次産業	81	88	101	136
第2次産業	117	206	190	741
第3次産業	338	294	403	344
全産業	122	115	148	234

植民地期北部	1912年	1920年	1930年	1940年
就業者のシェア				
第1次産業	0.75	0.85	0.77	0.69
第2次産業	0.06	0.06	0.11	0.13
第3次産業	0.19	0.09	0.12	0.18
労働生産性（1935年価格表示，円）				
第1次産業	88	86	94	143
第2次産業	110	213	209	910
第3次産業	338	294	403	344
全産業	136	143	143	277

植民地期南部/韓国	1912年	1920年	1930年	1940年	1953年	1970年	1985年	2000年	2015年
就業者のシェア									
第1次産業	0.81	0.84	0.77	0.73	0.63	0.50	0.25	0.11	0.05
第2次産業	0.06	0.06	0.11	0.08	0.09	0.18	0.31	0.28	0.25
第3次産業	0.13	0.10	0.13	0.18	0.28	0.32	0.44	0.61	0.70
労働生産性（1935年価格表示，円）									
第1次産業	78	89	104	133	271				
第2次産業	120	202	179	592	465				
第3次産業	338	294	403	344	280				
全産業	113	116	150	209	291				
労働生産性（2010年価格表示，百万ウォン）									
第1次産業	0.44	0.50	0.59	0.75	1.53	2.31	5.12	11.00	21.75
第2次産業	0.81	1.35	1.20	3.96	3.11	8.94	16.30	42.71	78.33
第3次産業	8.41	7.30	10.03	8.55	6.97	12.53	20.66	35.09	43.41
全産業	1.47	1.22	1.87	2.44	3.20	6.75	15.45	34.68	51.05

（出所）　統計表15.3.2および統計表15.3.4より計算した.

や嗜好の変化による第1次産業の衰退（Chenery, Shishido, and Watanabe［1962］），(3)所得向上につれ食費への消費支出シェアが低下するエンゲル効果，(4)生産性上昇の高い製造業から解放された労働が生産性上昇の低い第3次産業に次第に移動していくボーモル効果など，様々な要因に依存していると考えられる（Dennis and Işcan［2009］）．植民地期南部・韓国と日本における就業者の産業構成推移の類似性は，両国が共に，前近代における稲作を中心とした労働集約的な小規模農家を基盤とした経済から出発していること，稀少な天然資源とパックス・アメリカーナの下で，

安価で質の高い労働を基盤に，機械産業を中心に加工貿易に特化して戦後発展したこと，など経済成長の類似性を反映しているのかもしれない.[23]

次に，労働生産性の推移についてみてみよう．表15.3.3には，植民地期全土，植民地期北部，および植民地期南部について，1935年価格で評価した3産業別実質労働生産性と全就業者に占める3産業のシェアの推移が示してある．下段にはさらに，植民地期南部と韓国を接続した2010年価格で評価したデータと就業者の産業別分布データも載せた．この接続には先述した戦前期の産業別実質値（1935年市場価格表示）を戦後の実質値（2010

---

23)　輸入代替政策，民間貯蓄の振興，インフラストラクチャー整備や重化学工業への資本の集中的な投入など，戦後の韓国で日本と似た経済政策が採用されたことも経済発展の類似性に寄与していよう．ただし韓国は，国の規模が小さいことを反映して貿易依存度が格段に高いなど，日本との違いも指摘できる（Pilat［1994］第5章）．

年韓国価格表示）に換算するためのインフレーターを用いた．

まず植民地期における労働生産性の推移をみると，第2次産業の生産性上昇が突出して高く（1912～1940年に全土では6.4倍），第1次産業における上昇がそれに次ぎ（1912～1940年に全土では1.6倍），第3次産業では全期間でみると労働生産性は停滞していた．

なお，第3次産業の労働生産性データについては，いくつかの深刻な制約があることに注意する必要がある．まず，第3次産業における物価データの入手が困難なため，われわれがこの産業のアウトプットの価格下落や質向上を十分に把握せず，労働生産性の上昇を過小に評価している危険がある．また，第3次産業については全土一括で所得アプローチによって就業者1人当たりの付加価値を推計したため，結果的に南北の労働生産性水準が同一の推計結果になっている．

労働生産性を産業間で比較すると，1912年においては，第1次産業と第2次産業の間の生産性格差はかなり小さかった．同様の現象は近代経済成長の初期段階にあった1874年に関する日本の推計でも確認されている（Fukao et al. [2015]）．この背景として，日本の場合には，明治初期の製造業が，プロト工業に起源を持つ伝統的な食品加工や繊維産業中心であり，農村の女性労働者を中心に農業と副業としての農村工業就労の間で裁定が成り立っていた可能性が高いこと，就業者数に副業を含めて推計を行っていること，等が指摘できる（攝津・Bassino・深尾 [2016]）．1912年の朝鮮に関するわれわれの推計結果についても同様の要因が考えられよう．なお，本書の就業者数データ，すなわち第2章2節の朴推計も副業を考慮に入れている．

近代経済成長の初期には，第1次産業と比較して第2次産業は格段に小さいため，農家による農村工業での副業の推計が，第2次産業における労働生産性の計測結果に大きく影響する．日本・植民地期朝鮮ともに，近代経済成長の初期段階において第1次産業と第2次産業間の生産性格差がき

わめて小さかった可能性は，これまでほとんど行われてこなかった副業の推計で初めて明らかになったといえよう．

なお，1930年頃までの植民地期朝鮮では，第3次産業の労働生産性が第1次，第2次産業と比較して格段に高い．この点については，明治期日本でも観察される（大川・高松・山本 [1974]）．日本の場合には，おそらくは運輸や通信の制約のため，明治期前半には地域間で価格差が残存し，流通業に大きな利潤機会が存在したこと（Miyamoto, Sakudo and Yasuba [1965], Fukao et al. [2015] Appendix 2），江戸時代に整備が遅れ，明治期以降次第に西洋化を目指して政府が急速に導入した公益事業（鉄道，医療，教育，公務等）が高い賃金率と付加価値を生み出したこと，農村工業に起源を持つ多くの小規模工場にとって，情報収集，原材料や資金の調達，販路確保，等の面で流通業や銀行業など第3次産業の寄与が大きかった可能性，等が原因として指摘できよう（深尾・牧野・徳井 [2018]）．なお，第3次産業のアウトプットを計測することの困難さにも留意する必要がある．

第2次産業の労働生産性は，1920年には第1次産業の2倍以上となり，その後，格差は1930年代にさらに拡大したが，第1次産業でも1930年代には労働生産性が上昇した．表15.3.3によれば，第1次産業や第2次産業における労働生産性上昇の半分以上は，1930年代に生じた．また第2次産業における労働生産性上昇は，とくに北部でめざましかった．

図15.3.7に示した製造業の産業内訳からわかるとおり，第2次産業における労働生産性上昇の背景として，1930年代以降に著しかった北部を中心とする重化学工業の拡大や南部における繊維・衣服産業の拡大が指摘できる．また日本では，1910年代から1920年代に電力供給が整備されて食品加工や木製品加工など軽工業を営む小規模工場にも原動力が普及し，これらの産業で労働生産性が大幅に上昇したが（南 [1976]，深尾・攝津 [2017]），植民地期朝鮮における電力普及が，電気化学工業

図15.3.7 製造業名目粗付加価値額の構成：植民地期全土，北部，南部・韓国，日本の比較

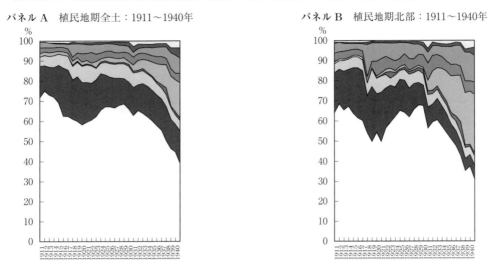

パネル A　植民地期全土：1911～1940年
パネル B　植民地期北部：1911～1940年
パネル C　植民地期南部・韓国：1911～1940年，1970～2016年

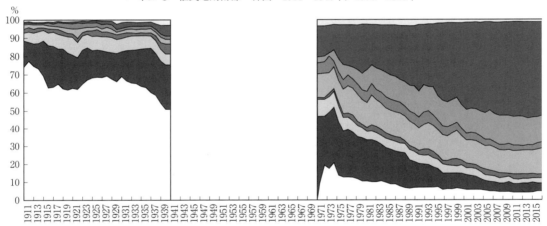

□ 食料品・飲料，たばこ，精米工賃　■ 繊維，衣服・その他，皮なめし・馬具　□ 木製品，パルプ・紙製品，印刷・出版
■ コークス，石油製品　■ 化学製品，ゴム・プラスチック　■ 窯業，土石製品　■ 第1次金属，金属製品　■ 機械　□ その他

パネル D　日本：1874～2008年

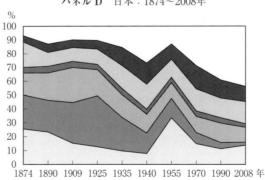

□ 機械　■ 金属製品　□ 化学製品　■ 窯業
■ 製材・木製品，印刷・製本，雑製品
■ 繊維・衣服　□ 食品業

(出所)　植民地期はCD統計表4.2.1．戦後は韓国銀行ホームページ（http://ecos.bok.or.kr/EIndex_en.jsp）の数値から計算した．日本はFukao et al.［2015］から計算した．

以外の製造業でも労働生産性上昇に寄与した可能性がある.[24] 第1次産業における労働生産性上昇の原因としては，化学肥料投入の増加（Suh［1978］表34，p.77）や米の品種改良，[25] 1925年以降の2期作率上昇（山田［1988］）等が指摘できよう.

次に，就業者の産業別分布の推移をみると，先にも説明したように（図15.3.6参照），植民地期における産業構造の変化は，戦後韓国と比較すると格段に緩やかだったが，第1次産業の就業者シェアが次第に減少し，第2次・第3次産業の就業者シェアが増加した．第2次・第3次産業の労働生産性は第1次産業のそれを大幅に上回っていたから（第2次産業は1920年以降），第1次産業から他産業への労働移動は，マクロ経済全体の労働生産性上昇に寄与したと考えられる.

なお，マクロ経済全体の労働生産性上昇については，成長会計分析の結果（代表的な先行研究として車明洙［2008］，Cha and Kim［2012］がある）を使って，要因分解を行うことができる.

成長会計に使われたデータが詳しく報告されている車明洙［2008］の結果を用いると，1911/13年から1938/40年までの朝鮮全土における労働生産性（就業者1人当たり実質 GDP）上昇率2.52%（年率，以下同様，なお表15.3.3にも掲載した本書の推計では1912〜1940年における労働生産性上昇率は年率2.34%であった）への各要因の寄与は，就業者1人当たり労働時間増加の寄与0.68%，資本装備率上昇（労働投入1単位当たりの資本投入増加）の寄与0.78%，土地装備率上昇（労働投入1単位当たりの土地投入増加）の寄与 −0.38%，残差として計算される全要素生産性（TFP）上昇の寄与1.44%であったと考えられる.[26]

この結果によれば，労働生産性（就業者1人当たり実質 GDP）を上昇させた最大の要因は TFP の上昇（労働生産性上昇全体の57%）であり，次いで資本装備率の上昇（31%），就業者1人当たり労働時間の増加（全体の27%）が続いた．労働投入増加率と比べて土地投入増加率のほうが低かったため，土地装備率上昇の寄与はマイナスだった（全体の −15%）．TFP の上昇は，技術進歩や資源配分の向上，労働の質上昇等を反映していると考えられる．産業別の成長会計を行って，マクロ経済全体の TFP 上昇1.44%を要因分解した車明洙の分析によれば，各産業内における TFP 上昇の寄与の合計が0.64%で，残りの0.80%は生産性の低い農業から他産業に労働が移動したことに起因するという.[27] 成長会計分析の結果からも，第1次産業からそれ以外の産業への労働移動が，経済成長に重要な寄与をしたことがわかる.

（深尾京司・原康宏）

---

24) 1911年から1941年までに，電力需要家は16戸から7万戸へ増加した（朴基炷・朴二澤［2008］p.127）.

25) 速水・山田［1967］が主張したように，日本の場合には品種改良の斡旋，農事試験場の普及，篤農家の自発的貢献など，政府・民間双方による社会資本増進的な動きの貢献も無視できなかったと考えられる．しかしこれらは，植民地期朝鮮ではおそらく繰り返す必要はなかったであろう.

26) 車明洙［2008］の成長会計分析では，実質 GDP の成長率 $\Delta Y/Y$ を以下のように分解している.

$$\Delta Y/Y = \Delta A/A + \alpha \Delta N/N + \beta \Delta K/K + (1-\alpha-\beta)\Delta T/T$$

ただし，$\Delta A/A$ は全要素生産性の増加率，$\Delta N/N$ は労働投入の増加率，$\Delta K/K$ は資本投入の増加率，$\Delta T/T$ は土地投入の増加率，α は労働分配率，β は資本分配率である．労働投入の増加率は，就業者数の増加率 $\Delta L/L$ と就業者1人当たり労働時間の増加率 $\Delta H/H$ の和として計算されている．上式両辺から就業者数の増加率 $\Delta L/L$ を引いて整理すると次式を得る.

$$\Delta Y/Y - \Delta L/L = \Delta A/A + \Delta H/H + \beta(\Delta K/K - \Delta N/N) + (1-\alpha-\beta)(\Delta T/T - \Delta N/N)$$

この式と車明洙のデータを用いて，労働生産性の上昇を分解した．なお，車明洙［2008］は，1922年と1942年における工場労働者の平均労働時間のデータを用いて，労働時間の増加率を推計している.

27) この0.64%と0.80%には共に，労働の質上昇の寄与が混入している可能性がある．しかし，本巻第9章および金洛年［2017］の分析によれば，植民地期後期に初等教育の就学率は上昇し始めているものの，生産年齢人口全体の平均教育年数の上昇はきわめて緩慢であり，人的資本形成の日本への本格的キャッチアップは戦後にスタートしたという．このことから判断すると，労働の質上昇の寄与は大きくないと考えられる.

4　地域間経済格差と産業構造

　本節では，植民地期朝鮮における道別の GDP にあたる道内総生産（Gross Provincial Product, 以下では GPP と略記する）や，産業構造，就業者数のデータを用いて，植民地期ならびに解放後韓国における地域間経済格差がどのように推移したか，変動の原因は何であったかを分析する.[28]

　まず第Ⅰ項で，利用するデータについて説明した上で，人口1人当たり GPP の道間格差の推移を概観する. 次に第Ⅱ項では，道別・産業別労働生産性データを用いて，地域間経済格差変動の原因を調べてみる.

［Ⅰ］　地域間経済格差の推移

　第3章と第4章で説明したように，本書では第1次・第2次産業について生産面アプローチで付加価値を推計したが，原データのほとんどは道別に得られるため，その際，道別の値も推計した. また第2章の人口と労働力の推計においても，道別の値を推計した. これらの結果のうち，ベンチマーク年（1913, 1920, 1930, 1940年）に関する推計を統計表15.4.1から統計表15.4.4にまとめた. 年次データは本書付属の CD-ROM に収録した. なお，もともとの道別推計は1912年から行ったが，1910年代前半の植民地統計には様々な問題があり，われわれは様々な補間，過去への外挿で推計を行っている. このため，ベンチマーク年は比較的信頼できるデータが得られる1913年から開始することとし，以下の分析もこの年を起点に行った. なお，戦後データとの接続可能性を考慮して，本章第2節で説明した方法により京畿道と江原道は南北分割して推計した.

　統計表15.4.1は，植民地期ベンチマーク年における道別産業別名目付加価値である. 本巻では，植民地期における第3次産業の付加価値については，生産面アプローチではなく所得アプローチで

推計したため，付加価値に関する道別のデータが利用できない. このため，道別の第3次産業名目付加価値については，第5章で推計した第3次産業の名目付加価値（全国値）を第2章で推計した第3次産業就業者数の道別構成比で分割して推計した. われわれの推計では，第3次産業の労働生産性（付加価値／就業者数）は，すべての道で同一となることに注意する必要がある.

　統計表15.4.2は，道別産業別実質付加価値（1935年価格）である. 本書の第3章，第4章，第5章で求めた実質付加価値額を道別産業別に合計した結果である. 道内総生産は，3産業の合計値として算出した. マクロデータと比較すると道別・産業別データの信頼性が低いこと，および道の合計値が全国合計と一致するようにしたいことのため，連鎖方式では推計せず，3産業の単純合計値とした. この違いにより，全国および南北それぞれに関する道内総生産の集計値は，統計表15.3.2のラスパイレス年次連鎖数量指数とは一致しない.

　統計表15.4.3には，第2章で利用した産業別就業者に関するデータの道別版を利用して推計した，道別産業別就業者数を掲載した. 第2章と同様に副業を考慮している.

　統計表15.4.4は，第2章で利用した人口データの道別版を利用して推計した，道別人口である.

　統計表15.4.5から統計表15.4.8は，韓国における道別産業別名目粗付加価値，実質粗付加価値，就業者数，総人口である. これらのデータは，表鶴吉・李謹熙［2018］から得た. 統計表における産業分類は，植民地期においては，第1次産業：農林水産業，第2次産業：鉱工業，電気・ガス・水道，建設業，第3次産業：その他の産業，であり，解放後は第1次産業：農林水産業，鉱業，第2次産業：製造業，第3次産業：その他の産業

---

28)　植民地期朝鮮の道別産業別付加価値や就業者，人口を推計した先行研究として，金洛年［2008］，金洛年編［2012］がある.

（電気・ガス・水道，建設業を含む）である．植民地期と解放後では，一部産業分類が異なる個所があるので注意が必要である．

表鶴吉・李謹熙［2018］は，1984年以前について，第1次，第2次，第3次産業それぞれの中では，労働生産性は道間で同一と仮定し，道別の各産業における就業者数に，韓国経済全体のデータから算出した全国共通の道別労働生産性を掛けることによって，道別産業別名目粗付加価値を推計している．このため地域間経済格差に関する以下の分析では，産業構造変化による地域間経済格差の変動（たとえば生産性の高い第2次産業が豊かな地域に集中することによる地域間格差の拡大）についてはある程度捉えているものの，同一産業内の労働生産性格差の変化による地域間経済格差の変動（たとえば京畿道における第3次産業の高付加価値化）は無視していることに注意する必要がある．なお，表鶴吉・李謹熙［2018］における付加価値に関するデータのうち，1953〜1984年までは「韓国銀行」のデータを，1985年以降は「韓国統計庁」のデータを利用して推計している．韓国銀行と統計庁のデータを比較すると相違がみられるが，同上論文ではデータ間の相違は調整せずに推計を行っており，1984年以前と1985年以降のデータの接続性は考慮していない点にも注意する必要がある．

これらのデータを用いて，植民地期朝鮮および韓国において，地域間経済格差がどのように変化したのかをみてみよう．図15.4.1は，植民地期全土（パネルA）と植民地期南部・韓国（パネルB）について，道別の人口1人当たり名目道内総生産（GPP）の変動係数（標準偏差を平均値で割った値）の推移を示している．変動係数は，人口をウェイトとして加重した値とした．[29] なお，植民地期については，南部内での格差に関する変動

係数の計算では，京畿道と江原道の南部を独立した地域としているのに対し，植民地期全土の変動係数の計算では，この2つの道についてそれぞれ道全体の値を用いた．

先にも述べたように，データの制約のため，植民地期については，第3次産業における労働生産性が全道で同一と仮定している．実際には，豊かな道ほど貧しい道と比べて第3次産業の労働生産性が高いと考えられるから，われわれは植民地期の地域間経済格差を過小に評価している危険性がある．一方，解放後1984年までについては，労働生産性が全道で同一と仮定している．道別・産業別労働生産性統計が利用できる1985年について，この仮定の影響を評価してみると，後掲する表15.4.2に示すとおり，確かに第1次産業や第3次産業では人口1人当たりGPPが高い地域ほど労働生産性が高いものの，第2次産業ではむしろ，貧しい地域のほうが豊かな地域よりも労働生産性が高い．これは，戦後韓国の高度成長において，1960年代後半から1970年代前半に現代自動車の蔚山工場（慶尚南道）や浦項製鉄所（慶尚北道）が操業を開始するなど，首都圏から遠隔地で重化学工業が進んだためと考えられる．この相殺効果のため，図15.4.1パネルBの変動係数の推移をみても，推計方法の異なる1984年と1985年の間に目立った断層は生じていない．

図15.4.1パネルAで，植民地期全土における変動係数の推移をみると，1920年代末までは，ほぼ横ばいで推移するものの，それ以降は変動係数が急速に上昇しており，格差が拡大したことがわかる．格差拡大は，北部が牽引した．一方，植民地期南部においては，変動係数の上昇は比較的小さかった（パネルB）．南部・韓国を通してみると，朝鮮戦争後の復興期から5・16軍事クーデター（1961年）の頃までは地域間格差が縮小した．

---

29) 人口加重変動係数は，次式で算出している（Williamson［1965］）．

$$CV = \frac{\sqrt{\sum_r \frac{N_r(y_r - y)^2}{N}}}{y}$$

ただし，y_rは道rの人口1人当たり名目GPP，yは植民地期全土，北部，南部および韓国の人口1人当たり名目GDP，N_rは道rの人口，Nは植民地期全土，北部，南部および韓国の人口を表す．

図 15.4.1 道別にみた名目道内総生産（GPP）に関する人口加重変動係数の推移：植民地期全土および南部・韓国

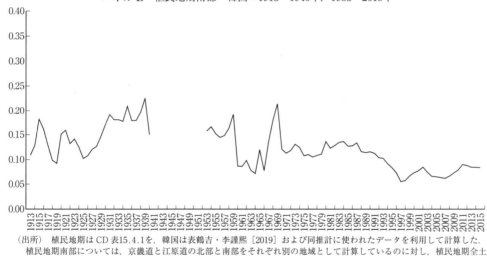

（出所）　植民地期は CD 表15.4.1を，韓国は表鶴吉・李謹熙［2019］および同推計に使われたデータを利用して計算した．植民地期南部については，京畿道と江原道の北部と南部をそれぞれ別の地域として計算しているのに対し，植民地期全土については，この２つの道について，それぞれ道全体の値を用いて計算している．

しかし，「漢江の奇跡」と呼ばれる高度成長が本格化した1960年代半ばから（図15.3.2参照），地域間経済格差は大幅に拡大した．その後1970年より格差は急落し，1980年代以降1990年代末まで，地域間格差は緩やかに縮小してきた．先にも述べたように，われわれは植民地期について，地域間経済格差を過小に評価している可能性が高い点も考慮すると，南部・韓国では，1930年代と比較して1990年代以降は，地域間経済格差が大幅に低くなったと判断される．

なお，図15.4.1パネル B によれば，1950年代末から1960年代にかけて，変動係数が激しく上下しているが，その原因の１つとして，この時期，第１次産業と第２次産業のデフレーターの相対比が大きく変動している（図15.3.4パネル C 参照）ことが指摘できる．

経済発展に伴って地域間経済格差が最初拡大し，やがて格差が縮小していくとの仮説は，「クズネッツの逆 U 字仮説」と呼ばれ，他の多くの国でも観察されてきた．この仮説について説明し，他の諸国の経験と南部・韓国のそれを比較してみよう．

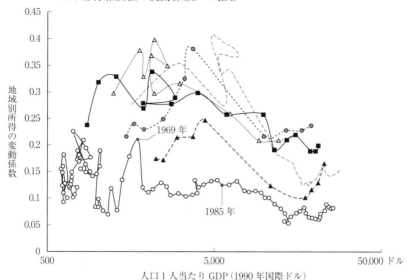

図15.4.2 欧米，日本および植民地期南部・韓国における経済発展（人口1人当たりGDP，1990年国際ドル）と地域間経済格差（各地域の人口1人当たり総付加価値の変動係数）の推移

（出所）植民地期南部および韓国の年次データはCD表15.4.1に収録した．他の諸国のデータの出所については，Fukao et al. [2015] の図2.6および図2.7参照．
（注）横軸は対数表示．

　Kuznets [1955] は，資本やエネルギー集約的で生産にしばしば労働者の熟練を要する製造業や近代的なサービス産業の拡大に支えられた近代経済成長の過程では，一国内の個人間所得分配は，初期段階では不平等化が進み，経済がいっそう成長すると，やがて不平等がある程度解消していく可能性が高いと指摘した．初期段階では，先進的な技術や組織を導入した製造業やサービス産業の就業者が高い労働生産性を反映した高賃金を享受する一方，農業など伝統的な産業に残った人々は所得が低いままであるため，個人間の所得格差が拡大する．しかし，経済成長がさらに進み，ほとんどの労働者が近代的な製造業・サービス産業で働くようになると，すなわち産業構造が高度化すると，このような所得格差は小さくなっていく．このとき，長期時系列データで，縦軸に所得分配の不平等の程度，横軸に時間または経済発展の程度を測ると，図は逆U字型となる．

　クズネッツは逆U字仮説を，主に一国内での個人間所得分配に関して展開したが，伝統部門の縮小は，先進的な地域から後進的な地域へと次第に広がる傾向があるから，地域間の経済格差についても，クズネッツの考えたメカニズムで逆U字型の推移を説明することができる（Williamson [1965], Fukao et al. [2015]）．図15.4.2は，欧米諸国，日本，植民地期南部・韓国について，経済発展（人口1人当たり実質GDPの対数値で測っている）の進行につれて地域別所得の変動係数がどのように推移してきたかを示しているが，米国大恐慌時における地域間経済格差の急拡大のように，例外的な時期はあるものの，多くの国で地域間経済格差の推移が概ね逆U字を描いていることが確認できる．人口1人当たりGDP（1990年国際ドル）がおおよそ5,000ドル弱になるまでは（日本では1963年に5,000ドルを超えた），経済成長につれて地域間格差が拡大し，それ以降は格差が縮小する傾向があった．なお，多くの国で20世紀末以降，地域間格差がふたたび拡大する傾向がみられる点も興味深い．これは，金融・保険，広告，情報通信，本社機能など，顧客との緊密な情

報交換が重要な，都市型の対事業所サービスが近年拡大したことに起因している可能性がある（Fujita and Tabuchi［1997］，徳井ほか［2013］）.

図15.4.2に描いた植民地期南部・韓国の動きをみると，朝鮮戦争後の復興期に地域間格差が一時的に縮小したものの，1960年代に地域間経済格差が急上昇し，また人口1人当たりGDP（1990年国際ドル）が5,000ドルを超えた1983〜1984年頃より格差が次第に縮小した現象は，他の諸国の経験と似ている．また，他の諸国と同様に韓国でも1990年代末以降，格差縮小の停滞が観察される．ただし，韓国の変動係数は1970年に大幅に下落した後，人口1人当たりGDP（1990年国際ドル）が5,000ドルに達した時期（1983〜1984年）を過ぎ，格差収束がストップする1990年代末に至るまで，他国より大幅に低い状況が続き，特異な動きをしている．この特異な動きのうち1984年以前については，GPP推計において同一産業内で労働生産性が同一と仮定していることに一部起因した可能性があるものの，[30]先にも述べたように，重化学工業化が首都圏から遠い朝鮮半島の東海岸でも活発に進んだことにも起因していると考えられる.

［II］　産業構造変化と地域間経済格差

前項で見たように，植民地期朝鮮では地域間格差が拡大し，また韓国では1970年代以降，格差が縮小した．この変化は，クズネッツの逆U字仮説として説明したように，近代経済成長に伴う産業構造の変化によって引き起こされたのだろうか．以下では，道別の産業構造と産業別労働生産性の情報を用いて，この点を確認してみる.

労働生産性に直結した分析を行うため，本項では地域間格差を労働生産性（就業者1人当たりGPP）で測ることにする．これは，前項で使った人口1人当たりGPPに人口・就業者比率を掛けた値に等しいが，人口・就業者比率は地域間で大差がないため，労働生産性の変動係数の動きは，

人口1人当たりGPPの動きときわめて似ている．また，同一時点の道間で比較しても，労働生産性と人口1人当たりGPPの相関係数は，1913年で0.87，1940年で0.97ときわめて高い．したがって，地域間経済格差を人口1人当たり労働生産性で測っても，労働生産性で測っても，分析結果に大きな差は生じないと考えられる.

図15.4.3は，ベンチマーク年について，労働生産性の地域間格差がどのように変化したかを示している．格差の動向をみるため，縦軸を各道における名目労働生産性（就業者1人当たり名目GPP）を名目労働生産性の全国平均値で割った値（名目GPPの総計を就業者の総計で割って算出した）とし，1913年における労働生産性が高い順に，左から並べてある．1930年以前のベンチマーク年においては，京畿道が最も労働生産性が高かった.

先に植民地期全土について人口1人当たりGPPの変動係数の推移についてみたのと同様に（図15.4.1.パネルA），労働生産性の地域間格差は1930年より前は比較的小さく，それ以降拡大した．1913年において最も労働生産性が高かった3道のうち，京畿道や慶尚南道は，1930年までは全国平均と比較してさらに豊かになった．1930年代には，日本窒素肥料の工場がいくつも開設された咸鏡南道と，満洲への最短路として開発が進められた咸鏡北道における労働生産性上昇が著しく，これら2道の労働生産性が最も高くなった．第2章でもみたように，植民地期朝鮮における鉱工業就業者のシェア拡大は北部を中心に進行し，これにより南北格差が拡大した.

表15.4.1パネルAは，各ベンチマーク年について，人口シェアがそれぞれ約50％（20％）となるように朝鮮全体を（人口1人当たりGPPを基準に）豊かな道と貧しい道の2グループに分け，産業別に2グループ間の名目労働生産性（労働者1人当たり粗付加価値）を比較している．京畿道は，1930年まではトップ20％グループにいるものの，他の道については，各ベンチマーク年におい

---

30)　また，変動係数の水準は地域区分の単位や国の大きさにも影響されることに注意する必要がある.

第15章 戦前戦後の接続 309

図 15.4.3 名目労働生産性の道間格差の推移：1913～1940年

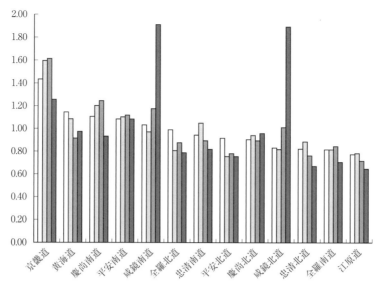

(出所) 統計表15.4.1および統計表15.4.3.
(注) 縦軸は，各道における名目労働生産性（就業者1人当たり名目 GPP）を名目労働生産性の全国平均値で割った値（なお，各道労働生産性の全国平均値は，名目 GPP の総計を就業者の総計で割って算出した）．各道は，1913年における名目労働生産性が高い順に左から並べてある．

表 15.4.1 産業別労働生産性と産業別就業者シェアの地域間格差：人口1人当たり付加価値でみたトップの道（50％ないし20％）とボトムの道（50％ないし20％）間での比較，全土，1913～1940年

パネル A　産業別労働生産性格差：全土，1913～1940年

	1913年	1920年	1930年	1940年
	トップ50/ボトム50	トップ50/ボトム50	トップ50/ボトム50	トップ50/ボトム50
第1次産業	1.21	1.41	1.16	1.32
第2次産業	1.52	1.47	1.78	1.59
第3次産業	1.00	1.00	1.00	1.00
全産業	1.23	1.40	1.41	1.63
	トップ20/ボトム20	トップ20/ボトム20	トップ20/ボトム20	トップ20/ボトム20
第1次産業	1.56	1.66	1.46	1.86
第2次産業	2.68	2.06	1.44	1.83
第3次産業	1.00	1.00	1.00	1.00
全産業	1.58	1.61	1.76	2.20

パネル B　産業別就業者シェアの比較：全土，1913～1940年

	1913年		1920年		1930年		1940年	
	トップ50	ボトム50	トップ50	ボトム50	トップ50	ボトム50	トップ50	ボトム50
第1次産業	80	84	81	87	72	81	63	80
第2次産業	6	5	7	5	12	9	14	7
第3次産業	14	11	12	8	15	10	23	14
	トップ20	ボトム20	トップ20	ボトム20	トップ20	ボトム20	トップ20	ボトム20
第1次産業	77	85	81	86	64	84	48	78
第2次産業	7	5	6	5	17	6	19	7
第3次産業	16	10	13	9	19	10	33	15

て各グループを構成する道の内訳が，しばしば変化している．

トップ50％とボトム50％のグループ間で全産業平均の労働生産性を比較すると，その比率は1913年から1920年にかけて大幅に上昇したあと，1940年に1.63倍へとさらに上昇している．トップ20％とボトム20％のグループ間で全産業平均の労働生産性を比較すると，その比率は1920年から1930年

表15.4.2 産業別労働生産性と産業別就業者シェアの地域間格差：人口1人当たり付加価値でみたトップの道（50％ないし20％）とボトムの道（50％ないし20％）間での比較，植民地期南部・韓国，1913～2015年

パネル A 産業別労働生産性格差：植民地期南部・韓国，1913～2015年

	1913年	1920年	1930年	1940年	1960年	1970年	1985年	1990年	2000年	2010年	2015年
	トップ50/ボトム50	トップ50/ボトム50	トップ50/ボトム50	トップ50/ボトム50	トップ50/ボトム50	トップ50/ボトム50	トップ50/ボトム50	トップ50/ボトム50	トップ50/ボトム50	トップ50/ボトム50	トップ50/ボトム50
第1次産業	1.32	1.39	1.17	1.12	1.00	1.00	1.37	1.93	1.29	1.11	1.25
第2次産業	2.03	1.58	2.53	1.13	1.00	1.00	0.60	0.60	0.65	1.55	0.90
第3次産業	1.00	1.00	1.00	1.00	1.00	1.00	1.19	1.25	1.24	0.92	1.13
全産業	1.31	1.41	1.44	1.31	1.14	1.36	1.28	1.19	1.11	1.16	1.07
	トップ20/ボトム20	トップ20/ボトム20	トップ20/ボトム20	トップ20/ボトム20	トップ20/ボトム20	トップ20/ボトム20	トップ20/ボトム20	トップ20/ボトム20	トップ20/ボトム20	トップ20/ボトム20	トップ20/ボトム20
第1次産業	1.39	1.82	1.72	1.42	1.00	1.00	1.62	2.00	1.46	1.19	1.20
第2次産業	2.85	3.10	2.60	1.32	1.00	1.00	0.52	0.68	0.51	1.22	1.40
第3次産業	1.00	1.00	1.00	1.00	1.00	1.00	1.16	1.26	1.26	1.06	1.07
全産業	1.47	1.96	2.17	1.74	1.42	1.54	1.52	1.34	1.21	1.25	1.28

パネル B 産業別就業者シェアの比較：植民地期南部・韓国，1913～2015年

	1913年		1920年		1930年		1940年		1960年		1970年		1985年		1990年		2000年		2010年		2015年	
	トップ50	ボトム50	トップ50	ボトム50	トップ50	ボトム50	トップ50	ボトム50	トップ50	ボトム50	トップ50	ボトム50	トップ50	ボトム50	トップ50	ボトム50	トップ50	ボトム50	トップ50	ボトム50	トップ50	ボトム50
第1次産業	80	84	82	87	74	79	64	80	61	73	30	67	13	44	4	29	5	17	8	6	2	10
第2次産業	6	5	7	6	10	11	11	6	7	6	21	9	30	18	34	22	22	18	21	16	17	18
第3次産業	14	11	12	7	16	10	25	14	31	21	48	24	56	37	62	49	73	64	71	78	81	72
	トップ20	ボトム20	トップ20	ボトム20	トップ20	ボトム20	トップ20	ボトム20	トップ20	ボトム20	トップ20	ボトム20	トップ20	ボトム20	トップ20	ボトム20	トップ20	ボトム20	トップ20	ボトム20	トップ20	ボトム20
第1次産業	78	85	72	85	61	83	47	78	38	73	21	73	9	32	4	39	2	25	7	14	9	13
第2次産業	7	6	8	7	14	7	18	7	11	7	23	7	32	9	34	14	23	10	21	15	19	14
第3次産業	15	9	19	8	24	10	35	15	51	20	56	20	59	59	62	47	75	65	72	70	73	73

（注）第1頁で説明したとおり，本節での産業分類は，植民地期においては，第1次産業：農林水産業，第2次産業：鉱工業，第3次産業：その他の産業（電気・ガス・水道，建設業を含む）となっている。解放後は，第1次産業は，農林水産業，鉱業，第2次産業：製造業，第3次産業：その他の産業（電気・ガス・水道，建設業）となっている。

にかけて1.61倍から1.76倍へと上昇した後，1940年に2.20倍へと急増した．

一方，グループ間で各産業の労働生産性を比較すると，各産業内の労働生産性格差は増減を繰り返しており，明確な上昇トレンドは観察されない．

表15.4.1.パネルBは，トップ50％（20％）とボトム50％（20％）のグループ間で，産業別の就業者シェアを比較したものである．トップ50％，トップ20％ともに，1920～1930年および1930～1940年ともに，第1次産業の就業者シェアが急減し，第2次産業，第3次産業の就業者シェアが上昇したことがわかる．

以上の分析結果をまとめると，トップグループにおいて第1次産業の就業者シェアが減少し，第2次産業，第3次産業の就業者シェアが増加したことが，格差拡大を主導した．

クズネッツの逆U字仮説として説明したように，一部の地域で先行して産業構造が高度化することにより，経済格差が拡大するとの指摘がある．日本の場合には，明治期後半において第2次産業や第3次産業が豊かな府県に集中し，地域間の経済格差が拡大した（深尾・牧野・攝津［2018］）．植民地期朝鮮においても，1920～1940年にこのような変化が生じたといえよう．

最後に，南部・韓国内における地域間格差の推移の源泉をみてみよう（表15.4.2参照）．なお，第I項で説明したとおり，本節で用いる道別産業別データは，期間によって産業分類が異なる点に注意が必要である．

まず植民地期については，トップとボトムの全産業計の労働生産性格差は，どちらも1913年から1930年にかけて上昇した後，1930～1940年には減少した．これは，江原道南部などボトムグループで，第2次産業の労働生産性が上昇した影響が大きい．一方，産業構造については，トップグループにおける第1次産業就業者シェアの縮小が，一貫して格差拡大に寄与した．

解放後については，1984年以前は同一産業内では労働生産性はすべての道で同一と仮定して推定していることに注意する必要があるが，推定されたトップグループとボトムグループ間の労働生産性格差は1960年から1970年にかけて拡大した．これは，トップグループにおいて第1次産業の就業者シェアが急落し，第2次・第3次産業の就業者シェアが上昇したことによる．

一方，1985年以降2000年までは，トップグループとボトムグループ間の労働生産性格差は縮小を続けた．その原因として，この時期，ボトムグループにおいて第1次産業から第2次・第3次産業への労働の移動が急速に進んだこと，先にも述べたように重化学工業の貧しい地域での拡大により，第2次産業については，ボトムグループのほうがトップグループよりも労働生産性が高くなったこと，が指摘できる．

以上の分析から，豊かな地域で先行し，やがて貧しい地域に波及する産業構造の高度化が，植民地期における格差拡大と，戦後韓国における格差縮小を主に生み出したことがわかった．なお，1980年代半ばから2000年までの韓国では，重化学工業の地方での展開をおそらく反映して，豊かな地域よりも貧しい地域のほうが第2次産業の労働生産性がむしろ高くなるという興味深い現象が起きた．このことが，当時の韓国における，変動係数で測った地域間格差を，欧米諸国や日本が，かつて（人口1人当たりGDPでみて）同程度の経済発展レベルであった際に経験した地域間格差と比較して，小さくした可能性がある．

（深尾京司・原康宏）

Asian Historical Statistics: Korea
(Abstracts)

Introductory Chapter The Aims and Contents of the Present Volume[1]

Konosuke ODAKA and Osamu SAITO

This volume presents a compilation of long-term macroeconomic statistics for the nation(s) on the Korean Peninsula in an accessible manner. The annual time series statistics in this volume, focusing on the 1911–2010 period, resulted from a data collection project and the subsequent assessment, correction, integration, and interpolation of the data collected. The authors have attempted to make the statistical information in this volume inter-regionally and inter-temporally comparable by adopting internationally accepted methods and standards, such as the System of National Accounts (SNA).

The statistical information presented here covers population and labor force; production estimates in the primary, secondary, and tertiary industries (in both nominal and real terms); education; foreign trade; capital stock and capital formation; and gross domestic product (GDP). The statistics are drawn from four major political eras: the final decades of the Korean kingdom, colonized Korea, the Republic of Korea (South Korea), and the Democratic People's Republic of Korea (North Korea). And, as much as possible, population and production statistics cover data pertaining to regional divisions within the national boundaries.

Information concerning national expenditures is not covered in the present volume, partly because colonial statistics have already been estimated in Umemura and Mizoguchi's 1988 volume.

The statistical figures in the volume have been subjected to careful examination as to the validity of original information and the conceptual consistency over time (especially with respect to the definition and classification of industry and/or product). The original source of information is mostly the statistical bureau of the central government on both federal and regional levels. In cases where statistical figures fail to agree from one source to another (or from one year to another), the newest version of the figures has been adopted. With regard to missing values, effort has been made to distinguish (a) the case where the data are nonexistent, from (b) the case where the data are for some reason missing; and, in the case of (b), the missing information has been filled either (b-1) by assuming that the true value followed closely the movements of data of similar kind, or (b-2) by interpolation (or extrapolation).

In using the statistical tables in the present volume as well as the attached CD-ROM, the reader should know that (i) a blank space means that the original datum is nonexistent, and (ii) the value zero (0) indicates that the (original or estimated) value is so small that it fails to reach the decimal point.

---

1) The subsequent section of this introductory chapter contains Japanese summaries of the respective chapters (and sections) of the present volume.

Part 1   Korea under Colonial Rule

Chapter 1   Historical Records and the Statistical System

(1.1)   Korean Economy before Colonization: Historical Records and Economic Performance

Hun-Chang LEE

This chapter sets out quantitative estimates of major economic variables and their narrative interpretations for Korea before its colonization in 1910, based on a considerable amount of economic and statistical records of the Chosŏn (Joseon) dynasty (1392-1897) and the short-lived Korean Empire (1897-1910). The population in Korea was roughly estimated as 5.5 million in the year 1392, and accurately estimated as 17 million in the year 1910. During the dynastic period of 1392 to 1910, agricultural production increased about threefold, the market and industry grew, institutions developed, and human capital accumulated. Based on these facts, it is estimated that GDP increased roughly threefold. The average annual growth rate for both population and economy was 0.2%, and average Korean living standards did not change significantly, remaining at the absolute poverty level during this time.

The relation between population and food basically determined the economic cycles during the Chosŏn dynasty, as in other preindustrial countries. In the 15th century, population and agricultural production grew quickly. The newly established Chosŏn dynasty had restored peace on the borders and developed an institutional infrastructure, which led to increases in the amount of land under cultivation. In the 16th century, a time of economic depression, living standards fell and population growth slowed; land reclamation had reached its limit, and population pressure appeared. After suffering wars in 1592-1598 and 1636 and a decline in population, the economy and population grew quickly again in the 17th century, owing to a number of factors: recovery from the wars, a boom in international trade, reform of the tax system, an increase in land productivity, and the use of copper coins as currency. Population growth and the economy slowed in the 18th century, and living standards fell again because of population pressure and a breakdown in the tax system in the early and middle 19th century. These financial fluctuations correspond to the dynastic economic cycles.

Among Asian countries in the 18th century, Korea had a high population density and periodic markets, and a low urbanization ratio. This high population density meant a high level of agricultural technology. Korea also had high levels of institutional development, including property rights, and human capital accumulation in terms of education and records. While Korea's market development fell behind that of Japan and China, the three East Asian countries' agricultural technology, institutional development, and human capital accumulation do not seem to have been significantly different.

Korea's economy in the 19th century reached its limits in terms of preindustrial growth, which led in 1876 to the opening of trade with industrialized nations. With the exception of Japan, no other Asian country experienced the expansion of international trade, the economic growth rate, and the diffusion of modern culture more rapidly than Korea after the opening of the ports. However, a low level of market development and weak government finance became serious obstacles to an independent pursuit of modernization. Although Korea did not accumulate economic and social capabilities to begin modern economic growth before colonization, the modest level of capabilities helped Korea to begin sustained growth of about 3% per annum in the early years of the colonial period. The achievements in the dynastic period, the period immediately after the opening of the ports, the colonial period, and the period after liberation from colonial rule had gradually built the foundation for the high economic growth after the 1960s.

(1.2)   The Statistical System of the Colonial Period

Yoon Seock LEE

The pre-colonial Chosŏn Dynasty had a well-established statistics-gathering system, especially on population and cultivated land, which by the end of the 1870s was further developed into an administrative institutional structure that included the Bureau of Statistics, working under the direction of the cabinet. In 1911, under the colonial government of Korea, this structure was replaced by a highly centralized bureaucratic system, which made frequent use of *Hōkoku rei*, a practical guide on statistical reporting to the government. This guide explained in practical terms to bureaucrats in charge of data collection and statistics tabulation the method for gathering as much correct statistical information as feasible of socioeconomic activities, which were considered highly essential to encourage the colony's economic development (or industrialization). Included, therefore, were not only statistics on population and cultivated land, but also those on employment; production activities of agriculture, forestry, fishery, mining, and manufacturing; those extending to industry-supporting sectors (e.g., construction and social overhead capitals); and other relevant statistics such as wages and prices.

Appendix: Note on Statistical Reporting to the Colonial Government: *A Guide* (*Hōkoku rei*)

Masuyo TAKAHASHI

The present appendix explains the background, history, and contents of *Hōkoku rei* (hereafter, HR), a practical guide on statistical reporting to the colonial government in Korea (Chōsen Sōtokufu). From November 1912 to June 1945, this important document was used whenever a survey was either newly introduced or revised to explain the objectives and the method of governmental statistical surveys. Japan's colonies and protectorates—including Taiwan, Korea, Manchuria, South Sakhalin, and South Pacific Mandate—all made use of HR when they instituted their official statistical surveys. Taiwan was the earliest, and Korea followed. Content-wise, however, Korean HR was not simply a copy of Taiwan's, since it had adopted editorial principles and styles of its own. Characteristically, the Korean colonial government never established an administrative section that specialized in the management of statistical reporting; all matters related to the design, surveying, record making, and publishing of official statistics were handled during most of the colonial period by the general document section of the Governor's Office. Frequent revisions of HR contents were precipitated not only by organizational restructuring but also by frequent changes in political as well as economic conditions, which necessitated the expansion of survey areas and/or revisions of the contents.

Modern surveys of population, vital statistics, and households were introduced by the household survey regulation of 1896 and were conducted and reported by the police. This was replaced in 1909 by the Korean registration law, with a survey managed by the police security section of the government.

316 ｜ 記 述 編

Accordingly, all population-related statistics were placed under the jurisdiction of the police security officer until 1919, when a new law came into effect, making regional governors responsible for the population statistical surveys in their respective provinces (*dō*). Note that the population census of 1919 was substituted with the household survey of the same year, thus administered by the Korean registration law and not as part of the census of Japan proper.

HR served as the major means of collecting statistical data for the government, on which most tables in the government's statistical yearbook (*Sōtokufu tōkei nempō*) were based, arranged roughly in the order of land and population, internal administrative affairs, industries, economy, railroad, police, education, prices (inclusive of wages), sanitation, government finance, and others, having been grouped into three major areas: (1) internal administration, (2) industries, and (3) police affairs.

New types of official and other surveys were added in line with the introduction of new statistical regulations in Japan proper, such as a survey on manufacturing resources in Korea (*Chōsen kōjō shigen chōsa*) of 1939, and a statistical survey on labor and industrial technology (*Chōsen rōdō gijutsu tōkei chōsa*) of 1941, which, however, added a new source of minor discrepancies in statistical figures. The quality of official statistics seems to have been a matter of some concern for government officers.

Chapter 2   Population, Labor Force, and Wages

(2.1)   Population

Yi-Taek PARK

This section begins with a review of problems inherent in the existing population estimates. In the colonial period, the population census was first conducted in 1925, and the results were evaluated as reliable. Before 1924, residential population surveys were taken. Since there was evidence of under-enumeration, attempts were made to estimate the pre-1924 population, most notably by Yoshikuni Ishi, Tai Hwan Kwon, and Myung Soo Cha. The validity of these estimates was tested by analyzing statistics on deaths by age, which were not used by previous estimates, with reference to the impact of the 1918 Spanish influenza epidemic on mortality. The three existing estimates were rejected since they failed to capture the effect of this level-shifting event on population size.

Our estimates of population size and age composition—having used the statistics on deaths by age and sex (vital statistics), 1914 population statistics by age and sex (residential population survey), and 1925 population statistics by age and sex (population census)—are somewhat different from the previous ones. These new population estimates have the following implications on the demographic transition and economic growth.

First, mortality transition started before the 1910s, since population growth rates in this decade were not negligible. Second, the finding that the 1910 population in our estimate was larger and the rate of its increase from 1910 to 1940 lower than what Ishi and Cha found implies a lower rate of GDP per capita growth if the output estimates remained unchanged. Third, in the colonial period the child-population ratio was increasing in contrast with the decreasing dependency ratio during the post-liberation high-growth period.

(2.2) Labor Force

Yi-Taek PARK

This section explains how to compile labor force statistics by industrial sector. Residential population surveys, published every year from 1912 to 1943, included a table of population by principal occupation of the household head. The first population census was conducted in 1925, and the first occupational census was taken in 1930 as part of the population census for that year. A similar occupational census was taken in 1940 and 1944. Our estimates are based on these residential and census data. We have adopted a six-category industrial classification system consisting of (1) agriculture, stock farming, and sericulture; (2) fishery; (3) mining and manufacturing; (4) commerce, transport, and communications; (5) public service and professions; and (6) other gainful workers. The labor force statistics by industry were compiled for each ethnic group by province, and summed up for the entire country. The statistics reflect the division between the South and the North.

To compile the labor force statistics by industry using the residential population surveys in the colonial period, the following three problems need to be solved. The first is associated with the under-enumeration of population in these surveys. For this we have population estimates before 1925 from the author's earlier work, which solved this problem.

Second, before 1915, only the number of gainful workers within the households was provided, but from 1917 on, those engaged in the same principal occupation as the household head's were separately tabulated from those engaged in other occupations. It was in the 1916 residential population survey that information was collected about the principal and subsidiary occupations of all individuals within the household. On the basis of this information, together with the same information from the 1930 and 1940 population censuses, the labor force statistics by industry can be estimated.

Third, attention must be paid to dual occupations. The 1916 residential population survey and the 1930 population census showed individuals' principal and subsidiary occupations, from which intersectoral patterns by employment are reconstructed. The labor force statistics thus compiled are presented by industrial sector adjusted for dual occupation.

(2.3) Wages

Ho Il MOON

Wage estimates for the colonial period have been made by using the original data reported in the *Annual Statistical Yearbooks* (*Chōsen sōtokufu tōkei nempō*) as well as in the guide on statistical reporting (*Hōkoku rei*), resulting in two independent annual time series A (skilled artisan wages) and B (factory worker wages). Series A wages were formulated on the basis of monthly surveys conducted by merchants' trade associations in eight major cities and towns, being composed of skilled and unskilled wages of Koreans and Japanese, classified respectively by males and females. By contrast, series B wages were based on annual factory surveys conducted by the governor's office.

The estimation method for series A wages was basically that adopted by Odaka's earlier work, though revised in five respects: (1) data were collected in eight, instead of seven, cities and towns; (2) missing data were filled by interpolation and other methods; (3) a broad two-way classification was used of skilled versus unskilled work (rather than manufacturing industrial classifications); (4) classification was done regionally; and (5) the numbers of gainfully occupied population by province were used as weights in calculating the total average of both nominal and daily real wages.

Chapter 3 Primary Industry

(3.1) Agriculture

Yasuhiro HARA and Seung Mi KIM

Volumes of agricultural products for 1911-1941, during the colonial period—including sown crops, livestock and poultry, and sericulture—have been constructed from their respective provincial figures. Nominal output values are then estimated as respective volume estimates multiplied by their corresponding effective unit values. (In addition, agricultural output by province for 1945-1962 are set out in this volume, on the basis of the Korean Ministry of Agriculture and Forestry's yearbook.)

Output volume data of sown crops have been taken from the Ishikawa estimates and the *Annual Statistical Tables of Agriculture* (*Nōgyō tōkei hyō*). Note, however, that output data prior to the cadastral survey of 1918 are believed to have been underestimated; they are substituted by respective figures estimated from those reported in the studies by the Naksungdae Institute. Those either unreported by Naksungdae Institute or failing to cover the entire period of 1911-1940 are newly estimated for this volume.

Effective unit values of the products have been estimated as product values divided by product volumes, by using data from the *Annual Statistical Tables* as well as those of the Naksungdae estimates. Time series of real product values are obtained by multiplying respective product volumes by corresponding 1935 effective unit prices. Finally, gross value-added for each product are estimated by borrowing the corresponding Naksungdae estimates.

Production volumes as well as output values for livestock and sericulture in each province are calculated by using the same methodology as that adopted by the Naksungdae Institute. Value-added ratios for both livestock and sericulture are also obtained by following the Institute's estimation procedure.

(3.2) Forestry

Toshiyuki MIZOGUCHI

Forestry production in the Korean Peninsula during the 17th century was low. The Chosŏn dynasty attempted forest restoration with limited success. Bare mountain areas thus became widespread from the late dynastic period on.

The low level of forestry production is reflected in the underdeveloped state of forestry production statistics, which consisted of both growing stock and timber products, including the latter's monetary values. The forestry statistics in Korea are made up mostly of production flow statistics inclusive of their monetary values. To gather long-term statistics for the forestry industry, it is necessary to conduct years-long field surveys of standing trees, a process that even in advanced nations is not fully developed.

Asian Historical Statistics: Korea (Abstracts)   **319**

(3.3)   Fishery

Yoon Seock LEE, Ho Il MOON, and Toshiyuki MIZOGUCHI

The data for marine products are taken from the *Annual Statistical Yearbooks* and the *Fishery Statistics* (*Chōsen suisan tōkei*). In the records for output, only fishery catches and farmed marine products are counted, since processed marine goods such as canned fish should be considered manufactured products so as to avoid double counting. The figures for farmed marine products for the period 1911–1917, which were unavailable, are estimated by multiplying the fresh fishery outputs for these years by the ratio of farmed-to-fresh marine products for 1918.

The above-cited statistical sources provide data in both nominal values and physical quantities of marine goods. The deflators needed for estimating real-term outputs have been estimated for fish whose output accounted for more than 10% of the total marine products in both quantity and value (such as mackerel, sardines, and pollack). The value-added ratios needed for estimating marine GDP are taken from Mizoguchi's earlier work. Effort has been made to record provincial marine outputs. While the *Annual Statistical Yearbooks* fully report provincial marine catches, they fail to record farmed fishery products before 1936. For this reason, farmed outputs for 1918–1935 are taken from the *Fishery Statistics*, and for the years before 1917 are estimated by dividing the respective annual totals by the average provincial share for 1918–1920.

Chapter 4 Secondary Industry

A characteristic of the present estimates of the mining and manufacturing industrial outputs of colonial Korea is that the effective unit value of each of their products in every province was carefully fact-checked for and corrected, if necessary, before formulating a time series. In addition, a concerted effort has been made to fill missing values by way of interpolation.

(4.1)   Mining Industry

Yasuhiro HARA

Both nominal and real outputs of the mining time series for 1911–1941 are formulated by using the *Annual Statistical Yearbooks* as the main data source, while adding (1) pebbles, (2) open salt from *Yearbooks of the Salt Monopoly Authority* (*Senbai kyoku nempō*), and (3) additional mining products from the *Long-Run Trends in the Korean Mining Industry* (*Chōsen kōgyō no sūsei*), respectively.

Data cleaning has been attempted whenever judged necessary. Note that the real output values of the colonial time series have been connected with the corresponding output values of the post-independence decades. Gross value-added of the mining industry is estimated by adopting the mining gross-value ratios estimated by the Naksungdae Institute.

(4.2)   Manufacturing Industry

Yasuhiro HARA

A revised manufacturing time series was constructed after a critical evaluation of past manufacturing estimates of colonial Korea. That is to say, both nominal and real output values of manufacturing enterprises of all kinds in every province have been added together: domestic, medium-

320 | 記 述 編

and small-scale, and government-operated. The International Standard Industrial Classification of All Industrial Activities (ISIC, Revision 3, 1990) is employed throughout.

The final manufacturing output values obtained here are found to have been much higher than any of the previous estimates (but substantially lower than those of Naksungdae Institute's). The major reason for the difference may be ascribed to our decision to include rice refining as a manufacturing output (though it cannot account for the difference with Naksungdae's values as the value-added ratio for rice milling is comparatively small). In addition, following information released by the Naksungdae Institute, the output values of Korean miso, Korean soy sauce, and fishery products have been adjusted for underestimation, printed products and manufactured salt have been added, and some minor items contained in the mining statistics have also been transferred to manufacturing.

Note also that during the 1910s and 1920s, the industrial classification of the original manufacturing data became much more rudimentary, resulting in substantially less statistical information. To overcome this data deficiency, supplementary information was sought from the government's monthly public gazettes (*kanpō*) and the *Korean Economic Journal* (*Chōsen keizai zasshi*).

It was discovered, moreover, that some portions of original provincial data contained inaccuracies, since several measures had been used in the original data collection. The data were therefore reanalyzed, employing the standard measure throughout.

After 1940, as wartime conditions continued, the original data were deemed classified and ceased to be released. This section deals with this lack of information, attempting to bridge the colonial and post-liberation South Korean periods by using the censuses of manufacturing.

Finally, the value-added time series are estimated by using the manufacturing value-added ratios of the Bank of Korea's *1960 Input-Output Table*.

(4.3) Gas, Water, and Electricity

Yasuhiro HARA

The original data for the public supplies of gas, water, and electricity in colonial Korea are taken from the *Annual Statistical Yearbooks*. In addition, the *Twenty-Year History of Seoul Electric Stock Company* (*Keijō denki kabushiki kaisha 20-nen enkakushi*, 1929) and the *History of the Development of Seoul Gas and Electric Stock Company* (*Chōsen gasu denki kabushiki kaisha hattatsushi*, 1938) are used to supplement the data for gas generation. *Summary Reports of the Electricity Generation Industry* (*Denki jigyō yōran*) of the Bureau of Telecommunication of the Governor General are additionally referred to for the supply data of electricity. (During the process of data compilation, a few of the original figures were slightly recalculated either to correct arithmetic errors or to make them calendar-year based whenever they had been fiscal-year based.[2]

The time series for 1910–1940 of these three industries are formulated by closely following the estimation methodology adopted by the Naksungdae Institute; gas data available for 1910–1940, water for 1911–1940, and electricity for 1911–1940. The value-added series of these three outputs are constructed by borrowing the value-added ratios estimated by the same institute.

---

2) Current calendar-year value = 1/4 * previous fiscal year value + 3/4 * current fiscal year value.

With regard to electricity generation in this volume, it should be noted that the final consumption (*not* generation) of both publicly and privately generated electricity are taken to be equal to the total supply of electricity, excluding, however, electricity consumption by railroads (the latter is interpreted as part of value-added of the transportation industry).

Chapter 5 Tertiary Industry

Ho Il MOON and Yasuhiro HARA

The tertiary sector GDP has been estimated using an income approach—i.e., by dividing personal income (estimated as average wage multiplied by gainfully occupied population) by the estimated labor share of national income. For this estimation, the labor share of the tertiary sector is needed. Given the limited data from colonial Korea, however, labor share estimates by Ryoshin Minami and Akira Ono for the tertiary sector in early 20th-century Japan are used as reference information, anticipating the fully fledged research on factor income share in colonial Korea in the near future.

Comparing the final results of our estimates of tertiary-sector output using the income approach with the counterparts in the Naksungdae Institute, which adopted a production approach, reveals that for the 1912–1915 period our estimate of output is higher than that of Naksungdae, but the rate of growth in the 1930s turns out to be much lower in the former than in the latter series.

Chapter 6 Foreign Trade

(6.1–6.2) Trade Statistics

Kazuo HORI

Foreign trade statistics are important in presenting a nation's macroeconomic aspects, just as the government's financial statistics are. Especially in the case of Korea, foreign trade statistics provide precious information regarding economic changes over the roughly 140 years from 1877 to the present—information that cannot be provided by any other data source.

It should be noted, however, that three serious problems exist regarding the trade statistics of modern Korea, having been temporarily integrated as a Japanese colony. First, its statistical survey method was transformed from the long-observed, conventional Chinese style to a newly introduced Japanese style. Second, as Korea became a part of Imperial Japan, it became difficult statistically to grasp Korea as an independent, national economy. Third, statistical materials were dissipated due to the political turmoil following the collapse of the Japanese empire and the north-south division of the nation that followed.

In the present chapter, therefore, an effort has been made to collect as many residual data as possible, and to build the continuous time series statistics of Korean foreign trade from 1877 to 1944 by estimating complementary data, whenever needed, to amend the information deficit.

(6.3) Imports and Exports

Kazuo HORI

After the opening of the trading ports on the peninsula, Korea was first connected with the world economy by exporting primary goods such as rice and soybeans, and importing British cotton goods.

322 | 記　述　編

Soon afterwards, imports of Japanese products began as the industrial revolution progressed in Japan, gradually replacing British goods. Whereas Korea's trade balance had been mostly stable before 1903, it shifted increasingly to reflect the excess of imports over exports as a result of the colonial policy of Japan.

Korean trade after annexation expanded quickly. If measured over the period 1913-1938, exports grew 11.8%, while import growth was 7.7%, exceeding corresponding rates globally, inclusive those of Japan. The proportion of Korean goods exported to Japan proper was already as high as 70.7% in 1911, and rose gradually to reach its peak of 95.1% in 1931. Rice exports to Japan proper continued to grow, and at their peak accounted for 55% of all goods exported to Japan, contributing greatly in maintaining foreign currency reserves in Japan.

By the 1930s, as industrialization expanded, Korea began to export large quantities of intermediate materials (pig iron, other metals, chemical products, etc.) to Japan. The export ratio of Korean agricultural products to Japan fell dramatically in the 1930s, simply because the relative importance of exports of mining and manufacturing products increased; that is, the absolute quantity of rice exported to Japan never decreased. Practically speaking, Japan and China were the only export partners for Korea during this period. Whereas imports of products from Western nations once occupied about 30% of the goods traded in the Korean market before annexation, they were rapidly substituted by Japanese products, making Korea a monopolistic sale market of Japanese industrial commodities.

During the roughly seventy years after the opening of trading ports, the export and import markets of Korea came to be completely swallowed by the Japanese empire, making the economic unification of Korea and Japan complete, as if they had been a single, unified national economy. The extent of this economic fusion between an imperial nation and its colony appears to be unique in world history.

Part 2 The Republic of Korea

Chapter 7　Systems of Official Statistics

(7.1)　U.S.-Controlled Korea

Kywon KIM

South Korea was under U.S. military control from August 15, 1945, to August 15, 1948, when the Republic of Korea was established. Relevant statistics during the period were compiled in part by the statistics section of the U.S. Army, except for population and statistics on vital events and employment, since the relevant surveys were transferred to an official Korean organization after 1947.

Immediately after the end of World War II and the dissolution of the colonial regime, the population increased rapidly, mainly because of the return to Korea of military personnel and former residents of China, Japan, and North Korea; the population increased from 15,879,000 in May 1, 1944, to 20,027,000 in December 31, 1948.

In 1948 a full 81% of the labor force was employed in agriculture and fishing (as compared to 77% in 1943), 4% in mining and manufacturing (7% in 1943), and 15% in commerce and services (17% in 1943). The collapse of the mining and manufacturing industries led to a significant increase in unemployment.

In the farming sector, small-scale tenants (approximately 49%) accounted for the largest proportion of farmers in this period, leading to strong demand from them for land reform.

Agriculture was relatively unaffected by war damage. Nonetheless, the sudden population increase at the time resulted in food shortages, forcing the temporary government to introduce a supply control of agricultural products in 1946. In sharp contrast to agriculture, organized sectors in mining and manufacturing were quite slow in restoring their supply capabilities, which then were supplemented by the mushrooming of domestic industries and of small- and medium-sized enterprises.

Immediately after independence, a decline in prices occurred, as merchandise that had been colonially controlled was released. This, however, was soon replaced by super-inflation, with prices increasing by about 25.7 times between 1945 and 1948—a consequence of food shortages, rapid increases in money supply, and increases in the government deficit.

As for international trade relations, the period was characterized by the domination of government-controlled international assistance, such as Government Appropriation for Relief in Occupied Areas (GARIOA), expended by the U.S. Army, and grants-in-aid from the U.S. government's Office of the Foreign Liquidation Commission (OFLC). Regarding private foreign dealings, a marked increase in trade relations with China and the United States was observed, in contrast to the sharp decline in trade with Japan.

(7.2) The Republic of Korea

Jae Hyung LEE

The government's function as a producer of statistics is very important. Private markets alone cannot supply statistics, because statistics have characteristics of public goods and exert economic externalities. The government's statistical system refers to the system of national statistical activities; a well-designed public statistical system will make efficient social contributions from national statistics. Korea has adopted a decentralized statistical system, which, in effect, is more centralized than those of the United States or Japan. *Statistics Korea* (KOSTAT) is a government organization that produces almost all the country's core national statistics. Three-quarters of the government's statistical workforce belong to KOSTAT.

Korea's national statistical system, when it started, had a weak foundation with little infrastructure in terms of organization, human resources, and budget. To improve the statistical system and its activities, the Korean government introduced several measures, such as Strategy on National Statistics Improvement (2009), First General Plan for National Statistics Improvement (2013–2017) and Second General Plan for National Statistics Improvement (2018–2022). By these measures, Korea's statistical system, as well as the government's statistical activities, were substantially improved. A broad consensus has also been reached for how to further improve the statistical system in Korea. With the aim of creating an efficient statistical system that will satisfy social demand for the timely supply of high-quality statistics, the Korean government will attempt to supply statistics that meet national demand for adequate information, while improving their accuracy and reliability. To accomplish these targets, however, further reforms to the current system of national statistics may be necessary.

324 | 記　述　編

Chapter 8　Population, Labor Force, Employment, and Wages

(8.1)　Population

Chul-Hee LEE

This chapter introduces primary data sources for population statistics in Korea, including population censuses, population projections, and vital statistics drawn from the registrations of births, deaths, marriages, and divorces. Key population indices are explained, including total and age-specific population, crude birth rates, age-specific birth rates, total fertility rates, crude death rates, and age-specific death rates.

Based on these indices, this section presents an overview of long-term changes in the size and structure of the Korean population. The total population increased from about 20 million in 1949 to nearly 51.5 million in the 2010s. Thanks to the rise in the standard of living and improved public health and medicine, mortality rates sharply declined over approximately six decades after 1949. For instance, the female life expectancy increased from 56 years in the early 1960s to over 85 years in the 2010s. After the baby boom in the late 1950s and early 1960s, fertility rates kept falling, reaching an extremely low level by the early 2000s. The total fertility rate fell from about 6 in the early 1960s to 1.1 in 2005, and has remained below 1.3 since then. As a consequence of prolonged life expectancy and lowered fertility, the population in the Republic of Korea has been rapidly aging.

(8.2)　Labor Force, Employment, and Wages

Keun Hee RHEE and Seung-Yeol YEE

This section presents the time series data for employment, unemployment, and wages in the Republic of Korea for the working population age 15 and over. The data sources include (a) population censuses as well as household surveys of the economically active population, conducted by the Bureau of Statistics; (b) establishment surveys on employment and unemployment conducted by the same Bureau as well as by the Industrial Bank of Korea; (c) surveys on wages in selected mining and manufacturing sectors for 1957-1971, conducted by the Bank of Korea and others; and (d) establishment surveys by the Ministry of Labor of total wages and salaries since 1968, inclusive of overtime payments and bonuses.[3] Note, however, that these surveys did not necessarily take place annually, especially in the years immediately after the end of the Korean War; the authors were required to estimate the missing values in the statistical data sources.

Accordingly, estimation procedures have been conducted (1) for the time series on the population age 15 and over for 1956-1959 and 1961-1962 using linear interpolation; (2) for the series on the economically active population for 1955-1962 by running an ordinary least-squares regression, which took as the independent variable the population of age 15 and over for 1963-1997; (3) for the series on total employment for 1955-1962 by running an ordinary least-squares regression, which took as the independent variable the economically active population for 1963-1997; and (4) for the series on unemployment for 1955-1962 by subtracting the total employment from the economically active

---

3)　In the beginning of the survey, occupational, not industrial, wages were being reported.

population of the same period.

Regarding wage statistics, we note, first, that the data mentioned in (c) above lack a corresponding price index, thus making it impossible to calculate real wage series for 1957–1971, and, second, that the wage data reported in (d) were collected from reports generated by business establishments and were tabulated in terms of either occupational or industrial categories. These shifts in industrial classification sometimes create difficulties in data utilization. Readers may be interested to learn that the indices of nominal daily wages in Seoul have been preserved for 10 manufacturing and construction industries for 1946–1956 (with the 1936 data taken as 100).[4] However, the corresponding price index for this series must be estimated to calculate the real wage version of the series.

Chapter 9   Human Capital

Yoshihisa GODO

This chapter presents a new dataset for Korea's education stock, measured by the average number of years of schooling. Existing datasets such as the Barro-Lee Educational Attainment Dataset use self-reporting on education level derived from national censuses. However, the classification of this type of data varies across survey years, and the accuracy of the self-reports is uncertain.

Thus, instead of using educational attainment data, this chapter estimates education stock by gathering information on total student enrollment in the corresponding years as well as the present age of these students after adjusting for changes in the size of population due to immigration and mortality. By this method, this chapter provides not only time-consistent but also accurate estimates on the educational human stock. The paper's dataset contains detailed relevant information such as the average number of years of schooling by gender, age group, and level of education for the Korean Peninsula from 1920 to 1942, and for the Republic of Korea from 1955 to 2010.

Based on the new estimates, this chapter examines the accuracy of educational attainment data from national censuses, finding a tendency among survey participants to over-report their educational attainment.

Chapter 10   Capital Formation and Capital Stock

Hak Kil PYO

The basic source of data on capital formation is *National Income Accounts* by the Bank of Korea, published since 1953 in both current and constant prices. The classification of capital by type of asset in the 1993 SNA (System of National Accounts) includes tangible fixed assets such as residential buildings; nonresidential buildings and structures; machinery and equipment; animals and plants; and intellectual property products such as mineral exploration, computer software, film and television, cultural products, and other intangible fixed assets. In the 2008 SNA, military equipment and systems were added to tangible fixed assets, and R&D was added to intangible fixed assets. Also adopted in the 2008 SNA was the 21-industry classification from agriculture, forestry, and fishery to international and foreign organizations.

---

4)   The Seoul data were substituted by the Busan data for 1950–1953 because of the Korean War.

Since the Bank of Korea did not publish data on intangible capital formation before 1970, we have estimated the time series (1953–1969) for it indirectly by adopting a regression method using data on R&D and intellectual property rights (IPR). The basic sources of data for estimation of capital stocks are the *National Wealth Survey* (1968, 1977, 1987, and 1997) conducted by the National Statistical Office of Korea, and data on capital formation by the Bank of Korea.

The basic method of estimation for capital stocks is the modified benchmark-year estimation, which combines the perpetual inventory method (PIM) and polynomial benchmark-year estimation method. We have used estimates from the *National Wealth Survey* of 1968, 1977, 1987, and 1997 as benchmark-year estimates and linked them with the capital formation data using estimated depreciation rates by asset type. To reflect the usage pattern of information, computer, and technology (ICT) assets in earlier periods and to avoid the underestimation of productive ICT assets, we have adopted lower depreciation rates for them than those found in EU KLEMS: for computer equipment, 9.2% vs. 31.5%; communications equipment, 9.2% vs. 11.5%; and software, 24.7% vs. 31.5%.

For the period 1953–2013, the rate of capital formation by asset type in 2010 constant prices is as follows: for intellectual property products, 22.8%; R&D, 19.7%; and machinery and equipment, 16.9%. The rate of capital formation by sub-periods is as follows: for 1953–1961, 27.7%; 1962–1973, 28.1%; and 1974–1997, 11.7%. The rate of capital formation by industry for mining and manufacturing is 16.5%; services, 11.3%; and agriculture, forestry, and fishery, 10.2%. The estimates of capital stock in 2010 constant prices indicate an average growth rate of 8.5% for the period (1953–2013). The average growth rates by asset type are as follows: for intellectual property products, 18.1%; R&D, 17.9%; machinery and equipment, 9.4%; and civil engineering, 9.0%—all of which are higher than the growth rate of total assets.

We have also estimated the capital-income ratio (K/Y) in the Republic of Korea for the entire period of our estimation and have observed an increasing trend from 1.55 in 1962 to 3.12 in 1997 and 3.83 in 2013, consistent with the findings by Thomas Piketty, who observed a rising trend in the capital-income ratio in major developed nations. Since capital-income ratio is the reciprocal of capital productivity, the increasing capital-income ratio implies that capital productivity in both advanced nations and the Republic of Korea shows a downward trend. We have also estimated the growth rate of the capital-labor ratio (K/N) as −1.8% for 1953–1961, 6.5% for 1962–1973, 8.6% for 1974–1997, 4.5% for 1998–2013, and 5.6% for 1953–2013. The speed of capital deepening is shown to have decelerated significantly after the financial crisis of 1997.

Chapter 11 Foreign Trade

Kazuo HORI

South Korea lost foreign trade statistics, owing to political turmoil, such as the governmental collapse with the 1945 defeat of Japan, the occupational division of the country between south and north by the U.S. and Soviet Union, and the outbreak of the Korean War in 1950. Furthermore, government offices were so frequently reorganized that comprehensive compilation of foreign trade statistics could not take place until 1963. Thus, compiling foreign trade statistics was a highly complicated process until the beginning of the 1960s. Moreover, there were following three rather serious technical problems.

Firstly, no quantitative records exist on trade assistance for the very years when economic assistance accounted for approximately three-quarters of the country's total importation during the period.

Secondly, in the early years after the country's independence, foreign trade operations were rather disorganized and certainly not unified. While the custom house existed throughout this period, the Bank of Korea was put in charge of data collection of the vast amount of trade assistance. In this way a sort of dualism was born, though temporarily, where the Bank of Korea tracked foreign trade statistics rather than the custom house. Only since 1963 has the custom house resumed the overall management of international trade operations, including the compilation of foreign trade statistics.

Thirdly, there were frequent changes in the methodology for compiling foreign trade statistics. The international trade classification, which had been adopted by the Japanese government agency, was used up to 1952, but in 1955 was converted to the Standard International Trade Classification (SITC). As another example, foreign trade prices were recorded in FOB (free on board) for exports and in CIF (cost, insurance, and freight) for imports, but were based on local pricing as of March 1951. The pricing principle of export and import goods, however, was returned back to FOB-based for the former and CIF-based for the latter in April 1958.

Foreign trade activities of South Korea during 1946–2015 may be divided into the following three sub-periods by their respective socio-economic characteristics.

(1) *The age of socio-economic restoration* (1945–1957). The most remarkable characteristic of South Korean foreign trade during this period was the enormous imbalance of the current trade account—i.e., the huge excess of imports over exports. This could be ascribed to the strong nationalism that had led the government to adopt an infant-industry protection policy, feasible thanks to the country's infrastructure, which had already been established to some extent. In other words, South Korea realized its industrial development in the 1950s by way of its import substitution policy, while depending heavily at the same time on economic assistance from the U.S.

(2) *The age of the Pacific Ocean triangle* (1958–1985). As South Korea strove to export its industrial commodities, its exports increased dramatically, of which industrial commodities accounted for some 80% of total exports. As for export partners, the United States held the dominant position, followed by Western Europe and Japan. South Korea transformed during this period from a country that exported primary goods to one that overwhelmingly exported manufactured goods: importing capital goods and intermediate materials from Japan, and building light manufactured products that were then exported to the U.S. The international division of labor, which was thus developed over the Pacific Ocean, may be termed the "Pacific Ocean trade triangle."

(3) *The age of East Asian dominance* (1986–2015). South Korea's international trade structure was transformed as the cost of domestic production increased and its economy experienced high growth, making it increasingly difficult to maintain its global competitiveness. In other words, the country's foreign trade relations departed from the old trade relationship with the U.S. and Japan, and moved toward a new style of close links with other East Asian nations (including China and the nations of Southeast Asia). Exported commodities shifted away from textiles toward machinery goods, inclusive of transportation, electronic, and information devices and their parts and components, raising the added-value ratio of South Korea's exported goods. After the middle of the 1980s, added to the country's Pacific

328 | 記　述　編

Ocean triangle was a newly developed, division-of-work partnership with East Asian countries.

Chapter 12　Postwar Korean Economic Growth in National Accounting

Hak Kil PYO

In 1957, the Bank of Korea was designated to compile national income statistics for the Republic of Korea. It has revised the statistical base year every five years since 1955, and thus the 11th revision of the base year occurred in 2010. In 2005 the Bank of Korea changed its methodology of statistical compilation from fixed-weighting to chain-weighting. It followed the UN System of National Accounts (SNA) from the 1953 SNA to the 1968 SNA, and for the 1993 SNA and 2008 SNA. The major revisions of the 2008 SNA can be found in the treatment of R&D and military arms expenditures: they were treated as intermediate consumption in the 1993 SNA but now are treated as part of capital formation. The 2008 SNA officially adopted the concept of capital services. National Accounts in the Republic of Korea consist of five main tables: National Income Statistics, Input-Output Table, Flow of Funds Table, Balance of Payments Table, and National Balance Sheet Table.

According to the estimates of economy-wide real value-added in 2010 constant prices, the Korean economy grew at an average annual rate of 7.3% during the post-independence period (1953-2013). Broken down by sub-periods, the rate was 5.4% for 1953-1961, 9.8% for 1962-1973, 8.7% for 1974-1997, and 4.3% for 1998-2013. The breakdown of value-added by industry shows that around 1965-1969 the Korean economy entered Rostow's "take-off stage", and around 1974-1975 was passing through the Lewisian "turning point" when the period of unlimited labor supplies came to an end.

The breakdown of real national income by distribution indicates that the growth rate of depreciation (9.0%) was the fastest, followed by wages and salaries (8.5%), and operating surplus and capital income (5.9%). During the period 1953-1979, the share of operating surplus and capital income was higher than the share of wages and salaries. Since 2000, however, the share of wages and salaries moved beyond 40% while the share of operating surplus and capital income declined to below 30%. This is the outcome of two changes in the structure of the Korean economy: the first is the switch from heavy and chemical industries to the technology sector, in which technology and human capital is more highly valued; and the second is the switch from profit-led growth to wage-led growth, owing to rampant demand for social welfare by organized labor groups.

The breakdown of real national income by expenditure indicates the following annual growth rates during the period 1953-2013: for exports, 15.2%; imports, 10.7%; gross capital formation, 11.1%; and final consumption expenditure, 6.1%. Economic growth in South Korea was basically export-led, as well as investment-led. The growth accounting of the Korean economy during 1953-2013 reaffirms this proposition with the following breakdown of value-added growth: value-added, 7.0%; capital input, 3.9%; labor input, 1.3%; and TFP (total factor productivity), 1.8%, meaning that the relative contribution of capital input (55.7%) was dominant compared to that of labor input (18.3%) or TFP (26.0%). Our estimates can be compared with the Penn World Table database (version 9.0) from which we have estimated the growth rates of value-added for the period 1953-2013 for Taiwan (7.5%), Korea (7.1%), China (6.1%), and India (5.1%). The estimated growth rates of capital input are as follows: Taiwan, 8.1%; Korea, 8.8%; China, 8.3%; and India, 4.5%. Characteristically, Korea's economic progress has been led by capital growth, the same as some other notable Asian economies.

Part 3   The Democratic People's Republic of Korea

Chapter 13   Statistical System and Official Statistics

Ho Il MOON

Since the founding of the Democratic People's Republic of Korea (North Korea), the publication of official statistics has been handled by the National Bureau of Statistics, whose major concern has always been the collection and control of information about the government's administrative activities rather than statistical survey and research. Moreover, since 1960 the government has become increasingly unwilling to release statistical information to the public.

National income statistics for North Korea have been framed within the so-called Material Product System (MPS), which takes the view that services create no economic value. After the nation's affiliation with the United Nations in 1991, however, the government began to calculate and release GDP (or GNP) figures. Moreover, it decided in 2016 to adopt the System of National Accounts (SNA), a method endorsed by the United Nations Statistics Division for computing GDP statistics.

Public finance is by far the most abundant source of official statistical information on North Korea. Its main sources of revenues come from (1) profits and depreciation funds collected from national enterprises and cooperative associations, (2) service charges paid on public real estate, (3) service charges on social insurance, (4) sales from public assets, and (5) gains obtained from price differences.

Chapter 14   Estimates

(14.1)   Population

Ho Il MOON

The first population census of North Korea was conducted in 1993 with the cooperation of the United Nations. The government's population registration prior to the census, on the other hand, contains male undercounting and female double counting, requiring an adjustment of the population life tables to upgrade the male and downgrade the female registration figures. This new computation yields a 3.8% increase in the male population and a 3.1% decrease in the female.

The next attempt is to measure the impact of the great famine of 1994–2000, which has not been made public to date. Estimated death tolls by starvation are 1994, 6,588; 1995, 13,953; 1996, 12,093; 1997, 77,442; 1998, 84,908; 1999, 77,414; 2000, 64,048, totaling 336,446 deaths. This calculation was made, first, by determining the population in the 1994–2000 period based on the results of the 1993 census cited above, and, second, by comparing the estimated results with the officially released population figures for the same period, leading to the estimated number of deaths due to the famine.

After the nation's founding in 1948, the mortality level kept decreasing while the birth rate started declining rapidly during the 1970s. We may conclude, therefore, that the demographic transition in North Korea was completed by the end of the 1970s.

330 | 記 述 編

(14.2) Food Production: Reliability of Official Statistics, 1946-1957

Mitsuhiko KIMURA

The North Korean government released statistical data to the outside world in the late 1940s and the 1950s relatively freely as compared to the periods thereafter. Specialists in the North Korean economy have used the data on sectors of the economy without raising questions about their reliability. Here we focus on the data on food production and investigate how accurate they are.

In Table 14.2.1 of the main text, which is cited from the book of official statistics from the North Korean government, the total size of the planted area in grain of all kinds increased during the Korean War period, 1950-1953. This is at odds with both general observation that the war devastated agricultural activities over all North Korea and the remark by Kim Il Sung at the end of 1952 that the planted land areas had not yet returned to the level recorded before the Korean War.

Comparing the series of data compiled by the Japanese colonial government before 1945 with those by the North Korean government after 1945, we find a large gap between the two in the output of rice and millet.

Studies of internal documents produced by local officials in the interim government of North Korea during the Soviet Occupation period, 1945-1948, reveal confusion in the process of measuring outputs of agricultural products. In the meantime, a Soviet agricultural expert dispatched to North Korea in 1956 reported that the North Korean government had no precise statistical information on grain output in the country.

We conclude from these observations that reliability of the statistical data on agricultural production in North Korea in 1946-1957 is not high, and hence that rapid growth in agricultural outputs appearing in the official statistics in this period may be an illusion.

(14.3) Foreign Trade

Mitsuhiko KIMURA and Nozomi KAWANOBE

North Korea has not released statistics on its trade with other countries. Relevant information, however, may be collected from partner countries. The major sources of collected data here are the following (with editors in parentheses): *United Nations Trade Yearbook*, *Perspectives of North Korean Economy and Foreign Trade* (Japan External Trade Organization), *Soviet Foreign Trade Yearbook* (Ministry of Foreign Trade of the Soviet Union), *Movements of North Korean Foreign Trade* (Korea Trade-Investment Promotion Agency), *Collected Statistics of North Korea* (Ministry of Land Unification of Korea), and *Japanese Customs Statistics* (Ministry of Finance of Japan).

From the founding of DPRK in 1948 until the early 1960s, the Soviet Union was a major trade partner. After the mid-1960s North Korea increased imports of industrial machinery and equipment from Western Europe. However, North Korea failed to pay readily for those imported goods; as a result, this trend discontinued soon afterwards.

From the mid-1970s, trade with Japan increased rapidly. It peaked in 1980 and thereafter fell sharply. In 2001, imports from Japan increased abruptly when Japan provided a large amount of rice to North Korea as food aid. In 2006, the Japanese government imposed trade sanctions on North Korea in response to North Korea's continuing nuclear and missile development. As a result, North Korean imports from Japan fell to zero.

North Korea imported manufactured products such as machinery, metal products, plastic products, and textiles from Japan and exported metals (zinc, lead, coal, magnesia clinker, and pig iron), fish, and vegetables to Japan. In short, North Korea's trade with Japan showed a typical pattern of trade between non-industrialized and industrialized economies.

After 2000, China and South Korea dramatically increased trade with North Korea. This reflects the emergence of China as a powerful economy in the region and a significant change in international relations with North Korea.

(14.4) Estimates of GDP

Suk Jin KIM and Byung-Yeon KIM

After reviewing past attempts to estimate North Korea's GDP (or GNP), and after computing the weighted averages, in 1989 product values, of physical growth rates for agricultural and manufacturing production, the authors present a new calculation of real growth rates of the nation's GDP for 1954–1989. This computation is based on a bold assumption that (1) agriculture and manufacturing represent the entire primary and secondary sectors, respectively; and (2) the growth rates of the tertiary (or service) sector always move in perfect harmony with the weighted averages of the primary and secondary industries. The new real growth rate for the period has been estimated as 5.2% per annum.

To comprehend the implications of the new calculation, four factors should be kept in mind. First, one should account for hidden inflation that must have been unavoidable especially in the early stage of the manufacturing sector of a socialist economy such as North Korea's. The authors have borrowed the methodology used to determine hidden inflation rates in the Soviet Union during the 1928–1989 period.

Second, the authors argue that the nominal values of North Korean GDP may be estimated by noting that (1) the government's fiscal expenditure (G or revenues, for that matter) accounts for a large portion (α) of GDP (Y), such that $G = \alpha Y$; (2) G has been virtually the only officially available long-run time series statistics; and (3) annual changes in the values of α have been well recorded and publicized. In fact, the authors have determined the nominal GDP value for 1954 to be 1,344 million won, and for 1990 to be 60,406 million won, for example.

Third, the values of GDP deflators are easily arrived at by using both the real and nominal values of GDP thus computed. According to the estimation, the average inflation rate in the nation for 1957–1960 was 13.0% per annum, while that for 1986–1989 was 1.1% per annum.

Fourth, the original time series of the calculated GDP growth rates (described in the first paragraph above) has been extended from 1990 to 2007, by borrowing the growth rates of both agricultural and manufacturing production in North Korea, as surveyed and published by the Bank of Korea of South Korea, and by using the same methodology as described above. The adoption of this methodology was unavoidable since the basic production statistics for post-1989 years have never been made public in North Korea. Finally, the real values of GDP for 1955–2007 have been arrived at by making use of 1954 purchasing power parity U.S. dollars, as estimated by Angus Maddison.

332 | 記　述　編

Part 4　Long-Term Series

Chapter 15　Linking the Prewar to the Postwar Series

(15.1)　Linking the Colonial South with Post-Independent South Korea

Yasuhiro HARA

To link the values of the colonial South's GDP with those of post-independence South Korea's GDP, we have used two separate estimates of GDP in both real and nominal terms, one from Mizoguchi and Nojima's earlier estimates and the other from the Bank of Korea. There are four time series:

A. Mizoguchi and Nojima's constant-price series at 1935 prices, a series estimated for 1918–1983 (note that this has been modified from the original that was expressed in 1934–1936 prices);

B. Mizoguchi and Nojima's current-price series for 1918–1983;

C. Bank of Korea's constant-price series in 2010 prices, covering 1953–2016;

D. Bank of Korea's nominal current-price covering 1953–2016.

Having chosen an appropriate benchmark year (1963), we can calculate the ratio of B_{1963} to A_{1963} ($\alpha = B_{1963}/A_{1963}$). By multiplying series D by this deflator (α), a new Bank of Korea series converted to 1935 prices is created. Let us call this series K—i.e., $K = D/\alpha$. This allows us to compute a ratio used to convert a time series in 1935 prices to another series in 2010 prices, ($\beta = C_{1963}/K_{1963}$). We use this ratio to "inflate" our own series of output estimated in 1935 prices for the 1912–1940 period into another series that is expressed in 2010 prices. The ratio (β) is calculated for sector-specific output and GDP series.

In section 3 of this chapter, β_{GDP} thus derived will be used to calculate a linked GDP per capita series expressed in 2010 South Korean won for the period 1912–2016.

(15.2)　Estimating the South-North Ratios

Ho Il MOON

The Korean population is divided into the South and the North throughout the present volume. The division is based on the Armistice Line, which was drawn immediately after the Korean War (May 25, 1950 to July 27, 1953), as shown on the map in the introductory chapter. The demilitarized zone (DMZ) marks the military frontier on which both sides fought face to face at the time of the ceasefire.

In the present volume the division between South and North Korea has been made, first, by visual inspection of the military demarcation line on the map; second, by counting the smallest administrative districts (*ri*) in the respective South or North Korean divisions.

More specifically, two large detailed maps have been used, one for post-independence Korea and the other for colonial Korea, with supplementary information from the *Dictionary of Names of Old Regions* (10 vols.), edited by the Social Science Council of North Korea. The populations of the South or North Korean districts are determined by referring to the reports that recorded population by the smallest administrative units (*ri*), leading to the South-North population ratios.

(15.3) GDP and Industrial Structure: Long-Term Trends and International Comparisons

Kyoji FUKAO and Yasuhiro HARA

In this volume, we have estimated macroeconomic statistics (GDP and its components) for the Korean Peninsula for a period of about 100 years from the beginning of the 20th century to the beginning of the 21st century. In this section, we take a bird's-eye view to examine the results and compare them with existing estimates as well as long-term series for the United States, China, Taiwan, India, and Japan.

The estimates of real GDP per capita obtained in this volume for the start of the colonial period are higher than the estimates in both the Mizoguchi and Umemura volume and the Naksungdae Institute's 2012 book; conversely, the estimates from the late 1930s onward are lower. Looking at patterns in different periods, we find that although the 1930s, during the colonial period, marked the beginning of industrialization, the pace of capital formation was only moderate compared to that seen in South Korea from the 1960s onward, and labor absorption of secondary industry was low (probably because of relatively high capital intensity due to the introduction of technology). However, in the north, which served as the industrial base for Manchuria, the GDP share and labor absorption of secondary industry were higher than in the south.

After liberation, industrialization in South Korea went into full swing in the 1970s. From then on, the share of the primary sector in South Korea's GDP declined rapidly, while that of secondary industry rose rapidly until reaching a peak at the end of the high-growth period in the 1980s and then declining again as the process of industrialization came to an end. On the other hand, the share of tertiary industry gradually declined from a high level before the start of industrialization and then recorded a clear increasing trend once industrialization was complete. Moreover, in the industrialization process, real value-added labor productivity growth in primary industry rose gradually, while in secondary industry it increased rapidly until the end of the high-growth period and subsequently decelerated; meanwhile, labor productivity growth in tertiary industry was generally flat and saw little change. As an aside, it is interesting to note that, taking the changes in industrial structure and trends in real GDP per capita together, strong similarities can be found in the industrialization processes of Japan and South Korea.

Meanwhile, the North Korea after the Korean War achieved relatively steady economic growth until the 1960s, but the growth rate then started to decelerate. In the 1980s, North Korea's growth was overtaken by China's, and the economy started to stagnate from the latter half of the 1990s following the collapse of the Soviet Union.

Comparing long-term real per capita GDP series (expressed in 1990 international dollars) for the colonial south, the colonial north, Japan (excluding its colonies), Taiwan, and India shows that in the 1920s, per capita GDP in colonial Korea was almost in line with that of India. However, the growth rate of Taiwan's and South Korea's per capita GDP in the 1960s was almost on par with Japan's and from the 1970s exhibits a trend acceleration, so that by the early 21st century, growth in per capita GDP in the two countries overtook that in Japan.

(15.4) Inter-regional Economic Inequality and Industrial Structure

Kyoji FUKAO and Yasuhiro HARA

The time series data in this volume are organized on a provincial basis. Making use of this feature, in this section we examine a century of trends in inter-regional productivity and per capita income on the Korean Peninsula since the beginning of the 20th century.

We find that regional income inequality in the early 20th century was relatively pronounced, and while it temporarily declined at the beginning of the colonial period, it increased again in the 1930s with the start of industrialization. Especially with the expansion of the heavy and chemical industry sectors—in particular, the chemical fertilizer, metal refining, and power generation industries, which were concentrated in what today is North Korea—per capita income inequality between the northern and southern regions became gradually more pronounced, due primarily to the concentration of capital investment in the secondary sector in the north.

Following liberation of the peninsula, real income in the southern part of the country increased rapidly, especially when South Korea embarked on rapid industrialization from the 1970s onward, while North Korea pursued socialist economic development aimed at achieving economic equality. This led to a reversal in the relative productivity and income levels of the southern and the northern regions.

Long-term trends in real per capita GDP and regional economic inequality in Great Britain, Italy, Spain, the United States, Japan, and the southern and northern parts of Korea during the colonial period reveal that regional inequality tends to first increase as the economy develops but then eventually starts to decrease. At least in this regard, the findings provide support for the inverse-U hypothesis proposed by the American economist Simon Kuznets. As in many other countries, the increase in inequality was driven by the upgrading of the industrial structure in wealthier regions, which in Korea occurred during the colonial period, while the subsequent decline reflects the eventual spread of this upgrading to poorer regions, which in Korea's case occurred during the postwar period in the south. Meanwhile, from the mid-1980s to 2000, an extremely interesting phenomenon can be observed in South Korea: labor productivity in secondary industries was higher in poorer than in wealthier regions, which probably reflects the development of the heavy and chemical industries in relatively low-income areas. This may explain why regional inequality (measured in terms of the coefficient of variation) in South Korea during this period was lower than the regional inequality experienced by Western countries and Japan at the same level of economic development (in terms of per capita GDP).

II

統 計 編

統 計 表 目 次

統計表2.1.1　植民地期の朝鮮人の年齢階級別・男女別人口，1910～1940年　　*343*

統計表2.2.1　植民地期の労働力：6産業別・男女別・南北別，1912～1942年　　*344*

統計表2.2.2　植民地期の労働力：部門構成比，1912～1942年　　*348*

CD 統計表2.2.1　植民地期の労働力：部門別・男女別・南北別，1912～1942年　　*CD-ROM に収録*

統計表2.3.1　植民地期の朝鮮人の名目賃金：熟練・非熟練別，南北別，道別，1909～1942年　　*350*

統計表2.3.2　植民地期の朝鮮人の実質賃金：熟練・非熟練別，南北別，道別，1909～1942年　　*352*

統計表2.3.3　植民地期の日本人の名目賃金：熟練・非熟練別，南北別，道別，1909～1942年　　*354*

統計表2.3.4　植民地期の名目工場賃金：産業別，男女別，1921～1943年　　*356*

統計表2.3.5　植民地期の実質工場賃金：産業別，男女別，1921～1943年　　*358*

CD 統計表2.3.1　植民地期の日本人の実質賃金：熟練・非熟練別，南北別，道別，1909～1942年　　*CD-ROM に収録*

統計表3.1.1　植民地期の農耕作物名目付加価値額：南北別，1910～1944年　　*360*

統計表3.1.2　農耕作物実質付加価値額：南北別，1910～1962年（1935年価格）　　*363*

統計表3.1.3　植民地期の畜産物名目付加価値額：道別，1911～1940年　　*366*

統計表3.1.4　植民地期の畜産物実質付加価値額：道別，1911～1940年（1935年価格）　　*369*

統計表3.1.5　植民地期の養蚕名目付加価値額：道別，1910～1940年　　*372*

統計表3.1.6　植民地期の養蚕実質付加価値額：道別，1910～1940年（1935年価格）　　*375*

CD 統計表3.1.1　植民地期の農耕作物名目生産額：南北別，1910～1944年　　*CD-ROM に収録*

CD 統計表3.1.2　農耕作物実質生産額：南北別，1910～1962年（1935年価格）　　*CD-ROM に収録*

CD 統計表3.1.3　植民地期の畜産物名目生産額：道別，1911～1940年　　*CD-ROM に収録*

CD 統計表3.1.4　植民地期の畜産物実質生産額：道別，1911～1940年（1935年価格）　　*CD-ROM に収録*

CD 統計表3.1.5　植民地期の養蚕名目生産額：道別，1910～1940年　　*CD-ROM に収録*

CD 統計表3.1.6　植民地期の養蚕実質生産額：道別，1910～1940年（1935年価格）　　*CD-ROM に収録*

統計表3.2.1　植民地期の林野面積：道別，1911～1940年　　*378*

統計表3.2.2　植民地期の林産物名目付加価値額：道別，1911～1940年　　*380*

統計表3.2.3　植民地期の林産物実質付加価値額：道別，1911～1940年（1935年価格）　　*383*

CD 統計表3.2.1　植民地期の林産物名目生産額：道別，1911～1940年　　*CD-ROM に収録*

統計表3.3.1　植民地期の水産業，1911～1941年　　*386*

統計表4.1.1　鉱業名目付加価値額：南北別，1913～1941年，1958～1970年　　*387*

統計表4.1.2　植民地期の鉱業実質付加価値額：南北別，1913～1941年（1935年価格）　　*391*

CD 統計表4.1.1　鉱業名目生産額：南北別，1913～1941年，1958～1969年　　*CD-ROM に収録*

CD 統計表4.1.2　鉱業実質生産額：南北別，1913～1941年，1946～1972年（1935年価格）　　*CD-ROM に収録*

統計表4.2.1　植民地期の製造業名目付加価値額：南北別，中分類別，1911～1940年　　*395*

統計表4.2.2　植民地期の製造業実質付加価値額：南北別，中分類別，1911～1940年（1935年価格）　　*401*

CD 統計表4.2.1　植民地期の製造業名目生産額：南北別，中分類別，1911～1940年　　*CD-ROM に収録*

CD 統計表4.2.2　植民地期の製造業実質生産額：南北別，中分類別，1911～1940年（1935年価格）　　*CD-ROM に収録*

統計表4.3.1　植民地期のガス名目付加価値額：道別，1910～1940年　　*407*

統計表4.3.2　植民地期のガス実質付加価値額：道別，1910～1940年（1935年価格）　　*409*

統計表4.3.3　植民地期の水道名目付加価値額：道別，1911～1940年　　*411*

統計表4.3.4　植民地期の水道実質付加価値額：道別，1911～1940年（1935年価格）　　*413*

統計表4.3.5　植民地期の電気名目付加価値額：道別，1911～1940年　　*415*

統計表4.3.6　植民地期の電気実質付加価値額：道別，1911～1940年（1935年価格）　　*417*

CD 統計表4.3.1	植民地期のガス生産量：道別, 1910〜1940年	*CD-ROM に収録*
CD 統計表4.3.2	植民地期のガス名目生産額：道別, 1910〜1940年	*CD-ROM に収録*
CD 統計表4.3.3	植民地期のガス実質生産額：道別, 1910〜1940年（1935年価格）	*CD-ROM に収録*
CD 統計表4.3.4	植民地期の水道配水量：道別, 1911〜1940年	*CD-ROM に収録*
CD 統計表4.3.5	植民地期の水道名目生産額：道別, 1911〜1940年	*CD-ROM に収録*
CD 統計表4.3.6	植民地期の水道実質生産額：道別, 1911〜1940年（1935年価格）	*CD-ROM に収録*
CD 統計表4.3.7	植民地期の電気名目生産額：道別, 1911〜1940年	*CD-ROM に収録*
CD 統計表4.3.8	植民地期の電気実質生産額：道別, 1911〜1940年（1935年価格）	*CD-ROM に収録*

統計表5.3.1　植民地期の第3次産業名目付加価値額：道別, 1912〜1940年　　*419*
統計表5.3.2　植民地期の第3次産業実質付加価値額：道別, 1912〜1940年（1935年価格）　　*421*

統計表6.3.1　朝鮮の貿易額と貿易物価指数, 1877〜1944年　　*423*
統計表6.3.2　朝鮮の輸出品構成（SITC 一桁分類）, 1877〜1944年　　*425*
統計表6.3.3　朝鮮の輸入品構成（SITC 一桁分類）, 1877〜1944年　　*427*
統計表6.3.4　朝鮮の貿易マトリクス：地域別 SITC 一桁分類別表, 1910年, 1939年　　*429*
CD 統計表6.3.1　朝鮮の輸出相手国・地域, 1877〜1944年　　*CD-ROM に収録*
CD 統計表6.3.2　朝鮮の輸入相手国・地域, 1877〜1944年　　*CD-ROM に収録*

統計表8.1.1　韓国の男女別・年齢別推計人口, 1947〜2015年　　*431*
統計表8.1.2　韓国の人口動態統計, 1970〜2016年　　*434*
統計表8.2.1　韓国の人口と労働力, 1955〜2008年　　*435*
統計表8.2.2　韓国の就業者と失業者, 1955〜2008年　　*437*
統計表8.2.3　韓国の産業別・性別就業者：総数, 1955〜2008年　　*439*
統計表8.2.4　韓国の産業別・性別就業者：男, 1955〜2008年　　*443*
統計表8.2.5　韓国の産業別・性別就業者：女, 1955〜2008年　　*447*
統計表8.2.6　韓国の産業別平均賃金（月給）の動向, 1976〜2010年　　*451*
CD 統計表8.2.1　韓国の職種別賃金, 1947〜1958年　　*CD-ROM に収録*
CD 統計表8.2.2　韓国の産業別ソウル労働賃金指数, 1946〜1956年　　*CD-ROM に収録*
CD 統計表8.2.3　韓国の鉱工業常用労働者月平均賃金, 1957〜1971年　　*CD-ROM に収録*

統計表9.4.1　植民地期および韓国の平均就学年数の推計結果：その1（男女計）, 1920〜2010年　　*456*
統計表9.4.2　植民地期および韓国の平均就学年数の推計結果：その2（男）, 1920〜2010年　　*460*
統計表9.4.3　植民地期および韓国の平均就学年数の推計結果：その3（女）, 1920〜2010年　　*464*

統計表10.4.1　韓国の資本財形態別名目総固定資本形成, 1953〜2013年　　*468*
統計表10.4.2　韓国の経済活動別名目総固定資本形成, 1953〜2013年　　*470*
統計表10.4.3　韓国の資本財形態別名目純資本ストック, 1953〜2013年　　*472*
CD 統計表10.4.1　韓国の資本財形態別実質総固定資本形成, 1953〜2013年（2010年価格）　　*CD-ROM に収録*
CD 統計表10.4.2　韓国の経済活動別実質総固定資本形成, 1953〜2013年（2010年価格）　　*CD-ROM に収録*
統計表10.5.1　韓国の資本財形態別実質純資本ストック, 1953〜2013年（2010年価格）　　*474*
統計表10.6.1　韓国の経済活動別名目純資本ストック, 1953〜2013年　　*476*
統計表10.6.2　韓国の経済活動別実質純資本ストック, 1953〜2013年（2010年価格）　　*478*
統計表10.7.1　韓国の経済活動別実質資本 - 産出（付加価値）係数, 1953〜2013年（2010年価格）　　*480*
統計表10.7.2　韓国の経済活動別1人当たり実質資本装備率, 1953〜2013年（2010年価格）　　*482*

統計表11.3.1　韓国の貿易額と貿易物価指数, 1946〜2015年　　*484*
統計表11.3.2　韓国の輸出品構成（SITC 一桁分類）, 1946〜2011年　　*486*
統計表11.3.3　韓国の輸入品構成（SITC 一桁分類）, 1946〜2011年　　*488*

統計表11.3.4　韓国の貿易マトリクス：地域別 SITC 一桁分類別表, 1962年, 1985年, 2010年　　*490*
CD 統計表11.3.1　韓国の輸出相手国・地域, 1946〜2011年　　*CD-ROM に収録*
CD 統計表11.3.2　韓国の輸入相手国・地域, 1946〜2011年　　*CD-ROM に収録*

統計表12.2.1　韓国の経済活動別名目付加価値, 1953〜2013年　　*494*
統計業12.2.2　韓国の経済活動別実質付加価値, 1953〜2013年（2010年価格）　　*496*
統計表12.2.3　韓国の名目分配国民所得, 1953〜2013年　　*498*
統計表12.2.4　韓国の実質分配国民所得, 1953〜2013年（2010年価格）　　*500*
統計表12.3.1　韓国の名目支出国民所得, 1953〜2013年　　*502*
統計表12.3.2　韓国の実質支出国民所得, 1953〜2013年（2010年価格）　　*504*
統計表12.3.3　韓国の経済活動別要素投入, 1953〜2013年　　*506*

統計表14.1.1　北朝鮮の人口推計（1）：男女別総人口と主要動態統計, 1953〜2000年　　*508*
統計表14.1.2　北朝鮮の人口推計（2）：男女別・年齢別人口, 1953〜2000年　　*509*
統計表14.3.1　北朝鮮の輸入, 1950〜2014年　　*510*
統計表14.3.2　北朝鮮の輸出, 1950〜2014年　　*512*
統計表14.3.3　北朝鮮の対日輸入, 1961〜2006年　　*514*
統計表14.3.4　北朝鮮の対日輸出, 1961〜2006年　　*516*
統計表14.4.1　北朝鮮の年平均経済成長率と 1 人当たり GNP, 1954〜2007年　　*518*

統計表15.3.1　名目粗付加価値（名目 GDP）：産業別・南北別, 1911〜2016年　　*519*
統計表15.3.2　実質粗付加価値（実質 GDP）：産業別・南北別, 1911〜2016年　　*523*
統計表15.3.3　南北別人口と産業別・南北別就業者数, 1911〜2016年　　*527*
統計表15.3.4　人口 1 人当たり実質 GDP, 1911〜2016年　　*531*
統計表15.4.1　植民地期の名目粗付加価値：道別・産業別, 1913年, 1920年, 1930年, 1940年　　*533*
統計表15.4.2　植民地期の実質粗付加価値：道別・産業別, 1913年, 1920年, 1930年, 1940年（1935年価格）
　　534
統計表15.4.3　植民地期の就業者数：道別・産業別, 1913年, 1920年, 1930年, 1940年　　*535*
統計表15.4.4　植民地期の道別人口, 1913年, 1920年, 1930年, 1940年　　*536*
統計表15.4.5　韓国の名目粗付加価値：道別・産業別, 1953〜2015年　　*537*
統計表15.4.6　韓国の実質粗付加価値：道別・産業別, 1953〜2015年　　*538*
統計表15.4.7　韓国の就業者数：道別・産業別, 1960〜2015年　　*539*
統計表15.4.8　韓国の道別人口, 1953〜2015年　　*539*

Contents of Tables

Table 2.1.1   Korean population by sex and age groups in the colonial period, 1910-1940   *343*

Table 2.2.1   Labor force in six major activity groups by sex in the colonial period, North and South,1912-1942   *344*

Table 2.2.2   Labor force: Sectoral shares in the colonial period, North and South, 1912-1942   *348*

CD Table 2.2.1   Labor force in three sectors by sex in the colonial period, 1912-1942   *Stored in the attached CD-ROM*

Table 2.3.1   Nominal wages of Koreans by skill level, North-South divide, and province in the colonial period, 1909-1942   *350*

Table 2.3.2   Real wages of Koreans by skill level, North-South divide, and province in the colonial period, 1909-1942   *352*

Table 2.3.3   Nominal wages of Japanese by skill level, North-South divide, and province in the colonial period, 1909-1942   *354*

Table 2.3.4   Nominal factory wages of Japanese and Koreans by industry and sex in the colonial period, 1921-1943   *356*

Table 2.3.5   Real factory wages of Japanese and Koreans by industry and sex in the colonial period, 1921-1943   *358*

CD Table 2.3.1   Real wages of Japanese by skill level, North-South divide, and province in the colonial period, 1909-1942   *Stored in the attached CD-ROM*

Table 3.1.1   Agricultural crops: Nominal value added in the colonial period, North and South, 1910-1944 (in current prices)   *360*

Table 3.1.2   Agricultural crops: Real value added, North and South, 1910-1962 (in 1935 prices)   *363*

Table 3.1.3   Animal husbandry: Nominal value added by province in the colonial period, 1911-1940 (in current prices)   *366*

Table 3.1.4   Animal husbandry: Real value added by province in the colonial period, 1911-1940 (in 1935 prices)   *369*

Table 3.1.5   Sericulture: Nominal value added by province in the colonial period, 1910-1940 (in current prices)   *372*

Table 3.1.6   Sericulture: Real value added by province in the colonial period, 1910-1940 (in 1935 prices)   *375*

CD Table 3.1.1   Agricultural crops: Nominal values of output in the colonial period, North and South, 1910-1944 (in current prices)   *Stored in the attached CD-ROM*

CD Table 3.1.2   Agricultural crops: Real values of output, North and South, 1910-1962 (in 1935 prices)   *Stored in the attached CD-ROM*

CD Table 3.1.3   Animal husbandry: Nominal values of output by province in the colonial period, 1911-1940 (in current prices)   *Stored in the attached CD-ROM*

CD Table 3.1.4   Animal husbandry: Real values of output by province in the colonial period, 1911-1940 (in 1935 prices)   *Stored in the attached CD-ROM*

CD Table 3.1.5   Sericulture: Nominal values of output by province in the colonial period, 1910-1940 (in current prices)   *Stored in the attached CD-ROM*

CD Table 3.1.6   Sericulture: Real values of output by province in the colonial period, 1910-1940 (in 1935 prices)   *Stored in the attached CD-ROM*

Table 3.2.1   Forestry areas by province in the colonial period, 1910-1940   *378*

Table 3.2.2   Forest products: Nominal value added by province in the colonial period, 1911-1940 (in current prices)   *380*

Table 3.2.3   Forest products: Real value added by province in the colonial period, 1911-1940 (in 1935 prices)

340　Ⅱ　統　計　編

383

CD Table 3.2.1　Forest products: Nominal values of output by province in the colonial period, 1911-1940 (in current prices)　*Stored in the attached CD-ROM*

Table 3.3.1　Fishery in the colonial period, 1911-1941　*386*

Table 4.1.1　Mining: Nominal value added, North and South, 1913-1941 and 1958-1970 (in current prices)　*387*

Table 4.1.2　Mining: Real value added in the colonial period, North and South, 1913-1941 (in 1935 prices)　*391*

CD Table 4.1.1　Mining: Nominal values of output, North and South, 1913-1941 and 1958-1969 (in current prices)　*Stored in the attached CD-ROM*

CD Table 4.1.2　Mining: Real values of output, North and South, 1913-1941 and 1946-1972 (in 1935 prices)　*Stored in the attached CD-ROM*

Table 4.2.1　Manufacturing: Nominal value added by sub-sector in the colonial period, North and South, 1911-1940 (in current prices)　*395*

Table 4.2.2　Manufacturing: Real value added by sub-sector in the colonial period, North and South, 1911-1940 (in 1935 prices)　*401*

CD Table 4.2.1　Manufacturing: Nominal values of output by sub-sector in the colonial period, North and South, 1911-1941　*Stored in the attached CD-ROM*

CD Table 4.2.2　Manufacturing: Real values of output by sub-sector in the colonial period, North and South, 1911-1940 (in 1935 prices)　*Stored in the attached CD-ROM*

Table 4.3.1　Gas: Nominal value added by province in the colonial period, 1910-1940 (in current prices)　*407*

Table 4.3.2　Gas: Real value added by province in the colonial period, 1910-1940 (in 1935 prices)　*409*

Table 4.3.3　Water: Nominal value added by province in the colonial period, 1911-1940 (in current prices)　*411*

Table 4.3.4　Water: Real value added by province in the colonial period, 1911-1940 (in 1935 prices)　*413*

Table 4.3.5　Electricity: Nominal value added by province in the colonial period, 1911-1940 (in current prices)　*415*

Table 4.3.6　Electricity: Real value added by province in the colonial period, 1911-1940 (in 1935 prices)　*417*

CD Table 4.3.1　Gas: Production volume by province in the colonial period, 1910-1940　*Stored in the attached CD-ROM*

CD Table 4.3.2　Gas: Nominal values of output by province in the colonial period,1910-1940 (in current prices)　*Stored in the attached CD-ROM*

CD Table 4.3.3　Gas: Real values of output by province in the colonial period, 1910-1940 (in 1935 prices)　*Stored in the attached CD-ROM*

CD Table 4.3.4　Water supply volume by province in the colonial period, 1911-1940　*Stored in the attached CD-ROM*

CD Table 4.3.5　Water: Nominal values of output by province in the colonial period, 1911-1940 (in current prices)　*Stored in the attached CD-ROM*

CD Table 4.3.6　Water: Real values of output by province in the colonial period, 1911-1940 (in 1935 prices)　*Stored in the attached CD-ROM*

CD Table 4.3.7　Electricity: Nominal values of output by province in the colonial period, 1911-1940 (in current prices)　*Stored in the attached CD-ROM*

CD Table 4.3.8　Electricity: Real values of output by province in the colonial period, 1911-1940 (in 1935 prices)　*Stored in the attached CD-ROM*

Table 5.3.1　Tertiary industry: Nominal value added by province in the colonial period, 1912-1940 (in current prices)　*419*

Table 5.3.2　Tertiary industry: Real value added by province in the colonial period, 1912-1940 (in 1935 prices)

421

Table 6.3.1   Korea's foreign trade: Exports and imports and their price indexes, 1877-1944   *423*
Table 6.3.2   Korea's exports by commodity group (one-digit SITC), 1877-1944   *425*
Table 6.3.3   Korea's imports by commodity group (one-digit SITC), 1877-1944   *427*
Table 6.3.4   Korea's foreign trade matrices by region (one-digit SITC), 1910 and 1939   *429*
CD Table 6.3.1   Korea's exports according to regions and principal countries, 1877-1944   *Stored in the attached CD-ROM*
CD Table 6.3.2   Korea's imports according to regions and principal countries, 1877-1944   *Stored in the attached CD-ROM*

Table 8.1.1   Estimates of population by sex and age groups in South Korea, 1947-2015   *431*
Table 8.1.2   Vital statistics in South Korea, 1970-2016   *434*
Table 8.2.1   Population and the labor force in South Korea, 1955-2008   *435*
Table 8.2.2   Employed and unemployed persons in South Korea, 1955-2008   *437*
Table 8.2.3   Employed persons by industry and sex (total) in South Korea, 1955-2008   *439*
Table 8.2.4   Employed persons by industry and sex (male) in South Korea, 1955-2008   *443*
Table 8.2.5   Employed persons by industry and sex (female) in South Korea, 1955-2008   *447*
Table 8.2.6   Average wages of employees (monthly) in South Korea, 1976-2010   *451*
CD Table 8.2.1   Wages by occupation in South Korea, 1947-1958   *Stored in the attached CD-ROM*
CD Table 8.2.2   Wage indices by industry in Seoul, 1946-1956   *Stored in the attached CD-ROM*
CD Table 8.2.3   Average monthly wages of industrial regular workers in South Korea, 1957-1971   *Stored in the attached CD-ROM*

Table 9.4.1   Estimates of average years of schooling in the colonial period and South Korea: Part 1 (male and female), 1920-2010   *456*
Table 9.4.2   Estimates of average years of schooling in the colonial period and South Korea: Part 2 (male), 1920-2010   *460*
Table 9.4.3   Estimates of average years of schooling in the colonial period and South Korea: Part 3 (female), 1920-2010   *464*

Table 10.4.1   Nominal gross fixed capital formation by type of capital goods in South Korea, 1953-2013   *468*
Table 10.4.2   Nominal gross fixed capital formation by economic activity in South Korea, 1953-2013   *470*
Table 10.4.3   Nominal net capital stock by type of capital goods in South Korea, 1953-2013   *472*
CD Table 10.4.1   Real gross fixed capital formation by type of capital goods in South Korea, 1953-2013 (in 2010 prices)   *Stored in the attached CD-ROM*
CD Table 10.4.2   Real gross fixed capital formation by economic activity in South Korea, 1953-2013 (in 2010 prices)   *Stored in the attached CD-ROM*
Table 10.5.1   Real net capital stock by type of capital goods in South Korea, 1953-2013 (in 2010 prices)   *474*
Table 10.6.1   Nominal net capital stock by economic activity in South Korea, 1953-2013   *476*
Table 10.6.2   Real net capital stock by economic activity in South Korea, 1953-2013 (in 2010 prices)   *478*
Table 10.7.1   Real capital-income (value added) ratio in South Korea, 1953-2013 (in 2010 prices)   *480*
Table 10.7.2   Real capital equipment ratio per worker by economic activity in South Korea, 1953-2013 (in 2010 prices)   *482*

Table 11.3.1   South Korea's foreign trade: Exports and imports and their price indexes, 1946-2015   *484*
Table 11.3.2   South Korea's exports by commodity group (one-digit SITC), 1946-2011   *486*
Table 11.3.3   South Korea's imports by commodity group (one-digit SITC), 1946-2011   *488*
Table 11.3.4   South Korea's foreign trade matrices by region (one-digit SITC), 1962, 1985, and 2010   *490*
CD Table 11.3.1   South Korea's export by region (country or area), 1946-2011   *Stored in the attached CD-*

342　‖　統　　計　　編

　　　　　　　ROM
CD Table 11.3.2　South Korea's imports by region (country or area), 1946-2011　*Stored in the attached CD-ROM*

Table 12.2.1　Nominal value added by economic activity in South Korea, 1953-2013　*494*
Table 12.2.2　Real value added by economic activity in South Korea, 1953-2013 (in 2010 prices)　*496*
Table 12.2.3　Distribution of national income in South Korea, 1953-2013 (in current prices)　*498*
Table 12.2.4　Distribution of national income in South Korea, 1953-2013 (in 2010 prices)　*500*
Table 12.3.1　Nominal expenditure of national income in South Korea, 1953-2013　*502*
Table 12.3.2　Real expenditure of national income in South Korea, 1953-2013 (in 2010 prices)　*504*
Table 12.3.3　Factor input by economic activity in South Korea, 1953-2013　*506*

Table 14.1.1　Estimates of population in North Korea (1): Total population by sex and major indices of vital statistics, 1953-2000　*508*
Table 14.1.2　Estimates of population in North Korea (2): Population by sex and age groups, 1953-2000　*509*
Table 14.3.1　North Korea's imports , 1950-2014　*510*
Table 14.3.2　North Korea's exports, 1950-2014　*512*
Table 14.3.3　North Korea's imports from Japan, 1961-2006　*514*
Table 14.3.4　North Korea's exports to Japan, 1961-2006　*516*
Table 14.4.1　Average annual real rate of growth and real GNP per capita: North Korea, 1954-2007　*518*

Table 15.3.1　Nominal gross value added (nominal GDP) by sector, North and South, 1911-2016　*519*
Table 15.3.2　Real gross value added (real GDP) by sector, North and South, 1911-2016　*523*
Table 15.3.3　Total population and number of workers by sector, North and South, 1911-2016　*527*
Table 15.3.4　Real gross value added (real GDP) per capita by sector, North and South, 1911-2016　*531*
Table 15.4.1　Nominal gross value added by province and by sector in the colonial period, 1913, 1920, 1930, and 1940　*533*
Table 15.4.2　Real gross value added by province and by sector in the colonial period, 1913, 1920, 1930, and 1940 (in 1935 prices)　*534*
Table 15.4.3　Number of workers by province and by sector in the colonial period, 1913, 1920, 1930, and 1940　*535*
Table 15.4.4　Total population by province in the colonial period, 1913, 1920, 1930, and 1940　*536*
Table 15.4.5　Nominal gross value added by province and by sector in South Korea, 1953-2015　*537*
Table 15.4.6　Real gross value added by province and by sector in South Korea, 1953-2015　*538*
Table 15.4.7　Number of workers by province and by sector in South Korea, 1960-2015　*539*
Table 15.4.8　Total population by province in South Korea, 1953-2015　*539*

統計表 2.1.1 植民地期の朝鮮人の年齢階級別・男女別人口，1910〜1940年
Table 2.1.1 Korean population by sex and age groups in the colonial period, 1910–1940

	1910年 男 Male	1910年 女 Female	1915年 男 Male	1915年 女 Female	1920年 男 Male	1920年 女 Female	1925年 男 Male	1925年 女 Female
				単位：人 Unit: Persons				
0-4歳	1,354,331	1,252,267	1,407,726	1,337,271	1,395,376	1,328,819	1,555,345	1,505,058
5-9	1,031,242	932,866	1,121,444	1,059,509	1,179,979	1,107,996	1,199,178	1,122,504
10-14	1,048,592	930,247	950,786	869,369	1,037,032	974,412	1,115,012	1,038,139
15-19	885,483	781,499	974,724	873,580	856,980	792,508	962,668	911,227
20-24	798,347	712,588	810,141	729,757	841,705	784,704	754,519	725,596
25-29	690,100	609,003	729,102	659,996	709,448	653,041	759,418	722,815
30-34	598,190	530,626	629,324	560,737	648,818	590,456	652,448	603,385
35-39	505,103	446,828	539,949	484,719	554,689	498,488	593,450	544,565
40-44	451,800	416,111	452,385	405,089	469,270	425,925	496,892	450,581
45-49	403,144	380,373	409,192	383,381	398,179	363,678	425,369	392,093
50-54	383,794	378,825	353,641	344,670	347,605	336,325	347,349	326,006
55-59	282,469	286,653	326,887	337,865	293,522	302,265	295,991	300,294
60-64	219,708	228,750	223,751	239,464	250,909	271,947	230,873	247,943
65-69	139,564	148,320	158,025	176,640	155,112	175,410	181,370	207,591
70-74	48,332	65,658	85,184	98,246	93,141	108,373	94,700	113,068
75-79	26,019	29,539	24,033	36,220	39,751	49,592	45,760	59,063
80 以上	425	4,017	13,020	16,982	15,696	21,474	15,807	23,951
計 Total	8,866,643	8,134,169	9,209,314	8,613,497	9,287,213	8,785,415	9,726,150	9,293,880

	1930年 男 Male	1930年 女 Female	1935年 男 Male	1935年 女 Female	1940年 男 Male	1940年 女 Female
			単位：人 Unit: Persons			
0-4歳	1,658,066	1,617,398	1,884,825	1,827,449	1,971,191	1,920,635
5-9	1,357,392	1,292,160	1,471,867	1,402,132	1,675,125	1,600,575
10-14	1,152,400	1,065,960	1,296,170	1,224,400	1,392,673	1,317,737
15-19	1,056,802	992,002	1,077,292	1,019,027	1,136,951	1,116,592
20-24	860,238	850,224	956,194	933,829	905,996	924,871
25-29	695,170	682,997	809,667	800,340	842,512	856,263
30-34	712,901	683,387	661,287	641,681	723,575	729,987
35-39	617,055	577,150	666,575	636,681	614,462	606,586
40-44	547,741	506,889	570,824	538,654	606,556	590,154
45-49	459,824	427,075	506,265	480,262	513,468	500,450
50-54	379,930	358,020	408,190	387,570	443,665	437,512
55-59	305,912	302,420	332,960	330,915	355,123	356,479
60-64	238,667	252,224	247,726	254,558	269,853	281,165
65-69	171,176	195,710	181,399	204,344	186,140	205,177
70-74	114,580	137,781	112,495	133,640	116,730	142,168
75-79	50,412	66,679	62,134	82,687	56,452	75,849
80 以上	20,622	31,144	25,134	38,927	28,824	45,970
計 Total	10,398,889	10,039,219	11,271,005	10,937,097	11,839,295	11,708,170

統計表 2.2.1 植民地期の労働力：6産業別・男女別・南北別，1912～1942年
Table 2.2.1 Labor force in six major activity groups by sex in the colonial period, North and South, 1912-1942

	1	2	3	4	5	6	7	8	9	10	11	12
	農業 Agriculture			水産業 Fisheries			工業 Industry			商業交通業 Commerce & transport		
	北部 North	南部 South	南北計 Total	北部 North	南部 South	南北計 Total	北部 North	南部 South	南北計 Total	北部 North	南部 South	南北計 Total
	千人 Thousands											
男女計 Total												
1912	2,626	5,110	7,736	48	112	160	156	298	454	396	581	977
1913	3,053	5,561	8,614	53	122	175	163	299	461	339	585	924
1914	3,374	6,017	9,392	59	133	193	150	322	471	305	562	867
1915	3,573	6,624	10,196	64	148	212	162	315	477	286	536	822
1916	3,262	6,009	9,271	59	134	194	193	333	526	272	516	788
1917	3,377	6,141	9,518	60	136	196	204	368	572	297	546	843
1918	3,470	6,123	9,593	59	128	187	210	385	595	306	547	853
1919	3,569	6,187	9,756	64	127	190	228	423	651	320	539	859
1920	3,149	5,681	8,830	51	100	150	197	389	585	247	476	723
1921	3,175	5,780	8,955	54	106	161	216	417	633	256	487	743
1922	3,215	5,869	9,084	51	112	163	238	462	700	259	504	763
1923	3,182	5,887	9,069	55	109	164	245	491	737	271	513	784
1924	3,225	5,814	9,039	52	110	162	274	513	787	283	521	804
1925	3,245	5,809	9,054	58	115	173	293	554	847	306	537	843
1926	3,279	5,895	9,174	58	121	180	309	589	898	301	539	840
1927	3,286	5,865	9,151	59	118	177	338	604	942	320	535	855
1928	3,222	5,747	8,968	61	116	177	340	622	962	313	536	849
1929	3,215	5,724	8,939	61	116	178	361	653	1,013	314	545	859
1930	3,182	5,641	8,823	67	113	181	380	666	1,046	323	546	868
1931	3,185	5,434	8,619	68	109	177	366	621	988	329	527	856
1932	2,938	4,835	7,773	49	86	135	295	493	789	247	425	672
1933	2,858	4,693	7,551	46	83	129	272	449	720	267	445	712
1934	2,855	4,787	7,642	49	97	146	270	454	724	282	488	770
1935	2,847	5,004	7,851	49	96	145	278	461	739	295	508	803
1936	2,785	4,969	7,754	49	103	152	266	460	726	299	531	830
1937	2,792	4,990	7,782	48	103	151	275	452	727	308	535	844
1938	2,752	5,000	7,752	47	108	155	322	476	798	333	570	903
1939	2,649	4,940	7,590	51	108	159	354	462	817	365	582	947
1940	2,547	4,712	7,259	60	100	160	381	441	822	374	557	931
1941	2,491	4,742	7,232	64	114	177	441	474	915	394	578	972
1942	2,509	4,745	7,253	72	142	214	501	511	1,013	367	596	963

統計表 **2.2.1** （つづき）
Table 2.2.1 （cont'd）

	13	14	15	16	17	18	19	20	21
	公務自由業 Public & private services			その他有業者 Other			合計 Grand total		
	北部 North	南部 South	南北計 Total	北部 North	南部 South	南北計 Total	北部 North	南部 South	南北計 Total
	千人　Thousands								
男女計	Total								
1912	69	68	136	265	247	511	3,560	6,415	9,975
1913	43	69	112	168	264	433	3,819	6,900	10,719
1914	35	67	103	153	284	437	4,077	7,386	11,463
1915	42	90	132	165	208	373	4,290	7,922	12,212
1916	50	87	137	95	154	248	3,930	7,234	11,164
1917	59	103	162	102	176	278	4,099	7,470	11,569
1918	61	122	183	112	199	312	4,218	7,505	11,723
1919	70	133	203	108	197	305	4,358	7,606	11,964
1920	65	136	201	73	94	168	3,782	6,876	10,658
1921	73	153	226	89	123	211	3,862	7,066	10,928
1922	80	170	250	102	151	254	3,946	7,268	11,213
1923	83	185	269	107	162	269	3,943	7,348	11,291
1924	80	192	271	101	187	287	4,014	7,337	11,351
1925	90	214	303	113	203	315	4,104	7,432	11,536
1926	86	224	310	119	211	330	4,153	7,579	11,732
1927	92	230	322	132	222	355	4,227	7,574	11,801
1928	92	234	326	127	236	363	4,156	7,489	11,645
1929	94	256	350	129	253	382	4,174	7,546	11,720
1930	101	262	364	149	284	434	4,202	7,512	11,715
1931	112	286	398	161	327	488	4,221	7,305	11,526
1932	106	283	390	179	404	583	3,814	6,528	10,341
1933	108	274	383	165	306	471	3,715	6,250	9,965
1934	122	299	421	182	304	487	3,759	6,430	10,189
1935	127	325	451	191	317	507	3,786	6,711	10,497
1936	132	344	476	201	332	533	3,732	6,738	10,470
1937	148	371	519	187	336	524	3,758	6,787	10,546
1938	151	386	537	191	340	531	3,797	6,879	10,676
1939	154	403	557	185	332	517	3,759	6,827	10,586
1940	153	403	557	246	333	580	3,762	6,547	10,308
1941	185	452	637	258	323	581	3,833	6,681	10,514
1942	207	545	752	323	407	730	3,979	6,946	10,925

346 Ⅱ 統 計 編

統計表 2.2.1 （つづき）
Table 2.2.1 （cont'd）

	1	2	3	4	5	6	7	8	9	10	11	12
	農業 Agriculture			水産業 Fisheries			工業 Industry			商業交通業 Commerce & transport		
	北部 North	南部 South	南北計 Total	北部 North	南部 South	南北計 Total	北部 North	南部 South	南北計 Total	北部 North	南部 South	南北計 Total
	千人　Thousands											
男　Male												
1912	1,582	3,050	4,632	30	72	103	63	158	220	212	370	582
1913	1,669	3,226	4,895	32	78	110	68	155	223	216	358	574
1914	1,824	3,392	5,216	35	84	119	57	164	221	198	354	552
1915	1,921	3,660	5,582	38	94	131	61	152	213	183	331	515
1916	1,769	3,379	5,148	36	86	122	82	160	242	179	321	500
1917	1,808	3,444	5,252	36	87	123	93	175	268	193	333	526
1918	1,843	3,437	5,281	37	78	114	91	172	264	198	326	524
1919	1,892	3,489	5,381	39	79	118	91	188	279	198	326	524
1920	1,726	3,386	5,112	34	68	102	91	187	279	165	304	468
1921	1,726	3,429	5,155	37	71	108	98	196	294	169	308	477
1922	1,763	3,421	5,185	35	73	108	108	210	318	167	312	479
1923	1,742	3,420	5,162	38	72	110	107	218	325	170	312	482
1924	1,754	3,367	5,122	37	73	110	121	223	344	177	314	490
1925	1,760	3,356	5,116	41	76	117	126	236	362	189	313	502
1926	1,773	3,400	5,172	42	79	121	130	245	375	186	306	492
1927	1,783	3,395	5,178	45	76	121	140	246	386	195	302	497
1928	1,758	3,361	5,119	47	76	123	141	250	391	194	300	494
1929	1,757	3,356	5,112	48	76	124	150	256	406	190	300	490
1930	1,753	3,355	5,108	52	76	128	161	264	425	192	302	494
1931	1,750	3,285	5,035	53	74	126	163	256	420	189	292	481
1932	1,632	3,102	4,734	39	60	99	156	222	378	149	236	385
1933	1,621	3,082	4,703	38	60	98	166	230	396	170	262	432
1934	1,601	3,057	4,658	41	67	108	178	239	417	179	287	466
1935	1,586	3,099	4,684	40	68	108	194	244	438	185	293	478
1936	1,563	3,058	4,620	41	70	112	199	260	460	192	306	498
1937	1,556	3,050	4,606	41	72	112	214	268	481	195	304	500
1938	1,525	3,004	4,530	40	75	115	260	295	555	208	323	531
1939	1,473	2,933	4,406	43	74	117	292	300	592	231	326	558
1940	1,424	2,803	4,227	52	70	122	333	309	642	249	324	573
1941	1,390	2,785	4,175	54	79	132	394	347	742	262	334	595
1942	1,389	2,773	4,163	61	95	156	456	383	838	273	375	648
女　Female												
1912	1,045	2,060	3,104	18	39	57	94	140	234	184	211	395
1913	1,383	2,336	3,719	21	44	65	95	144	239	123	227	350
1914	1,551	2,625	4,176	24	49	73	92	158	250	107	208	315
1915	1,651	2,963	4,615	26	55	81	101	164	264	103	205	308
1916	1,493	2,630	4,123	23	49	72	111	173	283	93	195	288
1917	1,569	2,697	4,266	24	49	73	111	193	303	104	213	317
1918	1,627	2,686	4,313	22	50	72	119	213	332	108	221	329
1919	1,677	2,698	4,375	24	48	72	137	236	372	122	213	335
1920	1,423	2,295	3,718	16	32	48	105	201	306	83	172	255
1921	1,449	2,351	3,800	18	35	53	118	221	339	87	179	266
1922	1,452	2,447	3,899	16	39	55	130	251	381	93	192	284
1923	1,439	2,467	3,906	17	37	54	138	274	412	101	201	302
1924	1,471	2,447	3,918	14	37	51	153	290	443	107	207	314
1925	1,485	2,453	3,938	17	39	56	167	318	485	117	224	341
1926	1,506	2,495	4,002	17	43	59	178	344	523	115	233	348
1927	1,503	2,469	3,973	15	41	56	197	358	556	124	233	358
1928	1,463	2,386	3,849	14	40	54	199	372	571	119	235	355
1929	1,458	2,368	3,826	14	40	54	211	396	607	125	244	369
1930	1,430	2,286	3,715	16	37	53	219	402	621	131	244	375
1931	1,435	2,149	3,584	15	35	51	203	365	568	140	235	375
1932	1,306	1,733	3,039	10	26	36	139	271	410	98	189	287
1933	1,236	1,611	2,847	8	23	31	105	219	324	97	183	280
1934	1,254	1,730	2,984	8	30	38	91	215	307	103	201	303
1935	1,261	1,906	3,167	9	29	37	84	216	301	110	215	326
1936	1,222	1,911	3,134	8	32	40	67	199	266	108	225	332
1937	1,236	1,940	3,175	7	31	39	61	184	245	113	231	344
1938	1,227	1,996	3,222	7	34	41	62	181	243	125	246	371
1939	1,177	2,008	3,184	8	34	42	62	162	225	134	255	389
1940	1,123	1,909	3,032	8	30	38	48	132	180	125	233	358
1941	1,100	1,957	3,057	10	35	45	47	126	173	133	244	377
1942	1,119	1,971	3,091	11	47	58	46	129	174	134	270	403

II 統 計 編 347

統計表 **2.2.1** （つづき）
Table 2.2.1 (cont'd)

	13	14	15	16	17	18	19	20	21
	公務自由業 Public & private services			その他有業者 Other			合計 Grand total		
	北部 North	南部 South	南北計 Total	北部 North	南部 South	南北計 Total	北部 North	南部 South	南北計 Total
	千人　Thousands								
男　Male									
1912	23	54	77	108	175	283	2,019	3,879	5,897
1913	31	56	87	112	186	298	2,129	4,058	6,187
1914	28	56	84	103	187	290	2,245	4,237	6,482
1915	29	62	91	102	135	237	2,335	4,435	6,769
1916	39	68	107	60	102	162	2,165	4,116	6,282
1917	41	70	112	65	118	183	2,238	4,227	6,465
1918	42	76	118	75	134	210	2,287	4,223	6,511
1919	47	77	124	75	134	209	2,343	4,292	6,635
1920	49	86	135	54	69	122	2,120	4,099	6,218
1921	52	90	142	61	86	147	2,143	4,180	6,323
1922	55	93	148	73	104	178	2,201	4,213	6,415
1923	57	99	156	85	114	199	2,200	4,234	6,434
1924	57	98	155	82	131	213	2,228	4,206	6,434
1925	62	106	168	91	142	233	2,269	4,229	6,498
1926	58	107	165	102	149	250	2,291	4,285	6,576
1927	62	104	166	112	161	273	2,337	4,284	6,621
1928	64	104	169	110	170	280	2,315	4,261	6,577
1929	64	113	177	113	182	295	2,321	4,284	6,605
1930	69	117	186	128	205	333	2,354	4,319	6,673
1931	70	126	196	132	233	365	2,357	4,267	6,624
1932	70	130	200	153	294	447	2,199	4,044	6,244
1933	69	133	202	139	231	371	2,203	3,999	6,202
1934	75	137	212	153	228	380	2,227	4,015	6,242
1935	72	141	213	158	237	395	2,234	4,082	6,316
1936	76	142	217	166	247	413	2,237	4,083	6,320
1937	85	152	237	156	248	404	2,248	4,093	6,341
1938	79	145	224	154	252	406	2,266	4,094	6,360
1939	81	148	229	150	245	395	2,270	4,027	6,296
1940	82	154	236	204	247	451	2,343	3,907	6,250
1941	99	174	273	210	239	449	2,409	3,957	6,365
1942	112	214	325	254	292	547	2,545	4,132	6,677
女　Female									
1912	45	14	59	157	72	229	1,542	2,536	4,078
1913	11	13	24	57	78	135	1,690	2,842	4,532
1914	7	11	18	50	97	147	1,832	3,148	4,980
1915	13	28	40	63	73	136	1,956	3,487	5,443
1916	11	19	30	35	52	86	1,765	3,117	4,882
1917	18	33	51	37	58	95	1,861	3,243	5,104
1918	18	46	65	37	65	102	1,930	3,282	5,212
1919	23	56	79	33	63	96	2,016	3,314	5,330
1920	16	50	66	20	26	45	1,663	2,777	4,440
1921	21	63	84	27	37	64	1,719	2,886	4,605
1922	25	78	102	29	47	76	1,744	3,054	4,798
1923	26	87	113	22	48	70	1,743	3,113	4,857
1924	23	94	117	19	56	75	1,786	3,131	4,917
1925	28	108	136	22	61	83	1,835	3,203	5,038
1926	28	117	145	18	62	80	1,862	3,294	5,156
1927	30	126	155	21	61	82	1,890	3,290	5,180
1928	28	129	157	17	66	82	1,840	3,228	5,068
1929	30	143	172	16	71	86	1,853	3,263	5,115
1930	32	146	178	21	79	100	1,848	3,193	5,041
1931	42	160	201	29	94	123	1,864	3,038	4,902
1932	36	153	190	26	110	136	1,615	2,483	4,098
1933	40	141	181	25	74	100	1,512	2,251	3,763
1934	47	162	209	30	77	106	1,532	2,414	3,947
1935	55	184	239	33	79	112	1,553	2,629	4,181
1936	56	202	258	35	84	119	1,495	2,654	4,149
1937	63	219	282	31	88	119	1,510	2,694	4,204
1938	72	241	313	38	88	125	1,531	2,785	4,316
1939	73	255	328	35	87	122	1,489	2,801	4,289
1940	71	250	321	42	86	128	1,418	2,640	4,058
1941	86	278	364	48	84	132	1,425	2,724	4,149
1942	95	331	427	69	115	183	1,473	2,863	4,336

統計表 2.2.2 植民地期の労働力：部門構成比，1912～1942年
Table 2.2.2　Labor force: Sectoral shares in the colonial period, North and South, 1912-1942

	1	2	3	4	5	6	7	8	9	10
	北部　North			南部　South			南北計　Total			
	第1次 Primary	第2次 Secondary	第3次 Tertiary	第1次 Primary	第2次 Secondary	第3次 Tertiary	第1次 Primary	第2次 Secondary	第3次 Tertiary	計 Total
						%				
男女計　Total										
1912	75.1	6.2	18.7	81.4	5.9	12.6	79.2	6.0	14.8	100
1913	81.3	5.6	13.1	82.4	5.5	12.1	82.0	5.5	12.5	100
1914	84.2	4.8	11.0	83.3	5.7	11.1	83.6	5.4	11.0	100
1915	84.7	5.4	9.8	85.5	4.7	9.9	85.2	4.9	9.8	100
1916	84.5	5.8	9.7	84.9	5.4	9.7	84.8	5.5	9.7	100
1917	83.8	5.9	10.3	84.0	5.8	10.2	84.0	5.8	10.2	100
1918	83.7	6.0	10.4	83.3	6.1	10.6	83.4	6.0	10.5	100
1919	83.3	6.2	10.5	83.0	6.6	10.4	83.1	6.4	10.5	100
1920	84.6	5.9	9.5	84.1	6.2	9.7	84.3	6.1	9.6	100
1921	83.6	6.5	9.9	83.3	6.6	10.1	83.4	6.6	10.0	100
1922	82.8	7.1	10.1	82.3	7.2	10.5	82.5	7.2	10.4	100
1923	82.1	7.3	10.6	81.6	7.6	10.8	81.8	7.5	10.7	100
1924	81.6	7.9	10.5	80.8	8.1	11.2	81.1	8.0	10.9	100
1925	80.5	8.3	11.2	79.7	8.6	11.7	80.0	8.5	11.5	100
1926	80.4	8.7	10.9	79.4	9.0	11.6	79.7	8.9	11.4	100
1927	79.1	9.4	11.4	79.0	9.3	11.7	79.0	9.3	11.6	100
1928	79.0	9.6	11.4	78.3	9.7	12.0	78.5	9.7	11.8	100
1929	78.5	10.1	11.4	77.4	10.2	12.5	77.8	10.1	12.1	100
1930	77.3	10.7	12.0	76.6	10.6	12.8	76.9	10.6	12.5	100
1931	77.1	10.4	12.6	75.9	10.5	13.7	76.3	10.4	13.2	100
1932	78.3	9.9	11.8	75.4	10.1	14.5	76.5	10.0	13.5	100
1933	78.2	9.1	12.7	76.4	9.1	14.5	77.1	9.1	13.8	100
1934	77.2	9.1	13.7	76.0	8.8	15.2	76.4	8.9	14.6	100
1935	76.5	9.3	14.2	76.0	8.6	15.4	76.2	8.8	15.0	100
1936	75.9	9.2	14.9	75.3	8.5	16.2	75.5	8.8	15.7	100
1937	75.6	9.2	15.2	75.0	8.3	16.7	75.2	8.6	16.2	100
1938	73.7	10.5	15.8	74.3	8.6	17.2	74.1	9.2	16.7	100
1939	71.8	11.4	16.7	73.9	8.3	17.7	73.2	9.4	17.4	100
1940	69.3	12.8	17.8	73.5	8.3	18.2	72.0	10.0	18.0	100
1941	66.6	14.4	19.0	72.7	8.6	18.7	70.5	10.7	18.8	100
1942	64.8	16.4	19.0	70.4	9.2	20.4	68.3	11.8	19.9	100

統計表 2.2.2 （つづき）
Table 2.2.2 （cont'd）

	1	2	3	4	5	6	7	8	9	10
	北部 North			南部 South			南北計 Total			
	第1次 Primary	第2次 Secondary	第3次 Tertiary	第1次 Primary	第2次 Secondary	第3次 Tertiary	第1次 Primary	第2次 Secondary	第3次 Tertiary	計 Total
						%				
男 Male										
1912	79.9	4.1	16.0	80.5	5.4	14.1	80.3	4.9	14.8	100
1913	79.9	4.4	15.6	81.4	5.2	13.4	80.9	4.9	14.2	100
1914	82.8	3.6	13.6	82.0	5.2	12.8	82.3	4.6	13.1	100
1915	84.1	4.0	11.9	84.6	4.2	11.2	84.4	4.1	11.5	100
1916	83.4	4.6	12.0	84.2	4.7	11.2	83.9	4.6	11.5	100
1917	82.4	5.1	12.5	83.5	5.0	11.4	83.2	5.0	11.8	100
1918	82.2	5.0	12.8	83.2	5.1	11.7	82.8	5.1	12.1	100
1919	82.4	4.9	12.6	83.1	5.5	11.4	82.9	5.3	11.9	100
1920	83.1	5.2	11.8	84.3	5.2	10.6	83.8	5.2	11.0	100
1921	82.3	5.5	12.2	83.7	5.4	10.8	83.2	5.5	11.3	100
1922	81.7	6.1	12.2	82.9	5.9	11.1	82.5	6.0	11.5	100
1923	80.9	6.3	12.7	82.5	6.2	11.4	81.9	6.2	11.8	100
1924	80.4	6.9	12.7	81.8	6.5	11.7	81.3	6.7	12.0	100
1925	79.4	7.1	13.5	81.2	6.9	11.9	80.5	7.0	12.5	100
1926	79.2	7.5	13.2	81.2	7.1	11.7	80.5	7.3	12.2	100
1927	78.2	8.1	13.7	81.0	7.3	11.7	80.0	7.6	12.4	100
1928	78.0	8.2	13.8	80.7	7.5	11.8	79.7	7.8	12.5	100
1929	77.7	8.7	13.6	80.1	7.8	12.1	79.3	8.1	12.6	100
1930	76.6	9.3	14.1	79.4	8.1	12.4	78.5	8.6	13.0	100
1931	76.5	9.4	14.2	78.7	8.3	13.0	77.9	8.7	13.4	100
1932	76.0	10.2	13.8	78.2	8.4	13.4	77.4	9.0	13.6	100
1933	75.3	10.1	14.6	78.6	8.0	13.5	77.4	8.7	13.9	100
1934	73.8	10.7	15.5	77.8	8.0	14.2	76.4	9.0	14.6	100
1935	72.8	11.5	15.7	77.6	8.1	14.4	75.9	9.3	14.8	100
1936	71.7	11.9	16.4	76.6	8.5	14.9	74.9	9.7	15.4	100
1937	71.0	12.3	16.7	76.3	8.6	15.1	74.4	9.9	15.7	100
1938	69.1	14.4	16.5	75.2	9.4	15.4	73.0	11.2	15.8	100
1939	66.8	15.8	17.4	74.7	9.6	15.7	71.8	11.8	16.3	100
1940	63.0	18.2	18.8	73.5	10.1	16.4	69.6	13.1	17.3	100
1941	59.9	20.6	19.5	72.4	10.9	16.7	67.7	14.6	17.8	100
1942	57.9	23.5	18.6	70.2	11.9	17.8	65.5	16.3	18.1	100
女 Female										
1912	68.9	8.9	22.1	82.8	6.8	10.4	77.5	7.6	14.8	100
1913	83.1	7.0	9.9	83.7	6.1	10.2	83.5	6.4	10.1	100
1914	86.0	6.3	7.8	84.9	6.3	8.7	85.3	6.3	8.4	100
1915	85.6	7.1	7.6	86.6	5.3	8.1	86.2	6.0	7.8	100
1916	85.9	7.3	6.8	85.9	6.3	7.8	85.9	6.6	7.4	100
1917	85.5	6.9	7.6	84.7	6.7	8.6	85.0	6.8	8.2	100
1918	85.4	7.1	7.5	83.4	7.4	9.3	84.1	7.3	8.6	100
1919	84.4	7.6	8.0	82.9	8.0	9.1	83.4	7.8	8.7	100
1920	86.6	6.9	6.5	83.8	7.7	8.5	84.8	7.4	7.8	100
1921	85.3	7.7	7.0	82.7	8.3	9.1	83.6	8.0	8.3	100
1922	84.1	8.3	7.5	81.4	9.0	9.6	82.4	8.7	8.9	100
1923	83.5	8.6	7.9	80.4	9.6	10.0	81.5	9.2	9.3	100
1924	83.1	9.1	7.8	79.3	10.2	10.5	80.7	9.8	9.5	100
1925	81.8	9.7	8.4	77.8	10.9	11.3	79.3	10.4	10.3	100
1926	81.8	10.1	8.1	77.1	11.4	11.6	78.8	10.9	10.3	100
1927	80.3	11.1	8.6	76.3	11.8	11.8	77.8	11.6	10.7	100
1928	80.3	11.3	8.4	75.1	12.6	12.3	77.0	12.1	10.9	100
1929	79.4	11.9	8.7	73.8	13.3	12.9	75.9	12.8	11.4	100
1930	78.2	12.5	9.3	72.7	13.9	13.4	74.7	13.4	11.9	100
1931	77.8	11.7	10.5	71.9	13.5	14.6	74.1	12.8	13.0	100
1932	81.5	9.4	9.1	70.9	12.9	16.2	75.0	11.6	13.4	100
1933	82.3	7.7	10.0	72.6	11.1	16.3	76.5	9.7	13.8	100
1934	82.3	6.7	11.0	72.9	10.1	17.0	76.6	8.8	14.7	100
1935	81.8	6.1	12.1	73.6	9.3	17.1	76.6	8.1	15.2	100
1936	82.3	5.1	12.6	73.2	8.5	18.2	76.5	7.3	16.2	100
1937	82.3	4.6	13.1	73.2	7.8	19.0	76.4	6.6	16.9	100
1938	80.6	4.7	14.8	72.9	7.4	19.8	75.6	6.4	18.0	100
1939	79.6	4.7	15.7	72.9	6.5	20.6	75.2	5.9	18.9	100
1940	79.8	4.0	16.3	73.4	5.7	20.8	75.7	5.1	19.2	100
1941	77.9	3.9	18.2	73.1	5.3	21.6	74.8	4.8	20.4	100
1942	76.5	3.8	19.6	70.6	5.3	24.2	72.6	4.8	22.6	100

統計表 **2.3.1** 植民地期の朝鮮人の名目賃金：熟練・非熟練別，南北別，道別，1909～1942年

Table 2.3.1 Nominal wages of Koreans by skill level, North-South divide, and province in the colonial period, 1909-1942

	1	2	3	4	5	6	7	8	9	10	11
	熟練 Skilled										
	南北計 Total	北部 North	南部 South	京城 Gyeongseong	木浦 Mokpo	大邱 Daegu	釜山 Busan	平壌 Pyongyang	元山 Wonsan	清津 Chongjin	新義州 Sinuiju
	円/日　Yen/Day										
1909	0.679	0.687	0.675	0.778	0.683	0.581	0.655	0.639	0.706	0.749	0.685
1910	0.705	0.714	0.700	0.876	0.649	0.583	0.706	0.680	0.767	0.727	0.690
1911	0.718	0.709	0.722	0.868	0.695	0.628	0.701	0.768	0.759	0.668	0.629
1912	0.771	0.750	0.783	0.909	0.808	0.645	0.759	0.743	0.831	0.725	0.692
1913	0.760	0.756	0.762	0.875	0.797	0.646	0.703	0.730	0.820	0.761	0.721
1914	0.707	0.738	0.692	0.844	0.735	0.590	0.574	0.719	0.831	0.693	0.665
1915	0.705	0.736	0.688	0.808	0.704	0.635	0.603	0.755	0.790	0.680	0.671
1916	0.675	0.732	0.636	0.723	0.654	0.609	0.565	0.753	0.771	0.688	0.653
1917	0.823	0.860	0.799	0.869	0.850	0.796	0.678	0.824	0.903	0.939	0.801
1918	1.072	1.075	1.071	1.069	1.062	1.075	1.079	0.942	1.136	1.137	1.072
1919	1.779	1.750	1.799	1.887	1.836	1.859	1.600	1.678	1.814	1.779	1.672
1920	2.355	2.258	2.418	2.690	2.304	2.605	2.051	2.092	2.351	2.318	2.248
1921	2.055	1.804	2.223	2.272	2.108	2.320	2.225	1.899	1.595	2.268	1.436
1922	2.012	1.846	2.129	2.124	1.897	2.233	2.336	1.637	1.635	2.508	1.623
1923	2.046	1.949	2.113	2.109	2.132	2.100	2.109	1.554	1.917	2.536	1.690
1924	2.231	2.249	2.218	2.255	2.177	2.435	1.996	2.808	2.034	2.364	1.700
1925	1.973	1.894	2.032	2.149	2.064	1.877	2.000	1.491	1.994	2.241	1.739
1926	1.987	1.942	2.022	2.141	2.074	1.833	2.004	1.630	1.978	2.275	1.757
1927	2.011	1.967	2.048	2.207	2.052	1.865	2.025	1.802	1.951	2.307	1.651
1928	2.144	2.122	2.161	2.297	2.161	1.957	2.200	2.147	2.010	2.397	1.824
1929	2.025	1.969	2.073	2.223	2.057	1.920	2.040	1.915	1.884	2.250	1.674
1930	1.871	1.866	1.877	2.107	1.857	1.660	1.802	1.519	1.902	2.230	1.412
1931	1.748	1.694	1.796	2.008	1.458	2.065	1.631	1.284	1.534	2.280	1.463
1932	1.546	1.587	1.510	1.765	1.183	1.505	1.479	1.212	1.513	2.200	1.365
1933	1.454	1.472	1.440	1.558	1.217	1.489	1.454	1.193	1.407	2.146	1.350
1934	1.493	1.519	1.473	1.556	1.323	1.460	1.504	1.398	1.475	1.960	1.380
1935	1.580	1.617	1.553	1.681	1.413	1.496	1.519	1.564	1.545	2.095	1.392
1936	1.782	1.685	1.847	1.927	1.687	1.776	1.908	1.713	1.720	1.819	1.462
1937	1.887	1.756	1.976	2.026	1.917	1.951	1.952	1.774	1.809	1.954	1.477
1938	2.037	1.994	2.071	2.115	2.157	1.981	1.967	1.927	1.987	2.326	1.742
1939	2.225	2.168	2.273	2.248	2.440	2.262	2.176	2.016	2.123	2.267	2.320
1940	2.471	2.538	2.409	2.335	2.428	2.602	2.467	2.067	2.851	2.765	2.440
1941	2.840	2.779	2.899	2.924	2.481	3.198	2.981	2.635	2.801	3.138	2.379
1942	3.006	2.982	3.027	3.118	2.461	3.089	3.216	3.174	3.011	3.092	2.408

統計表 **2.3.1** （つづき）
Table 2.3.1 （cont'd）

	12	13	14	15	16	17	18	19	20	21	22
						非熟練 Unskilled					
	南北計 Total	北部 North	南部 South	京城 Gyeongseong	木浦 Mokpo	大邱 Daegu	釜山 Busan	平壌 Pyongyang	元山 Wonsan	清津 Chongjin	新義州 Sinuiju
						円/日　Yen/Day					
1909	0.437	0.457	0.426	0.449	0.409	0.423	0.440	0.450	0.442	0.521	0.460
1910	0.472	0.469	0.473	0.530	0.465	0.426	0.488	0.513	0.486	0.515	0.415
1911	0.443	0.463	0.432	0.467	0.409	0.408	0.457	0.429	0.536	0.522	0.430
1912	0.428	0.448	0.419	0.450	0.402	0.357	0.492	0.446	0.492	0.548	0.387
1913	0.442	0.488	0.418	0.423	0.407	0.378	0.499	0.472	0.492	0.597	0.442
1914	0.463	0.452	0.468	0.479	0.458	0.474	0.473	0.436	0.451	0.544	0.448
1915	0.465	0.469	0.461	0.480	0.481	0.435	0.460	0.524	0.444	0.556	0.413
1916	0.428	0.448	0.416	0.405	0.443	0.407	0.412	0.470	0.431	0.498	0.419
1917	0.514	0.555	0.489	0.458	0.515	0.473	0.504	0.533	0.523	0.668	0.568
1918	0.653	0.668	0.646	0.623	0.641	0.608	0.691	0.662	0.597	0.834	0.668
1919	1.128	1.076	1.163	1.120	1.114	1.185	1.173	1.046	1.128	1.162	0.956
1920	1.486	1.379	1.549	1.529	1.327	1.674	1.464	1.298	1.449	1.517	1.298
1921	1.256	1.121	1.335	1.351	1.170	1.465	1.245	1.236	1.028	1.429	0.855
1922	1.214	1.105	1.278	1.417	1.097	1.324	1.193	1.156	1.050	1.337	0.905
1923	1.363	1.081	1.542	1.515	1.154	1.220	2.329	1.083	1.028	1.349	0.960
1924	1.133	1.020	1.209	1.515	1.079	1.102	1.035	0.992	0.922	1.234	1.035
1925	1.057	0.968	1.117	1.287	1.073	1.112	0.971	0.868	0.908	1.184	0.991
1926	1.049	1.024	1.068	1.240	0.981	1.077	0.960	0.867	1.004	1.226	1.053
1927	1.015	0.987	1.035	1.248	0.965	0.948	0.950	0.814	1.078	1.158	0.908
1928	1.042	1.018	1.062	1.274	0.934	1.039	0.953	0.890	1.065	1.230	0.881
1929	1.069	1.104	1.049	1.291	0.940	0.979	0.919	1.122	1.044	1.202	1.046
1930	0.758	0.824	0.712	0.721	0.686	0.633	0.754	0.702	0.832	0.958	0.721
1931	0.778	0.844	0.728	0.848	0.637	0.633	0.790	0.712	0.858	0.931	0.816
1932	0.741	0.804	0.699	0.832	0.607	0.582	0.738	0.712	0.842	0.886	0.743
1933	0.734	0.797	0.698	0.773	0.600	0.639	0.758	0.716	0.796	0.862	0.817
1934	0.728	0.785	0.692	0.760	0.624	0.658	0.721	0.796	0.757	0.909	0.761
1935	0.768	0.852	0.713	0.804	0.628	0.679	0.753	0.772	0.915	0.950	0.766
1936	0.937	0.985	0.906	0.948	0.820	0.886	1.009	0.945	1.093	0.917	0.906
1937	1.026	1.054	1.004	1.015	1.044	0.933	1.034	0.920	1.227	1.051	0.950
1938	1.053	1.111	1.014	1.080	1.184	0.815	0.915	0.928	1.201	1.066	1.243
1939	1.223	1.380	1.099	1.090	1.299	1.013	0.939	1.278	1.225	1.339	1.759
1940	1.427	1.530	1.339	1.251	1.694	1.216	1.371	1.563	1.225	1.625	1.780
1941	1.702	1.707	1.703	1.662	1.382	1.819	1.910	1.684	1.589	1.755	1.792
1942	1.777	1.805	1.765	1.775	1.380	1.823	2.019	1.950	1.658	1.857	1.745

統計表 2.3.2 植民地期の朝鮮人の実質賃金：熟練・非熟練別，南北別，道別，1909〜1942年
Table 2.3.2　Real wages of Koreans by skill level, North-South divide, and province in the colonial period, 1909-1942

	1	2	3	4	5	6	7	8	9	10	11
	熟練 Skilled										
	南北計 Total	北部 North	南部 South	京城 Gyeongseong	木浦 Mokpo	大邱 Daegu	釜山 Busan	平壌 Pyongyang	元山 Wonsan	清津 Chongjin	新義州 Sinuiju
	円/日　Yen/Day										
1909	1.512	1.753	1.561	1.704	1.837	1.431	1.965	1.469	1.410	1.851	1.762
1910	1.584	1.822	1.622	2.001	1.721	1.442	2.029	1.466	1.612	1.667	1.969
1911	1.467	1.580	1.633	1.819	1.704	1.262	1.696	1.662	1.512	1.629	1.593
1912	1.350	1.415	1.454	1.642	1.758	1.024	1.593	1.216	1.469	1.435	1.463
1913	1.320	1.397	1.401	1.532	1.621	1.055	1.434	1.179	1.438	1.556	1.447
1914	1.450	1.602	1.469	1.758	1.752	1.123	1.377	1.394	1.655	1.637	1.497
1915	1.680	1.858	1.672	1.971	1.861	1.446	1.692	1.667	1.832	1.783	1.760
1916	1.424	1.613	1.374	1.553	1.497	1.220	1.368	1.546	1.569	1.552	1.524
1917	1.279	1.368	1.293	1.381	1.418	1.178	1.108	1.322	1.360	1.631	1.315
1918	1.157	1.157	1.224	1.185	1.240	1.021	1.194	1.025	1.207	1.400	1.296
1919	1.378	1.378	1.506	1.474	1.543	1.330	1.319	1.316	1.431	1.601	1.487
1920	1.718	1.640	1.904	1.991	1.696	1.762	1.555	1.511	1.720	2.021	1.903
1921	1.899	1.591	2.143	2.130	1.871	1.876	2.015	1.561	1.462	2.404	1.600
1922	1.707	1.505	1.896	1.841	1.556	1.772	1.836	1.267	1.353	2.418	1.703
1923	1.802	1.718	2.017	1.847	1.924	1.796	1.884	1.374	1.701	2.454	1.882
1924	1.835	1.833	1.956	1.847	1.781	1.912	1.678	2.241	1.691	2.283	1.628
1925	1.554	1.473	1.704	1.702	1.660	1.409	1.535	1.096	1.635	2.015	1.613
1926	1.670	1.577	1.789	1.798	1.683	1.397	1.685	1.262	1.702	2.189	1.709
1927	1.752	1.655	1.849	1.921	1.719	1.457	1.791	1.507	1.718	2.245	1.540
1928	1.959	1.908	2.022	2.080	1.983	1.676	2.024	1.793	1.814	2.486	1.815
1929	1.832	1.743	1.953	1.977	1.872	1.627	1.830	1.664	1.708	2.374	1.602
1930	1.895	1.891	1.936	2.107	2.033	1.555	1.864	1.459	1.905	2.450	1.523
1931	2.170	2.122	2.264	2.436	1.920	2.492	2.092	1.532	1.878	3.071	1.885
1932	1.829	1.890	1.823	2.049	1.423	1.808	1.774	1.396	1.797	2.875	1.628
1933	1.706	1.715	1.699	1.825	1.436	1.742	1.659	1.362	1.644	2.679	1.573
1934	1.670	1.695	1.643	1.750	1.463	1.636	1.672	1.544	1.646	2.196	1.546
1935	1.580	1.617	1.553	1.681	1.413	1.496	1.519	1.564	1.545	2.095	1.392
1936	1.680	1.583	1.806	1.796	1.638	1.692	1.728	1.649	1.718	1.761	1.437
1937	1.700	1.522	1.818	1.822	1.724	1.619	1.648	1.596	1.651	1.818	1.385
1938	1.655	1.590	1.660	1.696	1.759	1.553	1.553	1.496	1.656	1.940	1.336
1939	1.607	1.539	1.602	1.605	1.802	1.607	1.477	1.456	1.529	1.680	1.494
1940	1.643	1.688	1.602	1.553	1.615	1.731	1.641	1.375	1.896	1.839	1.623
1941	1.817	1.778	1.855	1.871	1.587	2.046	1.907	1.686	1.792	2.008	1.522
1942	1.769	1.755	1.781	1.835	1.448	1.818	1.892	1.868	1.772	1.820	1.417

統計表 2.3.2 （つづき）
Table 2.3.2 （cont'd）

	12	13	14	15	16	17	18	19	20	21	22
	非熟練 Unskilled										
	南北計 Total	北部 North	南部 South	京城 Gyeongseong	木浦 Mokpo	大邱 Daegu	釜山 Busan	平壌 Pyongyang	元山 Wonsan	清津 Chongjin	新義州 Sinuiju
	円/日　Yen/Day										
1909	0.973	1.166	0.985	0.983	1.100	1.043	1.321	1.033	0.883	1.287	1.183
1910	1.061	1.197	1.096	1.210	1.234	1.053	1.403	1.106	1.022	1.181	1.184
1911	0.905	1.030	0.977	0.979	1.003	0.818	1.107	0.928	1.067	1.274	1.090
1912	0.750	0.845	0.778	0.813	0.876	0.567	1.031	0.730	0.871	1.086	0.819
1913	0.768	0.901	0.769	0.741	0.827	0.617	1.017	0.762	0.862	1.221	0.888
1914	0.948	0.981	0.993	0.997	1.091	0.903	1.137	0.845	0.899	1.284	1.009
1915	1.108	1.186	1.121	1.171	1.271	0.989	1.290	1.158	1.030	1.457	1.084
1916	0.903	0.987	0.900	0.871	1.016	0.816	0.997	0.964	0.877	1.123	0.977
1917	0.798	0.883	0.791	0.727	0.860	0.699	0.824	0.855	0.787	1.162	0.934
1918	0.704	0.720	0.738	0.690	0.748	0.577	0.764	0.720	0.635	1.027	0.807
1919	0.873	0.847	0.974	0.876	0.936	0.848	0.967	0.821	0.890	1.045	0.850
1920	1.085	1.002	1.220	1.132	0.977	1.132	1.110	0.938	1.060	1.322	1.099
1921	1.160	0.989	1.287	1.267	1.038	1.185	1.128	1.015	0.942	1.515	0.952
1922	1.030	0.901	1.139	1.228	0.900	1.051	0.937	0.895	0.869	1.289	0.949
1923	1.201	0.953	1.472	1.327	1.041	1.044	2.081	0.957	0.913	1.306	1.069
1924	0.932	0.831	1.066	1.241	0.883	0.865	0.870	0.791	0.767	1.192	0.991
1925	0.832	0.753	0.936	1.019	0.863	0.834	0.745	0.638	0.745	1.065	0.919
1926	0.882	0.832	0.945	1.041	0.796	0.821	0.807	0.671	0.863	1.180	1.024
1927	0.884	0.831	0.935	1.087	0.808	0.741	0.841	0.681	0.949	1.126	0.848
1928	0.953	0.915	0.994	1.154	0.857	0.890	0.876	0.743	0.961	1.275	0.877
1929	0.967	0.977	0.988	1.148	0.856	0.829	0.824	0.974	0.946	1.268	1.001
1930	0.768	0.835	0.734	0.721	0.751	0.593	0.780	0.674	0.834	1.053	0.778
1931	0.966	1.058	0.917	1.029	0.839	0.764	1.013	0.849	1.050	1.254	1.052
1932	0.877	0.957	0.844	0.965	0.730	0.699	0.885	0.820	1.000	1.158	0.886
1933	0.862	0.928	0.823	0.905	0.708	0.747	0.865	0.817	0.931	1.076	0.952
1934	0.814	0.876	0.772	0.855	0.690	0.738	0.801	0.879	0.844	1.018	0.853
1935	0.768	0.852	0.713	0.804	0.628	0.679	0.753	0.772	0.915	0.950	0.766
1936	0.883	0.926	0.885	0.883	0.796	0.844	0.914	0.910	1.091	0.887	0.891
1937	0.924	0.914	0.923	0.913	0.939	0.774	0.873	0.827	1.120	0.978	0.891
1938	0.856	0.886	0.813	0.866	0.966	0.639	0.722	0.720	1.001	0.889	0.953
1939	0.883	0.979	0.774	0.778	0.960	0.719	0.637	0.923	0.882	0.992	1.132
1940	0.949	1.018	0.891	0.832	1.127	0.809	0.912	1.039	0.815	1.081	1.184
1941	1.089	1.092	1.089	1.063	0.884	1.163	1.222	1.077	1.016	1.123	1.147
1942	1.046	1.062	1.039	1.044	0.812	1.072	1.188	1.147	0.975	1.093	1.027

統計表 2.3.3 植民地期の日本人の名目賃金：熟練・非熟練別，南北別，道別，1909～1942年

Table 2.3.3 Nominal wages of Japanese by skill level, North-South divide, and province in the colonial period, 1909-1942

	1	2	3	4	5	6	7	8	9	10	11
						熟練 Skilled					
	南北計 Total	北部 North	南部 South	京城 Gyeongseong	木浦 Mokpo	大邱 Daegu	釜山 Busan	平壌 Pyongyang	元山 Wonsan	清津 Chongjin	新義州 Sinuiju
						円/日　Yen/Day					
1909	1.360	1.507	1.311	1.401	1.419	1.352	1.156	1.304	1.342	1.795	1.541
1910	1.426	1.541	1.388	1.521	1.349	1.411	1.234	1.479	1.410	1.732	1.488
1911	1.371	1.527	1.319	1.375	1.459	1.241	1.221	1.495	1.450	1.614	1.521
1912	1.324	1.464	1.277	1.325	1.374	1.231	1.200	1.410	1.355	1.593	1.456
1913	1.316	1.514	1.262	1.314	1.401	1.105	1.195	1.453	1.336	1.654	1.542
1914	1.338	1.491	1.294	1.326	1.403	1.215	1.223	1.400	1.486	1.617	1.468
1915	1.352	1.439	1.321	1.345	1.348	1.345	1.257	1.344	1.476	1.554	1.431
1916	1.332	1.480	1.269	1.296	1.329	1.243	1.213	1.454	1.413	1.604	1.424
1917	1.489	1.675	1.410	1.468	1.493	1.452	1.287	1.669	1.586	1.713	1.706
1918	1.902	2.085	1.821	1.885	1.823	1.796	1.751	2.004	1.951	2.279	1.980
1919	2.786	2.841	2.761	2.911	2.680	2.794	2.596	2.810	2.790	2.840	2.904
1920	3.425	3.403	3.435	3.705	3.222	3.309	3.211	3.121	3.512	3.651	3.624
1921	3.216	3.150	3.242	3.485	3.108	2.958	3.072	2.983	3.407	3.466	3.090
1922	3.256	3.243	3.262	3.341	2.878	3.228	3.290	2.973	3.582	3.484	3.431
1923	3.214	3.323	3.176	3.321	2.925	3.287	3.007	3.093	3.700	3.529	3.324
1924	3.160	3.162	3.159	3.351	3.125	3.160	2.903	2.891	3.627	3.625	3.201
1925	3.163	3.272	3.122	3.334	2.910	3.156	2.897	3.091	3.701	3.548	3.124
1926	3.267	3.460	3.195	3.438	3.066	3.029	3.035	3.345	3.521	3.588	3.559
1927	3.177	3.434	3.079	3.229	3.008	2.970	2.972	3.359	3.257	3.454	3.748
1928	3.312	3.542	3.221	3.380	3.132	3.050	3.145	3.397	3.345	3.634	3.894
1929	3.310	3.501	3.219	3.468	3.061	2.899	3.138	3.378	3.326	3.610	3.715
1930	3.088	3.400	2.944	3.329	2.938	2.381	2.769	3.525	3.137	3.299	3.733
1931	2.900	3.212	2.733	3.091	2.446	2.383	2.544	3.274	2.860	3.172	3.482
1932	2.762	3.136	2.536	2.889	2.249	2.311	2.396	3.277	2.578	3.151	3.192
1933	2.696	3.085	2.450	2.513	2.198	2.444	2.471	3.276	2.569	3.117	3.034
1934	2.654	3.021	2.425	2.502	2.239	2.460	2.395	3.443	2.672	2.877	3.077
1935	2.699	3.047	2.461	2.554	2.316	2.468	2.404	3.546	2.550	2.922	3.111
1936	2.892	3.099	2.729	2.724	2.614	2.723	2.784	3.762	2.819	2.874	3.091
1937	3.050	3.217	2.905	2.970	2.913	2.858	2.821	3.598	3.072	3.081	3.210
1938	3.143	3.299	2.992	3.118	3.092	2.966	2.778	3.589	3.254	2.858	3.792
1939	3.487	3.739	3.203	3.335	3.255	3.196	2.939	3.682	3.260	3.322	4.527
1940	3.674	3.953	3.358	3.455	3.310	3.253	3.231	3.779	3.346	3.633	4.608
1941	3.961	4.058	3.851	4.080	2.918	4.066	3.630	3.855	3.804	3.778	4.522
1942	4.181	4.235	4.164	4.466	2.916	4.121	3.811	4.083	3.947	3.910	4.578

統計表 2.3.3 （つづき）
Table 2.3.3 （cont'd）

	12	13	14	15	16	17	18	19	20	21	22
	非熟練 Unskilled										
	南北計 Total	北部 North	南部 South	京城 Gyeongseong	木浦 Mokpo	大邱 Daegu	釜山 Busan	平壤 Pyongyang	元山 Wonsan	清津 Chongjin	新義州 Sinuiju
	円/日　Yen/Day										
1909	0.918	0.989	0.891	0.910	0.897	0.811	0.869	1.064	0.864	0.986	0.992
1910	0.854	0.990	0.817	0.887	0.816	0.744	0.762	1.135	0.798	0.941	0.983
1911	0.807	0.964	0.773	0.836	0.930	0.705	0.702	1.119	0.824	0.906	0.916
1912	0.798	0.921	0.777	0.778	0.978	0.665	0.734	1.059	0.768	0.939	0.823
1913	0.835	0.907	0.818	0.825	0.979	0.677	0.781	1.014	0.744	0.913	0.893
1914	0.780	0.826	0.773	0.772	0.885	0.708	0.724	0.836	0.951	0.714	0.892
1915	0.801	0.806	0.796	0.843	0.841	0.722	0.754	0.743	0.967	0.754	0.878
1916	0.750	0.889	0.711	0.728	0.783	0.705	0.682	0.861	0.813	0.938	0.921
1917	0.824	0.911	0.792	0.806	0.921	0.855	0.724	0.743	0.897	1.074	0.969
1918	1.079	1.093	1.063	1.135	1.115	1.112	0.978	0.977	1.025	1.195	1.127
1919	1.717	1.634	1.727	1.848	1.674	1.850	1.589	1.417	1.532	1.802	1.674
1920	2.082	1.947	2.134	2.172	2.115	2.162	1.989	1.713	1.875	2.186	1.981
1921	1.871	1.728	1.901	1.945	1.913	1.893	1.698	1.573	1.681	2.115	1.626
1922	1.890	1.840	1.894	1.994	1.788	1.822	1.736	1.578	1.650	2.184	1.935
1923	1.934	1.858	1.938	2.256	1.841	1.900	1.595	1.575	2.024	2.219	1.781
1924	1.796	1.678	1.836	2.241	1.752	1.617	1.540	1.405	1.550	2.000	1.789
1925	1.805	1.755	1.820	2.090	1.611	1.911	1.581	1.432	1.722	1.932	1.994
1926	1.769	1.830	1.752	2.013	1.619	1.799	1.534	1.496	1.758	1.972	2.118
1927	1.799	1.854	1.771	2.049	1.669	1.713	1.566	1.502	1.848	1.919	2.269
1928	1.838	1.943	1.791	2.083	1.669	1.701	1.597	1.677	1.830	1.941	2.323
1929	1.859	2.017	1.800	2.204	1.762	1.611	1.560	1.720	1.841	1.974	2.464
1930	1.555	1.812	1.453	1.759	1.534	1.158	1.301	1.434	1.610	1.677	2.256
1931	1.430	1.697	1.310	1.515	1.378	1.090	1.269	1.320	1.548	1.633	2.072
1932	1.363	1.641	1.270	1.475	1.195	1.181	1.256	1.324	1.422	1.618	1.967
1933	1.311	1.599	1.207	1.306	1.068	1.198	1.278	1.310	1.278	1.472	1.947
1934	1.337	1.634	1.218	1.315	1.159	1.226	1.250	1.433	1.202	1.494	1.918
1935	1.397	1.662	1.264	1.302	1.150	1.246	1.351	1.398	1.208	1.571	1.911
1936	1.605	1.778	1.504	1.491	1.325	1.517	1.617	1.691	1.647	1.615	1.929
1937	1.680	1.830	1.562	1.506	1.752	1.586	1.517	1.633	2.100	1.853	1.762
1938	1.752	2.020	1.540	1.712	1.773	1.479	1.310	1.768	2.026	1.983	2.198
1939	1.814	1.930	1.710	1.864	1.763	1.777	1.450	1.958	2.046	1.912	1.877
1940	2.044	2.130	1.963	1.977	1.843	1.983	2.056	2.207	2.059	2.154	2.094
1941	2.243	2.232	2.266	2.351	1.690	2.181	2.411	2.279	2.258	2.190	2.251
1942	2.328	2.277	2.339	2.538	1.740	1.881	2.500	2.389	2.231	2.197	2.301

統計表 2.3.4 植民地期の名目工場賃金：産業別，男女別，1921～1943年
Table 2.3.4 Nominal factory wages of Japanese and Koreans by industry and sex in the colonial period, 1921-1943

	1	2	3	4	5	6	7	8	9	10	11	12
	全体 Total				紡織 Textiles				金属 Metals			
	日本人 Japanese		朝鮮人 Korean		日本人 Japanese		朝鮮人 Korean		日本人 Japanese		朝鮮人 Korean	
	男 Male	女 Female	男 Male	女 Female	男 Male	女 Female	男 Male	女 Female	男 Male	女 Female	男 Male	女 Female
	円/日 Yen/Day											
1921	1.93	0.97	0.93	0.55			1.02	0.64	1.9		0.9	0.72
1922	2.05	0.96	0.92	0.56	2.94	1.21	1.15	0.59	2.36	0.75	0.91	1.2
1923	2.24	0.93	0.98	0.65	2.13	1	1.04	0.6	2.56	0.65	0.87	
1924	2.16	0.89	1.01	0.67	2.06	0.97	1.07	0.62	2.47	0.63	0.89	
1925	2.25	0.93	1.03	0.69	2.14	1	1.1	0.64	2.57	0.66	0.92	
1926	2.35	0.97	1.03	0.69	2.24	1.05	1.1	0.64	2.69	0.69	0.92	
1927	2.3	0.95	1.04	0.7	2.19	1.03	1.11	0.64	2.63	0.67	0.93	
1928	2.28	0.94	1.05	0.7	2.17	1.02	1.11	0.64	2.6	0.67	0.93	
1929	2.33	1	0.97	0.58	2	1.45	0.9	0.5	2.31		0.93	0.35
1930	2.03	1.07	0.94	0.57	1.65	1.24	0.86	0.49	2.34	0.7	0.9	0.34
1931	2.08	0.67	0.92	0.54	1.79	1.02	0.72	0.44	2.24		1.1	
1932	1.9	0.94	0.88	0.51	2.02	1.16	0.72	0.5	2.29		0.87	0.27
1933	1.91	0.95	0.89	0.48	2.03	1.18	0.73	0.46	2.3		0.88	0.25
1934	1.82	0.88	0.89	0.47	1.93	1.09	0.73	0.46	2.19		0.88	0.25
1935	1.81	1.05	0.88	0.46	1.92	1.3	0.72	0.44	2.18		0.87	0.24
1936	1.79	0.96	0.88	0.44	1.82	1.08	0.66	0.35	1.96	0.74	0.75	0.34
1937	1.85	0.97	0.95	0.45	2.05	1.11	0.71	0.41	1.86	0.75	0.86	0.4
1938	1.67	0.93	0.79	0.46	1.9	0.96	0.75	0.44	2.02	0.93	1	0.47
1939	1.97	1.08	0.96	0.52	1.96	1.18	0.8	0.48	2.32	1.14	1.09	0.48
1940												
1941												
1942	3.77	1.71	1.84	0.76	3.25	1.81	1.33	0.74	4.14	1.48	1.93	0.88
1943	4.53	2.06	2.18	0.96	3.59	1.98	1.52	0.88	5.14	1.89	2.38	1.11

	13	14	15	16	17	18	19	20	21	22	23	24
	機械・器具 Machinery				窯業 Ceramics				化学 Chemicals			
	日本人 Japanese		朝鮮人 Korean		日本人 Japanese		朝鮮人 Korean		日本人 Japanese		朝鮮人 Korean	
	男 Male	女 Female	男 Male	女 Female	男 Male	女 Female	男 Male	女 Female	男 Male	女 Female	男 Male	女 Female
	円/日 Yen/Day											
1921	2.05	0.79	1.48		1.77	0.87	0.9	0.56	1.94	1.05	1.08	0.55
1922	1.96	0.56	1.08		1.61	0.98	0.98	0.59	2.21	1.09	1.01	0.6
1923	2.07	0.75	1.21		2.1	0.8	1.37	0.64	2.12	0.99	1.07	0.68
1924	2	0.72	1.25		2.03	0.77	1.41	0.66	2.04	0.96	1.11	0.7
1925	2.08	0.75	1.28		2.11	0.8	1.45	0.67	2.13	1	1.13	0.72
1926	2.18	0.79	1.28		2.21	0.84	1.45	0.68	2.22	1.04	1.14	0.72
1927	2.13	0.77	1.29		2.16	0.82	1.46	0.68	2.17	1.02	1.14	0.73
1928	2.11	0.76	1.3		2.14	0.81	1.47	0.68	2.15	1.01	1.15	0.73
1929	2.54	1.03	1.56	0.71	2.4	0.81	0.99	0.4	1.91	0.85	0.85	0.63
1930	2.49	0.86	1.52	0.65	2.36	0.68	0.82	0.45	1.87	1.05	0.86	0.61
1931	2.48	0.89	1.51	0.6	2.2	0.67	0.81	0.39	1.51	0.91	0.8	0.57
1932	2.31	0.8	1.41	0.62	2.4	0.66	0.81	0.39	1.74	0.8	0.86	0.52
1933	2.32	0.81	1.43	0.58	2.41	0.67	0.82	0.37	1.75	0.81	0.87	0.49
1934	2.2	0.75	1.42	0.58	2.29	0.62	0.81	0.37	1.66	0.75	0.86	0.48
1935	2.2	0.89	1.41	0.56	2.29	0.74	0.81	0.35	1.66	0.9	0.86	0.47
1936	2.12		1.39		1.96	0.78	0.79	0.38	1.66	0.97	0.9	0.53
1937	2.15	0.8	1.31	0.46	2.2	0.79	0.91	0.38	1.74	0.95	0.92	0.47
1938	2.03		1.41	0.51	2.3	0.84	0.83	0.47	1.85	1.03	0.97	0.48
1939	2.3		1.35	0.56	2.27	0.96	1.06	0.56	2.22	1.2	1.09	0.55
1940												
1941												
1942	4.1	1.61	1.82	0.85	4.95	1.45	2.02	0.95	3.59	1.77	1.82	0.9
1943	4.91	1.84	2.27	0.96	5.09	1.65	2.25	1.14	4.17	2.12	2.16	1.07

統計表 2.3.4 （つづき）
Table 2.3.4 （cont'd）

	25	26	27	28	29	30	31	32	33	34	35	36
	食料 Food				木材 Lumber				印刷 Printing			
	日本人 Japanese		朝鮮人 Korean		日本人 Japanese		朝鮮人 Korean		日本人 Japanese		朝鮮人 Korean	
	男 Male	女 Female	男 Male	女 Female	男 Male	女 Female	男 Male	女 Female	男 Male	女 Female	男 Male	女 Female
	円/日　Yen/Day											
1921	1.82	0.88	0.82	0.56	2.59		0.81		2.14	1.15	1.37	0.78
1922	1.98	0.90	0.81	0.55	2.61		0.7		2.04	0.85	1.34	0.68
1923	1.94	0.97	0.82	0.63	2.82		0.6		2.4	0.76	1.34	0.62
1924	1.88	0.94	0.85	0.65	2.72		0.62		2.32	0.73	1.38	0.63
1925	1.95	0.98	0.87	0.66	2.83		0.64		2.41	0.76	1.42	0.65
1926	2.04	1.02	0.87	0.66	2.96		0.64		2.52	0.8	1.42	0.65
1927	2.00	1.00	0.88	0.67	2.9		0.64		2.46	0.78	1.43	0.66
1928	1.98	0.99	0.88	0.67	2.87		0.64		2.44	0.77	1.43	0.66
1929	2.10	1.04	0.96	0.54	2.3	1.3	0.78	0.5	2.45	0.95	1.46	0.65
1930	2.01	1.03	0.96	0.53	2.06	1.25	0.77	0.93	2.41	0.83	1.47	0.77
1931	1.54	0.99	0.97	0.49	1.86	0.61	0.49	0.58	2.39	0.86	1.36	0.63
1932	1.81	0.50	0.83	0.50	1.66		0.58	0.67	2.04		1.39	0.69
1933	1.82	0.51	0.84	0.46	1.67		0.59	0.62	2.05		1.41	0.64
1934	1.73	0.47	0.83	0.46	1.59		0.59	0.62	1.95		1.4	0.64
1935	1.72	0.56	0.83	0.44	1.58		0.58	0.6	1.95		1.39	0.61
1936	1.65	0.90	0.93	0.46	1.92		0.74	0.36	2.36	0.86	1.28	0.55
1937	1.58	0.87	0.95	0.50	1.82	0.6	0.76	0.37	2.36	0.7	1.29	0.54
1938	1.87	0.76	0.95	0.50	1.81	0.87	0.82	0.42	2.38	0.71	1.22	0.5
1939	2.01	0.83	1.02	0.56	2.15		1.01	0.5	2.67	0.8	1.06	0.64
1940												
1941												
1942	3.49	1.51	1.79	0.68	3.5	1.5	1.79	0.76	3.55	1.36	1.71	0.9
1943	3.63	1.78	1.94	0.85	3.77	1.75	1.99	0.85	3.83	1.91	2.02	1.16

	37	38	39	40	41	42	43	44
	その他の製造工業 Other manufacturing				電気・ガス・水道 Electricity, gas, and water			
	日本人 Japanese		朝鮮人 Korean		日本人 Japanese		朝鮮人 Korean	
	男 Male	女 Female	男 Male	女 Female	男 Male	女 Female	男 Male	女 Female
	円/日　Yen/Day							
1921	2.06	0.98	0.86	0.4	2.07		1.13	
1922	2.62	1.12	0.78	0.41	2.42		1.14	
1923	2.6	1.34	0.86	0.39	2.15		1.12	0.7
1924	2.51	1.29	0.89	0.4	2.08		1.15	0.72
1925	2.61	1.35	0.91	0.41	2.16		1.18	0.74
1926	2.73	1.41	0.91	0.41	2.26		1.18	0.74
1927	2.67	1.38	0.92	0.41	2.21		1.19	0.75
1928	2.64	1.36	0.92	0.41	2.19		1.2	0.75
1929	1.8	0.71	0.61	0.4	2.37		1.26	
1930	1.51	0.85	0.8	0.4	2.04		1.12	
1931	1.28	0.73	0.8	0.43	1.65		1.07	
1932	1.13	0.9	0.86	0.46	1.8		1.1	
1933	1.13	0.91	0.87	0.43	1.81		1.11	
1934	1.08	0.84	0.87	0.43	1.72		1.11	
1935	1.08	1	0.86	0.41	1.71		1.1	
1936	1.42	0.95	0.81	0.32	1.72		1.46	0.45
1937	1.77	0.84	0.82	0.42	1.85		1.38	
1938	1.89	1.03	0.88	0.43	1.88		1.12	0.43
1939	2.5	1.05	0.88	0.47	2.09		1.35	0.46
1940								
1941								
1942	3.23	1.83	1.5	0.68	3.3	1.87	1.89	0.96
1943	4.04	1.98	2.24	0.82	3.85	2	2.07	1.35

358　Ⅱ　統　計　編

統計表 2.3.5　植民地期の実質工場賃金：産業別，男女別，1921～1943年
Table 2.3.5　Real factory wages of Japanese and Koreans by industry and sex in the colonial period, 1921-1943

	1	2	3	4	5	6	7	8	9	10	11	12
	全体 Total				紡織 Textiles				金属 Metals			
	日本人 Japanese		朝鮮人 Korean		日本人 Japanese		朝鮮人 Korean		日本人 Japanese		朝鮮人 Korean	
	男 Male	女 Female	男 Male	女 Female	男 Male	女 Female	男 Male	女 Female	男 Male	女 Female	男 Male	女 Female
						円/日　Yen/Day						
1921	1.783	0.896	0.859	0.508			0.94	0.59	1.76		0.83	0.67
1922	1.739	0.814	0.780	0.475	2.49	1.03	0.98	0.50	2.00	0.64	0.77	1.02
1923	1.973	0.819	0.863	0.573	1.88	0.88	0.92	0.53	2.25	0.57	0.77	
1924	1.777	0.732	0.831	0.551	1.69	0.80	0.88	0.51	2.03	0.52	0.73	
1925	1.772	0.732	0.811	0.543	1.69	0.79	0.87	0.50	2.02	0.52	0.72	
1926	1.975	0.815	0.866	0.580	1.88	0.88	0.92	0.54	2.26	0.58	0.77	
1927	2.004	0.828	0.906	0.610	1.91	0.90	0.97	0.56	2.29	0.58	0.81	
1928	2.084	0.859	0.960	0.640	1.98	0.93	1.01	0.58	2.38	0.61	0.85	
1929	2.108	0.905	0.877	0.525	1.81	1.31	0.81	0.45	2.09		0.84	0.32
1930	2.056	1.084	0.952	0.577	1.67	1.26	0.87	0.50	2.37	0.71	0.91	0.34
1931	2.582	0.832	1.142	0.670	2.22	1.27	0.89	0.55	2.78		1.37	0.00
1932	2.249	1.112	1.041	0.604	2.39	1.37	0.85	0.59	2.71		1.03	0.32
1933	2.241	1.115	1.044	0.563	2.38	1.38	0.86	0.54	2.70		1.03	0.29
1934	2.036	0.985	0.996	0.526	2.16	1.22	0.82	0.51	2.45		0.98	0.28
1935	1.810	1.050	0.880	0.460	1.92	1.30	0.72	0.44	2.18		0.87	0.24
1936	1.687	0.905	0.829	0.415	1.72	1.02	0.62	0.33	1.85	0.70	0.71	0.32
1937	1.667	0.874	0.856	0.405	1.85	1.00	0.64	0.37	1.68	0.68	0.77	0.36
1938	1.357	0.756	0.642	0.374	1.54	0.78	0.61	0.36	1.64	0.76	0.81	0.38
1939	1.423	0.780	0.693	0.376	1.42	0.85	0.58	0.35	1.68	0.82	0.79	0.35
1940												
1941												
1942	2.218	1.006	1.083	0.447	1.91	1.07	0.78	0.44	2.44	0.87	1.14	0.52
1943	2.347	1.067	1.129	0.497	1.86	1.03	0.79	0.46	2.66	0.98	1.23	0.57

	13	14	15	16	17	18	19	20	21	22	23	24
	機械・器具 Machinery				窯業 Ceramics				化学 Chemicals			
	日本人 Japanese		朝鮮人 Korean		日本人 Japanese		朝鮮人 Korean		日本人 Japanese		朝鮮人 Korean	
	男 Male	女 Female	男 Male	女 Female	男 Male	女 Female	男 Male	女 Female	男 Male	女 Female	男 Male	女 Female
						円/日　Yen/Day						
1921	1.89	0.73	1.37		1.64	0.80	0.83	0.52	1.79	0.97	1.00	0.51
1922	1.66	0.47	0.92		1.37	0.83	0.83	0.50	1.87	0.92	0.86	0.51
1923	1.82	0.66	1.07		1.85	0.70	1.21	0.56	1.87	0.87	0.94	0.60
1924	1.64	0.59	1.03		1.67	0.63	1.16	0.54	1.68	0.79	0.91	0.58
1925	1.64	0.59	1.01		1.66	0.63	1.14	0.53	1.68	0.79	0.89	0.57
1926	1.83	0.66	1.08		1.86	0.71	1.22	0.57	1.87	0.87	0.96	0.61
1927	1.86	0.67	1.12		1.88	0.71	1.27	0.59	1.89	0.89	0.99	0.64
1928	1.93	0.69	1.19		1.96	0.74	1.34	0.62	1.97	0.92	1.05	0.67
1929	2.30	0.93	1.41	0.64	2.17	0.73	0.90	0.36	1.73	0.77	0.77	0.57
1930	2.52	0.87	1.54	0.66	2.39	0.69	0.83	0.46	1.89	1.06	0.87	0.62
1931	3.08	1.10	1.87	0.74	2.73	0.83	1.01	0.48	1.87	1.13	0.99	0.71
1932	2.73	0.95	1.67	0.73	2.84	0.78	0.96	0.46	2.06	0.95	1.02	0.62
1933	2.72	0.95	1.68	0.68	2.83	0.79	0.96	0.43	2.05	0.95	1.02	0.57
1934	2.46	0.84	1.59	0.65	2.56	0.69	0.91	0.41	1.86	0.84	0.96	0.54
1935	2.20	0.89	1.41	0.56	2.29	0.74	0.81	0.35	1.66	0.90	0.86	0.47
1936	2.00		1.31		1.85	0.74	0.74	0.36	1.56	0.91	0.85	0.50
1937	1.94	0.72	1.18	0.41	1.98	0.71	0.82	0.34	1.57	0.86	0.83	0.42
1938	1.65		1.15	0.41	1.87	0.68	0.67	0.38	1.50	0.84	0.79	0.39
1939	1.66		0.97	0.40	1.64	0.69	0.77	0.40	1.60	0.87	0.79	0.40
1940												
1941												
1942	2.41	0.95	1.07	0.50	2.91	0.85	1.19	0.56	2.11	1.04	1.07	0.53
1943	2.54	0.95	1.18	0.50	2.64	0.85	1.17	0.59	2.16	1.10	1.12	0.55

統計表 2.3.5 （つづき）
Table 2.3.5 （cont'd）

	25	26	27	28	29	30	31	32	33	34	35	36
	食料 Food				木材 Lumber				印刷 Printing			
	日本人 Japanese		朝鮮人 Korean		日本人 Japanese		朝鮮人 Korean		日本人 Japanese		朝鮮人 Korean	
	男 Male	女 Female	男 Male	女 Female	男 Male	女 Female	男 Male	女 Female	男 Male	女 Female	男 Male	女 Female
	円/日　Yen/Day											
1921	1.68	0.81	0.76	0.52	2.39		0.75		1.98	1.06	1.27	0.72
1922	1.68	0.76	0.69	0.47	2.21		0.59		1.73	0.72	1.14	0.58
1923	1.71	0.85	0.72	0.55	2.48		0.53		2.11	0.67	1.18	0.55
1924	1.55	0.77	0.70	0.53	2.24		0.51		1.91	0.60	1.14	0.52
1925	1.54	0.77	0.69	0.52	2.23		0.50		1.90	0.60	1.12	0.51
1926	1.71	0.86	0.73	0.55	2.49		0.54		2.12	0.67	1.19	0.55
1927	1.74	0.87	0.77	0.58	2.53		0.56		2.14	0.68	1.25	0.58
1928	1.81	0.90	0.80	0.61	2.62		0.58		2.23	0.70	1.31	0.60
1929	1.90	0.94	0.87	0.49	2.08	1.18	0.71	0.45	2.22	0.86	1.32	0.59
1930	2.04	1.04	0.97	0.54	2.09	1.27	0.78	0.94	2.44	0.84	1.49	0.78
1931	1.91	1.23	1.20	0.61	2.31	0.76	0.61	0.72	2.97	1.07	1.69	0.78
1932	2.14	0.59	0.98	0.59	1.96		0.69	0.79	2.41		1.64	0.82
1933	2.14	0.60	0.99	0.54	1.96		0.69	0.73	2.41		1.65	0.75
1934	1.94	0.53	0.93	0.51	1.78		0.66	0.69	2.18		1.57	0.72
1935	1.72	0.56	0.83	0.44	1.58		0.58	0.60	1.95		1.39	0.61
1936	1.56	0.85	0.88	0.43	1.81		0.70	0.34	2.22	0.81	1.21	0.52
1937	1.42	0.78	0.86	0.45	1.64	0.54	0.68	0.33	2.13	0.63	1.16	0.49
1938	1.52	0.62	0.77	0.41	1.47	0.71	0.67	0.34	1.93	0.58	0.99	0.41
1939	1.45	0.60	0.74	0.40	1.55		0.73	0.36	1.93	0.58	0.77	0.46
1940												
1941												
1942	2.05	0.89	1.05	0.40	2.06	0.88	1.05	0.45	2.09	0.80	1.01	0.53
1943	1.88	0.92	1.00	0.44	1.95	0.91	1.03	0.44	1.98	0.99	1.05	0.60

	37	38	39	40	41	42	43	44
	その他の製造工業 Other manufacturing				電気・ガス・水道 Electricity, gas, and water			
	日本人 Japanese		朝鮮人 Korean		日本人 Japanese		朝鮮人 Korean	
	男 Male	女 Female	男 Male	女 Female	男 Male	女 Female	男 Male	女 Female
	円/日　Yen/Day							
1921	1.90	0.91	0.79	0.37	1.91		1.04	
1922	2.22	0.95	0.66	0.35	2.05		0.97	
1923	2.29	1.18	0.76	0.34	1.89		0.99	0.62
1924	2.06	1.06	0.73	0.33	1.71		0.95	0.59
1925	2.06	1.06	0.72	0.32	1.70		0.93	0.58
1926	2.29	1.18	0.76	0.34	1.90		0.99	0.62
1927	2.33	1.20	0.80	0.36	1.93		1.04	0.65
1928	2.41	1.24	0.84	0.37	2.00		1.10	0.69
1929	1.63	0.64	0.55	0.36	2.14		1.14	
1930	1.53	0.86	0.81	0.41	2.07		1.13	
1931	1.59	0.91	0.99	0.53	2.05		1.33	
1932	1.34	1.07	1.02	0.54	2.13		1.30	
1933	1.33	1.07	1.02	0.50	2.12		1.30	
1934	1.21	0.94	0.97	0.48	1.92		1.24	
1935	1.08	1.00	0.86	0.41	1.71		1.10	
1936	1.34	0.90	0.76	0.30	1.62		1.38	0.42
1937	1.59	0.76	0.74	0.38	1.67		1.24	
1938	1.54	0.84	0.71	0.35	1.53		0.91	0.35
1939	1.81	0.76	0.64	0.34	1.51		0.97	0.33
1940								
1941								
1942	1.90	1.08	0.88	0.40	1.94	1.10	1.11	0.56
1943	2.09	1.03	1.16	0.42	1.99	1.04	1.07	0.70

360　Ⅱ　統　計　編

統計表 3.1.1　植民地期の農耕作物名目付加価値額：南北別，1910～1944年
Table 3.1.1　Agricultural crops: Nominal value added in the colonial period, North and South, 1910-1944(in current prices)

	1	2	3	4	5	6	7	8	9
	農耕作物合計 Agricultural crops total			米 Rice			麦 Wheat		
	南北計 Total	南部 South	北部 North	南北計 Total	南部 South	北部 North	南北計 Total	南部 South	北部 North
					千円　1,000 Yen				
1910	168,864	108,724	60,141	81,983	66,362	15,621	25,887	21,537	4,350
1911	254,579	171,211	83,367	126,364	104,282	22,082	40,885	32,546	8,339
1912	320,917	204,807	116,110	153,695	120,325	33,370	53,235	42,118	11,117
1913	360,743	229,819	130,923	175,307	139,435	35,872	56,366	43,847	12,519
1914	288,021	190,670	97,351	142,398	115,763	26,635	36,757	29,005	7,751
1915	237,426	151,656	85,770	100,067	79,048	21,020	34,224	26,799	7,424
1916	294,279	185,109	109,170	131,708	105,437	26,270	38,897	28,601	10,296
1917	411,470	276,576	134,894	187,778	154,387	33,391	54,574	44,581	9,993
1918	675,998	452,932	223,066	335,498	270,356	65,143	88,238	69,530	18,708
1919	801,917	602,271	199,646	423,019	365,253	57,766	111,890	92,684	19,206
1920	897,931	593,270	304,661	459,988	366,407	93,581	114,911	86,823	28,089
1921	605,070	409,361	195,709	303,146	248,673	54,473	79,614	60,576	19,039
1922	695,507	475,200	220,307	364,859	298,056	66,803	78,000	58,708	19,291
1923	681,946	460,604	221,342	349,536	287,525	62,011	62,546	48,719	13,826
1924	775,910	520,281	255,629	391,113	310,057	81,055	99,598	76,767	22,831
1925	828,228	561,997	266,231	431,836	343,866	87,970	110,851	86,604	24,247
1926	768,029	528,677	239,352	420,067	339,067	81,000	91,213	71,166	20,047
1927	745,724	504,911	240,813	401,531	316,033	85,498	78,858	62,348	16,511
1928	630,791	409,465	221,326	310,281	238,496	71,785	75,376	59,705	15,670
1929	590,306	369,345	220,962	295,145	214,431	80,714	73,169	58,424	14,745
1930	417,412	276,736	140,676	221,972	168,763	53,209	61,997	49,058	12,939
1931	419,803	279,516	140,286	249,992	188,437	61,554	40,610	32,609	8,001
1932	550,620	355,841	194,779	301,663	222,992	78,671	53,712	41,959	11,753
1933	584,534	382,470	202,065	328,816	244,201	84,615	62,379	48,130	14,249
1934	684,060	462,918	221,142	411,521	303,976	107,545	73,036	58,970	14,066
1935	854,128	557,311	296,817	493,011	351,860	141,150	98,544	78,994	19,550
1936	778,920	489,822	289,098	431,128	311,645	119,483	93,505	74,472	19,033
1937	1,086,740	719,600	367,140	647,776	468,816	178,960	138,371	113,545	24,826
1938	1,049,283	688,188	361,095	617,295	448,130	169,166	121,698	93,886	27,811
1939	1,029,199	568,297	460,902	456,591	240,034	216,557	192,308	149,584	42,724
1940	1,364,071	871,074	492,997	711,748	512,135	199,613	197,202	159,410	37,792
1941	1,490,114	1,035,264	454,850	868,210	660,522	207,688	190,341	162,448	27,893
1942	1,059,187	669,146	390,041	525,567	354,570	170,997	151,298	128,915	22,382
1943	1,499,780	943,615	556,165	738,922	536,580	202,342	161,334	130,293	31,041
1944	1,635,055	970,730	664,325	725,725	469,307	256,418	272,146	226,470	45,676

（出所）　第3章第1節本文，CD 表3.1.3.

統計表 3.1.1 （つづき）
Table 3.1.1 （cont'd）

	10	11	12	13	14	15	16	17	18
	イモ類 Potatoes			豆類 Beans			雑穀 Miscellaneous grain		
	南北計 Total	南部 South	北部 North	南北計 Total	南部 South	北部 North	南北計 Total	南部 South	北部 North
				千円 1,000 Yen					
1910	926	247	679	21,208	8,926	12,282	26,615	3,938	22,676
1911	2,001	555	1,446	34,293	17,161	17,132	34,885	6,494	28,391
1912	3,630	1,360	2,270	44,714	20,086	24,628	44,236	7,539	36,698
1913	9,158	2,810	6,348	45,468	19,853	25,614	50,992	9,136	41,856
1914	9,603	3,405	6,198	42,079	19,348	22,731	32,551	6,780	25,771
1915	12,382	4,496	7,886	31,600	16,145	15,455	31,869	6,806	25,063
1916	13,299	4,994	8,305	39,940	18,991	20,949	39,179	6,766	32,413
1917	17,872	5,894	11,978	50,372	25,197	25,175	47,947	10,226	37,721
1918	30,721	10,725	19,996	82,640	41,318	41,322	72,009	14,897	57,112
1919	41,803	15,118	26,685	62,337	41,780	20,557	71,954	18,801	53,153
1920	41,433	14,782	26,651	109,789	55,577	54,212	96,425	19,921	76,503
1921	28,267	10,240	18,028	67,285	34,906	32,379	64,165	13,545	50,620
1922	31,306	11,591	19,716	71,430	37,921	33,508	75,524	17,454	58,070
1923	30,479	11,638	18,842	79,031	40,613	38,419	79,496	17,097	62,399
1924	27,210	10,747	16,463	69,367	35,709	33,658	91,932	20,132	71,799
1925	23,533	11,320	12,214	81,649	39,142	42,507	79,860	16,921	62,939
1926	23,619	10,017	13,602	66,631	33,046	33,586	75,224	16,286	58,938
1927	23,563	10,809	12,754	68,753	34,032	34,721	74,887	17,317	57,570
1928	21,394	9,059	12,335	58,511	26,286	32,224	74,348	18,098	56,250
1929	21,981	8,421	13,561	54,960	24,032	30,929	67,411	14,533	52,878
1930	12,834	5,098	7,736	32,187	15,213	16,973	41,095	8,662	32,433
1931	13,456	6,531	6,925	34,171	16,678	17,493	37,261	7,684	29,578
1932	18,164	6,628	11,536	49,811	24,073	25,738	53,568	12,751	40,817
1933	15,901	6,520	9,381	47,750	22,191	25,559	48,848	10,241	38,607
1934	15,826	6,999	8,826	49,023	23,994	25,029	51,397	12,659	38,738
1935	23,441	9,207	14,233	65,150	29,832	35,317	70,273	15,979	54,294
1936	25,555	8,417	17,138	65,334	27,733	37,601	72,645	12,288	60,357
1937	28,570	10,264	18,305	75,309	33,825	41,484	84,415	17,196	67,220
1938	29,932	12,817	17,115	71,969	30,472	41,497	83,821	18,620	65,201
1939	36,139	14,085	22,054	77,636	26,770	50,867	125,913	45,325	80,587
1940	60,475	25,638	34,836	101,539	35,235	66,304	101,374	19,710	81,664
1941	62,331	29,609	32,722	86,398	34,493	51,905	66,729	13,500	53,228
1942	42,230	16,855	25,375	50,173	17,594	32,579	61,532	13,858	47,673
1943	95,965	42,171	53,793	81,149	30,228	50,920	125,329	23,474	101,855
1944	108,174	41,159	67,016	113,106	35,620	77,486	148,552	36,380	112,172

362　Ⅱ　統　計　編

統計表 3.1.1　(つづき)
Table 3.1.1　(cont'd)

	19	20	21	22	23	24	25	26	27
	特用作物 Special crops			野菜 Vegetables			果物 Fruit		
	南北計 Total	南部 South	北部 North	南北計 Total	南部 South	北部 North	南北計 Total	南部 South	北部 North
					千円　1,000 Yen				
1910	6,546	4,732	1,814	5,403	2,795	2,608	296	186	110
1911	8,723	6,310	2,414	6,949	3,562	3,386	479	301	178
1912	11,079	8,024	3,055	9,479	4,822	4,658	849	534	315
1913	12,530	9,040	3,490	10,048	5,089	4,959	874	610	264
1914	12,847	9,209	3,638	10,707	6,322	4,385	1,079	837	242
1915	14,085	10,085	3,999	11,967	7,347	4,620	1,232	929	303
1916	16,815	11,868	4,947	13,469	7,661	5,809	972	791	180
1917	28,075	21,482	6,593	23,584	13,754	9,831	1,269	1,056	213
1918	33,087	25,602	7,485	31,067	18,283	12,784	2,737	2,221	516
1919	52,257	43,671	8,585	33,765	21,225	12,540	4,892	3,739	1,153
1920	31,558	23,689	7,869	35,707	20,195	15,512	8,119	5,877	2,243
1921	30,680	22,814	7,866	26,256	14,680	11,576	5,656	3,928	1,728
1922	36,263	27,527	8,736	32,906	20,390	12,516	5,218	3,552	1,666
1923	44,348	34,054	10,294	29,340	16,038	13,302	7,171	4,921	2,250
1924	52,659	40,506	12,153	36,548	21,563	14,986	7,483	4,799	2,683
1925	43,990	32,154	11,836	50,473	28,548	21,925	6,036	3,443	2,593
1926	39,150	28,798	10,352	45,126	26,405	18,721	6,998	3,892	3,106
1927	45,189	33,254	11,935	45,851	27,115	18,735	7,092	4,003	3,088
1928	44,526	32,707	11,818	39,637	21,290	18,347	6,719	3,822	2,897
1929	38,640	28,448	10,192	31,294	16,923	14,371	7,705	4,134	3,572
1930	23,158	17,428	5,731	19,275	10,069	9,206	4,894	2,445	2,449
1931	19,732	14,297	5,436	19,280	10,852	8,427	5,301	2,429	2,872
1932	31,689	23,713	7,976	35,084	20,418	14,666	6,929	3,308	3,621
1933	30,052	22,300	7,752	43,397	25,372	18,025	7,390	3,513	3,877
1934	35,749	28,019	7,730	40,048	24,916	15,133	7,460	3,384	4,076
1935	48,287	38,221	10,066	46,676	29,527	17,149	8,748	3,691	5,057
1936	34,865	24,168	10,697	47,206	27,592	19,614	8,682	3,506	5,176
1937	49,841	39,547	10,294	52,136	32,291	19,845	10,322	4,116	6,206
1938	53,762	42,839	10,923	57,937	36,221	21,715	12,869	5,202	7,666
1939	60,325	46,063	14,261	63,401	40,162	23,238	16,886	6,273	10,613
1940	71,958	53,682	18,275	90,098	53,978	36,119	29,678	11,285	18,394
1941	81,940	59,276	22,664	91,088	57,456	33,632	43,078	17,960	25,119
1942	99,155	70,387	28,768	89,059	54,025	35,034	40,174	12,942	27,232
1943	147,411	105,263	42,149	118,347	64,071	54,276	31,324	11,536	19,788
1944	115,058	82,933	32,125	107,460	61,805	45,655	44,834	17,058	27,776

II 統 計 編 363

統計表 3.1.2 農耕作物実質付加価値値額：南北別，1910〜1962年（1935年価格）
Table 3.1.2 Agricultural crops: Real value added, North and South, 1910-1962 （in 1935 prices）

	1	2	3	4	5	6	7	8	9
	農耕作物合計 Agricultural crops total			米 Rice			麦 Wheat		
	南北計 Total	南部/韓国 South	北部 North	南北計 Total	南部/韓国 South	北部 North	南北計 Total	南部/韓国 South	北部 North
				千円 1,000 Yen					
1910	471,965	308,868	163,097	251,265	203,389	47,876	63,766	53,287	10,479
1911	527,564	356,564	171,000	280,295	231,313	48,981	73,523	58,594	14,929
1912	535,073	340,439	194,634	266,618	208,730	57,888	77,949	61,136	16,813
1913	574,660	369,171	205,489	292,706	232,812	59,895	84,302	65,517	18,785
1914	586,228	398,413	187,815	327,218	266,014	61,205	72,632	58,432	14,199
1915	570,727	380,391	190,335	296,247	234,018	62,228	76,497	62,376	14,120
1916	605,991	395,620	210,371	321,330	257,238	64,092	75,001	57,830	17,171
1917	606,264	410,827	195,437	313,175	257,487	55,689	75,706	62,017	13,689
1918	670,286	447,265	223,021	347,745	280,225	67,521	82,796	65,778	17,019
1919	530,275	397,821	132,454	285,002	246,083	38,919	74,903	62,076	12,827
1920	671,779	437,587	234,192	340,994	271,622	69,373	80,811	61,303	19,507
1921	649,199	432,927	216,272	329,157	270,010	59,147	82,162	63,914	18,248
1922	655,428	447,884	207,544	354,150	289,308	64,842	75,440	57,592	17,848
1923	652,298	447,895	204,403	362,608	298,278	64,330	65,262	51,484	13,778
1924	612,640	412,641	199,999	324,001	256,854	67,147	79,592	61,634	17,958
1925	678,827	457,801	221,026	368,201	293,194	75,007	85,099	66,260	18,839
1926	685,395	469,652	215,743	382,344	308,618	73,726	77,674	60,385	17,289
1927	745,999	508,841	237,158	437,561	344,391	93,170	72,889	57,730	15,159
1928	619,446	406,917	212,530	335,749	258,072	77,677	67,969	53,837	14,132
1929	638,983	400,987	237,996	343,311	249,425	93,887	71,885	57,198	14,686
1930	756,472	503,382	253,089	463,136	352,118	111,018	72,826	56,967	15,859
1931	685,248	454,297	230,950	404,095	304,596	99,498	77,379	61,589	15,790
1932	781,392	506,294	275,098	436,918	322,974	113,944	83,837	66,277	17,560
1933	809,603	531,692	277,911	479,382	356,022	123,360	81,385	63,367	18,018
1934	761,573	515,759	245,815	453,182	334,750	118,432	88,168	70,874	17,294
1935	854,128	557,311	296,817	493,011	351,860	141,150	98,544	78,994	19,550
1936	743,578	469,681	273,896	423,866	306,396	117,471	82,347	66,462	15,885
1937	1,023,793	677,117	346,676	611,519	442,575	168,944	120,644	100,185	20,460
1938	895,066	589,792	305,274	535,053	388,426	146,628	95,342	75,019	20,322
1939	633,083	354,147	278,936	309,107	162,500	146,607	106,035	83,964	22,071
1940	828,213	541,794	286,419	482,966	347,516	135,450	106,404	87,705	18,699
1941	903,653	632,436	271,218	564,012	429,092	134,919	99,884	86,329	13,555
1942	616,465	390,916	225,548	338,539	228,393	110,146	81,296	70,004	11,292
1943	742,265	479,094	263,171	419,807	304,849	114,957	72,584	59,609	12,974
1944	731,926	443,556	288,370	367,474	237,635	129,838	110,053	93,030	17,023
1945		389,370			290,921			28,836	
1946		388,411			273,119			48,270	
1947		419,673			313,907			43,531	
1948		480,193			350,980			45,384	
1949		491,774			333,937			58,438	
1950		465,379			331,073			60,672	
1951		374,735			257,228			35,415	
1952		346,933			210,410			51,098	
1953		472,729			320,389			62,720	
1954		510,854			340,034			79,116	
1955		516,174			351,649			65,929	
1956		449,235			289,678			70,114	
1957		510,950			356,691			62,224	
1958		551,390			376,117			76,068	
1959		557,618			376,291			87,590	
1960		542,624			361,491			87,443	
1961		629,350			428,429			94,885	
1962		561,128			361,239			90,492	

（出所） 第3章第1節本文，CD 統計表3.1.3参照.

統計表 3.1.2 （つづき）
Table 3.1.2 （cont'd）

	10	11	12	13	14	15	16	17	18
	イモ類 Potatoes			豆類 Beans			雑穀 Miscellaneous grain		
	南北計 Total	南部/韓国 South	北部 North	南北計 Total	南部/韓国 South	北部 North	南北計 Total	南部/韓国 South	北部 North
	千円 1,000 Yen								
1910	2,192	526	1,666	58,153	24,673	33,480	67,808	9,771	58,037
1911	3,723	916	2,808	64,690	32,722	31,968	72,499	13,039	59,460
1912	4,794	1,588	3,205	73,001	34,181	38,820	77,128	12,867	64,262
1913	7,273	2,141	5,131	69,635	31,076	38,560	83,651	14,778	68,873
1914	8,499	2,984	5,515	67,151	31,085	36,067	72,725	14,911	57,814
1915	10,859	4,096	6,763	68,862	35,544	33,318	76,393	16,487	59,906
1916	12,541	5,111	7,430	72,504	34,861	37,643	83,598	14,473	69,125
1917	13,087	4,377	8,709	71,243	36,106	35,137	83,869	18,062	65,808
1918	15,009	5,535	9,474	81,361	41,323	40,037	90,812	18,664	72,148
1919	14,467	5,426	9,041	47,285	31,876	15,410	59,040	15,213	43,827
1920	17,642	6,063	11,579	76,878	38,355	38,523	94,219	19,086	75,132
1921	17,410	6,025	11,384	72,210	37,101	35,108	91,680	18,719	72,961
1922	17,224	5,834	11,390	68,479	36,052	32,428	81,362	18,285	63,077
1923	14,539	5,578	8,961	70,904	36,336	34,567	81,592	17,152	64,441
1924	14,056	5,587	8,469	54,147	28,356	25,791	78,221	16,681	61,541
1925	15,203	6,183	9,020	70,861	34,288	36,573	75,418	15,687	59,731
1926	15,959	5,991	9,968	67,211	33,363	33,848	74,642	15,809	58,833
1927	15,940	6,079	9,862	72,296	35,905	36,391	76,899	17,439	59,460
1928	14,857	5,997	8,860	55,414	25,267	30,147	76,985	18,552	58,433
1929	17,915	5,790	12,124	57,845	25,561	32,284	76,413	16,293	60,121
1930	17,848	6,290	11,559	61,734	29,468	32,266	76,089	15,784	60,304
1931	16,012	6,794	9,218	59,440	29,228	30,211	67,408	13,563	53,845
1932	23,415	7,421	15,994	65,165	31,769	33,395	81,148	19,099	62,049
1933	20,495	7,991	12,504	66,206	31,151	35,055	72,869	15,348	57,521
1934	17,050	7,553	9,497	57,441	28,188	29,253	55,539	13,684	41,856
1935	23,441	9,207	14,233	65,150	29,832	35,317	70,273	15,979	54,294
1936	25,556	8,310	17,247	53,619	22,845	30,775	70,971	11,990	58,981
1937	30,400	10,902	19,499	63,620	28,586	35,034	83,828	17,013	66,815
1938	28,572	12,545	16,027	56,115	23,771	32,344	72,289	16,099	56,189
1939	24,630	9,817	14,813	32,260	11,206	21,054	68,189	23,770	44,419
1940	28,818	12,769	16,049	48,852	17,057	31,795	60,476	12,029	48,447
1941	30,871	15,208	15,663	44,744	18,496	26,248	52,375	10,886	41,489
1942	16,960	6,943	10,016	26,427	9,661	16,766	49,688	11,509	38,178
1943	31,176	14,286	16,889	32,711	12,271	20,440	61,748	11,908	49,840
1944	38,364	15,211	23,153	40,610	12,882	27,728	65,034	16,414	48,619
1945		16,443			9,759			6,941	
1946		12,215			10,497			7,319	
1947		12,857			9,682			5,627	
1948		14,073			10,882			7,339	
1949		15,440			14,416			10,026	
1950		13,412			10,069			6,864	
1951		11,781			9,309			9,460	
1952		8,570			10,062			15,213	
1953		20,192			11,472			8,068	
1954		16,217			12,801			8,002	
1955		19,567			12,010			8,786	
1956		16,258			12,320			7,832	
1957		17,667			12,313			7,751	
1958		18,196			12,500			10,519	
1959		17,665			11,315			8,193	
1960		19,417			10,783			7,650	
1961		22,433			13,576			9,132	
1962		24,858			13,062			9,305	

Ⅱ 統 計 編 365

統計表 3.1.2 （つづき）
Table 3.1.2 （cont'd）

	19	20	21	22	23	24	25	26	27
	特用作物 Special crops			野菜 Vegetables			果物 Fruit		
	南北計 Total	南部/韓国 South	北部 North	南北計 Total	南部/韓国 South	北部 North	南北計 Total	南部/韓国 South	北部 North
				千円 1,000 Yen					
1910	11,253	8,224	3,029	17,252	8,805	8,446	278	193	85
1911	14,617	10,690	3,927	17,867	9,048	8,819	350	243	107
1912	17,020	12,513	4,507	18,106	9,107	8,999	457	317	140
1913	17,838	13,130	4,709	18,836	9,402	9,434	418	316	102
1914	17,275	12,759	4,516	20,079	11,721	8,359	648	507	142
1915	18,717	13,664	5,053	22,434	13,645	8,789	719	561	158
1916	18,919	13,331	5,588	20,957	11,840	9,117	1,141	935	206
1917	23,036	17,271	5,765	25,034	14,574	10,460	1,114	933	181
1918	24,203	18,628	5,575	26,521	15,591	10,931	1,838	1,521	317
1919	26,836	22,537	4,299	21,104	13,294	7,810	1,638	1,317	321
1920	31,407	23,919	7,488	27,735	15,681	12,053	2,093	1,557	536
1921	28,517	21,097	7,420	25,869	14,465	11,404	2,193	1,594	599
1922	31,591	23,805	7,786	24,825	15,312	9,513	2,357	1,697	660
1923	33,072	25,254	7,818	21,525	11,783	9,742	2,795	2,030	766
1924	36,130	27,571	8,560	23,089	13,620	9,469	3,404	2,339	1,065
1925	35,600	25,942	9,657	25,342	14,308	11,035	3,104	1,940	1,164
1926	38,236	28,214	10,021	25,639	15,001	10,638	3,690	2,271	1,419
1927	38,879	28,585	10,294	27,401	16,193	11,208	4,134	2,519	1,615
1928	40,832	30,011	10,821	23,369	12,539	10,830	4,271	2,640	1,630
1929	39,497	29,212	10,286	26,392	14,273	12,118	5,725	3,235	2,490
1930	36,974	27,999	8,975	23,236	12,134	11,102	4,628	2,622	2,007
1931	31,361	22,555	8,806	23,615	13,286	10,329	5,938	2,685	3,253
1932	39,326	29,376	9,951	43,951	25,655	18,296	7,633	3,723	3,910
1933	37,940	28,056	9,883	44,062	26,120	17,942	7,263	3,636	3,627
1934	37,161	29,111	8,051	44,870	27,908	16,963	8,161	3,692	4,470
1935	48,287	38,221	10,066	46,676	29,527	17,149	8,748	3,691	5,057
1936	35,673	24,756	10,917	43,629	25,729	17,900	7,915	3,194	4,721
1937	53,735	43,058	10,677	49,895	30,971	18,924	10,151	3,826	6,325
1938	47,267	38,059	9,207	50,327	31,428	18,899	10,102	4,444	5,657
1939	45,282	35,086	10,196	36,958	23,513	13,445	10,622	4,290	6,332
1940	43,806	33,038	10,768	44,447	26,644	17,803	12,445	5,037	7,408
1941	48,480	35,402	13,078	47,574	30,114	17,460	15,714	6,908	8,805
1942	49,941	35,096	14,846	40,988	24,945	16,043	12,626	4,364	8,262
1943	66,627	46,710	19,917	44,529	24,300	20,229	13,083	5,160	7,924
1944	56,236	39,666	16,571	40,181	23,059	17,123	13,974	5,659	8,315
1945		16,111			17,145			3,213	
1946		13,754			18,668			4,569	
1947		9,318			21,538			3,213	
1948		13,147			31,936			6,451	
1949		19,091			33,305			7,122	
1950		14,669			23,433			5,187	
1951		17,731			27,332			6,479	
1952		12,231			31,579			7,770	
1953		11,932			30,001			7,956	
1954		12,312			34,366			8,005	
1955		14,444			35,212			8,578	
1956		13,043			31,471			8,520	
1957		8,208			36,851			9,244	
1958		8,587			38,481			10,920	
1959		9,326			35,344			11,894	
1960		7,791			36,148			11,900	
1961		11,150			38,702			11,041	
1962		7,384			40,725			14,062	

366 II 統 計 編

統計表 3.1.3 植民地期の畜産物名目付加価値額：道別，1911〜1940年

Table 3.1.3 Animal husbandry: Nominal value added by province in the colonial period, 1911-1940 (in current prices)

	1 南北計 Total	2 南部 South	3 京畿・南部 Gyeonggi-do, South	4 江原・南部 Gangwon-do, South	5 忠清北道 Chungcheongbuk-do	6 忠清南道 Chungcheongnam-do
			円 Yen			
1910						
1911	9,850,186	6,633,500	1,367,666	336,398	322,739	776,833
1912	8,188,019	5,105,078	1,050,318	282,152	264,360	575,346
1913	8,382,021	4,977,040	983,963	282,801	260,903	538,729
1914	9,134,205	5,926,470	1,091,691	307,660	315,720	627,706
1915	8,084,487	5,499,624	962,456	248,554	389,751	531,341
1916	7,035,576	4,559,821	739,351	214,045	268,843	397,793
1917	9,278,387	5,409,462	1,148,254	258,043	462,811	454,766
1918	16,809,637	9,607,226	1,557,957	485,458	543,902	926,813
1919	25,849,372	16,908,735	2,543,870	815,698	745,306	1,448,982
1920	19,075,513	11,968,727	2,465,874	711,362	703,965	1,239,059
1921	16,940,085	11,434,998	2,426,605	672,098	701,510	1,151,696
1922	18,400,758	9,844,714	2,509,612	766,541	615,328	1,095,119
1923	16,417,487	10,481,352	2,839,386	625,372	553,658	1,091,115
1924	16,678,442	9,672,510	2,578,228	906,826	463,058	754,598
1925	17,964,570	10,484,360	2,382,730	304,749	508,354	1,011,267
1926	17,221,586	10,202,653	2,299,727	394,111	828,445	1,008,583
1927	16,084,968	9,638,246	2,094,204	447,023	632,591	1,092,553
1928	17,335,124	10,271,513	2,669,932	693,721	613,959	1,012,544
1929	16,037,627	9,182,653	2,456,991	636,857	544,978	835,472
1930	14,793,985	8,371,897	2,395,846	704,214	485,910	534,482
1931	13,579,281	8,213,707	2,389,887	874,248	461,305	586,529
1932	13,408,938	7,556,471	2,236,484	604,333	498,985	708,922
1933	16,338,751	8,676,188	2,511,678	301,777	642,815	695,914
1934	17,434,464	9,058,229	2,901,501	597,923	642,753	711,394
1935	18,503,050	10,305,388	3,119,102	499,908	727,258	982,086
1936	21,318,924	10,867,021	2,889,971	493,440	768,289	1,057,652
1937	25,861,890	13,940,436	4,182,103	855,814	936,073	1,203,005
1938	26,126,680	14,203,173	5,474,499	462,527	847,218	1,263,702
1939	30,685,824	14,685,626	5,516,724	1,037,807	525,325	837,781
1940	39,442,014	19,138,171	5,042,190	1,506,029	941,677	1,543,628

（出所）　第3章第1節本文，CD表3.1.4参照.

統計表 3.1.3 （つづき）
Table 3.1.3 （cont'd）

	7	8	9	10	11	12
	南部　South				北部 North	
	全羅北道 Jeollabuk-do	全羅南道 Jeollanam-do	慶尚北道 Gyeongsangbuk-do	慶尚南道 Gyeongsangnam-do		京畿・北部 Gyeonggi-do, North
	円　Yen					
1910						
1911	626,097	844,607	1,285,333	1,073,827	3,216,686	147,282
1912	481,306	696,249	967,129	788,218	3,082,941	113,107
1913	483,541	741,046	911,669	774,388	3,404,981	105,961
1914	559,234	915,456	1,113,629	995,375	3,207,735	117,562
1915	496,347	771,417	938,583	1,161,174	2,584,863	103,645
1916	363,036	811,148	1,099,517	666,088	2,475,756	79,619
1917	466,095	961,380	853,640	804,472	3,868,926	123,654
1918	1,077,699	2,001,484	1,596,252	1,417,661	7,202,411	163,738
1919	1,770,596	2,117,246	4,750,292	2,716,745	8,940,637	274,527
1920	1,115,716	1,812,006	2,172,795	1,747,949	7,106,786	254,687
1921	1,198,804	1,438,540	1,986,599	1,859,147	5,505,086	250,604
1922	801,106	1,231,587	1,483,452	1,341,970	8,556,044	260,370
1923	1,275,320	1,163,359	1,523,492	1,409,650	5,936,135	290,493
1924	708,904	1,320,033	1,572,637	1,368,225	7,005,932	263,413
1925	999,636	1,461,783	2,224,657	1,591,182	7,480,210	241,033
1926	1,190,059	1,576,228	1,691,972	1,213,529	7,018,933	232,762
1927	1,216,130	1,625,271	1,661,991	868,483	6,446,722	211,423
1928	1,100,644	1,637,321	1,294,417	1,248,975	7,063,611	269,392
1929	1,028,719	1,552,961	1,214,865	911,810	6,854,974	246,737
1930	761,953	1,016,904	1,253,503	1,219,086	6,422,088	237,456
1931	679,210	883,995	1,351,645	986,888	5,365,573	235,698
1932	666,448	921,292	1,118,729	801,277	5,852,467	217,737
1933	819,854	1,529,244	1,374,467	800,439	7,662,562	241,790
1934	876,848	1,368,904	1,320,733	638,173	8,376,234	275,389
1935	915,211	1,523,907	1,514,822	1,023,094	8,197,662	288,668
1936	1,028,480	1,696,098	1,594,514	1,338,577	10,451,903	259,429
1937	1,266,555	1,911,819	2,113,481	1,471,587	11,921,454	373,651
1938	1,115,447	1,983,035	1,797,470	1,259,275	11,923,507	485,189
1939	1,200,858	2,415,586	1,500,028	1,651,517	16,000,198	479,777
1940	1,372,817	3,123,690	3,014,666	2,593,475	20,303,843	405,676

統計表 3.1.3 （つづき）
Table 3.1.3 （cont'd）

	13	14	15	16	17	18
	北部　North					
	江原・北部 Gangwon-do, North	黄海道 Hwanghae-do	平安南道 Pyeongnannam-do	平安北道 Pyeonganbuk-do	咸鏡南道 Hamgyeongnam-do	咸鏡北道 Hamgyeongbuk-do
	円　Yen					
1910						
1911	122,294	585,577	645,261	692,374	697,201	326,697
1912	102,573	564,911	608,307	732,864	621,174	340,004
1913	102,809	685,059	690,009	840,420	611,178	369,544
1914	111,846	730,973	618,330	661,434	609,200	358,389
1915	90,359	482,681	515,749	551,664	540,456	300,308
1916	77,814	470,945	499,407	557,707	516,707	273,556
1917	93,809	698,963	727,678	657,223	634,851	932,749
1918	177,351	1,337,581	1,402,971	1,567,776	1,419,559	1,133,436
1919	288,325	1,386,316	1,743,334	2,325,322	1,006,547	1,916,266
1920	249,721	1,459,894	1,628,810	1,371,322	1,322,168	820,184
1921	235,245	839,255	1,306,715	1,169,368	1,061,653	642,245
1922	272,007	1,102,278	2,165,183	2,324,510	1,836,327	595,368
1923	222,423	1,191,494	1,452,058	1,322,788	858,324	598,555
1924	316,433	1,496,311	1,642,476	1,746,101	998,935	542,265
1925	107,524	1,327,450	1,699,336	1,603,729	1,359,222	1,141,916
1926	139,224	1,196,443	1,721,592	1,796,046	1,148,723	784,143
1927	157,702	717,200	1,662,061	1,675,883	1,201,823	820,631
1928	246,391	1,029,996	1,923,098	1,782,339	1,043,133	769,262
1929	228,197	1,225,860	1,880,429	970,291	1,554,794	748,668
1930	257,884	939,854	1,469,890	1,516,147	1,373,616	627,242
1931	323,779	877,115	1,294,341	1,360,010	814,813	459,817
1932	222,182	1,010,107	1,379,844	1,620,834	811,787	589,977
1933	111,399	1,524,323	1,885,638	1,958,086	1,083,463	857,865
1934	218,520	1,742,380	1,809,295	1,883,330	1,406,124	1,041,196
1935	181,725	1,583,756	2,066,442	1,921,810	1,185,696	969,564
1936	178,887	3,531,966	1,713,948	2,163,003	1,437,058	1,167,613
1937	309,773	2,036,466	2,881,527	2,853,750	1,959,842	1,506,445
1938	163,010	1,954,895	3,486,259	2,632,464	1,997,718	1,203,972
1939	361,647	2,453,821	4,530,808	3,395,059	2,817,585	1,961,501
1940	515,841	2,208,286	6,654,328	6,053,342	2,548,363	1,918,006

II 統 計 編 369

統計表 3.1.4 植民地期の畜産物実質付加価値額：道別，1911〜1940年（1935年価格）
Table 3.1.4 Animal husbandry: Real value added by province in the colonial period, 1911-1940 (in 1935 prices)

	1	2	3	4	5	6
	南北計 Total	南部 South	京畿・南部 Gyeonggi-do, South	江原・南部 Gangwon-do, South	忠清北道 Chungcheongbuk-do	忠清南道 Chungcheongnam-do
			円 Yen			
1910						
1911	20,674,087	13,800,078	2,752,515	689,867	691,934	1,533,849
1912	21,031,255	13,106,480	2,641,035	722,813	692,840	1,396,433
1913	24,682,288	14,938,415	2,882,190	822,083	798,247	1,561,467
1914	23,505,930	14,671,366	2,778,595	812,961	800,685	1,505,433
1915	23,743,515	15,040,074	2,875,239	809,416	815,152	1,586,513
1916	20,491,941	12,678,502	2,371,171	698,524	708,010	1,291,359
1917	19,914,853	11,610,416	2,143,142	653,349	679,248	1,047,789
1918	24,054,204	13,518,967	2,383,416	786,162	848,047	1,205,111
1919	22,918,943	13,227,643	2,554,475	848,100	743,561	1,329,476
1920	16,661,036	10,579,055	2,122,102	571,237	568,391	1,112,043
1921	16,481,186	11,086,968	2,423,144	675,625	698,781	1,172,547
1922	18,618,699	9,821,099	2,452,565	773,548	616,798	1,112,502
1923	16,191,526	10,058,417	2,402,266	623,630	582,151	1,071,280
1924	16,013,629	9,049,566	2,416,551	904,747	472,716	730,547
1925	14,720,452	8,468,505	1,975,565	272,647	455,461	847,717
1926	15,214,297	8,817,947	1,940,037	349,455	746,291	828,189
1927	14,613,154	8,539,684	1,858,524	390,778	577,617	1,047,635
1928	15,056,313	8,770,681	2,196,504	596,348	544,869	882,463
1929	15,375,683	8,586,030	2,318,334	598,864	543,207	812,554
1930	13,355,420	7,604,647	2,089,117	642,844	481,514	507,221
1931	15,125,448	8,677,888	2,477,509	885,780	476,452	622,762
1932	16,516,723	9,157,698	2,689,967	654,762	603,676	870,165
1933	18,335,107	9,800,151	2,808,703	350,562	703,541	796,732
1934	18,534,071	9,661,407	2,925,010	605,419	676,450	888,738
1935	18,503,050	10,305,388	3,119,102	499,908	727,258	982,086
1936	18,320,943	10,186,190	2,720,045	457,344	721,297	1,051,407
1937	19,665,925	11,069,959	3,100,259	653,998	753,829	1,049,351
1938	16,295,808	8,692,775	2,892,168	266,332	544,259	845,816
1939	15,973,297	7,619,216	2,561,960	548,361	343,459	440,252
1940	18,595,107	9,595,269	2,639,915	789,992	470,339	836,885

（出所）　第3章第1節本文，CD 表3.1.4参照.

370　Ⅱ　統　計　編

統計表 3.1.4　（つづき）
Table 3.1.4　（cont'd）

	7	8	9	10	11	12
	南部　South				北部	
	全羅北道 Jeollabuk-do	全羅南道 Jeollanam-do	慶尚北道 Gyeongsangbuk-do	慶尚南道 Gyeongsangnam-do	North	京畿・北部 Gyeonggi-do, North
	円　Yen					
1910						
1911	1,397,479	1,974,383	2,600,805	2,159,245	6,874,009	296,414
1912	1,318,632	2,007,722	2,434,582	1,892,422	7,924,775	284,409
1913	1,579,029	2,386,013	2,738,648	2,170,738	9,743,873	310,378
1914	1,563,924	2,403,339	2,679,369	2,127,060	8,834,564	299,222
1915	1,620,004	2,388,418	2,760,462	2,184,871	8,703,441	309,630
1916	1,404,374	2,184,465	2,261,328	1,759,270	7,813,439	255,348
1917	1,317,386	2,192,651	2,030,288	1,546,562	8,304,438	230,791
1918	1,615,529	2,726,657	2,278,625	1,675,419	10,535,237	250,492
1919	1,728,991	2,475,000	2,153,246	1,394,794	9,691,300	275,671
1920	1,101,841	1,687,230	1,902,981	1,513,229	6,081,981	219,180
1921	949,095	1,331,712	1,953,816	1,882,248	5,394,218	250,247
1922	819,482	1,304,346	1,393,931	1,347,928	8,797,600	254,452
1923	1,281,383	1,290,377	1,432,614	1,374,716	6,133,110	245,772
1924	668,868	1,239,308	1,292,413	1,324,417	6,964,062	246,894
1925	900,488	1,413,336	1,288,677	1,314,615	6,251,947	199,845
1926	979,128	1,408,695	1,494,316	1,071,835	6,396,350	196,357
1927	1,040,826	1,473,256	1,366,298	784,750	6,073,470	187,629
1928	962,192	1,466,695	1,053,127	1,068,483	6,285,633	221,624
1929	961,210	1,347,416	1,126,180	878,265	6,789,652	232,813
1930	719,662	1,048,783	992,284	1,123,221	5,750,774	207,056
1931	749,241	1,105,841	1,301,745	1,058,560	6,447,560	244,340
1932	774,791	1,213,918	1,352,913	997,506	7,359,024	261,886
1933	910,696	1,785,721	1,513,450	930,747	8,534,956	270,383
1934	898,816	1,545,525	1,429,775	691,675	8,872,664	277,620
1935	915,211	1,523,907	1,514,822	1,023,094	8,197,662	288,668
1936	929,128	1,557,680	1,474,486	1,274,803	8,134,752	244,175
1937	1,035,263	1,564,155	1,765,050	1,148,054	8,595,966	276,993
1938	796,571	1,314,434	1,265,098	768,097	7,603,033	256,325
1939	687,954	1,424,290	800,391	812,549	8,354,082	222,808
1940	727,456	1,533,761	1,466,414	1,130,506	8,999,838	212,398

統計表 3.1.4 （つづき）
Table 3.1.4 （cont'd）

	13	14	15	16	17	18
	北部　North					
	江原・北部 Gangwon-do, North	黄海道 Hwanghae-do	平安南道 Pyeongannam-do	平安北道 Pyeonganbuk-do	咸鏡南道 Hamgyeongnam-do	咸鏡北道 Hamgyeongbuk-do
	円　Yen					
1910						
1911	250,793	1,253,621	1,376,896	1,369,829	1,627,868	698,588
1912	262,770	1,683,941	1,466,571	1,517,547	1,802,733	906,804
1913	298,859	2,170,810	1,842,148	1,953,923	2,048,419	1,119,337
1914	295,543	1,971,339	1,535,972	1,743,229	2,017,523	971,735
1915	294,254	1,895,288	1,622,101	1,674,251	1,968,178	939,740
1916	253,940	1,632,364	1,554,465	1,531,199	1,689,194	896,929
1917	237,517	1,798,673	1,665,058	1,703,496	1,693,241	975,661
1918	287,206	2,399,467	2,060,143	2,128,581	2,286,800	1,122,548
1919	299,779	2,319,362	1,924,668	2,146,004	1,653,487	1,072,329
1920	200,530	1,170,879	1,261,900	1,156,520	1,296,729	776,241
1921	236,479	828,441	1,271,451	1,104,164	1,086,152	617,283
1922	274,493	1,203,723	2,078,670	2,555,918	1,894,294	536,051
1923	221,803	1,217,480	1,396,411	1,423,275	1,046,649	581,721
1924	315,708	1,545,098	1,513,575	1,704,322	1,098,451	540,014
1925	96,197	1,316,841	1,315,753	1,295,907	1,120,294	907,109
1926	123,449	1,263,297	1,382,199	1,505,045	1,246,008	679,995
1927	137,860	839,443	1,431,733	1,498,532	1,247,213	731,061
1928	211,807	1,111,154	1,629,318	1,473,585	1,014,273	623,872
1929	214,583	1,055,675	1,681,125	1,484,566	1,431,313	689,577
1930	235,410	1,069,603	1,315,747	1,421,030	1,074,469	427,459
1931	328,050	1,192,009	1,488,559	1,611,637	1,058,980	523,985
1932	240,722	1,383,082	1,668,744	1,945,116	1,129,203	730,271
1933	129,407	1,640,140	2,009,934	2,237,419	1,367,208	880,466
1934	221,260	2,107,107	1,829,256	1,971,352	1,512,557	953,512
1935	181,725	1,583,756	2,066,442	1,921,810	1,185,696	969,564
1936	165,801	1,683,029	1,609,299	2,022,725	1,380,303	1,029,421
1937	236,723	1,714,003	2,166,675	1,712,554	1,446,159	1,042,859
1938	93,864	1,357,413	2,158,093	1,738,771	1,273,970	724,597
1939	191,089	1,443,295	2,360,515	1,819,591	1,330,946	985,837
1940	270,586	1,150,443	2,610,886	2,541,491	1,277,928	936,107

372 II 統 計 編

統計表 3.1.5 植民地期の養蚕名目付加価値額：道別，1910～1940年
Table 3.1.5 Sericulture: Nominal value added by province in the colonial period, 1910-1940 (in current prices)

	1	2	3	4	5	6
	南北計 Total	南部 South	京畿・南部 Gyeonggi-do, South	江原・南部 Gangwon-do, South	忠清北道 Chungcheongbuk-do	忠清南道 Chungcheongnam-do
			円 Yen			
1910	255,902	141,004	19,722	27,116	10,140	12,812
1911	682,148	453,133	56,771	46,841	14,013	24,294
1912	1,086,263	736,771	101,381	57,884	18,708	35,461
1913	1,520,516	1,019,419	145,232	71,553	25,699	49,086
1914	1,680,630	1,077,707	164,596	86,251	31,238	52,186
1915	1,816,325	1,141,998	185,804	76,359	38,602	58,331
1916	2,785,049	1,777,969	302,356	125,693	61,861	98,214
1917	5,002,554	3,059,013	521,105	276,865	124,045	196,739
1918	7,511,718	4,703,315	803,708	380,101	220,170	357,514
1919	8,874,957	5,691,496	851,652	540,974	326,379	504,903
1920	7,161,064	4,633,086	598,830	381,798	234,170	512,051
1921	5,820,086	3,955,411	555,015	281,875	207,844	469,091
1922	9,672,357	6,845,674	879,618	419,494	401,690	762,434
1923	13,859,974	10,099,601	1,178,966	574,206	589,884	1,157,380
1924	12,401,601	8,915,963	1,033,426	626,853	590,541	968,015
1925	19,386,594	13,742,017	1,518,461	924,160	1,008,363	1,252,403
1926	19,360,849	13,711,930	2,000,411	1,007,008	979,778	1,876,812
1927	18,335,402	13,486,078	2,028,073	703,269	811,501	1,765,457
1928	19,948,400	15,128,839	2,186,621	751,420	825,332	1,962,134
1929	24,917,855	18,320,800	2,687,021	1,037,687	976,700	2,387,992
1930	16,477,377	12,181,588	1,805,935	611,414	887,353	1,541,655
1931	12,767,079	9,370,445	1,232,962	568,267	705,931	1,151,198
1932	15,506,803	11,284,560	1,524,077	593,270	864,334	1,341,529
1933	21,749,429	15,626,824	1,533,012	994,167	1,279,474	1,731,998
1934	15,531,294	11,304,454	1,293,844	742,302	1,033,019	1,190,137
1935	20,783,810	15,278,125	1,677,959	1,131,546	1,175,905	1,454,349
1936	21,379,215	15,525,663	1,501,072	1,343,452	1,165,071	1,635,197
1937	24,855,302	18,028,730	2,013,276	1,530,089	1,431,391	1,891,025
1938	23,465,990	17,036,175	1,954,821	1,360,927	1,274,587	1,796,407
1939	42,022,121	31,635,312	2,975,242	2,612,042	2,418,877	2,786,701
1940	48,346,954	34,545,153	4,003,734	3,145,800	2,323,456	3,325,772

（出所）　第3章第1節本文，CD 表3.1.5参照．

統計表 3.1.5 （つづき）
Table 3.1.5 （cont'd）

	7	8	9	10	11	12
	南部　South				北部	
	全羅北道 Jeollabuk-do	全羅南道 Jeollanam-do	慶尚北道 Gyeongsangbuk-do	慶尚南道 Gyeongsangnam-do	North	京畿・北部 Gyeonggi-do, North
	円　Yen					
1910	9,525	19,663	36,476	5,549	114,898	2,124
1911	26,042	32,369	234,820	17,983	229,016	6,114
1912	45,915	48,064	400,716	28,642	349,491	10,918
1913	61,745	69,880	548,518	47,706	501,097	15,640
1914	67,908	74,059	550,674	50,796	602,923	17,725
1915	71,753	74,724	575,782	60,643	674,328	20,009
1916	107,253	108,595	873,785	100,213	1,007,080	32,560
1917	172,499	215,386	1,337,025	215,347	1,943,541	56,117
1918	272,366	352,472	1,945,657	371,328	2,808,403	84,468
1919	319,081	511,336	2,172,940	464,232	3,183,462	91,908
1920	290,218	480,462	1,817,077	318,480	2,527,978	61,850
1921	256,159	375,580	1,594,689	215,158	1,864,675	57,318
1922	471,597	643,067	2,945,954	321,822	2,826,683	91,260
1923	710,118	1,006,644	4,466,726	415,677	3,760,373	120,618
1924	578,798	826,158	3,894,456	397,716	3,485,638	105,583
1925	905,891	1,358,375	6,193,178	581,186	5,644,577	153,605
1926	1,112,204	1,595,791	4,559,770	580,155	5,648,919	202,467
1927	986,216	1,513,675	5,092,631	585,256	4,849,324	204,746
1928	1,535,845	2,046,141	5,144,326	677,020	4,819,561	220,627
1929	1,732,721	3,128,947	5,526,868	842,863	6,597,055	269,837
1930	1,280,365	1,944,367	3,367,827	742,673	4,295,789	178,989
1931	859,730	1,452,897	2,763,609	635,851	3,396,635	121,599
1932	1,012,914	1,687,633	3,464,078	796,725	4,222,243	148,379
1933	1,429,642	2,493,942	5,120,066	1,044,523	6,122,604	147,577
1934	1,037,205	1,897,426	3,255,440	855,080	4,226,841	122,802
1935	1,244,744	2,676,162	4,475,452	1,442,009	5,505,685	155,293
1936	1,515,583	2,578,205	4,534,238	1,252,846	5,853,552	134,749
1937	1,823,361	2,759,857	5,275,793	1,303,939	6,826,572	179,877
1938	1,545,898	2,887,822	4,930,108	1,285,604	6,429,815	173,250
1939	3,003,312	5,867,596	9,239,488	2,732,054	10,386,809	258,750
1940	3,842,127	6,186,840	8,543,294	3,174,129	13,801,802	322,126

統計表 3.1.5 （つづき）
Table 3.1.5 （cont'd）

	13	14	15	16	17	18
	北部　North					
	江原・北部 Gangwon-do, North	黄海道 Hwanghae-do	平安南道 Pyeongannam-do	平安北道 Pyeonganbuk-do	咸鏡南道 Hamgyeongnam-do	咸鏡北道 Hamgyeongbuk-do
	円　Yen					
1910	9,858	13,216	27,795	45,272	14,543	2,091
1911	17,028	14,661	58,472	108,649	18,474	5,617
1912	21,043	32,541	99,376	149,589	25,902	10,123
1913	26,012	55,611	142,188	199,998	48,419	13,230
1914	31,355	82,935	192,646	208,289	57,283	12,689
1915	27,760	87,486	196,574	264,915	61,659	15,925
1916	45,694	120,385	300,337	382,387	100,456	25,261
1917	100,651	253,998	596,906	695,557	197,967	42,344
1918	138,861	335,188	818,876	1,050,208	318,685	62,117
1919	191,218	413,511	935,117	1,120,838	354,228	76,641
1920	134,028	304,495	765,154	893,192	304,452	64,807
1921	98,661	236,852	531,781	617,012	268,852	54,200
1922	148,858	304,477	704,183	1,057,681	459,957	60,268
1923	204,225	396,038	1,020,020	1,381,317	574,157	63,998
1924	218,738	433,165	1,018,001	1,024,665	606,207	79,280
1925	326,069	641,137	1,620,425	1,726,995	1,055,346	120,999
1926	355,737	593,739	1,826,395	1,406,194	1,101,015	163,371
1927	248,101	588,391	1,548,792	1,206,715	910,322	142,257
1928	266,884	607,984	1,617,373	1,023,916	964,832	117,946
1929	371,821	780,051	1,959,430	1,349,682	1,740,434	125,801
1930	223,900	673,783	1,274,386	815,361	1,041,059	88,310
1931	210,458	611,740	983,576	674,927	731,629	62,705
1932	218,114	796,285	1,281,396	758,268	952,506	67,295
1933	366,989	1,173,409	2,148,540	1,061,345	1,153,026	71,718
1934	271,286	740,696	1,402,716	763,975	869,499	55,866
1935	411,337	1,032,768	1,615,590	968,568	1,227,138	94,991
1936	487,042	1,459,727	1,101,247	1,316,775	1,239,517	114,495
1937	553,835	1,250,179	1,785,184	1,391,893	1,548,492	117,112
1938	479,636	1,092,857	1,803,870	1,264,993	1,503,674	111,534
1939	910,223	1,683,534	2,998,308	2,104,832	2,173,481	257,680
1940	1,077,490	2,230,854	3,925,573	2,998,302	2,928,707	318,750

II 統 計 編 375

統計表 3.1.6 植民地期の養蚕実質付加価値額：道別，1910～1940年（1935年価格）
Table 3.1.6 Sericulture: Real value added by province in the colonial period, 1910-1940 (in 1935 prices)

	1	2	3	4	5	6
	南北計 Total	南部 South				
			京畿・南部 Gyeonggi-do, South	江原・南部 Gangwon-do, South	忠清北道 Chungcheongbuk-do	忠清南道 Chungcheongnam-do
			円 Yen			
1910	218,833	117,098	17,736	18,419	9,188	9,851
1911	602,810	347,575	47,321	64,461	15,308	31,019
1912	900,051	538,799	92,675	66,883	22,161	41,063
1913	1,389,405	858,713	194,143	98,740	26,627	57,687
1914	1,508,036	892,004	207,413	98,130	26,679	66,896
1915	1,819,061	1,033,781	222,406	113,325	40,362	76,597
1916	2,028,844	1,219,049	257,094	125,984	46,561	105,546
1917	2,740,661	1,774,528	520,718	161,073	69,063	117,599
1918	3,781,051	2,525,180	708,663	175,397	163,504	176,053
1919	2,953,688	2,090,749	491,119	154,433	110,807	146,235
1920	3,070,519	2,062,133	294,025	143,914	93,173	201,549
1921	2,930,762	2,001,914	293,246	128,182	104,080	238,387
1922	3,407,716	2,450,472	292,903	138,818	124,760	267,582
1923	4,946,771	3,570,612	453,688	198,147	216,668	418,600
1924	5,661,213	4,079,949	519,393	272,719	284,522	446,217
1925	7,290,071	5,311,165	606,339	350,354	393,924	524,759
1926	8,641,914	6,355,500	1,099,491	430,613	462,679	596,865
1927	10,297,840	7,686,684	1,190,211	426,606	523,721	910,279
1928	11,172,826	8,593,131	1,268,162	432,339	498,151	1,034,821
1929	13,279,017	9,934,028	1,506,556	535,952	524,170	1,206,106
1930	15,239,602	11,364,354	1,656,106	605,925	841,254	1,259,101
1931	16,672,058	12,471,602	1,665,748	674,945	974,030	1,361,721
1932	17,598,602	12,809,487	1,741,063	785,795	1,052,533	1,372,997
1933	18,702,242	13,723,900	1,653,840	772,426	1,105,761	1,456,969
1934	22,393,705	16,228,671	1,991,876	1,149,626	1,294,693	1,629,333
1935	20,783,810	15,278,125	1,677,959	1,131,546	1,175,905	1,454,349
1936	20,317,818	14,997,961	1,722,559	1,147,817	1,137,178	1,398,976
1937	21,306,963	15,670,673	2,020,318	1,194,881	1,189,118	1,544,391
1938	21,683,450	16,157,988	2,149,286	1,246,309	1,208,393	1,589,690
1939	20,413,977	15,207,404	1,825,336	1,242,862	1,072,980	1,254,475
1940	22,051,035	15,987,653	2,084,100	1,354,199	1,064,089	1,456,716

（出所）第3章第1節本文．CD 表3.1.5参照．

376　Ⅱ　統　計　編

統計表 3.1.6　（つづき）
Table 3.1.6　（cont'd）

	7	8	9	10	11	12
	南部　South				北部	
	全羅北道	全羅南道	慶尚北道	慶尚南道	North	京畿・北部
	Jeollabuk-do	Jeollanam-do	Gyeongsangbuk-do	Gyeongsangnam-do		Gyeonggi-do, North
	円　Yen					
1910	7,623	18,464	31,164	4,653	101,736	1,910
1911	21,296	39,352	112,626	16,193	255,235	5,096
1912	37,395	64,515	187,253	26,855	361,251	9,980
1913	60,048	97,269	272,930	51,270	530,691	20,907
1914	51,584	97,449	283,923	59,930	616,033	22,336
1915	62,106	115,710	322,600	80,675	785,279	23,951
1916	69,286	122,864	384,313	107,401	809,795	27,686
1917	78,877	165,660	475,706	185,834	966,133	56,075
1918	104,188	265,051	667,571	264,753	1,255,871	74,479
1919	105,516	197,609	695,290	189,739	862,939	53,000
1920	145,659	232,629	796,275	154,909	1,008,386	30,368
1921	135,189	222,516	760,200	120,114	928,849	30,285
1922	161,546	272,834	1,064,194	127,834	957,244	30,388
1923	260,661	447,400	1,397,096	178,353	1,376,159	46,416
1924	297,628	468,957	1,579,520	210,994	1,581,264	53,065
1925	373,264	692,587	2,131,969	237,970	1,978,906	61,336
1926	507,602	690,585	2,247,635	320,031	2,286,414	111,283
1927	591,065	1,030,844	2,607,701	406,256	2,611,156	120,159
1928	842,863	1,315,883	2,736,481	464,431	2,579,695	127,956
1929	915,680	1,904,894	2,801,782	538,888	3,344,990	151,292
1930	1,104,364	1,993,286	3,113,950	790,369	3,875,248	164,139
1931	1,082,436	2,083,896	3,701,474	927,353	4,200,456	164,281
1932	1,087,435	1,923,528	3,907,725	938,411	4,789,116	169,504
1933	1,224,991	2,396,739	4,133,499	979,675	4,978,342	159,209
1934	1,384,610	2,893,328	4,634,646	1,250,558	6,165,034	189,054
1935	1,244,744	2,676,162	4,475,452	1,442,009	5,505,685	155,293
1936	1,355,733	2,547,261	4,496,722	1,191,716	5,319,857	154,632
1937	1,512,368	2,618,259	4,362,505	1,228,833	5,636,290	180,506
1938	1,434,074	2,855,096	4,409,784	1,265,356	5,525,462	190,485
1939	1,471,221	2,717,000	4,229,627	1,393,903	5,206,573	158,745
1940	1,654,532	2,867,262	3,850,535	1,656,221	6,063,382	167,679

統計表 3.1.6 （つづき）
Table 3.1.6 （cont'd）

	13	14	15	16	17	18
	北部 North					
	江原・北部 Gangwon-do, North	黄海道 Hwanghae-do	平安南道 Pyeongannam-do	平安北道 Pyeonganbuk-do	咸鏡南道 Hamgyeongnam-do	咸鏡北道 Hamgyeongbuk-do
	円 Yen					
1910	6,696	11,107	20,518	49,340	10,611	1,554
1911	23,434	14,718	64,723	124,560	21,116	1,587
1912	24,315	26,564	121,657	148,897	27,114	2,724
1913	35,896	52,352	157,575	204,028	55,897	4,037
1914	35,674	71,273	196,318	212,567	72,535	5,330
1915	41,198	94,948	251,099	275,677	88,295	10,112
1916	45,800	97,241	266,539	264,693	94,224	13,611
1917	58,556	110,564	301,260	337,623	83,322	18,734
1918	64,077	122,875	430,899	371,364	168,030	24,148
1919	54,588	104,830	249,229	259,491	121,681	20,119
1920	50,520	117,211	280,603	385,326	120,432	23,926
1921	44,866	111,111	256,227	322,660	138,449	25,251
1922	49,260	91,513	237,558	377,047	153,722	17,755
1923	70,474	130,249	371,606	509,291	227,210	20,913
1924	95,164	172,388	435,728	499,690	300,493	24,734
1925	123,615	215,592	595,911	593,581	342,256	46,615
1926	152,119	230,088	682,547	609,534	431,588	69,255
1927	150,499	304,700	821,323	643,030	481,840	89,604
1928	153,555	323,439	864,445	529,229	507,585	73,485
1929	192,041	377,062	991,527	732,924	822,971	77,173
1930	221,891	570,261	1,112,822	854,637	867,172	84,327
1931	249,967	718,120	1,267,066	863,857	860,710	76,455
1932	288,896	897,449	1,393,826	892,420	1,078,843	68,177
1933	285,135	976,558	1,661,675	878,521	948,314	68,929
1934	420,149	1,159,694	1,832,326	1,141,984	1,333,401	88,426
1935	411,337	1,032,768	1,615,590	968,568	1,227,138	94,991
1936	416,118	971,250	1,437,742	958,851	1,280,392	100,872
1937	432,503	989,414	1,442,289	1,178,012	1,309,791	103,776
1938	439,241	936,512	1,512,521	1,083,007	1,283,880	79,817
1939	433,103	817,253	1,477,585	1,136,058	1,091,958	91,872
1940	463,836	985,455	1,655,098	1,423,042	1,225,725	142,547

378　Ⅱ　統　計　編

統計表 3.2.1　植民地期の林野面積：道別，1911～1940年
Table 3.2.1　Forestry areas by province in the colonial period, 1910-1940

	1	2	3	4	5	6	7	8	9
	南北計 Total	南部 South	京畿・南部 Gyeonggi-do, South	江原・南部 Gangwon-do, South	忠清北道 Chungcheongbuk- do	忠清南道 Chungcheongnam- do	全羅北道 Jeollabuk- do	全羅南道 Jeollanam- do	慶尚北道 Gyeongsangbuk- do
					千町 1,000 cho				
1911	15,886	6,772	648	1,414	533	470	529	977	1,313
1912	15,923	6,790	652	1,428	534	472	531	972	1,318
1913	15,959	6,808	655	1,441	535	474	533	967	1,322
1914	15,996	6,826	658	1,455	536	476	534	962	1,326
1915	16,032	6,844	662	1,468	537	478	536	957	1,330
1916	16,069	6,862	665	1,482	537	479	538	952	1,334
1917	16,105	6,881	669	1,495	538	481	540	947	1,338
1918	16,142	6,898	674	1,507	539	483	541	941	1,343
1919	16,178	6,928	676	1,533	540	485	543	936	1,347
1920	16,215	6,952	682	1,550	541	487	545	931	1,351
1921	16,251	6,971	685	1,564	541	488	547	926	1,355
1922	16,288	6,984	688	1,572	542	490	548	921	1,359
1923	16,324	7,002	693	1,585	543	492	550	916	1,363
1924	16,361	7,028	696	1,606	544	494	552	910	1,368
1925	16,397	7,042	701	1,615	544	495	554	905	1,372
1926	16,434	7,060	704	1,628	545	497	555	900	1,376
1927	16,470	7,079	708	1,643	546	499	557	895	1,380
1928	16,275	6,889	672	1,525	502	512	522	907	1,394
1929	16,443	7,043	704	1,617	541	499	558	896	1,376
1930	16,599	7,042	705	1,615	541	500	555	896	1,377
1931	16,488	7,035	705	1,608	541	499	555	896	1,379
1932	16,458	7,015	706	1,600	540	499	555	884	1,379
1933	16,436	7,009	705	1,598	539	497	556	881	1,379
1934	16,346	7,007	705	1,603	539	497	553	883	1,379
1935	16,333	7,008	706	1,604	539	498	552	883	1,379
1936	16,340	7,009	708	1,604	538	498	552	883	1,379
1937	16,312	6,974	708	1,608	538	498	550	883	1,342
1938	16,318	7,010	708	1,609	538	498	550	882	1,379
1939	16,313	7,009	709	1,611	538	498	548	881	1,379
1940	16,273	7,151	1,134	1,381	538	498	548	853	1,354

（出所）　第3章第2節本文参照．CD 表3.2.1に林産物個別品目の表あり．

II 統 計 編 379

統計表 3.2.1 （つづき）
Table 3.2.1 （cont'd）

	10	11	12	13	14	15	16	17	18
	南部 South	北部 North							
	慶尚南道 Gyeongsangnam-do	North	京畿・北部 Gyeonggi-do, North	江原・北部 Gangwon-do, North	黄海道 Hwanghae-do	平安南道 Pyeongannam-do	平安北道 Pyeonganbuk-do	咸鏡南道 Hamgyeongnam-do	咸鏡北道 Hamgyeongbuk-do
					千町 1,000 cho				
1911	885	9,114	70	514	1,005	999	2,393	2,527	1,606
1912	883	9,133	70	519	1,005	999	2,390	2,537	1,612
1913	881	9,151	71	524	1,005	999	2,387	2,547	1,618
1914	879	9,169	71	529	1,006	999	2,384	2,556	1,624
1915	877	9,188	71	534	1,006	999	2,381	2,566	1,631
1916	875	9,206	72	539	1,006	999	2,379	2,575	1,637
1917	873	9,225	72	544	1,006	999	2,376	2,585	1,643
1918	871	9,243	71	550	1,006	999	2,373	2,595	1,649
1919	869	9,250	73	542	1,007	999	2,370	2,604	1,655
1920	866	9,263	70	544	1,007	999	2,367	2,614	1,661
1921	864	9,280	71	548	1,007	999	2,365	2,623	1,667
1922	862	9,304	71	558	1,007	999	2,362	2,633	1,673
1923	860	9,322	71	564	1,007	999	2,359	2,643	1,680
1924	858	9,332	71	561	1,007	999	2,356	2,652	1,686
1925	856	9,355	71	570	1,008	999	2,354	2,662	1,692
1926	854	9,373	71	575	1,008	999	2,351	2,671	1,698
1927	852	9,391	71	579	1,008	999	2,348	2,681	1,704
1928	855	9,386	68	541	1,020	966	2,350	2,719	1,722
1929	852	9,400	71	579	1,005	1,003	2,344	2,694	1,704
1930	852	9,557	70	592	1,009	998	2,318	2,871	1,700
1931	852	9,453	70	595	1,010	994	2,311	2,773	1,700
1932	853	9,443	69	588	1,009	998	2,311	2,772	1,696
1933	853	9,426	68	590	993	998	2,311	2,772	1,694
1934	847	9,339	67	586	993	997	2,306	2,684	1,706
1935	846	9,326	65	583	993	996	2,307	2,676	1,705
1936	846	9,332	64	582	993	991	2,309	2,695	1,697
1937	847	9,338	63	582	993	991	2,309	2,698	1,701
1938	846	9,308	63	567	993	991	2,310	2,686	1,699
1939	846	9,304	62	561	993	990	2,315	2,685	1,699
1940	846	9,121	91	473	904	988	2,301	2,659	1,705

380　Ⅱ　統　計　編

統計表 3.2.2　植民地期の林産物名目付加価値額：道別，1911〜1940年
Table 3.2.2　Forest products: Nominal value added by province in the colonial period, 1911-1940 (in current prices)

	1	2	3	4	5	6
	南北計 Total	南部 South	京畿・南部 Gyeonggi-do, South	江原・南部 Gangwon-do, South	忠清北道 Chungcheongbuk-do	忠清南道 Chungcheongnam-do
				千円 1,000 Yen		
1911	44,478	27,737	3,973	1,922	1,995	2,730
1912	51,468	31,730	4,508	2,234	2,358	3,111
1913	52,772	32,722	4,698	2,338	2,390	3,182
1914	54,693	33,910	4,865	2,563	2,501	3,238
1915	45,664	28,373	4,029	2,195	2,079	2,698
1916	44,926	28,070	4,031	2,194	2,025	2,677
1917	57,503	35,806	5,112	2,787	2,618	3,445
1918	92,261	57,532	8,196	4,452	4,183	5,596
1919	128,306	80,736	11,599	6,278	5,795	7,844
1920	157,661	99,610	13,957	7,695	7,023	9,527
1921	123,068	78,314	11,135	6,093	5,381	7,551
1922	127,627	80,879	11,593	6,447	5,546	7,871
1923	115,745	72,482	10,385	5,913	5,043	6,894
1924	106,450	66,706	9,575	5,270	4,657	6,308
1925	114,185	71,209	9,954	5,674	4,986	6,667
1926	101,436	61,950	8,579	4,890	4,488	5,705
1927	116,288	71,254	9,832	5,595	5,141	6,645
1928	113,089	64,561	6,928	5,991	4,936	4,129
1929	111,108	62,306	7,634	6,158	3,577	6,538
1930	107,740	65,150	9,625	7,552	3,089	7,973
1931	90,625	51,878	9,457	6,211	3,212	3,525
1932	79,496	45,113	8,634	3,922	2,981	2,990
1933	80,357	44,527	6,340	5,637	1,415	3,337
1934	87,539	50,131	6,494	7,465	1,550	3,869
1935	93,203	53,173	6,339	7,172	1,568	4,021
1936	96,461	54,978	6,832	6,869	1,694	3,948
1937	113,434	63,845	9,560	7,324	1,979	4,956
1938	126,346	68,352	9,866	7,179	2,025	3,918
1939	152,873	85,268	15,397	9,183	1,981	5,038
1940	185,663	95,533	15,834	11,495	3,672	5,120

（出所）　第3章第2節本文参照．CD 表3.2.1に林産物個別品目の表あり．

統計表 3.2.2 （つづき）
Table 3.2.2 （cont'd）

	7	8	9	10	11	12
	南部 South				北部 North	
	全羅北道 Jeollabuk-do	全羅南道 Jeollanam-do	慶尚北道 Gyeongsangbuk-do	慶尚南道 Gyeongsangnam-do		京畿・北部 Gyeonggi-do, North
	千円 1,000 Yen					
1911	3,016	5,322	4,672	4,106	16,741	428
1912	3,447	6,088	5,331	4,654	19,738	485
1913	3,547	6,258	5,513	4,797	20,050	506
1914	3,626	6,411	5,737	4,969	20,783	524
1915	3,009	5,367	4,804	4,193	17,291	434
1916	2,944	5,257	4,791	4,152	16,856	434
1917	3,786	6,658	6,124	5,276	21,696	551
1918	6,094	10,446	10,000	8,565	34,729	861
1919	8,492	14,395	14,230	12,105	47,570	1,252
1920	10,815	18,235	17,287	15,071	58,051	1,441
1921	8,393	14,150	13,708	11,903	44,754	1,150
1922	8,704	14,656	13,821	12,242	46,748	1,203
1923	7,821	13,584	12,186	10,655	43,263	1,062
1924	7,281	12,385	11,302	9,928	39,744	978
1925	7,784	13,550	12,013	10,582	42,976	1,007
1926	6,874	12,031	10,323	9,059	39,486	868
1927	7,980	13,610	11,926	10,526	45,033	993
1928	8,121	12,761	11,153	10,542	48,528	699
1929	8,675	11,186	10,354	8,184	48,802	767
1930	8,643	11,352	9,547	7,369	42,590	954
1931	6,239	8,543	8,883	5,808	38,747	933
1932	5,960	8,085	7,303	5,237	34,384	841
1933	4,590	8,510	9,059	5,638	35,829	610
1934	4,874	9,384	10,312	6,182	37,409	616
1935	5,017	9,654	10,625	8,776	40,029	587
1936	5,131	11,087	10,614	8,803	41,483	613
1937	6,000	14,176	11,363	8,487	49,590	854
1938	11,544	12,447	12,674	8,699	57,994	874
1939	7,230	17,839	15,475	13,124	67,606	1,339
1940	7,284	17,762	19,042	15,324	90,130	1,274

統計表 3.2.2 （つづき）
Table 3.2.2 （cont'd）

	13	14	15	16	17	18
	北部　North					
	江原・北部 Gangwon-do, North	黄海道 Hwanghae-do	平安南道 Pyeongannam-do	平安北道 Pyeonganbuk-do	咸鏡南道 Hamgyeongnam-do	咸鏡北道 Hamgyeongbuk-do
	千円　1,000 Yen					
1911	699	3,473	3,017	3,569	3,984	1,571
1912	812	4,019	3,452	4,225	4,860	1,885
1913	850	4,252	3,564	4,198	4,790	1,889
1914	932	4,422	3,674	4,439	4,855	1,938
1915	798	3,736	3,085	3,666	3,972	1,601
1916	797	3,673	3,050	3,540	3,803	1,557
1917	1,013	4,701	3,885	4,566	4,982	1,999
1918	1,626	7,715	6,246	7,278	7,844	3,159
1919	2,219	10,791	8,723	9,906	10,381	4,299
1920	2,701	13,209	10,405	11,991	12,987	5,316
1921	2,133	10,359	8,343	9,384	9,389	3,996
1922	2,288	10,709	8,938	9,683	9,608	4,319
1923	2,103	9,481	8,326	9,055	9,150	4,086
1924	1,839	8,728	7,313	8,488	8,603	3,795
1925	2,002	9,218	7,826	9,222	9,572	4,128
1926	1,728	7,980	6,762	8,691	9,540	3,917
1927	1,974	9,180	7,766	9,861	10,766	4,493
1928	2,128	8,430	8,846	13,098	10,643	4,684
1929	2,207	9,028	8,701	14,687	8,326	5,086
1930	2,765	9,625	8,544	8,656	7,406	4,639
1931	2,300	7,832	6,824	8,618	7,784	4,455
1932	1,442	8,691	6,138	7,268	6,534	3,471
1933	2,081	3,280	3,885	11,092	8,832	6,050
1934	2,728	2,763	3,304	12,105	9,589	6,302
1935	2,607	4,195	3,474	11,832	9,996	7,339
1936	2,490	4,417	3,781	11,673	10,577	7,932
1937	2,651	4,694	3,666	14,423	14,307	8,994
1938	2,530	5,241	4,565	16,919	17,434	10,431
1939	3,200	7,536	5,714	19,548	19,310	10,959
1940	3,937	11,463	7,703	24,963	25,776	15,014

Ⅱ　統　計　編　383

統計表 3.2.3　植民地期の林産物実質付加価値値額：道別，1911～1940年（1935年価格）
Table 3.2.3　Forest products: Real value added by province in the colonial period, 1911-1940（in 1935 prices）

	1	2	3	4	5	6
	南北計 Total	南部 South	京畿・南部 Gyeonggi-do, South	江原・南部 Gangwon-do, South	忠清北道 Chungcheongbuk-do	忠清南道 Chungcheongnam-do
			千円 1,000 Yen			
1911	80,013	49,898	7,148	3,458	3,590	4,911
1912	81,125	50,014	7,106	3,521	3,717	4,903
1913	82,748	51,309	7,367	3,666	3,747	4,989
1914	83,590	51,826	7,435	3,917	3,823	4,948
1915	82,858	51,484	7,311	3,982	3,772	4,895
1916	83,824	52,373	7,521	4,093	3,778	4,994
1917	83,999	52,305	7,468	4,071	3,825	5,033
1918	83,495	52,066	7,417	4,029	3,786	5,064
1919	83,060	52,265	7,508	4,064	3,751	5,078
1920	83,855	52,980	7,423	4,093	3,735	5,067
1921	82,801	52,690	7,491	4,100	3,621	5,080
1922	83,591	52,973	7,593	4,222	3,632	5,155
1923	87,634	54,878	7,863	4,477	3,818	5,220
1924	83,753	52,483	7,533	4,146	3,664	4,963
1925	87,704	54,695	7,645	4,358	3,829	5,121
1926	89,529	54,678	7,572	4,316	3,961	5,035
1927	89,443	54,805	7,562	4,304	3,954	5,111
1928	89,526	51,110	5,485	4,743	3,908	3,269
1929	86,295	48,392	5,929	4,783	2,778	5,078
1930	87,211	52,736	7,791	6,113	2,501	6,454
1931	87,690	50,198	9,151	6,010	3,108	3,411
1932	86,563	49,123	9,402	4,271	3,246	3,256
1933	87,498	48,485	6,904	6,138	1,541	3,633
1934	93,120	53,327	6,908	7,941	1,649	4,116
1935	93,203	53,173	6,339	7,172	1,568	4,021
1936	92,873	52,933	6,578	6,614	1,631	3,801
1937	91,301	51,388	7,695	5,895	1,593	3,989
1938	88,033	47,625	6,874	5,002	1,411	2,730
1939	85,191	47,517	8,580	5,117	1,104	2,808
1940	86,470	44,493	7,374	5,354	1,710	2,385

（出所）　第3章第2節本文参照．CD 表3.2.1に林産物個別品目の表あり．

384　Ⅱ　統　計　編

統計表 3.2.3 （つづき）
Table 3.2.3　（cont'd）

	7	8	9	10	11	12
	南部　South				北部 North	
	全羅北道 Jeollabuk-do	全羅南道 Jeollanam-do	慶尚北道 Gyeongsangbuk-do	慶尚南道 Gyeongsangnam-do		京畿・北部 Gyeonggi-do, North
	千円 1,000 Yen					
1911	5,426	9,574	8,405	7,386	30,116	770
1912	5,433	9,596	8,402	7,336	31,112	765
1913	5,562	9,812	8,645	7,522	31,439	793
1914	5,541	9,799	8,769	7,594	31,764	801
1915	5,459	9,739	8,716	7,609	31,374	787
1916	5,494	9,808	8,939	7,746	31,451	810
1917	5,530	9,726	8,945	7,707	31,693	804
1918	5,515	9,454	9,050	7,751	31,429	780
1919	5,497	9,318	9,212	7,836	30,795	810
1920	5,752	9,699	9,195	8,016	30,876	767
1921	5,647	9,520	9,223	8,008	30,111	774
1922	5,701	9,599	9,052	8,018	30,618	788
1923	5,921	10,285	9,227	8,067	32,756	804
1924	5,729	9,744	8,892	7,811	31,270	770
1925	5,979	10,407	9,227	8,128	33,009	773
1926	6,067	10,619	9,111	7,996	34,851	766
1927	6,137	10,468	9,173	8,096	34,638	763
1928	6,429	10,102	8,829	8,345	38,417	553
1929	6,738	8,688	8,042	6,356	37,904	595
1930	6,996	9,189	7,728	5,965	34,475	772
1931	6,037	8,266	8,596	5,620	37,492	902
1932	6,490	8,803	7,953	5,702	37,440	915
1933	4,998	9,267	9,864	6,139	39,013	665
1934	5,185	9,982	10,969	6,577	39,794	656
1935	5,017	9,654	10,625	8,776	40,029	587
1936	4,940	10,674	10,220	8,476	39,940	590
1937	4,829	11,410	9,146	6,831	39,914	687
1938	8,043	8,673	8,831	6,061	40,408	609
1939	4,029	9,941	8,624	7,314	37,674	746
1940	3,393	8,272	8,869	7,137	41,977	593

統計表 3.2.3 （つづき）
Table 3.2.3 （cont'd）

	13	14	15	16	17	18
	北部　North					
	江原・北部 Gangwon-do, North	黄海道 Hwanghae-do	平安南道 Pyeongannam-do	平安北道 Pyeonganbuk-do	咸鏡南道 Hamgyeongnam-do	咸鏡北道 Hamgyeongbuk-do
	千円 1,000 Yen					
1911	1,257	6,248	5,427	6,421	7,167	2,826
1912	1,280	6,335	5,441	6,659	7,660	2,972
1913	1,333	6,668	5,589	6,583	7,511	2,963
1914	1,424	6,758	5,615	6,784	7,420	2,963
1915	1,448	6,779	5,597	6,652	7,207	2,905
1916	1,488	6,854	5,692	6,605	7,097	2,906
1917	1,480	6,867	5,675	6,670	7,277	2,920
1918	1,472	6,982	5,652	6,587	7,098	2,859
1919	1,437	6,985	5,647	6,413	6,720	2,783
1920	1,437	7,026	5,534	6,378	6,907	2,827
1921	1,435	6,970	5,613	6,313	6,317	2,689
1922	1,498	7,014	5,854	6,342	6,293	2,829
1923	1,592	7,178	6,304	6,856	6,928	3,094
1924	1,447	6,867	5,753	6,678	6,769	2,986
1925	1,538	7,080	6,011	7,084	7,352	3,171
1926	1,525	7,043	5,969	7,671	8,420	3,457
1927	1,518	7,061	5,973	7,585	8,281	3,456
1928	1,685	6,673	7,003	10,369	8,425	3,708
1929	1,714	7,012	6,758	11,407	6,467	3,950
1930	2,238	7,791	6,916	7,007	5,995	3,755
1931	2,226	7,579	6,603	8,339	7,532	4,311
1932	1,570	9,463	6,683	7,914	7,115	3,779
1933	2,266	3,571	4,230	12,078	9,617	6,588
1934	2,902	2,940	3,515	12,877	10,200	6,704
1935	2,607	4,195	3,474	11,832	9,996	7,339
1936	2,398	4,253	3,640	11,239	10,184	7,637
1937	2,134	3,778	2,951	11,609	11,515	7,239
1938	1,763	3,651	3,181	11,788	12,147	7,268
1939	1,783	4,200	3,184	10,893	10,761	6,107
1940	1,834	5,339	3,588	11,626	12,005	6,993

386 Ⅱ 統 計 編

統計表 3.3.1 植民地期の水産業, 1911〜1941年
Table 3.3.1 Fishery in the colonial period, 1911-1941

	1	2	3	4	5	6	7	8	9
	産出額（当年価格）Gross output (in current prices)			付加価値 Value-added output		生産量 Fishery output			
	合計 Total	漁獲 Fishing	養殖 Culture	当年価格 in current prices	1935年価格 in 1935 prices	魚類 Fish	貝類 Shellfish	海藻類 Seaweed	その他 Other marine products
	千円 Thousand yen			千円 Thousand Yen		千トン Thousand ton			
1911	6,783	6,763	20	4,748	2,965	56,981.25	0.00	4,046.25	4,458.75
1912	8,471	8,446	25	5,930	4,864	65,298.75	862.50	5,598.75	7,803.75
1913	11,546	11,512	35	8,083	8,143	130,290.00	2,257.50	9,120.00	11,508.75
1914	12,101	12,065	36	8,471	9,574	182,340.00	3,817.50	7,207.50	9,997.50
1915	13,275	13,235	40	9,292	10,257	203,366.25	11,351.25	9,663.75	12,217.50
1916	16,004	15,956	48	11,203	13,297	293,351.25	12,645.00	7,537.50	14,741.25
1917	20,976	20,913	63	14,683	13,310	297,352.50	7,758.75	7,953.75	18,495.00
1918	32,968	32,863	104	23,077	14,603	284,118.75	9,420.00	9,960.00	12,225.00
1919	44,137	43,845	292	30,896	16,986	367,837.50	7,406.25	8,542.50	13,736.25
1920	39,705	39,265	441	27,794	14,493	281,970.00	7,488.75	15,600.00	16,241.25
1921	45,715	44,998	717	32,000	17,964	346,485.00	6,405.00	31,680.00	19,518.75
1922	48,183	47,536	647	33,728	19,256	352,485.00	11,096.25	35,805.00	21,731.25
1923	53,238	51,723	1,515	37,267	21,386	396,435.00	8,700.00	40,597.50	20,981.25
1924	53,699	51,998	1,701	37,589	21,285	392,655.00	10,743.75	47,985.00	28,387.50
1925	53,765	51,552	2,213	37,635	19,958	381,108.75	13,098.75	45,296.25	34,650.00
1926	56,225	53,743	2,482	39,357	20,679	443,535.00	13,323.75	32,107.50	36,517.50
1927	66,597	64,075	2,521	46,618	33,103	650,336.25	35,658.75	37,192.50	36,138.75
1928	69,443	66,114	3,329	48,610	31,341	675,187.50	19,155.00	38,895.00	42,566.25
1929	68,063	65,338	2,724	47,644	34,279	712,305.00	28,230.00	52,481.25	29,235.00
1930	52,499	50,129	2,370	36,749	33,070	685,575.00	34,057.50	42,840.00	37,526.25
1931	49,193	46,578	2,615	34,435	38,127	863,190.00	21,363.75	42,498.75	28,248.75
1932	48,712	46,264	2,448	34,098	45,167	987,528.75	27,742.50	44,343.75	31,023.75
1933	54,282	51,378	2,904	37,997	35,628	796,222.00	23,101.00	37,116.00	36,113.00
1934	60,624	57,778	2,846	42,436	41,891	1,222,771.79	33,759.74	80,802.39	56,114.62
1935	68,869	65,967	2,902	48,208	48,208	1,321,724.64	33,520.57	84,472.92	63,500.96
1936	84,627	79,879	4,747	59,239	52,101	1,517,637.40	24,769.81	66,650.93	59,170.64
1937	94,507	89,920	4,586	66,155	67,496	1,964,991.45	25,611.54	54,708.60	70,473.90
1938	93,007	87,083	5,924	65,105	51,060	1,596,033.29	26,333.02	75,240.94	61,492.79
1939	159,406	151,098	8,308	111,584	68,105	1,905,517.82	20,512.55	53,001.20	67,212.34
1940	190,969	175,499	15,470	133,678	55,137	1,609,494.67	18,325.26	50,380.01	58,191.33
1941	185,222	166,751	18,471	129,655	45,971	1,189,909.97	20,848.71	39,998.01	67,284.46

（注） CD 表3.2.2に道別表あり.

Ⅱ　統　　計　　編　**387**

統計表 **4.1.1**　鉱業名目付加価値値額：南北別，1913～1941年，1958～1970年
Table 4.1.1　Mining: Nominal value added, North and South, 1913-1941 and 1958-1970(in current prices)

	1	2	3	4	5	6
	石炭（分類番号10） Coal（Division 10）			金属鉱（分類番号13） Metal ores（Division 13）		
	南北計 Total	南部/韓国 South	北部 North	南北計 Total	南部/韓国 South	北部 North
	戦前：円，戦後：千ウォン　Before the war：Yen, after the war：1,000 Won					
1913	386,286		386,286	482,928	74,944	407,983
1914	497,404		497,404	635,024	64,033	570,991
1915	670,841		670,841	1,298,292	120,530	1,177,762
1916	550,809		550,809	3,200,994	366,932	2,834,062
1917	772,896		772,896	3,510,812	519,359	2,991,454
1918	884,736		884,736	3,222,710	972,229	2,250,481
1919	1,428,645		1,428,645	4,738,077	415,674	4,322,403
1920	2,633,725	2,356	2,631,368	4,946,664	348,923	4,597,741
1921	2,146,339	13,347	2,132,992	2,764,955	309,919	2,455,037
1922	1,702,028	2,285	1,699,743	2,051,221	247,633	1,803,588
1923	1,849,125	19,260	1,829,866	2,906,442	299,637	2,606,805
1924	1,991,015	17,067	1,973,948	3,504,749	431,366	3,073,383
1925	3,058,239	23,164	3,035,074	2,573,832	528,236	2,045,596
1926	3,356,875	27,864	3,329,012	2,480,669	600,801	1,879,868
1927	3,554,292	22,604	3,531,688	3,151,889	565,040	2,586,849
1928	3,879,021	25,283	3,853,738	3,759,786	692,726	3,067,060
1929	4,250,294	30,996	4,219,298	3,754,448	601,760	3,152,688
1930	3,582,294	15,863	3,566,432	3,342,000	644,944	2,697,055
1931	3,489,575	19,712	3,469,863	2,446,596	715,321	1,731,274
1932	4,014,050	22,564	3,991,486	3,739,785	1,240,190	2,499,595
1933	4,844,604	54,293	4,790,311	5,666,222	1,886,051	3,780,171
1934	6,683,608	83,373	6,600,235	9,041,273	2,806,948	6,234,325
1935	8,017,956	68,413	7,949,543	19,129,947	4,731,432	14,398,515
1936	8,943,037	128,705	8,814,332	27,499,848	7,039,062	20,460,787
1937	8,610,157	208,057	8,402,100	33,361,116	11,333,547	22,027,569
1938	12,885,473	322,613	12,562,860	44,272,313	15,280,910	28,991,403
1939	17,041,291	338,912	16,702,379	52,104,185	17,084,979	35,019,205
1940	58,959,974	319,346	58,640,627	58,775,901	16,247,936	42,527,966
1941	65,440,071	338,428	65,101,643	67,988,152	20,772,867	47,215,285
1958		1,442,148			560,789	
1959						
1960		2,599,789			881,832	
1961		2,813,969			927,062	
1962		3,487,765			1,006,420	
1963		5,513,327			1,165,909	
1964						
1965						
1966		11,110,728			4,674,539	
1967		13,489,525			3,535,314	
1968		15,452,668			5,278,900	
1969		15,278,088			7,493,560	
1970						

（出所）　第4章第1節本文参照．CD 表4.1.4に鉱業道別の表あり．
（注）　1958～1970年の値は『韓国統計年鑑』（各年版）の情報をそのまま転記したものである．

統計表 4.1.1 （つづき）
Table 4.1.1 （cont'd）

	7	8	9	10	11	12
	非金属鉱（分類番号14） Nonmetallic minerals (Division 14)			金銀銅 ＊0.9（分類番号27） Gold, silver, & copper ＊0.9 (Division 27)		
	南北計 Total	南部/韓国 South	北部 North	南北計 Total	南部/韓国 South	北部 North
	戦前：円，戦後：千ウォン　Before the war：Yen，after the war：1,000 Won					
1913	166,676	45,466	121,210	2,705,287	386,599	2,318,688
1914	86,969	23,037	63,931	2,717,737	375,982	2,341,755
1915	164,129	19,919	144,211	3,059,023	582,665	2,476,358
1916	318,634	24,528	294,106	3,427,263	768,420	2,658,843
1917	942,274	110,023	832,251	3,956,568	551,179	3,405,389
1918	446,561	48,576	397,985	3,694,788	523,119	3,171,669
1919	233,762	82,969	150,793	2,549,940	195,612	2,354,328
1920	268,808	97,155	171,653	1,959,147	240,398	1,718,749
1921	226,434	90,407	136,027	1,377,175	197,688	1,179,487
1922	295,065	94,607	200,458	1,495,623	180,356	1,315,268
1923	251,325	95,745	155,580	1,757,733	253,420	1,504,313
1924	416,794	117,068	299,725	2,060,739	252,297	1,808,442
1925	385,272	128,803	256,470	2,750,770	245,047	2,505,722
1926	358,229	143,818	214,411	3,772,828	378,996	3,393,832
1927	437,658	152,648	285,010	3,006,288	382,415	2,623,872
1928	522,732	239,934	282,798	2,879,356	311,252	2,568,104
1929	526,081	248,130	277,950	3,026,861	202,699	2,824,162
1930	466,590	213,055	253,535	3,318,540	426,167	2,892,372
1931	340,096	148,668	191,428	4,093,580	626,500	3,467,080
1932	431,087	181,630	249,457	8,392,940	2,009,311	6,383,629
1933	746,820	361,428	385,392	12,512,078	3,543,920	8,968,158
1934	956,787	485,683	471,104	16,835,167	5,165,164	11,670,003
1935	1,525,424	763,351	762,073	20,384,423	5,819,648	14,564,775
1936	1,587,243	815,825	771,418	27,041,598	7,670,179	19,371,419
1937	2,112,987	1,294,239	818,748	28,119,414	10,949,557	17,169,857
1938	3,229,266	2,110,424	1,118,842	36,606,594	15,001,814	21,604,780
1939	3,689,827	2,271,006	1,418,821	43,646,856	16,955,706	26,691,150
1940	5,364,189	1,981,439	3,382,750	50,608,069	16,629,399	33,978,670
1941	6,037,198	2,303,843	3,733,354	52,169,696	18,886,867	33,282,829
1958		243,471				
1959						
1960		314,965				
1961		214,637				
1962		267,586				
1963		1,674,996				
1964						
1965						
1966		2,934,247				
1967		3,219,569				
1968		3,811,251				
1969		5,069,319				
1970						

統計表 4.1.1 （つづき）
Table 4.1.1 （cont'd）

	13	14	15	16	17	18
		（鉱業分） (Mining & quarrying)		天日塩 （分類番号14）『専売局年報』 Salt extraction （Division 14） *Annual report of Monopoly Dept.*		
	南北計 Total	南部/韓国 South	北部 North	南北計 Total	南部 South	北部 North
	戦前：円，戦後：千ウォン　Before the war：Yen, after the war：1,000 Won					
1913	3,741,177	507,009	3,234,168	107,427	11,440	95,987
1914	3,937,133	463,052	3,474,081	96,675	10,295	86,380
1915	5,192,286	723,114	4,469,171	137,101	14,600	122,501
1916	7,497,699	1,159,879	6,337,820	197,978	21,083	176,895
1917	9,182,551	1,180,561	8,001,990	280,127	29,831	250,295
1918	8,248,795	1,543,924	6,704,871	487,987	52,089	435,898
1919	8,950,425	694,255	8,256,169	833,514	88,745	744,769
1920	9,808,344	688,833	9,119,511	765,095	81,802	683,292
1921	6,514,904	611,361	5,903,543	626,057	66,937	559,120
1922	5,543,937	524,881	5,019,057	607,678	88,305	519,374
1923	6,764,625	668,061	6,096,564	625,310	125,375	499,935
1924	7,973,296	817,799	7,155,497	780,759	165,532	615,227
1925	8,768,112	925,250	7,842,862	842,607	178,083	664,524
1926	9,968,602	1,151,478	8,817,123	1,109,001	291,217	817,784
1927	10,150,127	1,122,708	9,027,420	1,129,283	387,821	741,462
1928	11,040,895	1,269,194	9,771,700	1,291,108	503,218	787,889
1929	11,557,683	1,083,585	10,474,098	1,614,870	652,554	962,316
1930	10,709,424	1,300,029	9,409,395	1,482,278	537,041	945,236
1931	10,369,846	1,510,201	8,859,645	1,409,657	532,249	877,409
1932	16,577,863	3,453,695	13,124,168	1,991,779	858,724	1,133,055
1933	23,769,724	5,845,692	17,924,032	2,478,731	1,050,949	1,427,782
1934	33,516,835	8,541,169	24,975,666	1,995,029	919,644	1,075,386
1935	49,057,750	11,382,844	37,674,906	3,207,945	1,297,607	1,910,338
1936	65,071,726	15,653,770	49,417,956	2,748,508	970,748	1,777,760
1937	72,203,674	23,785,400	48,418,274	3,168,793	1,169,415	1,999,379
1938	96,993,646	32,715,761	64,277,885	3,869,719	1,607,160	2,262,559
1939	116,482,159	36,650,603	79,831,556	6,496,795	3,121,197	3,375,598
1940	173,708,133	35,178,120	138,530,013	4,425,234	1,925,171	2,500,063
1941	191,635,116	42,302,005	149,333,111	4,719,306	2,053,086	2,666,220
1958		2,246,408				
1959						
1960		3,796,584				
1961						
1962						
1963		8,354,232				
1964		9,771,127				
1965		16,926,301				
1966		18,719,514				
1967		20,244,408				
1968		24,542,819				
1969		27,840,967				
1970		38,456,535				

統計表 4.1.1 （つづき）
Table 4.1.1 （cont'd）

	19	20	21	22	23	24	25	26	27
	煉炭（分類番号10）「工産品」 Charcoal briquettes (Division 10) (Industrial product)			土石類（分類番号14）「林産品」 Stone, sand, & clay (Division 14) (Forest product)			鉱業（合計） Mining & quarrying (Total)		
	南北計 Total	南部 South	北部 North	南北計 Total	南部 South	北部 North	南北計 Total	南部 South	北部 North
	戦前：円，戦後：千ウォン　Before the war：Yen，after the war：1,000 Won								
1913	66,820		66,820	85,430	50,126	35,303	4,000,853	568,576	3,432,277
1914	86,083		86,083	85,000	49,874	35,125	4,204,890	523,221	3,681,669
1915	117,320		117,320	76,194	44,707	31,487	5,522,901	782,422	4,740,479
1916	95,739		95,739	84,863	49,794	35,069	7,876,279	1,230,757	6,645,523
1917	131,703		131,703	119,106	69,886	49,219	9,713,486	1,280,279	8,433,208
1918	144,101		144,101	185,863	109,147	76,716	9,066,745	1,705,160	7,361,585
1919	217,687		217,687	261,237	153,315	107,922	10,262,862	936,316	9,326,547
1920	396,369		396,369	292,686	172,055	120,630	11,262,493	942,690	10,319,803
1921	469,421	4,418	465,003	315,524	185,487	130,037	7,925,907	868,204	7,057,703
1922	764,710	1,109	763,601	359,715	211,402	148,314	7,276,041	825,696	6,450,345
1923	903,832	29,329	874,502	319,608	187,919	131,689	8,613,375	1,010,685	7,602,690
1924	532,558	83,058	449,501	276,623	162,685	113,938	9,563,236	1,229,073	8,334,163
1925	849,963	195,140	654,823	283,473	166,753	116,721	10,744,156	1,465,226	9,278,930
1926	950,204	243,827	706,376	295,287	173,696	121,590	12,323,093	1,860,219	10,462,874
1927	1,082,039	276,097	805,942	343,000	201,783	141,217	12,704,450	1,988,409	10,716,041
1928	1,248,447	211,048	1,037,399	374,072	220,052	154,020	13,954,521	2,203,513	11,751,009
1929	1,259,234	213,614	1,045,619	389,709	229,268	160,442	14,821,496	2,179,021	12,642,475
1930	734,286	216,251	518,035	351,064	206,579	144,485	13,277,051	2,259,900	11,017,151
1931	848,064	236,154	611,910	293,783	172,882	120,901	12,921,351	2,451,486	10,469,865
1932	1,329,707	233,875	1,095,832	298,044	175,479	122,565	20,197,394	4,721,774	15,475,620
1933	1,348,482	258,595	1,089,886	328,295	193,355	134,940	27,925,231	7,348,592	20,576,640
1934	1,714,900	358,884	1,356,015	635,427	290,996	344,431	37,862,191	10,110,693	27,751,498
1935	1,716,292	387,005	1,329,287	709,753	473,402	236,351	54,691,740	13,540,858	41,150,882
1936	1,931,947	666,088	1,265,859	1,282,660	619,138	663,522	71,034,842	17,909,745	53,125,097
1937	2,358,148	732,877	1,625,271	1,273,960	660,604	613,356	79,004,576	26,348,297	52,656,279
1938	3,603,228	1,435,635	2,167,593	2,786,082	919,874	1,866,208	107,252,675	36,678,430	70,574,245
1939	6,354,088	2,730,421	3,623,667	4,286,606	1,665,913	2,620,693	133,619,647	44,168,134	89,451,513
1940	9,476,117	3,798,649	5,677,468	8,393,650	5,683,197	2,710,453	196,003,134	46,585,138	149,417,997
1941	13,336,389	5,346,001	7,990,388	3,863,115	1,611,865	2,251,250	213,553,926	51,312,957	162,240,969
1958									
1959									
1960									
1961									
1962									
1963									
1964									
1965									
1966									
1967									
1968									
1969									
1970									

Ⅱ　統　計　編　391

統計表 4.1.2　植民地期の鉱業実質付加価値額：南北別，1913～1941年（1935年価格）
Table 4.1.2　Mining: Real value added in the colonial period, North and South, 1913-1941（in 1935 prices）

	1	2	3	4	5	6
	石炭（分類番号10）Coal（Division 10）			金属鉱（分類番号13）Metal ores（Division 13）		
	南北計 Total	南部 South	北部 North	南北計 Total	南部 South	北部 North
			円　Yen			
1913	579,776		579,776	3,011,135	1,861,981	1,149,154
1914	742,541		742,541	1,939,771	167,661	1,772,110
1915	1,024,687		1,024,687	3,203,886	173,398	3,030,487
1916	851,722		851,722	6,255,937	419,493	5,836,444
1917	869,585		869,585	6,771,835	932,570	5,839,265
1918	831,400		831,400	5,287,199	1,490,729	3,796,470
1919	955,136		955,136	12,327,446	987,282	11,340,164
1920	1,244,406	1,502	1,242,904	6,499,811	727,481	5,772,330
1921	1,341,619	8,767	1,332,852	5,695,292	929,740	4,765,552
1922	1,345,015	1,649	1,343,366	3,943,974	481,728	3,462,247
1923	1,580,739	13,894	1,566,845	4,655,311	542,571	4,112,739
1924	1,674,042	11,090	1,662,952	5,072,515	703,489	4,369,026
1925	2,628,628	16,944	2,611,684	3,121,602	841,939	2,279,663
1926	2,859,252	19,499	2,839,754	3,133,565	765,267	2,368,297
1927	2,974,223	16,508	2,957,714	4,107,933	753,225	3,354,709
1928	3,424,408	19,037	3,405,371	4,153,868	643,525	3,510,344
1929	3,917,391	23,829	3,893,562	4,404,019	637,201	3,766,818
1930	3,660,075	13,340	3,646,734	4,354,523	768,343	3,586,180
1931	3,854,357	16,777	3,837,581	4,163,284	1,020,189	3,143,095
1932	4,583,311	21,312	4,561,999	5,553,645	1,428,011	4,125,634
1933	5,350,097	49,444	5,300,653	6,720,273	2,203,456	4,516,818
1934	6,867,316	84,714	6,782,602	9,402,474	2,895,280	6,507,194
1935	8,017,956	68,413	7,949,543	19,129,947	4,731,432	14,398,515
1936	8,928,113	121,713	8,806,400	24,428,171	5,902,589	18,525,582
1937	7,969,075	180,299	7,788,776	26,717,731	8,650,894	18,066,837
1938	10,809,488	304,335	10,505,152	33,744,674	11,596,598	22,148,076
1939	12,946,503	314,298	12,632,205	39,125,891	12,934,239	26,191,652
1940	37,476,051	276,612	37,199,439	38,356,806	11,325,508	27,031,299
1941	39,783,878	259,153	39,524,726	40,229,831	12,791,338	27,438,494

（出所）　第4章第1節本文参照．CD 表4.1.4に鉱業道別の表あり．

392　II　統　計　編

統計表 4.1.2　（つづき）
Table 4.1.2　（cont'd）

	7	8	9	10	11	12
	非金属鉱（分類番号14） Nonmetallic minerals (Division 14)			金銀銅＊0.9（分類番号27） Gold, silver, & copper ＊0.9 (Division 27)		
	南北計 Total	南部 South	北部 North	南北計 Total	南部 South	北部 North
			円　Yen			
1913	189,009	59,044	129,965	6,738,886	989,374	5,749,512
1914	93,837	26,720	67,118	6,784,032	1,005,026	5,779,007
1915	118,864	22,503	96,361	7,739,155	1,532,888	6,206,267
1916	352,964	29,949	323,016	8,798,463	2,097,781	6,700,682
1917	1,071,420	269,626	801,794	7,681,642	1,428,215	6,253,427
1918	316,098	71,543	244,555	6,916,770	1,332,146	5,584,624
1919	244,011	103,243	140,768	4,773,800	536,990	4,236,810
1920	239,447	107,535	131,912	4,484,905	743,985	3,740,920
1921	177,325	78,732	98,593	3,381,084	519,380	2,861,704
1922	326,837	114,174	212,663	4,203,280	625,393	3,577,887
1923	287,591	111,706	175,885	4,995,691	942,257	4,053,434
1924	348,361	125,246	223,115	5,305,786	668,050	4,637,737
1925	374,850	143,709	231,141	6,130,108	660,367	5,469,741
1926	406,648	174,635	232,013	9,481,242	1,193,465	8,287,777
1927	483,291	187,356	295,936	7,532,244	1,386,858	6,145,386
1928	590,324	291,683	298,641	6,811,424	1,019,546	5,791,878
1929	660,918	327,019	333,899	7,230,995	726,716	6,504,279
1930	608,621	267,685	340,936	8,035,370	1,323,696	6,711,673
1931	439,568	188,066	251,502	11,898,520	2,179,339	9,719,181
1932	580,763	283,557	297,206	12,956,634	3,335,373	9,621,261
1933	831,015	406,602	424,413	15,384,344	4,295,832	11,088,513
1934	1,214,078	590,275	623,803	17,085,723	5,161,250	11,924,472
1935	1,525,424	763,351	762,073	20,384,423	5,819,648	14,564,775
1936	1,576,774	810,849	765,925	24,920,388	7,027,664	17,892,724
1937	1,961,052	1,210,314	750,738	23,601,703	9,067,977	14,533,726
1938	2,938,854	1,982,338	956,516	29,576,337	11,991,321	17,585,016
1939	3,304,002	2,163,389	1,140,613	34,927,506	13,602,884	21,324,623
1940	3,948,279	1,758,737	2,189,543	37,395,808	12,838,219	24,557,589
1941	4,267,456	1,971,200	2,296,256	37,508,866	14,320,501	23,188,365

統計表 4.1.2 （つづき）
Table 4.1.2 （cont'd）

	13	14	15	16	17	18
		（鉱業分） （Mining & quarrying）			天日塩 （分類番号14） 『専売局年報』 Salt extraction （Division 14） *Annual report of Monopoly Dept.*	
	南北計 Total	南部 South	北部 North	南北計 Total	南部 South	北部 North
				円　Yen		
1913	10,518,806	2,910,399	7,608,407	278,856	29,696	249,160
1914	9,560,181	1,199,406	8,360,776	376,092	40,051	336,041
1915	12,086,592	1,728,790	10,357,802	403,058	42,923	360,135
1916	16,259,086	2,547,223	13,711,863	526,447	56,063	470,384
1917	16,394,482	2,630,411	13,764,070	672,147	71,579	600,568
1918	13,351,467	2,894,418	10,457,048	640,509	68,370	572,140
1919	18,300,394	1,627,515	16,672,879	661,803	70,463	591,340
1920	12,468,569	1,580,503	10,888,066	717,341	76,697	640,644
1921	10,595,320	1,536,619	9,058,701	740,517	79,175	661,342
1922	9,819,106	1,222,943	8,596,163	639,630	92,948	546,682
1923	11,519,331	1,610,428	9,908,904	553,356	110,948	442,408
1924	12,400,705	1,507,875	10,892,829	783,370	166,086	617,285
1925	12,255,187	1,662,958	10,592,229	725,513	153,336	572,177
1926	15,880,708	2,152,867	13,727,841	1,098,639	288,496	810,143
1927	15,097,691	2,343,946	12,753,745	1,405,438	482,659	922,779
1928	14,980,025	1,973,791	13,006,234	1,885,106	734,733	1,150,372
1929	16,213,323	1,714,764	14,498,559	2,361,211	954,143	1,407,068
1930	16,658,588	2,373,064	14,285,524	2,068,674	749,498	1,319,176
1931	20,355,729	3,404,370	16,951,359	1,944,166	734,065	1,210,102
1932	23,674,353	5,068,254	18,606,099	2,617,631	1,128,550	1,489,081
1933	28,285,730	6,955,334	21,330,396	2,725,980	1,155,780	1,570,200
1934	34,569,591	8,731,520	25,838,071	2,096,604	966,466	1,130,137
1935	49,057,750	11,382,844	37,674,906	3,207,945	1,297,607	1,910,338
1936	59,853,446	13,862,815	45,990,631	2,662,424	940,344	1,722,080
1937	60,249,561	19,109,483	41,140,078	2,989,155	1,103,121	1,886,034
1938	77,069,353	25,874,593	51,194,760	3,446,636	1,431,446	2,015,189
1939	90,303,902	29,014,810	61,289,092	5,187,664	2,492,263	2,695,401
1940	117,176,944	26,199,075	90,977,869	4,241,010	1,845,026	2,395,984
1941	121,790,031	29,342,191	92,447,840	4,484,539	1,950,953	2,533,586

統計表 4.1.2 （つづき）
Table 4.1.2 （cont'd）

	19	20	21	22	23	24	25	26	27
	煉炭（分類番号10）「工産品」 Charcoal briquettes (Division 10) (Industrial product)			土石類（分類番号14）「林産品」 Stone, sand, & clay (Division 14) (Forest product)			鉱業（合計） Mining & quarrying (Total)		
	南北計 Total	南部 South	北部 North	南北計 Total	南部 South	北部 North	南北計 Total	南部 South	北部 North
						円　Yen			
1913	112,749		112,749	120,363	70,624	49,739	11,030,774	3,010,719	8,020,055
1914	145,573		145,573	130,240	76,419	53,821	10,212,086	1,315,876	8,896,210
1915	201,850		201,850	127,202	74,637	52,565	12,818,702	1,846,349	10,972,352
1916	166,878		166,878	137,884	80,905	56,980	17,090,295	2,684,190	14,406,105
1917	167,044		167,044	149,605	87,782	61,823	17,383,277	2,789,772	14,593,505
1918	151,868		151,868	170,825	100,316	70,509	14,314,669	3,063,104	11,251,565
1919	165,238		165,238	188,473	110,611	77,862	19,315,906	1,808,589	17,507,318
1920	206,142		206,142	181,476	106,681	74,795	13,573,527	1,763,880	11,809,648
1921	269,789	3,371	266,418	252,715	148,563	104,152	11,858,341	1,767,728	10,090,613
1922	477,403	941	476,462	285,219	167,621	117,598	11,221,359	1,484,453	9,736,906
1923	643,442	31,525	611,917	260,010	152,878	107,132	12,976,139	1,905,779	11,070,360
1924	367,427	72,622	294,805	213,256	125,418	87,838	13,764,758	1,872,001	11,892,757
1925	674,496	168,476	506,020	226,471	133,221	93,250	13,881,667	2,117,991	11,763,676
1926	760,334	218,472	541,862	238,346	140,202	98,144	17,978,026	2,800,036	15,177,990
1927	806,383	247,846	558,537	287,010	168,845	118,165	17,596,522	3,243,296	14,353,226
1928	910,493	175,805	734,688	325,463	191,457	134,006	18,101,086	3,075,785	15,025,300
1929	1,023,977	177,039	846,937	356,892	209,961	146,931	19,955,402	3,055,908	16,899,495
1930	665,127	200,137	464,991	360,823	212,322	148,501	19,753,212	3,535,020	16,218,192
1931	824,037	255,964	568,073	331,975	195,357	136,619	23,455,908	4,589,756	18,866,152
1932	1,327,420	256,484	1,070,936	343,217	202,076	141,141	27,962,621	6,655,364	21,307,258
1933	1,410,682	264,588	1,146,094	347,871	204,885	142,987	32,770,264	8,580,586	24,189,678
1934	1,724,976	354,988	1,369,988	643,659	294,766	348,893	39,034,829	10,347,740	28,687,089
1935	1,716,292	387,005	1,329,287	709,753	473,402	236,351	54,691,740	13,540,858	41,150,882
1936	1,739,300	682,440	1,056,860	1,237,409	597,296	640,114	65,492,580	16,082,895	49,409,685
1937	1,963,513	691,155	1,272,358	1,049,038	543,972	505,065	66,251,267	21,447,731	44,803,536
1938	2,721,178	1,309,449	1,411,729	1,952,126	644,529	1,307,597	85,189,293	29,260,017	55,929,276
1939	4,232,751	2,240,538	1,992,214	2,633,857	1,023,601	1,610,255	102,358,174	34,771,212	67,586,962
1940	6,159,602	3,229,388	2,930,214	4,664,038	3,157,941	1,506,098	132,241,595	34,431,430	97,810,165
1941	7,652,684	4,012,135	3,640,549	1,908,583	796,346	1,112,237	135,835,837	36,101,625	99,734,212

II 統 計 編 395

統計表 4.2.1 植民地期の製造業名目付加価値額：南北別，中分類別，1911〜1940年
Table 4.2.1 Manufacturing: Nominal value added by sub-sector in the colonial period, North and South, 1911-1940 (in current prices)

	1	2	3	4	5	6	7	8	9
	製造業合計 Total			食料品・飲料（分類番号15） Food products & beverages（Division 15）			精穀（分類番号15） Polished grain（Division 15）		
	南北計 Total	南部 South	北部 North	南北計 Total	南部 South	北部 North	南北計 Total	南部 South	北部 North
					円　Yen				
1911	20,219,370	15,187,945	5,031,425	11,320,891	8,556,477	2,764,415	1,459,189	1,204,198	254,991
1912	23,451,036	17,240,592	6,210,444	13,791,982	10,286,343	3,505,639	2,144,901	1,679,202	465,699
1913	26,196,574	19,350,258	6,846,317	14,637,506	10,980,903	3,656,602	2,570,665	2,044,647	526,018
1914	28,044,235	20,459,675	7,584,560	16,246,325	11,806,334	4,439,991	2,240,212	1,821,192	419,020
1915	32,879,235	23,840,443	9,038,792	17,917,723	12,991,114	4,926,609	2,600,850	2,054,527	546,323
1916	36,980,113	26,307,600	10,672,513	18,247,097	12,634,482	5,612,615	3,159,402	2,529,236	630,166
1917	49,134,355	34,834,370	14,299,985	22,406,685	15,137,168	7,269,518	5,838,147	4,800,012	1,038,135
1918	83,765,759	57,850,288	25,915,472	34,431,921	24,233,922	10,197,999	11,002,571	8,866,239	2,136,332
1919	124,209,507	88,030,257	36,179,251	52,552,909	36,162,584	16,390,325	15,842,022	13,678,682	2,163,341
1920	101,061,876	70,362,170	30,699,706	43,378,559	30,895,283	12,483,276	8,048,509	6,411,100	1,637,409
1921	109,928,169	79,802,991	30,125,177	50,290,143	36,830,243	13,459,900	9,819,436	8,054,956	1,764,480
1922	116,521,136	82,764,927	33,756,209	54,730,460	37,807,334	16,923,127	9,170,735	7,491,646	1,679,088
1923	127,978,032	87,881,991	40,096,041	59,528,230	38,970,756	20,557,474	13,333,101	10,967,690	2,365,411
1924	141,083,634	96,941,946	44,141,688	66,797,095	43,051,392	23,745,703	18,502,945	14,668,343	3,834,603
1925	144,045,524	99,411,977	44,633,547	65,309,616	42,211,406	23,098,210	22,231,125	17,702,395	4,528,730
1926	157,790,297	108,265,395	49,524,901	68,048,070	43,750,261	24,297,809	23,687,066	19,119,567	4,567,499
1927	158,582,111	107,075,315	51,506,797	71,945,811	44,797,231	27,148,579	23,068,342	18,156,382	4,911,960
1928	153,735,050	101,990,271	51,744,779	70,179,921	42,275,531	27,904,390	22,616,021	17,383,721	5,232,300
1929	152,201,376	98,663,348	53,538,028	68,545,315	40,442,710	28,102,605	22,257,266	16,170,494	6,086,771
1930	120,814,090	82,373,794	38,440,296	49,399,563	32,791,551	16,608,012	14,288,380	10,863,316	3,425,064
1931	110,517,643	74,318,716	36,198,927	45,776,584	29,866,744	15,909,840	15,464,745	11,656,938	3,807,807
1932	125,505,037	81,186,317	44,318,720	50,349,796	30,232,865	20,116,930	18,811,296	13,905,479	4,905,817
1933	143,647,145	90,205,825	53,441,320	58,901,475	34,863,133	24,038,342	19,057,668	14,153,522	4,904,147
1934	170,244,226	106,930,481	63,313,745	64,616,595	38,598,256	26,018,339	24,648,721	18,207,156	6,441,566
1935	220,846,307	129,507,352	91,338,955	82,709,473	47,121,702	35,587,771	31,027,986	22,144,582	8,883,404
1936	254,299,854	144,397,927	109,901,927	97,232,213	55,597,652	41,634,561	28,551,993	20,639,070	7,912,923
1937	327,825,625	175,094,263	152,731,362	117,143,209	64,385,536	52,757,672	34,664,760	25,087,970	9,576,791
1938	405,793,079	202,987,123	202,805,957	132,476,852	73,661,715	58,815,137	37,480,006	27,208,866	10,271,140
1939	519,428,191	239,159,311	280,268,880	176,643,434	90,394,919	86,248,515	33,858,904	17,799,924	16,058,981
1940	597,347,745	285,636,741	311,711,005	198,415,206	109,546,339	88,868,867	12,387,066	8,913,056	3,474,010

（出所）　第4章第2節本文参照．CD表4.2.8に製造業道別の詳細な表あり．

統計表 4.2.1 （つづき）
Table 4.2.1 （cont'd）

	10	11	12	13	14	15	16	17	18
	たばこ（分類番号16）			繊維（分類番号17）			衣服，その他（分類番号18）		
	Tobacco products（Division 16）			Textiles（Division 17）			Clothing & other apparel（Division 18）		
	南北計 Total	南部 South	北部 North	南北計 Total	南部 South	北部 North	南北計 Total	南部 South	北部 North
				円 Yen					
1911	1,731,714	1,502,074	229,640	2,240,764	1,522,661	718,103	23,284	19,983	3,300
1912	1,687,530	1,387,028	300,502	1,684,803	1,035,998	648,805	28,181	21,949	6,232
1913	1,846,324	1,520,124	326,200	1,932,830	1,191,788	741,042	220,526	140,748	79,778
1914	1,707,872	1,431,230	276,642	1,995,202	1,283,614	711,588	268,843	193,074	75,769
1915	1,870,336	1,579,444	290,892	2,178,316	1,396,224	782,091	1,224,929	727,708	497,221
1916	1,689,919	1,411,185	278,735	2,685,008	1,717,540	967,468	1,939,690	1,271,612	668,078
1917	2,435,860	2,081,307	354,553	3,926,138	2,536,789	1,389,349	2,944,525	2,031,376	913,149
1918	5,393,716	4,536,914	856,802	6,886,759	4,434,459	2,452,300	4,588,509	3,070,518	1,517,991
1919	6,228,136	5,035,667	1,192,469	10,786,112	7,243,131	3,542,981	8,089,880	5,845,546	2,244,333
1920	7,541,069	6,138,535	1,402,534	7,192,290	4,625,180	2,567,110	6,745,385	4,445,250	2,300,135
1921	6,012,171	5,219,920	792,251	7,398,299	5,014,483	2,383,816	6,644,783	4,695,496	1,949,288
1922	7,401,965	6,045,466	1,356,499	8,303,059	5,865,977	2,437,082	6,044,392	4,178,684	1,865,708
1923	8,433,857	6,980,457	1,453,400	11,764,855	9,092,179	2,672,676	6,246,055	4,185,835	2,060,219
1924	9,182,566	7,723,673	1,458,892	12,939,260	10,078,412	2,860,848	5,827,145	3,753,326	2,073,819
1925	9,830,620	8,380,830	1,449,791	10,538,283	7,647,203	2,891,081	5,842,040	3,611,547	2,230,493
1926	13,553,184	11,580,239	1,972,946	12,656,794	9,528,244	3,128,550	5,544,085	3,493,194	2,050,891
1927	12,291,577	10,562,563	1,729,014	12,530,350	9,515,644	3,014,706	5,117,042	3,184,622	1,932,420
1928	13,306,919	11,028,363	2,278,556	13,874,794	10,473,671	3,401,124	925,050	375,561	549,489
1929	12,342,396	10,141,894	2,200,502	14,106,194	10,813,814	3,292,380	998,903	384,341	614,562
1930	12,645,430	10,884,399	1,761,031	11,979,527	9,631,704	2,347,823	1,142,297	801,696	340,601
1931	11,925,963	10,021,167	1,904,796	8,467,175	6,845,888	1,621,288	1,707,403	1,104,917	602,486
1932	11,815,986	9,719,729	2,096,257	12,281,251	9,624,271	2,656,980	2,719,136	1,885,407	833,729
1933	12,480,623	10,332,015	2,148,608	14,264,551	11,356,070	2,908,481	2,911,643	1,817,124	1,094,519
1934	15,216,319	12,839,222	2,377,097	17,473,789	14,344,402	3,129,387	3,701,617	2,165,479	1,536,138
1935	15,722,353	13,061,296	2,661,056	22,975,750	19,649,346	3,326,404	4,651,274	2,944,440	1,706,834
1936	18,239,654	14,633,979	3,605,675	26,040,140	22,344,000	3,696,140	6,029,176	3,041,440	2,987,735
1937	19,396,252	15,771,621	3,624,631	37,180,441	32,293,683	4,886,758	6,599,024	3,404,527	3,194,497
1938	21,485,935	17,412,303	4,073,632	42,172,551	36,546,455	5,626,095	8,106,295	3,778,324	4,327,971
1939	26,139,685	20,871,216	5,268,469	51,303,606	43,068,700	8,234,906	11,590,769	6,563,131	5,027,638
1940	31,975,760	26,404,754	5,571,006	59,311,305	49,474,503	9,836,802	17,616,507	11,032,817	6,583,691

統計表 4.2.1 （つづき）
Table 4.2.1 （cont'd）

	19	20	21	22	23	24	25	26	27
	革なめし，馬具（分類番号19） Leather tanning & saddlery・harness (Division 19)			木製品（分類番号20） Wood products (Division 20)			パルプ，紙製品（分類番号21） Pulp & paper products (Division 21)		
	南北計 Total	南部 South	北部 North	南北計 Total	南部 South	北部 North	南北計 Total	南部 South	北部 North
					円　Yen				
1911	932,777	649,053	283,724	455,069	306,325	148,744	153,876	139,720	14,155
1912	1,132,987	748,669	384,317	600,906	394,887	206,019	196,556	179,056	17,500
1913	1,481,140	994,662	486,478	757,646	500,422	257,224	284,464	258,202	26,262
1914	1,913,696	1,318,878	594,817	906,128	609,209	296,919	310,208	284,108	26,100
1915	3,102,698	2,278,633	824,065	1,116,427	742,581	373,847	339,714	315,460	24,254
1916	4,183,329	3,109,856	1,073,473	1,409,591	965,896	443,694	468,352	433,181	35,170
1917	4,392,421	3,242,214	1,150,207	1,995,113	1,352,342	642,771	739,745	672,296	67,449
1918	5,545,044	3,733,631	1,811,413	3,182,873	2,229,866	953,007	1,328,399	1,213,045	115,354
1919	8,498,687	5,988,994	2,509,693	5,282,119	3,897,430	1,384,689	2,997,429	1,633,130	1,364,299
1920	7,400,876	5,151,850	2,249,026	4,485,926	3,482,617	1,003,309	2,576,368	1,424,908	1,151,459
1921	7,145,334	4,891,916	2,253,418	4,461,180	3,207,741	1,253,440	2,353,181	1,477,827	875,354
1922	6,325,287	4,322,299	2,002,988	4,337,746	3,223,286	1,114,460	1,670,281	1,410,727	259,554
1923	5,224,523	3,455,267	1,769,256	5,025,290	3,703,617	1,321,673	1,407,141	1,210,649	196,492
1924	4,865,022	3,138,381	1,726,641	5,093,467	3,824,434	1,269,032	1,451,513	1,269,523	181,990
1925	4,961,462	3,264,473	1,696,990	5,205,130	3,853,966	1,351,164	2,023,412	1,336,381	687,032
1926	5,153,764	3,269,808	1,883,956	5,716,868	4,232,144	1,484,724	2,913,087	1,451,994	1,461,093
1927	4,453,814	2,868,940	1,584,874	5,722,609	4,173,458	1,549,151	2,642,569	1,701,721	940,848
1928	4,466,856	2,691,555	1,775,301	4,967,679	3,482,101	1,485,579	2,640,551	1,651,292	989,260
1929	4,382,207	2,870,849	1,511,358	5,051,166	3,618,574	1,432,592	2,586,792	1,432,169	1,154,623
1930	3,772,477	2,445,153	1,327,324	3,469,300	2,606,969	862,331	2,121,534	1,007,740	1,113,793
1931	2,907,339	2,080,537	826,803	2,399,066	1,861,811	537,255	1,747,597	768,771	978,825
1932	3,269,277	2,267,576	1,001,701	3,104,028	2,324,020	780,008	1,662,775	766,194	896,580
1933	4,328,609	2,980,079	1,348,531	3,392,832	2,624,257	768,575	2,084,199	1,096,722	987,477
1934	4,839,360	3,493,727	1,345,634	4,346,684	3,244,040	1,102,644	2,256,699	1,205,723	1,050,976
1935	5,969,847	4,361,944	1,607,903	5,414,052	3,957,503	1,456,550	3,018,160	1,365,249	1,652,911
1936	7,154,822	5,483,136	1,671,686	5,835,546	4,452,084	1,383,462	4,201,254	1,489,717	2,711,537
1937	9,286,189	7,202,570	2,083,619	6,592,434	4,845,740	1,746,694	7,256,593	1,866,776	5,389,817
1938	9,284,775	6,702,503	2,582,272	9,482,605	6,598,747	2,883,858	9,133,807	2,445,424	6,688,383
1939	8,494,302	6,077,503	2,416,798	10,280,874	7,416,691	2,864,182	9,786,494	2,373,941	7,412,553
1940	13,842,918	9,134,724	4,708,194	13,220,894	9,050,127	4,170,766	11,065,595	2,702,968	8,362,627

398　Ⅱ　統　　計　　編

統計表 4.2.1 （つづき）
Table 4.2.1 （cont'd）

	28	29	30	31	32	33	34	35	36
	印刷，出版（分類番号22） Printing & publishing (Division 22)			コークス，石油製品（分類番号23） Coke & refined petroleum products (Division 23)			化学製品，ゴム・プラスチック （分類番号24，25） Chemical, rubber & plastic products (Division 24 & 25)		
	南北計 Total	南部 South	北部 North	南北計 Total	南部 South	北部 North	南北計 Total	南部 South	北部 North
				円　Yen					
1911	316,107	270,246	45,861				340,459	306,197	34,262
1912	472,351	403,822	68,529				424,949	379,677	45,272
1913	499,321	426,879	72,442				461,333	411,627	49,705
1914	458,870	392,296	66,573				468,329	418,233	50,096
1915	475,200	406,257	68,943				418,437	371,201	47,236
1916	588,060	502,744	85,316				610,403	516,556	93,847
1917	712,345	608,998	103,348				722,680	596,192	126,488
1918	1,216,865	1,042,379	174,485	49,122	45,367	3,755	1,687,892	1,420,781	267,111
1919	1,320,127	1,128,433	191,694	22,538	22,538		2,293,127	2,026,818	266,308
1920	1,525,091	1,308,274	216,817	51,371	48,881	2,490	1,672,470	1,335,859	336,611
1921	3,405,983	2,921,799	484,184	48,584	46,385	2,198	1,797,906	1,339,197	458,708
1922	2,926,712	2,509,713	416,999	641,393	62,249	579,143	2,183,690	1,607,909	575,782
1923	2,064,370	1,772,193	292,177	718,854	63,492	655,362	2,005,738	1,567,805	437,933
1924	2,234,586	1,918,557	316,029	352,650	47,894	304,757	2,036,464	1,637,649	398,816
1925	2,853,799	2,452,075	401,724	575,034	36,908	538,126	3,455,141	2,927,073	528,068
1926	2,658,752	2,284,386	374,366	683,502	59,179	624,323	4,225,241	3,764,975	460,266
1927	2,909,061	2,499,947	409,114	654,980	44,703	610,277	2,945,818	2,463,731	482,087
1928	3,921,806	3,370,395	551,412	872,625	45,539	827,086	3,176,824	2,690,782	486,042
1929	3,728,012	3,204,996	523,015	1,022,231	45,377	976,854	2,990,505	2,411,861	578,644
1930	3,063,181	2,636,044	427,136	676,794	42,627	634,167	4,080,546	2,058,096	2,022,451
1931	3,105,920	2,653,031	452,890	602,056	37,623	564,433	5,421,725	1,889,225	3,532,500
1932	3,420,081	2,922,489	497,593	692,198	33,383	658,815	5,870,710	1,846,983	4,023,727
1933	3,375,379	2,878,551	496,828	798,191	36,150	762,041	8,530,421	1,807,989	6,722,432
1934	3,972,078	3,316,198	655,880	1,097,980	74,761	1,023,219	10,938,156	1,756,581	9,181,575
1935	4,504,531	3,768,522	736,009	1,461,963	217,480	1,244,483	18,555,207	2,113,021	16,442,186
1936	4,642,120	3,940,059	702,061	3,093,762	256,982	2,836,780	23,870,137	2,027,275	21,842,861
1937	5,763,021	4,862,357	900,664	8,220,317	466,553	7,753,764	37,546,449	2,708,301	34,838,147
1938	6,098,457	5,178,732	919,725	2,279,520	362,678	1,916,843	58,556,973	5,382,339	53,174,634
1939	6,847,808	5,688,693	1,159,116	2,983,253	360,773	2,622,480	81,939,942	8,938,240	73,001,702
1940	6,740,879	5,357,271	1,383,609	8,159,204	396,256	7,762,948	102,291,575	15,432,252	86,859,322

統計表 4.2.1 （つづき）
Table 4.2.1 （cont'd）

	37	38	39	40	41	42
	窯業，土石製品（分類番号26） Ceramic, stone & clay products （Division 26）			第1次金属，金属製品（分類番号27，28） Basic metals & fabricated metal products（Division 27 & 28）		
	南北計 Total	南部 South	北部 North	南北計 Total	南部 South	北部 North
	円　Yen					
1911	557,254	333,893	223,361	418,628	180,551	238,077
1912	539,426	314,123	225,303	424,534	189,286	235,249
1913	644,333	372,476	271,857	424,746	188,708	236,038
1914	654,929	376,138	278,791	427,760	193,299	234,461
1915	659,673	376,422	283,251	443,773	198,217	245,555
1916	719,593	410,249	309,344	744,812	419,091	325,721
1917	1,102,620	580,069	522,551	1,017,364	542,351	475,013
1918	1,862,143	1,006,304	855,839	5,517,076	1,326,854	4,190,222
1919	3,202,889	1,945,889	1,257,000	5,361,198	2,096,054	3,265,145
1920	4,245,906	1,964,121	2,281,785	4,616,044	1,864,052	2,751,992
1921	4,393,954	2,314,521	2,079,433	4,143,277	2,149,391	1,993,885
1922	6,185,303	4,296,665	1,888,638	4,839,844	2,578,385	2,261,459
1923	4,327,936	2,105,189	2,222,747	5,833,287	2,251,820	3,581,467
1924	4,190,790	2,143,279	2,047,510	5,671,559	2,165,415	3,506,144
1925	4,536,065	2,139,780	2,396,284	4,710,223	2,254,181	2,456,043
1926	4,797,083	1,963,475	2,833,608	6,121,129	2,275,177	3,845,952
1927	4,444,211	1,957,495	2,486,716	6,423,431	2,470,605	3,952,827
1928	5,050,484	2,399,937	2,650,547	4,828,024	1,976,571	2,851,454
1929	5,628,049	2,276,692	3,351,357	4,781,892	2,207,659	2,574,232
1930	4,653,147	1,355,944	3,297,202	2,936,612	928,451	2,008,161
1931	4,018,516	1,174,309	2,844,207	2,914,236	1,156,255	1,757,982
1932	4,297,466	1,445,092	2,852,374	3,016,353	1,121,892	1,894,461
1933	4,861,468	1,753,949	3,107,519	4,206,386	1,560,058	2,646,328
1934	5,471,850	2,254,854	3,216,995	6,024,184	1,723,341	4,300,843
1935	7,670,992	2,615,938	5,055,054	10,681,906	2,061,937	8,619,968
1936	9,516,342	3,399,261	6,117,080	12,724,260	2,314,362	10,409,898
1937	10,984,939	4,160,963	6,823,976	18,044,047	2,012,246	16,031,801
1938	15,552,945	3,816,552	11,736,393	31,195,647	2,873,108	28,322,539
1939	19,832,158	6,094,130	13,738,029	43,715,964	3,323,242	40,392,722
1940	28,045,381	7,904,077	20,141,304	44,446,022	3,794,679	40,651,344

400　Ⅱ　統　計　編

統計表 4.2.1　（つづき）
Table 4.2.1　（cont'd）

	43	44	45	46	47	48
	機械（一般機械，計算機械，電気機械，ラジオ・テレビ・通信装置，精密機械，自動車・トレーラー，輸送機械）（分類番号29～35） Machinery & equipment (Division 29～35)			その他（分類番号36） Other products (Division 36)		
	南北計 Total	南部 South	北部 North	南北計 Total	南部 South	北部 North
	円　Yen					
1911	127,938	89,223	38,715	141,422	107,345	34,077
1912	137,972	79,025	58,947	183,959	141,528	42,432
1913	136,553	78,211	58,342	299,187	240,859	58,328
1914	121,272	77,049	44,222	324,589	255,020	69,569
1915	132,648	75,913	56,736	398,510	326,741	71,768
1916	178,430	123,209	55,221	356,426	262,761	93,665
1917	346,412	214,781	131,632	554,300	438,477	115,823
1918	609,519	312,432	297,088	463,349	377,575	85,774
1919	760,873	482,642	278,231	971,461	842,718	128,743
1920	753,396	547,305	206,091	828,615	718,954	109,661
1921	1,324,112	1,068,954	255,158	689,827	570,163	119,664
1922	1,012,434	734,624	277,810	747,835	629,965	117,871
1923	1,410,487	1,045,608	364,880	654,308	509,434	144,874
1924	1,168,268	893,044	275,225	770,304	628,624	141,680
1925	1,404,237	1,122,952	281,286	569,336	470,809	98,527
1926	1,336,923	928,480	408,443	694,748	564,274	130,474
1927	2,772,493	2,141,923	630,570	660,003	536,350	123,653
1928	2,412,711	1,746,751	665,960	494,784	398,503	96,281
1929	3,312,264	2,243,653	1,068,612	468,186	398,266	69,920
1930	3,398,504	2,607,509	790,995	3,186,799	1,712,595	1,474,204
1931	2,685,807	2,135,761	550,045	1,373,512	1,065,740	307,772
1932	2,760,218	2,092,728	667,489	1,434,467	998,208	436,259
1933	2,498,193	1,857,866	640,327	1,955,506	1,088,341	867,165
1934	3,216,888	2,276,094	940,794	2,423,306	1,430,646	992,660
1935	3,954,073	2,633,101	1,320,972	2,528,739	1,491,289	1,037,450
1936	4,541,159	3,114,864	1,426,295	2,627,279	1,664,046	963,233
1937	5,851,270	3,925,011	1,926,259	3,296,681	2,100,410	1,196,271
1938	9,503,566	6,688,230	2,815,336	12,983,144	4,331,146	8,651,998
1939	19,143,206	12,891,788	6,251,418	16,867,792	7,296,420	9,571,372
1940	31,505,935	18,916,494	12,589,441	18,323,497	7,576,424	10,747,073

Ⅱ　統　計　編　401

統計表 **4.2.2**　植民地期の製造業実質付加価値額：南北別，中分類別，1911〜1940年（1935年価格）
Table 4.2.2　Manufacturing: Real value added by sub-sector in the colonial period, North and South, 1911-1940 (in 1935 prices)

	1	2	3	4	5	6	7	8	9
	製造業合計 Total			食料品・飲料（分類番号15） Food products & beverages (Division 15)			精穀（分類番号15） Polished grain (Division 15)		
	南北計 Total	南部 South	北部 North	南北計 Total	南部 South	北部 North	南北計 Total	南部 South	北部 North
	円　Yen								
1911	42,489,550	32,432,550	10,057,001	20,346,028	15,377,792	4,968,236	3,236,710	2,671,099	565,611
1912	47,849,546	35,542,823	12,306,723	24,413,605	18,208,167	6,205,439	3,720,809	2,912,951	807,859
1913	56,014,079	41,731,078	14,283,000	27,861,022	20,901,047	6,959,975	4,292,188	3,413,906	878,282
1914	60,863,716	44,908,841	15,954,875	29,729,111	21,604,382	8,124,729	5,147,811	4,184,939	962,872
1915	73,205,001	54,105,880	19,099,121	35,369,482	25,644,384	9,725,098	7,699,748	6,082,373	1,617,375
1916	81,158,025	59,044,970	22,113,055	36,385,658	25,193,813	11,191,846	7,708,069	6,170,637	1,537,432
1917	83,823,959	60,834,425	22,989,534	35,920,328	24,266,509	11,653,819	9,736,837	8,005,439	1,731,398
1918	96,988,956	70,020,752	26,968,204	41,311,638	29,076,014	12,235,624	11,404,206	9,189,890	2,214,316
1919	99,972,770	71,311,672	28,661,098	44,181,871	30,402,325	13,779,546	10,673,284	9,215,771	1,457,513
1920	92,968,172	65,658,864	27,309,309	41,073,289	29,253,413	11,819,876	5,966,446	4,752,617	1,213,829
1921	104,336,243	76,130,685	28,205,558	46,705,164	34,204,765	12,500,399	10,661,976	8,746,097	1,915,878
1922	108,852,584	77,516,733	31,335,851	51,892,145	35,846,650	16,045,495	8,901,546	7,271,744	1,629,802
1923	115,140,219	79,128,205	36,012,015	54,662,928	35,785,637	18,877,291	13,831,759	11,377,882	2,453,877
1924	120,263,596	82,419,145	37,844,451	58,122,646	37,460,624	20,662,022	15,327,989	12,151,373	3,176,616
1925	123,466,308	85,399,879	38,066,429	56,678,131	36,632,639	20,045,492	18,955,169	15,093,788	3,861,381
1926	145,270,865	99,099,435	46,171,430	65,715,563	42,250,618	23,464,944	21,559,907	17,402,581	4,157,326
1927	148,754,125	100,423,758	48,330,367	65,405,290	40,724,760	24,680,529	25,138,275	19,785,562	5,352,712
1928	134,974,587	90,051,437	44,923,150	55,950,375	33,703,826	22,246,549	24,472,386	18,810,609	5,661,777
1929	138,215,640	90,224,099	47,991,541	53,954,555	31,833,954	22,120,601	25,889,515	18,809,419	7,080,095
1930	143,886,840	98,642,194	45,244,646	47,732,809	31,685,156	16,047,653	29,812,174	22,665,905	7,146,269
1931	131,536,830	88,793,715	42,743,115	46,316,546	30,219,040	16,097,506	24,997,726	18,842,660	6,155,066
1932	142,774,665	92,637,037	50,137,628	49,492,139	29,717,879	19,774,259	27,245,582	20,140,179	7,105,403
1933	166,046,653	105,217,713	60,828,940	65,700,471	38,887,384	26,813,088	27,784,215	20,634,449	7,149,765
1934	186,551,780	117,587,796	68,963,984	72,640,599	43,391,337	29,249,262	27,144,101	20,050,406	7,093,695
1935	220,846,307	129,507,352	91,338,955	82,709,473	47,121,702	35,587,771	31,027,986	22,144,582	8,883,404
1936	238,845,896	136,191,585	102,654,311	87,653,628	50,120,590	37,533,038	28,071,060	20,291,423	7,779,636
1937	308,920,804	166,277,248	142,643,556	123,422,091	67,836,605	55,585,487	32,724,517	23,683,755	9,040,762
1938	339,078,233	167,315,461	171,762,773	120,762,565	67,148,166	53,614,399	32,486,567	23,583,845	8,902,722
1939	352,858,578	163,269,701	189,588,877	128,071,013	65,538,631	62,532,382	22,922,091	12,050,345	10,871,746
1940	371,888,116	182,358,544	189,529,572	140,045,974	77,320,302	62,725,672	8,405,404	6,048,069	2,357,335

（出所）　第4章第2節本文参照．CD統計表4.2.8に製造業道別の詳細な表あり．

統計表 4.2.2 （つづき）
Table 4.2.2 （cont'd）

	10	11	12	13	14	15	16	17	18
	たばこ （分類番号16） Tobacco products （Division 16）			繊維 （分類番号17） Textiles （Division 17）			衣服，その他 （分類番号18） Clothing & other apparel （Division 18）		
	南北計 Total	南部 South	北部 North	南北計 Total	南部 South	北部 North	南北計 Total	南部 South	北部 North
					円　Yen				
1911	6,886,741	5,973,500	913,241	4,410,606	2,997,128	1,413,478	30,104	25,837	4,267
1912	6,827,996	5,612,122	1,215,874	3,356,036	2,063,652	1,292,385	27,366	21,314	6,052
1913	7,189,389	5,919,201	1,270,188	3,866,242	2,383,936	1,482,307	244,925	156,321	88,605
1914	7,031,655	5,892,662	1,138,993	4,206,738	2,706,406	1,500,332	307,196	220,618	86,578
1915	7,196,002	6,076,812	1,119,189	3,691,679	2,366,237	1,325,442	1,548,886	920,165	628,721
1916	8,541,175	7,132,397	1,408,778	4,754,321	3,041,233	1,713,088	2,062,944	1,352,414	710,530
1917	8,284,738	7,078,850	1,205,888	4,531,691	2,928,053	1,603,637	2,278,244	1,571,721	706,523
1918	12,422,229	10,448,934	1,973,295	4,218,162	2,716,120	1,502,042	2,547,411	1,704,665	842,746
1919	9,905,063	8,008,593	1,896,470	4,568,805	3,068,061	1,500,744	2,857,923	2,065,064	792,859
1920	9,624,132	7,834,177	1,789,955	4,501,752	2,894,963	1,606,789	3,212,262	2,116,900	1,095,361
1921	7,148,863	6,206,825	942,038	4,914,780	3,331,182	1,583,598	3,234,811	2,285,860	948,952
1922	8,247,590	6,736,120	1,511,470	5,729,049	4,047,480	1,681,568	2,997,587	2,072,329	925,258
1923	8,098,989	6,703,296	1,395,693	8,595,590	6,642,891	1,952,699	3,164,482	2,120,699	1,043,783
1924	9,507,144	7,996,683	1,510,460	8,373,418	6,522,069	1,851,348	2,551,168	1,643,235	907,934
1925	10,642,305	9,072,810	1,569,495	6,452,815	4,682,545	1,770,270	2,878,400	1,779,426	1,098,974
1926	12,590,008	10,757,273	1,832,736	9,426,867	7,096,701	2,330,166	3,030,308	1,909,323	1,120,984
1927	11,794,983	10,135,823	1,659,160	9,538,346	7,243,494	2,294,853	3,053,994	1,900,672	1,153,322
1928	12,186,665	10,099,931	2,086,734	9,853,318	7,437,978	2,415,341	682,461	277,072	405,389
1929	12,175,165	10,004,479	2,170,686	9,872,060	7,567,925	2,304,135	754,785	290,413	464,372
1930	13,327,462	11,471,450	1,856,013	13,459,572	10,821,681	2,637,891	1,325,387	930,194	395,193
1931	12,424,132	10,439,769	1,984,363	11,195,148	9,051,511	2,143,637	2,007,174	1,298,909	708,265
1932	12,012,811	9,881,635	2,131,176	14,842,213	11,631,183	3,211,030	2,833,549	1,964,739	868,810
1933	12,751,712	10,556,435	2,195,277	15,577,971	12,401,689	3,176,282	3,094,486	1,931,235	1,163,251
1934	15,248,155	12,866,085	2,382,071	19,604,964	16,093,905	3,511,060	3,731,772	2,183,120	1,548,652
1935	15,722,353	13,061,296	2,661,056	22,975,750	19,649,346	3,326,404	4,651,274	2,944,440	1,706,834
1936	17,552,836	14,082,934	3,469,902	26,275,226	22,545,718	3,729,508	5,584,803	2,817,275	2,767,528
1937	15,717,756	12,780,535	2,937,220	33,042,938	28,699,987	4,342,951	5,709,089	2,945,398	2,763,692
1938	18,047,113	14,625,466	3,421,648	26,390,768	22,870,066	3,520,702	5,894,948	2,747,621	3,147,327
1939	19,678,603	15,712,369	3,966,234	29,029,578	24,369,948	4,659,631	6,223,969	3,524,246	2,699,723
1940	21,433,730	17,699,419	3,734,311	32,137,743	26,807,687	5,330,057	11,046,755	6,918,330	4,128,424

統計表 4.2.2 （つづき）
Table 4.2.2 （cont'd）

	19	20	21	22	23	24	25	26	27
	革なめし，馬具（分類番号19） Leather tanning & saddlery・harness （Division 19）			木製品（分類番号20） Wood products（Division 20）			パルプ，紙製品（分類番号21） Pulp & paper products（Division 21）		
	南北計 Total	南部 South	北部 North	南北計 Total	南部 South	北部 North	南北計 Total	南部 South	北部 North
					円　Yen				
1911	3,224,067	2,243,398	980,669	836,418	563,027	273,391	363,722	330,262	33,460
1912	4,168,798	2,754,712	1,414,086	1,069,939	703,114	366,826	493,707	449,752	43,955
1913	5,483,750	3,682,621	1,801,129	1,348,974	890,992	457,982	637,521	578,664	58,857
1914	7,375,912	5,083,321	2,292,590	1,630,631	1,096,307	534,323	758,219	694,426	63,794
1915	10,589,271	7,776,799	2,812,472	1,979,827	1,316,862	662,964	885,990	822,733	63,257
1916	13,301,227	9,888,035	3,413,192	2,161,516	1,481,139	680,376	1,073,291	992,694	80,597
1917	12,878,599	9,506,186	3,372,413	2,473,791	1,676,803	796,988	1,285,913	1,168,665	117,248
1918	11,754,659	7,914,736	3,839,923	2,846,112	1,993,937	852,175	1,579,898	1,442,705	137,193
1919	11,715,522	8,255,886	3,459,636	3,200,464	2,361,474	838,991	3,101,344	1,689,747	1,411,597
1920	12,043,589	8,383,705	3,659,884	3,168,145	2,459,567	708,578	2,628,024	1,453,478	1,174,546
1921	11,572,828	7,923,115	3,649,713	2,856,050	2,053,597	802,453	2,501,856	1,571,196	930,659
1922	9,251,859	6,322,132	2,929,727	3,079,781	2,288,519	791,262	1,879,533	1,587,462	292,071
1923	4,799,495	3,174,172	1,625,323	3,912,078	2,883,184	1,028,894	1,621,568	1,395,134	226,434
1924	4,350,860	2,806,700	1,544,160	4,075,480	3,060,078	1,015,402	1,685,616	1,474,274	211,342
1925	4,051,108	2,665,490	1,385,617	4,266,160	3,158,736	1,107,423	2,213,513	1,461,934	751,579
1926	4,106,122	2,605,131	1,500,991	4,503,313	3,333,760	1,169,553	3,307,826	1,648,747	1,659,079
1927	3,764,623	2,424,995	1,339,628	4,663,812	3,401,285	1,262,527	2,487,545	1,601,891	885,654
1928	3,557,674	2,143,717	1,413,957	4,478,507	3,139,215	1,339,292	2,807,193	1,755,503	1,051,690
1929	3,509,573	2,299,173	1,210,399	4,952,516	3,547,903	1,404,613	2,934,355	1,624,596	1,309,759
1930	4,036,728	2,616,428	1,420,299	4,697,719	3,530,051	1,167,668	3,320,001	1,577,019	1,742,982
1931	3,500,404	2,504,943	995,461	3,151,097	2,445,430	705,667	2,997,659	1,318,676	1,678,983
1932	3,948,006	2,738,344	1,209,662	3,880,956	2,905,715	975,241	2,774,795	1,278,605	1,496,190
1933	4,775,737	3,287,909	1,487,828	4,351,318	3,365,618	985,700	3,131,503	1,647,821	1,483,682
1934	5,137,526	3,708,985	1,428,542	4,843,690	3,614,968	1,228,722	3,110,777	1,662,045	1,448,732
1935	5,969,847	4,361,944	1,607,903	5,414,052	3,957,503	1,456,550	3,018,160	1,365,249	1,652,911
1936	6,035,065	4,625,004	1,410,061	5,321,319	4,059,768	1,261,552	4,132,123	1,465,204	2,666,919
1937	6,945,753	5,387,277	1,558,476	5,382,764	3,956,577	1,426,187	6,189,248	1,592,199	4,597,049
1938	5,949,728	4,294,996	1,654,732	7,046,828	4,903,740	2,143,088	8,337,582	2,232,248	6,105,334
1939	3,767,453	2,695,537	1,071,915	6,592,612	4,755,955	1,836,658	8,825,216	2,140,761	6,684,455
1940	5,454,872	3,599,584	1,855,288	7,611,914	5,210,600	2,401,314	7,142,639	1,744,716	5,397,922

統計表 4.2.2 （つづき）
Table 4.2.2 （cont'd）

	28	29	30	31	32	33	34	35	36
	印刷，出版（分類番号22） Printing & publishing（Division 22）			コークス，石油製品（分類番号23） Coke & refined petroleum products （Division 23）			化学製品，ゴム・プラスチック （分類番号24，25） Chemical, rubber & plastic products （Division 24 & 25）		
	南北計 Total	南部 South	北部 North	南北計 Total	南部 South	北部 North	南北計 Total	南部 South	北部 North
					円　Yen				
1911	767,164	655,863	111,301				736,536	662,416	74,120
1912	1,391,340	1,189,483	201,857				885,462	791,130	94,332
1913	1,865,749	1,595,064	270,685				884,464	789,169	95,295
1914	1,359,855	1,162,566	197,289				915,604	817,664	97,940
1915	1,007,645	861,454	146,190				839,847	745,039	94,808
1916	1,422,444	1,216,074	206,370				1,126,275	953,116	173,159
1917	1,484,646	1,269,252	215,394				1,397,630	1,153,008	244,622
1918	2,186,764	1,873,206	313,558	33,117	30,585	2,531	1,944,843	1,637,069	307,774
1919	1,556,663	1,330,622	226,041	8,618	8,618		1,728,919	1,528,134	200,785
1920	1,559,243	1,337,571	221,672	24,146	22,975	1,170	1,902,504	1,519,595	382,909
1921	2,822,542	2,421,298	401,244	22,362	21,350	1,012	2,707,192	2,016,493	690,699
1922	2,657,506	2,278,863	378,643	306,716	29,768	276,948	2,767,025	2,037,434	729,592
1923	1,948,349	1,672,593	275,756	366,091	32,335	333,756	2,023,572	1,581,745	441,827
1924	2,183,766	1,874,925	308,842	178,269	24,211	154,058	2,201,586	1,770,433	431,153
1925	2,677,842	2,300,887	376,955	327,366	21,012	306,354	2,837,274	2,403,638	433,636
1926	2,423,229	2,082,026	341,203	369,278	31,973	337,305	4,352,566	3,878,430	474,136
1927	2,708,820	2,327,867	380,953	383,878	26,200	357,678	3,324,119	2,780,122	543,997
1928	3,547,838	3,049,007	498,831	508,372	26,530	481,842	3,026,577	2,563,522	463,055
1929	3,440,698	2,957,991	482,707	507,041	22,508	484,534	3,631,435	2,928,776	702,660
1930	2,757,429	2,372,927	384,502	506,445	31,897	474,547	5,280,957	2,663,544	2,617,413
1931	2,897,669	2,475,145	422,523	632,681	39,537	593,145	6,726,319	2,343,817	4,382,502
1932	3,207,149	2,740,537	466,613	782,830	37,754	745,076	7,506,854	2,361,730	5,145,124
1933	3,831,724	3,267,725	563,999	940,999	42,617	898,382	8,786,399	1,862,243	6,924,156
1934	4,558,685	3,805,943	752,742	1,135,793	77,336	1,058,457	11,489,131	1,845,064	9,644,067
1935	4,504,531	3,768,522	736,009	1,461,963	217,480	1,244,483	18,555,207	2,113,021	16,442,186
1936	4,450,221	3,777,182	673,039	2,433,388	202,128	2,231,260	23,317,988	1,980,382	21,337,606
1937	5,345,888	4,510,415	835,473	5,565,395	315,870	5,249,525	35,938,339	2,592,305	33,346,034
1938	5,341,634	4,536,048	805,586	2,417,874	384,690	2,033,184	50,605,464	4,651,466	45,953,999
1939	6,078,158	5,049,319	1,028,838	3,112,024	376,346	2,735,678	52,398,588	5,715,786	46,682,802
1940	5,682,876	4,516,430	1,166,447	7,594,339	368,823	7,225,516	53,677,352	8,098,051	45,579,300

統計表 4.2.2 （つづき）
Table 4.2.2 （cont'd）

	37	38	39	40	41	42
	窯業，土石製品（分類番号26） Ceramics, stone & clay products (Division 26)			第1次金属，金属製品（分類番号27，28） Basic metals & fabricated metal products (Division 27 & 28)		
	南北計 Total	南部 South	北部 North	南北計 Total	南部 South	北部 North
			円　Yen			
1911	674,067	403,885	270,182	613,442	264,573	348,868
1912	564,793	328,895	235,898	523,955	233,614	290,341
1913	782,703	452,465	330,237	665,407	295,630	369,778
1914	849,361	487,804	361,558	705,709	318,900	386,809
1915	869,417	496,106	373,311	566,611	253,085	313,526
1916	904,708	515,786	388,923	854,057	480,561	373,496
1917	1,085,865	571,255	514,611	1,036,042	552,308	483,734
1918	1,404,240	758,852	645,387	2,382,608	573,016	1,809,592
1919	1,619,799	984,096	635,703	3,549,705	1,387,819	2,161,886
1920	2,254,827	1,043,064	1,211,762	3,631,448	1,466,452	2,164,996
1921	2,504,247	1,319,115	1,185,132	4,782,990	2,481,253	2,301,737
1922	3,754,516	2,608,101	1,146,415	5,576,324	2,970,738	2,605,586
1923	2,887,039	1,404,310	1,482,729	7,089,533	2,736,768	4,352,765
1924	2,926,576	1,496,728	1,429,848	6,846,816	2,614,131	4,232,684
1925	3,351,120	1,580,811	1,770,309	6,151,401	2,943,888	3,207,513
1926	3,247,146	1,329,076	1,918,069	8,393,871	3,119,937	5,273,934
1927	3,787,026	1,668,031	2,118,994	8,875,470	3,413,717	5,461,752
1928	4,211,022	2,001,033	2,209,988	6,432,552	2,633,457	3,799,095
1929	5,321,857	2,152,829	3,169,028	7,212,198	3,329,660	3,882,537
1930	4,390,889	1,279,521	3,111,367	4,814,573	1,522,195	3,292,378
1931	3,729,482	1,089,846	2,639,636	4,906,425	1,946,677	2,959,748
1932	3,907,590	1,313,990	2,593,600	4,669,259	1,736,668	2,932,591
1933	4,663,582	1,682,555	2,981,027	4,806,420	1,782,597	3,023,823
1934	5,025,939	2,071,102	2,954,837	6,100,535	1,745,182	4,355,352
1935	7,670,992	2,615,938	5,055,054	10,681,906	2,061,937	8,619,968
1936	9,809,176	3,503,862	6,305,314	11,153,196	2,028,608	9,124,588
1937	12,493,156	4,732,257	7,760,899	11,347,010	1,265,402	10,081,608
1938	16,662,955	4,088,938	12,574,016	17,398,067	1,602,356	15,795,711
1939	18,457,034	5,671,574	12,785,460	22,343,272	1,698,512	20,644,760
1940	20,541,927	5,789,366	14,752,562	20,050,903	1,711,891	18,339,013

406 II 統 計 編

統計表 4.2.2 （つづき）
Table 4.2.2 （cont'd）

	43	44	45	46	47	48
	機械（一般機械，計算機械，電気機械，ラジオ・テレビ・通信装置，精密機械，自動車・トレーラー，輸送機械）（分類番号29〜35）Machinery & equipment (Division 29〜35)			その他（分類番号36）Other products (Division 36)		
	南北計 Total	南部 South	北部 North	南北計 Total	南部 South	北部 North
			円　Yen			
1911	202,433	141,175	61,258	161,512	122,594	38,918
1912	194,490	111,396	83,094	211,249	162,522	48,726
1913	197,301	113,004	84,297	694,443	559,058	135,385
1914	171,388	108,890	62,497	674,526	529,956	144,571
1915	176,773	101,165	75,608	783,825	642,664	141,161
1916	185,368	128,000	57,368	676,971	499,071	177,901
1917	260,366	161,431	98,935	1,169,270	924,947	244,323
1918	382,465	196,046	186,418	570,604	464,976	105,628
1919	542,190	343,925	198,265	762,601	661,538	101,063
1920	535,126	388,742	146,383	843,241	731,644	111,597
1921	1,162,275	938,303	223,972	738,308	610,234	128,074
1922	912,021	661,764	250,257	899,386	757,628	141,757
1923	1,277,934	947,344	330,589	860,812	670,215	190,597
1924	1,029,595	787,039	242,555	902,668	736,643	166,025
1925	1,399,267	1,118,977	280,290	584,438	483,298	101,140
1926	1,439,289	999,572	439,717	805,573	654,286	151,287
1927	3,029,326	2,340,342	688,984	798,620	648,997	149,623
1928	2,644,108	1,914,278	729,830	615,538	495,760	119,778
1929	3,457,411	2,341,972	1,115,439	602,476	512,501	89,976
1930	4,119,090	3,160,380	958,710	4,305,606	2,313,845	1,991,761
1931	4,150,993	3,300,882	850,111	1,903,375	1,476,874	426,502
1932	3,881,566	2,942,907	938,659	1,789,366	1,245,172	544,193
1933	3,267,976	2,430,341	837,635	2,582,139	1,437,095	1,145,044
1934	4,007,191	2,835,269	1,171,921	2,772,923	1,637,050	1,135,874
1935	3,954,073	2,633,101	1,320,972	2,528,739	1,491,289	1,037,450
1936	4,234,673	2,904,639	1,330,034	2,821,196	1,786,868	1,034,328
1937	5,429,406	3,642,026	1,787,380	3,667,456	2,336,641	1,330,815
1938	6,469,296	4,552,832	1,916,464	15,266,844	5,092,983	10,173,861
1939	12,458,641	8,390,139	4,068,502	12,900,327	5,580,233	7,320,094
1940	19,696,485	11,825,977	7,870,508	11,365,204	4,699,300	6,665,904

Ⅱ 統 計 編 **407**

統計表 **4.3.1** 植民地期のガス名目付加価値額：道別，1910～1940年
Table 4.3.1 Gas: Nominal value added by province in the colonial period, 1910-1940 (in current prices)

	1	2	3	4	5	6	7	8	9	10
	南北計 Total	南部 South	京畿・南部 Gyeonggi- do, South	江原・南部 Gangwon- do, South	忠清北道 Chungcheongbuk- do	忠清南道 Chungcheongnam- do	全羅北道 Jeollabuk- do	全羅南道 Jeollanam- do	慶尚北道 Gyeongsangbuk- do	慶尚南道 Gyeongsangnam- do
					円 Yen					
1910	56,303	52,757	32,928							19,829
1911	86,368	80,928	50,511							30,417
1912	118,454	110,883	70,306							40,576
1913	148,936	139,823	84,626							55,197
1914	145,216	136,421	81,671							54,751
1915	142,782	134,625	75,751							58,874
1916	172,332	162,548	90,856							71,692
1917	205,148	192,933	113,423							79,511
1918	205,287	191,505	131,132							60,374
1919	262,672	243,541	177,271							66,270
1920	328,767	305,661	223,712							81,950
1921	351,028	325,985	242,492							83,492
1922	361,111	335,314	248,657							86,657
1923	368,227	343,058	246,011							97,047
1924	387,926	360,879	264,729							96,151
1925	403,669	376,332	270,240							106,093
1926	424,110	395,276	284,885							110,391
1927	443,209	413,314	296,119							117,195
1928	482,425	449,345	327,856							121,489
1929	532,874	496,239	364,813							131,426
1930	522,252	487,572	349,916							137,656
1931	493,310	460,083	336,909							123,174
1932	452,797	422,144	314,852							107,292
1933	425,606	397,016	296,997							100,019
1934	460,684	428,190	342,357							85,833
1935	470,623	438,848	343,336							95,512
1936	1,922,747	533,755	442,212							91,543
1937	2,237,731	597,753	496,783							100,970
1938	3,672,466	700,063	572,493							127,569
1939	3,874,129	833,008	678,840							154,168
1940	4,203,362	908,238	740,969							167,270

（出所）　第4章第3節本文参照.

統計表 4.3.1 （つづき）
Table 4.3.1 （cont'd）

	11 北部 North	12 京畿・北部 Gyeonggi-do, North	13 江原・北部 Gangwon-do, North	14 黄海道 Hwanghae-do	15 平安南道 Pyeongannam-do	16 平安北道 Pyeonganbuk-do	17 咸鏡南道 Hamgyeongnam-do	18 咸鏡北道 Hamgyeongbuk-do
	円 Yen							
1910	3,546	3,546						
1911	5,439	5,439						
1912	7,571	7,571						
1913	9,113	9,113						
1914	8,795	8,795						
1915	8,157	8,157						
1916	9,784	9,784						
1917	12,214	12,214						
1918	13,782	13,782						
1919	19,131	19,131						
1920	23,106	23,106						
1921	25,043	25,043						
1922	25,798	25,798						
1923	25,169	25,169						
1924	27,047	27,047						
1925	27,337	27,337						
1926	28,834	28,834						
1927	29,895	29,895						
1928	33,080	33,080						
1929	36,635	36,635						
1930	34,681	34,681						
1931	33,227	33,227						
1932	30,653	30,653						
1933	28,591	28,591						
1934	32,494	32,494						
1935	31,775	31,775						
1936	1,388,992	39,697		1,349,295				
1937	1,639,978	44,385		1,592,567	3,026			
1938	2,972,403	50,738		2,800,612	121,053			
1939	3,041,121	59,037		2,921,483	60,600			
1940	3,295,124	59,616		3,169,758	65,750			

統計表 **4.3.2** 植民地期のガス実質付加価値額：道別，1910〜1940年（1935年価格）

Table 4.3.2 Gas: Real value added by province in the colonial period, 1910-1940 (in 1935 prices)

	1	2	3	4	5	6	7	8	9	10
	南北計 Total	南部 South	京畿・南部 Gyeonggi- do, South	江原・南部 Gangwon- do, South	忠清北道 Chungcheongbuk- do	忠清南道 Chungcheongnam- do	全羅北道 Jeollabuk- do	全羅南道 Jeollanam- do	慶尚北道 Gyeongsangbuk- do	慶尚南道 Gyeongsangnam- do
					円 Yen					
1910	49,739	46,459	30,459							15,999
1911	76,298	71,267	46,724							24,543
1912	122,537	114,456	75,040							39,416
1913	153,669	143,942	90,323							53,619
1914	164,284	153,483	100,298							53,185
1915	173,615	162,297	105,106							57,191
1916	209,283	195,707	126,065							69,642
1917	229,014	214,258	137,021							77,237
1918	226,206	210,271	151,623							58,648
1919	252,184	232,503	182,370							50,133
1920	261,605	242,919	180,924							61,994
1921	240,508	223,134	168,232							54,902
1922	257,111	238,299	181,316							56,983
1923	272,854	253,452	189,637							63,815
1924	288,140	267,291	204,065							63,226
1925	299,149	278,077	208,313							69,763
1926	314,419	292,193	219,603							72,590
1927	328,371	305,326	228,262							77,064
1928	367,182	341,682	252,727							88,955
1929	383,000	356,587	263,017							93,570
1930	385,032	358,270	270,018							88,252
1931	366,275	340,636	259,974							80,661
1932	338,996	315,327	243,115							72,212
1933	364,417	338,945	264,597							74,348
1934	410,720	381,771	305,009							76,762
1935	470,623	438,848	343,336							95,512
1936	1,312,243	543,156	412,730							130,425
1937	1,452,145	607,519	463,662							143,857
1938	2,155,727	697,903	534,327							163,576
1939	2,225,894	845,304	665,595							179,710
1940	2,353,286	943,901	765,169							178,732

（出所）　第4章第3節本文参照．

統計表 4.3.2 （つづき）
Table 4.3.2 （cont'd）

	11	12	13	14	15	16	17	18
	北部 North	京畿・北部 Gyeonggi- do, North	江原・北部 Gangwon- do, North	黄海道 Hwanghae- do	平安南道 Pyeongannam- do	平安北道 Pyeonganbuk- do	咸鏡南道 Hamgyeongnam- do	咸鏡北道 Hamgyeongbuk- do
				円 Yen				
1910	3,280	3,280						
1911	5,032	5,032						
1912	8,081	8,081						
1913	9,727	9,727						
1914	10,801	10,801						
1915	11,319	11,319						
1916	13,576	13,576						
1917	14,756	14,756						
1918	15,935	15,935						
1919	19,681	19,681						
1920	18,687	18,687						
1921	17,374	17,374						
1922	18,811	18,811						
1923	19,401	19,401						
1924	20,849	20,849						
1925	21,073	21,073						
1926	22,227	22,227						
1927	23,044	23,044						
1928	25,500	25,500						
1929	26,413	26,413						
1930	26,762	26,762						
1931	25,640	25,640						
1932	23,669	23,669						
1933	25,472	25,472						
1934	28,949	28,949						
1935	31,775	31,775						
1936	769,087	37,050		732,037				
1937	844,626	41,426		799,508	3,692			
1938	1,457,825	47,356		1,305,734	104,735			
1939	1,380,590	57,885		1,271,438	51,266			
1940	1,409,385	61,563		1,293,409	54,414			

Ⅱ　統　計　編　411

統計表 4.3.3　植民地期の水道名目付加価値額：道別，1911～1940年
Table 4.3.3　Water: Nominal value added by province in the colonial period, 1911-1940（in current prices）

	1	2	3	4	5	6	7	8	9	10
	南北計 Total	南部 South	京畿・南部 Gyeonggi- do, South	江原・南部 Gangwon- do, South	忠清北道 Chungcheongbuk- do	忠清南道 Chungcheongnam- do	全羅北道 Jeollabuk- do	全羅南道 Jeollanam- do	慶尚北道 Gyeongsangbuk- do	慶尚南道 Gyeongsangnam- do
					円　　Yen					
1911	130,741	103,591	64,920					7,956		30,715
1912	185,302	149,097	102,788					8,429		37,880
1913	244,172	198,663	155,326					6,156		37,181
1914	256,147	202,174	155,898					7,306		38,971
1915	273,800	208,358	158,086				2,331	8,832		39,110
1916	299,782	217,019	162,602				5,344	9,491		39,583
1917	329,837	232,563	171,032				7,580	10,476	688	42,787
1918	356,548	248,753	175,846				9,767	11,034	6,981	45,125
1919	428,114	300,711	205,555				13,148	12,202	13,424	56,383
1920	691,638	488,522	308,051				23,111	33,395	30,213	93,751
1921	898,311	627,231	400,516				28,372	30,571	42,405	125,368
1922	1,009,980	707,296	442,899		6,610		32,721	33,213	59,403	132,450
1923	918,156	637,891	395,019		6,284	2,334	32,165	33,784	44,698	123,606
1924	911,672	621,763	370,182	110	6,021	10,805	34,770	35,598	38,463	125,814
1925	954,655	645,960	369,730	1,840	6,860	16,495	40,196	36,049	39,989	134,801
1926	1,046,400	711,460	412,284	3,909	7,075	19,396	45,167	42,167	46,196	135,266
1927	1,133,858	765,035	439,730	4,947	7,592	20,864	50,133	48,095	50,606	143,068
1928	1,192,460	806,429	462,944	7,044	8,551	20,105	52,407	49,136	58,535	147,708
1929	1,280,581	869,207	503,385	8,175	9,154	21,447	59,943	53,625	69,993	143,485
1930	1,252,395	844,119	462,414	8,101	8,923	20,643	59,236	59,092	72,914	152,796
1931	1,352,824	932,402	525,687	8,362	8,774	20,038	57,990	66,772	75,551	169,229
1932	1,418,395	979,945	567,743	8,846	9,115	19,594	57,620	67,971	75,353	173,702
1933	1,480,446	1,015,180	572,845	9,828	9,493	23,416	55,706	70,653	78,702	194,536
1934	1,595,984	1,099,287	604,270	9,983	9,847	33,496	63,143	80,987	87,757	209,804
1935	1,783,086	1,219,647	672,708	12,855	10,756	39,723	72,609	92,166	98,365	220,466
1936	1,975,156	1,338,079	725,199	16,961	11,417	53,518	77,282	97,999	107,672	248,031
1937	2,263,525	1,517,877	823,247	18,710	12,064	65,533	82,909	107,094	113,849	294,469
1938	2,473,631	1,640,250	884,424	20,647	12,338	74,709	95,385	105,414	134,590	312,741
1939	2,739,178	1,789,903	975,683	33,134	12,950	81,542	101,583	116,399	144,754	323,858
1940	3,190,393	1,913,698	1,048,400	36,076	13,341	84,893	106,237	125,581	158,300	340,870

（出所）　第4章第3節本文参照.

統計表 4.3.3 （つづき）
Table 4.3.3 （cont'd）

	11	12	13	14	15	16	17	18
	北部 North	京畿・北部 Gyeonggi- do, North	江原・北部 Gangwon- do, North	黄海道 Hwanghae- do	平安南道 Pyeongannam- do	平安北道 Pyeonganbuk- do	咸鏡南道 Hamgyeongnam- do	咸鏡北道 Hamgyeongbuk- do
				円　Yen				
1911	27,150	6,991			20,159			
1912	36,205	11,069			25,136			
1913	45,509	16,727			28,782			
1914	53,973	16,788			37,184			
1915	65,441	17,024			47,165		1,253	
1916	82,764	17,510			55,312	463	7,428	2,049
1917	97,273	18,418		260	62,929	1,553	11,338	2,776
1918	107,796	18,481		667	70,387	1,839	13,549	2,873
1919	127,403	22,183		1,468	82,304	2,542	16,151	2,755
1920	203,117	31,817		2,402	115,694	2,481	26,439	24,283
1921	271,080	41,363		5,667	130,329	20,349	36,341	37,032
1922	302,685	45,950		5,897	146,260	23,680	46,389	34,507
1923	280,265	40,414		3,605	144,916	19,405	42,951	28,975
1924	289,909	37,821	38	3,427	151,217	20,227	42,102	35,077
1925	308,695	37,401	649	4,262	152,996	21,541	46,140	45,705
1926	334,940	41,728	1,381	5,117	161,172	21,674	55,938	47,930
1927	368,824	44,393	1,745	5,331	173,866	25,773	62,923	54,793
1928	386,031	46,710	2,502	8,657	170,815	27,322	71,964	58,061
1929	411,373	50,551	2,929	10,405	178,391	28,432	80,013	60,652
1930	408,276	45,830	2,967	10,908	172,719	29,622	83,904	62,326
1931	420,422	51,845	3,097	10,946	176,489	29,460	84,196	64,389
1932	438,451	55,274	3,252	14,469	184,254	30,951	84,637	65,614
1933	465,267	55,146	3,628	16,032	189,466	33,496	93,072	74,426
1934	496,697	57,353	3,648	17,706	194,607	37,683	99,510	86,189
1935	563,438	62,258	4,673	24,377	218,331	45,508	110,124	98,167
1936	637,078	65,100	6,149	34,112	233,862	60,524	126,569	110,762
1937	745,648	73,553	6,772	46,972	260,719	65,252	156,411	135,969
1938	833,382	78,384	7,277	54,238	284,149	75,954	178,433	154,947
1939	949,275	84,853	11,546	61,188	313,082	86,102	208,223	184,281
1940	1,276,696	84,350	12,357	69,084	358,143	93,316	438,999	220,447

Ⅱ　統　計　編　413

統計表 **4.3.4**　植民地期の水道実質付加価値額：道別，1911〜1940年（1935年価格）
Table 4.3.4　Water: Real value added by province in the colonial period, 1911-1940（in 1935 prices）

	1	2	3	4	5	6	7	8	9	10
	南北計 Total	南部 South	京畿・南部 Gyeonggi- do, South	江原・南部 Gangwon- do, South	忠清北道 Chungcheongbuk- do	忠清南道 Chungcheongnam- do	全羅北道 Jeollabuk- do	全羅南道 Jeollanam- do	慶尚北道 Gyeongsangbuk- do	慶尚南道 Gyeongsangnam- do
					円　Yen					
1911	193,318	160,404	92,990					8,845		58,569
1912	269,421	225,384	143,780					9,372		72,231
1913	350,007	294,021	216,278					6,845		70,899
1914	365,408	299,764	217,330					8,122		74,312
1915	383,317	306,636	220,681				1,558	9,820		74,577
1916	428,315	331,955	229,087				4,027	13,881		84,960
1917	498,947	374,026	270,027				6,874	20,909	1,881	74,337
1918	547,392	406,855	281,995				9,289	23,355	19,084	73,132
1919	687,870	518,459	355,317				12,251	28,717	36,696	85,478
1920	718,827	522,273	368,896				12,859	37,385	35,714	67,420
1921	813,530	599,238	399,001				17,900	48,751	40,421	93,165
1922	853,296	614,261	413,164		7,926		19,455	40,880	45,866	86,970
1923	898,775	642,797	424,794		7,576	1,277	23,854	34,803	48,653	101,840
1924	875,572	595,503	356,281	132	9,442	7,705	24,858	39,615	57,542	99,928
1925	835,294	553,883	301,026	980	11,784	8,907	34,216	35,921	52,748	108,300
1926	971,586	655,354	366,588	2,413	11,364	8,793	45,041	48,236	61,255	111,665
1927	1,047,133	703,765	391,355	3,795	12,664	11,470	34,544	49,221	72,067	128,650
1928	1,129,825	763,169	419,027	5,744	13,096	11,403	46,578	49,923	92,493	124,906
1929	1,194,307	790,755	457,729	6,764	11,480	10,888	42,595	54,233	91,357	115,710
1930	1,273,160	824,317	473,551	6,799	9,410	9,994	43,563	57,102	87,081	136,816
1931	1,361,269	875,686	480,211	7,053	8,782	12,878	44,880	73,168	79,262	169,451
1932	1,417,887	922,720	507,862	7,439	9,215	12,942	46,566	75,008	76,920	186,767
1933	1,551,232	1,034,746	567,470	8,553	8,995	13,873	60,109	73,453	81,594	220,698
1934	1,619,172	1,115,452	612,874	11,298	8,987	25,403	65,258	79,229	93,325	219,078
1935	1,783,086	1,219,647	672,708	12,855	10,756	39,723	72,609	92,166	98,365	220,466
1936	2,036,545	1,366,728	745,390	14,638	11,035	48,255	77,380	115,412	104,939	249,678
1937	2,295,505	1,509,996	810,945	15,812	10,888	56,902	78,963	138,262	118,622	279,601
1938	2,526,394	1,641,680	874,099	18,082	11,721	61,899	92,965	146,658	133,556	302,700
1939	2,763,587	1,740,743	986,560	23,897	14,420	50,198	94,507	148,951	135,846	286,364
1940	3,326,936	1,974,203	1,124,491	33,584	13,471	57,584	98,078	173,460	159,887	313,648

（出所）　第4章第3節本文参照．

414　Ⅱ　統　計　編

統計表 **4.3.4** （つづき）
Table 4.3.4 （cont'd）

	11	12	13	14	15	16	17	18
	北部 North	京畿・北部 Gyeonggi- do, North	江原・北部 Gangwon- do, North	黄海道 Hwanghae- do	平安南道 Pyeongannam- do	平安北道 Pyeonganbuk- do	咸鏡南道 Hamgyeongnam- do	咸鏡北道 Hamgyeongbuk- do
				円　Yen				
1911	32,914	10,014			22,900			
1912	44,037	15,483			28,554			
1913	55,986	23,291			32,695			
1914	65,644	23,404			42,240			
1915	76,682	23,765			51,161		1,755	
1916	96,361	24,670			58,842	503	10,418	1,928
1917	124,920	29,079		387	70,256	2,140	20,629	2,431
1918	140,538	29,637		886	78,552	2,159	27,170	2,134
1919	169,411	38,345		1,118	89,441	2,286	36,087	2,134
1920	196,554	38,101		1,281	101,313	2,522	40,229	13,108
1921	214,291	41,206		2,327	105,128	8,247	39,671	17,712
1922	239,035	42,865		4,389	114,304	9,629	47,946	19,901
1923	255,978	43,460		6,158	130,266	11,865	40,231	23,998
1924	280,069	36,401	46	6,198	151,988	13,862	37,891	33,682
1925	281,411	30,451	346	679	160,915	13,775	33,900	41,345
1926	316,232	37,103	852	7,853	165,971	14,362	41,483	48,607
1927	343,368	39,510	1,339	7,873	184,062	15,043	43,735	51,806
1928	366,656	42,279	2,040	8,929	189,916	14,733	53,479	55,279
1929	403,553	45,966	2,424	9,422	203,148	21,447	57,721	63,425
1930	448,844	46,934	2,490	9,816	229,924	23,089	64,650	71,941
1931	485,583	47,360	2,612	10,942	243,707	24,838	75,703	80,420
1932	495,167	49,444	2,735	15,375	251,856	28,304	76,467	70,986
1933	516,486	54,628	3,157	16,545	250,366	29,042	89,803	72,945
1934	503,721	58,169	4,129	17,784	209,781	34,991	98,086	80,780
1935	563,438	62,258	4,673	24,377	218,331	45,508	110,124	98,167
1936	669,818	66,913	5,307	35,910	254,565	55,763	138,564	112,796
1937	785,510	72,454	5,723	55,681	290,017	62,737	169,603	129,294
1938	884,714	77,469	6,373	62,732	317,371	66,843	203,805	150,121
1939	1,022,844	85,799	8,327	68,016	368,284	71,343	241,806	179,270
1940	1,352,733	90,472	11,503	81,655	367,598	76,630	506,244	218,632

統計表 4.3.5　植民地期の電気名目付加価値値額：道別，1911～1940年
Table 4.3.5　Electricity: Nominal value added by province in the colonial period, 1911-1940（in current prices）

	1	2	3	4	5	6	7	8	9	10
	南北計 Total	南部 South	京畿・南部 Gyeonggi- do, South	江原・南部 Gangwon- do, South	忠清北道 Chungcheongbuk- do	忠清南道 Chungcheongnam- do	全羅北道 Jeollabuk- do	全羅南道 Jeollanam- do	慶尚北道 Gyeongsangbuk- do	慶尚南道 Gyeongsangnam- do
					円　　Yen					
1911	209,197	187,747	138,947							48,800
1912	202,750	165,302	118,365			7,117	254	816	722	38,028
1913	571,908	440,916	295,179		2,427	15,276	10,772	13,822	9,911	93,529
1914	833,044	440,173	288,997		3,685	12,464	13,460	14,724	12,040	94,805
1915	1,075,867	436,220	291,346		4,358	11,904	13,584	12,830	13,118	89,080
1916	2,190,942	901,390	627,034		11,401	20,831	24,759	22,604	31,440	163,320
1917	2,332,302	1,007,968	715,024		12,544	18,906	26,056	28,493	39,782	167,163
1918	8,450,476	5,573,925	3,981,370		62,798	86,146	194,782	171,608	272,139	805,081
1919	11,356,678	8,706,394	5,760,710		49,597	112,653	308,103	280,598	409,547	1,785,187
1920	8,091,183	6,314,878	4,439,301		26,510	80,628	158,904	164,986	279,595	1,164,954
1921	7,409,941	5,433,409	3,629,560		5,780	109,200	143,856	160,809	315,540	1,068,663
1922	7,484,464	4,962,475	3,155,962			130,568	150,126	190,371	315,859	1,019,588
1923	7,652,233	4,783,359	2,975,621			120,344	144,045	174,999	332,839	1,035,510
1924	7,563,318	4,748,642	2,609,891	561,956		107,486	119,537	139,727	298,952	911,093
1925	9,875,861	6,122,148	2,755,521	1,559,610		124,741	154,648	167,423	350,629	1,009,576
1926	9,908,859	6,203,836	2,640,039	1,751,749		125,226	163,239	161,241	344,972	1,017,370
1927	11,308,137	7,163,972	3,202,020	1,923,616	4,237	134,028	233,401	198,539	358,344	1,109,787
1928	11,120,807	7,262,669	3,830,012	601,191	9,590	182,536	354,907	274,620	466,598	1,543,215
1929	10,321,107	7,090,413	4,035,904	70,558	14,149	217,488	403,807	338,712	485,300	1,524,495
1930	43,176,014	11,623,921	6,450,131	129,916	27,874	377,850	698,580	575,232	926,409	2,437,929
1931	68,076,585	13,174,535	7,050,954	155,118	88,956	361,134	834,160	717,593	1,178,906	2,787,714
1932	61,707,380	13,007,639	6,631,005	169,781	111,675	336,912	1,011,040	791,983	1,172,214	2,783,030
1933	65,676,972	13,806,545	6,869,770	200,430	120,616	423,005	1,203,927	908,775	1,353,108	2,726,914
1934	53,409,713	13,924,124	6,932,305	202,549	121,564	426,329	1,213,386	915,915	1,363,739	2,748,339
1935	59,793,565	17,485,216	8,714,507	254,434	152,486	534,775	1,522,038	1,148,899	1,710,636	3,447,440
1936	99,870,584	24,082,204	12,017,610	350,235	209,749	735,597	2,093,603	1,580,341	2,353,025	4,742,045
1937	156,796,887	33,595,182	16,767,982	488,691	292,545	1,025,968	2,920,036	2,204,168	3,281,863	6,613,929
1938	190,546,784	41,949,972	20,942,784	614,258	365,141	1,280,563	3,644,646	2,751,135	4,096,261	8,255,184
1939	172,895,971	49,057,032	24,508,513	719,854	426,658	1,496,308	4,258,684	3,214,637	4,786,386	9,645,991
1940	170,350,346	53,945,910	27,030,239	792,666	467,739	1,640,380	4,668,731	3,524,158	5,247,243	10,574,754

（出所）　第4章第3節本文参照.

統計表 4.3.5 （つづき）
Table 4.3.5 （cont'd）

	11	12	13	14	15	16	17	18
	北部 North	京畿・北部 Gyeonggi- do, North	江原・北部 Gangwon- do, North	黄海道 Hwanghae- do	平安南道 Pyeongannam- do	平安北道 Pyeonganbuk- do	咸鏡南道 Hamgyeongnam- do	咸鏡北道 Hamgyeongbuk- do
				円　Yen				
1911	21,450	14,963			6,487			
1912	37,448	12,747			22,297			2,405
1913	130,992	31,787			77,204		8,731	13,270
1914	392,870	31,122			67,372	267,997	14,425	11,955
1915	639,648	31,375			64,520	515,892	15,887	11,974
1916	1,289,552	67,524			162,434	1,005,360	28,869	25,365
1917	1,324,334	77,000			162,186	1,024,267	34,034	26,847
1918	2,876,550	418,433			741,442	1,342,667	225,791	148,217
1919	2,650,284	621,679			1,115,698	288,243	384,937	239,727
1920	1,776,305	458,511		20,641	691,502	192,941	227,118	185,592
1921	1,976,532	374,838		51,194	940,104	189,911	223,950	196,535
1922	2,521,989	327,428		53,531	1,547,973	183,868	235,953	173,236
1923	2,868,874	304,431		42,759	1,987,249	164,187	210,578	159,671
1924	2,814,676	266,647	196,092	36,477	1,744,031	257,006	177,305	137,117
1925	3,753,713	278,744	550,273	46,562	2,190,459	336,975	200,799	149,900
1926	3,705,023	267,206	618,826	46,024	2,002,771	371,839	253,534	144,824
1927	4,144,165	323,264	678,618	47,859	2,214,456	492,978	234,490	152,502
1928	3,858,137	386,442	213,527	59,895	2,266,690	427,959	306,152	197,471
1929	3,230,693	405,295	25,282	71,343	1,737,039	394,419	358,371	238,945
1930	31,552,093	639,282	47,576	203,152	3,481,614	655,593	26,027,131	497,745
1931	54,902,050	695,388	57,448	319,321	4,616,753	216,296	48,335,898	660,945
1932	48,699,741	645,573	62,420	424,431	4,690,403	56,568	42,232,814	587,532
1933	51,870,427	661,327	73,987	214,698	3,872,709	523,038	45,249,232	1,275,436
1934	39,485,590	657,962	74,025	216,384	3,903,135	527,148	32,821,478	1,285,457
1935	42,308,350	806,515	92,491	271,427	4,895,986	661,240	33,968,248	1,612,442
1936	75,788,380	1,078,805	126,971	373,354	6,734,557	909,553	64,347,184	2,217,957
1937	123,201,705	1,498,140	176,888	520,733	9,392,970	1,268,591	107,250,906	3,093,477
1938	148,596,811	1,856,100	216,485	649,954	11,723,848	1,583,394	128,705,904	3,861,128
1939	123,838,940	2,131,451	250,849	759,456	13,699,043	1,850,159	100,636,344	4,511,638
1940	116,404,435	2,174,753	271,502	832,580	15,018,054	2,028,301	91,133,205	4,946,041

統計表 4.3.6 植民地期の電気実質付加価値額：道別，1911～1940年（1935年価格）
Table 4.3.6 Electricity: Real value added by province in the colonial period, 1911-1940 (in 1935 prices)

	1	2	3	4	5	6	7	8	9	10
	南北計 Total	南部 South	京畿・南部 Gyeonggi-do, South	江原・南部 Gangwon-do, South	忠清北道 Chungcheongbuk-do	忠清南道 Chungcheongnam-do	全羅北道 Jeollabuk-do	全羅南道 Jeollanam-do	慶尚北道 Gyeongsangbuk-do	慶尚南道 Gyeongsangnam-do
					円　Yen					
1911	100,182	89,910	66,540							23,370
1912	97,095	79,161	56,684			3,408	122	391	346	18,211
1913	273,881	211,150	141,358		1,162	7,315	5,159	6,619	4,746	44,790
1914	398,936	210,794	138,397		1,765	5,969	6,446	7,051	5,766	45,401
1915	515,221	208,901	139,523		2,087	5,701	6,505	6,144	6,282	42,659
1916	1,063,127	437,388	304,261		5,532	10,108	12,014	10,968	15,256	79,249
1917	1,041,848	450,263	319,404		5,603	8,445	11,639	12,728	17,771	74,672
1918	2,624,280	1,730,973	1,236,408		19,502	26,753	60,489	53,293	84,512	250,016
1919	2,871,066	2,201,051	1,456,357		12,539	28,480	77,891	70,938	103,537	451,311
1920	2,100,836	1,639,627	1,152,643		6,883	20,935	41,259	42,838	72,595	302,475
1921	1,737,846	1,274,292	851,237		1,356	25,611	33,738	37,714	74,003	250,632
1922	1,928,600	1,278,732	813,230			33,645	38,684	49,055	81,391	262,728
1923	2,377,692	1,486,279	924,581			37,393	44,758	54,375	103,419	321,752
1924	2,745,852	1,723,988	947,517	204,017		39,023	43,398	50,728	108,534	330,771
1925	4,069,596	2,522,785	1,135,481	642,676		51,403	63,727	68,991	144,485	416,021
1926	4,339,132	2,716,686	1,156,084	767,099		54,837	71,483	70,608	151,065	445,510
1927	5,337,290	3,381,299	1,511,311	907,921	2,000	63,259	110,162	93,708	169,133	523,805
1928	4,175,610	2,726,967	1,438,082	225,734	3,601	68,538	133,260	103,114	175,197	579,442
1929	3,513,968	2,414,032	1,374,081	24,022	4,817	74,047	137,482	115,319	165,227	519,036
1930	16,400,885	4,415,475	2,450,153	49,350	10,588	143,530	265,363	218,508	351,907	926,074
1931	28,190,876	5,455,645	2,919,838	64,235	36,837	149,547	345,430	297,159	488,191	1,154,407
1932	27,290,701	5,752,757	2,932,628	75,087	49,389	149,003	447,142	350,262	518,423	1,230,823
1933	30,474,106	6,406,235	3,187,572	92,999	55,966	196,274	558,622	421,672	627,842	1,265,288
1934	46,003,852	11,993,386	5,971,062	174,463	104,707	367,213	1,045,136	788,913	1,174,641	2,367,250
1935	59,793,565	17,485,216	8,714,507	254,434	152,486	534,775	1,522,038	1,148,899	1,710,636	3,447,440
1936	68,508,843	16,519,818	8,243,795	240,253	143,883	504,602	1,436,161	1,084,076	1,614,119	3,252,930
1937	79,497,574	17,033,090	8,501,533	247,771	148,323	520,176	1,480,487	1,117,535	1,663,937	3,353,328
1938	90,354,512	19,892,066	9,930,763	291,272	173,144	607,224	1,728,238	1,304,548	1,942,388	3,914,488
1939	115,485,977	32,767,676	16,370,477	480,827	284,987	999,460	2,844,591	2,147,219	3,197,070	6,443,046
1940	132,005,674	41,803,063	20,945,921	614,242	362,454	1,271,142	3,617,832	2,730,895	4,066,125	8,194,451

（出所）　第4章第3節本文参照.

統計表 4.3.6 （つづき）
Table 4.3.6 （cont'd）

	11	12	13	14	15	16	17	18
	北部 North	京畿・北部 Gyeonggi- do, North	江原・北部 Gangwon- do, North	黄海道 Hwanghae- do	平安南道 Pyeongannam- do	平安北道 Pyeonganbuk- do	咸鏡南道 Hamgyeongnam- do	咸鏡北道 Hamgyeongbuk- do
				円　Yen				
1911	10,272	7,166			3,107			
1912	17,934	6,104			10,678			1,152
1913	62,731	15,223			36,972		4,181	6,355
1914	188,141	14,904			32,264	128,341	6,908	5,725
1915	306,320	15,025			30,898	247,055	7,608	5,734
1916	625,739	32,765			78,819	487,838	14,008	12,308
1917	591,585	34,396			72,449	457,544	15,203	11,993
1918	893,308	129,944			230,253	416,963	70,119	46,029
1919	670,015	157,166			282,058	72,870	97,315	60,605
1920	461,209	119,050		5,359	179,545	50,096	58,970	48,188
1921	463,554	87,910		12,007	220,482	44,540	52,523	46,093
1922	649,867	84,372		13,794	398,882	47,379	60,800	44,639
1923	891,413	94,592		13,286	617,475	51,016	65,431	49,613
1924	1,021,864	96,806	71,191	13,243	633,168	93,306	64,370	49,780
1925	1,546,811	114,864	226,754	19,187	902,633	138,859	82,744	61,770
1926	1,622,446	117,011	270,986	20,154	877,022	162,830	111,024	63,419
1927	1,955,991	152,576	320,298	22,589	1,045,194	232,679	110,676	71,979
1928	1,448,643	145,100	80,175	22,489	851,091	160,689	114,953	74,146
1929	1,099,936	137,988	8,608	24,290	591,400	134,285	122,012	81,352
1930	11,985,410	242,838	18,072	77,170	1,322,530	249,034	9,886,692	189,074
1931	22,735,231	287,964	23,790	132,233	1,911,822	89,569	20,016,152	273,701
1932	21,537,943	285,511	27,606	187,709	2,074,377	25,018	18,677,881	259,842
1933	24,067,871	306,856	34,330	99,620	1,796,936	242,690	20,995,637	591,802
1934	34,010,466	566,728	63,760	186,380	3,361,922	454,053	28,270,408	1,107,214
1935	42,308,350	806,515	92,491	271,427	4,895,986	661,240	33,968,248	1,612,442
1936	51,989,024	740,035	87,099	256,112	4,619,746	623,931	44,140,636	1,521,465
1937	62,464,484	759,572	89,684	264,017	4,762,329	643,188	54,377,271	1,568,424
1938	70,462,445	880,136	102,654	308,199	5,559,278	750,822	61,030,466	1,830,891
1939	82,718,301	1,423,704	167,555	507,279	9,150,284	1,235,815	67,220,112	3,013,551
1940	90,202,611	1,685,231	210,388	645,172	11,637,595	1,571,745	70,619,758	3,832,721

Ⅱ 統 計 編 419

統計表 5.3.1 植民地期の第3次産業名目付加価値額：道別，1912〜1940年

Table 5.3.1 Tertiary industry: Nominal value added by province in the colonial period, 1912-1940 （in current prices）

	1	2	3	4	5	6	7	8	9	10
	南北計 Total	南部 South	京畿・南部 Gyeonggi- do, South	江原・南部 Gangwon- do, South	忠清北道 Chungcheongbuk- do	忠清南道 Chungcheongnam- do	全羅北道 Jeollabuk- do	全羅南道 Jeollanam- do	慶尚北道 Gyeongsangbuk- do	慶尚南道 Gyeongsangnam- do
					千・円	1,000Yen				
1912	266,599	146,483	26,317	10,409	11,384	14,372	13,807	18,404	27,996	23,793
1913	254,940	159,413	27,438	11,153	8,833	16,603	16,174	22,310	31,666	25,237
1914	247,276	159,845	26,929	10,071	9,151	14,636	16,400	28,536	29,273	24,850
1915	240,370	156,112	26,665	9,596	8,401	14,007	15,811	28,215	28,968	24,448
1916	210,322	136,325	23,896	9,870	7,907	14,999	12,296	17,274	24,421	25,662
1917	242,316	156,132	29,007	10,685	9,252	20,122	12,587	19,057	26,216	29,206
1918	296,417	191,298	36,352	12,638	11,804	21,703	15,457	23,458	35,297	34,590
1919	404,566	256,540	54,059	16,095	13,119	26,033	21,264	31,046	48,886	46,038
1920	403,163	262,719	57,379	19,053	13,945	24,021	25,390	34,850	43,242	44,839
1921	396,777	258,434	57,022	17,007	14,433	22,809	21,721	34,522	46,099	44,820
1922	427,860	280,580	61,433	17,415	13,539	24,292	29,489	35,741	50,409	48,262
1923	571,427	374,161	83,580	23,917	21,579	32,900	33,785	44,382	68,252	65,766
1924	595,800	393,495	89,263	25,521	23,175	35,079	35,046	46,557	72,687	66,165
1925	607,825	396,694	86,610	25,283	22,184	38,196	34,757	49,486	69,600	70,578
1926	606,908	400,509	89,498	28,411	22,745	37,431	34,568	49,083	69,338	69,415
1927	628,065	406,828	91,438	28,075	23,651	38,727	37,552	49,767	71,100	66,518
1928	647,158	423,698	96,188	26,698	26,217	43,096	37,570	51,035	76,420	66,474
1929	662,118	439,237	102,636	25,966	27,995	46,299	43,597	50,886	73,209	68,650
1930	648,409	425,881	98,132	27,627	26,198	42,902	40,465	50,931	71,255	68,372
1931	655,149	427,795	100,340	27,096	22,914	48,905	41,407	50,936	64,113	72,084
1932	586,398	396,768	110,820	21,147	16,700	39,450	35,950	47,686	48,994	76,022
1933	571,023	375,220	104,033	19,726	17,249	34,298	33,494	43,437	45,328	77,654
1934	599,231	392,604	104,435	20,468	17,944	38,886	37,407	46,286	48,238	78,941
1935	639,838	421,159	111,819	23,349	19,956	44,271	39,682	47,065	51,396	83,620
1936	696,460	461,325	118,234	25,967	21,350	49,310	46,047	51,424	56,215	92,777
1937	737,037	489,139	125,850	29,957	23,205	52,609	48,350	55,294	59,652	94,221
1938	772,244	512,322	136,208	30,027	25,945	54,645	50,052	55,320	63,208	96,918
1939	829,018	545,478	149,778	35,965	27,103	59,235	54,119	58,699	64,495	96,083
1940	907,386	580,089	169,788	38,841	26,564	59,997	58,657	60,372	67,632	98,237

（出所）　第5章第2節，第3節本文参照.

統計表 5.3.1 （つづき）
Table 5.3.1 （cont'd）

	11	12	13	14	15	16	17	18
	北部 North	京畿・北部 Gyeonggi- do, North	江原・北部 Gangwon- do, North	黄海道 Hwanghae- do	平安南道 Pyeongannam- do	平安北道 Pyeonganbuk- do	咸鏡南道 Hamgyeongnam- do	咸鏡北道 Hamgyeongbuk- do
				千円	1,000Yen			
1912	120,116	2,834	3,784	18,202	25,862	50,756	13,299	5,379
1913	95,527	2,955	4,054	23,224	20,561	18,601	20,674	5,458
1914	87,431	2,900	3,661	20,267	23,303	14,955	16,545	5,799
1915	84,258	2,872	3,488	19,764	22,867	14,334	15,959	4,975
1916	73,997	2,573	3,588	16,953	13,894	15,463	13,693	7,832
1917	86,184	3,124	3,885	20,090	14,544	19,139	17,644	7,758
1918	105,120	3,821	4,617	24,022	18,897	21,502	24,406	7,855
1919	148,025	5,834	5,689	30,929	30,682	27,635	34,544	12,712
1920	140,445	5,926	6,688	26,448	27,497	32,060	28,382	13,443
1921	138,342	5,889	5,953	24,188	27,906	30,465	28,675	15,267
1922	147,279	6,374	6,180	25,991	29,758	31,550	30,791	16,636
1923	197,266	8,551	8,506	33,983	38,184	44,255	39,733	24,055
1924	202,305	9,120	8,905	34,732	43,093	43,474	41,558	21,424
1925	211,131	8,761	8,921	37,044	43,078	45,781	44,355	23,192
1926	206,399	9,058	10,036	33,101	43,469	41,563	46,476	22,696
1927	221,237	9,231	9,904	32,139	45,786	45,149	55,626	23,401
1928	223,460	9,705	9,482	32,072	50,572	39,457	54,041	28,130
1929	222,881	10,307	9,304	31,153	46,859	40,880	55,045	29,333
1930	222,528	9,726	10,117	34,405	42,075	40,909	52,643	32,652
1931	227,354	9,896	10,035	31,539	41,276	40,861	55,127	38,620
1932	189,630	10,789	7,775	30,478	34,538	35,353	45,150	25,547
1933	195,803	10,015	7,282	32,860	35,721	34,563	49,747	25,616
1934	206,627	9,912	7,480	33,955	36,112	36,874	55,409	26,886
1935	218,679	10,349	8,488	35,868	37,187	37,663	59,288	29,838
1936	235,135	10,614	9,414	37,892	40,981	38,490	60,527	37,218
1937	247,898	11,244	10,843	39,646	40,624	38,155	66,176	41,210
1938	259,922	12,072	10,583	39,968	40,395	39,426	71,402	46,076
1939	283,540	13,026	12,533	35,824	45,366	41,060	70,996	64,735
1940	327,296	13,661	13,304	41,840	49,390	47,978	90,293	70,832

II　統　計　編　421

統計表 5.3.2　植民地期の第3次産業実質付加価値額：道別，1912～1940年（1935年価格）
Table 5.3.2　Tertiary industry: Real value added by province in the colonial period, 1912-1940 （in 1935 prices）

	1	2	3	4	5	6	7	8	9	10
	南北計 Total	南部 South	京畿・南部 Gyeonggi- do, South	江原・南部 Gangwon- do, South	忠清北道 Chungcheongbuk- do	忠清南道 Chungcheongnam- do	全羅北道 Jeollabuk- do	全羅南道 Jeollanam- do	慶尚北道 Gyeongsangbuk- do	慶尚南道 Gyeongsangnam- do
					千円	1,000Yen				
1912	498,872	274,105	49,245	19,478	21,302	26,894	25,836	34,439	52,388	44,523
1913	502,938	314,485	54,128	22,002	17,426	32,754	31,908	44,011	62,470	49,787
1914	506,838	327,633	55,196	20,643	18,757	29,999	33,615	58,490	60,000	50,934
1915	448,304	291,157	49,732	17,897	15,669	26,125	29,489	52,623	54,027	45,596
1916	404,866	262,424	45,999	19,000	15,222	28,874	23,669	33,252	47,009	49,399
1917	404,893	260,886	48,468	17,854	15,460	33,622	21,032	31,842	43,805	48,801
1918	389,114	251,121	47,720	16,590	15,495	28,490	20,290	30,794	46,335	45,406
1919	386,269	244,938	51,614	15,367	12,526	24,856	20,303	29,642	46,675	43,955
1920	301,505	196,473	42,911	14,249	10,429	17,964	18,988	26,062	32,338	33,533
1921	317,432	206,754	45,619	13,606	11,547	18,248	17,377	27,619	36,880	35,857
1922	352,957	231,461	50,678	14,366	11,169	20,040	24,327	29,484	41,584	39,813
1923	476,781	312,188	69,736	19,955	18,005	27,451	28,190	37,031	56,947	54,873
1924	496,861	328,151	74,440	21,283	19,327	29,254	29,227	38,826	60,617	55,178
1925	493,836	322,300	70,367	20,542	18,024	31,033	28,238	40,206	56,547	57,342
1926	502,338	331,502	74,078	23,515	18,826	30,982	28,612	40,626	57,408	57,455
1927	522,732	338,599	76,103	23,367	19,684	32,232	31,254	41,421	59,176	55,362
1928	537,145	351,672	79,837	22,160	21,761	35,770	31,183	42,360	63,429	55,174
1929	557,611	369,909	86,436	21,867	23,577	38,991	36,716	42,854	61,654	57,814
1930	591,355	388,407	89,497	25,196	23,893	39,127	36,904	46,449	64,985	62,356
1931	641,308	418,757	98,220	26,524	22,430	47,872	40,533	49,860	62,759	70,561
1932	586,555	396,874	110,849	21,153	16,704	39,461	35,959	47,698	49,007	76,042
1933	587,919	386,322	107,111	20,310	17,760	35,313	34,485	44,722	46,669	79,952
1934	590,448	386,850	102,904	20,168	17,681	38,316	36,858	45,607	47,531	77,784
1935	639,838	421,159	111,819	23,349	19,956	44,271	39,682	47,065	51,396	83,620
1936	651,523	431,559	110,606	24,291	19,973	46,129	43,076	48,106	52,588	86,790
1937	658,847	437,248	112,499	26,779	20,743	47,028	43,221	49,428	53,324	84,225
1938	664,620	440,922	117,225	25,842	22,329	47,030	43,076	47,610	54,399	83,411
1939	671,425	441,785	121,306	29,128	21,950	47,975	43,831	47,541	52,235	77,818
1940	639,535	408,853	119,669	27,376	18,723	42,286	41,342	42,551	47,668	69,239

（出所）　第5章第2節，第3節本文参照．

422　Ⅱ　統　計　編

統計表 5.3.2 （つづき）
Table 5.3.2 （cont'd）

	11	12	13	14	15	16	17	18
	北部 North	京畿・北部 Gyeonggi- do, North	江原・北部 Gangwon- do, North	黄海道 Hwanghae- do	平安南道 Pyeongannam- do	平安北道 Pyeonganbuk- do	咸鏡南道 Hamgyeongnam- do	咸鏡北道 Hamgyeongbuk- do
				千円　1,000Yen				
1912	224,767	5,303	7,081	34,060	48,394	94,978	24,886	10,065
1913	188,453	5,829	7,998	45,816	40,562	36,696	40,784	10,767
1914	179,206	5,944	7,504	41,542	47,764	30,654	33,911	11,886
1915	157,146	5,356	6,506	36,861	42,648	26,734	29,764	9,279
1916	142,442	4,954	6,907	32,634	26,746	29,766	26,358	15,077
1917	144,007	5,219	6,491	33,569	24,301	31,980	29,483	12,964
1918	137,993	5,015	6,061	31,535	24,806	28,226	32,038	10,312
1919	141,331	5,570	5,432	29,530	29,294	26,385	32,982	12,137
1920	105,031	4,432	5,002	19,779	20,564	23,976	21,225	10,053
1921	110,678	4,711	4,762	19,351	22,325	24,373	22,940	12,214
1922	121,496	5,258	5,098	21,441	24,549	26,027	25,400	13,723
1923	164,593	7,135	7,097	28,355	31,859	36,925	33,152	20,070
1924	168,710	7,605	7,427	28,964	35,937	36,254	34,657	17,866
1925	171,536	7,118	7,248	30,097	34,999	37,195	36,037	18,842
1926	170,837	7,498	8,307	27,398	35,979	34,402	38,468	18,785
1927	184,133	7,683	8,243	26,749	38,107	37,577	46,297	19,477
1928	185,473	8,055	7,870	26,620	41,975	32,749	44,854	23,348
1929	187,702	8,680	7,835	26,236	39,463	34,427	46,357	24,703
1930	202,947	8,870	9,227	31,378	38,373	37,310	48,011	29,779
1931	222,550	9,687	9,823	30,873	40,404	39,998	53,962	37,804
1932	189,681	10,792	7,777	30,486	34,548	35,362	45,162	25,554
1933	201,597	10,311	7,497	33,832	36,778	35,586	51,219	26,374
1934	203,598	9,767	7,371	33,457	35,582	36,333	54,597	26,492
1935	218,679	10,349	8,488	35,868	37,187	37,663	59,288	29,838
1936	219,964	9,929	8,806	35,447	38,337	36,007	56,622	34,817
1937	221,600	10,051	9,693	35,440	36,314	34,107	59,155	36,838
1938	223,698	10,389	9,108	34,398	34,766	33,931	61,451	39,655
1939	229,640	10,550	10,150	29,014	36,742	33,255	57,500	52,429
1940	230,682	9,628	9,377	29,489	34,810	33,816	63,640	49,923

統計表 6.3.1　朝鮮の貿易額と貿易物価指数，1877〜1944年
Table 6.3.1　Korea's foreign trade: Exports and imports and their price indexes, 1877-1944

	1	2	3	4	5	6	7	8
	貿易額 Foreign trade						貿易物価指数 price index (1935＝100)	
	輸出額 Exports	輸入額 Imports	輸出修正額 Exports, revised	輸入修正額 Imports, revised	輸出実質額 Real value of exports	輸入実質額 Real value of imports	輸出 Exports	輸入 Imports
	千円　1,000 Yen							
1877	59	127	59	127	231	185	25.42	68.31
1878	181	245	181	245	731	397	24.83	61.58
1879	612	567	612	567	1,845	986	33.18	57.53
1880	1,260	978	1,260	978	2,656	1,450	47.43	67.47
1881	1,372	1,945	1,372	1,945	2,703	2,370	50.76	82.07
1882	1,323	1,708	1,323	1,708	2,674	2,263	49.48	75.49
1883	1,058	2,214	1,058	2,214	3,500	3,494	30.23	63.38
1884	439	451	439	451	1,824	959	24.09	47.08
1885	408	1,692	439	1,443	1,894	3,302	23.17	43.68
1886	566	2,536	569	2,178	2,280	4,936	24.98	44.12
1887	825	2,835	910	2,429	3,783	5,324	24.05	45.63
1888	897	3,077	980	2,629	4,026	5,717	24.34	45.98
1889	1,266	3,410	1,394	2,943	4,732	6,335	29.47	46.46
1890	3,576	4,754	4,013	4,092	12,808	8,538	31.33	47.93
1891	3,395	5,286	3,804	4,543	13,323	9,712	28.55	46.77
1892	2,468	4,623	2,762	3,989	9,533	8,500	28.98	46.93
1893	1,723	3,905	1,920	3,364	6,123	7,099	31.35	47.39
1894	2,404	5,923	2,612	5,093	7,522	9,704	34.72	52.48
1895	2,734	8,339	2,805	6,955	7,821	12,493	35.86	55.67
1896	4,867	6,670	5,333	5,665	13,718	9,747	38.88	58.12
1897	9,086	10,179	10,112	8,737	21,937	14,692	46.10	59.47
1898	5,813	11,921	6,404	10,300	11,363	18,624	56.36	55.30
1899	5,050	10,279	5,625	8,902	10,509	15,062	53.53	59.10
1900	9,569	11,069	10,580	9,534	21,340	16,178	49.58	58.93
1901	8,543	14,777	9,526	12,894	20,674	20,896	46.08	61.71
1902	8,469	13,693	9,337	11,978	19,082	19,780	48.93	60.55
1903	9,669	18,411	10,649	16,174	21,874	26,984	48.68	59.94
1904	7,531	27,403	7,780	24,089	12,618	38,197	61.66	63.07
1905	7,917	32,884	7,721	28,835	13,584	44,261	56.84	65.15
1906	8,903	30,291	9,181	26,588	15,931	40,458	57.63	65.72
1907	16,974	41,388	18,557	36,542	32,789	58,260	56.60	62.72
1908	14,113	41,026	13,464	41,021	25,395	65,109	53.02	63.00
1909	16,249	36,649	15,400	36,646	32,113	61,037	47.96	60.04
1910	19,914	39,783	21,777	47,305	40,767	79,630	53.42	59.41

424　II　統　計　編

統計表 6.3.1　（つづき）
Table 6.3.1　（cont'd）

	1	2	3	4	5	6	7	8
	貿易額 Foreign trade						貿易物価指数 price index (1935＝100)	
	輸出額 Exports	輸入額 Imports	輸出修正額 Exports, revised	輸入修正額 Imports, revised	輸出実質額 Real value of exports	輸入実質額 Real value of imports	輸出 Exports	輸入 Imports
	千円　1,000 Yen							
1911	18,857	54,088	19,976	62,340	35,625	105,705	56.07	58.98
1912	20,986	67,115	22,870	73,821	34,296	120,394	66.68	61.32
1913	30,879	71,580	31,787	76,278	41,341	116,329	76.89	65.57
1914	34,389	63,231	35,203	65,855	53,875	101,225	65.34	65.06
1915	49,492	59,199	51,686	62,904	93,751	99,877	55.13	62.98
1916	56,802	74,457	57,035	80,699	90,354	107,454	63.12	75.10
1917	83,775	102,887	84,119	111,912	104,595	111,566	80.42	100.31
1918	154,189	158,309	159,964	167,792	142,578	124,636	112.19	134.63
1919	219,666	280,786	223,329	286,325	166,467	172,647	134.16	165.84
1920	191,959	238,956	183,282	239,039	132,536	126,967	138.29	188.27
1921	218,277	232,382	195,554	215,093	192,951	160,416	101.35	134.08
1922	215,404	256,045	191,498	229,476	168,711	179,075	113.51	128.15
1923	261,666	265,791	237,041	232,518	213,234	179,837	111.16	129.29
1924	329,039	309,593	319,475	299,536	254,101	212,872	125.73	140.71
1925	341,631	340,012	330,460	328,273	245,869	221,659	134.40	148.10
1926	362,955	372,170	345,420	353,920	282,789	264,539	122.15	133.79
1927	358,925	383,417	352,337	376,252	319,456	311,542	110.29	120.77
1928	365,979	413,991	357,222	404,978	348,418	335,380	102.53	120.75
1929	345,664	423,094	318,796	395,983	317,428	342,258	100.43	115.70
1930	266,547	367,049	239,691	339,953	288,822	343,303	82.99	99.02
1931	261,799	270,466	241,733	250,212	392,829	321,552	61.54	77.81
1932	311,354	320,356	293,760	302,604	406,602	368,272	72.25	82.17
1933	368,628	404,185	335,667	371,037	427,207	384,626	78.57	96.47
1934	465,367	519,150	437,635	491,226	518,158	508,484	84.46	96.61
1935	550,796	659,403	500,024	608,401	500,024	608,401	100.00	100.00
1936	593,313	762,417	541,575	710,444	533,297	704,174	101.55	100.89
1937	685,543	863,553	612,417	790,178	557,726	664,600	109.81	118.90
1938	879,608	1,055,928	787,282	963,273	678,586	735,056	116.02	131.05
1939	1,006,794	1,388,448	838,561	1,219,863	577,771	762,898	145.14	159.90
1940	947,809	1,536,368	873,074	1,461,298	497,449	774,918	175.51	188.57
1941	973,298	1,519,339	924,557	1,470,477	525,968	757,386	175.78	194.15
1942	944,722	1,491,155	886,963	1,460,963	493,072	664,554	179.89	219.84
1943	914,469	1,347,675	835,492	1,311,053	411,775	566,657	202.90	231.37
1944	919,602	955,895						

(注)　1)　輸出入修正の意味は，第6章第2節［II］［III］参照.
　　　2)　輸出入実質額は輸出入修正額の1935年不変価格表示.
　　　3)　貿易物価指数は，堀・木越［2005, 2008］.

統計表 6.3.2 朝鮮の輸出品構成（SITC 一桁分類），1877〜1944年
Table 6.3.2 Korea's exports by commodity group (one-digit SITC), 1877-1944

	1	2	3	4	5	6	7	8	9	10	11
	食料品および動物（生きているもの）Food & live animals	飲料およびたばこ Beverages & tobacco	食用に適しない原材料（鉱物性燃料を除く）Crude materials, inedible (not including fuels)	鉱物性燃料,潤滑剤および関連した物質 Mineral fuels, lubricants & related materials	動物性・植物性の油,脂肪および蠟 Animal & vegetable oils, fats, & waxes	化学工業の生産品 Chemicals & related products, n.e.s.	原料別製品 Manufactured goods classified chiefly by material	機械類および輸送機器類 Machinery & transport equipment	雑製品 Miscellaneous manufactured goods	特殊取扱品 Commodities & transactions not classified elsewhere in the SITC	総計 Total
					千円　1,000 Yen						
1877	11		45		0	1	2			0	59
1878	85		72			5	19			1	181
1879	497		105			6	4			1	612
1880	906		333		0	4	5			12	1,260
1881	683		576		1	26	74			12	1,372
1882	490		434		0	19	137			242	1,323
1883	412		492		1	26	80			48	1,058
1884	187	0	228		1	3	18		1	2	439
1885	73	0	316			5	7			7	408
1886	118	1	416			7	14	1	2	8	566
1887	458	0	339			3	12	0	1	10	825
1888	573	1	271	0		5	35	1	3	8	897
1889	894	0	328	0		4	20		2	18	1,266
1890	3,264		258	2		1	34			16	3,576
1891	3,002		319	3		2	50		1	18	3,395
1892	1,967	0	414	4		2	54		1	25	2,468
1893	1,211	0	414	3		4	57	0	5	28	1,723
1894	1,808	1	447	1	0	8	96	0	6	38	2,404
1895	1,828	63	656	0	5	6	101	1	45	28	2,734
1896	4,003	4	661	21	5	7	113	1	14	38	4,867
1897	7,933	2	979	22	1	7	69	1	3	69	9,086
1898	4,306	8	1,365	24	1	7	39	1	3	60	5,813
1899	3,823	3	994	14	2	20	125	1	5	63	5,050
1900	6,776	5	2,361	20	9	6	214	1	8	168	9,569
1901	6,818	4	1,459	17	22	10	59	3	13	138	8,543
1902	5,994	16	2,203	31	30	13	95	4	21	62	8,469
1903	6,662	218	2,561	45	0	21	119	2	21	20	9,669
1904	4,344	206	2,521	63	17	10	217	8	73	74	7,531
1905	4,358	261	2,522	82	21	20	366	17	115	153	7,917
1906	6,626	72	1,380	101	21	30	362	29	72	211	8,903
1907	13,566	37	2,517	58	37	25	204	19	99	411	16,974
1908	8,077	18	4,591	45	32		277			1,072	14,113
1909	8,001	11	6,564	223	46	40	382			982	16,249
1910	8,759	8	8,610	362	78	67	780			1,251	19,914

426　Ⅱ　統　計　編

統計表 6.3.2 （つづき）
Table 6.3.2 （cont'd）

	1 食料品および動物（生きているもの） Food & live animals	2 飲料およびたばこ Beverages & tobacco	3 食用に適しない原材料（鉱物性燃料を除く） Crude materials, inedible (not including fuels)	4 鉱物性燃料, 潤滑剤および関連した物質 Mineral fuels, lubricants & related materials	5 動物性・植物性の油, 脂肪および蠟 Animal & vegetable oils, fats, & waxes	6 化学工業の生産品 Chemicals & related products, n.e.s.	7 原料別製品 Manufactured goods classified chiefly by material	8 機械類および輸送機器類 Machinery & transport equipment	9 雑製品 Miscellaneous manufactured goods	10 特殊取扱品 Commodities & transactions not classified elsewhere in the SITC	11 総計 Total
						千円　1,000 Yen					
1911	7,602	29	7,188	376	120	164	1,441			1,936	18,857
1912	9,742	56	8,550	334	128	277	284			1,614	20,986
1913	17,229	57	10,506	358	192	323	330			1,885	30,879
1914	20,623	396	9,961	458	169	154	417		20	2,191	34,389
1915	27,833	259	15,547	629	197	225	2,509		10	2,283	49,492
1916	23,733	633	24,070	469	279	384	3,928		62	3,244	56,802
1917	36,390	927	34,366	473	299	340	5,493		49	5,439	83,775
1918	79,790	2,758	40,034	580	293	733	21,507		41	8,455	154,189
1919	133,198	4,011	55,013	640	227	1,044	14,778		316	10,439	219,666
1920	101,444	3,563	49,340	1,210	213	1,274	15,582		139	19,194	191,959
1921	121,849	1,457	58,574	1,287	380	6,357	16,601		371	11,401	218,277
1922	124,424	1,055	62,335	1,138	501	935	14,596		1,031	9,389	215,404
1923	149,265	1,031	79,343	1,215	753	1,256	15,052	770	1,535	11,448	261,666
1924	206,343	927	87,230	1,475	1,145	2,083	16,080	1,226	2,349	10,182	329,039
1925	208,360	605	91,174	2,131	2,025	2,137	17,899	1,024	2,241	14,032	341,631
1926	226,947	782	88,034	2,260	2,942	1,812	20,405	1,113	2,448	16,212	362,955
1927	225,217	842	82,672	2,437	4,824	1,634	20,452	1,077	2,728	17,042	358,925
1928	219,930	607	91,142	2,908	5,313	1,836	22,857	1,616	4,820	14,949	365,979
1929	186,765	607	95,391	2,881	6,922	2,110	25,374	1,971	6,585	17,058	345,664
1930	139,460	1,477	72,725	2,359	3,737	4,489	22,173	1,701	4,124	14,303	266,547
1931	163,439	679	51,705	3,069	2,157	5,864	16,780	1,589	1,819	14,697	261,799
1932	177,019	899	61,550	3,852	3,625	16,564	27,848	2,584	3,230	14,180	311,354
1933	193,121	1,797	74,744	4,616	6,025	22,567	39,159	5,197	5,108	16,293	368,628
1934	267,446	1,268	74,104	6,446	7,232	21,824	59,610	3,646	6,524	17,268	465,367
1935	294,146	1,032	93,245	7,499	16,084	26,067	79,654	6,343	9,241	17,487	550,796
1936	305,740	1,792	128,493	7,808	20,105	31,831	59,859	6,739	11,833	19,113	593,313
1937	291,343	2,792	156,355	11,617	27,189	40,439	104,426	11,806	12,611	26,966	685,543
1938	393,354	5,009	171,519	22,458	19,491	50,816	144,888	21,945	23,119	27,007	879,608
1939	301,668	6,898	243,526	32,678	29,417	68,733	205,636	42,058	41,204	34,976	1,006,794
1940	180,565	6,650	299,210	39,514	38,847	67,543	208,981	27,151	28,259	51,090	947,809
1941	320,155	8,432	247,061	37,689	28,304	71,894	161,834	25,143	13,578	59,208	973,298
1942	308,670	442	84,288	17,856	9,610	39,139	211,597	8,956	14,101	57,628	752,287
1943	88,277	1,486	159,082	19,396	3,405	31,375	319,519	16,382	12,735	70,714	722,369
1944	161,279	541	33,681	4	415	20,949	122,074	4,869	1,945	38,793	384,550

（注）　1）1942〜1944年は対内地（日本, 台湾, 樺太）のみ.
　　　2）特殊取扱品とは, 種類別に分類されない以下の各種品物をいう.（1）郵便小包,（2）特殊取扱品,（3）（他で分類されない）動物,（4）武器および銃砲弾,（5）（法定外の）金貨以外の貨幣,（6）引越荷物,（7）再輸出品,（8）その他.

（Note）　1）The trade after 1942 to 1944 is only trade with Japan (Taiwan and Karafuto are included).
　　　2）"Goods for special transactions" consist of goods and commodities not classified according to kind, inclusive of (1) postal packages, (2) special transactions, (3) animals not elsewhere classified, (4) firearms for war and ammunition therefor, (5) coin other than gold coin, not being in legal tender, (6) household furniture to be moved, (7) re-exportables, and (8) other miscellaneous goods.

Ⅱ　統　計　編　　427

統計表 **6.3.3**　朝鮮の輸入品構成（SITC 一桁分類），1877〜1944年
Table 6.3.3　Korea's imports by commodity group (one-digit SITC), 1877-1944

	1	2	3	4	5	6	7	8	9	10	11
	食料品および動物（生きているもの）Food & live animals	飲料およびたばこ Beverages & tobacco	食用に適しない原材料（鉱物性燃料を除く）Crude materials, inedible (not including fuels)	鉱物性燃料, 潤滑剤および関連した物質 Mineral fuels, lubricants & related materials	動物性・植物性の油, 脂肪および蠟 Animal & vegetable oils, fats, & waxes	化学工業の生産品 Chemicals & related products, n.e.s.	原料別製品 Manufactured goods classified chiefly by material	機械類および輸送機器類 Machinery & transport equipment	雑製品 Miscellaneous manufactured goods	特殊取扱品 Commodities & transactions not classified elsewhere in the SITC	総計 Total
					千円　1,000 Yen						
1877	25	1	8	0	0	6	77		1	7	127
1878	4	2	8	0	1	13	205		8	4	245
1879	3	5	9	0	0	25	517		3	5	567
1880	4	15	12	0	0	41	874		16	16	978
1881	15	1	9	4	1	87	1,796	3	14	15	1,945
1882	7		3	4	2	99	1,475	1	5	112	1,708
1883	11	1	3	2	1	87	1,957	0	10	141	2,214
1884	73	20	24	10	2	32	229	2	19	41	451
1885	131	11	28	36		42	1,258		7	179	1,692
1886	686	31	50	41		54	1,436	61	70	107	2,536
1887	49	29	93	42		106	2,282	32	41	161	2,835
1888	113	36	147	62		67	2,398	19	56	179	3,077
1889	292	45	185	105		73	2,421	16	70	201	3,410
1890	97	65	218	100		83	3,834	35	82	239	4,754
1891	99	74	320	136		90	4,102	10	135	320	5,286
1892	115	75	337	181		85	3,473	16	134	206	4,623
1893	152	80	345	220		86	2,678	65	99	180	3,905
1894	1,279	201	302	283	14	98	3,244	4	271	228	5,923
1895	391	329	385	239	18	212	6,138	9	261	357	8,339
1896	289	178	432	471	28	112	4,619	9	247	284	6,670
1897	362	237	749	651	36	145	7,267	8	321	403	10,179
1898	1,342	268	753	489	15	157	8,039	99	365	395	11,921
1899	407	283	521	643	16	147	7,096	261	539	368	10,279
1900	400	337	510	598	19	134	7,648	395	500	530	11,069
1901	976	399	658	699	22	231	9,730	510	847	705	14,777
1902	1,033	455	579	911	24	187	8,579	604	741	579	13,693
1903	2,456	635	862	708	40	241	10,784	773	864	1,047	18,411
1904	2,708	2,075	1,377	1,082	58	273	16,387	727	1,440	1,277	27,403
1905	3,145	2,483	1,651	1,249	96	452	19,673	489	1,863	1,782	32,884
1906	3,284	2,402	1,969	1,698	110	441	15,698	655	2,442	1,593	30,291
1907	2,505	2,406	2,823	1,872	124	551	24,076	962	2,635	3,434	41,388
1908	2,584	2,369	1,148	2,865	27	241	20,514	1,070	2,741	7,466	41,026
1909	3,119	2,485	1,076	1,879	120	1,011	18,393	1,472	4,046	3,049	36,649
1910	3,229	2,205	1,151	2,126	93	1,214	20,738	1,034	4,500	3,492	39,783

428　Ⅱ　統　計　編

統計表 6.3.3　（つづき）
Table 6.3.3　（cont'd）

	1	2	3	4	5	6	7	8	9	10	11
	食料品および動物（生きているもの）Food & live animals	飲料およびたばこ Beverages & tobacco	食用に適しない原材料（鉱物性燃料を除く）Crude materials, inedible (not including fuels)	鉱物性燃料, 潤滑剤および関連した物質 Mineral fuels, lubricants & related materials	動物性・植物性の油, 脂肪および蠟 Animal & vegetable oils, fats, & waxes	化学工業の生産品 Chemicals & related products, n.e.s.	原料別製品 Manufactured goods classified chiefly by material	機械類および輸送機器類 Machinery & transport equipment	雑製品 Miscellaneous manufactured goods	特殊取扱品 Commodities & transactions not classified elsewhere in the SITC	総計 Total
					千円　1,000 Yen						
1911	4,836	2,290	1,692	2,873	201	1,799	27,680	2,468	5,118	5,132	54,088
1912	6,179	2,707	3,374	3,454	305	2,371	34,153	3,362	5,709	5,501	67,115
1913	13,066	2,712	2,359	3,955	311	2,385	31,623	3,762	5,890	5,518	71,580
1914	9,421	2,165	2,071	3,518	267	2,186	28,534	3,297	5,576	6,195	63,231
1915	5,833	2,062	2,525	3,675	239	2,356	28,297	2,095	5,568	6,550	59,199
1916	6,156	2,147	4,234	4,661	325	3,101	37,353	2,913	6,322	7,245	74,457
1917	8,633	2,347	4,319	6,897	446	4,394	51,497	6,262	7,344	10,748	102,887
1918	14,172	2,950	7,823	12,239	634	5,347	70,044	15,479	9,365	20,256	158,309
1919	36,706	4,995	15,392	24,220	1,268	6,033	122,612	20,478	14,558	34,525	280,786
1920	48,943	6,752	8,300	26,683	1,844	7,013	79,169	13,492	14,958	31,804	238,956
1921	21,608	6,623	12,644	14,172	1,698	6,942	100,116	11,723	15,089	41,767	232,382
1922	34,396	7,439	20,598	14,508	714	8,052	94,168	10,929	16,386	48,857	256,045
1923	43,569	4,940	28,779	16,493	964	9,376	104,072	10,670	21,314	25,613	265,791
1924	66,833	6,853	28,921	15,993	1,143	11,967	122,055	13,668	25,482	16,678	309,593
1925	87,750	7,142	35,753	17,489	1,402	15,299	122,948	10,742	25,754	15,732	340,012
1926	94,261	10,604	34,885	17,699	1,598	21,089	129,724	14,823	31,151	16,336	372,170
1927	98,366	10,228	33,564	22,770	1,542	20,256	131,292	16,832	31,372	17,196	383,417
1928	82,850	9,607	38,288	21,920	1,787	26,905	150,846	26,731	38,598	16,459	413,991
1929	84,027	8,003	35,117	25,119	1,779	31,876	149,453	30,259	38,965	18,495	423,094
1930	72,219	6,793	27,213	21,992	1,560	28,466	130,014	28,774	32,349	17,670	367,049
1931	38,768	5,024	23,632	20,143	1,492	19,133	98,663	18,805	28,022	16,783	270,466
1932	55,324	4,730	27,296	22,842	1,494	20,304	118,394	18,984	32,940	18,048	320,356
1933	53,469	4,401	37,691	26,088	1,521	27,767	161,341	29,350	42,035	20,522	404,185
1934	68,107	7,329	47,590	34,360	1,816	39,713	200,965	41,102	53,949	24,218	519,150
1935	101,742	10,118	57,895	43,094	2,658	49,722	239,335	64,577	64,312	25,950	659,403
1936	114,318	9,750	67,300	50,903	3,137	67,588	260,704	85,890	75,802	27,024	762,417
1937	96,341	8,962	102,265	59,011	3,471	64,810	306,597	106,330	82,060	33,705	863,553
1938	98,397	6,701	96,601	67,347	3,440	93,049	413,103	131,202	104,902	41,187	1,055,928
1939	163,600	6,191	108,980	85,152	4,559	95,206	529,620	205,876	131,812	57,453	1,388,448
1940	190,105	5,070	139,658	102,519	16,580	120,975	511,489	259,357	137,786	52,829	1,536,368
1941	135,204	4,900	110,686	95,660	6,350	99,252	588,264	227,954	185,317	65,752	1,519,339
1942	75,296	3,852	137,066	54,034	14,725	74,889	525,306	208,155	214,056	67,366	1,374,746
1943	76,618	2,696	114,383	43,073	9,702	70,540	379,324	183,829	177,996	77,538	1,135,699
1944	26,290	3,559	40,320	12,549	2,482	26,409	81,424	51,042	50,861	28,190	323,125

（注）　1)　1942〜1944年は対内地（日本, 台湾, 樺太）のみ.
　　　　2)　特殊取扱品とは, 種類別に分類されない以下の各種品物をいう.（1）郵便小包,（2）特殊取扱品,（3）（他で分類されない）動物,
　　　　　　（4）武器および銃砲弾,（5）（法定外の）金貨以外の貨幣,（6）引越荷物,（7）再輸出品,（8）その他.

（Note）　1)　The trade after 1942 to 1944 is only trade with Japan (Taiwan and Karafuto are included).
　　　　2)　"Goods for special transactions" consist of goods and commodities not classified according to kind, inclusive of (1) postal packages, (2) special transactions, (3) animals not elsewhere classified, (4) firearms for war and ammunition therefor, (5) coin other than gold coin, not being in legal tender, (6) household furniture to be moved, (7) re-exportables, and (8) other miscellaneous goods.

統計表 **6.3.4**　朝鮮の貿易マトリクス：地域別 SITC 一桁分類別表，1910年，1939年
Table 6.3.4　Korea's foreign trade matrices by region (one-digit SITC), 1910 and 1939

		1	2	3	4	5	6	7
		輸出　Exports						
		1910年（単位：千円，Unit：1,000 Yen）						
		日本 Japan	中国・満洲 China & Manchuria	その他アジア Other Asian countries	西欧 Western Europe	北米 North America	その他地域 Others	総計 Total
1	食料・動物 Food & live animals	5,704	1,900	1,154		0	0	8,759
2	飲料・たばこ Beverages & tobacco	0	8					8
3	非食用原材料 Crude materials, inedible, except fuels	7,698	579	1	33	300		8,610
4	鉱物性燃料・潤滑剤・関連品 Mineral fuels, lubricants & related materials	348	14	0				362
5	動物性・植物性油脂 Animal & vegetable oils, fats & waxes	71	7	0	0			78
6	化学工業の生産品 Chemicals & related products, n.e.s.	56	7	4			0	67
7	原料別製品 Manufactured goods classified chiefly by material	533	244	2	1	0		780
8	機械・輸送機器類 Machinery & transport equipment							
9	雑製品 Miscellaneous manufactured goods							
10	特殊取扱品 Commodities & transactions not classified elsewhere in the SITC	970	267	5	4	5	0	1,251
	合計　Total	15,379	3,026	1,166	38	305	0	19,914
	収支　Balance							
		1939年（単位：百万円，Unit：Million Yen）						
1	食料・動物 Food & live animals	222.0	76.4	0.1	0.5	2.6	0.0	301.7
2	飲料・たばこ Beverages & tobacco	0.7	6.1		0.1		0.1	6.9
3	非食用原材料 Crude materials, inedible, except fuels	228.6	14.7	0.1	0.0	0.1	0.0	243.5
4	鉱物性燃料・潤滑剤・関連品 Mineral fuels, lubricants & related materials	27.2	5.5					32.7
5	動物性・植物性油脂 Animal & vegetable oils, fats & waxes	27.8	1.1		0.2	0.3		29.4
6	化学工業の生産品 Chemicals & related products, n.e.s.	49.4	19.3	0.0	0.0	0.1		68.7
7	原料別製品 Manufactured goods classified chiefly by material	135.0	67.7	1.8	0.0	0.1	1.0	205.6
8	機械・輸送機器類 Machinery & transport equipment	7.4	34.0	0.1	0.0	0.6	0.0	42.1
9	雑製品 Miscellaneous manufactured goods	12.7	28.5	0.0		0.0	0.0	41.2
10	特殊取扱品 Commodities & transactions not classified elsewhere in the SITC	26.0	8.6	0.3	0.0	0.0	0.0	35.0
	合計　Total	736.9	261.7	2.4	0.8	3.9	1.2	1,006.8
	収支　Balance							

430 Ⅱ 統　計　編

統計表 **6.3.4** （つづき）

Table 6.3.4　(cont'd)

		8	9	10	11	12	13	14
		輸入・貿易収支　Imports/Foreign trade balance						
		1910年（単位：千円，Unit：1,000 Yen）						
		日本 Japan	中国・満洲 China & Manchuria	その他アジア Other Asian countries	西欧 Western Europe	北米 North America	その他地域 Others	総計 Total
1	食料・動物 Food & live animals	2,080	263	67	59	753	7	3,229
2	飲料・たばこ Beverages & tobacco	1,671	356	7	90	36	44	2,205
3	非食用原材料 Crude materials, inedible, except fuels	661	433	4	46	7	0	1,151
4	鉱物性燃料・潤滑剤・関連品 Mineral fuels, lubricants & related materials	495	343	171	2	1,116		2,126
5	動物性・植物性油脂 Animal & vegetable oils, fats & waxes	57	9	0	12	14	0	93
6	化学工業の生産品 Chemicals & related products, n.e.s.	612	40	0	503	58	1	1,214
7	原料別製品 Manufactured goods classified chiefly by material	12,233	2,057	33	5,707	675	33	20,738
8	機械・輸送機器類 Machinery & transport equipment	466	1	1	287	279	0	1,034
9	雑製品 Miscellaneous manufactured goods	4,006	84	7	196	208	0	4,500
10	特殊取扱品 Commodities & transactions not classified elsewhere in the SITC	3,067	260	7	80	67	10	3,492
	合計　Total	25,348	3,845	298	6,983	3,213	95	39,783
	収支　Balance	▲9,969	▲819	869	▲6,945	▲2,908	▲95	▲19,869
		1939年（単位：百万円，Unit：Million Yen）						
1	食料・動物 Food & live animals	122.0	38.9	1.1	0.0	0.0	1.5	163.6
2	飲料・たばこ Beverages & tobacco	6.2	0.0		0.0	0.0		6.2
3	非食用原材料 Crude materials, inedible, except fuels	54.8	32.6	13.4	0.5	2.0	5.7	109.0
4	鉱物性燃料・潤滑剤・関連品 Mineral fuels, lubricants & related materials	50.1	12.4	4.1	0.0	16.4	2.2	85.2
5	動物性・植物性油脂 Animal & vegetable oils, fats & waxes	4.4	0.1	0.0	0.0	0.0		4.6
6	化学工業の生産品 Chemicals & related products, n.e.s.	87.4	6.4	0.2	0.3	0.4	0.5	95.2
7	原料別製品 Manufactured goods classified chiefly by material	522.7	2.9	0.6	2.3	0.8	0.2	529.6
8	機械・輸送機器類 Machinery & transport equipment	198.3	0.2		3.1	4.3	0.0	205.9
9	雑製品 Miscellaneous manufactured goods	131.4	0.3	0.1	0.0	0.0		131.8
10	特殊取扱品 Commodities & transactions not classified elsewhere in the SITC	52.1	5.2	0.0	0.1	0.1	0.0	57.5
	合計　Total	1,229.4	99.0	19.4	6.4	24.1	10.2	1,388.4
	収支　Balance	▲492.5	162.7	▲17.0	▲5.6	▲20.3	▲9.0	▲381.7

統計編 431

統計表 8.1.1 韓国の男女別・年齢別推計人口，1947〜2015年
Table 8.1.1 Estimates of population by sex and age groups in South Korea, 1947-2015

	1	2	3	4	5	6
年　Year	1947			＊1949		
	合計 Total	男 Male	女 Female	合計 Total	男 Male	女 Female
年齢　Age	(単位：人，Unit: Persons)					
0-4歳	2,502,101	1,329,540	1,172,561	＊5,877,777	＊2,991,580	＊2,886,197
5-9歳	2,467,527	1,332,100	1,135,427	＊0-10歳人口		
10-14歳	2,029,782	1,124,432	905,350	2,514,640	1,282,027	1,232,613
15-19歳	1,722,650	901,148	821,502	2,022,651	1,029,625	993,026
20-24歳	1,589,842	812,259	777,583	1,717,726	863,715	854,011
25-29歳	1,340,792	684,917	655,875	1,495,317	759,752	735,565
30-34歳	1,184,646	610,901	573,745	1,265,721	652,043	613,678
35-39歳	1,066,848	546,694	520,154	1,142,184	589,925	552,259
40-44歳	850,855	437,552	413,303	947,333	488,270	459,063
45-49歳	761,785	386,814	374,971	774,149	393,673	380,476
50-54歳	654,817	332,864	321,953	681,634	340,893	340,741
55-59歳	587,583	288,175	299,403	616,519	294,192	322,327
60-64歳	413,454	201,348	212,106	＊1,075,726	＊485,605	＊590,121
65-69歳	320,118	153,293	166,825	＊60歳以上人口		
70-74歳	162,708	75,341	87,367			
75-79歳	98,401	43,330	55,071			
80歳以上	46,278	18,719	27,559			
計　Total	17,800,187	9,279,427	8,520,760	20,166,756	10,188,238	9,978,518

	7	8	9	10	11	12	13	14	15
年　Year	1955			1960			1965		
	合計 Total	男 Male	女 Female	合計 Total	男 Male	女 Female	合計 Total	男 Male	女 Female
年齢　Age	(単位：人，Unit: Persons)								
0-4歳	3,376,648	1,742,778	1,633,870	4,590,812	2,383,544	2,207,268	4,710,919	2,441,718	2,269,201
5-9歳	2,867,388	1,495,871	1,371,517	3,350,533	1,733,443	1,617,090	4,550,019	2,360,217	2,189,802
10-14歳	2,621,021	1,371,568	1,249,453	2,646,238	1,358,903	1,287,335	3,316,802	1,714,064	1,602,738
15-19歳	2,394,911	1,256,904	1,138,007	2,418,444	1,248,858	1,169,586	2,608,078	1,336,648	1,271,430
20-24歳	1,754,400	808,143	946,257	2,322,705	1,171,363	1,151,342	2,375,793	1,224,348	1,151,445
25-29歳	1,439,127	635,243	803,884	1,933,080	960,543	972,537	2,278,869	1,145,871	1,132,998
30-34歳	1,389,448	679,017	710,431	1,556,328	738,376	817,952	1,897,676	935,819	961,857
35-39歳	1,168,579	585,542	583,037	1,370,125	682,686	687,439	1,503,227	714,200	789,027
40-44歳	1,054,062	530,158	523,904	1,125,034	570,525	554,509	1,318,905	652,785	666,120
45-49歳	947,881	496,405	451,476	979,930	485,198	494,732	1,067,093	535,956	531,137
50-54歳	679,901	337,483	342,418	845,256	408,634	436,622	909,012	443,633	465,379
55-59歳	614,994	295,560	319,434	628,974	289,392	339,582	756,811	358,167	398,644
60-64歳	480,506	217,405	263,101	518,465	230,431	288,034	530,387	236,043	294,344
65-69歳	359,204	156,091	203,113	345,675	141,661	204,014	403,947	174,264	229,683
70-74歳	191,742	80,971	110,771	210,394	80,707	129,687	245,292	96,350	148,942
75-79歳	107,355	43,441	63,914	111,199	45,335	65,864	151,950	55,662	96,288
80歳以上	95,214	35,705	59,509	59,182	21,092	38,090	79,894	27,086	52,808
計　Total	21,502,386	10,752,973	10,749,413	25,012,374	12,550,691	12,461,683	28,704,674	14,452,831	14,251,843

432　Ⅱ　統　計　編

統計表 8.1.1　（つづき）
Table 8.1.1　(cont'd)

	16	17	18	19	20	21	22	23	24
年　Year	1970			1971			1975		
	合計 Total	男 Male	女 Female	合計 Total	男 Male	女 Female	合計 Total	男 Male	女 Female
年齢　Age	（単位：人，Unit: Persons）								
0-4歳	4,548,177	2,362,393	2,185,784	4,619,581	2,412,538	2,207,043	4,541,059	2,373,560	2,167,499
5-9歳	4,629,882	2,400,902	2,228,980	4,524,871	2,351,739	2,173,132	4,478,159	2,319,163	2,158,996
10-14歳	4,531,308	2,349,947	2,181,361	4,619,637	2,396,532	2,223,105	4,595,185	2,384,577	2,210,608
15-19歳	3,269,356	1,688,217	1,581,139	3,499,916	1,809,311	1,690,605	4,334,269	2,240,011	2,094,258
20-24歳	2,569,044	1,314,867	1,254,177	2,640,975	1,349,350	1,291,625	3,074,414	1,570,423	1,503,991
25-29歳	2,335,969	1,207,106	1,128,863	2,297,759	1,193,169	1,104,590	2,535,266	1,289,827	1,245,439
30-34歳	2,237,747	1,129,990	1,107,757	2,268,991	1,148,290	1,120,701	2,245,682	1,137,048	1,108,634
35-39歳	1,866,982	920,441	946,541	1,948,564	971,765	976,799	2,209,126	1,123,445	1,085,681
40-44歳	1,467,129	695,800	771,329	1,518,568	718,462	800,106	1,820,221	887,724	932,497
45-49歳	1,271,554	623,917	647,637	1,288,932	626,273	662,659	1,398,399	650,006	748,393
50-54歳	1,017,150	504,235	512,915	1,041,058	514,448	526,610	1,202,947	580,476	622,471
55-59歳	846,448	403,184	443,264	874,484	416,503	457,981	919,381	435,319	484,062
60-64歳	658,773	299,491	359,282	684,845	312,145	372,700	709,170	320,952	388,218
65-69歳	428,725	178,840	249,885	467,031	196,448	270,583	538,406	225,695	312,711
70-74歳	311,808	139,249	172,559	321,793	136,981	184,812	335,061	121,921	213,140
75-79歳	149,850	56,261	93,589	162,497	60,229	102,268	205,140	68,485	136,655
80歳以上	100,925	33,767	67,158	103,202	34,701	68,501	138,840	37,196	101,644
計　Total	32,240,827	16,308,607	15,932,220	32,882,704	16,648,884	16,233,820	35,280,725	17,765,828	17,514,897

	25	26	27	28	29	30	31	32	33
年　Year	1980			1985			1990		
	合計 Total	男 Male	女 Female	合計 Total	男 Male	女 Female	合計 Total	男 Male	女 Female
年齢　Age	（単位：人，Unit: Persons）								
0-4歳	4,033,727	2,087,411	1,946,316	3,845,533	1,995,049	1,850,484	3,203,203	1,687,147	1,516,056
5-9歳	4,458,426	2,314,435	2,143,991	3,967,667	2,046,870	1,920,797	3,843,481	1,991,341	1,852,140
10-14歳	4,458,622	2,305,805	2,152,817	4,491,342	2,316,422	2,174,920	3,926,908	2,029,056	1,897,852
15-19歳	4,519,689	2,343,977	2,175,712	4,407,777	2,272,313	2,135,464	4,442,014	2,289,382	2,152,632
20-24歳	4,093,407	2,078,090	2,015,317	4,274,337	2,185,328	2,089,009	4,342,407	2,237,534	2,104,873
25-29歳	3,072,797	1,584,377	1,488,420	4,097,891	2,092,942	2,004,949	4,326,749	2,222,615	2,104,134
30-34歳	2,525,214	1,320,116	1,205,098	3,089,272	1,626,661	1,462,611	4,134,702	2,123,583	2,011,119
35-39歳	2,279,565	1,168,846	1,110,719	2,552,192	1,314,595	1,237,597	3,042,329	1,562,784	1,479,545
40-44歳	2,178,570	1,110,891	1,067,679	2,262,901	1,165,918	1,096,983	2,477,748	1,268,797	1,208,951
45-49歳	1,756,088	859,667	896,421	2,119,340	1,073,822	1,045,518	2,166,709	1,100,340	1,066,369
50-54歳	1,324,926	607,140	717,786	1,686,760	814,133	872,627	2,021,714	1,001,442	1,020,272
55-59歳	1,130,835	528,205	602,630	1,258,578	564,617	693,961	1,589,504	739,200	850,304
60-64歳	835,876	382,208	453,668	1,010,305	449,283	561,022	1,156,731	493,103	663,628
65-69歳	623,957	263,454	360,503	712,208	303,471	408,737	900,851	375,468	525,383
70-74歳	425,995	162,400	263,595	506,353	197,029	309,324	598,852	234,292	364,560
75-79歳	227,859	73,846	154,013	308,108	103,369	204,739	393,129	132,365	260,764
80歳以上	178,222	44,868	133,354	215,180	53,778	161,402	302,252	79,732	222,520
計　Total	38,123,775	19,235,736	18,888,039	40,805,744	20,575,600	20,230,144	42,869,283	21,568,181	21,301,102

統計表 8.1.1 （つづき）
Table 8.1.1 （cont'd）

	34	35	36	37	38	39	40	41	42
年　Year	1995			2000			2005		
	合計 Total	男 Male	女 Female	合計 Total	男 Male	女 Female	合計 Total	男 Male	女 Female
年齢　Age				（単位：人，Unit:Persons）					
0-4歳	3,545,704	1,893,876	1,651,828	3,259,783	1,716,148	1,543,635	2,544,812	1,324,998	1,219,814
5-9歳	3,166,753	1,664,291	1,502,462	3,521,464	1,877,208	1,644,256	3,233,543	1,695,519	1,538,024
10-14歳	3,824,371	1,978,698	1,845,673	3,129,982	1,651,269	1,478,713	3,462,832	1,841,786	1,621,046
15-19歳	3,896,948	2,010,189	1,886,759	3,842,432	1,987,021	1,855,411	3,136,467	1,644,620	1,491,847
20-24歳	4,391,626	2,259,595	2,132,031	3,854,382	1,989,852	1,864,530	3,742,647	1,933,242	1,809,405
25-29歳	4,300,710	2,210,162	2,090,548	4,352,913	2,232,158	2,120,755	3,844,022	1,980,036	1,863,986
30-34歳	4,296,721	2,204,571	2,092,150	4,247,992	2,176,913	2,071,079	4,301,047	2,209,951	2,091,096
35-39歳	4,092,051	2,095,913	1,996,138	4,273,079	2,180,572	2,092,507	4,233,364	2,161,681	2,071,683
40-44歳	2,995,391	1,527,547	1,467,844	4,020,438	2,045,158	1,975,280	4,248,386	2,169,380	2,079,006
45-49歳	2,418,904	1,225,938	1,192,966	2,921,443	1,483,122	1,438,321	3,960,378	2,011,765	1,948,613
50-54歳	2,090,711	1,045,400	1,045,311	2,365,862	1,194,103	1,171,759	2,867,873	1,443,169	1,424,704
55-59歳	1,927,926	932,110	995,816	2,006,389	981,156	1,025,233	2,269,552	1,127,543	1,142,009
60-64歳	1,488,523	670,698	817,825	1,817,056	852,303	964,753	1,926,512	913,555	1,012,957
65-69歳	1,048,214	424,965	623,249	1,381,212	595,086	786,126	1,682,510	757,746	924,764
70-74歳	766,793	297,065	469,728	922,213	353,411	568,802	1,246,224	508,074	738,150
75-79歳	459,426	162,677	296,749	608,084	215,420	392,664	761,684	269,782	491,902
80歳以上	382,219	101,634	280,585	483,387	135,869	347,518	676,224	198,059	478,165
計　Total	45,092,991	22,705,329	22,387,662	47,008,111	23,666,769	23,341,342	48,138,077	24,190,906	23,947,171

	43	44	45	46	47	48
年　Year	2010			2015		
	合計 Total	男 Male	女 Female	合計 Total	男 Male	女 Female
年齢　Age				（単位：人，Unit:Persons）		
0-4歳	2,271,803	1,172,828	1,098,975	2,290,097	1,175,609	1,114,488
5-9歳	2,497,927	1,300,568	1,197,359	2,251,100	1,161,732	1,089,368
10-14歳	3,209,709	1,682,748	1,526,961	2,488,686	1,294,946	1,193,740
15-19歳	3,428,793	1,821,378	1,607,415	3,222,268	1,684,718	1,537,550
20-24歳	3,139,049	1,654,707	1,484,342	3,511,968	1,877,884	1,634,084
25-29歳	3,834,105	1,989,754	1,844,351	3,269,454	1,730,403	1,539,051
30-34歳	3,877,784	2,000,527	1,877,257	3,871,602	2,015,092	1,856,510
35-39歳	4,387,036	2,252,710	2,134,326	3,892,100	2,004,556	1,887,544
40-44歳	4,306,370	2,192,383	2,113,987	4,398,381	2,248,961	2,149,420
45-49歳	4,271,709	2,166,821	2,104,888	4,354,036	2,199,587	2,154,449
50-54歳	3,934,363	1,972,536	1,961,827	4,289,039	2,165,419	2,123,620
55-59歳	2,817,315	1,397,202	1,420,113	3,884,217	1,932,408	1,951,809
60-64歳	2,212,040	1,083,119	1,128,921	2,750,831	1,345,931	1,404,900
65-69歳	1,878,314	871,002	1,007,312	2,105,631	1,009,632	1,095,999
70-74歳	1,539,637	664,268	875,369	1,779,544	796,175	983,369
75-79歳	1,025,532	386,793	638,739	1,350,503	546,349	804,154
80歳以上	922,626	271,770	650,856	1,305,490	396,492	908,998
計　Total	49,554,112	24,881,114	24,672,998	51,014,947	25,585,894	25,429,053

434 II 統 計 編

統計表 8.1.2 韓国の人口動態統計，1970～2016年
Table 8.1.2 Vital statistics in South Korea, 1970-2016

	1	2	3	4	5	6
	粗出生率 Crude birth rate ‰	粗死亡率 Crude death rate ‰	合計特殊出生率 Total fertility rate	平均寿命 Life expectancy at birth	平均寿命，男 Life expectancy at birth, Males	平均寿命，女 Life expectancy at birth, Females
1970	31.2	8.0	4.5	62.3	58.7	65.8
1971	31.2	7.2	4.5	62.7	59.1	66.3
1972	28.4	6.3	4.1	63.1	59.4	66.8
1973	28.3	7.8	4.1	63.5	59.7	67.3
1974	26.6	7.2	3.8	63.9	60.0	67.8
1975	24.8	7.7	3.4	64.2	60.3	68.2
1976	22.2	7.4	3.0	64.6	60.6	68.6
1977	22.7	6.8	3.0	65.0	60.9	69.1
1978	20.3	6.8	2.6	65.3	61.1	69.5
1979	23.0	6.4	2.9	65.6	61.4	69.9
1980	22.6	7.3	2.8	66.1	61.9	70.4
1981	22.4	6.1	2.6	66.7	62.4	70.9
1982	21.6	6.2	2.4	67.2	62.9	71.5
1983	19.3	6.4	2.1	67.7	63.4	71.9
1984	16.7	5.9	1.7	68.3	64.0	72.6
1985	16.1	5.9	1.7	68.9	64.6	73.2
1986	15.4	5.8	1.6	69.5	65.3	73.8
1987	15.0	5.9	1.5	70.1	65.9	74.3
1988	15.1	5.6	1.6	70.7	66.5	74.8
1989	15.1	5.6	1.6	71.2	67.0	75.3
1990	15.2	5.6	1.6	71.7	67.5	75.9
1991	16.4	5.6	1.7	72.2	67.9	76.4
1992	16.7	5.4	1.8	72.6	68.4	76.8
1993	16.0	5.2	1.7	73.1	68.9	77.3
1994	16.0	5.4	1.7	73.5	69.3	77.7
1995	15.7	5.3	1.6	73.8	69.7	77.9
1996	15.0	5.2	1.6	74.2	70.2	78.3
1997	14.4	5.2	1.5	74.7	70.7	78.7
1998	13.6	5.2	1.4	75.1	71.2	79.0
1999	13.0	5.2	1.4	75.5	71.8	79.2
2000	13.3	5.2	1.5	76.0	72.3	79.7
2001	11.6	5.0	1.3	76.5	72.9	80.1
2002	10.2	5.1	1.2	76.8	73.4	80.3
2003	10.2	5.1	1.2	77.3	73.8	80.8
2004	9.8	5.0	1.2	77.8	74.3	81.2
2005	8.9	5.0	1.1	78.2	74.9	81.6
2006	9.2	5.0	1.1	78.8	75.4	82.1
2007	10.0	5.0	1.3	79.2	75.9	82.5
2008	9.4	5.0	1.2	79.6	76.2	83.0
2009	9.0	5.0	1.1	80.0	76.7	83.4
2010	9.4	5.1	1.2	80.2	76.8	83.6
2011	9.4	5.1	1.2	80.6	77.3	84.0
2012	9.6	5.3	1.3	80.9	77.6	84.2
2013	8.6	5.3	1.2	81.4	78.1	84.6
2014	8.6	5.3	1.2	81.8	78.6	85.0
2015	8.6	5.4	1.2	82.1	79.0	85.2
2016	7.9	5.5	1.2	－	－	－

II 統 計 編 **435**

統計表 8.2.1 韓国の人口と労働力，1955～2008年

Table 8.2.1 Population and the labor force in South Korea, 1955-2008

年度 Fiscal year	1	2	3	4	5	6	7
	総人口 Total	15歳以上 人口 Population over 15 years old			経済活動人口 Economically active Population		
		小計 Subtotal	男 Male	女 Female	小計 Subtotal	男 Male	女 Female
				千人　1,000 persons			
1955	21,503	12,637	6,143	6,495	*6,885*	*4,513*	*2,372*
1956	20,724	*13,077*	*6,371*	*6,706*	*7,167*	*4,698*	*2,469*
1957	21,321	*13,517*	*6,600*	*6,917*	*7,448*	*4,883*	*2,566*
1958	21,910	*13,956*	*6,828*	*7,129*	*7,730*	*5,067*	*2,663*
1959	22,974	*14,396*	*7,057*	*7,340*	*8,012*	*5,252*	*2,760*
1960	25,012	14,836	7,285	7,551	*8,293*	*5,437*	*2,857*
1961	25,766	*14,741*	*7,150*	*7,591*	*8,233*	*5,397*	*2,836*
1962	26,513	*14,646*	*7,016*	*7,630*	*8,172*	*5,357*	*2,815*
1963	27,262	14,551	6,881	7,670	8,230	5,395	2,835
1964	27,984	14,967	7,093	7,875	8,341	5,507	2,834
1965	28,705	15,367	7,293	8,075	8,754	5,752	3,002
1966	29,436	15,753	7,479	8,273	8,957	5,898	3,059
1967	30,131	16,121	7,637	8,485	9,180	5,997	3,183
1968	30,838	16,456	7,782	8,674	9,541	6,149	3,392
1969	31,544	16,852	7,965	8,887	9,747	6,342	3,404
1970	32,241	17,468	8,274	9,194	10,062	6,447	3,615
1971	32,883	18,118	8,604	9,514	10,407	6,646	3,761
1972	33,505	18,819	8,992	9,828	10,865	6,969	3,896
1973	34,103	19,490	9,365	10,125	11,389	7,189	4,200
1974	34,692	20,187	9,736	10,451	11,900	7,564	4,336
1975	35,281	20,918	10,107	10,811	12,193	7,822	4,371
1976	35,849	21,630	10,425	11,205	12,911	8,072	4,839
1977	36,412	22,407	10,744	11,662	13,316	8,456	4,860
1978	36,969	23,130	11,091	12,039	13,849	8,636	5,213
1979	37,534	23,787	11,436	12,352	14,142	8,793	5,349
1980	38,124	24,463	11,804	12,659	14,431	9,019	5,412

（出所）　1）統計庁，KOSIS DB（経済活動人口調査，将来人口推計，人口総調査（1955，1960））.
　　　　　2）統計庁『統計でみる大韓民国50年の経済社会像の変化』，1998年.
（注）　イタリック体の数字は推計値.

436　Ⅱ　統　計　編

統計表 8.2.1　（つづき）
Table 8.2.1　（cont'd）

年度 Fiscal year	1 総人口 Total	2 15歳以上 人口 Population over 15 years old 小計 Subtotal	3 男 Male	4 女 Female	5 経済活動人口 Economically active population 小計 Subtotal	6 男 Male	7 女 Female
				千人　1,000 persons			
1981	38,723	25,100	12,142	12,958	14,683	9,204	5,479
1982	39,326	25,638	12,353	13,285	15,032	9,266	5,767
1983	39,910	26,212	12,633	13,579	15,118	9,305	5,814
1984	40,406	26,861	12,945	13,916	14,997	9,338	5,658
1985	40,806	27,553	13,295	14,258	15,592	9,617	5,975
1986	41,214	28,225	13,615	14,610	16,116	9,819	6,296
1987	41,622	28,955	13,976	14,979	16,873	10,138	6,735
1988	42,031	29,602	14,294	15,308	17,305	10,414	6,891
1989	42,449	30,265	14,621	15,644	18,023	10,737	7,286
1990	42,869	30,887	14,907	15,980	18,539	11,030	7,509
1991	43,296	31,535	15,231	16,304	19,109	11,428	7,681
1992	43,748	32,020	15,451	16,570	19,499	11,694	7,805
1993	44,195	32,526	15,697	16,829	19,806	11,881	7,924
1994	44,642	33,046	15,948	17,098	20,353	12,174	8,179
1995	45,093	33,659	16,276	17,382	20,845	12,435	8,410
1996	45,525	34,274	16,599	17,675	21,288	12,650	8,638
1997	45,954	34,851	16,886	17,965	21,782	12,843	8,938
1998	46,287	35,347	17,124	18,223	21,428	12,852	8,576
1999	46,617	35,757	17,307	18,451	21,666	12,880	8,785
2000	47,008	36,186	17,522	18,664	22,069	13,000	9,069
2001	47,357	36,579	17,720	18,859	22,417	13,142	9,275
2002	47,622	36,963	17,921	19,042	22,877	13,411	9,466
2003	47,859	37,340	18,119	19,220	22,916	13,518	9,397
2004	48,039	37,717	18,312	19,405	23,370	13,703	9,668
2005	48,138	38,300	18,616	19,683	23,689	13,854	9,835
2006	48,297	38,762	18,863	19,899	23,934	13,953	9,981
2007	48,456	39,170	19,084	20,086	24,166	14,096	10,070
2008	48,607	39,598	19,324	20,273	24,303	14,182	10,121

II 統 計 編 437

統計表 8.2.2 韓国の就業者と失業者, 1955～2008年
Table 8.2.2 Employed and unemployed persons in South Korea, 1955-2008

年度 Fiscal year	1	2	3	4	5	6	7	8	9
	就業者 Employed persons			失業者 Unemployed persons			非経済活動人口 Economically inactive population		
	小計 Subtotal	男 Male	女 Female	小計 Subtotal	男 Male	女 Female	小計 Subtotal	男 Male	女 Female
	千人　1,000 persons								
1955	*6,315*	*4,117*	*2,199*	*570*	*397*	*173*	*5,752*	*1,630*	*4,123*
1956	*6,598*	*4,301*	*2,297*	*568*	*397*	*172*	*5,910*	*1,673*	*4,237*
1957	*6,881*	*4,486*	*2,396*	*567*	*397*	*170*	*6,068*	*1,717*	*4,352*
1958	*7,164*	*4,670*	*2,494*	*566*	*397*	*169*	*6,226*	*1,761*	*4,466*
1959	*7,447*	*4,855*	*2,593*	*564*	*397*	*167*	*6,384*	*1,805*	*4,580*
1960	*7,730*	*5,039*	*2,691*	*563*	*397*	*166*	*6,543*	*1,848*	*4,694*
1961	*7,669*	*4,999*	*2,670*	*563*	*397*	*166*	*6,508*	*1,754*	*4,755*
1962	*7,608*	*4,959*	*2,649*	*564*	*397*	*166*	*6,474*	*1,659*	*4,815*
1963	7,563	4,930	2,633	667	465	202	6,321	1,486	4,835
1964	7,698	5,024	2,674	643	483	160	6,627	1,586	5,041
1965	8,112	5,273	2,839	642	479	163	6,613	1,541	5,073
1966	8,325	5,425	2,901	632	473	158	6,796	1,581	5,215
1967	8,624	5,609	3,015	556	388	168	6,941	1,640	5,302
1968	9,061	5,809	3,253	480	340	139	6,915	1,633	5,283
1969	9,285	6,024	3,261	462	318	143	7,105	1,623	5,483
1970	9,617	6,104	3,513	445	343	102	7,407	1,828	5,579
1971	9,946	6,305	3,641	461	341	120	7,711	1,958	5,753
1972	10,379	6,578	3,801	486	391	95	7,954	2,023	5,931
1973	10,942	6,832	4,110	447	357	90	8,101	2,176	5,925
1974	11,421	7,198	4,223	479	366	113	8,287	2,173	6,115
1975	11,691	7,431	4,261	502	391	110	8,726	2,286	6,440
1976	12,412	7,668	4,744	499	404	95	8,718	2,354	6,365
1977	12,812	8,068	4,744	504	388	116	9,090	2,288	6,802
1978	13,412	8,315	5,097	437	321	116	9,281	2,455	6,826
1979	13,602	8,383	5,219	540	410	130	9,646	2,643	7,003
1980	13,683	8,462	5,222	748	557	190	10,032	2,785	7,247

（出所）　1）統計庁，KOSIS DB(経済活動人口調査，将来人口推計).
　　　　　2）統計庁『統計でみる大韓民国50年の経済社会像の変化』，1998年.
（注）　イタリック体の数字は推計値.

統計表 8.2.2 （つづき）
Table 8.2.2 （cont'd）

年度 Fiscal year	1 就業者 Employed persons	2	3	4 失業者 Unemployed persons	5	6	7 非経済活動人口 Economically inactive population	8	9
	小計 Subtotal	男 Male	女 Female	小計 Subtotal	男 Male	女 Female	小計 Subtotal	男 Male	女 Female
				千人 1,000 persons					
1981	14,023	8,679	5,345	660	525	134	10,417	2,938	7,480
1982	14,379	8,757	5,622	653	509	145	10,605	3,087	7,519
1983	14,505	8,819	5,686	613	486	128	11,094	3,328	7,766
1984	14,429	8,894	5,535	568	444	123	11,865	3,607	8,258
1985	14,970	9,137	5,833	622	480	142	11,961	3,678	8,283
1986	15,505	9,339	6,165	611	480	131	12,109	3,795	8,314
1987	16,354	9,741	6,613	519	397	122	12,082	3,838	8,244
1988	16,869	10,099	6,771	436	315	120	12,298	3,880	8,418
1989	17,560	10,409	7,152	463	328	134	12,242	3,883	8,358
1990	18,085	10,709	7,376	454	321	133	12,348	3,877	8,471
1991	18,649	11,120	7,529	460	308	152	12,426	3,803	8,623
1992	19,009	11,370	7,640	490	324	165	12,521	3,757	8,764
1993	19,234	11,490	7,745	572	391	179	12,720	3,816	8,904
1994	19,848	11,829	8,020	505	345	159	12,693	3,774	8,919
1995	20,414	12,147	8,267	431	288	143	12,814	3,842	8,972
1996	20,853	12,351	8,502	435	299	136	12,986	3,948	9,037
1997	21,214	12,483	8,731	568	360	207	13,070	4,043	9,027
1998	19,938	11,847	8,090	1,490	1,005	486	13,919	4,272	9,647
1999	20,291	11,954	8,337	1,375	926	448	14,092	4,427	9,665
2000	21,156	12,387	8,769	913	613	300	14,118	4,522	9,596
2001	21,572	12,581	8,991	845	561	284	14,162	4,578	9,584
2002	22,169	12,944	9,225	708	467	241	14,086	4,510	9,576
2003	22,139	13,031	9,108	777	487	289	14,424	4,601	9,823
2004	22,557	13,193	9,364	813	509	304	14,347	4,609	9,737
2005	22,856	13,330	9,526	833	524	309	14,610	4,762	9,848
2006	23,151	13,444	9,706	783	509	275	14,828	4,910	9,918
2007	23,433	13,607	9,826	733	489	244	15,004	4,988	10,016
2008	23,577	13,703	9,874	726	479	247	15,295	5,142	10,153

II 統 計 編 439

統計表 8.2.3 韓国の産業別・性別就業者：総数，1955～2008年
Table 8.2.3 Employed persons by industry and sex (total) in South Korea, 1955-2008

年度 Fiscal year	1 総計 Total	2 農林漁業 Agriculture, forestry, and fisheries	3 農林業 Agriculture and forestry	4 漁業 Fisheries	5 鉱工業 Mining & manufacturing	6 鉱業 Mining	7 製造業 Manufacturing
				千人　1,000 persons			
1955	*6,315*	*3,976*	*3,818*	*159*	*548*	*46*	*502*
1956	*6,598*	*4,155*	*3,989*	*166*	*572*	*48*	*524*
1957	*6,881*	*4,333*	*4,160*	*173*	*597*	*50*	*547*
1958	*7,164*	*4,511*	*4,331*	*180*	*621*	*52*	*569*
1959	*7,447*	*4,689*	*4,502*	*187*	*646*	*54*	*592*
1960	*7,730*	*4,867*	*4,673*	*194*	*671*	*56*	*614*
1961	*7,669*	*4,829*	*4,636*	*193*	*665*	*56*	*609*
1962	*7,608*	*4,790*	*4,599*	*191*	*660*	*55*	*605*
1963	7,563	4,763	4,573	190	657	56	601
1964	7,698	4,747	4,580	167	682	52	630
1965	8,112	4,742	4,538	204	840	76	764
1966	8,325	4,811	4,631	180	899	80	819
1967	8,624	4,756	4,545	211	1,094	93	1,001
1968	9,061	4,748	4,531	217	1,263	110	1,153
1969	9,285	4,744	4,608	136	1,333	114	1,219
1970	9,617	4,846	4,756	90	1,377	109	1,268
1971	9,946	4,797	4,682	115	1,413	81	1,332
1972	10,379	5,238	5,006	232	1,468	53	1,415
1973	10,942	5,445	5,143	302	1,779	47	1,732
1974	11,421	5,481	5,205	276	2,027	50	1,977
1975	11,691	5,339	5,041	298	2,235	60	2,175
1976	12,412	5,514	5,240	274	2,708	64	2,644
1977	12,812	5,342	5,101	241	2,866	102	2,764
1978	13,412	5,154	4,894	260	3,092	106	2,986
1979	13,602	4,866	4,622	244	3,209	110	3,099
1980	13,683	4,654	4,429	225	3,079	124	2,955

（出所）　統計庁，KOSIS DB（経済活動人口調査，将来人口推計）．
（注）　イタリック体の数字は推計値．

統計表 8.2.3 （つづき）
Table 8.2.3 （cont'd）

年度 Fiscal year	8 社会間接資本 およびその他 サービス業 Social overhead capital and other services	9 電気ガス業 Electric and gas	10 建設業 Construction	11 卸売・小売業・ 飲食店・宿泊業 Wholesale, retail trade, restaurants, and hotels	12 運輸倉庫・通信業 Transport, warehousing, and communications	13 金融保険・ 不動産業 Finance, insurance, and real estate	14 その他 サービス業 Other services
				千人　1,000 persons			
1955	1,791	15	159	816	213	108	480
1956	1,871	16	167	852	223	113	502
1957	1,952	16	174	889	232	118	523
1958	2,032	17	181	925	242	123	545
1959	2,112	18	188	962	251	127	566
1960	2,192	18	195	998	261	132	588
1961	2,175	18	194	991	259	131	583
1962	2,158	18	192	983	257	130	579
1963	2,144	18	192	977	255	129	575
1964	2,269	19	182	1,043	273	138	615
1965	2,530	21	236	1,158	292	151	673
1966	2,616	22	208	1,202	315	160	709
1967	2,775	23	258	1,260	328	167	741
1968	3,050	25	315	1,380	349	180	803
1969	3,208	26	334	1,444	371	190	845
1970	3,395	28	281	1,573	396	205	913
1971	3,737	31	346	1,710	432	223	994
1972	3,674	30	388	1,648	426	217	966
1973	3,719	30	369	1,693	425	220	982
1974	3,914	31	447	1,760	435	227	1,015
1975	4,118	32	509	1,833	451	236	1,056
1976	4,191	32	526	1,873	450	239	1,069
1977	4,604	36	622	2,018	502	261	1,167
1978	5,167	38	818	2,218	539	284	1,271
1979	5,527	41	835	2,403	574	305	1,369
1980	5,951	44	843	2,625	619	332	1,489

Ⅱ　統　計　編　441

統計表 8.2.3　（つづき）
Table 8.2.3　（cont'd）

年度 Fiscal year	1 総計 Total	2 農林漁業 Agriculture, forestry, and fisheries	3 農林業 Agriculture and forestry	4 漁業 Fisheries	5 鉱工業 Mining & manufacturing	6 鉱業 Mining	7 製造業 Manufacturing
			千人　1,000 persons				
1981	14,023	4,801	4,556	245	2,983	124	2,859
1982	14,379	4,612	4,314	299	3,143	110	3,033
1983	14,505	4,315	4,044	270	3,375	108	3,266
1984	14,429	3,914	3,731	183	3,491	143	3,348
1985	14,970	3,733	3,554	179	3,659	155	3,504
1986	15,505	3,662	3,477	185	4,013	187	3,826
1987	16,354	3,580	3,400	180	4,602	186	4,416
1988	16,869	3,483	3,319	165	4,807	140	4,667
1989	17,560	3,438	3,291	146	4,972	90	4,882
1990	18,085	3,237	3,100	137	4,990	79	4,911
1991	18,649	2,725	2,602	123	5,220	63	5,156
1992	19,009	2,667	2,550	117	5,041	62	4,980
1993	19,234	2,592	2,481	112	4,772	51	4,720
1994	19,848	2,491	2,382	110	4,797	39	4,758
1995	20,414	2,403	2,289	114	4,844	26	4,818
1996	20,853	2,323	2,218	105	4,748	23	4,725
1997	21,214	2,285	2,177	108	4,564	26	4,537
1998	19,938	2,397	2,318	79	3,937	20	3,917
1999	20,291	2,302	2,219	83	4,046	19	4,027
2000	21,156	2,243	2,162	81	4,310	17	4,293
2001	21,572	2,148	2,065	83	4,285	18	4,267
2002	22,169	2,069	1,999	70	4,259	18	4,241
2003	22,139	1,950	1,877	73	4,222	17	4,205
2004	22,557	1,825	1,749	76	4,306	16	4,290
2005	22,856	1,813	1,738	75	4,146	17	4,130
2006	23,151	1,781	1,707	74	4,073	16	4,057
2007	23,433	1,723	1,652	71	4,031	17	4,014
2008	23,577	1,686	1,616	70	3,985	23	3,963

統計表 8.2.3 （つづき）
Table 8.2.3 （cont'd）

年度 Fiscal year	8 社会間接資本 およびその他 サービス業 Social overhead capital and other services	9 電気ガス業 Electric and gas	10 建設業 Construction	11 卸売・小売業・ 飲食店・宿泊業 Wholesale, retail trade, restaurants, and hotels	12 運輸倉庫・通信業 Transport, warehousing, and communications	13 金融保険・ 不動産業 Finance, insurance, and real estate	14 その他 サービス業 Other services
				千人　1,000 persons			
1981	6,239	32	876	2,773	615	380	1,564
1982	6,624	32	829	3,172	607	382	1,603
1983	6,816	31	817	3,235	626	446	1,660
1984	7,024	37	905	3,151	665	501	1,766
1985	7,578	41	911	3,377	701	563	1,984
1986	7,830	40	889	3,480	733	613	2,074
1987	8,172	44	920	3,611	763	680	2,153
1988	8,579	52	1,024	3,646	823	749	2,285
1989	9,150	59	1,143	3,743	866	865	2,475
1990	9,858	70	1,346	3,935	923	945	2,638
1991	10,704	67	1,580	4,142	1,010	1,055	2,850
1992	11,301	67	1,688	4,483	1,030	1,263	2,771
1993	11,871	66	1,706	4,884	1,016	1,386	2,813
1994	12,560	72	1,805	5,257	1,018	1,514	2,893
1995	13,168	70	1,913	5,415	1,075	1,653	3,042
1996	13,782	75	1,983	5,690	1,119	1,786	3,128
1997	14,365	78	2,027	5,871	1,174	1,919	3,297
1998	13,603	61	1,580	5,570	1,162	1,864	3,365
1999	13,943	62	1,475	5,739	1,200	1,933	3,536
2000	14,603	64	1,580	5,752	1,260	2,113	3,833
2001	15,139	58	1,585	5,874	1,322	2,290	4,011
2002	15,841	52	1,746	5,998	1,371	2,398	4,277
2003	15,967	76	1,816	5,852	1,333	2,477	4,413
2004	16,427	72	1,820	5,862	1,376	2,652	4,644
2005	16,897	71	1,813	5,804	1,803	2,608	4,742
2006	17,298	76	1,833	5,760	1,844	2,786	4,940
2007	17,679	86	1,849	5,722	1,881	2,967	5,115
2008	17,906	90	1,812	5,675	1,875	3,040	5,348

Ⅱ　統　計　編　443

統計表 8.2.4　韓国の産業別・性別就業者：男，1955〜2008年
Table 8.2.4　Employed persons by industry and sex（male）in South Korea, 1955-2008

年度 Fiscal year	1 総計 Total	2 農林漁業 Agriculture, forestry, and fisheries	3 農林業 Agriculture and forestry	4 漁業 Fisheries	5 鉱工業 Mining & manufacturing	6 鉱業 Mining	7 製造業 Manufacturing
				千人　1,000 persons			
1955	*4,117*	*2,467*	*2,359*	*108*	*396*	*43*	*352*
1956	*4,301*	*2,577*	*2,465*	*113*	*414*	*45*	*368*
1957	*4,486*	*2,688*	*2,570*	*117*	*431*	*47*	*384*
1958	*4,670*	*2,798*	*2,676*	*122*	*449*	*49*	*400*
1959	*4,855*	*2,909*	*2,782*	*127*	*467*	*51*	*416*
1960	*5,039*	*3,019*	*2,888*	*132*	*484*	*53*	*431*
1961	*4,999*	*2,995*	*2,865*	*131*	*481*	*53*	*428*
1962	*4,959*	*2,972*	*2,842*	*130*	*477*	*52*	*425*
1963	4,930	2,954	2,825	129	474	52	422
1964	5,024	2,948	2,821	127	481	51	430
1965	5,273	2,932	2,781	151	604	73	531
1966	5,425	2,943	2,806	137	637	73	564
1967	5,609	2,895	2,729	166	763	86	677
1968	5,809	2,843	2,669	174	865	104	761
1969	6,024	2,896	2,778	118	897	103	794
1970	6,104	2,833	2,757	76	949	97	852
1971	6,305	2,787	2,680	107	945	79	866
1972	6,578	2,998	2,830	168	988	47	941
1973	6,832	3,165	2,949	216	1,114	43	1,071
1974	7,198	3,216	2,993	223	1,318	45	1,273
1975	7,431	3,129	2,888	241	1,495	56	1,439
1976	7,668	3,165	2,945	220	1,700	55	1,645
1977	8,068	3,125	2,947	178	1,783	97	1,686
1978	8,315	2,884	2,697	187	1,912	99	1,813
1979	8,383	2,696	2,525	171	1,981	102	1,879
1980	8,462	2,620	2,458	162	1,913	113	1,800

（出所）　統計庁．KOSIS DB（経済活動人口調査，将来人口推計）．
（注）　イタリック体の数字は推計値．

統計表 8.2.4 （つづき）
Table 8.2.4 （cont'd）

年度 Fiscal year	8 社会間接資本 およびその他 サービス業 Social overhead capital and other services	9 電気ガス業 Electric and gas	10 建設業 Construction	11 卸売・小売業・ 飲食店・宿泊業 Wholesale, retail trade, restaurants, and hotels	12 運輸倉庫・通信業 Transport, warehousing, and communications	13 金融保険・ 不動産業 Finance, insurance, and real estate	14 その他 サービス業 Other services
				千人 1,000 persons			
1955	1,254	14	145	474	198	80	343
1956	1,310	14	152	495	207	84	359
1957	1,367	15	158	516	216	88	374
1958	1,423	16	165	538	225	91	389
1959	1,479	16	171	559	233	95	405
1960	1,535	17	178	580	242	98	420
1961	1,523	17	176	575	240	98	417
1962	1,511	16	175	571	239	97	414
1963	1,502	16	174	568	237	96	411
1964	1,596	18	175	607	254	103	440
1965	1,735	19	226	645	269	109	467
1966	1,844	20	201	702	293	119	509
1967	1,951	21	247	728	304	124	528
1968	2,101	22	294	772	323	131	559
1969	2,230	24	306	822	344	139	596
1970	2,321	25	275	874	365	148	633
1971	2,573	28	339	955	399	162	692
1972	2,593	27	381	945	395	160	685
1973	2,553	27	359	938	392	159	679
1974	2,663	28	426	956	399	162	693
1975	2,807	29	486	992	414	168	719
1976	2,805	28	502	984	411	167	713
1977	3,162	32	575	1,106	462	188	801
1978	3,519	34	757	1,180	493	200	855
1979	3,705	36	772	1,253	524	213	908
1980	3,929	39	770	1,350	564	229	978

Ⅱ 統 計 編 445

統計表 8.2.4 （つづき）
Table 8.2.4 （cont'd）

年度 Fiscal year	1 総計 Total	2 農林漁業 Agriculture, forestry, and fisheries	3 農林業 Agriculture and forestry	4 漁業 Fisheries	5 鉱工業 Mining & manufacturing	6 鉱業 Mining	7 製造業 Manufacturing
				千人　1,000 persons			
1981	8,679	2,706	2,536	170	1,863	116	1,747
1982	8,757	2,594	2,377	218	1,974	109	1,866
1983	8,819	2,455	2,258	198	2,128	103	2,024
1984	8,894	2,245	2,098	146	2,222	139	2,083
1985	9,137	2,114	1,969	145	2,303	150	2,153
1986	9,339	2,041	1,899	142	2,467	178	2,289
1987	9,741	1,972	1,831	141	2,740	178	2,563
1988	10,099	1,932	1,800	131	2,831	130	2,701
1989	10,409	1,869	1,754	116	2,889	82	2,807
1990	10,709	1,742	1,637	106	2,909	71	2,839
1991	11,120	1,445	1,350	95	3,105	57	3,048
1992	11,370	1,390	1,301	90	3,076	57	3,018
1993	11,490	1,343	1,257	86	2,971	48	2,923
1994	11,829	1,289	1,202	88	3,019	36	2,983
1995	12,147	1,243	1,156	88	3,080	24	3,056
1996	12,351	1,204	1,124	80	3,022	22	3,001
1997	12,483	1,172	1,089	82	2,955	24	2,930
1998	11,847	1,242	1,186	56	2,593	20	2,573
1999	11,954	1,221	1,163	58	2,602	18	2,584
2000	12,387	1,171	1,114	57	2,775	17	2,758
2001	12,581	1,132	1,071	61	2,765	17	2,748
2002	12,944	1,085	1,033	52	2,739	16	2,723
2003	13,031	1,026	977	50	2,746	16	2,730
2004	13,193	959	911	48	2,812	15	2,797
2005	13,330	963	915	48	2,774	15	2,759
2006	13,444	943	896	47	2,747	14	2,732
2007	13,607	911	865	46	2,722	16	2,707
2008	13,703	904	859	45	2,713	21	2,692

統計表 **8.2.4**　（つづき）
Table 8.2.4　（cont'd）

年度 Fiscal year	8 社会間接資本 およびその他 サービス業 Social overhead capital and other services	9 電気ガス業 Electric and gas	10 建設業 Construction	11 卸売・小売業・ 飲食店・宿泊業 Wholesale, retail trade, restaurants, and hotels	12 運輸倉庫・通信業 Transport, warehousing, and communications	13 金融保険・ 不動産業 Finance, insurance, and real estate	14 その他 サービス業 Other services
				千人　1,000 persons			
1981	4,111	28	807	1,419	560	252	1,045
1982	4,188	27	771	1,569	548	250	1,024
1983	4,236	29	760	1,553	561	283	1,050
1984	4,427	35	839	1,512	603	331	1,108
1985	4,720	38	846	1,628	640	370	1,199
1986	4,831	36	822	1,654	670	405	1,244
1987	5,029	41	843	1,728	703	449	1,264
1988	5,336	47	930	1,765	760	477	1,357
1989	5,651	51	1,032	1,778	793	546	1,451
1990	6,057	61	1,210	1,851	843	588	1,504
1991	6,570	58	1,424	1,968	914	640	1,566
1992	6,904	58	1,521	2,204	936	758	1,428
1993	7,176	56	1,539	2,414	913	807	1,446
1994	7,520	60	1,641	2,586	911	858	1,465
1995	7,824	58	1,730	2,656	960	928	1,493
1996	8,125	64	1,782	2,761	994	1,021	1,500
1997	8,356	66	1,809	2,791	1,042	1,085	1,562
1998	8,012	52	1,435	2,720	1,035	1,127	1,642
1999	8,131	52	1,351	2,771	1,073	1,204	1,680
2000	8,442	53	1,446	2,674	1,111	1,289	1,870
2001	8,684	44	1,449	2,706	1,167	1,396	1,921
2002	9,119	41	1,596	2,769	1,215	1,470	2,028
2003	9,259	64	1,668	2,671	1,167	1,565	2,124
2004	9,423	59	1,658	2,646	1,193	1,688	2,179
2005	9,593	58	1,655	2,631	1,495	1,586	2,119
2006	9,754	60	1,667	2,625	1,544	1,659	2,150
2007	9,973	67	1,677	2,629	1,607	1,749	2,194
2008	10,086	73	1,637	2,612	1,612	1,789	2,307

統計表 8.2.5 韓国の産業別・性別就業者：女，1955〜2008年

Table 8.2.5 Employed persons by industry and sex（female）in South Korea, 1955-2008

年度 Fiscal year	1 総計 Total	2 農林漁業 Agriculture, forestry, and fisheries	3 農林業 Agriculture and forestry	4 漁業 Fisheries	5 鉱工業 Mining & manufacturing	6 鉱業 Mining	7 製造業 Manufacturing
			千人　1,000 persons				
1955	*2,199*	*1,510*	*1,459*	*51*	*152*	*3*	*149*
1956	*2,297*	*1,577*	*1,524*	*53*	*159*	*3*	*156*
1957	*2,396*	*1,645*	*1,590*	*56*	*166*	*3*	*163*
1958	*2,494*	*1,713*	*1,655*	*58*	*172*	*3*	*170*
1959	*2,593*	*1,780*	*1,720*	*60*	*179*	*3*	*176*
1960	*2,691*	*1,848*	*1,786*	*62*	*186*	*3*	*183*
1961	*2,670*	*1,833*	*1,772*	*62*	*185*	*3*	*182*
1962	*2,649*	*1,819*	*1,757*	*61*	*183*	*3*	*180*
1963	2.633	1,808	1,747	61	182	3	179
1964	2.674	1,799	1,759	40	201	1	200
1965	2.839	1,811	1,757	54	235	2	233
1966	2.901	1,868	1,831	37	261	1	260
1967	3.015	1,861	1,816	45	330	3	327
1968	3.253	1,906	1,859	47	399	8	391
1969	3.261	1,849	1,830	19	436	10	426
1970	3.513	2,012	2,001	11	428	12	416
1971	3.641	2.011	2,000	11	468	11	457
1972	3.801	2.240	2,176	64	480	6	474
1973	4.110	2.280	2,194	86	665	4	661
1974	4.223	2.265	2,213	52	709	4	705
1975	4.261	2.210	2,152	58	740	5	735
1976	4.744	2.350	2,295	55	1,008	9	999
1977	4.744	2.217	2,154	63	1,084	6	1,078
1978	5.097	2.270	2,197	73	1,180	7	1,173
1979	5.219	2.170	2,096	74	1,228	9	1,219
1980	5.222	2.034	1,971	63	1,166	11	1,155

（出所）　統計庁，KOSIS DB（経済活動人口調査，将来人口推計）.

（注）　イタリック体の数字は推計値.

448 Ⅱ 統 計 編

統計表 8.2.5 （つづき）
Table 8.2.5 （cont'd）

年度 Fiscal year	8 社会間接資本 およびその他 サービス業 Social overhead capital and other services	9 電気ガス業 Electric and gas	10 建設業 Construction	11 卸売・小売業・ 飲食店・宿泊業 Wholesale, retail trade, restaurants, and hotels	12 運輸倉庫・通信業 Transport, warehousing, and communications	13 金融保険・ 不動産業 Finance, insurance, and real estate	14 その他 サービス業 Other services
			千人　1,000 persons				
1955	537	1	14	342	15	28	137
1956	561	1	15	357	16	29	143
1957	585	1	15	372	16	30	149
1958	609	2	16	388	17	31	155
1959	633	2	17	403	18	33	162
1960	657	2	17	418	18	34	168
1961	652	2	17	415	18	34	166
1962	647	2	17	412	18	33	165
1963	643	2	17	409	18	33	164
1964	674	2	7	436	19	35	175
1965	796	2	11	513	23	41	206
1966	772	2	7	500	22	40	200
1967	824	2	10	532	23	43	213
1968	949	2	19	608	27	49	244
1969	978	2	27	622	27	50	249
1970	1,074	3	6	698	31	56	280
1971	1,164	3	9	755	33	61	303
1972	1,081	3	7	702	31	57	281
1973	1,166	3	10	756	33	61	303
1974	1,251	3	21	804	35	65	322
1975	1,311	3	25	841	37	68	337
1976	1,386	3	26	889	39	72	356
1977	1,443	4	47	913	40	74	366
1978	1,648	4	61	1,038	46	84	416
1979	1,822	5	64	1,149	50	93	461
1980	2,022	5	72	1,275	56	103	511

統計表 8.2.5 （つづき）
Table 8.2.5 （cont'd）

年度 Fiscal year	1 総計 Total	2 農林漁業 Agriculture, forestry, and fisheries	3 農林業 Agriculture and forestry	4 漁業 Fisheries	5 鉱工業 Mining & manufacturing	6 鉱業 Mining	7 製造業 Manufacturing
				千人　1,000 persons			
1981	5,345	2,096	2,020	76	1,121	9	1,112
1982	5,622	2,018	1,937	82	1,169	3	1,167
1983	5,686	1,859	1,787	73	1,247	5	1,242
1984	5,535	1,669	1,633	37	1,269	4	1,265
1985	5,833	1,619	1,585	34	1,356	5	1,351
1986	6,165	1,621	1,578	43	1,547	9	1,538
1987	6,613	1,607	1,569	38	1,862	9	1,853
1988	6,771	1,552	1,518	34	1,976	10	1,966
1989	7,152	1,568	1,538	31	2,084	9	2,075
1990	7,376	1,495	1,463	31	2,081	8	2,073
1991	7,529	1,280	1,251	29	2,115	6	2,108
1992	7,640	1,277	1,249	28	1,966	4	1,961
1993	7,745	1,250	1,224	26	1,800	3	1,797
1994	8,020	1,202	1,180	22	1,778	3	1,775
1995	8,267	1,160	1,134	26	1,764	2	1,762
1996	8,502	1,118	1,094	25	1,726	2	1,724
1997	8,731	1,113	1,088	25	1,609	2	1,607
1998	8,090	1,154	1,132	23	1,345	0	1,344
1999	8,337	1,081	1,056	25	1,444	1	1,443
2000	8,769	1,072	1,048	25	1,535	0	1,535
2001	8,991	1,016	994	22	1,520	1	1,519
2002	9,225	984	966	17	1,519	1	1,518
2003	9,108	923	901	23	1,476	1	1,475
2004	9,364	866	838	28	1,494	1	1,493
2005	9,526	850	823	27	1,372	1	1,371
2006	9,706	838	811	27	1,326	2	1,324
2007	9,826	812	786	26	1,308	1	1,307
2008	9,874	783	758	25	1,272	2	1,270

統計表 8.2.5 （つづき）
Table 8.2.5 （cont'd）

年度 Fiscal year	8 社会間接資本 およびその他 サービス業 Social overhead capital and other services	9 電気ガス業 Electric and gas	10 建設業 Construction	11 卸売・小売業・ 飲食店・宿泊業 Wholesale, retail trade, restaurants, and hotels	12 運輸倉庫・通信業 Transport, warehousing, and communications	13 金融保険・ 不動産業 Finance, insurance, and real estate	14 その他 サービス業 Other services
				千人　1,000 persons			
1981	2,129	4	69	1,354	55	127	519
1982	2,435	5	58	1,604	59	132	579
1983	2,580	3	57	1,682	66	162	610
1984	2,597	2	67	1,639	61	170	658
1985	2,858	3	65	1,750	62	194	785
1986	2,998	4	67	1,826	63	208	831
1987	3,144	3	77	1,883	60	232	889
1988	3,243	5	94	1,881	63	271	928
1989	3,499	8	111	1,965	73	320	1,024
1990	3,800	9	136	2,084	80	358	1,135
1991	4,134	9	157	2,174	97	414	1,284
1992	4,397	9	167	2,278	94	505	1,343
1993	4,695	9	166	2,470	104	578	1,365
1994	5,040	12	164	2,671	107	657	1,429
1995	5,344	12	184	2,759	115	727	1,548
1996	5,657	11	201	2,929	124	765	1,628
1997	6,009	12	218	3,080	132	835	1,734
1998	5,591	9	145	2,850	127	737	1,722
1999	5,812	9	124	2,968	126	728	1,856
2000	6,161	11	134	3,078	150	824	1,965
2001	6,455	14	136	3,168	156	893	2,089
2002	6,722	11	150	3,229	155	926	2,248
2003	6,709	12	148	3,181	167	912	2,289
2004	7,004	13	162	3,217	183	964	2,465
2005	7,304	13	158	3,173	307	1,023	2,624
2006	7,543	16	166	3,135	300	1,125	2,792
2007	7,706	19	172	3,093	274	1,218	2,920
2008	7,820	17	175	3,063	263	1,251	3,041

Ⅱ 統 計 編 451

統計表 **8.2.6** 韓国の産業別平均賃金（月給）の動向，1976～2010年
Table 8.2.6 Average wages of employees（monthly）in South Korea, 1976-2010

年度 Fiscal year	1	2	3	4	5	6	7	8	9	10	11	12
	全産業 All industries						鉱業 Mining					
	名目 Nominal			実質 Real			名目 Nominal			実質 Real		
	合計 Total	男 Male	女 Female	合計 Total	男 Male	女 Female	合計 Total	男 Male	女 Female	合計 Total	男 Male	女 Female
	千ウォン 1,000 Won											
1976	64	83	36	558	720	316	68	69	41	591	599	353
1977	77	103	45	610	812	356	95	97	53	750	767	420
1978	104	135	59	718	931	404	132	135	75	908	929	515
1979	146	189	80	853	1,102	467	172	177	87	1,004	1,028	507
1980	173	223	96	783	1,009	433	211	216	107	954	979	482
1981	210	267	119	782	994	443	263	270	130	979	1,005	485
1982	245	309	136	852	1,076	473	287	295	141	999	1,026	489
1983	271	339	153	912	1,141	516	313	322	150	1,053	1,082	505
1984	295	368	169	970	1,209	555	327	336	167	1,076	1,106	549
1985	314	386	180	1,009	1,240	579	338	347	179	1,085	1,114	573
1986	345	420	202	1,078	1,312	630	368	378	195	1,149	1,180	610
1987	379	461	227	1,148	1,399	688	391	404	207	1,185	1,225	628
1988	447	539	272	1,264	1,526	770	452	466	217	1,278	1,317	613
1989	525	622	329	1,404	1,666	880	537	550	289	1,436	1,472	775
1990	616	727	388	1,519	1,792	957	615	631	313	1,516	1,556	772
1991	733	861	466	1,653	1,940	1,051	767	784	421	1,730	1,767	949
1992	866	1,010	544	1,838	2,145	1,155	877	902	457	1,863	1,915	970
1993	955	1,102	601	1,934	2,232	1,218	1,022	1,059	529	2,071	2,145	1,071
1994	1,047	1,195	679	1,995	2,278	1,294	1,097	1,134	606	2,091	2,161	1,155
1995	1,195	1,359	790	2,180	2,480	1,441	1,210	1,252	700	2,207	2,283	1,277
1996	1,352	1,525	907	2,351	2,652	1,577	1,398	1,445	751	2,431	2,512	1,305
1997	1,474	1,651	1,007	2,454	2,750	1,676	1,514	1,570	849	2,521	2,614	1,414
1998	1,494	1,666	1,028	2,314	2,580	1,592	1,552	1,596	907	2,403	2,472	1,405
1999	1,539	1,721	1,093	2,364	2,643	1,678	1,535	1,596	850	2,357	2,451	1,306
2000	1,703	1,911	1,210	2,557	2,871	1,818	1,662	1,720	976	2,497	2,583	1,466
2001	1,813	2,028	1,296	2,617	2,928	1,871	1,850	1,912	1,083	2,670	2,759	1,563
2002	1,956	2,192	1,381	2,747	3,079	1,940	1,926	1,976	1,143	2,705	2,776	1,605
2003	2,124	2,386	1,501	2,882	3,238	2,036	2,147	2,217	1,328	2,914	3,009	1,801
2004	2,261	2,538	1,603	2,961	3,324	2,100	2,260	2,326	1,441	2,961	3,046	1,888
2005	2,440	2,737	1,741	3,111	3,489	2,219	2,530	2,614	1,466	3,225	3,332	1,869
2006	2,588	2,899	1,863	3,227	3,615	2,323	2,709	2,802	1,542	3,377	3,494	1,922
2007	2,698	3,036	1,927	3,281	3,692	2,343	2,893	2,984	1,802	3,518	3,628	2,191
2008	2,860	3,221	2,035	3,323	3,742	2,364	2,997	3,133	1,925	3,481	3,640	2,236
2009	2,837	3,198	2,037	3,207	3,616	2,303	2,969	3,054	1,962	3,357	3,452	2,219
2010	2,913	3,285	2,110	3,199	3,608	2,317	3,108	3,199	1,996	3,413	3,514	2,192

（注） 1）常用労働者10人以上の事業所．
2）1976～1991年は「職種別賃金実態調査」，1992～2007年は「賃金構造基本統計調査」，2008年以降は「雇用形態別勤労実態調査」．
3）1976～1977年は「職種別賃金実態調査報告書」（韓国労働部）の数値を引用し，以外は raw data を利用して筆者が作成した数値．
4）1976～1985年は3月基準，1986～2010年は6月基準．
5）メモの数値は報告書または国家統計ポータルシステム（KOSIS）からとった数値．
6）月平均賃金総額＝定額給与＋超過給与＋（前年度年間特別給与）/12
7）CPI：2015＝100．

統計表 8.2.6 （つづき）
Table 8.2.6 （cont'd）

年度 Fiscal year	13	14	15	16	17	18	19	20	21	22	23	24
	製造業 Manufacturing						電気・ガス・水道業 Electricity, gas, and water industry					
	名目 Nominal			実質 Real			名目 Nominal			実質 Real		
	合計 Total	男 Male	女 Female	合計 Total	男 Male	女 Female	合計 Total	男 Male	女 Female	合計 Total	男 Male	女 Female
千ウォン 1,000 Won												
1976	55	74	33	477	646	286	142	145	93	1,237	1,263	808
1977	65	92	42	516	722	329	158	163	75	1,245	1,286	592
1978	89	120	53	611	826	368	199	208	85	1,371	1,432	586
1979	124	169	73	724	987	426	223	234	100	1,300	1,361	579
1980	145	197	86	656	892	390	260	273	116	1,178	1,235	523
1981	174	233	104	648	868	389	304	322	137	1,132	1,200	512
1982	204	272	119	710	944	415	386	403	188	1,343	1,403	654
1983	225	296	133	756	996	447	417	441	180	1,403	1,482	605
1984	244	320	147	803	1,053	482	462	485	209	1,520	1,595	687
1985	258	333	156	829	1,070	501	515	546	208	1,652	1,751	667
1986	284	362	174	887	1,130	545	610	647	256	1,906	2,022	798
1987	315	399	200	954	1,208	606	626	657	270	1,897	1,993	819
1988	390	490	245	1,103	1,388	692	708	743	342	2,002	2,101	967
1989	473	586	300	1,267	1,567	802	716	761	363	1,917	2,036	970
1990	563	691	353	1,387	1,703	871	901	949	447	2,221	2,340	1,103
1991	683	836	425	1,540	1,885	959	1,070	1,124	551	2,412	2,535	1,243
1992	787	947	491	1,671	2,010	1,042	1,223	1,289	617	2,596	2,736	1,310
1993	885	1,061	538	1,793	2,148	1,089	1,329	1,403	633	2,691	2,841	1,281
1994	979	1,158	603	1,866	2,207	1,149	1,408	1,475	679	2,683	2,812	1,295
1995	1,121	1,317	698	2,045	2,402	1,274	1,505	1,585	784	2,745	2,892	1,430
1996	1,266	1,472	790	2,202	2,560	1,373	1,783	1,855	990	3,101	3,226	1,721
1997	1,389	1,601	877	2,313	2,665	1,459	1,917	2,007	1,011	3,192	3,342	1,684
1998	1,382	1,581	863	2,140	2,449	1,337	1,984	2,069	1,118	3,073	3,203	1,731
1999	1,406	1,613	886	2,160	2,478	1,362	2,156	2,254	1,216	3,311	3,463	1,868
2000	1,565	1,791	1,005	2,351	2,690	1,509	2,365	2,486	1,325	3,552	3,734	1,990
2001	1,670	1,899	1,099	2,410	2,742	1,586	2,594	2,719	1,451	3,744	3,925	2,094
2002	1,843	2,105	1,177	2,589	2,957	1,653	3,158	3,302	1,800	4,436	4,637	2,529
2003	2,007	2,289	1,288	2,724	3,106	1,748	3,518	3,716	2,009	4,774	5,042	2,727
2004	2,169	2,470	1,401	2,841	3,236	1,836	3,782	3,990	2,144	4,953	5,226	2,808
2005	2,350	2,662	1,537	2,996	3,393	1,959	3,987	4,237	2,242	5,082	5,401	2,859
2006	2,483	2,800	1,634	3,096	3,491	2,038	4,245	4,494	2,313	5,293	5,603	2,884
2007	2,635	2,962	1,720	3,204	3,602	2,091	4,389	4,635	2,373	5,337	5,636	2,886
2008	2,781	3,105	1,833	3,230	3,607	2,130	4,593	4,864	2,484	5,336	5,651	2,885
2009	2,760	3,067	1,823	3,121	3,467	2,061	4,660	4,913	2,654	5,269	5,554	3,001
2010	2,868	3,171	1,944	3,150	3,483	2,135	4,895	5,172	2,855	5,377	5,681	3,136

統計表 8.2.6 （つづき）
Table 8.2.6 （cont'd）

年度 Fiscal year	25	26	27	28	29	30	31	32	33	34	35	36
	建設業 Construction						卸売小売業 Wholesale and retail					
	名目 Nominal			実質 Real			名目 Nominal			実質 Real		
	合計 Total	男 Male	女 Female	合計 Total	男 Male	女 Female	合計 Total	男 Male	女 Female	合計 Total	男 Male	女 Female
	千ウォン　1,000 Won											
1976	121	126	52	1,046	1,093	449						
1977	150	158	64	1,182	1,243	507	112			881		
1978	197	209	82	1,356	1,439	565	144	175	77	994	1,207	529
1979	281	296	103	1,638	1,725	602	205	247	105	1,195	1,440	610
1980	286	299	119	1,294	1,353	538	235	285	121	1,063	1,291	549
1981	319	336	131	1,189	1,252	489	277	340	142	1,031	1,268	530
1982	368	388	161	1,281	1,351	561	326	390	168	1,133	1,356	585
1983	382	402	169	1,286	1,353	567	338	403	177	1,138	1,357	594
1984	397	420	181	1,305	1,380	595	363	435	191	1,193	1,429	629
1985	436	460	191	1,399	1,476	613	372	441	200	1,193	1,415	643
1986	446	472	199	1,393	1,476	622	408	483	212	1,274	1,510	661
1987	485	514	218	1,470	1,559	661	443	534	237	1,342	1,619	718
1988	526	555	263	1,488	1,571	744	487	570	298	1,376	1,613	842
1989	636	671	324	1,702	1,797	866	561	653	356	1,502	1,747	954
1990	761	813	377	1,877	2,004	930	662	778	409	1,633	1,918	1,009
1991	896	962	451	2,021	2,169	1,017	797	946	494	1,798	2,133	1,114
1992	1,055	1,125	528	2,240	2,388	1,120	908	1,070	551	1,928	2,272	1,169
1993	1,135	1,211	575	2,299	2,452	1,165	911	1,037	582	1,845	2,101	1,179
1994	1,240	1,319	653	2,363	2,515	1,244	987	1,116	652	1,882	2,127	1,243
1995	1,366	1,458	790	2,493	2,659	1,442	1,123	1,267	757	2,048	2,311	1,381
1996	1,485	1,579	832	2,581	2,746	1,446	1,306	1,474	886	2,271	2,562	1,541
1997	1,631	1,736	903	2,715	2,890	1,504	1,427	1,610	960	2,376	2,680	1,599
1998	1,576	1,674	873	2,440	2,593	1,352	1,441	1,642	957	2,231	2,543	1,482
1999	1,583	1,672	949	2,431	2,569	1,457	1,436	1,651	1,018	2,205	2,535	1,563
2000	1,788	1,896	1,060	2,686	2,849	1,592	1,588	1,823	1,096	2,385	2,739	1,647
2001	1,942	2,057	1,133	2,803	2,970	1,635	1,701	1,947	1,203	2,455	2,811	1,737
2002	1,971	2,092	1,159	2,768	2,938	1,628	1,972	2,272	1,409	2,770	3,192	1,980
2003	2,146	2,258	1,356	2,912	3,064	1,839	2,148	2,468	1,548	2,915	3,349	2,100
2004	2,238	2,356	1,467	2,932	3,087	1,922	2,275	2,584	1,662	2,981	3,384	2,177
2005	2,383	2,501	1,564	3,037	3,188	1,993	2,524	2,879	1,813	3,218	3,670	2,311
2006	2,543	2,677	1,642	3,171	3,337	2,048	2,650	3,031	1,884	3,304	3,779	2,350
2007	2,585	2,732	1,632	3,143	3,323	1,985	2,674	3,051	1,944	3,251	3,710	2,364
2008	2,800	2,925	1,845	3,253	3,398	2,143	2,772	3,177	1,982	3,220	3,691	2,303
2009	2,811	2,932	1,930	3,178	3,314	2,182	2,753	3,214	1,991	3,113	3,633	2,251
2010	2,958	3,102	1,954	3,249	3,406	2,146	2,843	3,327	2,013	3,122	3,653	2,211

454　II　統　計　編

統計表 8.2.6 （つづき）
Table 8.2.6 （cont'd）

年度 Fiscal year	37	38	39	40	41	42	43	44	45	46	47	48
	宿泊飲食店業 Hotels and restaurants						運輸倉庫業 Transport and warehousing					
	名目 Nominal			実質 Real			名目 Nominal			実質 Real		
	合計 Total	男 Male	女 Female	合計 Total	男 Male	女 Female	合計 Total	男 Male	女 Female	合計 Total	男 Male	女 Female
千ウォン 1,000 Won												
1976	45			389			71	77	46	617	666	404
1977	56			440			84	90	58	661	708	459
1978	71	85	55	486	584	376	118	127	74	810	876	512
1979	111	134	82	644	782	475	163	174	102	946	1,013	591
1980	143	171	107	646	775	485	199	215	124	898	973	562
1981	167	201	127	621	751	473	241	264	142	898	985	531
1982	206	246	154	717	857	534	271	299	154	943	1,040	534
1983	217	259	159	730	870	534	284	313	168	956	1,052	564
1984	247	289	192	813	952	631	314	343	178	1,033	1,126	584
1985	267	312	202	856	1,001	648	323	347	187	1,038	1,114	600
1986	294	342	227	919	1,068	710	350	371	194	1,093	1,160	605
1987	336	391	256	1,019	1,185	777	384	407	211	1,164	1,235	641
1988	439	513	330	1,241	1,450	934	450	472	253	1,273	1,334	717
1989	450	518	355	1,204	1,385	949	512	535	301	1,371	1,431	806
1990	523	609	402	1,290	1,501	991	541	560	367	1,335	1,381	904
1991	613	707	490	1,382	1,594	1,104	621	639	451	1,401	1,441	1,017
1992	675	781	534	1,432	1,658	1,134	821	867	483	1,742	1,840	1,026
1993	763	890	598	1,546	1,802	1,211	880	918	535	1,783	1,859	1,083
1994	842	965	682	1,604	1,839	1,300	945	985	575	1,801	1,877	1,097
1995	1,006	1,162	808	1,835	2,120	1,475	1,066	1,105	730	1,945	2,015	1,331
1996	1,122	1,305	885	1,951	2,269	1,539	1,197	1,233	882	2,081	2,143	1,534
1997	1,150	1,333	933	1,915	2,219	1,553	1,278	1,314	950	2,128	2,188	1,582
1998	1,208	1,400	977	1,871	2,168	1,514	1,259	1,291	957	1,949	2,000	1,482
1999	1,172	1,381	931	1,800	2,121	1,430	1,393	1,436	949	2,140	2,206	1,457
2000	1,265	1,475	1,039	1,900	2,216	1,560	1,552	1,598	1,054	2,331	2,401	1,583
2001	1,335	1,581	1,063	1,927	2,282	1,534	1,635	1,690	1,122	2,360	2,439	1,620
2002	1,369	1,542	1,185	1,923	2,166	1,664	1,693	1,740	1,289	2,378	2,444	1,811
2003	1,547	1,852	1,260	2,099	2,513	1,709	1,799	1,844	1,419	2,441	2,502	1,925
2004	1,586	1,903	1,285	2,078	2,493	1,683	1,948	1,997	1,566	2,552	2,616	2,051
2005	1,739	2,066	1,440	2,217	2,633	1,835	2,113	2,160	1,750	2,693	2,754	2,230
2006	1,822	2,168	1,504	2,271	2,703	1,875	2,254	2,301	1,896	2,810	2,870	2,364
2007	1,756	2,127	1,409	2,136	2,586	1,713	2,298	2,354	1,931	2,795	2,862	2,349
2008	1,904	2,215	1,576	2,212	2,574	1,831	2,385	2,482	2,005	2,770	2,883	2,329
2009	1,842	2,211	1,492	2,082	2,499	1,686	2,317	2,352	2,028	2,619	2,659	2,293
2010	1,891	2,255	1,549	2,077	2,476	1,701	2,367	2,405	2,048	2,599	2,642	2,249

統計表 8.2.6 （つづき）
Table 8.2.6 （cont'd）

年度 Fiscal year	49	50	51	52	53	54	55	56	57	58	59	60
	通信業 Telecommunications						金融保険業 Finance and insurance					
	名目 Nominal			実質 Real			名目 Nominal			実質 Real		
	合計 Total	男 Male	女 Female	合計 Total	男 Male	女 Female	合計 Total	男 Male	女 Female	合計 Total	男 Male	女 Female
	千ウォン　1,000 Won											
1976												
1977							155			1,220		
1978							196	246	112	1,348	1,692	773
1979							242	305	137	1,406	1,778	801
1980							246	321	143	1,113	1,451	649
1981							317	395	204	1,184	1,472	762
1982							364	438	225	1,267	1,523	782
1983							408	491	251	1,373	1,653	845
1984	434	472	341	1,428	1,551	1,121	479	575	286	1,575	1,892	942
1985	499	539	397	1,602	1,732	1,275	533	649	305	1,712	2,082	981
1986	509	545	426	1,589	1,702	1,329	569	690	330	1,778	2,155	1,029
1987	594	623	507	1,800	1,888	1,538	613	751	353	1,860	2,277	1,070
1988	807	849	675	2,282	2,403	1,911	682	838	401	1,928	2,370	1,135
1989	801	826	715	2,144	2,211	1,915	745	917	454	1,994	2,454	1,215
1990	994	1,029	873	2,450	2,536	2,152	907	1,112	568	2,236	2,742	1,400
1991	1,112	1,164	942	2,506	2,625	2,123	1,006	1,217	640	2,268	2,744	1,442
1992	1,163	1,212	988	2,469	2,572	2,097	1,166	1,402	751	2,475	2,976	1,595
1993	1,193	1,223	1,086	2,417	2,478	2,199	1,293	1,525	858	2,619	3,090	1,738
1994	1,371	1,414	1,219	2,614	2,696	2,323	1,400	1,628	960	2,670	3,103	1,830
1995	1,610	1,664	1,417	2,937	3,037	2,586	1,637	1,904	1,130	2,986	3,473	2,062
1996	1,937	2,013	1,662	3,368	3,501	2,889	1,817	2,108	1,248	3,160	3,665	2,169
1997	2,151	2,239	1,842	3,582	3,728	3,067	1,954	2,250	1,390	3,253	3,746	2,314
1998	2,338	2,428	2,024	3,621	3,759	3,134	1,972	2,269	1,390	3,054	3,513	2,153
1999	2,409	2,569	1,831	3,700	3,947	2,812	2,006	2,433	1,499	3,081	3,737	2,302
2000	2,902	3,155	2,021	4,359	4,739	3,036	2,327	2,929	1,648	3,495	4,400	2,476
2001	3,119	3,316	2,384	4,501	4,787	3,440	2,501	3,069	1,745	3,611	4,430	2,519
2002	3,238	3,455	2,437	4,549	4,853	3,424	2,833	3,374	1,956	3,979	4,739	2,747
2003	3,418	3,640	2,643	4,639	4,939	3,587	3,235	3,881	2,169	4,389	5,267	2,943
2004	3,558	3,775	2,717	4,661	4,944	3,559	3,513	4,198	2,376	4,602	5,499	3,112
2005	3,611	3,877	2,758	4,603	4,943	3,516	3,670	4,364	2,530	4,679	5,563	3,225
2006	3,856	4,162	2,905	4,807	5,190	3,622	3,911	4,668	2,678	4,877	5,820	3,340
2007	3,925	4,234	2,896	4,773	5,149	3,522	4,067	4,787	2,876	4,946	5,821	3,497
2008	4,336	4,692	3,171	5,038	5,451	3,684	4,340	5,225	2,988	5,042	6,070	3,472
2009	4,276	4,647	2,979	4,835	5,253	3,367	4,225	4,986	3,044	4,776	5,637	3,442
2010	4,144	4,590	2,787	4,551	5,042	3,061	4,297	4,991	3,109	4,720	5,481	3,414

統計表 9.4.1 植民地期および韓国の平均就学年数の推計結果：その1 （男女計），1920〜2010年

Table 9.4.1 Estimates of average years of schooling in the colonial period and South Korea: Part 1 (male and female), 1920-2010

		1	2	3	4	5	6	7	8
		生産年齢人口 （15-59歳） Working-age population (aged 15-59 years)				若齢層人口 （15-29歳） Young population (aged 15-29 years)			
		総計 Total	初等 Primary	中等 Secondary	高等 Tertiary	総計 Total	初等 Primary	中等 Secondary	高等 Tertiary
		年　Year							
1920		0.65	0.65	0.01	0.00	0.86	0.85	0.01	0.00
1921		0.66	0.65	0.01	0.00	0.86	0.84	0.01	0.00
1922		0.68	0.67	0.01	0.00	0.87	0.85	0.02	0.00
1923		0.69	0.68	0.01	0.00	0.88	0.86	0.02	0.00
1924		0.71	0.70	0.01	0.00	0.88	0.86	0.02	0.00
1925		0.72	0.71	0.01	0.00	0.90	0.87	0.03	0.00
1926		0.75	0.73	0.01	0.00	0.92	0.89	0.03	0.00
1927		0.77	0.75	0.02	0.00	0.95	0.91	0.03	0.00
1928		0.78	0.76	0.02	0.00	0.95	0.91	0.04	0.00
1929		0.80	0.78	0.02	0.00	0.98	0.93	0.04	0.00
1930		0.83	0.81	0.02	0.00	1.03	0.98	0.05	0.00
1931		0.86	0.83	0.03	0.00	1.07	1.02	0.05	0.00
1932		0.89	0.86	0.03	0.00	1.12	1.06	0.06	0.00
1933		0.92	0.89	0.03	0.00	1.18	1.11	0.06	0.00
1934		0.95	0.92	0.03	0.00	1.23	1.16	0.06	0.00
1935		0.98	0.94	0.04	0.00	1.27	1.20	0.07	0.00
1936		1.01	0.96	0.04	0.00	1.31	1.24	0.08	0.00
1937		1.03	0.98	0.05	0.00	1.34	1.26	0.09	0.00
1938		1.07	1.01	0.05	0.00	1.39	1.29	0.10	0.00
1939		1.11	1.04	0.06	0.00	1.45	1.33	0.11	0.00
1940		1.14	1.07	0.07	0.00	1.50	1.36	0.13	0.00
1941		1.19	1.10	0.09	0.00	1.56	1.41	0.15	0.00
1942		1.24	1.14	0.18	0.00	1.64	1.45	0.18	0.01
1955		2.44	2.06	0.35	0.03	4.00	3.26	0.69	0.05
1956		2.62	2.17	0.41	0.04	4.24	3.39	0.79	0.07
1957		2.81	2.29	0.47	0.05	4.48	3.53	0.87	0.09
1958		2.99	2.40	0.53	0.06	4.69	3.65	0.94	0.10
1959		3.15	2.51	0.58	0.07	4.86	3.75	1.00	0.11
1960		3.31	2.61	0.63	0.07	5.02	3.85	1.06	0.11
1961		3.45	2.69	0.67	0.08	5.15	3.91	1.12	0.13
1962		3.59	2.77	0.72	0.09	5.29	3.95	1.20	0.14
1963		3.73	2.86	0.77	0.10	5.42	3.98	1.28	0.15
1964		3.88	2.94	0.82	0.11	5.54	4.03	1.36	0.15
1965		4.02	3.03	0.87	0.12	5.67	4.08	1.43	0.16
1966		4.16	3.11	0.93	0.13	5.79	4.13	1.50	0.16
1966	※1	5.86	4.33	1.39	0.14	7.45	5.45	1.85	0.15
1966	※2	(0.71)	(0.72)	(0.67)	(0.88)	(0.78)	(0.76)	(0.81)	(1.03)
1967		4.32	3.21	0.98	0.13	5.95	4.23	1.56	0.16
1968		4.49	3.31	1.04	0.14	6.14	4.34	1.65	0.15
1969		4.66	3.42	1.10	0.14	6.32	4.47	1.71	0.15
1970		4.85	3.55	1.15	0.14	6.52	4.62	1.76	0.14
1970	※1	3.57	2.49	1.03	0.06	4.88	3.34	1.43	0.10
1970	※2	(1.36)	(1.43)	(1.13)	(2.50)	(1.34)	(1.38)	(1.23)	(1.43)
1971		5.07	3.68	1.23	0.15	6.76	4.77	1.85	0.14
1972		5.29	3.82	1.32	0.15	7.01	4.94	1.94	0.13
1973		5.51	3.95	1.40	0.16	7.25	5.07	2.04	0.13
1974		5.72	4.07	1.49	0.16	7.48	5.21	2.15	0.13
1975		5.92	4.18	1.58	0.17	7.70	5.31	2.26	0.13
1975	※1	7.63	5.23	2.19	0.21	8.80	5.84	2.78	0.19
1975	※2	(0.78)	(0.80)	(0.72)	(0.81)	(0.87)	(0.91)	(0.81)	(0.68)

(注)　1．計算手順は本文参照．
2．初等は日本の小学校に相当する．中等は日本の中学校・高校（高等専門学校の最初の3年を含む）に相当する．高等は，日本の大学（大学院を含む）・短期大学・中等以降の高等専門学校に相当する．
3．※1：「センサスからの推計値」．※2：「神門推計とセンサスの比」を表す．
4．1943〜1954年については年齢別人口データが不正確なため，推計を試みていない．

統計表 9.4.1 （つづき）
Table 9.4.1 （cont'd）

	9	10	11	12	13	14	15	16
	中齢層年人口 （30-44歳） Middle-aged population （aged 30-44 years）				高齢層年人口 （45-59歳） Mature population （aged 45-59 years）			
	総計 Total	初等 Primary	中等 Secondary	高等 Tertiary	総計 Total	初等 Primary	中等 Secondary	高等 Tertiary
年　Year								
1920	0.51	0.51	0.00	0.00	0.38	0.38	0.00	0.00
1921	0.54	0.54	0.00	0.00	0.40	0.40	0.00	0.00
1922	0.57	0.57	0.00	0.00	0.41	0.41	0.00	0.00
1923	0.59	0.59	0.00	0.00	0.42	0.42	0.00	0.00
1924	0.62	0.62	0.00	0.00	0.44	0.44	0.00	0.00
1925	0.64	0.64	0.00	0.00	0.45	0.45	0.00	0.00
1926	0.67	0.67	0.00	0.00	0.46	0.46	0.00	0.00
1927	0.69	0.69	0.00	0.00	0.47	0.47	0.00	0.00
1928	0.71	0.71	0.00	0.00	0.48	0.48	0.00	0.00
1929	0.73	0.73	0.00	0.00	0.49	0.49	0.00	0.00
1930	0.75	0.75	0.00	0.00	0.50	0.50	0.00	0.00
1931	0.77	0.76	0.00	0.00	0.50	0.50	0.00	0.00
1932	0.79	0.78	0.01	0.00	0.50	0.50	0.00	0.00
1933	0.81	0.80	0.01	0.00	0.50	0.50	0.00	0.00
1934	0.82	0.81	0.01	0.00	0.50	0.50	0.00	0.00
1935	0.84	0.83	0.01	0.00	0.50	0.50	0.00	0.00
1936	0.84	0.82	0.01	0.00	0.53	0.53	0.00	0.00
1937	0.85	0.83	0.02	0.00	0.55	0.55	0.00	0.00
1938	0.86	0.84	0.02	0.00	0.57	0.57	0.00	0.00
1939	0.86	0.84	0.02	0.00	0.59	0.59	0.00	0.00
1940	0.88	0.85	0.03	0.00	0.61	0.61	0.00	0.00
1941	0.90	0.87	0.03	0.00	0.63	0.63	0.00	0.00
1942	0.93	0.89	0.04	0.00	0.65	0.65	0.00	0.00
1955	1.49	1.34	0.13	0.02	0.88	0.85	0.03	0.00
1956	1.56	1.38	0.15	0.02	0.90	0.87	0.03	0.00
1957	1.63	1.42	0.18	0.03	0.93	0.89	0.04	0.00
1958	1.75	1.50	0.21	0.03	0.94	0.89	0.04	0.00
1959	1.88	1.59	0.25	0.04	0.96	0.91	0.04	0.00
1960	2.00	1.65	0.29	0.05	1.02	0.96	0.05	0.00
1961	2.17	1.79	0.33	0.06	1.06	1.00	0.05	0.00
1962	2.39	1.96	0.36	0.07	1.11	1.04	0.06	0.00
1963	2.61	2.13	0.40	0.09	1.16	1.10	0.06	0.01
1964	2.86	2.31	0.44	0.11	1.22	1.14	0.07	0.01
1965	3.13	2.51	0.50	0.13	1.26	1.18	0.07	0.01
1966	3.42	2.70	0.57	0.15	1.30	1.21	0.08	0.01
1966 ※1	5.45	4.04	1.24	0.18	2.50	1.95	0.50	0.05
1966 ※2	(0.63)	(0.67)	(0.46)	(0.83)	(0.52)	(0.62)	(0.16)	(0.17)
1967	3.69	2.88	0.64	0.17	1.33	1.23	0.09	0.01
1968	3.93	3.03	0.72	0.19	1.38	1.26	0.10	0.01
1969	4.17	3.17	0.80	0.20	1.43	1.30	0.12	0.02
1970	4.42	3.32	0.88	0.22	1.48	1.32	0.13	0.02
1970 ※1	3.07	2.17	0.87	0.03	1.22	0.92	0.29	0.00
1970 ※2	(1.44)	(1.53)	(1.01)	(7.25)	(1.21)	(1.43)	(0.47)	(4.16)
1971	4.65	3.45	0.96	0.24	1.54	1.36	0.16	0.02
1972	4.87	3.57	1.04	0.26	1.61	1.40	0.18	0.03
1973	5.05	3.67	1.11	0.27	1.73	1.48	0.22	0.03
1974	5.21	3.75	1.17	0.28	1.86	1.56	0.26	0.04
1975	5.37	3.84	1.24	0.30	1.98	1.63	0.30	0.05
1975 ※1	7.64	5.32	2.04	0.28	4.38	3.41	0.85	0.12
1975 ※2	(0.70)	(0.72)	(0.61)	(1.05)	(0.45)	(0.48)	(0.35)	(0.42)

458　Ⅱ　統　計　編

統計表 9.4.1　（つづき）
Table 9.4.1　（cont'd）

	1	2	3	4	5	6	7	8
	生産年齢人口（15-59歳） Working-age population（aged 15-59 years）				若齢層人口（15-29歳） Young population（aged 15-29 years）			
	総計 Total	初等 Primary	中等 Secondary	高等 Tertiary	総計 Total	初等 Primary	中等 Secondary	高等 Tertiary
	年　Year							
1976	6.16	4.31	1.68	0.17	7.97	5.46	2.38	0.13
1977	6.38	4.42	1.78	0.18	8.25	5.59	2.53	0.13
1978	6.58	4.51	1.89	0.18	8.49	5.67	2.68	0.14
1979	6.80	4.60	2.00	0.19	8.76	5.78	2.84	0.14
1980	7.01	4.69	2.12	0.20	9.03	5.87	3.00	0.16
1980　※1	8.73	5.50	2.94	0.29	9.91	5.93	3.71	0.27
1980　※2	(0.80)	(0.85)	(0.72)	(0.71)	(0.91)	(0.99)	(0.81)	(0.59)
1981	7.25	4.78	2.24	0.23	9.29	5.93	3.17	0.19
1982	7.48	4.87	2.37	0.25	9.59	6.00	3.36	0.23
1983	7.71	4.94	2.49	0.28	9.82	6.03	3.52	0.27
1984	7.93	5.01	2.61	0.30	10.05	6.05	3.68	0.31
1985	8.13	5.08	2.72	0.33	10.29	6.07	3.86	0.36
1985　※1	9.79	5.70	3.67	0.42	10.98	5.97	4.56	0.45
1985　※2	(0.83)	(0.89)	(0.74)	(0.80)	(0.94)	(1.02)	(0.85)	(0.80)
1986	8.34	5.14	2.84	0.36	10.48	6.07	4.01	0.40
1987	8.56	5.21	2.96	0.40	10.69	6.07	4.17	0.45
1988	8.76	5.26	3.07	0.43	10.91	6.07	4.34	0.50
1989	8.95	5.31	3.18	0.46	11.10	6.07	4.49	0.54
1990	9.13	5.37	3.28	0.49	11.31	6.08	4.65	0.58
1990　※1	10.63	5.81	4.27	0.56	11.74	5.98	5.16	0.60
1990　※2	(0.86)	(0.92)	(0.77)	(0.88)	(0.96)	(1.02)	(0.90)	(0.96)
1991	9.30	5.41	3.37	0.52	11.44	6.07	4.76	0.61
1992	9.47	5.45	3.46	0.55	11.55	6.06	4.85	0.64
1993	9.64	5.50	3.56	0.58	11.72	6.10	4.96	0.67
1994	9.78	5.53	3.64	0.62	11.75	6.06	5.01	0.69
1995	9.93	5.56	3.72	0.65	11.79	6.04	5.03	0.71
1995　※1	11.46	5.88	4.71	0.87	12.40	5.99	5.47	0.95
1995　※2	(0.87)	(0.94)	(0.79)	(0.75)	(0.95)	(1.01)	(0.92)	(0.75)
1996	10.08	5.59	3.80	0.69	11.81	6.03	5.04	0.74
1997	10.25	5.63	3.89	0.73	11.89	6.02	5.08	0.79
1998	10.43	5.67	3.98	0.78	12.02	6.05	5.13	0.84
1999	10.62	5.71	4.07	0.83	12.19	6.07	5.20	0.92
2000	10.79	5.74	4.16	0.89	12.35	6.09	5.27	1.00
2000　※1	11.95	5.91	4.98	1.06	12.76	5.99	5.57	1.20
2000　※2	(0.90)	(0.97)	(0.83)	(0.84)	(0.97)	(1.02)	(0.95)	(0.83)
2001	10.96	5.77	4.24	0.95	12.52	6.10	5.33	1.09
2002	11.13	5.80	4.31	1.01	12.68	6.11	5.39	1.18
2003	11.28	5.83	4.38	1.07	12.82	6.12	5.42	1.28
2004	11.44	5.86	4.44	1.14	12.97	6.14	5.45	1.38
2005	11.59	5.89	4.51	1.19	13.03	6.14	5.46	1.43
2005　※1	11.99	5.33	4.84	1.32	13.80	5.99	5.87	1.94
2005　※2	(0.97)	(1.11)	(0.93)	(0.90)	(0.94)	(1.03)	(0.93)	(0.74)
2006	11.72	5.91	4.56	1.25	13.05	6.12	5.45	1.48
2007	11.87	5.94	4.62	1.32	13.07	6.11	5.45	1.52
2008	12.02	5.96	4.68	1.38	13.07	6.09	5.43	1.56
2009	12.17	5.99	4.74	1.44	13.17	6.10	5.45	1.61
2010	12.33	6.01	4.81	1.50	13.21	6.11	5.46	1.64
2010　※1	12.94	4.84	5.39	1.59	13.21	5.99	5.55	1.66
2010　※2	(0.95)	(1.24)	(0.89)	(0.94)	(1.00)	(1.02)	(0.98)	(0.98)

II 統 計 編 459

統計表 9.4.1 （つづき）
Table 9.4.1 （cont'd）

	9	10	11	12	13	14	15	16
	中齢層年人口（30-44歳） Middle-aged population（aged 30-44 years）				高齢層年人口（45-59歳） Mature population（aged 45-59 years）			
	総計 Total	初等 Primary	中等 Secondary	高等 Tertiary	総計 Total	初等 Primary	中等 Secondary	高等 Tertiary
	年　　Year							
1976	5.51	3.89	1.31	0.31	2.17	1.78	0.33	0.06
1977	5.65	3.94	1.40	0.31	2.40	1.96	0.37	0.08
1978	5.78	3.98	1.48	0.32	2.64	2.14	0.40	0.09
1979	5.91	4.03	1.57	0.32	2.89	2.34	0.45	0.11
1980	6.05	4.08	1.65	0.32	3.17	2.53	0.51	0.13
1980 ※1	8.69	5.64	2.68	0.38	5.60	4.13	1.27	0.20
1980 ※2	(0.70)	(0.72)	(0.61)	(0.86)	(0.57)	(0.61)	(0.40)	(0.66)
1981	6.19	4.13	1.72	0.33	3.46	2.73	0.58	0.15
1982	6.37	4.23	1.81	0.33	3.71	2.89	0.65	0.17
1983	6.59	4.34	1.90	0.34	3.95	3.04	0.72	0.19
1984	6.83	4.48	2.00	0.36	4.19	3.17	0.81	0.21
1985	7.06	4.61	2.08	0.36	4.42	3.31	0.89	0.22
1985 ※1	9.73	5.83	3.44	0.46	6.91	4.82	1.82	0.27
1985 ※2	(0.73)	(0.79)	(0.60)	(0.79)	(0.64)	(0.69)	(0.49)	(0.83)
1986	7.33	4.77	2.19	0.38	4.66	3.44	0.97	0.24
1987	7.62	4.93	2.30	0.39	4.87	3.56	1.05	0.26
1988	7.89	5.07	2.41	0.41	5.05	3.66	1.12	0.27
1989	8.18	5.21	2.53	0.44	5.21	3.74	1.18	0.29
1990	8.46	5.32	2.66	0.48	5.37	3.82	1.25	0.30
1990 ※1	10.76	5.92	4.22	0.62	7.89	5.22	2.32	0.34
1990 ※2	(0.79)	(0.90)	(0.63)	(0.77)	(0.68)	(0.73)	(0.54)	(0.87)
1991	8.80	5.46	2.81	0.53	5.51	3.88	1.32	0.31
1992	9.15	5.59	2.98	0.58	5.65	3.93	1.40	0.32
1993	9.45	5.67	3.14	0.64	5.79	3.98	1.49	0.32
1994	9.79	5.79	3.30	0.71	5.92	4.03	1.57	0.32
1995	10.11	5.87	3.47	0.77	6.06	4.08	1.65	0.33
1995 ※1	11.84	5.96	4.90	0.99	9.00	5.56	2.94	0.50
1995 ※2	(0.85)	(0.99)	(0.71)	(0.78)	(0.67)	(0.73)	(0.56)	(0.66)
1996	10.41	5.93	3.64	0.83	6.20	4.14	1.73	0.34
1997	10.73	6.00	3.83	0.90	6.39	4.24	1.81	0.34
1998	10.98	6.03	4.00	0.96	6.61	4.35	1.91	0.35
1999	11.23	6.06	4.16	1.02	6.86	4.49	2.00	0.36
2000	11.50	6.07	4.34	1.09	7.08	4.63	2.08	0.37
2000 ※1	12.49	5.96	5.31	1.21	9.76	5.70	3.48	0.58
2000 ※2	(0.92)	(1.02)	(0.82)	(0.90)	(0.73)	(0.81)	(0.60)	(0.64)
2001	11.72	6.07	4.49	1.16	7.36	4.78	2.19	0.39
2002	11.93	6.07	4.63	1.24	7.65	4.94	2.30	0.41
2003	12.17	6.08	4.78	1.32	7.92	5.08	2.41	0.43
2004	12.40	6.07	4.92	1.41	8.20	5.22	2.53	0.45
2005	12.65	6.09	5.06	1.51	8.47	5.33	2.66	0.49
2005 ※1	11.90	5.93	4.87	1.10	8.48	5.28	2.71	0.48
2005 ※2	(1.06)	(1.03)	(1.04)	(1.37)	(1.00)	(1.01)	(0.98)	(1.02)
2006	12.85	6.08	5.17	1.61	8.82	5.47	2.81	0.54
2007	13.04	6.07	5.25	1.72	9.17	5.60	2.98	0.60
2008	13.29	6.10	5.35	1.84	9.48	5.68	3.14	0.66
2009	13.40	6.06	5.40	1.93	9.83	5.79	3.31	0.73
2010	13.52	6.05	5.45	2.02	10.16	5.88	3.48	0.80
2010 ※1	13.85	5.98	5.85	2.02	11.68	5.91	4.72	1.06
2010 ※2	(0.98)	(1.01)	(0.93)	(1.00)	(0.87)	(1.00)	(0.74)	(0.75)

460　Ⅱ　統　計　編

統計表 9.4.2　植民地期および韓国の平均就学年数の推計結果：その2（男），1920〜2010年
Table 9.4.2　Estimates of average years of schooling in the colonial period and South Korea: Part 2 (male), 1920-2010

	1	2	3	4	5	6	7	8
	生産年齢人口（15-59歳） Working-age population（aged 15-59 years）				若齢層人口（15-29歳） Young population（aged 15-29 years）			
	総計 Total	初等 Primary	中等 Secondary	高等 Tertiary	総計 Total	初等 Primary	中等 Secondary	高等 Tertiary
				年　Year				
1920	1.18	1.17	0.01	0.00	1.56	1.54	0.02	0.00
1921	1.20	1.18	0.01	0.00	1.56	1.53	0.03	0.00
1922	1.23	1.22	0.01	0.00	1.58	1.55	0.03	0.00
1923	1.26	1.24	0.02	0.00	1.60	1.57	0.03	0.00
1924	1.28	1.26	0.02	0.00	1.61	1.57	0.04	0.00
1925	1.32	1.29	0.02	0.00	1.64	1.59	0.05	0.00
1926	1.36	1.33	0.02	0.00	1.69	1.64	0.05	0.00
1927	1.40	1.37	0.03	0.00	1.75	1.68	0.06	0.00
1928	1.42	1.39	0.03	0.00	1.75	1.68	0.07	0.00
1929	1.46	1.42	0.04	0.00	1.79	1.71	0.08	0.00
1930	1.51	1.47	0.04	0.00	1.87	1.78	0.08	0.00
1931	1.56	1.51	0.04	0.00	1.94	1.85	0.09	0.00
1932	1.61	1.55	0.05	0.00	2.01	1.91	0.10	0.00
1933	1.66	1.60	0.05	0.00	2.10	1.99	0.10	0.00
1934	1.71	1.65	0.06	0.00	2.18	2.06	0.11	0.00
1935	1.75	1.68	0.06	0.00	2.24	2.12	0.12	0.00
1936	1.80	1.72	0.07	0.00	2.30	2.17	0.13	0.01
1937	1.84	1.76	0.08	0.00	2.33	2.18	0.14	0.01
1938	1.90	1.80	0.09	0.00	2.40	2.23	0.17	0.01
1939	1.96	1.85	0.11	0.00	2.47	2.28	0.19	0.01
1940	2.02	1.89	0.13	0.01	2.52	2.30	0.21	0.01
1941	2.09	1.94	0.15	0.01	2.61	2.35	0.25	0.01
1942	2.18	2.00	0.17	0.01	2.69	2.40	0.28	0.01
1955	3.41	2.91	0.47	0.04	5.10	4.13	0.90	0.07
1956	3.59	2.99	0.54	0.05	5.28	4.18	1.01	0.09
1957	3.77	3.08	0.62	0.07	5.45	4.23	1.11	0.11
1958	3.94	3.17	0.69	0.08	5.57	4.26	1.19	0.13
1959	4.09	3.26	0.75	0.09	5.66	4.28	1.25	0.14
1960	4.24	3.33	0.81	0.10	5.74	4.29	1.31	0.14
1961	4.36	3.39	0.87	0.11	5.79	4.25	1.39	0.16
1962	4.49	3.44	0.93	0.13	5.84	4.18	1.48	0.18
1963	4.62	3.49	1.00	0.14	5.89	4.12	1.58	0.19
1964	4.75	3.54	1.06	0.15	5.95	4.09	1.67	0.19
1965	4.88	3.60	1.12	0.16	6.03	4.08	1.75	0.20
1966	5.01	3.66	1.18	0.17	6.13	4.09	1.84	0.20
1966 ※1	7.05	4.86	1.96	0.23	8.30	5.67	2.40	0.22
1966 ※2	(0.71)	(0.75)	(0.60)	(0.73)	(0.74)	(0.72)	(0.77)	(0.89)
1967	5.16	3.73	1.25	0.18	6.28	4.16	1.92	0.20
1968	5.33	3.82	1.32	0.19	6.48	4.27	2.02	0.20
1969	5.50	3.91	1.39	0.19	6.69	4.40	2.10	0.19
1970	5.68	4.02	1.46	0.20	6.91	4.57	2.16	0.18
1970 ※1	4.75	3.20	1.46	0.09	6.00	3.99	1.86	0.15
1970 ※2	(1.20)	(1.26)	(1.00)	(2.12)	(1.15)	(1.15)	(1.16)	(1.20)
1971	5.89	4.13	1.56	0.21	7.17	4.73	2.26	0.18
1972	6.11	4.25	1.65	0.21	7.44	4.91	2.36	0.17
1973	6.32	4.36	1.75	0.22	7.70	5.06	2.47	0.17
1974	6.53	4.46	1.85	0.23	7.96	5.20	2.58	0.17
1975	6.72	4.54	1.95	0.23	8.19	5.32	2.70	0.17
1975 ※1	8.52	5.49	2.72	0.31	9.16	5.82	3.10	0.24
1975 ※2	(0.79)	(0.83)	(0.72)	(0.75)	(0.89)	(0.91)	(0.87)	(0.71)

（注）　1．計算手順は本文参照．
　　　　2．初等は日本の小学校に相当する．中等は日本の中学校・高校（高等専門学校の最初の3年を含む）に相当する．高等は，日本の大学（大学院を含む）・短期大学・中等以降の高等専門学校に相当する．
　　　　3．※1：「センサスからの推計値」．※2：「神門推計とセンサスの比」を表す．
　　　　4．1943〜1954年については年齢別人口データが不正確なため，推計を試みていない．

統計表 **9.4.2** （つづき）
Table 9.4.2 （cont'd）

		9	10	11	12	13	14	15	16
		中齢層年人口 （30-44歳）				高齢層年人口 （45-59歳）			
		Middle-aged population （aged 30-44 years）				Mature population （aged 45-59 years）			
		総計 Total	初等 Primary	中等 Secondary	高等 Tertiary	総計 Total	初等 Primary	中等 Secondary	高等 Tertiary
					年　Year				
1920		0.91	0.91	0.00	0.00	0.69	0.69	0.00	0.00
1921		0.96	0.96	0.00	0.00	0.72	0.72	0.00	0.00
1922		1.02	1.02	0.00	0.00	0.74	0.74	0.00	0.00
1923		1.06	1.06	0.00	0.00	0.76	0.76	0.00	0.00
1924		1.11	1.11	0.00	0.00	0.79	0.79	0.00	0.00
1925		1.15	1.15	0.00	0.00	0.81	0.81	0.00	0.00
1926		1.20	1.20	0.00	0.00	0.83	0.83	0.00	0.00
1927		1.25	1.25	0.00	0.00	0.85	0.85	0.00	0.00
1928		1.29	1.29	0.00	0.00	0.87	0.87	0.00	0.00
1929		1.33	1.33	0.00	0.00	0.89	0.89	0.00	0.00
1930		1.37	1.37	0.00	0.00	0.91	0.91	0.00	0.00
1931		1.41	1.40	0.01	0.00	0.91	0.91	0.00	0.00
1932		1.44	1.43	0.01	0.00	0.91	0.91	0.00	0.00
1933		1.49	1.47	0.01	0.00	0.91	0.91	0.00	0.00
1934		1.52	1.50	0.02	0.00	0.91	0.91	0.00	0.00
1935		1.56	1.54	0.02	0.00	0.91	0.91	0.00	0.00
1936		1.56	1.53	0.03	0.00	0.97	0.97	0.00	0.00
1937		1.58	1.55	0.03	0.00	1.03	1.03	0.00	0.00
1938		1.60	1.56	0.03	0.00	1.08	1.08	0.00	0.00
1939		1.61	1.57	0.04	0.00	1.13	1.13	0.00	0.00
1940		1.65	1.59	0.05	0.01	1.19	1.19	0.00	0.00
1941		1.70	1.64	0.06	0.01	1.24	1.24	0.00	0.00
1942		1.76	1.69	0.06	0.01	1.29	1.29	0.00	0.00
1955		2.55	2.30	0.22	0.03	1.64	1.59	0.05	0.00
1956		2.64	2.35	0.25	0.04	1.69	1.63	0.06	0.01
1957		2.73	2.40	0.29	0.04	1.76	1.69	0.06	0.01
1958		2.91	2.52	0.34	0.05	1.76	1.68	0.07	0.01
1959		3.10	2.65	0.39	0.06	1.80	1.71	0.08	0.01
1960		3.25	2.73	0.44	0.08	1.90	1.80	0.09	0.01
1961		3.48	2.90	0.49	0.09	1.97	1.87	0.10	0.01
1962		3.76	3.12	0.53	0.11	2.05	1.93	0.10	0.01
1963		4.02	3.32	0.57	0.13	2.14	2.02	0.11	0.01
1964		4.30	3.52	0.63	0.15	2.22	2.09	0.12	0.01
1965		4.57	3.69	0.70	0.18	2.29	2.15	0.13	0.01
1966		4.85	3.86	0.78	0.21	2.34	2.18	0.14	0.02
1966	※1	7.11	4.85	1.93	0.33	3.65	2.72	0.83	0.10
1966	※2	(0.68)	(0.80)	(0.40)	(0.64)	(0.64)	(0.80)	(0.16)	(0.17)
1967		5.09	3.98	0.86	0.24	2.37	2.20	0.15	0.02
1968		5.28	4.06	0.95	0.26	2.44	2.24	0.18	0.02
1969		5.46	4.12	1.05	0.29	2.52	2.29	0.20	0.03
1970		5.65	4.20	1.14	0.31	2.58	2.31	0.23	0.03
1970	※1	4.53	3.06	1.42	0.05	1.94	1.44	0.49	0.01
1970	※2	(1.25)	(1.37)	(0.81)	(5.78)	(1.33)	(1.60)	(0.47)	(3.82)
1971		5.81	4.24	1.24	0.34	2.67	2.36	0.27	0.04
1972		5.95	4.26	1.33	0.36	2.77	2.41	0.30	0.05
1973		6.06	4.28	1.41	0.38	2.94	2.53	0.35	0.06
1974		6.14	4.27	1.48	0.39	3.13	2.66	0.41	0.07
1975		6.23	4.27	1.55	0.41	3.28	2.75	0.46	0.08
1975	※1	8.95	5.65	2.84	0.46	5.84	4.24	1.37	0.23
1975	※2	(0.70)	(0.76)	(0.55)	(0.88)	(0.56)	(0.65)	(0.33)	(0.35)

462 II 統 計 編

統計表 9.4.2 （つづき）
Table 9.4.2 （cont'd）

		1	2	3	4	5	6	7	8
		生産年齢人口（15-59歳）				若齢層人口（15-29歳）			
		Working-age population（aged 15-59 years）				Young population（aged 15-29 years）			
		総計 Total	初等 Primary	中等 Secondary	高等 Tertiary	総計 Total	初等 Primary	中等 Secondary	高等 Tertiary
		年　Year							
1976		6.95	4.65	2.06	0.24	8.47	5.47	2.83	0.17
1977		7.16	4.74	2.17	0.25	8.75	5.60	2.98	0.17
1978		7.36	4.81	2.29	0.25	9.01	5.69	3.13	0.18
1979		7.56	4.89	2.41	0.26	9.29	5.81	3.29	0.19
1980		7.77	4.96	2.52	0.28	9.56	5.91	3.44	0.21
1980	※1	9.62	5.71	3.49	0.42	10.30	5.94	4.03	0.34
1980	※2	(0.81)	(0.87)	(0.72)	(0.68)	(0.93)	(1.00)	(0.85)	(0.62)
1981		8.00	5.03	2.65	0.31	9.82	5.97	3.60	0.25
1982		8.23	5.10	2.78	0.35	10.12	6.04	3.78	0.30
1983		8.44	5.16	2.90	0.38	10.34	6.06	3.92	0.36
1984		8.65	5.21	3.01	0.42	10.55	6.08	4.06	0.41
1985		8.84	5.26	3.12	0.46	10.76	6.09	4.21	0.47
1985	※1	10.59	5.85	4.16	0.57	11.26	5.97	4.75	0.54
1985	※2	(0.83)	(0.90)	(0.75)	(0.80)	(0.96)	(1.02)	(0.89)	(0.86)
1986		9.02	5.30	3.23	0.49	10.93	6.08	4.32	0.52
1987		9.22	5.35	3.33	0.53	11.11	6.08	4.46	0.57
1988		9.40	5.39	3.44	0.57	11.30	6.08	4.60	0.62
1989		9.56	5.42	3.54	0.60	11.46	6.06	4.73	0.66
1990		9.73	5.45	3.63	0.64	11.62	6.07	4.86	0.69
1990	※1	11.28	5.91	4.66	0.72	11.88	5.98	5.23	0.67
1990	※2	(0.86)	(0.92)	(0.78)	(0.89)	(0.98)	(1.02)	(0.93)	(1.04)
1991		9.87	5.48	3.72	0.68	11.72	6.06	4.95	0.72
1992		10.02	5.50	3.80	0.71	11.80	6.05	5.01	0.73
1993		10.17	5.53	3.89	0.75	11.93	6.08	5.09	0.75
1994		10.30	5.55	3.96	0.79	11.93	6.04	5.12	0.77
1995		10.44	5.57	4.04	0.83	11.94	6.03	5.14	0.78
1995	※1	12.04	5.94	5.01	1.09	12.47	5.99	5.46	1.02
1995	※2	(0.87)	(0.94)	(0.81)	(0.76)	(0.96)	(1.01)	(0.94)	(0.76)
1996		10.57	5.59	4.11	0.87	11.93	6.01	5.12	0.80
1997		10.74	5.63	4.19	0.91	11.99	6.01	5.14	0.83
1998		10.91	5.67	4.28	0.96	12.11	6.04	5.18	0.88
1999		11.09	5.71	4.36	1.02	12.25	6.06	5.24	0.95
2000		11.26	5.74	4.44	1.08	12.40	6.08	5.30	1.01
2000	※1	12.43	5.94	5.21	1.28	12.78	5.99	5.55	1.24
2000	※2	(0.91)	(0.97)	(0.85)	(0.84)	(0.97)	(1.01)	(0.96)	(0.82)
2001		11.42	5.77	4.51	1.14	12.54	6.09	5.36	1.09
2002		11.58	5.80	4.58	1.20	12.68	6.10	5.41	1.18
2003		11.73	5.83	4.64	1.27	12.80	6.11	5.43	1.26
2004		11.88	5.86	4.69	1.33	12.94	6.13	5.46	1.35
2005		12.03	5.89	4.75	1.38	12.97	6.14	5.46	1.36
2005	※1	12.67	5.53	5.16	1.60	13.96	5.99	5.87	2.11
2005	※2	(0.95)	(1.07)	(0.92)	(0.86)	(0.93)	(1.03)	(0.93)	(0.65)
2006		12.16	5.91	4.80	1.45	12.97	6.12	5.45	1.40
2007		12.30	5.94	4.85	1.51	12.99	6.11	5.45	1.44
2008		12.44	5.97	4.90	1.57	12.98	6.08	5.43	1.47
2009		12.59	6.00	4.96	1.63	13.08	6.10	5.45	1.52
2010		12.74	6.02	5.02	1.69	13.10	6.11	5.46	1.53
2010	※1	13.21	4.99	5.49	1.75	13.10	5.99	5.54	1.57
2010	※2	(0.96)	(1.21)	(0.91)	(0.97)	(1.00)	(1.02)	(0.99)	(0.98)

統計表 **9.4.2** （つづき）
Table 9.4.2 （cont'd）

	9	10	11	12	13	14	15	16
	中齢層年人口（30-44歳） Middle-aged population（aged 30-44 years）				高齢層年人口（45-59歳） Mature population（aged 45-59 years）			
	総計 Total	初等 Primary	中等 Secondary	高等 Tertiary	総計 Total	初等 Primary	中等 Secondary	高等 Tertiary
	年　　Year							
1976	6.28	4.23	1.63	0.42	3.54	2.94	0.50	0.10
1977	6.34	4.17	1.74	0.43	3.84	3.18	0.55	0.12
1978	6.40	4.12	1.84	0.44	4.13	3.40	0.59	0.14
1979	6.47	4.09	1.94	0.44	4.41	3.61	0.64	0.16
1980	6.56	4.07	2.04	0.45	4.68	3.78	0.71	0.19
1980 ※1	9.82	5.81	3.44	0.57	7.30	4.91	2.01	0.37
1980 ※2	(0.67)	(0.70)	(0.59)	(0.79)	(0.64)	(0.77)	(0.35)	(0.51)
1981	6.68	4.09	2.13	0.46	4.96	3.94	0.80	0.22
1982	6.87	4.17	2.23	0.47	5.18	4.05	0.88	0.25
1983	7.11	4.27	2.35	0.49	5.36	4.11	0.97	0.27
1984	7.38	4.41	2.46	0.51	5.53	4.16	1.07	0.30
1985	7.63	4.56	2.55	0.52	5.70	4.21	1.17	0.32
1985 ※1	10.65	5.91	4.08	0.66	8.67	5.45	2.73	0.49
1985 ※2	(0.72)	(0.77)	(0.63)	(0.78)	(0.66)	(0.77)	(0.43)	(0.65)
1986	7.93	4.72	2.67	0.54	5.85	4.24	1.26	0.35
1987	8.26	4.90	2.80	0.57	5.99	4.26	1.36	0.37
1988	8.56	5.05	2.91	0.60	6.08	4.27	1.43	0.38
1989	8.87	5.20	3.04	0.64	6.16	4.25	1.50	0.40
1990	9.18	5.31	3.17	0.70	6.24	4.25	1.57	0.42
1990 ※1	11.52	5.95	4.70	0.87	9.48	5.66	3.24	0.58
1990 ※2	(0.80)	(0.89)	(0.68)	(0.80)	(0.66)	(0.75)	(0.49)	(0.72)
1991	9.55	5.46	3.32	0.76	6.30	4.21	1.66	0.43
1992	9.92	5.60	3.48	0.84	6.36	4.15	1.76	0.44
1993	10.24	5.69	3.63	0.92	6.42	4.11	1.86	0.45
1994	10.60	5.81	3.79	1.00	6.50	4.08	1.96	0.45
1995	10.92	5.90	3.94	1.07	6.61	4.08	2.06	0.47
1995 ※1	12.50	5.96	5.20	1.33	10.38	5.80	3.79	0.79
1995 ※2	(0.87)	(0.99)	(0.76)	(0.81)	(0.64)	(0.70)	(0.54)	(0.59)
1996	11.22	5.96	4.11	1.15	6.73	4.10	2.15	0.48
1997	11.55	6.03	4.28	1.24	6.92	4.18	2.25	0.49
1998	11.77	6.06	4.42	1.30	7.17	4.29	2.37	0.51
1999	12.00	6.08	4.55	1.37	7.44	4.43	2.48	0.53
2000	12.25	6.09	4.71	1.45	7.69	4.58	2.57	0.54
2000 ※1	12.99	5.96	5.48	1.55	10.89	5.84	4.17	0.88
2000 ※2	(0.94)	(1.02)	(0.86)	(0.94)	(0.71)	(0.78)	(0.62)	(0.61)
2001	12.44	6.09	4.83	1.52	8.00	4.74	2.69	0.57
2002	12.62	6.08	4.94	1.60	8.33	4.92	2.81	0.59
2003	12.84	6.08	5.06	1.70	8.62	5.07	2.93	0.62
2004	13.02	6.07	5.17	1.79	8.93	5.22	3.05	0.67
2005	13.24	6.08	5.28	1.88	9.25	5.33	3.19	0.73
2005 ※1	12.58	5.94	5.17	1.47	10.06	5.68	3.61	0.78
2005 ※2	(1.05)	(1.02)	(1.02)	(1.28)	(0.92)	(0.94)	(0.88)	(0.94)
2006	13.41	6.06	5.37	1.98	9.62	5.48	3.34	0.80
2007	13.57	6.06	5.42	2.09	9.99	5.61	3.50	0.88
2008	13.78	6.09	5.50	2.19	10.32	5.71	3.65	0.96
2009	13.84	6.06	5.53	2.26	10.68	5.83	3.81	1.04
2010	13.93	6.04	5.55	2.33	11.02	5.92	3.98	1.13
2010 ※1	14.04	5.98	5.85	2.21	12.37	5.93	5.03	1.41
2010 ※2	(0.99)	(1.01)	(0.95)	(1.06)	(0.89)	(1.00)	(0.79)	(0.80)

464　Ⅱ　統　計　編

統計表 9.4.3　植民地期および韓国の平均就学年数の推計結果：その 3（女），1920〜2010年
Table 9.4.3　Estimates of average years of schooling in the colonial period and South Korea: Part 3（female）, 1920-2010

	1	2	3	4	5	6	7	8
	生産年齢人口（15-59歳） Working-age population（aged 15-59 years）				若齢層人口（15-29歳） Young population（aged 15-29 years）			
	総計 Total	初等 Primary	中等 Secondary	高等 Tertiary	総計 Total	初等 Primary	中等 Secondary	高等 Tertiary
	年　Year							
1920	0.08	0.08	0.00	0.00	0.09	0.09	0.00	0.00
1921	0.08	0.08	0.00	0.00	0.09	0.09	0.00	0.00
1922	0.08	0.08	0.00	0.00	0.09	0.09	0.00	0.00
1923	0.08	0.08	0.00	0.00	0.09	0.09	0.00	0.00
1924	0.08	0.08	0.00	0.00	0.10	0.09	0.00	0.00
1925	0.09	0.08	0.00	0.00	0.10	0.10	0.01	0.00
1926	0.09	0.09	0.00	0.00	0.10	0.10	0.01	0.00
1927	0.09	0.09	0.00	0.00	0.11	0.10	0.01	0.00
1928	0.10	0.09	0.00	0.00	0.12	0.11	0.01	0.00
1929	0.10	0.10	0.00	0.00	0.13	0.12	0.01	0.00
1930	0.11	0.11	0.01	0.00	0.15	0.14	0.01	0.00
1931	0.12	0.12	0.01	0.00	0.17	0.16	0.01	0.00
1932	0.13	0.13	0.01	0.00	0.19	0.18	0.01	0.00
1933	0.15	0.14	0.01	0.00	0.22	0.20	0.02	0.00
1934	0.16	0.15	0.01	0.00	0.24	0.22	0.02	0.00
1935	0.17	0.16	0.01	0.00	0.27	0.25	0.02	0.00
1936	0.18	0.17	0.01	0.00	0.29	0.27	0.02	0.00
1937	0.20	0.18	0.01	0.00	0.31	0.29	0.02	0.00
1938	0.21	0.20	0.02	0.00	0.35	0.32	0.03	0.00
1939	0.23	0.22	0.02	0.00	0.38	0.35	0.03	0.00
1940	0.25	0.23	0.02	0.00	0.42	0.38	0.04	0.00
1941	0.28	0.25	0.03	0.00	0.47	0.41	0.05	0.00
1942	0.31	0.28	0.03	0.00	0.52	0.45	0.06	0.00
1955	1.48	1.22	0.24	0.02	2.97	2.43	0.50	0.04
1956	1.67	1.36	0.28	0.03	3.27	2.64	0.57	0.05
1957	1.87	1.51	0.33	0.03	3.56	2.86	0.65	0.06
1958	2.06	1.64	0.37	0.04	3.83	3.05	0.71	0.07
1959	2.23	1.77	0.41	0.04	4.07	3.24	0.76	0.08
1960	2.40	1.90	0.44	0.05	4.30	3.41	0.80	0.09
1961	2.54	2.01	0.48	0.06	4.51	3.56	0.85	0.09
1962	2.70	2.12	0.51	0.06	4.73	3.71	0.91	0.10
1963	2.85	2.23	0.55	0.07	4.92	3.84	0.97	0.11
1964	3.00	2.34	0.59	0.07	5.11	3.96	1.03	0.11
1965	3.16	2.45	0.63	0.08	5.28	4.08	1.08	0.11
1966	3.31	2.56	0.67	0.08	5.43	4.18	1.14	0.11
1966　※1	4.67	3.79	0.82	0.05	6.57	5.23	1.26	0.08
1966　※2	(0.71)	(0.68)	(0.81)	(1.61)	(0.83)	(0.80)	(0.91)	(1.42)
1967	3.48	2.69	0.71	0.09	5.60	4.30	1.19	0.11
1968	3.65	2.80	0.76	0.09	5.78	4.41	1.26	0.11
1969	3.83	2.93	0.80	0.09	5.94	4.54	1.31	0.10
1970	4.02	3.08	0.85	0.09	6.11	4.67	1.35	0.10
1970　※1	2.39	1.77	0.60	0.02	3.72	2.68	1.00	0.04
1970　※2	(1.68)	(1.74)	(1.42)	(4.08)	(1.64)	(1.74)	(1.35)	(2.30)
1971	4.24	3.24	0.91	0.09	6.33	4.82	1.43	0.09
1972	4.47	3.39	0.98	0.10	6.56	4.96	1.51	0.09
1973	4.68	3.54	1.05	0.10	6.77	5.09	1.60	0.08
1974	4.90	3.68	1.12	0.10	6.99	5.21	1.69	0.08
1975	5.12	3.81	1.20	0.10	7.19	5.31	1.80	0.08
1975　※1	6.73	4.97	1.66	0.10	8.44	5.86	2.44	0.13
1975　※2	(0.76)	(0.77)	(0.72)	(1.02)	(0.85)	(0.91)	(0.74)	(0.61)

（注）　1．計算手順は本文参照．
　　　　2．初等は日本の小学校に相当する．中等は日本の中学校・高校（高等専門学校の最初の3年を含む）に相当する．高等は，日本の大学
　　　（大学院を含む）・短期大学・中等以降の高等専門学校に相当する．
　　　　3．※1：「センサスからの推計値」．※2：「神門推計とセンサスの比」を表す．
　　　　4．1943〜1954年については年齢別人口データが不正確なため，推計を試みていない．

統計表 **9.4.3** （つづき）
Table 9.4.3 （cont'd）

	9	10	11	12	13	14	15	16
	中齢層年人口（30-44歳） Middle-aged population (aged 30-44 years)				高齢層年人口（45-59歳） Mature population (aged 45-59 years)			
	総計 Total	初等 Primary	中等 Secondary	高等 Tertiary	総計 Total	初等 Primary	中等 Secondary	高等 Tertiary
年　Year								
1920	0.07	0.07	0.00	0.00	0.07	0.07	0.00	0.00
1921	0.07	0.07	0.00	0.00	0.07	0.07	0.00	0.00
1922	0.07	0.07	0.00	0.00	0.07	0.07	0.00	0.00
1923	0.08	0.08	0.00	0.00	0.07	0.07	0.00	0.00
1924	0.08	0.08	0.00	0.00	0.07	0.07	0.00	0.00
1925	0.08	0.08	0.00	0.00	0.07	0.07	0.00	0.00
1926	0.08	0.08	0.00	0.00	0.07	0.07	0.00	0.00
1927	0.08	0.08	0.00	0.00	0.07	0.07	0.00	0.00
1928	0.08	0.08	0.00	0.00	0.07	0.07	0.00	0.00
1929	0.08	0.08	0.00	0.00	0.07	0.07	0.00	0.00
1930	0.08	0.08	0.00	0.00	0.07	0.07	0.00	0.00
1931	0.09	0.09	0.00	0.00	0.07	0.07	0.00	0.00
1932	0.09	0.09	0.00	0.00	0.07	0.07	0.00	0.00
1933	0.09	0.09	0.00	0.00	0.07	0.07	0.00	0.00
1934	0.09	0.09	0.00	0.00	0.07	0.07	0.00	0.00
1935	0.09	0.09	0.00	0.00	0.07	0.07	0.00	0.00
1936	0.09	0.09	0.00	0.00	0.07	0.07	0.00	0.00
1937	0.09	0.09	0.00	0.00	0.07	0.07	0.00	0.00
1938	0.09	0.09	0.00	0.00	0.08	0.08	0.00	0.00
1939	0.10	0.09	0.00	0.00	0.08	0.08	0.00	0.00
1940	0.10	0.10	0.01	0.00	0.08	0.08	0.00	0.00
1941	0.10	0.10	0.01	0.00	0.08	0.08	0.00	0.00
1942	0.11	0.11	0.01	0.00	0.08	0.08	0.00	0.00
1955	0.42	0.37	0.04	0.01	0.10	0.09	0.01	0.00
1956	0.47	0.41	0.05	0.01	0.10	0.10	0.01	0.00
1957	0.53	0.45	0.07	0.01	0.11	0.10	0.01	0.00
1958	0.61	0.50	0.09	0.02	0.12	0.11	0.01	0.00
1959	0.70	0.56	0.12	0.02	0.13	0.12	0.01	0.00
1960	0.80	0.63	0.15	0.03	0.15	0.14	0.01	0.00
1961	0.93	0.73	0.17	0.03	0.17	0.16	0.01	0.00
1962	1.11	0.86	0.20	0.04	0.20	0.18	0.02	0.00
1963	1.29	1.01	0.24	0.05	0.22	0.20	0.02	0.00
1964	1.51	1.18	0.27	0.06	0.25	0.23	0.02	0.00
1965	1.78	1.38	0.32	0.07	0.27	0.25	0.02	0.00
1966	2.06	1.60	0.37	0.09	0.30	0.27	0.02	0.00
1966 ※1	3.88	3.26	0.58	0.04	1.39	1.21	0.17	0.01
1966 ※2	(0.53)	(0.49)	(0.64)	(2.46)	(0.21)	(0.22)	(0.13)	(0.11)
1967	2.36	1.83	0.43	0.10	0.32	0.29	0.03	0.00
1968	2.64	2.04	0.49	0.11	0.35	0.32	0.03	0.00
1969	2.93	2.25	0.56	0.12	0.39	0.35	0.04	0.00
1970	3.23	2.47	0.63	0.13	0.43	0.38	0.04	0.01
1970 ※1	1.66	1.30	0.34	0.01	0.52	0.43	0.09	0.00
1970 ※2	(1.95)	(1.89)	(1.82)	(16.98)	(0.82)	(0.87)	(0.49)	(7.53)
1971	3.52	2.68	0.70	0.15	0.48	0.42	0.06	0.01
1972	3.80	2.88	0.76	0.16	0.54	0.46	0.07	0.01
1973	4.05	3.06	0.82	0.17	0.62	0.51	0.09	0.02
1974	4.28	3.24	0.87	0.18	0.71	0.57	0.12	0.02
1975	4.50	3.40	0.92	0.18	0.81	0.63	0.15	0.03
1975 ※1	6.32	4.98	1.24	0.10	3.06	2.66	0.38	0.02
1975 ※2	(0.71)	(0.68)	(0.75)	(1.84)	(0.26)	(0.24)	(0.40)	(1.14)

466　Ⅱ　統　計　編

統計表 9.4.3　（つづき）
Table 9.4.3　（cont'd）

		1	2	3	4	5	6	7	8
		生産年齢人口（15-59歳） Working-age population（aged 15-59 years）				若齢層人口（15-29歳） Young population（aged 15-29 years）			
		総計 Total	初等 Primary	中等 Secondary	高等 Tertiary	総計 Total	初等 Primary	中等 Secondary	高等 Tertiary
					年　Year				
1976		5.36	3.96	1.30	0.11	7.45	5.45	1.92	0.08
1977		5.59	4.09	1.39	0.11	7.72	5.57	2.06	0.09
1978		5.80	4.20	1.49	0.11	7.95	5.65	2.21	0.09
1979		6.03	4.31	1.59	0.12	8.21	5.75	2.37	0.09
1980		6.25	4.42	1.71	0.12	8.47	5.83	2.54	0.10
1980	※1	7.83	5.29	2.38	0.16	9.51	5.93	3.38	0.20
1980	※2	(0.80)	(0.83)	(0.72)	(0.78)	(0.89)	(0.98)	(0.75)	(0.53)
1981		6.49	4.52	1.83	0.14	8.74	5.89	2.72	0.13
1982		6.73	4.63	1.95	0.15	9.04	5.96	2.93	0.15
1983		6.97	4.72	2.08	0.17	9.28	6.00	3.11	0.18
1984		7.20	4.81	2.20	0.19	9.53	6.03	3.29	0.21
1985		7.42	4.89	2.32	0.21	9.79	6.05	3.49	0.25
1985	※1	8.98	5.54	3.18	0.26	10.69	5.97	4.37	0.35
1985	※2	(0.83)	(0.88)	(0.73)	(0.81)	(0.92)	(1.01)	(0.80)	(0.71)
1986		7.65	4.97	2.44	0.23	10.01	6.05	3.68	0.29
1987		7.88	5.06	2.57	0.26	10.26	6.06	3.87	0.33
1988		8.10	5.13	2.69	0.28	10.50	6.07	4.06	0.37
1989		8.32	5.21	2.81	0.30	10.74	6.08	4.25	0.41
1990		8.52	5.27	2.92	0.33	10.97	6.09	4.43	0.45
1990	※1	9.96	5.71	3.86	0.39	11.60	5.98	5.09	0.53
1990	※2	(0.86)	(0.92)	(0.76)	(0.85)	(0.95)	(1.02)	(0.87)	(0.86)
1991		8.71	5.34	3.02	0.35	11.15	6.09	4.57	0.49
1992		8.89	5.40	3.11	0.38	11.30	6.08	4.69	0.53
1993		9.08	5.46	3.21	0.41	11.49	6.11	4.81	0.57
1994		9.24	5.50	3.30	0.44	11.56	6.07	4.88	0.60
1995		9.40	5.54	3.39	0.47	11.62	6.05	4.93	0.64
1995	※1	10.87	5.83	4.40	0.64	12.33	5.99	5.47	0.87
1995	※2	(0.87)	(0.95)	(0.77)	(0.74)	(0.94)	(1.01)	(0.90)	(0.73)
1996		9.57	5.58	3.48	0.51	11.68	6.04	4.96	0.68
1997		9.75	5.63	3.58	0.55	11.78	6.04	5.01	0.74
1998		9.94	5.67	3.68	0.59	11.94	6.06	5.07	0.81
1999		10.13	5.71	3.77	0.64	12.13	6.09	5.15	0.89
2000		10.30	5.74	3.87	0.69	12.31	6.10	5.23	0.97
2000	※1	11.46	5.87	4.75	0.84	12.74	5.99	5.59	1.16
2000	※2	(0.90)	(0.98)	(0.81)	(0.83)	(0.97)	(1.02)	(0.94)	(0.84)
2001		10.48	5.78	3.95	0.75	12.50	6.12	5.30	1.08
2002		10.65	5.81	4.04	0.81	12.68	6.12	5.36	1.19
2003		10.82	5.84	4.11	0.87	12.85	6.14	5.41	1.31
2004		10.98	5.86	4.18	0.94	13.01	6.15	5.45	1.42
2005		11.14	5.89	4.25	1.00	13.11	6.15	5.46	1.50
2005	※1	11.31	5.13	4.53	1.04	13.63	5.99	5.87	1.77
2005	※2	(0.98)	(1.15)	(0.94)	(0.95)	(0.96)	(1.03)	(0.93)	(0.85)
2006		11.28	5.91	4.31	1.05	13.13	6.12	5.45	1.56
2007		11.43	5.93	4.38	1.12	13.17	6.11	5.45	1.61
2008		11.59	5.96	4.45	1.18	13.17	6.09	5.43	1.66
2009		11.74	5.98	4.52	1.24	13.27	6.11	5.46	1.71
2010		11.90	6.00	4.60	1.31	13.32	6.11	5.46	1.75
2010	※1	12.67	4.68	5.28	1.43	13.32	5.99	5.57	1.76
2010	※2	(0.94)	(1.28)	(0.87)	(0.91)	(1.00)	(1.02)	(0.98)	(0.99)

統計表 9.4.3 （つづき）
Table 9.4.3 （cont'd）

	9	10	11	12	13	14	15	16
	中齢層年人口 （30-44歳）				高齢層年人口 （45-59歳）			
	Middle-aged population（aged 30-44 years）				Mature population（aged 45-59 years）			
	総計 Total	初等 Primary	中等 Secondary	高等 Tertiary	総計 Total	初等 Primary	中等 Secondary	高等 Tertiary
	年　Year							
1976	4.72	3.55	0.98	0.19	0.95	0.74	0.18	0.03
1977	4.95	3.70	1.05	0.19	1.12	0.87	0.21	0.04
1978	5.15	3.84	1.11	0.19	1.31	1.02	0.24	0.05
1979	5.34	3.97	1.18	0.19	1.54	1.20	0.28	0.06
1980	5.51	4.08	1.24	0.19	1.81	1.41	0.32	0.07
1980 ※1	7.53	5.46	1.89	0.18	4.09	3.44	0.61	0.04
1980 ※2	(0.73)	(0.75)	(0.66)	(1.09)	(0.44)	(0.41)	(0.53)	(1.88)
1981	5.67	4.18	1.30	0.19	2.10	1.64	0.38	0.09
1982	5.85	4.30	1.36	0.19	2.39	1.85	0.44	0.10
1983	6.05	4.41	1.44	0.19	2.68	2.07	0.50	0.11
1984	6.26	4.54	1.52	0.20	2.97	2.28	0.57	0.12
1985	6.46	4.67	1.58	0.20	3.26	2.49	0.63	0.14
1985 ※1	8.78	5.75	2.77	0.25	5.29	4.24	0.98	0.07
1985 ※2	(0.74)	(0.81)	(0.57)	(0.81)	(0.62)	(0.59)	(0.64)	(1.97)
1986	6.70	4.82	1.68	0.21	3.55	2.70	0.70	0.15
1987	6.96	4.97	1.78	0.21	3.83	2.91	0.77	0.16
1988	7.19	5.09	1.88	0.22	4.08	3.09	0.83	0.17
1989	7.45	5.22	2.00	0.23	4.31	3.25	0.88	0.18
1990	7.69	5.32	2.12	0.25	4.52	3.41	0.93	0.18
1990 ※1	9.97	5.89	3.72	0.36	6.35	4.81	1.43	0.11
1990 ※2	(0.77)	(0.90)	(0.57)	(0.70)	(0.71)	(0.71)	(0.65)	(1.62)
1991	8.02	5.45	2.29	0.28	4.74	3.56	0.99	0.19
1992	8.34	5.58	2.45	0.31	4.96	3.71	1.05	0.19
1993	8.63	5.66	2.62	0.36	5.16	3.85	1.12	0.19
1994	8.96	5.76	2.79	0.40	5.35	3.98	1.18	0.19
1995	9.26	5.84	2.97	0.45	5.52	4.09	1.24	0.19
1995 ※1	11.16	5.95	4.58	0.63	7.62	5.32	2.09	0.21
1995 ※2	(0.83)	(0.98)	(0.65)	(0.72)	(0.72)	(0.77)	(0.59)	(0.91)
1996	9.56	5.90	3.16	0.50	5.68	4.18	1.30	0.19
1997	9.89	5.97	3.37	0.55	5.86	4.30	1.37	0.19
1998	10.17	6.00	3.56	0.60	6.06	4.42	1.44	0.20
1999	10.44	6.03	3.75	0.66	6.27	4.55	1.52	0.20
2000	10.74	6.05	3.96	0.72	6.47	4.68	1.59	0.21
2000 ※1	11.97	5.96	5.15	0.87	8.63	5.55	2.79	0.29
2000 ※2	(0.90)	(1.02)	(0.77)	(0.83)	(0.75)	(0.84)	(0.57)	(0.72)
2001	10.98	6.06	4.14	0.79	6.71	4.82	1.68	0.21
2002	11.23	6.06	4.31	0.86	6.97	4.97	1.78	0.22
2003	11.50	6.07	4.48	0.94	7.20	5.10	1.88	0.22
2004	11.76	6.08	4.66	1.03	7.46	5.22	2.00	0.24
2005	12.05	6.09	4.83	1.13	7.70	5.32	2.13	0.26
2005 ※1	11.21	5.92	4.57	0.72	7.04	4.93	1.90	0.21
2005 ※2	(1.08)	(1.03)	(1.06)	(1.57)	(1.09)	(1.08)	(1.12)	(1.20)
2006	12.29	6.09	4.96	1.24	8.02	5.45	2.29	0.28
2007	12.51	6.08	5.08	1.36	8.35	5.58	2.45	0.32
2008	12.79	6.11	5.20	1.48	8.64	5.66	2.62	0.36
2009	12.94	6.07	5.28	1.59	8.98	5.76	2.80	0.41
2010	13.11	6.05	5.34	1.71	9.30	5.84	2.99	0.47
2010 ※1	13.66	5.98	5.85	1.83	10.99	5.88	4.40	0.70
2010 ※2	(0.96)	(1.01)	(0.91)	(0.94)	(0.85)	(0.99)	(0.68)	(0.66)

統計表 10.4.1 韓国の資本財形態別名目総固定資本形成, 1953〜2013年
Table 10.4.1 Nominal gross fixed capital formation by type of capital goods in South Korea, 1953-2013

	1 建物 Construction	2 土木 Civil engineering	3 運輸装備 Transport equipment	4 機械類 Machinery & equipment	5 研究開発 Research & development	6 その他の知的 財産生産物 Other intellectual property products	7 合計 Total
	十億ウォン Billions of Won						
1953	2.67	0.65	0.32	0.66	0.03	0.02	4.35
1954	4.78	1.13	0.54	1.16	0.07	0.07	7.75
1955	7.93	2.65	0.66	2.91	0.18	0.16	14.49
1956	8.99	3.23	1.17	5.15	0.32	0.28	19.14
1957	10.73	6.11	1.42	5.87	0.45	0.40	24.98
1958	11.68	5.59	1.42	5.63	0.54	0.48	25.34
1959	15.52	5.94	2.03	5.29	0.65	0.57	30.00
1960	17.28	5.70	2.44	6.47	0.78	0.69	33.36
1961	17.03	9.70	3.93	8.66	0.98	0.87	41.17
1962	24.61	13.29	5.30	12.76	1.27	1.13	58.36
1963	31.03	18.72	9.86	17.64	1.85	1.65	80.75
1964	42.24	22.34	7.79	21.50	2.61	2.32	98.80
1965	67.16	30.61	11.96	29.50	3.02	2.68	144.93
1966	89.37	48.52	27.44	72.62	3.94	3.50	245.39
1967	121.13	59.77	54.58	77.13	4.89	4.34	321.84
1968	183.14	98.37	70.01	118.65	6.12	5.43	481.72
1969	247.12	139.59	79.76	121.58	7.51	6.67	602.21
1970	311.10	180.80	89.50	124.50	8.90	7.90	722.70
1971	298.80	199.50	120.00	164.50	10.20	9.60	802.60
1972	304.30	231.50	158.70	196.80	12.50	11.00	914.80
1973	487.50	276.50	223.50	326.00	16.20	13.50	1,343.20
1974	831.20	367.40	457.80	449.10	23.90	18.30	2,147.70
1975	1,026.90	553.20	574.30	648.00	38.80	24.60	2,865.80
1976	1,245.70	725.70	726.80	1,023.20	53.30	36.20	3,810.90
1977	1,660.70	1,106.10	813.10	1,725.40	88.10	48.80	5,442.20
1978	2,691.90	1,455.70	1,159.70	2,912.40	135.30	67.00	8,422.00
1979	3,367.40	2,116.40	1,354.80	4,046.30	175.30	93.70	11,153.90
1980	4,073.00	2,938.00	1,706.60	3,954.60	234.30	124.30	13,030.80
1981	3,850.30	3,571.20	2,213.00	4,282.50	317.20	155.00	14,389.20
1982	4,802.50	4,313.90	2,248.00	4,931.30	511.50	168.50	16,975.70
1983	6,609.50	4,888.30	2,693.00	5,600.60	570.40	191.20	20,553.00
1984	7,214.70	5,489.30	3,169.50	6,429.10	721.20	247.80	23,271.60
1985	7,269.20	6,413.50	3,576.10	7,360.50	907.80	363.50	25,890.60
1986	8,089.30	6,186.20	3,937.10	10,248.60	1,195.90	455.70	30,112.80
1987	9,925.70	7,234.30	4,618.00	12,663.30	1,545.80	596.50	36,583.60
1988	13,232.10	8,220.00	5,494.50	14,830.20	2,012.00	706.20	44,495.00
1989	17,440.30	10,024.70	6,439.50	16,604.60	2,535.60	916.90	53,961.60
1990	27,687.00	13,660.10	8,506.60	20,123.10	3,481.80	1,135.10	74,593.70

(出所) 1953〜1969年：国民所得統計. 1984年：韓国銀行. 1970〜2013年：ECOS（Bank of Korea Economic Statistics System）.

Ⅱ　統　計　編　469

統計表 10.4.1 （つづき）
Table 10.4.1 （cont'd）

	1 建物 Construction	2 土木 Civil engineering	3 運輸装備 Transport equipment	4 機械類 Machinery & equipment	5 研究開発 Research & development	6 その他の知的 財産生産物 Other intellectual property products	7 合計 Total
	十億ウォン　　Billions of Won						
1991	35,133.80	19,361.60	9,783.60	24,281.40	4,033.20	1,534.30	94,127.90
1992	36,346.10	23,176.10	10,822.80	25,365.90	4,747.80	1,905.10	102,363.80
1993	43,420.50	24,836.80	11,417.20	26,889.80	5,515.60	2,238.80	114,318.70
1994	47,474.90	28,315.50	14,391.90	34,839.30	6,931.10	3,068.70	135,021.40
1995	57,539.20	32,082.10	14,316.20	44,219.50	8,936.40	4,398.30	161,491.70
1996	61,328.60	40,144.20	16,578.30	49,352.20	9,760.60	5,504.40	182,668.30
1997	64,828.70	45,659.80	15,099.10	47,627.20	11,454.90	6,460.10	191,129.80
1998	55,807.10	44,817.40	8,599.70	34,599.00	11,654.50	7,060.10	162,537.80
1999	48,516.20	47,803.80	14,499.90	42,603.50	12,048.30	8,333.70	173,805.40
2000	50,685.40	47,710.30	18,978.70	58,783.50	14,475.00	10,192.20	200,825.10
2001	58,608.80	50,784.50	17,844.20	54,741.80	17,960.30	11,145.90	211,085.50
2002	71,429.70	50,584.90	20,628.10	56,347.00	19,048.10	13,480.80	231,518.60
2003	86,033.90	55,915.30	18,595.40	58,157.90	20,791.70	13,918.30	253,412.50
2004	94,598.90	59,718.00	17,271.30	63,347.30	23,965.30	14,419.20	273,320.00
2005	97,491.00	61,493.10	17,980.40	65,525.50	25,356.50	16,012.20	283,858.70
2006	100,685.80	64,358.80	21,507.50	66,553.70	26,815.40	17,048.50	296,969.70
2007	105,004.60	70,594.90	24,636.90	69,307.50	30,829.90	17,965.00	318,338.80
2008	111,063.10	79,062.60	29,458.50	73,507.40	35,053.10	18,467.40	346,612.10
2009	110,038.80	90,114.00	31,473.00	72,035.30	38,701.20	18,335.00	360,697.30
2010	112,733.60	87,884.70	34,065.80	87,555.60	44,940.30	18,743.70	385,923.70
2011	117,572.60	88,095.20	35,781.30	91,929.90	48,646.00	21,020.40	403,045.40
2012	118,042.60	83,656.60	35,602.60	92,682.00	54,969.20	22,353.90	407,306.90
2013	131,490.80	81,615.50	36,125.00	86,874.20	59,491.50	22,691.60	418,288.60
	平均年間成長率 （%）						
	Average annual growth rates （%）						
1953～1961	26.06	40.19	36.82	37.96	54.62	60.25	32.44
1962～1973	32.25	32.20	40.04	35.30	26.34	25.67	33.70
1974～1997	22.60	23.71	19.19	23.08	31.44	29.32	22.95
1998～2013	4.52	3.70	5.60	3.83	10.85	8.17	5.02
1953～2013	19.73	21.61	21.40	21.71	27.34	26.16	21.07

470　Ⅱ　統　計　編

統計表 10.4.2　韓国の経済活動別名目総固定資本形成，1953～2013年
Table 10.4.2　Nominal gross fixed capital formation by economic activity in South Korea, 1953-2013

	1	2	3	4
	第1次産業 Primary sector	第2次産業 Secondary sector	第3次産業（サービス業） Tertiary sector (Services)	合計 Total
	十億ウォン　Billions of Won			
1953	0.58	1.03	2.74	4.35
1954	0.84	1.62	5.29	7.75
1955	1.76	4.34	8.39	14.49
1956	2.64	6.05	10.45	19.14
1957	4.08	6.58	14.33	24.98
1958	3.40	7.87	14.07	25.34
1959	3.86	7.45	18.69	30.00
1960	4.71	8.32	20.33	33.36
1961	6.00	12.28	22.88	41.17
1962	5.29	20.14	32.93	58.36
1963	9.35	29.86	41.54	80.75
1964	12.69	33.45	52.66	98.80
1965	18.48	49.37	77.09	144.93
1966	31.71	92.83	120.85	245.39
1967	30.08	111.44	180.33	321.84
1968	40.76	179.50	261.46	481.72
1969	42.23	207.72	352.27	602.21
1970	61.98	231.31	429.41	722.70
1971	89.91	211.73	500.96	802.60
1972	102.40	215.50	596.90	914.80
1973	126.50	381.70	835.00	1,343.20
1974	309.06	540.02	1,298.62	2,147.70
1975	194.79	862.87	1,808.14	2,865.80
1976	244.81	1,215.16	2,350.92	3,810.90
1977	384.81	2,013.54	3,043.86	5,442.20
1978	533.79	3,025.93	4,862.28	8,422.00
1979	740.09	4,166.06	6,247.74	11,153.90
1980	713.82	4,198.30	8,118.69	13,030.80
1981	719.41	4,650.56	9,019.23	14,389.20
1982	861.80	5,616.40	10,497.50	16,975.70
1983	1,036.19	6,320.07	13,196.74	20,553.00
1984	1,208.79	7,912.33	14,150.48	23,271.60
1985	1,186.90	9,409.46	15,294.24	25,890.60
1986	1,489.50	11,176.84	17,446.46	30,112.80
1987	1,829.79	15,223.06	19,530.75	36,583.60
1988	1,909.31	17,471.48	25,114.21	44,495.00
1989	3,623.41	21,251.88	29,086.31	53,961.60
1990	3,525.90	27,193.54	43,874.26	74,593.70

（出所）　1953～1969年：国民所得統計，1984年：韓国銀行，1970～2013年：ECOS（Bank of Korea Economic Statistics System）．
（注）　この統計表の第1次産業には，農林漁業のほかに鉱業が，また第2次産業には製造業，電気・ガス・水道，そして建設業が含まれる．
（Note）　In the present table, the primary sector includes mining and quarrying in addition to agriculture, forestry and fishing, and the secondary sector includes manufacturing, electricity, gas, and water supply, and construction industries.

統計表 10.4.2 （つづき）
Table 10.4.2 （cont'd）

	1 第1次産業 Primary sector	2 第2次産業 Secondary sector	3 第3次産業（サービス業） Tertiary sector (Services)	4 合計 Total
	十億ウォン Billions of Won			
1991	3,999.60	32,899.03	57,229.26	94,127.90
1992	4,300.20	33,793.87	64,269.74	102,363.80
1993	4,326.80	33,573.10	76,418.80	114,318.70
1994	4,764.70	42,346.93	87,909.77	135,021.40
1995	5,038.10	53,736.03	102,717.56	161,491.70
1996	6,411.00	61,644.47	114,612.84	182,668.30
1997	4,565.80	64,671.67	121,892.34	191,129.80
1998	3,577.80	45,210.60	113,749.40	162,537.80
1999	4,272.10	56,573.57	112,959.74	173,805.40
2000	5,279.50	71,349.40	124,196.20	200,825.10
2001	5,251.10	70,594.33	135,240.06	211,085.50
2002	5,000.80	77,461.57	149,056.24	231,518.60
2003	4,779.40	82,482.77	166,150.33	253,412.50
2004	4,262.20	92,060.83	176,996.96	273,320.00
2005	4,518.20	99,898.50	179,442.00	283,858.70
2006	4,851.50	102,364.27	189,753.94	296,969.70
2007	4,753.70	112,378.04	201,207.06	318,338.80
2008	4,484.10	122,709.34	219,418.66	346,612.10
2009	5,056.40	123,463.23	232,177.66	360,697.30
2010	5,043.60	149,078.38	231,801.72	385,923.70
2011	5,369.20	160,201.00	237,475.20	403,045.40
2012	5,253.80	165,851.54	236,201.56	407,306.90
2013	5,107.50	167,608.94	245,572.16	418,288.60
	平均年間成長率（%） Average annual growth rates (%)			
1953～1961	33.98	36.30	30.38	32.44
1962～1973	28.92	33.16	34.95	33.70
1974～1997	16.12	23.84	23.08	22.95
1998～2013	0.70	6.13	4.48	5.02
1953～2013	16.35	22.14	20.93	21.07

統計表 **10.4.3** 韓国の資本財形態別名目純資本ストック，1953～2013年
Table 10.4.3 Nominal net capital stock by type of capital goods in South Korea, 1953-2013

	1 建物 Construction	2 土木 Civil engineering	3 運輸装備 Transport equipment	4 機械類 Machinery & equipment	5 研究開発 Research & development	6 その他の知的 財産生産物 Other intellec- tual property products	7 合計 Total
				十億ウォン　Billions of Won			
1953	62.58	22.90	8.01	18.63	0.04	0.01	112.16
1954	93.59	34.24	11.98	27.85	0.13	0.05	167.83
1955	154.52	56.53	19.77	45.99	0.34	0.14	277.30
1956	200.15	73.23	25.61	59.57	0.70	0.28	359.55
1957	234.11	85.65	29.96	69.68	1.17	0.47	421.04
1958	248.73	91.00	31.83	74.03	1.66	0.67	447.91
1959	276.87	101.30	35.43	82.41	2.20	0.89	499.09
1960	302.38	110.63	38.69	90.00	2.80	1.14	545.64
1961	360.97	132.06	46.19	107.44	3.56	1.44	651.66
1962	430.30	157.43	55.06	128.07	4.56	1.85	777.26
1963	472.74	172.95	60.49	140.71	6.14	2.49	855.51
1964	639.88	234.10	81.88	190.45	8.42	3.41	1,158.14
1965	775.81	283.83	99.27	230.91	10.79	4.37	1,404.99
1966	905.57	331.30	115.88	269.53	13.93	5.64	1,641.85
1967	1,080.63	395.35	138.28	321.64	17.71	7.17	1,960.79
1968	1,313.46	480.53	168.07	390.94	22.39	9.07	2,384.45
1969	1,621.19	572.73	202.08	468.45	24.67	9.99	2,899.12
1970	1,955.17	776.11	255.60	730.44	26.96	10.92	3,755.19
1971	2,521.77	1,001.03	324.25	960.76	33.12	13.42	4,854.35
1972	3,256.71	1,291.13	411.72	1,264.00	39.16	15.86	6,278.58
1973	4,211.25	1,665.30	523.27	1,663.33	52.10	21.10	8,136.36
1974	5,452.64	2,147.91	665.65	2,189.31	74.75	30.28	10,560.54
1975	7,069.15	2,770.39	847.51	2,882.24	105.91	42.90	13,718.09
1976	9,176.85	3,573.26	1,080.02	3,795.28	142.87	57.87	17,826.15
1977	11,928.50	4,608.80	1,377.50	4,998.60	207.63	84.10	23,205.14
1978	15,786.33	5,789.98	1,837.47	6,830.46	304.67	123.41	30,672.31
1979	20,629.05	7,510.58	2,380.75	9,409.15	456.77	185.02	40,571.32
1980	26,482.20	9,893.60	3,058.75	11,924.42	668.22	270.67	52,297.86
1981	32,007.86	12,789.72	3,940.10	14,628.75	879.50	356.25	64,602.18
1982	38,876.23	16,291.69	4,811.63	17,713.56	1,153.54	467.26	79,313.89
1983	48,313.48	20,275.68	5,853.04	21,202.93	1,417.92	574.35	97,637.40
1984	58,632.02	24,752.04	7,107.31	25,244.90	1,749.92	708.83	118,195.01
1985	68,991.98	29,989.61	8,501.08	29,855.70	2,184.01	884.66	140,407.04
1986	80,492.65	35,044.75	10,002.22	36,282.92	2,779.15	1,125.73	165,727.41
1987	94,585.90	40,957.20	11,770.40	44,245.50	3,584.47	1,451.94	196,595.40
1988	110,898.55	48,843.25	14,382.65	54,958.78	4,673.46	1,893.05	235,649.73
1989	132,360.03	58,466.99	17,511.97	66,953.61	6,177.70	2,502.36	283,972.67
1990	166,507.59	71,570.37	21,707.75	81,455.53	8,165.95	3,307.73	352,714.91

（出所）　純資本ストック，1953～1969年：表［1998］，1970～2013年：KIP Database.

統計表 **10.4.3** （つづき）
Table 10.4.3 （cont'd）

	1 建物 Construction	2 土木 Civil engineering	3 運輸装備 Transport equipment	4 機械類 Machinery & equipment	5 研究開発 Research & development	6 その他の知的 財産生産物 Other intellec- tual property products	7 合計 Total
	十億ウォン Billions of Won						
1991	209,863.20	90,223.71	26,502.35	99,008.69	10,029.65	4,062.64	439,690.23
1992	254,597.84	112,585.40	31,781.06	117,315.27	11,947.58	4,839.52	533,066.67
1993	307,864.59	136,576.18	37,308.70	136,732.70	14,287.10	5,787.18	638,556.44
1994	365,910.75	163,893.11	44,257.56	161,762.10	17,229.61	6,979.08	760,032.22
1995	436,109.51	194,887.52	51,427.42	193,974.22	20,939.51	8,481.83	905,820.01
1996	510,699.07	233,657.54	59,686.21	230,690.47	24,619.04	9,972.27	1,069,324.60
1997	589,304.80	278,073.40	67,287.90	266,906.90	29,470.39	11,937.37	1,242,980.76
1998	656,300.49	333,061.98	70,020.40	309,072.55	35,630.23	17,694.29	1,421,779.95
1999	682,450.85	372,006.25	75,224.29	308,010.18	39,071.24	21,281.09	1,498,043.90
2000	725,323.95	424,645.92	85,385.03	339,186.98	45,297.83	27,123.05	1,646,962.76
2001	788,191.14	492,846.83	96,547.77	359,010.73	54,270.17	32,504.99	1,823,371.62
2002	872,139.99	561,949.70	106,800.85	367,019.07	61,938.27	39,455.23	2,009,303.11
2003	988,173.12	652,306.64	109,736.65	387,554.48	70,262.21	45,358.24	2,253,391.34
2004	1,118,538.08	751,709.90	108,030.02	418,482.14	80,485.70	50,476.49	2,527,722.34
2005	1,227,575.16	815,158.55	109,814.06	433,624.86	89,394.26	56,447.10	2,732,013.98
2006	1,318,716.73	904,778.58	114,614.33	440,155.14	97,164.37	60,789.08	2,936,218.22
2007	1,437,472.57	1,015,521.91	116,293.65	455,666.39	108,017.63	65,859.52	3,198,831.67
2008	1,650,754.05	1,207,332.61	135,874.83	522,759.86	122,791.09	71,632.66	3,711,145.08
2009	1,735,062.70	1,306,706.46	148,206.32	596,146.15	136,326.07	74,285.85	3,996,733.56
2010	1,853,795.52	1,439,229.25	156,145.61	598,422.58	154,085.87	78,117.83	4,279,796.66
2011	2,021,687.81	1,601,948.49	165,084.78	633,402.49	170,893.37	82,368.88	4,675,385.81
2012	2,117,874.15	1,704,172.28	172,587.04	665,284.25	191,275.27	85,905.06	4,937,098.06
2013	2,187,642.17	1,770,357.16	177,260.16	660,925.61	211,326.54	88,867.69	5,096,379.32
	平均年間成長率 （%）						
	Average annual growth rates （%）						
1953～1961	24.49	24.48	24.48	24.49	75.26	86.12	24.60
1962～1973	22.72	23.52	22.42	25.65	25.06	25.07	23.41
1974～1997	22.86	23.77	22.43	23.56	30.22	30.22	23.31
1998～2013	8.54	12.26	6.24	5.83	13.10	13.37	9.22
1953～2013	19.05	20.63	18.15	19.08	29.43	30.56	19.57

474 Ⅱ 統 計 編

統計表 10.5.1 韓国の資本財形態別実質純資本ストック，1953〜2013年（2010年価格）
Table 10.5.1 Real net capital stock by type of capital goods in South Korea, 1953-2013 (in 2010 prices)

	1 建物 Construction	2 土木 Civil engineering	3 運輸装備 Transport equipment	4 機械類 Machinery & equipment	5 研究開発 Research & development	6 その他の知的 財産生産物 Other intellec- tual property products	7 合計 Total
			十億ウォン Billions of Won				
1953	20,789.93	9,292.75	1,726.46	3,158.90	9.85	3.99	34,981.88
1954	21,221.08	9,485.46	1,762.27	3,224.41	24.21	9.81	35,727.23
1955	21,726.15	9,711.23	1,804.21	3,301.15	40.37	16.35	36,599.46
1956	22,285.34	9,961.17	1,850.65	3,386.12	65.20	26.41	37,574.89
1957	22,924.83	10,247.01	1,903.75	3,483.28	95.25	38.58	38,692.71
1958	23,528.68	10,516.92	1,953.90	3,575.03	130.85	53.00	39,758.37
1959	24,152.66	10,795.83	2,005.71	3,669.84	159.66	64.67	40,848.38
1960	24,820.57	11,094.38	2,061.18	3,771.33	191.76	77.68	42,016.90
1961	25,512.01	11,403.44	2,118.60	3,876.39	209.65	84.92	43,205.01
1962	26,402.05	11,801.27	2,192.51	4,011.62	232.96	94.36	44,734.78
1963	27,535.33	12,307.83	2,286.62	4,183.82	297.85	120.65	46,732.10
1964	28,563.19	12,767.26	2,371.98	4,339.99	313.15	126.85	48,482.42
1965	29,870.07	13,351.42	2,480.51	4,538.57	346.26	140.26	50,727.09
1966	31,955.17	14,283.42	2,653.66	4,855.38	409.62	165.92	54,323.17
1967	34,512.38	15,426.45	2,866.02	5,243.93	471.45	190.97	58,711.20
1968	38,025.76	16,996.87	3,157.78	5,777.77	540.25	218.83	64,717.27
1969	44,547.33	19,227.62	3,603.67	6,571.23	565.07	228.89	74,743.81
1970	51,055.07	21,559.29	3,846.79	7,322.01	617.38	250.08	84,650.61
1971	64,832.98	26,658.90	4,545.73	8,972.16	680.89	275.80	105,966.46
1972	76,143.09	31,599.99	5,096.10	10,392.68	750.53	304.01	124,286.41
1973	88,923.84	36,816.71	5,209.33	10,692.26	850.86	344.65	142,837.65
1974	83,603.16	34,297.61	4,667.81	9,740.99	965.67	391.16	133,666.40
1975	89,859.20	35,692.51	5,013.34	10,630.92	1,139.71	461.65	142,797.34
1976	108,085.42	40,813.50	6,480.39	14,250.86	1,347.63	545.87	171,523.67
1977	128,196.62	47,236.76	8,123.20	17,603.16	1,716.14	695.14	203,571.03
1978	143,182.47	49,250.01	9,546.57	22,108.45	2,203.99	892.76	227,184.25
1979	148,525.04	50,701.75	10,489.86	26,114.61	2,705.16	1,095.76	239,632.17
1980	144,596.66	49,115.42	10,470.46	25,433.70	3,160.46	1,280.19	234,056.89
1981	157,724.75	56,353.65	11,079.46	28,316.74	3,653.48	1,479.89	258,607.97
1982	181,257.81	69,978.08	13,012.15	31,349.77	4,552.91	1,844.22	301,994.93
1983	212,830.82	86,985.55	14,229.44	36,145.61	5,429.92	2,199.46	357,820.80
1984	250,977.64	103,598.47	16,840.03	43,698.63	6,547.44	2,652.13	424,314.34
1985	286,509.23	122,071.54	19,013.03	47,733.02	7,936.76	3,214.89	486,478.47
1986	335,044.47	140,978.90	23,518.46	54,293.74	9,676.72	3,919.68	567,431.97
1987	382,187.76	160,991.81	26,025.89	65,823.01	11,683.49	4,732.55	651,444.51
1988	408,743.70	174,722.15	29,287.00	80,431.44	13,948.50	5,650.03	712,782.82
1989	449,740.18	187,735.70	33,173.62	103,137.66	16,328.14	6,613.93	796,729.24
1990	490,009.91	196,264.31	38,942.06	121,271.10	19,085.28	7,730.75	873,303.41

（出所）　純資本ストック，1953〜1969年：表［1998］，1970〜2013年：KIP Database.

Ⅱ 統 計 編 475

統計表 10.5.1 （つづき）
Table 10.5.1 （cont'd）

	1 建物 Construction	2 土木 Civil engineering	3 運輸装備 Transport equipment	4 機械類 Machinery & equipment	5 研究開発 Research & development	6 その他の知的 財産生産物 Other intellec- tual property products	7 合計 Total
			十億ウォン　Billions of Won				
1991	526,084.36	217,240.82	47,009.19	142,992.43	21,531.46	8,721.60	963,579.87
1992	581,188.95	251,831.99	57,842.13	162,285.69	24,077.84	9,753.05	1,086,979.65
1993	681,759.31	300,865.39	66,014.36	178,976.25	26,761.24	10,839.99	1,265,216.54
1994	766,781.96	349,319.71	84,181.59	202,863.22	30,020.89	12,160.36	1,445,327.74
1995	846,783.57	386,579.77	96,177.21	237,184.20	34,450.75	13,954.74	1,615,130.23
1996	940,836.01	438,540.50	105,563.26	277,129.87	38,373.95	15,543.88	1,815,987.46
1997	1,020,864.25	492,423.50	113,083.83	310,222.56	42,677.88	17,287.24	1,996,559.27
1998	1,080,489.31	563,297.56	107,130.07	313,710.56	49,026.30	22,234.84	2,135,888.64
1999	1,126,592.53	639,892.49	110,282.68	326,959.20	54,794.03	28,250.43	2,286,771.37
2000	1,172,878.93	713,677.46	117,836.71	355,179.40	62,246.89	34,983.58	2,456,802.98
2001	1,227,109.14	787,708.69	120,123.91	376,312.06	71,917.34	41,153.91	2,624,325.05
2002	1,294,417.77	856,973.60	123,718.67	399,222.06	80,281.31	48,322.47	2,802,935.88
2003	1,373,134.10	927,946.87	123,786.41	421,879.88	88,139.25	53,889.37	2,988,775.88
2004	1,452,667.86	997,947.20	122,441.91	446,638.23	97,020.24	58,314.78	3,175,030.23
2005	1,528,214.13	1,068,578.02	121,671.03	472,816.57	104,692.45	62,927.93	3,358,900.12
2006	1,602,377.51	1,138,904.94	124,464.52	500,686.16	111,774.86	67,602.69	3,545,810.69
2007	1,674,204.51	1,211,751.89	131,231.52	530,849.79	120,912.17	71,858.18	3,740,808.06
2008	1,738,415.07	1,283,697.78	139,241.89	555,387.46	130,806.31	74,840.87	3,922,389.38
2009	1,797,694.91	1,364,994.50	146,907.11	568,057.43	141,197.37	76,809.99	4,095,661.32
2010	1,853,795.52	1,439,229.25	156,145.61	598,422.58	154,085.87	78,117.83	4,279,796.66
2011	1,906,267.85	1,507,752.06	165,663.80	629,599.86	166,505.28	81,075.38	4,456,864.24
2012	1,955,346.26	1,569,731.54	173,446.52	657,967.57	180,613.88	84,715.67	4,621,821.44
2013	2,015,083.13	1,629,139.42	181,026.66	681,429.52	194,317.83	87,939.91	4,788,936.47
			平均年間成長率（%） Average annual growth rates（%）				
1953〜1961	2.59	2.59	2.59	2.59	46.56	46.56	2.67
1962〜1973	10.97	10.26	7.79	8.82	12.38	12.38	10.48
1974〜1997	10.70	11.41	13.68	15.06	17.72	17.72	11.62
1998〜2013	4.34	7.76	2.98	5.04	9.94	10.70	5.62
1953〜2013	7.92	8.99	8.06	9.37	17.92	18.14	8.54

476　Ⅱ　統　計　編

統計表 10.6.1　韓国の経済活動別名目純資本ストック，1953〜2013年
Table 10.6.1　Nominal net capital stock by economic activity in South Korea, 1953-2013

	1 第 1 次産業 Primary sector	2 第 2 次産業 Secondary sector	3 第 3 次産業（サービス業） Tertiary sector (Services)	4 合計 Total
		十億ウォン　Billions of Won		
1953	5.49	26.38	80.32	112.19
1954	8.84	39.23	119.86	167.93
1955	13.75	57.41	206.39	277.54
1956	17.78	72.11	270.12	360.01
1957	22.07	79.06	320.66	421.78
1958	23.39	88.79	336.78	448.95
1959	25.09	110.04	365.32	500.45
1960	25.41	111.87	410.08	547.37
1961	31.35	144.96	477.53	653.84
1962	34.64	166.94	578.46	780.04
1963	41.39	196.01	621.85	859.24
1964	53.32	276.12	833.81	1,163.25
1965	64.62	328.38	1,018.52	1,411.52
1966	74.61	388.40	1,187.26	1,650.26
1967	91.01	456.16	1,424.29	1,971.47
1968	113.79	531.26	1,752.89	2,397.93
1969	157.79	646.69	2,109.49	2,913.97
1970	365.83	1,014.26	2,375.10	3,755.19
1971	489.23	1,350.50	3,014.61	4,854.35
1972	654.42	1,797.42	3,826.74	6,278.58
1973	876.07	2,393.97	4,866.32	8,136.36
1974	1,171.49	3,186.89	6,202.16	10,560.54
1975	1,566.60	4,247.95	7,903.54	13,718.09
1976	2,083.34	5,646.57	10,096.24	17,826.15
1977	2,767.28	7,506.64	12,931.21	23,205.14
1978	3,502.81	10,021.13	17,148.37	30,672.31
1979	4,430.17	13,384.72	22,756.43	40,571.32
1980	5,451.69	17,418.36	29,427.81	52,297.86
1981	6,418.62	21,717.97	36,465.60	64,602.18
1982	7,498.58	26,908.42	44,906.89	79,313.89
1983	8,769.14	33,422.93	55,445.33	97,637.40
1984	10,067.37	40,817.25	67,310.40	118,195.01
1985	11,322.37	48,908.22	80,176.45	140,407.04
1986	12,600.69	58,082.53	95,044.19	165,727.41
1987	14,106.09	69,497.20	112,992.11	196,595.40
1988	15,916.27	81,017.58	138,715.89	235,649.73
1989	18,028.62	94,965.42	170,978.62	283,972.67
1990	21,016.89	114,727.66	216,970.36	352,714.91

（出所）　純資本ストック，1953〜1969年：表 [1998]，1970〜2013年：KIP Database.
（注）　この統計表の第 1 次産業には，農林漁業のほかに鉱業が，また第 2 次産業には製造業，電気・ガス・水道，そして建設業が含まれる.
（Note）　In the present table, the primary sector includes mining and quarrying in addition to agriculture, forestry and fishing, and the secondary sector includes manufacturing, electricity, gas, and water supply, and construction industries.

統計表 10.6.1 （つづき）
Table 10.6.1 （cont'd）

	1 第1次産業 Primary sector	2 第2次産業 Secondary sector	3 第3次産業（サービス業） Tertiary sector (Services)	4 合計 Total
	十億ウォン　Billions of Won			
1991	24,551.40	139,082.20	276,056.64	439,690.23
1992	27,848.67	163,936.96	341,281.04	533,066.67
1993	31,161.09	190,868.35	416,527.00	638,556.44
1994	34,587.96	220,730.51	504,713.75	760,032.22
1995	38,379.58	255,516.36	611,924.06	905,820.01
1996	42,113.33	292,874.93	734,336.34	1,069,324.60
1997	45,427.17	330,433.31	867,120.29	1,242,980.76
1998	32,854.41	401,246.86	987,678.68	1,421,779.95
1999	34,980.59	424,728.32	1,038,334.99	1,498,043.90
2000	39,302.71	488,478.99	1,119,181.06	1,646,962.76
2001	43,109.60	539,693.48	1,240,568.55	1,823,371.62
2002	45,529.66	593,146.44	1,370,627.02	2,009,303.11
2003	47,401.40	664,800.89	1,541,189.06	2,253,391.34
2004	49,063.02	755,887.61	1,722,771.71	2,527,722.34
2005	50,907.55	822,627.62	1,858,478.82	2,732,013.98
2006	52,341.01	883,157.73	2,000,719.47	2,936,218.22
2007	53,670.52	968,995.19	2,176,165.97	3,198,831.67
2008	56,666.25	1,140,085.83	2,514,393.01	3,711,145.08
2009	58,552.49	1,258,263.62	2,679,917.45	3,996,733.56
2010	59,427.08	1,360,962.19	2,859,407.39	4,279,796.66
2011	62,979.09	1,503,839.90	3,108,566.83	4,675,385.81
2012	61,751.43	1,627,392.59	3,247,954.05	4,937,098.06
2013	61,605.66	1,703,402.91	3,331,370.75	5,096,379.32
	平均年間成長率（%） Average annual growth rates (%)			
1953〜1961	24.33	23.74	24.96	24.65
1962〜1973	31.99	26.32	21.34	23.38
1974〜1997	17.88	22.79	24.10	23.31
1998〜2013	1.92	10.79	8.78	9.22
1953〜2013	16.82	20.27	19.39	19.57

478　Ⅱ　統　計　編

統計表 10.6.2　韓国の経済活動別実質純資本ストック，1953～2013年（2010年価格）
Table 10.6.2　Real net capital stock by economic activity in South Korea, 1953-2013 (in 2010 prices)

	1	2	3	4
	第1次産業 Primary sector	第2次産業 Secondary sector	第3次産業（サービス業） Tertiary sector (Services)	合計 Total
	十億ウォン　Billions of Won			
1953	1,359.21	6,334.87	27,287.81	34,981.88
1954	1,387.43	6,466.41	27,873.40	35,727.23
1955	1,420.49	6,620.50	28,558.47	36,599.46
1956	1,457.11	6,791.18	29,326.61	37,574.89
1957	1,498.99	6,986.38	30,207.34	38,692.71
1958	1,538.56	7,170.79	31,049.03	39,758.37
1959	1,579.43	7,361.26	31,907.70	40,848.38
1960	1,623.18	7,565.14	32,828.59	42,016.90
1961	1,668.42	7,776.03	33,760.56	43,205.01
1962	1,726.67	8,047.50	34,960.61	44,734.78
1963	1,800.92	8,393.57	36,537.61	46,732.10
1964	1,868.16	8,706.93	37,907.33	48,482.42
1965	1,953.68	9,105.53	39,667.88	50,727.09
1966	2,090.15	9,741.60	42,491.42	54,323.17
1967	2,257.49	10,521.50	45,932.20	58,711.20
1968	2,487.35	11,592.84	50,637.07	64,717.27
1969	4,583.07	15,595.39	54,565.36	74,743.81
1970	6,742.29	19,664.35	58,243.98	84,650.61
1971	8,506.24	24,989.90	72,470.33	105,966.46
1972	10,135.81	30,157.14	83,993.46	124,286.41
1973	11,250.91	34,675.89	96,910.84	142,837.65
1974	10,681.31	33,115.51	89,869.59	133,666.40
1975	11,908.39	36,808.01	94,080.94	142,797.34
1976	15,289.91	46,513.88	109,719.88	171,523.67
1977	18,913.41	57,109.60	127,548.01	203,571.03
1978	20,666.86	65,866.75	140,650.64	227,184.25
1979	21,355.43	71,488.96	146,787.78	239,632.17
1980	19,967.05	70,848.56	143,241.28	234,056.89
1981	21,134.35	78,972.27	158,501.34	258,607.97
1982	23,901.83	92,607.87	185,485.22	301,994.93
1983	26,831.93	111,501.06	219,487.81	357,820.80
1984	30,320.38	134,498.98	259,494.98	424,314.34
1985	32,114.09	154,727.32	299,637.06	486,478.47
1986	33,485.28	178,534.86	355,411.84	567,431.97
1987	37,080.05	206,674.85	407,689.60	651,444.51
1988	39,379.52	221,321.00	452,082.30	712,782.82
1989	42,663.27	244,370.28	509,695.68	796,729.24
1990	45,247.26	262,971.46	565,084.70	873,303.41

（出所）　純資本ストック，1953～1969年：表［1998］，1970～2013年：KIP Database.
（注）　この統計表の第1次産業には，農林漁業のほかに鉱業が，また第2次産業には製造業，電気・ガス・水道，そして建設業が含まれる．
（Note）　In the present table, the primary sector includes mining and quarrying in addition to agriculture, forestry and fishing, and the secondary sector includes manufacturing, electricity, gas, and water supply, and construction industries.

統計表 10.6.2 （つづき）
Table 10.6.2 （cont'd）

	1 第1次産業 Primary sector	2 第2次産業 Secondary sector	3 第3次産業（サービス業） Tertiary sector (Services)	4 合計 Total
	十億ウォン Billions of Won			
1991	50,021.40	288,024.22	625,534.24	963,579.87
1992	54,693.59	317,412.50	714,873.56	1,086,979.65
1993	59,593.92	355,998.89	849,623.74	1,265,216.54
1994	66,164.41	390,678.99	988,484.33	1,445,327.74
1995	69,432.18	425,240.74	1,120,457.31	1,615,130.23
1996	74,187.91	464,060.72	1,277,738.83	1,815,987.46
1997	81,085.24	487,804.54	1,427,669.49	1,996,559.27
1998	52,346.07	535,764.38	1,547,778.20	2,135,888.64
1999	55,577.83	587,105.68	1,644,087.85	2,286,771.37
2000	60,431.71	663,802.37	1,732,568.90	2,456,802.98
2001	63,363.37	721,824.85	1,839,136.83	2,624,325.05
2002	64,415.12	784,498.77	1,954,022.00	2,802,935.88
2003	64,460.79	844,360.91	2,079,954.19	2,988,775.88
2004	63,131.16	910,795.11	2,201,103.95	3,175,030.23
2005	62,347.31	985,061.03	2,311,491.78	3,358,900.12
2006	62,170.16	1,058,160.68	2,425,479.85	3,545,810.69
2007	61,679.76	1,137,184.59	2,541,943.70	3,740,808.06
2008	60,474.62	1,211,583.16	2,650,331.59	3,922,389.38
2009	60,030.25	1,271,751.05	2,763,880.02	4,095,661.32
2010	59,427.08	1,360,962.19	2,859,407.39	4,279,796.66
2011	58,957.22	1,451,527.74	2,946,379.28	4,456,864.24
2012	58,499.13	1,539,009.30	3,024,313.01	4,621,821.44
2013	57,818.33	1,621,947.81	3,109,170.33	4,788,936.47
	平均年間成長率 （%） Average annual growth rates （%）			
1953～1961	2.60	2.60	2.70	2.67
1962～1973	17.24	13.27	9.19	10.48
1974～1997	8.58	11.65	11.86	11.62
1998～2013	−2.09	7.80	4.98	5.62
1953～2013	6.45	9.68	8.21	8.54

480 Ⅱ 統 計 編

統計表 10.7.1 韓国の経済活動別実質資本 - 産出（付加価値）係数，1953〜2013年（2010年価格）
Table 10.7.1 Real capital-income（value added）ratio in South Korea, 1953-2013（in 2010 prices）

	1	2	3	4
	第1次産業 Primary sector	第2次産業 Secondary sector	第3次産業（サービス業） Tertiary sector (Services)	合計 Total
1953	0.22	4.80	2.29	1.91
1954	0.21	4.11	2.26	1.82
1955	0.21	3.94	2.18	1.76
1956	0.22	3.91	2.16	1.80
1957	0.21	3.44	2.08	1.70
1958	0.20	3.32	2.07	1.64
1959	0.20	2.94	1.98	1.60
1960	0.20	2.96	1.98	1.61
1961	0.18	2.82	2.02	1.55
1962	0.20	2.54	1.95	1.55
1963	0.19	2.27	1.92	1.48
1964	0.17	2.18	1.97	1.40
1965	0.17	1.85	1.93	1.37
1966	0.17	1.65	1.86	1.31
1967	0.19	1.47	1.78	1.31
1968	0.21	1.24	1.70	1.28
1969	0.36	1.29	1.60	1.29
1970	0.52	1.49	1.51	1.34
1971	0.62	1.77	1.68	1.52
1972	0.72	2.01	1.80	1.66
1973	0.74	1.83	1.87	1.67
1974	0.66	1.53	1.62	1.43
1975	0.70	1.55	1.58	1.41
1976	0.83	1.69	1.68	1.52
1977	0.98	1.71	1.77	1.63
1978	1.16	1.56	1.77	1.65
1979	1.11	1.58	1.71	1.60
1980	1.21	1.59	1.58	1.59
1981	1.14	1.73	1.65	1.63
1982	1.23	1.87	1.77	1.77
1983	1.26	1.89	1.90	1.86
1984	1.45	1.99	2.06	2.00
1985	1.45	2.15	2.19	2.12
1986	1.43	2.22	2.36	2.22
1987	1.65	2.21	2.41	2.28
1988	1.62	2.12	2.38	2.23
1989	1.77	2.19	2.46	2.33
1990	1.99	2.04	2.49	2.33

（注） この統計表の第1次産業には，農林漁業のほかに鉱業が，また第2次産業には製造業，電気・ガス・水道，そして建設業が含まれる．
（Note） In the present table, the primary sector includes mining and quarrying in addition to agriculture, forestry and fishing, and the secondary sector includes manufacturing, electricity, gas, and water supply, and construction industries.

統計表 10.7.1 （つづき）
Table 10.7.1 （cont'd）

	1 第 1 次産業 Primary sector	2 第 2 次産業 Secondary sector	3 第 3 次産業 （サービス業） Tertiary sector (Services)	4 合計 Total
1991	2.14	1.99	2.50	2.33
1992	2.19	2.12	2.65	2.47
1993	2.48	2.20	2.91	2.69
1994	2.72	2.21	3.09	2.81
1995	2.69	2.19	3.22	2.87
1996	2.77	2.21	3.41	3.00
1997	2.91	2.22	3.57	3.12
1998	2.05	2.66	3.98	3.51
1999	2.06	2.59	3.88	3.39
2000	2.22	2.64	3.81	3.35
2001	2.29	2.76	3.84	3.42
2002	2.38	2.78	3.78	3.40
2003	2.49	2.84	3.94	3.51
2004	2.26	2.84	4.05	3.56
2005	2.21	2.93	4.10	3.62
2006	2.17	2.96	4.11	3.63
2007	2.08	2.97	4.10	3.62
2008	1.94	3.08	4.14	3.68
2009	1.88	3.22	4.25	3.80
2010	1.95	3.12	4.21	3.74
2011	1.97	3.18	4.21	3.76
2012	1.97	3.31	4.21	3.81
2013	1.88	3.38	4.20	3.83
平均年間成長率 （%） Average annual growth rates （%）				
1953〜1961	−2.48	−6.43	−1.56	−2.58
1962〜1973	12.50	−3.54	−0.64	0.62
1974〜1997	5.87	0.81	2.73	2.64
1998〜2013	−2.69	2.66	1.02	1.29
1953〜2013	3.64	−0.58	1.02	1.17

482　Ⅱ　統　計　編

統計表 10.7.2　韓国の経済活動別1人当たり実質資本装備率，1953〜2013年（2010年価格）
Table 10.7.2　Real capital equipment ratio per worker by economic activity in South Korea, 1953-2013 (in 2010 prices)

	1	2	3	4
	第1次産業 Primary sector	第2次産業 Secondary sector	第3次産業（サービス業） Tertiary sector (Services)	合計 Total
	十億ウォン　　Billions of Won			
1953	393.18	17,451.43	24,943.15	7,118.82
1954	389.51	16,839.60	23,762.49	6,979.34
1955	387.58	16,306.64	22,773.90	6,873.14
1956	408.61	16,727.03	23,128.24	7,170.78
1957	402.85	16,023.81	21,984.96	6,995.61
1958	400.98	15,554.85	21,121.79	6,892.92
1959	393.77	14,841.24	20,017.38	6,695.36
1960	369.58	13,581.94	18,137.34	6,216.44
1961	370.60	13,247.08	17,556.19	6,161.58
1962	373.74	13,021.85	17,104.02	6,143.20
1963	377.95	12,756.18	17,073.65	6,179.04
1964	393.30	10,316.27	16,691.91	6,164.33
1965	411.65	10,128.51	15,672.81	6,204.39
1966	434.36	8,896.44	16,255.32	6,375.21
1967	475.06	8,357.03	16,540.22	6,680.84
1968	523.87	8,670.79	16,580.57	7,081.44
1969	965.87	11,342.10	16,982.68	8,008.55
1970	1,391.31	14,280.57	17,155.81	8,801.27
1971	1,773.24	17,685.70	19,392.65	10,653.11
1972	1,935.05	20,543.02	22,861.58	11,973.64
1973	2,066.28	19,491.77	26,058.31	13,052.88
1974	1,948.79	16,337.20	22,961.06	11,702.54
1975	2,230.45	16,468.92	22,846.27	12,213.25
1976	2,772.92	17,176.48	26,179.87	13,818.07
1977	3,540.51	19,926.60	27,703.73	15,889.09
1978	4,009.87	21,302.31	27,220.95	16,937.62
1979	4,388.70	22,277.64	26,558.30	17,617.42
1980	4,290.30	23,010.25	24,066.06	17,103.17
1981	4,402.07	26,474.10	25,400.84	18,440.38
1982	5,181.41	29,464.79	27,997.76	20,999.57
1983	6,219.73	33,047.14	32,206.57	24,672.19
1984	7,746.65	38,527.36	36,938.78	29,405.01
1985	8,602.76	42,286.78	39,545.60	32,499.06
1986	9,143.98	44,489.11	45,396.84	36,599.07
1987	10,357.56	44,909.79	49,894.69	39,836.39
1988	11,302.96	46,041.36	52,696.39	42,251.49
1989	12,412.94	49,149.30	55,698.35	45,371.82
1990	13,978.15	52,699.72	57,328.26	48,291.50

（注）　この統計表の第1次産業には，農林漁業のほかに鉱業が，また第2次産業には製造業，電気・ガス・水道，そして建設業が含まれる.
（Note）　In the present table, the primary sector includes mining and quarrying in addition to agriculture, forestry and fishing, and the secondary sector includes manufacturing, electricity, gas, and water supply, and construction industries.

統計表 **10.7.2** （つづき）
Table 10.7.2 （cont'd）

	1 第1次産業 Primary sector	2 第2次産業 Secondary sector	3 第3次産業（サービス業） Tertiary sector (Services)	4 合計 Total
	十億ウォン Billions of Won			
1991	18,356.48	55,187.61	58,439.31	51,672.02
1992	20,507.53	62,953.73	63,392.18	57,251.65
1993	22,982.61	74,617.25	71,710.31	65,855.53
1994	26,550.73	81,442.34	78,839.09	72,896.95
1995	28,893.96	87,787.05	85,199.39	79,180.79
1996	31,936.25	97,738.13	92,818.46	87,152.06
1997	35,485.88	106,904.35	99,468.35	94,172.87
1998	21,838.16	136,084.42	113,941.27	107,234.09
1999	24,143.28	145,107.65	118,033.43	112,776.60
2000	26,942.36	154,014.40	118,807.44	116,237.83
2001	29,498.78	168,453.87	121,603.86	121,738.88
2002	31,133.45	184,197.79	123,484.71	126,531.95
2003	33,056.82	199,990.79	130,445.53	135,134.78
2004	34,592.42	211,517.58	134,189.12	140,899.53
2005	34,351.14	231,724.49	137,884.25	147,126.58
2006	34,829.22	252,846.04	141,320.27	153,279.33
2007	35,735.66	274,837.28	144,798.84	159,736.18
2008	35,720.39	295,429.69	149,138.03	166,449.19
2009	36,421.22	308,314.57	155,958.03	174,320.42
2010	37,939.70	313,331.41	159,700.50	179,712.46
2011	38,241.62	326,837.92	161,435.89	183,910.26
2012	38,284.40	345,103.01	161,847.43	187,317.14
2013	38,036.00	363,658.73	162,964.08	191,106.10
	平均年間成長率（％） Average annual growth rates (%)			
1953～1961	−0.74	−3.39	−4.29	−1.79
1962～1973	15.40	3.27	3.35	6.46
1974～1997	12.58	7.35	5.74	8.58
1998～2013	0.43	7.95	3.13	4.52
1953～2013	7.92	5.19	3.18	5.64

484 Ⅱ 統 計 編

統計表 11.3.1 韓国の貿易額と貿易物価指数，1946〜2015年

Table 11.3.1 South Korea's foreign trade: Exports and imports and their price indexes, 1946-2015

	1	2	3	4	5	6
	貿易額 Foreign trade				貿易物価指数 Price indexes	
	輸出 Exports	輸入 Imports	実質輸出 Real exports	実質輸入 Real imports	輸出 Exports	輸入 Imports
	単位：1946〜1954年千ウォン，1955年以後は千米ドル Unit：Thousand Won in 1946-54, Thousand U.S. Dollars after 1955					
1946	47,100	168,406				
1947	1,111,133	2,088,125				
1948	7,195,747	8,857,457				
1949	11,262,293	14,738,635				
1950	32,557,485	5,211,472				
1951	49,666,125	122,027,024				
1952	200,363,914	704,419,147				
1953	398,720,000	2,237,003,000				
1954	667,476,000	2,778,479,000				
1955	17,966	341,415	15,591	289,795	115.2	117.8
1956	24,595	386,063	20,521	363,765	119.9	106.1
1957	22,202	442,174	19,554	371,700	113.5	119.0
1958	16,451	378,165	18,260	349,239	90.1	108.3
1959	19,812	303,844	20,561	291,949	96.4	104.1
1960	32,828	348,511	32,020	345,676	102.5	100.8
1961	40,880	319,610	42,314	332,894	96.6	96.0
1962	56,464	381,256	57,277	370,078	98.6	103.0
1963	86,798	560,270	86,798	560,270	100.0	100.0
1964	119,006	404,332	116,246	399,371	102.4	101.2
1965	175,081	449,944	164,811	437,710	106.2	102.8
1966	249,537	736,554	215,074	732,008	116.0	100.6
1967	320,227	996,137	264,501	980,905	121.1	101.6
1968	455,397	1,467,760	364,534	1,458,700	124.9	100.6
1969	622,513	1,822,832	524,467	1,839,974	118.7	99.1
1970	835,182	1,983,258	673,341	1,935,179	124.0	102.5
1971	1,067,584	2,394,058	871,128	2,343,121	122.6	102.2
1972	1,624,083	2,521,997	1,309,368	2,424,128	124.0	104.0
1973	3,225,020	4,240,272	2,058,394	3,061,362	156.7	138.5
1974	4,460,365	6,844,290	2,250,214	3,180,175	198.2	215.2
1975	5,081,010	7,270,998	2,761,775	3,283,677	184.0	221.4
1976	7,715,333	8,764,470	3,751,901	4,043,208	205.6	216.8
1977	10,016,262	10,803,115	4,453,140	4,871,993	224.9	221.7
1978	12,694,716	14,965,942	5,099,069	6,391,291	249.0	234.2
1979	15,051,513	20,296,045	5,057,188	7,095,903	297.6	286.0
1980	17,483,319	22,228,221	5,627,391	6,454,001	310.7	344.4

(注) 1) 単位：1945〜1954年千ウォン．1955年以後は千米ドル．
2) 原統計における1953〜1954年の単位はファン（圜）であるが，ここではウォン（圓）（1ファン＝100ウォン）に換算．
3) 実質輸出入は，1963年不変価格．
4) 貿易物価指数は，韓国銀行編『経済統計年報』各年版．

統計表 11.3.1 （つづき）
Table 11.3.1 （cont'd）

	1	2	3	4	5	6
	貿易額 Foreign trade				貿易物価指数 Price indexes	
	輸出 Exports	輸入 Imports	実質輸出 Real exports	実質輸入 Real imports	輸出 Exports	輸入 Imports
	単位：1946～1954年千ウォン，1955年以後は千米ドル Unit：Thousand Won in 1946-54, Thousand U.S. Dollars after 1955					
1981	21,249,679	26,028,314	6,624,553	7,169,476	320.8	363.0
1982	21,849,982	24,236,098	7,053,107	7,212,591	309.8	336.0
1983	24,436,920	26,173,735	8,202,432	8,174,532	297.9	320.2
1984	29,247,878	30,608,603	9,486,559	9,440,584	308.3	324.2
1985	30,282,654	31,118,678	10,205,254	10,020,214	296.7	310.6
1986	34,701,562	31,517,953	11,453,894	10,819,596	303.0	291.3
1987	47,171,753	40,925,290	14,143,132	13,073,357	333.5	313.0
1988	60,503,414	51,707,415	15,966,837	14,945,949	378.9	346.0
1989	62,262,824	61,336,300	15,619,845	17,263,482	398.6	355.3
1990	64,837,043	69,574,064	16,779,892	20,188,073	386.4	344.6
1991	71,672,110	81,245,655	18,724,216	24,498,816	382.8	331.6
1992	76,393,888	81,389,797	20,527,995	25,252,916	372.1	322.3
1993	81,941,654	83,394,849	22,881,138	26,449,418	358.1	315.3
1994	95,439,966	101,625,373	25,977,543	32,471,668	367.4	313.0
1995	122,625,365	132,371,665	31,062,664	39,915,354	394.8	331.6
1996	124,401,684	144,721,278	36,296,725	45,514,738	342.7	318.0
1997	129,991,393	138,096,689	41,668,143	46,398,062	312.0	297.6
1998	125,106,435	88,768,309	50,273,692	35,749,478	248.9	248.3
1999	140,730,717	116,392,896	57,921,318	46,937,675	243.0	248.0
2000	170,740,363	158,224,692	70,011,802	55,718,921	243.9	284.0
2001	149,370,581	139,454,681	70,465,947	53,988,272	212.0	258.3
2002	161,526,446	150,355,152	79,687,361	60,471,052	202.7	248.6
2003	191,849,835	175,873,415	92,479,593	64,825,194	207.5	271.3
2004	250,860,962	220,894,052	112,349,138	72,511,328	223.3	304.6
2005	284,152,919	260,291,115	125,604,713	78,095,746	226.2	333.3
2006	324,624,996	308,238,218	142,638,838	85,869,477	227.6	359.0
2007	370,772,461	355,151,630	166,467,136	94,667,757	222.7	375.2
2008	420,674,549	433,975,317	155,024,061	84,943,133	271.4	510.9
2009	360,697,753	321,958,177	133,193,811	65,738,581	270.8	489.8
2010	463,393,954	423,635,235	175,616,494	82,139,801	263.9	515.7
2011	552,069,319	522,689,598	208,721,647	90,811,580	264.5	575.6
2012	547,854,448	519,575,597	212,143,897	90,930,537	258.2	571.4
2013	559,618,559	515,572,970	226,367,361	97,375,668	247.2	529.5
2014	573,074,773	525,556,978	246,518,956	107,355,339	232.5	489.5
2015	526,897,236	436,535,683				

486　Ⅱ　統　計　編

統計表 11.3.2　韓国の輸出品構成（SITC 一桁分類），1946～2011年
Table 11.3.2　South Korea's exports by commodity group (one-digit SITC), 1946-2011

	1	2	3	4	5	6	7	8	9	10	11
	食料品およ び動物（生きているもの）Food & live animals	飲料および たばこ Beverages & tobacco	食用に適しない原材料（鉱物性燃料を除く）Crude materials, inedible, except fuels	鉱物性燃料, 潤滑剤および 関連した物質 Mineral fuels, lubricants, & related materials	動物性・植物性の油, 脂肪および蠟 Animal & vegetable oils, fats, & waxes	化学工業の生産品 Chemicals & related products, n.e.s.	原料別製品 Manufactured goods classified chiefly by material	機械類および輸送機器類 Machinery & transport equipment	雑製品 Miscellaneous manufactured goods	特殊取扱品 Commodities & transactions not classified elsewhere in the SITC	総計 Total

単位：1946～1954年百万ウォン，1955年以後は百万米ドル
Unit：Million Won in 1946-54, Million U.S. Dollars after 1955

	1	2	3	4	5	6	7	8	9	10	11
1946	38		6			4	0	0			47
1947	385		452			104	160		9	1	1,111
1948	3,476	5	2,320	4	1	572	648		169	1	7,196
1949	6,349		3,733	9	121	554	116	4	377	1	11,262
1950	24,738		6,172		50	1,062	168	7	360		32,557
1951	1,419		42,365		531	900	666	3	3,781		49,666
1952	16,767		166,315	473	73	5,740	4,684	33	6,225	53	200,364
1953	34,926	13	332,766	10,120	578	10,586	6,215	2		3,514	398,720
1954	80,519	510	541,447	3	1,294	9,794	29,517	2,107		2,285	667,476
1955	1	0	15	0	0	1	0	0	0	0	18
1956	1	0	21		0	1	1	0		0	25
1957	2	0	16		0	1	3	0	0	1	22
1958	2		11	0	0	0	2	0	0	0	16
1959	4	0	12	1	0	0	2	0	0	0	20
1960	10	0	16	1	0	0	4	0	1		33
1961	9	0	21	2	0	1	4	1	1	2	41
1962	22	0	21	3	0	1	6	1	2	0	56
1963	17	0	28	3	0	1	28	4	6	0	87
1964	26	0	31	2	0	1	42	2	13	0	119
1965	28	1	37	2	0	0	66	6	34	0	175
1966	40	7	47	2	0	1	84	10	59	0	250
1967	38	7	58	2	0	2	101	14	97	0	320
1968	44	9	62	2	0	3	144	24	167	0	455
1969	50	15	73	5	0	10	174	53	242	0	623
1970	66	14	100	9	0	11	221	61	352	0	835
1971	70	15	95	11	0	15	328	87	445	0	1,068
1972	107	14	119	18	0	36	514	172	643	1	1,624
1973	246	23	196	35	1	49	1,103	396	1,170	7	3,225
1974	300	48	198	108	2	92	1,476	672	1,547	18	4,460
1975	602	68	150	104	1	75	1,485	702	1,883	11	5,081
1976	508	78	196	145	1	119	2,334	1,276	3,035	23	7,715
1977	945	108	300	117	4	226	3,019	1,741	3,544	11	10,016
1978	933	120	329	41	11	341	3,784	2,585	4,538	14	12,695
1979	1,082	118	361	18	27	522	4,815	3,097	4,993	18	15,052
1980	1,153	124	333	33	13	780	6,236	3,446	5,303	64	17,483

(注)　1)　SITC 一桁分類.
　　　2)　単位：1946～1954年百万ウォン，1955年以後百万米ドル.
　　　3)　原統計における1953～1954年の単位はファン（圜）であるが，ここではウォン（圓）（1ファン＝100ウォン）に換算.
　　　4)　No.10の特殊取扱品とは，特殊取扱品，郵便物，武器，その他の動物，金属以外の貨幣，引越荷物，再輸出入品，その他の雑品.

統計表 11.3.2 （つづき）
Table 11.3.2 （cont'd）

	1	2	3	4	5	6	7	8	9	10	11
	食料品および動物（生きているもの） Food & live animals	飲料およびたばこ Beverages & tobacco	食用に適しない原材料（鉱物性燃料を除く） Crude materials, inedible, except fuels	鉱物性燃料, 潤滑剤および関連した物質 Mineral fuels, lubricants, & related materials	動物性・植物性の油, 脂肪および蠟 Animal & vegetable oils, fats, & waxes	化学工業の生産品 Chemicals & related products, n.e.s.	原料別製品 Manufactured goods classified chiefly by material	機械類および輸送機器類 Machinery & transport equipment	雑製品 Miscellaneous manufactured goods	特殊取扱品 Commodities & transactions not classified elsewhere in the SITC	総計 Total
	単位：1946～1954年百万ウォン，1955年以後は百万米ドル Unit：Million Won in 1946-54, Million U.S. Dollars after 1955											
1981	1,323	119	284	159	15	682	7,217	4,710	6,633	108	21,250
1982	1,080	128	275	285	9	740	6,637	6,040	6,619	37	21,850
1983	1,092	122	292	536	4	744	6,943	7,869	6,807	27	24,437
1984	1,155	117	328	805	4	918	7,356	10,312	8,226	26	29,248
1985	1,135	106	308	929	4	1,006	7,046	11,024	8,708	17	30,283
1986	1,568	97	341	618	4	1,158	8,156	10,867	11,858	34	34,702
1987	2,077	91	459	720	4	1,429	10,151	15,670	16,555	16	47,172
1988	2,367	131	692	559	3	1,953	12,765	21,524	20,483	26	60,503
1989	2,198	114	902	652	2	2,119	13,888	21,780	20,578	31	62,263
1990	2,015	123	991	656	1	2,585	14,671	23,926	19,832	37	64,837
1991	2,138	117	990	1,471	2	3,237	16,239	28,219	19,200	60	71,672
1992	2,100	77	1,073	1,685	7	4,543	18,634	30,808	17,422	46	76,394
1993	2,042	72	1,160	1,811	6	4,985	20,790	34,987	16,037	52	81,942
1994	2,280	102	1,430	1,711	8	6,397	22,978	44,784	15,678	72	95,440
1995	2,645	147	1,790	2,431	21	9,011	27,677	63,209	15,641	53	122,625
1996	2,717	208	1,608	3,859	22	9,180	27,177	65,153	14,431	47	124,402
1997	2,652	213	1,780	5,344	38	10,705	29,370	66,205	13,646	40	129,991
1998	2,418	186	1,541	4,585	30	10,280	28,818	63,521	13,691	36	125,106
1999	2,607	193	1,557	5,771	15	10,776	28,173	75,820	15,756	63	140,731
2000	2,401	245	1,826	9,331	17	13,796	30,492	97,303	15,306	24	170,740
2001	2,204	262	1,585	7,974	17	12,511	26,743	83,691	14,298	86	149,371
2002	2,114	346	1,634	6,501	21	13,730	27,381	96,545	13,164	91	161,526
2003	2,164	447	1,990	6,789	23	16,954	30,509	118,216	14,615	143	191,850
2004	2,445	490	2,482	10,339	23	23,180	37,373	156,997	17,412	119	250,861
2005	2,467	521	2,827	15,522	19	27,739	41,466	171,257	22,206	128	284,153
2006	2,353	606	3,306	20,604	24	31,898	47,028	190,602	28,042	161	324,625
2007	2,634	682	4,152	24,214	30	37,665	52,508	215,197	33,470	220	370,772
2008	3,045	792	5,063	37,833	50	43,016	60,044	232,110	38,456	264	420,675
2009	3,246	831	3,950	23,193	31	37,741	48,497	205,092	37,881	234	360,698
2010	3,919	1,012	5,576	31,864	56	49,154	60,893	262,880	47,781	260	463,394
2011	4,859	1,216	8,154	52,007	88	61,196	77,246	299,399	47,614	292	552,069

統計表 11.3.3　韓国の輸入品構成（SITC 一桁分類），1946～2011年
Table 11.3.3　South Korea's imports by commodity group (one-digit SITC), 1946-2011

	1 食料品および動物（生きているもの） Food & live animals	2 飲料およびたばこ Beverages & tobacco	3 食用に適しない原材料（鉱物性燃料を除く） Crude materials, inedible, except fuels	4 鉱物性燃料，潤滑剤および関連した物質 Mineral fuels, lubricants, & related materials	5 動物性・植物性の油，脂肪および蠟 Animal & vegetable oils, fats, & waxes	6 化学工業の生産品 Chemicals & related products, n.e.s.	7 原料別製品 Manufactured goods classified chiefly by material	8 機械類および輸送機器類 Machinery & transport equipment	9 雑製品 Miscellaneous manufactured goods	10 特殊取扱品 Commodities & transactions not classified elsewhere in the SITC	11 総計 Total
	単位：1946～1954年百万ウォン，1955年以後は百万米ドル. Unit：Million Won in 1946-54, Million U.S. Dollars after 1955										
1946	54	4	50	0	17	13	23	4	2	1	168
1947	112	1	633	8	124	250	820	57	48	36	2,088
1948	88	1	2,094	231	330	1,509	4,338	102	66	99	8,857
1949	95	46	3,018	190	182	2,546	7,953	338	201	170	14,739
1950	34	10	1,386	32	3	885	2,092	575	110	84	5,211
1951	4,103	1,158	30,775	2,910	700	23,170	53,078	3,559	2,243	331	122,027
1952	306,805	29,055	75,035	7,636	1,432	140,721	102,412	18,192	13,431	9,700	704,419
1953	984,895	80,968	378,087	9,972	31,722	366,630	230,559	75,849	24,446	53,875	2,237,003
1954	331,775	151,312	811,156	33,333	43,146	421,135	401,730	379,015	77,611	128,266	2,778,479
1955	17	6	29	43	3	60	51	57	11	64	341
1956	44	10	46	45	2	74	67	43	12	43	386
1957	107	8	58	44	2	77	50	42	13	40	442
1958	65	4	69	37	3	69	57	37	12	26	378
1959	36	0	62	38	2	69	40	42	12	1	304
1960	39	0	70	23	3	77	49	43	11	35	349
1961	40	0	63	27	4	62	40	42	6	36	320
1962	49	0	87	31	4	83	69	49	10	0	381
1963	121	0	107	34	5	80	88	116	8	1	560
1964	68	0	97	28	4	84	46	70	5	1	404
1965	64	0	110	31	4	103	71	60	7	0	450
1966	92	0	154	42	5	135	125	172	10	0	737
1967	94	1	208	62	7	113	184	310	17	0	996
1968	168	1	270	76	8	130	242	533	39	0	1,468
1969	302	2	332	111	12	137	279	593	55	0	1,823
1970	319	2	405	136	15	164	306	590	47	0	1,983
1971	400	4	463	189	21	201	363	685	67	1	2,394
1972	358	8	454	219	20	224	396	762	81	0	2,522
1973	570	6	910	312	38	344	773	1,157	129	1	4,240
1974	818	11	1,250	1,054	57	631	1,000	1,849	167	7	6,844
1975	947	13	1,118	1,387	53	790	865	1,909	188	1	7,271
1976	627	30	1,549	1,747	63	866	1,162	2,386	333	1	8,764
1977	715	34	1,941	2,179	86	1,005	1,519	2,906	411	7	10,803
1978	931	52	2,395	2,453	104	1,297	2,225	4,945	558	6	14,966
1979	1,432	71	3,260	3,779	152	2,009	2,722	6,123	719	30	20,296
1980	1,788	85	3,634	6,638	118	1,835	2,436	4,975	689	29	22,228

(注)　1）SITC 一桁分類.
　　　2）単位：1946～1954年百万ウォン，1955年以後百万米ドル.
　　　3）原統計における1953～1954年の単位はファン（圜）であるが，ここではウォン（圓）（1ファン＝100ウォン）に換算.
　　　4）No.10の特殊取扱品とは，特殊取扱品，郵便物，武器，その他の動物，金属以外の貨幣，引越荷物，再輸出入品，その他の雑品.

統計表 11.3.3 （つづき）
Table 11.3.3 （cont'd）

	1	2	3	4	5	6	7	8	9	10	11
	食料品および動物（生きているもの）Food & live animals	飲料およびたばこ Beverages & tobacco	食用に適しない原材料（鉱物性燃料を除く）Crude materials, inedible, except fuels	鉱物性燃料, 潤滑剤および関連した物質 Mineral fuels, lubricants, & related materials	動物性・植物性の油, 脂肪および蠟 Animal & vegetable oils, fats, & waxes	化学工業の生産品 Chemicals & related products, n.e.s.	原料別製品 Manufactured goods classified chiefly by material	機械類および輸送機器類 Machinery & transport equipment	雑製品 Miscellaneous manufactured goods	特殊取扱品 Commodities & transactions not classified elsewhere in the SITC	総計 Total
	単位：1946～1954年百万ウォン，1955年以後は百万米ドル．Unit：Million Won in 1946-54, Million U.S. Dollars after 1955										
1981	2,721	67	3,630	7,764	137	2,109	2,775	6,000	789	35	26,028
1982	1,561	10	3,370	7,592	137	2,083	2,606	6,004	789	83	24,236
1983	1,712	20	3,486	6,958	141	2,282	2,999	7,544	950	81	26,174
1984	1,624	21	3,957	7,274	174	2,798	3,761	9,797	1,119	83	30,609
1985	1,400	18	3,873	7,333	146	2,878	3,525	10,723	1,143	80	31,119
1986	1,424	23	4,313	5,024	124	3,599	4,531	10,869	1,552	60	31,518
1987	1,624	21	5,947	5,993	139	4,722	6,189	14,147	2,070	74	40,925
1988	2,295	87	7,738	6,000	174	6,251	8,000	17,871	3,156	136	51,708
1989	3,063	186	8,696	7,612	170	7,161	9,736	20,894	3,701	118	61,338
1990	3,240	188	8,628	11,001	184	7,439	10,699	23,794	4,126	282	69,581
1991	3,924	228	8,886	12,757	244	8,229	13,591	28,239	4,716	431	81,246
1992	4,089	243	8,280	14,651	268	7,623	12,044	28,693	5,187	317	81,396
1993	3,990	263	8,782	15,056	258	8,206	12,265	28,185	6,069	324	83,398
1994	4,749	349	9,296	15,398	323	9,737	16,191	37,401	7,770	415	101,629
1995	5,912	535	11,584	18,977	392	13,126	21,617	49,808	10,107	318	132,375
1996	7,249	665	10,838	24,182	369	13,276	21,303	55,193	11,308	341	144,724
1997	6,496	660	10,297	27,213	358	13,222	19,569	49,318	10,563	401	138,097
1998	4,594	300	7,199	18,165	305	9,246	11,262	31,194	6,026	477	88,769
1999	5,539	379	8,295	22,653	359	11,385	15,377	43,557	8,313	535	116,393
2000	6,486	529	9,799	37,801	286	13,656	18,514	59,259	11,575	320	158,225
2001	6,777	564	8,938	33,790	269	13,148	16,904	47,742	11,143	179	139,455
2002	7,600	694	9,084	32,140	339	14,360	19,457	52,978	13,460	243	150,355
2003	8,314	630	10,041	38,156	389	16,776	22,601	62,443	16,095	429	175,873
2004	9,267	553	13,406	49,355	543	21,367	31,074	75,416	19,529	383	220,894
2005	9,942	540	15,213	66,487	619	25,283	36,114	82,890	22,855	347	260,291
2006	11,340	589	19,526	85,348	629	28,709	42,584	92,880	26,339	294	308,238
2007	13,603	756	23,923	94,626	844	33,927	52,168	108,028	26,832	445	355,152
2008	16,382	859	28,062	140,903	1,227	37,795	65,255	114,932	28,030	531	433,975
2009	13,418	763	20,166	90,595	968	32,154	43,421	96,785	23,390	299	321,958
2010	16,310	860	30,425	121,251	1,194	41,979	56,382	123,891	30,898	445	423,635
2011	21,870	861	42,047	171,914	1,689	49,444	64,455	133,950	36,165	296	522,690

490　II　統　計　編

統計表 11.3.4　韓国の貿易マトリクス：地域別 SITC 一桁分類別表，1962年，1985年，2010年
Table 11.3.4　South Korea's foreign trade matrices by region (one-digit SITC), 1962, 1985, and 2010

		1	2	3	4	5	6	7	8
		輸出　Exports							
		1962年　単位：千米ドル　Unit：Thousand U.S. Dollars							
		日本 Japan	中国（除く香港，台湾） China (excluding Hong Kong & Taiwan)	その他アジア Other Asian countries	西アジア West Asia	西欧 Western Europe	北米 North America	その他地域 Others	世界 World
1	食料・動物 Food & live animals	14,947		5,114		196	1,474	62	21,793
2	飲料・たばこ Beverages & tobacco	3		62		66	6	1	138
3	非食用原材料 Crude materials, inedible, except fuels	7,490		1,278	10	6,145	5,879	414	21,216
4	鉱物性燃料・潤滑剤・関連品 Mineral fuels, lubricants & related materials	2,735					6		2,741
5	動物性・植物性油脂 Animal & vegetable oils, fats, & waxes	46							46
6	化学工業製品 Chemicals & related products, n.e.s.	13		182		733	55		983
7	原料別製品 Manufactured goods classified chiefly by material	538		950	51	138	4,292	198	6,167
8	機械・輸送機器類 Machinery & transport equipment	304		244	41	759	94		1,442
9	雑製品 Miscellaneous manufactured goods	187		59		95	1,590	7	1,938
	合計　Total	26,263		7,889	102	8,132	13,396	682	56,464
	収支　Balance								
		1985年　単位：百万米ドル　Unit：Million U.S. Dollars							
1	食料・動物 Food & live animals	776		96	26	40	158	40	1,135
2	飲料・たばこ Beverages & tobacco	8		5	7	72	10	4	106
3	非食用原材料 Crude materials, inedible, except fuels	158		113	2	16	9	10	308
4	鉱物性燃料・潤滑剤・関連品 Mineral fuels, lubricants, & related materials	614		80	1	3	144	88	929
5	動物性・植物性油脂 Animal & vegetable oils, fats, & waxes	2		1	0		0	1	4
6	化学工業製品 Chemicals & related products, n.e.s.	195		423	25	67	109	187	1,006
7	原料別製品 Manufactured goods classified chiefly by material	955		1,503	884	419	2,281	1,005	7,046
8	機械・輸送機器類 Machinery & transport equipment	792		1,718	297	1,895	4,731	1,591	11,024
9	雑製品 Miscellaneous manufactured goods	1,034		188	222	1,376	5,426	461	8,708
10	特殊取扱品 Commodities & transactions not classified elsewhere in the SITC	9		7		1	0	0	17
	合計　Total	4,543		4,135	1,465	3,888	12,867	3,386	30,283
	収支　Balance								

統 計 編 491

統計表 11.3.4 （つづき）
Table 11.3.4 （cont'd）

		9	10	11	12	13	14	15	16
		輸入・貿易収支　Imports/Foreign trade balance							
		1962年　単位：千米ドル　Unit：Thousand U.S. Dollars							
		日本 Japan	中国（除く香港, 台湾） China (excluding Hong Kong & Taiwan)	その他アジア Other Asian countries	西アジア West Asia	西欧 Western Europe	北米 North America	その他地域 Others	世界 World
1	食料・動物 Food & live animals	524		1,516		1,700	43,004	1,841	48,585
2	飲料・たばこ Beverages & tobacco	6				9	70	2	87
3	非食用原材料 Crude materials, inedible, except fuels	6,059		21,685		2,647	49,330	7,770	87,491
4	鉱物性燃料・潤滑剤・関連品 Mineral fuels, lubricants & related materials	2,732		1,500		62	25,263	1,024	30,581
5	動物性・植物性油脂 Animal & vegetable oils, fats, & waxes	335				385	2,979	10	3,709
6	化学工業製品 Chemicals & related products, n.e.s.	21,597		2,015	9	6,739	51,737	1,096	83,193
7	原料別製品 Manufactured goods classified chiefly by material	32,762		2,419	404	5,624	25,641	1,935	68,785
8	機械・輸送機器類 Machinery & transport equipment	23,445		172		10,247	14,994	121	48,979
9	雑製品 Miscellaneous manufactured articles	4,673		94		1,476	3,571	32	9,846
	合計　Total	92,133		29,401	413	28,889	216,589	13,831	381,256
	収支　Balance	▲65,870	0	▲21,512	▲311	▲20,757	▲203,193	▲13,149	▲324,792
		1985年　単位：百万米ドル　Unit：Million U.S. Dollars							
1	食料・動物 Food & live animals	27		190	1	30	621	531	1,400
2	飲料・たばこ Beverages & tobacco	3		0		5	4	6	18
3	非食用原材料 Crude materials, inedible, except fuels	211		707	19	168	1,842	926	3,873
4	鉱物性燃料・潤滑剤・関連品 Mineral fuels, lubricants & related materials	106		1,444	2,521	22	688	2,553	7,333
5	動物性・植物性油脂 Animal & vegetable oils, fats, & waxes	11		69	0	5	42	18	146
6	化学工業製品 Chemicals & related products, n.e.s.	1,049		79	34	691	907	118	2,878
7	原料別製品 Manufactured goods classified chiefly by material	1,837		276	32	459	451	470	3,525
8	機械・輸送機器類 Machinery & transport equipment	3,593		1,041	44	2,112	2,987	946	10,723
9	雑製品 Miscellaneous manufactured goods	685		37	2	156	234	29	1,143
10	特殊取扱品 Commodities & transactions not classified elsewhere in the SITC	1		0	0	5	3	71	80
	合計　Total	7,524		3,845	2,653	3,651	7,778	5,668	31,119
	収支　Balance	▲2,980	0	290	▲1,189	236	5,089	▲2,282	▲836

統計表 11.3.4 （つづき）
Table 11.3.4 （cont'd）

		1	2	3	4	5	6	7	8
		輸出 Exports							
		2010年　単位：十億米ドル　Unit：Billion U.S. Dollars							
		日本 Japan	中国（除く香港，台湾） China (excluding Hong Kong & Taiwan)	その他アジア Other Asian countries	西アジア West Asia	西欧 Western Europe	北米 North America	その他地域 Others	世界 World
1	食料・動物 Food & live animals	1.4	0.6	0.9	0.1	0.2	0.4	0.4	3.9
2	飲料・たばこ Beverages & tobacco	0.3	0.1	0.2	0.3	0.0	0.1	0.1	1.0
3	非食用原材料 Crude materials, inedible, except fuels	0.8	1.5	1.8	0.1	0.4	0.4	0.5	5.6
4	鉱物性燃料・潤滑剤・関連品 Mineral fuels, lubricants, & related materials	3.7	6.9	11.4	0.2	2.1	3.7	3.9	31.9
5	動物性・植物性油脂 Animal & vegetable oils, fats, & waxes	0.0	0.0	0.0	0.0	0.0	0.0	0.0	0.1
6	化学工業製品 Chemicals & related products, n.e.s.	3.3	20.5	13.3	1.7	2.1	2.9	5.2	49.2
7	原料別製品 Manufactured goods classified chiefly by material	6.2	11.4	20.3	4.6	3.5	8.2	6.7	60.9
8	機械・輸送機器類 Machinery & transport equipment	9.4	52.7	53.5	14.8	29.7	52.7	50.2	262.9
9	雑製品 Miscellaneous manufactured goods	3.0	23.0	6.4	0.7	1.8	5.6	7.2	47.8
10	特殊取扱品 Commodities & transactions not classified elsewhere in the SITC	0.0	0.0	0.1	0.0	0.0	0.1	0.1	0.3
	合計　Total	28.1	116.7	107.9	22.4	39.8	74.2	74.4	463.4
	収支　Balance								

統計表 11.3.4 （つづき）
Table 11.3.4 （cont'd）

		9	10	11	12	13	14	15	16
		輸入・貿易収支　Imports/Foreign trade balance							
		2010年　単位：十億米ドル　　Unit：Billion U.S. Dollars							
		日本 Japan	中国（除く香港，台湾） China (excluding Hong Kong & Taiwan)	その他アジア Other Asian countries	西アジア West Asia	西欧 Western Europe	北米 North America	その他地域 Others	世界 World
1	食料・動物 Food & live animals	0.4	2.6	2.1	0.0	1.0	5.4	4.7	16.3
2	飲料・たばこ Beverages & tobacco	0.1	0.0	0.2	0.0	0.4	0.1	0.2	0.9
3	非食用原材料 Crude materials, inedible, except fuels	2.1	1.3	4.8	0.4	1.2	5.7	15.0	30.4
4	鉱物性燃料・潤滑剤・関連品 Mineral fuels, lubricants, & related materials	0.8	1.9	20.0	75.7	0.6	2.7	19.7	121.3
5	動物性・植物性油脂 Animal & vegetable oils, fats, & waxes	0.0	0.0	0.5	0.0	0.1	0.2	0.3	1.2
6	化学工業製品 Chemicals & related products, n.e.s.	14.6	5.8	4.4	1.6	7.2	6.8	1.5	42.0
7	原料別製品 Manufactured goods classified chiefly by material	14.9	16.6	6.8	0.9	4.3	3.4	9.6	56.4
8	機械・輸送機器類 Machinery & transport equipment	24.8	32.6	22.6	0.5	20.9	19.1	3.4	123.9
9	雑製品 Miscellaneous manufactured goods	6.3	10.7	4.6	0.1	4.6	4.2	0.5	30.9
10	特殊取扱品 Commodities & transactions not classified elsewhere in the SITC	0.0	0.0	0.0	0.0	0.0	0.4	0.0	0.4
	合計　Total	63.9	71.6	66.0	79.2	40.2	47.8	54.9	423.6
	収支　Balance	▲35.9	45.2	41.9	▲56.8	▲0.4	26.4	19.4	39.8

494 Ⅱ 統 計 編

統計表 12.2.1 韓国の経済活動別名目付加価値，1953～2013年
Table 12.2.1 Nominal value added by economic activity in South Korea, 1953-2013

	1	2	3	4
	第1次産業 Primary sector	第2次産業 Secondary sector	第3次産業（サービス業） Tertiary sector (Services)	合計 Total
	十億ウォン Billions of Won			
1953	22.74	4.76	18.59	46.09
1954	26.58	8.46	28.16	63.19
1955	51.50	15.11	43.13	109.73
1956	72.49	19.54	53.87	145.90
1957	91.42	25.74	72.26	189.42
1958	86.62	29.21	79.95	195.78
1959	77.54	32.91	95.00	205.45
1960	96.11	37.09	99.03	232.24
1961	121.68	47.20	114.83	283.70
1962	140.52	56.68	142.50	339.69
1963	231.32	83.27	174.96	489.56
1964	355.59	128.26	224.07	707.92
1965	327.25	174.40	284.75	786.40
1966	384.71	222.61	389.82	997.15
1967	420.25	276.89	520.70	1,217.85
1968	500.65	375.54	671.83	1,548.01
1969	634.31	506.35	878.85	2,019.51
1970	778.00	643.30	1,128.40	2,549.80
1971	973.70	744.80	1,426.50	3,144.90
1972	1,169.70	1,001.10	1,778.70	3,949.50
1973	1,406.90	1,449.70	2,250.40	5,107.00
1974	1,986.10	1,983.50	3,249.70	7,219.30
1975	2,702.20	2,628.00	4,199.90	9,530.10
1976	3,461.50	3,777.10	5,708.90	12,947.50
1977	4,255.80	4,960.30	7,367.00	16,583.10
1978	5,266.80	7,151.70	9,881.70	22,300.20
1979	6,283.70	9,697.10	12,769.40	28,750.10
1980	6,062.80	11,952.30	17,071.30	35,086.40
1981	7,998.30	14,480.50	21,398.90	43,877.60
1982	8,578.80	16,938.30	24,990.10	50,507.10
1983	9,205.10	21,100.40	29,304.30	59,609.80
1984	9,985.10	25,568.20	33,809.70	69,363.00
1985	11,132.60	28,192.10	38,910.50	78,235.20
1986	11,671.30	33,770.20	45,990.60	91,432.10
1987	12,292.50	41,407.00	54,576.80	108,276.40
1988	14,398.00	50,729.70	65,003.60	130,131.20
1989	15,049.40	57,036.40	76,286.80	148,372.60
1990	16,336.70	69,418.40	92,645.80	178,400.90

（出所） ECOS（Bank of Korea Economic Statistics System）.
（注） この統計表の第1次産業には，農林漁業のほかに鉱業が，また第2次産業には製造業，電気・ガス・水道，そして建設業が含まれる.
（Note） In the present table, the primary sector includes mining and quarrying in addition to agriculture, forestry and fishing, and the secondary sector includes manufacturing, electricity, gas, and water supply, and construction industries.

Ⅱ　統　計　編　495

統計表 12.2.1　（つづき）
Table 12.2.1　（cont'd）

	1 第 1 次産業 Primary sector	2 第 2 次産業 Secondary sector	3 第 3 次産業（サービス業） Tertiary sector (Services)	4 合計 Total
	十億ウォン　Billions of Won			
1991	17,762.20	85,683.70	113,352.50	216,798.40
1992	19,376.10	94,900.60	133,449.30	247,726.00
1993	19,674.10	108,754.60	153,174.10	281,602.80
1994	22,472.00	128,523.80	180,903.50	331,899.40
1995	24,710.40	151,753.50	212,268.10	388,731.90
1996	25,864.60	165,640.00	242,739.10	434,243.80
1997	25,889.60	182,238.30	269,314.60	477,442.50
1998	24,121.60	180,397.50	274,093.20	478,612.40
1999	26,567.60	194,776.00	298,388.70	519,732.20
2000	26,731.00	215,530.20	327,961.40	570,222.60
2001	27,075.20	225,020.70	363,468.20	615,564.00
2002	27,340.50	245,312.10	406,563.50	679,216.10
2003	27,246.20	263,761.50	434,374.00	725,381.70
2004	29,714.40	298,183.40	462,359.20	790,257.00
2005	28,154.00	309,216.20	492,673.40	830,043.50
2006	27,998.00	319,117.80	524,010.50	871,126.30
2007	27,551.70	346,552.90	567,767.10	941,871.60
2008	27,223.40	359,176.00	609,858.10	996,257.50
2009	29,271.10	380,892.10	634,402.20	1,044,565.50
2010	30,496.70	436,036.60	678,590.80	1,145,124.10
2011	32,741.00	462,102.40	715,112.90	1,209,956.20
2012	33,053.60	474,147.70	744,253.90	1,251,455.30
2013	32,908.20	498,145.90	772,184.10	1,303,238.20
	平均年間成長率（%） Average annual growth rates (%)			
1953～1961	23.33	33.21	25.56	25.50
1962～1973	22.63	33.03	28.14	27.24
1974～1997	12.90	22.31	22.06	20.81
1998～2013	1.51	6.49	6.80	6.48
1953～2013	12.90	21.24	19.39	18.63

496 Ⅱ 統 計 編

統計表 12.2.2 韓国の経済活動別実質付加価値, 1953～2013年 (2010年価格)
Table 12.2.2 Real value added by economic activity in South Korea, 1953-2013 (in 2010 prices)

	1	2	3	4
	第1次産業 Primary sector	第2次産業 Secondary sector	第3次産業 (サービス業) Tertiary sector (Services)	合計 Total
			十億ウォン Billions of Won	
1953	6,255.14	1,320.79	11,895.28	18,340.51
1954	6,731.01	1,572.82	12,343.48	19,679.92
1955	6,908.00	1,681.28	13,079.91	20,754.63
1956	6,547.91	1,738.97	13,604.77	20,857.81
1957	7,267.44	2,029.27	14,517.86	22,774.05
1958	7,835.33	2,160.67	15,024.24	24,234.97
1959	7,933.99	2,503.81	16,102.25	25,493.65
1960	7,999.87	2,558.63	16,566.58	26,036.94
1961	9,125.51	2,753.78	16,720.01	27,963.06
1962	8,794.29	3,168.58	17,959.69	28,941.03
1963	9,627.09	3,700.29	18,997.73	31,587.08
1964	11,151.19	3,985.04	19,263.19	34,642.86
1965	11,366.29	4,908.77	20,559.52	37,028.11
1966	12,301.41	5,902.36	22,829.75	41,421.75
1967	11,908.41	7,164.58	25,747.59	44,977.86
1968	11,892.14	9,380.54	29,820.15	50,643.59
1969	12,821.04	12,100.77	34,047.91	57,894.35
1970	13,048.90	13,210.00	38,695.10	63,337.70
1971	13,688.50	14,106.90	43,264.90	69,866.80
1972	14,059.90	15,003.70	46,719.20	74,952.00
1973	15,181.00	18,994.20	51,939.60	85,670.90
1974	16,091.20	21,658.80	55,500.20	93,506.10
1975	17,061.80	23,790.30	59,713.70	101,181.50
1976	18,383.30	27,601.60	65,434.00	113,202.50
1977	19,223.80	33,349.70	72,225.00	125,269.60
1978	17,768.60	42,119.50	79,615.90	137,658.70
1979	19,316.90	45,369.70	85,908.90	149,814.40
1980	16,485.40	44,457.30	90,727.10	147,530.10
1981	18,602.30	45,607.60	96,027.50	158,369.50
1982	19,490.00	49,585.20	104,981.70	170,961.60
1983	21,263.00	59,120.80	115,368.90	192,874.80
1984	20,881.50	67,445.40	125,940.50	212,661.30
1985	22,160.70	72,127.20	136,923.80	229,699.10
1986	23,355.40	80,595.60	150,897.40	255,153.70
1987	22,464.10	93,664.50	168,996.70	285,960.10
1988	24,291.30	104,292.30	189,925.80	319,802.30
1989	24,147.00	111,674.60	207,387.80	341,884.70
1990	22,725.10	129,215.30	226,759.30	374,826.20

(出所) ECOS (Bank of Korea, Economic Statistics System).
(注) この統計表の第1次産業には, 農林漁業のほかに鉱業が, また第2次産業には製造業, 電気・ガス・水道, そして建設業が含まれる.
(Note) In the present table, the primary sector includes mining and quarrying in addition to agriculture, forestry and fishing, and the secondary sector includes manufacturing, electricity, gas, and water supply, and construction industries.

統計表 **12.2.2** （つづき）
Table 12.2.2 （cont'd）

	1	2	3	4
	第1次産業 Primary sector	第2次産業 Secondary sector	第3次産業（サービス業） Tertiary sector (Services)	合計 Total
	十億ウォン　Billions of Won			
1991	23,421.00	144,653.50	249,917.20	413,286.90
1992	24,940.60	149,993.70	269,811.30	440,186.10
1993	24,001.90	161,700.60	291,806.10	471,161.50
1994	24,312.90	176,741.20	319,452.60	513,718.70
1995	25,780.90	194,579.60	348,120.90	562,376.50
1996	26,791.10	210,033.70	374,532.20	604,902.40
1997	27,861.50	219,260.00	399,731.20	640,014.80
1998	25,518.20	201,340.60	389,016.80	608,147.90
1999	26,949.60	226,505.80	423,699.40	674,374.40
2000	27,217.20	251,774.20	454,662.40	733,836.80
2001	27,625.50	261,227.20	478,553.00	766,877.10
2002	27,114.50	281,904.30	517,232.80	825,531.40
2003	25,900.00	297,514.40	528,313.90	850,782.90
2004	27,909.40	321,102.40	542,893.10	892,054.50
2005	28,238.90	336,288.60	564,083.30	928,995.30
2006	28,611.70	357,547.60	589,813.40	976,372.30
2007	29,585.00	383,279.60	620,321.70	1,033,356.20
2008	31,108.70	393,623.40	640,431.30	1,065,183.30
2009	31,974.80	394,593.50	649,913.50	1,076,429.70
2010	30,496.70	436,036.60	678,590.80	1,145,124.10
2011	29,920.90	455,901.60	699,580.80	1,185,403.20
2012	29,677.40	464,823.40	718,906.20	1,213,224.40
2013	30,704.80	480,099.30	739,463.10	1,250,078.50
平均年間成長率（%） Average annual growth rates（%）				
1953～1961	4.83	9.62	4.35	5.41
1962～1973	4.33	17.46	9.91	9.78
1974～1997	2.56	10.73	8.87	8.74
1998～2013	0.61	5.02	3.92	4.27
1953～2013	2.69	10.33	7.13	7.29

498　Ⅱ　統　計　編

統計表 12.2.3　韓国の名目分配国民所得，1953～2013年
Table 12.2.3　Distribution of national income in South Korea, 1953-2013 (in current prices)

	1 労働者報酬 Compensation for employees	2 企業・財産所得 Entrepreneurial & property income	3 固定資本減耗 Consumption of fixed capital	4 生産・輸入品への税（控除）補助金 Taxes on production & import *less* subsidies	5 海外からの純受取 Net income from abroad	6 粗国民可処分所得 Gross national disposable income
			十億ウォン　Billions of Won			
1953	11.64	30.99	3.90	1.77	2.33	50.63
1954	19.14	39.47	5.06	3.26	2.43	69.36
1955	32.14	69.21	9.63	4.81	4.69	120.37
1956	40.31	94.83	11.87	5.85	14.22	167.25
1957	54.82	120.64	14.89	9.50	15.75	215.82
1958	63.62	117.58	15.51	12.59	15.51	224.81
1959	75.49	113.12	17.75	16.33	14.20	236.66
1960	82.15	132.14	19.19	18.65	18.10	270.22
1961	93.15	169.24	24.27	19.02	22.63	327.98
1962	116.11	198.77	27.55	27.55	23.62	393.60
1963	143.54	316.67	32.32	30.68	24.65	547.88
1964	190.54	477.52	45.89	33.44	30.33	777.72
1965	241.40	499.47	54.42	47.40	35.11	877.81
1966	324.68	624.64	66.28	73.02	35.95	1,123.46
1967	447.44	721.73	81.73	101.12	33.25	1,385.27
1968	576.43	900.01	106.09	153.83	31.83	1,768.20
1969	756.57	1,170.50	137.98	204.66	32.19	2,299.60
1970	966.08	1,441.95	174.87	260.87	22.93	2,866.70
1971	1,186.88	1,736.82	229.72	306.29	24.36	3,480.60
1972	1,442.18	2,193.31	291.87	339.08	25.75	4,292.20
1973	1,868.60	2,800.12	410.32	443.58	27.72	5,544.80
1974	2,522.41	4,085.03	579.04	713.89	31.73	7,932.10
1975	3,394.76	5,160.03	793.85	1,065.43	31.34	10,445.40
1976	4,772.66	6,877.82	1,095.84	1,586.08	86.51	14,418.90
1977	6,441.12	8,482.97	1,447.86	2,078.98	111.37	18,562.30
1978	9,164.04	11,107.93	1,893.40	2,903.21	176.72	25,245.30
1979	12,304.24	13,434.55	2,648.16	3,746.17	161.47	32,294.60
1980	15,499.96	15,106.56	3,737.30	4,760.14	275.38	39,340.00
1981	19,192.63	18,751.99	4,749.20	5,924.26	342.73	48,960.80
1982	22,399.15	21,094.89	5,897.50	6,861.51	396.95	56,706.70
1983	27,152.52	23,926.48	7,124.18	8,535.57	470.46	67,209.20
1984	31,326.59	28,240.23	7,947.39	9,181.93	462.95	77,159.10
1985	34,820.32	31,467.25	9,199.44	9,801.28	687.81	85,976.10
1986	40,480.80	36,855.65	11,076.84	11,278.23	1,107.68	100,698.50
1987	48,380.35	43,938.48	13,565.71	12,845.40	1,320.56	120,050.50
1988	59,462.93	51,669.25	16,741.99	15,010.06	1,443.28	144,327.50
1989	70,661.25	56,594.42	19,137.42	16,520.34	654.27	163,567.70
1990	86,559.21	65,761.23	23,967.20	20,996.06	594.23	198,076.00

（出所）　ECOS（Bank of Korea, Economic Statistics System）.

統計表 12.2.3 （つづき）
Table 12.2.3 （cont'd）

	1	2	3	4	5	6
	労働者報酬 Compensation for employees	企業・財産所得 Entrepreneurial & property income	固定資本減耗 Consumption of fixed capital	生産・輸入品への 税（控除）補助金 Taxes on production & import *less* subsidies	海外からの純受取 Net income from abroad	粗国民可処分所得 Gross national disposable income
			十億ウォン	Billions of Won		
1991	107,556.80	78,396.95	27,964.77	24,379.54	478.03	239,015.10
1992	122,216.77	87,766.41	34,450.37	28,435.22	820.25	273,415.60
1993	138,874.22	98,885.88	39,988.34	31,928.67	619.97	309,987.10
1994	162,621.65	118,037.73	46,045.68	38,005.96	730.88	365,441.90
1995	193,538.72	127,744.10	60,240.53	44,859.97	427.24	427,237.80
1996	221,733.39	134,093.62	70,878.06	52,200.73	−216.70	478,905.80
1997	234,893.92	151,493.38	81,816.98	58,591.52	527.85	527,851.50
1998	223,675.02	148,073.91	94,371.05	51,617.31	4,171.10	521,387.00
1999	238,169.34	170,202.55	99,380.01	62,826.45	1,142.30	571,149.50
2000	260,974.92	190,373.01	108,424.36	70,601.91	−240.10	630,374.20
2001	286,363.39	199,090.74	119,318.08	78,409.02	−1,363.64	681,817.60
2002	315,352.50	226,872.30	127,804.73	88,480.20	−2,268.72	756,241.00
2003	344,117.65	233,163.83	139,094.28	91,657.50	−4,020.07	804,013.20
2004	372,691.79	257,749.46	150,644.11	93,172.95	−3,483.10	870,775.20
2005	401,899.59	254,597.03	159,123.14	97,292.44	−3,637.10	909,275.10
2006	426,425.21	263,521.20	167,695.31	104,450.22	−3,833.04	958,258.90
2007	457,918.23	290,083.95	178,194.43	113,961.55	−4,144.06	1,036,014.10
2008	482,281.33	296,873.40	203,065.82	121,398.05	−1,103.62	1,103,618.60
2009	499,878.19	307,264.57	221,276.35	119,237.00	−2,293.02	1,146,509.60
2010	535,693.33	365,531.92	231,923.70	133,608.22	−6,302.27	1,260,454.90
2011	568,846.83	381,901.86	252,375.71	137,538.08	−5,341.28	1,335,321.20
2012	598,512.37	385,153.79	267,390.94	141,315.42	−5,541.78	1,385,445.30
2013	628,572.75	390,346.55	278,408.93	142,074.66	−4,305.29	1,435,097.60
			平均年間成長率 （%）	Average annual growth rates （%）		
1953〜1961	29.69	23.64	25.68	34.56	32.87	26.31
1962〜1973	28.39	26.34	26.57	30.01	1.71	26.57
1974〜1997	22.31	18.09	24.69	22.57	13.06	20.90
1998〜2013	6.35	6.09	7.95	5.69	−	6.45
1954〜2013	19.91	17.04	20.47	20.71	−	18.63

500 Ⅱ 統 計 編

統計表 12.2.4 韓国の実質分配国民所得, 1953〜2013年 (2010年価格)

Table 12.2.4 Distribution of national income in South Korea, 1953-2013 (in 2010 prices)

	1	2	3	4	5	6
	労働者報酬 Compensation for employees	企業・財産所得 Entrepreneurial & property income	固定資本減耗 Consumption of fixed capital	生産・輸入品への 税 (控除) 補助金 Taxes on production & import *less* subsidies	海外からの純受取 Net income from abroad	粗国民可処分所得 Gross national disposable income
			十億ウォン　Billions of Won			
1953	4,639.40	12,344.84	1,553.19	706.00	927.88	20,171.31
1954	5,908.44	12,180.81	1,562.74	1,006.15	749.26	21,407.41
1955	6,086.89	13,108.48	1,823.79	911.89	889.10	22,797.35
1956	5,791.27	13,625.11	1,706.14	841.06	2,042.56	24,030.17
1957	6,565.06	14,448.31	1,783.42	1,137.26	1,886.81	25,846.71
1958	7,758.69	14,338.49	1,891.69	1,535.29	1,891.69	27,415.85
1959	9,128.72	13,678.78	2,146.25	1,974.55	1,717.00	28,616.69
1960	8,977.80	14,441.27	2,096.79	2,037.72	1,978.66	29,532.24
1961	9,008.35	16,367.28	2,347.25	1,839.73	2,188.65	31,719.54
1962	9,619.88	16,467.94	2,282.68	2,282.68	1,956.59	32,609.78
1963	9,160.47	20,208.98	2,062.85	1,957.96	1,573.36	34,963.62
1964	9,331.12	23,384.92	2,247.09	1,637.71	1,485.36	38,086.19
1965	11,275.00	23,329.00	2,542.00	2,214.00	1,640.00	41,000.00
1966	13,241.43	25,474.87	2,703.27	2,978.18	1,466.18	45,818.11
1967	16,164.82	26,073.90	2,952.71	3,653.35	1,201.10	50,045.88
1968	18,287.86	28,553.74	3,365.86	4,880.50	1,009.76	56,097.72
1969	21,039.17	32,549.96	3,836.93	5,691.45	895.28	63,948.83
1970	23,386.05	34,905.59	4,233.08	6,314.93	555.16	69,394.82
1971	25,829.92	37,798.03	4,999.34	6,665.78	530.23	75,747.55
1972	27,108.63	41,227.71	5,486.27	6,373.76	484.08	80,680.45
1973	31,158.87	46,692.08	6,842.01	7,396.77	462.30	92,459.56
1974	32,214.66	52,171.54	7,395.19	9,117.36	405.22	101,303.96
1975	35,077.03	53,317.09	8,202.63	11,008.79	323.79	107,929.32
1976	40,656.41	58,589.45	9,335.01	13,511.19	736.97	122,829.03
1977	47,946.39	63,145.53	10,777.57	15,475.49	829.04	138,174.04
1978	55,926.06	67,789.16	11,554.97	17,717.62	1,078.46	154,066.28
1979	63,352.09	69,171.83	13,634.83	19,288.30	831.39	166,278.45
1980	64,033.55	62,408.33	15,439.56	19,665.12	1,137.65	162,521.69
1981	68,005.93	66,444.57	16,828.00	20,991.63	1,214.39	173,484.52
1982	74,542.07	70,201.65	19,626.27	22,834.41	1,321.00	188,714.10
1983	86,182.05	75,942.60	22,612.12	27,091.88	1,493.25	213,321.91
1984	95,220.51	85,839.18	24,156.93	27,909.46	1,407.20	234,533.27
1985	101,775.12	91,974.55	26,888.73	28,647.81	2,010.37	251,296.58
1986	112,734.76	102,639.11	30,847.82	31,408.69	3,084.78	280,434.72
1987	128,380.92	116,594.09	35,997.63	34,086.25	3,504.19	318,563.09
1988	147,320.39	128,011.41	41,478.56	37,187.67	3,575.74	357,573.77
1989	165,088.66	132,223.78	44,711.51	38,597.12	1,528.60	382,149.67
1990	183,668.33	139,537.50	50,855.53	44,551.13	1,260.88	420,293.67

(出所)　ECOS (Bank of Korea, Economic Statistics System).

統計表 **12.2.4** （つづき）
Table 12.2.4 （cont'd）

	1 労働者報酬 Compensation for employees	2 企業・財産所得 Entrepreneurial & property income	3 固定資本減耗 Consumption of fixed capital	4 生産・輸入品への 税（控除）補助金 Taxes on production & import *less* subsidies	5 海外からの純受取 Net income from abroad	6 粗国民可処分所得 Gross national disposable income
			十億ウォン	Billions of Won		
1991	208,451.48	151,937.97	54,197.38	47,249.00	926.45	463,225.51
1992	219,838.06	157,870.29	61,967.78	51,148.01	1,475.42	491,807.75
1993	235,224.55	167,492.48	67,732.07	54,080.64	1,050.11	525,054.79
1994	254,801.01	184,945.45	72,145.90	59,549.00	1,145.17	572,586.53
1995	283,564.91	187,165.36	88,261.93	65,726.97	625.97	625,971.11
1996	311,611.49	188,447.55	99,607.99	73,359.94	0.00	673,026.97
1997	317,214.17	204,585.32	110,490.33	79,125.33	712.84	712,840.82
1998	288,732.15	191,142.03	121,819.39	66,630.50	5,384.28	673,035.32
1999	311,129.12	222,341.67	129,823.66	82,072.43	1,492.23	746,113.00
2000	337,255.33	246,017.17	140,115.74	91,238.16	0.00	814,626.40
2001	357,030.42	248,221.15	148,762.68	97,758.33	−1,700.14	850,072.44
2002	381,500.95	274,461.11	154,613.09	107,039.83	−2,744.61	914,870.37
2003	402,627.47	272,808.34	162,744.28	107,241.90	−4,703.59	940,718.40
2004	423,426.78	292,837.21	171,151.48	105,856.70	−3,957.26	989,314.91
2005	451,948.36	286,302.13	178,938.83	109,408.31	−4,090.03	1,022,507.59
2006	480,197.76	296,751.42	188,841.81	117,621.47	−4,316.38	1,079,096.08
2007	503,588.69	319,015.46	195,966.64	125,327.50	−4,557.36	1,139,340.93
2008	515,153.26	317,108.07	216,906.63	129,672.44	−1,178.84	1,178,840.41
2009	515,683.90	316,980.01	228,272.92	123,007.17	−2,365.52	1,182,761.23
2010	535,693.33	365,531.92	231,923.70	133,608.22	−6,302.27	1,260,454.90
2011	559,971.29	375,943.16	248,437.97	135,392.12	−5,257.95	1,314,486.59
2012	583,089.65	375,228.99	260,500.70	137,673.94	−5,398.98	1,349,744.56
2013	607,193.47	377,069.92	268,939.57	137,242.36	−4,158.86	1,386,286.45
			平均年間成長率 （%）	Average annual growth rates （%）		
1953〜1961	8.65	3.59	5.30	12.72	11.32	5.82
1962〜1973	10.89	9.13	9.32	12.29	−12.15	9.32
1974〜1997	10.15	6.35	12.29	10.38	1.82	8.88
1998〜2013	4.14	3.90	5.72	3.50	−	4.24
1953〜2013	8.46	5.86	8.97	9.18	−	7.30

502　Ⅱ　統　計　編

統計表 12.3.1　韓国の名目支出国民所得，1953～2013年
Table 12.3.1　Nominal expenditure of national income in South Korea, 1953-2013

	1	2	3	4	5	6
	最終消費支出 Final consumption expenditure	総固定資本形成 Gross fixed capital formation	財貨と サービスの輸出 Exports of goods & services	（控除）財貨とサ ービスの輸入 (*Less*) Imports of goods and services	国内総支出 Gross domestic expenditure	統計上の不突合 Statistical discrepancies
	十億ウォン　Billions of Won					
1953	45.13	7.42	0.84	4.65	47.74	−1.00
1954	65.36	7.62	0.67	4.75	66.28	−2.61
1955	110.46	14.07	1.46	11.29	114.21	−0.49
1956	156.39	13.94	1.87	19.82	151.49	−0.89
1957	190.07	30.88	2.38	22.84	198.42	−2.07
1958	203.11	25.79	3.13	21.38	207.58	−3.06
1959	217.00	23.87	4.28	21.63	220.75	−2.78
1960	248.29	26.28	6.55	29.93	249.84	−1.36
1961	293.04	38.30	12.19	42.12	301.65	0.25
1962	353.73	51.49	14.17	57.06	365.81	3.48
1963	472.50	97.41	20.46	75.99	518.47	4.08
1964	672.97	114.00	36.71	91.57	739.59	7.48
1965	768.19	122.73	59.27	119.14	831.25	0.20
1966	941.06	231.30	90.00	194.21	1,065.87	−2.27
1967	1,169.48	291.63	119.71	258.51	1,313.26	−9.05
1968	1,448.94	458.71	171.70	383.19	1,692.34	−3.82
1969	1,817.40	662.31	234.77	496.75	2,211.86	−5.87
1970	2,339.00	736.10	319.90	590.70	2,794.80	−9.40
1971	2,938.90	877.50	435.50	790.90	3,433.30	−27.70
1972	3,543.10	911.80	707.70	914.30	4,259.80	11.40
1973	4,274.00	1,426.50	1,320.10	1,526.70	5,513.50	19.60
1974	6,173.30	2,563.60	1,754.00	2,628.10	7,879.90	17.10
1975	8,404.40	3,042.20	2,383.60	3,296.10	10,505.10	−29.10
1976	10,804.00	3,971.70	3,683.60	4,092.00	14,413.20	45.80
1977	13,249.50	5,672.90	4,820.10	5,169.70	18,520.30	−52.50
1978	17,349.20	8,641.10	6,234.10	7,319.20	25,023.10	117.80
1979	22,399.70	12,285.90	7,561.50	9,961.30	32,218.90	−66.90
1980	29,330.50	13,600.10	11,231.90	14,654.60	39,471.30	−36.60
1981	36,764.60	16,003.50	14,775.50	18,351.20	49,324.00	131.50
1982	41,532.10	18,313.40	15,560.50	18,707.90	56,858.60	160.50
1983	46,733.90	22,131.20	18,895.20	20,290.60	67,509.20	39.50
1984	51,988.50	25,107.10	22,906.50	22,214.00	77,855.60	67.60
1985	57,774.20	28,410.40	23,843.20	22,586.90	87,239.60	−201.40
1986	64,256.30	33,018.80	33,072.90	28,783.50	101,840.20	275.70
1987	72,514.30	39,775.50	41,929.70	34,072.90	120,204.90	58.30
1988	84,107.20	49,999.50	47,585.00	37,974.90	144,073.40	356.70
1989	99,633.30	60,659.00	45,551.40	42,014.50	163,518.00	−311.20
1990	120,301.60	78,325.70	50,100.10	51,249.20	197,712.30	234.10

（出所）　ECOS（Bank of Korea, Economic Statistics System）．

統計表 **12.3.1** （つづき）
Table 12.3.1 （cont'd）

	1	2	3	4	5	6
	最終消費支出 Final consumption expenditure	総固定資本形成 Gross fixed capital formation	財貨と サービスの輸出 Exports of goods & services	（控除）財貨とサ ービスの輸入 (*Less*) Imports of goods and services	国内総支出 Gross domestic expenditure	統計上の不突合 Statistical discrepancies
			十億ウォン	Billions of Won		
1991	145,064.10	98,833.20	57,695.30	62,673.20	238,877.20	−42.10
1992	168,446.20	105,167.50	67,296.80	67,939.30	273,267.40	296.10
1993	190,978.40	116,214.20	74,830.80	72,725.20	310,073.70	775.50
1994	226,117.30	141,074.10	88,767.00	90,143.80	366,054.20	239.60
1995	264,498.30	167,295.70	111,235.90	115,173.80	428,927.10	1,071.00
1996	304,646.40	190,921.30	121,655.20	135,776.20	481,140.80	−305.80
1997	335,852.60	198,480.70	153,678.80	157,279.50	530,347.10	−385.50
1998	323,452.80	145,604.70	211,832.50	155,237.10	524,476.80	−1,176.10
1999	366,139.50	178,347.70	193,622.00	160,786.00	576,872.80	−450.30
2000	413,461.20	209,240.70	222,371.00	209,219.10	635,184.60	−669.10
2001	460,668.30	217,182.00	225,253.20	214,560.30	688,164.90	−378.30
2002	515,616.00	235,740.70	234,881.80	223,452.70	761,938.90	−846.90
2003	535,967.40	259,613.80	265,186.90	248,876.60	810,915.30	−976.10
2004	562,020.30	281,356.20	335,476.90	301,934.30	876,033.10	−886.00
2005	602,345.40	295,835.00	338,574.30	316,177.10	919,797.30	−780.20
2006	643,408.00	315,906.50	359,046.40	351,499.80	966,054.60	−806.50
2007	691,740.40	339,888.50	408,797.20	397,046.50	1,043,257.80	−121.70
2008	740,804.60	364,686.80	551,819.90	551,938.50	1,104,492.20	−880.50
2009	769,588.60	327,841.20	547,634.30	493,655.10	1,151,707.80	298.80
2010	819,821.20	405,188.00	625,308.80	585,010.00	1,265,308.00	0.00
2011	873,522.60	439,236.10	742,936.00	723,013.80	1,332,681.00	0.00
2012	911,938.20	427,028.50	776,062.40	737,572.40	1,377,456.70	0.00
2013	942,267.20	416,000.30	770,114.80	698,936.90	1,429,445.40	0.00
	平均年間成長率 （%）					
	Average annual growth rates （%）					
1953〜1961	26.34	22.77	39.71	31.71	25.92	
1962〜1973	25.02	35.18	47.76	34.88	27.40	
1974〜1997	19.94	22.83	21.92	21.30	20.96	
1998〜2013	6.66	4.73	10.60	9.77	6.39	
1953〜2013	18.03	19.99	25.71	21.98	18.74	

504　II　統　計　編

統計表 12.3.2　韓国の実質支出国民所得，1953〜2013年（2010年価格）
Table 12.3.2　Real expenditure of national income in South Korea, 1953-2013 (in 2010 prices)

	1	2	3	4	5	6
	最終消費支出 Final consumption expenditure	総固定資本形成 Gross fixed capital formation	財貨とサービスの輸出 Exports of goods & services	（控除）財貨とサービスの輸入 (*Less*) Imports of goods & services	国内総支出 Gross domestic expenditure	統計上の不突合 Statistical discrepancies
			十億ウォン　Billions of Won			
1953	24,572.31	730.97	161.09	1,566.74	19,054.41	93.15
1954	26,205.10	932.48	99.27	1,117.63	20,434.93	84.54
1955	28,682.34	1,103.69	92.11	1,501.49	21,613.54	−28.48
1956	30,841.39	1,184.12	93.21	1,748.63	21,771.64	−67.03
1957	32,210.87	1,427.88	114.87	2,143.79	23,770.71	−33.40
1958	34,849.71	1,388.54	136.12	1,849.99	25,305.31	2.33
1959	36,953.01	1,515.36	157.67	1,502.88	26,680.80	−64.70
1960	37,461.46	1,618.23	199.26	1,713.96	27,305.00	−26.82
1961	38,246.23	1,726.95	269.82	1,566.02	29,184.24	−138.06
1962	41,674.98	2,237.39	312.18	2,113.25	30,304.60	−312.33
1963	43,557.03	2,806.30	357.44	2,643.89	33,089.71	−331.70
1964	46,852.54	2,632.07	461.21	1,985.82	36,219.78	−258.69
1965	50,060.97	3,391.63	629.76	2,252.80	38,821.70	−46.76
1966	53,596.70	5,347.84	899.85	3,368.23	43,473.91	−125.75
1967	58,328.58	6,747.84	1,169.86	4,381.92	47,437.38	−179.59
1968	64,490.41	9,448.18	1,614.20	6,239.54	53,693.72	−428.33
1969	71,386.53	11,883.75	2,203.49	7,866.24	61,501.45	−754.47
1970	78,640.50	12,909.60	2,879.70	8,586.40	67,650.00	−547.10
1971	85,978.00	13,711.70	3,573.70	10,315.60	74,722.60	−479.60
1972	90,954.80	14,059.60	5,105.60	10,324.50	80,065.80	−384.40
1973	98,313.00	17,727.10	7,695.30	13,835.80	91,937.60	−392.40
1974	105,513.30	20,272.50	8,027.30	16,539.80	100,635.70	−447.80
1975	111,542.80	22,349.20	9,740.70	17,219.50	108,549.20	−1.70
1976	119,554.60	28,496.30	13,533.80	21,427.20	122,785.60	−463.10
1977	126,370.60	37,762.40	16,458.00	26,140.30	137,860.80	−506.20
1978	136,384.30	51,064.60	19,175.90	34,053.90	152,714.60	−792.40
1979	147,639.90	55,916.30	19,653.50	38,682.80	165,887.20	−909.90
1980	150,008.40	49,672.10	21,522.10	37,354.00	163,065.00	−846.10
1981	158,180.00	48,585.70	24,491.30	39,026.90	174,773.90	−929.10
1982	168,498.50	54,250.80	24,969.50	39,628.10	189,219.00	−914.90
1983	182,257.80	62,954.30	29,129.80	42,308.50	214,275.50	−868.20
1984	195,184.00	70,242.00	33,228.90	44,164.50	236,652.10	−1,304.70
1985	207,947.20	74,603.40	33,589.80	43,307.00	254,991.80	−1,255.80
1986	225,516.60	85,181.90	45,253.30	57,632.00	283,612.30	−1,961.70
1987	244,030.10	100,892.60	55,491.90	68,076.70	318,971.00	−2,614.30
1988	266,243.30	115,088.60	62,248.70	76,985.00	356,943.60	−2,567.20
1989	295,089.20	133,815.80	60,028.00	89,092.60	382,035.70	−2,339.60
1990	324,795.50	166,803.10	62,784.80	101,121.80	419,518.10	−2,185.00

（出所）　ECOS（Bank of Korea, Economic Statistics System）.

統計表 12.3.2 （つづき）
Table 12.3.2 （cont'd）

	1 最終消費支出 Final consumption expenditure	2 総固定資本形成 Gross fixed capital formation	3 財貨と サービスの輸出 Exports of goods & services	4 （控除）財貨とサ ービスの輸入 (*Less*) Imports of goods & services	5 国内総支出 Gross domestic expenditure	6 統計上の不突合 Statistical discrepancies
	十億ウォン　Billions of Won					
1991	351,327.80	190,663.70	70,562.30	121,343.10	462,954.80	−1,061.80
1992	375,138.10	195,223.30	79,624.90	127,119.10	491,544.60	−367.10
1993	399,287.20	210,919.30	87,259.80	135,801.10	525,199.40	−962.40
1994	431,059.10	240,518.80	101,712.60	166,701.10	573,550.00	−1,300.70
1995	471,061.00	271,818.50	125,174.40	204,252.20	628,442.20	−3,420.30
1996	506,605.40	294,192.90	139,365.00	234,952.30	676,169.30	−3,129.20
1997	525,829.70	291,957.30	165,604.30	240,803.40	716,213.30	−1,718.00
1998	476,986.30	230,788.20	189,207.10	183,046.30	677,027.70	−417.10
1999	526,592.00	251,075.00	213,951.60	228,647.10	753,590.20	1,229.20
2000	566,455.90	283,424.10	250,691.10	278,477.70	820,843.80	932.20
2001	599,164.40	287,762.80	244,962.60	268,344.50	857,989.50	777.30
2002	648,803.60	307,708.40	276,884.90	308,615.10	921,759.00	842.80
2003	650,401.50	322,475.50	315,350.50	341,380.50	948,796.20	765.50
2004	657,296.40	331,680.30	380,381.50	383,439.60	995,285.70	925.30
2005	686,488.10	338,300.10	410,113.00	413,371.50	1,034,337.50	955.20
2006	721,856.90	350,318.40	459,671.30	464,431.50	1,087,876.40	968.60
2007	760,100.90	367,792.20	517,849.00	518,499.10	1,147,311.40	907.00
2008	776,458.60	364,662.50	556,668.10	535,066.30	1,179,771.40	891.40
2009	786,331.80	365,746.20	554,856.20	498,917.00	1,188,118.40	789.50
2010	819,821.20	385,923.60	625,308.80	585,010.00	1,265,308.00	0.00
2011	842,339.30	389,124.40	719,943.20	668,931.50	1,311,892.70	−740.90
2012	861,258.80	387,239.70	756,558.40	685,009.40	1,341,966.50	−142.10
2013	880,130.10	400,026.00	788,788.00	696,724.60	1,380,832.60	−172.80
	平均年間成長率　（%）					
	Average annual growth rates （%）					
1953～1961	5.69	11.35	6.66	−0.01	5.47	
1962～1973	8.19	21.42	32.21	19.91	10.03	
1974～1997	7.24	12.38	13.64	12.64	8.93	
1998～2013	3.27	1.99	10.25	6.87	4.19	
1953～2013	6.15	11.08	15.21	10.70	7.40	

統計表 **12.3.3** 韓国の経済活動別要素投入，1953～2013年
Table 12.3.3 Factor input by economic activity in South Korea, 1953-2013

	1	2	3	4	5	6	7	8
	純資本ストック（2010年価格） Net capital stock（in 2010 prices）				労働投入（百万時間） Labor input（Millions of hours）			
	第1次産業 Primary sector	第2次産業 Secondary sector	第3次産業 （サービス業） Tertiary sector (Services)	合計 Total	第1次産業 Primary sector	第2次産業 Secondary sector	第3次産業 （サービス業） Tertiary sector (Services)	合計 Total
	十億ウォン　Billions of Won				百万時間　Millions of hours			
1953	1,359.21	6,334.87	27,287.81	34,981.88	8,601.58	1,004.64	2,765.70	12,371.92
1954	1,387.43	6,466.41	27,873.40	35,727.23	8,862.83	1,062.76	2,965.41	12,891.01
1955	1,420.49	6,620.50	28,558.47	36,599.46	9,119.12	1,123.65	3,170.19	13,412.95
1956	1,457.11	6,791.18	29,326.61	37,574.89	8,872.79	1,123.65	3,205.58	13,202.02
1957	1,498.99	6,986.38	30,207.34	38,692.71	9,258.45	1,206.68	3,473.55	13,938.68
1958	1,538.56	7,170.79	31,049.03	39,758.37	9,547.08	1,275.87	3,716.25	14,539.19
1959	1,579.43	7,361.26	31,907.70	40,848.38	9,980.02	1,372.73	4,029.73	15,382.48
1960	1,623.18	7,565.14	32,828.59	42,016.90	10,928.01	1,541.56	4,575.79	17,045.35
1961	1,668.42	7,776.03	33,760.56	43,205.01	11,201.71	1,624.58	4,861.46	17,687.75
1962	1,726.67	8,047.50	34,960.61	44,734.78	11,495.31	1,710.38	5,167.35	18,373.05
1963	1,800.92	8,393.57	36,537.61	46,732.10	11,856.09	1,821.08	5,410.05	19,087.23
1964	1,868.16	8,706.93	37,907.33	48,482.42	11,818.77	2,335.86	5,741.22	19,895.85
1965	1,953.68	9,105.53	39,667.88	50,727.09	11,808.82	2,488.08	6,398.52	20,695.42
1966	2,090.15	9,741.60	42,491.42	54,323.17	11,973.04	3,030.53	6,608.35	21,611.91
1967	2,257.49	10,521.50	45,932.20	58,711.20	11,823.75	3,484.41	7,020.42	22,328.59
1968	2,487.35	11,592.84	50,637.07	64,717.27	11,813.80	3,700.29	7,720.70	23,234.78
1969	4,583.07	15,595.39	54,565.36	74,743.81	11,806.33	3,805.46	8,122.66	23,734.44
1970	6,742.29	19,664.35	58,243.98	84,650.61	12,057.64	3,810.99	8,582.77	24,451.39
1971	8,506.24	24,989.90	72,470.33	105,966.46	11,936.42	3,936.26	9,436.45	25,309.12
1972	10,135.81	30,157.14	83,993.46	124,286.41	12,832.31	3,955.30	9,290.20	26,077.81
1973	11,250.91	34,675.89	96,910.84	142,837.65	13,367.72	4,606.95	9,075.53	27,050.20
1974	10,681.31	33,115.51	89,869.59	133,666.40	13,515.46	5,432.02	9,679.20	28,626.68
1975	11,908.39	36,808.01	94,080.94	142,797.34	14,412.34	6,719.07	11,145.01	32,276.42
1976	15,289.91	46,513.88	109,719.88	171,523.67	14,893.53	8,141.01	11,331.06	34,365.60
1977	18,913.41	57,109.60	127,548.01	203,571.03	14,614.45	8,562.77	12,470.59	35,647.81
1978	20,666.86	65,866.75	140,650.64	227,184.25	14,138.38	9,241.65	13,990.66	37,370.70
1979	21,355.43	71,488.96	146,787.78	239,632.17	13,284.63	9,621.58	15,149.73	38,055.94
1980	19,967.05	70,848.56	143,241.28	234,056.89	12,656.19	8,749.16	15,576.48	36,981.83
1981	21,134.35	78,972.27	158,501.34	258,607.97	11,975.32	8,502.72	15,930.39	36,408.43
1982	23,901.83	92,607.87	185,485.22	301,994.93	11,602.11	8,998.45	17,226.04	37,826.60
1983	26,831.93	111,501.06	219,487.81	357,820.80	10,102.86	9,782.42	17,920.75	37,806.02
1984	30,320.38	134,498.98	259,494.98	424,314.34	9,157.38	10,082.61	18,407.37	37,647.37
1985	32,114.09	154,727.32	299,637.06	486,478.47	8,753.36	10,271.41	19,439.61	38,464.37

（出所）　純資本ストック，1953～1970年：表［1998］，1970～2013年：KIP Database. 就業者数，1953～1970年：Pyo［2001］，1970～2014年：
　KIP Database. 総労働時間：1970～2013年：KIP Database.

（注）　この統計表の第1次産業には，農林漁業のほかに鉱業が，また第2次産業には製造業，電気・ガス・水道，そして建設業が含まれる.

（Note）　In the present table, the primary sector includes mining and quarrying in addition to agriculture, forestry and fishing, and the secondary
　sector includes manufacturing, electricity, gas, and water supply, and construction industries.

統計表 12.3.3 （つづき）
Table 12.3.3 （cont'd）

	1	2	3	4	5	6	7	8
	純資本ストック（2010年価格） Net capital stock（in 2010 prices）				労働投入（百万時間） Labor input（Millions of hours）			
	第1次産業 Primary sector	第2次産業 Secondary sector	第3次産業 （サービス業） Tertiary sector (Services)	合計 Total	第1次産業 Primary sector	第2次産業 Secondary sector	第3次産業 （サービス業） Tertiary sector (Services)	合計 Total
	十億ウォン　Billions of Won				百万時間　Millions of hours			
1986	33,485.28	178,534.86	355,411.84	567,431.97	8,608.24	11,273.38	19,815.23	39,696.85
1987	37,080.05	206,674.85	407,689.60	651,444.51	8,432.61	13,154.60	20,797.53	42,384.74
1988	39,379.52	221,321.00	452,082.30	712,782.82	8,220.13	13,440.84	21,679.05	43,340.02
1989	42,663.27	244,370.28	509,695.68	796,729.24	8,121.03	13,482.56	22,793.91	44,397.50
1990	45,247.26	262,971.46	565,084.70	873,303.41	7,665.37	13,344.73	24,216.82	45,226.93
1991	50,021.40	288,024.22	625,534.24	963,579.87	6,471.48	13,266.58	25,658.36	45,396.42
1992	54,693.59	317,412.50	714,873.56	1,086,979.65	6,348.32	13,188.70	27,659.32	47,196.35
1993	59,593.92	355,998.89	849,623.74	1,265,216.54	6,186.73	12,726.14	29,695.76	48,608.63
1994	66,164.41	390,678.99	988,484.33	1,445,327.74	5,960.67	12,753.06	31,073.67	49,787.40
1995	69,432.18	425,240.74	1,120,457.31	1,615,130.23	5,763.29	12,837.56	32,561.34	51,162.19
1996	74,187.91	464,060.72	1,277,738.83	1,815,987.46	5,582.92	12,118.21	33,153.19	50,854.31
1997	81,085.24	487,804.54	1,427,669.49	1,996,559.27	5,505.36	11,556.34	34,240.99	51,302.69
1998	52,346.07	535,764.38	1,547,778.20	2,135,888.64	5,782.21	9,807.09	32,849.54	48,438.84
1999	55,577.83	587,105.68	1,644,087.85	2,286,771.37	5,566.34	10,590.50	34,181.43	50,338.27
2000	60,431.71	663,802.37	1,732,568.90	2,456,802.98	5,447.29	11,184.11	35,004.42	51,635.82
2001	63,363.37	721,824.85	1,839,136.83	2,624,325.05	5,133.87	10,864.50	36,112.89	52,111.26
2002	64,415.12	784,498.77	1,954,022.00	2,802,935.88	4,937.72	10,636.38	37,626.36	53,200.45
2003	64,460.79	844,360.91	2,079,954.19	2,988,775.88	4,668.59	10,544.34	37,911.36	53,124.29
2004	63,131.16	910,795.11	2,201,103.95	3,175,030.23	4,469.31	11,153.32	40,264.76	55,887.39
2005	62,347.31	985,061.03	2,311,491.78	3,358,900.12	3,984.71	10,631.70	39,604.49	54,220.89
2006	62,170.16	1,058,160.68	2,425,479.85	3,545,810.69	3,984.03	10,318.03	40,355.35	54,657.40
2007	61,679.76	1,137,184.59	2,541,943.70	3,740,808.06	3,718.93	9,957.76	39,780.54	53,457.23
2008	60,474.62	1,211,583.16	2,650,331.59	3,922,389.38	3,582.52	9,847.77	39,792.41	53,222.71
2009	60,030.25	1,271,751.05	2,763,880.02	4,095,661.32	3,685.90	10,035.12	40,971.86	54,692.88
2010	59,427.08	1,360,962.19	2,859,407.39	4,279,796.66	3,454.87	10,578.43	40,913.70	54,947.00
2011	58,957.22	1,451,527.74	2,946,379.28	4,456,864.24	3,293.75	10,857.33	40,351.65	54,502.73
2012	58,499.13	1,539,009.30	3,024,313.01	4,621,821.44	3,195.42	10,470.69	39,901.70	53,567.80
2013	57,818.33	1,621,947.81	3,109,170.33	4,788,936.47	3,034.10	9,026.20	40,524.21	52,584.51

508　II　統　計　編

統計表 14.1.1　北朝鮮の人口推計 (1)：男女別総人口と主要動態統計，1953～2000年
Table 14.1.1　Estimates of population in North Korea (1): Total population by sex and major indices of vital statistics, 1953-2000

	1	2	3	4	5	6	7	8	9	10
	総人口 Total population	男(1) Male	女(2) Female	性比 Ratio by gender	出生率 Crude birth rate	死亡率 Crude death rate	平均寿命(歳) Average life span (age)		乳児死亡率(‰) Infant mortality rate	
	人 Persons			(1)/(2)	‰		男 Male	女 Female	男 Male	女 Female
1953	8,684,878	4,096,404	4,588,474	89.3	43.2	19.7	50.3	56.5	77.0	69.0
1954	8,863,089	4,185,928	4,677,162	89.5	48.4	20.0	51.0	57.2	74.0	66.2
1955	9,087,540	4,296,299	4,791,241	89.7	44.6	21.1	51.6	58.0	71.1	63.5
1956	9,276,148	4,388,564	4,887,584	89.8	59.5	18.7	52.1	58.8	68.2	61.0
1957	9,621,007	4,559,113	5,061,894	90.1	55.8	18.0	52.7	59.5	65.5	58.5
1958	9,952,743	4,722,860	5,229,882	90.3	45.9	16.6	53.2	60.2	62.9	56.1
1959	10,218,444	4,853,540	5,364,904	90.5	44.0	13.9	53.8	60.9	60.4	53.8
1960	10,501,839	4,993,125	5,508,713	90.6	39.3	12.6	54.3	61.5	58.1	51.6
1961	10,761,547	5,120,769	5,640,777	90.8	41.1	11.1	54.8	62.2	55.8	49.5
1962	11,062,763	5,269,300	5,793,463	91.0	43.6	10.9	55.2	62.8	53.5	47.5
1963	11,400,879	5,436,119	5,964,759	91.1	43.1	10.8	55.7	63.4	51.4	45.6
1964	11,726,596	5,596,632	6,129,965	91.3	41.3	10.5	56.2	64.1	49.4	43.7
1965	12,066,579	5,764,324	6,302,255	91.5	41.1	9.3	56.6	64.6	47.4	41.9
1966	12,424,067	5,940,762	6,483,305	91.6	47.7	8.8	57.0	65.2	45.6	40.2
1967	12,879,019	6,166,659	6,712,360	91.9	42.7	8.4	57.4	65.8	43.8	38.6
1968	13,294,207	6,372,750	6,921,457	92.1	41.0	7.6	57.8	66.3	42.0	37.0
1969	13,712,176	6,580,293	7,131,883	92.3	38.9	7.4	58.2	66.8	40.4	35.5
1970	14,128,842	6,787,232	7,341,611	92.4	36.5	7.2	58.5	67.3	38.8	34.1
1971	14,530,152	6,986,543	7,543,609	92.6	37.4	7.0	59.1	67.8	37.2	32.7
1972	14,959,207	7,200,005	7,759,202	92.8	29.8	6.8	59.6	68.3	35.7	31.4
1973	15,292,883	7,364,779	7,928,104	92.9	28.0	6.6	60.1	68.8	34.3	30.1
1974	15,612,192	7,522,753	8,089,439	93.0	26.8	6.2	60.6	69.3	33.0	28.9
1975	15,926,943	7,678,788	8,248,155	93.1	22.5	6.0	61.1	69.7	31.7	27.7
1976	16,185,393	7,806,312	8,379,081	93.2	20.7	5.8	61.6	70.2	30.4	26.6
1977	16,422,230	7,923,476	8,498,754	93.2	21.5	5.5	62.1	70.6	29.2	25.5
1978	16,679,639	8,052,501	8,627,138	93.3	22.6	5.3	62.5	71.0	28.1	24.5
1979	16,962,784	8,193,981	8,768,802	93.4	22.7	5.3	63.0	71.4	26.9	23.5
1980	17,252,155	8,338,649	8,913,506	93.6	22.1	5.4	63.4	71.8	25.9	22.5
1981	17,537,029	8,481,160	9,055,869	93.7	22.5	5.4	63.8	72.2	24.9	21.6
1982	17,832,411	8,629,033	9,203,378	93.8	21.4	5.3	64.2	72.6	23.9	20.7
1983	18,115,833	8,769,805	9,346,028	93.8	22.4	5.4	64.6	72.9	22.9	19.9
1984	18,420,719	8,922,475	9,498,244	93.9	21.4	5.4	65.0	73.3	22.0	19.1
1985	18,711,438	9,068,124	9,643,314	94.0	21.3	5.3	65.4	73.7	21.1	18.3
1986	19,007,869	9,217,817	9,790,052	94.2	21.1	5.3	65.8	74.0	20.3	17.5
1987	19,305,248	9,367,177	9,938,072	94.3	20.8	5.5	66.2	74.3	19.5	16.8
1988	19,598,533	9,514,953	10,083,580	94.4	22.4	5.5	66.5	74.7	18.7	16.1
1989	19,927,019	9,681,000	10,246,019	94.5	22.0	5.6	66.9	75.0	18.0	15.5
1990	20,250,829	9,844,076	10,406,753	94.6	21.7	5.5	67.2	75.3	17.3	14.9
1991	20,575,567	10,008,039	10,567,528	94.7	21.9	5.6	67.6	75.6	16.6	14.3
1992	20,908,775	10,175,494	10,733,281	94.8	20.5	5.6	67.9	75.9	15.9	13.7
1993	21,213,378	10,329,699	10,883,679	94.9	20.0	5.5	67.7	76.1	15.3	13.1
1994	21,514,000				20.2	5.8	72.3		15.0	
1995	21,825,372				19.6	6.4	70.9		15.0	
1996	22,114,000				17.5	6.6	71.0		18.6	
1997	22,355,000				17.3	8.4	66.8		21.0	
1998	22,554,000				18.2	9.4	65.1		23.5	
1999	22,754,000				18.3	9.1	66.0		22.5	
2000	22,963,000				17.5	8.5	67.8		21.8	

Ⅱ 統 計 編 509

統計表 14.1.2 北朝鮮の人口推計 (2)：男女別・年齢別人口，1953〜2000年

Table 14.1.2 Estimates of population in North Korea (2): Population by sex and age groups, 1953-2000

	1	2	3	4	5	6	7	8	9	10
年 Year	1953		1955		1960		1970		1975	
	男 Male	女 Female	男 Male	女 Female	男 Male	女 Female	男 Male	女 Female	男 Male	女 Female
年齢 Age	(単位：人，Unit：Persons)									
0	113,051	112,703	150,560	149,909	185,603	183,597	258,250	250,489	204,676	196,136
1-4	454,910	458,915	385,771	388,379	666,129	666,725	952,240	933,934	891,091	863,365
5-9	679,918	686,793	692,179	699,921	495,703	499,967	901,237	893,894	1,166,841	1,144,255
10-14	677,539	679,174	674,213	679,279	681,718	690,606	796,048	798,742	894,085	888,045
15-19	612,928	640,595	655,210	665,961	666,346	672,078	485,809	491,406	791,396	794,933
20-24	421,971	516,766	481,055	552,189	644,193	656,173	668,056	678,914	481,691	488,075
25-29	302,466	412,374	337,558	442,082	470,611	542,832	647,455	657,347	659,968	673,243
30-34	245,600	335,711	263,283	373,602	328,992	434,214	620,809	640,083	637,445	651,452
35-39	186,568	248,554	207,275	276,853	255,446	366,518	450,189	528,761	609,228	634,020
40-44	132,797	159,838	152,499	189,907	199,333	270,917	311,041	421,805	438,904	522,939
45-49	92,058	108,804	104,468	125,407	144,749	185,130	236,756	354,004	300,132	415,809
50-54	66,264	77,042	70,318	83,471	97,262	121,334	179,541	259,080	224,879	346,978
55-59	47,691	56,121	54,128	64,900	63,263	79,551	123,420	173,726	164,606	251,102
60-64	29,672	38,967	32,408	41,685	46,050	60,225	74,513	109,566	105,386	164,666
65-69	16,263	23,529	19,213	28,038	25,377	36,870	41,303	67,113	57,632	99,756
70-74	9,164	15,100	9,651	16,019	13,626	23,132	24,790	45,526	28,669	57,287
75-79	5,137	10,865	4,433	8,473	5,942	11,706	10,746	23,125	15,092	34,849
80以上	2,405	6,623	2,076	5,165	2,783	7,136	5,032	14,096	7,067	21,243
合計 Total	4,096,404	4,588,474	4,296,299	4,791,241	4,993,125	5,508,713	6,787,232	7,341,611	7,678,788	8,248,155

	11	12	13	14	15	16	17	18
年 Year	1980		1985		1990		1995	2000
	男 Male	女 Female	男 Male	女 Female	男 Male	女 Female	総人口 Total	総人口 Total
年齢 Age	(単位：人，Unit：Persons)							
0	191,657	181,762	195,315	185,504	217,199	205,452	433,044	394,901
1-4	676,385	645,962	749,423	712,450	797,064	754,386	1,668,040	1,539,743
5-9	1,065,851	1,032,331	847,599	809,400	927,270	882,319	1,946,656	2,058,452
10-14	1,159,491	1,138,449	1,060,622	1,028,357	844,143	806,846	1,804,008	1,931,034
15-19	889,920	884,788	1,155,175	1,135,227	1,057,442	1,026,092	1,647,068	1,788,945
20-24	786,016	790,700	885,140	881,136	1,150,251	1,131,576	2,077,031	1,631,614
25-29	477,155	484,876	780,098	786,593	879,879	877,528	2,272,128	2,058,040
30-34	651,866	668,446	472,549	482,140	774,065	783,058	1,748,113	2,249,438
35-39	627,981	646,557	644,202	664,466	468,186	479,871	1,547,737	1,726,958
40-44	596,825	628,407	617,643	641,953	635,723	660,686	940,320	1,523,902
45-49	426,174	516,796	582,365	622,273	605,179	636,748	1,280,501	918,460
50-54	287,456	408,847	410,923	509,463	564,430	614,739	1,218,530	1,246,111
55-59	208,380	337,659	269,258	399,352	388,282	499,176	1,139,100	1,167,050
60-64	142,863	239,220	183,270	323,241	240,317	384,133	830,118	1,054,439
65-69	83,371	151,225	115,287	221,135	150,385	300,709	558,127	732,857
70-74	41,023	86,074	60,794	131,954	85,891	194,501	377,190	459,263
75-79	17,867	44,364	26,194	67,513	39,754	104,955	209,839	277,007
80以上	8,367	27,044	12,267	41,155	18,616	63,979	127,824	204,786
合計 Total	8,338,649	8,913,506	9,068,124	9,643,314	9,844,076	10,406,753	21,825,372	22,963,003

統計表 14.3.1 北朝鮮の輸入，1950～2014年
Table 14.3.1 North Korea's imports, 1950-2014

	1 ソ連 Soviet Union ロシア Russia	2 中国 China	3 日本 Japan	4 韓国 South Korea	5 その他 西側諸国 Other Western countries	6 その他 東側諸国 Other Eastern countries	7 合計 Total
	百万米ドル Million U.S. Dollars						
1950		0.4					0.4
1951		17.2					17.2
1952		21.4					21.4
1953		45.1				31.6	76.6
1954		79.7				52.0	131.7
1955	196.2	72.6				33.9	302.7
1956	239.2	61.8				40.8	341.8
1957	266.6	36.5				28.0	331.1
1958	258.0	47.7				26.6	332.3
1959	74.1	70.9				48.6	193.6
1960	39.4	67.4				27.7	134.5
1961	77.0	63.8	4.5			17.3	162.6
1962	80.7	80.4	4.8		1.3	20.6	187.8
1963	82.1	87.1	5.3		8.2	18.8	201.5
1964	82.9	90.3	11.3		12.2	19.6	216.3
1965	89.8	97.0	16.5		24.5	22.0	249.7
1966	85.6	114.8	5.0		24.9	17.7	248.0
1967	110.3	93.6	6.4		24.1	24.2	258.5
1968	172.2	67.2	20.7		28.0	34.3	322.4
1969	201.6	47.2	24.1		62.4	39.3	374.6
1970	230.0	60.9	23.3		81.8	43.0	439.0
1971	366.8	94.3	28.7		80.7	69.5	640.0
1972	303.5	164.4	93.4		109.9	82.4	753.6
1973	301.3	217.6	99.7		290.2	80.9	989.7
1974	261.3	243.3	251.9		538.4	119.3	1,414.2
1975	258.8	284.1	179.7		413.2	120.2	1,256.0
1976	218.4	250.0	96.0		425.0	117.2	1,106.6
1977	223.5	227.2	125.1		212.7	103.4	891.9
1978	257.9	230.7	183.3		297.2	116.3	1,085.4
1979	358.9	317.0	283.8		385.7	149.0	1,494.4
1980	443.1	374.2	374.3		447.1	167.5	1,806.2
1981	392.8	298.9	291.0		415.4	130.9	1,529.0
1982	435.8	283.0	313.2		425.7	162.3	1,620.0
1983	352.2	274.4	327.1		503.7	57.1	1,514.5
1984	442.9	241.0	254.7		395.1	57.3	1,391.1
1985	864.1	231.0	247.1		287.8	90.0	1,720.0
1986	1,186.5	253.2	184.0		344.2	98.0	2,065.9
1987	1,391.4	277.1	213.7		581.5	145.9	2,609.7
1988	1,921.7	345.4	216.7		583.4	145.8	3,213.0
1989	1,641.1	377.4	197.9	0.1	578.1	123.3	2,917.9
1990	701.5	358.1	175.7	1.2	554.7	108.9	1,900.1

統計表 14.3.1 （つづき）
Table 14.3.1 （cont'd）

	1 ソ連 Soviet Union ロシア Russia	2 中国 China	3 日本 Japan	4 韓国 South Korea	5 その他 西側諸国 Other Western countries	6 その他 東側諸国 Other Eastern countries	7 合計 Total
			百万米ドル　Million U.S. Dollars				
1991	193.7	524.8	224.6	5.5	679.9		1,628.4
1992	239.0	541.1	209.4	10.6	748.0		1,748.1
1993	168.4	602.3	217.5	8.4	775.7		1,772.3
1994	51.5	424.5	170.0	18.2	561.5		1,225.7
1995	70.1	486.0	253.1	64.4	568.4		1,442.0
1996	35.8	497.0	226.9	69.6	508.5		1,337.8
1997	73.5	534.6	178.8	115.3	541.2		1,443.4
1998	56.7	355.7	174.6	129.7	499.6		1,216.3
1999	49.1	328.7	146.2	211.8	639.2		1,375.0
2000	38.4	450.8	206.7	272.8	969.8		1,938.5
2001	57.4	573.1	1,066.6	226.8	1,176.1		3,099.9
2002	68.6	467.5	132.3	370.2	781.7		1,820.3
2003	110.7	627.7	91.8	435.0	605.9		1,871.1
2004	206.2	799.5	89.3	439.0	741.9		2,275.9
2005	224.4	1,081.2	62.5	715.5	635.2		2,718.8
2006	190.6	1,231.9	43.8	830.2	582.7		2,879.2
2007	126.1	1,392.5	9.3	1,032.6	494.5		3,054.9
2008	97.0	2,033.2	7.7	888.1	547.6		3,573.6
2009	41.1	1,887.7	2.7	744.8	419.6		3,095.9
2010	83.6	2,277.8	0.0	868.3	299.3		3,529.1
2011	99.8	3,165.2	0.0	800.2	302.7		4,367.9
2012	64.9	3,527.8	0.0	902.1	338.4		4,833.3
2013	96.5	3,632.9	0.0	531.7	397.0		4,658.1
2014	82.2	4,022.5	0.0	1,136.4	341.5		5,582.6

（注と出所）　基本文献として，①国連世界貿易統計データベース，②『北韓経済統計集』，③『北朝鮮の経済と貿易の展望』，④『北韓の対外貿易動向』を参照した．②は国連『貿易統計年鑑』とその他国際機関・各国の貿易統計（中国の数値は『中国経済年鑑』所載の中国外貿部データ），③，④は各国の貿易統計から関連データを収集したものである．これらの文献では得られないデータは，追加作業によって補間した．出所により同じ年で数値が異なるばあい，原則として，大きい方を採用した．空欄はゼロまたはデータ（該当）なしを意味する（国際機関の統計書のなかには1950～1954年ソ連の対北貿易額のデータを示すものがあるが，数値があまりに過小と思われるので採録しなかった）．

　以下，個別に出所を記す（①～④は上記文献の番号；明示していない年の数値は①による）．

　ソ連（輸出入額とも，以下，同）1955～1984年，中国，1950～1985年：②，pp. 743-744．ソ連，1985～1991年，ロシア，1994年：③．1989，1991，1992，1996年版．その他東側諸国，1953～1957年：国連『貿易統計年鑑』1953～1957年版；1958～1969年：②，pp. 736-737；1970年：『北朝鮮貿易研究』pp. 201，204；1971～1982年：②，pp. 741-742；1983～1990年：国連『貿易統計年鑑』1983～1990年版．日本，1961年：後掲の統計表14.3.3～14.3.4の数値をドル換算；1992年：『外国貿易概況』．ロシア，1992～1993，1995年：『ロシア連邦貿易統計年鑑』，『ロシア連邦貿易通関統計：統計集』．韓国，1989～2014年：韓国貿易協会web．

　輸入額合計，1950～1969年：各欄の計；1970～85年：②，p. 734；1986～1995年：③．1991，1994，1996年版（キューバ，ブルガリア，韓国の対北輸出額を加算）；1996～2003年：①（韓国の対北輸出額を加算）；2004～2014年：④．各年版（同）．その他西側諸国からの輸入額，1962～1969年：①の世界の対北輸出総額から日本の対北輸出額を差し引いた残額；1970～2014年：合計欄の数値から他欄の数値を差し引いた残額．

　輸出額合計，1950～1982年，1987～2003年：各欄の計；1983～1985年：②，p. 734；1986年：③．1991年版（キューバとブルガリアの対北輸入額を加算）；2004～2014年：④．各年版（韓国の対北輸入額を加算）．その他西側諸国への輸出額，1962～1982，1987～2003年：①の世界の対北輸入総額から日本の対北輸入額を（1984年以降は中国，1996年以降はロシアの対北輸入額をともに）差し引いた残額；1983～1986年，2004～2014年：合計欄の数値から他欄の数値を差し引いた残額．

　③の数値は，運賃・保険料を10％として，輸出＝FOB，輸入＝CIF に修正してある．その他は基本的に相手国側のデータを無修正で採録（ソ連の基礎統計である『ソ連貿易統計年鑑』の輸出額，輸入額はそれぞれ，ソ連港FOB，同積出し外国港FOB価格で示されている）．

　その他西側諸国は，西欧のほか，日本・中国・韓国・キューバをのぞくアジア・北米・中南米・アフリカ諸国を含む．その他東側諸国は東欧（チェコスロバキア，ポーランド，ルーマニア，ブルガリア，ハンガリー，東ドイツ，ユーゴスラビア）とキューバである（国によりデータの欠けた年があるが，これが貿易額ゼロを意味するのか統計の不備によるものかは不明）．1991年以後は，その他西側諸国に合算．

512 Ⅱ 統 計 編

統計表 14.3.2 北朝鮮の輸出, 1950～2014年
Table 14.3.2 North Korea's exports, 1950-2014

	1	2	3	4	5	6	7
	ソ連 Soviet Union ロシア Russia	中国 China	日本 Japan	韓国 South Korea	その他 西側諸国 Other Western countries	その他 東側諸国 Other Eastern countries	合計 Total
			百万米ドル Million U.S. Dollars				
1950		2.8					2.8
1951		0.9					0.9
1952		2.0					2.0
1953		1.3				0.0	1.3
1954		2.6				0.0	2.6
1955	181.1	3.5				0.1	184.7
1956	227.6	6.7				3.8	238.1
1957	278.0	19.5				7.3	304.8
1958	209.1	42.8				5.8	257.7
1959	51.6	45.0				15.5	112.1
1960	74.7	53.0				16.4	144.1
1961	79.1	53.1	3.5			15.1	150.8
1962	88.2	54.1	4.6		2.2	18.3	167.4
1963	88.1	64.3	9.4		2.6	20.5	184.9
1964	80.7	65.0	20.2		2.5	21.3	189.7
1965	88.3	83.3	14.7		9.2	23.6	219.1
1966	92.3	88.5	22.7		12.5	25.8	241.8
1967	108.0	82.5	29.6		13.3	20.7	254.1
1968	120.9	45.9	34.0		26.3	31.0	258.1
1969	126.6	44.9	32.2		37.9	39.7	281.3
1970	143.2	54.2	34.4		39.1	55.8	326.7
1971	135.8	72.4	30.1		51.8	50.2	340.3
1972	154.9	118.6	38.3		58.4	63.1	433.3
1973	179.3	118.4	72.2		77.2	73.4	520.5
1974	200.3	146.3	108.9		195.8	106.8	758.1
1975	209.7	197.8	65.0		321.3	98.1	891.9
1976	157.4	145.0	71.6		190.1	69.1	633.2
1977	222.5	147.2	66.6		319.3	80.1	835.7
1978	294.6	223.6	105.8		529.8	126.1	1,279.9
1979	390.9	300.2	150.9		583.4	144.2	1,569.6
1980	437.3	303.3	179.1		683.3	156.1	1,759.1
1981	352.5	230.8	138.9		385.9	112.0	1,220.1
1982	496.2	305.7	151.3		304.4	138.7	1,396.3
1983	436.2	255.2	126.1		450.6	49.0	1,317.1
1984	466.3	287.0	144.3		376.0	66.1	1,339.7
1985	485.1	242.0	148.3		345.8	128.8	1,350.0
1986	642.0	240.2	164.2		265.0	122.8	1,434.2
1987	717.4	236.2	202.8		357.2	115.2	1,628.8
1988	887.3	233.7	256.2		432.9	126.4	1,936.5
1989	890.7	184.6	293.6	18.7	395.5	137.7	1,920.8
1990	440.5	124.6	299.5	12.3	375.5	108.1	1,360.3

（注と出所） 表14.3.1に同じ.

II 統 計 編 513

統計表 14.3.2 （つづき）
Table 14.3.2 （cont'd）

	1 ソ連 Soviet Union ロシア Russia	2 中国 China	3 日本 Japan	4 韓国 South Korea	5 その他 西側諸国 Other Western countries	6 その他 東側諸国 Other Eastern countries	7 合計 Total
	百万米ドル　Million U.S. Dollars						
1991	171.0	85.7	283.8	105.7	622.8		1,269.0
1992	72.5	155.5	262.8	162.9	436.9		1,090.5
1993	54.2	297.3	250.7	178.2	420.9		1,201.3
1994	44.2	199.2	320.0	176.3	619.2		1,358.9
1995	15.3	63.6	342.0	222.9	516.6		1,160.4
1996	29.0	68.6	291.4	182.4	494.9		1,066.2
1997	17.1	121.6	302.3	193.1	739.0		1,373.1
1998	8.5	57.3	219.8	92.3	678.3		1,056.1
1999	7.2	41.7	200.8	121.6	634.1		1,005.4
2000	7.6	37.2	256.8	152.4	835.5		1,289.5
2001	16.6	166.7	225.6	176.2	583.2		1,168.3
2002	10.8	270.7	235.1	271.6	407.3		1,195.5
2003	2.9	395.3	174.6	289.3	295.1		1,157.2
2004	7.2	585.7	163.4	258.0	263.9		1,278.2
2005	7.9	499.2	131.1	340.3	360.2		1,338.7
2006	20.1	467.7	77.8	519.5	381.2		1,466.3
2007	33.5	581.5	0.0	765.3	303.7		1,684.1
2008	13.5	754.0	0.0	932.3	362.6		2,062.5
2009	20.6	793.0	0.0	934.3	249.1		1,997.0
2010	27.0	1,187.9	0.0	1,043.9	298.8		2,557.6
2011	12.9	2,464.2	0.0	913.7	312.3		3,703.0
2012	11.0	2,484.7	0.0	1,074.1	384.4		3,954.2
2013	7.7	2,913.6	0.0	617.2	297.1		3,835.6
2014	10.2	2,841.5	0.0	1,206.7	313.0		4,371.4

514　Ⅱ　統　計　編

統計表 14.3.3　北朝鮮の対日輸入，1961～2006年
Table 14.3.3　North Korea's imports from Japan, 1961-2006

	1	2	3	4	5	6	7	8	9	10	11
	動物性生産品 Animal products	植物性生産品 Vegetable products	動植物油脂 Animal or vegetable fats and oils	調製食料品・飲料 Prepared food and beverages	鉱物性生産品 Mineral products	化学製品 Chemical products	プラスチック・ゴム製品 Plastics and rubber goods	皮革 Skins and leather	木製品 Wood articles	パルプ・紙 Pulp and paper	繊維製品 Textiles
	第1部 Section 1	第2部 Section 2	第3部 Section 3	第4部 Section 4	第5部 Section 5	第6部 Section 6	第7部 Section 7	第8部 Section 8	第9部 Section 9	第10部 Section 10	第11部 Section 11
					百万円	Million Yen					
1961	0	0	2	0	23	98	250	2	6	13	231
1962	0	4	22	0	1	224	135	1	9	52	212
1963	0	2	33	0	10	336	171	1	5	44	238
1964	1	0	125	0	26	595	192	0	8	139	1,152
1965	0	0	177	0	43	896	175	2	27	172	424
1966	0	5	56	11	9	342	142	1	26	172	360
1967	0	1	68	1	31	360	189	2	24	157	593
1968	0	5	81	38	481	935	528	10	80	261	945
1969	0	10	55	63	24	859	622	3	68	364	1,231
1970	0	4	70	56	16	643	827	1	50	723	1,306
1971	0	2	89	44	3	920	1,105	4	20	594	1,216
1972	1	8	159	31	231	1,167	1,325	20	32	1,015	6,066
1973	0	31	172	14	369	2,272	1,123	7	21	1,219	3,729
1974	1	25	187	35	36	2,075	1,894	13	66	3,101	10,491
1975	1	7	75	2	241	3,966	2,170	4	80	1,972	1,314
1976	39	41	206	17	573	3,373	1,890	6	253	1,486	1,505
1977	1	47	240	29	1,472	2,884	1,761	5	270	1,422	5,431
1978	30	93	271	15	780	3,253	3,615	19	213	1,593	4,348
1979	22	57	249	99	2,240	4,339	3,542	27	282	4,011	6,824
1980	12	141	185	191	4,079	6,849	4,439	50	202	4,467	6,487
1981	9	137	399	79	2,878	5,657	2,978	12	124	2,388	3,760
1982	68	182	1,016	120	4,216	7,383	4,654	34	165	3,622	9,480
1983	83	125	512	123	2,518	6,484	5,130	32	224	2,354	3,862
1984	17	234	120	203	1,928	4,285	4,234	62	371	2,486	2,608
1985	4	245	112	268	1,340	4,918	4,977	34	342	2,145	3,188
1986	18	117	106	215	577	2,471	2,179	9	275	946	2,172
1987	90	110	115	341	436	2,120	2,610	13	98	812	1,939
1988	174	150	82	282	350	1,905	1,937	19	231	567	2,277
1989	171	140	89	331	110	1,744	1,698	22	117	622	3,010
1990	113	142	36	217	326	2,199	2,159	12	254	601	3,933
1991	150	189	39	234	193	2,301	1,847	31	214	649	5,171
1992	156	162	26	283	343	1,683	1,602	48	190	667	7,749
1993	68	85	14	173	286	861	1,080	18	211	535	6,283
1994	52	76	16	143	232	477	969	17	161	264	6,723
1995	85	183	19	329	425	564	944	18	153	297	7,770
1996	67	94	37	122	2,908	576	1,067	20	117	245	8,194
1997	51	114	23	123	1,596	398	855	2	155	179	7,500
1998	51	854	20	136	1,798	375	521	2	98	209	5,375
1999	72	73	3	112	544	390	598	7	103	167	4,815
2000	70	257	2	89	1,030	318	664	3	83	140	4,815
2001	80	112,413	1	134	68	386	924	7	70	114	4,847
2002	203	33	3	248	68	343	843	7	52	75	4,142
2003	94	60	2	197	42	290	603	2	33	62	2,544
2004	95	8	2	568	50	266	493	3	58	59	1,700
2005	119	4	1	315	26	269	331	10	155	40	905
2006	69	14	3	96	22	241	179	10	93	26	521

（出所）　大蔵省関税局編『日本貿易年表』日本関税協会，1961～1964年，大蔵省（財務省）編『日本貿易月表』各年12月号，1965～2006年.
（注）　四捨五入のため，各欄の和は必ずしも合計欄の数値と一致しない.

統計表 14.3.3 （つづき）
Table 14.3.3 （cont'd）

	12	13	14	15	16	17	18	19	20	21	22
	履物等 Footwear	セメント・ 陶磁器等 Cement and ceramic products, etc.	貴金属・ 同製品 Precious metals and articles	卑金属・ 同製品 Base metals and articles	機械類 Machinery	輸送機械 Transport equipment	精密機器 Precision instruments	武器 Arms and ammunition	雑品・ 美術品 Miscellaneous goods and works of art	特殊取扱品 ・未分類品 Commodities not classified	合計 Total
	第12部 Section 12	第13部 Section 13	第14部 Section 14	第15部 Section 15	第16部 Section 16	第17部 Section 17	第18部 Section 18	第19部 Section 19	第20,21部 Sections 20-21	第22部 Section 22	
					百万円	Million Yen					
1961	29	6	15	436	484	2	6	0	2	0	1,604
1962	20	1	9	823	161	0	17	0	32	0	1,721
1963	0	0	1	579	215	133	6	0	4	148	1,925
1964	0	1	8	1,421	327	41	13	0	4	10	4,062
1965	1	6	33	2,546	967	434	35	0	1	5	5,942
1966	2	13	3	345	232	39	34	0	6	10	1,806
1967	5	39	37	159	365	32	46	0	2	181	2,293
1968	1	11	119	933	2,661	61	202	0	20	97	7,469
1969	2	31	42	417	4,249	72	228	0	6	352	8,697
1970	1	14	56	277	3,708	92	123	0	21	416	8,404
1971	2	51	28	489	4,739	80	153	0	35	455	10,025
1972	1	121	61	3,430	12,486	1,603	631	0	158	233	28,781
1973	1	173	29	7,771	6,464	2,089	439	0	120	1,031	27,073
1974	1,057	489	13	19,414	24,801	6,995	1,223	0	561	1,040	73,516
1975	339	1,374	15	8,186	26,593	4,408	816	0	520	1,246	53,332
1976	252	1,010	42	3,585	8,740	3,033	850	0	773	895	28,570
1977	3	615	45	4,592	9,955	2,095	1,078	1	1,312	500	33,761
1978	7	691	3	5,781	10,245	2,763	914	0	602	2,713	37,947
1979	9	903	29	8,427	13,945	10,455	2,208	0	763	3,513	61,946
1980	40	1,028	31	13,240	26,350	10,653	3,271	0	1,238	1,990	84,946
1981	23	831	317	11,810	20,319	6,909	2,620	1	873	1,500	63,625
1982	51	1,179	112	10,154	19,768	9,991	2,036	3	1,377	2,457	78,071
1983	35	1,032	359	12,033	25,466	10,386	3,669	0	1,555	1,637	77,621
1984	26	1,009	177	7,782	21,256	6,822	3,444	0	1,520	1,732	60,317
1985	46	1,505	75	8,212	18,893	7,080	1,491	0	1,205	2,972	59,050
1986	27	917	81	4,145	9,856	3,874	1,349	0	611	1,094	31,039
1987	54	717	90	5,143	11,175	2,254	1,197	0	476	1,053	30,842
1988	30	818	2,844	2,903	10,165	2,487	1,177	0	906	1,291	30,593
1989	50	545	3	1,962	10,499	3,139	1,093	0	819	1,041	27,205
1990	57	658	27	2,463	7,980	1,422	997	0	570	1,213	25,382
1991	136	698	32	2,964	9,831	2,395	1,146	0	834	1,188	30,246
1992	52	511	33	1,663	8,271	2,185	1,041	0	947	669	28,283
1993	47	327	7	937	4,602	5,687	637	0	957	1,406	24,224
1994	33	249	18	952	3,993	1,536	354	0	680	460	17,400
1995	32	262	11	863	3,981	1,727	337	0	939	4,794	23,732
1996	16	183	7	1,005	3,672	2,845	533	0	785	2,209	24,695
1997	21	180	1	669	4,006	3,932	415	0	596	812	21,630
1998	47	140	7	458	4,206	4,381	191	0	365	3,548	22,783
1999	36	182	1	553	3,862	3,351	261	0	289	1,236	16,651
2000	37	161	2	558	5,066	4,305	317	0	453	3,914	22,279
2001	41	151	1	594	4,454	3,641	235	0	284	1,062	129,510
2002	36	129	3	473	3,828	4,691	169	0	262	942	16,548
2003	41	77	2	234	2,219	3,354	106	0	153	495	10,609
2004	17	55	3	336	1,521	3,716	115	0	117	392	9,579
2005	26	38	0	224	987	3,001	48	0	96	284	6,883
2006	46	25	0	166	757	2,472	52	0	80	215	5,083

統計表 14.3.4　北朝鮮の対日輸出, 1961～2006年
Table 14.3.4　North Korea's exports to Japan, 1961-2006

	1	2	3	4	5	6	7	8	9	10	11
	動物性生産品 Animal products	植物性生産品 Vegetable products	動植物油脂 Animal or vegetable fats and oils	調製食料品・飲料 Prepared food and beverages	鉱物性生産品 Mineral products	化学製品 Chemical products	プラスチック・ゴム製品 Plastics and rubber goods	皮革 Skins and leather	木製品 Wood and articles	パルプ・紙 Pulp and paper	繊維製品 Textiles
	第1部 Section 1	第2部 Section 2	第3部 Section 3	第4部 Section 4	第5部 Section 5	第6部 Section 6	第7部 Section 7	第8部 Section 8	第9部 Section 9	第10部 Section 10	第11部 Section 11
					百万円　Million Yen						
1961	7	20	0	2	766	0	0	0	10	0	156
1962	92	278	0	1	726	2	0	0	30	0	101
1963	152	774	0	1	579	0	0	1	27	0	215
1964	185	545	0	15	2,059	4	0	3	25	0	462
1965	221	143	6	43	2,419	5	0	3	8	0	467
1966	203	520	2	22	3,061	2	0	6	8	0	702
1967	323	250	0	11	3,139	22	0	1	2	1	583
1968	372	233	0	15	3,441	126	8	0	2	1	808
1969	258	522	0	21	5,391	52	0	1	7	1	935
1970	507	697	0	32	6,379	26	0	1	15	0	1,205
1971	700	579	0	139	3,537	52	0	2	9	0	2,547
1972	1,171	705	0	364	2,894	155	249	12	3	2	3,082
1973	1,773	596	0	640	3,425	280	135	40	29	0	3,955
1974	1,976	454	0	517	9,272	221	6	22	9	0	4,149
1975	1,253	805	0	567	6,044	275	0	71	11	0	1,190
1976	1,314	1,420	0	753	4,758	130	0	102	58	5	869
1977	1,357	812	0	277	4,074	250	25	61	117	1	1,950
1978	3,782	2,271	0	347	3,003	255	0	35	38	0	3,423
1979	8,598	2,446	0	448	6,845	114	0	15	241	3	2,168
1980	5,906	1,886	0	1,147	9,349	90	0	14	118	5	3,030
1981	5,947	2,557	0	570	8,275	205	0	4	88	4	1,279
1982	9,897	3,732	0	885	6,901	383	0	8	75	79	3,143
1983	7,892	3,909	0	1,676	4,304	980	0	0	102	153	2,335
1984	6,137	4,041	0	2,453	5,400	619	0	0	117	146	1,937
1985	6,126	4,636	0	1,194	5,561	265	0	0	75	225	1,571
1986	6,216	3,158	0	710	4,684	69	1	10	55	158	1,289
1987	7,597	3,767	0	1,278	3,344	225	0	11	347	44	987
1988	7,622	2,873	0	1,403	4,261	128	0	13	691	24	2,035
1989	7,372	4,909	0	1,907	4,630	122	0	7	531	12	3,779
1990	6,555	6,739	0	979	5,515	110	3	15	210	26	5,850
1991	6,937	4,138	0	755	4,667	153	1	22	298	37	5,996
1992	7,205	4,249	0	573	3,074	55	10	42	291	98	8,781
1993	5,490	3,612	0	516	2,885	171	6	67	150	68	10,398
1994	4,459	10,559	0	719	2,631	86	0	16	191	28	9,414
1995	5,960	6,558	0	279	2,311	88	0	9	261	32	12,180
1996	6,118	4,427	0	261	3,354	54	2	44	73	27	13,498
1997	6,185	8,937	0	337	3,213	164	0	53	229	27	11,534
1998	6,790	6,674	0	115	2,774	24	0	143	88	28	8,451
1999	8,161	1,915	0	101	2,002	13	2	69	93	15	6,797
2000	9,644	2,827	0	323	2,306	11	5	56	124	15	7,400
2001	12,503	1,303	0	145	2,690	2	91	43	56	8	7,193
2002	14,137	2,052	0	256	2,475	1	235	6	88	11	6,831
2003	9,036	1,133	0	128	1,685	7	198	4	165	3	4,309
2004	7,711	1,189	0	73	1,501	4	2	6	76	2	2,804
2005	4,002	1,866	0	62	2,436	0	0	4	28	0	1,490
2006	2,806	979	0	84	1,103	4	0	1	52	9	878

（出所）　統計表14.3.3に同じ.

統計表 14.3.4　（つづき）
Table 14.3.4　（cont'd）

	12	13	14	15	16	17	18	19	20	21	22
	履物等 Footwear	セメント・陶磁器等 Cement and ceramic products, etc.	貴金属・同製品 Precious metals and articles	卑金属・同製品 Base metals and articles	機械類 Machinery	輸送機械 Transport equipment	精密機器 Precision instruments	武器 Arms and ammunition	雑品・美術品 Miscellaneous goods and works of art	特殊取扱品・未分類品 Commodities not classified	合計 Total
	第12部 Section 12	第13部 Section 13	第14部 Section 14	第15部 Section 15	第16部 Section 16	第17部 Section 17	第18部 Section 18	第19部 Section 19	第20，21部 Sections 20-21	第22部 Section 22	
					百万円　Million Yen						
1961	0	0	30	256	0	0	0	0	0	0	1,246
1962	0	0	19	390	0	0	0	0	0	0	1,639
1963	0	0	50	1,587	0	0	0	0	0	0	3,384
1964	0	0	42	3,945	0	0	0	0	0	0	7,283
1965	0	0	15	1,962	0	0	3	0	7	1	5,300
1966	12	0	174	3,435	0	0	16	0	1	5	8,169
1967	3	0	489	5,820	0	0	8	0	1	3	10,658
1968	4	0	1,023	6,214	0	0	0	0	0	3	12,251
1969	8	1	666	3,724	0	0	0	0	0	1	11,586
1970	2	9	915	2,590	0	0	2	0	2	6	12,389
1971	3	7	938	1,990	3	0	6	0	2	27	10,543
1972	2	18	998	2,133	0	0	1	0	0	11	11,800
1973	7	29	1,635	6,941	0	0	3	0	1	116	19,607
1974	5	75	3,338	11,606	0	0	0	0	6	37	31,695
1975	5	28	874	8,107	0	0	0	0	10	44	19,283
1976	0	4	503	11,271	0	0	0	0	0	56	21,243
1977	0	2	231	8,820	0	0	0	0	0	127	18,103
1978	2	0	298	8,695	0	0	0	0	0	105	22,256
1979	0	0	432	11,364	0	0	0	0	0	33	32,709
1980	4	3	219	19,171	0	0	2	0	0	34	40,977
1981	1	4	153	11,307	0	0	0	0	5	272	30,670
1982	0	1	532	11,821	0	0	2	0	0	54	37,510
1983	0	5	4	8,458	0	1	2	0	0	136	29,955
1984	0	7	229	13,168	0	0	0	0	0	46	34,300
1985	0	32	7,805	15,646	0	3	0	0	0	59	43,201
1986	0	14	1,693	11,169	0	0	0	0	0	50	29,273
1987	0	19	5,709	11,495	19	1	3	3	0	41	34,886
1988	0	76	9,414	13,029	4	1	0	0	1	14	41,589
1989	1	113	761	16,907	2	4	0	0	1	54	41,115
1990	6	92	134	16,895	11	0	62	0	12	83	43,296
1991	37	107	59	14,938	40	0	63	0	5	29	38,284
1992	40	67	11	7,714	280	20	117	0	1	49	32,676
1993	7	31	38	3,805	499	2	99	0	18	80	27,943
1994	1	45	37	3,519	834	5	144	0	13	29	32,729
1995	6	45	156	3,137	763	42	129	0	10	139	32,108
1996	0	14	91	2,580	940	16	97	0	14	92	31,703
1997	3	15	7	3,759	1,773	2	203	0	6	91	36,535
1998	1	17	6	1,713	1,638	2	95	0	12	132	28,704
1999	0	6	17	1,199	2,177	0	149	0	26	104	22,845
2000	0	5	33	2,041	2,494	3	139	0	33	238	27,695
2001	0	5	66	1,083	1,952	0	99	0	8	150	27,398
2002	0	23	51	1,507	1,666	1	0	0	7	58	29,402
2003	3	7	50	1,560	1,830	2	0	0	2	76	20,195
2004	7	1	39	2,289	2,029	1	0	0	2	5	17,741
2005	30	1	19	2,915	1,658	1	4	0	1	21	14,536
2006	42	1	13	1,897	1,101	0	0	0	0	64	9,032

518 II 統　計　編

統計表 **14.4.1**　北朝鮮の年平均経済成長率と1人当たり GNP，1954～2007年
Table 14.4.1　Average annual real rate of growth and real GNP per capita: North Korea, 1954-2007

年 Year	年平均経済成長率（%） Average real growth rate (%)			1人当たり GNP（U.S. ドル） Per-capita real GNP (U.S. Dollars)				
	キム・ ビョンヨン Byung-Yeon Kim	韓国銀行 Bank of Korea	国連 U.N.	キム・ビョンヨン Byung-Yeon Kim		韓国銀行 Bank of Korea	国連 U.N.	北朝鮮発表 Publicized by North Korea
				購買力 評価基準 At P.P.P.	市場為替基準 （At market ex- change rate)			
1954				1,153	384			
1955	9.37			1,217	408			
1956	7.77			1,277	429			
1957	13.4			1,391	471			
1958	16.5			1,569	536			
1959	−0.34			1,514	516			
1960	10			1,604	548			
1961	7.28			1,680	576			
1962	0.14			1,641	562			
1963	1.33			1,620	554			
1964	3.97			1,630	558			
1965	4.03			1,663	570			
1966	1.5			1,644	563			
1967	4.35			1,670	572			
1968	4.12			1,693	581			
1969	0.6			1,659	568			
1970	5.88			1,710	587		435	
1971	3.15		10.4	1,711	587		467	
1972	4.84		10.4	1,741	598		503	
1973	4.17		10.4	1,762	606		541	
1974	4.6		10.4	1,792	617		584	
1975	6.32		10.4	1,854	639		633	
1976	2.07		4.1	1,860	641		648	
1977	3.53		4.1	1,893	653		665	
1978	2.79		4.1	1,817	626		683	
1979	7.57		4.1	2,023	700		702	
1980	−4.74		4.1	1,894	654		721	
1981	11.5		3.7	2,079	721		736	
1982	6.86		3.7	2,186	760		910	
1983	−0.37		3.7	2,143	744		893	
1984	4.8		3.7	2,210	768		837	
1985	−2.26		3.7	2,125	738		812	
1986	0.36		1.4	2,109	732		904	
1987	2.82		1.4	2,144	744		939	
1988	3.78		1.4	2,199	765		867	
1989	3.83		1.4	2,258	786		910	
1990	−7	−3.7	−3.7	2,076	720	1,146	834	
1991	−3.64	−3.5	−3.46	1,973	683	1,115	752	
1992	−10.3	−6	−6.05	1,745	599	1,013	658	990
1993	−5.76	−4.2	−4.15	1,619	554	969	546	991
1994	0.2	−2.1	−2.1	1,605	562	992	431	722
1995	−9.34	−4.1	−4.06	1,442	549	1,034	238	587
1996	−2.75	−3.6	−3.64	1,393	489	989	476	482
1997	−11.2	−6.3	−6.33	1,230	472	811	461	464
1998	3.63	−1.1	−1.05	1,267	412	573	454	458
1999	9.38	6.2	6.24	1,377	426	714	451	454
2000 *	−6.2	1.3	1.3	1,287	466	757	461	464
2001	6.72	3.7	3.66	1,368	433	706	475	478
2002	1.04	1.2	1.21	1,375	465	762	466	490
2003	2.85	1.8	1.78	1,405	476	818	469	524
2004	1.2	2.2	2.24	1,410	478	914	472	546
2005	4.8	3.8	3.82	1,464	497	1,056	548	
2006	0.45	−1.1	−1.1	1,461	496	1,108	577	
2007	−4.21	−2.3	1.63	1,392	471	1,152	616	

（出所）　キム・ビョンヨン（김병연）[2008] から引用した資料は，Kim, Kim, and Lee [2007]，統計庁ウェブサイト（http://www.kosis.kr/），国連ウェブサイト（http://unstats.un.org/unsd/snaama/dnllist.asp），李碩（イ・ソク）[2007] による.
（注）　＊　2000年で，キム・ビョンヨンの推定値と韓国銀行の推定値に大きい差が存在する理由は，2000年の食糧作物生産量増加率が−15%を記録したという推定値がキム・ビョンヨンなどの推定では相対的により大きい影響を及ぼしたためと思われる.

II 統 計 編 519

統計表 15.3.1 名目粗付加価値（名目 GDP）：産業別・南北別，1911〜2016年
Table 15.3.1 Nominal gross value added（nominal GDP）by sector, North and South, 1911-2016

	1	2	3	4	5	6
	全産業（名目 GDP） All the sectors（nominal GDP）			第1次産業 Primary sector		
	全土 Total	植民地期北部 North	植民地期南部 South	全土 Total	植民地期北部 North	植民地期南部 South
	千円，市場価格表示， 1,000 Yen, in current market prices			千円，市場価格表示， 1,000 Yen, in current market prices		
1911				314,337	104,106	210,231
1912	690,333	273,743	416,590	387,589	140,945	246,644
1913	726,904	266,709	460,194	431,500	156,906	274,593
1914	652,242	226,709	425,533	362,000	123,677	238,323
1915	591,534	210,823	380,711	302,283	108,365	193,918
1916	627,745	228,996	398,750	360,228	132,401	227,826
1917	814,217	281,778	532,438	497,937	166,462	331,475
1918	1,233,031	422,300	810,732	815,658	273,361	542,297
1919	1,578,593	473,565	1,105,028	995,843	267,378	728,465
1920	1,673,016	575,884	1,097,133	1,109,622	379,556	730,065
1921	1,354,727	452,508	902,219	782,899	255,610	527,289
1922	1,498,231	500,165	998,066	884,935	286,756	598,179
1923	1,628,868	550,378	1,078,491	865,236	283,216	582,019
1924	1,743,206	587,269	1,155,937	949,029	315,078	633,951
1925	1,830,436	616,230	1,214,206	1,017,400	331,883	685,517
1926	1,774,172	590,025	1,184,147	945,405	301,693	643,712
1927	1,803,650	624,781	1,178,869	943,049	310,825	632,225
1928	1,712,871	615,030	1,097,841	829,774	296,899	532,875
1929	1,690,977	615,339	1,075,637	790,014	298,285	491,729
1930	1,473,918	526,965	946,953	593,172	203,444	389,728
1931	1,464,845	545,903	918,942	571,209	197,750	373,459
1932	1,533,801	567,332	966,469	693,131	248,837	444,294
1933	1,596,785	607,615	989,170	740,977	264,440	476,537
1934	1,762,979	647,544	1,115,435	847,002	286,439	560,562
1935	2,086,618	797,091	1,289,526	1,034,826	370,306	664,521
1936	2,201,482	893,534	1,307,948	977,317	373,883	603,434
1937	2,732,775	1,098,223	1,634,552	1,317,046	468,698	848,348
1938	2,901,797	1,214,257	1,687,540	1,290,327	466,008	824,319
1939	3,199,302	1,491,446	1,707,856	1,366,364	616,065	750,299
1940	3,866,958	1,701,858	2,165,100	1,771,201	685,710	1,085,491

	1	2	3	4	5	6
	全産業（名目 GDP） All the sectors（nominal GDP）			第1次産業 Primary sector		
			韓国 South Korea			韓国 South Korea
	十億ウォン，市場価格表示， Billion Won, in current market prices			十億ウォン，基礎価格表示， Billion Won, in current basic prices		
1953			47.7			22.2
1954			66.3			25.9
1955			114.2			50.3
1956			151.5			70.7
1957			198.4			88.5
1958			207.6			83.2
1959			220.8			73.5
1960			249.8			90.5
1961			301.7			115.7
1962			365.8			132.8
1963			518.5			222.0
1964			740			342
1965			831			310
1966			1,066			364
1967			1,313			394
1968			1,692			474
1969			2,212			603
1970			2,795			737
1971			3,433			927
1972			4,260			1,123

統計表 15.3.1 （つづき）
Table 15.3.1 （cont'd）

	7	8	9	10	11	12
	第 2 次産業 Secondary sector			第 3 次産業 Tertiary sector		
	全土 Total	植民地期北部 North	植民地期南部 South	全土 Total	植民地期北部 North	植民地期南部 South
	千円，市場価格表示， 1,000 Yen, in current market prices			千円，市場価格表示， 1,000 Yen, in current market prices		
1911	31,551	10,670	20,882			
1912	36,145	12,682	23,463	266,599	120,116	146,483
1913	40,464	14,276	26,188	254,940	95,527	159,413
1914	42,967	15,601	27,365	247,276	87,431	159,845
1915	48,881	18,200	30,682	240,370	84,258	156,112
1916	57,195	22,597	34,598	210,322	73,997	136,325
1917	73,963	29,132	44,831	242,316	86,184	156,132
1918	120,955	43,819	77,137	296,417	105,120	191,298
1919	178,184	58,162	120,022	404,566	148,025	256,540
1920	160,231	55,882	104,349	403,163	140,445	262,719
1921	175,051	58,555	116,496	396,777	138,342	258,434
1922	185,437	66,130	119,307	427,860	147,279	280,580
1923	192,206	69,895	122,311	571,427	197,266	374,161
1924	198,376	69,885	128,492	595,800	202,305	393,495
1925	205,211	73,216	131,995	607,825	211,131	396,694
1926	221,859	81,933	139,926	606,908	206,399	400,509
1927	232,536	92,719	139,816	628,065	221,237	406,828
1928	235,940	94,672	141,268	647,158	223,460	423,698
1929	238,845	94,174	144,671	662,118	222,881	439,237
1930	232,337	100,993	131,343	648,409	222,528	425,881
1931	238,487	120,799	117,688	655,149	227,354	427,795
1932	254,272	128,865	125,407	586,398	189,630	396,768
1933	284,786	147,372	137,414	571,023	195,803	375,220
1934	316,746	154,478	162,269	599,231	206,627	392,604
1935	411,953	208,106	203,847	639,838	218,679	421,159
1936	527,705	284,516	243,189	696,460	235,135	461,325
1937	678,692	381,627	297,065	737,037	247,898	489,139
1938	839,226	488,327	350,899	772,244	259,922	512,322
1939	1,003,921	591,841	412,079	829,018	283,540	545,478
1940	1,188,371	688,851	499,519	907,386	327,296	580,089

	7	8	9	10	11	12
	第 2 次産業 Secondary sector			第 3 次産業 Tertiary sector		
			韓国 South Korea			韓国 South Korea
	十億ウォン，基礎価格表示， Billion Won, in current basic prices			十億ウォン，基礎価格表示， Billion Won, in current basic prices		
1953			5.3			18.6
1954			9.1			28.2
1955			16.3			43.1
1956			21.3			53.9
1957			28.7			72.3
1958			32.6			80.0
1959			37.0			95.0
1960			42.7			99.0
1961			53.2			114.8
1962			64.4			142.5
1963			92.6			175.0
1964			142			224
1965			192			285
1966			243			390
1967			303			521
1968			403			672
1969			538			879
1970			685			1,128
1971			791			1,427
1972			1,047			1,779

統計表 15.3.1 （つづき）
Table 15.3.1 （cont'd）

	1	2	3	4	5	6
	全産業（名目 GDP） All the sectors （nominal GDP）			第 1 次産業 Primary sector		
			韓国 South Korea			韓国 South Korea
	十億ウォン，市場価格表示， Billion Won, in current market prices			十億ウォン，基礎価格表示， Billion Won, in current basic prices		
1973			5,514			1,350
1974			7,880			1,896
1975			10,505			2,560
1976			14,413			3,306
1977			18,520			4,014
1978			25,023			4,960
1979			32,219			5,946
1980			39,471			5,582
1981			49,324			7,347
1982			56,859			7,886
1983			67,509			8,447
1984			77,856			9,163
1985			87,240			10,194
1986			101,840			10,559
1987			120,205			11,146
1988			144,073			13,243
1989			163,518			13,921
1990			197,712			15,030
1991			238,877			16,281
1992			273,267			18,038
1993			310,074			18,295
1994			366,054			20,718
1995			428,927			22,894
1996			481,141			24,034
1997			530,347			23,971
1998			524,477			22,429
1999			576,873			24,889
2000			635,185			25,049
2001			688,165			25,401
2002			761,939			25,563
2003			810,915			25,490
2004			876,033			27,896
2005			919,797			26,125
2006			966,055			26,036
2007			1,043,258			25,518
2008			1,104,492			24,983
2009			1,151,708			27,033
2010			1,265,308			28,297
2011			1,332,681			30,454
2012			1,377,457			30,775
2013			1,429,445			30,437
2014			1,486,079			31,560
2015			1,564,124			32,612
2016			1,637,421			32,665

（出所）　戦前期については，第 3 章～第 5 章参照．戦後期については韓国銀行ホームページ（http://ecos.bok.or.kr/flex/EasySearch_e.jsp）から得た．

統計表 15.3.1 （つづき）
Table 15.3.1 （cont'd）

	7	8	9	10	11	12
	第2次産業 Secondary sector			第3次産業 Tertiary sector		
			韓国 South Korea			韓国 South Korea
	十億ウォン，基礎価格表示，Billion Won, in current basic prices			十億ウォン，基礎価格表示，Billion Won, in current basic prices		
1973			1,506			2,250
1974			2,074			3,250
1975			2,770			4,200
1976			3,933			5,709
1977			5,202			7,367
1978			7,459			9,882
1979			10,035			12,769
1980			12,433			17,071
1981			15,131			21,399
1982			17,631			24,990
1983			21,859			29,304
1984			26,391			33,810
1985			29,131			38,911
1986			34,882			45,991
1987			42,554			54,577
1988			51,884			65,004
1989			58,164			76,287
1990			70,725			92,646
1991			87,165			113,353
1992			96,238			133,449
1993			110,134			153,174
1994			130,278			180,904
1995			153,570			212,268
1996			167,471			242,739
1997			184,157			269,315
1998			182,090			274,093
1999			196,454			298,389
2000			217,212			327,961
2001			226,695			363,468
2002			247,090			406,564
2003			265,518			434,374
2004			300,002			462,359
2005			311,245			492,673
2006			321,080			524,011
2007			348,587			567,767
2008			361,416			609,858
2009			383,130			634,402
2010			438,236			678,591
2011			464,389			715,113
2012			476,426			744,254
2013			500,617			772,184
2014			515,671			807,624
2015			545,740			845,295
2016			572,922			880,313

統計表 15.3.2 実質粗付加価値（実質 GDP）：産業別・南北別，1911〜2016年

Table 15.3.2 Real gross value added（real GDP）by sector, North and South, 1911-2016

	1	2	3	4	5	6	7	8	9
	実質 GDP（全産業粗付加価値の合計値） All the sectors（real GDP）			第 1 次産業 Primary sector			第 2 次産業 Secondary sector		
	全土 Total	植民地期北部 North	植民地期南部 South	全土 Total	植民地期北部 North	植民地期南部 South	全土 Total	植民地期北部 North	植民地期南部 South
	千円，1935年市場価格表示， 1,000 Yen, in 1935 market prices			千円，1935年市場価格表示， 1,000 Yen, in 1935 market prices			千円，1935年市場価格表示， 1,000 Yen, in 1935 market prices		
1911				631,819	208,590	423,229	63,961	21,326	42,635
1912	1,212,151	484,512	727,640	642,993	235,397	407,596	70,286	24,348	45,939
1913	1,275,487	465,499	809,988	691,622	249,245	442,378	80,927	27,802	53,125
1914	1,297,779	441,252	856,527	704,406	230,987	473,420	86,535	31,060	55,475
1915	1,239,806	427,257	812,549	689,404	233,456	455,948	102,099	36,655	65,444
1916	1,246,168	439,907	806,261	725,632	253,878	471,754	115,670	43,587	72,083
1917	1,249,482	428,638	820,844	726,229	240,080	486,148	118,361	44,551	73,811
1918	1,317,600	453,953	863,648	796,220	269,757	526,463	132,266	46,203	86,063
1919	1,188,406	373,694	814,713	656,194	178,223	477,971	145,944	54,140	91,804
1920	1,225,040	428,718	796,323	789,858	275,917	513,941	133,677	47,769	85,908
1921	1,244,671	422,039	822,632	769,377	257,072	512,304	157,862	54,289	103,573
1922	1,298,223	434,437	863,787	780,301	252,666	527,635	164,965	60,275	104,691
1923	1,428,877	478,102	950,775	782,457	249,785	532,673	169,638	63,724	105,914
1924	1,404,115	475,808	928,306	739,352	245,031	494,321	167,901	62,067	105,834
1925	1,476,194	502,702	973,493	808,499	267,331	541,168	173,859	63,834	110,025
1926	1,523,255	513,206	1,010,049	819,460	264,630	554,830	201,456	77,739	123,717
1927	1,629,721	561,053	1,068,668	893,456	290,197	603,260	213,533	86,723	126,810
1928	1,510,684	540,252	970,432	766,543	269,587	496,956	206,997	85,193	121,804
1929	1,563,747	573,266	990,481	788,212	296,876	491,336	217,923	88,688	129,235
1930	1,733,177	602,658	1,130,519	905,347	305,703	599,644	236,475	94,008	142,468
1931	1,720,073	618,734	1,101,338	842,863	290,113	552,750	235,902	106,071	129,831
1932	1,785,388	643,503	1,141,885	947,238	337,402	609,836	251,595	116,420	135,175
1933	1,837,243	675,869	1,161,373	969,766	342,403	627,364	279,558	131,870	147,688
1934	1,855,444	675,228	1,180,216	937,513	315,734	621,778	327,483	155,895	171,588
1935	2,086,618	797,091	1,289,526	1,034,826	370,306	664,521	411,953	208,106	203,847
1936	2,050,033	818,624	1,231,409	927,191	351,034	576,156	471,320	247,626	223,694
1937	2,431,871	949,567	1,482,304	1,223,563	434,716	788,847	549,460	293,251	256,209
1938	2,346,791	949,231	1,397,560	1,072,139	381,214	690,925	610,032	344,320	265,712
1939	2,175,177	997,381	1,177,796	822,767	367,507	455,260	680,985	400,234	280,751
1940	2,412,549	1,042,004	1,370,545	1,010,466	371,703	638,763	762,548	439,619	322,928

	1	2	3	4	5	6	7	8	9
	実質 GDP（全産業粗付加価値の合計値） All the sectors（real GDP）			第 1 次産業 Primary sector			第 2 次産業 Secondary sector		
		北朝鮮 North Korea	韓国 South Korea			韓国 South Korea			韓国 South Korea
		十億韓国ウォン（2010年市場価格），Billion South Korean Won（2010 market price in South Korea）	十億ウォン，連鎖（2010年市場価格），Billion South Korean Won, chained（2010 market price in South Korea）		十億ウォン，連鎖（2010年基礎価格），Billion South Korean Won, chained（2010 basic price in South Korea）			十億ウォン，連鎖（2010年基礎価格），Billion South Korean Won, chained（2010 basic price in South Korea）	
1953			19,054			5,859			1,717
1954		8,415	20,435			6,371			1,933
1955		9,107	21,614			6,507			2,082
1956		9,754	21,772			6,136			2,150
1957		11,020	23,771			6,734			2,563
1958		12,858	25,305			7,283			2,713
1959		12,739	26,681			7,293			3,145
1960		13,870	27,305			7,194			3,365
1961		14,887	29,184			8,271			3,608
1962		14,948	30,305			7,741			4,222
1963		15,208	33,090			8,504			4,823
1964		15,739	36,220			9,873			5,263
1965		16,523	38,822			9,985			6,290
1966		16,818	43,474			10,865			7,339
1967		17,710	47,437			10,314			8,759
1968		18,533	53,694			10,328			10,945

524　Ⅱ　統　計　編

統計表 15.3.2 （つづき）
Table 15.3.2 （cont'd）

	10	11	12	13	14	15
	第 3 次産業 Tertiary sector			実質 GDP（ラスパイレス年次連鎖数量指数） Real GDP （chain linked）		
	全土 Total	植民地期北部 North	植民地期南部 South	全土 Total	植民地期北部 North	植民地期南部 South
	千円，1935年市場価格表示， 1,000 Yen, in 1935 market prices			千円，連鎖（1935年市場価格）， 1,000 Yen, chained （1935 market price）		
1911						
1912	498,872	224,767	274,105	1,170,631	453,848	711,118
1913	502,938	188,453	314,485	1,233,303	438,403	790,146
1914	506,838	179,206	327,633	1,254,947	414,555	836,661
1915	448,304	157,146	291,157	1,200,034	402,431	794,049
1916	404,866	142,442	262,424	1,198,193	412,048	782,428
1917	404,893	144,007	260,886	1,201,324	401,462	796,128
1918	389,114	137,993	251,121	1,271,017	427,189	839,620
1919	386,269	141,331	244,938	1,133,813	343,545	788,339
1920	301,505	105,031	196,473	1,204,987	417,325	785,738
1921	317,432	110,678	206,754	1,220,481	409,537	809,285
1922	352,957	121,496	231,461	1,277,597	423,653	852,267
1923	476,781	164,593	312,188	1,412,158	468,340	941,898
1924	496,861	168,710	328,151	1,389,993	466,406	921,929
1925	493,836	171,536	322,300	1,463,486	493,451	968,308
1926	502,338	170,837	331,502	1,508,924	502,847	1,004,241
1927	522,732	184,133	338,599	1,613,796	549,449	1,062,131
1928	537,145	185,473	351,672	1,503,064	530,012	970,934
1929	557,611	187,702	369,909	1,556,215	561,573	992,660
1930	591,355	202,947	388,407	1,719,848	591,343	1,126,634
1931	641,308	222,550	418,757	1,735,333	618,364	1,116,105
1932	586,555	189,681	396,874	1,771,661	630,191	1,141,681
1933	587,919	201,597	386,322	1,824,920	666,516	1,158,017
1934	590,448	203,598	386,850	1,855,359	675,508	1,179,683
1935	639,838	218,679	421,159	2,086,618	797,091	1,289,526
1936	651,523	219,964	431,559	2,050,033	818,624	1,231,409
1937	658,847	221,600	437,248	2,429,699	949,910	1,480,140
1938	664,620	223,698	440,922	2,357,044	959,530	1,398,480
1939	671,425	229,640	441,785	2,198,974	1,014,409	1,182,766
1940	639,535	230,682	408,853	2,468,803	1,059,681	1,406,922

	10	11	12	13	14	15
	第 3 次産業 Tertiary sector			実質 GDP（ラスパイレス年次連鎖数量指数） Real GDP （chain linked）		
			韓国 South Korea			韓国 South Korea
	十億ウォン，連鎖（2010年基礎価格）， Billion South Korean Won, chained （2010 basic price in South Korea）			十億ウォン，連鎖（2010年市場価格）， Billion South Korean Won, chained （2010 basic price in South Korea）		
1953			11,895			
1954			12,343			
1955			13,080			
1956			13,605			
1957			14,518			
1958			15,024			
1959			16,102			
1960			16,567			
1961			16,720			
1962			17,960			
1963			18,998			
1964			19,263			
1965			20,560			
1966			22,830			
1967			25,748			
1968			29,820			

統計表 15.3.2 （つづき）
Table 15.3.2 （cont'd）

年	1	2	3	4	5	6	7	8	9
	実質 GDP （全産業粗付加価値の合計値） All the sectors （real GDP）			第 1 次産業 Primary sector			第 2 次産業 Secondary sector		
	北朝鮮 North Korea		韓国 South Korea			韓国 South Korea			韓国 South Korea
	十億韓国ウォン（2010年市場価格），Billion South Korean Won（2010 market price in South Korea）		十億ウォン，連鎖（2010年市場価格），Billion South Korean Won, chained（2010 market price in South Korea）			十億ウォン，連鎖（2010年基礎価格），Billion South Korean Won, chained（2010 basic price in South Korea）			十億ウォン，連鎖（2010年基礎価格），Billion South Korean Won, chained（2010 basic price in South Korea）
1969	18,731		61,501			11,268			13,654
1970	19,894		67,650			11,191			15,068
1971	20,471		74,723			11,801			15,995
1972	21,445		80,066			12,147			16,916
1973	22,188		91,938			12,945			21,231
1974	23,037		100,636			13,754			23,996
1975	24,314		108,549			14,482			26,370
1976	24,789		122,786			15,768			30,217
1977	25,598		137,861			16,234			36,339
1978	24,955		152,715			14,612			45,276
1979	28,256		165,887			16,296			48,391
1980	26,906		163,065			13,584			47,359
1981	30,021		174,774			15,714			48,496
1982	32,098		189,219			16,939			52,136
1983	31,967		214,276			18,516			61,868
1984	33,521		236,652			18,006			70,321
1985	32,740		254,992			19,112			75,176
1986	33,009		283,612			20,140			83,811
1987	34,081		318,971			19,251			96,877
1988	35,487		356,944			21,085			107,499
1989	37,050		382,036			21,053			114,769
1990	34,617		419,518			19,876			132,064
1991	33,427		462,955			20,506			147,569
1992	30,043		491,545			22,345			152,589
1993	28,280		525,199			21,403			164,299
1994	28,432		573,550			21,428			179,626
1995	25,915		628,442			22,919			197,442
1996	25,365		676,169			23,912			212,912
1997	22,641		716,213			24,996			222,126
1998	23,530		677,028			23,153			203,706
1999	25,799		753,590			24,399			229,056
2000	24,335		820,844			24,671			254,320
2001			857,990			25,060			263,793
2002			921,759			24,522			284,497
2003			948,796			23,220			300,195
2004			995,286			25,313			323,699
2005			1,034,338			25,666			338,861
2006			1,087,876			26,067			360,093
2007			1,147,311			27,128			385,737
2008			1,179,771			28,647			396,086
2009			1,188,118			29,576			396,993
2010			1,265,308			28,297			438,236
2011			1,311,893			27,745			458,078
2012			1,341,967			27,507			466,994
2013			1,380,833			28,358			482,446
2014			1,426,972			29,378			497,638
2015			1,466,788			29,251			509,471
2016			1,508,265			28,414			526,417

（出所） 戦前期については，第 3 章～第 5 章参照．戦後期については韓国銀行ホームページ（http://ecos.bok.or.kr/flex/EasySearch_e.jsp）から得たデータを基に 3 産業別に加工した．北朝鮮の GDP は，統計表15.3.4の人口 1 人当たり GDP（韓国ウォン，2010年市場価格）に統計表15.3.3の総人口を掛けることで算出した．

（注） 戦前期の産業別実質値（千円，1935年市場価格表示）を戦後の実質値（十億韓国ウォン，2010年韓国基礎価格表示）に換算するためのインフレーターは，第 1 次産業0.00566，第 2 次産業0.00669，第 3 次産業0.02488である．たとえば，1912年の第 2 次産業実質粗付加価値（10億ウォン，2010年基礎価格表示）は307（45939×0.00669）となる．ここで，たとえば第 1 次産業のインフレーターは，第15章第 1 節で説明したように，韓国銀行作成の1963年における第 1 次産業実質粗付加価値（連鎖方式，2010年基礎価格）を溝口・野島［1996］の推計に基づく1963年における第 1 次産業実質粗付加価値（1935年市場価格表示）で割ることで算出した．また第 1 列上段にある戦前期の実質 GDP（千円，1935年市場価格表示）を戦後の実質値（十億韓国ウォン，2010年韓国市場価格表示）に換算するためのインフレーターは0.010579である．

統計表 15.3.2 （つづき）
Table 15.3.2 （cont'd）

	10	11	12	13	14	15
	第 3 次産業 Tertiary sector			実質 GDP（ラスパイレス年次連鎖数量指数） Real GDP （chain linked）		
			韓国 South Korea			韓国 South Korea
	十億ウォン，連鎖（2010年基礎価格）， Billion South Korean Won, chained （2010 basic price in South Korea）			十億ウォン，連鎖（2010年市場価格）， Billion South Korean Won, chained （2010 basic price in South Korea）		
1969			34,048			
1970			38,695			
1971			43,265			
1972			46,719			
1973			51,940			
1974			55,500			
1975			59,714			
1976			65,434			
1977			72,225			
1978			79,616			
1979			85,909			
1980			90,727			
1981			96,028			
1982			104,982			
1983			115,369			
1984			125,941			
1985			136,924			
1986			150,897			
1987			168,997			
1988			189,926			
1989			207,388			
1990			226,759			
1991			249,917			
1992			269,811			
1993			291,806			
1994			319,453			
1995			348,121			
1996			374,532			
1997			399,731			
1998			389,017			
1999			423,699			
2000			454,662			
2001			478,553			
2002			517,233			
2003			528,314			
2004			542,893			
2005			564,083			
2006			589,813			
2007			620,322			
2008			640,431			
2009			649,914			
2010			678,591			
2011			699,581			
2012			718,906			
2013			739,463			
2014			763,854			
2015			785,323			
2016			803,601			

II 統 計 編 527

統計表 15.3.3 南北別人口と産業別・南北別就業者数，1911〜2016年
Table 15.3.3 Total population and number of workers by sector, North and South, 1911-2016

	1	2	3	4	5	6	7	8	9
	総人口 Total population			就業者数 Total number of workers			第1次産業就業者数 Number of workers in the primary sector		
	全土 Total	植民地期北部 North	植民地期南部 South	全土 Total	植民地期北部 North	植民地期南部 South	全土 Total	植民地期北部 North	植民地期南部 South
	千人， 1,000 persons			千人， 1,000 persons			千人， 1,000 persons		
1911	17,378	5,983	11,395						
1912	17,597	6,058	11,539	9,975	3,560	6,414	7,896	2,675	5,222
1913	17,804	6,123	11,681	10,719	3,819	6,900	8,789	3,106	5,683
1914	17,972	6,176	11,796	11,463	4,077	7,386	9,584	3,434	6,150
1915	18,144	6,160	11,983	12,212	4,291	7,922	10,408	3,636	6,772
1916	18,350	6,225	12,125	11,164	3,930	7,233	9,465	3,321	6,144
1917	18,449	6,294	12,156	11,569	4,100	7,469	9,714	3,437	6,277
1918	18,325	6,349	11,977	11,723	4,218	7,505	9,780	3,529	6,251
1919	18,315	6,429	11,886	11,964	4,358	7,606	9,946	3,633	6,314
1920	18,446	6,317	12,129	10,658	3,783	6,875	8,981	3,200	5,780
1921	18,710	6,380	12,330	10,928	3,862	7,066	9,115	3,229	5,886
1922	18,912	6,418	12,494	11,213	3,946	7,267	9,247	3,266	5,981
1923	19,128	6,434	12,694	11,291	3,944	7,347	9,233	3,237	5,996
1924	19,281	6,569	12,712	11,351	4,015	7,336	9,201	3,277	5,924
1925	19,492	6,682	12,810	11,536	4,104	7,432	9,227	3,303	5,924
1926	19,811	6,768	13,043	11,732	4,153	7,579	9,354	3,338	6,016
1927	20,145	6,979	13,166	11,801	4,227	7,574	9,328	3,346	5,982
1928	20,369	7,047	13,322	11,645	4,156	7,489	9,145	3,283	5,862
1929	20,633	7,131	13,502	11,720	4,174	7,546	9,117	3,276	5,840
1930	21,009	7,318	13,691	11,715	4,203	7,512	9,004	3,250	5,754
1931	21,358	7,604	13,754	11,526	4,222	7,305	8,796	3,253	5,543
1932	21,716	7,782	13,934	10,341	3,814	6,527	7,908	2,986	4,921
1933	22,079	8,012	14,067	9,965	3,716	6,249	7,680	2,904	4,776
1934	22,446	8,070	14,376	10,189	3,759	6,429	7,788	2,904	4,884
1935	22,850	8,047	14,803	10,497	3,787	6,711	7,996	2,895	5,101
1936	23,176	8,102	15,074	10,470	3,732	6,737	7,906	2,834	5,072
1937	23,601	8,287	15,314	10,546	3,758	6,787	7,933	2,840	5,093
1938	23,965	8,444	15,521	10,676	3,798	6,879	7,907	2,800	5,108
1939	24,160	8,534	15,626	10,586	3,759	6,827	7,748	2,700	5,048
1940	24,302	8,879	15,423	10,308	3,762	6,547	7,419	2,607	4,812

	1	2	3	4	5	6	7	8	9
	総人口 Total population			就業者数 Total number of workers			第1次産業就業者数 Number of workers in the primary sector		
		北朝鮮 North Korea	韓国 South Korea			韓国 South Korea			韓国 South Korea
	千人， 1,000 persons			千人， 1,000 persons			千人， 1,000 persons		
1953		8,685	21,546			6,081			3,824
1954		8,863	21,524			6,231			3,906
1955		9,088	21,502			6,380			3,988
1956		9,276	20,724			6,529			4,070
1957		9,621	21,321			6,668			4,249
1958		9,953	21,910			7,223			4,761
1959		10,218	22,974			7,235			4,779
1960		10,502	25,012			7,034			4,514
1961		10,762	25,766			8,077			5,025
1962		11,063	26,513			7,738			4,451
1963		11,401	27,262			7,563			4,763
1964		11,727	27,984			7,698			4,747
1965		12,067	28,705			8,112			4,742
1966		12,424	29,436			8,325			4,811
1967		12,879	30,131			8,624			4,756
1968		13,294	30,838			9,061			4,748
1969		13,712	31,544			9,285			4,744
1970		14,129	32,241			9,617			4,846
1971		14,530	32,883			9,946			4,797
1972		14,959	33,505			10,379			5,238

統計表 15.3.3 （つづき）
Table 15.3.3 （cont'd）

	10	11	12	13	14	15
	第2次産業就業者数 Number of workers in the secondary sector			第3次産業就業者数 Number of workers in the tertiary sector		
	全土 Total	植民地期北部 North	植民地期南部 South	全土 Total	植民地期北部 North	植民地期南部 South
	千人, 1,000 persons			千人, 1,000 persons		
1911						
1912	602	221	382	1,476	665	811
1913	595	213	382	1,335	500	835
1914	614	197	418	1,264	447	817
1915	602	233	369	1,202	421	781
1916	616	228	388	1,083	381	702
1917	672	242	431	1,183	421	762
1918	709	252	457	1,234	438	796
1919	767	268	499	1,251	458	793
1920	650	224	426	1,027	358	669
1921	716	250	466	1,097	382	714
1922	803	280	524	1,163	400	763
1923	848	289	559	1,211	418	793
1924	909	317	592	1,241	421	820
1925	981	340	641	1,327	461	866
1926	1,042	361	681	1,335	454	881
1927	1,099	398	702	1,373	484	890
1928	1,126	398	727	1,374	474	899
1929	1,187	421	766	1,416	477	940
1930	1,245	450	795	1,466	503	963
1931	1,203	438	764	1,527	530	997
1932	1,037	376	661	1,397	452	945
1933	907	339	568	1,378	473	906
1934	908	341	567	1,493	515	978
1935	927	353	574	1,574	538	1,036
1936	916	342	575	1,648	556	1,091
1937	909	345	564	1,704	573	1,131
1938	988	398	589	1,781	600	1,182
1939	999	430	569	1,839	629	1,210
1940	1,029	483	546	1,860	671	1,189

	10	11	12	13	14	15
	第2次産業就業者数 Number of workers in the secondary sector			第3次産業就業者数 Number of workers in the tertiary sector		
			韓国 South Korea			韓国 South Korea
	千人, 1,000 persons			千人, 1,000 persons		
1953			552			1,706
1954			558			1,767
1955			564			1,828
1956			570			1,889
1957			681			1,738
1958			702			1,761
1959			735			1,721
1960			734			1,786
1961			820			2,052
1962			1,234			2,053
1963			873			1,928
1964			876			2,075
1965			1,094			2,276
1966			1,128			2,387
1967			1,379			2,490
1968			1,601			2,712
1969			1,695			2,846
1970			1,685			3,087
1971			1,787			3,363
1972			1,885			3,257

統計表 15.3.3 （つづき）
Table 15.3.3 （cont'd）

	1	2	3	4	5	6	7	8	9
		総人口 Total population			就業者数 Total number of workers			第1次産業就業者数 Number of workers in the primary sector	
		北朝鮮 North Korea	韓国 South Korea			韓国 South Korea			韓国 South Korea
		千人， 1,000 persons			千人， 1,000 persons			千人， 1,000 persons	
1973		15,293	34,103			10,942			5,445
1974		15,612	34,692			11,421			5,481
1975		15,927	35,281			11,691			5,339
1976		16,185	35,849			12,412			5,514
1977		16,422	36,412			12,812			5,342
1978		16,680	36,969			13,412			5,154
1979		16,963	37,534			13,602			4,866
1980		17,252	38,124			13,683			4,654
1981		17,537	38,723			14,023			4,801
1982		17,832	39,326			14,379			4,612
1983		18,116	39,910			14,505			4,315
1984		18,421	40,406			14,429			3,914
1985		18,711	40,806			14,970			3,733
1986		19,008	41,214			15,505			3,662
1987		19,305	41,622			16,354			3,580
1988		19,599	42,031			16,869			3,483
1989		19,927	42,449			17,560			3,438
1990		20,251	42,869			18,085			3,237
1991		20,576	43,296			18,649			2,725
1992		20,909	43,748			19,009			2,667
1993		21,213	44,195			19,234			2,593
1994		21,514	44,642			19,848			2,492
1995		21,825	45,093			20,414			2,403
1996		22,114	45,525			20,853			2,323
1997		22,355	45,954			21,214			2,285
1998		22,554	46,287			19,938			2,397
1999		22,754	46,617			20,291			2,302
2000		22,963	47,008			21,156			2,243
2001			47,370			21,572			2,148
2002			47,645			22,169			2,069
2003			47,892			22,139			1,950
2004			48,083			22,557			1,824
2005			48,185			22,856			1,813
2006			48,438			23,151			1,781
2007			48,684			23,433			1,723
2008			49,055			23,577			1,686
2009			49,308			23,506			1,648
2010			49,554			23,829			1,566
2011			49,937			24,244			1,542
2012			50,200			24,681			1,528
2013			50,429			25,066			1,520
2014			50,747			25,599			1,452
2015			51,015			25,936			1,345
2016			51,246			26,235			1,286

（出所）　人口：植民地期朝鮮全土については，Park［2019］を利用，植民地期朝鮮南北については人口比率（第15章第2節）で分割した．戦後期については第8章（統計表8.1.1を再掲）および Park［2019］を利用した．就業者数：CD 統計表2.2.1，Park［2019］および朴二澤教授による修正結果を利用した．なお人口，就業者数とも1954年および1955年は，1953年と1956年の値を利用して等差補間により推計した．北朝鮮の総人口は，統計表14.1.1の値を再掲した．

統計表 15.3.3 （つづき）
Table 15.3.3 （cont'd）

	10	11	12	13	14	15
	第2次産業就業者数 Number of workers in the secondary sector			第3次産業就業者数 Number of workers in the tertiary sector		
			韓国 South Korea			韓国 South Korea
		千人, 1,000 persons			千人, 1,000 persons	
1973			2,178			3,320
1974			2,504			3,437
1975			2,775			3,578
1976			3,266			3,633
1977			3,521			3,949
1978			3,944			4,315
1979			4,079			4,657
1980			3,966			5,064
1981			3,891			5,331
1982			4,004			5,763
1983			4,223			5,968
1984			4,433			6,082
1985			4,611			6,626
1986			4,942			6,901
1987			5,566			7,208
1988			5,883			7,503
1989			6,174			7,948
1990			6,406			8,442
1991			6,867			9,057
1992			6,797			9,547
1993			6,543			10,099
1994			6,674			10,681
1995			6,827			11,185
1996			6,806			11,723
1997			6,668			12,261
1998			5,578			11,961
1999			5,583			12,408
2000			5,954			12,958
2001			5,928			13,497
2002			6,057			14,044
2003			6,113			14,076
2004			6,132			14,603
2005			6,087			14,957
2006			6,044			15,330
2007			6,028			15,685
2008			5,954			15,938
2009			5,747			16,111
2010			5,945			16,319
2011			6,006			16,698
2012			6,042			17,111
2013			6,117			17,431
2014			6,309			17,841
2015			6,504			18,089
2016			6,530			18,419

統計表 15.3.4　人口1人当たり実質GDP，1911～2016年
Table 15.3.4　Real gross value added（real GDP）per capita by sector, North and South, 1911-2016

	1	2	3	4	5	6	7	8	9	10
	人口1人当たり実質GDP Real GDP per capita			人口1人当たり実質GDP Real GDP per capita			人口1人当たり実質GDP Real GDP per capita			
	全土 Total	植民地期北部 North	植民地期南部 South	全土 Total	植民地期北部 North	植民地期南部 South	全土 Total	植民地期北部 North	植民地期南部 South	日本本土 Japan, total
	円，連鎖（1935年市場価格）, Yen, chained（in 1935 market prices）			韓国ウォン，（2010年市場価格）, South Korean Won,（in 2010 market prices in South Korea）			1990年国際ドル，（in 1990 international dollars）			
1911										1,509
1912	66.5	74.9	61.6	703,796	792,529	652,012	626	705	580	1,522
1913	69.3	71.6	67.6	732,869	757,486	715,660	652	674	637	1,529
1914	69.8	67.1	70.9	738,727	710,128	750,354	657	632	667	1,483
1915	66.1	65.3	66.3	699,737	691,107	701,036	622	615	624	1,580
1916	65.3	66.2	64.5	690,807	700,241	682,720	614	623	607	1,779
1917	65.1	63.8	65.5	688,881	674,852	692,893	613	600	616	1,849
1918	69.4	67.3	70.1	733,776	711,876	741,667	653	633	660	1,870
1919	61.9	53.4	66.3	654,924	565,301	701,686	583	503	624	2,025
1920	65.3	66.1	64.8	691,122	698,917	685,384	615	622	610	1,870
1921	65.2	64.2	65.6	690,123	679,128	694,388	614	604	618	2,040
1922	67.6	66.0	68.2	714,703	698,337	721,692	636	621	642	2,040
1923	73.8	72.8	74.2	781,041	770,058	785,008	695	685	698	2,040
1924	72.1	71.0	72.5	762,675	751,114	767,270	678	668	682	2,086
1925	75.1	73.8	75.6	794,312	781,221	799,715	707	695	711	2,147
1926	76.2	74.3	77.0	805,779	786,001	814,553	717	699	725	2,112
1927	80.1	78.7	80.7	847,490	832,857	853,466	754	741	759	2,105
1928	73.8	75.2	72.9	780,696	795,743	771,056	694	708	686	2,235
1929	75.4	78.8	73.5	797,931	833,155	777,776	710	741	692	2,305
1930	81.9	80.8	82.3	866,058	854,915	870,568	770	760	774	2,097
1931	81.3	81.3	81.2	859,589	860,304	858,529	765	765	764	2,089
1932	81.6	81.0	81.9	863,107	856,738	866,825	768	762	771	2,220
1933	82.7	83.2	82.3	874,454	880,104	870,945	778	783	775	2,382
1934	82.7	83.7	82.1	874,491	885,567	868,151	778	788	772	2,362
1935	91.3	99.1	87.1	966,079	1,047,915	921,592	859	932	820	2,406
1936	88.5	101.0	81.7	935,798	1,068,912	864,249	832	951	769	2,507
1937	102.9	114.6	96.6	1,089,138	1,212,738	1,022,502	969	1,079	909	2,563
1938	98.4	113.6	90.1	1,040,541	1,202,167	953,264	926	1,069	848	2,677
1939	91.0	118.9	75.7	962,902	1,257,514	800,781	856	1,119	712	3,021
1940	101.6	119.3	91.2	1,074,754	1,262,571	965,111	956	1,123	858	3,071

	1	2	3	4	5	6	7	8	9	10
	人口1人当たり実質GDP Real GDP per capita			人口1人当たり実質GDP Real GDP per capita				人口1人当たり実質GDP Real GDP per capita		
				北朝鮮 North Korea	韓国 South Korea			北朝鮮 North Korea	韓国 South Korea	日本本土 Japan, total
				韓国ウォン（2010年市場価格）, South Korean Won（in 2010 market price in South Korea）	韓国ウォン，連鎖（2010年市場価格）, South Korean Won, chained（in 2010 market price in South Korea）			1990年国際ドル，（in 1990 international dollars）		
1953					884,349				787	2,521
1954				949,397	949,397			844	844	2,569
1955				1,002,095	1,005,187			891	894	2,771
1956				1,051,500	1,050,549			935	934	2,948
1957				1,145,369	1,114,889			1,019	992	3,136
1958				1,291,937	1,154,980			1,149	1,027	3,289
1959				1,246,649	1,161,348			1,109	1,033	3,554
1960				1,320,756	1,091,660			1,175	971	3,986
1961				1,383,336	1,132,679			1,230	1,007	4,426
1962				1,351,223	1,143,008			1,202	1,017	4,777
1963				1,333,931	1,213,778			1,187	1,080	5,129
1964				1,342,165	1,294,296			1,194	1,151	5,668
1965				1,369,338	1,352,452			1,218	1,203	5,934
1966				1,353,693	1,476,918			1,204	1,314	6,506
1967				1,375,102	1,574,273			1,223	1,400	7,152
1968				1,394,040	1,741,137			1,240	1,549	7,983
1969				1,366,044	1,949,687			1,215	1,734	8,874
1970				1,408,038	2,098,271			1,252	1,866	9,714
1971				1,408,862	2,272,398			1,253	2,021	10,040

532　Ⅱ　統　計　編

統計表 15.3.4　（つづき）
Table 15.3.4　（cont'd）

	1	2	3	4	5	6	7	8	9	10
	人口1人当たり実質GDP Real GDP per capita			人口1人当たり実質GDP Real GDP per capita				人口1人当たり実質GDP Real GDP per capita		
					北朝鮮 North Korea	韓国 South Korea		北朝鮮 North Korea	韓国 South Korea	日本本土 Japan, total
					韓国ウォン (2010年市場 価格), South Korean Won (in 2010 market price in South Korea)	韓国ウォン, 連鎖 (2010 年市場価格), South Korean Won, chained (in 2010 market price in South Korea)		1990年国際ドル, (in 1990 international dollars)		
1972					1,433,564	2,389,638		1,275	2,126	10,734
1973					1,450,856	2,695,868		1,291	2,398	11,434
1974					1,475,558	2,900,811		1,312	2,580	11,145
1975					1,526,610	3,076,728		1,358	2,737	11,344
1976					1,531,550	3,425,123		1,362	3,047	11,669
1977					1,558,723	3,786,158		1,386	3,368	12,064
1978					1,496,144	4,130,862		1,331	3,674	12,585
1979					1,665,767	4,419,624		1,482	3,931	13,163
1980					1,559,547	4,277,252		1,387	3,805	13,428
1981					1,711,878	4,513,410		1,523	4,015	13,754
1982					1,799,983	4,811,507		1,601	4,280	14,078
1983					1,764,577	5,368,913		1,570	4,776	14,307
1984					1,819,745	5,856,862		1,619	5,210	14,773
1985					1,749,755	6,248,919		1,556	5,558	15,331
1986					1,736,581	6,881,510		1,545	6,121	15,679
1987					1,765,400	7,663,576		1,570	6,817	16,251
1988					1,810,688	8,492,339		1,611	7,554	17,185
1989					1,859,269	8,999,867		1,654	8,005	17,943
1990					1,709,408	9,785,984		1,520	8,704	18,789
1991					1,624,596	10,692,858		1,445	9,511	19,368
1992					1,436,858	11,235,829		1,278	9,994	19,472
1993					1,333,108	11,883,784		1,186	10,570	19,455
1994					1,321,580	12,847,899		1,176	11,428	19,553
1995					1,187,363	13,936,583		1,056	12,396	19,888
1996					1,147,016	14,852,807		1,020	13,211	20,360
1997					1,012,799	15,585,582		901	13,863	20,634
1998					1,043,266	14,626,892		928	13,010	20,171
1999					1,133,841	16,165,678		1,009	14,379	20,087
2000					1,059,734	17,461,748		943	15,532	20,497
2001					1,126,431	18,112,445		1,002	16,111	20,516
2002					1,132,195	19,346,502		1,007	17,208	20,533
2003					1,156,897	19,811,026		1,029	17,621	20,850
2004					1,161,014	20,699,533		1,033	18,412	21,318
2005					1,205,478	21,466,160		1,072	19,094	21,592
2006					1,203,008	22,459,017		1,070	19,977	21,956
2007					1,146,193	23,566,673		1,020	20,962	22,428
2008						24,050,116			21,392	22,193
2009						24,095,935			21,433	20,980
2010						25,533,865			22,712	21,990
2011						26,271,146			23,368	21,909
2012						26,732,479			23,778	22,308
2013						27,381,775			24,356	22,632
2014						28,119,534			25,012	22,651
2015						28,752,128			25,574	22,791
2016						29,432,026			26,179	22,944

（出所）　植民地期の人口1人当たり実質GDP（円，連鎖，1935年市場価格）は統計表15.3.2の実質GDP（円，連鎖，1935年市場価格）を統計表15.3.3の人口で割った値．韓国の人口1人当たり実質GDP（韓国ウォン，連鎖，2010年市場価格）についても，同様に2つの統計表から作成した．

　植民地期の人口1人当たり実質GDP（韓国ウォン，2010年市場価格）は，植民地期の人口1人当たり実質GDP（円，連鎖，1935年市場価格）に第15章第1節で算出した植民地南部・韓国のGDPに関する戦前・戦後接続インフレーター0.010579を掛けて算出した．植民地期データの2010年価格への換算は隣り合った年の間の連鎖の形では行っていないことに留意する必要がある．

　北朝鮮の人口1人当たり実質GDP（韓国ウォン，2010年市場価格）は，第3部第14章第3節の分析に基づき，1954年において韓国と同一水準と考え，それ以降については，同節の成長率に関する分析結果に基づいて，統計表14.4.1第4列「購買力平価基準1人当たりGDP」と同一の成長率を仮定して，外挿した．

　植民地期朝鮮（地域別を含む）と韓国・北朝鮮の人口1人当たり実質GDP（1990年国際ドル）は，第4〜6列の人口1人当たり実質GDP（円，連鎖，2010年市場価格）に，第6列の1990年における韓国の人口1人当たり実質GDP（円，連鎖，2010年市場価格）で1990年における韓国の人口1人当たり実質GDP（1990年国際ドル，Conference BoardのThe Conference Board Total Economy Database，2016年5月版，http://www.conference-board.org/data/economydatabase/から得た）を割った値を掛けることで得た．

　なお，北朝鮮の人口1人当たり実質GDP（1990年国際ドル）の推計値は，統計表14.4.1第4列と本表第8列で成長率は同一であるものの，水準は異なる．これは推計の基点となる1954年における韓国の人口1人当たり実質GDP（1990年国際ドル）について，統計表14.4.1がMaddison［1995］のOECDの値1,153ドルを用いているのに対して，本表では政府統計等に基づくわれわれ独自の推計値844ドルを用いているためである．なお，われわれによる1990年国際ドルベース長期推計の妥当性については第15章第3節でやや詳しく分析した．

Ⅱ 統 計 編 533

統計表 15.4.1　植民地期の名目粗付加価値：道別・産業別，1913年，1920年，1930年，1940年
Table 15.4.1　Nominal gross value added by province and by sector in the colonial period, 1913, 1920, 1930, and 1940

		1	2	3	4	5	6	7	8	9	10
		全国合計 Total	南部計 South	京畿・南部 Gyeonggi-do, South	江原・南部 Gangwon-do, South	忠清北道 Chungcheongbuk-do	忠清南道 Chungcheongnam-do	全羅北道 Jeollabuk-do	全羅南道 Jeollanam-do	慶尚北道 Gyeongsangbuk-do	慶尚南道 Gyeongsangnam-do
						千円　1,000 Yen					
第1次産業 Primary sector	1913	431,500	274,593	38,185	16,291	15,434	29,938	33,061	50,535	47,030	44,120
	1920	1,109,622	730,065	101,590	47,628	47,590	82,637	71,843	122,436	142,063	114,277
	1930	593,172	389,728	48,411	28,517	21,470	39,422	45,003	75,932	70,655	60,319
	1940	1,771,201	1,085,491	123,720	78,389	59,880	105,875	132,131	223,463	194,475	167,558
第2次産業 Secondary sector	1913	40,464	26,188	8,635	1,157	1,035	2,406	2,407	2,914	3,214	4,419
	1920	160,231	104,349	32,340	6,486	2,865	6,894	8,952	14,312	13,128	19,370
	1930	232,337	131,343	41,297	6,605	3,439	8,579	10,247	17,024	20,972	23,180
	1940	1,188,371	499,519	177,817	41,911	16,688	29,157	34,704	55,156	62,039	82,047
第3次産業 Tertiary sector	1913	254,940	159,413	27,438	11,153	8,833	16,603	16,174	22,310	31,666	25,237
	1920	403,163	262,719	57,379	19,053	13,945	24,021	25,390	34,850	43,242	44,839
	1930	648,409	425,881	98,132	27,627	26,198	42,902	40,465	50,931	71,255	68,372
	1940	907,386	580,089	169,788	38,841	26,564	59,997	58,657	60,372	67,632	98,237
合計（道内総生産）Total (Nominal GPP)	1913	726,904	460,194	74,257	28,600	25,302	48,947	51,642	75,759	81,911	73,776
	1920	1,673,016	1,097,133	191,309	73,167	64,400	113,552	106,186	171,598	198,434	178,486
	1930	1,473,918	946,953	187,840	62,749	51,107	90,903	95,715	143,887	162,882	151,871
	1940	3,866,958	2,165,100	471,325	159,142	103,133	195,029	225,492	338,992	324,145	347,843

		11	12	13	14	15	16	17	18
		北部計 North	京畿・北部 Gyeonggi-do, North	江原・北部 Gangwon-do, North	黄海道 Hwanghae-do	平安南道 Pyeongan-nam-do	平安北道 Pyeongan-buk-do	咸鏡南道 Hamgyeong-nam-do	咸鏡北道 Hamgyeong-buk-do
					千円　1,000 Yen				
第1次産業 Primary sector	1913	156,906	4,112	5,922	42,476	29,008	32,336	28,974	14,079
	1920	379,556	10,493	16,720	104,755	76,174	66,535	74,377	30,503
	1930	203,444	4,798	10,443	52,844	42,016	38,371	35,604	19,368
	1940	685,710	9,954	26,850	185,087	117,564	127,849	133,823	84,583
第2次産業 Secondary sector	1913	14,276	930	420	2,753	3,466	3,342	2,304	1,061
	1920	55,882	3,340	2,277	11,902	14,233	10,234	8,637	5,259
	1930	100,993	4,093	2,419	13,461	22,121	12,151	38,174	8,575
	1940	688,851	14,306	14,355	86,522	118,535	60,302	253,274	141,557
第3次産業 Tertiary sector	1913	95,527	2,955	4,054	23,224	20,561	18,601	20,674	5,458
	1920	140,445	5,926	6,688	26,474	27,497	32,060	28,382	13,443
	1930	222,528	9,726	10,117	34,405	42,075	40,909	52,643	32,652
	1940	327,296	13,661	13,304	41,840	49,390	47,978	90,293	70,832
合計（道内総生産）Total (Nominal GPP)	1913	266,709	7,997	10,397	68,452	53,036	54,279	51,951	20,598
	1920	575,884	19,759	25,685	143,105	117,904	108,829	111,396	49,205
	1930	526,965	18,617	22,979	100,710	106,212	91,431	126,422	60,594
	1940	1,701,858	37,921	54,509	313,448	285,489	236,129	477,390	296,972

（出所）　第1次産業は第3章で利用した生産データの道別版，第2次産業は第4章で利用した生産データの道別版で推
計した．第3次産業は第5章で利用した第3次産業の名目付加価値（全国値）を第2章で推計した第3次産業就業者
数の道別構成比で分割して推計した．
京畿道と江原道の南北分割については，第15章第2節参照．年次データは，付属のCD-ROMに収録した．

534 II 統 計 編

統計表 15.4.2 植民地期の実質粗付加価値：道別・産業別，1913年，1920年，1930年，1940年（1935年価格）
Table 15.4.2 Real gross value added by province and by sector in the colonial period, 1913, 1920, 1930, and 1940 (in 1935 prices)

		1	2	3	4	5	6	7	8	9	10
		全国合計 Total	南部計 South	京畿・南部 Gyeonggi-do, South	江原・南部 Gangwon-do, South	忠清北道 Chung-cheongbuk-do	忠清南道 Chung-cheong-nam-do	全羅北道 Jeollabuk-do	全羅南道 Jeollanam-do	慶尚北道 Gyeong-sangbuk-do	慶尚南道 Gyeong-sangnam-do
		千円，1935年価格　1,000 Yen, in 1935 prices									
第1次産業 Primary sector	1913	691,622	442,378	62,460	25,339	24,794	48,657	54,198	81,657	75,856	69,417
	1920	789,858	513,941	71,801	33,262	34,140	58,450	50,521	87,551	100,012	78,206
	1930	905,347	599,644	73,681	41,041	33,581	61,410	73,074	114,380	110,495	91,983
	1940	1,010,466	638,763	72,484	41,459	35,564	63,990	81,169	131,463	114,262	98,373
第2次産業 Secondary sector	1913	80,927	53,125	19,137	2,014	3,638	4,399	4,381	5,337	5,985	8,234
	1920	133,677	85,908	28,089	5,907	2,231	5,691	6,710	10,811	10,279	16,190
	1930	236,475	142,468	41,128	7,516	4,247	10,082	12,187	19,306	23,677	24,326
	1940	762,548	322,928	115,739	25,292	10,488	19,919	22,330	35,984	40,579	52,598
第3次産業 Tertiary sector	1913	502,938	314,485	54,128	22,002	17,426	32,754	31,908	44,011	62,470	49,787
	1920	301,505	196,473	42,911	14,249	10,429	17,964	18,988	26,062	32,338	33,533
	1930	591,355	388,407	89,497	25,196	23,893	39,127	36,904	46,449	64,985	62,356
	1940	639,535	408,853	119,669	27,376	18,723	42,286	41,342	42,551	47,668	69,239
合計（道内 総生産） Total (Real GPP)	1913	1,275,487	809,988	135,724	49,355	45,858	85,810	90,487	131,006	144,311	127,438
	1920	1,225,040	796,323	142,800	53,418	46,800	82,104	76,218	124,424	142,629	127,928
	1930	1,733,177	1,130,519	204,306	73,753	61,720	110,619	122,165	180,135	199,157	178,664
	1940	2,412,549	1,370,545	307,892	94,127	64,774	126,195	144,841	209,997	202,508	220,210

		11	12	13	14	15	16	17	18
		北部計 North	京畿・北部 Gyeonggi-do, North	江原・北部 Gangwon-do, North	黄海道 Hwanghae-do	平安南道 Pyeongan-nam-do	平安北道 Pyeongan-buk-do	咸鏡南道 Hamgyeong-nam-do	咸鏡北道 Hamgyeong-buk-do
		千円，1935年価格　1,000 Yen, in 1935 prices							
第1次産業 Primary sector	1913	249,245	6,726	9,212	68,315	46,490	52,123	44,971	21,407
	1920	275,917	7,416	11,677	77,659	58,358	49,490	49,839	21,479
	1930	305,703	7,303	15,029	81,844	63,164	59,742	51,653	26,967
	1940	371,703	5,832	14,201	105,364	65,362	71,360	68,938	40,647
第2次産業 Secondary sector	1913	27,802	2,061	732	5,712	6,663	6,874	3,989	1,771
	1920	47,769	2,901	2,074	11,866	10,264	9,967	6,844	3,854
	1930	94,008	4,076	2,752	16,363	21,485	17,029	23,406	8,896
	1940	439,619	9,312	8,663	47,777	77,812	42,313	168,124	85,618
第3次産業 Tertiary sector	1913	188,453	5,829	7,998	45,816	40,562	36,696	40,784	10,767
	1920	105,031	4,432	5,002	19,779	20,564	23,976	21,225	10,053
	1930	202,947	8,870	9,227	31,378	38,373	37,310	48,011	29,779
	1940	230,682	9,628	9,377	29,489	34,810	33,816	63,640	49,923
合計（道内 総生産） Total (Real GPP)	1913	465,499	14,616	17,942	119,843	93,715	95,693	89,745	33,946
	1920	428,718	14,749	18,752	109,303	89,186	83,433	77,908	35,387
	1930	602,658	20,249	27,008	129,585	123,022	114,080	123,071	65,643
	1940	1,042,004	24,772	32,240	182,630	177,984	147,489	300,702	176,188

（出所）　第3章，第4章，第5章で求めた実質付加価値額を道別・産業別に合計した結果である．
　　道内総生産は，3産業の合計値．マクロデータと比較すると道別データの信頼性がやや低いこと，および道合計値が全国合計と一致するようにしたいこと，のため，連鎖方式では推計しなかった．このため，全国および南北それぞれの合計値は，統計表15.3.2のラスパイレス年次連鎖数量指数とは一致しない．
　　年次データは，付属の CD-ROM に収録した．

II 統 計 編 535

統計表 15.4.3 植民地期の就業者数：道別・産業別，1913年，1920年，1930年，1940年
Table 15.4.3 Number of workers by province and by sector in the colonial period, 1913, 1920, 1930, and 1940

		1	2	3	4	5	6	7	8	9	10
		全国合計 Total	南部計 South	京畿・南部 Gyeonggi- do, South	江原・南部 Gangwon- do, South	忠清北道 Chung- cheongbuk- do	忠清南道 Chung- cheong- nam-do	全羅北道 Jeollabuk- do	全羅南道 Jeollanam- do	慶尚北道 Gyeong- sangbuk-do	慶尚南道 Gyeong- sangnam- do
		千人　1,000 persons									
第1次産業 Primary sector	1913	8,789	5,683	554	449	383	631	637	1,145	1,093	791
	1920	8,981	5,780	548	509	406	552	704	1,144	1,152	766
	1930	9,004	5,754	563	564	437	550	667	1,105	1,157	711
	1940	7,419	4,812	462	516	333	446	589	1,059	707	700
第2次産業 Secondary sector	1913	595	382	62	23	19	41	41	86	57	52
	1920	650	426	64	27	15	68	55	82	58	58
	1930	1,245	795	132	53	30	151	99	125	108	97
	1940	1,029	546	180	46	21	50	44	75	47	81
第3次産業 Tertiary sector	1913	1,335	835	144	58	46	87	85	117	166	132
	1920	1,027	669	146	49	36	61	65	89	110	114
	1930	1,466	963	222	62	59	97	92	115	161	155
	1940	1,860	1,189	348	80	54	123	120	124	139	201
合計 Total	1913	10,719	6,900	760	531	448	759	762	1,348	1,316	975
	1920	10,658	6,875	758	584	457	681	824	1,314	1,320	938
	1930	11,715	7,512	917	679	527	798	857	1,345	1,426	963
	1940	10,308	6,547	991	642	408	619	753	1,258	893	983

		11	12	13	14	15	16	17	18
		北部計 North	京畿・北部 Gyeonggi- do, North	江原・北部 Gangwon- do, North	黄海道 Hwanghae- do	平安南道 Pyeongan- nam-do	平安北道 Pyeongan- buk-do	咸鏡南道 Hamgyeong- nam-do	咸鏡北道 Hamgyeong- buk-do
		千人　1,000 persons							
第1次産業 Primary sector	1913	3,106	60	163	708	555	721	582	316
	1920	3,200	57	179	734	557	778	590	306
	1930	3,250	56	206	755	582	777	584	289
	1940	2,607	37	177	721	498	649	366	160
第2次産業 Secondary sector	1913	213	7	9	45	49	43	43	18
	1920	224	7	9	28	47	38	59	36
	1930	450	13	19	36	76	50	146	108
	1940	483	15	16	55	99	75	112	112
第3次産業 Tertiary sector	1913	500	15	21	122	108	97	108	29
	1920	358	15	17	67	70	82	72	34
	1930	503	22	23	78	95	93	119	74
	1940	671	28	27	86	101	98	185	145
合計 Total	1913	3,819	82	193	874	712	862	733	363
	1920	3,783	78	205	830	675	898	721	376
	1930	4,203	91	249	869	753	920	850	471
	1940	3,762	80	220	862	699	822	663	417

（出所）　第2章で利用した産業別就業者データの道別版を利用して推計した．副業を考慮している．
　　京畿道と江原道の南北分割については，第15章第2節参照．年次データは，付属のCD-ROMに収録した．

536 Ⅱ 統 計 編

統計表 15.4.4 植民地期の道別人口，1913年，1920年，1930年，1940年
Table 15.4.4 Total population by province in the colonial period, 1913, 1920, 1930, and 1940

	1	2	3	4	5	6	7	8	9	10
	全国合計 Total	南部計 South	京畿・南部 Gyeonggi- do, South	江原・南部 Gangwon- do, South	忠清北道 Chung- cheongbuk- do	忠清南道 Chung- cheongnam- do	全羅北道 Jeollabuk- do	全羅南道 Jeollanam- do	慶尚北道 Gyeong- sangbuk-do	慶尚南道 Gyeongsang- nam-do
	千人　1,000 persons									
1913	17,804	11,681	1,526	788	757	1,269	1,209	2,129	2,170	1,833
1920	18,446	12,129	1,589	904	806	1,187	1,364	2,167	2,271	1,841
1930	21,009	13,691	1,958	1,086	898	1,380	1,500	2,327	2,411	2,131
1940	24,302	15,423	2,648	1,313	944	1,574	1,597	2,636	2,470	2,240

	11	12	13	14	15	16	17	18
	北部計 North	京畿・北部 Gyeonggi- do, North	江原・北部 Gangwon- do, North	黄海道 Hwanghae- do	平安南道 Pyeongan- nam-do	平安北道 Pyeongan- buk-do	咸鏡南道 Hamgyeong- nam-do	咸鏡北道 Hamgyeong- buk-do
	千人　1,000 persons							
1913	6,123	164	286	1,433	1,179	1,283	1,240	539
1920	6,317	164	317	1,419	1,166	1,395	1,272	583
1930	7,318	194	398	1,520	1,329	1,559	1,575	743
1940	8,879	213	450	1,811	1,661	1,766	1,877	1,101

（出所）　第2章で利用した人口データの道別版を利用して推計した．
　京畿道と江原道の南北分割については，第15章第2節参照．年次データは，付属のCD-ROMに収録した．

統計表 15.4.5 韓国の名目粗付加価値：道別・産業別，1953～2015年
Table 15.4.5 Nominal gross value added by province and by sector in South Korea, 1953-2015

		1	2	3	4	5	6	7	8	9
		韓国計 South Korea, total	京畿・南部 Gyeonggi- do, South	江原・南部 Gangwon- do, South	忠清北道 Chung- cheongbuk- do	忠清南道 Chung- cheongnam- do	全羅北道 Jeollabuk- do	全羅南道 Jeollanam- do	慶尚北道 Gyeongsang- buk-do	慶尚南道 Gyeongsang- nam-do
		十億ウォン，基礎価格表示　Billion South Korean Won, in basic prices								
第1次産業 Primary sector	1953	22.7	2.0	2.4	1.6	2.2	2.8	5.0	3.3	3.4
	1960	96.1	9.7	6.2	5.4	10.2	11.8	23.3	15.5	14.0
	1970	778.0	82.7	60.2	55.4	93.1	84.0	162.9	130.2	109.6
	1980	6,063	627	420	398	785	624	1,338	995	876
	1985	11,447	1,725	1,173	846	1,327	1,135	1,903	1,864	1,473
	1990	17,673	2,846	1,404	1,025	2,083	1,710	3,356	2,944	2,306
	2000	27,459	4,220	1,960	1,882	3,652	2,686	5,581	3,904	3,575
	2010	30,649	4,150	2,363	1,849	3,853	3,085	6,271	4,775	4,303
	2015	35,376	4,826	2,971	2,221	4,893	3,712	6,719	5,630	4,404
第2次産業 Secondary sector	1953	3.6	1.4	0.3	0.1	0.2	0.2	0.4	0.4	0.6
	1960	28.1	8.1	1.3	0.9	3.1	1.9	2.7	4.5	5.5
	1970	479.8	200.0	12.1	9.5	30.8	26.6	33.9	68.6	98.2
	1980	8,519	4,106	134	151	403	212	328	1,134	2,050
	1985	21,208	7,756	480	935	936	583	1,153	3,619	5,747
	1990	48,862	20,063	1,073	1,760	2,272	1,000	2,641	7,623	12,431
	2000	165,484	63,896	2,123	7,247	13,901	4,946	11,013	23,625	38,733
	2010	352,338	119,407	2,978	15,408	44,466	9,319	28,840	47,345	84,575
	2015	423,091	160,428	3,494	21,031	55,885	11,742	28,213	51,465	90,834
第3次産業 Tertiary sector	1953	19.8	6.4	1.3	0.9	2.3	1.9	1.9	2.1	3.0
	1960	108.1	36.4	7.2	3.9	8.5	7.7	11.1	13.4	19.9
	1970	1,292.0	564.8	64.7	35.1	82.7	65.8	116.6	154.4	207.8
	1980	20,505	9,554	831	582	1,232	838	1,655	2,306	3,506
	1985	48,087	25,620	1,868	1,118	3,153	1,425	3,517	4,193	7,194
	1990	114,594	62,557	4,113	2,835	6,930	3,269	8,478	9,967	16,444
	2000	380,124	211,101	11,774	9,463	24,311	11,094	26,182	33,582	52,618
	2010	762,279	436,984	23,056	19,137	52,335	21,502	50,559	60,132	98,574
	2015	966,344	544,745	30,215	25,117	70,380	26,885	65,407	77,448	126,147
合計 Total (nominal GPP*)	1953	46.1	9.9	4.0	2.7	4.7	4.9	7.3	5.7	7.0
	1960	232.2	54.3	14.7	10.2	21.9	21.3	37.0	33.4	39.4
	1970	2,550	847	137	100	207	176	313	353	416
	1980	35,086	14,288	1,385	1,131	2,420	1,674	3,320	4,435	6,433
	1985	80,742	35,100	3,521	2,899	5,416	3,143	6,572	9,676	14,414
	1990	181,129	85,466	6,590	5,620	11,286	5,978	14,475	20,533	31,181
	2000	573,066	279,217	15,857	18,591	41,863	18,726	42,775	61,111	94,927
	2010	1,145,266	560,542	28,396	36,393	100,654	33,906	85,670	112,253	187,452
	2015	1,424,811	709,999	36,681	48,369	131,158	42,338	100,340	134,542	221,385

（出所）　表・李［2018］およびそのバックデータ．

* GPP＝gross perfectural product.

統計表 15.4.6 韓国の実質粗付加価値：道別・産業別，1953～2015年
Table 15.4.6 Real gross value added by province and by sector in South Korea, 1953-2015

		1	2	3	4	5	6	7	8	9
		韓国計 South Korea, total	京畿・南部 Gyeonggi-do, South	江原・南部 Gangwon-do, South	忠清北道 Chung-cheongbuk-do	忠清南道 Chung-cheongnam-do	全羅北道 Jeollabuk-do	全羅南道 Jeollanam-do	慶尚北道 Gyeongsang-buk-do	慶尚南道 Gyeongsang-nam-do
		十億ウォン，2010年基礎価格表示　Billion South Korean Won, in basic prices of 2010								
第1次産業 Primary sector	1953	6,255	556	659	443	604	765	1,382	901	945
	1960	8,000	808	517	449	851	980	1,937	1,289	1,168
	1970	13,049	1,386	1,009	929	1,562	1,409	2,732	2,183	1,839
	1980	16,485	1,706	1,142	1,081	2,135	1,695	3,638	2,706	2,383
	1985	20,854	3,323	2,620	1,429	2,329	1,893	3,667	2,983	2,841
	1990	21,822	3,556	2,227	1,271	2,489	1,941	4,459	3,305	2,901
	2000	27,990	4,420	2,209	1,958	3,510	2,644	5,756	3,949	3,681
	2010	30,649	4,150	2,363	1,849	3,853	3,085	6,271	4,775	4,303
	2015	31,635	4,115	2,657	1,920	4,279	3,250	6,225	5,055	4,106
第2次産業 Secondary sector	1953	550	216	42	20	34	32	63	57	87
	1960	1,212	352	56	39	135	81	115	196	239
	1970	5,655	2,358	142	112	364	313	399	809	1,158
	1980	24,838	11,972	391	441	1,175	618	955	3,308	5,978
	1985	46,830	15,666	1,017	2,003	2,515	1,843	3,615	7,967	12,659
	1990	85,314	31,707	1,741	3,062	5,519	2,394	6,056	12,983	20,430
	2000	192,803	66,386	2,107	8,079	18,245	6,970	16,391	25,720	50,952
	2010	352,338	119,407	2,978	15,408	44,466	9,319	28,840	47,345	84,575
	2015	415,401	153,116	3,327	21,289	57,504	9,847	31,776	50,477	88,556
第3次産業 Tertiary sector	1953	11,535	3,750	761	538	1,319	1,123	1,089	1,201	1,753
	1960	16,825	5,668	1,123	610	1,325	1,195	1,722	2,088	3,094
	1970	44,634	19,511	2,235	1,211	2,856	2,274	4,029	5,336	7,180
	1980	106,207	49,488	4,306	3,015	6,379	4,343	8,571	11,942	18,162
	1985	166,673	84,973	7,792	4,721	10,970	6,258	12,944	15,955	22,978
	1990	274,952	149,561	10,979	7,265	17,508	8,628	21,288	25,107	37,487
	2000	521,341	287,439	16,921	13,556	33,865	15,237	36,821	45,966	71,360
	2010	762,279	436,984	23,056	19,137	52,335	21,502	50,559	60,132	98,574
	2015	875,606	500,387	26,586	22,479	61,272	23,870	58,080	69,457	113,143
合計 Total (real GPP*)	1953	18,341	4,522	1,462	1,001	1,958	1,920	2,534	2,159	2,785
	1960	26,037	6,828	1,696	1,098	2,311	2,257	3,774	3,572	4,501
	1970	63,338	23,255	3,387	2,253	4,782	3,996	7,160	8,328	10,177
	1980	147,530	63,165	5,839	4,537	9,690	6,656	13,164	17,956	26,522
	1985	234,357	103,963	11,429	8,154	15,814	9,994	20,226	26,906	38,479
	1990	382,087	184,824	14,947	11,598	25,517	12,962	31,803	41,395	60,817
	2000	742,135	358,245	21,238	23,592	55,619	24,852	58,969	75,634	125,993
	2010	1,145,266	560,542	28,396	36,393	100,654	33,906	85,670	112,253	187,452
	2015	1,322,642	657,618	32,569	45,689	123,055	36,966	96,081	124,989	205,804

（出所）　表・李［2018］およびそのバックデータ．

＊　GPP＝gross perfectural product.

統計表 **15.4.7** 韓国の就業者数：道別・産業別，1960～2015年
Table 15.4.7 Number of workers by province and by sector in South Korea, 1960-2015

		1	2	3	4	5	6	7	8	9
		韓国計 South Korea, total	京畿・南部 Gyeonggi-do, South	江原・南部 Gangwon-do, South	忠清北道 Chung-cheongbuk-do	忠清南道 Chung-cheongnam-do	全羅北道 Jeollabuk-do	全羅南道 Jeollanam-do	慶尚北道 Gyeongsang-buk-do	慶尚南道 Gyeongsang-nam-do
		千人 1,000 persons								
第1次産業 Primary sector	1960	4,680	473	303	263	498	573	1,133	754	683
	1970	5,257	558	407	374	629	568	1,100	879	741
	1980	4,885	505	338	320	633	502	1,078	802	706
	1985	4,235	466	284	273	546	459	907	727	573
	1990	3,315	300	251	210	466	302	741	615	430
	2000	2,259	235	140	151	301	225	464	439	304
	2010	1,588	203	87	99	172	156	334	326	211
	2015	1,361	146	95	92	155	140	300	261	172
第2次産業 Secondary sector	1960	477	138	22	15	53	32	45	77	94
	1970	1,448	603	36	29	93	80	102	207	296
	1980	2,797	1,348	44	50	132	70	108	372	673
	1985	3,069	1,595	36	51	116	70	98	358	744
	1990	4,912	2,634	68	105	201	128	195	521	1,060
	2000	4,294	2,260	60	135	213	105	163	509	849
	2010	4,028	1,971	41	149	268	101	188	479	831
	2015	4,485	2,111	51	172	351	118	222	513	947
第3次産業 Tertiary sector	1960	1,871	630	125	68	147	133	191	232	344
	1970	3,449	1,508	173	94	221	176	311	412	555
	1980	5,000	2,330	203	142	300	204	403	562	855
	1985	6,033	2,929	220	164	355	238	480	653	994
	1990	9,858	4,830	323	269	587	373	858	1,019	1,599
	2000	14,603	7,330	468	380	956	513	1,167	1,512	2,277
	2010	18,212	9,756	539	489	1,235	560	1,311	1,725	2,597
	2015	20,092	10,731	585	564	1,466	635	1,475	1,874	2,762
合計 Total	1960	7,028	1,241	450	346	698	738	1,370	1,063	1,121
	1970	10,153	2,670	616	497	943	824	1,514	1,499	1,592
	1980	12,682	4,183	585	512	1,065	776	1,589	1,737	2,234
	1985	13,337	4,990	540	487	1,017	767	1,486	1,738	2,312
	1990	18,086	7,764	642	585	1,254	802	1,794	2,155	3,090
	2000	21,155	9,826	668	665	1,470	843	1,795	2,459	3,429
	2010	23,830	11,929	668	737	1,676	817	1,832	2,530	3,641
	2015	25,935	12,987	731	828	1,971	894	1,997	2,646	3,881

（出所）　表・李［2018］およびそのバックデータ.

統計表 **15.4.8** 韓国の道別人口，1953～2015年
Table 15.4.8 Total population by province in South Korea, 1953-2015

	1	2	3	4	5	6	7	8	9
	韓国計 South Korea	京畿・南部 Gyeonggi-do, South	江原・南部 Gangwon-do, South	忠清北道 Chung-cheongbuk-do	忠清南道 Chung-cheongnam-do	全羅北道 Jeollabuk-do	全羅南道 Jeollanam-do	慶尚北道 Gyeongsang-buk-do	慶尚南道 Gyeongsang-nam-do
	千人 1,000 persons								
1953	21,057	4,356	1,189	1,197	2,116	2,139	3,442	3,347	3,272
1960	24,989	5,194	1,637	1,370	2,528	2,395	3,835	3,848	4,182
1970	32,241	9,126	1,914	1,516	2,927	2,491	4,475	4,669	5,123
1980	38,124	13,544	1,824	1,450	3,011	2,329	4,320	5,045	6,601
1985	40,806	15,963	1,740	1,403	3,027	2,221	4,274	5,083	7,094
1990	42,869	18,342	1,562	1,374	3,028	2,047	4,114	5,029	7,374
2000	47,008	21,747	1,516	1,494	3,276	1,927	3,942	5,302	7,804
2010	49,554	24,431	1,489	1,524	3,593	1,796	3,819	5,110	7,793
2015	51,015	25,247	1,517	1,589	3,832	1,835	3,902	5,147	7,946

（出所）　表・李［2018］およびそのバックデータ.

「植民地期朝鮮」関係統計資料目録

まえがき

1．目録編成の経緯と「植民地期朝鮮」統計調査資料の歴史的特性

この「植民地期朝鮮」の参考資料目録は先に刊行された『アジア長期経済統計　1　台湾』（2008年）に準じて編纂している．ただし，『台湾』では太平洋戦争後現地機関で刊行された資料まで一括調査し記載したが，「植民地期朝鮮」（以下「」は省略）では日本植民地期のものと，把握できた範囲で戦前期データを含む過渡期のものまでに留めた．

植民地期朝鮮の日本による統治形態は，「純」植民地であった台湾と異なり，当初の委任・顧問制度から約4年を経て併合・全面領有となり，日本の植民地の一部と化した．またその後，太平洋戦争終結（以下敗戦）後には一時期米国の軍政下に置かれたこともあった．李朝から日本併合への移行期—韓国政府行政組織と統監府の併存期間における行政調査組織機構の実情はわかり難いところがあるが，以下併存期から日本統治期の調査組織の変遷を概括してみると，以下のようになる（年表参照）．

前期　大韓帝国政府機関と顧問制度・統監府の併存期（明治38年(1905)12月〜43年(1910)9月）
Ⅰ期　総督府設置〜大正14年（1910〜1925）
Ⅱ期　大正14年〜昭和4年（1925〜1929）
Ⅲ期　昭和5年〜昭和20年（1930〜1945）
　　　［1］「国勢調査」開始
　　　［2］昭和10年〜昭和20年（1935〜1945）

「前期」における主たる事業には，韓国（政府）度支部が行った財務整理—税制体系整備のための調査と，皇室財産の整理，土地調査事業への着手などがある（度支部『韓国財政施設綱要』参照）．担当機関は大韓帝国政府の下部組織であるが，職務の実質担当者は度支部所属の日本人職員であった．[1] 報告書は度支部名で刊行されている．前期は約4年半と短いが，単行書・定期刊行物等が多数刊行されている．このほかには，警務顧問，内部警務局による戸口調査・警察統計，関税局による貿易統計等がある．[2] 関税局による『韓国外国貿易年表』や統監府の刊行物の『統監府統計年報』は総督府に引き継がれ，それぞれ『朝鮮貿易年表』『朝鮮総督府統計年報』として敗戦時まで刊行されている．

1910（明治43）年に韓国併合条約が締結され，朝鮮総督府が設置されると，度支部は同一名称のまま総督府の一部局となった．このあたりは目録上混乱が生じやすい．翌1911（明治44）年には総督府としての「統計事務取扱方」も定められ，『朝鮮総督府統計年報』が刊行される．[3] そのほか『朝鮮貿易年表』『朝鮮総督府鉄道

1）　光武11年/明治40(1907)年7月の「日韓協約」第5条は「統監ノ推薦スル日本人ヲ韓国官吏ニ任命スルコト」を定め，財政顧問を廃し，直接関与体制を敷いた．
　　　和田一郎（『朝鮮ノ土地制度及地税制度調査報告書』の著者）は，大蔵書記官で主税局税務監督官であったが，明治43(1910)年6月韓国政府土地調査局書記官に就任している（督府成立後は総督府度支部司税局税務課に転任）．
2）　『朝鮮統計時報』第24号（昭和19(1944)年3月）には，櫻井義之が「朝鮮統計の揺籃時代」と題して初期の統計書について記述している．また，同第22号（昭和18（1943）年5月）には，四方博が「李朝時代の戸口」という論考を掲載している．
3）　『台湾総督府統計書』第1回には後藤新平が民政長官として「緒言」を書き，『統計書』刊行までの経緯を格調高く述べているのに対し，『朝鮮総督府統計年報』第4（実質第1）には「緒言」はなく「凡例」のみで，編纂の意図・経緯等の説明もなく，以降も刊行の経緯にはまったく言及していない（『統監府統計年報』にも「緒言」

542 　「植民地期朝鮮」関係統計資料目録

局年報』も統監府時代から引き継いで刊行された．1912（大正元）年11月には「報告例」も制定される．これ以降敗戦時まで「報告例」が統計報告の中心となった（「報告例」制度については第1章補論を参照[4]）.

1920（大正9）年の第1回国勢調査は，朝鮮では「事情により」（3・1独立運動による混乱を指す）として実施は見送られた．ただし，その代わりに「臨時戸口調査」を施行し，[5] その結果は『朝鮮総督府統計年報大正九年』に附録として掲載された．なお，警察による「戸口調査」は，1922（大正11）年7月の総訓第33号「戸口調査規程」により，敗戦時まで行われた．

1922（大正11）年に総督府官房に調査課が設けられ（それまでは官房庶務部文書課），1923（大正12）年には善生永助が嘱託として採用された．しかし1925（大正14）年の行政整理により調査課は文書課調査係に縮小され，敗戦時まで統計課はもとより調査課も設置されていない（ただし1930（昭和5）年より官房に臨時国勢調査課が置かれ統計官も配置された）．ただ善生の調査活動は1935（昭和10）年に氏が退職するまで継続されていた．調査課で刊行した調査資料のほとんどは善生の手になるものである．[6]

1925（大正14）年の簡易国勢調査は，朝鮮では第1次国勢調査として初めて実施された．「本土」からの宣伝活動が行われ，横山雅男は京城や平壤をはじめ朝鮮各地を精力的に巡講している．この前年には府内に統計研究会が組織され，機関誌の発行や宣伝活動等も行ったとあるが，この機関誌の所在は確認することができず詳細は不明である．[7]

次に，I期〜II期は日本統治下の植民地としての統計制度の整備期に当たる．1913（大正2）年3月官通牒第77号「道府郡統計年報調製標準ノ件」では，道統計年報の調製が義務づけられた．「報告例」の改正では，1922（大正11）年別冊（様式）を「甲号」「乙号」として，「甲号」は道知事（道・府・郡の報告事項），「乙号」は総督府官署長の報告と分けた．「報告例」はこの後たびたびの改正を経て1945（昭和20）年6月政務総監通牒で「一部停止」となる（年表参照）.

III期は統計制度の日本内・外地一体化の時期で，1929（昭和4）年11月の「資源調査法」の朝鮮・台湾・樺太への施行の規定により，まず12月府令第120号で「朝鮮工場資源調査規則」を，以下第125号までを同年末までに，越えて1930（昭和5）年3月の第126号「朝鮮私設鉄道資源調査規則」で，鉱業・海事・電気供給事業等々各個の調査規則が制定された．1930（昭和5）年の国勢調査は日本本土と一体で施行，1935（昭和10）年国勢調査施行を機に10月には，先の「統計研究会」消滅の反省の下に「府邑面の統計職員を中心として組織すること，並びに目標を第一線職員及び民衆に置」いて[8] 朝鮮統計協会が設立され，翌3月には機関誌『朝鮮統計時報』が発行された．同誌は以後1942（昭和17）年の一時期休刊を除いて1944（昭和19）年3月まで刊行された．台湾の『台湾統計協会雑誌』が1920（大正9）年国勢調査（日本としては第1回で，台湾をはじめ全植民地を対象とする．）を境に終刊となったのと対照的である．

なし).

4)　台湾の「報告例」制度については Hi-STAT Discussion paper Series, No.153（2006.3）を参照.

5)　1920年の臨時戸口調査については松田［1978］p.99参照.

6)　「朝鮮総督府の調査事業について」（『朝鮮研究月報』13（1963年1月号）所収）参照．なお善生が所蔵していた「朝鮮関係の史料を全部アメリカ国会図書館にゆずってしまった」（p.34）とある．善生の調査研究活動については，碓井和弘「朝鮮総督府嘱託善生永助の調査研究――朝鮮流通研究の文献・資料（1）」（『札幌学院商経論集』7巻2・3号合併号）（1991.3）参照.

7)　『朝鮮統計時報』創刊号（昭和11年3月）の横山雅男「朝鮮統計と関係浅からぬ余の欣び」に，「大正十三年九月二十九日，朝鮮統計研究会が生れ，その機関誌として「朝鮮の統計」が創刊せられたことは忘れてゐない」とある．また『統計学雑誌』第459号（大正13年9月）に「朝鮮統計研究会」の記事があり，その会則を掲げている．『朝鮮』大正13年9月号にも，薄田美朝が「統計研究会生る」を書いている．さらに，『統計学雑誌』第462号（大正13年12月）には創刊号の目次が紹介され，阪谷芳郎・横山雅男等が所感を寄稿している．なお，善生永助『朝鮮経済関係著書論文目録』（昭和10年7月）によれば，大正15年11月に「李朝時代の戸口調査」を，また同12月に「朝鮮の市場統計に就いて」を朝鮮総督府統計協会『統計時報』に掲載したとあるが，この機関名と誌名は「朝鮮統計研究会」と『朝鮮の統計』を後の「朝鮮統計協会」と『朝鮮統計時報』と取り違えて記載したものと思われる.

この研究会については，上記創刊号の眞鍋半八（協会主事）の「朝鮮統計協会設立の経緯」によれば，14年の国勢調査終了幾許もなく「自然消滅の運命に立ち至り」云々とある．国勢調査への対応ということでみれば，

個々の調査についてみると，台湾では1905（明治38）年の臨時戸口調査（国勢調査）実施の際水科七三郎（臨時台湾戸口調査部主事）の提言と祝辰巳（財務局長兼臨時台湾戸口調査部主事，のち第2代台湾総督府民政長官）の支援により，戸口調査と同時に人口動態調査の施行が決定され，1905（明治38）年分より『台湾人口動態調査統計』が刊行された[9]のに対し，植民地期朝鮮では「人口動態調査規則」が制定されたのは，関東州・樺太よりも遅れて1937（昭和12）年10月で，それまでは「報告例」中の戸口に関する各様式表によっていた．1932（昭和7）年には各道に「人口調査小票規程」が設けられたが，中央集査はない．家計調査は，台湾では1937（昭和12）年に施行されているが，植民地期朝鮮では1943（昭和18）年にようやく計画され，調査要綱等も作製されたものの，実施されたかどうかは不明である．たぶん戦争末期の混乱で流れたのではなかろうか．逆に失業調査は，1932（昭和7）年に行われ，1937（昭和12）年10月の調査（内務局調査）については，その概要が『朝鮮統計時報』（第11号，昭和13年11月）に掲載されている（7年の調査については刊行物があるが，12年のものについては不明）．政府記録保存所文書中には「失業調査綴　昭和十年〜十五年度」がある（「資料目録」《総督府調査　文書綴》参照）．

　工業生産関係では，「報告例」による「工産表」と「朝鮮工場資源調査規則」による集計表（『工場名簿』のもの．「規則」では「工場通覧」と称する）とで数値に相違がみられる．これは，「規則」での工場の規定と「報告例」での規定が相違していることによるが，そのいずれが妥当であるかは，それぞれの条文や備考をみなければ解決しない事項である．[10]

　なお，植民地期朝鮮経済に関する統計資料として欠かせないものに商工会議所の刊行物がある．これも台湾と対照的であるが，[11]植民地期朝鮮における商工会議所の歴史は古く，1877（明治10）年の釜山居留地借入の直後に釜山商法会議所が創立されている．明治年間には京城・元山・仁川・木浦等主要各地商工会議所の設立をみた．[12]なかでも京城商工会議所は中心的存在であり，定期刊行物のほかにも多くの調査報告書を出している．これらの資料，とくに商工業関係についての調査（工産・工場・会社等）は，総督府や京城府刊行の資料に対しての補完以上の役割を持っている（『京城商工会議所二十五年史』参照）．

　韓国の統計調査史については，『韓国統計発展史（1，2）』（韓国統計庁，1992年）のほか，植民地ということに視点を置いた朴明圭・徐浩哲編『植民地権力と統計——朝鮮総督府の統計体制とセンサス』（ソウル大学校出版部，2003年9月）がある．どちらも全文ハングルであり，邦訳はない．ただ，後者についてはセンサスの部分を邦訳した論文が『地域総合研究』第32巻1号（鹿児島国際大学附置地域総合研究所，2004年9月）に掲載されている．後者の前半では「報告例」や『統計年報』にも触れているが，残念ながら筆者にはまだ解読できない．

　　1905（明治38）年臨時台湾戸口調査に対応して設立された台湾統計協会と対比して研究してみる必要があるが，今後の課題とする．
　　なお，この機関誌『朝鮮の統計』についてはいまだに1冊も現物を発掘できない状況にある．
8）　統計の民衆への啓蒙（民衆化）も視野に置いて，協会会則に「功績者及優良邑面ノ表彰」を目的の一に掲げている．協会設立後1年を経て行われた第1回の表彰の功績者18名はそのほとんどが面書記の朝鮮人職員である．
9）　水科七三郎「後藤伯ト台湾ノ人口動態統計」（『統計学雑誌』第516号，昭和4年6月）参照．
10）「朝鮮工場資源調査規則」は調査内容を，1．五人以上ノ職工ヲ使用スル設備ヲ有シ又ハ常時五人以上ノ職工ヲ使用スル工場，2．三十人以上，3．五十人以上，4．百人以上，と細かく分けて定めている．その調査票は「統計上ノ目的以外ニ之ヲ使用スルコトヲ得ズ」とあるが，「工場通覧調製ノ目的ヲ以テ左ニ掲グル事項ヲ摘録スル為之ヲ使用」云々ともある．なお，官公立工場は適用外で，鉱業関係も別に「朝鮮鉱業資源調査規則」がある．「報告例」では，第228号「年報　工産表」で各道ごとに品目・区分（内・朝・外別）数量・価額・戸数等を書き上げることになっているが，備考に「本表ニハ朝鮮工場資源調査規則第一条及第二条ニ該当スル工場生産以外ノ生産ニ付自家用，販売用ヲ併セ調査掲記スベシ」とある．
　　なお，韓国政府の記録保存所の文書中には「適用外」の官営工場の分もある（『政府記録保存文書索引目録』参照）．
11）　台湾での商工会議所設立は1938（昭和13）年3月以降（昭和11年10月27日「台湾商工会議所令」による）であり，京城商工会議所とは異なり，見るべき資料を刊行しないうちに終わった．
12）　植民地期朝鮮の商工会議所は1942（昭和17）年度で24カ所である（日本商工会議所編『商工会議所一覧』昭和

2．資料の採録方針

『アジア長期経済統計　1　台湾』の場合は先に各章著者の原稿（第1次）があり，そこに採用されている資料を中心として，それに編者の判断により主要と思われる資料を追加して編纂した．本書では，まずは金洛年編［2006］[13]の「参考文献」掲載の資料および本文中の引用文献を参考とし，次に1994年一橋大学経済研究所日本経済統計情報センターが刊行した『日本帝国　外地関係統計資料目録——朝鮮編』から，内地および朝鮮総督府の刊行資料・文書を中心に植民地期朝鮮に所在する各種機関の刊行物で経済に関わると思われるもの，および参考となる資料を採録した．補完としてソウル大学校および韓国国立中央図書館所蔵のものを冊子目録[14]でチェックし，これをウェブで確認し，ダウンロードできるものは現物を閲覧した．さらに日本国内所在の資料については最新の情報をとるため CiNii 他資料検索システム等で再確認した．

なお，道統計年報や道刊行の農業・水産等の統計年報は，日本国内での所蔵状況が不良で散発的といった状態のため，地域統計としてはもちろん価値があり，全体的にも必要性は十分あることは認識しつつも，今回の調査では対象としなかった．

また，植民地期朝鮮関係資料として在外朝鮮人は重要な項目ではあるが，今回の採録目的からは外れるので取り上げなかった．[15]

ちなみに，今回取り上げた総督府文書は『政府記録保存所目録』[16]に記載のあるもので，安秉直氏のご厚意により落星台研究所所蔵のコピーを拝見できたものおよび東京大学東洋文化研究所に宮嶋博史氏が寄贈されている資料（コピー）から採録した．

金洛年編［2006］の「参考文献」中「1．資料」に掲げられている資料は，その項目をチェックし，採録の必要性を判断した．

ただし，次の例外がある．1）国内および韓国国立中央図書館の検索・ダウンロードで発見できなかった資料は除外した（例：『朝鮮住宅営団の概要』）．また国内所蔵のものでは，遠隔地所在で確認の取れないものについて一部採録はしているが，情報は未確認のままである（例：朝鮮山林会『朝鮮山林会報』九大・北大のみ所蔵の号）．2）金洛年編［2006］の目録で書名・誌名に明らかに誤記と思われるものがあり，これらは訂正した書名・誌名で採録した（例：京城府産業調査会『工場生産ニ依ル生産状況調査』は『工場工業ニ依ル…』，また『京城土木建築業協会会報』とあるが，これは『京城土木建築業協会報』[17]が正しい）．

そのほか，必要と思われる事項は資料名の末尾に＊で注記した．

なお，資料名の末尾にあげてある復刻情報（出版社・刊年等）は参考までに掲げたもので，このほかにも多数存在すると思われる．とくに韓国においては，「○○叢書」の形で各種資料を一括収録しているものが多く，現物をみないと，何が収められているのかわかり難いところがある．

17年刊による）．アジア経済研究所『在外日本人経済団体刊行物目録』（平成9年3月刊）には浦項商工会議所の項があり，『商工案内』を掲載しているが，詳細は不明である．上記『刊行物目録』参照．（なお昭和17年版の『商工会議所一覧』には浦項はなく，設立年等不明．）
　　　附．『東京商工会議所（経済資料センター）所蔵全国商工会議所関係資料　第Ⅱ期：東アジア日本人商工会議所関係資料（明治36年〜昭和20年）収録目録』（雄松堂書店，2011年10月刊）に，朝鮮商工会議所分17商工会議所の収載がある．

13）邦訳．文浩一・金承美訳［2008］『植民地期朝鮮の国民経済計算　1910-1945』東京大学出版会．
14）〔ソウル大学校図書館〕『経済文庫目録』〔旧京城帝国大学朝鮮経済研究所所蔵文献，通称「四方文庫」〕（手書）．ソウル国立図書館『蔵書分類目録　解放以前日書部　第五巻』（1963年3月）．
15）在外朝鮮人（とくに在満洲）については，一橋大学経済研究所日本経済統計情報センター『日本帝国外地関係統計資料目録——朝鮮編』（統計資料シリーズ No.46，1994年）に一部収載あり．
16）目録には『政府記録保存文書目録』と『政府記録保存文書索引目録』とがあり，前者は冊単位，後者は内容件名まで記載する．この目録と総督府文書については，『記録と史料』7（全国歴史資料保存利用機関連絡協議会，1996年10月）に掲載の高橋益代「「旧外地」行政文書について」を参照されたい．
17）本誌については，目録の本文を参照されたい．

「植民地期朝鮮」関係統計資料目録　545

３．資料の配列および記載方針

大まかな内容分類（総括・人口・労働…）の下は，編者名・資料名のそれぞれ50音順で記載する．

逐次刊行物の編者名・資料名は最終名を見出しとし，その変遷を〔　〕で注記，創刊～終刊は判明した限りで記載した．日本国内（遠隔地所蔵資料もできうる限り調査したが未見のものあり，未調査資料の刊年月は--で表記）および韓国（ソウル）での検索で詳細が不明なものは不明のままとしてある．欠年状況が判明したものは＊で注記した．また表記にはない事項の注記を〔　〕で補記した．

植民地期朝鮮統計調査年表[a]

和暦	西暦	月	日	行政・経済・統計調査関係事項	統計調査刊行物	関連政治情勢
明治	10 1877	1	3	釜山港日本人居留地借入約書調印		
	12 1879	8	—	釜山商法会議所創立（釜山商工会議所の前身）		
	20 1887	2	23	京城商業会議所創立（京城商工会議所の前身）		
	21 1888	11	17		『朝鮮地誌略』（参謀本部作成）	
	27 1894	8	1			**日清戦争**
	28 1895	4	17			下関条約調印
		6	17			台湾総督府開設
		10	8	乙未事変（閔妃殺害事件）		
	29 1896 (建陽1)	9	1	*戸口調査規則公布（勅令）*		
	37 1904 (光武8)	2	10			**日露戦争**
		2	23	日韓議定書調印		
		8	22	第1次日韓協約（財務顧問設置）		
	38 1905	1	31	第一銀行に国庫金の取り扱いと貨幣事業委任		
		3	7	居留民団法（法第41号）		
		9	5	日露講和条約（韓国保護権獲得）		
		11	17	第2次日韓協約（韓国保護条約）調印		
		12	20	**（韓国）統監府および理事庁官制公布（勅令第267号）**		
	39 1906	2	26	反日蜂起（義兵叛乱）		
		3	2	初代総督伊藤博文着任		
		4	—	*普通警察報告例（統監府統訓第7号）*		
		11	—	*戸口調査実施（韓国政府）*		
	40 1907 (隆煕1)	5	—		『韓国戸口表』[n.d.]（丸山警務顧問調査）	
		12	23		『統監府統計年報第1次』刊行	
		12	—	（韓）官制改正（内部地方局版籍課→警務局民籍課，民籍事務は各警察署の管掌事項となる）		
	41 1908	11	—		『第1次 韓国金融事項参考書』（印刷）	
		12	28	東洋拓殖株式会社設立（8.26法第63号に基づく）		
		12	—		『第1回 度支部統計年報』（緒言）	
	42 1909	3	4	民籍法公布（法第8号 4月1日施行/戸口調査規則廃止）		
		8	25	*警務局長訓達（民籍実査に併せて職業調査を命ず）*		
		10	29	韓国銀行設立		
	43 1910	3	15	臨時土地調査局官制（韓国政府 勅令第20号）		

和暦		西暦	月	日	行政・経済・統計調査関係事項	統計調査刊行物	関連政治情勢
明治	43	1910	8	22	**韓国併合に関する日韓条約調印**		
			8	29	韓国併合に関する日韓条約公布，国号を朝鮮と改称（勅令第318号）朝鮮総督府設置（勅令第319号）		
			9	29	**総督府および所属官署官制公布（勅令第354号）**		
					臨時土地調査局官制公布（勅令第361号），土地調査事業開始（大正7年10月事業完了）		
			9	—		『民籍統計表』（民籍法に基く調査，隆熙 4（1910.5.10実査）	
			12	29	会社令公布（制令第13号）		
	44	1911	1	9	*普通警務報告例（警務総監部訓令甲第1号）*		
			1	—	*『朝鮮各地物価調査概要』（朝鮮駐剳軍調査）［n.d.］*		
			2	22	**朝鮮総督府統計事務取扱方（訓令第16号）**		
			3	25		『朝鮮総督府統計年報第4次』刊行〔回次は『統監府統計年報』と通算〕	
			3	28	朝鮮銀行法公布（法第48号　韓国銀行を改称）		
			3	31		『朝鮮貿易年表 明治43年』刊行	
			4	17	土地収用令公布（制令第3号）		
			5	3	*朝鮮総督府月報ニ関スル規程（訓第41号）*		
			8	23	朝鮮教育令公布（勅令第229号）		
			8	31		『朝鮮総督府鉄道局年報　明治43年度』（緒言）	
	45	1912	1	1			
大正	1	1912					中華民国成立
			1	24	*警察報告例（警務総監部訓令甲第4号）〔普通警務報告例廃止〕*		
			3	7	朝鮮郵船株式会社設立登記（4.1命令航路定期航海開始）		
			3	11	寺内総督棉作（陸地棉）奨励（改良・普及）を訓令（訓令第8号）第1期計画		
			3	18	朝鮮民事令公布（制令第7号）		
			3	31		『慣習調査報告書』刊行（元法典調査局調査　明治41年5月～43年9月同局廃止により終了）	
			8	13	土地調査令公布（制令第2号）		
			10	24	銀行令公布（制令第5号）		
			10	29	駅屯土特別処分令公布（勅令第39号）		
			11	22	**朝鮮総督府報告例制定（訓令第20号）**		
	2	1913	1	8	*報告例ニ依ル報告取扱方ノ件（各所属官署宛　官通牒第2号）*		
			1	24	土地調査局ソウル市街地の地価と等級区分制定		
			3	22	*道府郡統計年報調製標準ノ件（官通牒第77号）*		
			10	30	府制・学校組合令公布（制令第7，8号）		
			12	9	*朝鮮総督府報告例中および別冊改正（訓令第62号/官通牒第391号）*		

和暦		西暦	月	日	行政・経済・統計調査関係事項	統計調査刊行物	関連政治情勢
大正	3	1914	3	1	地方行政区域改編（12府218郡2517面）（大正2年府令第111号による）		
			4	30	統計事務取扱ノ件（各所属官署宛　官通牒第162号）	『朝鮮総督府京畿道統計年報　大正元年』刊行	
			5	22	農工銀行令（制令第21号 7.1施行）・地方金融組合令（制令第22号9.1施行）		
			7	28			第1次世界大戦勃発
			9	29	朝鮮総督府報告例中および別冊改正（訓令第54号）		
	4	1915	2	17	米穀検査規則公布（府令第4号）		
			4	3	中枢院官制改正（旧慣調査担当）		
			7	15	朝鮮商業会議所令（制令第4号）		
			11	19	朝鮮総督府報告例中および別冊改正（訓令第59号）		
			12	24	朝鮮鉱業令公布（制令第8号）		
	5	1916	1	24	戸口調査規程公布（警務総監部訓令第5号）		
			4	1	専門学校官制公布（勅令第80号）		
			12	4	朝鮮総督府報告例別冊改正（訓令第47号）		
	6	1917	5	31	地籍調査規則（局訓令第8/9号）		
			6	9	面制公布（制令第1号 10.1施行）		
			7	31	朝鮮国有鉄道の経営権を満鉄に委託		
			12	27	朝鮮総督府報告例別冊改正（訓令第54号）		
	7	1918	5	1	朝鮮林野調査令公布（制令第5号），林野調査事業開始		
			6	7	朝鮮殖産銀行令公布（制令第7号）		
			6	27	各道に金融組合連合会設立		
			9	4	朝鮮総督府統計事務取扱方（訓令第47号）		
			10	1	殖産銀行創立総会（殖産銀行令附則により農工銀行廃止）		
			10	2	軍需工業動員法を朝鮮・台湾・樺太に施行（勅令第368号）		
			11	11			第1次世界大戦終結
			12	30	朝鮮総督府報告例別冊改正（訓令第65号）		
	8	1919	3	1	**三・一独立運動**		
			3	18		『朝鮮地誌資料』（臨時土地調査局）刊行	
			4	10	大韓民国臨時政府樹立（上海）		
			8	12	斎藤実朝鮮総督就任—文治政策（昭和2.12.10退任）		
			8	20	朝鮮・台湾総督府官制改正（勅令第386/387号 文官総督制）（施行）朝鮮総督府警務総監部廃止		
			11	28	政務報告例（拓秘第1625号）		
			12	29	朝鮮総督府報告例別冊改正（訓令第55号）〔「警察報告例」は実質「督府報告例」に統合〕		

548 「植民地期朝鮮」関係統計資料目録

和暦		西暦	月	日	行政・経済・統計調査関係事項	統計調査刊行物	関連政治情勢
大正	9	1920	3	5		『朝鮮日報』創刊（度々の停刊処分を受ける）	
			4	1		『東亜日報』創刊（同上）	
			10	1	*臨時戸口調査実施（日本本土・台湾等では第1次国勢調査）*		
			11	12	朝鮮徴発令公布（制令第25号）		
			12	25	朝鮮総督府報告例別冊改正（訓令第72号）		
			12	27	産米増殖計画を樹立		
	10	1921	4	1	煙草専売令制定（制令第5号），専売局設置（3.31 勅令第53号）		
			6	6	産業調査委員会規程公布（総督府内に設置）		
			6	7	内鮮相互間戸籍送付の手続・内鮮人婚姻の民事手続（韓日戸籍法）制定		
			9	15	総督府産業調査委員会開催（～20日）		
			10	6	朝鮮総督府報告例別冊改正（訓令第56号）		
	11	1922	2	6	〔第2次〕朝鮮教育令公布（勅令第19号）		
			4	8		『第1次（大正10年）金融組合要覧』刊行	
			5	22	面統計事務功績者表彰規定準則ニ関スル件（官通牒第43号）		
			7	13	戸口調査規程（訓令第33号）		
			10	5	朝鮮総督府報告例中および別冊中改正（訓令第49号）		
			12	18	朝鮮戸籍令公布（府令第154号 大正12.7.1施行）		
	12	1923	3	15		『第1（大正10年度）朝鮮総督府専売局年報』刊行	
	13	1924	5	2	京城帝国大学学部ニ関スル件（勅令第104号），予科を開設する		
			9	29	朝鮮統計研究会設立（機関誌『朝鮮の統計』刊行）b)		
	14	1925	3	31	鉄道局新設，満鉄への鉄道経営委託を解除		
			5	7	治安維持法（4.21 法第46号）朝鮮・台湾・樺太に施行（勅令第175号）		
			10	1	**簡易国勢調査施行（朝鮮では第1次に相当）**		
			12	29	朝鮮総督府報告例中および別冊中改正（訓令第54号）		
昭和	1	1926	1	25	朝鮮農会令公布（制令第1号）		
			2	27	朝鮮度量衡令公布（制令第6号），メートル法採用（4.1施行）		
			6	10	万歳運動起る		
	2	1927	1	22	煙草専売令改正（制令第1号），煙草完全専売制		
			11	28	朝鮮総督府報告例別冊中改正（訓令第32号）		
	4	1929	9	17		『生活状態調査 其一』（善生永助調査）刊行（～其八（昭和10.03））	
			11	3	光州学生運動起る		

「植民地期朝鮮」関係統計資料目録　549

和暦		西暦	月	日	行政・経済・統計調査関係事項	統計調査刊行物	関連政治情勢
昭和	4	1929	11	20	資源調査法（4.11 法第53号）を朝鮮・台湾・樺太に施行（勅令第327号）		
			12	1	資源調査令（勅令第329号）施行（「職務ハ朝鮮ニ在リテハ総督之ヲ行フ」） *朝鮮工場資源調査規則（府令第120号）* 　*以下第125号までおよび昭和5年3月* 　*第126号まで資源調査関係各規則あり*		
	5	1930	5	10	朝鮮商工会議所令（制令第4号）		
			10	1	**国勢調査施行**		
			11	15	朝鮮総督府報告例中および別冊改正（訓令第51号）		
			12	1	地方制度改正（道制・邑面制）（制令第15，12号）		
	6	1931	9	18			**満洲事変勃発**
			9	23	戸口調査規程中改正（訓令第36号）		
	7	1932	2	17	朝鮮電気事業令（制令第1号　昭和8.11.1施行）		
			3	1			**満洲国建国宣言**
			4	—	*農家経済調査（現況調査　7年4月〜8年3月）*		
			8	30	統計小票規程（江原道訓令第18号 郡守邑面長宛） ＊戸口調査に係わる小票		
			12	10	朝鮮小作調停令（制令第5号）	『朝鮮工場名簿昭和7年版』刊行	
			12	24	司法警察事務報告（大正15訓第12号）廃止（訓令第75号）		
	8	1933	2	20	総督府棉花増産計画		
			8	17	朝鮮金融組合連合会令公布（制令第7号）		
			11	29	朝鮮総督府報告例および別冊改正（訓令第41号）		
	9	1934	4	11	朝鮮農地令公布（制令第5号）		
			4	24	米穀生産費調査会設置 米穀生産費調査昭和8年度より実施		
	10	1935	10	1	**国勢調査施行**		
			10	10	長津江水力電気（株）平壌方面へ154KVの送電開始		
			10	—	朝鮮統計協会設立（機関誌『朝鮮統計時報』刊行）[c]		
			12	28	朝鮮総督府報告例別冊甲号及乙号中改正事項政務総監通牒（官通牒第44号）		
	11	1936	3	1		『朝鮮統計時報』（朝鮮統計協会）創刊	
			3	18	朝鮮及台湾ニ於ケル米穀生産費調査ニ関スル件（農林省米穀局長説明資料）		
			6	4	鮮満拓殖株式会社令公布（制令第7号）		
			6	30		『朝鮮米生産費に関する調査』（日本学術振興会第六小委員会）刊行	
			10	20	朝鮮産業経済調査会開催（〜24日）		
	12	1937	3	6	朝鮮重要肥料業統制令公布（制令第1号）		
			7	7			**日中戦争勃発**
			7	30	韓国光復戦線結成		

550 「植民地期朝鮮」関係統計資料目録

和暦	西暦	月	日	行政・経済・統計調査関係事項	統計調査刊行物	関連政治情勢
昭和						
12	1937	8	—	「鴨緑江及図們江水力発電事業に関する覚書」朝鮮総督府及び満洲国間にて調印／鴨緑江水力発電開発委員会設置		
		9	7	産金五カ年計画，朝鮮産金令公布（制令第16号）		
		9	24	工場事業場管理令公布（勅令第528号）		
		9	—	鴨緑江水力発電所建設着工		
		10	1	朝鮮全土に失業調査実施〔報告書は未詳〕d)		
		10	27	朝鮮人口動態調査規則公布（府令第161号）		
		11	19	朝鮮総督府報告例中および別冊改正（訓令第77号）		
		12	27	朝鮮物価調査規則公布（昭和13.1.1施行）		
13	1938	3	4	改正 朝鮮教育令公布（勅令第103号）		
		3	末	第2次農家経済調査		
		5	4	国家総動員法（4.1法第55号）朝鮮・台湾・樺太に施行（勅令第316号）		
		8	1	朝鮮工業組合令公布（制令第27号）		
		9	6	朝鮮総督府時局対策調査会開催（〜9日）		
		9	23	人口統計調査ニ関スル件（報告例中改正事項）（文第86号）		
14	1939	5	13	臨時国勢調査施行規則（府令第76号）		
		6	1	国民職業能力申告令（1月7日公布 勅令第5号）朝鮮へ適用施行		
		8	1	臨時国勢調査（物の国勢調査）施行		
		9	30	国民徴用令施行規則（府令第164号）		
		10	16	価格等統制令（勅令第703号）ほか公布（10月27日施行）電力調整令公布（勅令第708号10月27日施行）		
		11	10	朝鮮人ノ氏名ニ関スル件〔創氏改名〕公布（制令第20号昭和15.2.11施行）		
		12	28	朝鮮総督府報告例別冊ニ関スル件（官通牒第32号）		
15	1940	3	10		『朝鮮人口動態統計昭和13年』刊行	
		3	31		総督府朝鮮史編修委員会『朝鮮史』（全37巻）完結（昭和7.3.31刊行開始）	
		8	3	総督府各官署へ報告例改正資料提出方照会		
		8	10	『朝鮮日報』『東亜日報』廃刊		
		10	1	国勢調査施行〔結果報告は『要約』のみ刊行〕		
16	1941	4	2	労働技術統計調査令（勅令第38号）外地へ適用		
		5	2	統計報告事項ノ整理統合ニ関スル件（文第28号通牒）		
		5	13	貿易統制令公布（勅令第581号）		
		5	28	朝鮮労働技術統計調査施行規則（府令第147号）		

「植民地期朝鮮」関係統計資料目録　551

和暦	西暦	月	日	行政・経済・統計調査関係事項	統計調査刊行物	関連政治情勢
昭和	16	1941	7	18	朝鮮総督府統計事務取扱方改正（訓令第82号）		
		8	9	統計報告事項ニ関スル件（通牒）		
		8	10	*朝鮮労働技術統計調査　第1回（昭和16年）施行*		
		8	—	水豊発電所第一期工事完了（9.1 送電開始）		
		10	23	朝鮮総督府報告例改正（訓令第98号）（昭和17.1.1施行）		
		12	8			**太平洋戦争開戦**
		12	15	物資統制令公布（勅令第1130号）		
	17	1942	5	8	朝鮮への徴兵制施行閣議決定		
		5	20	朝鮮塩専売令公布（制令第26号）		
		11	1	総督府官制改正（勅令第727号）		
		12	3	朝鮮総督府報告例中改正（訓令第66号）（昭和18.1.1施行）		
		12	25		『朝鮮労働技術統計調査結果報告　第1回』刊行	
	18	1943	2	1	「本府報告例ノ改正ニ関スル件」（総第6号）		
		3	1	兵役法（法第4号）改正，**徴兵制公布**（8.1施行）		
		4	23	朝鮮石油専売令公布（制令第25号7.1施行）		
		6	10	*朝鮮労働技術統計調査　第3回（昭和18年）施行*		
		7	27	海軍特別志願兵令公布（勅令第608号）		
		10	1	*家計調査実施（昭和18年10月1日〜19年9月末）*		
		10	8	生産増強・労務強化対策要綱		
	19	1944	2	8	総動員法による全面徴用を実施		
		3	31		『朝鮮総督府統計年報　昭和17年』（最終版）刊行	
		5	1	*人口調査実施（資源調査法に基く昭和19年人口調査．内地における2月22日〈人口調査〉に準ず）*		
	20	1945	6	6	朝鮮総督府報告例ニ依ル報告停止ニ関スル件（官通牒第7号）		
		8	15			**太平洋戦争終結**
				朝鮮建国準備委員会		
		9	2	**アメリカ極東軍司令部三十八度線分割占領政策発表**		
		9	8	**アメリカ極東軍朝鮮南部占領，軍制施行**		
	23	1948	3	31		『朝鮮統計年鑑1943年』（南朝鮮過渡政府）刊行	
	（檀紀4281）	8	15	**大韓民国政府樹立**		

（注）　a）　表中の太字体は重要事項，斜字体は統計調査関係法規，下線は報告例を示す．
　　　　b）　国勢調査事業一段落の後消滅（『朝鮮統計時報　創刊号』）とあるが，その時期は不明〔『朝鮮の統計』も所在未詳〕．
　　　　c）　機関誌『朝鮮統計時報』は第24号（昭和19.3刊）まで判明．
　　　　d）　『朝鮮統計時報』第11号（昭和13.11）に結果報告の概要あり．
（参考資料）　『朝鮮近代史年表』「新東亜」編輯室編，鈴木博訳（三一書房，1980年6月）．
　　　　　　　『日本史年表』（増補版）（岩波書店，1993年11月）．
　　　　　　　『朝鮮総督府法規提要』『朝鮮法令輯覧』朝鮮総督府，明治44年11月〜昭和15年12月．
　　　　　　　『外地法制誌　第四部の一　制令　前・後編』外務省，昭和35年10月〜36年6月．
　　　　　　　『外地法制誌　第四部の二　日本統治時代の朝鮮』外務省，昭和46年3月．
　　　　　　　『朝鮮総督府官報』第1号（明治43.8.29）〜第5565号（昭和20.8.25）（覆刻版（ソウル）韓国学文献研究所，1985年3月）．
　　　　　　　『法令全書』（内閣官報局→（内閣）印刷局→大蔵省印刷局）．

552 「植民地期朝鮮」関係統計資料目録

「植民地期（統監府から総督府時代）朝鮮」経済関係統計資料および関連資料

総括
朝鮮（総合）
気象
人口
労働
経済一般
金融・財政
物価・生計
企業
産業一般
農・畜・林業
水産業
鉱業
土木
エネルギー産業
商・工業
貿易
交通・通信
社会
学事・警察・司法
総督府調査　文書綴
参考資料（調査法規・要綱他）
参考文献
戦後─過度期資料

【総括】
大蔵省管理局『日本人の海外活動に関する歴史的調査』（昭和22.12（序））全37冊.
　　（総論・朝鮮篇・台湾篇・樺太篇・南洋群島篇・満洲篇・北支篇・中南支篇・海南島篇・南方篇・欧米その他諸地域篇）
外務省『海外各地在留本邦人職業別人口表』明治40年〜昭和14年（n.d.─昭和15.10）.
外務省『海外在留本邦人調査結果表』大正9年, 昭和5年, 10年, 15年（大正12.3─昭和18.12）.
　　〔大正9年内閣統計局『国勢調査報告（在外本邦人）』, 昭和5年『在外本邦人国勢調査報告』, 昭和10年『在外本邦人調査報告』〕.
外務省調査部『海外各地在留本邦人人口表』昭和6年〜14年（昭和7.12─15.10）.
外務省東亜局『満洲国及中華民国在留本邦人及外国人人口表』第1回（明治41年）〜第29回（昭和11年）.
　　〔第1回〜16回『関東州並満洲在留本邦人及外国人人口統計表』〕.
全国経済調査機関聯合会『日本経済の最近十年』（改造社　昭和6.1）.
拓務省官房文書課『拓務統計』第1回（昭和2/3年)〜第12回（昭和14年）（昭和5.3─16.3）.
　　〔第1回〜3回　『拓務統計要覧』〕
拓務省官房文書課『拓務要覧』昭和4年版〜15年版（昭和5.3─16.9）.
日本電信電話公社『外地・海外電気通信史資料』全13巻（昭和31.3）13冊.

「植民地期朝鮮」関係統計資料目録　　553

閉鎖機関整理委員会在外活動関係閉鎖機関特殊清算事務所『閉鎖機関とその特殊清算』（昭和29.3）.
南満洲鉄道株式会社臨時経済調査委員会『帝国植民地課税一覧』（昭和4.10）.
　　〔南満洲鉄道株式会社臨時経済調査委員会『帝国ノ各植民地ニ於ケル課税状況』（昭和4.4）の増補改訂〕

【朝鮮（総合）】

外務省通商局『通商彙纂』第20, 21号（1895.5.1）〔「忠清道地方巡回復命書」〕.
朝鮮総督府『施政三十年史』（昭和15.10）.
　　復刻版：名著出版　昭和47.9.
朝鮮総督府『朝鮮施政二十五年史』（昭和10.9）.
朝鮮総督府『朝鮮事情』明治38年〜昭和19年版（明治39.7―昭和18.12）.
　　〔明治38年〜42年『最近韓国事情要覧』／明治43年〜大正11年『最近朝鮮事情要覧』／大正12年〜昭和8年
　　『朝鮮要覧』〕
朝鮮総督府『朝鮮総督府統計年報』第1次（明治39年）〜昭和17年（明治40.12―昭和19.3）.
　　〔第1次（明治39年）〜第3次（明治41年）　統監府『統監府統計年報』〕
朝鮮総督府『朝鮮総督府施政年報』明治39/40年〜昭和16年度（明治41.12―昭和18.3）.
　　〔明治39/40年〜41年　統監府『韓国施政年報』／明治42年　朝鮮総督府『施政年報』〕
　　復刻版：韓国学文献研究所編　亜細亜文化社（ソウル）舊韓末日帝侵略史料叢書　政治篇2―3）1984.7
朝鮮総督府『朝鮮統計要覧』第1次（明治43年）〜昭和16年（明治44.11―昭和18.3）.
　　〔第1次〜昭和9年『朝鮮総督府統計要覧』〕
朝鮮総督府『帝国議会説明資料』（第40回大正6年〜第86回昭和20年）全19巻.
　　復刻版：不二出版　1994.5―2013.12
［陸軍］参謀本部『朝鮮地誌略』（明治21.11）全7冊.
　　復刻版：龍渓書舎　1981.10

（定期刊行物）

朝鮮銀行『朝鮮銀行統計月報』第1巻第1号〜第21巻第2号（大正14.11―昭和20.2）.
朝鮮殖産銀行『殖銀調査月報』第1号〜第79号（昭和13.6―20 2）.
朝鮮総督府『官報』第1号〜第578号／第1号〜第4305号／第1号〜第5567号（明治43.8―昭和20.8）
　　復刻版：亜細亜文化社（ソウル）　1985.3
朝鮮総督府『朝鮮』第1号〜第354号（明治44.6―昭和19.11/12）.
　　〔第1号〜第5巻第2号『朝鮮総督府月報』／第1号〜第65号『朝鮮彙報』〕
朝鮮総督府『朝鮮総督府調査月報』第1巻第1号〜第15巻第10号（昭和5.4―昭和19.12）.

【気象】

朝鮮総督府『朝鮮の河川』（昭和10.11）.
朝鮮総督府気象台『朝鮮総督府気象台年報』隆熙2年〜昭和14年（隆熙4［1910］.5―昭和16.6）.
　　〔隆熙2年　韓国農商工部観測所『韓国気象年表』／明治42, 43年　朝鮮総督府観測所『朝鮮気象年表』／明
　　治44年〜大正3年『朝鮮総督府観測所気象年報』／大正4年〜昭和13年『朝鮮総督府観測所年報』〕

【人口】

〔国勢調査〕
朝鮮総督府
　『大正十四年十月一日現在　簡易国勢調査結果表』（大正15.12）.
　『昭和五年　朝鮮国勢調査報告』全15巻（昭和7.7―10.3）.
　『昭和十年　朝鮮国勢調査報告』全14巻（昭和12.6―14.3）.

554 「植民地期朝鮮」関係統計資料目録

『昭和十五年 朝鮮国勢調査結果要約』（昭和19.2）.

朝鮮総督府『人口調査結果報告 昭和19年５月１日 其ノ１，２』（昭和19.9/20.3）.

〔人口一般〕

〔韓国〕政府財政顧問本部『韓国戸口表』（明治40年５月調査 丸山警務顧問）.

 ＊同一書名にて28ページのものあり. 光武11年元警務顧問部調査にその後の多少の訂正を加え民籍調査までの参考として刊行とあり.

韓国内部警務局『民籍統計表・民籍事務概要』（明治43.9）［隆熙４［1910］年. ５月10日現在］.

朝鮮厚生協会『朝鮮に於ける人口に関する諸統計』（昭和18.6）.

朝鮮総督府『朝鮮人口動態統計』昭和13年〜昭和17年（昭和15.3—19.3）.

朝鮮総督府『朝鮮の人口現象』（善生永助編 調査資料第22輯）（昭和2.12）.

朝鮮総督府『朝鮮の人口統計』昭和８年〜昭和12年（昭和10.3—14.2）.

朝鮮総督府企画部第一課『朝鮮人口ニ関スル資料』其１〜３（国土計画調査参考資料 其10）（昭和16.7—.9）.

 復刻版：民俗苑（ソウル）1991.3

【労働】

朝鮮土木建築協会『朝鮮工事用各種労働者実状調 昭和３年９月』（昭和3.12）.

朝鮮銀行『京城労働賃銀調』昭和15年12月〜昭和16年11月.

朝鮮総督府『朝鮮労働技術統計調査結果報告』第１回（昭和16年８月10日現在）〜第２回（昭和17年６月10日現在）（昭和17.12—18.12）.

 縮刷版：昭和17年６月10日現在〜昭和18年６月10日現在（昭和19.5—19.10）

朝鮮総督府学務局社会課『工場及鉱山に於ける労働状況調査』（昭和8.3）.

朝鮮総督府学務局社会課『朝鮮に於ける失業調査』（昭和7.10）.

朝鮮総督府殖産局『朝鮮に於ける鉱夫労働事情』（昭和5.9）.

朝鮮総督府内務局社会課『会社及工場に於ける労働者の調査』（大正14.11（再版））.

 （初版 大正12.8）

南満洲鉄道株式会社経済調査会『朝鮮人労働者一般事情』（昭和8.9）.

【経済一般】

〔韓国〕度支部司税局『韓国各府郡市場状況調査書』（1909.9）.

〔朝鮮各地商工会議所（京城外12会議所）『統計年報』〕.

京城商工会議所『統計年報』明治38年度〜大正３年，昭和２年〜昭和17年（n.d.—昭和19.9）.

 〔明治38年度 京城日本人商業会議所『京城日本人商業会議所年報』／明治40年〜42年『韓国京城日本人商業会議所年報』／明治43年〜大正元年『商業会議所年報』／大正２年〜大正３年『京城日本人商業会議所年報』／昭和２年〜４年 京城商業会議所『統計年報』〕

 ＊大正４年〜昭和元年については刊行状況不明.

仁川商工会議所『統計年報』明治40年〜41年，大正14年〜昭和13年（明治41.10—昭和14.9）.

 〔明治40年〜41年 仁川日本人商業会議所『仁川日本人商業会議所報告』／大正14年〜昭和３年 仁川商業会議所『統計年報』／昭和４年〜13年 仁川商工会議所『統計年報』〕

釜山商工会議所『統計年報』明治37年〜42年，大正６年〜昭和15年版（明治38.12—昭和16.4）.

 〔明治37年〜38年 釜山日本人商業会議所『釜山商業会議所年報』／明治39年〜42年 釜山商業会議所『釜山商業会議所年報』／大正６年〜昭和３年『釜山港経済統計要覧』／昭和４年 釜山商工会議所『釜山港経済統計要覧』〕

木浦商工会議所『統計年報』明治39年〜昭和14年（n.d.—昭和15.12）.

 〔明治39年〜40年 木浦日本人商業会議所『木浦日本人商業会議所報告』／明治41年度『統計』（『月報』臨

時増刊）／明治42年度～昭和３年　木浦商業会議所『統計年報』〕

　　＊群山・元山・清津・大邱・大田・鎮南浦・平壌・馬山商工会議所　（略）

京城商業会議所『朝鮮経済年鑑　大正６年』（大正6.11）.

京城商工会議所『経済月報』第１号～第103号／第１号～第341号（明治45年５月～大正４年11月／大正５年１月～昭和19年６月）.

　　〔第１号～第103号　京城日本人商業会議所『京城日本人商業会議所月報／第１号～第24号『月報』＊京城商業会議所／第25号～第178号『京城商業会議所月報』／第179号～第193号『京城商業会議所月報　朝鮮経済雑誌』／第194号～第290号　京城商工会議所『京城商工会議所月報　朝鮮経済雑誌』〕

　　＊英文タイトル：The monthly report of the Keijo Chamber of Commerce

京城商工会議所『京城商工会議所二十五年史』（昭和16.3）.

　　複刻版：國學資料院（ソウル）『韓國近代史資料叢書　１』1999.9

全国経済調査機関聯合会朝鮮支部『朝鮮経済年報』第１輯（昭和14年版）～昭和16・17年版（改造社　昭和14.3—18.3）.

朝鮮経済新報社『朝鮮経済年鑑　第１回　昭和９年版』（昭和8.10）.

姫野實『朝鮮経済図表』（朝鮮統計協会　昭和15.12）.

【金融・財政】

京城商工会議所『朝鮮に於る中小工業金融の現況—京城府内工業者金融状況調査報告—』（調査資料　第７輯）（昭和18.9）.

朝鮮金融組合聯合会『朝鮮金融組合統計年報』第１次（大正10年７月）～昭和17年度（大正11.4—昭和19.3）.

　　〔第１次～第３次　朝鮮総督府財務局『金融組合要覧』／第４次～昭和６年度　朝鮮金融組合協会『金融組合要覧』／昭和７年度　朝鮮金融組合聯合会『金融組合要覧』／昭和８年度～16年度『金融組合統計年報』〕

朝鮮金融組合聯合会『金融組合聯合会十年史』（昭和19.8）.

朝鮮金融組合聯合会『金融組合年鑑』第１回（昭和９年）～第９回（昭和17年）（昭和9.2—17.6）.

朝鮮殖産銀行『朝鮮金融事情概観』大正13年上半期～昭和18年上半期（n.d.—昭和18.11）.

朝鮮総督府京城貯金管理所『朝鮮の郵便為替貯金事業概況』昭和２年度～15年度（n.d.—n.d.）.

　　〔昭和２年度～４年度『朝鮮郵便貯金状況』／昭和５年度～６年度『朝鮮郵便為替貯金状況』／昭和７年度～８年度『朝鮮郵便為替貯金事業状況』／昭和９年度～10年度『朝鮮郵便為替貯金事業概況』／昭和11年度～13年度『朝鮮に於ける郵便為替貯金事業の概況』〕

朝鮮総督府財務局『朝鮮金融事項参考書』第１次（隆熙１年）～第２次，〔大正11年〕～昭和14年調（昭和13年）（隆熙2〔1908〕.11—昭和15.12）.

　　〔第１次～第２次　韓国度支部理財局『韓国金融事項参考書』〕

朝鮮総督府財務局『朝鮮金融年報』昭和16年調～昭和18年調（昭和16.11—19.4）.

朝鮮総督府逓信局『朝鮮簡易生命保険統計年報』昭和４年度～17年度（昭和6.3—19.3）.

朝鮮取引所『朝鮮取引所年報』昭和７年度～17年度（昭和8.3—18.5）.

　　＊商品取引は昭和14年まで.

朝鮮無盡協会『朝鮮無盡沿革史』（昭和9.1）.

（財政）

大蔵省理財局『大蔵省預金部統計書』第八回（昭和12年度）～第十三回（昭和17年度（昭和13.10—18.12）.

　　〔昭和12年度～14年度　大蔵省預金部資金局／昭和15年度　大蔵省預金部〕／昭和16年度　大蔵省資金局／昭和17年度　大蔵省理財局〕

　　＊昭和12年度表紙刊年：昭和13年９月

大蔵省理財局『大蔵省預金部年報』〔第１回〕（昭和５年度）～〔第13回〕昭和17年度（昭和6.12—18.11）.

　　〔昭和5年度～10年度　大蔵省預金部／昭和11年度～14年度　大蔵省預金部資金局／昭和15年度　大蔵省預

556 「植民地期朝鮮」関係統計資料目録

金部／昭和16年度　大蔵省資金局／昭和17年度　大蔵省理財局］

　　＊　「昭和10年度別冊」というのが農林水産技術会議筑波産業連携支援に所蔵とあるが，詳細不詳.

［韓国］政府財政顧問本部『韓国財務要覧』（明治39.6，明治40.3）［明治38年，39年］

［韓国］大邱財務監督局『財務一班　隆熙2年』［1908.--］.

［韓国］度支部『韓国経済月報』第1号～第12号（隆熙3［1909］.4—4［1910］.2）

　　（『財務彙報』第12号附録～第32号附録）

　　＊隆熙3年以前，4年以降不詳.ソウル大学目録には1907（12）—1910（1）あり.

　　復刻版：第1号～4号　韓国学文献研究所編　亜細亜文化社（ソウル）（舊韓末日帝侵略史料叢書　経済

　　篇附録）1987.9

韓国度支部『韓国財政概況』（隆熙3［1909］.8）

　　復刻版：韓国学文献研究所編　亜細亜文化社（ソウル）（舊韓末日帝侵略史料叢書；経済篇　9）1988.7

韓国度支部『韓国財政施設綱要』（明治43.8）.

韓国度支部『韓国財務経過報告』第1回（隆熙2年上半期）～第5回（明治43年　上半期）（隆熙2［1908］.11

　　—明治43［1910］.11）

　　復刻版：韓国学文献研究所編　亜細亜文化社（ソウル）（舊韓末日帝侵略史料叢書；経済篇　4—8）

　　1988.7

［韓国］度支部『財務彙報』第1号～第44号（隆熙2［1908］.10—4.8）／朝鮮総督府度支部『財務彙報』第1

　　号～第3号（明治43.10—43.11）.

　　＊隆熙4.8から明治43.10の間不詳.

　　復刻版：第1号～第17号　韓国学文献研究所編　亜細亜文化社（ソウル）（舊韓末日帝侵略史料叢書：経

　　済篇附録）1987.9

韓国度支部司税局『財政統計』（隆熙2［1908］.4）［1897年4月以降］.

韓国度支部大臣官房統計課『韓国財務統計要覧』　隆熙2年度～3年度（n.d.—隆熙4［1910］.3）.

韓国度支部大臣官房統計課『度支部統計年報』第1回（隆熙元年度）～第2回（隆熙2年度）（隆熙2.12—

　　3.8）.

韓国［臨時］土地調査局『土地調査参考書』第1号～第5号（隆熙3［1909］.10—明治44.8）.

　　〔第1号～第3号　韓国度支部〕

第一銀行『韓国貨幣整理報告書』（明治42.11）.

　　復刻版：韓国学文献研究所編　亜細亜文化社（ソウル）（舊韓末日帝侵略史料叢書：経済篇10）1988.7

朝鮮総督府『財務統計年報』（明治43.12）.

朝鮮総督府『朝鮮土地調査事業報告書』［本編］追録（大正7.10，大正8.5）.

　　〔本編］朝鮮総督府臨時土地調査局〕

朝鮮総督府『朝鮮土地調査殊ニ地価設定ニ関スル説明書』（n.d.）.

朝鮮総督府財務局『朝鮮財政趨勢調（国予算の部）』（大正15.5）.

朝鮮総督府財務局『朝鮮税務統計書』第1回（隆熙3年度），昭和10年度～昭和17年度（隆熙4［1910］.7—

　　n.d.）.

　　〔第1回　韓国度支部司税局『税務統計』〕

朝鮮総督府財務局『朝鮮ニ於ケル国税及地方的租税負担額調』大正12年1月調，大正13年1月調，大正15年1

　　月調（大正12.3—15.2）.

朝鮮総督府財務局『朝鮮ニ於ケル税制整理経過概要』（昭和10.3）.

朝鮮総督府財務局『朝鮮ニ於ケル租税負担額調』昭和4年1月調（昭和4.3）.

朝鮮総督府司政局『朝鮮地方財政要覧』第1回（大正13年度）～昭和16年度（大正14.3—昭和16.12）.

　　〔大正13年度～昭和14・5年度　朝鮮総督府内務局〕

朝鮮総督府専売局『朝鮮専売史』第1巻～第3巻（昭和11.7）3冊.

朝鮮総督府専売局『朝鮮総督府専売局年報』第1（大正10年度）〜第20（昭和15年度）（大正12.3—昭和16.3）.

朝鮮総督府内務局『朝鮮ニ於ケル地方税制整理経過概要』（昭和12.3）.

朝鮮総督府臨時土地調査局『朝鮮地誌資料』（大正8.3）.

統監府財政監査庁『財務週報』第1号〜第59号（明治40.4—41.- -）.＊

　　〔第1号〜第17号　統監府調査庁〕＊韓国中央図書館目録には第73号まであり.

　　附録　第7号『軍米沿革一班』（政府財政顧問本部編）／第10号『明治39年中韓国各港貿易概況』／第15号『塩業調査』／第20号『韓国酒造業調査報告』

　　復刻版：第1号〜第25号　韓国学文献研究所編　亜細亜文化社（ソウル）（舊韓末日帝侵略史料叢書：経済篇付録）5冊　1986.3

南満洲鉄道株式会社臨時経済調査委員会『帝国植民地課税一覧』（昭和4.10）.

和田一郎『朝鮮ノ土地制度及地税制度調査報告書』（朝鮮総督府　大正9.2）.

　　書名は目次書名による.

　　復刻版：宋高書房　昭和42.4

【物価・生計】

［人口食糧問題調査会］『食糧品ノ需給推算，生産及輸移出入ノ状態並ニ消費状態ニ関スル調査—朝鮮総督府・台湾総督府・樺太庁・関東庁及南洋庁—』（昭和2.10）.

朝鮮銀行『京城卸売物価調』昭和15年4月〜昭和17年1月.

朝鮮金融組合聯合会調査課『公定米価ノ変遷ニ関スル調査』（昭和19.6）.

朝鮮殖産銀行調査部『朝鮮公定価格関係官報索引　昭和19年3月末現在』（昭和19.5）.

朝鮮総督府『関税調査参考書　重要品物価表　自明治41年至大正6年』（n.d.）.

朝鮮駐箚憲兵隊司令部『朝鮮各地物価調査概要　明治44年1月調』（n.d.）.

　　復刻版：韓国学文献研究所編　亜細亜文化社（ソウル）（舊韓末日帝侵略史料叢書：統計篇）2分冊　1986.5

【企業】

板倉正一（編輯）『満洲中央銀行十年史』（康徳9［1943］.6）

　　＊クレス出版，ゆまに書房にシリーズものの中で復刻あり.

京城株式現物取引市場『株式会社京城株式現物取引市場沿革誌　附業績一覧』（大正12.6）.　表紙刊年：大正12年4月　［中村郁一著］

　　復刻版：ゆまに書房『社史で見る日本経済史　植民地編　第26巻』2004.9

京城商業会議所『京城会社一覧表　大正9年5月末日現在』（京城商業会議所月報第55号附録）（大正9.7）.

京城商工会議所『朝鮮主要会社表』大正10年3月末現在〜昭和19年8月末（大正10.4—昭和19.9）.

　　〔大正10年3月末日＊〜昭和3年末　京城商業会議所『朝鮮会社表』／昭和6年〜昭和16年12月末日現在　京城商工会議所『朝鮮会社表』〕

　　＊大正10年3月末日『朝鮮経済雑誌』第64号　附録

京城商工会議所『朝鮮に於る内地資本の投下現況』（調査資料　第9輯）（昭和19.1）.

京城電気株式会社『京城電気二十年沿革史』（昭和4.4）.

京城紡織株式会社『京城紡織50年』（1969.10）［収録年次：1919.10—1936.12/37.5］.

金剛山電気鉄道株式会社『金剛山電気鉄道株式会社廿年史』（昭和14.12）.

朝鮮瓦斯電気株式会社『朝鮮瓦斯電気株式会社発達史』（昭和13.2）.

　　復刻版：ゆまに書房『社史で見る日本経済史　植民地編　第23巻』2004.9.

朝鮮銀行『朝鮮会社調』（大正10.8）.

朝鮮銀行『朝鮮に於ける内地資本の流出入に就て』（八年調査　第60号）（昭和8.11）.

朝鮮殖産銀行『朝鮮事業成績　附分析比率』第1回（昭和9年下半期）〜昭和18年版（昭和17年）（n.d.—昭和18.12).

〔第1回〜昭和13年下半期『朝鮮会社事業成績調』〕

朝鮮殖産銀行調査課『朝鮮に於ける工業会社の資本構成調査』（昭和10.5).

復刻版：國學資料院（ソウル）『韓國近代史資料叢書　6』　1999.9

朝鮮商工会議所『朝鮮に於ける企業合同の実情』（昭和16.8).

朝鮮商工研究会『朝鮮商工大鑑』（昭和4.9).

朝鮮信託株式会社『朝鮮信託株式会社十年史』（昭和18.10).

復刻版：ゆまに書房『社史で見る日本経済史　植民地編　第25巻』　2004.9

〔朝鮮総督府〕『在朝鮮企業現状概要調書』〔昭和20年12月28日提出文書〕50冊（各業種別）.

〔朝鮮総督府〕『在朝鮮企業現状概要調書総括表』〔昭和20年〕1冊.

東亜経済時報社『朝鮮銀行会社組合要録』昭和2年，4年，6年，8年，10年，15年
（昭和2.8—15.11).

東洋拓殖株式会社『東洋拓殖株式会社三十年誌』（昭和14.8).

東洋拓殖株式会社『東洋拓殖株式会社要覧』明治42年度〜第37期（昭和12年）（明治43.5—昭和12.12).

〔明治42年度〜第15期『事業概況』／第18期〜第22期『東洋拓殖株式会社業務要覧』／第26期〜第31期『業務要覧』〕

日本鉱業株式会社五十年史編集委員会『日本鉱業株式会社　五十年史』（昭和32.11).

＊書名は奥付による

【産業一般】

軍需省『生産拡充品日本邦地域別生産実績調　昭和18年度』〔「生産力拡充計画資料　第1」の内〕（昭和19.7).

復刻版：現代史料出版『生産力拡充計画　資料　第8巻』1996.11.

京城府『産業要覧』昭和5年〜16年版（昭和6.12—n.d.).

国民経済研究協会・金属工業調査会『生産拡充計画ト其ノ実績　総括一覧表』（昭和21.10).

復刻版：現代史料出版『生産力拡充計画資料　第9巻』1996.11（中に経済安定本部「昭和十三年度至昭和二十年度物資動員計画統括表」(1951.3))

朝鮮総督府『昭和18年度　産業生産額等推計調書』（一）〔文書綴　昭和15・16年度実績，17・18年度見込〕1冊.（手書・謄写・タイプ印書等綴）

朝鮮総督府『朝鮮の物産』（調査資料　第19輯（昭和2.3）〔善生永助調査〕).

朝鮮総督府商工奨励館『朝鮮の物産』〔昭和1年〜12年〕（昭和3.3—14.11).

〔[昭和1年]朝鮮総督府商品陳列館〕

東洋経済新報社京城支局『朝鮮産業年報　昭和18年版—朝鮮産業の決戦再編成』（昭和18.6).

【農・畜・林業】

[韓国]度支部司税局『韓国煙草ニ関スル要項』隆煕3 (1909).2（『財務彙報』第10号附録).

[韓国]度支部臨時財源調査局『韓国煙草調査書』（隆煕4 (1910).--).

小早川九郎『朝鮮農業発達史（発達篇・政策篇）』（朝鮮農会　昭和19.5).

＊友邦協会より『補訂　朝鮮農業発達史（朝鮮農業三十年史)』として3冊本で復刻刊行あり（1959.11—1960.8)

全羅南道『農村経済調査成績』（昭和9.8).

朝鮮金融組合聯合会調査課『金融組合区域内に於ける副業調査』（調査資料　第16輯）（昭和15.2).

朝鮮金融組合聯合会調査課『小作農現金支出生計費調査』第1回（昭和16年度）〜第2回（昭和17年度）（昭和-—昭和19.3)

「植民地期朝鮮」関係統計資料目録　559

朝鮮穀物商組合聯合会『朝鮮穀物要覧』（昭和9.8）.

朝鮮山林会『朝鮮山林会報』第1号～第220号（第24巻9号）（大正10.‐‐‐―昭和18.9）.

朝鮮殖産銀行『全鮮畓田売買価格及収益調』第1回（昭和2/3年）～第16回（昭和18年）（昭和4.3―n.d.）.

朝鮮殖産銀行調査課『朝鮮ノ米』（朝鮮商品誌　第1篇）第1版～第4版（大正13.7―昭和3.10）.

朝鮮殖産銀行調査課『朝鮮ノ大豆』（朝鮮商品誌　第2篇）第1版～第2版（大正13.10―15.2）.

朝鮮殖産銀行調査課『朝鮮ノ繭』（朝鮮商品誌　第6篇）第1版～第2版（昭和2.3―4.8）.

朝鮮殖産銀行調査課『朝鮮ノ棉花』（朝鮮商品誌　第3篇）第1版～第2版（大正13.12―15.3）／第3版『朝鮮の棉花』（昭和9.3）.

朝鮮殖産銀行調査課『朝鮮ノ明太』（朝鮮商品誌　第4篇）第1版（大正14.7）.

朝鮮殖産銀行調査課『朝鮮ノ木材』（朝鮮商品誌　第5篇）第1版（大正14.9）.

朝鮮総督府『火田の現状』（調査資料　第15輯）（大正15.3）〔善生永助調査〕.

朝鮮総督府『煙草産業調査涵養事蹟』大正元年分～大正6年分（大正2.10―9.3）.

朝鮮総督府『朝鮮ノ蚕業』（明治44.8）.

朝鮮総督府『土地改良事業基本調査地区一覧』第1・2回～第6回（昭和2.6―6.8）.

朝鮮総督府『林野統計』昭和4年12月末/5年3月末現在～昭和15年12月末/16年3月末現在（昭和6.3―17.9）.

朝鮮総督府穀物検査所『検査統計』　昭和9年度～昭和17年度（n.d.―n.d.）.

朝鮮総督府財務局臨時関税調査課（調査）『農家経済状況調査書』（朝鮮経済協会　大正7.10）（『金融と経済』第6号　附録）.

朝鮮総督府殖産局『朝鮮に於ける製炭事業』（大正14.3）.

朝鮮総督府殖産局『朝鮮の畜産』〔大正9，10，14年，昭和3年〕（大正10.10―昭和5.3）.
　　〔大正9年『朝鮮之畜産』〕

朝鮮総督府専売局『煙草売上状況調』自大正12年至昭和7年，自大正12年至昭和8年（専売局報号外）（昭和9.4，昭和10.‐‐）.

朝鮮総督府取調局『小作農民ニ関スル調査』（明治45.3）.
　　〔殖産局　昭和3年2月刊行　『小作農民に関する調査』は復刻版〕

朝鮮総督府農商局『朝鮮の蚕絲業』〔大正9年～昭和3年，昭和9年～17年〕（大正10.10―昭和19.5）.
　　〔大正9年～昭和3年　朝鮮総督府殖産局／昭和9年～昭和16年　朝鮮総督府農林局〕

朝鮮総督府農商局『朝鮮の肥料』昭和9年～17年（n.d.―n.d.）.
　　〔昭和9～16年　朝鮮総督府農林局〕

朝鮮総督府農商工部農林局農務課『朝鮮農務彙報』［第1輯］（隆熙2年末）～第3輯（明治43年）（隆熙3［1909］.12―明治45.5）
　　〔第1輯　韓国農商工部『韓国農務彙報』／第2輯　朝鮮総督府農商工部殖産局農務課［『韓国農務彙報』第1の増補］〕

朝鮮総督府農林局『朝鮮産米増殖計画の実績』昭和8年度末～昭和13年度末（n.d.―n.d.）.

朝鮮総督府農林局『朝鮮畜産統計』昭和7年～昭和17年（n.d.―昭和19.4）.

朝鮮総督府農林局『朝鮮土地改良事業要覧』昭和2年度～昭和15年度（昭和3.12―17.8）.
　　〔昭和2年度～5年度　朝鮮総督府土地改良部〕

朝鮮総督府農林局『朝鮮ニ於ケル小作ニ関スル参考事項摘要』昭和7年，9年（n.d.，n.d.）.

朝鮮総督府農林局『朝鮮の米』大正11年～昭和8年（大正11.3―昭和8.8）.
　　〔大正11～昭和5年　朝鮮総督府殖産局〕

朝鮮総督府農林局『朝鮮の農業』大正8年～昭和17年（大正10.8―昭和17.4）.
　　〔大正10年～14年　朝鮮総督府殖産局〕

朝鮮総督府農林局『朝鮮農地年報』第1輯（昭和10年）～第1輯（昭和14年）（昭和12.3―15.12）.

〔第 1 輯～第 2 輯（昭和11年）『朝鮮小作年報』／第 1 輯（昭和12年）『朝鮮農地関係彙報』／第 1 輯（昭和14年）『朝鮮農地年報』〕

朝鮮総督府農林局『朝鮮の繭に就て』〔大正12年～昭和 8 年〕（大正13.4—昭和 9.5）.

〔大正12年～昭和 6 年　朝鮮総督府殖産局〕

朝鮮総督府農林局『朝鮮の林業』〔大正 8 年現在～昭和 2，3 年，昭和 8 年～15年 3 月末現在〕（大正10.8—昭和15.12）.

〔大正 8 年～14年　朝鮮総督府殖産局／昭和 2，3 年　朝鮮総督府山林部〕

朝鮮総督府農林局『朝鮮米穀倉庫要覧』（昭和12.3，昭和14.3）.

〔昭和12年刊『朝鮮農業倉庫要覧』〕

朝鮮総督府農林局『朝鮮米穀要覧・米穀関係法規』〔昭和 8 米穀年度～13米穀年度〕（昭和 9.9—15.2）.

朝鮮総督府農林局『農家現況調査書　昭和 8 年』 2 冊（n.d.）.

朝鮮総督府農林局農政課『農業統計表』大正10年～昭和15年（n.d.—昭和17.3）.

〔大正10年～昭和 2 年　朝鮮総督府『農業統計書』〕

朝鮮総督府農林局農村振興課『農家経済概況調査　昭和 8 年—昭和13年』（自作兼小作農の部）（小作農家の部）（昭和15.5，昭和15.9）.

朝鮮総督府農林局米穀課『道府郡島邑別米実収高調査及道府郡島別米品種別実収高調査成績　昭和13年』（昭和14.6）.

朝鮮総督府農林局米穀課『道府郡島邑別米実収高調査成績　昭和11・12年』（昭和13.7）.

朝鮮総督府鉄道局営業課『朝鮮に於ける林産物に関する経済調査』（昭和 6.7）.

朝鮮畜産協会『朝鮮畜産の概要』（昭和 2.- -）.

朝鮮畜産協会『朝鮮の畜産　統計号』（昭和 6.9）.

朝鮮農会『主要食糧消費高調（附．燃料消費高調）　昭和11年度』（昭和12.11）.

朝鮮農会『主要食糧調査　昭和13年度』（昭和15.6）.

朝鮮農会『朝鮮の小作慣行（時代と慣行）』（昭和 5.9）.

〔朝鮮総督府農務課資料の翻刻〕

朝鮮農会『農家経済調査』（昭和 5 ～ 7 年度）（昭和 7.9— 9.12）.

〔京畿・全南・平南・慶南・咸南ノ分〕

日満棉花協会朝鮮支部『朝鮮の棉花事情』（昭和12.4）.

日本学術振興会『朝鮮米生産費に関する調査』（学術部第六小委員会報告　第 5 冊）（昭和11.6）.

農商務省『韓国土地農産調査報告』全 5 冊（n.d.）〔明治37，8 年調査〕.

農商務省臨時産業調査局『朝鮮ニ於ケル棉花ニ関スル調査成績』（大正 7.8）.

農林省米穀局『朝鮮米関係資料』（昭和 9.6，昭和11.3，昭和12.10）.

農林省山林局『木材需給状況調査書』〔第 1 回〕昭和 3 年～12年（昭和 5.3—14.3）.

〔刊行者：昭和 3 ～ 5 年　山林局／昭和 6 年　農業と水産社／昭和 7 年～11年　大日本山林会／昭和12年　山林局〕

平安南道農会『農家経済調査書　自昭和 3 年度至昭和 5 年度調査』（昭和 7.1）.

【水産業】

〔韓国〕度支部臨時財源調査局『韓国塩業調査報告　第 1 編』（『財務週報』第55号附録）（統監府〔明治41.- -〕）.

　＊第 2 編の刊行有無不明

朝鮮総督府『朝鮮水産統計』昭和10年～昭和16年（昭和12.3—18.3）.

朝鮮総督府殖産局『朝鮮之塩業』（大正12.3）.

朝鮮総督府専売局『塩ニ関スル調査』（大正10.7）.

朝鮮総督府専売局『朝鮮の塩業』〔昭和10，11年度〕（昭和11.9，12.9）．

朝鮮総督府農林局『朝鮮の水産業』〔明治43年／大正 8 年〕～昭和17年（大正10.8―昭和18.4）．

〔明治43年／大正 8 年〕～昭和16年　朝鮮総督府殖産局〕

統監府農商工部水産局『韓国水産誌』第 1 輯，第 2 輯（隆熙 2.12，隆熙 4.5）／朝鮮総督府商工部『韓国水産
誌』第 3 輯，第 4 輯（明治43.10，明治44.5）．

農商務省『韓国水産業調査報告』（明治38.4）．

水田直昌（監修）『朝鮮の塩業』（友邦シリーズ第26号）（友邦協会　昭和58.11）．

＊昭和12年度～16/19年度データの書き込みあり．

【鉱業】

商工省鉱産局『本邦鉱業の趨勢』〔本編附録　朝鮮〕明治44年～昭和13年（明治45.3―昭和15.3）．

＊明治43年は本文中に朝鮮等植民地の部あり．

（編者：農商務省鉱山局→商工省鉱山局→商工省鉱産局）

朝鮮鉱業会『朝鮮鉱業会誌』第 1 巻第 1 号～第27巻第 3 号（大正 7.1―昭和19.8）．

朝鮮総督府殖産局『朝鮮主要鉱山概況』（昭和 3.11）．

朝鮮総督府殖産局『朝鮮に於ける主なる鉱山の概況』〔大正12年現在〕（大正14.7）．

朝鮮総督府殖産局『朝鮮の鉱業』（大正10.8―昭和 4.3）．

朝鮮総督府殖産局『朝鮮の石炭鉱業』（昭和 4.9）．

朝鮮総督府殖産局鉱山課『朝鮮鉱業の趨勢』昭和 2 年～昭和11年，昭和16年〔未定稿〕（昭和 3.10―12.12，
〔n.d.〕）．

〔昭和 2 ～ 4 年　朝鮮総督府殖産局／昭和 4 年～11年　朝鮮鉱業会刊行／昭和16年　朝鮮総督府罫紙使用〕

朝鮮総督府殖産局鉱山課『朝鮮の金銀鉱業』（昭和 4.11，昭和11.10）．

〔昭和 4 年　朝鮮総督府殖産局／昭和11年　朝鮮鉱業会刊行〕

朝鮮総督府殖産局鉱山課『朝鮮の鉄鉱業』（昭和 4.8，昭和11.6）．

〔昭和 4 年　朝鮮総督府殖産局／昭和11年　朝鮮鉱業会刊行〕

朝鮮総督府殖産局鉱政課『朝鮮鉱区一覧』明治43年末日～昭和17年 7 月 1 日現在（n.d.―昭和18.- -）．

〔明治43年～大正14年『鉱区一覧』／明治43年　朝鮮総督府農商工部／明治45年～大正14年　朝鮮総督府／
大正15年～昭和 8 年　殖産局鉱務課／昭和 9 年～昭和15年　殖産局鉱山課〕

朝鮮総督府鉄道局営業課『朝鮮ニ於ケル石炭　大正14年11月調　大正15年 9 月増補』（n.d.）．

朝鮮総督府鉄道局建設課『朝鮮地下資源と鉄道』（昭和10.10）．

農商務省『韓国鉱業調査報告』　全 6 冊（n.d.―明治39.10）．

南満洲鉄道株式会社臨時経済調査委員会『本邦及朝鮮に於ける無煙炭の需給並満洲無煙炭に関する調査』（昭
和 4.12）．

【土木】

京城府『朝鮮水道統計表』昭和12年度（昭和13.9）．

朝鮮総督府『朝鮮河川調査書』全 3 冊（昭和 4.8）．

朝鮮総督府『朝鮮土木事業誌（昭和三年度迄）』（昭和12.5）．

朝鮮総督府司政局『朝鮮河川調査年報』昭和 3 年度～昭和14・15年度（昭和 5.9―18.3）．

〔昭和 3 年度～昭和13年度　朝鮮総督府内務局〕

朝鮮総督府内務局『朝鮮窮民救済治水工事年報』昭和 6 年度～昭和 9 ・10・11年度（昭和 8.8―15.11）．

朝鮮総督府内務局『朝鮮直轄工事年報』昭和 3 年度～昭和12年度（昭和 5.9―16.7）．

〔昭和 3 年度～昭和10年度『朝鮮直轄河川工事年報』〕

朝鮮土木建築協会『請負額明細表　自大正11年度至昭和 3 年度』（昭和 4.4）．

562　「植民地期朝鮮」関係統計資料目録

朝鮮土木建築業協会『朝鮮土木建築業協会報』2（1）～8（12）（昭和12.1—18.12）.
　　〔2巻1号～5巻6号　京城土木建築業協会『京城土木建築業協会報』（昭和12.1～15.6）〕
　　＊　本協会の前身は朝鮮土木建築協会で『朝鮮土木建築協会会報』を刊行. 同協会は昭和8年3月談合事
　　件により解散. 昭和11年7月に新たに京城土木建築業協会を設立し, 先の『朝鮮土木建築協会会報』を引
　　き継ぐ形で会報（創刊号）を第2巻第1号として刊行する. 昭和15年6月協会名を京城より朝鮮と改名, 誌
　　名も『朝鮮土木建築業協会報』と改称.
　　＊ソウル大OPACではv.1＝1934とあるが, 所蔵は2（1）から.

【エネルギー産業】

京城商工会議所『朝鮮に於ける工業動力の現状と其の改善策』（昭和6.9）.
　　異版：京城商工会議所・朝鮮工業協会〔共編〕『朝鮮に於ける工業動力の現状と其の改善策』（昭和6.9）
　　　　　＊巻末添付の釜山・鎮南浦・群山商工会議所の意見を外す.
朝鮮総督府殖産局『電気事業要覧』〔第1回〕（大正4年上半期）～第30回（昭和17年）（大正5.8—昭和18.3）.
　　〔第1回～第28回　朝鮮総督府通信局〕
朝鮮電気協会『朝鮮電気事業発達史　揺籃時代』（友邦協会/中央日韓協会　昭和33.9）.
朝鮮電気協会『躍進途上にある朝鮮電気事業の概観』（昭和12.3）（表紙『朝鮮の電気事業』）.
朝鮮電気事業史編集委員会『朝鮮電気事業史』（中央日韓協会　昭和56.3）.

【商・工業】

〔韓国〕度支部司税局『韓国酒類調査書　臨時財源調査局技師鳥居厳次郎報告』（『財務彙報』第10号附録）（隆
　　熙3〔1909〕.2）.
京城商業会議所『京畿道工場表　大正8年12月末現在』（朝鮮経済雑誌第60号附録）（大正9.12）.
京城商業会議所『京城工場表』大正8年12月末現在, 大正10年8月調, 大正12年（朝鮮経済雑誌第58号附録,
　　第68号附録, 臨時増刊）（大正9.10—12.9）.
京城商業会議所『在鮮内地人戸口調・朝鮮工産物調　大正9年10月調』（朝鮮経済雑誌第66号附録）（大正
　　10.6）.
京城商業会議所『朝鮮の工産額と主要工場表』（昭和2.12）（朝鮮経済雑誌第144号）.
京城商業会議所『朝鮮の工場と工産』（昭和5.3）.
　　＊「京城商工会議所刊行図書」（『京城商工会議所二十五年史』所収）に昭和2年もありとあるが, 単行書
　　は見当たらない. 『朝鮮経済雑誌第140号』中に「京城の工場と工産」あり
京城商工会議所『京城に於ける工場調査』〔昭和10年末現在, 12年, 14年, 16年末〕（昭和12.3—18.7）.
　　＊昭和18年版〔16年末〕（調査資料第5輯）
京城商工会議所『朝鮮工業基本調査概要（附）京城並に附近工業の現在及将来に就て』（昭和9.4）.
京城商工会議所『朝鮮に於ける家庭工業調査』（昭和2.2, 昭和12.3）.
　　〔昭和2年2月刊　京城商業会議所『家庭工業調査』〕
京城商工会議所『朝鮮に於ける工業資源調査』（昭和11.5）.
京城府『家内工業ニ関スル調査』（昭和12.10）.
京城府『商工累年統計』〔大正13年, 昭和1年～昭和2年〕（大正14.12—昭和3.10）.
　　〔〔大正13年〕『商工累年統計書』〕
京城府『精米工業・ゴム工業ニ関スル調査』（昭和10.3）.
京城府産業調査会『工場工業ニ依ル生産状況』（昭和9.4）〔昭和7年現在〕.
京城府産業調査会『鉄工業ニ関スル調査』（昭和11.3）.
商工省金属局『製鉄業参考資料』大正7年6月調～昭和18年8月調（n.d.—n.d.）.
　　〔大正7年6月調　農商務省鉱山局『製鉄業ニ関スル参考資料』／大正11年3月調～『製鉄業参考資料』／

大正14年6月調～昭和13年6月調　商工省鉱山局／昭和14年6月調～昭和16年8月調　商工省鉄鋼局〕

〔朝鮮産出高，各製鉄・製錬所個別データを含む〕

　　＊大正8年～10年，12年は刊行状況不明.

朝鮮金融組合聯合会『時局下中小商工業者実情調査書』第3次，5次，6次（昭和15.12，昭和17.12，昭和19.5）.

朝鮮銀行調査課『昭和十四年工産額を中心とする朝鮮工業概観』（昭和16.4）.

朝鮮銀行調査課『朝鮮に於ける製粉業の現在と将来』（昭和9.3）.

朝鮮経済研究所『京城府内中小商工業実態調査報告』（昭和17.9）.

朝鮮工業協会『朝鮮工業協会々報』第1号～第97号（昭和5.11—16.7）.

朝鮮酒造協会『朝鮮酒造史』（昭和10.10）.

朝鮮総督府『京城工場要覧』（鉄道局刊　昭和7.--）.

朝鮮総督府『京城仁川商工業調査』（大正2.3）.

　　＊内扉はそれぞれに「京城商工業調査」「仁川港商工業調査」.

朝鮮総督府『昭和19年度鉄鋼生産計画書』（昭和19.3.25）.

　　＊大型炉以下各部門毎計画書を合編

朝鮮総督府『昭和19年度合金鉄生産計画書』（昭和19.3.25）.

　　＊上記資料の合金鉄部門総括に各工場毎の報告書添付

朝鮮総督府『朝鮮ニ於ケル会社及工場ノ状況』（商工調査第4編）（大正12.5）.

朝鮮総督府『朝鮮ニ於ケル工産額』昭和13年（n.d.）.

朝鮮総督府『朝鮮の窯業』（調査資料　第18輯）（大正15.12）.

朝鮮総督府『貿易統計表ヨリ観タル朝鮮産業ノ状況　大正七年六月調（関税調査参考書）』（大正7.--）.

朝鮮総督府殖産局『工産統計』昭和9年～昭和12，14年（n.d.—昭和16.3）.

　　〔昭和9年～昭和12年　朝鮮総督府〕

朝鮮総督府殖産局『朝鮮工場名簿』昭和7年版（昭和5年），昭和9年版（昭和7年末），昭和11年版～昭和18年版（昭和16年末）（昭和7.12—18.10　朝鮮工業協会）.

朝鮮総督府殖産局『朝鮮ニ於ケル会社及工場ノ状況』〔大正11年12月末現在〕（商工調査第4編）（大正12.5）.

朝鮮総督府殖産局『朝鮮の商工業』〔大正8年～昭和12年〕（大正10.8—昭和14.4）.

朝鮮総督府殖産局『朝鮮の商工統計』〔昭和3年〕（n.d.）.

朝鮮総督府中央試験所『朝鮮の機業』（昭和5.4，昭和7.2）.

　　＊昭和7年の表紙刊年：昭和6年12月

朝鮮総督府農商工部『元山方面商工業調査』（明治44.3）.

朝鮮総督府農商工部『釜山方面商工業調査』（明治44.3）.

朝鮮総督府農林局『鮮内製絲場調』（昭和14.3）.

統監府財政監査庁『韓国酒造業調査報告』（財務週報第20号附録）（明治40.8）.

（商業）

京城府『穀類及穀粉類蔬菜及果物ノ取引ニ間スル調査』（昭和10.2）

　　＊表紙に「シリーズ第三号」とあり．調査年：昭和8年（基準）

京城府『酒之部』（重要商品調査　第5輯）（昭和7.8）.

京城府『重要商品　水産食品ノ部』（大正14.4）

　　表紙刊年：大正14年3月

京城府『重要商品調査　綿布の部』（大正13.2）.

京城府『水産食品之部』（重要商品調査）（昭和6.3）.

　　（注）　大正14年4月刊行の改訂

京城府（産業調査会）『鳥獣肉及鳥卵ノ取引ニ関スル調査』（昭和11.3）

564　「植民地期朝鮮」関係統計資料目録

　　＊表紙に「第３号」とあり.
京城府『乳製品獣鶏肉鶏卵缶瓶詰食品ニ関スル調査』（重要商品調査　第４輯）（昭和2.8）.
　　（注）　昭和11年３月改訂版刊行.
京城府『物品販売業調査』昭和11年５月１日現在，13年５月１日現在〜16年５月１日現在（n.d.—昭和17.5）.
京城府『綿絲布ニ関スル調査（綿絲ノ部）』（重要商品調査　第１輯）（昭和3.2）.
　　（注）　大正12年版を改訂.
京城府『綿絲布ニ関スル調査（綿布ノ部）』（重要商品調査　第１輯）（昭和2.11）.
　　〔大正13年２月の改訂版〕
京城府『陸産物調査（乾物類，蔬菜類，果実類）』（京城府重要商品調査　第３輯）（大正15.4）.
　　（注）　「緒言」に「曩ノ水産食品ノ跡ヲ踏ミ之ニ対スル陸産食品」云々とあり.
朝鮮商工研究会『朝鮮商工大鑑』（昭和4.9）.
朝鮮総督府『国勢調査参考統計表〔昭和14年〕』　第１巻〜第５巻（n.d.）.
朝鮮総督府『朝鮮の市場経済』（調査資料　第27輯）（昭和4.6）〔善生永助調査　『朝鮮の市場』の増補改訂〕
朝鮮総督府商工奨励館『朝鮮商品取引便覧』〔昭和８年３月／９月調査，昭和11年８月／12月調査，昭和13年末
　　調査〕（昭和10.5，12.7，14.12）.
朝鮮総督府鉄道局営業課『朝鮮ニ於ケル綿布』（n.d.）〔大正13年現在〕.
日韓通商協会『日韓通商協会報告』第１号〜第39号（明治28年９月〜31年12月）.
　　複刻版：亜細亜文化社（ソウル）1983.10

【貿易】

外務省調査局第三課『朝鮮貿易統計表　昭和元年至一八年　主要品目別移出入』（朝鮮総督府貿易月表ニヨル）
　　（昭和21.7）.
大蔵省『大日本外国貿易年表』明治17年〜明治43年（n.d.—明治44.5）.
　　〔明治17年　大蔵省主税局第一部／明治18年〜23年　大蔵省関税局／明治24，25年　大蔵省主税局〕.
　　＊『大日本外国貿易年表』（明治15,16年）には朝鮮は「此表ニ編纂セズ」とあり，明治17年２月分より掲
　　　載．明治44年以降は大蔵省主税局『大日本朝鮮貿易年表』をみよ.
大蔵省『内地及樺太對朝鮮貿易月表』明治43年９月〜大正９年８月（明治43.12—大正9.10）.
　　〔明治43年９月〜大正３年８月　『内地及樺太，朝鮮間貿易月表』〕
大蔵省主税局税関部『日本外国貿易年表　自昭和19年至昭和23年／（上篇）』（昭和26.11）.
　　復刻版：東洋書林　2000.6
大蔵省主税局第一部『大日本朝鮮貿易表』明治15年〜17年１月（n.d.—n.d.）.
　　〔明治15年　大蔵省関税局『大日本朝鮮貿易年表』／16年　大蔵省主税局第一部『大日本朝鮮貿易年表』〕
　　＊「本表ハ朝鮮駐在領事ノ報告ニ拠リ編成ス」とあり
韓国関税局『韓国貿易品ノ取引順序及運賃等ニ関スル調査』（隆熙4.8）（財務彙報　第44号附録）.
〔韓国〕度支部『大韓国貿易年表』明治38年（n.d.）.
関東局『関東局統計書』第１〔明治39年度〕〜第37（昭和17年）（明治40.8—昭和18.12）.
　　〔第１〜第12　関東都督府『関東都督府統計書』／第13〜第28　関東庁『関東庁統計書』〕
関東局『関東州貿易統計』昭和３年〜昭和13年（昭和4.8—15.4）.
　　〔昭和３年〜昭和７年　関東庁／昭和８年〜昭和11年　関東州庁〕
台湾省政府主計處『台湾貿易五十三年表』［1896—1948］（n.d.）.
台湾総督府財務局税務課『台湾貿易年表』明治29年〜昭和17年（明治30.5—昭和18.12）.
　　〔明治29年〜32年　大蔵省『台湾外国貿易年表』／明治32年〜大正６年　台湾総督府民政部財務局／大正７
　　　年〜大正11年　台湾総督府財務局『台湾貿易年表』／大正12年〜昭和７年　台湾総督府税関〕
朝鮮総督府『朝鮮内地貿易月表』隆熙２年２月〜昭和19年４月（隆熙２［1908］.3—昭和19.8）.

復刻版：日本郵趣出版　昭和51.〔月表示なし〕

朝鮮総督府通信局『朝鮮通信統計要覧』大正6年度～昭和16年度（大正8.3—昭和18.3）.

〔大正6年度～昭和12年度『朝鮮総督府通信統計要覧』〕.

朝鮮総督府通信局『朝鮮通信年報』第1回（明治39年上半期）～昭和16年度（明治39.12—昭和18.3）.

〔第1回，第2回［明治39年度］　統監府通信管理局『統監府通信事業報告』／第2，第3［明治40，41年度］『統監府通信事業年報』／明治42年度　朝鮮総督府通信局『通信年報』／明治43年度『朝鮮総督府通信局年報』／明治44年度～昭和15年度　朝鮮総督府通信局『朝鮮総督府通信局年報』〕

朝鮮総督府鉄道局『私設鉄道及軌道統計年報』大正13年度～大正14年度（n.d.—n.d.）.

朝鮮総督府鉄道局『朝鮮鉄道状況』明治42年度（創刊）～第33回（昭和16年度）（明治43.12—昭和17.12）.

〔第8回（大正6年度）南満洲鉄道株式会社京城管理局〕

（市販版：朝鮮鉄道協会『朝鮮鉄道一斑』（『朝鮮鉄道協会会誌』臨時増刊））

朝鮮総督府鉄道局『朝鮮鉄道四十年略史』（昭和15.11）.

朝鮮総督府鉄道局『年報』明治40年度～昭和13年度（明治41.8—n.d.）.

〔明治40年度～41年度　統監府鉄道管理局『統監府鉄道管理局年報』／明治42年度　鉄道院韓国鉄道管理局『鉄道院年報　韓国鉄道管理局之部』／明治43年度～大正5年度　朝鮮総督府鉄道局『朝鮮総督府鉄道局年報』／大正6年度～12年度　南満洲鉄道株式会社京城管理局『統計年報』／大正13年度　朝鮮総督府鉄道局『統計年報』〕

南満洲鉄道株式会社庶務部調査課『朝鮮の私設鉄道』（大正14.12）.

南満洲鉄道株式会社鉄道総局北鮮鉄道事務所『鉄道統計年報』昭和8年度，9年度，11年度（昭和10.3—12.12）.

〔昭和8年度～昭和9年度　南満洲鉄道株式会社北鮮鉄道管理局〕

令】

内部衛生局『韓国衛生一斑』（隆熙3［1909］.6）

内務部社会課『京畿道農村社会事情』（大正13.3，昭和2.3）.

大学医学部附属病院『朝鮮総督府医院年報』〈第9回（大正11年）～第14・15回（昭和2・3年）〉（大0—昭和6.11）.

～第13回　朝鮮総督府医院〕

衛生調査部『土幕民の生活・衛生』（岩波書店　昭和17.8）.

土幕民調査書』（昭和13.9）.

細民ノ生活状態調査』（昭和7.6）.

態調査　其の一～八』（調査資料第28,29,32,34,38～41輯）（昭和4.9—10.3）.

『朝鮮の聚落』前・中・後篇　1979.4

（大正15.10）（調査資料　第17輯）［善生永助調査］.

『朝鮮社会事業要覧』〔大正12年3月報告，大正12年，15年，昭和4年8月報告，7正12.8—昭和11.3）.

8月報告　朝鮮総督府内務部社会課〕

昭和2.11—　　熙4［1910］.--）.

民2年度］（隆熙3［1909］.5）.

国警察統計』（韓国併合史研究資料21）1996.11

以上卒業者の状況』（調査資料　第8輯の2）（昭和19.3）.

和4年度（n.d.—n.d.）.

「植民地期朝鮮」関係統計資料目録　567

朝鮮総督府『学事統計　明治43年度』(n.d.).

朝鮮総督府『朝鮮の犯罪と環境』（調査資料　第23輯）（昭和3.3）［善生永助調査］.

朝鮮総督府学務局『朝鮮諸学校一覧』大正6年，12年，14年〜昭和18年（大正7.1―昭和19.6）.
　　〔大正6年　朝鮮総督府内務部学務局『諸学校一覧』〕

朝鮮総督府学務局錬成課『朝鮮の宗教及亨祀要覧』昭和元年12月末調〜昭和16年12月末調（昭和3.1―17.11）.
　　〔昭和1年〜3年　朝鮮総督府学務局宗教課『朝鮮ニ於ケル宗教及亨祀一覧』／昭和4〜5年『朝鮮に於け
　　る宗教及亨祀一覧』／昭和6年〜9年　朝鮮総督府学務局社会課／昭和10年〜12年　朝鮮総督府学務局社
　　会教育課／昭和13年〜14年　朝鮮総督府学務局社会教育課『朝鮮に於ける宗教及亨祀要覧』／昭和15年
　　朝鮮総督府学務局社会教育課『朝鮮の宗教及亨祀要覧』〕

朝鮮総督府警務局『朝鮮警察概要』大正14年〜15年，昭和3年，5年〜16年（大正14.8―昭和17.7）.
　　〔大正14年『朝鮮警察之概要』／大正15年，昭和3年『朝鮮警察の概要』〕

朝鮮総督府警務総監部・朝鮮駐箚憲兵隊司令部『警務一覧表　大正4年8月編纂』（大正4.--）.

朝鮮総督府内務局『学校組合財政状況要覧』大正10年度（大正10.12）.

朝鮮総督府法務局『朝鮮総督府司法統計年報』大正8年，昭和9年〜昭和17年（大正10.7―昭和19.8）.
　　〔大正8年　朝鮮総督府『朝鮮総督府司法統計年報』／昭和9年〜昭和15年　朝鮮総督府法務局『朝鮮総督
　　府裁判所統計年報』〕

朝鮮駐箚憲兵隊司令部・朝鮮総督府警務総監部『警察統計』大正4年〜6年（大正5.10―7.12）.

【総督府調査　文書綴】

（労務）1935―40年　失業調査綴　自昭和十年至昭和十五年（内務局社会課）朝鮮ニ於ケル失業調査　昭和十
　　　　　　　　　年十月一日現在，十三年十月一日現在，報告例第60表失業者表　昭和15年10月1日現在

　　　　1941年　労務資源調査関係書類（内務局）
　　　　　　（労務No.10）　労働資源調査ニ関スル件　昭和15年3月末現在
　　　　　　　［調査名は「労務資源調査」］

　　　　1939―42年　事変関係失業状況月報（内務局社会課／司政局労務課）
　　　　　　　　昭和十五年九月末現在，十七年十一月末現在

（商工）1938年　民営工場生産額集計綴（乙）／官営工場生産額集計綴（乙）（殖産局商工課）.

　　　　1939年　工産表綴（乙）（殖産局商工課）〔昭和14年末　各道報告〕.
　　　　　　官民営工場生産額集計綴（乙）／官営工場生産額集計綴（乙）（殖産局商工課）

　　　　1940年　民営工場生産額集計綴（乙）（殖産局商工課）.

【参考資料（調査法規・要綱他）】

外務省条約局『外地法制誌』（昭和30.―46.3）13冊
　〔内　朝鮮関係〕
　（第1部　日本旧領域に関係のあった条約，第2部　外地法令制度の概要，第4部の一　制令　前・後編，
　第4部の二　日本統治時代の朝鮮）

韓国度支部『財務統計台帳調製規程并調理手続』（隆熙4［1910］.4）（度支部公報号外）.

京城府『第一回　国勢調査　大正十四年』（大正15.5）.

京城府『朝鮮昭和十五年　国勢調査事務概要』（昭和16.3）.

朝鮮金融組合聯合会『企業整備に関する資料』（調査資料　第33輯）（昭和19.7）.

朝鮮金融組合聯合会調査課『朝鮮に於ける資金調整の現況』（調査資料　第15輯）（昭和14.11）.

朝鮮金融組合聯合会調査課『農業労務者の賃金に関する資料』（昭和17.8）.

朝鮮総督府『現行　朝鮮総督府法規提要』（明治44年6月1日現行）（明治44.11）3冊

朝鮮総督府『資源調査法規』（昭和5.3）.

568　「植民地期朝鮮」関係統計資料目録

〔表紙刊年：昭和4年12月〕

朝鮮総督府『人口動態調査提要』（朝鮮統計協会　昭和12.11）.

朝鮮総督府［朝鮮産業経済調査会資料］（『朝鮮産業経済調査会諮問答申書』他　昭和11年10月）.

朝鮮総督府『［昭和五年］国勢調査員必携』（n.d.）.

朝鮮総督府『昭和五年朝鮮国勢調査質疑応答』（n.d.）.

朝鮮総督府『（朝鮮昭和十五年国勢調査）国勢調査員必携』（n.d.）.

朝鮮総督府『朝鮮昭和十五年国勢調査質疑解答』（n.d.）.

朝鮮総督府『朝鮮総督府時局対策調査会諮問案参考書』（昭和13.9）.

朝鮮総督府『朝鮮総督府報告例』大正1年11月22日訓令第20号（施行大正2年1月1日）～大正11年10月5日
　　（別冊甲・乙号に編冊），14年12月24日，昭和2年11月28日，5年11月15日，8年11月29日，10年12月28日
　　政務総監通牒，12年11月19日，17年12月3日訓令66号，20年6月6日政務総監通牒（報告例ニ依ル報告
　　［一部］停止）.

朝鮮総督府『朝鮮米穀生産費調　昭和9年度』（n.d.）.
　　＊（別案）あり.

朝鮮総督府『現行朝鮮法令輯覧』大正4年5月1日現行～昭和17年版（昭和16年6月1日現行）（帝国地方行
　　政学会朝鮮支部刊　大正4.10—昭和14.8／朝鮮行政学会刊　昭和15.12—17.12）.
　　〔大正4年5月1日現行～昭和13年版追録　『朝鮮法令輯覧』〕
　　復刻版：昭和15年版　『日帝下法令輯覧』第1～8巻　國學資料院（ソウル）1996.5
　　＊他に帝国地方行政朝鮮本部編（朝鮮総督府官房審議室校閲）『現行朝鮮法規類纂』（加除式）あり

朝鮮総督府『道府郡統計年報調製標準』［大正2年3月官通牒第77号］（n.d.）.

朝鮮総督府『内地及朝鮮ニ於ケル米収穫高調査方法ノ比較対照』（n.d.）.

朝鮮総督府『米穀生産費調参考資料　昭和9年度』（n.d.）.

朝鮮総督府『籾一石当生産費の調査　昭和9年度』（n.d.）.

朝鮮総督府総務局国勢調査課『朝鮮労働技術統計調査解説』（昭和18.5）.

朝鮮総督府農林局『朝鮮米穀生産費調査要綱　昭和9年』（n.d.）.
　　＊別案あり

朝鮮総督府［農林局］『米穀統制調査書類』（昭和9.4/5）.

朝鮮総督府農林局米穀課『朝鮮ニ於ケル米穀統制ノ経過』改訂2版，昭和13年版（昭和9.9，昭和13.6）.
　　〔改訂2版　朝鮮総督府農林局農産課〕

朝鮮総督府物価調整課『朝鮮物価関係法規集』（朝鮮統制経済研究会　昭和17.8）.

朝鮮総督府臨時土地調査局『地籍調査規程・地籍調査施行心得』（大正6年5月31日局訓令第8号同9号別冊）
　　（n.d.）.

朝鮮統計協会『朝鮮統計時報』創刊号～第24号（昭和11年3月—19年3月）.

朝鮮農会（朝鮮総督府農林局校閲）『朝鮮農務提要』大正10年2月現行，昭和4年6月現行，昭和6年3月・
　　8年10月・11年6月改訂増補（大正10.3，昭和4.6，昭和6.3，昭和8.10，昭和11.6）.
　　〔大正10年　朝鮮総督府殖産局『朝鮮農務提要』／昭和4，6年　朝鮮農会（朝鮮総督府殖産局校閲）〕
　　＊表紙表示年：昭和8年9月，昭和11年5月

帝国地方行政学会朝鮮本部『現行　朝鮮法規類纂』［昭和11年11月1日現在］第1巻～第10巻（昭和12.2　加
　　除式）.

統監府監査部『統監府法規提要』［明治39年7月15日現行］～明治41年3月31日現行，明治43年3月31日現行
　　（明治39.10—43.3）.
　　〔明治39年　統監府総務部法制課／明治41年　統監府〕

［農林省］［朝鮮台湾米穀生産費調査関係資料］1冊（合編）［昭和9～10年度調査関係資料綴］.

「植民地期朝鮮」関係統計資料目録　569

【参考文献】

鵜飼長三郎・石原暉一『実費建築　中流住宅五十種及材料の計算』（鈴木書店　昭和6.9）.

川上常郎（大邱財務監督局長）『土地調査綱要』（度支部　隆熙3［1909］.2）.

　　　復刻版：龍渓書舎『韓国併合史研究資料　89』　2011.1.

韓国度支部官房統計課『統計実務要綱』（財務彙報第18号附録）（隆熙3［1909］.5）.

韓国農商工部『朝鮮要覧』（明治43.9）.

京城府『京城府史』第1巻〜第3巻（昭和9.3—16.3）.

　　　復刻版：湘南堂書店　昭和57.6

京城居留民団役所『京城発達史』（明治45.6）.

四方博『朝鮮に於ける近代資本主義の成立過程—その基礎的考察』（京城帝国大学法文学会第一部論纂第六輯
　　　『朝鮮社会経済史研究』）（昭和8.12）.

高橋喜七郎『温突の築き方と燃料』（朝鮮総督府　大正12.4）［改訂増補　黄海林友会　昭和3年10月刊行］.

第一銀行『韓国ニ於ケル第一銀行』（明治41.8）.

張菅雄『中流住宅』（逓信協会　昭和7.9（1刷））.

　　　復刻版：内田青蔵（編）『住宅建築文献集成　第19巻』（柏書房　2011.2）.

　　　（注）　①再版（1933.1），第7版（1936.10）あり.

　　　　　　　②著者名ヨミにチョウとハリとあるが，未定につき一応チョウに配列.

朝鮮金融組合協会『朝鮮金融組合史』（昭和4.8）.

朝鮮銀行『鮮満経済十年史（朝鮮銀行創業十周年記念)』（大正8.12）.

朝鮮銀行史研究会『朝鮮銀行史』（東洋経済新報社　昭和62.12）.

朝鮮殖産銀行『朝鮮殖産銀行十年志』（昭和3.10）.

朝鮮殖産銀行調査部『地方経済状況調査報告』（昭和15.4）.

朝鮮総督府『朝鮮総攬』（昭和8.3）.

朝鮮総督府・中枢院『朝鮮田制考』（昭和15.10）.

朝鮮総督府内務局『地方行政区域名称一覧』　明治45年1月1日現在，大正13年6月改訂，昭和4年1月15日
　　　改訂，［昭和14年1月15日改訂］（明治45.5，大正13.10，昭和4.10，昭和14.2）.

　　　復刻版：大正13年刊［のみ］　龍渓書舎（韓国併合史研究資料　38）2002.9

朝鮮綿糸布商聯合会『朝鮮綿業史　朝鮮綿糸布商聯合会創立十周年記念』（昭和4.10）.

統監府『統監府施政一班』（明治40.2）.

徳永勲美『韓国総覧』（博文館　明治40.8）.

　　　復刻版：韓国学文献研究所編　亜細亜文化社（ソウル）（舊韓末日帝侵略史料叢書：社会編　7—8）
　　　1985.4

堂本貞一『朝鮮の税関　増補改訂』（昭和6.6）.

林原憲貞『朝鮮人工場労働者に関する統計的考察』（業務資料　第1輯所収）（南満洲鉄道株式会社京城鉄道局
　　　庶務課調査係　大正13.3）.

藤戸計太『質屋及典當舗之研究』（朝鮮金融経済叢書　第2輯）（大東学会　1930.3）.

　　　復刻版：龍渓書舎『韓国併合史研究資料　52』　2005.10.

（附）

【戦後—過渡期資料】

朝鮮銀行調査部『経済年鑑』4282年版（1949年）（1949.10）.

朝鮮銀行調査部『朝鮮経済年報』1948年版（1948.7）.

　　　復刻版：國學資料院（ソウル）1996.5.

南朝鮮過度政府（庶務處調査研究署統計課）『朝鮮統計年鑑』1943年（1948.3）.

570 「植民地期朝鮮」関係統計資料目録

南朝鮮過度政府中央経済委員会『南朝鮮産業労務力及賃金調査（1946年11月現在)』（1948.3）（庶務處統計署作成).

  ＊ 一部1944年6月のデータ含む

  復刻版：驪江出版社『労働関係資料集　6』1986.4

〔編者不詳〕『朝鮮経済統計要覧』〔出版者不詳〕＊（1949.).

  再刷版：驪江出版社　1986.4

  ＊刊記は原本に一切なし.（滋賀県立大学図書情報センター所蔵本の表紙裏にはエンピツ書きで「朝鮮経済通信社発行」とあり）

  戦前・戦後接続，南朝鮮・北朝鮮別データあり.

（髙橋益代）

引用文献一覧

以下には，本文（CD-ROM 所収のものは除く）に利用・引用された文献を５つに分けて掲載する．
　A　和文文献，B　ハングル（朝鮮語）文献，C　欧文等文献，D　統計・参考資料，E　史料
（1）各項目の文献配列順は該当項目に示した．
（2）著者名・機関名等は，原則として新字体の漢字を使用した．
（3）ハングル（朝鮮語）の文献は，著者姓の発音表記（カタカナ）の50音順で配列した．
（4）同一の著者の文献が続く場合は，刊行（発表）の古い順に配列した．
（5）各文献の末尾にある太字の数字は，引用された章および節等を示す（例：**(1.1)** →第１章第１節）.

A　和文文献　（著者姓の50音順）

阿部宗光・阿部洋編［1971］『韓国と台湾の教育開発』アジア経済研究所．　**(9.1)**

李佑泓（イ・ウホン）［1989］『どん底の共和国：北朝鮮不作の構造』亜紀書房．　**(14.4)**

李佑泓（イ・ウホン）［1990］『暗愚の共和国：北朝鮮工業の奇怪』亜紀書房．　**(14.4)**

李鎮勉（イ・ジンミョン）・権赫旭（クォン・チャンウク）［2008］「韓国の鉱業・製造業」一橋大学アジア長期経済統計韓国巻ワークショップ報告論文．　**(4.2)**

李憲昶（イ・ホンチャン）著，須川英徳・六反田豊監訳［2004］『韓国経済通史（韓国の学術と文化 16）』法政大学出版局．　**(1.1)**，**(2.3)**

石南国［1972］『韓国の人口増加の分析』勁草書房．　**(序.2)**，**(2.1)**，**(14.1)**，**(15.2)**

石川滋監修［1973］『朝鮮農業生産額の推計：1910-1970　その１　戦前の部（加工統計シリーズ11）』一橋大学経済研究所統計係．　**(序.2)**，**(3.1)**，**(15.2)**

石川滋監修［1980a］『朝鮮農業生産額の推計：1910-1970　その２　戦前・戦後の接続の部（加工統計シリーズ24）』一橋大学経済研究所統計係．　**(序.2)**，**(3.1)**

石川滋［1980b］「朝鮮農業の南北分割について」梅村又次編『旧日本帝国の数量経済史的分析』一橋大学経済研究所梅村研究室．　**(4.2)**，**(15.2)**

碓井和弘［1991］「朝鮮総督府嘱託善生永助の調査研究——朝鮮流通研究の文献・資料（1）」『札幌学院商経論集』７巻２・３号合併号．　**(統.資)**

薄田美朝［1924］「統計研究会生る」『朝鮮』大正13年12月号．　**(統.資)**

梅村又次・溝口敏行［1988］「「旧日本帝国」の経済構造」溝口敏行・梅村又次編『旧日本植民地経済統計：推計と分析』第１部第１章，東洋経済新報社．　**(15.3)**

梅村又次ほか［1988］『労働力（長期経済統計　2）』東洋経済新報社．　**(2.1)**

大川一司・高松信清・山本有造［1974］『国民所得（長期経済統計　1）』東洋経済新報社．　**(5.1)**，**(15.3)**

大川一司・東畑精一［1939］「朝鮮米穀経済論」日本学術振興会前第六小委員会編『米穀経済の研究　1』有斐閣．　**(1.2)**

大川一司，ヘンリー・ロソフスキー［1973］『日本の経済成長：20世紀における趨勢加速』東洋経済新報社．　**(15.3)**

大蔵省関税局編［1972］『税関百年史（上）』日本関税協会．　**(6.1)**

玉城素（オク・ソンソ）［1978］『朝鮮民主主義人民共和国の神話と現実』コリア評論社．　**(14.4)**

尾高煌之助監修［1971］『日本統治下における朝鮮の雇用と賃金　付：関東州の雇用と賃金（加工統計シリーズ 7）』一橋大学経済研究所統計係（謄写刷）．　**(1.2)**，**(2.3)**

尾高煌之助［1975］「日本統治下における朝鮮の労働経済」『経済研究』第26巻第２号，一橋大学経済研究所，

pp.145-158. **(1.2)**, **(2.3)**

尾高煌之助［1981］「京城工場調査第一次集計表」梅村又次編『旧日本帝国の数量経済史的分析』一橋大学経済研究所梅村研究室. **(5.2)**

尾高煌之助［1988］「日本統治下における台湾・朝鮮の労働経済」溝口敏行・梅村又次編『旧日本植民地経済統計：推計と分析』第Ⅰ部第8章, 東洋経済新報社. **(1.2)**, **(2.3)**, **(5.2)**

尾高煌之助［2004］「全部雇用のメカニズムを探る」法政大学比較経済研究所・尾高煌之助編『近現代アジア比較数量経済分析』法政大学出版局. **(2.3)**

川野辺希美・木村光彦［2009］「北朝鮮の対日輸出, 1961-2006年」(Global COE Hi-Stat Discussion Paper Series No.90) Institute of Economic Research, Hitotsubashi University. (http://hermes-ir.lib.hit-u.ac.jp/rs/bitstream/10086/17757/1/gd09-090.pdf). **(14.3)**

北村かよ子編［1991］『NIEs 機械産業の現状と部品調達』アジア経済研究所. **(11.1)**

金日成（キム・イルソン）［1981］「党の組織的・思想的強化はわれわれの勝利の基礎：朝鮮労働党中央委員会第五回総会でおこなった報告（1952年12月15日）」『金日成著作集　第7巻』外国文出版社. **(14.2)**

金昌男（キム・チャンナム）・文大宇（ムン・デウ）［2006］『韓国（東アジア長期経済統計　別巻1）』勁草書房. **(4.2)**

金哲（キム・チョル）［1965］『韓国の人口と経済』岩波書店. **(2.1)**

金洛年（キム・ナクニョン）［2002］『日本帝国主義下の朝鮮経済』東京大学出版会. **(4.2)**

金洛年（キム・ナクニョン）編, 文浩一・金承美訳［2008］『植民地期朝鮮の国民経済計算：1910-1945』東京大学出版会. **(序.2)**, **(1.1)**, **(2.1)**, **(4.1)**, **(4.2)**, **(5.3)**, **(15.3)**

金洛年（キム・ナクニョン）［2017］「韓国の経済成長：長期推移と国際比較」『社会経済史学』第83巻第3号, pp.3-22. **(15.3)**

木村光彦［1981］「植民地下台湾, 朝鮮の民族工業」(Discussion Paper No.3) 名古屋学院大学産業科学研究所. **(4.2)**

木村光彦［1988a］「台湾・朝鮮の鉱工業」溝口敏行・梅村又次編『旧日本植民地経済統計：推計と分析』第1部第5章, 東洋経済新報社. **(4.2)**

木村光彦［1988b］「韓国（朝鮮）における初等教育の普及：1911〜1955年」『アジア研究』第34巻第3号, pp.73-91. **(9.2)**

木村光彦［1997］「北朝鮮経済の分析方法：文献と統計」(Discussion paper No.D97-15) 一橋大学経済研究所. **(14.1)**

木村光彦［1998］「北朝鮮農業の分析　1960-70年代の非数量データを中心に」(Discussion paper No.D98-3) 一橋大学経済研究所. **(4.2)**, **(13.3)**

木村光彦［1999］『北朝鮮の経済：起源・形成・崩壊』創文社. **(4.2)**, **(14.2)**

木村光彦［2010］「戦後北朝鮮経済の展望」『比較経済研究』第47巻第1号. **(14.2)**

木村光彦編訳［2011］『旧ソ連の北朝鮮経済資料集：1946-1965年』知泉書館. **(13.1)**, **(14.2)**

木村光彦［2013］「北朝鮮の食糧生産：1920年代から1950年代の統計分析」『現代韓国朝鮮研究』第13号, 11月. **(14.2)**

木村光彦［2016］『北朝鮮経済史：1910-60』知泉書館. **(14.2)**

木村光彦・安部桂司［2003］『北朝鮮の軍事工業化：帝国の戦争から金日成の戦争へ』知泉書館. **(4.1)**, **(4.2)**, **(14.3)**

木村光彦・安部桂司［2008］『戦後日朝関係の研究：対日工作と物資調達』知泉書館. **(14.3)**

黒田昌裕・新保一成・野村浩二・小林信行［1996］『KEO データベース：産出および資本・労働投入の測定』(慶應義塾大学産業研究所 KEO モノグラフシリーズ No.8) 慶應義塾大学産業研究所. **(10.0)**

慶應義塾経済学会編［2016］「特集　韓国経済発展の歴史的条件：1960年代日本との比較を中心に」『三田学会雑誌』第109巻第2号, 7月. **(11.3)**

慶南大学極東問題研究所編［1980］『北朝鮮貿易研究』成甲書店. **(14.3)**

国民経済研究協会［1954］『基本国力動態総覧』. **(1.2)**

後藤富士男［1981］『北朝鮮の鉱工業：生産指数の推計とその分析』国際関係共同研究所. **(14.4)**

斎藤修［2004］「人口転換前の出生力とその上昇」法政大学比較経済研究所・尾高煌之助編『近現代アジア比較数量経済分析』法政大学出版局. **(14.1)**

櫻井義之［1944］「朝鮮統計の揺籃時代」『朝鮮統計時報』第24号. **(1.補)**, **(統.資)**

佐藤正広［2008］「大戦終結前の台湾の統計制度」溝口敏行編『台湾（アジア長期経済統計　1）』東洋経済新報社. **(1.補)**

四方博［1943］「李朝時代の戸口」『朝鮮統計時報』第22号, 朝鮮統計協会. **(統.資)**

攝津斉彦・Jean-Pascal Bassino・深尾京司［2016］「明治期経済成長の再検討：産業構造, 労働生産性と地域間格差」『経済研究』第67巻第3号, 一橋大学経済研究所, pp.193-214. **(15.3)**

善生永助［1935］『朝鮮経済関係著書論文目録』. **(統.資)**

善生永助［1963］「朝鮮総督府の調査事業について」（「連続シンポジウム　日本における朝鮮研究の蓄積をどう継承するか　第5回」）『朝鮮研究月報』13, 朝鮮研究所. **(統.資)**

宣在源（ソン・ジェウォン）［1998］「植民地期朝鮮における雇用制度：労働攻策・労務管理と朝鮮人労働者」『日本植民地研究』第10巻, 7月. **(2.3)**

台湾総督府警務局［1934］『台湾総督府警察沿革誌　3警務事績篇』. **(1.補)**

高島正憲・深尾京司・今村直樹［2017］「成長とマクロ経済」深尾京司・中村尚史・中林真幸編『近世：16世紀末から19世紀前半（岩波講座日本経済の歴史　第2巻）』序章第1節, 岩波書店, pp.2-22. **(15.3)**

高田太一［1934］『統計調査』（自治行政叢書　2）常盤書房. **(1.補)**

高橋喜七郎［1923］『温突の築き方と燃料』朝鮮総督府. **(3.2)**

高橋益代［1991］「明治・大正期の『労働統計調査』概観」『経済資料研究』24, 経済資料協議会. **(1.補)**

高橋益代［1996］「『旧外地』行政文書について」『記録と史料』7, 全国歴史資料保存利用機関連絡協議会. **(統.資)**

高橋益代［2005］「『台湾統計協会雑誌』総目次 解題」（Hi-Stat Discussion Paper Series：No.d05-89）一橋大学経済研究所. **(1.補)**

高松信清［1974］「生産面の推計：物的生産」大川一司・高松信清・山本有造『国民所得（長期経済統計　1）』東洋経済新報社. **(4.2)**

竹内啓ほか編［1989］『統計学辞典』東洋経済新報社. **(13.1)**

車明洙（チャ・ミョンス）［2008］「経済成長・所得分配・構造変化」金洛年（キム・ナクニョン）編, 文一・金承美訳『植民地期朝鮮の国民経済計算：1910-1945』第13章, 東京大学出版会. **(15.3)**

張成鉉（チャン・ソンヒョン）［1998］「韓国の国民経済計算と生産指数」（Discussion Paper No.D97-?橋大学経済研究所. **(4.2)**

朝鮮総督府［1924, 1926, 1928］『朝鮮の商工業』. **(2.3)**

寺崎康博［1981］「日本統治下における台湾の消費水準の推計：1912-1938」『長崎大学教養部紀要篇』第21巻第2号, 1月, pp.39-73. **(4.2)**

寺崎康博［1988］「台湾・朝鮮の消費水準」溝口敏行・梅村又次編『旧日本植民地経済統計：推1部第6章, 東洋経済新報社. **(15.3)**

涂照彦［1990］『東洋資本主義』講談社. **(11.1)**

堂本貞一［1931］『増補改訂　朝鮮の税關』. **(6.2)**

徳井丞次ほか［2013］「都道府県別産業生産性（R-JIP）データベースの構築と地域間生産済研究』第64巻第3号, 一橋大学経済研究所. pp.218-239. **(15.4)**

外村大［2004］『在日朝鮮人社会の歴史学的研究：形成・構造・変容』緑蔭書房. **(2.1)**

内閣統計局［1926］『現行統計法規類抄』帝国地方行政学会. **(1.補)**

574 引用文献一覧

内務省［1884］『府県統計書様式』．　**(1.補)**

中川雅彦［2011］「国民所得の推計」『朝鮮社会主義経済の理想と現実：朝鮮民主主義人民共和国における産業構造と経済管理』アジア経済研究所．**(13.1)**

中川雅彦［2013］「3代目政治体制の発足とロケット発射　2012年の朝鮮民主主義人民共和国」『アジア動向年報2013年版』日本貿易振興機構アジア経済研究所，pp.49-72．**(13.4)**

西川俊作・腰原久雄［1981］「1935年の投入産出表：その推計と含意」中村隆英編『戦間期の日本経済分析』山川出版社．**(4.2)**

萩原彦三［1969］『朝鮮総督府官制とその行政機構』（友邦シリーズ　15）．　**(1.補)**

朴二澤（パク・イテック）［2008a］「植民地朝鮮における有業率と産業別労働力構成」（研究会報告論文）Asia Historical Statistics Project，一橋大学経済研究所．**(2.2)**

朴二澤（パク・イテック）［2012］「植民地朝鮮における有業者構成の変化」一橋大学経済研究所報告論考（本書付属 CD-ROM 所収）．**(2.2)**

朴基炷（パク・キジュ）［2008］「鉱業・製造業」金洛年（キム・ナクニョン）編，文浩一・金承美訳『植民地期朝鮮の国民経済計算：1910-1945』第4章，東京大学出版会．**(4.2)**

朴基炷（パク・キジュ）・朴二澤（パク・イテック）［2008］「電気・ガス・水道業および運輸・倉庫・通信業」金洛年（キム・ナクニョン）編，文浩一・金承美訳『植民地期朝鮮の国民経済計算：1910-1945』第8章，東京大学出版会．**(4.3)**，**(15.3)**

朴在一（パク・ジェイル）［1957］『在日朝鮮人に関する綜合調査研究』新紀元社．**(2.1)**

朴燮（パク・ソプ）［2008］「農業」金洛年（キム・ナクニョン）編，文浩一・金承美訳『植民地期朝鮮の国民経済計算：1910-1945』第2章，東京大学出版会．**(1.1)**，**(3.1)**

朴丙日（パク・ビョンイル）［1964］『韓国経済と産業連関分析』アジア経済研究所．**(3.3)**，**(4.2)**

朴明圭（パク・ミョンギュ）・徐浩哲（ソ・ホチョル）［2004］「植民地朝鮮の人口調査」木村拓訳『地域総合研究』32巻1号，鹿児島国際大学附置地域総合研究所〔朴・徐『植民地権力と統計』の第4章の訳出〕．

・山田三郎［1967］「農業の技術進歩」篠原三代平・藤野正三郎編『日本の経済成長：成長コンファレンスの報告と討論』日本経済新聞社．**(15.3)**

（ソン・ジェウォン）［2013］『韓国経済発展への経路：解放・戦争・復興』日本経済評論社．

［1996］『生産力拡充計画資料』全9巻，現代史料出版．**(1.2)**，**(4.1)**，**(4.2)**

［2008］「第2次産業の生産活動」溝口敏行編『台湾（アジア長期経済統計　1）』東洋経済

日本経済統計文献センター［1982］『明治期における府県総括統計書書誌』（統計資料シリ

世界システムと開発』同文舘出版．**(11.1)**

憲・今村直樹［2017］「生産・物価・所得の推定」深尾京司・中村尚史・中林真幸19世紀前半（岩波講座日本経済の歴史　第2巻）』巻末付録，岩波書店．**(15.3)**

成長とマクロ経済」深尾京司・中村尚史・中林真幸編『近代2：第一次世界大1936）（岩波講座日本経済の歴史　第4巻）』序章第1節，岩波書店．

クロ経済」深尾京司・中村尚史・中林真幸編『現代1：日中戦争期か日本経済の歴史　第5巻）』序章第1節，岩波書店，pp.2-28.

・物価・所得の推定」深尾京司・中村尚史・中林真幸編『近代（岩波講座日本経済の歴史　第3巻）』巻末付録，岩波書

店．　（**15.3**）

深尾京司・牧野達治・徳井丞次［2018］「日本の地域間経済格差：1874-2010年」徳井丞次編『日本の地域別生産性と格差：R-JIP データベースによる産業別分析』東京大学出版会．　（**15.3**）

堀和生［1993］「1930年代朝鮮における社会的分業の再編成」中村哲・安秉直編『近代朝鮮工業化の研究』日本評論社．　（**2.3**）

堀和生［1995］『朝鮮工業化の史的分析』有斐閣．　（**1.2**），（**6.3**）

堀和生［2009］『形成・構造・展開（東アジア資本主義史論1）』ミネルヴァ書房．　（**6.2**），（**11.1**）

堀和生［2013］「韓国併合に関する経済史的研究」森山茂徳・原田環編『大韓帝国の保護と併合』東京大学出版会．　（**6.3**）

堀和生編［2016］『東アジア高度成長の歴史的起源』京都大学学術出版会．　（**11.3**）

堀和生・木越義則［2005］「近代朝鮮貿易の基礎的研究」『調査と研究』第30号，京都大学経済学会，4月．　（**6.1**）

堀和生・木越義則［2009］「開港期朝鮮貿易統計の基礎的研究」京都大学大学院経済学研究科附属上海センター『東アジア経済研究』第3号，3月．　（**6.1**）

松田芳郎［1978］『データの理論：統計調査のデータ構造の歴史的展開』（一橋大学経済研究叢書　30）岩波書店．　（**1.補**）

真鍋半八［1936］「朝鮮統計協会設立の経緯」『朝鮮統計時報』創刊号．　（**統.資**）

水科七三郎［1929］「後藤伯卜台湾ノ人口動態統計」『統計学雑誌』516号．　（**統.資**）

水野順子編［2011］『韓国の輸出戦略と技術ネットワーク：家電・情報産業にみる対日赤字問題』アジア経済研究所．　（**11.1**）

溝口敏行［1975］『台湾・朝鮮の経済成長：物価統計を中心として』岩波書店．　（**4.2**），（**15.1**）

溝口敏行編［1986］『開発経済学的視点からみた旧日本植民地の経済発展に関する数量的分析』一橋大学経済研究所日本経済統計文献センター．　（**15.1**）

溝口敏行［1996］「韓国（戦前「朝鮮」を含む）長期経済統計の作成方針」（Discussion Paper No.D96-3）一橋大学経済研究所．　（**12.2**），（**15.1**）

溝口敏行［1999］「Korea 長期経済統計データベースの作成：国民経済計算の推定」（Discussion Paper No.D99-5）一橋大学経済研究所．　（**3.3**），（**5.1**），（**15.2**）

溝口敏行［2007］「書評 Nak Nyeon Kim（金洛年），ed. *Economic Growth in Korea*（［ハングゲ キョンジェ ソンジャン］）1910-1945」『広島経済大学経済研究論集別冊』第29巻第4号，3月．　（**5.1**）

溝口敏行編［2008］『台湾（アジア長期経済統計　1）』東洋経済新報社．　（**5.1**），（**15.3**）

溝口敏行・梅村又次編［1988］『旧日本植民地経済統計：推計と分析』東洋経済新報社．　（**序.1**），（**序.2**），（**1.1**），（**1.2**），（**2.1**），（**3.1**），（**4.1**），（**4.2**），（**5.1**），（**6.1**），（**12.2**），（**15.1**），（**15.3**）

溝口敏行・野島教之［1996］「台湾・韓国の国民経済計算長期系列の推計」（Reprinted Paper No.R96-6）一橋大学経済研究所．　（**序.2**），（**15.1**）

三満照敏［1991］「朝鮮民主主義人民共和国（北朝鮮）の人口統計（資料）」『レファレンス』第41巻第7号，7月．　（**14.1**）

南亮進［1976］『動力革命と技術進歩：戦前期製造業の分析』東洋経済新報社．　（**15.3**）

南亮進・小野旭［1978］「要素所得と分配率の推計：民間非1次産業」『経済研究』第29巻第2号，一橋大学経済研究所．　（**5.1**）

三村光弘［2013］「北朝鮮経済における南北交易の位置」『現代韓国朝鮮研究』第13号，11月．　（**14.3**）

文浩一（ムン・ホイル）［2006］「植民地期朝鮮の賃金推計：工場調査を中心に」一橋大学経済研究所 Hi-Stat 主催 ASHSTAT ワークショップ「韓国の経済発展」報告論文．（2006年12月15-16日）（本書付属 CD-ROM 所収）．　（**2.3**）

文浩一（ムン・ホイル）［2011］『朝鮮民主主義人民共和国の人口変動：人口学から読み解く朝鮮社会主義』明

〔隆熙 2 年 2 月～ 4 年 7 月　韓国関税局『韓国外国貿易月表』／明治43年 8 月　韓国関税局『朝鮮外国貿易月表』／明治43年 9 月～10月　朝鮮総督府度支部『朝鮮貿易月表』／明治43年11月～昭和15年 9 月　朝鮮総督府『朝鮮貿易月表』〕

朝鮮総督府『朝鮮貿易年表』隆熙 2 年～昭和16年（n.d.―昭和18.11）.

〔隆熙 2 年，3 年　韓国関税局『韓国外国貿易年表』〕

＊ Korea, Imperial Maritime Customs：Return of trade and trade reports を参照

朝鮮総督府『朝鮮貿易要覧』隆熙元年～昭和 6 年（隆熙 2 ［1908］.6―昭和 8.3）.

〔隆熙 1 年～ 3 年　韓国関税局『韓国外国貿易要覧』／隆熙 3 年刊　韓国度支部 『財務彙報』 第43号附録〕

朝鮮総督府『朝鮮輸移出入品十五年対照表　自明治三十四年至大正四年』（大正 5.6）

朝鮮総督府『輸移出入品運賃諸掛費調査表（大正 6 年10月現在）（関税調査参考書）』（大正 8.10）.

朝鮮総督府『輸移入品平均価格表　自明治41年至大正 6 年（甲）（関税調査参考書）』（大正 7.3）.

朝鮮総督府財務局『朝鮮貿易表（内地間移出入非公表品）昭和14・15年』（n.d.）.

朝鮮総督府財務局『朝鮮貿易表（非公表品）昭和14年』（n.d.）.

朝鮮貿易協会『朝鮮貿易史』（昭和18.12）.

朝鮮貿易協会『朝鮮輸出貿易品調査表』（昭和14.11）.

＊　表紙刊年：昭和14年10月

中華民国海関総税務司署統計科『海関中外貿易統計年刊』1920～1943（1921―1944）.

〔1920～1922　通商海関進出貨品分別産銷全年総冊／1926～1930　中国海関華洋貿易総冊〕本文言語：中国語・英語

＊英文タイトル：The trade of China 1920～1943〔1920～1931 Foreign trade of China〕

東洋経済新報社『日本貿易精覧』（昭和10.11／増補再版　昭和10.12）.

満洲国経済部『満洲国外国貿易統計年報』大同元年～康徳 6 年下篇（大同 3 ［1934］.2―康徳 8 ［1941］.8　刊行者：大連税関統計科）.

〔大同元年～康徳 2 年　満洲国財政部　康徳 2 年～上・下篇刊〕

China. Imperial Maritime Customs：Return of trade at the treaty ports, and trade reports. pt Ⅱ. Reports and statistics for each port, with the reports and statistics for Corea. 1885―1893.

復刻版：『朝鮮海関年報（1885―1893）中国海関年報附録』（旧韓末日帝侵略史料叢書　通商関係資料）韓国学文献研究所編　亜細亜文化社（ソウル）1989.5

＊本書は The trade of China. の前身．附録に With the reports…Corea ［each port］を掲載する年度はこの年度のみ．本書には1844年以降 Corea 全体はあり．本書については濱下武志『中国近代経済史研究　清末海関財政と開港場市場圏』参照.

Korea. Imperial Maritime Customs：Return of trade and trade reports. 1901-1907.

＊ China. Imperial Maritime Customs. のものとは別個に韓国で刊行．『韓国外国貿易年表』に接続す　1902, 1907は所在不詳.

【交通・通信】

鮮交会『朝鮮交通史』（昭和61.9）全 3 冊.

朝鮮運送株式会社『朝鮮港湾之事情』（昭和11.11）.

朝鮮総督府警務局『朝鮮ニ於ケル自動車状況　昭和 6 年 1 月 1 日現在』（昭和 6.5）.

朝鮮総督府交通局『朝鮮交通状況』第 1 回　（昭和19.12）.

朝鮮総督府逓信局『朝鮮海事大要』［大正15年度，昭和 4 年度～ 6 年度］昭和12年～昭和15年（　15.11）

〔［昭和 4 年度］『朝鮮の海事』〕

朝鮮総督府逓信局『朝鮮逓信事業沿革史』（昭和13.2）.

石書店．**（13.1），（14.1）**

谷ヶ城秀吉［2005］「台湾・中国間貿易の変容と台湾総督府：1910年代から第一次世界大戦期を中心に」『日本史研究』第513号，5月．**（6.1）**

山田三郎［1988］「台湾・朝鮮の農業生産」溝口敏行・梅村又次編『旧日本植民地経済統計：推計と分析』第1部第4章，東洋経済新報社．**（15.3）**

山本有造［1988］「台湾・朝鮮の資本形成」溝口敏行・梅村又次編『旧日本植民地経済統計：推計と分析』第1部第7章，東洋経済新報社．**（15.3）**

山本有造［1989］「植民地経営」中村隆英・尾高煌之助編『二重構造（日本経済史 第6巻）』岩波書店．**（15.3）**

山本有造［1992］『日本植民地経済史研究』名古屋大学出版会．**（15.3）**

横山雅男［1936］「朝鮮統計と関係浅からぬ余の欣び」『朝鮮統計時報』創刊号．**（統.資）**

吉信粛［1979］「日本の対植民地貿易：その統計的検討」小野一一郎・吉信粛『両大戦間期のアジアと日本』（現代資本主義叢書18）大月書店．**（6.1）**

李基成（リ・ギソン）［2013］「1人あたりのGDP900ドル企業・農場の権限拡大」『週刊東洋経済』第6490号，2013年10月12日，東洋経済新報社．**（13.3）**

ロシア連邦国家関税委員会編［1996］『ロシア連邦貿易通関統計：統計集』ジャパン・プレス・フォト．**（14.3）**

和田一郎［1920］『朝鮮ノ土地制度及地税制度調査報告書』朝鮮総督府．〔書名は目次書名による．なお，復刻版（宗高書房刊）には『朝鮮土地地税制度調査報告書』とあり．）〕**（統.資）**

B ハングル（朝鮮語）文献 （著者姓の50音順）

安秉直（アン・ビョンジク）［1989］「식민지 조선의 고용구조에 대한 연구：1930년대 공업화를 중심으로」（「植民地朝鮮の雇用構造に関する研究：1930年代の工業化を中心に」）安秉直ほか編『近代朝鮮의 經濟構造』（『近代朝鮮の経済構造』）比峰出版社．**（2.3）**

安秉直（アン・ビョンジク）・中村哲編［1993］『近代朝鮮工業化의研究 1930-1945』（『近代朝鮮工業化の究：1930-1945年』）一潮閣．**（12.2）**

李佑泓（イ・ウホン）［1990］『빈곤의 공화국』（『貧困の共和国』）統一日報社．**（14.4）**

李宇衍（イ・ウヨン）・金洛年（キム・ナクニョン）［2012］「林業」金洛年編『한국의 장기통계：국민1911-2010』（『韓国の長期統計：国民経済計算 1911-2010』）第3章，ソウル大学校出版部．**（3.2）**

李宇衍（イ・ウヨン）・宋慶殷（ソン・ギョンウン）［2006］「임업・수산업」（「林業・水産業」）金洛ム・ナクニョン）編『한국의 경제성장』（『韓国の経済成長』）第3章，ソウル大学校出版部．**（3.3）**

李宇衍（イ・ウヨン）・車明洙（チャ・ミョンス）［2007］「식민지 조선의 임금수준과 구조」（「植民地朝金水準と構造」）『経済史学』第43号，pp.41-66．**（1.2），（2.3）**

李在亨（イ・ジェヒョン）［2002］『국가통계조직의 개선방안』（『国家統計組織の改善方案』）公式統計季学術大会発表論文．**（7.2）**

李在亨（イ・ジェヒョン）［2004］『국가통계 시스템 발전방안』（『国家統計システム発展方案』）韓院（KDI）．**（7.2）**

李在亨（イ・ジェヒョン）［2015a］「통계법과 통계정책」（「統計法と統計政策」）『한국 통계 발전사：역사』（『韓国統計発展史：偉大なる数字の歴史』）統計庁．**（7.2）**

李在亨（イ・ジェヒョン）［2015b］「통계제도와 통계조직」（「統計制度と統計組織」）『한국 통계 발수의 역사』（『韓国統計発展史：偉大なる数字の歴史』）統計庁．**（7.2）**

李在亨（イ・ジェヒョン）ほか［1997］『국가통계발전계획』（『国家統計発展計画』）韓国開発研**（7.2）**

李在亨（イ・ジェヒョン）ほか［2017］『국가통계발전 로드맵 수립을 위한 연구』（『国家統計発

樹立のための研究』）統計庁，韓国開発研究院（KDI）． **(7.2)**

이승훈（イ・スンフン）[1990]「북한경제의 총량지표」（「北朝鮮経済の総量指標」）이태욱（イ・テウク）編『북한의 경제』（『北朝鮮の経済』）ウルユ文化社． **(14.4)**

李碩（イ・ソク）[2007]『북한의 통계: 가용성과 신뢰성』（『北朝鮮の統計：利用可能性と信頼性』），통일연구원（統一研究院）． **(14.4)**

李澈熙（イ・チョルヒ）[2006]『한국의 고령노동：경제활동과 고용구조의 장기적 변화』（『韓国の高齢労働：経済活動と雇用構造の長期的変化』）ソウル大学校出版部． **(8.1)**

李大根（イ・テグン）[1995]『韓國貿易論：韓國經濟，NIEs 化의 길』（『韓国貿易論：韓国経済，NIEs 化の道』）法文社． **(11.1)**

李泰鎭（イ・テジン）[1996]「소빙기（1500-1700）의 천체 현상적 원인《조선왕조실록》의 관련기록분석」（「小氷期（1500-1700）天変地異研究の原因と『朝鮮王朝実録』の関連記録分析」）『歴史学報』149． **(1.1)**

이태섭（イ・テソプ）[2001]『김일성 리더십 연구』（『キム・イルソンのリーダーシップ研究』）ドゥルニョク出版社． **(14.4)**

이풍（イ・プン）[1981]「북한의 GNP 추정 방법」（「北朝鮮の GNP 推計」）『月刊北韓』1981年12月号． **(14.4)**

李憲昶（イ・ホンチャン）[2004]「한국 전근대 무역의 유형과 그 변동에 관한 연구」（「韓国前近代貿易の類型とその変動に関する研究」）『経済史学』第36巻． **(1.1)**

李憲昶（イ・ホンチャン）[2006]「한국사에서의 수도집중」（「韓国史における首都集中」）『韓国史研究』No.134． **(1.1)**

李憲昶（イ・ホンチャン）[2010]「1910 년 조선 植民地化의 내적 원인」（「1910年　朝鮮が植民地化された内的原因」）『朝鮮時代史学報』55輯． **(1.1)**

李憲昶（イ・ホンチャン）[2013]「근대경제성장의 기반형성기로서 18 세기 조선의 성취와그 한계」（「近代経済成長の基盤形成期としての18世紀朝鮮の成果とその限界」）歴史学会編『정조와 18 세기』（『正祖と18世紀』）푸른역사（プルンヨクサ）． **(1.1)**

李潤根（イ・ユングン）[1971]「韓国国民所得推計와 그 内容」（「韓国国民所得推計とその内容」）趙璣濬（チョウ・ギジュン）・李潤根・劉奉哲（ユ・ボンチョル）・金泳謨（キム・ヨンモ）『日帝下의 民族生活史』（『日帝下の民族生活史』）民衆書舘． **(4.2)**

이영훈（イ・ヨンフン）[2000]『북한의 경제성장 및 축적체제에 관한 연구（1956-64년）：Kaleckian CGE 모델 분석』（『北朝鮮の経済成長および蓄積体制に関する研究（1956-64年）：Kaleckian CGE モデル分析』）高麗大学校博士学位論文． **(14.1)**，**(14.4)**

李栄薫（イ・ヨンフン）編 [2004]『수량경제사로 다시 본 조선후기』（『数量経済史から見直す朝鮮後期』）ソウル大学校出版部． **(1.1)**

李栄薫（イ・ヨンフン）[2012]「17세기 후반-20세기 전반 手稲作 土地生産性의 장기추세」（「17世紀後半-20世紀前半における手稲作の土地生産性の長期趨勢」）『経済論集』第51巻第 2 号． **(1.1)**

李栄薫（イ・ヨンフン）・朴二澤（パク・イテック）[2004]「제 6장 농촌미곡시장과 전국적 시장통합」（「農村米穀市場と全国的市場統合：1713-1937」）李栄薫編『수량경제사로 다시 본 선후기』（『数量経済史から見直す朝鮮後期』）第 6 章，ソウル大学校出版部． **(1.1)**

韓国関税研究所 [1985]『韓国関税史調査　資料85-6』韓国関税研究所． **(11.2)**

韓国銀行 [2012]『국민계정리뷰』（『国民経済計算レビュー』）2012年第 1 号，通巻第 5 号． **(10.2)**

韓国銀行 [2013]「국민계정 작성기준의 변경과 그 영향」（「国民経済計算作成基準の変更とその影響」）『季刊國民計定』 4 号． **(12.1)**

韓国銀行 [2014]『국민계정（1953-1992）개편결과-신국제사회기준 과 기준년（2010）개편』（『国民経済計算（1953-1992）改編結果：新国際社会基準移行と基準年（2010）改編』）同銀行． **(12.1)**

韓国銀行・統計庁 [2014a]『국민 대차 대조표 공동 개발 결과（잠정）』（『国民貸借対照表 共同開発結果（暫

定)」）同庁． **（10.4）**

韓国銀行・統計庁 ［2014b］『국민 계정 (1953-1999년) 개편 결과 : 새 국제기준 이행 및 기준년 개편』（『国民経済計算（1953-1999年）改編結果：新しい国際基準移行および基準年改編』）経済統計局国民勘定部． **（12.1）**

韓国古文書学会 ［2006］「특집 한국과 일본 근세의 조직과 문서」（「特集　韓国と日本の近世における組織と文書」）『古文書研究』28． **（1.1）**

韓国産業銀行調査部 ［1955］『韓國産業経済十年史：1945-1955』同部． **（11.2）**

韓国生産性本部 ［2015］『총요소 생산성 국제 비교』（『全要素生産性の国際比較』）生産性研究叢書（2015-05）． **（12.4）**

韓国統計庁 ［1992］『한국 통계 발전 역사 (1권 2권)』（『韓国統計発展史（第1巻・第2巻)』）同庁． **（1.2）**，**（1.補）**，**（7.2）**，**（統.資）**

韓国農村経済研究院（한국농촌경제연구원）［2003］『한국농업・농촌 100 년사』（『韓国農業・農村100年史』）同院． **（3.1）**

김일성（キム・イルソン）［1961］「조선 로동당 제 4 차 대회에서 한 중앙 위원회 사업 총화 보고」（「朝鮮労働党第4回大会で行った中央委員活動総括報告」），조선노동당출판사（朝鮮労働党出版社）． **（14.4）**

金日成（キム・イルソン）［1980］『김일성 저작집』（『金日成著作集』）全44巻，外国文総合出版社． **（13.1）**

김상권（キム・サングォン）［2017］「인공위성에서 본 북한의 소득」（「人工衛星からみた北朝鮮の所得」）『市場経済研究』第46巻第2号，pp.145-162． **（13.1）**

金載昊（キム・ジェホ）［2001］「한국 전통사회의 기근과 그 대응」（「韓国 伝統社会の飢饉とその対応」）『経済史学』30号． **（1.1）**

金載昊（キム・ジェホ）［2009］「植民地期의 財政支出과 社会間接資本의 形成」（「植民地期の財政支出と社会間接資本の形成」）『経済史学』第46号，pp.85-125． **（1.2）**

金俊栄（キム・ジュンヨン）［1996］『한국의 총 자본스톡 : 민간과 정부, 자본 스톡 추계』（『韓国の総資本ストック：民間と政府，資本ストック推計』）韓国経済研究院． **（10.0）**

김석진（キム・ソクジン）［2002］『북한경제의 성장과 위기 : 실적과 전망』（『北朝鮮経済の成長と危機：実績と展望』）ソウル大学校経済学博士学位論文． **（14.4）**

金盛祐（キム・ソンウ）［2001］『조선중기국가와 사족』（『朝鮮中期国家と士族』）歴史批評社． **（1.1）**

김천구（キム・チョング）［2011］「보건지표를 이용한 북한 GDP 추정 : 북한경제, 남한의 1970년대수준」（「保健指標を用いた北朝鮮のGDP推定：北朝鮮経済，韓国の1970年代水準」）『統一経済』第2号． **（13.1）**

金斗燮（キム・ドゥソプ）［1999］「미 군정기 남한인구의 재구성」（「米軍政期　韓国人口の再構成」）翰林大学校アジア文化研究所編『미 군정기 한국의 사회변동과 사회사 1』（『米軍政期韓国の社会変動と社会史1』）翰林大学校出版部． **（2.1）**

김두섭（キム・ドゥソプ）・박상태（パク・サンテ）・은기수（ウン・キス）編 ［2002］『한국의 인구』（『韓国の人口』）統計庁． **（2.1）**，**（8.1）**

金斗燮（キム・ドゥソプ）ほか ［2011］『북한인구와 인구센서스』（『北朝鮮人口と人口センサス』）韓国統計庁． **（14.1）**

金洛年（キム・ナクニョン）編 ［2006］『한국의 경제성장 : 1910-1945』（『韓国の経済成長：1910-1945』）ソウル大学校出版部（日本語訳：文浩一・金承美訳『植民地期朝鮮の国民経済計算：1910-1945』東京大学出版会，2008年）． **（序.2）**，**（1.1）**，**（2.1）**，**（4.1）**，**（4.2）**，**（5.1）**，**（6.1）**

金洛年（キム・ナクニョン）［2008］「일제시기우리나라 GDP 의도별분할」（「日本統治期朝鮮のGDPの道別分割」）『経済史学』第45号． **（3.3）**，**（4.3）**，**（15.3）**

金洛年（キム・ナクニョン）［2009］「한국의 국민계정, 1911-2007」（「韓国の国民経済計算　1911-2007」）『經濟分析』第15巻第2号，韓国銀行金融経済院． **（5.1）**

金洛年（キム・ナクニョン）［2010］「식민지기 조선의 유업자」（「植民地期朝鮮の有業者」）『経済史学』第48号，

pp.125-166. **(1.2)**, **(2.2)**

金洛年（キム・ナクニョン）編［2012］『한국의 장기통계：국민계정 1911-2010』（『韓国の長期統計：国民経済計算　1911-2010』）ソウル大学校出版部. **(序.2)**, **(4.1)**, **(4.2)**, **(5.1)**, **(6.1)**, **(12.2)**, **(15.1)**, **(15.3)**

金洛年（キム・ナクニョン）・朴基炷（パク・キジュ）［2007］「해방전후（1936-1956）서울의 물가와 임금」（「解放前後（1936-1956）ソウルの物価と賃金」）『経済史学』第42号, pp.71-105. **(1.2)**, **(2.3)**

金洛年（キム・ナクニョン）・朴基炷（パク・キジュ）［2010a］「해방전（1906-1943）조선의 임금 재론」（「解放前（1906-1943）朝鮮の賃金再論」）（WP2010-6）落星台経済研究所, pp.1-22. **(1.2)**, **(2.3)**

金洛年（キム・ナクニョン）・朴基炷（パク・キジュ）［2010b］「해방전（1907-1939）소비자물가지수 추계」（「解放前（1907-1939）消費者物価指数推計」）（WP2010-5）落星台経済研究所, pp.1-26. **(序.2)**, **(1.2)**, **(2.3)**

金洛年（キム・ナクニョン）・朴基炷（パク・キジュ）［2011］『식민지기 조선의 공장임금』（『植民地期朝鮮の工場賃金』）（WP2011-02）落星台経済研究所, pp.1-20. **(2.3)**, **(5.1)**

金洛年（キム・ナクニョン）・朴基炷（パク・キジュ）・朴二澤（パク・イテック）・車明洙（チャ・ミョンス）編［2018］『한국의 장기통계』（『韓国の長期統計』）図書出版ヘナム. **(1.1)**

김병연（キム・ビョンヨン）［2008］「북한의 국민소득：추정치와 평가」（「北朝鮮の国民所得：推定値と評価」）『輸銀北韓経済』2008年秋号, pp.19-42. **(14.4)**

金炳椽（キム・ビョンヨン）・李碩（イ・ソク）［2006］「북한 GNI 추성과 추정방법 개선방안」（「北朝鮮のGNIの推定と推定方法の改善案」）, 韓国統一部. **(14.4)**

김영규（キム・ヨンギュ）［1980］「북한의 GNP 산출 방법」（「北朝鮮のGNP算出方法」）『統一政策』第6巻第3号. **(14.4)**

김영규（キム・ヨンギュ）［1984］『북한의 유통체계 분석』（『北朝鮮の流通体系分析』）国土統一院. **(14.4)**

김영철（キム・ヨンチョル）［2001］『북한의 산업화와 경제 정책』（『北朝鮮の産業化と経済政策』）歴史批評社. **(14.4)**

権泰煥（クォン・テファン）・慎鏞廈（シン・ヨンハ）［1977］「조선왕조시대 인구추정에 관한 일시론」（「朝鮮王朝時代　人口推定に関する一試論」）『東亞文化』14. **(序.2)**, **(1.1)**

権泰煥（クォン・テファン）・金泰憲（キム・テホン）［1990］『한국인의 생명표』（『韓国人の生命表』）ソウル大学校出版部. **(14.1)**

権泰煥（クォン・テファン）［1997］「출산력 변천 과정과 의미」（「出産力変遷の過程と意味」）権泰煥ほか『한국 출산력 변천의 이해』（『韓国出産力変遷の理解』）, イルシン社. pp.13-56. **(8.1)**

権泰煥（クォン・テファン）・金斗燮（キム・ドゥソプ）［2002］『인구의 이해』（『人口の理解』）ソウル大学校出版部. **(2.1)**, **(8.1)**

심응심（シム・ウンシム）［2009］「국민소득의 크기에 대한 력사적 고찰」（「国民所得の大きさに関する歴史的考察」）『金日成総合大学学報（哲学・経済）』2009年第1号. **(13.2)**

社会科学院主体経済学研究所編［1985］『경제사전』（『経済辞典』）社会科学出版社. **(13.1)**

社会科学出版社［1995］『재정금융사전』（『財政金融辞典』）同社. **(13.1)**

서동만（ソ・ドンマン）［1996］「1950년대 북한의 곡물생산 통계에 관하여」（「1950年代北朝鮮の穀物生産統計について」）『月刊統一経済』1996年2月号. **(14.4)**

서만영（ソ・マンヨン）［2017］「북한통계 어디서 찾을까」（「北朝鮮統計, どこで探すか」）『나라경제』（『ナラ経済』）2017年9月号, KDI経済情報センター. **(13.1)**

ソウル大学校奎章閣編［1998］『호구총수』（『戸口総数』）. **(1.1)**

大韓民国商工部編［刊行年不詳］「商品別輸出入統計」『統計月報』31号附録. **(11.2)**

최경수（チェ・ギョンス）［2003］「인구구조 고령화의 전망과 분석」（「人口構造高齢化の展望と分析」）최경수（チェ・ギョンス）ほか編『인구고령화의 경제적 영향과 대응과제』（『人口構造高齢化の経済的影響と対応課

580 引用文献一覧

題』）韓国開発研究院（KDI）．**(8.1)**

崔相伍（チェ・サンオ）［2005］「1950년대 한국의 대외무역의 재건과 성과」（「1950年代韓国の対外貿易の再建と成果」）現代日本経済史研究会編『동아시아의 경제발전 패턴의 비교』（『東アジアにおける経済発展パターンの比較』）．**(11.1)**

최수연（チェ・スヨン）［1996］『북한의 농업 정책과 식량 문제 연구』（『北朝鮮の農業政策と食糧問題研究』）民族統一研究院．**(14.4)**

車明洙（チャ・ミョンス）［2004］「양반의 출생과 사망（1700～1938년）：4개의 족보 분석」（「両班の出生と死亡（1700～1938年）：4つの族譜の分析」）経済史学会年末学術大会発表論文，12月．**(15.2)**

車明洙（チャ・ミョンス）［2006］「경제성장 소득분배 구조변화」（「経済成長と所得分配構造の変化」）金洛年（キム・ナクニョン）編『한국의 경제성장 1910-1945』（『韓国の経済成長：1910-1945』）ソウル大学校出版部．**(2.1)**

車明洙（チャ・ミョンス）［2011］「식민지 시대의 도시간，직종간 비숙련 임금 격차」（「植民地時代の都市間，職種間非熟練賃金格差」）『경제학 연구』第59巻第1号．**(2.3)**

駐韓経済協助所編，吉益宣（ギル・イクソン）訳［1950］『韓国経済実情』白鳥社，pp.80-81．**(7.1)**

朱益鍾（チュ・イクチョン）［2006］「금융 및 기타 서비스업」（「金融およびその他サービス業」）金洛年（キム・ナクニョン）編『한국의 경제성장：1910-1945』（『韓国の経済成長：1910-1945』）ソウル大学校出版部．**(5.1)**

조동호（チョ・ドンホ）［1993］「북한의 노동 생산성과 적정 임금：북한 노동력의 질에 관한 고찰」（「北朝鮮の労働生産性と適正賃金：北朝鮮労働力の質に関する考察」）『한국개발연구』第15巻第4号．**(14.4)**

朝鮮対外経済投資協力委員会［2016］『조선민주주의인민공화국 투자안내』（『朝鮮民主主義人民共和国投資案内』）同委員会．**(13.1)**

朝鮮中央通信社編［各年］『조선중앙연감』（『朝鮮中央年鑑』）同社．**(4.1)**

朝鮮民主主義人民共和国国家計画委員会中央統計局［1961］『1946-1960 조선 민주주의 인민 공화국 인민 경제 발전 통계집』（『1946-1960朝鮮民主主義人民共和国人民経済発展統計集』）国立出版社．**(14.4)**

鄭甲泳（チョン・カビョン）［1993］「주성분 분선에 의한 북한의 경제 발전수준 비교」（「主成分分析による北朝鮮の経済発展水準比較」）李榮善（イ・ヨンソン）編『북한의 현실과 통일 과제』（『北韓の現実と統一課題』），연세대학교동서문제연구원（延世大学東西問題研究院）．**(14.4)**

정광영（チョン・グァンヨン）［2011］「국가기업리익금에 대한 과학적 해명에서 나서는 중요문제」（「国家企業利益金の科学的解明において提起される重要問題」）『경제연구』2011年4月号．**(13.4)**

全洪澤（チョン・ホンテック）［1992］「실물 지표에 의한 북한의 GNP 추정」（「実物指標による北朝鮮のGNP推定」）『한국개발연구』第14巻第1号．**(14.4)**

全洪澤（チョン・ホンテック）・朴進（パク・ジン）［1995］「복한 경제의역사적 평가」（「北朝鮮経済の歴史的評価」），車東世（チャ・ドンセ）・金光錫（キム・グァンソク）編『한국 경겨 반세기：역사전 평가 와 21 세기 비전』（『韓国経済半世紀：歴史的評価と21世紀のビジョン』）韓国開発研究院．**(14.4)**

천명선（チョン・ミョンソン）・양일석（ヤン・イルソック）［2007］「1918년 한국 내 인플루엔자 유행의 양상과 연구 현황：스코필드 박사의 논문을 중심으로」（「1918年韓国内インフルエンザ流行の様相と研究の現状：スコットフィルド博士の論文を中心に」）『의사학』31，大韓医史学会．**(2.1)**

農協中央会調査部［1965］『한국농정12년사：1965』（『韓国農政二十年史：1965』）農業協同組合中央会．**(14.2)**

朴二澤（パク・イテック）［2008b］「특집：21세기（世紀）인문학（人文學）의 창신（創新）과 대학（大學）；식민지기 조선인 인구추계의 재검토—1910-1940」（「特集：21世紀人文学の創新と大学；植民地期朝鮮人人口推計の再検討」）『대동문화연구』第63号，pp.331-373．**(1.2)**，**(2.1)**

朴二澤（パク・イテック）・金洛年（キム・ナクニョン）［2006］「식민지기 조선의 고정자본형성 추계」（「植民地期朝鮮の固定資本形成推計」）『경제사학』第39号，pp.129-161．**(1.2)**

引用文献一覧　581

朴二澤（パク・イテック）・金洛年（キム・ナクニョン）［2012］「자본형성」（「資本形成」）金洛年編『한국의 장기통계：국민계정 1911-2010』（『韓国の長期統計：国民経済計算　1911-2010』）第10章，ソウル大学校出版部.　**（4.1）**

朴基炷（パク・キジュ）［2006］「식민지 조선의 공장생산액과 노동생산성 증가」（「植民地朝鮮の工場生産額と労働生産性増加」）『経済史学』第40号，pp.83-117.　**（1.2）**

朴基炷（パク・キジュ）［2012］「광업・제조업」（「鉱業・製造業」）金洛年（キム・ナクニョン）編『한국의 장기통계：국민계정 1911-2010』（『韓国の長期統計：国民経済計算　1911-2010』）第 4 章，ソウル大学校出版部.　**（4.1）**

朴基炷（パク・キジュ）・柳尙潤（ユ・サンユン）［2007］「한국의 광공업 주요통계 1910-2004」（「韓国の鉱工業主要統計 1910-2004」）（WP2007-5）落星台経済研究所，pp.1-10.　**（1.2）**

朴基炷（パク・キジュ）・柳尙潤（ユ・サンユン）［2010］「1940, 50년대 광공업 생산통계의 추계와 분석」（「1940・50年代鉱工業生産統計の推計と分析」）『経済学研究』第58巻第 3 号，pp.37-74.　**（1.2）**

朴圭祥（パク・キュサン）［1972］『인구문제와 인구정책』（『人口問題と人口政策』）한일문고（ハンオル文庫）.　**（15.2）**

朴相龍（パク・サンヨン）［2000］『1950-60년대 무역통계에 관한 연구：일관된 장기 시계열 구축을 위해』（『1950-60年代貿易統計に関する研究：一貫した長期時系列構築のために』）高麗大学校修士論文.　**（11.1）**

朴鼎在（パク・ジョンジェ）［1971］『韓国経済100年：韓国経済의 근대화過程』（『韓国経済100年：韓国経済の近代化過程』）韓国生産性本部.　**（7.1）**

朴燮（パク・ソプ）［2005］「식민지기 한국 농업의 신추계 및 기존 추계와의 비교, 검토, 1910-1944」（「植民地期韓国農業の新推計および既存推計との比較・検討　1910-1944」）『経済史学』第39号，pp.95-128.　**（1.2）**，**（6.1）**

朴燮（パク・ソプ）［2012］「농업」（「農業」）金洛年（キム・ナクニョン）編『한국의 장기통계：국민계정 1911-2010』（『韓国の長期統計：国民経済計算　1911-2010』）第 2 章，ソウル大学校出版部.　**（1.1）**，**（3.1）**

朴明圭（パク・ミョンギュ）・徐浩哲（ソ・ホチョル）編［2003］『식민지 권력과 통계』（『植民地権力と統計』）ソウル大学校出版部.　**（15.2）**，**（統.資）**

박유성（パク・ユソン）［2012］「현시기 국가예산자금의 분류기준과 주요내용」（「現時期の国家予算資金の分類基準と主要内容」）『김일성 종합 대학 학보（철학, 경제학）』（『金日成総合大学学報（哲学・経済学）』）2012年第 3 号.　**（13.4）**

Bazhanova, Natalia（バザノヴァ，梁浚容訳）［1992］『기로에 선 北韓經濟：對外經協을 통해 본 實相』（『岐路に立った北朝鮮経済：対外経済協力を通じてみた実相』）韓国経済新聞社.　**（14.3）**

함태연（ハム・テギョン）［1998］『국가 안보의 정치 경제학』（『国家安保の政治経済学』）法文社.　**（14.4）**

반성환（バン・ソンファン）［1974］『韓國農業의 成長：1918-1971』（『韓国農業の成長：1918-1971』）韓国開発研究院（KDI）.　**（15.1）**

百科事典出版社編［1995］『조선대백과사전』（『朝鮮大百科事典』）全22巻，百科事典出版社.　**（13.1）**

表鶴吉（ピョウ・ハクキル）［1991］「세계 자본주의 체제와 한국 경제」（「世界資本主義体制と韓国経済」）『経済論集』第30巻第 3 号，ソウル大学校経済研究所.　**（12.2）**

表鶴吉（ピョウ・ハクキル）［1996a］『한국경제의 장기소급통계추계 2：투자 및 자본스톡편』（『韓国経済の長期遡及統計推計 2：投資および資本ストック編』）ソウル大学校経済研究所.　**（12.2）**

表鶴吉（ピョウ・ハクキル）［1996b］「투자와 자본스톡：중간결과」（「投資と資本ストック：中間結果」）済源研究財団.　**（4.2）**，**（15.2）**

表鶴吉（ピョウ・ハクキル）［1998］『韓國의 産業別, 資産別 資本스톡推計 1954-1996』（『韓国の産業別，資産別資本ストック推計　1954-1996』）韓國租税研究院研究報告書，pp.98-101.　**（10.0）**

582 引用文献一覧

表鶴吉（ピョウ・ハクキル）[2000a]『국부통계 추계기법개발과 시산』（『国富統計間接推計技法開発と試算』）統計庁研究報告書.　**(10.0)**

表鶴吉（ピョウ・ハクキル）[2000b]「한국 경제의 장기 성장 분석」（「韓国経済の長期成長分析」）『韓国経済分析』第6巻第25号，韓国金融研究院，pp.1-52.　**(12.2)**

表鶴吉（ピョウ・ハクキル）編[2002]『국부통계 간접추계를 위한 무형자산 추계기법 연구』（『国富統計間接推計のための無形資産推計技法研究』）統計庁研究報告書.　**(10.4)**

表鶴吉（ピョウ・ハクキル）[2003]「한국의 산업별 자산별 자본스톡 추계：1953-2000」（「韓国の産業別資産別資本ストック推計：1953-2000」）『韓国経済分析』第9巻第1号，韓国金融研究院.　**(10.0)**,　**(10.4)**

表鶴吉（ピョウ・ハクキル）[2016]「소득 주도 성장과 이윤 중심 성장」（「所得主導成長と利潤中心成長」）『韓国経済分析』第22巻第2号，韓国金融研究院，pp.103-151.　**(12.2)**

表鶴吉（ピョウ・ハクキル）・丁璇英（チョン・ソンヨン）・曺根三（チョウ・チョンサム）[2007]「한국 총고정 자본 형성, 총 자본금 및 자본계수 추계：11 개 자산 -72 부문 1970-2005」（「韓国の総固定資本形成，総資本ストックと資本係数推計：11個資産-72部門 1970-2005」）『韓国経済分析』第13巻第3号，韓国金融研究院.　**(10.0)**

표학길（ピョウ・ハクキル）・송새랑（ソン・セラン）[2014]「한국의 분기별 자본스톡 잠재 성장률 추계 1981-2012」（「韓国の四半期別資本ストック潜在成長率推計　1981-2012」）『韓国経済分析』第20巻第3号，韓国金融研究院.　**(10.0)**,　**(10.3)**

表鶴吉（ピョウ・ハクキル）・李謹熙（イ・クニ）[2018]「표학길・이근희「한국의 지역별 국내총생산（RGDP）의 간접추계」（「韓国の地域別 GDP（R-GDP）の間接推計」）『経済論集』第57巻第2号，ソウル大学経済研究所，pp.119-152.　**(15.4)**

황의각（ファン・ウィガク）[1992]『북한 경제론』（『北朝鮮経済論』）図書出版ナナム.　**(14.4)**

裴在洙（ペ・チェス）[2005]「식민지기 조선의 목재수급 추이 및 특성」（「植民地期朝鮮の木材需給推移および特性」）『経済史学』第38号，pp.93-118.　**(1.2)**

許粹烈（ホ・スヨル）[1981]「일제하 실질임금（變動）추계（推計）」（「日帝下実質賃金（変動）推計」）『経済史学』第5号，pp.213-246.　**(1.2)**,　**(2.3)**

許粹烈（ホ・スヨル）[1992]「일제하 조선의 산업구조」（「日帝下朝鮮の産業構造」）『国士舘論叢』第36集，pp.255-278.　**(1.2)**

許粹烈（ホ・スヨル）[2005a]「日帝下 朝鮮経済의 發展과 朝鮮人経済」（「日帝下朝鮮経済の発展と朝鮮人経済」）韓日歴史共同研究委員会報告書，Vol.5.　**(3.1)**

許粹烈（ホ・スヨル）[2005b]『개발 없는 개발：일제하 조선경제 개발의 현상과 본질』（『開発なしの開発：日帝下朝鮮経済開発の現状と本質』）ウンヘンナム出版社.　**(2.1)**

民族統一研究院[1993]『남북한 국력추세 비교연구』（『南北韓国力趨勢比較研究』）同院.　**(14.4)**

양문수（ヤン・ムンス）[2000]「북한 경제개발의 역사적 구조：외연적 성장의 내부구조를 중심으로」（「北朝鮮経済開発の歴史的構造：外縁的成長の内部構造を中心に」）『北韓研究学会報』第4巻第2号.　**(14.4)**

양문수（ヤン・ムンス）[2001]『북한의 경제 구조：경제개발과 침체 메커니즘』（『北朝鮮の経済構造：経済開発と沈滞のメカニズム』）ソウル大学校出版部.　**(14.4)**

윤석봄（ユン・ソクボム）[1986]『북한경제의 거시 계량적 분석연구』（『北朝鮮経済のマクロ計量的分析研究』）国土統一院調査研究資料.　**(14.4)**

연하청（ヨン・ハチョン）[1986]『북한의 경제 정책과 운용』（『北朝鮮の経済政策と運用』），韓国開発研究院.　**(14.4)**

C　欧文等文献　（著者姓の ABC 順）

Allen, Robert C.［2016］"Absolute Poverty: When Necessity Displaces Desire,"　第5回アジア歴史経済学コンファレンスにおける報告論文，ソウル大学.（2016年9月2-3日）.　**(15.3)**

引用文献一覧　583

Ban, Sung Hwan [1979] "Agricultural Growth in Korea, 1918-1971," Yujiro Hayami, Vernon W. Ruttan, and Herman M. Southworth, eds., *Agricultural Growth in Japan, Taiwan, Korea, and the Philippines*, Honolulu: East-West Center. (**3.1**), (**4.2**)

Barro, Robert J. and Jong-Wha Lee [2013] "A New Data Set of Educational Attainment in the World, 1950-2010," *Journal of Development Economics*, Vol.104, Sept., pp.184-198. (**9.1**)

Bergson, Abram [1989] *Planning and Performance in Socialist Economies: The USSR and Eastern Europe*, Boston: Unwin Hyman. (**14.4**)

Broadberry, Stephen, Hanhui Guan, and David Daokui Li [2017] "China, Europe and the Great Divergence: A Study in Historical National Accounting, 980-1850," University of Oxford Discussion Papers in Economic and Social History, No.155. (**15.3**)

Cha, Myung Soo and Woo Youn Lee [2008] "Living Standards and Income Distribution in Korea's First Industrial Revolution, 1910-42" (WP2008-2) 落星台経済研究所. (**2.3**)

Cha, Myung Soo and Nak Nyeon Kim [2012] "Korea's First Industrial Revolution, 1911-1940," *Explorations in Economic History*, Vol.49, No.1, pp.60-74. (**15.3**)

Chenery, Hollis B., Shuntaro Shishido and Tsunehiko Watanabe [1962] "The Pattern of Japanese Growth, 1914-1954," *Econometrica*, Vol.30, Issue 1, pp.98-139. (**15.3**)

China. The Imperial Maritime Customs [1904] *Decennial Reports on the Trade, Industries, etc., of the Ports Open to Foreign Commerce, and on the Condition and Development of the Treaty Port Provinces, Second Issue, 1892-1901, with Maps, Diagrams, and Plans*, Shanghai: Statistical Department of the Inspectorate General of Customs. (**6.2**)

Council of Economic Advisors [2018] *Economic Report of the President 2018*, Washington, DC: US Government Printing Office. (**15.3**)

Cumings, Bruce [1997] *Korea's Place in the Sun: A Modern History*, New York: Norton. (**14.4**)

Dennis, Benjamin N. and Talan B. Işcan [2009] "Engel versus Baumol: Accounting for Structural Change Using Two Centuries of U.S. Data," *Explorations in Economic History*, Vol.46, No.2, pp.186-202. (**15.3**)

Dyson, Tim and Cormac Ó Gráda, eds.[2002] *Famine Demography: Perspectives from the Past and Present*, Oxford: Oxford University Press. (**14.1**)

Eberstadt, Nicholas [2007] *The North Korean Economy: Between Crisis and Catastrophe*, Transaction Publishers. (**14.3**)

Eberstadt, Nicholas and Judith Banister [1992] *The Population of North Korea*, Institute of East Asian Studies, Berkeley, CA: University of California, Berkeley. (**14.1**)

EU KLEMS Consortium [2007] EU KLEMS Growth and Productivity Accounts, Version 1.0, PART I Methodology (http://www.euklems.net/data/EUKLEMS_Growth_and_Productivity_Accounts_Part_I_Methodology.pdf). (**10.4**)

FAO/WFP [2012] Special Report: FAO/WFP Crop and Food Security Assessment Mission to the Democratic People's Republic of Korea, Nov.12 (https://www.wfp.org/content/democratic-people-s-republic-korea-fao-wfp- crop-food-security-assessment-mission-nov-2012). (**13.4**)

Fujita, Masahisa and Takatoshi Tabuchi [1997] "Regional Growth in Postwar Japan," *Regional Science and Urban Economics*, Vol.27, No.6, pp.643-670. (**15.4**)

Fukao, Kyoji, Debin Ma, and Tangjun Yuan [2006] "International Comparison in Historical Perspective: Reconstructing the 1934-36 Benchmark Purchasing Power Parity for Japan, Korea, and Taiwan," *Explorations in Economic History*, Vol.43, No.2, pp.280-308. (**15.3**)

Fukao, Kyoji, Debin Ma and Tangjun Yuan [2007] "Real GDP in Pre-war East Asia: A 1934-36 Benchmark Purchasing Power Parity Comparison with the U.S.," *Review of Income and Wealth*, Series 53, No.3, pp. 503-537. (**15.3**)

Fukao, Kyoji *et al.* [2015] *Regional Inequality and Industrial Structure in Japan: 1874-2008*, Tokyo: Maruzen. (**15.3**)

Godo, Yoshihisa [2011] "Estimation of Average Years of Schooling for Japan, Korea and the United States," PRIMCED Discussion Paper Series, No. 9, Institute of Economic Research, Hitotsubashi University. (**9.1**)

Goldsmith, Raymond William [1985] *Comparative National Balance Sheets: A Study of Twenty Countries, 1688-1978*, Chicago: University of Chicago Press. (**10.7**)

Goto, Fujio [1990] *Estimates of the North Korean Gross Domestic Product 1956-1959*, Kyoto: Kyoto Sangyo University Press. (**14.4**)

Groningen Growth Development Centre of the University of Groningen. Penn World Table version 9.0. (https://www.rug.nl/ggdc/productivity/pwt/). (**12.4**)

Hall, Bronwyn H. [2007] "Measuring the Returns to R&D: The Depreciation Problem," NBER Working Paper, No. 13473, Cambridge, MA: National Bureau of Economic Research. (**10.4**)

Harrison, Mark [1993] "Soviet Economic Growth since 1928: The Alternative Statistics of G. I. Khanin," *Europe-Asia Studies*, Vol. 45, No. 1, pp. 141-167. (**14.4**)

Harrison, Mark [1998] "Prices, Planners, and Producers: An Agency Problem in Soviet Industry, 1928-1950," *Journal of Economic History*, Vol. 58, No. 4, pp. 1032-1062. (**14.4**)

Harrison, Mark [2000] "Soviet Industrial Production, 1928 to 1955: Real Growth and Hidden Inflation," *Journal of Comparative Economics*, Vol. 28, No. 1, pp. 134-155. (**14.4**)

Hart-Landsberg, Martin [1998] *Korea: Division, Reunification, and US Foreign Policy*, New York: Monthly Review Press. (**14.4**)

IMF [1997] Democratic People's Republic of Korea Fact-Finding Report, Nov. 12 (http://archivescatalog.imf.org/detail.aspx?parentpriref=125129395). (**13.1**)

The Inspector General of Customs, in China [1885-1908] *Returns of Trade*, Shanghai: Statistical Dept. of the Inspectorate General of Customs. (**6.1**)

International Bank for Reconstruction and Development (IBRD)/The World Bank [1993] *The East Asian Miracle: Economic Growth and Public Policy*, New York: Oxford University Press. (**9.1**)

Kim, Byung-Yeon [2017] *Unveiling the North Korean Economy: Collapse and Transition*, Cambridge: Cambridge University Press. (**14.4**)

Kim, Byung-Yeon, Suk Jin Kim, and Keun Lee [2007] "Assessing the Economic Performance of North Korea, 1954-1989: Estimates and Growth Accounting Analysis," *Journal of Comparative Economics*, Vol. 35, No. 3, pp. 564-582. (**14.4**)

Kim, Doo-Sub [1987] *Socioeconomic Status, Inequality and Fertility*, Seoul: Population and Development Studies Center, Seoul National University. (**8.1**)

Kim, Doo-Sub [2000] "Reparation after Liberation in 1945 and Its Effects on the Population of South Korea," Yun-shik Chang *et al.*, eds., *Korea Between Tradition and Modernity: Selected Papers from the Fourth Pacific and Asian Conference on Korean Studies*, Vancouver: Institute for Asian Research, University of British Columbia. (**8.1**)

Kim, Doo-Sub and Cheong-Seok Kim [2004] *The Population of Korea*, Seoul: Korean National Statistical Office. (**2.1**)

Kim, Kwang Suk and Michael Roemer [1979] *Growth and Structural Transformation*, Cambridge, MA: Harvard University Press. (**15.3**)

Kim, Nak Nyeon and Ki-Joo Park [2017] "The Origins of the East Asian Incongruities in the Maddison Project Database," *Hitotsubashi Journal of Economics*, Vol. 58, No. 2, pp. 179-197. (**15.3**)

Kornai, János［1992］*The Socialist System: the Political Economy of Communism*, Princeton: Princeton University Press. （**14.4**）

Kuznets, Paul W.［1977］*Economic Growth and Structure in the Republic of Korea*, New Haven: Yale University Press. （**15.3**）

Kuznets, Simon［1955］"Economic Growth and Income Inequality," *American Economic Review*, Vol.45, No.1, pp.1–28. （**15.4**）

Kuznets, Simon［1966］*Modern Economic Growth: Rate, Structure and Spread*, New Haven: Yale University Press（塩野谷祐一訳『近代経済成長の分析』上・下，東洋経済新報社，1968年）. （**序.1**）

Kuznets, Simon［1974］*Population, Capital, and Growth: Selected Essays*, London: Heinemann Educational. （**15.3**）

Kwon, Tai Hwan［1977］*Demography of Korea: Population Change and its Components, 1925–66*, Seoul: Seoul National University Press. （**2.1**），（**8.1**），（**14.1**），（**15.2**）

Kwon, Tai Hwan, Hae Young Lee, Yunshik Chang and E. Y. Yu［1975］*The Population of Korea*, Population and Development Studies Center, Seoul National University. （**2.1**）

Lee, Hun-Chang［2006］"When and How did Japan Catch up with Korea?: A Comparative Study of the Pre-industrial Economies of Korea and Japan," CEI Working Paper Series No.2006-15, Institute of Economic Research, Hitotsubashi University. （**1.1**）

Lee, Jong-Wha and Hanol Lee［2016］"Human Capital in the Long Run," *Journal of Development Economics*, Vol.122, Sept., pp.147–169. （**9.1**）

Lee, Pong S.［1972］"An Estimate of North Korea's National Income," *Asian Survey*, Vol.12, No.6, pp.518–526. （**14.4**）

Lewis, William Arthur［1954］"Economic Development with Unlimited Supplies of Labour," *The Manchester School of Economic and Social Studies*, Vol.22, No.2, May, pp.139–191. （**12.2**）

Li, Wendy C. Y.［2012］"Depreciation of Business R&D Capital," BEA/NSF R&D Satellite Account Paper, Bureau of Economic Analysis, U. S. Department of Commerce（https://www.bea.gov/）. （**10.4**）

Lucas, Jr. Robert E.［1993］"Making a Miracle," *Econometrica*, Vol.61, No.2, pp.251–272. （**12.2**）

Lucas. Jr. Robert E.［2002］"The Industrial Revolution: Past and Future," in R. E. Lucas, Jr. *Lectures on Economic Growth*. Cambridge, MA: Harvard University Press, pp.109–188. （**12.2**）

Lynn, Hyung Gu［1999］"Industrial Surveys and Statistical Systems in Colonial Korea," Insang Hwang and Konosuke Odaka, eds.［2000］*The Long-term Eeconomic Statistics of Korea: 1910–1990: An International Workshop*, Institute of Economic Research, Hitotsubashi University. （**4.2**）

Maddison, Angus［1995］*Monitoring the World Economy 1820–1992*, Paris: OECD. （**序.2**），（**9.1**），（**14.4**），（**15.3**）

Maddison, Angus［1998］*Chinese Economic Performance in the Long Run*, Paris: OECD. （**14.4**）

Maddison, Angus［2001］*The World Economy: A Millennial Perspective*, Paris: OECD（政治経済研究所訳『経済統計で見る世界経済2000年史』柏書房，2004年）. （**15.3**）

Maddison, Angus［2003］*The World Economy: Historical Statistics*, Paris: OECD. （**1.1**）

Marer, Paul［1985］*Dollar GNPs of the U.S.S.R. and Eastern Europe*, Baltimore: Johns Hopkins University Press. （**14.4**）

Mason, Edward Sagendorph *et al.*［1980］*The Economic and Social Modernization of the Republic of Korea*, Cambridge, MA: Council on East Asian Studies, Harvard University. （**12.2**）

McGinn, Noel F., D.R. Snodgrass, Y. Kim, S. Kim, and Q. Kim［1980］"Education and Modernization of the Republic of Korea, 1945-1975," KDI Working Paper, 7806, Seoul: Korean Development Institute. （**序.2**），（**9.3**）

586 引用文献一覧

Miyamoto, Mataji, Yotaro Sakudo, and Yasukichi Yasuba [1965] "Economic Development in Preindustrial Japan," *Journal of Economic History*, Vol.25, No.4, pp.541-564. (**15.3**)

National Technical Information Service, U. S. Department of Commerce [1960] *Development of the National Economy and Culture of the People's Democratic Republic of Korea: 1946-1959 (Statistical Handbook)*, Washington, DC: U. S. Joint Publications Research Service. (**14.2**)

Nishimizu, Mieko [1974] "Total Factor Productivity Analysis: A Disaggregated Study of the Post-war Japanese Economy with Explicit Consideration of Intermediate Inputs, and Comparison with the United States," Ph.D. Dissertation, Baltimore: Johns Hopkins University. (**10.3**)

Noland, Marcus [2000] *Avoiding the Apocalypse: The Future of the Two Koreas*, Washington, DC: Peterson Institute for International Economics. (**14.4**)

Nove, Alec [1977] *The Soviet Economic System*, London: Allen & Unwin. (**14.4**)

Nuti, Domenico Mario [1989] "Hidden and Repressed Inflation in Soviet-type Economies: Definitions, Measurements and Stabilisation," in Christopher Davis and Wojciech Charemza, eds., *Models of Disequilibrium and Shortage in Centrally Planned Economies*, London and New York: Chapman and Hall. (**14.4**)

OECD [1979] *The Impact of the Newly Industrialising Countries on Production and Trade in Manufactures*, Paris: OECD（大和田惠朗訳『新興工業国の挑戦：OECD レポート』東洋経済新報社, 1980年）. (**11.1**)

OECD [1993] *Methods Used by OECD Countries to Measure Stocks of Fixed Capital*, Paris: OECD. (**10.0**)

OECD [2001] *Measuring Capital: A Manual on the Measurement of Capital Stocks, Consumption of Fixed Capital and Capital Services*, Paris: OECD. (**10.0**)

OECD [2009] *Measuring Capital: OECD Manual 2009*, Second edition, Paris: OECD. (**10.0**)

Oeppen, Jim [1981] "Aggregative Back Projection," E. A. Wrigley and R. S. Schofield, eds., *The Population History of England, 1541-1871: A Reconstruction*, London: Edward Arnold. (**14.1**)

Park, Yi-taek [2019] "Occupational Structure and Industrialization in Korea from 1910 to 1990," O. Saito and L. Shaw-Taylor, eds., *Occupational Structure and Industrialization in a Comparative Perspective*, Cambridge: Cambridge University Press. (**2.2**)

Piketty, Thomas [2014] *Capital in the Twenty-first Century*, Cambridge, MA: Belknap Press of Harvard University Press. (**10.7**)

Pilat, Dirk [1994] *The Economics of Rapid Growth: The Experience of Japan and Korea*, Cheiteham: Edward Elgar. (**15.3**)

Pyo, Hak Kil [1988] "Estimates of Capital Stock and Capital/Output Coefficients by Industries: Korea (1953-86)," *International Economic Journal*, Vol.2, No.3, pp.79-121. (**10.0**)

Pyo, Hak Kil [1992] "A Synthetic Estimate of the National Wealth of Korea, 1953-1990," KDI working paper, No.9212, Seoul: Korea Development Institute. (**10.0**), (**10.4**)

Pyo, Hak Kil [1998] *Estimates of Fixed Reproducible Tangible Assets in the Republic of Korea, 1953-1996*, Seoul: Korea Development Institute. (**10.0**), (**10.4**), (**10.5**)

Pyo, Hak Kil [2001] "Economic growth in Korea [1911-1999]: A Long Term Trend and Perspective," *Seoul Journal of Economics*, Vol.14, No.1, pp.59-125. (**8.2**), (**12.2**)

Pyo, Hak Kil [2005] "Productivity Performance in Developing Countries, Country Case Studies: Republic of Korea," UNIDO Research Programme Working Papers, Nov., Vienna: United Nations Industrial Development Organization. (**12.2**)

Pyo, Hak Kil [2008] "The Estimation of Industry-level Capital Stock for Emerging-Market and Transition Economies," Paper presented at the World Congress on National Accounts and Economic Performance Measures for Nations, May 12-17, Washington, D. C. (**10.3**)

Pyo, Hak Kil [2018] "Productivity and Economic Development," Emili Grifell-Tatje, C.A. Knox Lovell, and

Robin C. Sickles, eds., *The Oxford Handbook of Productivity Analysis*, Oxford: Oxford University Press.（**12.2**）

Repetto, Robert C. *et al.*［1981］*Economic Development, Population Policy, and Demographic Transition in the Republic of Korea*, Cambridge, MA: Council on East Asian Studies, Harvard University.（**15.2**）

Robinson, Joan［1965］"Korean Miracle,"*Monthly Review*, Vol.16, No.9, pp.541-549.（**14.4**）

Rostow, Walt Whitman［1960］*The Stages of Economic Growth: A Non-communist Manifesto*, Cambridge: Cambridge University Press.（**12.2**）,（**12.3**）

Suh, Sang-Chul［1978］*Growth and Structural Changes in the Korean Economy, 1910–1940*, Cambridge, MA: Harvard University Press.（**3.3**）,（**4.2**）,（**15.3**）

UNDP［1998］Thematic Roundtable Meeting on Agricultural Recovery and Environmental Protection in the Democratic People's Republic of Korea, New York: United Nations（ハングル訳『UNDP の北朝鮮農業実態に関する報告と実践計画』韓国開発研究院, 1998年）.（**13.1**）,（**14.4**）

United States Bureau of Economic Analysis（BEA）［1993］*Fixed Reproducible Tangible Wealth in the United States, 1925-89*, Washington, DC: U.S. Dept. of Commerce.（**10.1**）

United States Bureau of Economic Analysis（BEA）［1999］*Fixed Reproducible Tangible Wealth in the United States, 1925-94*, Washington, DC: U.S. Dept. of Commerce.（**10.0**）,（**10.1**）

United States Bureau of Economic Analysis（BEA）［2003］"Fixed Assets and Consumer Durable Goods in the United States, 1925-97,"（http://www.bea.gov/system/files/methodologies/Fixed-Assets-1925-97.pdf; accessed Aug. 8, 2019）（**10.0**）

United States Central Intelligence Agency. Directorate of Intelligence［1985］*Handbook of Economic Statistics*, Washington, DC: Central Intelligence Agency, Directorate of Intelligence.（**14.4**）

United States Department of Commerce, Bureau of Foreign and Domestic Commerce［each year］*Foreign Commerce and Navigation of the United States for the Calendar Year*.（**11.1**）

Vienna Institute for Comparative Economic Studies［1989］*COMECON Data*, Westport, Conn.: Greenwood Press.（**14.4**）

Williamson, Jeffrey G.［1965］"Regional Inequality and the Process of National Development: A Description of the Patterns,"*Economic Development and Cultural Change*, Vol.13, No.4, pp.1-84.（**15.4**）

Wu, Harry X.［1997］"Reconstructing Chinese GDP According to the National Accounts Concepts of Value Added: The Industrial Sector," COPPAA（Comparative Output, Productivity and Purchasing Power in Australia and Asia）Working Paper Series, No.4, Naham, QLD: Centre for the Study of Australia-Asia Relations, Griffith University.（**14.4**）

郭蓬躍・崔洲英・林明姿・鐘静宣［1997］「民国26年至36年台湾地区国内生産毛額之估計」国立台湾大学経済系・行政院主計処編「1940年代台湾経済情勢検討会　実録」『経済論文叢刊』第25巻第2号.（**4.2**）

D　統計・参考資料（著者姓の50音順. 継続資料の部局名の変遷は省略；書名, 編者変更は←→で注記）

China. The Martime Customs［1920-1931］*Foreign Trade of China*.（**6.1**）

DMZ（demilitarized zone）情報バンク（http://www.korea-dmz.com/）.（**15.2**）

DPRK［2015］*Socio-Economic, Demographic and Health Survey 2014,* Central Bureau for Statistics and UNFPA（United Nations Population Fund）, December.（**14.1**）

EU KLEMS Database（www.euklems.net）.（**12.4**）

Inspector General of Custom［各年］*The Trade of China*, Statistical Dept. of the Inspectorate General of Customs.（**6.1**）

United Nations International Children's Emergency Fund［2003a］*Analysis of the Situation of Children and*

588　引用文献一覧

Women in the Democratic People's Republic of Korea, October.　(**14.1**)

United Nations International Children's Emergency Fund［2003b］*Nutrition Assessment of DPR of Korea*, February.　(**14.1**)

United Nations International Human Rights Instruments［2002］*Core Document Forming Part of the Reports of State Parties: Democratic People's Republic of Korea*, July 16.　(**14.1**)

アジア経済研究所編［1997］『在外日本人経済団体刊行物目録』，　(**統.資**)

李春成（イ・チュンソン）編［1963］『蔵書分類目録　第5巻　解放以前日書部』國立圖書館.　(**1.補**)，(**統.資**)

李泳澤（イ・ヨンテク）編［2002］『최신북한지도（1：35만）』（『最新北韓地圖（1：35万）』）佑晋地圖文化社.　(**15.2**)

林豹（イム・ピョウ）編［1960］『대한민국지도（1：35만）』（『大韓民國地圖（1：35万）』）辭書出版社.　(**15.2**)

大蔵省編［1882-1884］『朝鮮貿易年表』.　(**6.1**)

大蔵省編［不詳-1911］『大日本外国貿易年表　明治17年-明治43年』.　(**6.1**)

大蔵省［1949］『輸出入統計品目表』（昭和十八年十二月大蔵省告示第六〇一号，昭和十九年一月より昭和二十四年六月三十日迄実施）.　(**11.1**)

大蔵省編［1961-］『日本貿易年表』大蔵省関税局.　(**6.1**)，(**11.1**)，(**14.3**)

大蔵省関税局編［1884］「朝鮮旧貿易八箇年対照表」大蔵省関税局編『大日本外国貿十八箇年対照表』巻末付録.　(**6.1**)

大蔵省管理局編［1947］『日本人の海外活動に関する歴史的調査　朝鮮篇』.　(**1.2**)

大蔵省税関部関税研究会編［1995］『外国貿易概況（12月）』日本関税協会.　(**14.3**)

越智唯七編纂［1994］『新旧対照朝鮮全道府郡面里洞名称一覧』草風館.（原本，同編［1917］中央市場，朝鮮京城府公平洞）　(**15.2**)

外国文出版社［1962］『朝鮮通覧』.　(**13.2**)

外務省［1876］「釜山在勤近藤管理官ヨリ鮫島外務大臣宛付属書：釜山港出商船取扱方心得」（外務省編［1940］『大日本外交文書』第9巻，日本国際協会）.　(**6.1**)

外務省通商局編［1884］『通商彙纂』（仁川・釜山・元山港貿易）.　(**6.1**)

科学百科事典出版社編［2002］『『옛 지명 사전』（『古場名辞典』）全10巻　科学百科事典出版社.　(**15.2**)

韓国海関［1887］「朝鮮海關暫行税務章程」（斎藤定得［1902］の付録）.　(**6.1**)

韓国開発研究院［1996］『북한 경제 지표집』（『北韓經濟指標集』）韓国開発研究院.　(**14.4**)

韓国学文献研究所編，李憲昶解説［1989］『朝鮮海關年報（1885-1893）中國海關年報附録』亜細亜文化社.　(**6.1**)

韓国関税局編［1907, 1908］『韓國外國貿易要覧（隆熙元年版，隆熙2年版）』.　(**6.1**)

韓国関税局編［1908, 1909］『韓国外国貿易年表（隆熙2年版，隆熙3年版）』.　(**6.1**)

韓国関税研究所編［1985］『韓國關税史』（調査資料）同所.　(**6.1**)，(**11.1**)

韓国関税庁「Korea Customs Service」.（http://www.customs.go.kr/kcshome/main/index.do）.　(**11.1**)

韓国行政区域総覧編纂会編［1999-2002］『한국 행정구역 총람（각호）』（『韓国行政区域総覧（各号）』）韓國行政文化院.　(**15.2**)

韓国銀行［1960-］『한국 행정구역 총람（각호）』（『韓国産業連関表』）.　(**3.1**)，(**5.1**)

韓国銀行［1997］『1993년 국민계정체계』（『1993国民勘定体系』）（U. N, System of National Accounts 1993）.　(**1.2**)

韓国銀行（The Bank of Korea）［2010］*Korean System of National Accounts, Concepts, Sources and Methods*（韓国の国民経済計算）2010年改訂版（in Korean）.　(**10.2**)，(**12.1**).

韓国銀行（The Bank of Korea）Economic Statistics System（ECOS）「国民経済計算［1953-2014年］（http:

//ecos.bok.or.kr/EIndex_en.jsp). **(15.1)**

韓国銀行調査部［1955-1959］『경제 연감』（『経済年鑑』）同部. **(4.2)**, **(8.2)**
　　→継続雑誌：『経済統計年報』

韓国銀行調査部編［1951-］『한국은행 조사 월보』（『韓国銀行調査月報』）同部. **(11.1)**

韓国銀行調査部［1954］『산업종람』（『産業縦覧』）. **(7.1)**

韓国銀行調査部編［1960-］『경제 통계 연보』（『経済統計年報』）同部. **(11.1)**

韓国銀行調査部編［1962］『대외 무역통계（1961년 판）』（『対外貿易統計（1961年版）』）同部. **(11.1)**

韓国銀行調査部編［1963］『対外貿易統計季報（1962年3・4分期版）』. **(11.2)**

韓国銀行調査部編［1959-1962］『무역통계』（『外国貿易統計　1958-1961年』）同部. **(11.1)**

韓国江原道［1999］『북 강원도 편람』（『北江原道便覧』）江原道庁. **(15.2)**

韓国度支部［1910］『韓国財政施設綱要』. **(1.補)**, **(統.資)**.

韓国内部警務局［1910］『民籍統計表・民籍事務概要』. **(1.1)**

韓国貿易協会［1958］『貿易年鑑（1958年版）』. **(11.1)**

韓国貿易協会（KITA）（http://stat.kita.net/stat/nks/sum/SumTotalImpExpList.screen）. **(14.3)**

関東局［1907-1943］『関東局統計書』（←『関東庁統計書』←『関東都督府統計書』）. **(6.1)**

関東局［1917-1941］『関東州貿易月表　大正6年3月. 昭和16年3月』（関東庁→関東州庁→関東局）. **(6.1)**

関東局［1929-1938］『関東州貿易統計　昭和3年-13年』（関東庁→関東州庁→関東局）. **(6.1)**

教育部編［1966-］『교육통계연보』（『教育統計年報』）同部. **(9.1)**

軍需省編［1944］「生産力拡充品目生産実績調」（1944年第三・四半期実績）「1942年の生産拡充実施計画」原朗・山崎志郎編［2004］『生産拡充計画とその実績』（『物資動員計画重要資料7巻・9巻』）現代史料出版. **(1.2)**

経済安定本部編［1951］「自昭和十三年度至昭和二十年度　物資動員計画総括表」（原朗・山崎志郎編［1996］『生産力拡充計画資料　第9巻』現代史料出版）. **(1.2)**

経済企画院［1963］『1960 인구 주택 국제 조사 보고서』（『1960 人口住宅国際調査報告』）経済企画院調査統計局. **(8.1)**

経済企画院［1972］『제1차 국부 통계 조사 종합 보고서（1968）』（『第1次国富統計調査総合報告書（1968）』）同院. **(10.4)**

経済企画院［1980］『1977년 국부 통계 조사 보고서』（『1977年国富統計調査報告書』）同院. **(10.4)**

経済企画院［1982］『1980 인구 및 주택 센서스보고』（『1980 人口及び住宅センサス報告』）経済企画院調査統計局. **(8.1)**

経済企画院［各年］『인구 및 주택 조사보고』（『総人口及び住宅調査報告』）経済計画院調査統計局. **(8.1)**

経済企画院調査統計局［1989］『1987년 국부 통계 조사 보고서』（『1987年国富統計調査報告』）同院. **(10.4)**

『経済文庫目録』〔旧京城帝国大学朝鮮経済研究所所蔵文献，通称「四方文庫」（日本語，手書き）. ソウル大学校図書館蔵.〕**(統.資)**

京城商工会議所［1923-1927］『朝鮮経済雑誌』（大正13年-昭和3年）. **(1.2)**, **(4.2)**

京城商工会議所［1928-1944］『経済月報』. **(1.2)**

京城商工会議所編［1937］『朝鮮に於ける家庭工業調査』. **(4.2)**

京城商工会議所編［1941］『京城商工会議所二十五年史』. **(統.資)**

京城電気株式会社［1929］『京城電気株式会社二十年沿革史』京城電気. **(4.3)**

京城府産業調査会［1934］『工場工業ニ依ル生産状況調査』京城府. **(4.2)**

公報庁統計局［1949］『대한민국 제1회 총인구조사결과속보』（『大韓民国第1回総人口調査結果速報』）同局. **(7.1)**, **(8.1)**

公報処統計局編［1952-1960］『대한민국 통계연감』（大韓民國統計年鑑）大韓民國公報処. **(2.3)**, **(4.1)**, **(4.2)**, **(11.1)**

1958-1960年，タイトル『韓国統計年鑑』で刊行もあり．

国際連合世界貿易統計［各年］*UN Comtrade.*（https://comtrade.un.org/）．**(11.1)**

国際連合統計局編［各年］『貿易統計年鑑』東京教育研究所．**(14.3)**

国土統一院［1979］『남북한 총력추세 비교』（『南北韓総力趨勢比較』）国土統一院．**(14.4)**

国土統一院［1988］『북한의 GNP 추계 방법 해설』（『北朝鮮の GNP 推計方法解説』）国土統一院．**(14.4)**

国土統一院［1990］『분단 45 년 한국，북한 경제의 종합적인 비교 연구』（『分断45年韓国，北朝鮮経済の総合的比較研究』）国土統一院．**(14.4)**

国土統一院調査研究室［1986］『북한경제통계집 1946-1985년』（『北韓経済統計集 1946-1985年』）統一院．**(14.2)**，**(14.3)**

国民経済研究協会［1954］『基本国力動態総覧』同会．**(1.2)**

国家計画委員会中央統計局編［1961］『조선민주주의 인민공화국 인민경제발전 통계집：1946-1960』（『朝鮮民主主義人民共和国人民経済発展統計集：1946-1960』）同局．**(13.1)**

国家統計インフラ強化特別委員會［2005］『국가통계 인프라 강화 방안』（『国家統計インフラ強化方案』）同委員会．**(7.2)**

斎藤定得［1902］『税関事務官補斎藤定得韓国出張報告書（税関月報附録）』横浜税関．**(6.1)**

社会科学出版社（사회과학출판사）編［1995］『財政金融辞典』（『재정금융사전』），社会科学出版社．**(13.3)**

商工省［1924-1938］『商工省統計表』．**(4.2)**

全国商工会議所関係資料刊行委員会編［2011］『東京商工会議所（経済資料センター）所蔵　全国商工会議所関係資料　第Ⅱ期：東アジア日本人商工会議所関係資料（明治36年〜昭和20年）収録目録』雄松堂書店．**(統.資)**

総務省ほか編［2009］『産業連関表（平成17年度）』同省．**(4.2)**

ソ連軍参謀本部編著［1997］『최근북한 오만분의 일 지형도（１：５만）（상，하）』（『最近北韓五萬分之一地形圖（1：5万）（上・下）』）高麗書林．**(15.2)**

ソ連貿易省計画経済局編，国際事情研究会訳［1959-1990］『ソ連貿易統計年鑑』ジャパン・プレス・サービス．**(14.3)**

第一加除法令出版社編［1979］『한국관할대장』（『韓国管轄台帳』）同社．**(15.2)**

第一銀行［1908］「韓国海関税ノ取扱」同行編『韓国ニ於ケル第一銀行』．**(6.1)**

大韓貿易投資促進公社（KOTRA）［各年］『北韓の対外貿易動向』．（http://www.Globalwindow.org/GW/global/trade/north-korea-trade-trend/）**(14.3)**

大韓民国財務部税関局編［1951, 1952］『대한민국 무역 연보（1951년판，1952년판）』（『大韓民国貿易年報（1951年版，1952年版）』）同局．**(11.1)**

大韓民国財務部税関局編［1949］『대한민국 수출입품 삼년 대조표』（『大韓民国輸出入品　三年対照表』）同局．**(11.1)**

大韓民国財務部税関局編［1964-］『무역통계 연보』（『貿易統計年報』）同局．**(11.1)**

大韓民国商工部編［1968］『상공통계년보』（『商工統計年報』）同部．**(11.1)**

大韓民国商工部［不詳］『상공통계월보』（『統計月報』）第31号．**(11.1)**

大韓民国統計庁編［1997］『인구주택총조사보고서（1995년 각권）』（『人口住宅総調査報告書（1995年各巻）』）同庁．**(8.1)**

大韓民国統計庁編［2001］『인구주택총조사보고서（2000년 각권）』（『人口住宅総調査報告書（2000年各巻）』）同庁．**(8.1)**

大韓民国統計庁［1980-］『인구동태통계연보』（『人口動態統計年報』）各号．**(8.1)**

大韓民国農林部［1952-］『농림통계연보』（『農林統計年報』）同部．**(1.2)**，**(3.1)**，**(3.2)**，**(14.2)**

台湾総督府［1895-1945］『台湾総督府公文類纂』**(1.補)**

台湾総督府［1897-1944］『台湾総督府民政（事務）成績（蹟）概要』**(1.補)**

引用文献一覧　591

台湾総督府［1897-1918］『台湾外国貿易年表　明治29年-大正6年』．　(**6.1**)

台湾総督府［1899-1944］『台湾総督府統計書　明治30年-昭和17年』．　(**4.2**)

台湾総督府［1919-1943］『台湾貿易年表　大正7年-昭和17年』．　(**6.1**)

台湾総督府［1922-1942］『台湾商工統計　大正10年-昭和15年』．　(**4.2**)

台湾総督府［1944］『台湾総督府報告例　別冊』（加除式）．　(**1.補**)

太政官［1876］「朝鮮国貿易品輸出入手順」（太政官布告第129号）．　(**6.1**)

中華人民共和国海関総署編［各年］『中國海關統計』Economic Information & Agency．　(**6.1**)

中国旧海関史料編輯委員会編［2001］*The Inspector General of Customs. Returns of Trade. 1885-1893.*　（同編
　　『中國舊海關史料』第11-21巻），北京：京華出版社．　(**6.1**)

中国経済年鑑編輯委員会［1982］『中国経済年鑑』［中文海外版］香港，中国経済年鑑有限公司．　(**14.3**)

朝鮮瓦斯電気株式会社［1938］『朝鮮瓦斯電気株式会社発達史』．　(**4.3**)

朝鮮銀行調査部［1948］『조선경제연보』（『朝鮮経済年報（1948年版）』）同部．　(**4.3**)，(**6.1**)，(**7.1**)，(**11.1**)，
　　(**14.2**)
　　　→継続雑誌：『経済年鑑』

朝鮮銀行調査部編［1949］『経済年鑑』同部．　(**1.2**)，(**2.3**)，(**7.1**)，(**11.1**)
　　　→継続雑誌：韓国銀行『経済年鑑』

朝鮮経済統計要覧［1949］（『조선경제통계요람』）（編者不詳）．復刻版：［1986］驪江出版社．　(**1.2**)

朝鮮国家計画委員会中央統計局編，日本朝鮮研究所訳編［1965］『朝鮮民主主義人民共和国国民経済発展統計
　　集：1946-1963』日本朝鮮研究所．　(**13.1**)

朝鮮社会科学院主体経済学研究所（사회과학원주체경제학연구소）編［1985］『経済辞典』（『경제사전』），社会科
　　学出版社．　(**13.3**)

朝鮮総督府［1909-1944］『朝鮮総督府統計年報』．　((**1.1**)，(**1.2**)，(**1.補**)，(**2.1**)，(**2.3**)，(**3.1**)，(**3.2**)，
　　(**3.3**)，(**4.1**)，(**4.2**)，(**4.3**)，(**5.1**)，(**15.2**)

朝鮮総督府［1910-1945］『朝鮮総督府官報』同府．　(**1.補**)

朝鮮総督府［1911］『朝鮮輸出入品七年対照表』．　(**6.1**)

朝鮮総督府［1911-1943］「朝鮮総督府特別会計歳入歳出決定計算書」〔大蔵省決算書類，『各特別会計決定計算
　　書』中にあり〕．　(**1.2**)

朝鮮総督府［1912-1945］『朝鮮総督府報告例　別冊』　(**1.補**)

朝鮮総督府［1916］『朝鮮輸出入品十五年対照表』．　(**6.1**)

朝鮮総督府［1916-1942］『朝鮮総督府逓信局電気事業要覧　大正4年上半期—昭和17年』．　(**4.3**)

朝鮮総督府編［1918, 1926, 1934］『朝鮮總督府報告例』．　(**2.3**)

朝鮮総督府［1919-1923］『朝鮮総督府官報』．　(**1.2**)，(**2.3**)，(**4.2**)，(**5.1**)

朝鮮総督府［1924, 1926, 1928］『朝鮮の商工業』．　(**2.3**)

朝鮮総督府［1928-1937］『朝鮮総督府殖産局朝鮮鉱業の趨勢　昭和2年—昭和11年』．　(**1.2**)，(**4.1**)

朝鮮総督府［1929-33, 36-39］『調査月報』．　(**2.3**)

朝鮮総督府編［1930］『昭和五年朝鮮国勢調査報告』同府．　(**2.1**)，(**2.3**)

朝鮮総督府［1930-1942］『農業統計表　昭和3年-昭和15年』．　(**1.2**)，(**3.1**)

朝鮮総督府［1931-1940］『林野統計　昭和4年-15年』．　(**1.2**)

朝鮮総督府編［1931］『昭和五年朝鮮国勢調査速報』同府．　(**15.2**)

朝鮮総督府編［1934］『昭和五年朝鮮国勢調査報告：全鮮編第1巻：結果表』同府．　(**15.2**)

朝鮮総督府［1935, 1941］『朝鮮貿易年表　昭和9年，昭和14年』．　(**6.1**)

朝鮮総督府編［1935］『昭和十年朝鮮国勢調査速報』同府．　(**15.2**)

朝鮮総督府［1936-1944］『朝鮮人口動態統計　昭和13年-17年』．　(**1.2**)，(**2.1**)，(**5.1**)

朝鮮総督府編［1937-1938］『昭和十年朝鮮国勢調査報告：道編』全13巻，同府．　(**2.1**)，(**15.2**)

592 引用文献一覧

朝鮮総督府編［1937-1943］『朝鮮水産統計』同府． **(3.3)**

朝鮮総督府編［1938］『朝鮮法令輯覧』帝國地方行政學會． **(1.2)**

朝鮮総督府［1938-1940］『民営工場生産額集計』． **(4.3)**

朝鮮総督府［1939］『官営工場生産額集計』． **(4.3)**

朝鮮総督府［1942-1944］『朝鮮労働技術統計調査結果報告』． **(1.2)**，**(2.3)**

朝鮮総督府［1943？］『昭和十八年度産業生産額等推計調書』． **(4.2)**

朝鮮総督府［1944］『第86回帝国議会説明資料』． **(4.2)**

朝鮮総督府編［1944］『朝鮮昭和十五年国勢調査結果要約』同府． **(2.1)**，**(15.2)**

朝鮮総督府［1944］『第84回，86回帝国議会説明資料』． **(1.2)**

朝鮮総督府編［1944，1945］『人口調査結果報告：昭和十九年五月一日』同府．（其ノ一：1944年 9 月10日，其ノ二：1945年 3 月31日）． **(15.2)**

朝鮮総督府編［不詳-1941］『工産統計』同府． **(4.2)**

朝鮮総督府編［不詳］『学事統計』明治43年末．同府． **(9.1)**

朝鮮総督府学務局社会課［1923］『会社及工場に於ける労働者調査』（1922年 7 月末現在）． **(2.3)**

朝鮮総督府学務局社会課［1933］『工場及鉱山に於ける労働状況調査』（1931年 6 月末現在）． **(2.3)**

朝鮮総督府財務局編［1908-1940］『朝鮮金融事項参考書』朝鮮經濟協會． **(4.2)**

朝鮮総督府殖産局［1921-1944］『朝鮮の蠶絲業』． **(3.1)**

朝鮮総督府殖産局編［1930］『朝鮮工場名簿』朝鮮工業協會． **(4.2)**

朝鮮総督府殖産局鉱山課［不詳］『昭和十六年朝鮮鉱業の趨勢』未定稿． **(1.2)**，**(4.1)**

朝鮮総督府専売局［1922-1941］『朝鮮総督府専売局年報　大正10年度-昭和15年度』． **(1.2)**，**(4.1)**，**(4.2)**

朝鮮総督府専売局［1923-1941］『朝鮮総督府専売局年報　大正10年度-昭和15年度』． **(1.2)**

朝鮮総督府総務局［1943］『朝鮮労働技術統計調査解説』 **(2.3)**

朝鮮総督府鉄道局［1908-1938］『年報　明治40年度—昭和13年度』同局． **(1.2)**

朝鮮総督府鉄道局［1910-1942］『朝鮮鉄道状況　明治42年度—大正 4 年度，大正 7 年度十半期昭和16年度』．**(4.2)**

朝鮮総督府内務局［1925-1941］『朝鮮地方財政要覧　大正13年度-昭和16年度』． **(1.2)**

朝鮮総督府農林局［1940］『朝鮮の林業』． **(1.2)**

朝鮮中央通信社編［各年］『조선중앙연감』（『朝鮮中央年鑑』）同社． **(13.1)**，**(13.4)**

朝鮮鉄道協会［1929］『朝鮮に於ける勞働者數及其分布状態』同会． **(1.2)**，**(2.3)**

朝鮮電気協会編［1958］『朝鮮電気事業発達史：揺籃時代』友邦協会． **(4.3)**

朝鮮統計協会編［1936-1944］『朝鮮統計時報』創刊号〜第24号． **統.資**

朝鮮農会［1931-1932］『農業経済調査』（全南・咸南・平南・慶南・京畿）． **(5.1)**

朝鮮貿易協会編［1943］『朝鮮貿易史』同会． **(6.1)**

統一院［1996］『북한 경제 통계집』（『北韓朝鮮経済統計集』）統一院． **(13.1)**，**(14.4)**

統監官房文書課編［1907-1910］『統監府統計年報（ 1 次〜 3 次）』同課． **(1.2)**，**(2.3)**

統計庁［1962-1968］『경제 활동 인구 조사』（『経済活動人口調査』）同庁． **(8.2)**

統計庁［1965-］『건설업 통계 조사 보고서』（『建設業統計調査報告書』）同庁． **(8.2)**

統計庁［1969-］『광업, 제조업 통계 조사 보고서』（『鉱業・製造業統計調査報告書』）同庁． **(8.2)**

統計庁（Statistics Korea）［1985-2012］*Regional Accounts*．（http://kosis.kr/eng/）． **(15.1)**

統計庁［1986, 1991］『총 사업체 통계 조사：소매업 및 음식 숙박업 편』（『総事業体統計調査：卸・小売業および飲食宿泊業篇』）同庁． **(8.2)**

統計庁［1990-］『서비스업 통계 조사 보고서』（『サービス業統計調査報告書　1981年-』）同庁． **(8.2)**

統計庁［1992］『한국통계발전사（ 1 권・ 2 권）』（『韓国統計発展史（ 1 巻・ 2 巻）』）同庁． **(1.2)**，**統.資**．

統計庁［1993-］『산업 총 조사 보고서』（『産業総調査報告書』）同庁． **(8.2)**

統計庁［1993］『통계로 보는 해방전후의 경제, 사회상』（『統計でみる解放前後の経済・社会像』）同庁. **（7.1）**, **（15.2）**

統計庁［1994-］『운수업 통계 조사 보고서』（『運輸業統計調査報告書』）同庁. **（8.2）**

統計庁［1998a］『1997년 국부 통계 조사 보고서』（『1997年国富統計調査報告書』）同庁. **（10.4）**

統計庁［1998b］『통계로 본는 대한민국 50년의 경제 사회상 변화』（『統計でみる大韓民国50年の経済社会像の変化』）同庁. **（8.2）**, **（14.4）**

統計庁［1992］『인구주택총조사보고서（1990년 각권）』（『人口住宅総調査報告書（1990年各巻）』）大韓統計協會. **（8.1）**

統計庁［2000］『남북한 경제 사회상 비교』（『南北韓経済社会像比較』）同庁. **（14.4）**

統計庁［2007］『살아있는 통계 변화하는 통계청』（『生きている統計 変化する統計庁』）同庁. **（7.2）**

統計庁［2009］『국가통계발전전략, 2009』（『国家統計発展戦略, 2009』）同庁. **（7.2）**

統計庁［2013］『살아있는 통계 함께가는 통계청』（『生きている統計 ともに行く統計庁』）同庁. **（7.2）**

統計庁［2014］『2014년도 통계 기반 정책평가 운영지침』（『2014年度統計基盤政策評価運営指針』）同庁. **（7.2）**

統計庁［2016a］『통계 인력과 예산 조사』（『統計労働力と予算調査』）同庁. **（7.2）**

統計庁［2016b］『통계 행정 편람』（『統計行政便覧』）同庁. **（7.2）**

統計庁［2017］『국가통계 품질 관리 매뉴얼』（『国家統計品質管理マニュアル』）同庁. **（7.2）**

統計庁［各年］『도소매 업 및 서비스업 총 조사 보고서』（『卸売・小売業およびサービス業総調査報告書』）同庁. **（8.2）**

統計庁［各年］『도소매 업 통계 조사 보고서』（『卸売・小売業統計調査報告書』）同庁. **（8.2）**

統計庁［各年］『미래 인구 추계』（『将来人口推計』）同庁. **（8.2）**

統計庁［各年］『사업자 기초 통계 보고서』（『事業者基礎統計報告書』）同庁. **（8.2）**

統計庁 KOSIS, Korea Statistical Information System DB. (http://kosis.kr/eng/). **（8.2）**

東洋経済新報社編［1935］『日本貿易精覧』同社. **（6.1）**

内閣統計局［1947］『國民所得調査報告（昭和5年）』. **（4.2）**

内務部統計局編［1955］『제一회 간이총인구조사보고 전국편』（『第1回 簡易総人口調査報告 全国編』）大韓民国内務部統計局. **（8.1）**

日本商工会議所編［1942］『商工会議所一覧』. **（統.資）**

日本貿易振興会［1980-1994, 1996］『北朝鮮の経済と貿易の展望』日本貿易振興会. **（14.3）**

日本貿易振興機構・アジア経済研究所［2005］『国連世界貿易統計データベース（CD-ROM）』同所. **（14.3）**

農商務省［1886-1923］『農商務統計表』. **（4.2）**

農林省編［1936-1937］『木材需給状況調査書』. **（1.2）**

坡州郡誌編纂委員會編［1995］『파주군지（상, 중, 하）』（『坡州郡誌（上・中・下）』）同会. **（15.2）**

原朗・山崎志郎編［2004］『物資動員計画重要資料（第1巻：昭和16年）』現代史料出版. **（1.2）**

ハングル学会［1966-1996］『한국 지명 총람』（『韓国地名総覧』）全20巻, 同会. **（15.2）**

一橋大学経済研究所日本経済統計情報センター編［1994］『日本帝国 外地関係統計資料目録──朝鮮編』. **（統.資）**

普賢寺達雄［1904］『普賢寺監視韓国出張調査報告書（税関月報附録15）』横浜税関. **（6.1）**

米軍政庁［1946］「南朝鮮（38度以南）地域及び性別人口」資料. **（7.1）**

北韓研究所［1983］『북한총람』（『北朝鮮総攬［1945-82年］』）同研究所. **（14.4）**

満洲国［1934-1943］『満洲国外国貿易統計年報 大同元年度-康徳6年度』. **（6.1）**

南朝鮮過渡政府編［1948］『朝鮮統計年報（1943年）』同府. **（2.3）**, **（6.1）**

南満洲鉄道京城管理局［1919-1924］『統計年報 大正6年度—大正12年度』. （朝鮮總督府鉄道局も見よ.）**（4.2）**

宮尾舜治［不詳］『宮尾税関監視官韓国出張復命書』神戸税関. **（6.1）**

594　引用文献一覧

漣川郡地誌（http://solmoru.net/main/page_yeoncheon.php）．　**(15.2)**

陸地測量部［1981］『朝鮮半島五万分の一地図集成（1：5万）』学生社．　**(15.2)**

露国大蔵省編，農商務省山林局抄訳［1905］『韓国誌』農商務省山林局．　**(6.1)**

E　史　料　（資料名または書名の読みは日本語読み，50音順）

『祈雨祭謄録』禮曹編［仁祖14年-高宗26年］．　**(1.1)**

『經國大典』（崔恒（等）編，内藤吉之助校［1934］朝鮮総督府中枢院　［原典は世宗（命編）睿宗元年（1468）完成)]．　**(1.1)**

『儀軌』進宴都監編［宣祖33年（初期のものは壬申の倭乱で焼失）以後日帝期まで総数637種（一説に654種）内奎章閣に546種在．2014年に在仏・在日の儀軌はすべて返還されている］（654種　奎章閣在）．　**(1.1)**

「結数表」朝鮮総督府中枢院調査課編［1940］『朝鮮田制考』附録『度支田賦考』により調整．　**(1.1)**

『校訂世宗実録地理志』鄭麟趾（等）撰［1937］朝鮮総督府中枢院調査課　［原典は『世宗荘憲大王實録　巻148-155』1454］（卞季良・孟思誠・權軫・尹淮・申檣［1432］『新撰八道地理志』の改訂)．　**(1.1)**

『古文書集成』國学振興研究事業推進委員会編［1994］韓国精神文化研究院．　**(1.1)**

『承政院日記』（影印版）［1960-1977］大韓民国教育部国史編纂委員会．　［仁祖元年（1623）—高宗31年（1893），英祖期に消失・改修．3047冊　奎章閣図書］．　**(1.1)**

『度支志』［1788］正祖（命朴一源編）（20巻）．　**(1.1)**

『度支田賦考』（影印版）韓栄國編［1986］『社会経済史資料叢書　3』驪江出版社　［原典は戸曹編．正祖20年京畿道10年間の田賦］．　**(1.1)**

『度支別貿』［編者未詳］［刊行年不詳］合13冊，筆写本．　**(1.1)**

『朝鮮王朝実録』（『朝鮮王朝実録』とは通称．日本では『李朝実録』とも言われている）［第1代太祖（1392）より第26代高宗・第27代純宗（1910）まで歴代王朝毎編年体に編修．正史書．1967巻（948冊）．韓国では植民地期に編纂された高宗・純宗を含まない1893巻（888冊）が『実録』とされる］．　**(1.1)**

『東國文献備考』［1770］英祖命，洪鳳漢　等編，崇政殿　校正，巻1-235，目録（写本）1巻；『増補文献備考』［1907］朴容大　等纂輯，弘道館　校正，巻首及250巻［正祖，李萬運　等に命じ増補（1782）；李太王刊行を命じ1907年に再編刊行］，原文和訳対照［1917］朝鮮研究会．　**(1.1)**

『日省録』（1部影印版あり）［英祖36年（1760)-隆熙4年（1910)]2329冊，奎章閣図書］．　**(1.1)**

『萬機要覧　財用篇』沈象奎・徐栄輔編，四方博校［1938］朝鮮総督府中枢院．［原典は純祖期　1808]．　**(1.1)**

『備邊司謄録』［1617-1892］光海君—高宗期［奎章閣図書273冊]．　**(1.1)**

『賦役實捴』上・下（影印版）韓栄國編［1984］『社会経済史資料叢書　2』驪江出版社　［原典は正祖期1794]．　**(1.1)**

『牧民心書』丁若鏞［1821?］梁在膏・玄采校［48巻；第1巻に「純祖二十一年辛巳暮春」日訳：大村友之丞編［1911］朝鮮研究会］．　**(1.1)**

『林園經濟志』徐有榘（纂）［1827？］，徐宇輔（校）（影印版）［1983］保景文化社（徐有榘全集　第2輯　［原典は純祖期1827頃]．　**(1.1)**

索　　　引

[A〜Z]

ASHSTAT（Asian Historical Statistics project）　113-114, 119-120

BEA（U.S. Bureau of Economic Analysis, 米国経済分析局）　173-174, 181

BLS（U.S. Bureau of Labor Statistics, 米国労働統計局）　184

CIA（Central Intelligence Agency, 米国中央情報局）　248, 250, 255

CIF（cost, insurance and freight, 輸入港到着価格）　125-126, 129, 193-194, 327

COE（center of excellence）プロジェクト　88

DHA（Department of Humanitarian Affairs, 国連人道問題局）　223

ECOS（Economic Statistics System, 韓国銀行経済統計システム）　178, 248, 298, 302

EROA（Economic Rehabilitation in Occupied Area, エロア, 占領地域経済復興援助）　192

EU KLEMS（capital, labour, energy, materials and service）Database　181, 183, 216-217, 326

FAO（Food and Agriculture Organization, 国連食糧農業機関）　13, 223, 229-231

FOB（free on board, 本船積込渡価格）　125-126, 129, 193-194, 327

GARIOA（Government Appropriation for Relief in Occupied Area, ガリオア, 占領地域救済資金）　10, 145, 192, 323

GATT（General Agreement on Tariffs and Trade, 関税および貿易に関する一般協定）　201

GDE（Gross Domestic Expenditure, 国内総支出）　6, 89

ICP（International Comparison Program, 国際比較プログラム）　288, 291

IMF（International Monetary Fund, 国際通貨基金）　14, 201, 206, 208, 214, 223-225, 228, 245

ISCI（International Standard Classification of Industry）　→国際標準産業分類

KISTEP（Korea Institute of Science and Technology Evaluation and Planning, 韓国科学技術企画評価院）　178

KOSTAT（Statistics Korea, 韓国統計庁）　→統計庁

KOTRA（Korea Trade-Investment Promotion Corporation, 大韓貿易投資促進公社）　245

Kwon *et al.* 推計　→クォン

LTES（Long-Term Economic Statistics, 長期経済統計）　38, 53-54, 113-114, 118

Maddison Project Database　288-289, 291

MPS（Material Product System, 物的生産体系）　13, 223, 248, 329

Naksungdae Institute　→ナクソンデ（落星台経済研究所）

NIEs（newly industrializing economies, 新興工業経済地域）　200

NMP（Net Material Product, 純物的生産物）　4, 14, 223-225, 249, 257-259, 262

Noland, Marcus　253

OECD（Organisation for Economic Cooperation and Development, 経済協力開発機構）　161, 173-175, 177, 184, 200, 208, 214, 217, 245

OFLC（Office of of the Foreign Liquidation Commission, 海外清算委員会）　145, 323

Penn World Table　215-216, 288, 328

Piketty, Thomas　185, 326

PPP（purchasing power parity）　→購買力平価

R&D（research and development, 研究開発）　11, 175, 178-179, 181, 184-185, 206, 214, 325-326, 328

RAS法　178, 183

SITC（Standard International Trade Classification）　→国際標準貿易分類

SNA（System of National Accounts, 国民経済計算）　4, 7, 10-13, 69, 73-74, 85, 87-90, 92, 113, 118, 120, 138, 148, 151, 175-176, 178, 180-183, 205-217, 223-225, 248, 265-266, 285, 313, 325, 328-329

Suh Sang-Chul（徐相喆, ソ・サンチョル）　70, 89-94, 101, 295, 303

Suh 推計　90, 92, 94

UN Comtrade（United Nations Commodity Trade Statistics Database, 国連商品貿易統計データベース）　190, 195

UNDP（United Nations Development Programme, 国連開発計画）　223-225, 227, 230, 255

UNFPA（United Nations Population Fund, 国連人口基金）　221, 223, 225, 233-234, 241

WFP（World Food Programme, 国連世界食糧計画）　223, 230-231

WTO（World Trade Organization, 世界貿易機関）　214

[ア　行]

アジア通貨危機　11-12, 163, 165, 173, 180, 187, 195, 208, 211-212, 214, 326

安秉直（アン・ビョンジク）　207, 544

石川滋　8, 61-65, 89, 318

──推計　8, 61-65

移出税・移入税　128-129

移出入　123, 129-131, 168

石南国　8, 37-38, 43-44, 168, 235, 316

──推計　37

イ・プン　251-252, 256

李憲昶（イ・ホンチャン）　7, 19, 22-24, 59, 123, 292

李潤根（イ・ユングン）　89-90

李栄薫（イ・ヨンフン）　22, 250-252, 256

祝辰巳　**543**

仁川（インチョン）　4-5,122,124,127,192,270,543

インフルエンザ（スペイン風邪）　38,40,43,316

インフレーション　10,144,174,207,248,250,255-256,
258-259,262,295,297,323,331

インフレーター　14,265,267,285-287,296,301

陰暦基準　27,39

梅村又次　4,7,15,23,37,38,53,61-62,77,89,113,118,
206-207,265,286-287,289,294-295,313,333

蔚山（ウルサン）　4-5,305

エロア　→EROA

援助貿易　191-193,327

――輸入　190-192,194,257,327

尾高煌之助　16,52-54,60,74,114,116-117,138,317

――推計　53,117

卸売物価指数　→物価指数

［カ　行］

海外清算委員会　→OFLC

開港　7,19-24,121,126,128-129,132-138,314,321

『会社及工場に於ける労働者の調査』　57

格差

　地域間――　15-16,304-309,311,334

　南北間――　55,89,223,251,253,256,308,334

家内工業（織物業，手工業）　9,23,28,85-87,90,93,101,
141,144

加法整合性　285

ガリオア　→GARIOA

為替レート　165,207,225,249,252,259-261

――偏差指数　260

カンウォンド（江原道）　4-5,14,33,50,70,76,78-80,83,
107,109,118,230,242,244,265,266,269-272,274-278,
281,283-284,304-306,309,311

官営工場　9,28,59,87,90,108,543

咸鏡南道（かんきょうなんどう）　→ハムギョンナムド

咸鏡北道（かんきょうほくどう）　→ハムギョンプクト

韓国銀行　7,11,14,70,80,88,93,106-107,109,145-148,
150,152,154,161-164,175-176,178,181-183,189-194,
205-206,212,225,248,250-251,259-261,265-267,294,
298,302,305,320,324-328,331-332

韓国国立中央図書館　35,544

韓国統監府　30,32,52,541-542,545

韓国統計庁　→統計庁

韓国併合　3,40,123,128,130,133-134,136,322,541

『官報』　→『朝鮮総督府官報』

管理貿易　23

飢饉　13,19,233,237-241,329

金日成（キム・イルソン）　222,224,242,248,330

金洛年（キム・ナクニョン）　7-8,15,19,23,29,37,46,
53-55,57-58,61,70,74,84,86-87,89,112,113,116,
118-120,138,206-207,242,266,286-287,289,294-295,
298,303-304,544

――推計　286-287,289

キム・ヨンギュ　251-252,256,258

逆U字仮説　16,306-308,311,334

キョンギド（京畿道）　3,5,14,50,70,76-81,83,97-98,
107-109,118,265-266,269-274,279,281-282,304-306,
308-309

キョンサンナムド（慶尚南道）　4-5,50,76,78-81,98-99,
107-109,118,266,269-270,305,308-309

キョンサンプクト（慶尚北道）　4-6,50,76,78-81,107,
109,266,269-270,305,309

近代経済成長（modern economic growth, MEG）　3,
23-24,297,301,307-308

金本位制　293,295

権泰煥（クォン・テファン）　8,21,37-39,41-44,157,
159-160,241,278,316

――et al. 推計　37,38,41,44

クズネッツ（Simon Kuznets）　3,16,306-308,310

苦難の行軍　238-239,261

軍事境界線（DMZ）　5,14,50,70,118,265,268-278,
281,284,332

京畿道（けいきどう）　→キョンギド

慶尚南道（けいしょうなんどう）　→キョンサンナムド

慶尚北道（けいしょうほくどう）　→キョンサンプクト

洪　→ホン

交易条件　23,288

黄海道（こうかいどう）　→ファンヘド

黄海南道（こうかいなんどう）　→ファンヘナムド

黄海北道（こうかいほくどう）　→ファンヘプクド

江華条約　→朝日修好条規

恒久棚卸法（perpetual inventory method）　12,176-178,
181-182,215,326

江原道（こうげんどう）　→カンウォンド

甲午改革　20,25,125

工産表　33-35,543

『工場及鉱山における労働状況調査』　57

工場表　8,26,33-35

工場法　87

工場名簿　35,543

購買力平価（PPP）　14,215,255-256,259-261,285,
287-291,293,331

　歴史的――法　288,290-291

国際収支　4,205,214,322,326-327

国際標準産業分類（ISCI）　73,96,100-102,175-176,320

国際標準貿易分類（SITC）　133,136-138,193,198-201,
246,327

国勢調査　8,15,25-27,37-42,45-49,53-55,107,109,
146-147,235-236,241,269-270,272,278-284,316-317,
324-325,541-542

戸口調査　8,20,25-26,32-33,37-40,42-47,54,147,316-
317,541-543

国富調査　11-12,180-181,215,326

国民経済計算　→SNA

国民所得（MPS 概念）　13,222-225,248-251,257,261,
329

国民所得（SNA 概念）　14,89,93,147,205,209-212,222,
224,250,253,321,325,328-329

国立中央図書館　→韓国国立中央図書館

小作農　10,142-143,323

索　引　597

小作料　142,144
腰原久雄　92-93
固定資本減耗　118,174,176,223-224,326,328
後藤新平　30,541
後藤富士男　251-252,257-258

[サ　行]

最高人民会議　224,226-228
斎藤修　16,74,138,241,292-293
阪谷芳郎　542
産業構造　15-16,55,87,214,285,287-288,297,303-305,
　307-308,311,333
産業総調査　160-162
産業連関表　6,66-67,70,80,88,90,92-93,106,109,112,
　148,175,205,320,328
産米増殖政策　136,294
ジェトロ（JETRO,日本貿易振興会）・アジア経済研究所
　245,330,544
四介治簿法（サゲチブボプ）　21
自家消費　86,176
資源調査法　8,33,147,542
資源調査令　26,30,33,85-87,316
慈江道（じこうどう）　→チャガンド
「時在」統計　20
自作農　10,142-143,323
指数問題　253-254
自然増加率　37,41,43,159
失業　10-11,142,148,160-163,322,324,543
実効単価　6-7,9,64,67-69,73,77-78,80-84,90,93,95-
　97,101-103,105,107-109,266,318-319
実物指標接近法　252-253,256,261
篠原三代平　92
死亡率　11,13,37-41,43,158-160,168,222,233,236-241,
　316,324-325,329
資本-産出係数　173,185
資本-所得比率　185-186,326
資本ストック
　純──　12,173-174,177-178,181-185
　粗──　12,173-174,176-177,181,185
資本装備率　12,173,185-186,303,326
車明珠　→チャ・ミョンス
住民登録　148,158-159,315-316
出生率　11,13,37,40,158-160,208,214,233,236-239,
　241,324,329
純移民率　39,41,43
準権威主義体制（quasi-authoritarian regime）　215
書院　21
商工会議所　8,26,543-545
　京城──　28,90,543-545
消費者物価指数　→物価指数
植民地期南部　16,80,107,265-266,285-289,292,294,
　296-300,302,305-308,310,332-333
植民地期北部　13,80,266,288-289,292,294,298,300,
　302,332-333
書堂　7,19,23,169

所得アプローチ　7,10,55,113-114,116-120,287,301,
　304,321
所得分配　291,307
人口
　経済活動──　11,142,160-163,324-325
　経済活動──調査　147-148,154,160-163,324-325
　従属──　44,316
　生産年齢──　303
　特殊──　233-234
　労働力──　161
　──センサス　11,13,148,155,157-158,168-172,221-
　　222,315-316
　──転換　13,43,241,316,329
　──動態調査　27,40,141,147-148,154,158-159,315-
　　316,324,543
　──の性比　16,38,43,234-237
　──ボーナス　45
人的資本　11,22,167-172,207,211,303,314,325,328
趨勢加速　15,291,293,333
薄田美朝　542
スターリン（Joseph Stalin）　255
スペイン風邪　→インフルエンザ
生活水準　11,21-23,160,207,223,245,291,293,314,324
生産性　242
　資本──　174,185-186,326
　全要素──　212-217,303,328
　土地（田）──　19,21-23,314
　労働──　15-16,285,297,300-301,303-305,307-311,
　　333-334
生産面アプローチ　113,304,321
生残率　37-38,235-236,239-241
成長会計　212-217,303,328
生命表　13,41,148,235-237,239-240,329
石油危機（オイルショック）　11,164,175,207,213
善生永助　542
全羅等南道（ぜんらなんどう）　→チョルラナムド
全羅北道（ぜんらほくどう）　→チョルラプクト
造材率　27
ソウル（京城）　4-5,7,20,26,28,35,52,54,67,90,92-94,
　103,108,116,123,138,144,147,164-165,173,192,270,
　281,320,325,542-545
ソウル大学校　20,35,138,173,544
族譜　8,19,38
ソ連軍占領期　245,330
ソ連統計データベース　245

[タ　行]

第2次世界大戦　45-46,75,85-86,89,94,167-168,171,
　185,195,205,255,322
大恐慌　295,307
太平洋戦争　9,27,29-30,74-75,541
太平洋トライアングル　195,200-203,327
度（たく）支部　30,541,545
多項式基準年接続法（polynomial benchmark-year esti-
　mation method）　12,173-174,176-177,181-183,

326

擔軍（タンクン）　115-116

知的財産生産物　175,178-179,181,184-185,325-326

チャ・ミョンス（車明珠）　19,37-38,44,53-54,287,289,292,303,316

　　——推計　37,43

チャガンド（慈江道）　4-5,230,244

中央統計局（北朝鮮）　221,223,234

忠清（ちゅうしん）　→チュンチョン

チュンチョンナムド（忠清南道）　3,5,50,76,79-81,107,109,266,269-270,309

チュンチョンプクト（忠清北道）　3,5,50,76,78-81,107,109,266,269-270,309

長期遡及法　288,290-291

長津江（ちょうしんこう）水電（株）　110

朝清商民水陸貿易章程　122

朝鮮王朝（李朝）　3,7,20-24,268,314-315,318,541

朝鮮会社令　294

朝鮮瓦斯電気　108,320

朝鮮銀行　26,53-54,93,114,141-145,243-244,295

『朝鮮経済雑誌』　9,25,28,93,95-96,103-105,320

朝鮮醤油　9,87,91,101,105,320

朝鮮戦争　3,7,10-13,15,75,88,107,121,147,159,164,168,171,189,191-193,197-198,207,221,233-234,242,244-246,248,251,253,255-256,259,268,285,297,305,308,324-326,330,332-333

朝鮮総督府　6-8,19-20,24-25,27-32,34-35,40,42,52-53,56-57,61,64,68,73-74,76,84-87,91-93,95,98,103,108,114,119,123,125,129,131,134,141,148,158,169,235,268-270,273,278-279,281,315,330,541-544

『朝鮮総督府官報』（『官報』）　9,28,32,35,57,93,94-96,103-105,115,320

朝鮮窒素（株）　110

朝鮮味噌　9,87,91,101,105,320

『朝鮮労働技術統計調査』　25,57,316

チョ・ドンホ　248,250

朝日修好条規　20,121

朝米修好通商条約　122

チョルラナムド（全羅南道）　4-5,50,76-81,99,107,109,118,266,269-270,309

チョルラプクト（全羅北道）　4-6,8,46-50,76-81,107,109,266,269-270,309

チョン・カビョン　253

チョン・ホンテック　253,256

通過貿易　131

定期市　7,19,22-23

大邱（テグ）　4-5,26,52,54

デノミネーション　226,228

デフレーション　297

デフレーター　6-7,9,14,54-55,67,70,82-84,88,90,93-94,101-103,118,182,206,209,249-250,258-259,262,265-267,290,295-297,306,319,331-332

転換点（ルイスの）　173,208,213-214,328

統一部　239,248,250-252,254,256-260

統計

1次——　86,90,150

業務（報告）——　12,30,108,147-148,150-151,154,221-222,230

調査——　12,24,147,150-151,221-222

2次——（加工統計）　4,150-151

統計庁　7,141,147-155,158,160-162,173-174,181-183,225,251,266,278-279,305,323-324

統計法　147,149-152,155

度支部　→たくしぶ

都市化　49

　　——率　7,19,22-23,314

土地調査事業　19,138,294,541

［ナ　行］

仲継貿易　131

落星台（ナクソンデ）［経済研究所］　6-8,10,61-64,67-69,74,89,107-110,112-114,118-120,138,287,318-321,333,544

　　——推計　6-8,10,61-64,67-69,108-110,112,119-120,287

南北分割　4,14,45,50,61,70,73,90,95,101,105,107,113,118,265-266,268,278,281,284,286,289,304,332

　　——比率　14,50,266,268-284,332

西川俊作　92-93

日露戦争　123,134

日韓協約　545

第3次——　123,541,545

日清戦争　122,133

日中戦争　295

農家経済調査　118

農業従事者比率　19,22

農商務通信規則　86

農地改革　10,144,323

野島教之　14,265-267,332

［ハ　行］

バーグソン（Abram Bergson）　251,255

朴二澤（パク・イテック）　8

　　——推計　90-94,101-102,301

朴基炷（パク・キジュ）　8,19,28,52-55,57-58,74,76-77,80,84,89,91-95,101,103-104,107-108,110,112,116,138,303

朴正煕（パク・チョンヒ）　147,194,200,213

朴奉珠（パク・ポンジュ）　228-229

ハムギョンナムド（咸鏡南道）　4-5,76,79-81,97,107,109-110,118,230,242-244,266,269-270,308-309

ハムギョンプクト（咸鏡北道）　4-6,49,76,79-81,97-99,107,109,230,242-244,266,269-270,308-309

ハム・テギョン　251-252

バロー=リー推計（Barro-Lee educational attainment dataset）　167-168,170-172,325

漢江（ハンガン）の奇跡　223,305

非識字率　169

現代（ヒュンダイ）自動車　305

表鶴吉（ピョウ・ハクキル）　89-90,173-174,177-178,

索　引　599

182-184, 207-208, 211, 304-306
ピョンアンナムド（平安南道）　4-5, 76, 78-81, 83, 98, 107-109, 118, 230, 242-244, 266, 269-270, 309
ピョンアンプクト（平安北道）　4-6, 76, 78-81, 97-98, 107, 109, 230, 242-244, 266, 269-270, 309
ピョンヤン（平壌）　4-5, 26, 52, 54, 223-224, 230, 244, 542
貧困線　291
ファン・ウィガク　248, 251-252, 256
ファンヘド（黄海道）　8, 46-50, 76, 78-81, 107-109, 242-244, 266, 269-270, 309
ファンヘナムド（黄海南道）　4-5, 230, 244
ファンヘブクド（黄海北道）　4-6, 230, 244
フィッシャー（Ronald Fisher）指数　289-290, 293
プエブロ号侵犯事件　222
深尾京司　288-293, 295, 297, 301-302, 307, 311
付加価値率　6, 9, 64, 66-68, 70, 80-81, 83-84, 90, 92-93, 106, 108-109, 112, 261, 318-320
副業　8, 26, 45-50, 113, 301, 304, 317
複数基準年法　288, 290-291
釜山（プサン）　4-5, 26, 52, 54, 124, 147, 164, 543, 545
物価指数　4, 8, 54-55, 103, 250, 258-259, 266, 325
　卸売――（WPI, whole-sale price index）　67, 90, 93-94, 144, 250
　消費者――（CPI, consumer price index）　11, 55, 164, 266
　貿易（輸出と輸入）――　133, 138, 197
　　→フィッシャー指数, デフレーターも参照
物価統制　144
船積地価格　129
ブラウン（J. McLeavy Brown）　122
プロト工業　292, 301
平安南道（へいあんなんどう）　→ピョンアンナムド
平安北道（へいあんほくどう）　→ピョンアンプクト
米軍政期　10, 29, 141, 143-144, 192-193, 198, 322-323
貿易
　――依存度　7, 19, 247, 300
　（輸出と輸入の）――物価指数　→物価指数
　　→移出入, 密貿易, 援助貿易, 管理貿易, 輸入代替, 輸出志向型工業化も参照
報告例　7-8, 24-26, 30-36, 52, 56, 114, 315-317, 542-543
ボーモル（William J. Baumol）効果　300
北緯38度線　107, 268, 278
北韓研究所　248-252, 258-259
洪淳元（ホン・スンウォン）　233-234

［マ　行］

マディソン（Angus Maddison）　14, 19, 169, 255-256, 259, 261, 287-289, 291, 331
満洲国　42, 131-132, 315, 333
水科七三郎　33, 543
溝口敏行　4, 6-7, 9, 14-15, 23, 37, 61-62, 68-71, 77, 85-86, 89-94, 113, 118, 129, 131, 206-207, 265-268, 286-287, 289, 294-295, 313, 318-319, 332-333
　――推計　70, 90, 92, 94, 113
　――・野島推計　265-266
密貿易　127-128, 141, 245
南朝鮮（過渡）政府　131, 141-142, 145
宮嶋博史　544
無制限的供給　12, 208, 213
メキシコドル　124-125
メレンドルフ（P.G. von Möllendorff）　122

［ヤ　行］

両班（ヤンバン）　21, 38
有業者　7-8, 10, 25-26, 45-50, 54, 113-114, 118, 317-318, 321
有業率　45-46
輸出志向型工業化　194, 196, 328
輸入代替　199-200, 212, 291, 293, 300, 327
ユン・ソクボム　248, 250-251
横山雅男　542
ヨン・ハチョン　251-252, 256

［ラ，ワ行］

落星台（らくせいだい）　→ナクソンデ
ラスパイレス（Laspeyres）数量指数　88, 285, 304
李　→イ
リーマン・ショック　195, 211
陸揚地価格　129
リャンガンド（両江道）　4-5, 230
離陸　208, 213, 328
ルイス（Arthur Lewis）　12, 59, 208, 213, 328
連鎖指数（chain index）　4, 80, 88, 94, 205, 267, 285-288, 290, 293, 304, 328
　　→物価指数, フィッシャー指数も参照
労働者大闘争　165
労働分配率　7, 10, 12, 118, 215, 217, 287, 303, 321, 328
労働力調査　25, 141, 148, 161
ワイルズ（Peter Wiles）　257

執筆者紹介 （所属先と肩書は2019年8月現在，姓のABC順）

深尾　京司（FUKAO, Kyoji）　所属は「監修者・編著者」を参照．第15章第3～4節

神門　善久（GODO, Yoshihisa）　明治学院大学経済学部教授．第9章

原　康宏（HARA, Yasuhiro）　一橋大学経済研究所非常勤研究員，広島経済大学経済学部非常勤講師．第3章第1節，第4章，第5章，第15章第1節，第3～4節

堀　和生（HORI, Kazuo）　京都大学名誉教授．第6章，第11章

鄭　泰勲（JUNG, Tae-Hun）　慶北大学校経商大学教授．CD-ROM第2部補説4

姜　錫勲（KANG, Seog-Hoon）　誠信女子大学校社会科学大学経済学科教授．CD-ROM第2部補説3

川野辺　希美（KAWANOBE, Nozomi）　青山学院大学大学院国際政治経済研究科博士課程修了．第14章第3節

金　炳椽（KIM, Byung-Yeon）　ソウル大学校経済学部教授．第14章第4節

金　漢鎬（KIM, Han-Ho）　ソウル大学校農経済社会学部教授．CD-ROM第2部補説1

金　玄儀（KIM, Hyu-Euy）　蔚山科学技術大学校経営学部客員教授．CD-ROM第2部補説4

（故）金　基元（(late) KIM, Kywon）　元韓国放送通信大学校教授．第7章第1節

金　承美（KIM, Seung Mi）　元一橋大学経済研究所非常勤研究員，現在映像産業機構勤務．第3章第1節

金　昔珍（KIM, Suk-Jin）　統一研究院研究委員．第14章第4節

金　完培（KIM, Wan-Bae）　ソウル大学校農経済社会学部教授．CD-ROM第2部補説1

木村　光彦（KIMURA, Mitsuhiko）　青山学院大学国際政治経済学部教授．第14章第2～3節．

権　赫旭（KWON, Hyeog-Ug）　日本大学経済学部教授．CD-ROM第2部補説2

李　澈羲（LEE, Chul-Hee）　ソウル大学校経済学部教授．第8章第1節

李　憲昶（LEE, Hun-Chang）　高麗大学校経済学科教授．第1章第1節，CD-ROM第1章第1節補論

李　在亨（LEE, Jae Hyung）　韓国開発研究院嘱託専門委員．第7章第2節

李　泰鎬（LEE, Tae-Ho）　ソウル大学校農経済社会学部教授．CD-ROM第2部補説1

李　崙碩（LEE, Yoon Seock）　啓明大学校社会科学部行政学専攻准教授．第1章第2節，第3章第3節

溝口　敏行（MIZOGUCHI, Toshiyuki）　所属は「監修者・編著者」を参照．第3章第2～3節

文　浩一（MOON, Ho-il）　所属は「監修者・編著者」を参照．第2章第3節，第3章第3節，第5章，第13章，第14章第1節，第15章第2節

尾高　煌之助（ODAKA, Konosuke）　所属は「監修者・編著者」を参照．序章

朴　二澤（PARK, Yi Taek）　高麗大学校経済研究所研究教授．第2章第1～2節

表　鶴吉（PYO, Hak Kil）　所属は「監修者・編著者」を参照．第10章，第12章

李　謹熙（RHEE, Keun Hee）　韓国生産性本部首席研究委員．第8章第2節

斎藤　修（SAITO, Osamu）　所属は「監修者・編著者」を参照．序章

髙橋　益代（TAKAHASHI, Masuyo）　一橋大学経済研究所技術補佐員．第1章補論，朝鮮関係統計資料目録

李　昇烈（YEE, Seung-Yeol）　韓国労働研究院先任研究委員．第8章第2節

監修者・編著者紹介

尾高　煌之助（おだか　こうのすけ）
　　一橋大学名誉教授，法政大学名誉教授.

斎藤　修（さいとう　おさむ）
　　一橋大学名誉教授，日本学士院会員.

深尾　京司（ふかお　きょうじ）
　　一橋大学経済研究所教授，ジェトロ・アジア経済研究所所長.

溝口　敏行（みぞぐち　としゆき）
　　一橋大学名誉教授，広島経済大学名誉教授.

表　鶴吉（ぴょう　はくきる）
　　ソウル大学校経済学部名誉教授.

文　浩一（むん　ほいる）
　　元一橋大学経済研究所特任准教授.

アジア長期経済統計　4　韓国・北朝鮮
2019年11月21日発行

監修者──尾高煌之助／斎藤　修／深尾京司
編著者──溝口敏行／表　鶴吉／文　浩一
発行者──駒橋憲一
発行所──東洋経済新報社
　　　　　〒103-8345　東京都中央区日本橋本石町1-2-1
　　　　　電話＝東洋経済コールセンター　03(6386)1040
　　　　　https://toyokeizai.net/
装　丁………吉住郷司
印　刷………東港出版印刷
製　本………東京美術紙工
© 2019　　Printed in Japan　　ISBN 978-4-492-81604-2

　　本書のコピー，スキャン，デジタル化等の無断複製は，著作権法上での例外である私的利用を除き
　禁じられています. 本書を代行業者等の第三者に依頼してコピー，スキャンやデジタル化することは，
　たとえ個人や家庭内での利用であっても一切認められておりません.
　　落丁・乱丁本はお取替えいたします.

「アジア長期経済統計」シリーズ

全12巻

監修　尾高煌之助／斎藤　修／深尾京司

1	**台　　湾**	溝口　敏行
2	ベトナム（2020年12月刊行予定）	J-P. バッシーノ
3	**中　　国**	南　亮進／牧野　文夫
4	**韓国・北朝鮮**	溝口　敏行／表　鶴吉／文　浩一
5	タ　　イ	末廣　昭　／三重野　文晴
6	インド・パキスタン・バングラデシュ	清川　雪彦／黒崎　卓
7	フィリピン（2022年刊行予定）	永野　善子／尾高　煌之助
8	インドネシア（2022年刊行予定）	ピエール　ヴァン・デル・エング
9	トルコ・エジプト（2022年刊行予定）	後藤　晃／加藤　博
10	ロ　シ　ア（2020年6月刊行予定）	久保庭　眞彰／雲　和宏
11	中央アジア（2021年刊行予定）	西村　可明／岩﨑　一郎／杉浦　史和
12	日　　本	尾高　煌之助／斎藤　修／深尾　京司

＊太字は既刊.